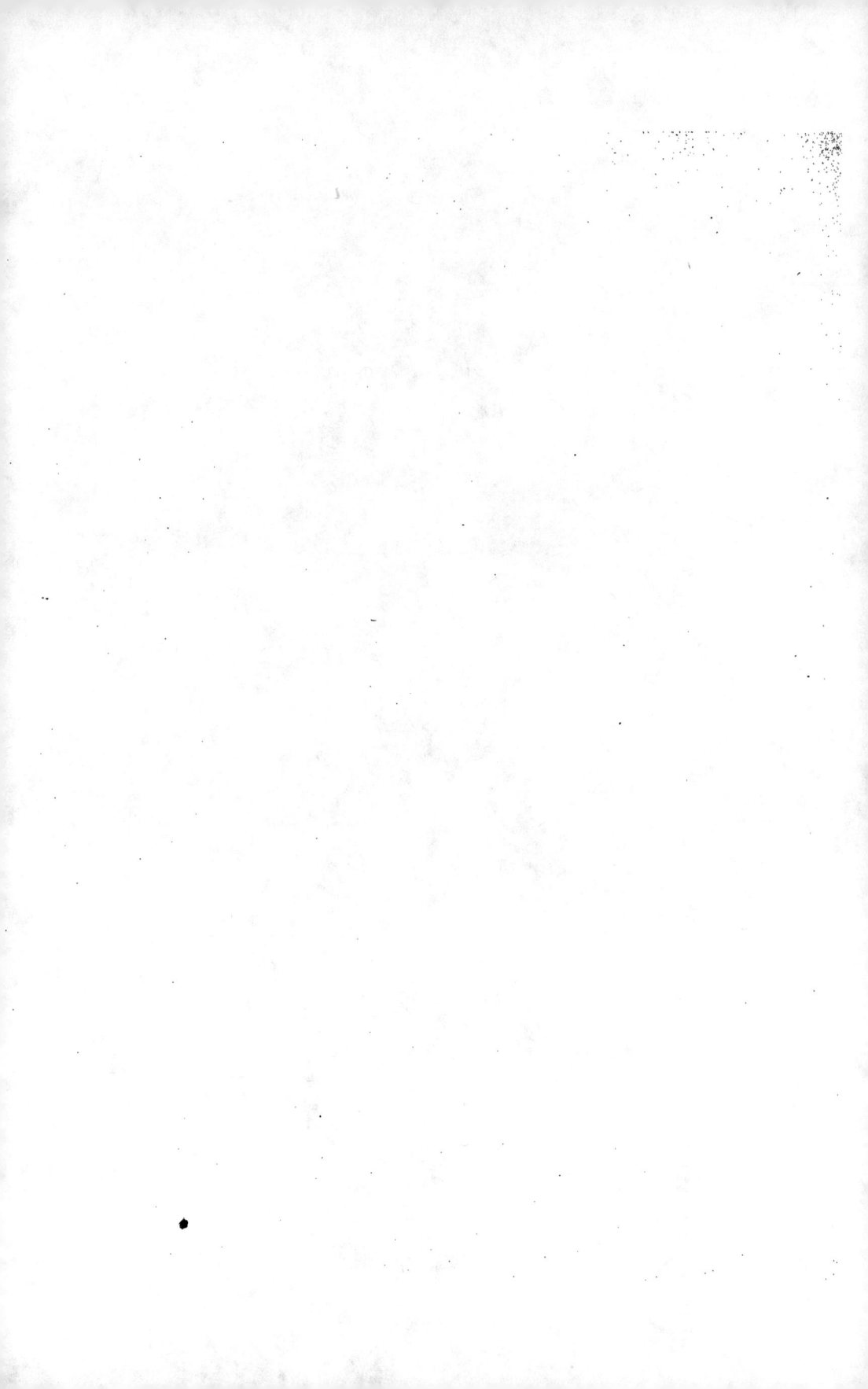

ENCYCLOPÉDIE

MÉTHODIQUE,

OU

PAR ORDRE DE MATIÈRES;

PAR UNE SOCIÉTÉ DE GENS DE LETTRES, DE SAVANS ET D'ARTISTES;

Précédée d'un Vocabulaire univerſel, *ſervant de Table pour tout* l'Ouvrage, *ornée des Portraits de* MM. DIDEROT & D'ALEMBERT, *premiers Éditeurs de* l'Encyclopédie.

ENCYCLOPÉDIE MÉTHODIQUE.

JURISPRUDENCE,

DÉDIÉE ET PRÉSENTÉE

A MONSEIGNEUR *HUE DE MIROMESNIL,*
GARDE DES SCEAUX DE FRANCE, &c.

TOME HUITIÈME.

A PARIS,

Chez **PANCKOUCKE**, Libraire, hôtel de Thou, rue des Poitevins.

A LIÈGE,

Chez **PLOMTEUX**, Imprimeur des Etats.

M. DCC. LXXXIX.

AVEC APPROBATION, ET PRIVILÈGE DU ROI.

TEM

TÉMOIGNAGE, f. m. (*Droit civil & crimin.*) eft la déclaration que l'on fait d'une chofe dont on a connoiffance.

Le *témoignage* peut être verbal ou par écrit.

Il peut être donné en préfence de fimples particuliers, ou devant un juge ou autre officier public, & de-là il fe divife en *témoignage* public ou privé.

Le *témoignage* domeftique eft celui qui émane de perfonnes demeurantes en même maifon que celui du fait duquel il s'agit.

Être appellé en *témoignage*, c'eft être interpellé de déclarer ce que l'on fait. Cela fe dit ordinairement de quelqu'un qui eft affigné pour dépofer dans une enquête ou dans une information.

Le faux-*témoignage* eft réputé un crime, felon la juftice divine & felon la juftice humaine. *Voyez* FAUX, PARJURE, PREUVE, SUBORNATION, TÉMOIN. (*A*)

TÉMOIN, f. m. (*Droit civil & crimin.*) eft celui qui étoit préfent lorfqu'on a fait ou dit quelque chofe, qui l'a vu ou entendu, & qui en fait le rapport.

La déclaration des *témoins* eft le genre de preuve le plus ancien, puifqu'il n'y en avoit point d'autre avant l'ufage de l'écriture; il a bien fallu, pour favoir à quoi s'en tenir fur une infinité de chofes dont on ne peut avoir autrement la preuve, s'en rapporter aux *témoins*.

C'eft un point important dans la légiflation, de déterminer exactement les principes d'où dépendent la crédibilité des *témoins*, & la force des preuves qui réfultent d'un témoignage. Tout homme raifonnable, c'eft-à-dire, dont les idées ont une certaine liaifon entre elles, & dont les fenfations font conformes à celles de fes femblables, peut rendre un témoignage : mais la croyance qui lui eft due doit fe mefurer fur l'intérêt qu'il a de dire ou de ne pas dire la vérité.

La crédibilité d'un *témoin* eft donc plus ou moins grande, à proportion de la haine ou de l'amitié qu'il porte à celui pour ou contre lequel il rend témoignage, & des relations plus ou moins étroites qu'ils ont enfemble. Elle peut être moindre, s'il eft membre de quelques fociétés particulieres, dont les coutumes & les maximes font peu connues, ou qui ont des principes & des ufages communs; parce qu'un tel homme a non-feulement fes propres paffions, mais encore celles des autres.

La croyance due à un *témoin* eft prefque nulle, quand il s'agit de difcours dont on veut faire un crime, parce que le ton, le gefte, tout ce qui précede, accompagne & fuit les différentes idées que les hommes attachent aux paroles, altérent & changent les paroles de telle maniere, qu'il eft

Jurifprudence. **Tome VIII**.

impoffible de les répéter, tels précifément qu'ils ont été tenus. Les actions violentes, telles que font les véritables délits, laiffent des traces dans la multitude de leurs circonftances, & dans les effets qui en dérivent, & plus le nombre de ces effets & de ces circonftances, allégué dans l'accufation, eft grand, plus l'accufé a de moyens de fe juftifier : mais les difcours ne laiffent rien après eux, & ne fubfiftent que dans la mémoire des auditeurs, le plus fouvent infidelle ou féduite. Il eft donc infiniment plus facile de fonder une calomnie fur des paroles que fur des actions.

Un feul *témoin* ne fait pas preuve, *teftis unus teftis nullus* : la raifon en eft fimple, parce que tant que l'accufé nie ce qu'un feul *témoin* affirme, il n'y a rien de certain, & le droit que chacun a d'être cru innocent prévaut. Auffi l'écriture fainte veut que toute parole foit conftatée par déclaration de deux ou trois témoins, *in ore duorum vel trium teftium ftabit omne verbum*.

En général, toutes fortes de perfonnes peuvent être *témoins*, foit en matiere civile ou en matiere criminelle, à moins que la loi ou le juge ne leur ait interdit de porter *témoignage*.

Non-feulement les perfonnes publiques, mais auffi les perfonnes privées.

Perfonne ne peut être *témoin* dans fa propre caufe.

Le juge ni le commiffaire, l'adjoint & le greffier ne peuvent être *témoins* dans l'enquête qui fe fait pardevant eux.

Les clercs, même les évêques, peuvent dépofer en une affaire de leur églife, pourvu qu'ils ne foient pas parties, ni intéreffés à l'affaire.

Les religieux peuvent auffi être *témoins*, & peuvent être contraints, même fans le confentement de leur fupérieur, à dépofer, foit en matiere civile ou criminelle; mais non pas dans les actes où l'on a la liberté de choifir d'autres *témoins*, comme dans les contrats & teftamens.

Les femmes peuvent porter témoignage en toute caufe civile ou criminelle; mais on ne les prend pas pour *témoins* dans les actes. Et dans les cas même où leur témoignage eft reçu, on n'y ajoute pas tant de foi qu'à celui des hommes, parce qu'elles font plus foibles, & faciles à fe laiffer féduire; enforte que fur le témoignage de deux femmes feulement on ne doit pas condamner quelqu'un.

Le domeftique ne peut pas être *témoin* pour fon maître, fi ce n'eft dans les cas néceffaires.

Celui qui eft interdit de l'adminiftration de fon bien pour caufe de prodigalité, peut néanmoins porter témoignage.

Les parens & alliés, jufqu'aux enfans des coufins iffus de germains, ne peuvent porter témoignage

A

pour leur parent, si ce n'est lorsqu'ils sont *témoins* nécessaires.

On peut, dans un même fait, employer pour *témoins* plusieurs personnes d'une même maison.

Ceux qui refusent de porter témoignage en justice, peuvent y être contraints par amende, & même par emprisonnement.

La justice ecclésiastique emploie même les censures pour obliger ceux qui ont connoissance de quelque délit à venir à révélation. *Voyez* AGGRAVE, MONITOIRE, RÉAGGRAVE, RÉVÉLATION.

Le mari peut déposer contre sa femme, & la femme contre son mari : mais on ne peut pas les y contraindre, si ce n'est pour crime de lèse-majesté.

Le père & la mère, & autres ascendans, ne peuvent pareillement être contraints de déposer contre leurs enfans & petits-enfans, ni contre leur bru & gendre, ni ceux-ci contre leur père & mère, aïeux, beau-père, belle-mère, ni les frères & sœurs l'un contre l'autre ; on étend même cela aux beaux-frères & belles-sœurs, à cause de la grande proximité.

Les furieux & les imbécilles ne sont pas reçus à porter témoignage.

Les impubères en sont aussi exclus jusqu'à l'âge de puberté.

Les confesseurs ne peuvent révéler ce qu'ils savent par la voie de la confession ; il en est de même de ceux qui ne savent une chose que sous le sceau du secret, on ne peut pas les obliger à le révéler : il faut cependant toujours excepter le crime de lèse-majesté.

La preuve par *témoins.* ne peut pas être admise pour une somme au-dessus de cent livres, à moins qu'il n'y ait un commencement de preuve par écrit, ou que ce soit dans un cas où l'on n'a pas été à portée de faire passer une obligation ou reconnoissance.

Les *témoins* sont nécessaires dans certains actes, soit judiciaires, soit passés entre particuliers. Sous ce rapport on divise les *témoins* en instrumentaires & judiciaires. Les *témoins* instrumentaires assurent & confirment par leur signature la vérité & la foi des actes : les *judiciaires* sont ceux qui déclarent à justice ce qu'ils savent de la vérité des faits contestés.

§. I. *Des témoins instrumentaires.* Il est des actes entre-vifs qui ne peuvent se faire sans *témoins.* Tels sont certains exploits des huissiers ; la bénédiction nuptiale, & même les simples promesses de mariage, qui exigent l'intervention de quatre *témoins* : & l'inscription d'un décès sur les registres de sépulture qui doit être signée de deux parens, ou amis qui ont assisté à la cérémonie funèbre. *Voyez* AJOURNEMENT, RETRAIT LIGNAGER, FIANÇAILLES, MARIAGE, &c.

Suivant l'article 455 de la coutume de Normandie, la lecture des contrats, qui est une formalité particulière à cette province, ne peut se faire qu'en la présence de quatre *témoins*, pour le moins, qui

seront à ce appellés & signeront l'acte de la publication sur le dos du contrat.

En Dauphiné les donations ne peuvent être valables, indépendamment des formalités ordinaires, qu'autant qu'elles sont faites en présence de trois témoins. Il existe même une ordonnance de Louis XI, qui veut, à peine de nullité, que ces *témoins* soient de la paroisse, &, autant que faire se peut, de la famille du donateur.

Hors ces cas particuliers, il est de règle que l'on peut disposer entre-vifs & contracter sans *témoins.* En effet, ou il s'agit d'actes qui peuvent être faits sous seing-privé, & dans ce cas la signature des parties suffit pour leur donner toute la perfection dont ils sont susceptibles ; si l'on y fait quelquefois intervenir des *témoins*, ce n'est que pour en mieux assurer la preuve, en cas de dénégation d'écriture : ou il s'agit d'actes qui ne peuvent être passés que pardevant notaires, tels que les donations, les résignations & permutations de bénéfices, les contrats relatifs aux biens appartenans à des gens de mainmorte ; & alors les parties se dispensent de prendre des *témoins*, en appellant un second notaire. C'est ce que porte la déclaration de François Iᵉʳ, du 11 décembre 1543.

L'article 84 de l'ordonnance d'Orléans avoit paru supposer le contraire, en enjoignant aux notaires de faire signer aux parties & aux *témoins* instrumentaires tous actes & contrats qu'ils recevroient. Mais l'équivoque qui résultoit de ces expressions vagues, a été levée, & la disposition de François Iᵉʳ rétablie en son entier par une déclaration du 11 octobre 1561, enregistrée au parlement de Paris le 1ᵉʳ décembre suivant.

Les testamens & autres dispositions à cause de mort exigent aussi la présence d'un certain nombre de *témoins. Voyez* TESTAMENT.

§. II. *Des témoins judiciaires.* Les *témoins* judiciaires sont en quelque sorte fortuits, c'est le hasard qui les donne, jamais la partie qui se produit ne peut les choisir. Par cette raison l'on est forcé, pour ne pas rendre impossible les preuves des faits, de les admettre plus facilement que les *témoins* instrumentaires. Delà vient que les femmes, les étrangers non naturalisés, les religieux profès sont reçus à déposer en justice, quoiqu'ils soient incapables d'intervenir dans les actes, pour en certifier la vérité.

Néanmoins toutes personnes ne sont pas admises indistinctement comme *témoins*, ou, lorsqu'on est forcé de recevoir leur témoignage, les juges ne doivent y avoir que de foibles égards, & les parties peuvent les reprocher.

Outre les personnes dont nous avons déjà dit que le témoignage n'étoit pas admis, tels que les furieux, les insensés, les impubères, on peut reprocher les *témoins* qui ont encouru l'infamie par quelque condamnation, ou qui sont dans les liens d'un décret d'ajournement personnel ou de prise de corps, pour cause d'une accusation grave.

Il n'eſt pas même néceſſaire qu'un *témoin*, pour être reproché, ſoit flétri par un jugement exprès. Il eſt dans l'ordre ſocial certaines taches qui n'ont pas beſoin de l'autorité de la juſtice pour rendre plus ou moins indignes de foi les perſonnes à qui une conduite répréhenſible les a imprimées. C'eſt ce que fait entendre la loi 3, ff. *de teſtibus*, quand elle dit : *teſtium fides diligenter examinanda eſt, ideòque in eorum perſoná exploranda erit imprimis conditio cujuſque an honeſtæ & inculpatæ vitæ, an notatus quis eſt reprehenſibilis.* Par exemple, il eſt bien certain qu'une perſonne du ſexe, qui ſe proſtitue publiquement, ne mérite pas d'être crue en juſtice. La loi 3, §. 2, ff. *de teſtibus*, en contient une déciſion expreſſe. Il faut mettre ſur la même ligne le mari qui proſtitue ſa femme. Boué, §. 90, en rapporte un arrêt du parlement de Toulouſe. Il en doit être de même d'un père qui proſtitue ſa fille.

La loi 3, §. 5, ff. *de teſtibus*, déclare reprochable le *témoin* qui eſt gagé pour combattre en public contre les bêtes. Il y a dans nos mœurs bien des perſonnes à qui l'on peut, par identité de raiſon, en appliquer la diſpoſition.

M. de Catellan demande ſi le reproche d'avoir battu ſon père ou ſa mère eſt bon ; & il répond que l'uſage du parlement de Toulouſe eſt de rejetter les témoignages de ceux contre qui milite un pareil reproche. On en reçoit même, dit-il, la preuve par des *témoins*, quoiqu'on n'allègue aucun acte. Le cas eſt ſi énorme, qu'il mérite bien d'être reçu pour reproche. L'intérêt que le père a de le cacher, pour ne pas expoſer l'honneur & la vie d'un fils qu'il aime ſouvent, quelque dénaturé que ce fils puiſſe être, ou qu'il veut épargner de peur de ſe flétrir lui-même en le faiſant punir ; cette conſidération, dit-je, on reçoit la preuve de ce reproche, quoiqu'il n'y ait là-deſſus ni preuve ni plainte. Il en eſt de même de la mère.

Quel eſt l'effet du reproche d'avoir fait ceſſion de biens ? M. de Catellan rapporte deux arrêts du parlement de Toulouſe des... mars 1668 & 1er mars 1670, par leſquels il a été décidé qu'il n'empêchoit pas qu'on ne fît lecture de la dépoſition, parce qu'en effet une pareille diſgrace eſt ſouvent l'effet du malheur plutôt que de la mauvaiſe conduite. Mais on ne peut diſconvenir, ſur-tout d'après l'article 5 du titre 9 de l'ordonnance de 1673, qu'en général un tel *témoin* mérite peu de conſidération. Il en eſt de même à plus forte raiſon du failli qui ne s'eſt pas fait recevoir au bénéfice de ceſſion.

Un *témoin*, pour mériter une pleine foi, doit être entièrement déſintéreſſé. Ainſi, rien d'étonnant ſi on regarde comme une juſte cauſe de reproche la partialité qui réſulte de l'intérêt perſonnel que le *témoin* a dans le procès, de ſa parenté ou affinité avec l'une des parties, de la ſupériorité qu'elle a ſur lui, de l'affection qu'elle a pour lui ou lui pour elle, de l'inimitié qui règne entre lui & la partie adverſe.

L'intérêt perſonnel qu'un *témoin* a dans le procès pour lequel ſe fait la preuve, eſt le meilleur reproche que l'on puiſſe oppoſer. *Nullus in re ſuá idoneus teſtis intelligitur*, dit la loi 10, ff. *de teſtibus*. Par exemple, dit Pothier, ſi, en conſéquence d'un commencement de preuve par écrit, j'ai été admis à faire preuve teſtimoniale que vous m'aviez vendu un certain héritage, la dépoſition des ſeigneurs de qui l'héritage relève, doit être rejettée, parce qu'ils ont intérêt à la déciſion de la cauſe, relativement aux profits qui leur ſeroient dus, s'il étoit jugé qu'il y a eu une vente.

En matière criminelle, un dénonciateur ou ſimple plaignant ne peut être *témoin*, quoique ni l'un ni l'autre ne ſoit partie au procès. La raiſon en eſt évidente ; le dénonciateur, ainſi que le plaignant, ſont ſoumis aux dommages-intérêts de l'accuſé, en cas que la plainte ſoit jugée fauſſe & calomnieuſe. Le plaignant en outre peut ſe rendre partie civile en tout état de cauſe, même au moment où les juges ſont aſſemblés pour prononcer définitivement. Ainſi ils ont tous deux intérêt de ſe ſouſtraire à l'action d'indemnité que l'accuſé ne manquera pas d'exercer contre eux, s'il vient à être renvoyé abſous, & le plaignant a encore intérêt de ſe procurer à lui-même une action d'indemnité contre l'accuſé, en cas que celui-ci vienne à être déclaré coupable.

Les membres d'une communauté peuvent-ils être *témoins* dans les cauſes qui la concernent ? On diſtingue ſi ces cauſes les regardent *ut ſinguli*, c'eſt-à-dire, s'ils en attendent un avantage immédiat & perſonnel, comme dans les affaires de dîme, de bannalité, de pâturage commun ; ou s'il n'y eſt queſtion que des intérêts du corps, conſidéré abſtractivement, comme lorſqu'il s'agit de juriſdiction, de droits honorifiques, ou d'autres choſes ſemblables.

Au premier cas, Bartole ſur la loi 6, §. 4, D. *de rerum diviſione* ; Covarruvias en ſes queſtions de pratique, chap. 18 ; Guypape, queſt. 578 ; Sichard ſur la loi 6, C. *de teſtibus*, n. 4 ; Mornac ſur la loi 6, §. 1, D. *de rerum diviſione*, & une foule d'autres auteurs eſtiment que l'on ne doit pas recevoir la dépoſition des membres de la communauté ; & l'on cite deux arrêts en faveur de cette opinion ; l'un du parlement de Paris du 27 mai 1603, rapporté par le Prêtre, *centurie 1, chap. 66* ; l'autre du parlement de Grenoble du 10 juillet 1663, rapporté par Brillon.

Dans le ſecond cas, c'eſt-à-dire, lorſque les membres de la communauté plaidante n'ont pas un intérêt perſonnel & immédiat à la cauſe, tous les auteurs conviennent qu'ils peuvent être entendus comme *témoins* en faveur de la communauté même, parce que, pour nous ſervir des termes de la loi 6, §. 1, ff. *de rerum diviſione*, *quæ ſunt univerſitatis, non ſunt ſingulorum pro parte*. C'eſt même ce que décident deux textes du droit canonique ; mais comme les membres d'une communauté ont toujours un certain intérêt d'honneur ou d'affection à ce qui la

A 2

regardé, quoique abstractivement à eux, on ne doit pas régulièrement, même dans les cas dont nous parlons, ajouter pleine foi à leurs dépositions; c'est au juge à les apprécier d'après les circonstances du fait & la qualité des personnes.

Tous les parens & alliés sont-ils indifféremment incapables ou dispensés de porter témoignage contre les parties auxquelles ils sont attachés par les nœuds du sang ou de l'affinité? Non, mais pour se former là-dessus même des idées nettes & justes, il faut distinguer les matières civiles d'avec les matières criminelles.

En matière civile, les père & mère, les enfans & les frères sont les seuls qui, dans le droit romain, ne sont ni admis ni forcés à déposer les uns contre les autres, & cette jurisprudence est encore en vigueur dans le ressort du parlement de Flandres. Mais dans le reste du royaume, on suit l'article 11 du titre 22 de l'ordonnance de 1667, suivant lequel les parens & alliés des parties, jusqu'aux enfans des cousins issus de germain inclusivement, ne peuvent être *témoins* en matière civile, pour déposer en leur faveur ou contre eux, & leurs dépositions sont rejettées.

Il faut néanmoins observer que l'ordonnance n'a entendu donner l'exclusion aux parens que dans le cas où l'intérêt d'un tiers peut être blessé par leur déposition; mais nullement lorsque leur témoignage se borne à des faits domestiques, je veux dire qu'il n'est employé que pour la preuve d'un fait singulièrement connu de la parenté, comme est celui de l'âge d'un parent qui veut se faire promouvoir aux ordres, ou obtenir un office, sans que l'intérêt d'un tiers y entre pour rien, étant manifeste que l'ordonnance de 1667 n'a pas compris dans sa disposition ce dernier cas.

En matière criminelle, le droit romain ne veut pas que l'on force qui que ce soit de déposer contre son parent ou allié jusqu'au degré des cousins issus de germains inclusivement. La loi 4, *ff. de testibus*, est très-expresse là-dessus. Pourquoi donc cette différence entre les matières civiles & les criminelles? (car on a vu plus haut que dans les premières les Romains ne dispensoient que les pères, les enfans & les frères de porter témoignage les uns contre les autres). Importe-t-il moins à la société de punir les crimes que de terminer des querelles pécuniaires? Non sans doute, mais les législateurs de Rome ont considéré que les *témoins* doivent être bien plus portés à trahir la vérité en faveur de leurs parens, lorsqu'il s'agit de leur sauver la vie ou l'honneur, que lorsqu'il est seulement question d'intérêts civils.

En France, on a envisagé les choses sous un autre point de vue. Le danger de laisser impunis les crimes qui troublent l'ordre de la société, a paru aux cours souveraines plus grand & plus à craindre que celui d'exposer quelques *témoins* au parjure, & l'on s'est en conséquence accoutumé à forcer les *témoins* de déposer contre leurs parens poursuivis extraordinairement.

Cet usage est implicitement confirmé par les ordonnances de 1667 & de 1670. La première, en défendant d'ouïr pour *témoins* les parens & alliés des parties jusqu'au huitième degré inclusivement, déclare en termes exprès, qu'elle dispose pour les matières civiles, & par conséquent fait entendre que sa prohibition ne doit pas avoir lieu dans les matières criminelles, *inclusio unius est exclusio alterius.*

La seconde insinue assez clairement la même chose. L'article 5 du titre 6 porte que les *témoins* seront enquis *s'ils sont parens ou alliés des parties, & en quels degrés*, & ne dit pas que leur déposition sera rejettée, lorsqu'ils seront dans les degrés marqués par l'article 11 du titre 2 de l'ordonnance de 1667. Aussi Jousse remarque-t-il sur ce texte, qu'en matière criminelle, les dépositions des parens sont reçues, du moins par rapport à la partie publique, pour y avoir, par les juges, tel égard que de raison. Cependant nous ne croyons pas que l'on puisse forcer un enfant à déposer contre ses père ou mère, ou des père & mère contre leur enfant; qu'il en faut dire autant de l'aïeul ou de l'aïeule vis-à-vis du petit-fils, & même des frères & sœurs contre l'un ou l'une d'eux, à moins qu'il ne soit question du crime de lèse-majesté.

Mais que doit-on décider à l'égard des parens de l'accusateur? Il faut sur ce point distinguer les parens de la partie publique, de la partie civile ou du plaignant.

Les premiers ne sont pas reprochables du chef de leur parenté. C'est ce que l'on peut inférer de l'article 23 du titre 1 de l'ordonnance du mois d'août 1737, portant, qu'aucune évocation ne pourra être demandée du chef des parens & alliés des procureurs-généraux, lorsqu'ils ne seront parties que comme exerçant le ministère public.

A l'égard des seconds, quelques-uns ont prétendu mettre une différence entre le cas où l'accusateur privé s'est rendu partie civile, & celui où il est demeuré simple dénonciateur ou plaignant. Mais cette différence est chimérique, & la jurisprudence des arrêts y est contraire.

Mais il reste la question de savoir à quel degré doit s'étendre le reproche qui résulte de la parenté du *témoin* à l'accusateur privé. L'article 154 de la coutume de Bretagne le porte jusqu'au neuvième degré; mais il ajoute, que si le *témoin* est aussi proche parent à l'accusé qu'à l'accusateur, il ne sera point reprochable. Cet article ne peut être regardé comme une loi générale. Les différens tribunaux du royaume ont à cet égard des usages différens les uns des autres, & le parti le plus sage en cette matière est, au lieu de se faire là-dessus un système général, d'apprécier chaque fois les reproches dont il s'agit, d'après les circonstances de l'affaire.

En parlant des alliés, nous n'avons rien dit de ceux qui ne le sont que spirituellement, c'est-à-dire des parrains & marraines, filleuls & filleules, compères & commères. Serpillon avoue que nous n'avons pas de jurisprudence bien certaine sur cette question, sinon que de pareils *témoins* ne sont jamais *exceptione majores*. La disette des *témoins* les fait souvent admettre, d'autres fois ils sont rejettés.

L'autorité qu'a l'une des parties sur un *témoin* n'est pas un obstacle à ce qu'il dépose pour ou contre elle. Par exemple, un serviteur ou domestique n'est pas, par cette qualité, incapable de rendre témoignage pour ou contre son maître. L'ordonnance de 1667, qui ne veut pas que l'on entende les parens au degré prohibé, ne dit rien de semblable par rapport aux personnes dont nous parlons. Elle exige seulement, *tit. 22, art. 14*, qu'il soit fait mention dans l'enquête si le *témoin* est *serviteur ou domestique* de l'une ou de l'autre des parties. L'art. 5 du titre 6 de l'ordonnance de 1670, s'explique de même. Aussi l'on doit, tant en matière civile que criminelle, recevoir la déposition d'un serviteur ou domestique, sauf à n'y avoir égard qu'autant que les circonstances le dicteront à la sagesse du juge.

En général, un serviteur ou domestique qui dépose contre son maître, doit faire pleine foi; mais s'il dépose en sa faveur, il est suspect.

Il est des cas où le témoignage d'un serviteur ou domestique contre lequel il n'y a point de reproche particulier, doit être indistinctement cru. Par exemple, l'article 155 de la coutume de Bretagne, après avoir établi que la domesticité est un moyen valable de reproche, ajoute, *sinon que la cause fût si petite que par justice fût autrement ordonné, eu égard à l'état de la personne*. Il en est de même lorsqu'il s'agit de faits passés dans l'intérieur d'une maison, & dont il n'y a pas de *témoins* étrangers. La loi 8, §. 6, C. *de repudiis*, en contient une décision expresse par rapport à l'adultère, au crime de lèze-majesté, aux sévices d'un mari envers sa femme, & elle en rend cette raison: *quoniam non facilè quæ domi geruntur, per alienos poterunt confiteri*.

Mais pour qu'un *témoin* domestique fasse foi en pareil cas, il faut qu'il n'y ait pas de reproches particuliers qui militent contre lui; car s'il y en avoit d'autres que la domesticité, on pourroit, on devroit même rejetter sa déposition.

Les ouvriers, les artisans, les vignerons, les laboureurs qui travaillent pour notre compte, ne sont pas domestiques ni serviteurs dans le sens de la loi. Ainsi rien n'empêche que leurs dépositions ne fassent foi pour ou contre eux. Les circonstances peuvent cependant, en bien des occasions, en affoiblir le poids. Cela dépend de la prudence du juge.

Suivant l'ancien droit du royaume, les main-mortables ne pouvoient être *témoins* pour ou contre leur seigneur. Mais cet usage est abrogé dans presque toutes les coutumes de main-morte. Celle de Nivernois, *chap. 8, art. 21*, décide nettement

que *les gens de cette condition peuvent être* témoins, *pour & contre le seigneur*. Elle n'excepte que deux cas, l'un quand l'affaire est criminelle, l'autre quand un main-mortable prétend la franchise contre le seigneur. L'article 205 de la coutume de Bourbonnois déclare que les main-mortables *peuvent porter témoignage indifféremment comme autres gens*.

Celle de Franche-Comté, *tit. 51, art. 19*, porte que le main-mortable peut déposer pour son seigneur; mais que si à cette qualité il joint celle de taillable à volonté ou de justiciable en toute justice, il pourra être reproché, & ne fera aucune foi. L'article 104 de la coutume de Bourgogne dit la même chose en d'autres termes.

Le reproche d'affection ou d'amitié s'applique à plusieurs sortes de personnes. Tels sont d'abord le mari & la femme. Il est certain qu'ils ne peuvent déposer l'un pour l'autre; & quoiqu'il n'y ait aucune disposition expresse dans le droit romain, ni dans nos ordonnances, cela n'a jamais souffert la moindre difficulté. On sait d'ailleurs que la loi 3, C. *de testibus*, réprouve généralement tout témoignage domestique: *domestici testimonii fides reprobatur*.

Mais peuvent-ils être contraints de déposer l'un contre l'autre ? On trouve dans Papon, *liv. 9, tit. 1, n. 26*, un arrêt du parlement de Paris du 9 janvier 1530, qui a jugé pour l'affirmative dans un cas où il ne se trouvoit pas d'autres *témoins*. C'étoit en matière civile. Duperrier, *tome 2, pag. 372*, nous en fournit deux autres du parlement d'Aix, des 15 octobre 1568 & 18 juillet 1577, qui ont jugé que la femme & la sœur de l'accusé pouvoient être contraintes de déposer contre lui, lorsqu'il s'agiroit d'un crime grave, & que la preuve n'en pouvoit être faite autrement.

Le sentiment contraire, qui est soutenu par Voët, paroîtra sans doute plus raisonnable. Il n'est point d'affection fondée sur un lien plus sacré que celle dont un mari & une femme doivent être animés l'un pour l'autre. Ne seroit-ce pas outrager à la fois la nature & la religion, que de les mettre dans l'alternative d'un parjure ou d'une déclaration qui doit nuire à l'un d'eux ? D'ailleurs ils sont la source des parentés & alliances; & il seroit bien singulier qu'on leur accordât en cette matière moins de prérogative qu'aux parens & alliés qu'ils forment.

Le reproche d'affection s'applique incontestablement au donataire qui dépose pour son bienfaiteur, au bénéficier ouï à la requête de son collateur libre, à la concubine produite par celui qui l'entretient, à l'ami intime qui dépose en faveur de l'ami avec lequel il boit & mange journellement; mais toutes ces personnes peuvent déposer contre celles à qui elles sont attachées, & si elles s'y refusoient, on les y obligeroit sans difficulté.

L'inimitié forme un des meilleurs moyens de reproche que l'on puisse employer contre un *témoin*; mais pour cela il faut plusieurs conditions.

La première eſt qu'elle ſoit grave, & même, ſuivant quelques auteurs, capitale. Mais que doit-on entendre par inimitié grave & capitale ? C'eſt ce que les auteurs laiſſent à l'arbitrage du juge. Farinacius, *tome 2, pag. 1*, dit qu'en matière crimi-nelle l'inimitié la plus légère ſuffit pour altérer la foi d'une dépoſition ; & cela paroît bien juſte ; car pour condamner un accuſé, il faut régulièrement des *témoins, omni exceptioue majores*.

La ſeconde condition eſt que l'inimitié ait éclaté au dehors, ſoit par des menaces, des voies de fait, des injures, ſoit par des accuſations criminelles, ſoit par des procès civils dans leſquels la bonne-foi eſt attaquée, ou la plus grande partie de toute une for-tune compromiſe, ſoit par une exécution mobilière ou une ſaiſie-réelle, ſoit enfin par une dépoſition précédemment faite dans un procès à l'extraor-dinaire.

La troiſième condition eſt que les marques exté-rieures de l'inimitié aient éclaté pendant le procès dans lequel le *témoin* eſt produit, ou peu aupa-ravant.

La quatrième eſt que l'inimitié ne ſoit pas l'effet d'un manège pratiqué par une partie pour empêcher un *témoin* de dépoſer contre elle. Par exemple, dit M. Muyard de Vouglans, ſi l'accuſé, prévoyant que le *témoin* ſeroit requis de dépoſer contre lui, affectoit de lui chercher querelle de propos déli-béré, afin de le pouvoir reprocher ſous prétexte d'inimitié, la dépoſition de ce *témoin* ne laiſſeroit pas que d'être bonne. Par la même raiſon, ſi le procès dont une partie veut ſe faire un moyen de reproche contre le *témoin* qui dépoſe à ſa charge, a été intenté dans un temps où elle prévoyoit que l'on feroit entendre celui-ci contre elle, & à deſ-ſein d'écarter ſon témoignage, le juge ne doit avoir aucun égard au reproche que l'on en fait réſulter.

La cinquième condition eſt que l'inimitié ſoit perſonnelle au *témoin* contre la dépoſition duquel on l'oppoſe. C'eſt pourquoi, dit M. Maynard, *liv. 4, chap. 85*, il a été jugé par arrêt du parlement de Touloufe, que ce n'eſt pas un reproche valable de dire que le *témoin* eſt l'ami de l'ennemi capital de l'accuſé. On croit cependant que l'ennemi du père doit être conſidéré en cette matière comme l'en-nemi du fils. C'eſt l'avis de pluſieurs auteurs.

La ſixième condition eſt que l'inimitié ne ſoit pas éteinte par une réconciliation ſincère. Le magiſtrat que l'on vient de citer, rapporte à ce ſujet un arrêt du mois de janvier 1585, par lequel il a été jugé qu'une ſalutation ſimple ne prouvoit qu'à demi la réconciliation, & que le reproche contre lequel on l'oppoſoit, devoit encore ſubſiſter juſqu'à un cer-tain point.

Il y a un genre d'inimitié que la loi préſume, & qui donne lieu à un reproche indépendant des conditions que l'on vient de retracer ; c'eſt celui qui réſulte de la différence de religion. La loi 21, *C. de hæreticis*, porte que les hérétiques & les juifs

ne peuvent être produits pour *témoins* par des per-ſonnes attachées à leurs ſectes, contre les catho-liques.

Cette diſpoſition s'obſerve encore par rapport aux Juifs, comme le prouve un arrêt du parlement de Metz, du 10 février 1691, inſéré dans le recueil d'Augeard, & cela parce que leur caractère & les loix du Talmud décèlent en eux une haine profonde contre les chrétiens.

Quant aux religionnaires, il n'eſt point douteux que l'on ne dût leur appliquer la diſpoſition ci-deſſus rappellée, ſi l'on étoit encore dans ces temps mal-heureux où le fanatiſme armoit le frère contre ſon frère qui n'avoit pas le bonheur de penſer comme lui. Mais depuis qu'une raiſon plus éclairée a fait ceſſer cette ſorte de haine, & que l'on eſt con-venu de pouvoir s'eſtimer, ſans avoir des ſentimens uniformes ; n'en doutons pas, un proteſtant peut être *témoin* contre un orthodoxe ; ou du moins pour faire rejetter ſa dépoſition, il faudroit des preuves particulières que ſon attachement à l'erreur l'eût rendu fanatique.

Il eſt des cas où le ſimple ſoupçon de la ſubor-nation équivaut à une preuve de ce crime, & fait, comme elle, rejetter entièrement la dépoſition d'un *témoin*. Par exemple, lorſqu'il eſt prouvé que depuis l'appointement à faire une preuve, un *témoin* a reçu quelque préſent ou a été régalé de la partie qui le produit, on préſume qu'il a été ſuborné, & ſa dépo-ſition ne fait aucune foi. Cette préſomption a en-core lieu quand il eſt prouvé que la partie qui pro-duit le *témoin* lui a dreſſé ſa dépoſition par écrit.

La pauvreté du *témoin* eſt toujours un juſte ſujet de préſomption qu'il a été ſuborné. Il eſt vrai que la loi 3 *de teſtibus*, met la pauvreté au nombre des qualités que le juge doit examiner dans la per-ſonne du *témoin* ; mais elle y joint le caractère de celui-ci, ſes mœurs, ſa conduite. Elle dit d'abord qu'il faut conſidérer *an egens ſit* ; mais elle ne s'ar-rête pas-là ; elle ajoute, *ut lucri cauſâ quid facilè admittat*. La pauvreté ne ſuffit donc pas ; il faut que ce ſoit une pauvreté qui, dans toutes les cir-conſtances qui l'accompagnent, faſſe préſumer que le *témoin* eſt capable de tous les crimes qui peuvent lui être lucratifs. Auſſi les docteurs & l'uſage ont-ils reſtreint le reproche de pauvreté au ſeul cas de la mendicité, & il n'y a perſonne qui ne convienne que dans ce cas il emporte une préſomption légale de ſubornation. Papon, *liv. 9, tit. 3, n. 15*, rapporte un arrêt du mois d'août 1532, qui rejette la dépoſition d'un mendiant par les rues.

§. III. *Du témoin qui varie ou ſe rétracte après avoir dépoſé*. La loi 2, *ff. de teſtibus*, porte que les témoins qui ſe rétractent ne doivent pas être écoutés. *Teſtes qui adverſus fidem ſuæ teſtationis vacillant, audiendi non ſunt*. La loi 16 du même titre ajoute qu'ils doivent être punis comme fauſſaires, parce qu'ils ſont néceſſairement parjures. Ce que nous diſons de la rétractation, doit s'entendre également de à variation, lòrsqu'elle tombe sur des chofes effentielles.

L'ordonnance de 1670 a réglé ce qui concerne l'une & l'autre dans les matières criminelles. L'article 5 du titre 15 permet au *témoin* d'ajouter à fa dépofition ou de la diminuer lors de fon récolement. L'article 9 ajoute que les *témoins* qui, depuis le récolement, rétraferont leurs dépofitions ou les changeront dans des circonftances effentielles, feront pourfuivis extraordinairement comme fauffaires.

De la conférence de ces deux textes, il femble réfulter qu'au récolement, les *témoins* peuvent fe rétrafter & varier impunément, fans diftinguer fur quels faits & dans quels points. Il y a même dans le dictionnaire de Brillon, un arrêté du parlement de Grenoble, du 20 août 1684, qui décide que le *témoin* en fait criminel peut non-feulement ajouter ou diminuer à fa dépofition dans fon récolement, mais auffi la changer entiérement, fans qu'il puiffe être pourfuivi criminellement lorfqu'il a varié avant la confrontation.

Cette décifion eft conforme au texte littéral de l'ordonnance : mais n'eft-elle pas contraire à fon efprit ? L'ordonnance, dit Serpillon en fon code criminel, pag. 710, doit s'entendre avec modification. Elle ne permet pas aux *témoins* de changer totalement au récolement ; ce changement prouve qu'ils ont fait un faux ferment lorfqu'ils ont dépofé des faits qu'ils reconnoiffent eux-mêmes faux ; puifqu'ils font obligés, au récolement, de s'en rétrafter entiérement, dans la crainte d'être convaincus de faux, foit par la contradiction de leurs dépofitions avec celles des autres *témoins*, foit parce qu'ils préfument qu'il fera facile de les convaincre de s'être laiffé fuborner. Il eft vrai que l'article 11 de l'ordonnance ne parle que de la variation du *témoin* après le récolement ; mais elle n'exclut pas la voie extraordinaire contre ceux qui, lors du récolement, varient il fort, que l'on ne peut douter de leurs faux fermens, lors de leurs dépofitions, s'ils fe rétraftent entiérement, ou dans la partie la plus effentielle.

Une lettre de M. le procureur - général du parlement de Paris, du 21 juin 1730, au procureur du roi de Saint-Pierre-le-Moutier, vient à l'appui de cette doctrine. Elle porte : s'il y a des *témoins* qui aient rétrafté leurs dépofitions & leurs récolemens lors de la confrontation, il faut les décréter ; & fi même un témoin entendu en dépofition fe rétrafte au récolement par rapport à quelque fait important, il y a lieu à le décréter. Voyez CONFRONTATION, ENQUÊTE, PREUVE, RÉCOLEMENT.

ADDITION.

Des témoins que l'on nomme néceffaires. Une affaire très-célèbre ne nous permet pas d'omettre ici une queftion bien importante ; c'eft celle de favoir fi la juftice doit avoir jamais égard aux dépofitions des *témoins* que les criminaliftes appellent *témoins*

néceffaires : une pareille queftion peut avoir de fi grandes conféquences, que nous nous contenterons de rapporter ce qui a été dit de la part de deux magiftrats très-érudits, & qui fe font trouvés d'un fentiment contraire, & nous laifferons aux légiflateurs & aux arbitres de la loi à prononcer définitivement en faveur de l'un ou de l'autre adverfaire.

L'un, préfident à mortier au parlement de Bordeaux, a prétendu, dans un mémoire rédigé pour la juftification de trois accufés condamnés au fupplice de la roue, que dans aucun cas le dénonciateur, & ce qui tient à fa perfonne, ne peuvent être entendus comme *témoins*.

Il s'eft d'abord appuyé fur le chancelier d'Agueffeau, qui s'exprimoit ainfi : « il eft contraire » aux règles de la juftice & de l'équité naturelle » de faire entendre comme *témoin* la femme d'un » dénonciateur, qui eft tellement intéreffé dans » la procédure qui fe fait fur fa dénonciation, que » c'eft lui que l'on rend refponfable des dommages » & intérêts envers l'accufé contre lequel il n'a » pu faire adminiftrer des preuves fuffifantes pour » le faire condamner.

» Si d'Agueffeau, ajoute le même magiftrat, » repouffoit, comme on le voit, du nombre des » *témoins* la femme même du dénonciateur, à plus » forte raifon repouffoit-il le dénonciateur lui- » même ».

Il cite enfuite une loi des ftatuts d'Avignon, qui déclare « nul & de nul effet l'acte ou juge- » ment où on aura entendu en témoignage contre » l'accufé, l'accufateur ou le dénonciateur, ou la » perfonne inftigante, & qui condamne à la perte » de leur office, & à la réparation de tous dom- » mages envers les accufés, les juges rebelles qui » auront eu l'audace d'écouter les dénonciateurs ».

Il invoque, en faveur de fon fyftême, cette loi romaine : *nullus idoneus teftis in re fua intelligitur.* « Pourquoi, ajoute-t-il, aller chercher l'équité & » la raifon dans des légiflations étrangères ; nous » les trouvons dans notre loi, dans les ordon- » nances de nos rois : celle de Philippe-le-Bel, » de 1303, défend qu'on entende en dépofitions » les dénonciateurs & les parties inftigantes. Un » arrêt de réglement du grand-confeil défend au » prévôt d'entendre en dépofition les dénoncia- » teurs ».

Après avoir raffemblé ces autorités, ce magiftrat s'interrompt, & obferve « que des jurifconfultes, » des magiftrats ont inventé une maxime, un » ufage, qui ôtent à ce principe toute fon éten- » due ».

C'eft la règle, dit *Julius Clarus*, que lorfque, par la nature du fait, la juftice ne peut fe procurer de *témoins* irréprochables, elle admet alors des *témoins* reprochables, des *témoins* que, dans toute autre circonftance, elle rejetteroit.

Regula eft quod quando ex natura facti alii teftes

haberi non poſſunt admittantur teſtes inhabiles, qui aliàs prohibentur.

Le ſénat, continue *Julius Clarus*, eſt dans l'uſage d'ajouter foi aux *témoins* reprochables, ſinon pour condamner à une peine ordinaire, du moins pour condamner à une peine extraordinaire. *Si non ad condemnandum pœna ordinaria ſaltem extraordinaria.*

Si le magiſtrat, dont nous tranſcrivons ici les obſervations, n'eût pas cité le texte même, on auroit eu peine à croire qu'un auteur auſſi révéré que Julius Clarus, eût donné comme poſitif un fait que réprouve la raiſon.

Et en effet, comment admettre que des *témoins* qui ſont jugés incapables de déterminer une condamnation de peine légère, ſoient réputés ſuffiſans pour faire prononcer une peine extraordinaire? c'eſt préciſément l'inverſe de l'équité naturelle.

Le même magiſtrat ne diſſimule pas que l'autorité de Jouſſe ſe réunit à celle du juriſconſulte latin: « La dépoſition des perſonnes ſuſpectes, dit » le commentateur de l'ordonnance de 1670, n'eſt » pas admiſe dans les matières criminelles: mais » cette règle n'a pas lieu dans le cas où l'on ne » peut avoir la vérité que par cette ſorte de *té-* » *moins*: il en eſt de même quand il s'agit de » crimes atroces ».

Il faut avouer que cette diſtinction paroît haſardée: car s'il y a des cas où la juſtice doit héſiter à donner croyance à la dépoſition d'un *témoin* ſuſpect, c'eſt lorſque la gravité de l'accuſation la met dans le cas de prononcer une condamnation à mort.

Le défenſeur des trois accuſés, pour prouver le danger d'admettre, dans les affaires graves, la dépoſition des *témoins néceſſaires*, invoque l'arrêt qui condamna *Langlade* aux galères, ſur une accuſation de vol avec effraction. Dans cette affaire, ſi déplorable pour la juſtice, qui flétrit l'innocence, on avoit entendu la ſœur & la belle-ſœur du comte de Montgomeri, ſon accuſateur; on avoit entendu les domeſtiques de ce même accuſateur, comme *témoins néceſſaires*. Il rapporte l'arrêt rendu contre Cahuſac, que le parlement de Toulouſe condamna à être pendu, & qui fut exécuté ſur les dépoſitions du nommé *Bellot*, ſur celle de la femme & de ſa ſervante, qui furent également entendus comme *témoins néceſſaires*. L'erreur de leur dépoſition fut reconnue, & la mémoire du malheureux Cahuſac fut réhabilitée par un arrêt du même parlement de Toulouſe.

Le mémoire dans lequel étoit expoſé ce ſyſtème, ſi contraire à l'admiſſion des *témoins néceſſaires*, fut combattu par un réquiſitoire où le premier avocat-général du parlement de Paris fit ſentir qu'il ſeroit cependant dangereux d'écarter toujours les dépoſitions des parens & ſerviteurs du dénonciateur. Il prouva que les loix romaines admettoient pluſieurs cas où les parens, & même les eſclaves du dénonciateur, étoient reçus en témoi-

gnages: *ſi alia probatio ad eruendam veritatem non eſt.* Il établit une diſtinction juſte entre l'accuſateur & le dénonciateur, & démontra que ſi l'accuſateur ne devoit jamais être entendu comme *témoin*, le dénonciateur, qui ne faiſoit que découvrir à la juſtice un délit qu'il étoit important de punir, & qui n'avoit d'autre intérêt dans ſa dénonciation que celui de rendre compte d'un fait paſſé ſous ſes yeux, pouvoit être entendu en dépoſition, lorſqu'il n'étoit ſoupçonné ni de haine, ni de cupidité, & qu'il jouiſſoit d'une bonne réputation.

« Si le dénonciateur, diſoit M. Séguier, eſt à » l'abri de tous reproches par lui-même, pourquoi » refuſer de l'entendre en dépoſition? pourquoi ne » pas ajouter foi à ſon témoignage? Il fait une » action louable, un acte d'humanité, en dénon- » çant un coupable; & parce qu'il veille à la » ſûreté publique, doit-on le traiter comme un » homme ſuſpect, & le réprouver comme s'il étoit » déjà convaincu d'impoſture?

» L'impunité du coupable ſeroit un bien plus » grand malheur que le danger de recevoir une » dépoſition dont l'intérêt public conſacre la né- » ceſſité ».

Le même avocat-général, pour prouver que nos loix admettent la dépoſition des *témoins*, parens ou ſerviteurs des accuſateurs, cite l'article 203 de l'ordonnance de Blois, de 1579, *qui enjoint aux juges d'enquérir des témoins, s'ils ſont parens ou alliés des parties, & en quel dégré, ou s'ils ſont domeſtiques & ſerviteurs, & à en faire mention au commencement de leurs dépoſitions.*

Cette injonction faite aux juges, & qui eſt confirmée par l'ordonnance de 1670, titre VI des informations, prouve évidemment deux choſes, l'une » que les domeſtiques peuvent être entendus en » dépoſition; l'autre, qu'en admettant leur témoi- » gnage, mais en les obligeant de déclarer leur qua- » lité, la loi a voulu mettre l'accuſé à portée de » connoître les reproches qu'il pouvoit faire contre » la perſonne du *témoin*.

» L'ordonnance de 1670, titre VI des informa- » tions, déclare *que les enfans de l'un & de l'autre* » *ſexe, au-deſſous de l'âge de puberté, peuvent être* » *reçus à dépoſer.* Comment, dira-t-on, aſſeoir une » condamnation ſur le témoignage d'un impubère, » qui ne peut avoir ni aſſez de jugement pour bien » conſidérer ce qu'il voit, pour bien comprendre » ce qu'il entend, ni aſſez de raiſon pour en dé- » poſer avec certitude, ni aſſez d'intelligence pour » ſentir la force de ce qu'il dépoſe? Cependant » la loi déclare que les impubères pourront être » admis à dépoſer: mais elle ajoute auſſi-tôt une » reſtriction ſage & néceſſaire, ſauf, en *jugeant*, » *d'avoir, par les juges, tel égard que de raiſon à* » *la néceſſité & ſolidité de leur témoignage* ».

L'avocat-général, dont nous rapportons les expreſſions, ajoute « que l'ordonnance, qui laiſſe à » la prudence du juge d'avoir tel égard que de

» raiſon

» raifon à la dépofition de l'impubère, ne pro-
» nonce pas la même reftriction à-l'égard du do-
» meftique qui dépofe; elle l'oblige feulement à
» conftater fa qualité par fa propre déclaration,
» *à peine de nullité* : d'où l'on peut conclure que
» fa dépofition n'eft pas nulle, lorfqu'il a déclaré
» qu'il eft domeftique ou ferviteur de l'une des
» parties : mais nous ne craindrons pas de l'avouer;
» l'obligation impofée au *témoin*, de déclarer s'il
» eft ferviteur ou domeftique des parties, met né-
» ceffairement le juge en garde contre le témoi-
» gnage qu'il a fous les yeux; & nous pouvons
» affurer qu'il n'eft pas un juge qui, de cette feule
» précaution exigée par la loi, ne tire la confé-
» quence que même, dans le cas de néceffité, les
» domeftiques ne peuvent être *témoins* que fauf
» à avoir tel égard que de raifon à la véracité
» de leurs témoignages ».

Il appuie fon fyftème, non-feulement de l'autorité de Jouffe, mais encore de celle du préfident
Faber, qui s'exprime ainfi, à l'égard des dépofitions des domeftiques : « s'il eft queftion de prouver
» un fait qui ne peut être prouvé que par la
» dépofition des domeftiques, ou que la foi due à
» d'autres *témoins* au-deffus de toute exception,
» même à un acte non fufpect, s'accorde avec la
» dépofition des domeftiques, la qualité de ces
» derniers n'ôtera rien à la force de leur témoi-
» gnage, par la feule raifon de leur état de do-
» mefticité ».

M. Séguier crut devoir fortifier fon fyftème par
des exemples.

« Un philofophe, un magiftrat, difoit-il, eft
» dans fon cabinet occupé des affaires de fon état.
» Un particulier fe préfente, & lui demande au-
» dience. A peine la converfation eft-elle com-
» mencée, que le malheureux déguifé fous une
» apparence honnête, tire un poignard, demande
» au citoyen l'argent qu'il peut avoir en fa pof-
» feffion, & le menace de lui ôter la vie s'il ap-
» pelle du fecours. Un ami paroît, le domeftique
» entre pour l'annoncer, l'un & l'autre font té-
» moins de la fcène; l'affaffin fe fait jour & s'évade,
» fans qu'on puiffe l'arrêter. Le domicilié déclare
» le fait à l'officier chargé du foin de la police.
» Celui-ci foupçonne le coupable, & le fait arrêter:
» le procureur du roi rend plainte, on informe;
» le maître, fon ami, ainfi que le domeftique,
» font entendus en dépofition, font confrontés;
» ils reconnoiffent l'affaffin, il eft convaincu, il
» eft condamné.

» Legiflateurs auftères, direz-vous que le dénon-
» ciateur & fon domeftique ne devoient pas être
» entendus, l'un parce qu'il eft dénonciateur,
» l'autre parce qu'il eft domeftique, & qu'il n'y
» a qu'un feul *témoin* ?

» Que deviendra la fûreté publique ? Ofera-t-on
» déformais, dans un royaume policé, fe mettre
» en route fans fe faire efcorter ? Quel inconvé-

» nient pour le commerce ? quel danger pour les
» gens de campagne, qui s'en retournent avec le
» prix des marchandifes qu'ils ont débitées, fi le
» voyageur, fi le commerçant, fi le payfan ne
» peuvent être entendus en dépofition fur les faits
» que contiennent leurs déclarations » ?

Il faut en convenir, ces exemples, ces raifon-
nemens font faits pour produire une grande im-
preffion : mais il réfulte de l'un & l'autre fyftème,
que les juges ne peuvent pas fe tenir trop en garde
contre les dépofitions des *témoins*, & doivent trem-
bler d'affeoir une condamnation de mort même
fur le témoignage de ceux que l'on ne qualifie pas
de *témoins* néceffaires, lorfqu'il n'y a pas d'autres
charges que de fimples dépofitions. Et en effet,
quand bien même les deux *témoins*, qui fe réunirent
au dénonciateur dans l'affaire de *Cahufac*, n'euffent
été ni parens, ni ferviteurs de *Belloc*, ce malheureux
accufé n'en eût pas moins été condamné injuftement;
le dénonciateur & les *témoins* n'étoient point d'intelligence pour charger un innocent; ils étoient de
bonne-foi; ils dirent ce qu'ils avoient cru voir,
& ils fe trompèrent, comme auroient pu fe tromper
des *témoins* irréprochables : mais l'erreur que le
parlement de Touloufe tâcha de réparer, n'auroit
point été commife, s'il eût eu plus d'égard aux
faits juftificatifs propofés par *Cahufac*, s'il eût fait
attention qu'au moment où ces *témoins* prétendoient
l'avoir reconnu il étoit nuit, que la chambre
n'étoit éclairée que par une feule lampe, qu'ils
étoient tous dans le trouble, & que leurs fens
étoient égarés par la furprife & la crainte.

Dans une affaire récente, connue fous le nom
de l'*affaire de l'hermite*, les juges de Dijon ont commis la même faute : ce n'eft pas pour avoir reçu
la dépofition de l'hermite affaffiné qu'ils ont condamné deux innocens à la mort, c'eft parce qu'ils
n'ont pas affez réfléchi que cette dépofition ne devoit être d'aucun poids, puifque ce dénonciateur
avoit eu les yeux bandés par les voleurs qui s'é-
toient introduits la nuit dans fa cabane, & que le
trouble où il étoit ne lui auroit pas même permis
de reconnoître leurs voix.

Le point capital, avant d'avoir égard à la dépofition des *témoins* appellés néceffaires, eft d'examiner,
1°. s'ils ont bien pu voir, bien pu entendre ce
qu'ils dépofent avoir vu & avoir entendu; 2°. fi
le dénonciateur, & les *témoins* qu'il produit, ont
eu quelque fujet de haine ou de vengeance contre
l'accufé : car, dans ce cas, il eft hors de doute
que quel que foit le fentiment des auteurs, ces
témoins doivent être écartés. Mais toutes les fois
qu'on les admet, il eft de la plus grande importance de donner à l'accufé tous les moyens de fe
juftifier, de produire tous fes moyens de reproches,
& de ne prononcer de condamnation qu'autant que
l'accufé réunit contre lui d'autres preuves, telles que
les effets volés, telles que les traces du fang qu'il
a verfés, telles que des condamnations précédentes
pour pareille accufation.

B

En général, on doit plutôt regarder la déposition des *témoins* nécessaires comme des présomptions que comme des preuves. Or, la peine de mort ne devant être prononcée que sur des preuves plus claires que le jour, toutes les fois qu'il ne s'élève contre un accusé que des témoignages nécessaires, les juges doivent s'abstenir de le condamner à mort, & doivent plutôt prononcer un plus amplement informé, & attendre du temps des preuves qui fortifient leur opinion. Certainement il existoit contre le sieur de *Langlade* des indices plus forts que les témoignages de son dénonciateur & des autres *témoins*. Il étoit trouvé saisi de la même quantité de louis que son accusateur disoit lui avoir été pris : ces louis volés étoient d'une espèce rare, & ceux trouvés chez le sieur *Langlade* étoient de la même espèce. Enfin, les louis volés avoient été enveloppés dans un papier particulier, & ce même papier enveloppoit ceux du sieur de Langlade : c'étoient là de fortes, de très-fortes présomptions : mais ce n'étoient pas des preuves aussi claires que le jour, & le temps apprit qu'en envoyant ce malheureux homme aux galères, on avoit eu tort de condamner sur des indices, & sur la déposition de *témoins* nécessaires, qui ne déclaroient pas avoir vu le sieur Langlade s'introduire dans l'appartement du dénonciateur, encore moins forcer ses serrures, & emporter l'or qu'on l'accusoit d'avoir dérobé.

Si nous n'étions pas retenu par la crainte de citer notre propre ouvrage, nous rapporterions ce que nous avons dit à ce sujet au chapitre *des faits justificatifs*, dans nos observations sur la société, qui ont, au jugement de l'académie françoise, obtenu le prix d'utilité. Nous avons démontré combien, en admettant les accusés, immédiatement après l'information, à produire tous leurs moyens de justification, on abrègeroit la captivité des innocens, & combien on les préserveroit des erreurs de la justice, & des funestes effets de la calomnie ou de la prévention. (*Cette addition est de M. DE LA CROIX, avocat au parlement.*)

TÉMOIN AURICULAIRE, est celui qui ne dépose que de faits qu'il a oüi dire à des tiers, & non à la personne du fait de laquelle il s'agit.

Ces sortes de *témoins* ne font point foi, ainsi que le décide la loi *divus 24, ff. de testam. milit.* Aussi Plaute dit-il, que *pluris est oculatus testis unus quam auriti decem. Voyez* TÉMOIN OCULAIRE.

TÉMOIN CONFRONTÉ, est celui qui a subi la confrontation avec l'accusé, pour voir s'il le reconnoîtra, & s'il lui soutiendra les faits contenus dans sa déposition.

TÉMOIN CORROMPU, est celui qui s'est laissé gagner par argent ou par autres promesses pour celer la vérité.

TÉMOIN DOMESTIQUE, est celui qui est choisi dans la famille ou maison de celui qui passe un acte ou qui fait quelque chose, comme si un notaire prenoit pour *témoin* son clerc ; un testateur, son

enfant ou son domestique ; le témoignage de ces sortes de personnes ne fait point foi.

TÉMOIN (*faux*), est celui qui dépose contre la connoissance qu'il a de la vérité.

TÉMOIN IDOINE, est celui qui a l'âge & les qualités requises pour témoigner.

TÉMOIN INSTRUMENTAIRE, est celui dont la présence concourt à donner la perfection à un acte public, comme les deux *témoins* en la présence desquels un notaire instrumente au défaut d'un notaire en second.

TÉMOIN IRRÉPROCHABLE, est celui contre lequel on ne peut fournir aucun reproche pertinent & admissible. *Voyez* REPROCHE.

TÉMOIN MUET, est une chose inanimée qui sert à la conviction d'un accusé ; par exemple, si un homme a été égorgé dans sa chambre, & que l'on y trouve un couteau ensanglanté, ce couteau est un *témoin muet*, qui fait soupçonner que celui auquel il appartient peut être l'auteur du délit ; mais ces *témoins muets* ne font point une preuve pleine & entière, ce ne font que des indices & des semipreuves. *Voyez* CONVICTION, INDICE, PREUVE.

TÉMOIN NÉCESSAIRE, est celui dont le témoignage est admis seulement en certains cas par nécessité, & parce que le fait est de telle nature, que l'on ne peut en avoir d'autres *témoins* ; ainsi les domestiques, dont le témoignage est récusable en général dans les affaires de leur maître, à cause de la dépendance où ils sont à son égard, deviennent *témoins nécessaires* lorsqu'il s'agit de faits passés dans l'intérieur de la maison, parce que eux seuls sont à portée d'en avoir connoissance, comme s'il s'agit de faits de sévices & mauvais traitemens du mari envers sa femme, ou de certains crimes qui ne se commettent qu'en secret ; dans ce cas & autres semblables, on admet le témoignage des domestiques, sauf à y avoir tel égard que de raison. *Voyez* la loi *consensu, cod. de repud.* & la loi 3, *cod. de testibus*.

TÉMOIN OCULAIRE, est celui qui dépose de fait qu'il a vu, ou de chose qu'il a entendu dire à l'accusé même ou autre personne du fait de laquelle il s'agit : la déposition de deux *témoins oculaires* fait une foi pleine & entière, pourvu qu'il n'y ait point eu de reproche valable fourni contre eux.

TÉMOIN RÉCOLÉ, est celui auquel on a relu sa déposition, avec interpellation de déclarer s'il y persiste. *Voyez* RÉCOLEMENT.

TÉMOIN RÉPÉTÉ, est celui qui étant venu à révélation, a été entendu de nouveau en information. *Voyez* RÉVÉLATION.

TÉMOIN REPROCHABLE, est celui contre lequel il y a de justes moyens de reproches, & dont en conséquence le témoignage est suspect & doit être rejetté ; par exemple, si celui qui charge l'accusé a quelque procès avec lui, ou quelque inimitié capitale. *Voyez* REPROCHES.

TÉMOIN REPROCHÉ, est celui contre lequel

on a fourni des moyens de reproches, *Voyez* RE-
PROCHES.

TÉMOIN REQUIS, est celui qui a été mandé
exprès pour une chose, comme pour assister à un
testament, à la différence de ceux qui se trouvent
fortuitement présens à un acte.

TÉMOINS SINGULIERS, sont ceux qui déposent
chacun en particulier de certains faits, dont les
autres ne parlent pas. Chaque déposition qui est
unique en son espèce ne fait point de preuve :
par exemple, si deux *témoins* chargent chacun l'accusé d'un délit différent, leurs dépositions ne
forment point de preuve en général ; cependant
lorsqu'il s'agit de certains délits dont la preuve
peut résulter de plusieurs faits particuliers, on
rassemble ces différens faits, comme quand il s'agit
de prouver le mauvais commerce qui a été entre
deux personnes, on rapproche toutes les différentes
circonstances qui dénotent une habitude criminelle.

TÉMOINS EN FAIT D'ARPENTAGE ET DE BORNES,
sont de petits tuileaux, pierres plates ou autres
marques que l'arpenteur fait mettre dessous les
bornes qu'il fait poser, pour montrer que ces
bornes sont des pierres posées de la main d'homme
& pour servir de bornes.

Quand on est en doute si une pierre est une borne
ou non, on ordonne souvent qu'elle sera levée pour
voir s'il y a dessous des *témoins* qui marquent que ce
soit effectivement une borne. (*A*)

TEMPOREL, adj. & subst, se dit des biens &
des possessions de la terre par opposition aux biens
spirituels : il se dit aussi du revenu qu'un ecclésiastique tire de son bénéfice.

En certaines occasions, on oblige les évêques &
les autres bénéficiers à exécuter les loix du prince,
sous peine de saisie de leur *temporel.* Par exemple,
l'article 5 du titre 7 de l'ordonnance criminelle de
1670, enjoint aux curés & à leurs vicaires, de faire
la publication d'un monitoire aussi-tôt qu'ils en
seront requis, à peine de saisie de leur *temporel.*
Et l'article 6 porte que si, après la saisie du *temporel* des officiaux, curés ou vicaires, à eux signifiée, ils refusent d'accorder & de publier le monitoire, les juges royaux pourront ordonner la
distribution de leurs revenus aux hôpitaux ou
pauvres des lieux,

Les parlemens & les baillis ou sénéchaux royaux
qui y ressortissent nuement, ont seuls le droit d'ordonner, à la requête des procureurs-généraux ou
de leurs substituts, la saisie du tiers du *temporel* des
ecclésiastiques qui possèdent des bénéfices à charge
d'ames, lorsqu'ils passent un temps considérable sans
y résider, & des titulaires des bénéfices qui ne font
pas acquitter le service dont ils peuvent être chargés,
ni entretenir les bâtimens qui en dépendent. C'est
ce qui résulte de l'article 23 de l'édit du mois
d'avril 1695. *Voyez* RÉSIDENCE, RÉPARATION, &c.

TEMPS, s. m. *en droit,* signifie quelquefois une
certaine *conjoncture,* comme quand on dit en *temps
de foire.*

Temps signifie aussi *délai ;* il faut intenter le retrait lignager dans l'an & jour, qui est le *temps*
prescrit par la coutume. *Voyez* DÉLAI.

Temps d'étude, est l'espace de *temps* pendant lequel un gradué doit avoir étudié pour obtenir
régulièrement ses grades. *Voyez* ÉTUDE, DEGRÉS,
GRADUÉ.

TENANCE, ou TENANCHE, c'est la même chose
qu'une tenure, c'est-à-dire, une possession considérée dans l'ordre féodal, relativement à la manière dont elle est tenue. *Voyez* le glossaire de
du Cange, au mot *Tenentia* sous *Tenere 1.* (*G. D. C.*)

TENANCHE. *Voyez* TENANCE.

TENANCIER & TENANT, (*Droit féodal.*) c'est
le possesseur d'un héritage considéré relativement
à la qualité de sa tenure dans l'ordre féodal.
(*G. D. C.*)

TENANS ET ABOUTISSANS, (*termes de Pratique.*) sont les confins d'un héritage, ceux auxquels il tient & aboutit : dans les contrats de
vente ou de louage, dans les aveux & reconnoissances, on doit exprimer les *tenans & aboutissans,* & sur-tout dans les demandes en désiste-
ment, ou en déclaration d'hypothèque, ou autres
semblables, afin que l'on puisse connoître d'une
manière certaine de quel héritage il s'agit. *Voyez*
AVEU, CONFINS, DÉCLARATION, LIMITES, RE-
CONNOISSANCE. (*A*)

TENANT. *Voyez* TENANCIER.

TENEAU, (*Droit féodal.*) Quelques auteurs
disent qu'on appelle ainsi le terrage dans la coutume de Chartres. *Voyez* TERCEAU. (*G. D. C.*)

TENELLES, ou CHENELLES. Le droit de gam-
bage (dit Maillard, en ses notes sur Gosson, commentateur de la coutume d'Artois, *art. 3, n. 3,*)
est nommé droit de *chenelles* ou de *tenelles,* en quelques coutumes locales d'Artois ; par exemple, en
celles du mont S. Eloy où il est fixé à deux lods
pour chaque brassin. (*G. D. C.*)

TENEMENT, (*Droit féodal.*) c'est un héritage,
considéré dans l'ordre féodal, relativement à la
manière dont il est tenu allodialement, ou non,
noblement ou roturiérement. Plus communément
on entend par-là un héritage roturier, ou même
l'assemblage de plusieurs héritages, tenu solidairement d'un seigneur au même devoir. (*G. D. C.*)

TENEMENT COTTIER, (*Droit féodal.*) ce mot
se trouve dans la coutume de Ponthieu, *art. 4 & 6,*
& dans plusieurs coutumes de Picardie, d'Artois
& de Flandre. Il y désigne un héritage roturier.
Bouteiller, en la somme rurale, dit « que la terre
» tenue en cotterie est terre vilaine & possession
» de main-ferme, qui n'est tenue en fief & ne doit
» hommage, service, ost ne chevauchée, ains seu-
» lement la rente au seigneur & le droit d'échevi-
» nage pour l'advest & le devest ». (*G. D. C.*)

TENEMENT DE CINQ ANS, est une prescription
particulière, usitée dans les coutumes d'Anjou,
Maine, Touraine, & Loudunois. Ce *tenement,* dans
l'origine, n'étoit autre chose que la saisine, ou

poffeffion d'an & jour; mais comme cette prefcription étoit trop courte, on l'étendit au terme de cinq années.

Il y a quelque différence à cet égard dans l'ufage des coutumes que l'on a nommées ci-devant.

En Anjou & au Maine, un acquéreur peut fe défendre par le *tenement*, ou poffeffion de dix ans, contre toutes hypothèques créées avant trente années, & par le *tenement de cinq ans*, contre toutes celles qui font créées depuis trente ans.

Dans les coutumes de Touraine & de Loudunois, l'acquereur peut fe défendre par le *tenement de cinq ans*, contre les acquéreurs de rentes conftituées, dons & legs faits depuis trente ans ; mais les autres dettes hypothécaires contractées avant, ou depuis trente ans, ne font point fujettes au *tenement*.

TENEMENT FRANC ou FRANK TENEMENT, (*Droit féodal.*) en anglois *free hold*. C'eft une efpèce de tenure, fort commune en Angleterre & connue auffi dans le droit anglo-normand. Il ne faut pas la confondre avec les héritages tenus en franc-alen. Le *franc-tenement* ne fuppofe ni la franchife de l'héritage, ni même la propriété de la part de celui qui poffède. On donne ce nom à toute efpèce de droit qu'on a dans un héritage, à titre de poffeffion.

Britton dit au chap. 32, que « c'eft la poffeffion » du fol par un homme libre ».

S. Germyn dit auffi au livre 2, d. 22, que « la » poffeffion d'un fonds eft ce qu'on appelle en An- » gleterre le *frank-tenement*, ou *free hold* ».

Enfin *les termes de la ley* le définiffent ainfi : « *frank- » tenement* eft un état qu'un homme a en terres, ou » *tenemens* ou profit à prendre en fief fimple, (ou) » taile, pour le temps de fa vie, ou de celle d'une » autre perfonne, en douaire, ou par la courtoifie » d'Angleterre. Au-deffous de cela, ce n'eft plus » un *franc-tenement* ; car celui qui a un état pour » tant d'années, ou qui tient à volonté, n'a pas de » *franc-tenement*. Son droit ne forme qu'un fimple » chattel. Il y a deux efpèces de *frank-tenemens*, » l'un en fait, l'autre en loi ». Ces deux fortes de *frank-tenement* ont lieu felon qu'on poffède de fait, ou qu'on a feulement le droit d'entrer en poffeffion, fuivant la loi.

La poffeffion d'un *frank-tenement* donne la belle prérogative de donner fa voix aux élections des membres des communes, lorfqu'il vaut quarante fhillings. L'origine de cette dénomination de *franktenement* vient probablement de ce qu'on a d'abord donné ce nom aux rentes qu'on affignoit à prendre fur un fief, fans charge d'aucun devoir. C'eft ce qui paroît réfulter de la définition fuivante qu'en donne l'ancienne coutume de Normandie, ou grand coutumier Normand, *Tit.* 28 *des tenures*. Uns « *francs-tenements* font tenus fans hommage & » fans parage en fief lay, & eft fait par compofi- » tion qui eft faite entre aucunes perfonnes, fi » comme un homme a vingt fols de rente fur un

» fief & en donne à autre dix fols, & en retient » les autres dix fols & hommage, cil qui tient le » fief ne fera pas hommage à autre ; car il tient » par un feul hommage, & tele *tenure* eft appellée » volontaire, pour ce qu'elle eft faite par la 'vo- » lonté à celui qui baille, & par celle à celui qui » reçoit, & non pas de néceffité d'héritage ». *Voyez* au furplus fur ce paffage, Terrien dans fes *commentaires fur le droit civil de Normandie, liv.* 5, *chap.* 3, *n.* 3. (*G. D. C.*)

TENEMENT VILLAIN. (*Droit féodal.*) On pourroit comprendre fous ce mot toute efpèce de tenure roturière. Mais l'ancien coutumier de Normandie au chapitre *des tenures*, entend par-là une terre tenue à la charge d'un fervice vil dû par le détenteur. Tels font, y eft-il dit, les bordiers qui tiennent bordage & ceux qui fervent à fac & à fomme, qui tiennent les vavaffoureries par fommage, & par fervice de cheval, ou qui doivent curer les mares, marner ou fumer les terres, ou fener les foins de leur feigneur, ou refaire leurs éclufes, foffés & maifons, labourer les terres, cueillir & charroyer les grains, les battre & vanner. C'eft ce que la coutume de Bretagne, *art.* 91, appelle *viles corvées*. Ragueau remarque que « tels vils » fervices font en ufage en Angleterre & ont » été caufe de la rebellion des fujets, dont Froif- » fart fait mention au chap. 74 du volume 2 ». (*G. D. C.*)

TENEMENTIER. Quelques coutumes, telles que celle de Bourgogne duché, *tit.* 11 *des cenfes*, *art.* 5 & 6 de Lorraine, *tit.* 12, *art.* 32, donnent ce nom au *détenteur* d'un héritage, & fpécialement au cenfitaire qu'on appelle auffi communément *tenancier*. (*G. D. C.*)

TENEUR, f. f. (*Gram. & Jurifprud.*) du latin *tenor*, eft ce que contient un acte ; ou ordonne qu'une fentence fera exécutée felon fa forme & *teneur*, c'eft-à-dire, fuivant ce qui eft porté en fon contenu. (*A*)

TENEURE. *Voyez* TENURE.

TENIR, (*Droit féodal.*) c'eft poffèder une tenure. *Voyez* TENURE & TENUE. (*G. D. C.*)

TENSEMENT. (*Droit féodal.*) On a dit autrefois *tenfer*, ou *tanfer*, en latin barbare, *tenfare*, pour défendre, garder, protéger. Ce mot fe retrouve même encore aujourd'hui dans l'article 26 du chapitre 7 de la coutume de Liège : « le créancier, » y eft-il dit, ayant deux titres de diverfes dates, » étant refaifi, ou ayant purgé fimplement pour » le fien *tenfer* & garder, conferve le droit du tiers » acquis entre fes deux titres ».

C'eft delà fans doute que procède le droit de *tenfement* que divers feigneurs fe faifoient payer, apparemment en reconnoiffance de la protection qu'ils accordoient ou prétendoient accorder.

Un nécrologe de l'églife de Chartres porte : « *retentis folummodò redditibus* tenfamenti *quos prò* » *terrâ* tenfandâ *fingulis annis habebit* ».

Le livre du prieur de Dunftaple appelle auffi

tenfable, un pré défenfable : & *eft pratum illud* tenfa-*bile per totum annum : unde prior poft afportationem herbæ, pro denariis locat partem fuam.*

Quoi qu'il en foit, le droit de *tenfement* confiftoit dans une redevance plus ou moins forte due en argent, ou en grains, outre le cens fur les maifons & les autres héritages. Dans un titre de l'an 1300, Jean de Fajel & demoifelle Idoanne fa femme tranfportent divers droits nouveaux de la feigneurie des religieux, pour fix den. de cens par an & fix den. de *tenfement*. Deux autres ventes de l'an 1261 & 1264 parlent d'une redevance de fix feptiers & trois minots de taxement en avoine, *fex fextariis & tribus minotis taxamenti avenæ*, d'une demi-mine d'avoine de *tenfement*, &c. ; ces exemples font rapportés avec quelques autres par Galand dans le gloffaire du droit françois ; & cet auteur n'a pas cru devoir diftinguer le *tenement* du taxement. Il cite encore un arrêt de 1282, qui parle d'avoine de taxement (*avenæ de taxamento*) dues à Antony près Paris. *Voyez* TAUXEMENT.

Quoi qu'il en foit, on peut voir une foule d'autres exemples du mot *tenfement* dans le gloffaire de du Cange. Ce droit, qui paroît fur-tout avoir été connu dans l'ifle de France, dans l'Orléannois & les pays voifins, étoit fi confidérable dans certains lieux, qu'on lit dans une charte de l'an 1232, rapportée par du Cange, que le vicomte de Chartres vendit quatre mille livres tournois aux religieux de Bonnevaux, tous les *tenfemens* qu'il avoit dans la ville de Bonnevaux & aux environs.

On voit encore dans ce dernier auteur, qu'on faifoit auffi payer un droit de *tenferie* aux églifes, fous prétexte de les protéger. Le concile de Londres, de l'an 1151, *chap. 1*, porte : *fancimus igitur ut ecclefiæ & poffeffiones ecclefiafticæ ab operationibus & exactionibus, quas vulgò tenferias five talliagias vocant, omnimodò liberæ permaneant, nec fuper his eas aliqui de cætero inquietare præfumant.*

Le concile de Tours, de l'an 1163, *chap. 10*, porte auffi *de cœmeteriis & ecclefiis, five quibus libet poffeffionibus ecclefiafticis*, tenferias dari prohibemus, ne prò ecclefiam vel cæmeterii defenfione, fidei fuæ clerici fponfionem interponant, &c.

Enfin on lit dans les vies des abbés de S. Alban : *hæc eft fumma pecuniæ perd tæ & tenferiæ datæ tempore guerræ de maneriis abbatis Gulielmi.* (G. D. C.)

TENSER. *Voyez* TENSEMENT.

TENSERIE. *Voyez* TENSEMENT.

TENUE, (*Droit féodal.*) ce mot eft affez fouvent employé pour celui de *tenure. Voyez le titre 17 de la coutume de Bretagne*. Quelques coutumes & nos anciens praticiens s'en fervent auffi pour défigner la poffeffion, fur-tout en matière de prefcription. (G. D. C.)

TENUE A LICENCE. *Voyez* TENUE LIGE.

TENUE DE DU CHAINNE. (*Droit féodal.*) On appelloit ainfi en Normandie une tenure relevant immédiatement du duc.

Dom Carpentier au mot *tenere de nudo ad nudum*

rapporte l'extrait fuivant du regiftre *B* de la chambre des comptes de Paris pour l'an 1336 : » fe il » tient aucune chofe en fié, ou en vilenage dud. » monf. le duc & fous lui, fans moyenne tenue » d'autrui, que l'on appelle *tenue de du chainne* ». (G. D. C.)

TENUE ET AVEU (ou plutôt ADVEU, MINU ET TENUE), (*Droit féodal.*) La coutume de Bretagne, *art. 360 & fuivans* donne ce nom à un aveu & dénombrement, c'eft-à-dire, la reconnoiffance détaillée par le *menu* que le vaffal fait à fon feigneur de ce qu'il tient de lui. *Voyez le gloffaire du droit françois au mot* ADVEU, MINU ET TENUE. (G. D. C.)

TENUE LIGE *ou* TENUE A LIGENCE. (*Droit féodal.*) Ce mot fe trouve dans la coutume de Bretagne, *art. 329 & fuivans*. Il y défigne une tenure immédiate. *Voyez* TENUE NOBLE & JUVEIGNEURIE. (G. D. C.)

TENUE MOYENNE, (*Droit féodal.*) c'eft une tenure médiate, c'eft-à-dire un arrière-fief, ou la roture mouvante du fief du vaffal. *Voyez* Dom Carpentier au mot *tenere de nudo ad nudum*, fous *tenere 1*. (G. D. C.)

TENUE NOBLE. (*Droit féodal.*) Ce mot eft employé dans le titre 17 de la coutume de Bretagne, pour défigner les tenures nobles, ou les fiefs. Les articles 319, 320 & 321 en diftinguent trois efpèces, qui font la *tenue lige*, ou à ligence, c'eft-à-dire la *tenue* immédiate, la *tenue de juveigneur d'aîné en parage & ramage* où le puîné tient tout à la fois de fon frère aîné en parage & en ligence du feigneur fupérieur lige & prochain dudit aîné ; enfin, « la juveigneur fans parage, qui eft » quand le fief baillé au juveigneur vient à la main » d'un étranger, & qui n'eft du ramage, & celui » qui tient ainfi en juveigneurie fans parage, tient » auffi du feigneur proche, comme du feigneur » lige ». *Voyez* fur ces tenures fingulières l'article JUVEIGNEURIE. (G. D. C.)

TENUE PAR LOI, termes employés dans la coutume de la ville & du chef lieu de Valenciennes, pour exprimer la perception que fait un créancier des fruits de l'héritage de fon débiteur, après l'avoir faifi.

On a vu à l'article CLAIN, que les chartres générales du Hainaut ne permettent qu'aux créanciers munis d'une hypothèque conftituée par déshéritance, de faire décréter les biens fur lefquels cette hypothèque eft affectée, & que les autres font obligés, fuivant ces loix, de fe borner à une fimple faifie des revenus qui fe diftribuent entre eux jufqu'à l'extinction de leurs dettes. La coutume de Valenciennes, prefque en tout modelée fur la loi générale de la province, nous offre quelque chofe de femblable dans ce qu'elle prefcrit par rapport à la *tenue par loi*.

On diftingue dans cette coutume trois fortes de dettes, les fimples ou cédulaires, les *ayuwes*, c'eft-à-dire, celles créées ou reconnues par contrats paffés devant échevins ou jurés de cattel, & les dettes hypothécaires.

Les créanciers de dettes hypothécaires créées par déshéritance peuvent, à défaut de paiement, faire décréter les biens qui leur sont hypothéqués, sans être obligés de les tenir préalablement en saisie pendant trois ans. Mais il n'en est pas de même des créanciers chirographaires, & des dettes *ayuwes*.

Pour obtenir le paiement d'une dette simple ou cédulaire sur des biens fonds, il n'y a point d'autre voie à prendre que la saisie des revenus, ou *tenue par loi*.

Encore est-il à remarquer qu'après la mort d'un débiteur qui laisse des enfans, on ne peut demander à *tenir par loi* ses biens *patrimoniaux*, mais seulement ses acquêts & autres héritages de libre disposition. C'est ce qui résulte des articles 150, 151 & 152 de la coutume de Valenciennes. Ainsi quand un créancier chirographaire a épuisé tout le mobilier de son débiteur, il peut se pourvoir sur ses immeubles, les tenir en saisie, & se payer des revenus qui en proviennent. Mais il ne peut les faire décréter; car la permission que la coutume lui donne de se *traire sur les fruits & revenus*, renferme une défense tacite de toucher à la propriété; & cela est d'autant moins susceptible de doute, que dans un autre endroit la coutume permet de décréter les immeubles pour dettes fondées en *ayuwes* ou contrats passés devant échevins ou jurés de cattel: or, suivant la règle *inclusio unius est exclusio alterius*. C'est d'ailleurs ce qui a été jugé par arrêt du parlement de Flandres, du 18 novembre 1680, rapporté dans le recueil de M. le président d'Hermaville, §. 68.

Dans la coutume de Valenciennes, il faut donc, en matière d'exécution, distinguer les contrats d'avec les jugemens. Les contrats, lorsqu'ils sont revêtus de la forme d'*ayuwes*, sont exécutoires sur la propriété des héritages, comme on le verra ci-après: mais les jugemens rendus sur des créances simples ne peuvent être mis en exécution que sur les meubles & les fruits des immeubles.

Se pourront traire sur les fruits & revenus des immeubles, acquêts ou autres dont le débiteur pouvoit disposer... sans pour semblables simples dettes pouvoir toucher aux héritages patrimoniaux d'un trépassé, ou revenus d'iceux après son trépas.

Il n'est question dans ce texte que des poursuites faites par un créancier après la mort de son débiteur. Mais de-là il n'en faut pas conclure que pendant sa vie on puisse plutôt faire décréter ses immeubles pour simples dettes; non, il n'y a sur ce point aucune différence entre les poursuites faites avant ou après la mort; mais la faculté de saisir s'étend plus loin pendant la vie du débiteur qu'après son décès. Les termes que l'on vient de transcrire annoncent évidemment qu'une fois le débiteur mort, les saisies des créanciers ne peuvent frapper que sur les revenus des biens dont il lui avoit été libre de disposer. Pendant sa vie, au contraire, tous

ses biens peuvent être saisis & *tenus par loi* sans distinction, sans que le créancier puisse les faire aliéner par décret.

Les dettes fondées en ayuwes, c'est-à-dire en titres passés devant échevins ou jurés de cattel, ont cela de commun avec les dettes simples, que l'on doit en poursuivre le paiement sur les meubles des débiteurs, avant que l'on puisse toucher aux immeubles. Mais il y a entre les unes & les autres plusieurs différences; la plus importante, celle que nous présentent l'article 74 & suivans de la coutume, consiste en ce qu'on ne peut régulièrement exécuter un débiteur pour une dette simple, sans au préalable l'avoir fait condamner contradictoirement ou par défaut: au lieu que pour une dette fondée en ayuwe, on peut exécuter en vertu d'une simple permission de justice qui s'accorde sur la requête du créancier.

Les mêmes textes attribuent l'exécution des ayuwes au mayeur, parce que cet officier est, à certains égards, considéré comme un sergent, ou du moins en fait plusieurs fonctions. *Voyez* MAYEUR.

La coutume ne dit pas si avant de faire, pour l'exécution d'une ayuwe, les procédures dont elle parle, il est nécessaire de constituer le débiteur en retard par une sommation; mais le droit commun le dit pour elle.

Ainsi, lorsqu'un créancier fondé en ayuwes, ne trouve pas entre les mains de son débiteur des biens meubles & cattels, il peut saisir ses immeubles & ses rentes tenues pour immeubles, les tenir le terme & espace de trois ans, en percevoir les fruits en paiement & diminution de sa dette, en les déchargeant des charges dont ils sont chargés, & les entretenant à l'ordonnance de la loi, à la charge de rendre compte & reliquat des fruits & revenus.

Cette jouissance préalable n'a été établie que pour l'avantage du débiteur; son objet est de lui procurer un moyen de payer ses dettes, sans perdre la propriété de ses immeubles. Et comme il est de principe que chacun peut renoncer à ce qui est introduit en sa faveur, il n'est point douteux qu'un débiteur capable d'aliéner ne puisse abréger, par son consentement, le terme dont la coutume exige le laps pour procéder au décret. Il est même avantageux au débiteur d'en user ainsi toutes les fois que ses biens sont saisis pour des créances si fortes que les revenus annuels des biens puissent à peine en acquitter les intérêts. Il n'y a d'ailleurs aucune difficulté là-dessus dans l'usage.

Il ne faut pas croire que le créancier puisse jouir par ses mains des héritages qu'il tient en saisie; cela seroit d'une conséquence trop dangereuse: il faut nécessairement qu'il les afferme; & pour éviter tout soupçon de fraude, il doit faire procéder au bail en justice. Des baux faits pardevant notaires peuvent être sujets à des difficultés de tout genre.

Lorsque le bail est passé en justice, rien n'empêche le créancier poursuivant de s'en rendre lui-même adjudicataire, ainsi qu'il résulte de deux arrêts du parlement de Paris des 22 juillet 1690 & 29 avril 1722, qui en défendant aux procureurs & à leurs clercs de se rendre adjudicataires ou cautions dans les baux judiciaires, le leur ont permis dans le cas où ils sont eux-mêmes créanciers ou opposans sans fraude.

Si le bien saisi étoit une rente, il ne faudroit point en faire de bail, mais seulement signifier la saisie au débiteur de la rente, afin que celui-ci ne payât plus à d'autres qu'au créancier saisissant.

On a remarqué que la coutume oblige le *tenant par loi* d'entretenir les héritages à *l'ordonnance* du juge. Pour se mettre en règle sur ce point, le créancier doit, avant d'entrer en possession des biens saisis, faire dresser procès-verbal de l'état où ils se trouvent, & des réparations nécessaires pour l'exploitation du bail. Si, dans le cours de sa *tenure par loi*, il survient des réparations à faire, il faut que le créancier présente une requête au juge, pour faire ordonner la visite des lieux & l'adjudication au rabais de l'ouvrage qui sera jugé nécessaire.

Ces formalités ne seroient cependant pas essentielles, si les réparations n'étoient pas considérables : car il seroit absurde de faire des procédures qui monteroient plus haut que le prix des réparations. Dans ce cas, il suffit de présenter une requête au juge, qui permet d'employer en réparations jusqu'à concurrence d'une certaine somme ; & alors le créancier doit justifier de cet emploi par des quittances données pardevant notaires, soit par les ouvriers, soit par les entrepreneurs.

Le créancier ne peut *tenir par loi* les héritages de son débiteur plus de trois ans ; s'il les retient plus de quinze jours au-delà des trois ans, il encourt une amende : mais s'il n'est pas satisfait de son dû, il doit se présenter à justice, déclarer que les trois années sont expirées, & requérir que les héritages ou rentes soient vendus par *recours*, c'est-à-dire par enchère.

Cette dernière disposition de la coutume de Valenciennes est contraire à la jurisprudence générale du Hainaut, dont les chartres défendent à tout créancier de faire décréter les immeubles de son débiteur, à moins que celui-ci ne les ait hypothéqués volontairement par une déshéritance faite entre les mains des juges fonciers de la situation. Mais il paroît qu'elle est fondée sur ce que la coutume de Valenciennes considère les contrats d'ayuwes comme emportant une espèce d'hypothèque générale sur tous les biens de son ressort ; & en effet, les créanciers munis d'ayuwes sont colloqués dans la distribution du prix des biens décrétés, suivant l'ordre de leurs contrats, *sans avoir égard à la diligence du clamans* ; ce qui différencie les créanciers hypothécaires d'avec les chirographaires.

TENURE, s. f. (*Gramm. & Jurispr.*) est la manière & le titre auquel on possède un héritage ; il y a plusieurs sortes de *tenures*, savoir la *tenure* en franche-aumône, la *tenure* en franc-aleu, la *tenure* en fief par hommage, la *tenure* par parage, la *tenure*

par bourgage, la *tenure* en censive. *Voyez* l'article 103 de la coutume de Normandie, & les mots ALEU, AUMÔNE, BOURGAGE, CENSIVE, FIEF, FOI, FRANC-ALEU, HOMMAGE, PARAGE, &c. (*A*)

Le mot *tenure* est sur-tout employé dans le droit Anglo-Normand : Litleton a intitulé *les tenures* le livre qu'il a composé en langue normande, au quinzième siècle pour servir d'institution au droit Anglois, & dont M. Houard nous a donné une traduction enrichie de ses notes. Il s'en faut de beaucoup que nous ayons en France un ouvrage aussi bien fait sur notre ancien droit. Les assises de Jérusalem & les coutumes de Beauvoisis, le grand coutumier & la somme rurale même sont beaucoup plus longs, sans contenir autant de choses & sans être aussi bien raisonnés.

M. Wright a fait aussi sur les *tenures* angloises un ouvrage moderne, dont il y a eu plusieurs éditions. (*G. D. C.*)

TENURE A VOLONTÉ. (*Droit féodal.*) Il en est question dans les auteurs de droit anglo-normand. Laurière, dans le glossaire du droit françois, paroît la confondre avec la *tenure* volontaire, dont le grand coutumier de Normandie fait mention dans le passage cité à la fin de l'article TENEMENT (*franc*). Mais ce sont deux choses différentes. La *tenure* volontaire est une *tenure* conventionnelle, qui a pour objet l'abandon fait par le bailleur au preneur de la partie d'un droit qui appartient au bailleur. « Et telle *tenure* est appelée *volontaire*, parce » qu'elle est faite par la volonté de celui qui baille » & par celle à celui qui reçoit & non pas de né- » cessité d'héritage ». La *tenure à volonté* est au contraire une jouissance précaire, dont le preneur peut être dépossédé à la volonté du bailleur. (*G. D. C.*)

TENURE DE DU CHAINNE. *Voyez* TENUE DE DU CHAINNE.

TENURE MOYENNE *Voyez* TENUE MOYENNE.

TERCEAU. (*Droit féodal.*) La coutume de Chartres emploie ce mot dans l'article 114, pour désigner un droit de complant, ou plutôt de vinage, qui consiste dans une certaine quantité de vin de la vendange de chaque année à prendre dans la cuve, ou dans un autre vaisseau.

Cet article condamne à l'amende de 60 sols, outre la restitution du droit, celui « qui dépouille vi- » gnes qui doivent *terceau*, s'il tire son vin de la » cuve ou autre vaisseau, sans le faire savoir au » seigneur à qui il est dû, ou à son procureur, re- » ceveur, ou commis ».

L'article ajoute : « qu'en quittant par celui à » qui appartient la vigne la dépouille de l'année » d'icelle, le jour de S. Barthelemy, au mois » d'août, ès mains que dessus, il sera quitte du- » dit *terceau*, pour ladite année : & pourra le » seigneur faire vendanger ladite vigne & prendre » les fruits de ladite année si bon lui semble ».

Quoique ce droit ne se perçoive point sur la vigne même, comme le complant Conart, du

Lorens & Merville n'en décident pas moins qu'il n'arrérage pas & qu'on n'en peut demander qu'une feule année, parce qu'il eft dû par les fruits & non par le fol même. Ils citent une fentence du bailliage de Chartres qui l'a ainfi jugé. *Voyez* VINAGE. (*G. D. C.*)

TERCEUIL, (*Droit féodal.*) c'eft la même chofe que *terceau*. *Voyez* ce mot & le gloffaire de du Cange, au mot *Terciolagium*. (*G. D. C.*)

TERCHIER, (*Droit féodal.*) c'eft lever le droit de terrage qu'on appelloit *tierce*. *Voyez* ce mot & les gloffaires de du Cange & dom Carpentier, au mot *Tertia* 4. (*G. D. C.*)

TERCIAUBLE, *ou* TIERSAUBLE, (*Droit féodal.*) c'eft ce qui eft fujet au droit de terrage, appellé *tierce*. *Voyez* ce mot & dom Carpentier au mot *Tertiabilis*. (*G. D. C.*)

TERCIÈRE. (*Droit féodal.*) Dom Carpentier dit avec affez de vraifemblance que c'eft une terre fujette au terrage. Il cite en preuve au mot *Tertiarium* l'extrait fuivant d'une charte de l'an 1312, qui eft au livre rouge de la chambre des comptes de Paris, folio 522 v°. « Une pièce de terre, appellée la *ter-cière*, en quoy a 81 arpens & 45 carreaux, &c. ». *Voyez* du Cange au mot *tertiarium* & les articles PARCIÈRE & TIERCE.

Il fe pourroit néanmoins que le mot *Tercière*, dans le paffage qu'on vient de citer, ne fût que le nom d'un champ, fans aucune application aux devoirs dont il étoit chargé. (*G. D. C.*)

TERGIVERSATEUR, f. m. TERGIVERSATION, f. f. On appelle *tergiverfateur* celui qui ufe de rufes & de détours pour furprendre quelqu'un ; & *tergiverfation*, l'action d'employer le dol & la furprife pour parvenir à fes fins. *Voyez* DOL, FRAUDE, SURPRISE.

TERME, f. m. en général, fignifie les mots qui fervent à exprimer les penfées. Chaque art, chaque fcience a des *termes*, ou des façons de parler qui lui font particuliers ; on en diftingue en droit plufieurs fortes.

Termes confacrés font ceux qui font deftinés fingulièrement à exprimer quelque chofe.

Termes démonftratifs font ceux qui ne fervent que d'indication, & non de limitation : ils font oppofés aux *termes limitatifs*. Par exemple, quand un teftateur lègue une rente à quelqu'un & qu'il affigne le paiement fur une telle maifon, ces *termes* ne font que démonftratifs ; de forte que fi la maifon vient à périr, la rente n'en eft pas moins due : mais s'il lègue une telle maifon & qu'elle vienne à périr, le legs eft caduc, parce que le legs eft conçu en *termes* limitatifs.

Termes directs font ceux par lefquels on ordonne directement quelque chofe, & qui tombent directement fur la perfonne qui eft appellée à une fucceffion ou legs. *Voyez termes obliques* ou *indirects*.

Termes impératifs font ceux par lefquels le légiflateur ou un teftateur ordonnent quelque chofe.

Termes indirects. *Voyez Termes obliques.*

Termes limitatifs. *Voyez Termes démonftratifs.*

Termes négatifs font ceux qui défendent de contrevenir à une difpofition.

Termes obliques font ceux par lefquels on ordonne indirectement quelque chofe, ou qui s'adreffent indirectement à quelqu'un.

Termes prohibitifs font ceux par lefquels le légiflateur ou un teftateur défendent quelque chofe : ils font prohibitifs-négatifs, lorfqu'il eft défendu de faire aucune difpofition ou convention contraire à ce qui eft ordonné.

Termes propres font ceux qui conviennent pour exprimer quelque chofe ; *propres termes* font les *termes* même d'un acte que l'on rapporte littéralement. *Voyez* les *mots* ACTE, CLAUSE, CONVENTION, DISPOSITION, LOT, TESTAMENT. (*A*)

TERME, (*Droit féodal.*) On a ainfi nommé autrefois les affifes, les plaids, les audiences des jurifdictions, qui fe tenoient à des époques fixes dans l'année. *Voyez* du Cange & dom Carpentier au mot *Terminus* 5.

Ce nom a fur-tout été en ufage dans les provinces autrefois foumifes aux Anglois, & il eft encore en ufage en Angleterre pour défigner les temps de l'année durant lefquels les cours de juftice font ouvertes. Les termes font ceux de S. Hilaire, Pâques, la Trinité & S. Michel. Mais la cour de chancellerie ou d'équité, & le parlement ne connoiffent point de *termes*.

Les *termes* font auffi au nombre de quatre en Ecoffe. Mais les époques en font différentes. (*G. D. C.*)

TERQUISIAETH. (*Droit féodal.*) Ce mot fe trouve dans une charte latine fans date, tirée du cartulaire de Kemperelec, rapportée par dom Lobineau à la page 104 des preuves de l'hiftoire de Bretagne. Il y eft dit : *de ipfa autem terrâ hic redditus eft, fcilicet terquifiaeth, kevrod, multones, paftus, decima, & cætera jura quæ de propriâ terrâ ad dominum pertinent.*

Suivant le gloffaire que dom Lobineau a mis à la fin de ce volume, « il y a de l'apparence que » le *terquifiaeth* étoit une efpèce de champart, ou » droit femblable, impofé fur les fujets, qui » avoient obtenu du feigneur, à cette condition, » la liberté de défricher certaines terres ; ce qui » fe commençoit en écorchant (pour ainfi dire) » la furface de cette terre vague & inculte, ce que » l'on appelle dans le pays *étreper* (ou eftreper), » brûlant les mottes que l'on avoit levées. *Quifiat*, » en Breton, fignifie *écorcher*. Ce droit paroît avoir » été fort approchant de celui de *lewarec*, qui eft » un droit fur les terres nouvellement défri-chées ».

Quant au mot *kevrod*, ou *keurod*, qui fe trouve auffi dans le même paffage, il fignifie la même chofe que *quevaife*, fuivant le même auteur. *Kevrod* vient, dit-il, de *kaien-raut*, qui veut dire *fors dehors*, d'où l'on a formé *quevaife*. Mais *voyez* l'article *Quevaife*. (*G. D. C.*)

TERRAGE.

TERRAGE. (*Droit féodal.*) Ce mot eft ordinairement fynonyme de *champart*; il défigne donc une certaine portion des fruits de la *terre* & fur-tout des champs, ou *terres labourables*, que le propriétaire eft obligé de donner au feigneur ou à un précédent propriétaire en vertu du bail qui lui a été fait.

Le mot *terrage* a néanmoins une fignification particuliere dans quelques lieux du Mâconnois & particuliérement dans le bourg de S. Laurent-lès-Mâcon. Il y défigne un droit de layde ou de minage dû fur les grains & les autres marchandifes qui fe vendent par *terres* dans les grandes places & prairies de S. Laurent. *Voyez* TERRAIGE.

On ne parlera ici du *terrage* que dans fon acception ordinaire, & l'on en dira même affez peu de chofes. Les principes de cette matiere ont été foigneufement expofés au mot CHAMPART. On va fe contenter d'ajouter quelques obfervations fur la perception & la prefcription de ce droit.

§. I. *Perception du droit de terrage.* En général, le *terrage* ne fe paie qu'après la dixme, & feulement fur ce qui refte après la dixme prélevée. La raifon en eft que ce droit eft lui-même fujet à la dixme; il ne peut par conféquent être dû que fur les fruits qui reftent après qu'elle a été payée.

Lors néanmoins que la dixme & le *terrage* appartiennent à la même perfonne, il eft d'ufage de les percevoir conjointement, & cet ufage fe fera probablement établi, parce qu'on n'aura pas affez calculé pour en fentir la différence. Il eft très-defavantageux au propriétaire: qu'un héritage foit chargé de la dixme au dix & du *terrage* à la même quotité, il paiera dix gerbes fur cent pour la dixme & neuf feulement fur les quatre-vingt-dix reftant pour le *terrage*, c'eft-à-dire dix-neuf en tout, fi la dixme fe préleve. Mais fi la dixme & le champart fe levent conjointement, le propriétaire paiera vingt gerbes, au lieu de dix-neuf, c'eft-à-dire une gerbe de plus fur cent.

Cette derniere maniere de percevoir les deux droits n'en eft pas moins autorifée, lorfqu'elle eft appuyée de titres, ou lorfqu'il y a une poffeffion conftante, comme cela eft affez ordinaire. Deux arrêts l'ont ainfi jugé: le premier a été rendu au parlement de Paris, en faveur du chapitre de Beauvais, le 27 juin 1721, contre les habitans de Velienes & d'Orrouer: cet arrêt eft au journal des audiences. Le fecond a été rendu au grand-confeil, le 11 février 1761, en faveur de l'abbé de Corbie, contre les fieur & dame Fontaine, prenant le fait & caufe de leur fermier des terres fituées en Ponthieu, terrier de Courtieu.

Me Prudhomme, qui rapporte ces deux arrêts, dans fon traité des rotures, *liv.* 9, *chap.* 3, ajoute mal-à-propos que cette exception de percevoir l'un & l'autre droit fur la totalité de la récolte, « n'a lieu qu'en faveur des eccléfiaftiques, feuls » capables de pofféder des dixmes eccléfiaftiques». Cet auteur reconnoît lui-même que les feigneurs poffedent auffi une multitude de dixmes, qui font

inféodées & qui fe levent avant le champart & rien n'eft plus commun que de leur voir percevoir la dixme & le champart cumulativement. C'eft ainfi qu'on le pratique dans une multitude de feigneuries du Poitou, où les feigneurs ont le fixieme des fruits pour dixme & *terrage*.

Le *terrage* fe perçoit-il fur les mêmes grains coupés en verd? C'eft encore ici la poffeffion qui doit fervir de regle, & c'eft elle qui concilie les contrariétés apparentes qui fubfiftent à cet égard. Un arrêt rendu fur procès par écrit, le 12 mai 1727, & confirmatif d'une fentence du bailliage d'Amiens, du 12 avril 1725, fans s'arrêter à l'intervention des habitans du village d'Acheu, a condamné Adrien Parent & autres y demeurans, à payer au fieur Damiens, feigneur d'Acheu, le droit de champart en verd de la tramaine par eux dépouillée en 1721, & dans les années fuivantes: les habitans le refufoient, fur ce que cette coupe avoit été faite pour la nourriture de leurs beftiaux & fans fraude: le feigneur fe fondoit fur l'ufage du territoire. M. de Calonne qui rapporte cet arrêt au chap. 29, n°. 7, dans fes obfervations fur les coutumes d'Amiens, d'Artois, &c. obferve que, dans la copie imprimée qu'il a lue de la fentence & de l'arrêt, il n'a pas vu que cet ufage fût dénié, que c'eft ce qui a produit la confirmation de la fentence, parce que celui qui a perçu un droit réel pendant dix & vingt ans, en a acquis une poffeffion qui lui tient lieu de titre.

On s'eft prévalu, dans la fuite, du même arrêt, dans une inftance, fur l'appel d'une fentence du confeil d'Artois; le champart étoit demandé fur cinq mefures de terres femées en draviere (mélange d'avoines, pois & feves), qui avoit été fauchée en verd. Jofeph-Eloi Baudrelot, détenteur, foutenoit que le champart ne pouvoit être perçu que fur des grains coupés en maturité; il oppofoit une premiere fentence rendue au même fiege le 14 janvier 1723, qui avoit débouté le feigneur d'une femblable demande; une feconde du 21 janvier 1749, au profit du nommé *François*, laboureur à Bienvilliers, contre la comteffe de Souaftre. Le comte de Bryas, feigneur d'Hernicourt, répondit qu'en quelque temps que les femences fuffent coupées, le droit étoit dû; il invoquoit l'arrêt du 12 mai 1727, rendu dans la coutume d'Amiens, en faveur du feigneur d'Acheu. La caufe portée à l'audience du confeil d'Artois le 14 juin 1749, le comte de Bryas a été débouté de fa demande, *attendu*, porte la fentence, *qu'il n'eft pas d'ufage en cette province de payer le terrage des fruits coupés verds fans fraude, & qui ne durent qu'une année*: fur l'appel, arrêt rendu en la premiere chambre des enquêtes, le 2 feptembre 1752, confirmatif de la fentence. M. de Calonne, qui rapporte encore ce fecond arrêt, ajoute fur le mémoire du comte de Bryas, eft une note de l'avocat qui l'avoit défendu, portant que *l'ufage de la province, atteflé par les juges du confeil d'Artois, avoit été le motif de l'arrêt*.

C

Au reste, le seigneur ne peut point exiger le *terrage* des fruits qui viennent dans les haies qui entourent les héritages sujets à *terrage*, ni dans les foins qu'on y recueille sans fraude. Un arrêt du... juillet 1783, rendu au profit de M. le Long, lieutenant de l'élection de S. Maixent, en Poitou, & le sieur de la Broue, seigneur d'Aubigné & Faye, a jugé que ce seigneur ne pouvoit pas exiger le *terrage* dans les champs sujets à ce droit, soit de l'herbe qui vient dans les chaintres, soit des fruits que produisent les arbres plantés dans les haies. J'avois écrit pour le sieur le Long.

§. II. *Prescription du droit de terrage.* On a vu au mot *champart*, que le *terrage* est imprescriptible, comme le *cens*, suivant le droit commun, quand il tient lieu du cens; qu'il est prescriptible par trente ans, quand il est simple foncier; & qu'il jouit de tous les privilèges du cens, lorsqu'il y est uni comme un seul & même devoir, soit dans le bail de l'héritage, s'il existe encore, soit dans les reconnoissances qui suppléent ce bail. C'est ainsi qu'une multitude de déclarations portent qu'un héritage est chargé de la rente de tant de deniers, tant de poules, tant de boisseaux de bled, & du *terrage*; « le tout de devoir noble, portant fief & » jurisdiction ». Le champart est aussi imprescriptible comme le cens. Un arrêt du 22 juillet 1781, rendu en la troisième chambre des enquêtes, au rapport de M. Titon de Villotran, l'a ainsi jugé en faveur de M. l'évêque de Toul, abbé commendataire de l'abbaye de Morigny, près Etampes, contre Jacques-Henri de Sabrovois, écuyer, & les demoiselles ses sœurs. Un autre arrêt du 5 avril 1759, rapporté par Roussel sur la coutume d'Artois, *tome 1, pag. 182*, a jugé aussi imprescriptible le droit de *terrage*, qui étoit la première charge de l'héritage.

Ne pourroit-on pas néanmoins dire que la première de ces décisions donne trop d'étendue au principe de l'imprescriptibilité du cens? Le cens n'est véritablement imprescriptible qu'en vertu de la maxime *nulle terre sans seigneur* (quoiqu'on ait aussi voulu étendre l'imprescriptibilité aux coutume allodiales); & c'est par cette raison que le non-paiement du devoir ne peut pas affranchir l'héritage. Mais on reconnoît universellement que la quotité du cens peut diminuer par la prescription; pourquoi donc ne pourroit-elle pas être changée de la même manière? pourquoi, par exemple, le *terrage* ne pourroit-il pas être converti en une rente ou en quelques deniers de cens? ou pourquoi dans le concours d'une rente en argent, volaille, & grains avec le *terrage*, la rente ou le *terrage* ne pourroient-ils pas être prescrits? Cette prescription ne porte pas atteinte à l'ordre féodal; & l'on ne voit pas pourquoi la prescription ne pourroit pas opérer ici le même effet que la convention, puisque la prescription trentenaire, & à plus forte raison celle d'un plus long temps, doivent faire présumer l'existence d'un titre qui a pu se perdre par le laps

de temps. Ne peut-on pas ajouter enfin que dès que la rente & le *terrage* ne forment qu'un seul & même devoir, un cens unique, la prescription du *terrage* seul ou de la rente seule n'est autre chose que la prescription de la quotité du cens?

On cite à la vérité des arrêts qui ont, dit-on, jugé que le changement de l'espèce du cens est imprescriptible. Mais peut-être, en examinant ces arrêts, trouveroit-on qu'ils ont seulement jugé que cette prescription n'avoit pas lieu, lorsqu'il s'agissoit d'une redevance en nature dont les seigneurs avoient consenti le paiement en argent pendant long-temps, & quand les circonstances prouvoient que c'étoit-là une tolérance volontaire, par laquelle ils n'avoient point entendu déroger au droit de percevoir la redevance en nature. Tel est probablement le motif de l'arrêt du 5 juillet 1758, rendu en la seconde chambre des enquêtes, au rapport de M. l'abbé Lattaignant, en faveur de M. de la Broue, seigneur d'Aubigné. Dans l'espèce de cet arrêt, le sieur de Villiers, avocat à S. Maixent, & consorts, propriétaires des métairies de la Pillochère, de la Cottinière & de la grande Pillochère, situées en la paroisse de Nanteuil, en la province de Poitou, étoient assujetties à payer par chacun an, à la fête de Notre-Dame de mars, un marc d'argent en œuvre, au seigneur de la baronnie d'Aubigné, suivant qu'il étoit porté aux sentences de 1522 & 1534, & dans les déclarations des propriétaires de ces mêmes métairies, passées en faveur des auteurs du sieur de la Broue en 1611 & 1677. On ne rapportoit pas le titre primordial.

Cette rente noble & solidaire, à raison de laquelle on ne présentoit pas d'abonnement, avoit été acquittée au moyen d'une somme de trente livres par des paiemens faits tant aux fermiers du sieur de la Broue, baron d'Aubigné, qu'à ceux de ses prédécesseurs, qui avoient fourni leurs quittances sur ce pied aux propriétaires des métairies assujetties à ce devoir.

Le sieur de la Broue demanda le marc d'argent en œuvre. La sénéchaussée de S. Maixent jugea qu'il n'étoit dû qu'une somme de trente liv. Mais le parlement, en infirmant la sentence, n'eut aucun égard à la possession de payer cette somme, & condamna le sieur de Villiers & consorts à payer le marc d'argent en œuvre.

Prévôt de la Jaunès n'a trouvé aucune difficulté à cette prescription, qu'il a également admise en faveur du créancier du droit de champart contre le propriétaire. « Les droits réels sur les héritages » peuvent, dit-il, être prescrits comme les héri- » tages même: on peut les acquérir par prescrip- » tion en trois manières; la première, lorsqu'un » tiers s'est mis en possession d'un droit réel, d'un » droit de champart, par exemple, qui m'appartenoit sur le fonds d'un autre, & qu'il en a joui. La » seconde, lorsque j'ai perçu pendant trente ans » un droit de champart sur un fonds qui en étoit

» auparavant exempt. La troisième , lorsque le
» propriétaire d'un héritage sujet au droit de cham-
» part a joui de son héritage librement , pendant trente
» ans, sans que j'aie perçu pendant tout ce temps le
» champart qui m'étoit dû ; ce détenteur, en
» acquérant la libération du champart, a acquis la
» partie de la propriété qui lui manquoit ». (*Principes de la Jurisprudence françoise, n. 638.*)

Il est vrai que cet auteur n'a pas parlé nommément du champart seigneurial, mais on doit croire
qu'il a entendu le comprendre dans sa décision,
puisqu'il ne l'a pas exclu , quoique ce soit l'espèce
de champart la plus commune. Cette décision est
d'ailleurs placée dans son ouvrage entre deux autres qui parlent de l'imprescriptibilité des dixmes
& de la mouvance censuelle.

Quant aux arrérages du droit de champart, on
convient généralement qu'ils ne s'accumulent point
sans demande judiciaire , & qu'on n'en peut demander qu'une seule année, du moins dans le ressort
du parlement de Paris. C'est ainsi qu'on le pratique
également pour le droit de dixme , soit laïque, soit
ecclésiastique, lors du moins qu'elle se perçoit en
nature comme le *terrage*. Les raisons sont les mêmes
pour l'un & l'autre. Il a paru trop dur d'exiger un
grand nombre d'années d'un droit si onéreux , &
trop dangereux d'admettre des recherches à cet
égard, lorsqu'on peut présumer que le tenancier l'a
laissé sur les lieux, comme il est d'usage , & que le
seigneur est dans son tort de n'avoir pas constaté le
refus du paiement dans le temps convenable, pour
un droit qui ne se peut payer qu'au temps de la
récolte. Ce seroit d'ailleurs donner lieu à des recours très-incertains , & très-coûteux. La plupart
des propriétaires ne cultivant pas eux-mêmes leurs
biens , doivent présumer que leurs fermiers ont acquitté ce droit , dont on ne donne pas ordinairement de quittance ; & après un certain nombre
d'années ne seroit-il pas injuste de leur demander la
restitution d'un droit dont ils n'ont pas profité , en
leur laissant pour ressource unique la garantie contre un fermier qui peut être éloigné, ou ruiné, &c. ?
Peuvent-ils même avoir les connoissances suffisantes
pour s'assurer si le droit n'a pas été effectivement
acquitté, ou du moins s'il n'a pas été laissé sur le
champ ; & n'est-il pas à craindre que les dépositions
des témoins, toujours sujettes à tant d'inconvéniens,
ne serviffent qu'à jetter la justice dans l'erreur ,
ou dans l'incertitude sur des faits si anciens , &
nécessairement connus d'un petit-nombre de personnes ?

Plusieurs auteurs enseignent néanmoins que
cette règle cesse lorsque le terrein n'ayant pas été
cultivé, l'on demande une indemnité pour la non-
culture au lieu du droit de *terrage*. Tel est en particulier l'avis de l'annotateur d'Harcher sur le *chap. 6 ,
sect.* 4 , §. 2 de la coutume du Poitou. Cet auteur
cite un arrêt du 4 septembre 1759, rendu en la
grand-chambre , au rapport de M. Pasquier qui l'a
ainsi jugé en confirmant une sentence de la séné-

chauffée de Poitiers , rendue en faveur de la dame
Herpain , & qui a condamné les sieurs Bailly ,
Rampillon , Martineau , & la demoiselle Doussel
à payer des dommages & intérêts pour vingt-neuf
années de non-culture. (*M. GARRAN DE COULON,
avocat au parlement.*)

TERRAGÉ. (*Droit féodal.*) On donne ce nom à
la récolte sur laquelle on a perçu le droit de terrage.
La coutume de Montargis , *chap. 3 , art.* 2 & suivans, dit dans ce sens, *gerbes terragées*, & *terre terragée*.
(*G. D. C.*)

TERRAGEASSE. (*Droit féodal.*) La coutume
de Montargis , *chap. 3 , art.* 2 , appelle ainsi la grange
terragère, c'est-à-dire celle qui est destinée à recueillir
le droit de terrage. (*G. D. C.*)

TERRAGEAU, (*Droit féodal.*) ce mot est synonyme de *terrageur.* La coutume de Blois , *art.* 41,
43 & 44, donne ce nom au seigneur qui perçoit
le droit de terrage. Elle appelle aussi dans les articles 132 & 133, *grange & pressoir terrageaux*, la
grange & le pressoir destinés à la récolte du droit
de terrage. Enfin d'anciens titres cités par du Cange
& dom Carpentier au mot *Terragium* 1 , ont dit *terre
terrageau*, pour désigner une terre sujette au terrage.
(*G. D. C.*)

TERRAGENS , (*Droit féodal.*) ce mot veut dire
sujet au terrage; peut-être est-ce le pluriel de *terra-
geant*, qu'on a quelquefois pris passivement pour
terragé, ou *terrageable.* On trouve dans les antiquités
poitevines (manuscrit de dom Etiennot , *part.* 3 ,
pag. 946), des lettres de l'an 1293 , tirées d'un registre de l'abbaye de Nieul , qui contiennent la
clause suivante : « se il devenoit que ce avage deust
» estre fait en choses *terragens*, ou quintères, ou
» quartères , qui fussent audit religieux en leus
» dessus dits, ge li dis Joffreis & mi hoir successour,
» signour de Chatel-Achart ne li porrions faire en
» préjudice des religieux ». *Voyez* le *glossarium
novum* de dom Carpentier, au mot *Terrageria.*
(*G. D. C.*)

TERRAGER. (*Droit féodal.*) Ce mot est tantôt
un verbe & tantôt un adjectif ; comme verbe, il
signifie percevoir le terrage ; comme adjectif, il
signifie relatif au terrage. On dit *terragère* & *terrageresse* dans le même sens au féminin. *Voyez* les
coutumes de Poitou, *art.* 64 & 82, & de S. Jean
d'Angely , *art. 18.*

C'est mal à propos que le glossaire du droit françois cite, pour cette dernière acception, la coutume
de Montargis , *chap. 3 , art.* 2 & 3. (*G. D. C.*)

TERRAGERESSE. *Voyez* TERRAGER.

TERRAGERIE , (*Droit féodal.*) c'est l'étendue
du territoire sujet au terrage. *Voyez* la coutume de
Poitou , *art.* 64, 75 & 191. Dom Carpentier dit aussi,
dans son glossaire françois , qu'on a donné ce nom
au droit même de terrage. (*G. D. C.*)

TERRAGEUR , (*Droit féodal.*) c'est celui à qui
appartient le droit de terrage, ou qui le perçoit.
La coutume d'Artois , *art.* 63, appelle *terrageur* celui
qui est chargé de recueillir le terrage. (*G. D. C.*)

TERRAGIER. (*Droit féodal.*) La coutume de Berry, *tit. 10* , *art. 42*, donne ce nom à celui qui tient une terre sujette au terrage & à cette terre même. (*G. D. C.*)

TERRAGIÈRE. *Voyez* TERRAGIER.

TERRAIGE. (*Droit féodal.*) On a ainsi nommé autrefois un droit de layde, dû pour l'étalage des marchandises dans les foires & les marchés, sans doute parce qu'on les y plaçoit par terre. Les coutumes manuscrites de Château-sur-Seine, citées par dom Carpentier, au mot *Terragium 6*, portent : « marchands, ou marchandes qui amènent en foire, » pour vendre en gros, vin, miel, sel, huile & au-» tres graisses, ne doivent d'estaul, ou de *terraige* , » que quatre deniers tournois ». *Voyez* le second alinéa de l'article TERRAGE. (*G. D. C.*)

TERRE, s. f. *en droit*, signifie quelquefois un champ, quelquefois une certaine étendue de pays, une seigneurie.

Terre allodiale , est celle qui est possédée en franc-aleu.

Terre aumônée, celle qui a été donnée en franche-aumône à l'église.

Terre emblavée, celle qui est ensemencée en bled.

Terre hermes, est une terre vacante & inculte. *Voyez* HERMES.

Terre jectile, est de la *terre* jettée & amassée de main d'homme, dans un lieu pour l'exhausser, à la différence des *terres* qui sont dans leur état naturel. *Voyez l'article 192 de la coutume de Paris.*

Terre noble, est celle qui est possédée à titre de fief ou de franc-aleu noble.

Terre titrée, est une seigneurie qui a titre de duché, principauté, comté, marquisat, baronnie, ou châtellenie, &c. *Voyez* FIEF, SEIGNEURIE, DUCHÉ, COMTÉ, &c. (*A*)

TERRIAU, (*Droit féodal.*) Il paroît qu'on a ainsi appellé autrefois les vassaux, les tenanciers qui sont dans la mouvance d'une seigneurie. C'est du moins ce qu'enseigne la Thaumassière, dans ses notes sur les assises de Jérusalem, *pag. 251*, où il cite les deux vers suivans d'un poëme manuscrit.

Le Chastelain de Coucy,
Moult de féaux a terriaux. (*G. D. C.*)

TERRIER, s. m. (*Droit féodal.*) on *papier terrier*, est le recueil des foi & hommages, aveux & dénombremens, déclarations & reconnoissances passées à une seigneurie par les vassaux, censitaires, emphytéotes & justiciables.

On énonce aussi ordinairement dans le préambule des *terriers*, tous les droits de la terre & les fiefs qui en dépendent. Ces préambules ne sont pas obligatoires, à moins que les redevables n'y aient parlé. Mais lorsque les *terriers* sont anciens, ils font une preuve de possession.

Pour la confection d'un *terrier*, on obtient ordinairement en grande ou petite chancellerie, des lettres qu'on appelle *lettres de terrier*, à l'effet de con-

traindre tous les vassaux & sujets à représenter leurs titres & passer nouvelle reconnoissance.

Les seigneurs qui agissent en vertu d'un acte d'inféodation, bail à cens ou autre contrat, n'ont pas besoin de lettres de *terrier* pour se faire passer reconnoissance ; les lettres ne sont nécessaires que pour contraindre leurs vassaux & sujets à représenter leurs titres, & à passer reconnoissance devant le notaire qui est commis.

L'ordonnance de Blois & l'édit de Melun dispensent les ecclésiastiques d'obtenir des lettres de *terrier* pour ce qui relève de leurs bénéfices.

Lorsqu'un seigneur a plusieurs terres en différentes jurisdictions, & qu'il ne veut faire qu'un seul *terrier*, il faut qu'il obtienne des lettres en grande chancellerie, portant que le notaire qui sera commis recevra les reconnoissances, même hors de son ressort.

Les lettres de *terrier* doivent être enregistrées par le juge royal, auquel elles sont adressées ; cependant, quand les terres ne relèvent pas en première instance d'un juge royal, on autorise quelquefois par les lettres le juge royal à déléguer le juge des lieux pour régler les contestations.

Les lettres de *terrier* enregistrées, on fait des publications au marché, s'il y en a un dans le lieu, ou à l'issue des messes de paroisse ; l'on met ensuite des affiches qui en font mention.

Ces publications tiennent lieu d'interpellation générale à tous les vassaux & sujets pour passer reconnoissance dans le délai qui est indiqué : & faute d'y satisfaire, ils peuvent être contraints par amende.

On inséroit autrefois dans les lettres de *terrier* un relief de prescription en faveur du seigneur ; mais l'usage de cette clause a été abrogé par une déclaration du 19 août 1681.

Le *terrier* doit régulièrement être fait dans l'an de l'obtention des lettres.

Lorsqu'il est parachevé, il faut le faire clorre par le juge.

Un *terrier*, pour tenir lieu de titre, doit avoir cent ans, & en rappeller un autre ; il y a néanmoins des cas où une seule reconnoissance suffit. *Voyez* AVEU, DÉCLARATION, RECONNOISSANCE, PRESTATION. *Voyez* Henris, *liv. 3* , *chap. 3* , *quest. 19* ; Basset, *liv. 3* , *tit. 7* ; *le traité des terriers* de Belami ; *la pratique des terriers* de Freminville. (*A*)

On appelle aussi dans quelques provinces *papiers-terriers* & *livres terriers*, les registres de recette que tiennent les seigneurs, leurs receveurs ou leurs fermiers. *Voyez* PAPIERS CŒILLERETS.

Enfin on a encore appellé *terrier* le seigneur, le fermier, le receveur, & même le juge d'une terre. On peut en voir des preuves dans le *glossarium novum* de dom Carpentier, au mot *Terrarius*. (*G. D. C.*)

TERRIER D'ANGLETERRE, *grand*, (*Jurisprudence Angloise*) *liber judicialis vel censualis Angliæ* : le livre judiciaire, ou le registre de tous les biens en fonds de terre du royaume d'Angleterre, est un registre très-ancien ; fait du temps de Guillaume le Conquérant, pour connoître les différentes comtés ou provinces, les cantons, divisions de cantons, &c. dont l'Angleterre étoit composée.

Le deſſein que l'on ſe propoſa dans la compoſition de ce livre, fut que l'on eût toujours un regiſtre par lequel on pût juger des tenemens des biens : il ſert encore aujourd'hui à décider cette fameuſe queſtion, ſi les terres ſont un ancien domaine ou non. Les vers ſuivans contiennent un ſommaire de ce qui eſt renfermé dans ce regiſtre :

Quid debent fiſco, quæ, qualia, quanta tributæ
Nomine, quid cenſûs quæ veſtigalia, quantum
Quiſque teneretur feodali ſolvere jure ;
Qui ſunt exempti, vel quos angaria damnet ;
Qui ſunt vel glebæ ſervi, vel conditionis ,
Quove manumiſſus patrono jure ligatur.

On conſerve encore ce livre dans l'Echiquier ; il eſt très-net & très-liſible ; il conſiſte en deux volumes, un grand & un petit : le plus grand contient toutes les provinces d'Angleterre, excepté le Northumberland, le Cumberland, le Weſtmoreland, le Durham & une partie du comté de Lancaſhire, qui n'ont jamais été arpentées, & encore les comtés d'Eſſex, de Suffolk & de Norfolk, qui ſont renfermés dans le plus petit volume, terminé par ces mots : *anno milleſimo oſtogeſimo ſexto ab incarnatione Domini, vigeſimo verò regis Wilhelmi, faſta eſt iſta deſcriptio, non ſolum per hos tres comitatus, ſed etiam alios.*

Il eſt appelé *liber judicialis*, à cauſe qu'il contient une deſcription juſte & exaſte de tout le royaume, avec la valeur des différens héritages, &c.

Il fut commencé par cinq juges que l'on nomma à cet effet dans chaque comté en 1081, & il fut achevé en 1086. Cambden l'appelle *Gulielmi librum cenſualem*, le livre des taxes du roi Guillaume.

Les anciens Anglois avoient pluſieurs de ces papiers ou de ces regiſtres *terriers*. Ingulfus nous apprend que le roi Alfred fit un regiſtre ſemblable à celui de Guillaume le Conquérant. Il fut commencé à l'occaſion de la diviſion que fit ce prince du royaume en cantons, & autres ſubdiviſions : quand on eut fait le dénombrement des différens diſtriſts, on les rangea dans un regiſtre appelé *domboc*, c'eſt-à-dire, livre de jugement, qui fut dépoſé dans l'égliſe de Wincheſter ; c'eſt ce qui fait qu'on l'appelle auſſi *le livre de Wincheſter*, & *Rotulus Wintonienſis*, & c'eſt ſur le modèle de ce domboc que l'on fit le grand *terrier* de Guillaume le Conquérant.

Celui du roi Alfred renvoyoit au temps du roi Ethelred, & celui de Guillaume le Conquérant au temps d'Edward le Confeſſeur : les enregiſtremens étoient conçus de la manière ſuivante ; *C. tenet rex Gulielmus in dominico, & valet ibi ducata, &c. T. R. E. valebat*, c'eſt-à-dire, valoit autant ſous le règne du roi Edward, *tempore regis Eduardi.*

Il y a un troiſième domboc, ou regiſtre *terrier in-4°.* qui diffère de l'autre *in-folio* beaucoup plus par la forme que par la matière. Il fut fait par l'ordre du même conquérant, & paroît être le plus ancien des deux.

Il y a un quatrième livre dans l'Echiquier, que l'on appelle *domes-day*, qui n'eſt qu'un abrégé des deux autres, quoique ce ſoit un fort gros volume. On voit au commencement un grand nombre de portraits & de lettres d'or, qui renvoient au temps d'Edward le Confeſſeur.

TERRITOIRE, ſ. m. ſignifie *en droit* une certaine étendue de terrein qui dépend d'une province, d'une ville, ſeigneurie, juſtice, ou paroiſſe.

Quelques-uns tirent l'étymologie de ce mot *à terendo*, parce que le magiſtrat a dans ſon *territoire jus terrendi.*

Mais l'étymologie la plus naturelle, eſt que l'on a dit *territorium à terrâ*, parce qu'en effet le *territoire eſt univerſitas agrorum intra fines.*

Le *territoire* d'un lieu eſt ſouvent différent du reſſort : car le *territoire* déſigne le pays, & le reſſort déſigne la juſtice à laquelle ce lieu reſſortit, ſoit directement, ou par appel ; ainſi un lieu peut être du *territoire* de Bourgogne, & être du reſſort du bailliage de Mâcon.

L'enclave eſt auſſi différent du *territoire* ; en effet, celui-ci eſt l'étendue du terrein, & l'enclave eſt l'enceinte qui forme la circonſcription de ce terrein. *Voyez* Loiſeau, *des ſeigneuries*, chap. 12, & les mots ENCEINTE, ENCLAVE, LIMITES, DISTRICT, JUSTICE, JURIDICTION, PAROISSE, SEIGNEURIE. (*A*)

TERRUERE. (*Droit féodal.*) Ce mot ſe trouve employé pour *territoire* dans une chartre de l'an 1286, qui ſe trouve dans un regiſtre de l'abbaye de S. Martin de Pontoiſe.

On a dit *tiéroir* dans le même ſens dans des lettres de 1287, rapportées au tome 1 des anecdotes de dom Martène, *tom. 1, col. 1228. Voyez* dom Carpentier au mot *Territoria.* (*G. D. C.*)

TERTRE (*Droit féodal.*) Ce mot ſignifie ordinairement une colline, une monticule. Mais dom Carpentier dit dans ſon *Gloſſarium novum*, au mot *Tertrum 2*, qu'on a auſſi employé ce mot pour *territoire.* Il cite en preuve, 1°. d'après le *Gallia Chriſtiana*, une chartre latine de l'an 1217, où il eſt dit : *item de donatione ejuſdem patris mei in tertro de Fontaneto quinque acras*; 2°. d'après un cartulaire de Champagne, qui eſt à la chambre des comptes, l'extrait ſuivant d'une chartre françoiſe de Gaultier de Riſnel, de l'an 1246 : « comme deſcorde fuſt.... » ſur ce que je demandoie au *tertre* ou finage de » Mont-Eſclaire, &c. ». Il ſe peut néanmoins que le mot *tertre* ait ici ſa ſignification ordinaire, & que le finage de Mont-Eſclaire fut réglé par le *tertre.* (*G. D. C.*)

TERTULLIEN, *ou* TERTYLLIEN. *Voyez* SÉVE-
TUS-CONSULTE.

TESTAMENT, f. m. (*Droit naturel & civil.*) eſt
une déclaration revêtue des formes preſcrites par
la loi, faite par quelqu'un, de ce qu'il veut être exécuté après ſa mort. *Teſtamentum eſt juſta ſententia, de
eo quod quis poſt mortem ſuam fieri velit.*

L'uſage des *teſtamens* eſt fort ancien, on l'a même
fait remonter juſqu'au temps des premiers patriarches, & nous avons un recueil de leurs *teſtamens,*
mais que les critiques ont juſtement regardé comme
apocryphes.

Euſebe, & après lui Cédrenus, rapportent que
Noé, ſuivant l'ordre de Dieu, fit ſon *teſtament,*
par lequel il partagea la terre à ſes trois fils; qu'après avoir déclaré à ſes enfans ce partage, il
dreſſa un écrit qu'il ſcella & remit à Sem, lorſqu'il
ſe ſentit proche de ſa fin.

Ainſi l'origine des *teſtamens* doit être rapportée
au droit naturel des gens, & non au droit civil,
puiſqu'ils ſe pratiquoient dès le temps que les hommes n'avoient encore d'autre loi que celle de la
nature; on doit ſeulement rapporter au droit civil
les formalités & les règles des *teſtamens.*

Il eſt certain, ſuivant les livres ſacrés, que
l'uſage des *teſtamens* avoit lieu chez les Hébreux
long-temps avant la loi de Moïſe.

En effet, Abraham, avant qu'il eût un fils, ſe
propoſoit de faire ſon héritier le fils d'Eléazar
ſon intendant. Ce même patriarche donna dans
la ſuite tous ſes biens à Iſaac, & fit ſeulement
des legs particuliers aux enfans de ſes concubines.
Il eſt auſſi parlé de legs & d'hérédité dans le
prophète Ezéchiel. Iſaac donna ſa bénédiction à
Jacob & lui laiſſa ſes poſſeſſions les plus fertiles,
& ne voulut point révoquer cette diſpoſition,
quoiqu'il en fût vivement ſollicité par Eſaü. Jacob
régla pareillement l'ordre de ſuccéder entre ſes
enfans; il donna à Joſeph la double part qui appartenoit à l'aîné, quoique Joſeph ne le fût pas.

Les Hébreux avoient donc l'uſage des *teſtamens,*
ils étoient même aſſujettis à certaines règles; ils ne
pouvoient pas reſter pendant la nuit : ceux qui
avoient des enfans avoient toute liberté de diſpoſer entre eux, ils pouvoient même faire des legs
à des étrangers; mais après l'année du jubilé, les
immeubles légués devoient revenir aux enfans du
teſtateur, ou à leurs héritiers.

Les Egyptiens apprirent l'uſage des *teſtamens* de
leurs ancêtres deſcendans de Cham, ou, en tout cas,
des Hébreux qui demeurèrent en Egypte cent dix
ans.

Les légiſlateurs grecs qui avoient voyagé en
Egypte, en empruntèrent les meilleures loix : auſſi
voit-on l'uſage des *teſtamens* reçu à Lacédémone,
à Athènes, & dans les autres villes de Grèce.

Les Romains empruntèrent à leur tour des
Grecs, de quoi former la loi des douze-tables qui
autoriſe les *teſtamens.* Il paroît même par ce que
dit Tite-Live du legs que Procas avoit fait à ſon

neveu du royaume d'Albe, que les *teſtamens* étoient
uſités à Rome dès ſa fondation.

Toutes les autres nations policées ont auſſi reçu
l'uſage des *teſtamens,* ſoit que les Romains l'y
euſſent introduit, ou qu'il y fût déja connu auparavant.

Dans les Gaules en particulier, les *teſtamens*
étoient en uſage, ainſi qu'on l'apprend de Marculphe, Grégoire de Tours & des capitulaires.

Il n'y avoit d'abord chez les Romains que deux
ſortes de *teſtamens;* celui appellé *calatis comitiis,*
qui ſe faiſoit en temps de paix dans les comices;
& celui qu'on appelloit *in procinctu,* que faiſoient
les ſoldats prêts à partir pour quelque expédition
militaire.

Dans la ſuite, ces deux ſortes de *teſtamens* étant
tombés en déſuétude, on introduiſit une troiſième
forme, appellée *per æs & libram,* qui étoit une vente
fictive de la ſucceſſion à l'héritier futur.

Les inconvéniens que l'on trouva dans ces ventes
imaginaires firent encore changer la forme des
teſtamens; & le prêteur en introduiſit une autre,
ſavoir que le *teſtament* ſeroit revêtu du ſceau de
ſept témoins.

Les empereurs ayant augmenté les ſolemnités
de ces *teſtamens,* on les appella *teſtamens* écrits ou
ſolemnels, pour les diſtinguer des *teſtamens* nuncupatifs que l'on pouvoit faire ſans écrit.

On introduiſit auſſi le *teſtament* militaire en faveur
des ſoldats qui étoient occupés à quelque expédition
militaire.

Les *teſtamens* des pères entre leurs enfans, les
teſtamens ruſtiques, c'eſt-à-dire faits par les perſonnes qui étoient aux champs, & ceux qui étoient
en faveur de la cauſe pie furent, auſſi diſpenſés
de certaines formalités.

§. I. *De la nature des teſtamens, & des différentes
donations teſtamentaires.* Les donations teſtamentaires
que les *teſtamens* renferment, ſont appellées *ordonnances de dernière volonté,* parce qu'au lieu que les
donations entre-vifs ſe forment par le concours des
volontés du donateur & du donataire, & ſont irrévocables, celles-ci ſont l'ouvrage de la ſeule volonté du teſtateur, & cette volonté doit être ſa
dernière volonté, c'eſt-à-dire, celle en laquelle il
a perſévéré juſqu'à la mort.

De-là il ſuit que le *teſtament* ne prend ſa perfection & ſon effet que par la mort du teſtateur, &
que juſqu'à ce temps il eſt toujours révocable; que
le teſtateur en peut faire ſucceſſivement pluſieurs,
& révoquer à meſure les précédens, ſoit expreſſément ou tacitement par des diſpoſitions poſté-
rieures contraires aux premières, qu'il peut auſſi
révoquer, augmenter, diminuer & changer les
diſpoſitions par des codicilles, ſans révoquer tout
ſon *teſtament.*

On mettoit autrefois dans les *teſtamens* des clauſes appellées *révocatoires,* au moyen deſquelles le
teſtament ne pouvoit être révoqué, à moins que
dans le *teſtament* poſtérieur on n'eût rappellé la

clauſe révocatoire ; mais l'ordonnance des *teſtamens* a abrogé l'uſage de ces ſortes des clauſes.

Lorſque le teſtateur n'a point excédé ce qui lui étoit permis de faire, & que le *teſtament* eſt revêtu des formes preſcrites, ſes diſpoſitions tiennent lieu de loix pour la ſucceſſion du teſtateur, tant pour le choix d'un héritier ou autre ſucceſſeur univerſel, que pour les legs particuliers & autres diſpoſitions qui y ſont contenues.

On diviſe les donations teſtamentaires en di-rêctes qu'on appelle *legs*, & en fidéi-commiſſaires qu'on appelle *ſubſtitutions* : elles ſe diviſent encore en univerſelles & particulières. *Voyez* LEGS, SUB-STITUTION.

En général, dans le pays coutumier, les legs & les ſubſtitutions ſont les ſeules diſpoſitions que nous puiſſions faire de nos biens par *teſtament*, l'inſtitution d'héritier n'y ayant pas lieu. Auſſi on peut y regarder tous les *teſtamens* comme des codi-cilles, c'eſt-à-dire, qu'ils ne requièrent pas plus de formalités qu'un codicille.

Dans les pays de droit écrit, il n'y a point de *teſtament* proprement dit, ſans inſtitution d'héritier, & on ne peut y donner ni y ôter l'hérédité par un ſimple codicille. *Voyez* CODICILLE, INSTITUTION, HÉRITIER.

§. II. *Des différentes eſpèces de teſtamens, & de leurs formes.*

Le *teſtament per æs & libram*, comme qui diroit par le poids & l'argent, étoit une forme ſingulière de teſter, qui fut introduite chez les Romains par les juriſconſultes, peu de temps après la loi des douze-tables.

Le teſtateur feignoit de vendre ſa famille, & pour cet effet il faiſoit venir un acheteur, nommé pour cette raiſon *emptor familiæ* ; celui-ci donnoit l'argent à un peſeur appellé *libripens*, parce qu'alors on ne comptoit point l'argent, on le peſoit ; on faiſoit venir enſuite cinq témoins, qui devoient être mâles, pubères & citoyens romains.

Ce *teſtament* renfermoit deux formalités eſſen-tielles ; la première étoit cette vente imaginaire de la ſucceſſion à l'héritier futur ; & comme il arrivoit quelquefois que l'héritier attentoit à la vie du ven-deur, on prit dans la ſuite la précaution de faire acheter la ſucceſſion par un tiers, & par un écrit ſéparé l'on déclaroit le nom de l'héritier.

L'autre formalité étoit appellée *nuncupatio* ; c'étoit la déclaration publique de la volonté qui étoit écrite ſur des tablettes de cire, encadrées dans d'autres tablettes de bois ; cette *nuncupatio* ſe faiſoit en ces termes : *hæc uti his tabulis ceriſve ſcripta ſunt ita lego, ita teſtor ; itaque vos quirites teſtimonium præbitote.* En prononçant ces derniers mots, le teſtateur touchoit les témoins par le bout de l'oreille, laquelle on croyoit être conſacrée à la mémoire ; c'étoit-là unique-ment à quoi ils ſervoient, car on n'exigeoit d'eux alors ni ſceau, ni ſouſcription, comme les préteurs l'exigèrent dans la ſuite.

Cette forme de *teſtament* fut plus long-temps uſitée

que ceux appellés *calatis comitiis* & *in procinctu* cependant peu-à-peu elle tomba en déſuétude l'empereur Conſtantin ſupprima ces ventes imag-naires.

Le *teſtament apud acta* eſt celui qui étoit fait devant le juge du lieu, ou devant quelqu'un des officiers municipaux ; cette forme de teſter, qui étoit uſitée chez les Romains, ſuivant la loi 19 cod. *de teſtam.* eſt encore reçue à Toulouſe & dans pluſieurs coutumes, entre autres celles de Vermandois, *art. 58*, & Péronne, *art. 162.* Mais ces coutumes exi-gent deux témoins que le droit romain ne demande pas. Par l'article 24 de la nouvelle ordonnance des *teſtamens*, ſa majeſté déclare qu'elle n'entend point déroger aux coutumes & uſages des pays où les officiers de juſtice, y compris les greffiers munici-paux, ſont mis au nombre des perſonnes publiques qui peuvent recevoir des *teſtamens* ou autres diſpo-ſitions à cauſe de mort ; ce qui aura lieu, eſt-il dit, de même dans les provinces régies par le droit écrit où le même uſage ſeroit établi.

Le *teſtament d'un aveugle.* Chez les Romains l'a-veugle de naiſſance ou qui l'étoit devenu par ma-ladie ou autre accident, ne pouvoit faire un *teſtament* écrit ſolemnel ; il ne pouvoit teſter que devant un tabulaire, officier dont les fonctions étoient diffé-rentes de celles du notaire ou tabellion.

La forme de ces *teſtamins* eſt réglée par la loi *hæc conſultiſſima.*

Par la nouvelle ordonnance des *teſtamens*, art. 7, ſi le teſtateur eſt aveugle, ou ſi dans le temps du *teſtament* il n'a pas l'uſage de la vue, on doit appeller un témoin outre le nombre de ſept qui eſt requis pour le *teſtament* nuncupatif, lequel doit ſigner avec les autres témoins.

Dans les autres pays où un moindre nombre de témoins ſuffit, on ajoute de même un témoin de plus.

Mais dans les *teſtamens* entre enfans, faits devant deux notaires, ou un notaire & deux témoins, il n'eſt pas beſoin d'appeller un troiſième témoin, quoique le teſtateur ſoit aveugle.

Le *teſtament calatis comitiis*, ou fait dans les co-mices convoqués & aſſemblés, c'eſt-à-dire, dans l'aſſemblée du peuple romain, étoit une ancienne manière de teſter uſitée en temps de paix chez les Romains : ceux qui vouloient teſter ainſi commen-çoient par convoquer l'aſſemblée du peuple déſi-gnée par ces mots *calatis comitiis* ; cette convocation ſe faiſoit par le héraut des décuries, ou par la trompette des centuries : cette cérémonie ſe faiſoit deux fois dans l'année ; l'exploit de con-vocation qui ſe faiſoit pour teſter dans cette aſſem-blée annonçoit l'objet de la convocation, & étoit conçu en ces termes : *velitis, jubeatis quirites uti L. Titius, L. Valerio tam jure legeque hæres ſibi ſiet, quam ſi ejus filius familias proximuſve agnatus eſſet ; hæc ita ut dixi, ita vos quirites rogo* : c'eſt ainſi qu'Au-lugelle nous rapporte la formule de cette convo-cation.

Ceux qui n'avoient point d'entrée dans les comices ne pouvoient point alors tester ; tels étoient les fils de famille, les femmes.

L'usage de ces sortes de *testamens calatis comitiis*, fut abrogé par la loi des douze-tables.

Le *testament en faveur de la cause pie* est celui par lequel le testateur fait quelques legs pieux.

Quoique le droit romain n'eût point fait d'exception pour ces *testamens*, cependant les interprètes prétendoient qu'on devoit les exempter de toutes formalités.

Mais la nouvelle ordonnance des *testamens* n'ayant fait aucune distinction de la cause pie, ces *testamens* sont demeurés astreints aux mêmes règles que les autres.

Le *testament civil*, ou *écrit*, est celui qui est fait selon toutes les formes prescrites par la loi, à la différence du *testament nuncupatif*, & du *testament militaire*, qui est dispensé d'une partie de ces formes. L'usage des *testamens civils* est plus ancien que celui des *testamens* militaires ; les premiers eurent lieu dès le temps de Romulus, les autres commencèrent du temps de Coriolan. Le *testament civil* est la même chose que le *testament solemnel* dont nous parlerons plus bas.

Le *testament clos & cacheté*, est la même chose que le *testament mystique ou secret*, dont nous parlerons ci-après.

Le *testament commun*, est celui qui est fait conjointement par plusieurs personnes ; ces sortes de *testamens* ont été abrogés par l'article 77 de l'ordonnance des *donations*, même ceux qui seroient faits entre mari & femme.

Le *testament d'un deconfès*, étoit celui que l'église faisoit anciennement pour les personnes qui étoient décédées sans avoir rien donné ou légué à l'église, ce que l'on appelloit *mourir deconfès* ; l'église suppléoit à ce que le défunt auroit dû faire, & ordonnoit qu'une partie de ses biens seroit appliquée en œuvres pieuses. *Voyez* DECONFÈS.

Le *testament entre enfans*, *inter liberos*, ou *du père entre les enfans*, est celui par lequel un père dispose de ses biens entre ses enfans.

Cette espèce de *testament*, qui exige moins de formalités que les autres, fut introduite par Constantin, comme on le voit au code théodosien, *tit. 1*, *famil. ercisc.* & qui est rappellée dans le même titre du code de Justinien, *loi dernière*.

Constantin ne parloit que de l'écrit du père, mais Justinien a étendu ce privilège à la mère & à tous les ascendans.

L'ordonnance des *testamens* veut que le nombre de témoins requis pour les autres *testamens* ne soit point requis pour ceux-ci, & qu'ils puissent être faits par-tout devant deux notaires ou tabellions, ou devant un notaire & deux témoins.

La forme du *testament* olographe peut aussi par tout pays être employée pour le *testament* du père entre ses enfans.

Mais les dispositions faites dans ces *testamens inter liberos*, au profit d'autres que les enfans & descendans, sont nulles. *Voyez l'ordonnance des testamens*, *art. 15 & suivans*.

Le *testament inofficieux* est celui qui blesse les droits de quelque héritier présomptif, soit qu'il y soit déshérité ou prétérit injustement, soit que le testateur lui donne moins que ce qui lui doit revenir suivant la loi. *Voyez* EXHÉRÉDATION, INOFFICIOSITÉ, LÉGITIME, PRÉTÉRITION, QUERELLE D'INOFFICIOSITÉ.

Le *testament ab irato*, ou fait *ab irato*, est celui qui est fait par un mouvement de colère ou de haine contre l'héritier présomptif, plutôt que par une envie sincère de gratifier celui en faveur duquel le testateur dispose de ses biens à son préjudice. *Voyez* AB IRATO.

Testament maritime, est celui qui est fait par quelqu'un étant en voyage sur mer, quand ce seroit un passager.

Suivant l'ordonnance de la marine, *liv. 3*, *tit. 2*, ils peuvent être faits en forme de *testament* olographe, ou reçus par l'écrivain du vaisseau en présence de trois témoins qui doivent signer avec le testateur.

Quand le testateur est de retour, ce *testament* devient nul, excepté s'il est olographe, & que cette forme soit usitée dans le lieu de sa résidence.

Le *testament* olographe peut avoir son effet pour toutes sortes de biens du testateur ; mais celui qui est reçu par l'écrivain ne vaut que pour les effets que le testateur a dans le vaisseau, & pour les gages qui lui seroient dus.

Les dispositions faites au profit des officiers du vaisseau sont nulles, à moins qu'ils ne soient parens. *Voyez* le commentaire de M. Valin *sur l'ordonnance de la marine*.

Le *testament militaire*, est la disposition faite par un homme de guerre, occupé à quelque expédition militaire.

Cette espèce de *testament* a succédé à celle qu'on appelloit *in procinctu*, avec cette différence, que le *testament in procinctu* se faisoit avant de partir pour l'expédition, au lieu que le *testament militaire* ne se peut faire que pendant l'expédition même.

Le *testament militaire* diffère des autres, en ce qu'il n'est pas assujetti aux mêmes formalités.

Anciennement il pouvoit être fait sans écrit ; présentement l'écriture y est nécessaire.

Le père de famille peut tester militairement de tous ses biens, le fils de famille de son pécule castrense.

L'ordonnance des *testamens* veut que les *testamens* ou *codicilles* militaires puissent être faits en quelque pays que ce soit, en présence de deux notaires ou tabellions, ou d'un notaire ou tabellion, & de deux témoins, ou en présence de deux des officiers ci-après nommés : savoir les majors & officiers supérieurs, les prévôts des camps & armées, leurs lieutenans ou greffiers & les commissaires

des

des guerres, ou de l'un de ces officiers, avec témoins.

Au cas que le testateur soit malade ou blessé, il peut tester devant un aumônier des troupes ou des hôpitaux militaires, avec deux témoins, & ce encore que les aumôniers fuffent réguliers.

Le *testament* doit être figné par le testateur, par ceux qui le recevront & par les témoins; fi le testateur ne sait ou ne peut figner, on en doit faire mention, &, dans ce cas, il faut appeller des témoins qui fachent figner.

Les *testamens* olographes valent auffi par tout pays comme *testamens militaires*.

Le privilège de tester militairement, n'a lieu qu'en faveur de ceux qui font actuellement en expédition militaire, ou qui font en quartier ou en garnifon hors le royaume, ou prisonniers chez les ennemis, fans que ceux qui font en quartier ou en garnifon dans le royaume puiffent ufer de ce privilège, à moins qu'ils ne foient dans une place affiégée, ou dans une citadelle ou autre lieu, dont les portes fuffent fermées & la communication interrompue à caufe de la guerre.

Ceux qui font à la fuite des armées ou chez les ennemis à caufe du fervice qu'ils rendent aux officiers, ou pour les vivres ou munitions, peuvent auffi tester militairement; tous *testamens militaires* font nuls, fix mois après que celui qui les a faits eft revenu dans un lieu où il a la liberté de tester en la forme ordinaire. *Voyez* aux inftit. le tit. de *testam. milit.* & l'ordonnance des *testamens*, art. 27 & fuivans.

Du testament d'un muet; ceux qui font fourds & muets de naiffance, ne peuvent tester en aucune façon; mais ceux qui font muets par accident, quand même ils feroient fourds, peuvent tester; pourvu qu'ils fachent écrire, ils peuvent faire un *testament* myftique. *Voyez* les articles 8, 9 & 12 de l'ordonnance, & l'article TESTAMENT MYS-TIQUE.

Le *testament mutuel* eft celui qui eft fait par deux perfonnes, conjointement & au profit l'une de l'autre. L'empereur Valentinien avoit permis ces fortes de *testamens* entre mari & femme.

Mais l'ordonnance des *testamens* veut qu'à l'avenir les *testamens* de cette efpèce foient réputés nuls, foit entre mari & femme, ou autres perfonnes. *Voyez* l'article 77. Néanmoins, les conjoints par mariage qui ont des biens dans le Dunois, peuvent encore en difpofer par *testament* mutuel, au profit du furvivant, ainfi que la coutume de Dunois le permet, l'ordonnance n'ayant pas entendu y déroger.

Le *testament myftique* ou *fecret*, qu'on appelle auffi *testament folemnel*, parce qu'il requiert plus de folemnités que le *testament* nuncupatif, eft une forme de tester ufitée en pays de droit écrit, qui confifte principalement en ce que l'on enferme & cachette en préfence de témoins, l'écrit qui contient le *testament*.

La forme qui avoit lieu chez les Romains pour les *testamens* folemnels ou myftiques, étant expliquée ci-après à l'article TESTAMENS SOLEMNELS, nous nous bornerons ici à expliquer les règles préfcrites par l'ordonnance des *testamens*, pour ceux qu'elle appelle *myftiques* ou *fecrets*.

Suivant cette ordonnance, le testateur qui veut faire un *testament* myftique, doit figner fes difpofitions, foit qu'il les ait écrites lui-même, ou qu'il les ait fait écrire par un autre.

Le papier qui contient les difpofitions, enfemble celui qui fert d'enveloppe, s'il y en a une, doit être clos & fcellé avec les précautions en tel cas requifes & accoutumées.

Le testateur doit préfenter ce papier, ainfi clos & fcellé à fept témoins au moins, y compris le notaire ou tabellion, ou bien il le fera clorre & fceller en leur préfence, & déclarer que le contenu en ce papier eft fon *testament*, écrit & figné de lui, ou écrit par un autre & figné de lui.

Le notaire ou tabellion doit dreffer l'acte de fufcription qui fera écrit fur ce papier ou fur la feuille fervant d'enveloppe, & cet acte doit être figné, tant par le testateur que par le notaire ou tabellion, enfemble par les autres témoins, fans qu'il foit néceffaire d'y appofer le fceau de chacun defdits témoins.

Toutes ces opérations doivent être faites de fuite, & fans *divertir* à autres actes.

Au cas que le testateur, par un empêchement furvenu depuis la fignature du *testament*, ne pût figner l'acte de fufcription, on doit faire mention de fa déclaration, fans néanmoins qu'il foit néceffaire, en ce cas, d'augmenter le nombre des témoins.

Si le testateur ne fait pas figner, ou s'il n'a pu le faire lorfqu'il a fait écrire fes difpofitions, il doit être appellé à l'acte de fufcription un témoin de plus qui doit figner, & l'on doit faire mention de la caufe pour laquelle on l'a appellé.

Ceux qui ne favent ou ne peuvent lire, ne peuvent faire de *testament* myftique.

En cas que le testateur ne puiffe parler, mais qu'il puiffe écrire, il peut faire un *testament* myftique, pourvu qu'il foit entièrement écrit, daté & figné de fa main, qu'il le préfente au notaire ou tabellion & aux autres témoins, & qu'au haut de l'acte de fufcription il écrive en leur préfence que c'eft fon *testament*; après quoi le notaire doit écrire l'acte de fufcription, & y faire mention que le testateur a écrit ces mots en la préfence & devant les témoins.

Au furplus, l'ordonnance n'a pas entendu déroger aux difpofitions des coutumes qui exigent un moindre nombre de témoins, excepté pour les cas particuliers où elle ordonne d'en appeller un de plus.

Le *testament nuncupatif*, chez les Romains, étoit celui qui étoit fait verbalement en préfence de fept témoins; l'écriture n'y étoit pas néceffaire, on en faifoit la preuve par la réfomption judiciaire des témoins.

Cette forme de tefter s'étoit confervée dans quelques-uns des pays de droit écrit.

Mais par l'ordonnance des *teftamens*, toute difpofition à caufe de mort doit être par écrit, quelque modique que foit la fomme qui en faffe l'objet.

L'ordonnance confirme feulement les *teftamens nuncupatifs* dans les pays de droit écrit & autres, où ils font en ufage.

Pour faire un tel *teftament*, il faut le prononcer intelligiblement devant fept témoins, y compris le notaire ou tabellion qui doit écrire les difpofitions à mefure qu'elles font diftées, & enfuite faire lefture du *teftament*, & y faire mention de cette lefture; enfin, le *teftament* doit être figné par le teftateur, le notaire & les témoins; & fi le teftateur ne fait ou ne peut figner, on en doit faire mention; & s'il étoit aveugle ou n'avoit pas alors l'ufage de la vue, il faut appeller un témoin de plus, qui figne avec les autres. *Voyez* la loi *hac confultiffimâ, cod. de teftam.* & l'ordonnance des *teftamens, art.* 1, jufques & compris le 7.

Le *teftament olographe*, ou, comme on écrivoit autrefois, *holographe*, eft celui qui eft entièrement écrit, daté & figné de la main du teftateur. Ce terme *olographe* vient du grec ὅλος, *folus,* & γραφω, *fcribo,* ce qui fignifie que le teftateur a écrit feul tout fon *teftament;* & comme ce terme vient du grec, & qu'il fe prononçoit avec une afpiration, c'eft pourquoi l'on écrivoit autrefois *holographe*.

Cette forme de tefter paroît avoir été empruntée de celle du *teftament inter liberos*, & de la novelle de Valentinien le jeune, rapportée au code théodofien, *tit. de teftam.*

Mais cette novelle n'étant pas rapportée dans le code de Juftinien, elle n'a pas été reçue dans les pays de droit écrit, fi ce n'eft dans l'Auvergne & le Mâconnois.

Les *teftamens olographes* ont feulement lieu en pays de droit écrit pour les *teftamens des pères* entre leurs enfans.

L'ordonnance de 1629 avoit pourtant autorifé les *teftamens olographes* dans tout le royaume, mais la difgrace de fon auteur a fait qu'elle n'a point été obfervée.

Il n'y a donc guère que les pays coutumiers, où ces fortes de *teftamens* foient reçus.

L'ordonnance des *teftamens* en confirme l'ufage pour les pays & les cas où ils avoient été admis jufqu'alors.

La forme du *teftament olographe* confifte en ce qu'il doit être écrit en entier, & figné de la main du teftateur. L'ordonnance y requiert auffi la date du mois & de l'an. Cette date peut être écrite en chiffres, quoiqu'il foit mieux de l'écrire en lettres. Il a été jugé qu'un *teftament* daté du vendredi faint de l'an 1756, étoit valable, parce que le jour & le mois où tombe le vendredi faint étant

conftans, cette expreffion renferme la date du jour & du mois.

La fignature doit être à la fin de l'acte dont elle eft le complément; c'eft pourquoi un *poftfcriptum*, après la fignature, eft nul, s'il n'eft auffi figné.

Les interlignes ne font pas défendus, pourvu qu'ils foient de la main du teftateur. Les ratures des mots qui ne font pas effentiels, ne font d'aucune confidération: fi c'étoit le nom du légataire, ou de la chofe léguée qui fût raturé, la rature feroit une preuve de la révocation du legs, mais le furplus du *teftament* n'en devroit pas moins fubfifter. Cela eft hors de doute lorfque ce qui eft raturé peut fe lire; mais s'il y avoit, fur-tout à la fin du *teftament*, plufieurs lignes raturées, de manière qu'on ne pût les lire abfolument, & que le *teftament* fe fût trouvé après la mort du teftateur en la poffeffion d'un légataire, il pourroit en réfulter une fin de non-recevoir contre lui, qui l'excluroit du legs qui lui eft fait par le *teftament*, parce qu'on pourroit foupçonner que les lignes raturées en contenoient une révocation ou limitation.

Une lettre miffive, par laquelle une perfonne écriroit à quelqu'un qu'elle lui fait un tel legs, quoique écrite en entier, fignée & datée de la main du teftateur, ne peut paffer pour un *teftament olographe*, cette forme de tefter étant expreffement rejettée par l'ordonnance de 1735.

Un *teftament olographe*, pour pouvoir être exécuté, doit être dépofé chez un notaire, foit du vivant du teftateur, foit après fa mort. Il eft utile qu'il le dépofe de fon vivant, & reconnoiffe, en le dépofant, qu'il eft entièrement écrit & figné de fa main, pour éviter, après fa mort, la procédure de la reconnoiffance du *teftament*, qui, fans cela, feroit néceffaire, fi les héritiers ne vouloient pas reconnoître l'écriture.

Le *teftament olographe* d'une perfonne qui s'eft faite religieufe, doit abfolument, fuivant l'ordonnance, être dépofé avant fa profeffion. Ce qui a été ordonné pour empêcher que les religieux ne puiffent faire depuis leur profeffion, des *teftamens* qu'ils antidateroient.

Le *teftament in pace*, étoit celui qui fe faifoit en temps de paix & fuivant les formes prefcrites pour ce genre de *teftament;* tels étoient ceux qu'on appelloit *calatis comitiis*, qui fe faifoient dans les comices ou affemblées du peuple.

Le *teftament paganique, paganicum*, dans le droit romain, eft oppofé au *teftament militaire;* c'eft celui qui eft fait par d'autres que des militaires, ou par des militaires même lorfqu'ils ne font pas occupés à quelque expédition militaire. Il fut ainfi appellé, parce que c'étoit la façon de tefter des vieux foldats retirés du fervice, & appellés *pagani*, parce que *pagos habitabant.*

Ce *teftament* fe divifoit chez les Romains en *teftament* écrit ou folemnel & en nuncupatif.

Du testament en temps de peste : sa forme, chez les Romains, étoit la même que celle des autres *testamens*, sinon qu'il n'étoit pas néceffaire d'y appeller tous les témoins dans le même inftant.

Par l'ordonnance des *testamens*, on peut, en temps de pefte, tefter par tout pays devant deux notaires ou tabellions, ou deux des officiers de juftice royale ou municipale, jufqu'au greffier inclufivement, ou devant un notaire ou tabellion & deux témoins, ou devant un des officiers ci-deffus nommés & deux témoins, ou en préfence du curé, defervant, vicaire, ou autre prêtre chargé d'adminiftrer les malades, quand même il feroit régulier, & deux témoins.

Les *testamens* olographes font auffi valables par tout pays en temps de pefte.

Il fuffit, pour tefter dans ces formes, d'être dans un lieu infecté de la pefte, quand même on ne feroit pas malade.

Ces *testamens* demeurent nuls fix mois après que le commerce a été rétabli dans le lieu, à moins qu'ils ne fuffent conformes au droit commun. Ordonnance des *testamens*, *art. 33 & fuiv.*

Testament devant le prince, *testamentum principi oblatum* ; c'étoit une forme de tefter ufitée chez les Romains, comme il fe voit en la loi 19, au code *de teftamentis* ; mais cette efpèce de *testament* n'a point lieu parmi nous.

Le *testament in procinctu*, étoit celui qui fe faifoit dans le temps que les foldats étoient fur le point de partir pour quelque expédition militaire, & qu'ils étoient revêtus de la ceinture appellée *cingulum militiæ* ; c'eft pourquoi on l'appelloit *testament in procinctu* ; celui-ci différoit du *testament in pace* ou *calatis comitiis*, en ce que, pour donner autorité à celui-ci, il falloit affembler le peuple, au lieu que pour le *testament in procinctu*, on affembloit les foldats : *convocatis commilitonibus*, comme dit Cujas. Juftinien nous apprend que cette dernière façon de tefter ne fut pas long-temps en ufage ; les *testamens* militaires y ont fuccédé. *Voyez* aux inftituts le *tit. de teftament. ordin.* & ci-devant *Testament militaire*.

Le *testament public*, eft un *testament* folemnel écrit, qui n'eft point myftique ou fecret. *Voyez* ci-deffous *Testament folemnel*.

Le *testament ruftique*, eft celui qui eft fait à la campagne. Chez les Romains, les perfonnes ruftiques n'étoient pas aftreintes à toutes les formalités des *testamens* : au lieu de fept témoins, il fuffifoit qu'il y en eût cinq dont un ou deux fuffent figner, fi on ne pouvoit pas en trouver davantage.

Cette forme de tefter étoit autorifée par la loi *ab antiquo*, *cod. de teftam.* fur laquelle les interprètes ont agité grand nombre de queftions, notamment pour favoir fi les perfonnes lettrées, les gentilshommes, bourgeois, ou gens d'affaires, réfidant à la campagne, jouiffoient de ce privilège, & pour déterminer les lieux qu'on devoit regarder comme campagne.

La nouvelle ordonnance des *testamens* a tranché toutes ces queftions, en décidant, *art. 45*, que dans les villes & bourgs fermés, on ne pourra employer que des témoins qui puiffent figner, & que dans les autres lieux il faut qu'il y ait au moins deux témoins qui puiffent figner ; c'eft à quoi fe réduit tout le privilège des *testamens* faits à la campagne.

Le *testament fecret*, eft la même chofe que le *testament myftique*.

Le *testament folemnel*, chez les Romains, étoit celui qui étoit rédigé par écrit en préfence de fept témoins.

L'écriture étoit de l'effence de ce *testament*, à la différence du *testament* nuncupatif, que l'on pouvoit faire alors fans écrit.

Le *testament* pouvoit être écrit par un autre que le teftateur, pourvu qu'il parût en avoir dicté le contenu.

Lorfque le teftateur écrivoit lui-même fa difpofition, il n'avoit pas befoin de la figner.

Pour la confirmation ou authenticité de l'écriture, il falloit,

1°. L'affiftance de fept témoins citoyens romains mâles & pubères qui fuffent requis & priés pour affifter au *testament*.

2°. Que le teftateur préfentât aux témoins l'écrit plié ou enveloppé, avec déclaration que c'étoit fon *testament*. Qu'il en fût dreffé un acte au dos du *testament*, & que le teftateur le fignât, s'il favoit écrire, finon qu'il ajoutât un huitième témoin qui fignât pour lui ; enfuite il préfentoit l'écrit aux témoins pour y appofer leurs fceaux.

Quand le teftateur avoit écrit lui-même le corps du *testament*, il n'étoit pas befoin qu'il fignât au dos, ni de figner le *testament*, ni d'appeller un huitième témoin.

Anciennement il falloit que le nom de l'héritier fût écrit de la main du teftateur, mais cela fut changé par la novelle 119.

3°. Les fept témoins devoient tous, en préfence & à la vue du teftateur, figner de leur main la partie extérieure du *testament*, & y appofer chacun leur fceau ; mais la novelle 42 de Léon retrancha la formalité des fceaux, & de la fignature des témoins.

4°. Tout ce qui vient d'être dit devoit être fait *uno contextu*, c'eft-à-dire, de fuite & fans divertir à autres actes.

Parmi nous, le *testament* folemnel doit être fait dans les formes prefcrites par la loi du lieu où il eft fait, quoique le teftateur n'y ait pas fon domicile, & ne s'y trouve qu'en paffant. C'eft pourquoi il n'eft pas douteux que le *testament* fait à Lyon par un Parifien, dans la forme obfervée dans les provinces régies par le droit écrit, ne foit valable ; c'eft ce qui a été jugé par plufieurs arrêts, cités par Ricard.

Il pourroit paroître y avoir plus de difficulté pour les *testamens* faits par un François en pays étranger, fuivant la forme prefcrite par la loi du pays, parce que les loix étrangères ne font pas reconnues en France. Les arrêts les ont néanmoins jugés valables, parce que c'eſt une règle du droit des gens, de ſe conformer pour la forme des actes, aux loix du lieu où on les paſſe.

L'ordonnance des *teſtamens*, en dérogeant aux coutumes, a établi pour le *teſtament* ſolemnel, une forme qui doit avoir lieu dans tout le pays coutumier.

Suivant cette loi, ce *teſtament* doit être reçu par deux notaires compétens, qui doivent être préſens l'un & l'autre, ou par un notaire aſſiſté de deux témoins. Il peut l'être également par le curé, même régulier, par le deſſervant ſéculier de la paroiſſe, lorſque la coutume des lieux le leur permet, en ſe faiſant aſſiſter de deux témoins. Les chapelains des hôtels-dieu ont pareillement le droit de recevoir les *teſtamens* des malades qui y décèdent.

Les témoins étant requis pour la ſolemnité de l'acte, leur fonction eſt une fonction civile; d'où il ſuit que ceux qui ſont incapables de ces fonctions, ne peuvent être témoins dans un *teſtament*. Ainſi on ne doit pas appeler pour témoins, les mineurs qui n'ont pas vingt ans accomplis, les femmes, les étrangers non naturaliſés, ceux qui ont perdu l'état civil, ſoit par la profeſſion religieuſe, ſoit par une condamnation à une peine qui emporte mort civile, ceux qui ne jouiſſent pas de leur état de bonne fame, ni même les novices, quoiqu'ils n'aient pas encore perdu l'état civil, parce que l'habit qu'ils portent doit les éloigner de toutes les fonctions civiles & ſéculières. *Voyez* TÉMOIN.

L'ordonnance exclut auſſi de cette fonction les clercs & domeſtiques du notaire, ou autre perſonne publique qui reçoit le *teſtament*, & ceux à qui le teſtateur fait, par ſon *teſtament*, quelque legs, ſoit univerſel, ſoit particulier. Mais rien n'empêche que l'exécuteur teſtamentaire ne ſoit témoin, lorſqu'il n'eſt pas légataire. Un curé peut également être témoin, quoique par le *teſtament* il ſoit fait un legs à ſon égliſe, parce qu'il n'eſt pas lui-même légataire, quoiqu'il profite du legs.

L'incapacité d'un témoin ne rend pas le *teſtament* nul, lorſqu'il en reſte un nombre ſuffiſant de capables.

L'ordonnance veut que les notaires, ou l'un d'eux, écrivent les dernières volontés du teſtateur, telles qu'il les dictera. De-là il ſuit que le *teſtament* ſeroit nul s'il étoit écrit de la main du clerc du notaire, ou de toute autre perſonne. Cette diſpoſition s'applique à tous ceux à qui la loi donne la qualité de perſonne publique pour recevoir les *teſtamens*. Au reſte, il n'importe par lequel des deux notaires le *teſtament* ait été écrit, ou qu'il ait été écrit en partie par l'un d'eux, & en partie par l'autre.

Après que les notaires ou autres perſonnes publiques, ont écrit le *teſtament*, elles doivent en faire lecture au teſtateur, & en faire mention dans l'acte.

Enfin, le *teſtament* doit être ſigné du teſtateur, & s'il ne ſait ou ne peut ſigner, il doit être fait mention de la déclaration qu'il en a faite: il doit pareillement être ſigné des deux notaires, ou du notaire & des deux témoins, ou enfin de toute perſonne publique qui l'a reçu.

L'ordonnance abroge expreſſément toutes les autres formalités qui étoient requiſes par les coutumes. Parmi celles qu'elle a ordonnées, il en eſt à l'égard deſquelles elle ne ſe contente pas qu'elles aient été obſervées, elle veut qu'il ſoit fait mention qu'elles l'ont été: telles ſont la lecture qui doit être faite au teſtateur de ſon *teſtament*, la déclaration qu'il doit faire qu'il ne ſait ou ne peut ſigner. Quant aux autres, à l'égard deſquelles elle n'ordonne pas qu'il ſoit fait mention qu'elles ont été obſervées, elles ſont préſumées l'avoir été, ſauf à ceux qui ont intérêt d'attaquer le *teſtament* à juſtifier du contraire.

La forme des *teſtamens* étant de droit public, ils ne peuvent être ſujets qu'aux formalités preſcrites par la loi. L'ordonnance ne permet pas de s'en impoſer d'autres. C'eſt pour cela qu'elle déclare nulles les clauſes dérogatoires. On appelloit de ce nom, les clauſes par leſquelles un teſtateur déclaroit nuls tous les *teſtamens* & codicilles qu'il feroit par la ſuite, ſi telle formule ou telle formalité ne s'y trouvoit pas.

Du teſtament d'un ſourd. Celui qui n'eſt pas ſourd & muet de naiſſance, mais ſeulement ſourd par accident, peut teſter.

Il le peut auſſi, quand même il ſeroit auſſi muet par accident, pourvu qu'il ſache écrire.

Le *teſtament ſuggéré*, eſt celui qui n'eſt point l'ouvrage d'une volonté libre du teſtateur, mais l'effet de quelque impreſſion étrangère. *Voyez* CAPTATION, SUGGESTION. (A)

§. III. *Des différens défauts qui peuvent rendre les teſtamens nuls.* Ces défauts ſont, 1°. l'incertitude de la perſonne à qui le teſtateur a voulu léguer; 2°. l'incertitude abſolue de ce que le teſtateur a voulu léguer; 3°. le vice dans le motif qui a porté le teſtateur à léguer: car les legs étant par leur nature un bienfait, doivent avoir pour motif la bienveillance, l'eſtime, l'amitié: tout autre, comme contraire à la nature des legs, doit les rendre nuls: c'eſt pour cela que la loi 54, *ff. de leg. 1*, déclare nuls les legs qui ſont faits à quelqu'un dans la vue de l'inſulter, plutôt que par un motif de bienveillance. Il en ſeroit cependant autrement d'un legs fait par un père à ſon *indigne fils*: car alors le teſtateur paroît avoir employé cette épithète, pour faire connoître que la piété paternelle l'emportoit ſur les ſujets de mécontentement qu'il avoit de la part de ſon fils, *l. 48, §. 1, ff. de hær. inſt.*

C'eſt un motif vicieux, qui doit rendre un legs nul, lorſque le teſtateur paroît avoir été porté à le faire, principalement pour s'élever au-deſſus des loix & les éluder. Il en eſt de même des legs que le teſtateur paroît avoir faits, par le motif d'une haine injuſte qu'il portoit à ſes héritiers.

Le motif de captation eſt auſſi un motif vicieux, qui rend nul le legs qui en eſt la ſuite. Il en eſt de même d'un teſtament fait par ſuggeſtion. En général, tout motif contraire aux bonnes mœurs doit rendre nuls les legs faits par ce motif, comme ſi quelqu'un avoit légué de cette manière : *je lègue à un tel, parce qu'il m'a bien ſervi dans mes plaiſirs*; ou bien, *parce qu'il s'eſt battu en duel en brave homme.*

Mais l'erreur dans le nom de la perſonne du légataire, ou de la choſe léguée, ou dans ce qui a été dit pour les déſigner, n'empêche pas la validité du legs, lorſque d'ailleurs elles ſont ſuffiſamment déſignées. Il en eſt de même de l'erreur dans ce que le teſtateur a allégué ſur les raiſons qui l'ont déterminé à faire le legs. *Voyez* Abirato, Cause, Condition, Démonstration, Erreur, Fidéi-commis, Legs, Captation, Suggestion.

§. IV. *Des perſonnes qui peuvent teſter.* Les *teſtamens*, quant à leurs formes, ſont purement de droit civil : ainſi, régulièrement, il n'y a que ceux qui jouiſſent des droits de citoyen qui puiſſent teſter : les aubains non naturaliſés ne le peuvent donc pas.

Mais cette règle ſouffre exception à l'égard des ambaſſadeurs, envoyés, réſidens, & des perſonnes de leur ſuite; à l'égard des marchands fréquentans les foires de Lyon & autres, ou réſidens en certaines places de commerce; à l'égard des ſoldats étrangers au ſervice du roi. Toutes ces perſonnes peuvent teſter des biens-meubles qu'ils ont dans le royaume.

Elle ſouffre encore exception en faveur des ſujets de certaines nations, à l'égard deſquels il faut ſuivre ce qui eſt porté par les traités d'alliance faits entre le roi & ces nations; à l'égard de certaines rentes, créées avec la clauſe que les étrangers qui les acquerront pourront en diſpoſer par *teſtament* envers qui bon leur ſemblera. *Voyez* Aubain, Ambassadeur, Rente.

Les étrangers naturaliſés jouiſſent de tous les droits des François, & par conſéquent ils peuvent teſter : mais ils perdent tous ces droits, auſſi-tôt qu'ils ont transféré leur domicile en pays étranger.

Les François qui ont abdiqué leur patrie, en s'établiſſant dans le pays étranger, où ils meurent, ſont pareillement incapables de teſter des biens qu'ils ont en France : mais il en eſt autrement de ceux qui y ſont priſonniers de guerre, ou qui y voyagent, ou qui y ont des établiſſemens de commerce ſous la protection des conſuls de France. *Voyez* Absent, Abdication *de la patrie.*

Ceux qui ont perdu l'état civil par une condamnation capitale, ne peuvent teſter. Leur *teſtament* n'eſt pas valable, ſoit qu'il ait été fait avant ou depuis leur condamnation, à moins qu'ils n'aient recouvré leur état par des lettres de réhabilitation :

mais cette déciſion n'a lieu que dans le cas où la condamnation eſt émanée d'un juge françois. Le *teſtament* d'un françois, condamné à mort dans un pays étranger, & par un juge étranger, eſt valable, & doit être exécuté ſur les biens qu'il a laiſſés en France.

Le religieux qui a perdu la vie civile par ſa profeſſion ne peut plus teſter : mais le *teſtament* qu'il a fait auparavant eſt valable, parce que, par une fiction ſemblable à celle de la loi *Cornelia*, il eſt cenſé mort dans le dernier inſtant auquel il jouiſſoit encore de l'état civil : mais par un privilège particulier à l'ordre de Malte, autoriſé par lettres-patentes duement enregiſtrées, les chevaliers peuvent, depuis leur profeſſion, avec la permiſſion du grand-maître, teſter d'une partie de leur pécule.

Le religieux évêque peut teſter de même qu'il peut transmettre ſa ſucceſſion : l'éminence de l'épiſcopat le reſtitue à la vie civile. Le novice peut également teſter : car il jouit encore de l'état civil, qu'il ne perd que par la profeſſion.

Les infames, quoiqu'ils ne puiſſent pas être témoins dans les *teſtamens* des autres, peuvent néanmoins teſter de leurs biens : nous ne ſuivons pas à leur égard la diſpoſition des loix 18, §. 1; & 26, §. 2, ff. *qui teſtam.* &c.

Il n'eſt pas douteux que ceux qui ſont captifs chez les Maures peuvent teſter : cette captivité ne leur fait pas perdre l'état civil : ils ſont ſemblables à ceux qui ſeroient pris par des brigands.

Nos coutumes, conformes en cela au droit romain & à la ſaine raiſon, veulent que tout teſtateur ſoit *ſain d'entendement* : de-là il ſuit que les perſonnes attaquées de fureur, de folie, de démence & d'imbécillité ne peuvent teſter. On range dans la même claſſe les prodigues, que la loi conſidère comme furieux, quant à leurs biens.

Il y a cependant cette différence entre les fous ou imbéciles, & les prodigues, que les premiers, n'ayant pas l'uſage de raiſon, ſont cenſés n'avoir pas de volonté, ou d'en avoir une fantaſque & indigne des égards de la loi; enſorte qu'ils n'ont pas beſoin d'être interdits par le juge pour perdre le droit de teſter, puiſque la nature même prononce leur incapacité. Il faut, au contraire, que l'autorité de la loi civile ait fixé l'état du prodigue, & que le juge ait prononcé ſon interdiction : juſqu'à ce moment il peut jouir de la liberté de teſter, commune à tous les hommes. Par le même principe, les pupilles & les mineurs ne peuvent pas teſter avant l'âge requis par les loix. Suivant le droit romain, cet âge étoit fixé à celui de la puberté, parce que, ſuivant les principes de ce droit, c'eſt alors que l'on ſort de tutèle, & que l'on devient *ſui juris.* Cette juriſprudence eſt encore obſervée dans les pays de droit écrit : mais elle a éprouvé différens changemens dans les pays coutumiers. Il faut, à cet égard, ſe conformer à la loi de la coutume ſous l'empire de laquelle le teſtateur vit : mais ſi la coutume eft muette fur cet objet, on fuit, depuis 1636, la difpofition de la coutume de Paris, à moins cependant que l'ufage invariable de l'endroit n'ait été de fuivre celle du droit romain, ou que la coutume du pays ne permette de difpofer entre-vifs avant l'âge fixé par celle de Paris, pour les difpofitions à caufe de mort.

Le droit romain permet au fils de famille de donner à caufe de mort, du confentement de fon père : mais il le déclare incapable de tefter, tant qu'il eft fous la puiffance paternelle, foit dans la forme folemnelle, foit par codicille, & il ne fouffre pas que l'autorité du père lève cet obftacle. Il en excepte néanmoins les pécules caftrenfes & quafi-caftrenfes, à l'égard defquelles le fils de famille eft confidéré comme pleinement émancipé.

La jurifprudence des pays de droit écrit eft, à quelques exceptions près, conforme aux principes du droit romain. *Voyez* PÉCULE, PUISSANCE PA-TERNELLE. Les coutumes fe divifent, à cet égard, en cinq claffes différentes : les unes accordent ex-preffément aux fils de famille la faculté de difpofer de leurs biens par *teftament* ; les autres le leur re-fufent en termes précis & formels : celles-ci, en ftatuant vaguement qu'il faut, pour tefter, être libre, de condition franche, ou maître de fes droits, femblent indiquer une défenfe faite aux fils de famille de tefter ; celles-là leur permettent de tefter dans certains cas, & pour certains biens feulement : le plus grand nombre enfin garde le filence, foit fur la puiffance paternelle en général, foit fur l'effet qu'elle produit, par rapport à la capacité de tefter.

Pour décider fi, dans les coutumes de cette der-nière efpèce, il eft permis à un fils de famille de faire un *teftament*, il faut diftinguer fi elles admettent ou rejettent la puiffance paternelle : fi elles l'ad-mettent, & qu'elles renvoient au droit écrit la décifion des cas fur lefquels elles font muettes, il paroît que l'on doit, fans difficulté, les confidérer comme interdifant au fils de famille la faculté de difpofer de fes biens par *teftament* ; fi elles ne l'ad-mettent pas, il eft hors de doute que le défaut d'émancipation ne peut jamais y être un obftacle à la validité d'un *teftament*. Les coutumes de Paris, d'Orléans, de Normandie, & un grand nombre d'autres, compofent cette dernière claffe.

La femme, fous puiffance de mari, eft en gé-néral capable de tefter ; quelques coutumes néan-moins exigent à cet effet l'autorifation du mari, ou celle du juge à fon refus. Il n'y a que les chartres générales du Hainaut qui lui refufent cette faculté, même avec l'autorifation de fon mari, lorfqu'elle ne fe l'eft pas réfervée par fon contrat de mariage. Cette jurifprudence a été confirmée par un arrêt du parlement de Paris, rendu fur dé-libéré, au rapport de M. Berthelot de Saint-Alban, le premier feptembre 1780. Il s'agiffoit de favoir fi la dame de l'Epine avoit pu tefter en faveur de fon mari ; fi, en lui fuppofant cette faculté, elle

avoit pu en ufer relativement aux biens régis par les chartres générales du Hainaut.

Les chartres générales du Hainaut refufent la capacité de tefter aux bâtards qui n'ont ni femmes ni enfans légitimes, à moins qu'ils ne foient en-tièrement affranchis par le feigneur, dans la fei-gneurie duquel ils font domiciliés. La coutume de Lille contient les mêmes difpofitions : mais celles de Luxembourg, de Bretagne & de Thionville ne déclarent incapables de tefter que les bâtards in-ceftueux & adultérins.

Dans les coutumes où la main-morte eft établie, les main-mortables ne peuvent faire un héritier, ou convention de fuccéder au préjudice du feigneur direct. Celui-ci cependant eft tenu de payer les fommes modiques, léguées pour caufe pie, ou pour récompenfe de fervices, fur-tout de ceux qui ont été rendus au teftateur dans la néceffité & pendant fa dernière maladie. Ces fortes de legs, quand ils font modérés, peuvent être comparés aux dettes & frais funéraires que le feigneur eft obligé de payer, & auxquels le communier eft obligé indiftincte-ment.

La capacité de tefter, qui réfulte de l'état de citoyen, eft également néceffaire au temps de la mort du teftateur, & au temps de la confection du *teftament* ; en cela, cette capacité diffère de l'exemp-tion de certains défauts de l'efprit & du corps, qui n'eft requife qu'au temps de la confection du *teftament*, parce que la feule raifon pour laquelle elle eft requife, eft que ces défauts forment un obftacle à la valable confection du *teftament*.

§. V. *De ceux à qui on peut léguer, & qui peuvent recueillir les donations teftamentaires.* On peut léguer non-feulement à des perfonnes qui vivent lors de la confection du *teftament*, mais même aux enfans à naître d'une telle perfonne ; ce que l'ancien droit romain ne permettoit pas.

On peut léguer à des perfonnes indéterminées, comme lorfque le teftateur lègue à celui qui époufera fa nièce.

Le legs fait aux pauvres indéterminément eft valable. Les pauvres de la famille du teftateur doivent être préférés à d'autres pour le recueillir ; finon il eft cenfé fait aux pauvres de la paroiffe où le teftateur avoit fon domicile lors de la confection du *teftament*.

Par la même raifon que pour être capable de tefter, il faut jouir de l'état civil, & avoir les droits de citoyen ; il faut auffi jouir des mêmes droits pour être capable de recevoir une donation téftamentaire. Mais on tolère les legs de penfions viagères modiques, faits à des religieux ou reli-gieufes pour leurs alimens. La demande en déli-vrance de ce legs doit fe faire non par le religieux, mais au nom du couvent, & le paiement doit s'en faire au fupérieur, ou autre par lui prépofé.

On peut auffi tolérer les legs d'alimens faits à des aubains établis en France, fur-tout lorfque le legs eft fait dans des circonftances favorables ;

comme lorsqu'un homme, né en France d'un père aubain, lègue des alimens à son père, ou à ses frères aubains.

L'églife, les hôpitaux, les fabriques, les corps & communautés autorifés par des lettres-patentes, & même certains établiffemens favorables, tels que les écoles de charité & autres, énoncés en l'article 3 de l'édit de décembre 1749, quoiqu'ils n'aient pas de lettres-patentes, font capables de recevoir des legs, avec cette limitation néanmoins, que depuis cet édit, on ne peut leur léguer aucuns héritages ou droits réels, ni même aucunes rentes fur des particuliers.

Il y a certains couvens, tels que ceux de l'ordre de S. François, qu'une profeffion particulière de pauvreté, rend incapables de poffeder d'autres biens, que le terrein de leur monaftère. En conféquence de cette règle, ils font incapables de recevoir des legs, fi ce n'eft de fommes modiques d'argent, ou autres chofes mobilières, faits par forme d'aumône pour fubvenir à leurs befoins preffans.

La capacité de recueillir des donations teftamentaires, n'eft requife qu'au temps de leur ouverture; c'eft pourquoi le legs fait à une communauté, qui fe trouve revêtu de lettres-patentes au temps de la mort du teftateur, eft valable, quoiqu'elle ne les ait obtenues que depuis la confection du *teftament*. La règle Catonienne du droit romain, n'étant fondée que fur une fubtilité, ne doit pas avoir lieu parmi nous.

Les incapacités de recevoir par *teftament*, dont il a été parlé jufqu'à préfent, font abfolues; mais il y en a qui ne font que relatives. Telle eft celle des tuteurs & autres perfonnes qui font préfumées avoir quelqu'empire fur la perfonne du teftateur, qui duré pendant le temps de leur adminiftration, & jufqu'à ce qu'ils aient rendu compte; telle eft également celle des conjoints par mariage, & des perfonnes qui vivent enfemble en concubinage.

Les bâtards font incapables de legs univerfels de la part de leurs mère & père; mais il eft permis de leur faire des legs particuliers. *Voyez* BATARD, ADULTÉRIN.

On ne peut léguer aux incapables, foit abfolument, foit relativement, même par perfonnes interpofées; c'eft pourquoi, lorfqu'un héritier foupçonne qu'un légataire eft une perfonne interpofée pour faire paffer le legs à un incapable, il peut en exiger le ferment, & il ne fuffit pas que le légataire offre d'affirmer qu'il n'y a eu aucune paction entre lui & le teftateur, pour rendre le legs à la veuve ou autre incapable: mais il doit jurer précifément, qu'il ne croit pas que le legs ait été fait pour être reftitué, & qu'il n'entend pas le rendre.

§. VI. *De ceux qui peuvent être grevés de legs ou de fidéi-commis.* Tous ceux à qui le teftateur a laiffé par fa mort, fes biens, ou quelque chofe de fes biens, qu'il auroit pu ne pas leur laiffer, peuvent

être par lui grevés de legs ou de fidéi-commis. De-là il fuit que l'enfant qui fe tient à fa légitime de droit, & l'héritier qui fe tient à fa légitime coutumière, c'eft-à-dire à la portion que la coutume lui réferve dans les propres du défunt, ne peuvent être grevés d'aucun legs ou fubftitution, parce qu'ils tiennent ces légitimes uniquement de la loi, & non du teftateur qui ne pouvoit en difpofer, ni les en priver.

Il fuit du même principe, que fi un teftateur vous laiffe fes biens, à la charge de les reftituer à un autre que vous choifirez, vous ne pouvez grever celui que vous choifirez, d'aucun legs ni fidéi-commis, parce que vous ne lui laiffez rien de vos biens, que vous lui reftituez feulement ceux que vous teniez d'un autre teftateur, & qui ne vous appartenoient que jufqu'à l'ouverture de la fubftitution.

Je ne peux pareillement grever par *teftament* d'aucun legs ou fidéi-commis, ceux à qui j'ai fait des donations entre-vifs, fi je ne leur laiffe autre chofe; car ce que je leur ai donné, ayant ceffé de m'appartenir, je ne peux en tefter. *Voyez* ACCROISSEMENT *en matière de fucceffion,* CONDITION, DÉMONSTRATION, EXÉCUTEUR TESTAMENTAIRE, FIDÉI-COMMIS, INTERPRÉTATION, LEGS, MODE, RÉSERVES COUTUMIÈRES, SUBSTITUTION, &c.

TESTAMENT DE MORT, eft la déclaration que fait un criminel prêt à fubir le dernier fupplice, pour révéler fes complices. Cette déclaration eft regardée, non comme une preuve complette, mais comme un indice prochain capable de faire arrêter ceux contre qui elle eft faite, mais non point de les faire mettre à la torture, à moins qu'il n'y ait d'ailleurs quelque autre adminicule de preuve. *Voyez* les *inft. au droit crim.* de M. de Vouglans, *pag. 348.*

TESTAMENTAIRE, adj. fe dit de ce qui eft relatif à un teftament. Par exemple, une difpofition *teftamentaire* eft celle qui eft contenue dans un teftament. Un héritier *teftamentaire* eft celui qui eft inftitué par teftament. Un tuteur *teftamentaire*, celui qui eft nommé par teftament.

L'exécution *teftamentaire* eft l'accompliffement des difpofitions d'un teftament. On entend auffi quelquefois par-là celle d'un codicille. *Voyez* TESTAMENT, HÉRITIER, TUTEUR, EXÉCUTION, & EXÉCUTEUR TESTAMENTAIRE. (*A*)

TESTATEUR, f. m. eft celui qui fait un teftament ou codicille. *Voyez* CODICILLE, LEGS, HÉRITIER, SUCCESSION, TESTAMENT, TESTER. (*A*)

TESTER, v. n. du latin *teftari*; c'eft mettre par écrit fes dernières volontés, faire fon teftament. *Voyez* CODICILLE, TESTAMENT.

TESTIMONIAL, adj. fe dit de ce qui eft relatif aux témoins, comme la preuve *teftimoniale*. *Voyez* ENQUÊTE, INFORMATION, PREUVE, & TÉMOIN. (*A*)

TETSIMONIALES, *lettres*, (*Jurispr.*) sont les attestations, soit sur la naissance, soit sur les vie & mœurs que les évêques donnent aux ecclésiastiques de leur diocèse, & les supérieurs réguliers aux religieux de leur ordre, soit pour être promus aux ordres sacrés, soit à l'effet d'obtenir des degrés, ou quelque bénéfice, soit lorsqu'ils vont d'un lieu à un autre.

On met aussi dans cette classe les lettres de scholarité. *Voyez* les *mémoires du clergé* & les *mots* CONSERVATEUR, GARDE GARDIENNE, SCHOLARITÉ, UNIVERSITÉ. (*A*)

TÊTE, s. f. on entend, *en droit*, par-là celui qui prend une portion virile ou entière dans une succession.

Faire une *tête*, c'est être compté pour une portion virile.

Succéder par *têtes*, c'est lorsque chacun des héritiers prend une portion virile ; au lieu que succéder par *souches*, ou par *tige*, c'est lorsque plusieurs héritiers, descendans d'une même souche, viennent par représentation de leur père & mère, ou autre parent, & ne prennent tous ensemble que la part qu'auroit eue le représenté.

Pour savoir quand on succède par souches ou par *tête*, *voyez* REPRÉSENTATION, SOUCHE, SUCCESSION.

TÊTE est encore usité pour désigner le chef d'un corps ; on dit communément il est à la *tête* d'un compagnie, pour signifier qu'il en est le chef.

T H

THALAMUS ou TALAMUS. On appelle ainsi, dans le Bourbonnois, un procès-verbal de réduction de mesures de cette province. Fréminville qui l'a fait imprimer, & qui donne des détails curieux à ce sujet, dit qu'on a appelé *talamus*, ou *thalamus* ce procès-verbal, « pour lui donner par ce » nom que personne n'entend, un respect qui doit » contenir tous ceux qui pourroient peut-être avoir » droit de se plaindre, même de son exécution, » puisque l'expérience actuelle prouve que le » boisseau de moulin, qui, selon ce *talamus*, ne » doit peser que dix-huit livres huit onces, en » pèse jusqu'à vingt & davantage, ainsi qu'il » a vu faire l'expérience ». *Voyez la pratique universelle des droits seigneuriaux, tome* 4, *chap.* 2, *sect.* 2, *quest.* 6, *pag.* 216, 222 & 237.

Au reste, on voit dans le *glossarium novum* de dom Carpentier, qu'on a appelé *thalamasium* une espèce de grains (*G. D. C.*).

THÉOLOGAL, s. m. (*Droit canonique.*) est un chanoine, dont les fonctions consistent à prêcher & enseigner dans une église cathédrale ou collégiale.

L'établissement des *théologaux* remonte au concile de Latran, tenu en 1179 sous Alexandre III ; il y fut ordonné qu'on établiroit un *théologal* dans chaque église métropolitaine, pour enseigner la théologie aux ecclésiastiques de la province qui seroient en état de l'étudier.

Ce décret demeura néanmoins sans exécution dans plusieurs églises, jusqu'en 1431, qu'il fut ordonné par le concile de Basle, qu'il y auroit un *théologal* dans toutes les églises cathédrales ; que quelque collateur que ce fût, seroit tenu, si-tôt que l'occasion s'en présenteroit, de nommer pour chanoine un prêtre licencié ou bachelier formé en théologie, qui eût étudié dix ans dans quelque université privilégiée, pour faire des leçons deux fois, ou au moins une fois par semaine ; & qu'autant de fois qu'il y manqueroit, il pourroit être privé, à l'arbitrage du chapitre, des distributions de toute une semaine.

Le concile de Trente approuva cet établissement des *théologaux*, & il a pareillement été autorisé par les ordonnances de nos rois.

L'article 8 de celle d'Orléans, porte, que dans chaque église cathédrale ou collégiale, il sera réservé une prébende affectée à un docteur en théologie, à la charge qu'il préchera & annoncera la parole de Dieu chaque jour de dimanche & de fête solemnelle, & qu'il fera, trois autres jours de la semaine, une leçon publique de l'écriture sainte.

L'ordonnance de Blois ordonne l'exécution des dispositions précédentes, excepté pour les églises où il n'y a que dix prébendes avec la principale dignité.

Et l'édit du mois d'avril 1695 veut que les théologaux puissent, ainsi que les curés, prêcher dans les églises où ils sont établis, sans qu'il leur faille aucune permission plus spéciale.

Les patrons & collateurs ont la disposition des prébendes *théologales* comme des autres prébendes, pourvu toutefois qu'ils en disposent en faveur de personnes qui aient les qualités requises.

Les loix qui ont établi les *théologaux*, n'ont donné aucune atteinte à ce droit de patrons & collateurs ; & l'on trouve dans les mémoires du clergé, que l'évêque de Vabres ayant voulu contester à son chapitre la collation de la prébende *théologale*, il fut débouté de sa prétention par un arrêt du parlement de Toulouse, qui maintint le chapitre dans le droit de nommer à cette prébende.

Mais, comme l'emploi des *théologaux* est une principale partie du ministère des évêques, ils ne peuvent faire aucune des fonctions attachées à leur état, avant d'avoir obtenu pour cet effet l'approbation & mission canonique. C'est ce qui résulte particulièrement de l'édit du mois de janvier 1682.

Si l'on s'en tenoit aux termes des décrets des conciles, de la pragmatique & du concordat, il suffiroit d'être bachelier formé en théologie, pour être pourvu d'une prébende théologale. Telle est l'opinion de l'éditeur des mémoires du clergé ; mais

mais cette opinion est une erreur. Les ordonnances d'Orléans & de Blois ont affecté les prébendes théologales aux théologiens, c'est-à-dire, aux docteurs en théologie, sans qu'elles pussent être conférées à gens qui ne seroient pas de cette qualité. C'est d'ailleurs ce qu'ont jugé deux arrêts, l'un du 17 août 1721, rendu pour la prébende théologale de Beaune, & l'autre du 11 février 1626, rendu pour celle de Senlis.

Le parlement de Paris a même jugé par un arrêt du 17 avril 1651, qu'il y avoit abus dans une signature de cour de Rome, accordée par le pape au sieur de Gest, pour la prébende théologale de l'église de Toulouse, à condition qu'il prendroit le bonnet de docteur dans l'année ; & le dévolutaire fut maintenu. Il suit de cet arrêt, que le degré de docteur est requis dans le temps de la provision de cour de Rome, & qu'il ne suffit pas de l'avoir au moment du visa.

Les religieux sont incapables de posséder des prébendes théologales, quand même ils seroient docteurs en théologie & bons prédicateurs. Soëfve rapporte un arrêt du 17 avril 1663, qui l'a ainsi jugé contre un jacobin.

Despoyers, sur les définitions canoniques, cite un autre arrêt du 8 juillet 1690, par lequel il a été jugé contre le chapitre d'Angoulême, que quand l'évêque avoit conféré la prébende théologale, le chapitre n'étoit pas partie capable d'opposer l'incapacité du sujet ; mais cela ne doit s'entendre que de l'incapacité relative aux mœurs ou à la doctrine, & non de celle qui concerne les degrés ou la qualité de séculier.

Quoique, par les ordonnances d'Orléans & de Blois, les théologiens aient été chargés, comme on l'a vu, de prêcher tous les dimanches & fêtes solemnelles, & de faire trois fois la semaine, des leçons sur l'écriture sainte, il y a des églises, comme celle de Paris, où les théologaux ne sont obligés qu'à faire trois ou quatre sermons par année, sans être tenus de faire aucune leçon, attendu que dans ces églises il y a des sermons fondés, & des universités où l'on enseigne la théologie.

Dans d'autres églises la modicité du revenu des prébendes théologales, les clauses des actes d'établissement de ces prébendes, & d'autres circonstances particulières ont également fait diminuer les obligations des théologaux.

Suivant le concile de Basle, la pragmatique & le concordat, le théologal qui remplit ses devoirs, est tenu présent à l'office divin, & quoiqu'il n'y ait pas assisté, il peut percevoir généralement tous les fruits de sa prébende comme les chanoines qui ont été assidus. Les ordonnances d'Orléans & de Blois sont conformes à ces dispositions.

Il a de plus été jugé par arrêt du parlement de Toulouse, du 3 décembre 1676, que les théologaux devoient être réputés présens, même pour les obits & autres distributions manuelles. Et Rebuffe, sur le concordat, cite deux arrêts dès 4 janvier

Jurisprudence. Tome VIII.

1523 & 20 janvier 1544, qui ont déclaré abusifs les statuts contraires à ce privilège des théologaux.

Observez néanmoins que les ordonnances n'ayant établi le principe dont il s'agit en faveur des théologaux, qu'en considération de leurs obligations de prêcher & d'enseigner, il ne doit point avoir lieu dans les églises où ils sont déchargés de ces devoirs. Dans ces églises, l'étendue du privilège du théologal peut être réglée par les statuts du chapitre.

Un arrêt du parlement d'Aix du 26 mars 1683, a jugé qu'un théologal ne devoit point être député pour aller poursuivre des procès hors du lieu de sa résidence.

La prébende théologale est sujette à la régale & aux expectatives qui ont lieu dans le royaume.

THOL. *Voyez* TOLL.

THONNEU ou **THONNEUX**, (*Droit féodal.*) c'est la même chose que *tonlieu*. Il en est parlé dans l'article 3 de la coutume de Châlons, qui déclare les nobles de père ou de mère « exempts des » droits de *thonneux* grand & petit, guet de pré- » vost & forage, & en ce qui est de leur crû, » encore qu'ils vivent roturièrement ».

Le grand *thonneux*, dit Billecart, est un droit de bourgeoisie de cinq sols payables par chacun habitant, au jour de S. Martin d'hiver. Le petit *thonneux est species vestigalis & thelonii*. C'est un droit de quelques deniers payables par les vendeurs & acheteurs des bestes vives, & autres denrées presque infinies énoncées en la transaction faite en l'an 1565, le dix-septième septembre, entre le sieur Burgensis, évêque de Châlons, & les habitans de la ville, par laquelle le sieur évêque cède aux habitans les droits de *thonneux*, les mariages & autres par lui prétendus moyennant huit cens livres par an, à prendre sur le quatrième des vins vendus en icelle ville ; lesquels droits de *thonneux* n'étoient dus qu'au sieur évêque en son temporel, & non pas aux autres seigneurs de la même ville ; tant s'en faut par la même transaction, il paroît que les sieurs Abbez, Desunet, Pierre & Thanisaint, aussi seigneurs dans la ville, pour l'exemption du droit du petit *thonneux* dans le ban du sieur évêque, payoient à son fermier certaines mesures & quantité de chair salée, grains, & vin goix. *Voyez* au surplus l'article TONNAGE, *n. 3.* (*G. D. C.*)

THONNIEU. (*Droit féodal.*) Ragueau dit que c'est un droit « que le duc de Bouillon prend sur chacun » tonneau & poinson de vin, ou autre breuvage, » vendu en grosse, ou qui se transporte, par ses » ordonnances, *art.* 577 & 623 ». *Voyez* TONLIEU. (*G. D. C.*)

THOR. *Voyez* TOR & VER.

THOUNIER, (*Droit féodal.*) ce mot paroît avoir été employé pour *tonneu*, ou *tonlieu*. Il désignoit un droit sur les marchandises. Suivant le *papier aux aisselles* de la chambre des comptes de Lille, le comte de Namur avoit, en 1289, « le *thounier* de le

E

» mercherie (c'eft-à-dire, de la marchandife),
» qui vat par an vj liv. & x fols.... Encor a li cuens
» le *thounier* de la noueve fcoherie »; c'eft-à-dire, du
nouveau marché aux cuirs. *Voyez* le *gloffarium novum* de dom Carpentier, au mot *Telon*. (*G. D. C.*)

T I

TIÉRAGE. (*Droit féodal.*) On a ainfi écrit le
mot *terrage*. *Voyez* dom Carpentier au mot *Defteblare*.

TIERÇAGE, f. m. la troifième partie des biens
d'un défunt, que le curé de fa paroiffe exigeroit en
quelques lieux, pour lui donner la fépulture. Ce *tierçage* fut depuis réduit au neuvième, & enfuite
aboli. *Voyez* Alain Bouchard, *l. III des annales de
Brétagne* ; Brodeau *fur Louet*, *let. C, fom. 4.* (*A*)

TIERCE. (*Droit féodal.*) On appelle ainfi dans
plufieurs feigneuries de Champagne, de Bourgogne, &c. le droit de terrage.

Du Cange paroît croire que ce droit de *tierce*
procède de la redevance que les francs exigeaient
fur la troifième partie des terres qu'ils laiffèrent
aux habitans des Gaules.

Suivant Bouquet, au contraire, dans l'avertiffement de fon *droit public*, cette explication eft abfolument mal fondée : « il eft conftant, non-feulement par une multitude de titres & de chartres
» particulières d'affranchiffement, mais encore par
» les regiftres du tréfor des chartres, que la *tierce*
» étoit la troifième partie des fruits payée au propriétaire par fon ferf ou colon qui faifoit valoir
» la terre de fon maître. Il lui payoit la troifième
» gerbe, & il étoit appellé lui-même *tertiarius*.
» Nos loix anciennes conftatent cette interprétation lorfqu'elles déclarent que le détenteur qui
» n'aura pas payé la *tierce* pendant quinze années,
» fera réputé propriétaire libre.

» Lors de l'affranchiffement des ferfs, on convertit la redevance de la *tierce* ou troifième
» gerbe en un *champart* ou terrage feigneurial,
» qui fut fixé à la douzième gerbe : ce droit a
» néanmoins toujours confervé la dénomination
» de *tierce* dans quelques feigneuries régies par la
» coutume de Troyes. Cette *tierce* étoit donc un
» droit de fervitude, & cette fervitude eft démontrée dans les anciennes coutumes, dans les
» chartres d'affranchiffement, dans les regiftres du
» tréfor & dans les titres particuliers de plufieurs
» feigneurs eccléfiaftiques & laïques ».

Bouquet ajoute qu'il l'a montré dans un mémoire fignifié pour l'abbé de Montiéramey & le
comte de Praflin, feigneurs par indivis de la baronnie de Chaources, contre les habitans de cette
feigneurie, qui ont été condamnés à payer la
tierce, ou le champart de la douzième gerbe, par
arrêt du parlement de Toulonfe.

Quelque éloigné qu'on foit d'adopter les principes que Bouquet a défendus dans fes différens
ouvrages, on ne peut s'empêcher de reconnoître
que fa critique de du Cange paroît ici bien fondée,

& que c'eft bien mal à propos que dom Carpentier, en défendant ce dernier auteur, accufe Bouquet d'avoir affuré que le mot *tierce* fignifie toujours un terrage à la troifième partie des fruits.
On vient de voir qu'il dit au contraire que lors
de l'affranchiffement des ferfs, il fut fixé à la
douzième gerbe.

Au refte, ce droit fubfifte encore dans quelques
feigneuries à un taux beaucoup plus fort que la
douzième gerbe. Dom Carpentier cite le regiftre-*Bel* de la chambre des comptes de Paris, où il eft
dit : « item, le quart & le fixième eft une manière de
» difme, que on dit les *tierces* ». Le même auteur rapporte les extraits fuivans de chartres de
l'an 1269 & 1336, tirées du cartulaire de l'églife
de Langres. *Item quamdam fervitutem, feu redditum,
quæ vocatur tertia, quæ pro dominio debetur, in terris
inferius annotatis.*

*Dominus utilis dictæ villæ (de Martilleio) confuevit
percipere..... quemdam redditum qui vulgariter appellatur*
les *tierces, videlicet de undecim gerbis unam, qui redditus tertiarum valet, &c.* (*G. D. C.*)

TIERCE-FOI, ou TIERCE-MAIN. (*Droit féodal.*)
Quand un fief acquis par un roturier paffe par
fucceffion aux héritiers de fes héritiers, quelques coutumes difent qu'il eft venu en *tiercefoi*, ou *tierce-main*, parce que l'héritier de l'héritier
eft le troifième poffeffeur du fief dans la famille,
& par conféquent le troifième qui foit tenu d'en
faire la *foi* & hommage. Dans ce cas-là, le fief
qui s'étoit partagé roturiérement, c'eft-à-dire également dans la fucceffion de l'acquéreur, fe partage noblement, c'eft-à-dire avec avantage pour
l'aîné, dans la fucceffion de l'héritier, quoique
roturier, & dans celle de tous les héritiers ultérieurs.

Ce droit fingulier qui ne fubfifte plus que dans
quelques-unes de nos coutumes, a fait autrefois
le droit commun de la France, fuivant plufieurs auteurs, & tient à des ufages répandus bien au-delà
du royaume. On va expliquer tout ce qui le concerne dans l'ordre fuivant :

1°. De l'origine du droit de *tierce-foi*.

2°. Des fucceffions où il peut avoir lieu.

3°. Des biens qui y font fujets & fi l'on peut
préjudicier à ce droit.

4°. De la manière dont les domaines nobles
tombent en *tierce-foi*.

5°. Des effets de la tierce-foi.

§. I. *De l'origine du droit de tierce-foi.* Quelle que
foit l'opinion que l'on embraffe fur l'origine de la
nobleffe, il paroît certain qu'elle s'acquéroit autrefois par la fimple poffeffion des fiefs.

Andreas de Ifernia, fur le fecond livre des fiefs,
tit. 3, per quos fiat inveftitura, cap. 1, verficulo perfona, dit expreffément que l'inféodation anoblit,
ou du moins qu'elle confère au vaffal roturier une
demi-nobleffe, qu'il appelle *paradagium*.

M. de Chaffaneuz, dans fon confeil 64, n. 6,
dit auffi que le fief anoblit, *par fa nature*, celui qui

le poſſède , & que la ſeigneurie d'un village fait réputer nobles ceux à qui elle appartient. Gui-pape dit abſolument la même choſe dans ſes queſtions 385 & 486.

Enfin le fameux Poggio, qui vivoit à Florence dans le quinzième ſiècle, obſerve dans ſon traité *de nobilitate*, que les fils des marchands ou des ouvriers, qui s'enrichiſſoient, devenoient noblés, en ſe retirant dans une terre qu'ils avoient acquiſe, & procuroient la nobleſſe à leurs deſcendans. *Mercatorum aut quorumvis opificum filii qui divitiis præſtant , aut empto prædio rus ſe conferunt , urbe relictâ , atque hujus fructû contenti ſemi nobiles evadunt , ſuiſque poſteris nobilitatem præbent , aut famulantes principibus aliquo prædio collato pro nobilibus honorantur. Ita plus illis rura & nemus conferunt quàm urbes atque otia aut negocia* ad conferendum nobilitatem.

A meſure que le commerce s'augmenta & qu'il procura plus d'argent, on profita de l'ambition des roturiers pour leur vendre plus cher cet avantage. Le roi, les grands vaſſaux & les ſeigneurs exigeoient d'eux des droits conſidérables pour l'acquiſition ou la poſſeſſion des fiefs. Nos rois, qui avoient d'abord ſouffert leurs acquiſitions, afin de diminuer la force & le crédit de leurs grands vaſſaux, exigèrent bientôt d'eux une eſpèce d'amortiſſement qu'on appella *francs-fiefs*. On n'y aſſujettit au commencement que ceux qui ſe faiſoient décharger du ſervice du fief par des abonnemens.

Une ordonnance de 1275 , rapportée au premier volume de celles du Louvre, décide encore que les non-nobles qui auront acquis des fiefs à la charge de les deſſervir, ne ſeront pas inquiétés ; mais que s'ils les tiennent avec abrégement de ſervice, ils ſeront contraints de les mettre hors de leurs mains, ou de payer la valeur des fruits de deux années, lors qu'entre le roi & celui qui aura fait de telles acquiſitions, il ne ſe trouvera pas trois ſeigneurs, en remontant de l'un à l'autre, ſuivant la hiérarchie féodale.

Cette ordonnance veut auſſi que les fiefs qui ont été arrotrués ſoient remis en leur premier état, à moins que les poſſeſſeurs ne veuillent payer l'eſtimation du revenu de quatre années. Enfin, il y eſt dit qu'elle n'aura lieu que pour le paſſé, & qu'elle ne pourra être étendue aux acquiſitions qui ſeroient ſi préjudiciables au roi, qu'elles ne pourroient être tolérées.

Cette exception, qu'on retrouve ſouvent dans les ordonnances qu'on fit pour étendre la prérogative royale, rendoit, pour ainſi dire, inutiles les premières diſpoſitions de cette loi. Auſſi ne tarda-t-on pas à faire payer finance dans tous les cas, aux roturiers qui poſſédoient des fiefs, comme on peut le voir au même recueil dans les ordonnances de la Touſſaint 1292, & du mois de mars 1320.

Bouteiller donne le motif de ces loix, *liv.* 2, *tit.* 1 de ſa ſomme rurale : « la raiſon ſi eſt, dit-il,

» que nul ne ſe peut anoblir ſans l'autorité du roi » en ſon royaume, qui ne vient d'extraction no-» ble, & *par acquerre nobles tenemens, il ſemble qu'ils* » *ſe anobliroient par long temps le tenir, & l'acquête* » *qui noble ſeroit par eux envieillie en leurs mains* ».

C'eſt ſous le même prétexte que les grands vaſſaux & même les ſimples ſeigneurs dominans ſe faiſoient auſſi payer une finance dans ce cas. On peut voir la liſte des grands vaſſaux en qui la chambre des comptes reconnoiſſoit ce droit, dans les notes de Laurière ſur l'ordonnance de 1275 ; & encore aujourd'hui il eſt dû doubles lods dans le Dauphiné pour les fiefs acquis par les roturiers dans la mouvance des ſeigneurs particuliers. *Voyez* M. Salvaing en ſon *uſage des fiefs*, chap. 53, &c. & l'article DÉPAREILLEMENT DE FIEF.

Cet ancien privilège de l'anobliſſement par la poſſeſſion des fiefs, n'a été entièrement aboli que par l'ordonnance de Blois, dont l'article 258 porte que « les roturiers & non nobles *achetant fiefs* » *nobles*, ne ſeront pour ſe anoblis ni mis au rang » & degré des nobles, de quelque revenu & va-» leur que ſoient les fiefs par eux acquis ».

Quelques auteurs enſeignent néanmoins encore aujourd'hui, que la conceſſion d'un fief de dignité faite par le prince, donne la nobleſſe ; & ce cas diffère effectivement de celui de l'acquiſition d'un fief. La coutume de Béarn, où l'ordonnance de Blois n'a point de force, parce que cette province n'a été réunie à la couronne que long-temps après, preſcrit même des règles particulières pour la vente des fiefs qui relèvent du ſouverain, & qu'elle appelle *nobleſſas*, parce qu'elle ſuppoſe qu'ils ont la vertu d'anoblir ceux qui les poſſèdent. (*Rubrica de contractes & tornius*, art. 25.)

C'eſt à cet anobliſſement par la poſſeſſion des fiefs, lorſqu'elle étoit continuée de père en fils, que ſe rapportent les diſpoſitions de nos coutumes ſur la *tierce-foi*. On voit dans les établiſſemens de S. Louis, *liv.* 1, *chap.* 43, que le fief ne ſe partageoit pas noblement entre roturiers, à la première génération, quoiqu'on accordât à l'aîné un avantage pour qu'il pût garantir ſes puinés en parage ; « tout ainſi départira toujours mez juſ-» ques en la *tierce-foi* & d'ilecques en avant ſi aura » l'aîné les deux parties & ſe départira toujours » mez gentiment ».

On ſait que les établiſſemens de S. Louis ſont la baſe du plus grand nombre des diſpoſitions de la coutume d'Anjou & de pluſieurs coutumes voiſines. Auſſi cette manière de partager les fiefs qui ſont parvenus à la *tierce-foi* ſubſiſte-t-elle encore avec fort peu de différence dans les coutumes d'Anjou, du Maine, de Touraine & de Loudunois, & dans l'article 16 de celles de S. Agnan & de Chabris, locales de Blois. La coutume de Poitou admet auſſi un ordre de ſucceſſion très-approchant de celui-ci. Il eſt connu ſous le nom de *quart-hommage*. On trouve des traces de cet ancien droit dans pluſieurs coutumes de France. C'eſt ainſi que celles de Troyes, *art. 14*, & de Chaumont, *art. 8*, n'accordent le préciput & la portion avantageuse qu'aux enfans des nobles.

§. II. *Des successions où le privilège de tierce-foi peut avoir lieu.* Pour décider si une succession doit être réputée noble ou roturière, c'est la personne du défunt qu'on doit considérer, & non pas celle de ses héritiers, suivant l'article 254 de la coutume d'Anjou, & l'article 272 de celle du Maine. « Succession roturière, y est-il dit, qui advient à » gens nobles, se départ pour la première fois ro- » turiérement ; car l'on a regard à la qualité de » celui qui décède & au temps de son trépas ».

L'article 314 de la coutume de Touraine, dit aussi que succession roturière « qui advient à gens » nobles, se départ roturiérement ès choses rotu- » rières, & noblement ès choses nobles qui seront » échues en *tierce-foi* ».

Ces derniers mots, *qui seront échues en tierce-foi*, ont été ajoutés lors de la réformation de 1559 ; mais il paroit qu'on a toujours entendu de même cet article, & que, dès avant la réformation, on ne partageoit noblement, entre nobles même, les domaines nobles qui se trouvoient dans la succession roturière, qu'autant qu'ils étoient tombés en *tierce-foi*.

C'est du moins ainsi que le Proust de Beaulieu explique l'article 16 du titre *des successions de gens roturiers ou coutumiers* de la coutume de Loudunois, quoiqu'il dise simplement que *succession roturière qui advient à gens nobles, se départ roturiérement ès choses roturières, & quant aux choses nobles elles se départent noblement.*

Quelque uniforme que soit le principe d'où ces quatre coutumes sont parties, elles en ont néanmoins tiré des conséquences opposées. Les unes ont regardé que le mari noble communiquoit sa noblesse à sa femme roturière, & que la femme noble perdoit au contraire sa noblesse en se mésalliant à un mari roturier : les autres n'ont considéré que l'origine de la femme, & elles sont plus conformes à notre ancien droit françois, où la noblesse se communiquoit même par les mères.

Cette noblesse de par les mères étoit connue dès la première race, comme on le voit dans deux passages de Grégoire de Tours, *liv. 4, chap. 1*, & *liv. 10, chap. 8*, & il paroit qu'elle étoit admise dans toute la France, quoiqu'il n'en soit plus mention que dans quelques coutumes de Champagne. Beaumanoir observe au chap. 45 de ses coutumes de Beauvoisis, qu'une telle noblesse ne suffisoit pas pour faire des chevaliers. Mais, ajoute-t-il, « les » enfans ne perdent pas l'état de gentilesse du » tout ; ainçois sont démenez comme gentils- » hommes du fait de leur corps & puéent bien tenir » fief, lesquelles choses villains ne puéent pas » tenir ».

Laurière remarque à cette occasion que Charles V fut peut-être le premier de nos rois qui donna atteinte à la noblesse de par les mères, en statuant

par son ordonnance du 15 novembre 1370, que ces sortes de nobles seroient sujets au droit de franc-fief. Cependant Monstrelet dit encore, en parlant de Jean de Montaigue, surintendant des finances sous Charles VI, *qu'il étoit né de la ville de Paris & gentilhomme de par sa mère.*

Le coutumes d'Anjou, *art. 25*, & du Maine, *art. 270*, ont admis cette espèce de noblesse pour régler le partage de la succession de la mère noble, mais non pas pour régler celui de la succession de ses descendans. Il y est dit que « les enfans » issus du mariage de femme noble & homme » coutumier, départiront l'héritage d'elle, & suc- » céderont noblement, & semblablement la por- » tion des conquêts & meubles d'icelle femme se » départira pour la première fois noblement & » a toujours mez coutumièrement ».

L'article suivant ajoute : « & au contraire les » enfans issus du mariage d'homme noble & » femme coutumière, départiront pour la pre- » mière fois coutumièrement, selon la nature des » non-nobles, les héritages, acquêts & meubles » d'icelle femme, & après a toujours mez noble- » ment, & ainsi, par ce que dit est, il est vu que » l'homme anoblit la femme & ses enfans, & » que la femme ne peut anoblir l'homme *ne leurs* » *enfans, s'ils ne sont de père noble* ».

Ces mots *ses enfans*, & ceux-ci *ne leurs enfans s'ils ne sont de père noble*, ne sont point dans l'ancien coutumier des deux provinces, ni dans la coutume du Maine.

C'est en considérant la succession des enfans de la mère noble ou roturière, & non pas sa propre succession, que la coutume d'Anjou a conclu par une conséquence opposée en bien des points à l'ancien droit dont on vient de parler, que l'homme anoblissoit sa femme & leurs enfans, mais que la femme n'anoblissoit ni son mari, ni ses enfans.

On suit une autre règle dans les coutumes de Touraine & de Loudunois. L'article 317 de celle de Touraine dit expressément, « que femme rotu- » rière, qui se marie à homme noble, est réputée » noble, & se départ sa succession noblement, » sinon qu'auparavant elle eût été mariée à homme » roturier, eut enfans ou leurs représentans vivans » au temps qu'elle décéderoit, auquel cas sa succes- » sion se partagera entre les enfans roturiére- » ment ».

L'article 318 ajoute, « que si ladite femme » (roturière) ayant été mariée à homme noble, » duquel elle eût enfans ou représentans, se » remarie à homme roturier dont elle ait autres » enfans, sa succession se partagera noblement » entre tous lesdits enfans, si au temps qu'elle » échet, les enfans dudit premier mariage ou » leurs représentans vivans ».

La coutume de Loudunois, *tit. 29, art. 18 & 19*, a des dispositions absolument semblables : l'article 17 du même titre dit de plus, que « si femme

» noble fe marie à perfonne roturière ou coutu-
» mière, & dudit mariage iffent enfans, fa fuccef-
» fion fe départira roturièrement entre lefdits
» enfans, pour tant que touche chofes homma-
» gées non cheutes en *tierce-foi*, & pour tant que,
» touche chofes hommagées cheutes en *tierce-
» foi*, elles fe départiront noblement en la ma-
» nière devant dite ».

On doit étendre cette difpofition à la coutume
de Tours, qui a le même efprit. Il eft clair que
dans ces deux coutumes, c'eft effectivement la
qualité des héritiers qui fert de règle dans les partages des fucceffions en ligne directe.

On doit en dire autant, à plus forte raifon,
des coutumes de Chabris & de Saint-Agnan,
locales de Blois, dont l'article 16 porte, « que fiefs
» nobles *échus à gens roturiers par fucceffion directe*,
» fe partagent par tête, & que l'aîné, quand ils
» font en *tierce-foi*, y prend tel avantage, comme
» font les gens nobles ».

On voit même que ces deux coutumes n'admettent pas le droit de *tierce-foi* dans les fucceffions collatérales ; ce qui paroît plus conforme à
l'origine de ce droit & à fon fondement, du moins
fi les héritiers ne defcendent pas de l'acquéreur,
ou de l'un de fes defcendans.

Les coutumes de Touraine & de Loudunois
propofent les mêmes règles pour les fucceffions des
anoblis, que pour les fucceffions des nobles de race.
Elles veulent qu'on fe décide fur la qualité des
héritiers & non fur celle du défunt, pour partager
les acquêts féodaux de fa fucceffion noblement ou
roturièrement, foit en ligne directe, foit en ligne
collatérale, & que le partage roturier ait lieu,
lorfqu'un anobli a des enfans nés avant fon anobliffement & d'autres nés après, parce que les
premiers ne font pas nés nobles.

Telles font les difpofitions des articles 20 & 21
du titre 29 de la coutume de Loudunois, & des
articles 315 & 316 de la coutume de Tours.

On fuit d'autres règles dans les coutumes d'Anjou & du Maine. Le grand principe eft qu'on y
confidère la qualité du défunt & non pas celle de
fes héritiers, fur-tout dans la coutume d'Anjou.
L'article 254 dit indiftinctement : « *fucceffion roturière*
» qui advient à gens nobles, fe départ pour la pre-
» mière fois roturièrement ; *car l'on a regard à la
» qualité de celui qui décède & au temps de fon trépas* ».

On a conclu de-là, avec raifon, dans cette coutume, que la fucceffion de l'anobli fe partageoit
toujours noblement, tant en ligne directe qu'en
ligne collatérale.

Cette dernière claufe de l'article 254 de la coutume d'Anjou, car l'on a regard à la qualité de celui
qui décède & au temps de fon trépas, ne fe trouve
point dans l'article 272 de celle du Maine, qui
contient d'ailleurs une décifion femblable. Pocquet de Livonière convient dans fon traité des
fiefs & dans fes obfervations fur du Pineau, que
l'application qu'on en a faite à la fucceffion de

l'anobli dans la coutume d'Anjou, fouffre quelques
difficultés dans la coutume du Maine. « On peut
» néanmoins, dit-il, foutenir que les réforma-
» teurs de la coutume du Maine ont omis cette
» claufe comme fuperflue & furabondante, plu-
» tôt d'y introduire une différence d'avec la cou-
» tume d'Anjou, puifque les principes de cette
» conclufion fe retrouvent dans les articles 270,
» 271 & 272 de celle du Maine ».

L'ufage paroît contraire dans la coutume du
Maine à cette obfervation de Livonière. Il eft conf-
taté depuis deux fiècles au moins, qu'on y partage
roturièrement la fucceffion de l'anobli en ligne
collatérale. Cette forme de partage y a été autorifée par un premier arrêt du 9 décembre 1607,
rendu entre les héritiers collatéraux de M. de la
Roche-Thomas, confeiller en la cour. Cet arrêt eft
rapporté par M. Louet, lettre *N*, *fomm.* 4, & par
l'annotateur de M. le Prêtre, *cent.* 1, *chap.* 9 : il
eft d'autant plus remarquable, qu'il a été rendu fur
propofition d'erreur contre un précédent arrêt qui
avoit jugé le contraire dans la même fucceffion.
Ce premier arrêt avoit été précédé d'un interlocutoire qui ordonnoit une enquête par turbes
fur l'ufage de la province du Maine. L'enquête
avoit été très-concluante ; elle avoit vérifié, dit
M. Louet, « qu'il y avoit différence audit pays
» de la fucceffion des nobles & des anoblis ; que
» celle des anoblis fe partageoit roturièrement
» pour la première fois ; & de vingt-trois té-
» moins turbiers, il n'y en avoit que deux de
» contraire avis »......

Mais, ajoute Louet, « d'autant que les turbiers
» n'alléguoient aucuns jugemens ni arrêts, mais
» feulement des partages, les juges avoient pris
» cette enquête pour un fimple avis, & non pour
» preuve fuffifante d'un commun ufage. Finale-
» ment, par arrêt donné au rapport de M. des
» Landes, il a été jugé au nombre de quarante
» juges qu'il y avoit erreur, & que la fucceffion
» du défunt fieur Thomas fe partageroit roturié-
» rement ».

La même chofe avoit encore été jugée indirectement par un arrêt rendu au fiècle dernier, auffi
fur une enquête par turbes, le 4 août 1676 ; lequel
ordonna que la fucceffion directe d'un confeiller
de la cour anobli par fon office, feroit partagée
noblement. Brodeau, qui rapporte cet arrêt dans
fes additions fur Louet & dans fes notes fur l'article 272 de la coutume du Maine, inférées au
coutumier général de Richebourg, avoit écrit au
procès. Il obferve qu'on auroit jugé différemment
pour une fucceffion collatérale.

On peut tirer le même réfultat des obfervations
de du Pineau fur l'article 253 de la coutume d'Anjou & du commentaire de Brodeau fur l'article
239 de la coutume du Maine, où cet arrêt & les
turbes font rapportés au long.

Pocquet de Livonière dit à la vérité, en parlant
de l'arrêt de 1607, qu'à cette époque les principes

fur la fucceffion de ceux qui font anoblis pour des charges, n'étoient pas encore bien déve-loppés. M. Louet lui-même, après avoir rapporté cet arrêt, ajoute indiftinctement, fans faire de dif-férence entre la ligne directe & la collatérale, qu'il a jugé qu'au pays du Maine « la fucceffion » des anoblis par état & offices de robe longue, » eft différente de celle des nobles d'extraction, » & fe partage roturiérement pour la première » fois ». Mais quoique cette différence entre les nobles de race & les anoblis, ait depuis été ré-jettée dans la coutume d'Anjou, par deux arrêts des années 1635 & 1675, il paroît que l'ufage de la province du Maine eft toujours de partager ro-turiérement la fucceffion de l'anobli, lorfqu'elle tombe en collatérale, & que cet ufage eft auto-rifé par la dernière jurifprudence comme par la plus ancienne.

C'eft ce qu'attefte M. Olivier de S. Vaft, fur l'article 272, p. 315. Il invoque les commentaires de Brodeau & Louis de Malicottes, & les mémoires manufcrits de M. de Parence, ancien avocat du roi de la fénéchauffée du Mans, « où ce favant jurif-» confulte rapporte une fentence de Meffieurs de la » première chambre des requêtes à Paris, du mois » de mars 1717, par lequel il fut jugé au rapport » de M. Vigot, que la fucceffion de feu M. Lair, » qui étoit fecrétaire du roi, étant tombée en col-» latérale dans la coutume du Maine, devoit être » partagée entre fes héritiers fans préciput pour » l'aîné comme fucceffion roturière, laquelle » fentence a été confirmée par arrêt de la feconde » chambre des enquêtes, au rapport de M. de la » Guittoirie ».

On voit dans le même ouvrage qu'on fuit un ufage contraire pour la fucceffion du noble de race, & que la fucceffion même de l'anobli fe partage noblement en ligne directe fuivant l'arrêt de 1636. M. Olivier de S. Vaft cite encore dans fon com-mentaire fur l'article 270, d'après les mémoires de M. de Parence, une fentence de la fénéchauffée du Mans du 16 juillet 1727, qui l'a ainfi jugé, & un acte de notoriété de la fénéchauffée du 14 no-vembre 1739, par lequel elle a perfifté dans ce jugement à la pluralité de treize voix contre dix, au fujet de la fucceffion de M. le Vayer, con-feiller à la cour des aides.

Il faut feulement obferver que plufieurs jurif-confultes de la capitale, & feu M. de Lambon en particulier, ont voulu mettre de la différence entre les anoblis par lettres ou par divers offices, & les annoblis par charges de fecrétaires du roi. Comme les loix qui affurent à ces fortes d'officiers l'anoblif-fement, portent expreffément qu'ils feront réputés nobles de race, on en a conclu affez conféquem-ment que leur fucceffion devoit fe partager en tout comme celle des nobles de race. Mais l'ufage paroît contraire à cette prérogative, & l'on fait effectivement que toutes ces fictions ne doivent pas recevoir d'extenfion. Auffi tous les commentateurs

des coutumes du Maine & de Touraine, où les fuc-ceffions de l'anobli fe partagent différemment de celles des nobles de race, n'ont-ils pas balancé à placer à cet égard les fecrétaires du roi dans la claffe des anoblis.

Julien Brodeau dit même dans fa note fur l'ar-ticle 272 de la coutume du Maine, inférée au coutumier général, que c'eft fur ce principe qu'un arrêt du 24 mars 1603 a ordonné que la fucceffion de M. Jean Gaucheri, décédé fecrétaire du roi, feroit partagée roturiérement. Mais on voit dans les additions du même auteur fur M. Louet, lettre S, fomm. 19, n. 2, qu'on ne l'a ainfi jugé que parce que cette fucceffion avoit été ouverte long-temps avant la vérification en la cour de ceux des privilèges des fecrétaires du roi qui affuroient la nobleffe à leur poftérité. Il s'agiffoit effective-ment, lors de cet arrêt, d'une fucceffion directe, qui fe partage noblement pour les anoblis, comme pour les nobles de race.

Il n'en eft pas ainfi de l'arrêt confirmatif de la fentence des requêtes du palais du mois de mars 1717, rapporté par M. de Parence. On a vu ci-deffus qu'il avoit pour objet la fucceffion collatérale d'un fecrétaire du roi.

Les chartres & les édits qui ont attribué la no-bleffe aux officiers municipaux de certaines villes jufqu'en 1765, portent auffi que les pourvus en feront réputés nobles de race; on n'en juge pas moins que leur fucceffion fe partage comme celles des autres anoblis. Quelques-unes de ces loix, telles que celles relatives aux maires d'Angers & de Tours, portent même que leurs fucceffions & celles de leur poftérité continueront à fe par-tager roturiérement comme par le paffé, non-obftant leur anobliffement.

§. III. *Des biens qui font fujets à la tierce-foi;* *& fi l'on peut préjudicier à ce droit.* Le privilège de la *tierce-foi* ne peut avoir lieu que fur les fiefs, ou, pour employer les termes des coutumes, *fur les chofes tenues à foi & hommage anciennement, & qui font chûtes par fucceffion à tierce-foi.* On doit néan-moins comprendre fous ces mots les rentes & droits inféodés, & même les domaines tenus à franc-devoir, fuivant les coutumes de Loudunois, *chap.* 29, *art.* 3, & de Touraine, *art.* 299, parce que cette forte de devoir eft repréfentative de la foi & hommage. *Voyez* l'article FRANC-DEVOIR.

Les articles 258 de la coutume d'Anjou, & 276 de celle du Maine décident auffi que la con-verfion des fiefs en roture, qui fe fait par l'amor-tiffement de l'hommage, n'en change pas la qua-lité relativement aux fucceffions: car, y eft-il dit, » pour tel abournement on amortiffe d'hom-» mage, ne fera changée la forme d'y fuccéder & » les partager noblement. Toutefois quant au » feigneur de fief, il n'y prendra plus le rachat » ni autres obéiffances, non plus qu'en autres » chofes roturières & cenfives ».

Cependant l'article 262 de la coutume d'Anjou ; & l'article 280. de celle du Maine , difent en parlant des fiefs tombés en *tierce-foi*, qu'il eſt *au choix deſdits puînés de faire devoir à leur aîné & d'être ſes ſujets , ou de faire foi & hommage au ſeigneur de fief dont tout meut & dépend*. L'article ſuivant des deux coûtumes ajoute en conſéquence : « quand » les puînés non nobles ont choiſi de faire devoir » à leur aîné & d'être ſes ſujets cenſivement pour » raiſon de leurdite tierce-partie, *les héritiers d'iceux* » *puînés départiront leurs portions d'icelui tiers par* » *égales portions*. Autre choſe ſeroit , ſi iceux puî-» nés avoient choiſi faire foi & hommage au ſuze-» rain, ou à leur aîné ; car en celui cas, icelles » choſes ſe départiront comme hommagées ».

Il ſemble qu'il y a une véritable contradiction entre ces deux diſpoſitions , puiſque la première veut que le propriétaire roturier d'un domaine noble ne puiſſe pas préjudicier à ſes héritiers en le convertiſſant en roture ; & que la ſeconde qui permet cette converſion, dit expreſſément qu'elle changera l'ordre des ſucceſſions.

Tout ce qu'on peut imaginer de plus raiſonnable pour concilier ces deux diſpoſitions , c'eſt de dire avec du Pleſſis ſur la coutume du Maine , que la bonne-foi ſe ſuppoſe plus facilement dans les ar-rangemens faits entre co-héritiers lors de l'ouver-ture d'une ſucceſſion , que dans un traité que le vaſſal fera tout exprès avec ſon ſeigneur. Dans ce dernier cas, la coutume a dû mettre tout en uſage pour empêcher que la fraude qu'elle crai-gnoit n'eût lieu dans quelque degré que ce fût.

Il faut néanmoins avouer que cette conciliation, comme l'a fort bien vu du Pleſſis lui-même, ne ſauve pas toutes les difficultés. S'il n'y eût eu d'au-tres raiſons de la diſpoſition des coutumes que la crainte de la fraude, il auroit fallu ſe contenter d'ordonner le partage noble pour la première fois. C'eſt ainſi que l'article 290 de la coutume du Maine l'ordonne pour l'échange d'un héritage noble contre roturier, ou *vice verſâ*. « Tel échange » y eſt-il dit , ſortit *pour la première fois* la nature » de l'héritage permuté , & entre leſdits héritiers » ſera partagé *pour la première fois*, comme eût été » ledit héritage permuté, dont la permutation » eſt faite ».

La coutume d'Anjou, qui a d'ailleurs la même diſpoſition dans l'article 273 , ne contient point cette reſtriction *pour la première fois*. On peut dou-ter ſi elle doit y être ſuppléée.

Toutes ou preſque toutes les autres queſtions relatives à ce qui doit être compris dans le droit d'aineſſe en cas de *tierce-foi* doivent ſuivre les principes du droit commun.

§. IV. *De la manière dont les domaines nobles. tom-bent en tierce-foi.* Les coutumes d'Anjou, *art. 256*, & du Maine, *art. 274*, s'expliquent fort clairement à ce ſujet. « Et pour entendre , y eſt-il dit , comme » leſdits acquêts ſont chus en *tierce-foi*, eſt vrai » que l'acquéreur fait *ou doit faire* la première foi , » & *les héritiers* d'icelui acquéreur en font *ou*

» *doivent faire* la ſeconde qui départent leſdits » acquêts roturièrement. Mais après, leſdits héri-» tiers d'iceux acquéreurs départiront tels ac-» quêts par les deux parts & par le tiers , pour » ce que dès-lors ils ſont chus en ladite *tierce-foi* ».

Les coutumes de Tours & de Loudun diſent la même choſe avec moins de détails. Celle du Maine ajoute : « & où il y auroit ſucceſſion par » repréſentation, ce ne ſeroit accroiſſement de » nombre de foi & hommages , ſinon que celui » qu'on repréſente ait ſurvécu ».

Il réſulte delà pluſieurs conſéquences : 1°. pour que le droit d'aîneſſe ait lieu , il n'eſt pas nécef-ſaire que l'on ait fait réellement trois fois l'hom-mage ; il n'eſt pas même néceſſaire qu'il y ait eu ſouffrance accordée ou demandée dans les muta-tions où il n'y a point eu d'hommage ; il ſuffit qu'il y ait eu deux mutations depuis l'acquiſition, c'eſt-à-dire, qu'il y ait eu trois vaſſaux de la même famille qui aient eu le même domaine, en ſe ſuccédant les uns & les autres , & en comp-tant la perſonne de l'acquéreur pour le premier, ſon héritier pour le ſecond , & les héritiers de ſes héritiers pour les derniers.

C'eſt ce qu'indique l'expreſſion dont ſe ſervent les coutumes de Tours & de Loudun , *tierce-foi ou tierce-main*, & cette autre expreſſion des cou-tumes d'Anjou & du Maine , « l'acquéreur fait » *ou doit faire* la première foi , & les héritiers » d'icelui en font *ou doivent faire* la ſeconde ».

2°. Il réſulte des mêmes termes, qu'il n'y a pas lieu au partage inégal, ſi l'acquéreur laiſſe pour héritiers des petits-enfans , ſoit qu'ils viennent ſeuls & de leur chef à ſa ſucceſſion , ſoit qu'ils y viennent par repréſentation de leur père ou mère, avec des oncles ou des tantes ; car dans ce cas il n'y a pas eu ni dû avoir trois foi & hommage. Le domaine n'a pas paſſé par trois mains diffé-rentes , puiſque le père ou la mère des petits-en-fans de l'acquéreur n'en a jamais joui.

Choppin en a fait l'obſervation , *liv. 1, part. 2, chap. 4, tit. 4, n. 6*; & la coutume du Maine le dit de la manière la plus expreſſe.

3°. On ne doit pas compter parmi les foi & hommages qui préparent le partage inégal , celles que l'on réitère pour la mutation du ſeigneur, ni même celle que la veuve eſt tenue de faire après le décès de ſon mari pour les conquêts nobles de la communauté , dont, aux termes des coutumes d'Anjou & du Maine , elle doit jouir en entier , moitié en propriété & moitié en uſufruit. Les coutumes d'Anjou & du Maine exigent formelle-ment que la ſeconde foi ait été faite par les héri-tiers de l'acquéreur.

Les mêmes coutumes le décident d'une manière encore plus expreſſe dans les articles 257 & 275, dont le ſens eſt trop clair pour qu'il ne ſuffiſe pas de les indiquer.

Les commentateurs des quatre coutumes géné-rales où ce droit eſt admis, ſe ſont fort étendus ſur les autres mutations qui pouvoient ou ne pouvoient pas être comptées pour donner ouverture au droit de *tierce-foi*. Toutes ou presque toutes ces questions se réduisent à savoir si le bien est possédé à titre successif, ou à titre d'acquisition, il faut les juger sur les mêmes principes qu'on suit pour décider quels biens sont acquêts ou propres,

§. V. *Des effets de la tierce-foi.* La coutume de Poitou attribue les mêmes avantages à l'aîné roturier en cas de quart-hommage qu'à l'aîné noble. L'article 16 des coutumes de Chabry & de S. Agnan, locales de Blois, dit aussi « que l'aîné roturier » prend sur les fiefs nobles, quand ils sont tombés en *tierce-foi*, tel avantage, comme font les » gens nobles »,

Il n'en est pas ainsi dans les coutumes d'Anjou, du Maine, de Touraine & de Loudunois. L'aîné noble y est à-peu-près le seul héritier, Il étoit seul saisi autrefois de la succession, dont il faisoit les fruits siens jusqu'à la demande en partage. Encore aujourd'hui, il a seul la conduite des procès, & le droit de prendre tous les meubles, à la charge de payer les dettes mobilières & accomplir le testament du défunt. Enfin il prend de plus un préciput sur les biens nobles & les deux tiers de tous les immeubles restans, propres ou acquêts, nobles ou roturiers, fonds de terre ou rentes, Dans les coutumes d'Anjou & du Maine, il prend aussi la portion de la fille emparagée noblement par le père, ou de celle qui a renoncé, quoique non emparagée, quelque peu de chose qu'on leur ait donné en mariage, & les puînés mâles n'ont même leur portion dans le tiers attribué aux puînés qu'en usufruit.

Il faut seulement observer que les père & mère peuvent porter atteinte à une partie de ces droits d'aînesse, en avantageant les puînés ou puînées.

Dans les successions roturières, au contraire, le droit d'aînesse ne peut pas être diminué par des dispositions entre-vifs ou testamentaires, les coutumes d'Anjou, du Maine, de Touraine & de Loudunois étant des coutumes de parfaite égalité quant aux roturiers. Mais comme le droit d'aînesse, en cas de *tierce-foi*, résulte de la qualité de l'héritage qui y est parvenu, & non pas de celle de l'héritier ou du défunt, il se borne uniquement aux fiefs qui sont dans ce cas, sans s'étendre aux autres biens nobles ou roturiers, meubles ou immeubles.

L'aîné n'a pas même de préciput sur les fiefs échus en *tierce-foi* dans les coutumes d'Anjou & du Maine, mais seulement les deux tiers de ces biens. C'est ainsi qu'on le pratique en ligne directe & collatérale, entre mâles comme entre filles. (*Voyez* les articles 255, 265 & 279 de la coutume d'Anjou, & les articles 273, 289 & 296 de celle du Maine.)

La coutume de Tours est plus favorable au droit d'aînesse dans le cas de la *tierce-foi*, quoiqu'il n'y ait lieu non plus que sur les fiefs, « Toutefois,

» y est dit, s'il y a aucuns héritages nobles acquis » de bourse coutumière, & tombés en *tierce-foi*, » ils se partagent noblement entre l'aîné & les » puînés ou leurs représentans, & en aura ledit » aîné ou lesdits représentans, les deux parts avec » l'avantage, qui est le châtel principal, un hom- » mage s'il y est, ou cinq sous de rente, au choix » & option dudit aîné, & le chezé, tel qu'il est » déclaré au chapitre des successions des no- » bles, &c, ».

Le privilège de la *tierce-foi* se borne entre filles à ce préciput dans la coutume de Tours, suivant l'article 298. Mais la coutume de Loudunois, *tit.* 29, *art.* 2 & 4, attribue à l'aîné les deux tiers des biens nobles outre le préciput. C'est ainsi qu'on le pratique dans l'une & l'autre coutumes entre nobles même.

La coutume de Loudunois est la seule qui accorde à l'aîné ou à l'aînée, la saisine légale des biens nobles tombés en *tierce-foi*, en attribuant le droit d'en faire les fruits siens jusqu'à ce que les puînés lui aient fait une sommation de faire le partage.

Dans les trois autres coutumes, la saisine légale a lieu en faveur de tous les héritiers nobles ou roturiers, & pour toute espèce de biens. Les coutumes d'Anjou & du Maine l'accordent même aux puînés mâles, quoiqu'ils n'aient leurs portions qu'à vie.

Enfin, la coutume de Loudunois est encore la seule qui prononce expressément dans l'article 2, que le parage a lieu, en cas de *tierce foi*, entre roturiers.

Ce droit paroit néanmoins aussi conforme à l'esprit de la coutume de Tours, dans l'article 297. Mais les coutumes d'Anjou, *art.* 262, & du Maine, *art* 280, ne laissent aux puînés que la triple alternative « de faire devoir à leur aîné, ou d'être » ses sujets, ou de faire hommage au seigneur de » fief dont tout meut & dépend », *Voyez* au surplus sur les autres effets du droit de *tierce-foi*, les articles DÉPIÉ & PARAGE. (*M. GARRAN DE COULON, avocat au parlement.*)

TIERCE-MAIN, *ou* MAIN-TIERCE ; ce terme est usité principalement en matière de saisie. *Voyez* MAIN-TIERCE & TIERS-SAISI.

TIERCE-OPPOSITION, *Voyez* OPPOSITION-TIERCE.

TIERCEMENT, s. m. (*terme de pratique.*) signifie l'augmentation du tiers du prix d'une chose, après que l'adjudication en a été faite ; ensorte que si le prix de l'adjudication est de trois cens livres, le *tiercement* doit être de cent livres,

Le *tiercement* a lieu dans les baux judiciaires, les ventes des bois du roi, & les reventes de ses domaines, *Voy.* BAIL JUDICIAIRE, ALIÉNATION, *sect.* 6.

Le titre 15 de l'ordonnance du mois d'août 1669 règle le *tiercement* qui a lieu dans les ventes des bois du roi. L'article 31 autorise quiconque a le droit de se rendre adjudicataire, à tiercer &
doubler

doubler les ventes de bois pour tous les triages ou pour chacun en particulier, ainsi qu'ils ont été adjugés, jusqu'au lendemain de l'adjudication, à midi ; après lequel temps on ne doit plus admettre ni *tiercement*, ni *doublement*, sous quelque prétexte que ce soit.

L'article 32 veut que les *tiercemens* & les doublemens se fassent au greffe dans le temps qu'on vient de dire, & qu'ils soient signifiés le même jour aux marchands adjudicataires & aux receveurs, en parlant à leurs personnes, ou au domicile qu'ils ont élu, sinon au greffe de la maîtrise, par un exploit qui doit contenir personnellement l'heure à laquelle il aura été fait, & les noms de ceux à qui le sergent aura parlé, à peine de nullité de l'exploit.

Il est enjoint, par l'article 34, aux greffiers de marquer le jour & l'heure précise dans les actes qu'ils dressent & délivrent sur les adjudications, *tiercemens* & *doublemens*, à peine de trois cens livres d'amende, de tous dépens, dommages & intérêts pour la première fois, & de pareille peine pour la seconde fois, outre la privation de leurs charges.

Le *demi-tiercement*, qui est la moitié du *tiercement*, ne doit être reçu que sur le *tiercement* ; mais on peut d'une seule enchère faire le *tiercement* & *demi-tiercement*; ce qui s'appelle *doublement*.

On doit, suivant l'art. 35, signifier ce doublement à l'adjudicataire, qui peut y mettre une simple enchère ; & sur cette enchère, l'adjudicataire & le tierceur & doubleur doivent être reçus à enchérir l'un sur l'autre, entre eux seulement, pour la vente demeurer définitivement au dernier enchérisseur : cela doit ainsi se faire pardevant le grand-maître ou le commissaire qui a procédé à l'adjudication, s'ils sont sur les mêmes lieux, sinon pardevant les officiers de la maîtrise.

Comme les règles qui déterminent le temps utile pour faire un *tiercement*, doivent être observées à la rigueur, un arrêt du conseil du 17 février 1688 a cassé un *tiercement* fait à la maîtrise d'Angoulême, après les vingt-quatre heures. D'autres arrêts des 28 mars 1711 & 14 avril 1714, ont pareillement cassé des *tiercemens* qui avoient été faits de relevée.

TIERCER, ou TIERCOYER LE CENS, (*Droit féodal.*) c'est augmenter le cens d'un tiers, ou plutôt de la moitié en sus. Ces mots se trouvent dans les coutumes de Chartres, art. 11 ; de Châteauneuf, art. 12, & de Dreux, art. 9, qui contiennent une espèce d'abonnement du rachat. Il y est dit qu'en cas de rachat, « le cens se *tierce* & la rente inféodée se rachète simplement, c'est à savoir de » vingt sols de cens trente sous, & de vingt sols de » rente vingt sols ». *Voy.* DOUBLE CENS. (*G. D. C.*)

TIERCHENERIE, (*Droit féodal.*) c'est le champart, ou terrage au tiers. Une chartre de l'an 1296, qui est au cartulaire de S. Vandrille, *tome I*, *pag.* 161, porte : « je Guillaume..... doi & tenu à

Jurisprudence. Tome VIII

» rendre & à païer d'an en an....... à hommes reli» gieux..... de S. Vandrille, dis sols & sept deniers » tournois d'annuelle rente pour la raison de la » *chiercheverie* des frus crosans en un acre & xxiv » pièces de terre que les religieux ont franchi de » ladite *chiercheverie* à moi.... à tenir & avoir lad. » rente pour lad. *tierchenerie* ».

Il y a lieu de croire qu'il faut aussi lire dans cette pièce tierchenerie pour *chiercheverie*, quoique les additionnaires de du Cange, qui rapportent ce passage au mot *Tertiaria* 3, n'en disent rien. (*G. D. C.*)

TIERCIER, (*Boisseau.*) ce mot se trouve dans l'art. 37 de la coutume de Poitou, & non pas dans l'art. 39, comme le dit le glossaire du droit françois. Il y désigne un boisseau deux fois aussi large que profond. *Voyez* la fin de l'article 36. (*G. D. C.*)

TIERÇOIEMENT, ou TIERSOIEMENT, (*Droit coutumier.*) on appelle ainsi, dans quelques provinces, le droit qu'ont les créanciers de la partie saisie de se faire adjuger les biens de leur débiteur, vendus par décret, en surenchérissant d'un tiers. Cet usage est particuliérement autorisé dans la coutume du Comté de Bourgogne, par les anciennes ordonnances du pays ; l'arrêt du conseil du premier octobre 1697, l'a confirmé implicitement, en conservant à la Franche-Comté la procédure qu'on y suivoit pour les décrets. L'art. 151 de la suite des ordonnances de Franche-Comté, en permettant de tiersoyer aux créanciers, qui n'ont pas été payés au nantissement du prix de la délivrance, les assujettit à le faire dans les vingt jours de l'envoi en possession, & ce délai est de rigueur. *Voyez* TIERÇOIER. (*G. D. C.*)

TIERÇOIER, ou TIERCOYER, c'est augmenter d'un tiers. Ce terme a deux acceptions principales qui sont expliquées aux mots TIERCER LE CENS & TIERÇOIEMENT. On peut en voir aussi des exemples au mot *Tertiare* 4 du *Glosserium novum* de dom Carpentier. (*G. D. C.*)

TIEROIR, (*Droit féodal.*) ce mot signifie *teroir*, ou *territoire*. On peut en voir un exemple dans des lettres de l'an 1287, rapportées au tome I, col. 1228 des *Anecdotes* de dom Martène. (*G. D. C.*)

TIERS, s. m. signifie en général une troisième personne, différente de celles qui ont quelque intérêt à démêler ensemble. Par exemple, on remet entre les mains d'un *tiers*, une somme d'argent, un écrit, ou autres choses prétendues en même temps par deux personnes, pour les remettre à celle à laquelle elles seront jugées appartenir.

Ce terme, au reste, se joint très-ordinairement avec un autre qui détermine le sens particulier qu'on doit lui donner. Nous allons en suivre l'ordre alphabétique.

TIERS-ACQUÉREUR, est celui qui a acquis un immeuble affecté & hypothéqué à un créancier par celui qui étoit avant lui propriétaire de cet

F

mmeuble. *Voyez* CRÉANCIER , HYPOTHÈQUE , POSSESSION , PRESCRIPTION , TIERS DÉTENTEUR. (*A*)

TIERS ARBITRE, *ou* SUR-ARBITRE. *Voyez* ARBITRE.

TIERS EN ASCENDANT , eſt un terme uſité aux parties caſuelles , lorſqu'il s'agit de liquider le droit dû pour la réſignation d'un office ; on ajoute à l'évaluation le *tiers*-denier en aſcendant, c'eſt-à-dire , au-deſſus de l'évaluation ; & l'on paie le huitième du total , c'eſt-à-dire , tant de l'évaluation que du *tiers* en aſcendant , lorſque la proviſion s'expédie dans l'année que le droit annuel a été payé, quand même ce ſeroit ſix mois après le décès de l'officier ; mais ſi elle s'expédie après l'année , il faut payer le quart denier du tour. *Voyez* Loyſeau , *des offic. liv.* II , *c.* x , *n.* 64 ; l'édit du mois de juin 1568 ; & les *mots* ANNUEL, OFFICE , PAULETTE , PARTIES CASUELLES , HUITIÈME DENIER , QUART DENIER , RÉSIGNATION. (*A*)

TIERS, (*Chambre des tiers ou des procureurs tiers.*) eſt une chambre dans l'enclos du palais , proche la chapelle de S. Nicolas , où les procureurs au parlement qui font la fonction de *tiers*, s'aſſemblent pour donner leur avis ſur les difficultés qui ſurviennent dans la taxe des dépens , & dont le procureur *tiers* référendaire leur fait le rapport.

S'il reſte encore quelque choſe après le rapport fait à cette chambre, on va à la communauté des procureurs. *Voyez* PROCUREUR. (*A*)

TIERS COUTUMIER, en Normandie eſt une eſpèce de légitime que la coutume accorde en propriété aux enfans ſur les biens de leurs père & mère.

Ce droit n'avoit pas lieu dans l'ancienne coutume.

Le *tiers coutumier* ſur les biens du père conſiſte dans le *tiers* des immeubles dont le père étoit ſaiſi lors du mariage , & de ceux qui lui ſont échus pendant le mariage , en ligne directe.

L'uſufruit de ce *tiers* eſt ce que la coutume donne à la femme pour douaire coutumier , de ſorte que ce *tiers* coutumier tient lieu aux enfans de ce qu'ils prennent ailleurs à titre de douaire ; il diffère pourtant du douaire , en ce qu'il n'eſt pas toujours la même choſe que le douaire de la femme ; car celle-ci peut , ſuivant le contrat , avoir moins que l'uſufruit du *tiers* , au lieu que les enfans ont toujour leur *tiers* en propriété.

Le *tiers coutumier* eſt acquis aux enfans du jour du mariage ; cependant la jouiſſance en demeure au père ſa vie durant , ſans toutefois qu'il le puiſſe vendre , engager ni hypothéquer , comme auſſi les enfans ne peuvent le vendre , hypothéquer ou en diſpoſer avant la mort du père , & qu'ils aient tous renoncé à la ſucceſſion.

S'il y a des enfans de divers lits , tous enſemble n'ont qu'un tiers ; ils ont ſeulement l'option de le prendre , eu égard aux biens que leur père poſſédoit lors des premières , ſecondes , ou autres noces , ſans

que ce tiers diminue le douaire de la ſeconde , troiſième ou autre femme , leſquelles auront plein douaire ſur tout le bien que le mari avoit lors du mariage , à moins qu'il n'y ait eu convention au contraire.

Pour jouir du *tiers-coutumier* ſur les biens du père , il faut que les enfans renoncent tous enſemble à la ſucceſſion paternelle , & qu'ils rapportent toutes les donations & autres avantages qu'ils pourroient avoir reçus de lui.

Ce *tiers* ſe partage ſelon la coutume des lieux où les héritages ſont aſſis , ſans préjudice du droit d'aîneſſe.

Les filles n'y peuvent avoir que mariage avenant.

Si le père avoit fait telle aliénation de ſes biens , que ce *tiers* ne pût ſe prendre en nature , les enfans peuvent révoquer les dernières aliénations juſqu'à concurrence de ce *tiers*, à moins que les acquéreurs n'aiment mieux payer l'eſtimation du fonds au denier 20 , ou ſi c'eſt un fief , au denier 25 , le tout en égard au temps du décès du père.

Mais ſi les acquéreurs conteſtent , il ſera au choix des enfans de prendre l'eſtimation , eu égard au temps de la condamnation qu'ils auront obtenue.

Le *tiers coutumier* ſur les biens de la mère, eſt de même le *tiers* des biens qu'elle avoit lors du mariage , ou qui lui ſont échus pendant icelui , ou qui lui appartiennent à droit de conquêt.

Ce *tiers* du bien maternel appartient aux enfans , aux mêmes charges & conditions que le *tiers* des biens du père. *Voyez* la coutume de Normandie , *art.* 399 *& ſuiv.* les placités , *art.* 86 *& ſuiv.* & les commentateurs. (*A*)

TIERS COUTUMIER *ou* LÉGAL , ſe prend auſſi , en quelques coutumes , pour la troiſième partie des biens nobles que la coutume réſerve aux puînés , les deux autres *tiers* appartenant à l'aîné ; c'eſt ainſi que ce *tiers* des puînés eſt appellé dans la coutume de Touraine ; ailleurs on l'appelle le *tiers des puînés.*

Dans le pays de Caux , on entend par *tiers coutumier* , la troiſième partie des héritages & biens immeubles que quelqu'un poſſède dans le bailliage de Caux , ou autre lieu de la province de Normandie , tenant nature d'icelui. La coutume de Normandie , *art.* 279 , permet aux pères & mères & autres aſcendans , de diſpoſer entre-vifs , ou par teſtament , de ce *tiers*, au profit de leurs enfans puînés , ou l'un d'eux , ſortis d'un même mariage , à la charge de la proviſion à vie des autres puînés.

TIERS ET DANGER, eſt un terme d'eaux & forêts , qui ſignifie un droit qui appartient au roi & à quelques autres ſeigneurs , principalement en Normandie , ſur les bois poſſédés par leurs vaſſaux.

Il conſiſte au *tiers* de la vente qui ſe fait d'un bois , ſoit en argent , ſoit en eſpèce , & en outre au dixième qui eſt ce que l'on entend par le mot *danger* , lequel vient du latin *denarius* ou *deniarius* qui ſignifie *dixième* , que l'on a mal-à-propos écrit & lu *denjarius* , d'où l'on a fait en françois *danger.*

De-là il suit que, dans la vente de trente arpens de bois sujets au *tiers & danger* pour une somme de trois cens livres, le roi ou le seigneur à qui ce droit appartient, a le choix de prendre dix arpens pour le *tiers* & trois arpens pour le *danger* ou dixième, ce qui fait treize arpens sur trente ; ou, s'il préfère de prendre son droit en argent, il lui reviendra cent trente livres, savoir, cent livres pour le *tiers*, & trente livres pour le *danger*.

Dans les bois où le roi a le *tiers*, on ne peut faire aucune vente sans sa permission, à peine de confiscation des deux autres *tiers*.

Pour obtenir cette permission, on lui donnoit le dixième du prix des ventes ; c'est de-là qu'est venu le droit de *danger*, & non pas, comme quelques-uns l'ont cru mal-à-propos, de ce qu'il y avoit du danger de vendre sans la permission du roi.

Ce droit appartient au roi sur tous les bois de Normandie, & l'ordonnance de 1669 le déclare imprescriptible. Il y a cependant des bois qui ne doivent que le *tiers* sans *danger*, & d'autres qui ne sont sujets qu'au *danger* sans *tiers*.

Le droit de *tiers & danger* emporte le droit de justice & tous les profits qui en reviennent, avec les droits de chasse, paisson & glandée, s'il n'y a, à l'égard de la paisson & glandée, titre contraire. *Ordonnance de 1669*, tit. 23, art. 1.

TIERS-DENIER DE VENTE, (*Droit féodal.*) c'est le droit de lods & vente au *tiers*, qui est dû par les terriers de plusieurs seigneuries, sur-tout dans la province d'Auvergne. Ce droit y est si commun, que Prohet avoit décidé sur l'art. 1 du chap. 16, que le droit de lods devoit être réglé au *tiers* du prix. Mais il dit avec plus d'exactitude, sur l'art. 75 du chap. 71, que la possession & l'usage doivent déterminer.

Ce dernier article a une disposition très-singulière. Il dispense celui qui a promis de donner pour assiette, *des rentes en directe seigneurie à usage de chevalier, & tiers-denier de vente*, de fournir des rentes de cette nature, pourvu qu'elles soient en directe : « quand aucun, y est-il dit, doit asseoir » rente en directe, & qu'il baille rente assise en » droit de directe seigneurie sur fonds & héritage » certain, posé qu'il n'y ait droit de *tiers deniers de* » *ventes*, à cause de ladite directe baillée, le débiteur » demeure quitte de ladite assiette, & sera tenu le » créancier le prendre, jaçoit que le débiteur fût » obligé faire assiette de rente en directe seigneurie » à usage de chevalier, *tiers-denier de vente* ».

M. Chabrol a essayé de justifier cette disposition, en disant que « la coutume n'a considéré que la » directe en elle-même, & non le taux plus ou » moins considérable des lods & ventes : qu'en effet, » les compositions qu'on fait sur les lods & » ventes, sont d'autant plus considérables, que le » droit est dû sur un taux plus fort ».

Cet auteur ne dit point le motif de la disposi-

tion de la coutume, relativement à la clause *à usage de chevalier*, qui, comme on l'a vu au mot TAILLE AUX QUATRE CAS, emporte la taille aux quatre cas. (*G. D. C.*)

TIERS-DÉTENTEUR, est celui qui se trouve possesseur d'un immeuble ou droit réel, soit par acquisition ou autrement, sans être néanmoins héritier ni autrement successeur à titre universel de celui de qui il a pris cet immeuble ou droit réel, à la charge de quelque rente, ou affecté & hypothéqué au paiement de quelque créance. *Voyez* ci-devant TIERS-ACQUÉREUR & les *mots* DÉCLARATION D'HYPOTHÈQUE, HYPOTHÈQUE, INTERRUPTION, PRESCRIPTION, POSSESSION. (A)

TIERS-EXPERT, est un troisième expert qui est nommé pour donner son avis & pour départager les deux autres experts qui se sont trouvés d'avis contraire.

Ce *tiers-expert* est ordinairement nommé d'office ; c'est pourquoi on ne peut le récuser sans cause légitime. *Voyez* EXPERT. (A)

TIERS-LÉGAL *ou* COUTUMIER. *Voyez* ci-devant TIERS COUTUMIER.

TIERS-LODS, dans les provinces du Lyonnois, Forez, Beaujolois & Dauphiné, le roi & les seigneurs hauts-justiciers font dans l'usage de concéder par bail à cens, les eaux de leur territoire pour l'irrigation des prés. Lorsque le pré est vendu, ils prennent le tiers du droit de lods pour prix de la concession, ensorte qu'il ne reste au seigneur direct que les deux *tiers* des lods & ventes ; & même lorsque l'héritage est allodial, le seigneur haut-justicier prend le tiers de ce que l'acquéreur eût payé à titre de lods & ventes, si l'immeuble eût été censuel. *Voyez* ABÉNÉVIS.

TIERS-LOT, on appelle ainsi dans le partage des biens des abbayes ou prieurés, entre l'abbé ou le prieur commendataire & ses religieux, le troisième lot qui est destiné pour les charges claustrales, à la différence des deux autres, dont l'un est donné à l'abbé ou au prieur commendataire pour sa subsistance, l'autre aux religieux.

L'administration du *tiers-lot* appartient à l'abbé ou au prieur commendataire, à moins qu'il n'y ait convention au contraire.

Les frais du partage doivent être pris sur le *tiers-lot* qui existoit lors de la demande en partage ; & s'il n'y en avoit point, & que la jouissance fût en commun, les frais du partage doivent être avancés par la partie qui le demande, à la charge d'en être remboursé sur le *tiers-lot* à faire.

Les réparations de l'église & des lieux claustraux doivent être prises sur le *tiers-lot* jusqu'au partage, après quoi chacun est tenu de réparer & entretenir ce qui est à sa charge.

Les portions congrues ne se prennent pas sur tous les biens de l'abbaye ou prieuré, mais seulement sur le *tiers-lot*.

On prend aussi ordinairement sur le *tiers-lot*, ce qui est abandonné aux religieux pour acquitter les obits & fondations, qui étoient des charges communes.

Quand le lot des religieux n'est pas suffisant pour acquitter les charges claustrales, ils peuvent obliger l'abbé de leur abandonner le *tiers-lot*, ainsi qu'il fut jugé au grand conseil le 6 août 1711, contre le cardinal d'Estrées, pour l'abbaye d'Anchin.

Des lettres-patentes du 24 mai 1760 ont ordonné que les menses conventuelles, & tous autres qui seroient imposés séparément dans les rôles du don gratuit, seroient tenus de payer leurs taxes sans pouvoir les faire payer, ni les répéter sur les titulaires des bénéfices, comme jouissant du *tiers-lot*, quand même le *tiers-lot* ne seroit pas épuisé pour l'acquit des charges, & sous quelque prétexte que ce fût, comme de partage de mense, concordat, transaction ancienne, & nouvelle, quand bien même il auroit été stipulé par traité ou convention, ou ordonné par jugement & arrêt, qu'ils jouiroient de leurs revenus francs & quittes de toutes charges, même des décimes ordinaires & extraordinaires, dons gratuits, & généralement de toutes impositions. *Voyez* ABBÉ, COMMENDE, MONASTÈRE, RÉPARATION DES BÉNÉFICES.

TIERS-LOT ou TIERCE-PARTIE, est en Touraine le *tiers* des biens que l'aîné, entre nobles, assigne à ses puînés pour leur part, réservant les deux autres *tiers* pour lui. Si les puînés ne sont pas contens de ce partage, ils peuvent faire la refente des deux *tiers* en deux parts égales, auquel cas l'aîné en prend une avec le *tiers-lot*, & l'autre part demeure aux puînés. *Voyez* la coutume de Touraine, *tit. 25*, & Palu sur cette coutume. (*A*)

TIERS-LOT, on donne aussi quelquefois ce nom au *tiers* ou triage que le seigneur a droit de demander dans les bois communaux; mais on l'appelle plus communément *triage*. *Voyez* l'ordonnance des eaux & forêts, *tit. 25*, *art. 4*, & le mot TRIAGE. (*A*)

TIERS A MERCI, (*Droit féodal.*) Ragueau dit seulement dans le glossaire du droit françois, « que c'est un droit qui a été adjugé au prieur d'Osay, par arrêt de Paris du pénultième jour d'août 1404 ». Cet auteur n'explique point d'ailleurs en quoi il consiste. *Voyez* PLAIT A MERCI, TAILLE A MERCI, &c. (*G. D. C.*)

TIERS OPPOSANT, est celui qui, n'ayant pas été partie au jugement, forme opposition à ce qu'il soit exécuté à son égard, à cause de l'intérêt qu'il a de l'empêcher.

L'opposition qu'il forme, est appellée *tierce-opposition*, parce qu'elle est formée par un *tiers* qui n'étoit pas partie dans le jugement.

C'est la seule voie par laquelle ce *tiers* puisse se pourvoir, ne pouvant appeller d'une sentence où il n'a pas été partie, ni se pourvoir en cassation, ou par requête civile, contre un arrêt qui n'a pas été rendu contre lui.

Quand le *tiers-opposant* est débouté de son opposition, on le condamne à l'amende de soixante

quinze livres; si c'est une sentence, & de cent cinquante livres, si l'opposition a été formée à un arrêt. *Voyez* l'ordonnance de 1667, *tit. 27*, & les mots OPPOSITION, ARRÊT, SENTENCE, JUGEMENT. (*A*)

TIERS POSSESSEUR, est la même chose que *tiers-détenteur* ou *tiers-acquéreur*. *Voyez* ci-devant *ces deux articles*. (*A*)

TIERS, procureur tiers. *Voyez* TIERS RÉFÉRENDAIRE.

TIERS DES PUÎNÉS, la plupart des coutumes des Pays-Bas accordent à l'aîné des enfans, tous les fiefs que le père délaisse; mais plusieurs d'entre elles permettent aux puînés d'en prendre le *tiers*, en renonçant aux meubles & aux rotures.

Nous ne pouvons donner une idée plus exacte de cette jurisprudence, qu'en transcrivant ici les termes dans lesquels elle est établie par la coutume de la cour féodale de Berghes-Saint-Winock, *rubrique 8, articles 1, 2 & 3*.

Un homme de fief, y est-il dit, ayant plusieurs enfans & différens fiefs, si, sans avoir fait partage ou disposé de ses fiefs, il décède de ce monde, l'héritier aîné mâle prendra tous les fiefs du défunt, en payant les reliefs & les droits de cour; sauf que le second fils aura le droit du *tiers* desdits fiefs ou fief que le décès du père ou de la mère, & tiendra le même *tiers* en fief & en hommage de son frère aîné, au cas qu'il ait une cour; & s'il n'a point de cour, il le tiendra de la cour dont son frère aîné tient son fief, & aussi à tel relief que son frère aîné est redevable, pourvu qu'il renonce au profit de son frère aîné, aux héritages & catteux du défunt, en quelque endroit qu'ils soient assis & situés; & où il n'y a point d'héritier mâle, l'aînée des filles prendra les fiefs, comme il est dit ci-devant.

Item. Le troisième fils sera en droit du *tiers* du fief ou des fiefs de son second frère, & de le tenir de son frère aîné, en renonçant, comme ci-devant, au profit de son second frère, aux héritages & catteux, ainsi qu'il est dit ci-devant, & l'on ne peut tiercer plus avant.

Personne n'aura la faculté de demander ni aura le *tiers* des fiefs, que seulement dans la succession du père ou de la mère.

Il y a plusieurs coutumes de la même province, qui, en adoptant ces dispositions, ne parlent que du cas où plusieurs *fils* concourent ensemble. Que faudroit-il donc décider, si un père laissoit plusieurs filles ?

Cette question s'est présentée dans l'ancienne coutume du bourg de Bruges; & par arrêt du grand conseil de Malines, du 7 juillet 1618, il a été jugé que la coutume décidant qu'un fils-aîné peut prétendre un *tiers* des fiefs qui appartiennent à son aîné, une fille puînée peut se servir du même droit envers son aînée qui se met en possession des fiefs au défaut de mâles. Ce sont les termes de M. du Laury en son recueil d'arrêts, *pag. 393*. La coutume réformée du bourg de Bruges a expressément adopté cette interprétation, *rubrique 4*, *art. 12*.

TIERS AU QUART, (*Jurisprud.*) se dit de ce qui est entre le *tiers* & le quart, comme la lésion du *tiers* au quart qui forme un moyen de restitution contre un partage, c'est-à-dire, qu'il n'est pas nécessaire que la lésion soit du *tiers*, mais qu'il suffit qu'elle soit de plus du quart. *Voyez* LÉSION , PARTAGE , RESCISION , RESTITUTION. (*A*)

TIERS *ou* TIERS-RÉFÉRENDAIRE , PROCUREUR TIERS RÉFÉRENDAIRE , est un des procureurs au parlement qui exercent la fonction de régler les dépens entre leurs confrères demandeur & défendeur en taxe.

Avant que le parlement prononçât des condamnations de dépens, les procureurs faisoient seuls, en leur qualité, la fonction de *tiers*.

La première création des *tiers référendaires* en titre d'office fut faite par l'édit de décembre 1635, qui en créa trente pour le parlement de Paris & autres jurisdictions de l'enclos du palais.

La déclaration de 1637 ordonna qu'il seroit pourvu à ces offices des procureurs qui auroient au moins six ans de charge ; l'arrêt d'enregistrement étendit cela à dix ans.

Des trente charges de *tiers référendaires* créées par l'édit de 1635, trois seulement avoient été levées, les pourvus ne firent même aucune fonction ; & par déclaration du mois de mai 1639, les trente offices de *tiers référendaires* furent supprimés, & leurs fonctions, droits & émolumens réunis à la communauté des quatre cens procureurs.

Il y a encore eu plusieurs autres édits & déclarations qui ont maintenu les procureurs dans la fonction de *tiers*.

Tous ceux qui ont dix ans de réception, prennent la qualité de *procureurs-tiers-référendaires*, & en font les fonctions chacun à leur tour dans l'ordre qui suit.

Parmi ceux qui ont dix ans de charge, on en choisit trente-six toutes les six semaines, on en fait trois colonnes de douze chacune, & chaque colonne va pendant quinze jours à la chambre des *tiers* régler les difficultés qui s'élèvent sur les dépens.

Il y a un trente-septième procureur qui distribue les dépens dans la chambre qui est en bas, appellée *la sacristie*, parce qu'elle sert en effet de sacristie pour la chapelle les jours de cérémonie. Ce distributeur a droit de nommer pour *tiers* un des trente-six, chacun à leur tour ; mais ordinairement il nomme pour *tiers* celui des trente-six qu'on lui demande.

Le procureur *tiers* auquel le demandeur en taxe remet sa déclaration de dépens, fait sur cette déclaration son mémoire où il taxe tous les articles ; ensuite le défendeur en taxe apostille la déclaration ; & si les procureurs ne sont pas d'accord, ils vont en la chambre des *tiers* qui règle leurs diffi-

cultés. *Voyez* le code Gillet , & les *mots* DÉPENS , FRAIS , EXÉCUTION , PROCUREUR , TAXE. (*A*)

TIERS SAISI , est celui entre les mains duquel on a saisi ce qu'il doit au débiteur du saisissant.

Le *tiers saisi*, quand il est assigné pour déclarer ce qu'il doit à celui sur qui la saisie est faite, doit le déclarer, & est obligé de plaider où l'instance principale est pendante. *Voyez* CRÉANCIER , DÉBITEUR , PROCURATION AFFIRMATIVE , SAISIE , (*A*).

TIERS EN SUS , est une augmentation que l'on fait à une somme, en y ajoutant un *tiers* de ce à quoi elle monte. (*A*)

TIERSAUBLE , (*Droit féodal.*) c'est la qualification d'un domaine sujet à cette espèce de terrage, qu'on appelle *tierce*. Ce mot se trouve dans l'art. 6 de la charte de la ville de Grancey, de l'an 1348, rapportée dans le recueil de la Thaumassiere & dans le *tome 9 des Ordonnances du Louvre, page 161*. *Voyez* TIERCE & TERCIAUBLE. (*G D. C.*)

TILLETAIGE : ce mot se trouve à la *page 105 du tome I. des Mémoires de Condé.* Il y est dit : « le » *tilletaige*, c'est-à-dire, une somme inestimable, » qui revient du renouvellement des offices du » royaume ». *Voyez* le *Glossarium novum* de dom Carpentier au mot *Tilla*. (*G. D. C.*)

TIMBRE , s. m. est la formule ou marque que l'on imprime au haut du papier ou parchemin destiné à écrire les actes publics. *Voyez* PAPIER & PARCHEMIN TIMBRÉ.

TINAIL. *Voyez* TINAL.

TINEIL , TINEL , *ou* TINAL , (*Droit féodal.*) c'est le droit de plaçage, c'est-à-dire, ce qu'on paie pour la place qu'on occupe à une foire ou à un marché. La chartre de l'an 1209, par laquelle Robert de Courtenay accorde les coutumes de Lorris aux habitans de Meun , & qui se trouve parmi les anciennes coutumes locales publiées par la Thaumassiere , *pages 425 & 426*, porte : « Quiconque au marché de Meun aura acheté aucune » chose ou aura vendu, & par oubliance son plaf- » sage ou *tineil* aura retenu, après huit jours icelui » paiera sans aucune cause, s'il peut jurer que » sciemment il ne l'aitretenu ».

La coutume de Lorris, qui est l'original de celle de Meun, porte *tonlieu*, au-lieu de *tineil*. Il y est dit , & *per oblivionem tunleium suum retinuerit, &c. Voyez* aussi la coutume de Châteauneuf, dans le même ouvrage de la Thaumassiere , *tit. 2, art. 6*.

On a aussi appellé *tinel* une grande salle & la cour plénière d'un prince. La chronique de Flandres, *chap. 57*, porte : « & alla à Paris tenir son » *tinel*, & faire office royal ». *Voyez* le glossaire françois de dom Carpentier & les origines de Ménage. (*G. D. C.*)

TINEL. *Voyez* TINEIL.

TIRAGE. Ragueau, dans le glossaire du droit françois, dit que le livre de l'échevinage de Paris, *chap. 4*, fait mention d'un droit de *tirage* & colerage pour le vin. C'étoit sans doute un droit dû pour la permiſſion de le coller & de le tirer en bouteilles.

On appelle auſſi *tirage* ou charruage dans le Barrois & les pays voiſins, un droit dû pour les bêtes qui tirent à la charrue. C'eſt une des modifications du droit d'aſſiſe, ou de jurée, ſi connu dans ces provinces. (*G. D. C.*)

TIRET, ſ. m. (*terme de Praticien.*) eſt une petite bande de parchemin longue & étroite, qu'on tortille après l'avoir mouillée, & dont on ſe ſert pour attacher les papiers (*D. J.*)

TIREUR, ſ. m. (*Juriſp. & commerce.*) eſt celui qui tire une lettre-de-change ſur une autre perſonne, c'eſt-à-dire, qui prie cette autre perſonne de payer pour lui à un tiers, la ſomme exprimée dans cette lettre. *Voyez* ACCEPTEUR & LETTRE-DE-CHANGE.

TITRE, ſ. m. (*en Droit.*) ſignifie tout acte qui établit quelque droit, quelque qualité, & il ſe prend auſſi pour la cauſe en vertu de laquelle on poſſède ou on réclame une choſe. Les *titres* pris en ce ſens ſe ſubdiviſent en pluſieurs eſpèces.

Titre apparent, eſt celui qui paroît valable, quoi-qu'il ne le ſoit pas.

Titre authentique, eſt celui qui eſt émané d'un officier public, & qui fait une foi pleine & entière.

Titre coloré, eſt celui qui paroît légitime, & qui a l'apparence de la bonne-foi, quoiqu'il ne ſoit pas valable, ni ſuffiſant pour transférer ſeul la propriété, ſi ce n'eſt avec le ſecours de la poſſeſſion & de la preſcription. *Voyez* POSSESSION, PRESCRIPTION.

Titre conſtitutif, eſt le premier *titre* qui établit un droit ou une choſe. *Voyez Titre déclaratif & Titre énonciatif.*

Titres de la couronne, ce ſont les chartres & autres pièces qui concernent nos rois, les droits de leur couronne, & les affaires de l'état. *Voyez* CHARTRES DU ROI & TRÉSOR DES CHARTRES.

Titre déclaratif, eſt celui qui ne conſtitue pas un droit, mais qui le ſuppoſe exiſtant, & qui le rappelle.

Titre énonciatif, eſt celui qui ne fait qu'énoncer & rappeller un autre *titre*, & qui n'eſt pas le *titre* même ſur lequel on ſe fonde.

Titre exécutoire, eſt celui qui emporte l'exécution parée contre l'obligé, comme une obligation ou un jugement expédié en forme exécutoire. *Voyez* OBLIGATION, JUGEMENT EXÉCUTOIRE, EXÉCUTION PARÉE, FORME EXÉCUTOIRE.

Titres de famille, ſont les extraits de baptêmes, mariages, ſépultures, les généalogies, les contrats de mariages, quittances de dot & de douaire, les donations, teſtamens, partages & autres actes ſemblables, qui ont rapport à ce qui s'eſt paſſé dans une famille.

Titre gratuit, eſt celui par lequel on acquiert une choſe ſans qu'il en coûte rien. L'ordonnance des donations porte qu'à l'avenir il n'y aura que deux formes de diſpoſer de ſes biens à *titre gratuit*; ſa-

voir, les donations entre-vifs, & les teſtamens ou codicilles.

Titre lucratif, eſt celui en vertu duquel on gagne quelque choſe, comme une donation ou un legs. Par le terme de *titre lucratif*, on entend ſouvent la cauſe lucrative, comme le legs, plutôt que le *titre* ou acte qui eſt le teſtament ou codicille contenant le legs.

C'eſt une maxime, en fait de *titres* ou de cauſes lucratives, que deux *titres* de cette eſpèce ne peuvent pas concourir en faveur d'une même perſonne; ce n'eſt pas que l'on ne puiſſe faire valoir les deux *titres*, en corroborant l'un par l'autre, cela veut dire ſeulement que l'on ne peut pas exiger deux fois la même choſe en vertu de deux *titres* différens.

Titre nouvel, c'eſt proprement *renovatio tituli*; c'eſt la reconnoiſſance que l'on fait paſſer à celui qui doit quelque ſomme ou quelque rente, ſoit pour empêcher la preſcription, ſoit pour donner l'exécution parée contre l'héritier de l'obligé. Le *titre nouvel* tient lieu du *titre* primitif, & y eſt toujours préſumé conforme, à moins qu'il n'y ait preuve du contraire. *Voyez Titre primitif.*

Titre onéreux, eſt celui par lequel on acquiert une choſe, non pas gratuitement, mais à prix d'argent, ou moyennant d'autres charges & conditions, comme un contrat de vente ou d'échange, un bail à rente. *Voy. Titre gratuit*, ACHAT, VENTE, ÉCHANGE, &c.

Titre préſumé, eſt celui que l'on ſuppoſe exiſter en faveur de quelqu'un, & que cependant on reconnoît enſuite qu'il n'a pas.

Titre primitif ou *primordial*, eſt le premier *titre* qui établit un droit ou quelque autre choſe, à la différence des *titres* ſeulement déclaratifs ou énonciatifs, qui ne font que ſuppoſer le droit ou le rappeller, & du *titre* nouvel, qui eſt fait pour proroger l'effet du *titre* primitif.

Titre tranſlatif de propriété, eſt celui qui a l'effet de faire paſſer la propriété de quelque choſe, d'une perſonne à une autre, comme un contrat de vente, une donation, &c. à la différence du bail à loyer, du dépôt, & autres actes ſemblables qui ne transfèrent qu'une jouiſſance précaire.

Titre vicieux, eſt celui qui eſt défectueux en la forme, comme un acte non ſigné; ou au fond, comme une donation non acceptée par le donataire. C'eſt une maxime qu'il vaut mieux n'avoir pas de *titre*, que d'en avoir un vicieux. Il ne s'enſuit pourtant pas de-là que l'on ne puiſſe pas s'aider, pour la preſcription, d'un *titre* coloré qui ſeroit ſeul inſuffiſant pour transmettre la propriété, comme quand on a acquis d'un autre que le véritable propriétaire; on entend en cette occaſion par *titre vicieux*, celui dont le défaut eſt tel que la perſonne même qui s'en ſert n'a pu l'ignorer, & qu'elle n'a pu preſcrire de bonne-foi en vertu d'un tel *titre*; comme quand le *titre* de la jouiſſance eſt un bail à loyer, ou un ſéqueſtre, c'eſt le cas de dire qu'il vaudroit mieux n'avoir pas de titre, que d'en avoir un vicieux, parce que l'on peut prescrire par une longue possession sans titre ; au lieu que l'on ne peut prescrire en vertu d'un titre infecté d'un vice tel que celui que l'on vient d'expliquer., par quelque temps que l'on ait possédé. (A)

Titre signifie quelquefois qualité, comme lorsque l'on dit un titre d'honneur.

Titre signifie encore la division d'un livre. Le digeste & le code sont divisés par titres, chaque titre comprend un certain nombre de loix, & plusieurs d'entre elles sont subdivisées en paragraphes.

Le corps du droit canonique est aussi divisé par titres, & chaque titre par des capitales. Les ordonnances de nos rois, & nos coutumes contiennent également plusieurs titres qui sont subdivisés en articles.

TITRE, (Droit canon.) signifie la qualité d'un bénéfice : quelquefois on entend par titre de bénéfice, quelque fonction qui a le caractère de bénéfice : dans d'autres occasions le mot titre est opposé à celui de commende, comme quand on dit qu'un bénéfice est conféré en titre. Voyez BÉNÉFICE & COMMENDE.

On appelle titre clérical ou sacerdotal, le fonds qui doit être assuré pour la subsistance d'un ecclésiastique, avant qu'il soit promu aux ordres sacrés.

Anciennement l'on n'ordonnoit aucun clerc sans lui donner un titre, c'est-à-dire, sans l'attacher au service de quelque église, dont il recevoit de quoi subsister honnêtement.

Mais la dévotion & la nécessité ayant contraint de faire plus de prêtres qu'il n'y avoit de bénéfices & de titres, il a fallu y apporter un remède, qui est de faire un titre feint au défaut de bénéfice, en assurant un revenu temporel pour la subsistance de l'ecclésiastique ; & c'est ce revenu qu'on a appellé titre clérical.

Les conciles de Nicée & de Chalcédoine, celui de Latran en 1179, le concile de Trente, ceux de Sens en 1528, de Narbonne en 1551, de Reims & de Bordeaux en 1561, d'Aix en 1585, de Narbonne en 1609, de Bordeaux en 1624, & les quatrième & cinquième conciles de Milan, en ont fait un réglement précis.

L'ordonnance d'Orléans prescrit la même chose. Un bénéfice peut servir de titre clérical, pourvu qu'il soit de revenu suffisant.

La quotité du titre clérical a varié selon les temps & les lieux. L'ordonnance d'Orléans n'exigeoit que cinquante liv. de rente ; mais les dépenses ayant augmenté, il a fallu aussi augmenter à proportion le titre clérical. A Paris & dans plusieurs autres diocèses, il doit présentement être au moins de cent cinquante liv. de revenu.

La constitution de ce titre ne peut être altérée par aucune convention secrète.

On ordonne pourtant, sous le titre de religion, les religieux des monastères fondés, & les reli-gieux mendians, sous le titre de pauvreté. Quelquefois aussi les évêques ordonnent sous ce même titre, des clercs séculiers ; mais il faut en ce cas, qu'ils leur confèrent au plutôt un bénéfice suffisant pour leur subsistance ; & si c'est un évêque étranger qui ordonne l'ecclésiastique, en vertu d'un démissoire, c'est à l'évêque qui a donné le démissoire, à donner le bénéfice.

L'ordonnance d'Orléans déclare le titre clérical inaliénable, & non sujet, pendant la vie du prêtre, à aucune obligation ou hypothèque, postérieure à sa promotion aux ordres ; mais la jurisprudence des arrêts a établi que la nue propriété pouvoit être saisie & vendue, à la charge de l'usufruit pour les alimens. Un arrêt de la cour souveraine de Lorraine, du 21 juillet 1703, a jugé que le revenu d'un titre clérical pouvoit être saisi, lorsque l'ecclésiastique étoit pourvu d'un bénéfice.

Suivant le droit commun, confirmé particulièrement pour l'évêché de Boulogne, par arrêt du parlement de Paris, du 4 août 1745, les titres cléricaux, doivent être constitués par acte devant notaires ; la valeur des biens doit être certifiée par quatre des principaux habitans de la paroisse où ils sont situés, pardevant le juge des lieux ; si le titre clérical consiste dans une rente, la solvabilité du donateur doit être attestée de la même manière ; de quelque nature qu'il soit, il est nécessaire de le publier pendant trois dimanches ou fêtes consécutifs, aux messes paroissiales, tant de la situation des biens, que du domicile du clerc & du donateur ; cette publication doit être attestée par le certificat des curés qui l'ont faite, & être déposée, avec l'expédition du titre, au secrétariat de l'évêché.

TITRE (Monnoie.) signifie le degré de fin de l'or ou de l'argent, tant monnoyé que non monnoyé.

On ordonne sagement aux orfèvres & aux autres ouvriers qui emploient des matières d'or & d'argent, de ne donner que de l'or à vingt-quatre karats, & de l'argent du titre de douze deniers. Le but de cette précaution est d'empêcher les ouvriers d'employer les monnoies courantes à la fabrique des ouvrages de leurs professions. La perte qu'ils souffriroient en convertissant des matières de moindre titre en des ouvrages de pur or ou d'argent fin, a paru le plus sûr moyen pour leur éviter une tentation qui auroit été capable de ruiner le commerce par la rareté des espèces ; mais en prescrivant des loix sévères aux orfèvres pour les obliger à donner du fin, & aux monnoyeurs pour les engager, après l'affinage & la fabrique d'une quantité de matières, de rendre tant d'espèces de tel poids & de tel titre, on a remarqué qu'il étoit presque impossible aux ouvriers d'atteindre, sans perte de leur part, au point prescrit par les loix. Il y a toujours quelques déchets dans les opérations, quelque perte de fin parmi l'alliage ou les scories qui demeurent. On a cru qu'il étoit juste d'avoir quelque indulgence à cet égard, & de regarder le titre & le poids comme suffisamment fournis, lorsqu'ils en approchent de fort près ; & afin qu'on sût à quoi s'en tenir, les loix ont réglé jusqu'où cette tolérance seroit portée.

Par exemple, un batteur d'or qui fournit de l'argent au *titre* de onze deniers dix-huit grains, est censé avoir fourni du fin, de l'argent d'aloi, quoiqu'il s'en faille six grains qu'il ne soit au *titre* de douze deniers, & qu'ainsi cet argent contienne six grains d'alliage. Cette indulgence est ce qu'on appelle remède, c'est-à-dire, moyen pour ne point faire supporter à l'ouvrier des déchets inévitables.

Il y a deux sortes de remèdes, celui qu'on accorde sur le *titre*, & celui qu'on accorde sur le poids. Le premier se nomme remède d'aloi, l'autre, remède de poids. Il y a pareillement foiblage d'aloi & foiblage de poids ; c'est une diminution du *titre* ou du poids au-dessous du remède ou de l'indulgence accordée par les loix ; c'est une contravention punissable. Quand l'or & l'argent sont considérablement au-dessous du *titre* prescrit par les loix, c'est de l'or bas & de bas argent ; quand l'or est au-dessous de dix-sept karats, on le nomme cuivre tenant or, s'il tire sur le rouge : & argent tenant or, s'il tire sur le blanc. Quand l'or est au-dessous de douze karats, & l'argent au-dessous de six deniers, c'est-à-dire, que l'or contient douze parties d'alliage avec douze de sa matière, & que l'argent contient six parties au plus de matières étrangères avec six d'argent véritable, ces métaux s'appellent billon ; nom qu'on donne aussi à la monnoie de cuivre, mêlée d'un peu d'argent, & à toutes les monnoies même de bon *titre* & de bon aloi, mais dont le cours est défendu, pour y substituer une nouvelle fonte.

TITULAIRE, est celui sur la tête duquel repose le titre d'un office ou d'un bénéfice.

Le *titulaire* d'un office est celui qui est pourvu dudit office ; le propriétaire est quelquefois autre que le *titulaire*. *Voyez* OFFICE.

En fait de bénéfice, le *titulaire* est celui qui est pourvu du bénéfice en titre, à la différence de celui qui n'en jouit qu'en commende, qu'on appelle *abbé* ou *prieur commendataire*, selon la qualité du bénéfice. *Voyez les mots* COMMENDE *&* BÉNÉFICE. (*A*)

TO

TODSFAHL, (*Droit féodal.*) M. Goessmann, dans sa notice des domaines d'Alsace, qui est à la suite de son traité du droit commun des fiefs, *tom.* 2, *p. 146*, dit que c'est un droit de mainmorte, appartenant aux seigneurs territoriaux d'Alsace, dans les endroits où il a lieu, en vertu d'une possession immémoriale. « Ce droit, ajoute-t-il, » est que, lorsqu'un habitant meurt, le seigneur par-» tage, par portions égales, les bestiaux ; & à défaut » de bestiaux, les habits & meubles du défunt : » s'il n'y a rien, l'officier du seigneur emporte un » siège à trois jambes, pour la conservation du

» droit. Peu de seigneurs en Alsace jouissent de » ce droit ; & tous les auteurs, qui traitent cette » matière, le regardent comme odieux, & déci-» dent qu'il ne doit être exercé que quand il y » a des titres positifs, ou un usage immémorial ». (*G. D. C.*)

TOISE, (*Droit de*) on appelle ainsi dans la Franche-Comté une redevance due sur les maisons à proportion de l'étendue de leur front de l'édifice, c'est-à-dire, de tant par *toise*. *Voyez* le traité de l'état civil & de la condition des terres dans les Gaules, *tom. I, liv. 6, chap. 14, p. 546.* (*G. D. C.*)

TOLAGE ou TOLAIGE, ce mot a été employé dans le même sens que celui de *tolte* ou de *maltote*, pour désigner une exaction. *Voyez* le Glossaire de Ducange, au mot Tollagium, & l'article TOLOISON. (*G. D. C.*)

TOLAIGE. *Voyez* TOLAGE.

TOLL, ou THOL, (*Droit féodal.*) on a ainsi nommé en Angleterre & en Normandie, le droit de Tonlieu, qu'on payoit pour la vente de denrées, ou même, exemption de ce droit. Les loix d'Edouard le confesseur, *chap. 24*, portent : Thol *quod nos dicimus* Tolonium, *est scilicet, quot habeat libertatem vendendi & emendi in terrâ suâ.* Le cartulaire de l'abbaye du Bec dit aussi : « toll être quite » de Turnus, c'est costume de marché. » *Voyez* Ducange aux mots Toll & Tolnetum sous Telon. (*G. D. C.*)

TOLOISON, (*Droit féodal.*) On a donné ce nom, non pas précisément au cens, ou à une redevance annuelle, comme le dit dom Carpentier dans ses glossaires latin & françois, mais à la perception de ce droit. Une chartre de Robert, comte de Clermont, de l'an 1283, porte, « dix muis de » de vin, que ladite Œudeline tenoit de nous & » percevoit en *toloison*, chascun an, au terouër » de Clermont ès liens dedens escrips ».

On peut conclure de-là que le mot *toloison* a la même origine que ceux de *tolte*, *tolage* & *maltote*, & qu'il désigne aussi une exaction ou prestation qu'on ne croyoit pas légitime, quelque possession qu'on en eût. On doit tirer la même induction de la chartre que Raoul, comte de Clermont, donna en faveur de l'église de Sainte Marie de Warville, en 1190. Il y abandonna le tolage qu'il percevoit dans sa vigne de Liherval. *Item dimidium modium vini, quem nomine* tolagii *annuatim in quâdam vineâ de Liherval.... recipiebam quietam* Clamo. *Voyez* TOLAGE. (*G. D. C.*)

TOMNEU & TONNEU, (*Droit féodal.*) c'est la même chose que tonlieu. La déclaration du temporel de l'évêché de Châlons, met au nombre des droits du vidame, « le *tomneu* de pos de terre & le tonneu de sel. *Voyez* Brussel, *liv. 3, chap. 5, n. 3, pag. 757.* (*G. D. C.*)

TONAGE, TONAIGE, ou TONNACE, (*Droit féodal.*) on a donné ce nom à plusieurs droits différens,

1°. Laurière obferve, dans le gloffaire du droit françois, qu'on appelloit *tonaiges*, *tolaiges*, & *graffelaiges* des impôts que quelques particuliers levoient indûment fur les doriers, qui, par ordre du roi, cueilloient & amaffoient l'or de Paillole, dans quelques rivières & montagnes de Languedoc. Le mandement adreffé aux maîtres des monnoies, pour empêcher ces vexations, eft rapporté par Conftans, aux preuves de fon traité de la cour des monnoies, *page 64*, & il y eft dit que dans ces montagnes & ces rivières, on trouvoit par an cinq ou fix cens marcs d'or.

2°. On appelle encore aujourd'hui *tonnage* ou *tunnage*, en Angleterre, un droit impofé fur la charge des navires, payable fuivant un certain tarif à tant par *tonneau*. Ce droit accordé originairement pour un temps, puis pour la vie du roi régnant, eft devenu perpétuel, parce qu'il eft hypothéqué à la dette publique. La perception illégale que Charles I en fit durant quinze années, fans le confentement du parlement, a été l'une des principales caufes de la ruine de ce prince.

3°. On a appellé *tonnage* en Lorraine, une forte d'impôt qu'on avoit levé dans certains lieux. Une charte donnée par A. archevêque de Trèves en 1255, & qui fe trouve au *chap.* 29 du cartulaire de Remiremont, en parle de la manière fuivante : *præfata Katherina & fui apud Bruieras & apud Eftaie tonagium impofuerant..... in dicto tonagio, & aliis injuriis & exactionibus nichil juris fe habere penitus recognovit & juramento corporali, fpontaneoque exhibito, dictum tonagium in perpetuum acquitavit.*

Il y a lieu de croire que c'étoit la même chofe que le droit de tonlieu, qui fe percevoit fur les marchandifes. Une autre chartre, donnée par Frédéric, duc de Lorraine, en 1295, rapportée au même cartulaire, *chap.* 34, l'appelle *thonneu*. Il y eft dit : « du *thonneu* de Bruieres, cognoiffons » nous, que nous n'avons droit au panre, ne ou » faire panre ». *Voyez* le *gloffarium novum* de dom Carpentier, au mot *tonagium*, & l'art. THONNEU. (*G. D. C.*)

TONAIGE. *Voyez* TONAGE.

TONLIEU, a été ainfi appellé du latin *telonium*, qui, dans fa fignification primitive, veut dire un bureau où l'on paie quelque tribut public ; mais par un ufage affez ordinaire, il eft arrivé que l'on a donné au tribut même le nom du bureau où fe payoit, de forte que l'on a auffi appellé du latin *telonium*, & en françois *tonlieu*, ou droit de *tonlieu*, & par corruption, *tonnelieu*, *thoueu*, *thonnieu*, ou *toulieu*, deux fortes de droits qui fe paient au roi ou autre feigneur du lieu.

La première, qu'on appelle auffi en quelque lieux *droits de plaçage*, eft pour la permiffion de vendre des marchandifes & denrées dans quelque foire ou marché.

L'autre eft une efpèce de droit d'entrée & de fortie, pour la permiffion que le fouverain, ou

ceux qui font à fes droits donnent de faire entrer dans un pays des marchandifes qui viennent d'un autre pays, lequel eft étranger ou réputé tel à l'égard de celui où l'on veut les faire entrer, ou bien pour faire fortir ces marchandifes du pays, & les faire paffer dans un autre qui eft pareillement étranger, ou réputé tel, foit que ces marchandifes entrent ou fortent par mer, ou qu'elles foient tranfportées par terre.

On percevoit autrefois à Paris & à Orléans des droits de *tonlieu* dans les marchés, & il eft parlé de ce droit dans les coutumes de Bourbonnois, Châlons, Artois, Boulenois, Saint-Omer, Hainaut.

Les anciens comtes de Flandre jouiffoient du droit de *tonlieu*, lequel faifoit partie des droits de hauteur, c'eft-à-dire, des droits régaliens auxquels ils étoient fubrogés. M. Galand, en fes *Mém. de Navarre & de Flandre*, dit que ce droit fe paie pour le poids, paffage, péage & douane de toutes fortes de marchandifes, denrées, vin & autres chofes généralement quelconques, apportées dans la ville & qui y font tranfportées, en quelque manière que ce foit.

La perception de ce grand *tonlieu* de Flandre, fut, par fucceffion de temps, établie à Graveline, où on le nomma d'abord le *tonlieu anglois*, parce qu'il fe percevoit principalement fur les marchandifes venant d'Angleterre ; on l'appella depuis le *tonlieu de Graveline*.

Le commerce de Flandre ayant depuis paffé à Bruges, on y transféra le *tonlieu* de Graveline, & enfuite de Bruges à Saint-Omer, après quoi il fut remis à Graveline.

Il fut dans la fuite établi d'autres bureaux à Dunkerque, Oftende & ailleurs.

Les archiducs Albert & Ifabelle le faifoient auffi percevoir dans la Zéelande, où on l'appelloit le *tonlieu de mer*, parce que les marchandifes ne pouvoient arriver que par mer, dans les ifles qui compofent la Zéelande ; mais ce *tonlieu* de Zéelande fut cédé aux Hollandois par le traité de 1664. *Voyez* le *gloff.* de M. de Laurière, au mot TONLIEU. (A)

TONLIN, (*Droit féodal.*) ce mot eft employé pour *tonlieu* dans les vers fuivans du roman de la Rofe :

> Cil qui fires eft de la foire
> Doit par tout prendre fon tonlin.

Voyez les additionnaires de du Cange, au mot *Tonlium* fous Telon. (*G. D. C.*)

TONLIU, (*Droit féodal.*) c'eft la même chofe que *tonlieu*. *Voyez* la fin de l'article TONLOIER, & les additionnaires de du Cange, au mot *Tonlium* fous Telon. (*G. D. C.*)

TONLOIER, TONLOIERS, ou TUNLAIER, (*Droit féodal.*) on nommoit ainfi le commis préposé à la recette du droit de *tonlieu* ; c'étoit lui qui lôüoit les places aux marchands.

Les ftatuts des vendeurs de marée, de l'an 1320, rapportés au *tome 2* des ordonnances du Louvre, portent dans l'art. 4, « que le *tonloïer* des halles » de Paris ne peut, ne doit rien loüer hors des » couvertures des halles au poiſſon ».

Il paroît auſſi qu'on donnoit le nom de *tonloïer* au propriétaire du droit de tonlieu. Le grand regiſtre de l'abbaye de Corbie, porte : « *Item*, tous les » tonlieus des denrées, c'on vent & acate à Corbie » eſt ſiens (à l'abbé) car il eſt *tonloïers* de ladite » ville ».

Voyez le Gloſſaire du droit françois & le nouveau du Cange, au mot *Telonarius* ſous *Telon*. (*G. D. C.*)

TONNAGE. *Voyez* TONAGE.

TONNELIEU, (*Droit féodal.*) le droit de *tonnelieu* ſe trouve énoncé, parmi pluſieurs autres, à la fin du procès-verbal de la coutume de Péronne. C'eſt la même choſe que le *tonlieu*. *Voyez* ce mot & l'art. SERCHEL. (*G. D. C.*)

TONNENS. *Voyez* la fin de l'art. TONNEU.

TONNEU, TONNEUS, TONNEUX & TONNEURS, (*Droit féodal.*) tous ces mots ſont ſynonymes de tonlieu. *Voyez* les articles TOMNEU & TONNIEUR, & les gloſſaires de du Cange & dom Carpentier, au mot *Tonneurs.*

Ce dernier auteur obſerve qu'on doit lire *tonnieur*, au lieu de *tonnens*, dans les lettres de l'an 1359, rapportées au *tome 3* des ordonnances du Louvre, p. *364*. (*G. D. C.*)

TONNEURS. *Voyez* TONNEU.

TONNEUS. *Voyez* TONNEU.

TONNEUX. *Voyez* TONNEU.

TONNIEUR, (*Droit féodal.*) c'eſt le tonloïer, celui qui perçoit le droit de *tonneu*, ou *tonlieu*. Les ftatuts manuſcrits de la ville de Méſières-ſur-Meuſe, cités par les additionnaires de du Cange, au mot *Tonneurs*, portent : « ſur les articles, redevances, ou prouffis, qui pour cauſe du tonneux, ſont dus, &c. & ne leur loiroit de lever ou exiger le profit du tonneux, que pour l'une des marchandiſes, de laquelle il plaitoit au tonnieur ». (*G. D. C.*)

TONNY, (*Droit féodal.*) ce mot a été employé pour *Tonneu* ou *Tonlieu. Voyez* le gloſſarium novum de dom Carpentier, au mot *Tonneurs.* (*G. D. C.*)

TONSIAUS, ou TOUSIAUS, (*Droit féodal.*) on a ainſi nommé autrefois les toiſons, & une eſpèce de droit de dixme laïque ou eccléſiaſtique, que certains ſeigneurs y prétendoient : un traité fait entre le châtelain & les moines de Breteuil, porte: « & plus que de nos *tonſiaus* de nos laines..... qui » étoient vendues dedans l'abeie, que à li ap- » partenoit le *tonſiaus* (ou) *touſiaus* ». *Voyez* le Gloſſarium novum de dom Carpentier, au mot *Tonſona.* (*G. D. C.*)

TONSURE, ſ. f. (*Droit canonique.*) eſt la couronne cléricale, que l'on fait derrière la tête aux eccléſiaſtiques, en raſant les cheveux de cette place.

Tous les eccléſiaſtiques ſéculiers & réguliers doivent porter la *tonſure* ; c'eſt la marque de leur état. Celle des ſimples clercs, qu'on appelle *clercs à ſimple tonſure*, c'eſt-à-dire, qui n'ont d'autre caractère de l'état eccléſiaſtique que la *tonſure*, eſt la plus petite de toutes. A meſure que l'eccléſiaſtique avance dans les ordres, on fait la *tonſure* plus grande; celle des prêtres eſt la plus grande de toutes, ſi l'on en excepte les religieux, dont les uns ont la tête entiérement raſée, & d'autres une ſimple couronne de cheveux plus ou moins large.

La ſimple *tonſure* que l'on donne à ceux qui entrent dans l'état eccléſiaſtique, n'eſt point un ordre, mais une préparation pour les ordres, &, pour ainſi dire, un ſigne de la priſe d'habit eccléſiaſtique.

Quelques-uns prétendent que l'uſage de tonſurer les clercs a commencé vers l'an 80. L'auteur de l'inſtitution au droit eccléſiaſtique, dit au contraire que dans les premiers ſiècles de l'égliſe il n'y avoit aucune diſtinction entre les clercs & les laïques, quant aux cheveux, à l'habit & à tout l'extérieur. Quoi qu'il en ſoit, dans les premiers temps où la *tonſure* fut pratiquée, on ne la conféroit qu'avec les premiers ordres; ce ne fut que vers la fin du ſixième ſiècle que l'on commença à la conférer ſéparément & avant les ordres.

L'évêque eſt le ſeul qui puiſſe donner la *tonſure* à ſes diocéſains ſéculiers & réguliers. Quelques abbés ont prétendu autrefois avoir le droit de la donner à leurs religieux : on trouve quelques canons qui les y autoriſent, entre autres le *chap. abbates*, qui eſt du pape Alexandre IV, & qui eſt rapporté dans les décrétales, tit. *de privilegiis.* Mais s'ils ont joui autrefois en France de ce droit, on peut dire qu'ils l'ont perdu par preſcription, les évêques de France s'étant maintenus dans le droit de conférer ſeuls la *tonſure*, même aux réguliers.

Pour recevoir la *tonſure*, il faut avoir été confirmé; il faut auſſi être inſtruit au moins des vérités les plus néceſſaires au ſalut; il faut encore ſavoir lire & écrire.

Le concile de Narbonne, en 1551, ne demande que l'âge de ſept ans pour la *tonſure* ; celui de Bordeaux, en 1624, exige douze ans; dans pluſieurs diocéſes biens réglés, on ne la donne pas avant quatorze ans.

On exige dans le royaume que ceux qui poſſèdent des bénéfices ſoient tonſurés, qu'ils produiſent même leurs lettres de *tonſure*. Cependant on lit dans les mémoires du clergé, que M. l'avocat général Talon, portant la parole en 1639, établit pour maxime, qu'on pouvoit être préſenté par le patron à un bénéfice, ſans être clerc tonſuré, & qu'il ſuffiſoit de l'être & d'avoir les qualités requiſes dans le temps des proviſions.

L'article 32 de la déclaration du 9 avril 1736,

porte, qu'*il fera tenu aux archevêchés & évêchés, des registres pour les tonfures & ordres mineurs & facrés, lefquels feront cotés par premier & dernier, & paraphés fur chaque feuillet par l'archevêque ou évêque.*

On appelle *bénéfice à fimple tonfure*, un bénéfice que l'on peut poffeder, n'ayant que la *tonfure*, & fans être obligé de prendre les ordres facrés, ni de réfider fur les lieux.

TOPE, *ou* TOPPE, c'eft une lande, une terre inculte, un pacage. Des lettres de grace de l'an 1408, portent : « Martin Frefchet & Jacques Petit » eurent nouvelles enfemble, pour ce que les » bêtes dudit Martin vindrent en une *tope*, ou » pafquier........ lequel pafquier appartenoit, au » moins pour la plus grande partie, audit Martin ».

On peut voir d'autres exemples de ce terme dans le *gloffarium novum* de dom Carpentier au mot *topa*. (*G. D. C.*)

TOR ou THOR & VER, (*Droit féodal.*) c'eft ainfi qu'on appelle en Normandie & dans la Picardie le droit d'avoir un taureau & un pourceau, ou verrat bannal, pour couvrir les vaches & les truies, moyennant une certaine fomme.

L'art. 81 de la coutume de Ponthieu porte « que » les demeurans au chef-lieu de fief, fuppofé que » leur feigneur féodal n'eût que juftice fonciere, » peuvent tenir en leurdit chef-lieu, coulombier, » thor, ver, marre, & avoir four, foraiges & au- » tres appartenans au droit de fief ». Cela veut dire feulement qu'ils font exempts d'envoyer leurs vaches & leurs truies au taureau & au verrat bannal du feigneur, mais non pas qu'ils aient eux-mêmes le droit de bannalité. Mais la conféquence que Duchefne tire de-là dans fon commentaire fur cet article, paroît très-conteftable. « On ne voit » plus, dit-il, de taureaux bannaux dans les fei- » gneuries ; s'il y a des taureaux bannaux dans les » paroiffes, c'eft dans le fens de la note que Du- » moulin a faite fur l'art. 44 de Boulogne, où il » eft parlé de taureau & verrat. *Scilicet quæftuaria ne* » *alias pro mercede effe poffit, fed non bannico, ne alios* » *cogere & prohibere poffit. Et c'eft en ce fens que* » l'on doit prendre le pouvoir que notre coutume » donne aux occupeurs des maifons féodales, » avec juftice fonciere ». (*G. D. C.*)

TORAILLE, TORRELAGE, (*Droit féodal.*) on appelle *toraille* la maifon ou l'édifice où l'on fait fécher les grains pour faire de la biere, & *torrelage* le droit que paient ceux qui y font fécher leurs grains. *Voyez* TOREILLE.

On peut voir un exemple de ce droit pour la ville d'Amiens, & plufieurs détails à cet égard, dans le gloffaire de du Cange, au mot *Torra*.

Il ne faut pas confondre ces *torailles*, avec les *toraux*, *toral*, ou *thureaux*, dont il eft fait mention dans l'ancienne coutume de Berry, publiée par la Thaumaffiere, *chap. 12, pag. 259.* C'eft une éléva-tion de terre ordinairement couverte de gazon, que l'on fait entre deux héritages qui appartien-

nent à deux différens maîtres, pour fervir de féparation. On marche fur ces toraux ou thuraux, qui deviennent ainfi de petits chemins élevés ; & de-là vient que dans le chapitre cité de l'ancienne coutume de Berry, ils font mis au nombre des chemins. « En demande de héritaige entre privées » perfonnes, & auffi en demande fur action hypo- » theque, & là où aucun juge fuit fon fujet que » il a fait aucune male-façon en *toral* ou en che- » min, &c. ». Dans les priviléges accordés aux habitans de la ville de Dun-le-Roi en 1181, il y a un article par lequel il eft défendu de labourer les *toraulx* ou *thuraux* : *fi quis accufatus fuerit paftorale vel toralium, vel viam vel plateam vel metam araffe vel fodiffe, vel aliquam arborem in paftorali feu in via feu in platea incidiffe, per fuum vel alterius facramentum inde liber & quietus remanebit.* Lauriere, qui donne ces détails dans le gloffaire du droit françois, ajoute que *toral* vient de *torus, toro, toronus, turonus*, qui fignifie une colline.

Il y a lieu de croire que ces *thuraux* ou *toraux*, font un refte de l'ancien droit romain, fuivant lequel les voifins étoient tenus de laiffer un efpace de cinq pieds, pour fervir de bornes à leurs héri-tages refpectifs : (*G. D. C.*)

TORAL. *Voyez* TORAILLE.

TORAUX. *Voyez* TORAILLE.

TORDOIR, *ou* TORDOIR A HUILE, (*Droit féodal.*) c'eft une efpece de preffoir pour tirer de l'huile. Il en eft queftion dans l'art. 102 de la cou-tume de Vermandois, qui déclare ces tordoirs im-meubles. Il y en a à qui font bannaux dans quelques feigneuries. (*G. D. C.*)

TOREILLE, ce mot fe trouve dans l'art. 122, de la coutume de Calais. Il fignifie la même chofe que *toraille*. *Voyez* ce mot. (*G. D. C.*)

TORRELAGE. *Voyez* TORAILLE.

TORTIONNAIRE, adj. (*en Droit.*) fignifie ce qui eft inique & violent : on dit d'une procé-dure qu'elle eft injufte, déraifonnable & *tortion-naire*, lorfqu'elle eft contraire aux ordonnances, & qu'elle fait éprouver quelques actes de vio-lence injuftement ; on donne les mêmes qualifi-cations à une faifie, foit des biens, foit de la per-fonne d'un débiteur, lorfqu'elle eft faite fans titre & fans raifon.

TORTURE, f. f. *Voyez* QUESTION.

TOUCHE, l'article 255 de la coutume de Bre-tagne, & l'article 7 du titre 31 de la coutume de Loudunois fe fervent de ce mot pour défigner un petit bois de haute-futaie. Le même mot eft auffi en ufage en Poitou & dans les provinces voifines. *Voyez* le *gloffarium novum* de dom Carpentier, au mot *Touchia*.

Ce dernier auteur ajoute que ce mot fignifie auffi un éperon ; mais il indique feulement une *baguette*, ou une *verge* dont on fe fert pour preffer une monture, ou une autre bête. (*G. D. C.*)

TOULAGE, (*Droit féodal.*) ce droit fe trouve énoncé dans plufieurs des coutumes locales de

Berry. *Voyez* l'édition que la Thaumaffière en a donnée, *pag. 395*, *alinea 18*, & *pag. 436*, *alinea 19*. C'eft la même chofe que tonlieu. *Voyez* TOU-LIEU. (*G. D. C.*)

TOULAIER. *Voyez* TONLOIER.

TOULÉ, (*Droit féodal.*) on a ainfi appellé le droit de *tonlieu*. *Voyez* les additionnaires de du Cange au mot *Telonarius* fous *Telo*, & l'art. TON-LOIER. (*G. D. C.*)

TOULIEU. (*Droit féodal.*) Ce mot fe trouve dans l'ancienne coutume de Normandie, connue fous le nom de *grand coutumier*, *chap. 7*, art. avant-dernier ; dans celles de Boulonnois, *art. 128* ; de Defurenes, *art. 4* ; Hainaut, ancienne, *art. 106* ; Saint-Omer, ancienne. *Voyez* l'indice de Ragueau & le gloffaire du droit françois, qui citent mal-à-propos l'art. 129 de la coutume de Bourbonnois, au lieu de l'article 128 de la coutume de Boulonnois.

Le *toulieu* eft la même chofe que le *tonlieu*, & il y a lieu de croire que c'eft une faute dans tous les textes où le premier mot fe trouve. J'obferverai même que les éditions les plus exactes de la coutume de Boulonnois, & de la plupart des autres qu'on vient de citer, portent effectivement *tonlieu*, & non pas *toulieu*, comme le dit Ragueau. Le mot *toulieu* fe trouve néanmoins dans le grand coutumier de Normandie, même dans l'édition du coutumier général de Richebourg. *Voyez* auffi l'art. TOULAGE, &c.

TOUR, f. m. (*Jurifprud. angloife.*) fignifie en Angleterre la cour d'un shérif, qui fe tient deux fois par an dans chaque canton de la province, favoir : un mois après Pâques, & un mois après la S. Michel. On l'appelle *tour du shérif*, parce que ce magiftrat fait une tournée dans la province, & tient fa cour en différens endroits.

TOUR, (*Droit canonique.*) eft le rang dans lequel plufieurs perfonnes ont droit de nommer ou préfenter fucceffivement aux bénéfices qui viendront à vaquer

La préfentation ou collation par *tour*, dépend des titres & de la poffeffion.

Quelquefois l'évêque nommé par *tour* avec le chapitre.

Les chanoines entre eux préfentent ou confèrent certains bénéfices par *tour*.

Entre plufieurs co-patrons eccléfiaftiques, chacun d'eux nomme à fon *tour*.

On appelle *tournaires* ceux qui préfentent ou confèrent par *tour*.

La manière de compter le *tour*, dépend auffi des titres & de la poffeffion ; en quelques endroits chacun nomme pendant une année, en d'autres pendant fix mois ou un mois ; en d'autres chacun des tournaires a fa femaine.

Il n'y a que les lettres de nomination ou collation qui faffent *tour*.

La collation néceffaire entre collateurs, qui confèrent alternativement, fait *tour*.

Une collation, même nulle, remplit le *tour* du collateur.

Mais le roi ne perd point fon *tour* pour avoir préfenté un incapable.

Une collation faite pour caufe de permutation fait *tour*, quoiqu'elle n'ait pas été fuivie de poffeffion ; ce qui s'entend, pourvu que la collation ait été faite par l'ordinaire & du confentement du patron.

Le chanoine tonrnaire eft le vrai collateur ordinaire, & la réfignation faite entre fes mains eft canonique. *Voyez* les *mots* BÉNÉFICE, COLLATION, COLLATEUR, NOMINATION, PATRON, PRÉSENTATION. (*A*)

TOUR DE L'ÉCHELLE, eft un certain efpace que celui qui fait conftruire un mur du côté du voifin, laiffe entre ce mur & l'héritage voifin pour pouvoir pofer une échelle contre ce mur en-dehors & le réparer.

L'ufage d'ifoler les bâtimens paroît avoir été pratiqué par tous les anciens peuples, pour qu'il ne réfultat aucune incommodité du voifinage. Tacite obferve que les habitations des Germains étoient féparées, & que dans les bourgs même chaque maifon étoit entourée d'un efpace qui en dépendoit. Les loix d'Athènes, recueillies par Samuel Petit & Jean Potier, veulent que celui qui creufe un foffé proche le terrein d'autrui, laiffe entre le foffé & l'héritage fon voifin, un efpace égal à la profondeur du foffé ; que celui qui bâtit un mur, laiffe un pied entre lui & fon voifin, & deux pieds s'il conftruit une maifon ; que celui qui en bâtit une dans les champs, s'éloigne de fon voifin à la diftance du jet d'une flèche.

Dans les premiers fiècles de Rome, les maifons de ville étoient féparées par un efpace de deux pieds & demi, auquel on donnoit le nom d'*ambitus*, c'eft-à-dire, *circuit* ou *circonférence*. Cet efpace étoit deftiné à donner la facilité de faire le tour du bâtiment. Delà eft venu la qualification d'*ifle*, *infula*, que l'on donnoit aux maifons. Dans la fuite, les propriétaires réunirent leurs maifons, & la mitoyenneté des murs s'établit, & on appella *ifle*, une fuite de bâtimens contigus les uns aux autres. Après l'incendie de Rome, arrivé fous Néron, on rétablit l'ancienne manière de bâtir, & on défendit expreffément la communauté des murs.

Cet ufage des Romains a eu lieu dans les Gaules ; il en refte des traces dans les pays de droit écrit, où ce que nous appellons le *tour de l'échelle*, eft connu fous le nom d'*inveftizon* ou *invétizon*, c'eft-à-dire, efpace qui entoure & inveftit une maifon, une pièce de terre. Il a eu également lieu dans les pays coutumiers, où ceux qui bâtiffoient, laiffoient un efpace fur leur propre terrein au-delà des murs de clôture, afin de pouvoir plus facilement les rétablir.

Suivant un acte de notoriété du châtelet, du 23 août 1701, le *tour de l'échelle* eft de trois pieds ; ce qui n'eft pas un droit de fervitude, mais un droit de propriété, tellement que celui qui a laiſſé ces trois pieds, peut enſuite les enclorre, ſi c'eſt dans une ville où tous les bâtimens ſe joignent.

Ce droit de trois pieds au-delà du mur ne s'établit pas ſans titre, d'autant que celui qui bâtit, peut pouſſer ſon bâtiment juſqu'à l'extrémité de ſon héritage, ou faire un mur mitoyen, auxquels cas il n'y a pas de *tour de l'échelle*.

Par rapport aux maiſons royales & autres édifices royaux, les officiers du roi prétendent que le *tour de l'échelle* eſt de dix-huit pieds, à cauſe de l'importance de ces bâtimens, qui demande ordinairement plus de place pour les réparer; ces officiers prétendent auſſi que les échoppes ou boutiques adoſſées contre ces bâtimens royaux & compriſes dans l'eſpace de dix-huit pieds, font partie de l'enclos de la maiſon royale, & ſont ſoumiſes à la même juriſdiction. Cette dernière prétention eſt une ſuite de la première; mais il faut avoüer qu'il n'y a ni loi ni uſage certain qui attribue ce privilège au domaine; il y a même pluſieurs maiſons particulières qui touchent immédiatement à des bâtimens royaux.

Le *tour de l'échelle* dont nous venons de parler, eſt une véritable propriété; mais il exiſte auſſi ſous le même nom, une eſpece de ſervitude urbaine & diſcontinue, en vertu de laquelle celui à qui elle eſt due, peut poſer une échelle ſur l'héritage de ſon voiſin, & occuper l'eſpace de terre qui eſt néceſſaire pour le *tour de l'échelle*, lorſqu'il fait faire des réparations ou reconſtructions dans la partie de ſa maiſon qui donne du côté de ſon voiſin.

D'après notre manière de bâtir, il ſembleroit que le *tour de l'échelle* devroit être une ſervitude légale, réſultante du ſeul fait du voiſinage, ſans qu'il fût beſoin de titre pour l'établir; l'humanité & l'équité naturelle, ſemblent deſirer qu'on s'aide mutuellement. Les coutumes de Melun, *art*. 204; d'Orléans *art*. 240; & de Dunois, *art*. 62, ſemblent autoriſer cette prétention, en ſtatuant que quand un voiſin fait édifier ou réparer ſon héritage, le voiſin eſt tenu lui donner & prêter patience & paſſage pour ce faire, en réparant par lui ce qui aura été rompu, démoli ou gâté.

D'autres coutumes décident au contraire que le droit d'échellage n'a pas plus lieu ſans titre que toute autre eſpece de ſervitude. Cette déciſion eſt conforme à l'acte de notoriété dont nous venons de parler, & paroît régulière: en effet, dès que le *tour de l'échelle* eſt une ſervitude, on doit ſuivre les principes généraux de ces ſortes de droits, à moins qu'il n'en ſoit excepté par une loi particulière. Ainſi dans les coutumes muettes ſur le droit d'échellage, lorſque le propriétaire d'une maiſon a bâti juſqu'à l'extrémité de ſon terrein, & qu'il n'a pas acquis la ſervitude du *tour de l'échelle*; il ne peut forcer ſon voiſin à ſouffrir de ſon côté les réparations du mur qui les ſépare: chacun doit faire le ſervice & les ouvrages de ſon côté, ce qui devient très-incommode, & rend par conſéquent fort important le droit de faire paſſer les

ouvriers par la maiſon voiſine, & d'y planter des échelles, lorſqu'il y a des réparations à faire aux murs de clôture & aux toits qui poſent deſſus.

Nous n'avons aucune loi pour déterminer l'étendue du *tour de l'échelle*. S'il eſt une ſuite de la propriété de l'héritage, il eſt auſſi étendu que le terrein laiſſé après le mur de clôture: lorſqu'il eſt établi par une convention, il doit avoir l'étendue ſtipulée dans l'acte qui établit cette ſervitude. Dans les coutumes qui l'admettent de plein droit comme ſervitude légale, par cela ſeul qu'il eſt réciproque, il doit comprendre tout l'eſpace dont le voiſin peut avoir beſoin pour réparer ou conſtruire ſa maiſon, pourvu que cela ne nuiſe pas trop au propriétaire voiſin. Mais lorſque la coutume, les titres ou la convention ne fixent pas l'étendue du *tour de l'échelle*, il paroîtroit juſte de ſe conformer à l'acte de notoriété du châtelet de Paris. En effet, quelque médiocre que puiſſe ſembler un eſpace de trois pieds, à quoi il réduit le *tour de l'échelle*, il faut bien qu'il ſoit ſuffiſant pour les édifices ordinaires, puiſque l'uſage l'a adopté pour la capitale, où les édifices ſont généralement plus élevés que dans aucune autre ville du royaume.

TOUR QUARRÉE, étoit une chambre ou commiſſion établie par François Ier pour la réformation de ſes finances & la recherche des financiers; il en eſt parlé dans l'édit de Château-Briant, du 8 juin 1532, *art*. 4, 9 & 11. Cette chambre fût ainſi nemmée, parce qu'elle tenoit ſes ſéances dans une *tour quarrée* qui étoit en l'iſle Notre-Dame ou du Palais. *Voyez* Sauval *aux preuves, pag*. 124, *la conférence de* Guénois, & CHAMBRE DE LA TOUR QUARRÉE. (*A*)

TOURAGE, (*Droit féodal.*) c'eſt le droit de geole, ou de geolage que les priſonniers payoient aux geoliers. Ce droit a été inféodé comme tous les autres. Le regiſtre des fiefs du comté de Clermont, qui eſt à la chambre des comptes de Paris, porte, au fol. 109: « 1°. Guillaume de Souvegny.... » tient du Chaſtel de Clermont... le *tourage* en cas » civil de tous les priſonniers qui ſont mis au chaſ- » tel de Clermont ». *Voyez* le *gloſſarium* de dom Carpentier, au mot *Touragium* au *Cange*, au mot *Toragium* ſous *Turris*, & l'article SERGENTERIE FÉODALE. (*G. D. C.*)

TOURBE, ſ. f. eſt une ſubſtance légère, fibreuſe, bitumineuſe & inflammable, qui ſe trouve dans certaines prairies à une profondeur médiocre, & qui ſert de chauffage dans les pays où elle eſt abondante, & où le bois n'eſt pas commun.

L'extraction de la *tourbe* rend en quelque façon inutile au propriétaire de l'héritage où elle a été fouillée, parce que pendant long-temps il n'eſt qu'un amas d'eaux bourbeuſes. C'eſt par cette raiſon qu'un arrêt du grand-conſeil, du 30 ſeptembre 1752, a jugé que *tourber* un pré, c'étoit en quelque ſorte l'aliéner, & qu'un bénéficier, qui, ſans néceſſité & ſans autoriſation, avoit *tourbé* un pré ſitué près de Pecquigny, étoit obligé d'employer au profit du bénéfice, la valeur de ce que cette opération avoit pu produire.

Cet arrêt a été rendu en conséquence de plusieurs rapports d'experts, & d'actes de notoriété donnés par le bailliage d'Amiens.

TOURBERIE, terme de droit coutumier, particulièrement usité en Angleterre, est un droit que l'on a de bêcher les tourbes dans le fonds d'autrui : ce mot vient de l'ancien latin *truba*, pour dire tourbe. *Voyez* TOURBE.

Commune de tourberie, est la liberté que certains tenanciers ont acquise en vertu d'une prescription, pour bêcher des tourbes dans les bruyères du seigneur. *Voyez* COMMUNE.

Tourberie se prend aussi quelquefois pour le fonds où l'on bêche des tourbes.

Tourberi ou *bruaria*, signifie plus particulièrement de la *tourbe de bruyère*, dont il est fait mention dans une chartre d'Hamon de Massy.

TOURMENTEUR-JURÉ, c'étoit ainsi qu'on nommoit anciennement le questionnaire. *Voyez* ce que l'on en a dit au *mot* EXÉCUTEUR DE LA HAUTE-JUSTICE. (*A*)

TOURNAGE, (*Droit féodal.*) c'est une espèce de redevance, dont la nature n'est pas bien connue, non plus que l'origine de sa dénomination. Un traité fait entre le chapitre de Tours & Humbert Reboule, chevalier, en 1333, porte : « *Item* leur » baille & délaisse une rente & une aide appellée » *tournage*, que le chevalier a accoutumé à avoir » en leur terre, & avoir, prendre & lever desdits » doyen & chapitre. »

Il y a lieu de croire que c'est le même droit qui est énoncé dans l'extrait suivant de la charte de Philippe-le-Bel, de l'an 1308 : « & pour la *tour-* » *noerie* pour trente & sept livres tournois de rente » par an ». (*G. D. C.*)

TOURNAIRE, s. m. (*Jurispr. canon.*) est celui qui est en tour de nommer à un bénéfice vacant. *Voyez* TOUR.

TOURNE, ou TOURNES, (*Droit féodal.*) plusieurs de nos coutumes, telles que Montargis, *chap.* 1, *art.* 51, & 61, Orléans, &c. emploient ce mot pour désigner la soute qu'on donne en cas d'échange ou de partage. Ces soutes en cas d'échange, font sujettes aux droits de lods & ventes. *Voyez* ECHANGE (*Droit d'*), LODS & VENTES, RETRAIT LIGNAGER, RETRAIT FÉODAL, SOUTE, &c. (*G. D. C.*)

TOURNELLE, est une chambre du parlement. *Voyez, au mot* PARLEMENT, *l'article* TOURNELLE. (*A*)

TOURNER A L'HOMMAGE, (*Droit féodal.*) la coutume d'Anjou, *art.* 102, emploie cette expression pour *aller à l'hommage du seigneur.* Laurière a remarqué dans le glossaire du droit françois, qu'on trouvoit à-peu-près la même expression usitée en Angleterre, comme il l'a fait voir au mot *Attournance*, & même en Espagne. *Las siete partidas*, part. 4, tit. 26 ley 1, définissent le fief de la

manière suivante : *feudo es bienfecho, que da el sennor à algund ome por que se torne su vassallo & el faze omenaje de serle leal.* (*G. D. C.*)

TOURNES. *Voyez* TOURNE.

TOURNOERIE. *Voyez* TOURNAGE.

TOURS DE VISCONTE, ce mot se trouve dans les loix d'Angleterre de Britton, *chap.* 29, pour désigner la tournée que le vicomte faisoit deux fois l'an pour tenir les plaids généraux dans chaque canton (Hundred) du comté. *Voy.* du Cange au mot *Turnus vice comitis.* (*G. D. C.*)

TOURTEAU, (*Droit féodal.*) c'est une espèce de gâteau rond, qui est stipulé comme une redevance dans quelques baux à cens & dans les reconnoissances de plusieurs seigneuries. *Voyez* les glossaires de du Cange & dom Carpentier, au mot *Torta.*

On voit avec quel fondement certains blazonneurs ont prétendu que les « *tourteaux* & autres » figures rondes représentent le ciel, le monde ». *Voyez l'abrégé du Blazon.* (*G. D. C.*)

TOURTELAGE, (*Droit féodal.*) il paroît, comme le dit dom Carpentier dans son *glossarium novum*, au mot *Tourtelagium*, qu'on ne doit pas confondre ce droit avec les *tourteaux* dont on vient de parler. Cet auteur cite en preuves une chartre de 1362, où il est dit : « sans payer aucune » coutume ou acquit de tous travers, passages, » paages, pontages, passages, *tourtelages*, barrages » & autres nouvelletez ».

Il se pourroit que le *tourtelage* & le *passage* eussent été des droits que l'on payoit par forme de péage pour le transport des grains, des farines & des pains. (*G. D. C.*)

TOUSCHE. *Voyez* TOUCHE.

TOUSIAUS. *Voyez* TONSIAUS.

TOUTE. La traduction des conventions faites entre les comtes de Provence & les citoyens d'Arles, en 1251 & 1385, art. 9 de la première, & art. 24 de la seconde, donne ce nom à la levée d'un impôt. *Voyez* l'art. MALTOTE.

Ces conventions ont été imprimées à Lyon en 1582 ; & l'on trouve à l'exemplaire qui m'appartient une note manuscrite, où il est dit que « les » Toulousains & autres circonvoisins, nomment » encore à présent cet impôt *touste* ».

Voyez l'annotation 3, qui est jointe à ces conventions. (*G. D. C.*)

T R

TRADITION, s. f. (*Droit des gens & civil.*) est l'action de livrer une chose.

La *tradition* est une des manières d'acquérir du droit des gens, par laquelle, en transférant à quelqu'un la possession d'une chose corporelle, on lui en transmet la propriété ; pourvu que la *tradition* ait été faite par le véritable propriétaire, pour une juste cause, & avec intention de transférer la propriété.

Suivant le droit romain, & parmi nous la *tradition*

eft regardée comme l'accompliffement de la convention.

Il y a néanmoins des contrats qui font parfaits fans *tradition* réelle, & pour lefquels une *tradition* feinte fuffit, comme dans la vente d'un immeuble ; à la différence de la vente des chofes qui fe livrent au nombre, poids & mefure, laquelle n'eft parfaite que par la *tradition* réelle. Delà il fuit qu'il y a deux fortes de *traditions*, l'une feinte & l'autre réelle : la réelle, qui ne peut avoir lieu que pour les chofes mobilières, d'un poids peu confidérable, eft celle par laquelle l'acquéreur reçoit en main la chofe qui lui eft aliénée. La feinte, qui a lieu pour les immeubles, confifte dans quelque acte corporel, dans quelque figne ou fymbole, qui repréfentent une véritable *tradition*. Il y en a plufieurs que nous allons faire connoître.

La *tradition par l'anneau, per annulum*, étoit celle qui fe faifoit en mettant un anneau au doigt de celui auquel on remettoit la poffeffion d'une églife, ou d'une dignité, d'un héritage, &c. *Voyez* l'article fuivant.

La *tradition par le bâton, per baculum*, étoit une *tradition* feinte, qui fe pratiquoit anciennement en remettant entre les mains de l'acheteur ou nouveau poffeffeur, un bâton en figne de la poffeffion qu'on lui remettoit. *Voyez* BATON, & le gloffaire de du Cange au mot *Inveftitura*, où il explique toutes les différentes manières d'inveftiture ou de *tradition* feinte qui fe pratiquoient anciennement.

La *tradition brevis manus* eft une *tradition* feinte, qui fe fait pour éviter un circuit inutile de *traditions*, en compenfant la *tradition* qu'il faudroit faire de part & d'autre ; comme dans la vente d'une chofe que l'acheteur tient déjà à titre de prêt. Pour que le vendeur remît la chofe à l'acheteur, il faudroit que celui-ci commençât par la lui remettre ; & pour abréger., on fuppofe que cette *tradition* réciproque a été faite : c'eft pourquoi on l'appelle *brevis manus*, parce que c'eft l'acheteur qui fe remet à lui-même.

La *tradition civile* eft une *tradition* feinte, qui confifte dans la forme établie par la loi : elle eft oppofée à la *tradition* réelle.

La *tradition par le couteau, per cultellum*, c'étoit une mife en poffeffion qui fe faifoit en donnant un couteau plié. *Voyez* le Gloffaire de du Cange, au mot *Inveftitura*.

La *tradition feinte ou fictive*, eft celle qui eft faite pour opérer le même effet que la *tradition* réelle : on la divife en *fymbolique* & *non-fymbolique*.

La *tradition par un feftu, per feftucam*, c'eft-à-dire un brin de paille, étoit une *tradition* fictive qui fe pratiquoit autrefois affez communément en préfentant un feftu. *Voyez* du Cange au mot *Inveftitura*.

La *tradition par un gazon de terre*, c'étoit une façon de livrer un héritage, en donnant un gazon pour fymbole de cet héritage. *Voyez* du Cange u mot *Inveftitura*.

La *tradition de longue main, longæ manus*, eft une *tradition* fictive qui fe fait en montrant la chofe, & en donnant la faculté d'en prendre poffeffion : elle fe pratique ordinairement pour la délivrance des immeubles réels, & pour celle des chofes mobiliaires d'un poids confidérable.

La *tradition de la main à la main*, c'eft lorfqu'une chofe paffe à l'inftant de la main d'une perfonne en celle d'une autre, à laquelle la première la remet.

La *tradition réelle* eft celle qui confifte dans une remife effective de la chofe.

La *tradition fymbolique* eft celle qui fe fait en donnant quelque fymbole de la chofe que l'on doit livrer ; comme quand on livre les clefs du grenier où eft le froment que l'on a vendu. Dans la vente d'une créance, c'eft la fignification du tranfport que l'acheteur fait au débiteur, qui tient lieu de la *tradition* de la créance vendue.

La *tradition non-fymbolique* eft celle où on ne donne ni la chofe réellement, ni aucun fymbole ou figne de la chofe ; mais où la *tradition* s'opère par d'autres fictions, comme dans la *tradition* appellée *longæ manus*, & dans celle appellée *brevis manus*.

L'effet de la *tradition* eft de faire paffer la propriété de la chofe livrée à l'acheteur, pourvu que le vendeur foit capable d'aliéner, & que l'acheteur ait payé le prix, ou que le vendeur l'ait accepté pour débiteur.

Delà il fuit que la *tradition* faite par une perfonne que les loix déclarent incapable de difpofer de fes biens, ne tranfporte pas à l'acquéreur la propriété de la chofe livrée ; que cette *tradition* peut tout au plus fervir de fondement à la faculté d'acquérir cette propriété par la prefcription, dans le cas où l'acquéreur ignore l'incapacité du vendeur.

Delà il fuit auffi que fi, après avoir vendu une chofe fans l'avoir livrée, le vendeur avoit la mauvaife foi de la vendre une feconde fois, & de la livrer au nouvel acheteur, ce feroit à celui-ci que la propriété en feroit transférée. Le premier acheteur n'auroit, en pareil cas, qu'une action perfonnelle contre le vendeur, pour le faire condamner aux dommages & intérêts réfultans de l'inexécution du marché.

Il faut auffi conclure de-là, que tandis que la chofe vendue n'a point été livrée, les créanciers du vendeur peuvent la faire faifir, quand même l'acheteur en auroit payé le prix. Ce dernier n'a, dans cette circonftance, qu'une action contre le vendeur, fans aucun privilège fur la chofe.

Mais auffi-tôt que la *tradition* a été faite à l'acheteur, il eft propriétaire de la chofe, & les créanciers du vendeur ne peuvent plus la faifir ; ils peuvent feulement exercer l'action hypothécaire contre le poffeffeur, fi la chofe vendue eft un immeuble.

Quand le vendeur a livré la chofe fans le confentement du propriétaire, on conçoit qu'il n'a pu transférer à l'acheteur un droit de propriété qu'il n'avoit pas : cependant la *tradition* faite à l'acheteur n'est pas pour cela sans effet. Si elle ne lui transmet pas la propriété, elle lui donne la possession civile de la chose, & cette possession étant jointe à la bonne-foi, (attribue en premier lieu à l'acheteur le droit de percevoir les fruits sans aucune obligation de les rendre au propriétaire. En second lieu, la possession de bonne-foi, qui a duré le tems requis par la loi pour la prescription, fait acquérir, par l'acheteur, la propriété que son vendeur n'avoit pu lui transmettre. *Voyez* DÉLIVRANCE, MAIN ASSISE, MISE DE FAIT, NANTISSEMENT, POSSESSION, REMISE, SAISINE.

TRAHISON, f. f. en *droit politique*, est le crime que commet celui qui révèle à l'ennemi les secrets de l'état, ou qui lui livre une place assiégée. En *droit civil*, la *trahison* commise envers quelque particulier est punie, selon les circonstances, par des peines pécuniaires, ou même corporelles s'il s'en est ensuivi quelque crime.

Mais la *trahison* envers le roi & l'état est encore plus grave; tel est le crime de ceux qui entrent dans quelque association, intelligence, ligue offensive ou défensive, contre la personne, autorité & majesté du roi, soit entre eux ou avec autres potentats, républiques & communautés étrangères ou leurs ambassadeurs, soit dedans ou dehors le royaume, directement ou indirectement par eux ou par personnes interposées, verbalement ou par écrit.

On peut sur cette matière les édits de Charles IX, de 1562, 1568, 1570; l'ordonnance de Blois, art. 94; celles de 1580, 1588, & l'édit de Nantes, en 1598.

La peine ordinaire de ce crime est d'être décapité pour les nobles, la potence pour les roturiers, & même quelquefois la roue pour les gens de basse condition.

Si le criminel a osé attenter à la personne du roi, la peine est encore plus sévère. *Voyez* LÈSE-MAJESTÉ & PARRICIDE.

En Angleterre on appelle *crime de haute trahison*, non-seulement tout attentat contre la personne du roi, mais encore toute conspiration contre le roi ou l'état, tout commerce criminel avec la reine ou les filles du roi, l'homicide commis en la personne du chancelier ou du grand trésorier, l'altération de la monnoie, la falsification du sceau du roi.

Dans ce même pays, celui qui tue sa femme, son père, ses enfans ou son maitre, se rend coupable du crime que l'on appelle petite *trahison*. *Voyez* les *institutions au droit criminel* de M. de Vouglans. *Voyez* aussi les mots COMPLOT, CONSPIRATION, DOL, FRAUDE, FOI (*mauvaise*), FIDÉLITÉ, SERMENT, PARJURE (*A*).

TRAHU. Ce mot se trouve dans une ancienne traduction manuscrite de la consolation de Boëce, que cite Dom Carpentier au mot *Truagium*. Il y est dit que

Champaigne avoit long temps heu,
Par un prevost qui gouvernoit,
Maletotte & grant trahu,
Qui le peuple grevé avoit.

Voyez l'article *Trehu*. (*G. D. C.*)

TRAISNAGE. *Voyez* VIENTRAGE.

TRAINAGE. *Voyez* VIENTRAGE.

TRANSACTION, f. f. (*Droit nat. civ. & des gens.*) est un accord ou convention faite entre deux ou plusieurs personnes, qui, pour prévenir ou terminer un procès, règlent leur différend de gré à gré, de la manière dont ils conviennent, & que chacun d'eux préfère à l'espérance de gagner, jointe au péril de perdre.

L'incertitude de l'événement & le bien de la paix sont ordinairement les motifs des *transactions*. Ces mêmes considérations font aussi qu'ordinairement on se relâche de part & d'autre de quelque prétention; autrement ce ne seroit plus une *transaction*, mais une renonciation gratuite que l'on feroit à son droit.

Les *transactions* préviennent ou terminent les querelles en plusieurs manières, selon la nature des différends, & des diverses conventions qui y mettent fin. Ainsi celui qui avoit quelque prétention, ou s'en désiste par une *transaction*, ou en obtient une partie, ou même le tout. Celui à qui on demande une somme d'argent, ou paie, ou s'oblige, ou est déchargé en tout ou en partie. Celui qui contestoit une garantie, une servitude, ou quelque autre droit, ou s'y assujettit, ou s'en affranchit. Celui qui se plaignoit d'une condamnation, ou la fait réformer, ou y acquiesce.

On transige enfin, aux conditions dont on veut convenir, selon les règles générales des conventions. Mais les *transactions*, quelque favorables qu'elles soient, ne règlent que les différends qui s'y trouvent compris par l'intention des parties, soit qu'elle s'y trouve expliquée par une convention générale ou particulière, ou qu'elle soit connue par une suite nécessaire de ce qui est exprimé, & elles ne s'étendent point aux différends auxquels on n'a pas pensé, ni aux choses qui n'y sont pas exprimées.

§. I. *Des personnes qui peuvent transiger.* Les *transactions* sont une espèce d'aliénation, puisque le but des contractans est de retenir, de promettre, ou de donner quelque chose. Delà il suit qu'il n'y a que ceux qui sont capables de contracter & d'aliéner qui soient de transiger. Mais peut-on transiger par le ministère d'autrui, comme on peut y contracter? Cette question comprend les tuteurs & curateurs, les syndics & administrateurs des corps & communautés, les pères qui jouissent de la puissance paternelle sur leurs enfans, les maris pour l'administration des biens de leurs femmes. Nous allons expliquer ce qui concerne chacun d'eux.

I. Les loix 46, §. *ult. ff. de admin. & peric. tut.* 54, *ff. ult.* 56, §. 4. *ff. de furtis,* 35 *ff. de jurej.* décident expressément

expreſſément que le tuteur peut tranſiger ſur un procès qui concerne les intérêts de ſon pupille. Mais cette déciſion doit être reſtreinte au cas où la tranſaction ne dépoſſède pas le pupille d'une choſe dont l'aliénation excède le pouvoir d'un tuteur. Car la nullité d'une tranſaction par laquelle un tuteur, ſans avis de parens ni décret de juſtice, abandonne un immeuble dont ſon pupille étoit en poſſeſſion de fait & de droit, n'a jamais fait la matière d'un problême. Tranſiger, c'eſt aliéner, dit la loi 1, §. 9, ff. ſi quid in fraudem patroni ; par conſéquent, pour délaiſſer par tranſaction un objet dont l'aliénation doit être accompagnée de certaines formalités, il faut, autant qu'il eſt poſſible, employer les mêmes formalités que s'il s'agiſſoit d'aliéner : or, un tuteur ne peut aliéner qu'avec avis de parens & décret de juſtice ; il ne peut donc pas non plus tranſiger ſans s'être mis en règle ſur l'un & ſur l'autre point : auſſi en trouvons-nous une déciſion expreſſe dans la loi 4, C. de prædiis minorum.

II. Ce que l'on dit d'un tuteur, il faut également le dire des adminiſtrateurs qui en tiennent lieu. La loi 12, C. de tranſactionibus, décide que les échevins d'une ville peuvent tranſiger, & que s'ils le font de bonne-foi & ſur un procès vraiment douteux, la tranſaction doit tenir. On conçoit aiſément que cette déciſion doit être modifiée par l'eſprit de la loi 4, C. de prædiis minorum, c'eſt-à-dire, que s'il s'agiſſoit d'abandonner par une tranſaction un bien ou droit immobilier, dont la ville ou communauté ſeroit en poſſeſſion, les adminiſtrateurs ne pourroient le faire de leur chef, & qu'il leur faudroit pour cela, non-ſeulement un pouvoir exprès du corps qu'ils ſont chargés de défendre, mais encore une autoriſation particulière du juge.

Il y a plus : pour la validité d'une tranſaction faite par les adminiſtrateurs ou les ſyndics d'une communauté d'habitans, ou de toute autre eſpèce de corps qu'on met dans la claſſe des main-mortes, il eſt néceſſaire, ſuivant la juriſprudence univerſellement reçue dans le royaume, que l'acte de délibération de la communauté, qui autoriſe ſes chefs à tranſiger, ſoit homologué par l'intendant de la province ; & lorſque l'objet de la tranſaction eſt intéreſſant, il eſt prudent que l'acte ſoit revêtu de lettres-patentes, ou ſoit également homologué par un arrêt du conſeil.

III. Un procureur, un mandataire, peuvent, ſans difficulté, tranſiger au nom de leur commettant, pourvu que la procuration leur en donne expreſſément le pouvoir ; dans le cas contraire toute tranſaction leur eſt interdite, à moins qu'ils ne ſoient revêtus d'une procuration générale, pour tous les biens & actions de leur commettant, même pour les cas imprévus, & dans leſquels la préſence de celui-ci ſeroit néceſſaire, & il faut alors que la tranſaction tourne viſiblement au profit du mandant. L. 60, ff. de procur. L. 17, §. ult. ff. de jurej. L. 12, ff. de pactis.

IV. La loi 10, ff. de tranſactionibus, déclare que les tranſactions faites par un père ſur les droits de ſes enfans ne leur préjudicient pas, lorſqu'ils n'y conſentent pas & qu'ils ſont émancipés, ce qui ſembleroit faire entendre que s'ils étoient encore dans les liens de la puiſſance paternelle, ils ſeroient obligés de reſpecter les tranſactions que leur père auroit faites, même à leur inſu. Mais il faut faire attention que cette déciſion eſt tirée du digeſte, ſuivant la juriſprudence duquel tous les biens du fils de famille, hors le pécule caſtrenſe, appartiennent en pleine propriété à ſon père ; & il eſt certain que depuis que l'on a laiſſé au premier tout ce qui compoſoit ſon pécule adventice, le ſecond a perdu le pouvoir d'en aliéner les biens par tranſaction. La loi dernière, §. 3 & 4, C. de bonis quæ liberis, contient là-deſſus des diſpoſitions qui ne ſont pas équivoques : elle porte, entre autres choſes, que le père ne peut plaider pour les biens adventices de ſon fils, ſans ſon intervention ou ſon conſentement, à moins qu'il ne ſoit mineur ou abſent. La faculté de tranſiger eſt infiniment plus reſtreinte que celle de plaider : on ne peut donc pas ſuppoſer celle-là à qui ne jouit pas de celle-ci.

Prenons garde cependant de porter trop loin la déciſion du texte cité ; il n'a pour objet que les ſucceſſions qui adviennent au fils pendant qu'il eſt en puiſſance, & on ne peut l'étendre aux biens qu'il acquiert à d'autres titres, parce que la loi première, C. de bonis maternis, permettant au père d'aliéner ſans formalités les héritages de ſes enfans non émancipés, lorſque la néceſſité ou l'avantage de leurs affaires l'exige ; il eſt clair qu'il peut, à plus forte raiſon, tranſiger en leur nom & pour leur utilité, au moins en pays de droit écrit. Voyez PUISSANCE PATERNELLE.

Dans les pays coutumiers, un père n'a pas plus de pouvoir pour tranſiger au nom de ſon fils, que n'en a un ſimple tuteur pour tranſiger au nom de ſon pupille. Ainſi il ne peut le faire, dans la plupart des coutumes, ſans au préalable avoir obtenu un jugement qui, d'après un avis de parens, lui décerne la tutèle de ſon fils, & l'y autoriſe.

V. Un mari peut indiſtinctement tranſiger au nom de ſa femme, dans le petit nombre de coutumes qui lui permettent d'aliéner les biens de celle-ci ſans ſon conſentement ; mais, ſuivant l'eſprit le plus général de notre droit coutumier, il eſt à cet égard de la même condition qu'un tuteur : comme lui, il peut tranſiger librement ſur des actions purement mobilières : comme lui, il peut faire tels accords qu'il trouve convenables, ſoit pour maintenir ſon épouſe dans la propriété de ſes biens, pour la faire renoncer à la révendition des biens qu'elle ne poſſédoit pas ; mais auſſi lorſqu'il eſt queſtion d'abandonner un héritage qu'elle poſſède actuellement, l'autorité du mari expire, & il faut que la femme elle-même paroiſſe à la tranſaction.

VI. Suivant les loix romaines un grevé de ſubſti-

H

tution pouvoit tranfiger valablement fur la propriété des biens compris dans le fidéi-commis ; l'ordonnance de 1747 ne lui a pas ôté cette faculté, mais elle l'a fubordonnée à une condition qui n'étoit pas requife par l'ancien droit : elle a voulu que toutes les *tranfactions* concernant des biens fubftitués, fuffent homologuées dans les parlemens ou confeils fupérieurs, fur les conclufions du miniftère public, & elle a déclaré que, faute de de cette formalité, elles n'obligeroient que les grevés qui les auroient fignées.

Il en eft de même, fuivant le dernier état de la jurifprudence, des *tranfactions* faites entre les gros décimateurs & les curés congruiftes. *Voyez* PORTION CONGRUE.

Celui qui a ou peut avoir un différend avec plufieurs perfonnes, peut-il tranfiger avec une d'elles fans la participation de fes conforts ? Non-feulement il le peut, mais la *tranfaction* qu'il fera avec elle n'empêchera pas que fon droit ne fubfifte à l'égard des autres, & qu'il ne puiffe ou le faire juger, ou en tranfiger d'une autre manière. Ainfi celui à qui deux tuteurs font comptables d'une même adminiftration, peut tranfiger avec l'un pour ce qui le concerne, & plaider avec l'autre. Ainfi le créancier d'un défunt peut tranfiger de fon droit avec l'un des héritiers pour fa portion, & pourfuivre les autres pour la leur. *L.* 1, *c. de tranfactionibus.*

Pour qu'un droit quelconque puiffe faire la matière d'une *tranfaction*, il faut qu'il foit douteux & incertain, c'eft-à-dire, qu'il foit ou contefté en juftice, ou difpofé à l'être. Sans cette condition, l'acte qualifié de *tranfaction* ne formera qu'un engagement ordinaire. Delà fe réfout la queftion de favoir fi l'on doit donner effet à une *tranfaction* faite après le procès jugé à l'infu des deux parties.

Il faut diftinguer fi le jugement eft fufceptible d'appel, ou rendu en dernier reffort : au premier cas, la *tranfaction* doit fubfifter, parce que l'événement du procès eft encore incertain ; mais au fecond, il n'y a point de *tranfaction*, parce que les parties ayant leur fort réglé par un arrêt, n'avoient plus fujet de tranfiger. Telle eft la décifion de la loi 11, *ff. de tranfactionibus* ; de la loi 32, *C. de tranfactionibus*, & de la loi 23, §. 1, *ff. de conditione indebiti.* Cette jurifprudence eft fuivie dans tous les tribunaux, & fe trouve des arrêts qui l'ont ainfi jugé, dans Soëfve, Brillon, le Prêtre, la Peyrère & Baffet.

On ne peut tranfiger fur les difpofitions d'un teftament, fans en avoir fait ou s'en être fait faire la lecture ; & fi l'on tranfige auparavant, l'acte eft nul. C'eft ce que décident la loi 3, §. 1, *ff.* & les loix 6 & 12, *C. de tranfactionibus.* Mais ne peut-on pas, en tranfigeant de la forte, renoncer à l'infpection du teftament & au droit de réfilier que produit le défaut de cette infpection ? Non, parce que s'il eft enjoint aux parties de prendre connoiffance des difpofitions du défunt avant de tranfiger,

c'eft pour empêcher que la volonté des teftateurs ne demeure fans effet, & qu'il eft du bon ordre public de faire exécuter les derniers vœux d'un mourant.

Peut-on tranfiger fur la validité, l'effet ou l'étendue d'une penfion alimentaire ? La loi 8, §. 2, D. *de tranfactionibus*, décide qu'on le peut indiftinctement, lorfque la penfion a été conftituée par un contrat, parce qu'ayant en ce cas reçu l'être de la volonté des parties, il eft naturel que la volonté des parties puiffe auffi la modifier ; mais fi la penfion a été conftituée par une difpofition à caufe de mort, il faut diftinguer la *tranfaction* qui porte fur des arrérages, d'avec celle qui a pour objet les échéances à venir. La première eft valable, fuivant la loi 8, *C. de tranfactionibus.* Quant à la feconde, elle eft nulle, fi elle tend à éteindre ou à diminuer la penfion, & ne peut avoir d'effet en ce cas, à moins qu'elle ne foit homologuée par le juge avec connoiffance de caufe. C'eft ce que décide la loi 8, *ff. de tranfactionibus.* Cette loi a fervi de bafe à un arrêt du parlement de Paris, du mois de feptembre 1555, rapporté par Papon, *liv.* 18, *tit.* 1, *n.* 20. *Voyez* ALIMENS.

En général, tout ce qui bleffe ou compromet la religion, l'ordre public, les mœurs, ne peut faire la matière d'une *tranfaction. Privatorum pactionibus juri publico derogari non poteft.*

Les loix romaines font entrées dans quelques détails fur la queftion de favoir fi l'on peut tranfiger d'un délit. On le peut, répondent-elles, lorfque le délit eft du nombre de ceux qu'on appelle *privés*, c'eft-à-dire, quand il ne confifte qu'en vol, en injure, ou en dommage caufé par dol, faute ou impéritie ; mais alors même, fi le délit eft de nature à produire une condamnation infamante, la *tranfaction* imprime le fceau de l'infamie fur le coupable, parce qu'elle emporte de fa part un aveu qui équivaut à une condamnation.

A l'égard des crimes publics, continuent les légiflateurs romains, il faut diftinguer s'ils font de nature à mériter une peine capitale, ou non. Parmi ceux de cette dernière efpèce, il n'y a que le crime de faux qui foit fufceptible de *tranfaction* : fi l'on tranfige fur d'autres, on eft cenfé avouer, & il n'en faut point davantage pour être condamné à la peine infligée par la loi. Quant aux crimes capitaux, on ne s'expofe à rien en tranfigeant fur l'accufation qui en eft intentée : mais les *tranfactions* font défendues à l'égard de l'adultère.

Telles font, fur cette matière, les difpofitions du droit romain. Dans nos mœurs, on diftingue les *tranfactions* faites fur le crime même, d'avec celles qui concernent les dommages-intérêts qui en réfultent.

Comme la vengeance publique eft réfervée dans nos mœurs aux procureurs du roi ou des feigneurs, il n'y auroit qu'eux qui euffent matière à tranfiger fur les crimes, s'ils pouvoient concilier un pareil droit avec les devoirs de leurs charges. Mais on fent qu'ils ne le peuvent pas, & il eft étonnant qu'il ait fallu des réglemens pour le leur interdire. Serpillon cite à ce sujet l'ordonnance de 1335, celle de 1535, l'art. 2 de celle de 1536, & un arrêt du parlement de Besançon du 6 septembre 1718. Jousse, en son recueil chronologique, *tom. I, pag. 136*, rapporte un arrêt semblable, donné aux grands jours de Clermont le 10 décembre 1665. Voici comme il est conçu, art. 4 : « Sera informé » de toutes les compositions faites par les juges » ou seigneurs avec les accusés, & le procès fait » & parfait suivant la rigueur des ordonnances ; » sauf, en jugeant le procès, d'ordonner ce qu'il » appartiendra contre les seigneurs par l'autorité » desquels lesdites compositions auront été faites, » même pour la privation de leur justice, s'il y » échet ».

Il n'en est pas de même des dommages-intérêts qui résultent des crimes. Comme ils sont purement de droit privé, rien n'empêche qu'ils ne fassent l'objet d'une *transaction* entre les parties civiles & les accusés.

Il y a même un cas où une telle *transaction* arrête les poursuites du ministère public ; c'est lorsque l'accusation porte sur un crime auquel il n'échet pas de peine afflictive.

C'est ce que prescrit l'art. 19 du tit. 25 de l'ordonnance de 1670. « Enjoignons, dit le législa- » teur, à nos procureurs & à ceux des seigneurs, » de poursuivre incessamment ceux qui seront pré- » venus de crimes capitaux, & auxquels il écherra » peine afflictive, nonobstant toutes *transactions* » & cessions de droit faites par les parties ; & à » l'égard de tous les autres, seront les *transactions* » exécutées, sans que nos procureurs ou ceux des » seigneurs puissent en faire aucune poursuite ».

Il y avoit dans le projet de l'ordonnance, un article qui défendoit à toutes personnes de transiger sur des crimes de nature à provoquer une peine afflictive ou infamante, à peine de 500 livres d'amende, tant contre la partie civile que contre l'accusé, & de conviction de celui-ci. Mais M. le premier président de Lamoignon & M. Pussort firent retrancher cette disposition.

Au reste, quand on dit que les parties civiles peuvent transiger sur les crimes, cela s'entend des crimes déjà commis ; car une *transaction* qui permettroit d'en commettre à l'avenir, seroit radicalement nulle & ne produiroit aucun effet. Les jurisconsultes romains l'avoient ainsi décidé implicitement par la loi 27, §. 4, *ff. de pactis*, & par la loi 70, §. dernier, *ff. de fidejussoribus*, & notre jurisprudence s'y est conformée. M. Louet, *lettre B. §. 10*, rapporte un arrêt du 18 décembre 1600, qui casse une *transaction* par laquelle un simoniaque étoit maintenu en possession du bénéfice qu'il avoit acquis par des voies illicites.

C'est sans doute sur le même fondement qu'un grand nombre d'auteurs françois regardent comme nulles les *transactions* faites sur le faux ; car ce crime est, à certains égards, du nombre de ceux qui ont

ce qu'on appelle *tractum temporis*, & c'est en quelque sorte le continuer, que de jouir des effets du titre qui le renferme. L'opinion de ces auteurs n'est cependant pas exacte ; l'art. 52 du tit. 2 de l'ordonnance de 1737, l'a modifiée avec beaucoup de sagesse ; voici comme il est conçu : « Aucunes » *transactions*, soit sur l'accusation du faux princi- » pal, ou sur la poursuite du faux incident, ne » pourront être exécutées, si elles n'ont été ho- » mologuées en justice, après avoir été commu- » niquées à nos procureurs ou à ceux des hauts- » justiciers, lesquels pourront faire à ce sujet telles » requisitions qu'ils jugeront à propos, & sera le » présent article exécuté, à peine de nullité ».

Anciennement on ne pouvoit transiger sur un appel au parlement sans lettres-patentes & arrêt, ou du moins sans un arrêt qui homologuoit la *transaction*.

Quand l'appel venoit du pays de droit écrit, comme il n'y avoit pas d'amende pour le roi, on pouvoit transiger sans lettres-patentes ; mais il falloit toujours un arrêt, & quelquefois la *transaction* se faisoit au parlement même, comme on voit au second registre *olim, fol. 25 v°.* où il est dit : *Hæc est concordatio facta anno 1298, inter Petrum episcopum Altisiodorensem & procuratorem comitis Altisiodorensis.*

Lorsque l'appel venoit du pays coutumier où il y avoit amende pour le roi, il falloit lettres-patentes & arrêt sur icelles pour homologuer la *transaction*.

C'est delà qu'il y a tant d'anciennes *transactions* dans le dépôt du parlement ; ces anciennes *transactions* sont la plupart écrites en rouleaux, dont, par les soins & sous les yeux de M. Joly de Fleury, procureur-général, une bonne partie a été extraite par M. Meslé, avocat ; on y a découvert beaucoup de choses curieuses, & qui servent à éclairer notre ancienne jurisprudence.

Jusqu'à l'ordonnance de Charles IX, en 1566, on pensoit toujours qu'il n'étoit pas permis de transiger sur un appel pendant en la cour, sans lettres-patentes ou arrêt ; mais cette ordonnance ayant confirmé toutes *transactions* faites sans dol & sans force, on a pensé que cette confirmation générale dispensoit d'obtenir ni lettres ni arrêt ; & en effet, depuis ce temps on s'est dispensé de cette formalité.

§. 3. *De la forme & de l'effet des transactions.* Les *transactions* n'exigent pas plus de forme que les conventions ordinaires. La loi 28, *c. de transact.* déclare qu'il importe peu si l'on transige en jugement ou dehors, par écrit ou devant témoin, il suffit qu'il en existe une preuve légale. Domat dit également qu'il n'est pas nécessaire dans nos mœurs, que la *transaction* soit rédigée par écrit, mais cela doit s'entendre des objets litigieux, dont la valeur est au-dessous de cent livres.

Le principal, ou plutôt l'unique effet d'une *transaction*, est qu'elle éteint à jamais le différend que l'on s'eſt propoſé, en la faiſant, de terminer ou de prévenir, & qu'elle tient lieu d'un jugement en dernier reſſort. Mais plus une *tranſaction* a de force, plus on doit être ſévère à en reſtreindre les diſpoſitions aux objets qui y ſont compris nommément.

Toute *tranſaction*, dit la loi 9, §. 1, *ff. de tranſactionibus*, doit être bornée aux choſes qui ont été exprimées dans l'accord des parties. Ainſi, continue le même texte, §. 3, le fils qui, étant déshérité par ſon père, n'eſt pas encore déterminé à intenter contre ſon teſtament la plainte d'inofficioſité, peut, ſans riſque, traiter pour d'autres objets avec l'héritier inſtitué, & il n'aura point à craindre que l'on ſoutienne, ſur ce fondement, qu'il a auſſi tranſigé ſur la validité des diſpoſitions paternelles.

Le commencement de la même loi 9 nous fournit un autre exemple de notre principe. Si un majeur, y eſt-il dit, a tranſigé avec ſon tuteur ſur le compte de ſa portion des biens de ſon père, & qu'il ſuccède enſuite à ſon frère, à qui le même tuteur étoit comptable de l'autre portion, la *tranſaction* n'empêchera pas que les mêmes queſtions qu'elle avoit réglées pour une portion, ne ſubſiſtent pour l'autre, & ce ſecond chef demeure entier.

Par la même raiſon, lorſque dans une *tranſaction* les parties renoncent à tous droits, actions ou prétentions, cette renonciation ne doit s'entendre que des droits relatifs à l'objet qui faiſoit la matière de la conteſtation. C'eſt ce que décide la loi 31, *C. de tranſactionibus*. Ainſi, quand j'ai demandé qu'un héritier fût condamné de me payer différentes ſommes que je ſoutenois m'être dues par la ſucceſſion, ſi je tranſige ſur cette prétention, & qu'au moyen d'une ſomme que l'héritier me paie, je me déſiſte de ma demande & renonce à tous droits & actions, ma renonciation ne s'étendra point aux droits & actions que je puis avoir contre l'héritier, pour raiſon de créances qui lui ſeroient perſonnelles.

C'eſt d'après le même principe que doit ſe décider la queſtion de ſavoir ſi les héritiers d'un bleſſé qui eſt mort de ſes bleſſures après avoir tranſigé ſur les dommages-intérêts qu'il avoit à prétendre, peuvent pourſuivre le meurtrier, nonobſtant cette *tranſaction*. Serpillon, page 1111, décide qu'ils en ont le droit, & que la *tranſaction* du défunt ne peut pas leur être oppoſée comme fin de non-recevoir, parce qu'il l'a faite ſur de ſimples bleſſures & non ſur un meurtre, *de vulnerato & non de occiſo*. C'eſt auſſi ce qu'ont jugé deux arrêts des 18 janvier 1631, & 20 décembre 1652. Le premier eſt rapporté au journal des audiences, le ſecond au ſupplément du même recueil.

Une *tranſaction* ne peut faire loi qu'entre ceux qui ont tranſigé; elle ne peut pas préjudicier aux droits de ceux qui n'y ont point été parties. C'eſt

ce que décident la loi 3, *ff.* & la loi 26, *C. de tranſactionibus*.

Si celui qui avoit ou pouvoit avoir un différend avec pluſieurs autres, tranſige avec un d'eux pour ce qui le regarde, la *tranſaction* n'empêchera pas que ſon droit ne ſubſiſte à l'égard des autres, & qu'il ne puiſſe ou le faire juger ou en tranſiger d'une autre manière. Ainſi, celui à qui deux tuteurs rendent compte d'une même adminiſtration, peut tranſiger avec l'un pour ſon fait, & plaider avec l'autre. Ainſi les créanciers ou les légataires d'un défunt peuvent tranſiger avec l'un des héritiers pour ſa portion, & pourſuivre l'autre pour la ſienne.

Le créancier qui tranſige avec la caution de ſon débiteur, peut la décharger ſeule, & alors il ſera cenſé s'être réſervé ſon action contre celui-ci. Mais ſi c'eſt avec le débiteur même qu'il a tranſigé, la *tranſaction* ſera commune à la caution, parce que ſon obligation n'eſt qu'acceſſoire à celle du débiteur. La loi 7, §. 1, *ff. de tranſactionibus*, eſt là-deſſus très-expreſſe.

On ajoute quelquefois à une *tranſaction* la ſtipulation d'une peine contre celui qui manquera de l'exécuter. En ce cas, l'inexécution des clauſes de l'acte donne le droit d'exiger la peine convenue, ſuivant les règles expliquées à l'article PEINE CONVENTIONNELLE. C'eſt ce que portent la loi 37, *C.* & la loi 16, *ff. de tranſactionibus*.

On a cependant quelquefois prétendu que cette peine étoit purement comminatoire: on ſe fondoit ſur la juriſprudence de quelques parlemens qui réputent effectivement telle la peine ſtipulée par les compromis.

Mais il y a une grande différence entre l'une & l'autre. Par le compromis, on ſe donne des juges; par la *tranſaction*, l'on devient ſon juge propre: par le compromis, on ſe ſoumet à la déciſion d'autrui: par la *tranſaction*, on s'impoſe à ſoi-même la loi: par le compromis, on promet de s'en rapporter à ce qui ſera décidé par une ſentence arbitrale: la *tranſaction* eſt un arrêt contre lequel il n'eſt pas poſſible de ſe pourvoir.

Mais n'en doit-il pas être autrement lorſqu'il y a des lettres de reſciſion priſes contre la *tranſaction*? Ce qui paroît tirer ce cas de la thèſe générale, c'eſt que ſi le juge entérine les lettres, comme la *tranſaction* eſt entièrement reſcindée, la ſtipulation de peine ne ſubſiſte plus.

On a demandé ſi une ſomme promiſe par *tranſaction*, pour une réparation civile, peut porter intérêts quand il eſt ſtipulé que le débiteur les paiera au cas qu'il ſoit en retard de s'acquitter? Il y a dans le journal du palais un arrêt du 11 juin 1682, qui juge pour l'affirmative.

La *tranſaction* ſur la propriété d'un héritage donne-t-elle ouverture aux droits de quint ou de lods & ventes? Non; car, ou l'héritage eſt abandonné à celui qui en étoit déjà en poſſeſſion, & comme il n'y a point de mutation, nul doute qu'il n'eſt rien dû au ſeigneur ; ou le poſſeſſeur reſtitue l'héritage à celui avec qui il tranſige, reconnoiſſant que c'eſt lui qui en eſt le véritable propriétaire : comme cette reſtitution ne lui transfère point le domaine, puiſqu'il l'avoit auparavant, nul doute encore que le ſeigneur ne peut exiger aucun droit, quand même cette tranſaction ſeroit faite moyennant quelque ſomme d'argent, à moins que l'on ne prouvât que c'eſt réellement une vente que les parties ont faite ſous le nom de tranſaction.

La coutume de Hainaut, chap. 104, art. 15, porte à cet égard une diſpoſition contraire. Elle porte, que ſi deux contendans pour la propriété d'un fief, font entre eux une tranſaction en vertu de laquelle celui à qui le fief demeure eſt tenu de donner à ſa partie une certaine ſomme par forme d'indemnité, le ſeigneur peut prétendre ſon quint ſur cette ſomme.

Les tranſactions ont la force des choſes jugées, tellement que, ſuivant l'ordonnance de Charles IX, de l'an 1560, elles ne peuvent être reſcindées pour cauſe de léſion, mais ſeulement pour dol, fraude, erreur ou violence.

TRANSAIGE. (Droit féodal.) Ce mot dérivé du latin tranſire, ſignifie un droit de paſſage. On a dit tranſitorium, en latin barbare dans le même ſens. Voyez du Cange & Dom Carpentier ſous ce dernier mot. (G. D. C.)

TRANSCRIT, part. ſignifie, en droit, ce qui eſt copié d'après un autre exemplaire : faire tranſcrire un mémoire ou autre écrit, c'eſt le faire mettre au net, ou en général le faire copier. Voyez COPIE. (A)

TRANSLATION, ſ. f. eſt en général l'action de transférer une perſonne ou une choſe d'un lieu dans un autre. Ce terme s'applique à différens objets, ſoit en matière civile, ſoit en matière canonique : nous en parlerons ſous ces deux rapports.

TRANSLATION, (Droit civil.) ſe rapporte à trois objets, au domicile, aux legs & aux priſonniers ; ainſi il y a tranſlation de domicile, de legs & de priſonniers.

La tranſlation de domicile a lieu, lorſque quelqu'un tranſporte ſa demeure dans une paroiſſe, un diocèſe, une province différente de celle où il eſt né, ou dans laquelle il avoit actuellement ſon habitation.

Lorſqu'un taillable va demeurer dans un lieu un autre, ce changement doit être notifié aux habitans & ſyndics des paroiſſes avant le premier octobre : & ſi la tranſlation de domicile eſt faite dans une paroiſſe abonnée, le taillable doit, ſuivant les réglemens, être impoſé pendant dix ans à ſon ancien domicile, & cela pour empêcher les fraudes.

Un fermier qui transfère ſon domicile en changeant de ferme, eſt encore impoſé pendant un an dans ſon ancienne demeure, & ne l'eſt pour ſa nouvelle ferme, qu'un an après. Voyez DOMICILE & TAILLE.

La tranſlation de legs, eſt une déclaration par laquelle un teſtateur transfère un legs, ſoit d'une perſonne à une autre, ſoit de l'héritier qui en étoit chargé à un autre qu'il en charge, ſoit en changeant la choſe léguée en une autre. Voyez au digeſte, au code & aux inſtit. les tit. de legatis, & le mot LEGS.

La tranſlation d'un priſonnier, eſt lorſqu'on le fait paſſer d'une priſon à une autre, ſoit pour l'approcher du juge de l'appel, ſoit pour le renvoyer à ſon premier jugement. Voyez ACCUSÉ, PRISON, PRISONNIER. (A)

TRANSLATION, (Droit canonique.) eſt l'acte par lequel on transfère un eccléſiaſtique ou un bénéfice d'un lieu à un autre. Ainſi l'on diſtingue deux ſortes de tranſlations, l'une des perſonnes, & l'autre des choſes ou bénéfices.

§. I. De la tranſlation des bénéfices. Cette tranſlation eſt à temps, ou à perpétuité.

La tranſlation à temps eſt moins une tranſlation qu'une deſſerte du bénéfice. Elle a lieu, par exemple, lorſqu'une égliſe paroiſſiale eſt transférée à une égliſe voiſine ou à une ſuccurſale de la même paroiſſe, ſoit à cauſe de la ruine de l'édifice, ſoit à cauſe du défaut d'habitans. Elle ſe fait par l'autorité de l'évêque, & n'apporte aucun changement, quant au titre, ſoit de l'égliſe abandonnée, ſoit de celle où ſe fait la tranſlation. La première n'eſt point privée de ſon titre d'égliſe paroiſſiale, & l'autre reſte toujours telle qu'elle étoit auparavant.

Il n'en eſt pas de même des tranſlations à perpétuité ; c'eſt à leur occaſion que s'appliquent ces paroles de Saint-Denis, pape : Eccleſias ſingulas ſingulis presbyteris dedimus, & cimeteria eis dividimus, & unicuique propriam habere ſtatuimus. Ces tranſlations ſe font par la ſuppreſſion du titre de l'égliſe que l'on veut quitter, & par la nouvelle création de ce même titre dans l'égliſe que l'on veut occuper. Leur effet eſt de changer l'état du bénéfice transféré, & de lui faire perdre ſes privilèges. Elles ne peuvent ſe faire ſans de grandes cauſes : le concile de Trente en a ſpécifié pluſieurs, ſeſſ. 21, de ref. cap. 4 ; ſavoir, la diſtance des lieux, le mauvais état des chemins, & les dangers pour arriver à l'égliſe.

Les cauſes pour les tranſlations d'évêchés, ſont : 1°. la petiteſſe du lieu : 2°. le mauvais état des bâtimens, ou leur état de ruine : 3°. le petit nombre du clergé ſéculier & régulier : 4°. le défaut de population en général : 5°. la méchanceté des habitans avec qui l'évêque ni ſon clergé ne pourroient vivre ; la commodité de la ville où le ſiège doit être transféré, & l'utilité qui en revient au dioceſe.

Les cauſes pour les tranſlations de paroiſſes ſont également le mauvais état du lieu, & le danger où les paroiſſiens ſeroient de manquer des ſacremens, ſoit par rapport à l'éloignement de la paroiſſe, ſoit par rapport au mauvais état des chemins, ſoit enfin au trop grand nombre des paroiſſiens auxquels un curé ne pourroit ſuffire pour adminiftrer les fecours fpirituels, & fur lefquels il ne pourroit également étendre fa follicitude paftorale.

Quant aux *tranflations* des maifons religieufes, on donne pour motifs, le trouble apporté au fervice divin par les hérétiques voifins du monaftère, les incurfions fréquentes des voleurs qu'on ne fauroit empêcher, & en général l'avantage des religieux. Sur quoi nous devons obferver que, dans les *tranflations*, on n'eft pas toujours déterminé par une néceffité abfolue, mais prefque toujours pour le plus grand bien de l'églife.

La *tranflation* d'un évêché a cela de particulier, qu'elle ne fe peut faire que d'un lieu à un autre, ayant le titre de ville fuivant l'état politique. *Non in caftellis, non in villis, ubi minores funt plebes, minorefque concurfus, ne vilefcat dignitas epifcopalis.* Auffi eft-il d'ufage que le pape, dans les bulles, érige en cité, *civitatem*, le lieu *oppidum*, où le fiège épifcopal doit être fitué; ce qui, fuivant les derniers annotateurs de l'auteur du traité de l'abus, paroît n'avoir lieu que pour la cour romaine, & pour lever toutes les difficultés qui pourroient furvenir à la chambre apoftolique, où les requêtes ne donnent pas le nom de ville à tous les lieux qui, dans l'état politique des différens royaumes, ont cette qualification.

Suivant le droit nouveau, le roi & le pape doivent concourir dans la *tranflation* des évêchés. Dans l'ancien droit, il fuffifoit de l'autorité du roi ou de celle du primat.

Le droit du roi, dans les *tranflations*, vient de ce qu'il eft préfumé de droit patron & fondateur des églifes de fon royaume : il eft d'ailleurs de l'intérêt de l'état, comme le remarque Fevret, que, par la multiplication des fièges épifcopaux, la jurifdiction eccléfiaftique ne prenne trop d'accroiffement; & c'eft au roi, comme protecteur de la police extérieure de l'églife, de faire enforte que ces changemens n'apportent aucun préjudice au droit des évêques fuffragans & à celui des métropolitains.

Le grand différend de Boniface VIII avec Philippe le Bel fut occafionné par l'entreprife du pape, qui, contre le gré du roi, avoit transféré partie du fiège archiépifcopal de Touloufe à Pamiers, où il avoit érigé un évêché en faveur de Bernard Faiffet, fon intime ami, qui, fuivant l'expreffion de l'auteur du traité de l'abus, fut affez hardi pour foutenir publiquement qu'il ne tenoit rien du roi, & qu'il étoit fujet du pape, tant pour le temporel que pour le fpirituel.

Lorfque le pape Pafcal entreprit d'ériger l'églife de Tournay en évêché, de fa feule autorité, Louis le Gros ne manqua pas de s'y oppofer, & il eut pour défenfeur des droits de fa couronne, le célèbre Lves de Chartres, qui fit fentir au pape qu'il ne pouvoit rifquer de femblables entreprifes, fans s'expofer à introduire un fchifme dans le royaume.

Les bulles de la *tranflation* de l'évêché de Maguelone à Montpellier, font mention qu'elle fe fit à la requifition & du confentement de François I; & enfin, lors de l'érection de l'évêché de Paris en archevêché, en conformité de la demande qu'en avoit faite le roi, il y eut des lettres-patentes, enfuite des bulles, lefquelles lettres-patentes contenoient le confentement de diftraire de l'archevêché de Sens, Chartres, Orléans & Meaux, pour les rendre fuffragans de la nouvelle métropole.

On remarque que Grégoire XV, qui expédia les bulles pour cette *tranflation*, ayant mis dans les mots, *motu proprio*, le parlement, en les vérifiant, déclara que c'étoit fans approbation de cette claufe, & qu'il feroit dit au contraire que c'étoit à la requifition du roi que ces bulles avoient été expédiées.

In erectionibus, dit Rebuffe fur cette matière, *& tranflationibus ecclefiarum epifcopalium, rex debet confentire cùm ejus interfit tanquam fundatoris.*

Auffi, dit encore Fevret à ce fujet, qui voudroit douter que le roi ne dût jouir des mêmes privilèges que les patrons laïques, fans le confentement defquels il ne peut rien être innové au bénéfice de leur patronage?

Le confentement du roi n'eft pas feul fuffifant dans la *tranflation* des évêchés, il faut encore celui des métropolitains & des évêques fuffragans, même celui des chapitres & autres eccléfiaftiques qui peuvent y avoir quelque intérêt. Innocent III reconnoît ce droit des évêques, à l'occafion de la métropole qu'il s'agiffoit d'établir dans la Hongrie, qui, jufqu'alors, avoit dépendu de celle de Mayence. Ce pape, après avoir montré de quelle conféquence étoit cette demande, ajoute qu'il falloit avoir le confentement de l'archevêque de Mayence, métropolitain, & celui de fon chapitre; *præterea convenienda & commonenda fuper hoc ecclefia Moguntinenfis.*

Le confentement des peuples eft encore à confidérer. Une ville pourroit avoir de légitimes motifs pour ne pas recevoir de fiège épifcopal; le défaut de moyens, pour en foutenir la dignité, en feroit un déterminant. D'ailleurs, dit Fevret, les évêchés pourroient être éloignés l'un de l'autre d'une fi grande diftance, qu'il feroit néceffaire d'en établir un en quelque cité intermédiaire; ce qui obligeroit de prendre l'avis & le confentement des peuples, pour favoir quelle commodité ou dommage cela pourroit caufer aux uns ou aux autres. *Si multùm diftant epifcopatus, vel civitates inter fe, debet in locis intermediis epifcopatus conftitui habitâ confideratione fitûs, qualitatis regionis, populorum & difficultatis viarum,* qui font toutes circonftances qui obligent d'ouïr les peuples en telles affaires, de peur de leur donner fujet d'appeller comme d'abus.

On voit que, d'après Fevret, le refus de confentement des peuples n'eft point un refus qui doive procéder de l'autorité, mais feulement de la raifon

& de l'équité; & dès cet inftant, il ne peut arrêter, fi d'ailleurs les deux puiffances concourent pour la tranflation des fieges.

Les *tranflations* des cures & des monaftères fe font par l'autorité des évêques, qui, d'après le canon trente-fept des apôtres, ont toute intendance & toute jurifdiction fur les églifes de leurs diocéfes; ils peuvent faire dans toutes les paroiffes de leurs refforts tous les changemens qu'ils jugent néceffaires & convenables; mais ils doivent toujours fe faire autorifer par le roi & par les perfonnes intéreffées : il en eft de même des monaftères; fans ces précautions, il y auroit lieu à l'appel comme d'abus.

Céleftin III (ch. *de ecclef. ædif.*) renvoya à l'évêque diocéfain les habitans d'une paroiffe qui s'en vouloient féparer & lui demandoient la permiffion de bâtir une églife pour leur en tenir lieu. Auffi lorfque les habitans du fauxbourg S. Honoré à Paris, qui originairement étoient de la collégiale de Saint-Germain-l'Auxerrois, voulurent fe bâtir une chapelle fous le titre & l'invocation de Saint Roch; ils préfentèrent leur requête à l'évêque, qui, par fon ordonnance du 18 août 1578, leur permit d'ériger cette chapelle pour leur tenir lieu de paroiffe, mais à la charge de reconnoître toujours l'églife de Saint-Germain.

Cet ufage s'eft pratiqué de tout temps dans l'églife ; & s'il arrivoit que des paroiffiens, de leur autorité & à l'infu de leur évêque, fe fuffent fait bâtir une églife avec les marques d'une églife paroiffiale, il y auroit lieu à l'appel comme d'abus, tant par l'évêque que par le curé de l'églife paroiffiale.

Fevret cite à cette occafion l'exemple de l'évêque de Montauban. Ce prélat ayant accordé à des religieufes de Villemur la permiffion de s'établir dans l'hôpital de Saint-Louis, les adminiftrateurs de cet hôpital émirent appel comme d'abus de l'ordonnance de l'évêque diocéfain contenant cette permiffion. Le parlement de Touloufe, fans s'y arrêter, ordonna qu'elle feroit exécutée par provifion à la forme des arrêts précédens, attendu qu'il apparoiffoit, tant de l'autorité de l'évêque diocéfain que de la permiffion du roi, & que d'ailleurs le peuple n'y contredifoit point.

§. 2. *De la tranflation des perfonnes & premièrement des évêques.* Dans la primitive églife, tout eccléfiaftique étoit attaché à fon églife, & les évêques fur-tout. Auffi nous voyons que la *tranflation* d'un évêque, d'un fiège à un autre, eft réprouvée par les anciens canons & par tous les pères, lorfqu'elle eft faite fans néceffité ou utilité pour l'églife, parce que, difent S. Cyprien & le pape Evarifte, il fe contracte un mariage fpirituel entre l'évêque & fon églife, tellement que celui qui la quitte facilement pour en prendre une autre, commet un adultère fpirituel.

Le concile de Nicée défend aux évêques, prêtres & diacres, de paffer d'une églife à une autre;

c'eft pourquoi Conftantin le grand loue Eufebe, évêque de Céfarée, d'avoir refufé l'évêché d'Antioche.

Le concile de Sardique alla même plus loin ; car voyant que les Ariens méprifoient la défenfe du concile de Nicée, & qu'ils paffoient d'une moindre églife à une plus riche, Ofius le grand, qui y préfidoit, y propofa que dans ce cas les évêques feroient privés de la communion laïque, même à la mort.

Il y a un grand nombre d'autres canons conformes à ces deux conciles.

L'églife romaine étoit tellement attachée à cette difcipline, que Formofe fut le premier qui y contrevint, ayant paffé de l'églife de Porto à celle de Rome, vers la fin du neuvième fiècle, dont Etienne VII lui fit un crime après fa mort.

Jean IX fit néanmoins un canon pour autorifer les *tranflations* en cas de néceffité, ce qui étoit conforme aux anciens canons qui les permettoient en cas de néceffité, ou utilité pour l'églife.

C'étoit au concile provincial à déterminer la néceffité ou utilité de la *tranflation* ; c'eft ainfi qu'Eufebe fut transféré fur le fiège d'Alexandrie, & Félix fur celui d'Ephèfe.

Tel fut l'ufage en France jufque vers le dixième fiècle. On voit en effet par les capitulaires de Charlemagne, que de fon temps la *tranflation* des évêques fe faifoit par la feule autorité des évêques & celle des clercs, d'une églife à une autre, par la permiffion de l'évêque diocéfain. Par la fuite des temps, les patriarches & les primats, dans l'étendue de leur patriarchat ou primatie, s'arrogèrent le pouvoir de ftatuer fur les *tranflations* des évêques d'une cité à une autre. Les papes en uferent de même dans leur patriarchat, & bientôt dans toute l'églife latine, enforte que ces *tranflations* furent mifes au nombre des caufes majeures réfervées au S. Siège.

Suivant le droit des décrétales, & la difcipline préfente de l'églife, les *tranflations* des évêques font toujours réfervées au pape, & ne peuvent même appartenir aux légats *à latere*, fans un indult fpécial du pape.

On obferve auffi toujours que la *tranflation* ne peut être faite fans néceffité, ou utilité pour l'églife.

Il faut de plus en France, que ces *tranflations* foient faites du confentement du roi, & fur fa nomination, & qu'il en foit fait mention dans les bulles de provifion, autrement il y auroit abus.

§. 3. *De la tranflation des religieux d'un ordre dans un autre.* Dans l'origine de l'état monaftique les religieux pouvoient paffer d'un monaftère dans un autre, même d'un ordre différent, & fe mettre fucceffivement fous la direction de différens fupérieurs.

S. Benoît joignit au vœu d'obéiffance perpétuelle, celui de ftabilité, c'eft-à-dire de réfidence perpétuelle dans le monaftère où les religieux avoient fait profeffion.

La règle de S. Benoît étant devenue la feule qui fût obfervée dans l'occident, le précepte de ftabilité devint un droit commun pour tous les réguliers.

Cependant comme le vœu de ftabilité n'avoit pour objet que de prévenir la légèreté & l'inconftance, & non pas d'empêcher les religieux de tendre à une plus grande perfeÆion, on leur permit de paffer de leur monaftère dans un autre plus auftère ; & pour cela, ils n'avoient befoin que du confentement de l'abbé qu'ils quittoient.

Depuis l'établiffement des ordres mendians, plufieurs religieux de ces ordres fe retirant chez les BénédiÆins, ou dans d'autres congrégations, pour y obtenir des bénéfices, on régla d'abord que les mendians, ainfi transférés, ne pourroient tenir aucun bénéfice fans une permiffion particulière du pape.

Ces fortes de permiffions s'accordant trop facilement, on régla dans la fuite que les tranflations des mendians dans un autre ordre (excepté celui des Chartreux, où l'on ne poffède point de bénéfice) ne feroient valables que quand elles feroient autorifées par un bref exprès du pape.

Un religieux peut auffi être transféré dans un ordre plus mitigé, lorfque fa fanté ne lui permet pas de fuivre la règle qu'il a embraffée ; mais l'ufage de ces fortes de tranflations eft beaucoup plus moderne. On a mieux aimé affranchir totalement un religieux infirme de l'auftérité de fa règle, & lui permettre d'en choifir une plus douce, que d'admettre en fa faveur une exception continuelle, qui pourroit devenir pour les autres une occafion de relâchement.

Pour paffer dans un ordre plus auftère, un religieux doit demander la permiffion de fon fupérieur ; mais fi le fupérieur la refufe, le religieux peut néanmoins fe retirer.

A l'égard des mendians, il leur eft défendu, fous peine d'excommunication, de paffer dans un autre ordre, même plus auftère, fans un bref du pape ; & il eft défendu aux fupérieurs, fous la même peine, de les recevoir fans un bref de tranflation : on excepte feulement l'ordre des Chartreux.

Le pape eft auffi le feul qui puiffe transférer un religieux dans un ordre moins auftère, lorfque fa fanté l'exige.

Le bref de tranflation doit être fulminé par l'official, après avoir entendu les deux fupérieurs ; & fi la tranflation eft accordée à caufe de quelque infirmité du religieux, il faut qu'elle foit conftatée par un rapport des médecins.

Les brefs de tranflation, pour être exécutés en France, doivent être expédiés en la daterie de Rome, & non par la congrégation des cardinaux, ni par la pénitencerie.

L'ufage de la daterie qui eft fuivi parmi nous, oblige le religieux transféré, de faire un noviciat & une nouvelle profeffion, lorfqu'il paffe dans un ordre plus auftère, ou qu'il paffe d'un ordre où

l'on ne poffède pas de bénéfice, dans un ordre où l'on en peut tenir. Sans cette profeffion il ne peut devenir membre du nouveau monaftère ; c'eft par elle que le nœud réciproque qui attache le religieux à l'ordre, & l'ordre aux religieux, fe forme & devient indiffoluble. Elle eft même néceffaire lorfque la tranflation fe fait dans un ordre moins auftère, par la raifon que le fujet a droit d'examiner fi la maifon lui convient, & la maifon celui d'examiner fi elle peut s'accommoder du fujet. On obferve les mêmes règles pour la tranflation des religieufes d'un monaftère dans un autre ; c'eft-à-dire qu'elles ne peuvent paffer d'un monaftère à un autre plus auftère, fans avoir demandé la permiffion de leur fupérieure, & fi celle-ci la refufe, la religieufe ne peut fortir du premier monaftère, fans une permiffion par écrit de l'évêque.

Tout ce que nous venons de dire des tranflations des religieux, doit s'entendre des tranflations d'un ordre dans un autre, c'eft-à-dire des cas où le religieux change d'obfervance & de difcipline, & non de celles où il change feulement de monaftère & non pas d'obfervance. Cette dernière s'opère par la feule autorité des fupérieurs réguliers, fans folemnité ni formalité, & elle n'exige ni noviciat ni profeffion. Elle a même lieu par la collation d'un bénéfice dans un autre monaftère, que celui dans lequel le religieux avoit fait fes vœux.

Les refcrits de tranflation des religieux, contenant difpenfe du S. Siège, pour paffer d'un ordre dans un autre, ne fouffrent aucune d'extenfion, & s'interprètent comme étant de droit étroit : c'eft pourquoi le religieux fimplement transféré ne peut afpirer aux bénéfices de l'ordre dans lequel il eft paffé ; il lui faut une difpenfe particulière & fpéciale, fans laquelle la provifion devient nulle. C'eft ce qui a été jugé au parlement de Paris, le 30 juin 1642, contre un religieux Cordelier, qui s'étoit fait transférer dans l'ordre de S. Auguftin, & qui y avoit été pourvu d'un prieuré qui en dépendoit, fans claufe de difpenfe particulière pour tenir des bénéfices de l'ordre.

Lorfque le religieux transféré retourne à fon premier monaftère, on diftingue fi fa tranflation étoit dans un monaftère du même ordre, ou fi elle étoit dans un monaftère d'un ordre différent : dans le premier cas il reprend fa place & fon rang d'ancienneté, tel qu'il l'avoit avant fa tranflation. Si au contraire il eft transféré dans un monaftère d'un ordre différent, & que la tranflation ait été effectuée, il perd fon rang d'ancienneté : tel eft l'avis de Fevret.

C'eft pourquoi, dit cet auteur, fi par quelque confidération ce religieux retournoit à fon premier habit, il ne reprendra pas fon rang d'ancienneté, mais marcheroit d'après les reçus depuis fa tranflation ; de même qu'un officier de quelque fiège, lequel fe feroit fait pourvoir de quelque office en une autre compagnie ; fi, après l'avoir exercé, il retournoit au fiège, auquel il étoit premièrement officier,

officier, il ne reprendroit plus le rang qu'il y tenoit, par l'argument de la loi, *sed si manente*, ff. *de precar.*, sauf la limitation de la loi 3, *de dignit. lib.* 19, où il est dit que celui qui quitte une charge pour entrer dans le sénat, s'il retourne au premier corps où il étoit officier, il reprend sa première place, *idque jure singulari*; & par la même raison, qu'un religieux transféré à une autre religion, *ut in eâ effet prælatus finito officio, sedebit in primo loco post prælatum in memoriam pristinæ dignitatis*: mais hors ces cas singuliers, on suit la glose de la loi 21, *de decur.* qui veut que celui qui est sorti de l'ordre des décurions, *si fuerit restitutus, eumdem ordinem non retineat quem priùs habebat, sed quem tunc adipiscitur cùm novus in ordinem redit.*

TRANSMISSION, s. f. (*en terme de Jurisp.*) est la translation qui se fait de plein droit de la personne du défunt en la personne de son héritier, de quelque droit qui étoit acquis au défunt au temps de son décès.

La *transmission* a lieu pour un legs ou fidéi-commis, quand même le légataire ne l'auroit pas encore reçu, pourvu néanmoins que le droit lui fût acquis.

Pour venir par *transmission*, il faut être héritier de celui dont on exerce le droit, au lieu que celui qui vient par représentation, peut faire valoir son droit, quoiqu'il ne soit pas héritier de celui qu'il représente.

En fait de fidéi-commis ou substitution, la *transmission* avoit lieu au parlement de Toulouse, Bordeaux & Provence, de manière que les enfans du premier substitué recueilloient le fidéi-commis, encore que leur père fût décédé avant le grevé; mais l'ordonnance des substitutions, *tit.* 1, *art.* 29, porte que ceux qui sont appellés à une substitution, & dont le droit n'aura pas été ouvert avant leur décès, ne pourront en aucun cas être censés en avoir transmis l'espérance à leurs enfans ou descendans, encore que la substitution soit faite en ligne directe par des ascendans; & qu'il y ait d'autres substitués appellés à la même substitution, après ceux qui seront décédés & leurs enfans ou descendans. *Voyez* Ricard, *des donations*; Brillon, au mot TRANSMISSION (*A*).

TRANSPORT, s. m. (*terme de Pratique.*) est un acte qui fait passer la propriété de quelque droit ou action d'une personne à une autre, par le moyen de la cession qui lui en est faite: ainsi *transport* & *cession*, en ce sens, ne sont qu'une même chose.

Celui qui fait le *transport* est appellé *cédant*, & celui au profit duquel il est fait est appellé *cessionnaire*.

Le *transport* se fait avec garantie ou sans garantie, ce qui dépend de la convention.

Le cédant est cependant toujours garant de ses faits & promesses.

Le *transport* ne saisit que du jour qu'il a été signifié, c'est-à-dire, qu'il n'a d'effet contre le débiteur

& les autres tierces personnes que du jour qu'il a été signifié & copie donnée au débiteur.

Le défaut de signification au débiteur opère,

1°. Que le paiement fait au cédant est valable sauf le recours du cessionnaire contre le cédant;

2°. Qu'un créancier du cédant, même postérieur au *transport* non-signifié, peut saisir & arrêter la dette cédée;

3°. Qu'un second cessionnaire du même effet ayant fait signifier le premier son *transport*, est préféré au premier cessionnaire.

L'acceptation du *transport* de la part du débiteur, équivaut à une signification.

Il y a certaines choses dont on ne peut faire valablement un *transport* à certaines personnes, comme des droits litigieux aux juges, avocats, procureurs. *Voyez* DROIT LITIGIEUX.

Les cessions & *transports* sur les biens des marchands en faillite sont nuls, s'ils ne sont faits au moins dix jours avant la faillite. *Ordonn. du commerce, tit. xj, art.* 4.

La délégation est différente du *transport*, en ce qu'elle saisit sans être signifiée; mais il faut qu'elle soit faite du consentement du débiteur, ou par lui acceptée. *Voyez* DÉLÉGATION. (*A*)

TRANTERIE, s. f. (*Jurisprud. angloise.*) dans certaines coutumes d'Angleterre, signifie l'argent qui provient des amendes auxquelles on condamne les marchands de bière & les avitailleurs qui vendent le pain & la bière à faux poids & fausse mesure. Ce terme est usité principalement à Luston & dans les autres manoirs du comté d'Hereford.

TRAVERS, (*Droit féodal.*) c'est un droit seigneurial qui se prend dans plusieurs coutumes sur les marchandises qui *traversent* la terre d'un seigneur châtelain, ou du moins haut-justicier. Il en est question dans les coutumes d'Amiens, *art.* 192; d'Anjou, *art.* 43 & 49; de Clermont en Beauvoisis, *art.* 229; du Grand-Perche, *art.* 7 & 39; du Maine, *art.* 50 & 57; de Senlis, *art.* 9 & 105; de Valois, *art.* dernier, & à la fin du procès-verbal de la coutume de Péronne, &c.

Il en est aussi fait mention dans l'ordonnance de Charles VI, de l'an 1413, *art.* 196. Le seigneur qui lève ce droit est chargé d'entretenir les ponts & les chemins en bonne & suffisante réparation, au détroit & étendue de son péage. *Voyez le gloss. du droit François.* (*G. D. C.*)

TRAVERSIER, (*Droit féodal.*) On a donné ce nom à celui qui lève le droit de travers, & à une espèce de garde de forêts. *Voyez* du Cange au mot *Traversum* 1, & l'article SERGENT TRAVERSIER. (*G. D. C.*)

TRÉBELLIANE, s. f. (*terme de Pratique.*) on donnoit anciennement ce nom à certains *transports* simulés que quelques praticiens de ce temps avoient introduit pour frustrer les droits du petit scel de Montpellier, & pour se passer des commissions que l'on étoit obligé d'obtenir des gardes de ce scel.

I

L'ordonnance du mois de mars 1498 , *art. 159* , abroge l'usage de ces *trébellianes.*

TRÉBELLIANIQUE , adj. (*Jurisp.*) ou *quarte trébellianique* , est le quart que l'héritier grevé de *fidéicommis* , est en droit de retenir en remettant l'hoirie. *Voyez* QUARTE TRÉBELLIANIQUE.

TRÉCENS. Ce mot se trouve dans l'article 21 du titre 4 de la coutume de Metz. Il paroît qu'il y désigne une espèce de location, ou plutôt le prix de cette location. Cet article porte : « que les grains
» procédant des terres laissées à *trécens* ou loyers ,
» & tous autres biens des fermiers & admodia-
» teurs sont hypothéqués au paiement des *trécens,*
» loyers & autres dettes contractées pendant le
» bail ou location, au profit du propriétaire, pour
» quelque chose que ce soit , par préférence , &
» à l'exclusion de tous autres créanciers. (*G. D. C.*)

TREFFOND , TRÉFOND , TRÉFONT & TRÈS-
ŒFOND. (*Droit féodal.*) On a ainsi nommé tantôt le sol même , le fonds de la terre , tantôt la seigneu-rie directe ou immédiate , & tantôt la propriété de cette seigneurie par opposition à l'usufruit. On a dit seigneur *très-foncier* dans le même sens. On peut voir des exemples de toutes ces acceptions dans le glossaire de du Cange, au mot *Treffundus,* & dans le glossaire du droit François. (*G. D. C.*)

TRÉFONCIER. *Voyez* TREFFOND.

TRÉFONT. *Voyez* TREFFOND.

TREHEU, (*Droit féodal.*) C'est une espèce de tonlieu. Des lettres de grace de l'an 1481 , citées par Dom Carpentier , au mot *Truagium* portent :
« Morice de Curel , fermier de certain *treheu,* qu'on
» lieve sur les blés & farines », &c. *Voyez* TREHU.
(*G. D. C.*)

TREHU , (*Droit féodal.*) Il paroît qu'on a en-tendu par-là autrefois une espèce de droit de tonlieu & plusieurs autres sortes de droits seigneuriaux. Les coutumes de Châtillon-sur-Seine rapportées par dom Carpentier au mot *Truagium,* portent : « mon-
» dit seigneur de Lengres a un droit & *trehu* ap-
» pellé tierces de bleds en plusieurs terres étant
» au finage dudit Châtillon, qui est tel , que de
» tous les bleds & grains qui croissent en icelles
» terres , y prant de onze gerbes une gerbe....
» *Item*.... a un droit & *trehu*, qui est tel..... que
» quiconque...... laboure à charrue, doit chacun
» an à mondit seigneur de Lengres trois cour-
» vées de la charrue.... *Item* que mondit seigneur
» de Lengres avec mondit seigneur de Bourgogne
» a droit de prendre..... de toutes personnes forai-
» nes qui viennent demeurer audit Châtillon, un
» *trehu* qui s'appelle franc marchief & estellaige....
» *Item* que audit Martiny sont plusieurs mex &
» maisons qui doivent chacun an un *trehu*, appellé
» *messaiges,* &c. ».

Le mot *trehu* se trouve aussi pour *tribut* dans Joinville , édition de du Cange, pag. 86. Une chartre de 1270, qui est dans un registre de S. Michel en l'Herm, dit également *subsède,* ou *trehuz.* *Voyez* TREU , TRAHU , TRIAGE , &c. (*G. D. C.*)

TREIZIÈME. On appelle ainsi dans quelques pays , & sur-tout dans la Normandie , les droits de mutation qu'on désigne sous le nom de *lods, lods & ventes, quint,* &c. dans la plupart des autres pays.

On appelle aussi *trézain* dans la Provence , le droit de lods , parce qu'il y est fixé au *treizième.*

On va se borner ici à traiter de ce qui concerne la *treizième* dans la coutume de Normandie.

On parlera dans cinq paragraphes, 1°. de l'origine de ce droit ; 2°. des domaines & autres objets dont l'aliénation y donne ouverture ; 3°. des con-trats qui y sont sujets ; 4°. des personnes qui le doivent, ou à qui il est dû ; 5°. de la quotité du *treizième.*

§. I. *De l'origine du treizième.* Quels que soient les rapports de la coutume de Normandie avec le droit anglois , & quoiqu'il soit vrai de dire que le droit coutumier de cette province dérive du droit commun anglois , le droit de *treizième* forme une exception. Il est & a toujours été inconnu en Angleterre.

Suivant les usages de ce royaume , les tenures nobles ou roturières ne produisoient de droits casuels qu'aux seules mutations par mort. Elles devoient alors un droit de relief plus ou moins con-sidérable, lors même que la mutation arrivoit en ligne directe. Mais il n'étoit rien dû pour les alié-nations , suivant le droit commun.

Suivant le chapitre 32 de la grande chartre, & le chapitre 1 du statut *quia emptores*, les vassaux pouvoient aliéner une portion ou la totalité de leur fief, à la charge qu'elle seroit tenue du sei-gneur supérieur aux mêmes devoirs qu'auparavant. Il y a tout lieu de croire même que cette liberté d'aliéner subsistoit dès le temps des Saxons ; mais la loi *quia emptores* est le premier réglement qui ait prescrit la rétention de mouvance dans les alié-nations , & ce statut est postérieur à la réunion de la Normandie à la couronne.

Les fiefs chevels , ou ceux qui étoient tenus du roi *in capite* , étoient seuls privés de cette liberté. Ils ne pouvoient pas être aliénés sans le consentement du roi , à peine de relief. Cette rigueur fut adoucie par le statut I d'Edouard III, *chap. 12* , qui fixa au tiers d'une année de revenu ce qui devoit être payé pour cette permission , en condam-nant à payer une année entière ceux qui feroient l'aliénation sans l'avoir obtenue.

Il y avoit bien aussi quelques seigneuries où il étoit dû un relief en cas d'aliénation. Mais c'étoient là des usages locaux , & ce relief s'appelloit par cette raison relief de coutume (*relief custom*) , à la différence du relief de succession qu'on appelloit *relief de service.*

On voit que cela a peu de rapport avec le *trei-zième* de Normandie. Il n'en est fait aucune mention , ni dans le coutumier latin de Normandie , que Ludewig a donné dans ses *reliquiæ manuscriptorum,* & qu'il croit être l'original du grand coutumier de

Normandie ; ni dans l'ancienne coutume en vers François, que M. Houard a jointe à son dictionnaire ; ni enfin dans le grand coutumier de Normandie, qui a servi de loi à cette province, jusqu'à la rédaction de la nouvelle coutume faite en 1599. Cet ancien coutumier porte seulement, « que » nul ne peut vendre , n'engager, si ce n'est du » consentement du seigneur, *la terre qu'il tient de* » *lui par hommage* ».

Il y a toute apparence que le droit de treizième se fera insensiblement introduit en Normandie, depuis sa réunion à la couronne, à l'exemple de quelques-unes des coutumes voisines qui admettent le droit de lods & ventes à la même quotité.

§. II. *Des domaines & autres objets dont l'aliénation donne ouverture au treizième.* Suivant les articles 171 & 172 de la coutume de Normandie, le *treizième* est dû, tant pour les fiefs que pour les rotures, avec cette différence, que pour les fiefs il est dû relief, outre le *treizième*, & qu'il est dû seulement le *treizième* sans relief, pour la vente des rotures, quoique ces domaines doivent aussi le relief en cas de succession. L'article 138 exempte néanmoins du *treizième*, ainsi que des reliefs & des autres droits seigneuriaux & coutumiers, les héritages tenus en bourgage. L'ancien coutumier de Normandie portoit, que *les conditions & qualités des héritages en bourgage font, qu'ils peuvent se vendre, comme les meubles, sans le consentement des seigneurs.*

Ces. privilèges ont sans doute été autrefois accordés ou conservés aux habitans des villes, comme tous les autres droits des communes, pour en favoriser la population & la richesse. L'article 138 de la nouvelle coutume les attribue aux héritages tenus en bourgage, *s'il n'y a titre convenant, ou possession suffisante au contraire.*

On voit dans le procès-verbal de la coutume, que cette limitation fut ajoutée sur l'opposition de quelques seigneurs ; mais elle vaut même pour ceux qui n'ont pas formé cette opposition, lorsqu'ils se trouvent dans le cas de la restriction.

Terrien, *liv. 5, chap. 6*, se fonde sur cet assujettissement aux droits seigneuriaux, pour soutenir que les héritages qui doivent le *treizième* ne font pas tenus en bourgage, quoiqu'ils soient situés dans les villes & les bourgs, à moins qu'il n'y en eût une convention expresse. Mais d'Aviron décide, avec raison, le contraire ; quoiqu'il convienne qu'on le tenoit communément pour maxime, avant la rédaction de la coutume. Il observe que l'assujettissement au relief, ou au *treizième*, peut d'autant moins régler l'étendue de la bourgeoisie qu'il n'est pas même besoin de titre pour assujettir les tenures en bourgage au *treizième* & aux autres droits ; qu'il suffit pour cela d'une possession quarantenaire.

La coutume n'autorisant l'exemption du *treizième* que pour les tenures en bourgage, c'est une question de savoir si les habitans d'une contrée ou d'une seigneurie, dont les héritages ne sont pas

tenus en bourgage, seroient recevables à réclamer l'exemption du *treizième*, en vertu de la seule possession immémoriale de n'en point payer.

Basnage, à l'article 171, dit que ce fait ne seroit pas recevable. Il prétend, avec Bérault, qu'on l'a ainsi jugé par un arrêt rendu contre un habitant de la vallée d'Andelle, en 1657. M. Houard dit la même chose au mot *Fief*, *p. 393* de son Dictionnaire du droit normand ; mais il observe au mot *Treizième, n. 9*, qu'après avoir vérifié cet arrêt dans l'affaire de M. de Montesquiou, où la question fut vivement débattue, on s'est assuré qu'il ne concernoit pas des héritages situés dans la vallée d'Andelle, qui étoit en possession de cette exemption. L'arrêt du 5 avril 1781, rendu au profit de M. de Montesquiou, a même confirmé l'exemption de cette vallée ; mais il paroît qu'on produisit des titres à l'appui de cette possession.

On peut voir l'espèce de cet arrêt dans le dictionnaire de M. Houard ; aussi ce jurisconsulte n'en tient pas moins « que ce droit est imprescriptible, » c'est-à-dire qu'on ne peut s'y soustraire qu'en » vertu de titres ». Bérault cite un autre arrêt de 1608, qui l'a ainsi jugé.

La réunion des terres roturières que le seigneur requiert dans sa mouvance, n'a lieu qu'après quarante ans dans la coutume de Normandie. Le seigneur peut, dans cet intervalle, les aliéner comme tenues roturièrement de son fief, sans le consentement du seigneur dominant, & alors il confond en lui-même le *treizième* auquel la vente auroit donné lieu sans cette circonstance.

On prétend néanmoins que si le seigneur a vendu tout le domaine comme noble, l'acquéreur qui a payé par erreur le *treizième* au seigneur suzerain, dans la persuasion que la réunion avoit été opérée, & que les quarante années exigées par l'art. 200 pour la réunion, sont accomplies depuis le paiement, est non-recevable à se faire restituer ce droit auquel son vendeur l'a, par la nature de cette vente, assujetti. C'est du moins encore là ce qu'enseigne M. Houard au mot *Treizième, n. 5*, où il rapporte un arrêt qui l'a ainsi décidé.

Quoiqu'on ait jugé par arrêt du 14 juin 1751, que le *treizième* des contrats de vente, faits avec retenue d'usufruit, doit être payé tant de deniers donnés suivant le contrat, que de l'usufruit qui y est retenu ; cependant il y a lieu de croire que cet arrêt doit être restreint à l'espèce particulière dans laquelle il a été rendu. En effet, le vendeur qui retient l'usufruit, peut vendre, & si le seigneur en avoit déjà reçu le *treizième*, il pourroit l'exiger encore de cette vente ; ce qui seroit injuste & contraire à l'institution du *treizième* ; car il ne doit être payé que pour la permission d'aliéner, & borné conséquemment à l'objet qui sort de la main du propriétaire.

C'est la remarque de M. Houard, au mot *Treizième*, quoiqu'il paroisse regarder cet arrêt comme un véritable réglement au mot *Fief, pag. 400*, où il a fort approfondi la question : mais M. de la Quesnerie observe, dans ses additions sur Basnage, que quoique l'arrêt ait été rendu toutes les chambres assemblées, & que la question eût été appointée pour être fait réglement, l'arrêt n'a été ni lu, ni publié, ni affiché, ni renvoyé dans les bailliages ; ce qui fait penser qu'il a été rendu sur des considérations particulières, & qu'il n'a pas décidé la question générale.

L'article 463 de la coutume de Normandie dit « que le bois de haute-futaie est sujet à retrait, » encore qu'il ait été vendu à la charge d'être » coupé, pourvu qu'il soit sur le pied lors de la » clameur signifiée & à la charge du contrat ». Tous les commentateurs ont conclu de-là, que le *treizième* étoit pareillement dû dans ces sortes de vente.

Godefroy cite un arrêt du 3 décembre 1668, qui l'a ainsi jugé. Basnage, sur l'art. 173, rapporte un autre arrêt du 7 mars 1622, « qui a condamné » l'acquéreur d'un héritage au paiement du *treizième* » d'un bois de haute-futaie qu'il avoit vendu, » bien qu'il eût payé le *treizième* au seigneur, lors-» qu'il avoit acquis le même fonds un an aupa-» ravant ».

Il n'en est pas de même, ajoute cet auteur, quand le bois a été vendu séparément pour l'abattre ; *en cas de revente, le seigneur n'en peut demander le treizième*, comme il fut jugé le 5 de février 1661, en la grand'chambre.

On voit que Basnage n'exempte du *treizième* que la *revente* du bois qui avoit été déjà vendu pour être abattu. C'est donc par erreur que du Rousseau de la Combe, au mot *Lods & ventes, bois*, dit qu'il n'y a pas lieu au *treizième*, si le bois de haute-futaie est vendu pour être coupé, & qu'il cite à cette occasion l'arrêt de 1661 & Basnage.

Ce dernier auteur & M. Royer de la Tournerie rapportent, sur l'art. 463, un arrêt du 18 juin 1676, par lequel il a été jugé que le propriétaire qui a lui-même fait abattre & exploiter son bois, & qui le vend ensuite, ne doit point de *treizième*, & n'est point sujet au retrait.

Bérault, sur l'art. 173, & Pesnelle sur l'art. 171, remarquent enfin qu'il n'est point dû de *treizième* de la vente d'une maison, faite à la charge d'en enlever les matériaux, « bien qu'elle soit sujette à cla-» meur, parce qu'il a été ainsi jugé ». M. Houard fait la même observation au mot *Fief*, p. 397 : les matériaux, dit-il, des accessoires, de simples meubles, étrangers au fonds sur lequel seul le seigneur a des droits.

§. III. *Des contrats qui sont sujets au droit de treizième.* Les principes généraux sont ici les mêmes dans la coutume de Normandie que dans le droit commun. Il n'y a, à proprement parler, que les ventes, & les contrats équipollens à vente, qui soient sujets au *treizième*.

La déclaration du 21 novembre 1724, a néan-

moins fait une dérogation à cette règle. Les art. 1 & 5 de cette loi, assujettissent les dons faits à l'église & aux gens de main-morte au droit de *treizième*, outre l'indemnité. Le don, à leur égard, est regardé comme acquisition. Mais, indépendamment de cette exception, il est souvent assez embarrassant de déterminer quels contrats sont équipollens à vente & sujets au *treizième*. On va parcourir ici rapidement les principales difficultés qui se présentent à cet égard, en examinant, séparément, ce qui concerne les principaux contrats en particulier.

I. *Les contrats de vente volontaire* produisent le *treizième* en Normandie, dans les cas qui y sont sujets, suivant le droit commun. La question si controversée pour les ventes à faculté de réméré ne peut pas en faire une dans cette coutume. L'article 193 porte « que les acheteurs sont tenus » faire foi & hommage, bailler aveu, & faire » payer tous droits seigneuriaux, encore qu'il y » ait contrat de rachat ».

Godefroy & Pesnelle ont conclu de-là, avec raison, que le *treizième* étoit dû de ces sortes d'actes, & que la coutume de Normandie ne les considère pas comme conditionnels, mais seulement comme résolubles sous condition.

Bérault rapporte un arrêt du 9 juin 1531, rendu au profit de l'abbaye de Fécamp & de son fermier, qui a condamné Gilles du Mesnil à leur payer le *treizième* d'une vente qu'il avoit faite, avec faculté de réméré pour huit années, quoiqu'il fût rentré dans ce domaine en vertu de la faculté.

La même chose a été jugée en plus forts termes par un arrêt du 16 juillet 1722, cité par M. le Royer de la Tournerie, sur l'art. 171, & par M. Houard au mot *Fief*, p. 393. Il s'agissoit d'un contrat de vente fait avec faculté de réméré pour treize mois seulement ; & le réméré avoit été exercé avant la demande du *treizième*, trois mois après la vente.

« On a jugé par ces mêmes principes, dit Pes-» nelle, que d'un contrat de vente fait avec la » clause que, faute de paiement du prix, le ven-» deur pourroit reprendre la possession de la chose » vendue (c'est la paction que le droit appelle » *commissoire*), il en étoit dû le *treizième* dès le » jour du contrat. On a jugé la même chose d'un » contrat par lequel on avoit baillé un héritage à » un créancier, pour en jouir, mais avec la clause » *d'in diem additionis*, qui est que, faute par le dé-» biteur de retirer & de payer la dette dans un » certain temps, l'héritage demeureroit irrévo-» cablement au créancier, par un arrêt du 5 mars » 1608, rapporté par Bérault ».

On doit observer, sur cette décision de Pesnelle, que ce qu'il appelle clause *d'in diem additionis*, n'en est point une, mais une antichrèse. On peut voir ce que c'est que l'*additio in diem*, & les principes sur cette matière dans Molière-Fonmaur, n. 364.

Il est vrai qu'il s'agissoit, dans l'espèce de l'arrêt

de 1608, d'un engagement pour quinze ans; & l'on tient affez communément que les droits feigneuriaux font dûs pour les engagemens qui excédent neuf années. Mais on fuit un ufage contraire en Normandie.

II. *Les ventes forcées*, ou les décrets, ne font pas moins affujettis au *treizième* dans la coutume de Normandie, qu'aux droits de quint & de lods & ventes, dans la majeure partie des pays coutumiers. Mais dans cette coutume, c'eft le vendeur qui eft naturellement chargé de payer le *treizième*. L'art. 182 porte, en conféquence, que « le feigneur ayant reçu le *treizième* de l'héritage » vendu par fon vaffal, peut néanmoins le retirer » en rendant le *treizième*... & que fi l'acheteur s'eft » chargé du *treizième*, & le feigneur l'a reçu de » lui par fa main, ou figné l'endos du contrat de » vendition, il n'eft plus reçu à la clameur », c'eft-à-dire au retrait.

Le feigneur ne peut donc pas clamer & avoir le *treizième* de la vente, puifque s'il l'a reçu du vendeur, il eft tenu de le rendre en clamant, & que s'il l'a reçu de l'acheteur qui en étoit chargé, il ne peut plus clamer comme ayant agréé le nouveau vaffal.

Ces difpofitions de la coutume ont fait naître la queftion, fi un feigneur de fief, qui clame à droit féodal des rotures tenues de fon fief, peut demander le *treizième* fur le prix de l'adjudication par décret de ces rotures, dont il s'étoit rendu adjudicataire fous le nom de fon domeftique.

On oppofoit au feigneur qu'il ne pouvoit exiger le *treizième*, ni comme retrayant, fuivant l'art. 182 de la coutume, ni comme acquéreur, puifque ce droit n'eft dû qu'en cas de vente faite à une tierce perfonne, & que la coutume ne fait aucune exception en faveur des ventes judiciaires.

On répondoit pour le feigneur que cette exception réfultoit de la nature des chofes; que dans la vente volontaire, le vaffal vend plus cher à proportion du *treizième*, s'il en eft déchargé, ou à plus vil prix, fi l'acheteur eft chargé du *treizième*, & que le feigneur qui clame ce droit féodal, eft obligé d'indemnifer entièrement l'acquéreur; ce qu'il ne feroit pas s'il retenoit en fes mains le *treizième* du prix de l'acquifition.

Mais, ajoutoit-on, dans la vente judiciaire, le *treizième* eft compris dans le prix de l'adjudication. Les enchériffeurs, qui favent qu'ils ne feront pas tenus de payer un *treizième* en fus du prix de l'adjudication, portent leurs enchères plus haut à proportion, & cet excédent eft deftiné pour le droit du feigneur.

L'arrêt du 30 mai 1688 adopta ces moyens, en adjugeant le *treizième* au feigneur. C'eft fi bien la nature de la vente judiciaire qui a décidé, que M. Houard, au mot *Fief*, *pag.* 400, rapporte une fentence des requêtes du . . . . . 1776, qui a débouté de la demande en paiement du *treizième*, le baron de Montville, qui avoit exercé le retrait

feigneurial, fur une vente faite par les officiers municipaux de Rouen, à la charge de payer eux-mêmes le droit de *treizième*.

Lorfque l'acquéreur eft dépoffédé par les créanciers hypécaires du vendeur, qui font faifir & adjuger par décret le domaine qui avoit été volontairement vendu, l'art. 77 de la coutume de Paris, décide « que l'acquéreur fuccède au droit » du feigneur, pour avoir & prendre à fon profit » les ventes qu'eût pris ledit » feigneur, ou bien qu'il eft au choix du feigneur » de les prendre, en rendant celles qu'il a reçues » de l'acquifition première ».

On fuit une autre règle en Normandie. On tient que le *treizième* n'eft pas dû s'il n'a pas été payé; mais lorfqu'il a été payé, & que le vaffal eft entré en jouiffance & a perçu les fruits, le *treizième* eft acquis irrévocablement au feigneur, qui fera payé en outre d'un autre *treizième*, pour l'adjudication.

On fonde cette dernière décifion fur la faculté d'exercer le retrait de lettres lues, que l'art. 471 de la coutume accorde à l'acquéreur dans ce cas: il réfulte de-là, dit-on, que fon contrat n'eft pas diffous fi abfolument qu'il ne lui refte un moyen pour s'en remettre en poffeffion en vertu de celle qu'il a eue.

On peut ajouter qu'indépendamment même du retrait de lettres lues, le premier contrat fubfifte fi bien, que l'acquéreur a fon recours de garantie pour les dommages-intérêts de l'éviction contre fon vendeur. Tels font les motifs que donnent Bafnage & Pefnelle de l'ufage de leur province, qu'ils trouvent néanmoins un peu trop fiscal. Ils citent un arrêt rendu à la chambre de l'édit, le 10 décembre 1642, contre un acquéreur qui avoit payé le *treizième*, & qui avoit joui deux années avant d'être dépoffédé par la faifie-réelle.

Guyot prétend dans fes inftitutes féodales, *ch.* 6, *n.* 6, que fi après la vente volontaire l'acquéreur fait fur lui un décret volontaire, pour purger les hypothèques, foit qu'il foit ftipulé ou non par le contrat, « il n'ouvre pas de feconds droits, fi ce » n'eft en Normandie, où il y a double *treizième* » quand le décret n'eft pas ftipulé ».

Mais cela n'a lieu que dans le cas où l'acquéreur ne fe rend pas adjudicataire, parce qu'ayant pu conferver l'héritage, & ne l'ayant pas fait, l'adjudication doit paffer pour une feconde vente. On l'obfervera ainfi dans le droit commun, lors du moins que le décret n'a pas été ftipulé dans le contrat.

Cette diftinction doit auffi s'obferver aujourd'hui dans le cas où l'acquéreur, fans ftipulation précédente, expofe fon contrat au greffe pour purger fes hypothèques.

III. *Les fieffes ou baux à rente non-rachetable*, ne font point fujets au *treizième*; on obferve néanmoins le contraire, lorfque la rente qui avoit été ftipulée non rachetable, eft rachetée dans les trente ans. On préfume que la ftipulation de non-rachat, n'a été inférée dans le contrat d'aliénation, que pour éluder les droits de mutation & de retrait. *Voyez* l'article FRAUDE.

Les baux à longues années & la vente d'une rente irrachetable, ne donnent point ouverture au *treizième*, quoiqu'ils ne puissent être clamés, suivant M. de la Quesnerie sur l'art. 172 de la coutume, & M. Houard, au mot *Treizième*, n. 14, & au mot *Fief*, p. 599.

IV. *Les échanges sans soute* ne produisent point de lods & ventes, suivant le droit commun, ou bien même les immeubles donnés en contre-échange des fonds de terre ne seroient que des rentes constituées, dans les coutumes qui les réputent immobiliaires, sauf le droit d'échange dû au fisc, ou à ses acquéreurs.

En Normandie au contraire, suivant l'observation de M. Gréard, il n'y a que les échanges des fonds de terre, contre les fonds de terre, ou contre des rentes foncières non-rachetables, qui ne doivent point de *treizième* aux seigneurs. Les échanges contre les rentes foncières rachetables, & à plus forte raison contre des rentes constituées, y donnent ouverture.

On fonde cette décision sur l'art. 172 de la coutume, qui dit que « d'échange fait d'héritage » contre héritage, n'est dû *treizième*, s'il n'y a eu » argent baillé de part ou d'autre ». Ces mots *héritages contre héritages*, ne doivent s'entendre que des immeubles réels.

L'art. 461 de la coutume de Normandie, porte « qu'en cas de permutation de choses immeubles, » il n'y a point de clameur; toutefois si l'un des » copermutans, ou personne interposée pour lui, » rachète l'échange qu'il a baillé dans l'an & jour, » ou bien s'il est prouvé qu'il fut ainsi convenu » entre les parties, lors de ladite copermutation, il » y a ouverture de clameurs dans les trente ans ».

On a demandé ce qu'il falloit décider, quand l'un des copermutans promet à l'autre de lui trouver un acquéreur qui acheteroit de lui le contre-échange pour un certain prix.

Pesnelle & M. de la Tournerie pensent que cette convention ne donne point ouverture à la clameur ou au *treizième*, tant que le fonds ne rentre point sous la possession de celui qui l'a donné en contre-échange, « parce qu'elles ne détruisent pas » la vérité du contrat, qui a titre d'échange & est » effectif & sans simulation ».

Godefroy incline à l'opinion contraire, quoiqu'il convienne que Tiraqueau pense qu'il n'y a pas lieu au retrait dans ce cas, & que Choppin rapporte des arrêts qui l'ont ainsi jugé.

V. *Les contrats mixtes*, tels que les contrats d'échange faits avec une soute en argent, ne produisent des droits de lods dans le droit commun qu'à proportion des deniers qui forment la soute, suivant l'art. 172 de la coutume de Normandie : au contraire, le *treizième* est dû des échanges faits d'héritages contre héritages, s'il y a argent débourfé de part ou d'autre, « auquel cas est dû *treizième* de

» l'argent & de l'estimation du fief baillé avec » l'argent; encore que l'héritage soit de plus grande » valeur que l'argent, & sera dû le *treizième* au sei- » gneur, dont est tenu le fief baillé sans soute ».

Il suit de cet article, que les droits d'échange sont dûs au seigneur tant pour la soute en argent, que pour l'héritage donné en contre-échange, quelque petite que soit la soute : le *treizième* est dû, y est-il dit, *de l'argent & de l'estimation du fief baillé avec l'argent*. L'art. 464 admet aussi le retrait dans ce cas.

En est-il de même lorsqu'on a baillé un héritage à rente partie rachetable & partie non-rachetable ? ou, lorsqu'il y a eu une soute en argent, outre la rente irrachetable, le *treizième* est-il dû de la totalité du contrat ? Basnage croit qu'il devroit être dû par identité de raison.

On peut invoquer pour cette opinion l'art. 462 de la coutume, qui porte « que l'héritage baillé » à rente rachetable *en tout ou en partie*, est sujet à » retrait ». Basnage convient néanmoins que le contraire a été jugé pour l'un & l'autre cas, par deux arrêts du premier juillet 1662, & du 28 juillet 1673, qu'il a rapportés sur les articles 172 & 173 de la coutume. Dans l'espèce du premier, que cet auteur a fort détaillé, il s'agissoit d'un héritage baillé moyennant cent liv. de rente foncière & trois livres de rente rachetable. Le preneur fit voir que le retrait ne produisoit pas toujours le droit de *treizième*. Il observa que dans le contrat de fieffe, le domaine direct restoit toujours à celui qui fieffe; ensorte que si la chose fieffée venoit à périr, elle périroit pour celui qui a fieffé, *tanquàm domino*, & que, faute de paiement, il pouvoit retourner dans sa fieffe. Il ajouta, que la coutume avoit fait cette distinction en assujettissant les échanges faits avec soute au droit de *treizième*, sans parler des baux à rente faits avec soute, quoiqu'elle eût déclaré ces derniers contrats, comme les échanges faits avec soute, sujets au retrait.

On peut ajouter que la disposition de l'art. 172, sur les soutes en argent en cas d'échange, étant contraire au droit commun, & très-singulière en elle-même, on doit la restreindre dans les bornes étroites, sans l'étendre aux contrats de baux à rente. C'est ainsi qu'on l'a jugé par un dernier arrêt du 28 juillet 1766, rendu en forme de règlement. Il est rapporté par MM. Houard, de la Quesnerie & le Royer de la Tournerie.

VI. *Les dots & avancemens d'hoirie*, quelles qu'en soient les charges, ne doivent pas être réputés des contrats de vente; ils ne sont sujets aux lods, ni dans le droit commun, ni dans la coutume de Normandie. On le juge ainsi pour les héritages donnés en paiement de la dot, quelque temps qui se soit écoulé depuis le mariage, soit que l'héritage ait été donné par le père, la mère & le frère. Berault & Godefroy rapportent des arrêts de 1585, 1600, 1607 & 1610, qui l'ont ainsi jugé. Un arrêt du 30 juin 1671 a jugé la même chose pour le don mobile, que l'arrêt de 1600 avoit affujetti aux lods. Tous les commentateurs conviennent que cela ne fait plus de difficulté aujourd'hui.

Un autre arrêt fans date, rapporté par Bafnage, a même jugé que le *treizième* de la totalité du prix de l'adjudication d'un domaine faifi n'étoit pas dû pour les dettes du frère, avant qu'il eût donné la légitime à fes sœurs, mais feulement de ce qui reftoit, la légitime des sœurs prélevée.

Il n'eft pas dû non plus de *treizième* pour la diftraction du tiers coutumier, & du douaire des enfans, dont on ordonne le paiement en argent, quand les biens du père, qui y font fujets, font faifis réellement. M. de la Tournerie dit qu'un arrêt du 9 août 1675, l'a ainfi jugé. Mais on voit dans Bafnage, qu'il a jugé le contraire. Cet auteur remarque néanmoins que l'on n'agita point la queftion, ni en la cour, ni devant les juges des lieux, les créanciers n'ayant point penfé à contredire cette prétention.

Bafnage rapporte même un arrêt du 8 juillet 1673, qui a jugé que le *treizième* n'étoit pas dû pour la vente qu'un père fait à fes enfans, pour s'acquitter envers eux. Dans l'efpèce de cet arrêt, un père ayant joui quelque temps des biens que fes enfans avoient du chef de leur mère, leur avoit vendu une terre, moyennant 40,000 liv. en attendant la liquidation du compte qu'il leur devoit rendre. Les enfans firent voir qu'il falloit plutôt s'attacher à la nature du contrat, & à l'intention des parties, qu'à la lettre de l'acte; que c'étoit un véritable avancement d'hoirie qui leur étoit fait par leur père, & que bien qu'ils fuffent fes créanciers, ils ne laiffoient pas auffi d'être fes enfans & fes héritiers préfomptifs, qui auroient confondu cette dette en leur perfonne après le décès de leur père, ce qui faifoit un accommodement de famille, & non pas une vente.

VII. *Les partages & accommodemens de famille*, & tous les actes qui en tiennent lieu, jouiffent auffi de la même exemption. L'art. 26 du réglement de 1666 porte, « qu'il n'eft dû aucun *treizième* pour » le retour & licitation de partage entre co-héri- » tiers ou propriétaires en commun ».

Un arrêt du mois d'avril 1723 a jugé qu'il n'é- toit pas dû de *treizième* d'une vente & ceffion de biens, qui avoit été faite par un frère à fon frère, par transaction qui régloit leur part dans la fucceffion de leur père; quoique fur ces biens l'acqué- reur dût payer 3000 liv. à un tiers-créancier du vendeur, « & que le prix de la vente eût été fixé à » 8000 liv. *francs deniers*, *venant ès mains du vendeur* » *par l'acte*. Un arrêt antérieur de ce même acte » ou contrat, ayant été clamé par un lignager, » celui-ci avoit été déclaré non-recevable ». (Dictionnaire du droit Normand au mot *Treizième*, n°. 3.)

Bafnage, fur l'art. 171, cite un arrêt conforme du 29 janvier 1683.

Suivant ces deux auteurs, on juge la même chofe entre affociés ou co-propriétaires, quand bien même on emploieroit le mot de *vente*, dans l'acte qui tient lieu de partage entre eux. C'eft manifeftement l'efprit de l'art. 26 du réglement qu'on vient de citer.

En doit-il être de même des traités faits entre la veuve & les héritiers de fon mari, pour la liquidation de fes droits ? L'art. 26 ne parle que « des » co-héritiers ou co-propriétaires en commun ».

La coutume a plufieurs difpofitions pour les reprifes de la femme, qui ne parlent pas de l'exemption du *treizième*. L'art. 121 du réglement de 1666 n'en parle pas non plus, quoiqu'il dife « que la femme » ou fes héritiers peuvent demander que partie des » héritages affectés à fa dot, non aliénés, leur » foit baillée à due eftimation pour le paiement » de ladite dot, fans qu'ils foient obligés de les faire » faifir & juger par décrets, fi mieux n'aiment les » héritiers ou créanciers dudit mari lui payer le prix » de ladite dot ».

Cependant Bafnage n'a pas fait difficulté de dé- cider que la femme ne doit aucuns lods & ventes dans ce cas. Il fe fonde pour cela fur l'efprit de l'article 26 du réglement de 1666. Le parlement de Rouen l'a ainfi jugé par un premier arrêt du 6 mars 1761, cité fur l'art. 171, par M. de la Quefnerie, dans fes notes fur Bafnage, & par M. le Royer de la Tournerie.

Dans l'efpèce de cet arrêt, le contrat de mariage portoit, « qu'en cas d'aliénation des biens dotaux, » & qui n'auroient point été remplacés, ils feroient » repris fur les biens de la communauté; & en » cas d'infuffifance fur les propres & autres biens » du futur, & que l'action en feroit réputée immo- » bilière ».

Le mari étant mort, la veuve renonça à la communauté & demanda fes reprifes à fon fils, qui fit avec elle une transaction, portant que « pour la » remplir de fa dot & de fes reprifes matrimoniales, » elle auroit & lui appartiendroit tous les biens » fonds, arrérages, fruits & revenus quelconques, » compofant la maffe des biens de la fucceffion de » fon mari, les dettes & le tiers coutumier des » enfans prélevés ».

M. de la Quefnerie obferve que le contraire a été jugé au parlement de Paris, par arrêt du 11 janvier 1762, dont il ne donne point l'efpèce; mais elle fe trouve dans le traité des fiefs de Jacquet, où cet arrêt eft rapporté fort au long, & comparé avec celui du 6 mars 1761. On y voit qu'il y avoit une différence remarquable entre les deux efpèces, & que ce fut là le motif de l'arrêt de 1762.

Dans celui du 6 mars 1761, il s'agiffoit d'un accommodement de famille, fait entre une mère & fes enfans. Il fut rendu conformément aux conclufions de M. l'avocat-général de Belbœuf, dont Jacquet rapporte le plaidoyer. Ce magiftrat puifa tous ses moyens dans cette circonstance qui ne permet-toit pas de considérer les parties comme étrangères les unes aux autres, puisque les enfans étant pré-somptifs héritiers de leur mère, doivent, suivant l'ordre de la nature, retrouver dans sa succession les biens fonds qu'ils lui ont abandonnés.

Dans l'espèce de l'arrêt du 11 janvier 1762, il » n'y avoit point d'enfans de mariage » ; il s'agissoit d'un délaissement des propres du mari, fait par ses héritiers collatéraux, en remplacement des deniers dotaux de la femme. La marquise de Collande ayant perdu son mari en 1752 ; ses droits & re-prises avoient été liquidés, par acte du 16 mai 1753, à 215,188 liv. 11 s. 10 deniers, que la com-tesse de S. Herem & la marquise de Berville, hé-ritières du marquis de Collande, s'étoient obligées de lui payer. Le 8 août suivant, elles lui donnèrent en paiement de cette somme, la terre d'Elbœuf, qui formoit un propre dans la succession du mari. Par une clause du contrat, la marquise de Col-lande fut chargée d'acquitter les droits seigneuriaux.

On voit dans cette dernière affaire, le dé-laissement avoit été fait des propres du mari, par des collatéraux étrangers à la femme, & pour une créance qui avoit été liquidée par un acte antérieur, portant obligation à cet égard, & les parties même avoient reconnu que les droits étoient dus. Il y a lieu de croire que ces circonstances déterminèrent le parlement de Paris à infirmer la sentence des requêtes du palais, qui avoit refusé le treizième aux seigneurs.

Il faut seulement observer que le jugement dé-finitif des requêtes avoit été précédé d'un interlo-cutoire, confirmé par arrêt, qui avoit assujetti la marquise de Collande à rapporter un acte de no-toriété du barreau de Rouen, pour attester l'usage qui se pratiquoit relativement au treizième, « lors » du délaissement des propres du mari, en rem-» placement des deniers dotaux de la femme, soit » à l'égard du but-à-but, soit à l'égard de l'excé-» dent, ou soute en deniers, quand il y en a ».

Les avocats de Rouen déclarèrent, au nombre de plus de quarante, « que dans l'espèce, on ne » pouvoit pas se flatter de trouver l'unanimité » parmi eux, attendu qu'il n'y avoit ni disposition » formelle ou implicite de la coutume de Nor-» mandie, ni jurisprudence qui pût faire certifier » à cet égard un usage, ou règle particulière pour » la province ». Les gens du roi du parlement de Rouen, consultés en vertu d'un arrêt interlocu-toire, firent à-peu-près la même déclaration.

Quoi qu'il en soit, MM. de la Quesnerie & Royer de la Tournerie observent que le parlement de Normandie a jugé irrévocablement la question, par un arrêt de règlement du 21 décembre 1765, con-forme à celui du 6 mars 1761, & registré en tous les bailliages & siéges du ressort de ce parlement. Mais ils ne disent point si cet arrêt l'a ainsi décidé pour tous les cas, & même lorsque le délaissement est fait par des héritiers collatéraux. Un arrêt du

31 juillet 1698 paroît avoir jugé la question dans un cas où l'accommodement avoit été fait entre le mari & l'héritier de la femme. Il refusa au sei-gneur le treizième de la portion du domaine qui avoit été abandonné à l'héritier de la femme, pour le remploi de sa dot, en le lui adjugeant pour le surplus de ce même domaine, dont l'héritier de la femme avoit fourni le prix.

Cet arrêt est rapporté par M. Houard, qui en a tiré un autre résultat. Voyez son dictionnaire au mot Treizième, n°. 11.

Un dernier arrêt du 6 août 1766 a néanmoins jugé qu'une cession faite d'un fonds, par une fille à sa mère, pour demeurer quitte de son douaire, étoit sujette au treizième. M. Houard, qui le rap-porte encore, observe qu'il n'est point contraire à celui du 21 décembre 1765, qui a pour objet la dot de la femme. « La raison de la différence entre » les deux espèces, dit-il, est palpable : lorsqu'on » transporte une propriété pour l'usufruit, qui seul » est dû à la douairière, elle est étrangère à l'égard » de cette propriété, & doit, comme tout autre, » pour la mutation du vassal, payer treizième au » seigneur. Mais par la cession faite pour dot, il » n'y a point de mutation ; les seigneurs, pour » faciliter l'établissement de leurs vassaux, ayant » permis qu'ils pussent substituer leurs propres » biens à ceux de leurs femmes en les épousant, » il s'ensuit qu'en reprenant leur dot sur les biens » de leurs époux, elles ne recouvrent que la pos-» session de leurs biens propres. »

§. IV. Des personnes qui doivent le treizième, & à qui il est dû. Suivant le droit commun, c'est l'ac-quéreur qui paie le droit de mutation auquel la vente donne ouverture. En Normandie, c'est le vendeur qui le doit, comme le prix de la liberté qu'on lui donne de disposer de son héritage ; en-sorte que s'il n'y a quelque clause qui en rejette l'obligation sur l'acquéreur, c'est au vendeur à l'acquitter.

Cet usage, qui est certain, est seulement indi-qué dans quelques articles, tels que l'art. 182 & l'art. 575. Le premier de ces articles dit que la réception du treizième ne prive pas le seigneur de la faculté d'exercer le retrait, à moins que l'acheteur n'eût été chargé du treizième, & que le seigneur l'eût reçu de lui.

Cette convention est d'un usage très-fréquent. On se contente ordinairement de mettre dans le contrat de vente que le prix convenu viendra fran-chement aux mains du vendeur.

On a demandé si, en vertu de cette obligation de l'acquéreur, le seigneur avoit une action per-sonnelle contre lui : on trouve deux préjugés sur cet objet dans le commentaire de Basnage, sur l'article 171.

Dans l'espèce du premier, le domaine, pour la vente duquel l'acquéreur s'étoit chargé de payer la dette, fut saisi réellement sur lui. Il soutint qu'é-tant dépossédé & n'ayant point contracté avec le
seigneur,

feigneur, il ne pouvoit être pourfuivi perfonnellement. Un arrêt du 8 août 1656 mit les parties hors de cour.

L'autre arrêt, qui eft du 7 juillet 1684, condamna l'acquéreur, quoique dépoffédé, au paiement du *treizième*, dont il avoit été chargé par le contrat, parce qu'il avoit joui paifiblement du domaine pendant quatorze années.

Suivant le droit commun, lorfqu'un feigneur fait des acquifitions dans fa mouvance, il ne doit aucuns droits. Mais cette règle reçoit une exception dans le cas où les droits feigneuriaux ont été compris dans le bail à ferme de la feigneurie. Le feigneur doit en ce cas, les payer à fon fermier.

Il fembleroit que cette décifion devroit être facilement adoptée en Normandie, où le *treizième* n'eft pas dû fans convention par l'acquéreur, mais par le vendeur qui n'a aucune qualité pour en être exempt. Cependant on tient communément qu'il n'eft point dû de *treizième* dans ce cas. Un arrêt du 21 février 1653, rapporté par Pefnelle & Bafnage, l'a ainfi jugé. Le même arrêt adjugea néanmoins au fermier le *treizième* du prix de quelques autres héritages, que le feigneur avoit retiré fur la vente qui en avoit été faite à un tiers, parce que le *treizième* ayant été une fois acquis au fermier, il ne pouvoit en être fruftré par fon bailleur.

Godefroy, fur l'art. 177, prétend que la même chofe a été jugée au profit du feigneur contre un ufufruitier, par arrêt du 19 février 1610. Mais on voit dans Bafnage, que cet arrêt a été rendu par des confidérations particulières & que ce n'étoit pas même la queftion. Cet auteur foutient en conféquence qu'on ne peut pas argumenter contre l'ufufruitier, de la jurifprudence qui a lieu contre le fermier. Il y a, dit-il, cette différence entre les deux cas, que le feigneur, en faifant le bail, eft préfumé fe réferver le droit de faire des acquifitions, fans être fujet au *treizième*. Mais l'ufufruit n'étant point conftitué par le propriétaire, & étant donné fouvent malgré lui, comme dans le cas du douaire, il ne dépendroit pas du feigneur de s'affurer cette exemption par la réferve même la plus expreffe. Il n'y a donc pas de motif pour la lui attribuer de plein droit, & pour enlever le *treizième* à l'ufufruitier, auquel il appartient fans contredit.

Le *treizième* appartient communément au feigneur, dont les héritages font mouvans; mais on trouve une exception à cette règle dans le procès-verbal fur l'art. 138 de la coutume qui exempte les tenures en bourgage du droit de *treizième*.

On y voit que, dans la bourgeoifie de Vernon, le *treizième* appartient au plus ancien rentier foncier, ayant rente créée pour fonds fur l'héritage, & que fi l'héritage eft franc de rente, le *treizième* appartient au roi, ou au comte de Gifors.

§. V. *De la qualité du treizième.* Le terme de *treizième*, employé par la coutume de Normandie, eft très-propre à induire en erreur. Dans la vérité, c'eft aujourd'hui le douzième, ou le *treizième*

& le *retreizième*, fi l'on peut fe fervir de cette expreffion, c'eft-à-dire, un denier par fou. « *Treizième* » dit l'art. 174, fe paie au prix de vingt deniers » pour livre, s'il n'y a titre, poffeffion fuffifante » ou convenant au contraire ».

Il paroît que le droit de mutation n'alloit autrefois au douzième, que dans le cas où l'acquéreur étoit chargé par une claufe du contrat de payer le droit au feigneur. C'eft ce qui réfulte du paffage fuivant de Terrien dans fes commentaires du droit Normand, *liv.* 5, *chap.* §. 5, 3. Cet auteur, qui écrivoit fur l'ancienne coutume, en rapporte d'abord le texte, où il dit, que *nul ne peut vendre, n'engager, fi n'eft du confentement au feigneur, la terre qu'il tient de lui par hommage.* Puis il ajoute : « Toutefois maintenant, par la coutume générale » de France, le vaffal peut vendre, engager & » aliéner fon fief, fans en requérir congé à fon » feigneur, *quia feuda nobilium, in regno Franciæ,* » *funt eorum patrimonia & hæreditas.* Mais au lieu » dudit confentement eft dû le *treizième* denier du » prix des ventes defdits fiefs; lequel *treizième*, » felon mon avis, le vendeur eft tenu de payer, » s'il n'y a autre convenant au marché, ou paroles inférées au contrat, qui emportent autre » chofe, comme s'il eft dit que le vendeur doive » avoir les deniers franchement venans en fes » mains ; & alors pour ce que le prix du marché » augmente d'autant que le *treizième* fe monte, il » eft accoutumé de prendre vingt deniers pour » livre, qui eft le *treizième*, & le *treizième* du *trei-* » *zième*. Ainfi qu'en cas pareil ès lieux où l'on » paie le cinquième denier des fiefs, quand tels » mots que dit eft font appofés au contrat, par » lefquels l'acheteur eft chargé de payer ledit » cinquième, il eft dû le cinquième & le cinquième » du cinquième, qu'on appelle quint & requint, » comme il eft expreffément écrit en la coutume » d'Orléans ».

Cette attribution du requint dans ce cas-là a été abolie par la nouvelle coutume d'Orléans, par celle de Paris, & par plufieurs autres où elle fe retrouvoit auffi, quoiqu'aujourd'hui l'acquéreur y foit naturellement chargé de payer le droit de mutation.

Dans quelques autres coutumes qui chargent encore le vendeur de payer ce droit de mutation, l'acquéreur doit le quint & requint, ou le quint en montant, lorfqu'il eft chargé d'acquitter le droit par une claufe expreffe du contrat. *Voyez* l'art. QUINT, §. 24. Mais quoique l'ufage de laiffer le droit de mutation à la charge du vendeur, ait été autorifé par la nouvelle coutume de Normandie, les feigneurs fe font mis fur le pied d'exiger le *treizième* & le *treizième* du *treizième*, lors même que c'eft le vendeur qui payoit les droits fuivant l'ancien ufage.

Ainfi le droit de *treizième* actuel comprend le *treizième* & le *retreizième*, comme on vient de le dire.

Godefroy n'a point entendu ce paffage de Terrien, dans la citation qu'il en a faite en son commentaire sur l'article 171, où il dit *qu'il n'a jamais vu pratiquer cette rigueur par les seigneurs contre les acquéreurs.* Elle se pratique contre les acquéreurs & contre les vendeurs même.

Quoi qu'il en soit, la coutume même annonce que ce droit peut être plus ou moins fort, suivant les titres ou les usages locaux. On peut voir plusieurs de ces usages dans quelques articles de la coutume & dans les commentateurs.

On prétend, au reste, que dans la Normandie, le seigneur n'est pas recevable à débattre la ventilation portée dans un contrat, pour exiger un droit plus considérable des objets qui sont dans sa mouvance, ou pour diminuer ce qu'il doit rembourser en cas de retrait. M. Houard cite, au mot *Fief*, *pag. 396.*, un arrêt du premier avril 1732, qui l'a ainsi jugé pour le retrait : il convient qu'il y a eu un arrêt contraire le 7 juillet 1747 pour le droit de *treizième ;* mais il observe, que cette dernière décision a été déterminée par des circonstances singulières, & qu'elle ne peut avoir lieu que dans le cas d'une fraude absolument manifeste. Il rapporte encore un dernier arrêt du 30 mars 1770, qui a débouté de sa demande en nouvelle ventilation, un seigneur qui offroit de la faire à ses frais, quoique la terre qu'il vouloit retirer eût été ventilée sur le pied du denier cinquante, & qu'une autre terre, qui n'étoit pas dans sa mouvance, ne l'eût été que sur le pied du denier vingt-huit. (*M. Garran de Coulon, avocat au Parlement.*)

TRÉPAS, ou TRESPAS, (*Droit féodal.*) ce mot est connu dans plusieurs provinces des environs de la Loire. Constant dit, à la fin de son commentaire sur l'art. 99 de la coutume de Poitou, que « péage & trespas sont droits, que l'on appelle » coutume, à savoir que ceux qui passent des mar- » chandises d'une terre en l'autre paient tribut au » seigneur de la terre dont ils sont *féaux,* qui vient » de *foy* comme des vassaux vers leurs seigneurs ». Mais il paroît que le *trépas* se lève sur les forains comme sur les vassaux ; du moins dans bien des seigneuries.

Constant avoit déjà dit lui-même, à la page 110, « que le droit de péage & trespas est une même » chose vers la châtellenie de Rocheservière, c'est- » à-dire, le droit de péage qui se paie pour passer » & repasser, ou trepasser, *hoc est,* outrepasser la » terre en laquelle on doit le péage ».

Cet auteur ajoute que « ce droit de péage est » appellé, en quelques anciens titres de quelques » contrées de Poitou & d'Anjou, *truage,* ou *tru,* » c'est-à-dire, reconnoissance de supériorité, & que » ledit mot de *tru* est fort usité en Froissart ».

Voyez aussi du Cange & dom Carpentier, au mot *Trepaffus ;* le glossaire de dom Lobineau, à la suite des preuves de l'histoire de Bretagne, & le dictionnaire des finances de l'Encyclopédie, au mot *Trépas.* (*G. D. C.*)

TRESCENS. *Voyez* TRESCENSEUR.

TRESCENSEUR (*Droit féodal.*) On a nommé *trécens, trescens,* ou *trescent,* une espèce de cens dû pour la terre. On a dit *trecensus* en latin barbare dans le même sens. Du Cange dit qu'on l'a ainsi nommé *quasi terræ census.*

On a aussi dit *très-censeur,* en latin barbare *trecensarius,* pour désigner celui qui doit le trécens ou qui le paie.

La coutume de Liège, *chap. 6, art. 3,* porte : « que l'on ne peut arrêter fruits crus sur terre à » trécent, quand ils sont coupés, bien peut-on » arrêter fruits croissans pour vieux & nouveaux » trescent ».

Un traité fait entre le clergé & les habitans de Liège en 1287, qui est rapporté au tome 2 de l'histoire de Liège, porte : « nous les Anglises desus » dits porons recevoir nos blez à telle mesure que » nous volrons de nos *trescenseurs* ». *Voyez* les glossaires de du Cange & dom Carpentier, aux mots *Trecensarius, Trecensualis,* & *Trecensus* (*G. D. C.*)

TRESCENT. *Voyez* TRESCENSEUR.

TRÈS-FONCIER, adj. se dit de celui qui a la la propriété du fonds, on l'appelle *seigneur très-foncier,* parce que le droit de pleine propriété est regardé comme une espèce de seigneurie utile, en ce qu'il donne le droit de disposer de la chose, d'en jouir, & même d'en user & abuser selon que la raison & la loi le permettent. *Voyez* DOMAINE, HÉRITAGE, PROPRIÉTÉ, SEIGNEUR ; SEIGNEURIE. (*A*)

TRÈS-FONCIER. *Voyez* TREFFOND.

TRÈS-FONDS, s. m. signifie la partie de l'héritage qui est opposée à la superficie ; on dit de celui qui a la pleine propriété d'un héritage, qu'il a le *fonds* & le *très-fonds,* parce qu'il non-seulement la superficie, mais aussi le fond, c'est-à-dire, tout ce qui est au-dessous de la superficie, à quelque profondeur que ce soit, de manière qu'il fait faire des fouilles & excavations aussi avant qu'il le juge à propos. *Voyez* DOMAINE, FONDS, PROPRIÉTÉ, TRÈS-FONCIER, USUFRUIT. (*A*)

TRESFOND. *Voyez* TREFFOND.

TRÉSOR, s. m. (*Droit civil & naturel.*) signifie en général tout amas d'or, d'argent ou autres choses précieuses, qu'on a mis en réserve : on donne aussi le même nom au lieu où l'on dépose ces richesses. Mais lorsqu'il s'agit de la question de savoir à qui doit appartenir un pareil amas trouvé par hasard, on entend par le terme *trésor,* une somme d'argent, ou autres objets précieux, déposés depuis long-temps dans un endroit, ensorte qu'on ignore entièrement la personne qui les a déposés, & à qui ils ont appartenu.

Suivant le droit naturel, tout *trésor,* dont on ignore le propriétaire, est censé n'appartenir à personne, & doit par conséquent appartenir à celui qui le trouve, qui s'en empare par droit d'occupation, mais les loix des différens peuples ont mis différentes restrictions à ce droit général.

Suivant une ordonnance de S. Louis, le trésor trouvé en terre appartient au roi s'il est en or, & au haut-justicier s'il est en argent. Cette ordonnance porte aussi, que le trésor sera rendu au maître qui l'avoit perdu ou enfoui, s'il le réclame avec serment & s'il est de bonne renommée. Etablissemens de saint Louis, liv. 1, chap. 90.

A la prononciation des arrêts en décembre 1259, entre le procureur général & l'abbé de saint Pierre-le-vif de Sens, un trésor fut adjugé au haut-justicier, excepté l'or, appellé fortune d'or, qui fut adjugé au roi. Il fut pareillement jugé, par l'arrêt de l'abbé de S. Denis, rendu à la Toussaint 1295, qu'un trésor trouvé en or appartenoit au roi, non à d'autres.

Les coutumes d'Anjou & du Maine, & plusieurs autres portent, que tous trésors consistans en or appartiennent au roi seul, à l'exclusion des seigneurs & des particuliers.

L'article 46 de celle de Bretagne porte, que trésor d'or ou d'argent, trouvé en terre, par bêchement ou ouverture, est au prince, s'il n'y a poursuite; & que si terre n'étoit bêchée & ouverte, ce qui est trouvé doit être rendu à la justice sur les lieux, pour le faire bannir & rendre à qui il appartient.

Suivant l'article 211 de la coutume de Normandie, le trésor trouvé aux terres du domaine du roi, appartient au roi; & s'il est trouvé ailleurs, il appartient au seigneur du fief.

L'article 212 porte, que s'il est trouvé dans la nef ou cimetière de l'église, il appartient à la fabrique; & que s'il est trouvé dans le chœur de l'église, il appartient à celui qui doit entretenir le chœur ou chancel.

Dans les pays de droit écrit & dans plusieurs coutumes, les trésors, sans distinguer s'ils sont en or ou en argent, sont adjugés au haut-justicier, au propriétaire du fonds, & à celui qui les a trouvés, à l'exclusion du roi, à moins qu'ils ne soient trouvés dans les lieux de la haute-justice de sa majesté, ou dans les chemins royaux & autres lieux publics. Comme tous les lieux dont personne n'a la propriété privée, sont dans le domaine du souverain, le trésor qui y est trouvé appartient au roi & à celui qui l'a trouvé.

Il est nécessaire d'observer que celui qui a trouvé un trésor, n'a droit d'y prendre part que quand il l'a trouvé par un cas fortuit, soit, par exemple, en curant un puits, ou en faisant un fossé dans un champ, en conséquence de l'ordre du propriétaire, &c. Mais si quelqu'un avoit, sans le consentement du propriétaire, fouillé un champ pour y chercher un trésor, & qu'il en eût effectivement trouvé un, la loi unique, au code de Thesauris, veut qu'en ce cas il n'y ait aucune part, parce qu'en fouillant le champ d'autrui sans le consentement du propriétaire, il a commis un délit, dont il ne seroit pas juste qu'il retirât du profit.

Ayant été trouvé dans les démolitions de l'hôtel

de Soissons à Paris, d'anciennes espèces étrangères en or, la cour des monnoies, sur le fondement de l'édit du mois de février 1726, qui renouvelle les défenses de garder des espèces décriées, réclama ces espèces à titre de confiscation, comme si elles avoient été cachées en fraude de la loi. Cette cour rendit plusieurs arrêts au mois d'août 1749, tant pour juger la confiscation, que pour informer de l'enlèvement de ces espèces, & les faire rapporter entre les mains du directeur de la monnoie. Le procureur du roi en la chambre du domaine, & le receveur-général des domaines prétendirent les mêmes espèces, comme trésor trouvé, dont le propriétaire étoit inconnu. En conséquence, la chambre du domaine rendit une sentence le 13 août, par laquelle, sans avoir égard à l'arrêt de la cour des monnoies du 8 du même mois, elle ordonna que les espèces en question demeureroient adjugées au roi, à titre de trésor trouvé ou épaves, avec défenses de procéder ailleurs qu'en cette chambre. La cour des monnoies rendit un autre arrêt qui prononçoit la cassation de la sentence de la chambre du domaine, & l'exécution des précédens arrêts. L'affaire portée au conseil, il y intervint un arrêt contradictoire le 18 novembre 1749, sur les mémoires respectifs des officiers du domaine & de ceux de la cour des monnoies, par lequel, sans s'arrêter aux arrêts de la cour des monnoies, que le roi déclara nuls, il fut ordonné que la sentence de la chambre du domaine seroit exécutée suivant sa forme & teneur; en conséquence, que les espèces d'or trouvées dans les démolitions de l'hôtel de Soissons, seroient remises, par ceux qui s'en trouvoient dépositaires, entre les mains du receveur général des domaines de Paris; & que, sur les contestations qui pourroient naître à l'occasion de ce trésor, circonstances & dépendances, les parties procéderoient en la chambre du domaine, avec défense à la cour des monnoies d'en connoître.

TRÉSOR DES CHARTRES DU ROI. Voyez CHARTRE.

TRÉSOR ROYAL, est le lieu destiné à garder la plupart des revenus du roi, c'est ce que l'on appelloit l'épargne sous François Ier. Voyez le dictionnaire des finances.

TRÉSORIER, s. m. (Droit public.) est un officier établi pour recevoir & pour distribuer les deniers du roi, d'un prince, d'un corps, d'une compagnie. Voyez le Dictionnaire des finances.

TRÉSORIER, (Droit ecclésiastique.) est aussi un titre que porte, dans les églises cathédrales ou collégiales, un officier dont les fonctions peuvent se rapporter à celles de sacristain.

Dans plusieurs églises de France, le trésorier est un dignitaire ou un personnat, ayant ordinairement sous lui plusieurs officiers; ce qui le distingue du sacristain qui n'est communément qu'un office. Dans les saintes chapelles de Paris & de Vincennes, le trésorier est la première dignité : dans d'autres églises il est la seconde, la troisième

K 2

ou la quatrième, felon l'ufage ou le privilège des
lieux. Il y a quelques églifes, telles que celle de
faint Cloud, où le *tréforier* n'eft point chanoine.

Suivant la jurifprudence du grand-confeil, la
tréforerie n'eft point fujette à l'expectative des
indultaires ; & par arrêt du parlement de Paris du
12 août 1697, la tréforerie de faint Jean de Lyon
fut déclarée non fujette à l'expectative des gradués, comme étant affectée à ceux qui ont été
élevés dans les rits & ufages de cette églife par
des ftatuts antérieurs au concordat.

TRÉSORIER DE FRANCE, (*Droit public.*) eft un
magiftrat établi pour connoître du domaine du roi.
Le nom de *tréforiers* a été donné aux officiers de
cette jurifdiction, parce qu'au commencement de
la monarchie, toute la richeffe de nos rois ne confiftoit que dans leurs domaines, qu'on appelloit
tréfor du roi, & que les revenus du domaine étoient
dépofés dans un lieu appellé également le *tréfor du
roi*, dont ces officiers avoient la garde & la direction. *Voyez* BUREAU DES FINANCES & VOIERIE.

M. Malus du Mitry, *tréforier de France* de Paris,
nous a fait appercevoir plufieurs inexactitudes
dans l'article *Bureau des finances* : nous nous faifons
un devoir de les réformer, d'après les notes qu'il
nous a fait paffer.

Nous avons dit, *tom. 2, pag. 127, col. 2*, que depuis l'année 1390, les *tréforiers de France* n'avoient
aucune jurifdiction contentieufe fur le domaine,
&c..... Voici l'hiftoire de cette jurifdiction contentieufe du domaine.

Philippe de Valois, par une ordonnance de 1338,
attribua aux *tréforiers de France* l'exercice de la
juftice au fait du domaine.

Charles VI, par une ordonnance de 1390 qui
divife leurs fonctions, établit trois d'entre eux
pour l'exercice de la juftice, & deux pour l'adminiftration. Ces trois *tréforiers de France* pour la
juftice furent fupprimés par ordonnance du 7
janvier 1407, regiftrée à la chambre des comptes
& au parlement les 29 octobre & 19 décembre
fuivant. Elle porte que, s'il furvient quelque différend ès affaires du domaine, les deux *tréforiers de
France* reftant, pourront appeller les membres du
parlement ou de la chambre des comptes en tel
nombre que bon leur femblera.

Il paroît que cette ordonnance n'eut pas une
entière exécution ; car on voit, en 1408, un fieur
de la Tuillerie pourvu de l'office de *tréforier de
France*, fur le fait de la juftice, par lettres de provifions du 27 avril. Plufieurs autres particuliers
furent pourvus fucceffivement de pareils offices.
Ils rendoient la juftice conjointement avec les
deux *tréforiers de France* dans une chambre au
palais, qui fut depuis appellée *chambre du tréfor*,
qu'il faut bien fe donner de garde de confondre
avec la chambre du tréfor lès la chambre des
comptes, où ils s'affembloient pour les affaires
d'adminiftration.

La preuve que poftérieurement à 1390, les

tréforiers de France exerçoient les doubles fonctions
de juges & d'adminiftrateurs, & cela dans des
lieux différens, c'eft qu'il eft rapporté dans les
regiftres du tréfor, que le 3 février 1413, Jean
Dolé, procureur de plufieurs particuliers, s'étant
préfenté en la chambre des finances, & ayant
requis MM. les *tréforiers* vouloir faire délivrance
des biens defdits particuliers qu'ils avoient fait
arrêter, lefdits fieurs répondirent : « qu'auffi-tôt
» ils iroient tenir jurifdiction en la chambre de la
» juftice, & là les oïroient volontiers & leur
» feroient raifon.

Indépendamment de ces pourvus d'office, les
tréforiers de France ufoient fréquemment du droit
que leur avoit donné l'ordonnance de 1407, & que
leur confirma celle de Charles VII de 1445, de
commettre qui bon leur fembloit, pour rendre la
juftice avec eux, ou pour eux en leur abfence.

Auffi c'eft ce qu'ils firent en 1450, lorfqu'ils
fe départirent dans le royaume pour prendre connoiffance du domaine : ils commirent des gradués
avec le titre de confeillers.

Ces confeillers par commiffion furent créés en
titre d'office au nombre de cinq, & mis en corps
par édit de Charles VIII, d'août 1496 ; & c'eft
là l'époque de l'établiffement de la chambre du
domaine & tréfor.

Loin d'être dépouillés de la jurifdiction du domaine par l'établiffement de cette chambre, les *tréforiers de France* confervèrent le droit d'y préfider ;
fes jugemens même étoient intitulés de leurs
noms.

La jurifdiction, comme l'autorité des *tréforiers de
France*, de qui elle émanoit, s'étendoit par tout le
royaume. Les affaires s'étant beaucoup multipliées,
il lui fut impoffible d'y fuffire. En conféquence,
François Ier, par l'édit de Crémieu, de juin 1536,
attribua la connoiffance du contentieux du domaine aux baillis & fénéchaux, chacun dans l'étendue de leur reffort. La chambre du tréfor fut néanmoins confervée. Un édit de 1543 lui accorda
même la prévention & la concurrence avec tous
les juges du royaume, & la privative dans la
ville, prévôté & vicomté de Paris, & dans huit
baillages circonvoifins.

L'édit d'avril, & non de mars 1627, n'a rien
changé à cette chambre du tréfor, qui continua d'être préfidée par les *tréforiers de France*
établis dans la généralité de Paris. Cet édit attribue
cette jurifdiction contentieufe du domaine aux
tréforiers de France, établis dans les différentes
généralités, par édit de 1577, & probablement
elle leur auroit été attribuée dès 1536 de préférence aux baillis & fénéchaux, fi la divifion du
royaume en généralités & l'établiffement des *tréforiers de France* en corps de bureaux avoit eu lieu.

Auffi cet édit ne regarde-t-il pas les *tréforiers de
France* de Paris, qui préfidoient la chambre du
tréfor & continuèrent de la préfider jufqu'en
1693 qu'elle leur fut réunie.

Les *tréforiers de France* du bureau des finances de Paris jouiffent de la nobleffe au premier degré, comme les officiers du parlement & de la chambre des comptes.

Tous les *tréforiers de France* jouiffoient de l'exemption des droits feigneuriaux pour les biens qu'ils acquéroient dans la mouvance du roi. Mais ce privilège leur a été ôté, ainfi qu'à tous ceux qui en jouiffoient, par l'article premier de l'arrêt du confeil, rendu le 28 mai 1771, fur le rapport de M. l'abbé Terray, contrôleur-général.

TRESPAS. *Voyez* Trépas.

TRESSAULT. *Voyez* Tressaut.

TRESSAUT, ou Tressault, (*Droit féodal.*) ce mot fe trouve dans les articles 258 & 551 de la coutume de Bretagne. Suivant l'article 553 de l'ancienne coutume de cette province, « l'aîné pou» voit faire affiette à fes puînés, commencer où » il vouloit, felon le rapport, & affeoir de pro» chain en prochain ». Affeoir de prochain en prochain, c'étoit donner aux puînés, pour leur part, des terres contiguës. La nouvelle coutume a favorifé les aînés dans l'article 551, en leur permettant de faire un *treffaut*, c'eft-à-dire de fauter & enjamber une fois fur ce qui eft le plus proche. *Voyez* Hévin fur Frain, p. 557. (*G. D. C.*)

TREU. Ce mot a été dit autrefois pour *tribut*, & c'eft de lui que dérivent, fuivant dom Carpentier, au mot *Truagium*, ceux de *Treheu*, *Trehu*, *Truage*, *True*, &c. *Voyez* les articles Truage & Trépas.

Bouteiller dit, dans fa fomme, *liv.* 2, *tit.* 40, p. 865 de l'édition in-4º. de 1621, « qu'au pays où » le treu de fel a lieu, nul ne doit acheter fel, » fors au grenier du feigneur, & qui fait le con» traire, il chet en l'amende à ce ordonnée ».

L'hiftoire manufcrite de Guillaume Guiart dit que les François,

> Par leur outrageux hardiment,
> S'acquittèrent...... du treu
> Que li Romains entre eux levoient;
> Et que l'empérière devoient:
> Oncques puis n'en fûrent pelez;
> Par quoy ils font francs apelez;
> De raifonnable accouftumance,
> C'eft-à-dire fans redevance.

Voyez du Cange, au mot *Trutanizare.* (*G. D. C.*)

TREUAGE, Treuaige, Treulage, Treusaige, & Treutage. (*Droit féodal.*) c'eft le même mot que *truage*, qui défigne un tribut, ou un droit quelconque; mais fur-tout un droit de traite ou de tonlieu. *Voyez* le gloffaire de du Cange, au mot *Trutanus*, & celui de dom Carpentier, au mot *Truagium.* (*G. D. C.*)

TREUAIGE. *Voyez* Treuage.

TREUIL. (*Droit féodal.*) On a ainfi appellé un preffoir, ou un moulin deftiné au même ufage. Ce mot eft fur-tout connu dans les provinces mé-

ridionales, pour défigner un preffoir à huile. Il y a plufieurs de ces preffoirs qui font bannaux; & l'on trouve, dans beaucoup de feigneuries, des chartres données aux habitans, pour leur affurer la liberté de conftruire de femblables preffoirs.

On a dit, dans le même fens, *truiller* pour preffurer, *truillage* pour droit de preffurage, & *treullour* pour défigner celui qui preffure, ou qui eft aftreint à la bannalité de ce droit.

Des lettres de l'an 1354, rapportées au tome 4 des ordonnances du Louvre, portent : « li dit ha» bitant ne moorront (moudront), cuirront, truil» leront à autres moulins, fours & treuls, que aux » nôtres; fe n'étoit par le deffaut defdits moulins, » des meûniers; defdits fours, des fourniers; def» dits treuls, des treillours; & fe autrement le fai» foient, cils qui autrement le feroit, paieroit cinq » fous d'amende avec le profit, c'eft à favoir la » mouture, le fournaige & truillaige ». *Voyez* du Cange, au mot *Trullare*, & dom Carpentier, aux mots *Torculare*, *Troillium 1*, *Trollietum*, & *Truellium.* (*G. D. C.*)

TREUL. *Voyez* Treuil.

TREULAGE. *Voyez* Treuage.

TREULLOUR. *Voyez* Treuil.

TREUSAIGE. *Voyez* Treuage.

TREUTAGE. *Voyez* Treuage.

TRÈVE, f. f. (*Droit de gens*) eft une convention faite entre deux puiffances ennemies, ou entre deux généraux d'armée, pour fufpendre les hoftilités pendant un temps déterminé. *Voyez le dictionnaire d'économie politique & diplomatique.*

TRÈVE, en droit civil, a plufieurs fignifications, dérivé du latin *trivium*; il fignifie dans les anciens titres, un carrefour où aboutiffent trois chemins : en quelques pays, comme en Bretagne, il fignifie une églife fuccurfale d'une autre paroiffe.

Trève eft pris quelquefois pour fauve-garde, liberté, franchife : il en eft parlé en ce fens pour ceux qui alloient à certaines foires : les débiteurs avoient huit jours de *trève* avant la foire, & huit jours après. *Voyez* le gloffaire de du Cange au mot *treviæ immunitas*, & les mots fuivans.

TRÈVE DE DIEU ou TRÈVE DU SEIGNEUR, *treva*, *treuca* feu *treuga Domini*, étoit une fufpenfion d'armes qui avoit lieu autrefois pendant un certain temps par rapport aux guerres privées.

C'étoit anciennement un abus invétéré chez les peuples du Nord, de venger les homicides & les injures par la voie des armes.

La famille de l'homicide en demandoit raifon aux parens de celui qui avoit commis le crime; & fi l'on ne pouvoit parvenir à un accommodement, les deux familles entroient en guerre l'une contre l'autre.

Cette coutume barbare fut apportée dans les Gaules par les Francs, lorfqu'ils en firent la conquête; nos rois ne purent pendant long-temps arrêter les défordres de ces guerres privées qui fe faifoient fans leur permiffion.

Cette licence dura pendant tout le cours de la première & de la seconde race, & même encore sous les premiers rois de la troisième; on peut voir sur ces premiers temps Grégoire de Tours, Frédégaire, Warnefrid, de Thou.

Cependant en attendant que l'on pût entièrement remédier au mal, on chercha quelques moyens pour l'adoucir.

Le premier fut que l'homicide ou sa famille paieroit au roi une somme pour acheter la paix, ce qui s'appelloit *fredum*; ils payoient aussi aux parens du mort une somme qui, selon quelques-uns, s'appelloit *faidum* ou *faidam*; d'autres prétendent que *faida* signifioit une *inimitié capitale*.

Le second moyen étoit que les parens du meurtrier pouvoient affirmer & jurer solemnellement qu'ils n'étoient directement ni indirectement complices de son crime.

Le troisième moyen étoit de rénoncer à la parenté & de l'abjurer.

Charlemagne fut le premier qui fit une loi générale contre les guerres privées; il ordonna que le coupable paieroit promptement l'amende ou composition, & que les parens du défunt ne pourroient refuser la paix à celui qui la demanderoit.

Cette loi n'étant pas assez rigoureuse, ne fit point cesser l'abus, d'autant même que l'autorité royale fut comme éclipsée sous les derniers rois de la seconde race & sous les premiers rois de la troisième, les seigneurs, tant ecclésiastiques que temporels, s'étant arrogé le droit de faire la guerre: de sorte que ce qui n'étoit jusques-là que des crimes de quelques particuliers qui étoient tolérés, devint en quelque manière un droit public.

Les évêques défendirent, sous des peines canoniques, que l'on usât d'aucune violence pendant un certain temps, afin que l'on pût vaquer au service divin; cette suspension d'hostilité fut ce que l'on appella la *trève de Dieu*, nom commun dans les conciles depuis le onzième siècle.

Le premier règlement fut fait dans un synode tenu au diocèse d'Elne en Roussillon, le 16 mai 1027, rapporté dans les conciles du père Labbe. Ce règlement portoit que dans tout le comté de Roussillon, personne n'attaqueroit son ennemi depuis l'heure de none du samedi, jusqu'au lundi à l'heure de prime, pour rendre au dimanche l'honneur convenable; que personne n'attaqueroit, en quelque manière que ce fût, un moine ou un clerc marchant sans armes, ni un homme allant à l'église ou qui en revenoit, ou qui marchoit avec des femmes; que personne n'attaqueroit une église ni les maisons d'alentour, à trente pas, le tout sous peine d'excommunication, laquelle, au bout de trois mois, seroit convertie en anathême.

Au concile de Bourges tenu en 1031, Jourdain de Limoges prêcha contre les pillages & les violences; il invita tous les seigneurs à se trouver au concile le lendemain & le troisième jour, pour y traiter de la paix; il les exhorta à la garder en

venant au concile, pendant le séjour, & après le retour sept jours durant, ce qui n'étoit encore autre chose que ce qu'on appelloit la *trève de Dieu*, & non paix proprement dite, la paix étant faite pour avoir lieu à perpétuité, quoique souvent elle dure peu de temps.

Cette *trève* étoit regardée comme une chose si essentielle, que pour y engager tout le monde, le diacre qui avoit lu l'évangile lut une excommunication contre les chevaliers du diocèse de Limoges, qui refusoient de promettre à leur évêque par serment la paix & la justice comme il l'exigeoit; cette excommunication étoit accompagnée de malédictions terribles, & même les évêques jettèrent à terre les cierges qu'ils tenoient allumés & les éteignirent; le peuple en frémit d'horreur, & tous s'écrièrent ainsi: « Dieu éteigne la joie de ceux » qui ne veulent pas recevoir la paix & la justice ».

Sigebert rapporte sous l'an 1032, qu'un évêque d'Aquitaine, dont on ignore le nom, publia qu'il avoit reçu du ciel un écrit apporté par un ange, dans lequel il étoit ordonné à chacun de faire la paix en terre pour appaiser la colère de Dieu qui avoit affligé la France de maladies extraordinaires & d'une stérilité générale, ce qui donna lieu à plusieurs conciles nationaux & provinciaux de défendre à toutes personnes de s'armer en guerre privée pour venger la mort de leurs parens, ce que les évêques de France prescrivirent chacun aux fidèles de leur diocèse.

Mais cette paix générale ne dura qu'environ sept ans, & les guerres privées ayant recommencé, on tint, en 1041, divers conciles en France au sujet de la paix qui y étoit désirée depuis si long-temps, & la crainte & l'amour de Dieu firent conclure entre tous les seigneurs une *trève* générale, qui fut acceptée d'abord par ceux d'Aquitaine, & ensuite peu-à-peu par toute la France.

Cette *trève* duroit depuis les vêpres de la quatrième férie, jusqu'au matin de la seconde, c'est-à-dire, depuis le mercredi au soir d'une semaine jusqu'au lundi matin, ce qui faisoit un intervalle de temps dans chaque semaine d'environ quatre jours entiers, pendant lequel toutes vengeances & toutes hostilités cessoient.

On crut alors que Dieu s'étoit déclaré pour l'observation de cette *trève*, & qu'il avoit fait un grand nombre de punitions exemplaires sur ceux qui l'avoient violée.

C'est ainsi que les Neustriens ayant été frappés de la maladie des ardens, qui étoit un feu qui leur dévoroit les entrailles, ce fléau fut attribué à ce qu'ils n'avoient pas d'abord voulu recevoir la *trève de Dieu*; mais bientôt après ils la reçurent, ce qui arriva principalement du temps de Guillaume-le-Conquérant, roi d'Angleterre & duc de Normandie.

En effet, Edouard-le-Confesseur, roi d'Angleterre, qui désigna Guillaume-le-Conquérant pour son successeur, reçut dans ses états, en l'année

1042, la trève de Dieu, avec cette addition, que cette paix ou trève auroit lieu pendant l'avent & jusqu'à l'octave de l'Epiphanie, depuis la Septuagéfime jusqu'à Pâques ; depuis l'Afcenfion jusqu'à l'octave de la Pentecôte, pendant les quatre-temps, tous les famedis depuis neuf heures jusqu'au lundi fuivant, la veille des fêtes de la Vierge, de faint Michel, de faint Jean-Baptifte, de tous les apôtres & de tous les faints dont la folemnité étoit annoncée à l'églife, de la Touffaint, le jour de la dédicace des églifes, & le jour de la fête du patron des paroiffes, &c.

Le réglement des rois Edouard & Guillaume II, fur la paix ou trève de Dieu, fut depuis confirmé dans un concile tenu à Lillebonne l'an 1080.

Plufieurs grands feigneurs adoptèrent auffi la trève de Dieu, tels que Raimond Berenger, comte de Barcelonne en 1066, & Henri, évêque de Liège en 1071.

Ce que les évêques avoient ordonné à ce fujet à leurs diocéfains, fut confirmé par Urbain II, au concile de Clermont en 1095.

Il y eut nombre d'autres conciles qui confirmèrent la trève de Dieu ; outre le fynode d'Elne en 1027, & le concile de Bourges en 1031, dont on a déja parlé, on en fit auffi mention dans les conciles de Narbonne en 1054, d'Elne en 1065, de Troye en 1093, de Rouen en 1096, de Northaufen en 1105, de Reims en 1119 & en 1136, de Rome dans la même année, de Latran en 1139, au troifième concile de Latran en 1179, de Montpellier en 1195 ; & plufieurs autres.

On voit auffi par le chapitre premier du titre de treuga & pace aux décrétales, qu'eft tiré du concile de Latran de l'an 1179, fous Alexandre III, que la trève de Dieu, avec une partie des augmentations qu'Edouard-le-Confeffeur y avoit faites, devint une règle générale & un droit commun dans tous les états chrétiens.

Cependant, Yves de Chartres dit que cette trève étoit moins fondée fur une loi du fouverain, que fur un accord des peuples, confirmé par l'autorité des évêques & des églifes.

On faifoit jurer l'obfervation de cette trève aux gens de guerre, aux bourgeois, & aux gens de la campagne, depuis l'âge de quatorze ans & au-deffus ; le concile de Clermont marque même que c'étoit dès douze ans.

Ce ferment fut la caufe pour laquelle Gérard, évêque de Cambray, s'oppofa fi fortement à l'établiffement de la trève de Dieu ; il craignoit que chacun ne tombât dans le cas du parjure, comme l'événement ne le juftifia que trop.

La peine de ceux qui enfreignoient la trève de Dieu étoit l'excommunication, & en outre une amende, & même quelquefois une plus grande peine.

Cependant les trèves étoient mal obfervées, & les guerres privées recommençoient toujours.

Pour en arrêter le cours, Philippe-Augufte fit une ordonnance, par laquelle il établit une autre efpèce de trève appellée la quarantaine le roi ; il ordonna que depuis le meurtre ou l'injure, jufqu'à quarante jours accomplis, il y auroit de plein droit une trève de par le roi, dans laquelle les parens des deux parties feroient compris ; que cependant le meurtrier ou l'agreffeur feroit arrêté & puni ; que fi dans les quarante jours marqués, quelqu'un des parens étoit tué, l'auteur de ce crime feroit réputé traître & puni de mort.

Cette trève eut plus de fuccès que les précédentes, elle fut confirmée par S. Louis en 1245, par Philippe III en 1257, par Philippe-le-Bel en 1296, 1303 & 1314, par Philippe-le-Long en 1319, & par le roi Jean en 1353, lequel en prefcrivant l'obfervation ponctuelle de la quarantaine le roi, fous peine d'être pourfuivi extraordinairement, mit prefque fin à cet abus invétéré des guerres privées. Voyez le gloffaire de Ducange & celui de Laurière, le Recueil des ordonnances de la troifième race, & les mots ASSUREMENT, PAIX, QUARANTAINE LE ROI, SAUVE-GARDE. (A)

TRÈVE PÊCHERESSE, eft la faculté qu'une puiffance fouveraine accorde aux pêcheurs de quelque autre nation, de pêcher en toute liberté dans les mers de fa domination, nonobftant la guerre qui fubfifte entre les deux nations.

Les puiffances voifines qui ont pour limites des mers qui leur font communes, ayant un égal intérêt de favorifer la pêche de leurs fujets refpectifs en quelque temps que ce foit, rien ne feroit plus naturel que de convenir entre elles de cette liberté de la pêche, au moins pour le poiffon qui fe mange frais, parce qu'elle ne peut être faite que jour par jour. On devroit déroger en cette partie au droit de la guerre, fuivant lequel les pêcheurs font de bonne prife comme les autres navigateurs.

Auffi ces fortes de traités étoient-ils anciennement d'une pratique affez commune : c'eft ce qu'on appelloit trève pêchereffe.

De la part de la France, l'amiral étoit autorifé à les conclure : c'étoit une des prérogatives de fa charge ; il en eft fait mention dans les ordonnances du mois de février 1543 & mars 1584. L'amiral avoit le droit d'accorder, en temps de guerre, de telles trèves pour la pêche du hareng & autres poiffons aux ennemis & à leurs fujets, pourvu que les ennemis la vouluffent accorder de même aux fujets du roi ; & fi la trève ne fe pouvoit accorder de part & d'autre, l'amiral pouvoit donner aux fujets des ennemis, des faufs-conduits pour la pêche, fous telles & femblables cautions, charges & précis que les ennemis les accordoient aux fujets du roi. L'amiral pouvoit, en temps de guerre, armer des navires pour conduire en fûreté les fujets du roi & autres marchands alliés & amis de la France.

Cet ordre a fubfifté jufqu'en 1669, que la charge d'amiral qui avoit été fupprimée en 1626, fut rétablie. Depuis ce temps il n'a plus été fait aucun traité, soit pour la liberté de la pêche ou autre cause, qu'au nom du roi; de même aussi les escortes pour la liberté de la pêche, n'ont été données que par ordre du roi. Le droit dont jouissoit l'amiral par rapport à ces deux objets, n'ayant point été rappellé lors du rétablissement de cette charge, & ayant même été révoqué implicitement, tant par le dernier article du réglement du 12 novembre 1669, que par l'ordonnance de la marine, *tit. de la liberté de la pêche, art. 14.*

Au reste ces trèves pécheresses n'ont presque plus été pratiquées, même pour la pêche journalière du poisson frais, depuis la fin du dernier siècle, par l'infidélité de nos ennemis, qui enlevoient continuellement nos pêcheurs, tandis que les leurs faisoient leurs pêches en toute sûreté. *Voyez* l'ordonnance de la marine, *liv. V, tit. 7,* & le commentaire de M. Valin. *(A)*

TRÉVEURE. *Voyez* TRUEF.

TRÉZAIN, (*Droit féodal.*) c'est-à-dire la treizième partie. On a donné ce nom au terrage, à la dîme, & à des droits qu'on percevoit sur le pied d'un par *treize:* mais on emploie sur-tout ce mot en Provence, pour désigner le droit de lods, qui est néanmoins communément au douzième, & non pas au treizième, suivant notre manière de compter actuelle, sans doute parce que le treizième est censé faire partie du prix, comme les douze autres portions qu'on paie au vendeur. *Voyez* le dernier paragraphe de l'article TREIZIÈME.

« Il est constamment décidé, dit Julien, que dans » les actes, ces mots lods & trézain, *laudimium &* » *trezenum,* sont deux mots synonymes, qui ne » signifient qu'un simple lods, c'est-à-dire, la dou- » zième partie du prix, qui est un trézain, & non » deux lods. C'est la remarque de Bomy, dans son » recueil de coutumes, *chap. 16;* de Morgues, » *p. 152 & suiv.;* de Boniface, *tom. 4, liv. 1, tit. 8,* » *chap. 1; liv. 2, tit. 1, chap. 16 & 20; & liv. 3,* » *tit. 1, chap. 6,* qui rapporte plusieurs arrêts ».

La Touloubre enseigne la même chose: mais il observe que la question a fait difficulté autrefois. (*G. D. C.*)

TRÉZIÈME. *Voyez* TREIZIÈME.

TRIAGE (*Droit féodal.*) On donne ce nom que les seigneurs ont de se faire adjuger le tiers des communaux, situés dans l'étendue de leur seigneurie, lorsque ces communes proviennent de leur concession gratuite, & que les deux tiers restans suffisent aux besoins de la communauté. On donne le même nom à l'opération qui sépare le tiers d'avec le surplus,

On sait que ce mot triage signifie en général *choix, séparation,* & l'on donne aussi, par cette raison, le même nom aux différens cantons d'un bois, relativement aux coupes qu'on y fait.

On ne parlera ici du *triage* que dans la première acception; c'est la seule qui intéresse le droit féodal.

On va traiter cette matière importante dans l'ordre suivant:

1°. De l'origine du droit de *triage*, & de sa distinction d'avec le cantonnement.

2°. Des choses qui peuvent être sujettes au *triage.*

3°. Des cas où le *triage* peut être demandé.

4°. Des seigneurs qui peuvent le demander.

5°. De la manière dont on doit procéder au *triage.*

6°. Des effets du *triage.*

§. I. *De l'origine du droit de* triage, *& de sa distinction d'avec le cantonnement.* Suivant notre droit féodal, les choses qui n'appartiennent à personne, celles même dont l'usage est à tout le monde, telles que les chemins, les eaux courantes, & à plus forte raison les biens vacans, les bois & les pâcages, dont les communautés ne sont que simples usagères, appartiennent au seigneur haut-justicier, qui a, dans toute l'étendue de son territoire, la puissance publique, & le droit de fisc, qui y est attaché. Cette propriété légale est le fondement du droit que le seigneur a de faire cantonner les habitans qui ont le droit d'usage, & c'est aussi le motif de l'établissement du *triage* pour les communes. C'est le seigneur haut-justicier qui les a concédées, ou qui est censé l'avoir fait: & lorsque la concession est gratuite, on a trouvé juste de lui accorder une portion distincte & proportionnée à sa qualité de seigneur & de premier habitant, si l'on peut le faire, en laissant à la communauté ce qui lui est nécessaire pour ses besoins ordinaires.

Il ne faut pas croire néanmoins que le droit de *triage* soit aussi ancien que la plupart des autres droits des seigneurs hauts-justiciers. Il est au contraire très-récent, du moins dans notre droit commun, & il n'a été formellement autorisé que par l'ordonnance des eaux & forêts de 1669. A peine en est-il question dans nos livres avant cette ordonnance; & M. Salvaing de Boissieu, à qui le privilège pour l'impression de son traité de l'usage des fiefs a été accordé en 1668, dit, dans le dernier chapitre: « il est » certain qu'en nulle province du royaume, *le sei-* » *gneur, s'il n'a titre ou possession,* n'a point d'avan- » tage sur les communautés, soit dans les forêts & » bois communs, soit dans les lieux destinés au » pâturage pour le bétail des habitans de la terre.

» J'en excepte seulement la Bourgogne & la Pro- » vence: car en Bourgogne, par une vieille usance, » dont la coutume ne fait point mention, le sei- » gneur haut-justicier, comme premier habitant de » la terre, prétend d'avoir droit de prendre le tiers » des bois communs, lorsque le partage vient à » s'en faire. Et au regard de la Provence, est à » marquer que les droits d'usage y sont prédiaux » & réglés absolument, *pro modo jugerum & posses-* » *sionum* de chaque particulier; en conséquence de » quoi le seigneur peut envoyer du bétail dans les » bois & pâtis communs, autant que les deux ha- » bitans plus haut en estime & allivrement dans le » cadastre ou registre des biens taillables de la com- » munauté peuvent faire, comme le témoigne

» Mourgues,

» Mourgues, fur le ftatut de Provence, titre des
» pâturages; ce qui eft conforme à l'ufage d'Efpagne,
» attefté par Covar., *pract. quæft. cap. 37, in prin-*
» *cip.* difant : *dominum alicujus oppidi ratione jurif-*
» *dictionis quam illic habet, poffe tot propria animalia*
» *in pafcua publica mittere quot poffunt duo incolæ &*
» *habitatores quibus lege vel moribus plura immittere*
» *licebit* ».

Salvaing ajoute que cet ufage n'eft point reçu
en Dauphiné. Il cite le confeil 153 de Cravetta,
docteur-régent en l'univerfité de Grenoble, qui y
décide, pour les habitans de Miribel & de Château-
Bernard, *quod dominus loci de jure communi non*
poteft prætendere dominium neque proprietatem, in bonis
publicis, neque pafcuis.

Il faut pourtant avouer que les tribunaux ont
confirmé des partages faits long-temps avant l'ordonnance de 1669, entre le feigneur & les habitans. On trouve dans la conférence de Galon ;
dans la bibliothèque de Bouchel, aux mots *Ufages,*
Communes ; dans le journal des audiences, & dans
d'autres recueils, des arrêts des 27 juillet 1547,
29 novembre 1549, 10 décembre 1550, 29 juillet
1552, 3 feptembre 1552, &..... août 1582, qui
ont accordé le partage & ordonné le bornage des
portions qui avoient été laiffées aux habitans : mais
la plupart de ces arrêts ont eu pour objet le cantonnement de fimples ufagers, qu'il paroiffoit jufte
de réduire dans les bornes de ce qui leur étoit
néceffaire, fans leur laiffer le droit de rendre la
propriété de la totalité des bois ou des pâturages
inutile au feigneur, lorfqu'elle excédoit évidemment leurs befoins.

Il eft néanmoins véritable qu'on confondoit prefque toujours alors les ufages avec les communes,
& par conféquent le cantonnement avec le *triage.*

Cette confufion fe trouve jufques dans le plaidoyer que fit M. l'avocat-général Bignon, lors d'un
arrêt du 24 mai 1658, qui fut rendu conformément
à fes conclufions, & qui débouta le feigneur d'O-
voire d'une demande en partage, fur le fondement
de l'infuffifance de ce qui refteroit aux habitans.

On a depuis mieux diftingué ces objets, quoique
bien des praticiens, & quelques jurifconfultes
même, tels que M. Chabrol, fur l'article 5 du titre
2 de la coutume d'Auvergne, faffent encore aujourd'hui cette confufion. Les communes appartiennent en propriété aux habitans, tant avant qu'a-
près le *triage.* Cette propriété étoit au feigneur avant
le cantonnement, dans les fimples ufages ; & des
auteurs foutiennent même qu'elle lui refte encore
fur la portion des habitans après le cantonnement.
S'il faut, pour le *triage* comme pour le cantonnement, que ce qu'on laiffe aux habitans fuffife à
leurs befoins, il y a néanmoins entre eux bien des
différences. Le cantonnement peut avoir lieu, foit
que les ufages aient été concédés aux habitans à
titre gratuit, foit qu'ils les aient acquis à titre onéreux, ou qu'ils foient tenus à cet égard de quelque
redevance envers le feigneur. La portion qu'on leur

laiffe ne peut jamais s'étendre au-delà de leurs befoins. Le feigneur doit avoir exclufivement tout le
furplus, fans qu'il faille donner aux habitans ou à
lui aucune quotité déterminée. C'eft mal-à-propos
que des auteurs fuppofent, fur le fondement de
quelques arrêts, que la portion des habitans doit
toujours être du tiers, & celle du feigneur des deux
tiers. On peut voir divers arrêts contraires dans les
obfervations du préfident Bouhier, fur la coutume
de Bourgogne, *chap. 62, n. 75*, & dans la conférence fur l'ordonnance des eaux & forêts, par Galon.

Au contraire, le feigneur ne peut demander le
triage qu'autant que les communes n'ont point été
acquifes à titre onéreux, & qu'on n'eft tenu, envers
lui, d'aucune charge à ce fujet. Enfin, quelque
étendues que foient les communes, quel que foit
leur excédent fur les befoins des habitans, le feigneur ne peut jamais y demander que le tiers.

Ces idées commencèrent à fe débrouiller vers
le milieu du dernier fiècle. Il eft queftion du *triage*
bien précifément dans un arrêt du parlement de
Paris, du 23 novembre 1660, rapporté au journal
des audiences, *tome 2, liv. 3, chap. 38.* M. Talon
y fit voir que l'un des co-feigneurs ne pouvoit pas
le demander fans le concours de fes co-feigneurs,
& l'arrêt paroît avoir adopté ce moyen.

Freminville cite un autre arrêt du 5 juin de la
même année, qui a débouté les habitans de Pont-
Aubert des lettres de refcifion prifes fous prétexte
de léfion contre un pareil partage fait en faveur
du fieur d'Iflan : mais cet arrêt a été rendu au parlement de Dijon, où, comme l'a remarqué Salvaing,
l'ufage du *triage* eft bien plus ancien.

Quoi qu'il en foit, l'édit du mois d'août 1667
fur les communes, qui confond encore les ufages
& les communes, femble avoir profcrit la prétention des feigneurs au *triage,* quoiqu'il n'ait précédé que de deux années l'ordonnance des eaux &
forêts. Il révoque même les *triages* qui avoient été
faits précédemment, à moins qu'ils ne fuffent appuyés d'une poffeffion plus que trentenaire ; & l'on
doit fans doute entendre ici par *triage* tout partage
fait des biens communs, ou même des biens ufagers
entre les feigneurs & les communautés, quoiqu'il
n'y foit queftion que du droit de tiers.

L'article 7 de cette loi porte effectivement : « &
» feront tenus les feigneurs, *prétendants droit de tiers*
» *dans les USAGES, communs & communaux* des com-
» munautés, ou qui auront fait faire le *triage* à leur
» profit, *depuis l'année 1630,* d'en abandonner &
» de laiffer la libre & entière poffeffion au profit
» defdites communautés, nonobftant tous contrats,
» tranfactions, arrêts, jugemens, & autres chofes
» à ce contraires ».

L'article 8 ajoute : « & au regard des feigneurs
» qui fe trouveront en poffeffion defdits ufages aupa-
» ravant lefdites trente années, fous prétexte dudit
» ils feront tenus de repréfenter le titre de leur
» poffeffion pardevant les commiffaires à ce députés,
» pour, en connoiffance de caufe, y être pourvu ;

L

» & en cas que lefdits feigneurs foient & demeurent » maintenus dans lefdits tiers », l'article 9 leur interdit toute efpèce d'ufage dans la portion des habitans.

L'ordonnance de 1669, qui règle le dernier état des chofes à cet égard, autorife au contraire la demande en *triage* de la manière la plus formelle.

§. II. *Des chofes qui peuvent être fujettes au triage.* Il n'y a que le fonds des communes qui puiffe être l'objet d'une demande en *triage*. Les fruits du fol, tels que les foins des prairies, les coupes des bois, &c. n'y font pas fujets, tant que le feigneur jouit en commun. Les communautés doivent employer le produit de ces fruits au paiement des charges de la communauté. Le feigneur en profitera comme les habitans, proportionnellement à la contribution dont il auroit été tenu dans ces charges. Un arrêt du parlement de Dijon a débouté le fermier d'un feigneur de la demande en *triage* de pareils fruits qu'il avoit formée. Un autre arrêt rendu au parlement de Paris, au mois de juin 1731, en faveur des habitans de la baronnie de S. Juft, dans la coutume de Sens, a auffi débouté leur feigneur de la demande en *triage* qu'il avoit formée fur le produit de quelques bois provenant de leurs communaux, qu'ils avoient fait flotter.

Ces deux arrêts font rapportés par Denifart, au mot *Communautés*, & par Freminville, dans fon traité *du gouvernement des biens des communautés*, p. 29. On peut auffi confulter ce que dit ce dernier auteur, au tome 3 de fa *pratique des terriers*, chap. 11, fect. 2, queft. 12.

Il feroit effectivement très-injufte que le feigneur pût demander le *triage* des fruits des communes, tant qu'il jouit de ces communes conjointement avec les habitans. On doit préfumer que cette jouiffance lui eft plus avantageufe tant qu'il ne demande pas le partage.

Le *triage* peut d'ailleurs avoir lieu fur tous les biens communs, comme fur les bois. Cela eft conforme aux principes qui fondent le droit de *triage*, & l'article 4 du titre 25 de l'ordonnance dit effectivement « qu'on obfervera la même chofe pour les » prés, marais, îles, pâtis, landes, bruyères & » graffes pâtures ».

Maillart, dans fon commentaire fur l'article 56 de la coutume d'Artois, rapporte un arrêt de la première chambre des enquêtes, qui accorde le *triage* fur les marais de Carvin-Epinoy en Artois, & deux jugemens en dernier reffort de la table de marbre, du 2 août 1709, & du 12 février 1724, qui l'accordent auffi pour les marais de Douyrin & la Baffée, & pour ceux de la terre d'Oify.

Il y a même certaines contrées de la Bourgogne, fuivant Davot, « où fi quelque particulier vient » à labourer des communaux, les feigneurs en prennent le tiers & fe l'approprient; en d'autres, ils » prennent la neuvième gerbe, qu'ils appellent » *tierce*, pour le tiers de ce fe paie au propriétaire, qu'on évalue communément au tiers de

» la récolte, & que nous nommons droit de renterre, laiffant, difent-ils, les deux autres tiers » de ce renterre aux habitans. ». Mais Davot obferve que « tout cela eft irrégulier, qu'il faut faire » défifter ces gens-là au profit du corps de la com- » munauté, pour que le feigneur y ait fon droit » indivis, comme en tout le refte, jufqu'à ce qu'il » échée de procéder à un *triage*, felon les formes » prefcrites; fans quoi, en s'accordant avec le fei- » gneur, les communaux feroient infenfiblement » abforbés. Il arriveroit même que dans le canton » où le feigneur fe feroit cette année approprié un » tiers, fon héritier, ou un tiers-acquéreur, qui » l'ignoreroit, viendroit dans vingt-cinq ans s'ap- » proprier encore le tiers du furplus ».

Davot croit néanmoins que cette efpèce de *triage* pourroit avoir lieu, fi le terrier de la feigneurie, ou quelque autre titre, en difpofoit autrement, ou qu'il y eût des arrangemens à cet égard avec la communauté.

§. III. *Des cas où le triage peut être demandé.* Les règles qu'on doit fuivre à cet égard font tracées dans le titre 25 de l'ordonnance des eaux & forêts de 1669. Cette loi prefcrit d'abord la manière dont la réferve du quart & la coupe des taillis doivent être faites, puis elle ajoute, dans les articles 4 & 5 : « fi néanmoins les bois étoient *de la conceffion gra- » tuite des feigneurs, fans charge d'aucun cens, rede- » vance, preftation ou fervitude*, le tiers en pourra » être diftrait & féparé à leur profit, en cas qu'ils » le demandent, & que les deux autres fuffifent pour » l'ufage de la paroiffe, finon le partage n'aura lieu; » mais les feigneurs & les habitans jouiront en com- » mun comme auparavant : ce qui fera pareille- » ment obfervé pour les prés, marais, îles, pâtis, » landes, bruyères & graffes pâtures, où les fei- » gneurs n'auront autre droit que d'ufage, & d'en- » voyer leurs beftiaux en pâture, comme premiers » habitans, fans part ni triages, s'ils ne font de leur » conceffion, fans preftation, redevance ou fervitude.

« La conceffion ne pourra être réputée gratuite de la » part des feigneurs, fi les habitans juftifient du » contraire par l'acquifition qu'ils en ont faite, & » s'ils ne (1) font tenus d'aucune charge : mais s'ils » en faifoient ou payoient quelque reconnoiffance en » argent, corvées ou autrement, la conceffion paffera » pour onéreufe, quoique les habitans n'en montrent » pas le titre, & empêchera toute diftraction au » profit des feigneurs, qui jouiront feulement de » leurs ufages & chauffages, ainfi qu'il eft accou- » tumé ».

L'une des deux conditions prefcrites par cet article, c'eft-à-dire la fuffifance ou l'infuffifance des

---

(1) Cette négation eft évidemment de trop dans le texte. Mais elle fe trouve dans toutes les éditions, du moins dans toutes celles que j'ai confultées, & notamment dans l'édition des imprimeurs ordinaires du roi de 1669, & dans celles des affociés de 1776, qui font très-foignées.

deux tiers pour l'usage des habitans, est l'objet de la vérification qui doit être faite par les officiers des eaux & forêts, & dont on parlera au paragraphe suivant. On ne va donc s'occuper ici que de l'autre condition, qui est relative à la concession gratuite des seigneurs. Le texte de l'article 5 paroît si clair à cet égard, qu'il semble ne devoir laisser aucun doute. Il y est dit d'abord « que *la conception* » *sion ne pourra être réputée gratuite*, si les habitans » justifient du contraire par l'acquisition qu'ils en » ont faite, & s'ils ne sont tenus d'aucune charge ».

Il suit de-là que la concession des communes doit être réputée gratuite, lorsque l'un ou l'autre des deux cas prévus par l'ordonnance, ne se rencontre pas, & par conséquent que c'est aux habitans à établir le contraire, soit en rapportant l'acquisition qu'ils ont faite des communes à titre onéreux, soit en justifiant des charges dont ils sont tenus envers le seigneur. La fin du même article confirme tout cela, lorsqu'elle dit que « s'ils en » faisoient ou payoient quelque reconnoissance en » argent, corvées ou autrement, *la conception pas-* » *sera pour onéreuse*, quoique les habitans n'en mon- » trent pas le titre, & empêchera toute distraction » au profit du seigneur ». La distraction auroit donc lieu au profit du seigneur, si les habitans, qui ne montrent pas de titre, ne faisoient ni ne payoient quelque reconnoissance en argent, corvées ou autrement. C'est donc à eux à montrer leur titre d'acquisition, ou à justifier qu'ils sont tenus de charges ou redevances envers le seigneur : autrement *la concession ne passera pas pour onéreuse.*

Cependant plusieurs auteurs enseignent le contraire, sans y trouver même de difficulté. Freminville, qui ne doit pas être suspect aux seigneurs, dit « qu'il faut que le seigneur établisse & donne » copie du titre de concession qui prouve qu'ils » (les habitans) en jouissent à titre gratuit, c'est- » dire, sans en payer aucun cens, reconnoissance, » ni servitude, sans quoi il est sans action ; c'est » à lui à établir son droit, ce que doit faire tout » demandeur, suivant l'article 6 du titre 2 de l'or- » donnance de 1667 ». *Traité du gouvernement des biens des communautés, chap. 1, quest. 1, p. 24. Pratique des droits seigneuriaux, tome 3, chap. 8, p. 331, 339,* &c.

Cet auteur enseigne ailleurs la même chose, pour le cas même où le seigneur auroit tout à la fois l'enclave de la justice & de la directe. (*Ibid. tom. 2, chap. 3, quest. 8, p. 439 & suivantes.*)

Renauldon dit aussi « que le triage doit être ac- » cordé sur les titres représentés par le seigneur, » & que s'il n'en rapporte point. . . . il ne peut » prétendre au partage ».

Cet auteur répète la même chose à la page 533. Il dit que c'est l'esprit *de l'article 12 du titre 24 de l'ordonnance de 1669.* Enfin, Freminville & lui prétendent que les seigneurs doivent même rapporter les titres originaux, & que d'anciennes collations ne suffiroient pas. Ils citent à ce sujet diverses

autorités, & particuliérement « un arrêt du parle- » ment de Bourgogne, du 5 mars 1746. . . . entre » l'abbesse de Baume-les-Nonnes, & la dame Mail- » lard, qui rejette quatorze copies de reconnois- » sances collationnées hors la présence des parties » intéressées, quoique les collations fussent des an- » nées 1604, 1618 & 1625, & déclare les cens » demandés par l'abbesse prescrits. Le motif de » l'arrêt fut, disent-ils, que l'abbesse étoit présumée » avoir des originaux des titres dont elle ne rap- » portoit que des copies ».

Quelque opinion qu'on ait sur la décision de cet arrêt, il est clair qu'on ne peut pas l'appliquer au cas où le seigneur n'est pas obligé de représenter des titres, & la demande en *triage* est l'un de ces cas. Le titre 24 de l'ordonnance de 1669 n'a que douze articles, qui n'ont aucun rapport au *triage*. Renauldon veut sans doute parler de l'article 19 du titre 25, qui contient toutes les dispositions que l'ordonnance a sur le *triage*. Cet article porte à la vérité, que « tous partages entre les seigneurs & » les communautés seront faits par les grands » maîtres en connoissance de cause, *sur les titres* » *représentés* par avis & rapport d'experts ». Mais il est manifeste que cet article ne charge pas plus le seigneur que les habitans de représenter ces titres ; il y a tout lieu de croire qu'il en exige la représentation pour constater les limites & l'état des bois plutôt que pour établir ou contester le droit qu'a le seigneur d'en demander le partage.

Freminville & Renauldon disent encore « que, » dans les coutumes allodiales, les communautés » ont de grands avantages pour défendre à la de- » mande en *triage*, qu'elles peuvent tout d'un coup » alléguer que leurs bois communaux leur appar- » tiennent en franc-aleu, francs & quites de toutes » servitudes ; qu'il faut alors nécessairement que le » seigneur rapporte le titre de concession gratuite ».

Cependant l'ordonnance ne fait aucune distinction, & les seigneurs ne sont pas moins réputés propriétaires des épaves, des biens vacans, des rivières non navigables, & des autres choses qui n'appartiennent à personne, dans les pays allodiaux, que dans ceux de directe universelle. Cette attribution aux seigneurs de ce qui n'appartient à personne suit même en général la justice, & non pas la directe, parce qu'elle est une dépendance du droit de fisc attaché à la puissance publique dont les seigneurs justiciers sont revêtus. Tel est probablement le motif qui a donné lieu à l'introduction du droit de *triage*, & c'est une raison de plus pour décider que le seigneur n'est point tenu de rapporter des titres pour justifier sa demande à cet égard. Son titre résulte de sa seule qualité, comme le titre pour la dîme ordinaire résulte de celle de curé.

Cette raison milite dans les pays allodiaux, comme dans tous les autres. Par cela seul que les habitans ont des communes, ils sont censés les tenir de la concession du seigneur; ils sont censés les tenir de sa concession gratuite, par cela seul qu'ils ne prouvent pas le contraire, & qu'ils ne sont assujettis à aucune charge envers lui. De tout temps, on a vu les seigneurs hauts-justiciers disposer des biens vacans dans les pays allodiaux, comme dans ceux de directe universelle. On en trouve des preuves multipliées pour la province d'Auvergne, dans l'histoire de la maison d'Auvergne par Baluze. La coutume de Chaumont, art. 102, dit « que les habitans, communautés ni autres parti- » culiers, ne peuvent prendre ni avoir droit d'u- » sage ni pâturage en justice & seigneurie d'aucuns » seigneurs hauts-justiciers, sans en avoir titre d'iceux » seigneurs, ou leur en avoir payé redevance par » trente ans, ou que lesdits habitans en aient joui » de tel & si long-temps qu'il n'est mémoire du » commencement ni du contraire ».

On voit que cette coutume établit une présomp- tion de propriété dans les biens vacans & les pâtu- rages, en faveur du seigneur haut-justicier. C'est l'induction qu'en tirent Gousset & de Laistre, com- mentateurs de cette coutume. La plupart des cou- tumes voisines, qu'on répute communément allo- diales, ont des dispositions semblables. Saligny, dans son commentaire sur la coutume de Vitri, art. 123, cite un jugement de la table de marbre, du 5 juin 1609, qui a adjugé les deux tiers au marquis de Fresnel, seigneur de Nully, contre les habitans. Il s'agissoit sans doute d'un cantonnement pour le droit d'usage: mais on peut en argumenter pour le triage des communes.

M. Chabrol, dans son commentaire sur la cou- tume d'Auvergne, chap. 2, art. 5, cite un arrêt de l'année 1764, qui a adjugé le triage au sieur de Longueil, seigneur de Sauzet en Bourbonnois, & un autre arrêt du parlement de Dijon, rendu le premier août 1771, en faveur du sieur de S. Du- glas, seigneur de Mont-Réal, contre les habitans de Belignat en Bugey. Dans l'espèce de ce der- nier arrêt, les syndics du tiers-état de Bugey in- tervinrent pour demander l'exécution des lettres- patentes du mois de juillet 1693, qui déclarent le franc-aleu roturier naturel dans la Bourgogne, la Bresse & le Bugey. Les syndics de la noblesse in- tervinrent aussi, & demandèrent l'exécution de l'or- donnance de 1669. L'arrêt ordonne que « l'article 4 » du titre 25 de l'ordonnance de 1669, sera exé- » cuté selon sa forme & teneur; en conséquence, » maintient & garde les seigneurs de Bugey au » droit de prendre trois neuvièmes dans leurs terres, » dans les cas mentionnés audit article, & confor- » mément à icelui ».

Cet auteur ajoute qu'il y a même une déclaration du roi assez récente, qui fixe, à trente ans pour la Bourgogne, la faculté qu'ont les seigneurs de former la demande en triage, & le conseil a rendu trois arrêts, les 10 juin 1732, 31 mars 1733, & 24 janvier 1769, qui ont adjugé le triage sur les bois communs au sieur Dusil, seigneur d'Arbent

& de Marchou, dans le Bugey: ainsi, l'allodialité n'est pas un obstacle au triage.

Davot, qui connoissoit si bien les usages des pays allodiaux, dit, dans son traité des seigneuries, à l'usage du duché de Bourgogne, n. 196, « que les » seigneurs n'ont pas besoin de titres pour prouver » que les biens des communautés sont de leur con- » cession gratuite, qu'on la présume telle, & que » l'ordonnance la suppose dans l'article 5 du même » titre, qui charge les habitans de la preuve de la » concession onéreuse. Cet auteur dit la même chose » au n°. suivant ».

Enfin, M. Chabrol cite, pour la province d'Au- vergne, une sentence des requêtes du palais, du 15 janvier 1665, qui a adjugé le triage à M. le duc de Bouillon, en sa qualité de seigneur haut-justicier, contre les habitans de Gerzat, & deux arrêts du conseil du 2 juin 1767, & du 3 août 1775, qui l'ont adjugé au seigneur de Pont-Gibaud, & au comté de Merle.

Un édit du mois de juin 1769, qui a ordonné le partage des communes entre les habitans dans le pays des trois évêchés, en néanmoins accordé le tiers au seigneur haut-justicier, lors même qu'il avoit aussi un cens sur les communes: mais ce partage économique, qui a été ordonné entre les habitans, sur le vœu général de la province, est bien différent du triage, qui n'opère de partage que relativement au seigneur, en laissant le surplus in- divis entre tous les membres de la communauté, comme auparavant.

L'ordonnance, en exigeant que les habitans soient tenus de quelque charge envers le seigneur, pour s'opposer au triage, s'ils ne rapportent pas d'autre preuve d'une concession onéreuse, entend évidem- ment parler d'une charge générale qui porte sur toute la communauté, puisque c'est à elle seule que les biens communs appartiennent. Mais doit-on mettre dans cette classe les redevances qui sont dues séparément par chaque particulier, & celles qui sont imposées sur tous les biens fonds de la pa- roisse? Ou bien faut-il que ces charges soient dues par le corps de la communauté en général? Faut-il même qu'on puisse prouver qu'elles sont dues nom- mément pour les communes dont jouit le village?

Il paroît certain d'abord que les charges parti- culières des fonds, telles que le cens, ne doivent pas être comprises dans le nombre de celles dont parle l'ordonnance, à moins qu'il ne fût précisément prouvé qu'ils en ont été grevés en conséquence de la concession des communaux. Les cens, & les autres charges réelles des fonds, n'ont ordinairement rap- port qu'aux héritages qui en sont grevés, & le droit d'usage dans les communes de la paroisse n'appar- tient même pas à ces propriétaires, mais aux ha- bitans.

La question est plus embarrassante pour les charges personnelles, dues par chaque habitant, ou pour les charges réelles ou personnelles qui sont dues par la communauté en général. Rien ne paroît plus naturel que de regarder les droits qui font impofés fur toute une communauté, ou fur chacun de fes habitans, comme des charges des biens qu'ils poffèdent en commun.

Freminville, qui, à la vérité, n'eft point entré dans tous ces détails, affure « que pour que le fei- » gneur puiffe prétendre le tiers des communaux » fur fes habitans, il faut qu'ils ne foient point tenus » d'aucuns droits généraux-feigneuriaux perfonnels » envers lui, tels que les *corvées* ou *autrement*, ou » qu'il foit en état de juftifier bien & dûement, » que les *droits feigneuriaux perfonnels* (1), qu'il a » droit d'exiger fur eux, ont des caufes toutes dif- » férentes, & toutes autres que celles de la con- » ceffion des bois & communaux en queftion ». (*Pratique des droits feigneuriaux, chap. 8, p. 338.*)

Maillart, fur l'article 156 de la coutume d'Artois, cite un arrêt du 2 mars 1756, rendu à la feconde chambre des enquêtes, qui a déchargé de la demande en *triage* les habitans d'Hangeft-fur-Somme, parce qu'ils étoient chargés d'une rente foncière de 35 liv. & d'autres chofes.

Cependant les droits feigneuriaux, foit perfonnels fur chaque habitant, foit généraux fur la communauté, peuvent auffi procéder & procèdent fouvent de l'affranchiffement accordé aux habitans, ou de la décharge de quelques droits onéreux, tels que la bannalité, &c. L'ordonnance de 1669 paroît n'avoir eu en vue que les droits qui portent précifément fur les communes, & par conféquent charger les habitans de prouver que ces droits font une fuite de la conceffion des communes. Tel paroît être le fens le plus obvie de ces mots, qui commencent & qui finiffent l'article 4 : « fi néan- » moins les bois étoient de la conceffion gratuite des » feigneurs, fans charge d'aucun cens, redevance, » preftation, ou fervitude.... s'ils ne font de leur » conceffion, fans preftation, rédevance ou fervi- » tude ». Tel eft encore le fens naturel de ces autres mots de l'article 5. « La conceffion ne pourra être » réputée gratuite, fi les habitans, ... ne font tenus » d'aucunes charges ; mais *s'ils EN faifoient ou » payoient quelque reconnoiffance en argent, corvées » ou autrement* ».

D'un autre côté, prefque toutes les chartres accordées par les feigneurs, & les traités faits avec leurs habitans, contiennent ou la conceffion, ou la reconnoiffance de leurs communes, ou de leurs droits d'ufage, en même temps qu'elles expliquent les charges dont ils font tenus envers le feigneur, fans expliquer le plus fouvent quel eft l'objet de ces charges. Ne doit-on pas croire que la conceffion des communes a entré pour quelque chofe dans l'affujettiffement à ces charges, & ne préfumera-t-on pas la même chofe en faveur des communautés, dont les titres ne fubfiftent plus, fi l'on réfléchit

_____

(1) Fréminville dit à la page fuivante : *droits généraux-feigneuriaux & perfonnels.*

à toutes les caufes qui peuvent avoir fait difparoître ces titres ?

On doit peut-être mettre cette queftion dans la claffe de tant d'autres queftions indécifes de notre droit, où l'on doit moins fe décider d'après des règles fixes que d'après les circonftances, quelques inconvéniens que ces fortes de jugemens puiffent avoir.

§. IV. *Des feigneurs qui peuvent demander le triage.* L'ordonnance de 1669, *tit. 25, art. 4, & fuiv.* n'accorde ce droit qu'aux feigneurs par qui les bois ont été concédés gratuitement. Mais elle n'explique point quels font les feigneurs dont elle entend parler. Sont-ce les feigneurs hauts, moyens ou bas-jufticiers ? Sont-ce les feigneurs directs, ou bien faut-il réunir la juftice à la directe, pour pouvoir demander le *triage ?* Lorfque le titre de la conceffion eft rapporté, il ne peut pas y avoir de difficulté. L'auteur de la conceffion eft le feul qui puiffe demander le *triage*, quelle que foit fa qualité. Mais l'on a vu au §. précédent, que lorfque les habitans ne font tenus d'aucunes charges envers le feigneur, on doit préfumer, à défaut de titres contraires, que la conceffion en a été faite gratuitement.

C'eft alors qu'il y a fujet d'examiner quel eft le feigneur qui peut invoquer cette préfomption. On convient affez généralement que c'eft le feigneur haut-jufticier. Il y a deux raifons pour le décider ainfi. 1°. C'eft à lui feul qu'appartient proprement la qualité de feigneur, fans aucune addition ; 2°. c'eft auffi à la puiffance publique dont il eft principalement revêtu dans fon territoire, que le droit commun attache le droit de fifc & la propriété des chofes qui n'appartiennent à aucun autre, comme on l'a vu au §. I.

Mais il y a quantité de paroiffes où le feigneur haut-jufticier n'a droit d'en prendre la qualité que parce qu'il eft feigneur du lieu où eft bâtie l'églife : il n'eft point feigneur haut-jufticier du reftant de la paroiffe. Dans cette pofition, il eft difficile que fa feule qualité fuffife pour faire préfumer, que la conceffion gratuite des bois communaux provient de fes auteurs. Fréminville, *tome 3, chap. 8, p. 341;* & Renauldon, *p. 355,* penfent qu'il doit rapporter un titre précis.

Les mêmes auteurs ajoutent deux autres décifions, qui peuvent fouffrir beaucoup de difficulté. Ils prétendent, 1°. que pour demander le *triage*, il ne fuffit pas que le feigneur ait dans la paroiffe la haute-juftice, fans aucune directe & fans domaine ; ce qui exclut abfolument, fuivant eux, toute idée de la conceffion gratuite d'aucuns bois communaux.

2°. Qu'en fuppofant même que le feigneur haut-jufticier ait la directe, il faut encore examiner s'il eft feigneur univerfel du territoire, & fi les biens communaux font enclavés dans fa directe, parce que s'ils n'y étoient pas, il y auroit lieu de penfer que les habitans auroient pu les acquérir d'un autre seigneur ; au lieu que s'ils étoient entourés de sa justice & de sa directe, le droit d'enclave devroit le faire présumer auteur de la concession.

Fréminville va même jusqu'à dire que tout cela ne suffit pas si le seigneur ne rapporte pas de titres, parce qu'il est possible, malgré ces présomptions, que les communes ne proviennent pas de sa concession.

Cependant on a vu, au §. précédent, plusieurs arrêts, qui ont accordé le *triage* aux seigneurs hauts-justiciers dans des pays allodiaux. On ne voit pas que les seigneurs eussent eu des titres qui leur assurassent la directe des communes, & s'ils en eussent eu, les communes auroient probablement été chargées envers eux de quelque devoir, qui auroit empêché le *triage*, suivant l'ordonnance.

Cette loi, en rejetant le *triage* des communes, pour lesquelles les habitans sont sujets à quelque charge, est la meilleure preuve qu'elle n'a exigé que la justice, & non pas la directe, dans les seigneurs qui veulent demander ce partage. Il y a une foule d'arrêts, des différens parlemens, qui ont accordé le *triage* aux seigneurs justiciers, & on n'en connoît pas qui aient préféré le seigneur censier.

Cette remarque n'est pas échappée à M. Chabrol, qui a recueilli divers de ces arrêts. Il ajoute « qu'on » voit, par les motifs du jugement du grand-maître » des eaux & forêts de Paris, confirmé par arrêt » du 17 janvier 1749, en faveur des religieuses de » Chelles, que le *triage* leur fut accordé en vertu » de la justice ».

Enfin Bannelier nous apprend, dans son traité des communautés, n. 18, que le parlement de Bourgogne *attesta*, le 10 septembre 1674, que les seigneurs hauts-justiciers peuvent seuls demander le *triage*. Le seigneur haut-justicier n'a donc pas plus besoin de directe pour *trier* les communaux que pour revendiquer les épaves, les déshérences, les biens vacans, &c. Ce droit fait partie du fisc, que sa qualité lui attribue.

Il y a néanmoins des coutumes où ce droit de fisc est attaché à la moyenne justice, ou même à la basse-justice. L'article 299 de la coutume de Poitou fournit un exemple de ce dernier cas, & les seigneuries vicomtières de l'Artois, & des provinces voisines, en fournissent aussi du premier. Enfin, les biens vacans appartiennent même au simple seigneur direct dans le Languedoc. Il paroît conforme à l'esprit des loix d'y attribuer le droit de *triage* aux seigneurs qui ont les biens vacans. Aussi trouve-t-on, dans la collection de Denisart, des arrêts des 2 avril 1759, & 20 janvier 1762, qui ont accordé le *triage* à des seigneurs vicomtiers d'Artois & de Flandres.

Dans les bois communaux qui proviennent de la concession gratuite du roi, il ne peut pas y avoir lieu au *triage*, suivant la disposition de l'article 13 de l'édit du mois d'avril 1667.

§. V. *De la manière dont on doit procéder au triage*, L'article 19 du titre 25 de l'ordonnance des eaux

& forêts trace la forme que l'on doit suivre à cet égard d'une manière très-précise. « Tous partages, » y est-il dit, entre les seigneurs & communautés, » seront faits par les grands-maîtres en connois- » sance de cause, sur les titres représentés par avis » & rapport d'experts ; & se paieront les frais par » les seigneurs, & par les habitans à proportion » du droit qu'ils auront en la chose partagée ».

L'article suivant ajoute : « que les grands-maîtres » & officiers de la maîtrise instruiront & jugeront » sommairement les différends qui pourroient sur- » venir en exécution du partage des bois, prés, » pâtis & eaux communes, entre les seigneurs, » officiers, syndics, députés ou particuliers habi- » tans, sans que les juges ordinaires des lieux en » puissent connoître ».

Il suit de-là que les *triages* ne peuvent pas se faire à l'amiable entre les seigneurs & les communautés. Il seroit trop à craindre que l'influence des seigneurs ne fît glisser des abus dans une opération de cette espèce. Le *triage* contient d'ailleurs une espèce d'aliénation. Or, les communautés ne peuvent faire aucune aliénation sans formalités.

Divers arrêts ont en conséquence proscrit les *triages* faits à l'amiable entre les seigneurs & les habitans, même par forme de transaction. Fréminville en rapporte un du 15 juin 1750, rendu dans l'espèce suivante : par une transaction du 2 mai 1732, les habitans de Châtel-les-Carnay avoient accordé « que les seigneurs de Châtel jouiroient à » l'avenir du tiers de tous le bois de chauffage » de toutes les ventes, soit de taillis ou futaie, qui » se partageront annuellement pour les chauffages » en trois lots égaux, & pour les taillis ou futaie » à chaque coupe, au moyen de quoi il étoit dit » que ledit seigneur renonçoit à toutes autres dis- » tractions & droit de tiers séparé ».

Postérieurement à cette transaction, les habitans avoient obtenu du roi la permission de vendre un canton de leur bois pour réparer leur église : le sieur d'Epinay forma opposition à la délivrance du prix entre les mains de l'adjudicataire : il fit signifier la transaction de 1732.

Le 25 mai 1746, les habitans prirent des lettres de rescision, fondées sur ce qu'ils avoient recouvré des titres qui prouvoient que les bois communaux en question n'étoient point tenus par eux à titre gratuit, mais à titre onéreux, puisqu'ils payoient au même seigneur des cens sur ces bois, & que ces redevances avoient été portées dans l'aveu & dénombrement qu'il avoit donné au roi. L'arrêt rendu au rapport de M. le Fort entérina les lettres de rescision des habitans, « leur donna acte des » offres par eux faites de continuer le paiement du » cens en question audit seigneur, qu'il condamna » à la restitution des bois pris dans ceux des com- » munaux depuis la transaction de 1732, à raison » de 1000 liv. par an, si mieux n'aimoit ledit sei- » gneur qu'ils fussent estimés par experts, le tout

» avec dépens ». (*Pratique des droits seigneuriaux*, *tome 4, ch. 8, p. 346.*)

C'est encore à cause de la grande importance de ces opérations ; & pour prévenir autant qu'il est possible la connivence des juges inférieurs avec les seigneurs, que l'ordonnance les attribue spéciale-ment au grand-maître du département. Un arrêt du conseil du 25 janvier 1701, qui est rapporté par Galon, dans sa conférence, renvoie devant le grand-maître des eaux & forêts au département de Pi-cardie, une demande en *triage* formée par le comte de Bournonville, contre les habitans de Carrière, à l'exclusion de la maîtrise particulière d'Arras, qui prétendoit procéder à ce *triage*.

Un autre arrêt du conseil du 20 août 1737, rendu entre le seigneur de Vernot & les habitans de ce lieu, casse un *triage* fait par l'arpenteur seul à la maîtrise, pour n'avoir pas été fait conformément à l'ordonnance de 1669 ; sauf au seigneur de Vernot à se pourvoir, s'il y a lieu, pour obtenir son *triage*, ainsi qu'il est prescrit par la même ordonnance ; il condamne l'arpenteur en 100. liv. d'amende.

Cet arrêt du conseil a été suivi de près d'un autre du 29 mars 1740, qui juge la question encore plus précisément. Il casse deux jugemens de la table de marbre de Paris, & renvoie pardevant M. de Cour-tagnon, grand-maître des eaux & forêts de France au département de Champagne, une demande en *triage* formée par le chapitre de Châlons, dont la table de marbre avoit attribué la connoissance à la maîtrise de Sainte-Ménehoult. (*Renauldon, des droits seigneuriaux, liv. 6, chap. 9, page 536.*).

Les tribunaux ordinaires & les cours peuvent néanmoins connoître du *triage*, lorsqu'il s'agit uni-quement de savoir si le seigneur peut le demander, & non pas de procéder à cette opération. On a déjà rapporté plusieurs arrêts qui le supposent ainsi. Il seroit facile de multiplier ces exemples, & l'or-donnance se contente effectivement de dire que les partages seront faits par les grands-maîtres, & qu'ils instruiront & jugeront sommairement les différends qui pourroient survenir en exécution de ces par-tages.

Avant de procéder au *triage*, il faut non-seulement examiner si les communes n'ont point été acquises par les habitans à titre onéreux, ou s'ils ne paient point de redevances à ce sujet, mais aussi s'assurer que les deux tiers suffiront pour leurs besoins. C'est la décision précise de l'article 5 du titre 25 de l'or-donnance de 1669. On l'observoit ainsi dès aupa-ravant, suivant Fréminville, qui cite, d'après le journal des audiences, un arrêt conforme, du 24 mai 1658, rendu en la grand-chambre, sur les con-clusions de M. l'avocat-général Bignon, lequel a débouté de la demande en *triage* le seigneur d'O-voire sur ce seul fondement : mais, comme on l'a déjà observé, on ne voit pas bien si cet arrêt a été rendu pour le droit de *triage*, ou pour celui de cantonnement dans un usage.

Pour faire la vérification prescrite par l'ordon-nance, le grand-maître ordonne que le seigneur & la communauté conviendront chacun d'un ex-pert, & même, si cela est nécessaire, d'un tiers-expert, qu'il nommera d'office, si les parties ne peuvent pas en convenir.

Si le procès-verbal des experts établit la suffi-sance des deux tiers, le grand-maître ordonne le *triage* au profit du seigneur, sur les conclusions des gens du roi. En exécution de ce jugement, il doit, avec les officiers de la maîtrise, le procureur-fiscal de la seigneurie, le syndic, deux notables habitans de la communauté, & un arpenteur, se transporter sur les bois communaux, les faire mesurer en sa présence ; après le mesurage, on fixera le tiers qui doit appartenir au seigneur, en observant, suivant la jurisprudence des arrêts, d'abandonner aux ha-bitans, par préférence au seigneur, les portions qui leur sont le plus commodes & le plus à leur portée. Gallon, en sa conférence sur l'article 4 du titre 25 de l'ordonnance des eaux & forêts, rapporte des arrêts de 1549, 1550, 1582, 1586, 1587, 1607 & 1613, qui l'ont ainsi jugé pour le *triage* ou le cantonnement.

Les portions de la communauté doivent être séparées de la portion du seigneur par des fossés, & limitées par des bornes : on dresse un procès-verbal du tout, ainsi qu'un plan figuré des bois par-tagés, où seront désignés les pieds cormiers, arbres de lisière, les bornes, les fossés, & autres marques de division. Les originaux du procès-verbal & du plan figuré sont mis au greffe de la maîtrise, & l'on en délivre des copies tant aux seigneurs qu'aux habitans. (*Pratique des droits seigneuriaux, tome 3, chap. 8, p. 351.*)

§. VI. *Des effets du triage.* L'ordonnance des eaux & forêts contient encore des dispositions à ce sujet. L'article 6 du titre 25 porte que les seigneurs qui auront leurs *triages*, ne « pourront rien prétendre » à la part des habitans, & n'y auront aucun droit » d'usage, chauffage ou pâturage, pour eux ni leurs » fermiers, domestiques, chevaux & bestiaux ; mais » qu'elle demeurera à la communauté, franche & » déchargée de tout autre usage & servitude ».

L'article suivant ajoute « que, si dans les pâtures, » marais, prés & pâtis échus aux *triages* des ha-» bitans, ou tenus en commun sans partage, il se » trouvoit quelques endroits inutiles & superflus, » dont la communauté pût profiter sans incom-» moder le pâturage, ils pourront être donnés à » ferme, après un résultat d'assemblée faite dans les » formes, pour une, deux ou trois années, par ad-» judication des officiers des lieux, sans frais, & » le prix employé aux réparations des paroisses » dont les habitans sont tenus, ou autres urgentes » affaires de la communauté ».

Enfin, l'article 9 de l'édit du mois d'avril 1667 défend aussi aux seigneurs, & à leurs fermiers, d'user des portions échues à la communauté, « à peine de » réunion de la portion qui leur aura été assignée » pour leur *triage* ».

Les feigneurs confervent néanmoins fur les portions accordées aux habitans, l'exercice de la juftice & de la chaffe, fuivant l'article 21 du titre
cité de l'ordonnance : c'eft à eux feuls qu'appartiennent toutes les amendes & confifcations adju-
jugées pour délits, fauf à la communauté à pourfuivre fes dommages & intérêts contre les délinquans, excepté dans les cas de réformation, où
les amendes appartiennent au roi, & les dommages-
intérêts à la communauté.

D'un autre côté, le tiers échu aux feigneurs demeure pareillement déchargé de tous droits d'ufages
& fervitudes envers les habitans. Fréminville dit
que cela a été ainfi jugé par un arrêt du 29 mars
1548, rendu au profit des religieux de Pontigny,
contre les habitans de Veniffy, & par un autre arrêt
du 23 feptembre 1647, rendu au profit de M. le
duc de Longueville, contre les habitans de S. Nicolas de Fréteval. Mais ces arrêts ont eu pour objet
des cantonnemens d'ufages. *Voyez* la conférence de
Galon, fur l'article 6.

Il n'eft pas permis aux habitans de partager entre
eux les portions qui leur font échues lors du *triage*,
pour en jouir divifément & chacun en propriété.
Deux raifons, dit Fréminville, s'oppofent à cette
divifion ; la première, qu'elle occafionneroit la
ruine des bois communaux ; la feconde, c'eft qu'il
n'y auroit que les habitans exiftans lors de la divifion qui en profiteroient, & non ceux qui vien-
droient par la fuite. Rien n'eft plus contraire à la
vraie deftination des communaux. La feule confo-
lation de ceux qui n'ont plus de bien, comme le
dit Ricard, fur l'article 96 de la coutume de Senlis,
eft d'avoir leur part dans les communes qu'on ne
peut leur ôter.

Il y a néanmoins beaucoup d'exemples de ces
partages faits dans des vues d'utilité publique : mais
il a fallu, pour y procéder, ou des lettres-patentes,
ou un arrêt du confeil. On a cité, au §. III, la
loi qui a ordonné ce partage dans tout le pays des
trois évêchés. Il y en a eu de femblables pour
d'autres provinces.

Au refte, c'eft mal à propos que Fréminville
dit, au chap. 8, *queft.* 16, que le feigneur peut,
après le *triage*, demander aux habitans qu'ils lui
reconnoiffent, fur la portion qui leur refte, un
cens portant lods & ventes dans les coutumes où
ce droit de mutation eft une fuite du cens. Le feigneur ne peut pas plus exiger de cens des portions
qui font abandonnées aux habitans par le *triage*,
qu'il n'en pouvoit exiger fur la totalité avant cette
opération.

Il y a lieu de croire que Fréminville a ici confondu le cantonnement des ufages avec le *triage* des
communes : mais le feigneur ne peut pas plus exiger
de cens pour les portions accordées aux habitans
par cantonnement que par *triage*, s'ils ne lui en
devoient pas auparavant pour leurs ufages. (*M.*
Garran de Coulon, avocat au parlement.)

TRIBULAGE, (*Droit féodal,*) c'eft une efpèce

de droit que les feigneurs levoient en Angleterre
& en Normandie. Rymer, *tome* 14, *pag.* 581,
rapporte des lettres de Henri VIII, de l'an 1537,
qui en parlent de la manière fuivante : *concedimus*
eifdem Johanni Greyenfeld (fervienti ad arma) tribu-
lagium noftrum, five confuetudinem vocatam, le tri-
bulage, infra hundreda noftra de Penwyth & Kerr.
Et infra ftannariam noftram de S. Vandrille, de
præditis in comitatu noftro Cornubiæ provenientem, de
omnibus & fingulis hominibus operantibus cum eorum
tribulis infra diétam ftannariam & limites ejufdem vi-
delicet de quolibet tribulo duos denarios.

Du Cange, qui rapporte cet extrait au mot
Tribulagium, en rapporte un autre au mot *Triblagium,*
tiré d'une chartre de l'abbaye de S. Vandrille, de
l'an 1214, où l'on donne aux religieux un tenement avec les droits en dépendans, *redditibus, rele-*
viis, auxiliis . . . . . fenagiis, triblagiis, & omnibus
aliis. Cet auteur penfe qu'on doit entendre par là
une corvée, par laquelle on étoit obligé de battre
le bled du feigneur. On a, dit-il, appellé *tribula,*
ou *tribulum* en latin, une efpèce de charriot deftiné
à cet ufage.

Dom Carpentier croit, avec plus de vraifemblance, que cette corvée confiftoit à brifer les pom-
mes du feigneur pour en faire du cidre. Il cite
plufieurs chartres où l'on voit que les tenanciers
devoient ce fervice à leur feigneur, & il obferve
d'après un vieux gloffaire latin-françois, qu'on
a nommé *tribulum* une efpèce de pilon. (*G. D. C.*)

TRIBUNAL, f. m. (*Gramm. & Jurifp.*) eft le
fiège d'un juge, le lieu où il rend la juftice. Quelquefois auffi ce terme fe prend pour le corps entier
des juges qui compofent une jurifdiction. Quelquefois il fe prend pour la jurifdiction même qu'ils
exercent.

Ce terme, qui eft auffi latin, tire fon origine du
nom que l'on donnoit à un fiège élevé où les
tribuns rendoient la juftice. *Voyez* TRIBUN.

Tribunal eccléfiaftique, eft celui qui connoit des
matières eccléfiaftiques, comme les officialités.

Tribunal incompétent, eft une jurifdiction qui n'a
pas le pouvoir de connoître d'une affaire, foit par
rapport à la qualité des perfonnes, ou à la qualité de la matière. *Voyez* COMPÉTENCE & INCOM-
PÉTENCE.

Tribunal inférieur, eft une jurifdiction qui reffortit
à une autre.

Tribunal du Recteur, c'eft le titre confacré à la jurifdiction du recteur de l'univerfité. *Voyez* RECTEUR,
UNIVERSITÉ.

Tribunal féculier, eft une jurifdiction établie pour
connoître des affaires temporelles.

Tribunal fouverain, eft une jurifdiction où l'on
juge fouverainement & fans appel.

Tribunal fupérieur, fe prend quelquefois pour
tribunal fouverain ; quelquefois il fignifie feulement une jurifdiction qui eft au-deffus d'une autre,
dont les jugemens y reffortiffent par appel. (*A*)

TRIBUT,

TRIBUT, f. m. (*Gram. Jurifprud.*) du latin *tributum*, fignifie une impofition qu'un état paie au fouverain d'un autre état, ou que les fujets paient à leur prince.

Chez les Romains on diftinguoit plufieurs fortes de *tributs*, favoir *jugatio*, redevance foncière qui fe payoit pour des terres, felon la quantité, *pro numero jugerum*; *annona quafi ab anno*, quand elle fe payoit en fruit de l'année; *cenfus*, redevance qui fe payoit au fifc de l'empereur pour marque de la feigneurie univerfelle, on l'appelloit auffi *tributum*; mais lorfqu'elle fe payoit aux provinces qui étoient dans le partage du peuple, on l'appelloit *ftipendium*. Dans la fuite on confondit ces termes *ftipendium & tributum*. On appelloit *canon*, la redevance qui fe payoit pour les terres du domaine; *vectigal*, le droit que l'on payoit pour l'entrée ou fortie des marchandifes.

Parmi nous on appelle *tribut* ce qui fe lève fur les perfonnes, comme la capitation; *impôt* ou *impofition*, ce qui fe lève fur les denrées & marchandifes : cependant on confond fouvent les termes de *tribut* & d'*impôt*, & le terme d'*impofition* comprend toutes fortes de *tributs* & de droits.

Il n'appartient qu'au fouverain de mettre des *tributs* & impôts fur fes fujets. *Voyez* le Bret, *Traité de la fouver.* (*A*)

TRIÉGE, c'eft-à-dire, TRIAGE. On a ainfi nommé un petit territoire, ou le canton d'une dîmerie. Un cartulaire, cité par dom Carpentier, dans fon *Gloffarium novum* au mot *triare* 1, porte : « nous prenons toutes les groffes & menues dî-» mes du *triége*, appellé la rue des Aiguillons ...... , » & au *triége* enclos dedans la rue du Sauve, pre-» nons comme deffus & toutes les dîmes des » vins ». (*G. D. C.*)

TRIGAMIE, f. f. (*Code criminel.*) eft le crime de celui qui époufe en même temps trois femmes, comme la bigamie eft le crime de celui qui en a deux; ce crime eft compris fous le terme de *poligamie. Voyez* BIGAMIE & POLIGAMIE. (*A*)

TRIMESTRE, f. m. (*Gramm. & Jurifprud.*) eft un efpace de trois mois; le premier *trimeftre* pour les études, ou pour le fervice dans un tribunal, ce font les trois premiers mois de l'année, felon le temps auquel il commence; le fecond *trimeftre* ce font les trois mois fuivans; & ainfi des deux autres *trimeftres*.

Une compagnie *trimeftre* eft celle dont les officiers font diftribués en quatre colonnes, qui fervent chacune pendant trois mois, comme les compagnies femeftres font celles où l'on fert fix mois. (*A*)

TRIPLE DROIT, (*Jurifprud. & Finances.*) c'eft lorfqu'on paie trois fois un droit établi. Le double ou *triple* droit eft une peine ordonnée par les édits burfaux, en cas de contravention, le *triple droit* a principalement lieu contre les nouveaux poffeffeurs de biens immeubles, foit à titre fucceffif en ligne

collatérale, foit par acquifition ou autrement, lorfqu'ils n'en paient pas le droit de centième denier dans les délais fixés par les réglemens.

TRIPLIQUE, (*Jurifprud.*) eft une troifième réponfe qui eft faite à quelque plaidoyer ou écrit; les défenfes font la première réponfe à la demande; les repliques font la réponfe aux défenfes; les dupliques font la réponfe aux repliques, & les *tripliques* la réponfe aux dupliques.

L'ordonnance de 1667 a abrogé l'ufage des dupliques & *tripliques*, au moyen de quoi, fi l'on en fait encore quelquefois, elles ne doivent pas paffer en taxe. *Voyez* DEMANDE, DÉFENSES, DUPLIQUES, REPLIQUE, FRAIS, SALAIRES, TAXE. (*A*)

TRIPOTAGE. (*Droit féodal.*) Denifart dit que « c'eft un droit de coutume, (c'eft-à-dire un » droit de layde ou de minage), que l'évêque » de Bayeux prétend lui être dû, en qualité de » feigneur d'Ifigny, fur les grains vendus à la » halle de ce bourg, à raifon de trois deniers par » boiffeau ». (*G. D. C.*)

TROAILLE, (*Droit féodal.*) L'ancienne coutume d'Orléans s'eft fervie de ce mot pour défigner une épave, une *trouvaille. Voyez* le gloffaire du droit françois & les articles TROENE DE VASSIAUX D'ELS & TROEVE. (*G. D. C.*)

TROEF. *Voyez* TRUEF.

TROENE DE VASSIAUX D'ELZ, (*Droit féodal.*) Les anciennes chartres de Hainaut, *chap.* 106, *art. dernier*, mettent *les troenes de vaffiaux d'Elz* parmi les cas qui appartiennent à la haute-juftice. Laurière dit avec raifon qu'on doit entendre par-là les épaves d'abeilles. L'article 1 du chap. 130 des nouvelles chartres de Hainaut, qui correfpond à l'article dernier du chap. 106 des anciennes chartres, a effectivement fubftitué le mot de *trouve de mouche à miel* à celui de *troene de vaffiaux d'Els*.

Laurière dit encore qu'il faut lire *troëve de vaffiaux*, ou *vaiffaux d'Elz*, c'eft-à-dire *trouvaille de vaiffeaux d'abeilles*, au lieu de *troëne de vaffiaux d'Elz*. *Voyez* auffi le gloffaire de du Cange au mot *Abolagium*.

Quelque vraifemblable que cette correction puiffe paroître, fur-tout d'après ce que l'on dira au mot VAISSEAUX D'EPS, j'obferverai que les nouvelles chartres de Hainaut, dans l'article 24 du chap. 130, fe fervent du mot *trennes* : « les trennes & » vaffaux d'Ez, y eft-il dit, appartiendront au » feigneur haut-jufticier, n'étant pourfuivis de » celui auquel ils appartiennent ». (*G. D. C.*)

TROEVE, (*Droit féodal.*) c'eft une épave, une *trouvaille*. On a fur-tout donné ce nom aux effaims d'abeilles trouvés dans une feigneurie. *Voyez* du Cange au mot *Abolagium*, & les articles TROENE DE VASSIAUX D'ELZ & VAISSEAUX D'EPZ (*G. D. C.*)

TROF. *Voyez* TRUEF.

TRONAGE, (*Droit féodal.*) en latin barbare *tronagium*. On a ainfi appellé en Angleterre un droit que l'on payoit pour pefer les laines, au poids public, appellé *trona*. *Voyez* du Cange au mot

M

Tronagium & Jacob's new - law - dictionnary. (G. D. C.)

TROOF. *Voyez* TRUEF.

TROSSE, (*Droit féodal.*) en latin barbare *troffa*. Du Cange dit que c'est un droit qui lui est inconnu. Dom Carpentier pense que c'est l'obligation de botteler le foin de son seigneur. Il cite en preuve l'extrait suivant d'une chartre de Milon de Marchais : *agnum in die maii, & curtes ad natale & la troffe & vetturas omnimodas & corveias....... quittum clamavimus.* Il ajoute qu'on a nommé le même service *trouvée de fourche* dans une autre chartre de l'an 1331, dont il donne l'extrait suivant : *« item chacun bourgois, ou bourgoise..... » paieroit en fenisons..... une journée que on dit » trouvée de fourche ou de retel ».*

Mais cet auteur convient lui-même qu'il faut probablement lire ici *courvée*, ou *corvée*, au lieu de *trouvée*.

Il y a lieu de croire que la *trosse* étoit la même chose que la *trousse*, c'est-à-dire une espèce de dîme, ou plutôt un droit d'herbage. *Voyez* TROUSSE & HERBAGE. (G. D. C.)

TROUBLE, (*en terme de Jurisp.*) est l'interruption qui est faite à quelqu'un dans sa possession.

Pour acquérir la prescription il faut, entre autres choses, avoir joui sans *trouble* pendant le temps fixé par la loi.

Le *trouble* est de fait ou de droit.

On entend par *trouble* de fait celui qui se commet par quelque action qui nuit au possesseur, comme quand un autre vient prendre possession du même héritage, qu'il le fait labourer ou ensemencer, qu'il en fait récolter les fruits, ou lorsqu'il empêche le premier possesseur de le faire.

Le *trouble* de droit est celui qui, sans faire obstacle à la possession de fait, empêche néanmoins qu'elle ne soit utile pour la prescription, comme quand on fait signifier quelque acte au possesseur pour interrompre sa possession.

Celui qui prétend avoir la possession d'an & jour, & qui intente complainte, déclare qu'il prend pour *trouble* en sa possession d'an & jour l'acte qui lui a été signifié, ou l'entreprise faite par son adversaire; il demande d'être maintenu dans sa possession, & pour réparation du *trouble*, des dommages & intérêts. *Voyez* COMPLAINTE, POSSESSION, PRESCRIPTION. (A)

TROUPEAU A PART. Expression usitée en Lorraine, pour signifier le droit qu'a le seigneur haut-justicier de faire conduire dans les pâturages communs un troupeau à lui appartenant, & de le faire garder par son pâtre.

Ce droit est une dépendance de la haute-justice; aussi il n'appartient régulièrement qu'au seigneur haut-justicier, & non au moyen ni au bas, à moins que ceux-ci ne soient fondés en titre, ou en possession de temps suffisante pour prescrire.

Lorsque le troupeau d'un seigneur est trop considérable, la communauté peut demander un règle-

ment, ainsi qu'il a été jugé par arrêt de l'an 1647, rendu au parlement de Metz, entre le sieur de Beauveau, seigneur pour les trois quarts d'Essay, & les habitans, contre le sieur de la Fougue, seigneur pour un quart, qui tenoit néanmoins un grand *troupeau* sur le finage, & y ruinoit la vaine pâture. Il fut ordonné que, pour parvenir à un règlement, les parties conviendroient d'experts, pour connoître combien de bêtes rouges & blanches la pâture pouvoit porter ès années communes, & fut adjugée la moitié de la pâture à la communauté l'autre aux deux seigneurs, à proportion de ce qu'ils avoient droit en la seigneurie : & en autres lieux, on a adjugé les deux tiers à la communauté, & un tiers au seigneur. C'est la jurisprudence actuelle.

Le droit de *troupeau à part* ne peut être sous-fermé. Le prince d'Harcourt ayant laissé à bail son comté de Guise en gros au nommé Châtelain, celui-ci sous-ferma le droit de *troupeau à part*, dans le lieu de Pont-saint-Vincent, à George Gigout, boucher à Nanci. La communauté s'y opposa, fondée sur la disposition de l'article 31 du titre 15 de la coutume de Lorraine, qui porte : « Le seigneur ayant droit de tenir *troupeau*, le » peut accorder avec sa terre : mais il ne peut » vendre le vain pâturage pour y mettre un autre » *troupeau* que le sien propre, ou celui de son » amodiateur, sous peine de la satisfaction de l'in-» térêt aux communautés ».

Le prince d'Harcourt prétendit que cette disposition ne pouvoit s'appliquer aux terres titrées qui embrassoient plusieurs villages, parce qu'autrement il ne seroit pas possible de les laisser en gros, ou il faudroit se résoudre à abandonner le droit de *troupeau*, un seul homme ne pouvant en avoir autant qu'il y a de finages; qu'il importoit peu à la communauté de Pont-saint-Vincent que le *troupeau* appartînt au premier ou au second preneur, & qu'elle n'en souffroit aucun dommage, puisqu'il n'excédoit pas le tiers de la vaine pâture, qui appartient de droit au seigneur.

Par arrêt d'audience du 5 décembre 1720, la cour infirma la sentence du juge bailliager de Guise, qui avoit adopté la prétention du prince d'Harcourt, & lui fit défense de tenir sur la pâture d'autre *troupeau* que le sien, ou celui de son amodiateur.

Le droit de *troupeau* peut être laissé avec les seuls droits seigneuriaux. La dame de Choiseul, veuve du sieur de Liseras, seigneur de Bosserville, ayant laissé séparément ses droits seigneuriaux & ses terres nobles en un lieu; le sieur Lançon, substitut du procureur-général, s'opposa à ce que le nommé Dufey, amodiateur des premiers, tînt *troupeau à part*, & le fit saisir.

La dame de Choiseul soutint au contraire, que par la *terre* dont il est parlé dans la coutume, on avoit entendu la seigneurie & les droits y attachés, plutôt que la culture des champs. Sur quoi, par arrêt du parlement de Metz, du 23 octobre 1647, là saisie du sieur Lançon fut déclarée injuste , & la dame de Choiseul en obtint main-levée, avec trois livres de dommages-intérêts & dépens, tant de cause principale que d'appel.

Les meûniers éloignés du village ne peuvent pas faire *troupeau à part.* Catherine Piffer, demeurant au moulin de Bathehausen sur le banc de Puttelange, ayant fait garder ses bestiaux séparément de ceux de la communauté, à cause de son éloignement, il y en eut rapport dressé contre elle, en vertu duquel elle fut condamnée, lors de la tenue des plaids annaux, à cent francs d'amende.

Elle interjetta appel au bailliage de Sarguemines, où intervint sentence, par laquelle il fut dit qu'il avoit été mal réglé, bien appelé ; émendant, on la déchargea des condamnations contre elle prononcées ; & on ordonna qu'à l'avenir la communauté de Puttelange enverroit son pâtre audit moulin, pour y recevoir les bestiaux de ladite Piffer, & les y reconduire ; à la charge par elle de payer moitié ensus de la rétribution que devoient les habitans de Puttelange, par chacun de leur bétail, conformément à ses offres, si mieux n'aimoit la communauté consentir à ce que ladite Piffer fît garder ses bestiaux séparément, sauf en ce dernier cas à en faire régler la quantité, de même que celle de chaque particulier de Puttelange, suivant la possibilité de la pâture.

Le Rhingrave, seigneur dudit lieu, en interjetta appel à la cour, & soutint, 1°. la justice de la condamnation prononcée en première instance. Il forma en outre demande incidente, à ce que défenses fussent faites à ladite Piffer de plus à l'avenir tenir *troupeau à part,* sauf à elle à faire conduire ses bestiaux au troupeau de la communauté, ou de convenir avec elle ou avec le berger pour la conduite & reconduite d'iceux, ainsi qu'elle jugeroit à propos, & à la charge qu'elle n'en pourroit mettre que suivant la possibilité de la pâture.

Catherine Piffer conclut au bien jugé, & la communauté déclara s'en rapporter à la prudence.

La cour émenda la sentence, fit défenses à la meûnière de tenir à l'avenir un *troupeau à part ;* & pour l'avoir fait, la condamna en dix francs d'amende ; ordonna qu'à l'avenir, lorsque la communauté passeroit bail au pâtre, elle y inséreroit qu'il iroit chercher & conduire les bestiaux de cette femme, & qu'elle paieroit le double des habitans du lieu, si mieux elle n'aimoit faire conduire elle-même ses bestiaux depuis son moulin jusqu'à Puttelange ; ce qu'elle seroit tenue d'opter dans la quinzaine, sinon déchue.

On prétend qu'il y a encore eu d'autres arrêts rendus sur cette matière en 1703, avec la communauté de Dounoux, avec celle d'Echorey & la meûnière de l'Etang en 1718, avec celle Puxègues en 1720.

TROUSSE, (*Droit féodal.*) 1°. On a nommé ainsi une espèce de dîme de charnage, ou plutôt un droit d'herbage, que quelques seigneurs pre-

noient sur diverses sortes d'animaux. La coutume locale de Troy en Berry porte, dans l'art. 4 : « ladite seigneurie a droit de prendre par chacun » an le jour & fête de S. Bernabé, sur chacun des » habitans de Troy ayant bête à laine, un agneau, » pourvu qu'ils aient trois agneaux , lequel droit s'appelle *la trousse* ». *Voyez* du Cange, au mot *Trossa* 1.

2°. On a aussi nommé *trossa* en latin une certaine quantité de foin, que l'on devoit aux seigneurs dans quelques terres.

C'est apparemment l'abonnement de ce droit qu'on appelloit *étrousse* & *mal-étrousse* dans quelques seigneuries. Une chartre de l'an 1553, pour la seigneurie de Linières en Berry porte : « item, ledit » seigneur a en ladite terre & baronnie de Linières » & lui compète & appartient un autre droit » appelé *l'étrousse, mal-estrousse,* qui est tel qu'un » chacun homme ou femme serf & de serve condition audit seigneur, ou autres manans & » demeurans au terrier de Bisconteau, qui ont » recueilli foin en l'année en leurs près ou autres héritages doivent audit seigneur, par chacun ou à chacune fête de Noël, quinze deniers tournois, rendus, conduits comme dessus, & tous les habitans demeurants au terroir de » Beaupins, & chacun d'eux, qui ont bœufs, » douze deniers tournois ; & ceux qui n'ont » bœufs, & chacun d'eux doivent pour ledit droit » de *l'étrousse* six deniers tournois, à ladite fête de » Noël, rendus, conduits comme dessus ». *Voyez* le glossaire de Laurière au mot *Etrousse,* & celui de du Cange au mot *Trossa.* (*G. D. C.*)

TROUSSEAU, f. m. Ce mot signifie les robes, habits, linges & nippes qu'on donne à une fille quand on la marie. Dans quelques provinces, le *trousseau* se nomme *coffre* ; en Bretagne on dit *troussel.*

Il y a plusieurs coutumes qui parlent du *trousseau,* celles de Melun , de Sens, d'Auxerre, de Troies & de Châlons, disent que les filles mariées venant à la succession de leurs père & mère, & autres ascendans, sont tenues de rapporter leur *trousseau.*

La coutume de Bretagne dit que si le fils ne laisse pas des biens suffisans pour payer le douaire de sa femme, elle peut l'exiger sur les biens du père de son mari ; & alors le père prend tous les meubles de la femme, excepté *son troussel* ; c'est à savoir , *son lit, son coffre, ses robes & joyaux, qui lui demeureront quittes.* Art. 463.

Sauvageau rapporte un arrêt du parlement de Bretagne de 1694, par lequel il a été jugé que quand il y a beaucoup de meubles & de dettes, le *trousseau* doit être réduit à la sixième partie des meubles.

M. Perchambault observe que le *trousseau* n'est point dû à la femme en Bretagne, lorsqu'elle accepte la communauté.

Dans les pays de droit écrit, si le *trousseau* est

estimé par le contrat de mariage à une certaine somme, cette somme fait partie de la dot & a les mêmes privilèges.

Si dans le contrat de mariage il y a une clause par laquelle le mari a promis de reconnoître le trousseau & d'en payer la valeur suivant l'estimation qui en sera faite, cette estimation faite durant le mariage, produit le même effet que celle qui a été faite par le contrat de mariage. M. Catellan rapporte deux arrêts du parlement de Toulouse qui l'ont ainsi jugé.

Mais lorsqu'il n'y a point de clause dans le contrat de mariage, par laquelle le mari ait promis de reconnoître le trousseau, l'estimation qui s'en fait durant le mariage, doit être considéré comme une vente pour raison de laquelle la femme n'a aucun privilège sur les biens du mari. Le même parlement l'a ainsi jugé par un autre arrêt du 13 mai 1653.

Dans les mêmes pays de droit écrit, le mari peut, par son testament, reconnoître & estimer le trousseau de sa femme, parce que dans ces pays les conjoints peuvent s'avantager par testament : mais il en est autrement dans les pays coutumiers, où les avantages indirects sont défendus entre mari & femme. On y regarderoit comme un avantage de cette espèce, la reconnoissance ou l'estimation qui seroit faite du trousseau après la célébration du mariage.

Collet dit, sur les statuts de Bresse, que par arrêt rendu au parlement de Dijon le 23 août 1678, les intérêts de la somme à laquelle un trousseau avoit été arbitré, ont été adjugés du jour du décès du mari.

Au parlement de Toulouse, les intérêts du trousseau sont pareillement dus de plein droit, non pas du jour du décès du mari, mais du jour que la femme a cessé d'être nourrie dans la maison de son mari. Cette jurisprudence est attestée par M. Catellan. Voyez COMMUNAUTÉ, GAINS NUPTIAUX, SUCCESSION.

TROUVEMENS DE MER. Voyez TRUEF.

TROUVURES. Voyez TRUEF.

TRU, (Droit féodal.) Ce mot est synonyme de tréu ou truage, & dans ce sens il signifie un droit de tonlieu, traite, ou péage. Voyez TRUAGE & la fin de l'article TRÉPAS.

J'ajouterai ici à l'article treu, qu'on nomme ainsi en Franche-Comté un droit qui est dû au seigneur dans le territoire duquel est poursuivi & abattu le gibier levé dans une autre seigneurie, par gens non nobles qui ont droit ou permission d'y chasser. Ce tribut est la hure du sanglier, ou une pièce principale d'un autre grand gibier.

Ce droit est fondé sur la disposition des articles 2 & 3 du titre de la chasse de la coutume du comté de Bourgogne. « Gens de poolé, y est-il » dit, ne pourront chasser, ne hayer à bêtes » rousses ou noires sans le congé du seigneur sous

» qui ils chasseront, ou s'ils n'en n'ont privilège » spécial, dont ils fassent apparoir ».

« Des bêtes chassées par communes gens en » aucune seigneurie où ils auront congé ou pri- » vilège de ce faire, qui seront prises & abattues » en autre seigneurie, sera baillé au seigneur » de la haute-justice du lieu où elle sera abattue, » le droit & treu accoutumé, si ladite chasse n'est » faite par seigneur ou noble homme qui soit en » icelle chasse en personne, ou aucun de ses ser- » viteurs de son hôtel ; & sera porté ledit droit » audit seigneur, s'il est au lieu, ou à ses officiers ». (G.D.C.)

TRUAGE, (Droit féodal.) Ce mot se trouve assez souvent dans les anciens titres. Il signifie en général, un droit, une charge, & le plus communément un droit de tonlieu, ou de péage.

On a aussi donné par extension le même nom à une espèce de droit de bien-venue qu'on exigeoit des nouveaux venus. Voyez du Cange & Dom Carpentier au mot Truagium, Galand, du francaleu, pag. 89, les recherches de Pasquier, liv. 8, chap. 42, & le glossaire du droit françois, qui cite des ordonnances de Charles VI de l'année 1413, art. 207 & 245.

Dans une sentence arbitrale, rendue par le duc de Bourgogne, en 1395, entre le duc de Bretagne d'une part, & le duc Penthièvre & le Sire de Clisson d'autre, ce mot est employé pour désigner un droit de péage dû par les navires. On y voit que le duc de Bretagne se plaignoit que nonobstant la réserve faite lors de la cession du comté de Penthièvre, le duc Jean « ayant réservé » & retenu à lui, par exprès èsdits ports & havres » ses droits de bris, noufrages & autres, excepté » les coutumes anciennes, néanmoins de son au- » torité, il (le comte de Penthièvre) avoit élevé » èsdits ports & havres, certains truages, nommés » traites, entrées & issues dont il avoit levé grant » finance », &c. Voyez les preuves de l'histoire de Bretagne de dom Lobineau, pag. 775, col. 1.

Enfin on appelle truage, ou truaige dans le Berry le droit de suite de dîmes. Voyez les coutumes de Meun, rit. 4, art 1, & tit. 6, art. 2 dans les coutumes locales de la Thaumassière.

Le glossaire de du Cange & celui du droit françois dérivent ce mot de tribut, & dom Lobineau du latin trahere. Mais voyez l'art. TRÉPAS. (G.D.C.)

TRUANT. Voyez ci-dessus CENS TRUANT. Le mot truant signifie un mendiant, un gueux, & c'est sans doute par cette raison qu'on a nommé cens truant celui qui ne produit point de lods & ventes. Voyez du Cange, au mot Trutanus. (G.D.C.)

TRUE, (Droit féodal.) c'est un droit quelconque, une charge, un tribut. On a particulièrement nommé en Lorraine commune true, une espèce de taille due par la commune & sergent de la commune true, celui qui en faisoit la collecte. Une chartre donnée par Rodolphe, duc de Lor-

raine , en 1345 & tirée du cartulaire de Remiremont porte : « de toutes beftes, & autres meubles
» pris ou parrochage de Brueires & ès appen-
» dances de la prevoftei de celui lieu de notre
» commandement par *les fergens de la commune true*
» *de Lothoraine*, & par les notres....., elles n'en-
» tendent point quiter telle action qu'elles puent
» & doivent avoir contre les feigneurs & gou-
» verneurs de ladite *commune true* & contre nous ».
Voyez le *Gloffarium novum* de dom Carpentier
au mot *Truagium.* (*G. D. C.*)

TRUEF & TROEF, (*Droit féodal.*) Il eft
certain que ces mots fignifient une épave, une
trouvaille, comme dom Carpentier paroît le foupçonner au mot *Troef.* On peut en juger par les
deux extraits fuivans que rapporte cet auteur,
le premier d'après une chartre du bailli du château
de Mortagne, de l'an 1385, & le fecond d'après
un compte des revenus de Hainaut. « Willaumes
» de Foreft, dit Malprivet, difoit avoir.... en fa
» feigneurie de Foreft.... le *troef*, la cofe efpave
» & les biens & remanans demourez & remez
» par mort & trépaffement de baftart & de baf-
» tardes ».

« Si a li quens à Jemappes le *truef* & le eftrai-
» jer ». *Voyez* le ESTRAIURE.

Les affifes de Jérufalem , *chap. 11* , portent auffi :
« fi donra pour la *treveure* d'eftoir , ou de faucon
» deux befans ». Des lettres de l'an 1358, rapportées au tome 3 des ordonnances du Louvre,
pag. 312, portent : *trouveures ou chofes adirées*. Une
chartre de l'an 1229 dit auffi *efpaves & trouvemens
de mer.*

Enfin, on a appellé *trof* ou *troef*, les dépouilles
de quelqu'un. *Voyez* le gloffaire de du Cange, fous
ce mot & l'article TROEVE, *&c.* (*G. D. C.*)

TRUEVE, (*Droit féodal.*) Un cartulaire de
Lagny, cité par du Cange, au mot *Trutanizare* porte :
« Autres menues *trueves* LXX L ». Cet auteur
penfe que ce mot a la même origine & la même
fignification que celui de *truage.* *Voyez* TRUAGE.
(*G. D. C.*)

TRUIETTE, (*Droit féodal.*) Un compte des
revenus de Champagne porte : *item*, le fires a.... en
» la ville de Fenges une rente, appellée la *truiette* ».
Dom Carpentier, qui rapporte cet extrait au mot
Truagium., foupçonne que ceux de *truiette* & de
truage ont la même origine. Mais ce rapport a
befoin d'être confirmé. (*G. D. C.*)

T U

TURBE, f. f. (*terme de Pratique.*) du latin *turba*,
qui fignifie *troupe* ou *attroupement de perfonnes*, d'où
l'on a fait en françois *turbe*, & quelquefois *tourbe*,
tourbiers.

La *turbe*, ou enquête par *turbe*, étoit une enquête que l'on faifoit anciennement pour conftater quelque fait ou quelque ufage ; on convoquoit
les habitans d'un lieu, ou autres perfonnes, que
l'on entendoit pour avoir leur avis ou témoignage

fur ce qui faifoit l'objet de l'enquête , & leur avis
ou dépofition étoit rédigé collectivement , à la
différence des enquêtes ordinaires, où les témoins
font entendus féparément , & leur dépofition rédigée de même. La confufion qui s'élevoit ordinairement dans l'affemblée des *turbiers*, & les autres inconvéniens que l'on y a reconnus, ont fait
que l'ufage de ces fortes d'enquêtes a été abrogé
par l'ordonnance de 1667.

A ces enquêtes ont fuccédé des actes de notoriété que l'on demande aux officiers d'un fiège,
aux avocats, procureurs ou autres perfonnes, felon
la nature de l'affaire. *Voyez* ACTE DE NOTORIÉTÉ,
ENQUÊTE, NOTORIÉTÉ. (*A*)

TUTÈLE , f. f. (*Droit naturel & civil.*) du
mot latin *tutela*, qui vient du verbe *tueri*, *défendre*,
protéger, eft la puiffance que quelqu'un a fur la
perfonne & les biens d'un pupille, mineur ou autre,
qui par rapport à la foibleffe de fon âge, ou à
quelque autre infirmité ou empêchement, comme
le furieux & le prodigue, n'eft pas en état de
veiller par lui - même à la confervation de fes
droits.

La *tutèle* des impubères & fingulièrement celle
des pupilles orphelins, dérive du droit naturel,
qui veut que l'on pourvoie à la confervation de
la perfonne & des biens de ceux qui ne font pas en
état de défendre leurs droits ; la *tutèle* des mineurs
pubères, & celle des autres perfonnes qui ont
quelquefois befoin de tuteur, dérive du droit
civil.

L'inftitution des tuteurs eft fort ancienne, puifque nous voyons dans Tite-Live qu'Ancus Mar-
cius, l'un des premiers rois de Rome , voulut que
Tarquin l'ancien fût tuteur de fes enfans.

Le tuteur eft donné à la perfonne & biens du
pupille, ou autre perfonne foumife à la *tutèle*, à la
différence du curateur, qui n'eft que pour les
biens ; c'eft pourquoi il importe beaucoup que le
tuteur foit de bonnes mœurs, afin qu'il élève fon
pupille dans les fentimens d'honneur & de vertu.

§. I. *A quelles perfonnes peut-on & doit-on donner un tuteur ?* Le droit romain veut que l'on donne
de tuteurs à tous les impubères qui fe trouvent
affranchis de la puiffance paternelle ; mais comme
il n'étend pas la *tutèle* au-delà de la puberté, il
ne fouffre plus, après cet âge, que l'on foumette
le mineur d'autre autorité qu'à celle d'un curateur : & telle eft encore la jurifprudence des pays
de droit écrit.

Dans les pays coutumiers, on tient pour
maxime, que *tutèle & curatelle font la même chofe*
par rapport aux mineurs : ainfi rien n'empêche
qu'on n'y donne des tuteurs aux perfonnes qui
ont atteint l'âge de puberté, mais qui ne font pas
encore parvenues à celui de vingt-cinq ans.

Le feul cas où l'on ne peut le faire, eft lorfque
le mineur a obtenu des lettres de bénéfice d'âge,
& qu'il les a fait entériner : dès ce moment en
effet, il eft vraiment hors de *tutèle*, on ne peut

plus lui donner qu'un curateur, & la curatelle cesse d'être une avec la *tutèle*. *Voyez* CURATEUR.

Peut-on donner un tuteur au pupille qui en a déjà un ? Il y a plusieurs textes qui décident que non. *Tutorem habenti tutor non datur.* Ainsi parlent la loi 27, *ff. de testamentariâ tutelâ* ; la loi 9 C. *qui petant tutores*; la loi 9, C. *qui dare tutores possunt*, & la loi 4, C. *quibus casibus tutor vel curator.*

Si cependant le tuteur qui a été nommé, vient à être frappé de mort civile, soit par bannissement perpétuel, soit autrement, la règle générale cesse, & l'on donne un autre tuteur au pupille, comme l'établit la Rocheflavin, *liv. 4, art. Tuteurs, tit. 9, art. 4.*

Il en est de même lorsque le tuteur s'absente. La loi 15, *ff. de tutelis*, dit que celui qui est nommé en sa place, doit administrer jusqu'à son retour ; & s'il ne revient pas, il faut, suivant la loi 12 du même titre, que l'autre continue sa gestion jusqu'à la puberté du pupille.

La défense de nommer un tuteur à celui qui en a déjà un, n'empêche pas que l'on ne donne à une même personne un tuteur honoraire & un tuteur onéraire tout à la fois. Mais alors le premier est, à proprement parler, le seul en qui réside la *tutèle* ; & le second n'est regardé que comme son commis.

Il est aussi d'usage, dans les pays coutumiers, de nommer, outre le tuteur ordinaire, un subrogé tuteur, dont les fonctions se bornent à assister à l'inventaire des biens du pupille, & à autoriser celui-ci dans les procès qui peuvent s'élever entre lui & le tuteur ordinaire. Ce tuteur ressemble beaucoup à ce que les Romains appellent *actor* ; aussi n'est-il pas responsable de la gestion de la *tutèle*. Mais cette dénomination de *subrogé tuteur* n'est pas d'usage par-tout ; elle est remplacée en plusieurs pays sous celle de *curateur.*

§. II. *A qui appartient le pouvoir de décerner les tutèles ?* Un tuteur se fait ou par le testateur, ou par la loi ou par le juge, & de-là vient la division que le droit romain fait des *tutèles*, en testamentaire, en légitime & en dative.

La *tutèle* testamentaire appartient à celui que le père a désigné dans son testament pour veiller sur la personne & administrer les biens de l'enfant qu'il laisse en bas âge.

La *tutèle* légitime a lieu à défaut de la *tutèle* testamentaire, & elle est déférée de plein droit à celui des parens du pupille qui se trouve dans le degré immédiat d'habilité à lui succéder.

Enfin, lorsque le père n'a point nommé de tuteur, & que l'on ne peut en trouver un parmi les héritiers présomptifs du pupille, c'est au juge à y pourvoir, & celui qu'il nomme s'appelle pour cette raison tuteur datif.

I. La *tutèle* testamentaire a été introduite à Rome par la loi des douze tables. *Lege duodecim tabularum permissum est parentibus, liberis suis, sive feminini, sive masculini sexus, si modò in potestate*

sint tutores testamento dare. Ainsi s'explique la loi 1, *ff. de testamentariâ tutelâ.*

Remarquons ces termes, *si modò in potestate sint*; il en résulte clairement qu'un père ne peut donner un tuteur à ses enfans qu'autant qu'ils sont en sa puissance.

Ce n'est pas qu'il soit absolument défendu au père de nommer un tuteur à son fils émancipé ; mais en ce cas sa nomination ne produit pas son effet d'elle-même ; il faut qu'elle soit confirmée par le juge, ainsi que le décide l'empereur Justinien dans les instituts, titre *de tutelis*, §. dernier.

Lorsqu'un père nomme un tuteur à ses enfans, sans en spécifier aucun en particulier, sa nomination s'étend aux posthumes comme à ceux qui sont déjà nés. La loi 5, *ff. de testamentariâ tutelâ*, en contient une disposition expresse. Mais cette nomination n'est d'aucun effet par rapport aux enfans dont le père ignorait la naissance.

Le tuteur nommé aux fils est-il censé nommé aux filles ? Oui, répond la loi 45, *ff. de legatis* 2°, parce que, dans les choses favorables, le genre masculin comprend le féminin : mais, poursuit-elle, il n'y a point de réciprocité en cette matière ; le tuteur nommé aux filles ne peut pas être réputé nommé aux fils : *exemplo enim pessimum est ; feminino vocabulo etiam masculos contineri.*

Le père peut-il nommer un tuteur, à la charge de ne gérer que depuis ou jusqu'à un certain temps ? Peut-il mettre à sa nomination une clause qui la rende conditionnelle, ou qui en attache la fin à l'arrivée d'une certaine condition ? Il y a plusieurs textes qui lui laissent tout pouvoir sur l'un & l'autre point. Ce sont principalement le §. 3, aux instituts, *qui testamento tutores dari possunt*, & la loi 8, §. 2, *ff. de testamentariâ tutelâ.*

Le droit de nommer un tuteur par testament, n'est pas limité au père. Les loix romaines l'accordent également à la mère, mais sous deux conditions ; l'une, que celle-ci instituera héritiers les enfans à qui elle donnera un tuteur ; l'autre, que ce tuteur sera confirmé par le juge, après une information sur ses mœurs & facultés. C'est ce que portent la loi 2, *ff. de confirmando tutore*, & la loi 4, C. *de testamentariâ tutelâ.*

Dans nos mœurs, cette information n'est pas plus nécessaire pour le tuteur nommé par la mère, qu'elle ne l'est dans le droit romain pour le tuteur établi par le père à son fils émancipé. Boutaric, en ses institutions au droit françois, *page 110*, assure qu'elle est abrogée universellement.

Notre jurisprudence a porté plus loin encore la dérogation aux maximes que les loix romaines avoient consacrées sur cette matière. Dans le droit romain, le tuteur testamentaire d'enfans en puissance, qui devoit sa nomination au père, n'avoit pas besoin de la confirmation du juge ; il pouvoit s'entremettre de plein droit dans les fonctions que le testateur lui avoit déférées. Parmi nous, au contraire, il n'a d'autorité, qu'autant qu'il est confirmé par le juge. C'est ce qu'attestent tous les auteurs des pays de droit écrit, aussi-bien que ceux des pays coutumiers.

Cette maxime est si constante, qu'il dépend des parens du pupille, assemblés devant le juge à la requête de l'un d'eux ou du procureur du roi, d'exclure le tuteur nommé par le père, & de déférer la *tutèle* à celui d'entre eux qu'ils jugent à propos. C'est, dit Automne sur le titre *de testamentariâ tutelâ*, au digeste, ce qu'a jugé un arrêt du parlement de Paris, pour M. Millet, conseiller en la cour, au sujet de la *tutèle* de M. Louvrier, maître des requêtes. Cependant si les parens ne proposent pas des raisons valables pour exclure le tuteur nommé par le père, le juge ne doit pas balancer à le confirmer. C'est ce qu'ont jugé plusieurs arrêts remarquables.

II. La *tutèle* légitime doit son introduction à la loi des douze tables. Lorsque le père n'a point nommé de tuteur à ses enfans, dit la loi 1, *ff. de legitimis tutoribus*, les parens les plus proches & habiles à succéder au pupille, sont appellés par la loi des douze tables à sa *tutèle*, & elle leur est déférée de plein droit, parce qu'ils ont plus d'intérêt que d'autres à empêcher le divertissement & la détérioration de ses biens.

Dans l'ancien droit romain, le père qui avoit émancipé son fils impubère, devenoit de plein droit son tuteur, non pas à la vérité en vertu de la loi des douze tables, qui ne parloit que des agnats, mais à l'exemple du patron, qui, d'après l'esprit de cette loi, avoit la *tutèle* de ses affranchis impubères.

L'empereur Justinien ayant aboli les différences que l'ancien droit avoit mises entre les agnats & les cognats, le père s'est trouvé entièrement assimilé avec les autres parens, & il n'y a plus en la moindre disparité entre eux & lui par rapport à la *tutèle* légitime.

Cette jurisprudence s'observe encore dans presque tous les pays de droit écrit. L'auteur des notes sur la Peyrere dit même que le parlement de Bordeaux ne souffre pas que le père abdique la *tutèle* légitime de son fils, & lui fasse nommer un tuteur étranger.

Dans les pays coutumiers, il est de règle assez générale, que le père n'est point tuteur de plein droit, & qu'il a besoin de la confirmation du juge; c'est ce qui se pratique à Paris, & même dans le duché de Bourgogne, qui cependant est, à bien des égards, réputé pays de droit écrit.

Telle est d'ailleurs la disposition des coutumes de Nivernois, *chap. 30, article 4*, & d'Auvergne, *chap. 11, art. 12*.

Il y a néanmoins plusieurs coutumes dans lesquelles le droit romain s'est maintenu sur ce point dans toute sa vigueur. Celle de Bourbonnois, *article 178*, dit en général que la *tutèle* légitime ne doit pas être confirmée par le juge. A la vérité, elle ajoute, *art. 179*, que la *tutèle* légitime n'a lieu

que pour la mère & l'aïeul ou l'aïeule: mais, comme l'observe Dumoulin, elle suppose que le père, tant qu'il est en vie, retient ses enfans sous sa puissance; & il n'en faut pas conclure que s'il les émancipoit, il eût besoin de l'autorité du juge pour devenir leur tuteur.

Stockmans, *décision 117*, dit que dans le Brabant toute *tutèle* est dative, excepté celle du père. Le père est donc, en ce pays, tuteur de plein droit.

Il en est de même en Artois. L'article 156 de la coutume de cette province reconnoît expressément les père & mère pour *tuteurs légitimes* de leurs enfans; & Maillart remarque sur ces mots, que le survivant des père & mère est donné par la loi pour tuteur aux enfans mineurs nés de leur mariage, sans qu'il ait besoin d'être élu tuteur par le juge.

Les coutumes de Lille, de la châtellenie de Lille, de Douai, de la gouvernance de Douai, admettent également la *tutèle* légitime en faveur des père & mère.

Le réglement du parlement de Rouen, du 7 mars 1673, porte, *art. 1*, que par l'usage de la province (de Normandie), le père & l'aïeul sont tuteurs naturels & légitimes de leurs enfans & petits-enfans: & néanmoins, poursuit l'article 2, s'ils ne sont solvables, les parens du mineur peuvent élire un autre tuteur en leur lieu & place. L'article 4 ajoute: pourront lesdits père, aïeul, intenter retrait ou clameur au nom de leurs enfans, encore qu'ils n'y soient autorisés & n'aient été élus tuteurs par les parens.

Dans l'ancien droit, la mère ne pouvoit, à cause de son sexe, être admise à la *tutèle* même testamentaire de ses enfans, si elle n'en avoit obtenu la permission par un rescrit du prince. Mais les constitutions des empereurs lui ont déféré, à défaut de tuteur testamentaire, la qualité de tutrice légitime, & l'ont autorisée à en remplir toutes les fonctions, en renonçant au sénatusconsulte Velléien & aux secondes noces.

Cette renonciation n'est pas requise dans nos mœurs. Par-tout où la *tutèle* légitime a lieu en faveur de la mère, celle-ci l'acquiert de plein droit & sans formalités. Quoiqu'elle ne puisse pas être forcée, dit Serres, d'être tutrice de ses enfans, si elle ne veut pas l'être, néanmoins jusqu'à ce qu'elle ait fait nommer un autre tuteur, elle est réputée tutrice légitime, & obligée d'agir & de défendre en cette qualité pour ses pupilles; en un mot, elle est soumise jusqu'alors à tous les devoirs d'un véritable tuteur. Cela a été ainsi jugé par une foule d'arrêts, parmi lesquels on en remarque un du parlement de Toulouse, du 10 juin 1567, qui ordonne à une mère de faire nommer un tuteur à son fils dans un certain temps, sinon déclare qu'elle sera tenue de procéder comme tutrice légitime.

Mais de ce que la renonciation aux secondes noces n'est plus nécessaire pour que la mère puisse prendre la qualité de tutrice légitime dans les pays où elle en a le droit, doit-on conclure qu'elle ne

perd pas la *tutèle* en fe remariant? Non. Nous avons
déjà dit, & tout le monde fait que les femmes,
naturellement incapables des fonctions de tutrices,
n'ont été admiſes que par une eſpèce de grace à
la tutèle de leurs enfans. Cette grace n'a eu pour
motif que l'affection vive & tendre dont le légiſlateur a cru que la mère feroit toujours animée
pour les fruits de ſes entrailles ; & comme un
deuxième mariage fait évanouir cette préſomption,
il a bien fallu que l'on privât de la *tutèle* la mère
qui convoleroit à de fecondes noces.

Les novelles 22 & 94 de Juſtinien nous offrent
là-deſſus les déciſions les plus expreſſes. Le chapitre 40 de la première porte que, du moment que
la mère eſt remariée, elle perd la *tutèle* légitime
de ſes enfans, & que l'on doit leur nommer d'autres
tuteurs : *ut volenté ad nuptias venire, tutelam gèrente
muliere ordinetur minoribus tutor*. Le chapitre 2 de la
feconde eſt encore plus formel : *mox tamen ut fe-
cundas contraxerit nuptias, repenté repelli à tutelâ*. Cette
jurifprudence n'a reçu dans nos mœurs aucune atteinte.

Tout ce que nous avons dit du père & de la
mère, s'applique de foi-même à l'aïeul & à l'aïeule.
Mais il faut remarquer que ceux-ci ne peuvent prétendre à la *tutèle* légitime qu'à défaut des premiers.

On doutoit autrefois en Bretagne, fi l'aïeul paternel étoit de plein droit tuteur de ſes petits-enfans, après la mort de leur père. L'affirmative paroiſſoit aſſez réſulter de l'article 41 de l'édit rendu
pour les *tutèles* de cette province en décembre
1732. Cet article en effet ordonne, qu'à l'exception du père & de l'aïeul paternel furvivant au père
des mineurs, il n'y ait point d'autres tuteurs que
ceux qui auront été nommés par juſtice fur l'avis
des parens, ou autoriſés par le juge en conféquence
de la nomination faite par le teſtament du père.

Mais pour lever toute difficulté, le parlement
de Rennes a rendu, le 11 mai 1739, un arrêt qui
ordonne, conformément à l'article 41 dudit édit,
que l'aïeul paternel furvivant au père des mineurs
fera tuteur de ſes petits-enfans ; en conféquence,
fait défenfes aux ſubſtituts du procureur-général,
& aux procureurs-fifcaux du reſſort, d'aſſigner en
ce cas les parens defdits mineurs, pour donner leur
avis fur l'élection & la nomination d'un tuteur, à
peine de réjection de leurs procédures, & de répondre de tous retardemens, dommages & intérêts.
Ordonne que l'aïeul paternel furvivant fera tenu
de faire appofer le fcellé, de faire inventaire, &
d'obſerver les autres formalités prefcrites aux tuteurs, autres que le père & garde-naturel.

C'étoit aux parens collatéraux feuls que la loi
des douze tables déféroit la *tutèle* légitime ; &
quoique dans la fuite les interprétations des jurifconfultes leur euſſent à cet égard aſſocié & même
préféré les aſcendans, Rome ne les vit jamais plus
que ceux-ci, dans le cas de recourir à l'autorité du
juge pour devenir tuteur d'un enfant de leur fa-

mille, dont le père étoit décédé fans lui nommer
un tuteur par ſon teſtament.

Aujourd'hui tout eſt changé fur ce point. La *tutèle*
légitime n'a plus lieu, dit l'article 178 de la coutume de Bourbonnois, qu'en faveur des aſcendans ;
& la diſpoſition de ce texte n'eſt que l'écho de
l'uſage univerſel du royaume.

On pourroit cependant encore, au moins fous
un certain aſpect, regarder comme tuteurs légitimes
les parens collatéraux à qui le juge défère une *tutèle* ; car la nomination qui fe fait de leur perfonne
fuit régulièrement l'ordre de la proximité ; elle n'eſt
conféquemment pas libre de la part du juge, &,
par une conféquence ultérieure, elle n'eſt *dative*
que d'une manière imparfaite.

Nous devons ajouter que la Normandie a, fur
cette matière, un point de jurifprudence qui lui
eſt abſolument particulier. L'article 1 de l'arrêt de
réglement du parlement de Rouen, de l'an 1673,
porte que le frère aîné, par la coutume de Normandie, eſt tuteur naturel & légitime de ſes frères
& ſœurs.

Outre ces différentes eſpèces de *tutèles* légitimes
dont nous venons de parler, Denifart dit que dans
pluſieurs hôpitaux les adminiſtrateurs font tuteurs
nés des infenſés qui y font renfermés. Ceux des
petites-maiſons à Paris ont nommément été autoriſés à exercer leurs droits & actions par arrêt du
parlement du 15 juillet 1759. Il affure auſſi que les
adminiſtrateurs de l'hôpital de la Trinité font tuteurs nés des enfans qui y font élevés.

En Hainaut, les juges ordinaires font tuteurs
légitimes des mineurs dont les père & mère font
décédés dans leur jurifdiction. Mais comme il leur
eſt libre de ſe décharger des détails de l'adminiſtration fur des fubalternes qui font, à proprement
parler, *tuteurs datifs*, on les appelle plus commune-
ment *tuteurs en chef*.

III. Il y a cinq choſes à conſidérer par rapport
aux tuteurs datifs.

1°. A quel juge appartient le pouvoir de les
nommer ?

2°. Qui font ceux qui doivent ou peuvent en
provoquer la nomination ?

3°. Qui font ceux qui doivent être appellés &
entendus pour cette nomination ?

4°. Quelles font, entre pluſieurs perfonnes habiles à être nommées, celles que l'on doit préférer aux autres ?

5°. Quels font les engagemens & les rifques des
perfonnes qui ont concouru à l'élection d'un tuteur, & du juge qui l'a confirmée ?

1°. Le pouvoir de donner un tuteur n'appartient
qu'aux juges ordinaires. Un tribunal qui n'a qu'une
jurifdiction limitée à certains objets, ne peut en
nommer. C'eſt fur ce fondement qu'un arrêt du
conſeil du 2 mai 1617 a défendu à la cour des aides
de Montpellier, de s'entremettre dans la *dation des
tutèles*, & que les auteurs décident que le juge
d'églife n'en peut nommer aux pupilles tonfurés.

Entre

Entre les juges ordinaires, il y a, pour la nomination des tuteurs, plusieurs règles, qu'il est important de développer.

D'abord il est constant que le juge du domicile, & celui de la situation des biens d'un mineur, ont seuls le pouvoir de lui établir des tuteurs. C'est ce que prouvent la loi unique, C. *ubi petantur tutores*, la loi 10 ff. *de tutelis*, & l'article 23 du chapitre 60 des chartres générales de Hainaut. Dans l'usage, le juge du domicile est préféré pour la nomination du tuteur : celui de la situation des biens ne peut y procéder que dans deux cas ; le premier, lorsqu'un pupille domicilié hors du royaume a des biens en France ; le second, lorsque les biens du pupille, quoique tous situés sous la domination du roi, sont dispersés, partie dans l'intérieur du royaume, & partie dans les colonies françoises. Ce dernier point est ainsi réglé par trois déclarations des 15 décembre 1721, premier octobre 1741, & février 1743.

Tous les juges ordinaires, soit du domicile, soit de la situation des biens du pupille, ne sont pas compétens pour lui nommer un tuteur. Les uns sont juges de première instance, les autres d'appel ; les uns rendent la justice au nom du roi, les autres au nom des municipalités ou des seigneurs. Tous ont sur cet objet des loix qui limitent leur compétence.

Pour commencer par la distinction des juges en inférieurs & en supérieurs, il est bien certain que dans les cas où les premiers ont la connoissance des *tutèles*, les seconds ne peuvent, même en réformant leurs sentences de nomination de tuteur, sur les appels qui en sont interjettés devant eux, procéder eux-mêmes à la dation de *tutèle*. Cela résulte de la défense qui leur est faite de retenir la connoissance du principal des causes, sous prétexte du mal jugé des sentences interlocutoires dont l'appel est porté en leur tribunal ; & c'est ce qui a été jugé par arrêt du parlement de Bordeaux, du 20 mars 1714, rapporté par la Peyrère.

La distinction des juges en royaux & non royaux, est aussi importante en matière de *tutèle*. Parmi les juges royaux ordinaires, il en est qui ressortissent nuement aux cours souveraines : tels sont les baillis & les sénéchaux. Il en est d'autres qui sont subordonnés à ceux-ci : tels sont les prévôts & les châtelains.

Les premiers sont seuls compétens pour donner des tuteurs aux nobles. C'est la disposition expresse de l'article 6 de l'édit de Cremieu, du 19 juin 1536 ; & c'est ce qu'a jugé un arrêt du parlement de Provence, du 19 octobre 1671, rapporté par Boniface, *tome* 3, *liv.* 1, *tit.* 8, *chap.* 1. A l'égard des roturiers, l'article cité de l'édit de Cremien attribue aux prévôts & autres juges inférieurs, le droit de leur nommer des tuteurs.

Les juges non royaux sont de deux sortes : les uns rendent la justice au nom des municipalités ; les autres au nom des seigneurs.

Les juges municipaux étoient autrefois en possession de nommer des tuteurs à leurs *pairs bourgeois* : mais depuis qu'on leur a ôté l'exercice de la jurisdiction ordinaire, ce droit, qui n'en étoit que la conséquence, est tombé avec elle.

Les seuls qui l'ont conservé sont ceux qui, par des exceptions particulières, ont été maintenus dans la possession d'administrer la justice ordinaire.

Les juges des seigneurs nomment des tuteurs aux nobles comme aux roturiers. C'est ce qui résulte de la déclaration du 4 février 1537, rapportée à l'article JUGES DES SEIGNEURS.

Dans la coutume de Cambresis, les juges des seigneurs hauts-justiciers ont seuls ce pouvoir : mais ailleurs on regarde la dation des *tutèles* comme un acte de moyenne-justice. L'article 112 de la coutume de Senlis en contient une disposition expresse.

La raison naturelle & les loix romaines, veulent que la mère, à son défaut l'aïeule, & au défaut de celle-ci, les héritiers présomptifs soient tenus de faire créer un *tuteur* au pupille qui n'en a pas. Elles prononcent même, en cas de négligence, une peine assez grave ; car elles privent de la succession du pupille qui vient à décéder par la suite, celui qui, étant obligé de le faire pourvoir de *tuteur*, ne l'a pas fait.

Mais cette peine n'est plus en usage. Groenewegen, *de legibus abrogatis*, sur les loix 6 & 8, C. *qui petant tutores*, & Voet sur le digeste, *liv. 26, tit. 6*, disent qu'on l'a convertie en une peine pécuniaire, dont le juge punit la négligence des ascendans ou collatéraux ; & cette jurisprudence est établie par les art. 5 & 6 du réglement du parlement de Rouen, déjà cité, & par l'édit de 1732 donné pour la Bretagne.

A défaut de mère, d'aïeux ou de proches parens, les amis du pupille, ses alliés, & ceux de ses parens qui ne sont pas dans le plus proche degré de successibilité, doivent veiller à lui faire nommer un *tuteur*. C'est ce que prouve la loi 2, ff. *qui petant tutores* ; la loi 5 & la loi 10, C. au même titre.

Toute personne qui a quelque chose à démêler avec un pupille, ou quelque procès à soutenir contre lui, peut également le faire pourvoir de *tuteur*. Cela résulte de la loi 2, ff. 3, *qui petant tutores* ; des loix 1, 4 & 7, C. au même titre ; & de la loi dernière, §. 2, C. *de administratione tutorum*.

Il a même été décidé par arrêt du parlement de Bordeaux du 20 juillet 1700, que l'étranger à la requête duquel s'est faite la procédure à fin d'élection du *tuteur*, peut intervenir sur l'appel de la sentence de nomination, parce qu'il a intérêt que les pupilles soient pourvus de *tuteur* sans retardement.

3°. A l'égard des personnes qui doivent être appellées & entendues pour la nomination d'un *tuteur*. Il est par-tout de maxime constante, que les parens les plus proches doivent être appellés à l'élection du *tuteur*, & qu'il y auroit nullité si

N

l'on affectoit de les exclure & de les remplacer, soit par des parens plus éloignés, soit par des étrangers. C'est ainsi qu'un arrêt du parlement de Paris du 12 mai 1781, rendu sur les conclusions de M. l'avocat-général d'Aguesseau, a déclaré nulle l'interdiction d'un certain Jean Rateau, parce que, dans l'avis de parens qui l'avoit précédée, on n'avoit appelé qu'un parent de celui-ci.

Il est également de règle par-tout, qu'à défaut de parens, on doit choisir pour nominateurs les voisins & les amis du père décédé.

Mais il n'y a point de loi générale qui fixe le nombre des nominateurs.

Dans la coutume de Nivernois, il en faut sept ; dans celle de Berri six, & dans celle d'Orléans cinq.

Il y a, dans le recueil de la Peyrère, *pag. 514*, *édition de* 1723, un arrêt du 13 juillet 1700, par lequel le parlement de Bordeaux a ordonné que trois parens paternels & trois parens maternels s'assembleroient pour délibérer sur une tutèle.

On remarque un arrêt du parlement de Paris du premier août 1709, qui a ordonné l'assemblée de quatre parens paternels & de quatre parens maternels, pour donner leur avis sur l'élection d'un *tuteur*. Mais il ne faut pas conclure de-là, que ce nombre soit essentiellement requis. Autre chose est de régler la forme d'une élection à faire, autre chose est de prononcer sur la validité ou nullité d'une élection faite. Au premier cas, on ne risque rien d'employer quelques précautions surabondantes ; au second, l'omission d'une forme qui n'est prescrite expressément par aucune loi, ne peut pas nuire.

Il y a moins de difficulté sur la question de savoir si les articles des réglemens de Bretagne & de Normandie, qui ordonnent d'appeler autant de parens maternels que de paternels, forment un droit commun. Le bon sens justifie assez l'affirmative : cependant il y a, dans les institutions de Serres, *liv. 1, tit. 15*, un arrêt du parlement de Toulouse, du 27 juin 1720, qui, en jugeant que l'indignité de la *tutèle* encourue par une mère à cause de sa malversation depuis la mort de son mari, passoit aux parens maternels, & qu'il n'y avoit que les parens paternels qui dussent être admis à l'assemblée convoquée pour la nomination d'un tuteur.

Les femmes peuvent-elles être appelées à l'assemblée des parens ? Le réglement de Normandie n'adopte l'affirmative qu'en faveur de la mère & de l'aïeule, encore leur refuse-t-il voix délibérative. M. de Catellan, *liv. 8, chap. 2*, rapporte un arrêt du parlement de Toulouse, du 18 janvier 1674, qui a décidé en général que les femmes ne peuvent être admises, dans une assemblée de parens, pour nommer un tuteur.

Il y a, dans le journal des audiences, un arrêt du 15 juillet 1704, qui décide que « le juge ayant » nommé un tuteur qui n'a voulu accepter, ne peut » en nommer un autre sans un nouvel avis de » parens ».

L'édit du roi René, donné pour la ville d'Aix le 11 juin 1403, porte que les *tutèles* ne seront déférées par le juge qu'après avoir ouï, outre les parens des pupilles, *les trois syndics*, ou deux au moins, *qui informeront le juge des mœurs & conditions des tuteurs*.

4°. Dans le ressort du parlement de Rennes, il est de règle, suivant l'article 8 de l'édit déjà cité, que le juge doit nommer le tuteur à la pluralité des voix des parens : mais, comme l'ajoute le même texte, en cas d'égalité de suffrages, il doit préférer celui qu'il estime le plus digne entre ceux qui ont été nommés par les parens. Le juge, en cette province, est si peu libre sur le choix des tuteurs, que, dans le cas où la pluralité des voix tend à exclure la mère du pupille, il est obligé d'y déférer. La coutume de Bretagne en disposoit autrement : mais elle est abrogée en cette partie par l'article 41 de l'édit cité.

Dans les autres provinces, le juge a le champ plus libre. A la vérité, lorsque l'avis des parens est unanime, il ne peut guère se dispenser de le confirmer : mais quand ils sont d'avis contraire, il peut, sans s'arrêter à la pluralité des voix, déférer la *tutèle* à celui qui lui paroît le plus capable de la gérer avantageusement pour le mineur.

Il ne faut pourtant pas croire qu'il ait en cette matière un pouvoir absolument arbitraire. Non, c'est le bien-être du pupille qu'il doit seul consulter ; & comme, toutes choses égales, il est à présumer que le parent le plus proche gérera mieux qu'un autre, parce qu'il a un intérêt personnel à la conservation des biens ; il faut aussi, toutes choses égales, que le juge lui défère la *tutèle*, par préférence aux parens plus éloignés ou étrangers.

Cette doctrine a lieu sur-tout pour les pères & les mères : à la vérité, lorsqu'il y a de justes craintes qu'ils ne dissipent le bien de leurs enfans, il est du devoir du juge de leur refuser la *tutèle*, comme l'a fait un arrêt du 22 août 1731, confirmatif de la sentence du châtelet. Mais, hors ce cas, nulle raison, nul prétexte ne peut autoriser en cette matière la préférence d'un étranger à un ascendant, ni même d'un ascendant plus éloigné à un plus proche. Le lieutenant particulier de Troyes avoit déféré la *tutèle* du fils d'un avocat du roi de cette ville à l'aïeule maternelle du mineur, parce que son père avoit en différentes contestations avec les parens de sa femme ; la sentence avoit même été rendue d'après l'avis de neuf parens maternels contre huit paternels : mais par arrêt rendu le 17 juin 1761, sur les conclusions de M. l'avocat-général Joly de Fleury, cette sentence a été infirmée, & la *tutèle* rendue au père.

L'article 8 du réglement des *tutèles* de Normandie porte, que si la mère & l'aïeule ne sont pas remariées, elles doivent être *préférées en la* tutèle aux autres parens, moyennant caution de bien administrer & de payer le reliquat.

Il peut arriver que les parens appellés à l'élection nomment deux tuteurs. En ce cas, lequel doit être préféré par le juge? Cette question est décidée par les loix romaines, relativement à la tutèle testamentaire. Si le père, dit la loi 17, ff. de testamentariâ tutelâ, juge à propos de nommer deux tuteurs dont la condition est égale, & que l'un d'eux prétende exclure l'autre de la gestion, en offrant de donner caution; il n'est point douteux que l'on ne doive, toutes choses égales d'ailleurs, lui accorder la préférence. Mais, continue le §. 1 du même texte, si celui qui offre de donner caution est une personne vile & suspecte, non-seulement le juge ne doit pas souffrir qu'il administre seul, mais il est de son devoir de l'exclure de la tutèle.

5°. Chez les Romains, les magistrats qui étoient chargés du soin de faire donner des tuteurs aux pupilles, étoient en plusieurs cas responsables de leur insolvabilité.

Le premier de ces cas étoit lorsqu'ils avoient négligé de faire donner caution à ceux qui y étoient tenus.

Le second, lorsqu'ils avoient reçu des fidéjusseurs insolvables.

Le troisième, lorsqu'ils avoient manqué aux formalités qui leur étoient prescrites sur ce point.

On ne voit rien de semblable dans le droit romain pour les parens des mineurs; & la raison en est, qu'ils n'étoient pas appellés à la nomination des tuteurs. Il y a bien des loix qui déclarent les nominateurs d'un tuteur responsables de sa solvabilité: mais, comme l'observe Dupineau sur l'article 88 de la coutume d'Anjou, elles ne regardent que les juges de la tutèle.

Le changement survenu avec le temps dans la manière de procéder à la dation des tutèles, en a aussi apporté un dans ce point de jurisprudence. Aujourd'hui les parens du pupille sont considérés comme les véritables électeurs de sa tutèle; ils connoissent mieux que le juge ce qui convient ou ne convient pas aux intérêts du pupille; le juge ne peut que suivre leurs indications, & se décider d'après leur avis. Il ne seroit donc pas juste qu'il répondît de leur choix. D'ailleurs l'obligation que le droit romain imposoit aux tuteurs datifs de donner caution, est presque universellement abolie, & l'on sent qu'avec elle a dû s'évanouir l'action recursoire à laquelle elle donnoit autrefois lieu contre le juge.

Le seul cas où l'on doit encore se conformer à la disposition de l'ancien droit, est lorsqu'il y a dans le fait du juge soit du dol, soit de la fraude. M. le président Bouhier, chap. 15, n. 26, dit même que dans le duché de Bourgogne, où il est d'usage de donner au tuteur un surveillant que l'on appelle curateur, & qui répond de la gestion, si le juge méprisoit le choix des parens en nommant un autre curateur que celui qu'ils auroient indiqué, ou qu'en cas de partage d'opinion entre

eux; il eût choisi celui contre lequel on auroit proposé de plus fortes raisons de soupçon, l'action de recours contre lui seroit bien fondée.

L'article 11 de l'édit des tutèles de Bretagne est conforme à cette doctrine. Les juges, porte-t-il, seront tenus de faire signer l'acte de tutèle par les parens, ou leurs procureurs fondés de leur procuration spéciale; & ne seront responsables de l'insolvabilité du tuteur, de sa caution, s'il en a une, ou des parens nominateurs, qu'en cas qu'ils n'eussent pas observé ladite formalité, ou qu'ils eussent contrevenu à l'article 8 ci-dessus, en nommant un tuteur contre la pluralité des voix, ou qu'il y eût eu de leur part du dol ou de la fraude.

Que doit-on décider parmi nous à l'égard des parens? Il est certain qu'ils tiennent lieu dans nos mœurs de ceux que les Romains appelloient affirmatores ou certificateurs, & que par cette raison ils doivent être considérés comme cautions du tuteur qu'ils nomment. Qui scilicet cùm tutores idoneos esse affirmaverint, fidejussorum vicem sustinent, dit la loi 4, §. dernier, ff. de fidejussoribus tutorum.

De-là la conséquence, que dans l'exactitude des principes ils doivent répondre de la solvabilité du tuteur. Puisque le juge, dit M. Bouhier, a suivi & dû suivre leur indication, il est juste qu'ils en soient garans. Sans cela les parens, qui ne songent ordinairement qu'à se débarrasser du fardeau de la tutèle & de la curatèle, s'embarrasseroient peu de choisir un bon tuteur ou curateur. Ils ne s'empresseroient qu'à en élire un qui ne fît aucune difficulté d'accepter; & l'on sait que communément moins on est solvable, plus on accepte volontiers ces sortes d'emplois.

Jean-Antoine de Ferrière oppose à cela que dans la tutèle les parens ne font que donner leur avis, & qu'un conseil n'oblige à rien. Consilii non fraudulenti nulla est obligatio:

Mais, répond M. le président Bouhier, ils ne sont pas convoqués seulement pour donner un conseil d'ami, mais pour choisir celui d'entre eux qu'ils croient le plus capable d'administrer.... D'ailleurs la règle même porte son exception. Si dolus & calliditas intercessit, de dolo actio est. Or, il n'est guère possible qu'il n'y ait de l'artifice de la part des parens, quand ils rejettent le fardeau de la tutèle sur un insolvable. Si donc on ne les rendoit pas garans, ce seroit exposer presque toujours au pillage la fortune des pauvres pupilles, malgré toutes les précautions des loix pour la mettre en sûreté. Car, comme le dit élégamment M. le président Favre, cùm pupillus ipse prospicere sibi non possit per ætatem; à quo potest auxilium expectare nisi à legibus?

On objecte encore que si cela étoit, personne ne voudroit assister aux élections de tuteurs.

Mais, répond encore le magistrat cité, c'est se moquer que de faire une pareille objection. Un des devoirs de la société civile est d'assister aux tutèles des pupilles dont on est proche parent; & on pourroit y être contraint en cas de refus.

N 2.

Aussi la plupart des parlemens ont-ils assujetti les parens nominateurs à la garantie de la solvabilité du tuteur.

Celui de Normandie en a fait un réglement exprès. L'article 71 de l'arrêt du 7 mars 1673 porte que les nominateurs du tuteur sont garans de son administration, chacun pour leur part & portion, & non solidairement. — L'article 72 ajoute : ils ne sont garans que subsidiairement & après la discussion des meubles & immeubles du tuteur. — L'article 73 déclare que ceux qui ont été présens à l'élection du tuteur, ne sont point garans de son administration, si le tuteur a été élu contre leur avis. — Mais, poursuit l'article 74, ceux sur lesquels on a obtenu un défaut, sont garans de l'élection faite par la pluralité des voix des parens présens. — L'article 75 décide que si le mineur ne fait aucune poursuite contre le tuteur dans les dix ans après sa majorité, les nominateurs seront déchargés de la garantie de son administration.

Le parlement de Bretagne a, sur l'objet dont il s'agit, des loix assez analogues à celles de Normandie, mais plus rigoureuses en certains points. L'article 9 de l'édit du mois de décembre 1732, est de cette dernière espèce. Désirant empêcher, porte-t-il, que, par un abus qui s'est introduit dans quelques provinces de notre royaume, les parens nominateurs ne cherchent à s'exempter du péril de la *tutèle*, en donnant leurs suffrages à un sujet qu'ils prévoient ne pouvoir être nommé; voulons que ceux même dont l'avis n'aura pas été suivi, demeurent responsables, ainsi qu'il sera dit ci-après, de la gestion du tuteur qui aura été nommé, si ce n'est qu'ils aient interjetté appel de la sentence de *tutèle*, & fait infirmer ladite sentence, lequel appel ils seront tenus de relever en notre cour de parlement trois mois au plus tard, à compter du jour de la sentence, sinon ils demeureront déchus de plein droit dudit appel, ou de la faculté d'appeler. — L'article 10 ordonne qu'en cas que sur l'appel la sentence ait été infirmée, & qu'il ait été pourvu par le parlement d'un autre tuteur aux mineurs, tous les parens nominateurs, tant ceux qui avoient interjetté appel de la sentence, que ceux qui n'en avoient point appelé, demeureront garans, ainsi qu'il sera dit ci-après, de l'administration du tuteur qui aura été substitué par le parlement à la place de celui qui avoit été nommé par le premier juge. — L'article 26 veut que les parens nominateurs continuent d'être responsables, ainsi qu'il sera dit ci-après, de l'insolvabilité du tuteur par eux élu, & de sa caution, s'il en a donné une, discussion préalablement faite des biens dudit tuteur, & de sa caution. — L'article 27 déclare que la disposition de l'article précédent n'aura lieu, par rapport au tuteur nommé par le testament du père, qu'en cas que les parens qui auront été appelés pour l'autorisation dudit tuteur, aient consenti à l'autorisation d'un tuteur notoirement insolvable, ou qu'ils aient omis d'imposer au tuteur testamentaire l'obligation

de rendre compte, suivant les articles 15 & 16 du présent édit, ou négligé de veiller à la reddition desdits comptes, & à l'emploi des deniers du mineur, conformément aux articles 18, 19, 20 & 23 ci-dessus, & pareillement dans tous les cas où il y auroit eu du dol & de la fraude de leur part. — Suivant l'article 28, la garantie portée par l'article 26, ou celle qui aura lieu dans les cas marqués par l'article précédent, ne seront point solidaires contre lesdits parens, & n'auront lieu que pour leur part & portion : & néanmoins, en cas qu'aucun d'eux soit insolvable, les solvables seront tenus solidairement des parties des insolvables, chacun par égale portion. — Aux termes de l'article 29, dans les cas où ladite garantie peut être exercée, elle a lieu jusqu'à ce que le tuteur, ou ses héritiers, successeurs ou ayans cause, aient rendu le compte de *tutèle*, que ledit compte ait été clos & arrêté, le reliquat payé, s'il en est dû, & les pièces justificatives remises au mineur ou à ses héritiers, successeurs ou ayans cause, le tout sans préjudice des exceptions qui seront ci-après marquées. — Par l'article 30, si le mineur, devenu majeur, ou ses héritiers, successeurs ou ayans cause, ne font aucune poursuite contre le tuteur dans les trois ans après sa majorité, ils ne pourront être reçus à exercer aucun recours contre les parens qui en seroient tenus de droit; ce qui aura lieu pareillement, en cas que dans cinq ans, à compter dudit jour de la majorité, ils n'aient pas fait toutes les poursuites & diligences nécessaires en justice, pour faire clorre & arrêter le compte de *tutèle*, sans néanmoins que, sous prétexte des dispositions du présent article, le tuteur élu par les parens, ou nommé par le testament du père, ni leurs héritiers, successeurs ou ayans cause, puissent opposer aucune autre prescription que celle de trente ans audit mineur & à ses représentans. — Suivant l'article 31, le mineur devenu majeur, ou ses héritiers ou représentans, seront pareillement tenus de dénoncer aux parens nominateurs, ou à leurs héritiers & représentans, sa demande en reddition de compte, ou celle que le tuteur auroit formée contre lui pour parvenir à le rendre, & de leur notifier la jurisdiction en laquelle l'une ou l'autre de ces demandes aura été portée, laquelle dénonciation il sera obligé de faire dans trois mois au plus tard, à compter du jour de sa demande ou de celle du tuteur, le tout à peine contre ledit mineur, & ses héritiers ou représentans, d'être déchus de leur recours contre lesdits parens, ce qui aura lieu pareillement à l'égard des parens qui auront été appelés à l'autorisation en justice d'un tuteur testamentaire, lorsque le mineur prétendra qu'ils sont dans le cas d'être responsables de la *tutèle*.

Il paroît, par ce que nous lisons dans le commentaire de Mourgues sur les statuts de Provence, *page 42*, que le parlement d'Aix suit à peu près sur cette matière les mêmes principes que ceux de Normandie & de Bretagne. Il rapporte d'abord un arrêt du 28 février 1624, qui ordonne aux nominateurs d'un tuteur décédé insolvable, de vérifier qu'il étoit solvable lorsqu'il fut créé tuteur, ensemble au temps de la tutèle finie ; & il ajoute que par arrêt définitif du 17 avril 1625, lesdits nominateurs ont été condamnés SOLIDAIREMENT à payer le reliquat du compte de tutèle, sauf à celui qui auroit payé, son recours contre les autres.

Le même écrivain rapporte, page 41, un arrêt du 22 janvier 1559, par lequel les nominateurs d'un comptable ont été mis hors d'instance, parce qu'après l'administration finie, les comptables avoient été solvables durant un temps suffisant pour exiger.

Les parlemens de Toulouse, de Grenoble & de Bordeaux assujettissent pareillement à la garantie de la solvabilité du tuteur les parens qui ont donné leur voix pour sa nomination. C'est ce qu'attestent & prouvent M. Maynard, liv. 6, chap. 56 ; M. de la Rocheslavin, liv. 6, titre 78, art. 1 ; M. de Cambolas, liv. 5, chap. 29 ; Automne, sur la loi 1, ff. de magistratibus conveniendis ; Basset, tome 2, liv. 4, tit. 14.

Mais ces auteurs ajoutent que la jurisprudence des trois parlemens dont il s'agit, n'est pas aussi rigoureuse que celle des parlemens de Normandie & de Bretagne, en ce qu'elle n'oblige les parens nominateurs que de garantir la solvabilité du tuteur au moment de l'élection. C'est en effet, dit M. Bouhier, la seule chose sur laquelle les parens aient pu être consultés par le juge de la tutèle ; & puisque ce même juge, chez les Romains, n'étoit pas tenu à davantage, il ne seroit pas raisonnable de porter plus loin l'obligation des parens.

La jurisprudence du parlement de Dijon est conforme à celle des trois cours dont on vient de parler. D'un côté Bouvot, tome 1, partie 2, rapporte un arrêt sans date, qui a condamné les parens d'un pupille à payer le reliquat dû par un tuteur dont ils n'avoient pu vérifier la solvabilité au temps de sa nomination. D'un autre côté, M. Bouhier nous a conservé un arrêt du 25 janvier 1700, qui juge que les parens nominateurs ne sont point garans de leur choix, pourvu qu'au temps qu'il a été fait les personnes choisies aient été solvables.

Le parlement de Paris jugeoit autrefois comme ceux de Rennes, de Rouen & d'Aix. Il obligeoit les parens nominateurs de garantir l'administration du tuteur, & il ne distinguoit pas s'ils l'avoient choisi dans un temps où il étoit solvable ou non. C'est ce que prouvent les arrêts rapportés par Carondas en ses pandectes, liv. 2, chap. 7 ; en ses réponses, liv. 12, chap. 42, & dans ses mémorables observations, article Tutèle.

Le premier arrêt que le parlement de Paris a rendu contre cette jurisprudence est du 14 août 1587. Il a jugé que les parens nominateurs n'étoient point garans de l'insolvabilité survenue depuis la nomination.

Le 14 décembre 1600, il en est intervenu un

autre qui a été plus loin. Il a décidé, qu'encore que les parens eussent choisi un tuteur insolvable & mauvais ménager au temps de la nomination, il n'y avoit aucun recours contre eux.

Il a été rendu des arrêts semblables les 5 juillet & 12 août 1603, & le 16 juillet 1640.

Nous avons dit ci-devant, qu'à défaut de parens, on doit appeler des voisins & des amis pour la nomination du tuteur. Il faut ajouter ici, qu'ils ne sont nulle part responsables de la solvabilité, & encore moins de l'administration de celui qu'ils ont nommé. C'est la disposition expresse du réglement de Normandie, art. 21, & de l'édit des tutèles de Bretagne, art. 5.

§. III. Des personnes incapables d'exercer une tutèle. La première condition requise pour être habile à gérer une tutèle, est que l'on jouisse des avantages de la vie civile : de-là l'incapacité des religieux profès, & des personnes mortes civilement.

Comme la tutèle est une charge virile, les femmes ne peuvent l'exercer. Tutelam administrare virile munus est, & ultrà sexum femineæ infirmitatis tale officium est, dit la loi 1, C. quando mulieres tutelâ officio. Les seules femmes exceptées de cette règle, sont la mère & l'aïeule ; encore a-t-on remarqué ci-devant, qu'elles rentrent dans la classe des autres, & perdent la tutèle de leurs enfans, dès qu'elles convolent à un second mariage.

Mais pourroient-elles, étant remariées, reprendre la tutèle, en vertu d'une nouvelle nomination qui seroit faite de leur personne par les parens assemblés devant le juge ? Elles le pourroient sans difficulté, parce qu'il n'existe aucune loi qui défende d'élire une femme remariée pour tutrice à ses enfans du premier lit. C'est d'ailleurs ce que fait entendre Brillon, au mot Tuteur, n. 82.

On peut encore appuyer cette opinion sur l'article du réglement des tutèles de Normandie, qui déclare que la mère est tenue, quoique remariée, de continuer la gestion de la tutèle jusqu'à ce que les parens aient élu un autre tuteur en sa place, sans qu'il soit besoin qu'elle y soit autorisée par justice. Il résulte bien clairement de-là que le consentement exprès ou tacite de la famille du mineur suffit pour que le juge laisse une mère remariée en possession de la tutèle.

Nous devons cependant convenir qu'il y a des auteurs qui enseignent le contraire, & sur-tout M. le président Favre en son code, liv. 5, titre 21, décision 2. Mais une chose certaine, c'est que leur opinion n'est pas suivie ; elle étoit même déjà rejettée du temps de Dumoulin.

Quand nous disons qu'une femme remariée peut être élue tutrice, on conçoit aisément qu'elle doit en ce cas avoir son second mari pour adjoint. Son incapacité de traiter aucune affaire sans le secours de l'autorisation maritale, amène nécessairement cette conséquence.

Il arrive même très-souvent que le second mari est nommé seul tuteur aux enfans de sa femme.

Une pareille nomination n'a rien d'irrégulier. La loi 32, §. 1, ff. de adoptionibus ; la loi 2, C. de interdicto matrimonio, & la loi 3, C. de contrario judicio tutelæ, l'approuvent expressément. Il y a plus ; il a été jugé par arrêt du parlement de Rouen, du 5 avril 1658, rapporté dans le commentaire de Basnage, art. 5, qu'un mari pouvoit être contraint d'accepter la tutèle des enfans que sa femme avoit eu d'un autre mariage ; ce qui néanmoins ne s'accorde pas avec deux arrêts du parlement de Paris des 24 décembre 1598 & 7 août 1614, par lesquels il a été décidé que le vitric, quoique capable de gérer la tutèle des enfans de sa femme, ne peut néanmoins être forcé de l'accepter.

La Provence a sur ce point une jurisprudence toute particulière ; l'article 9 de l'édit du roi René, du 11 juin 1403, défend au vitric de s'entremettre dans l'administration des biens appartenans aux enfans mineurs de sa femme ; & veut qu'on le condamne, en cas de contravention, à une peine pécuniaire, qu'il fixe.

Si une mère peut être élue tutrice après son convol à un second mariage, on imagine bien qu'elle peut, à plus forte raison, l'être quand elle est veuve pour la deuxième fois.

Du principe général que la mère & l'aïeule sont seules exceptées de la loi qui déclare les femmes incapables de gérer une tutèle, il résulte qu'une belle-mère ne peut être nommée tutrice des enfans de son mari. C'est en effet ce qu'a jugé un arrêt du parlement de Toulouse, du 23 juillet 1629, rapporté par M. d'Olive, liv. 1, chap. 33.

Un mineur de vingt-cinq ans peut-il être chargé d'une tutèle ? Non ; la loi dernière, C. de legitimâ tutelâ, en contient une défense expresse.

Si cependant on le nommoit tuteur par testament, la nomination ne seroit pas absolument nulle ; mais elle ne lui donneroit le droit d'administrer que quand il seroit parvenu à l'âge de majorité ; & en attendant, on nommeroit un curateur au pupille. C'est ce que décident la loi 32, §. dernier, de testamentariâ tutelâ ; le §. 2, aux instituts, qui testamento tutores dari possunt ; & la loi 10, §. 7, ff. de excusationibus.

La règle qui défend au mineur de gérer une tutèle, a lieu même contre la mère. La loi 2, C. quando mulieres tutelæ officio, met pour condition à la grâce qu'elle fait à celle-ci de lui permettre d'être tutrice, qu'elle sera majeure de droit, si ætate major est. Et il y a, dans les instituts françoises de Boutaric, page 87, un arrêt du parlement de Toulouse, du 1 mars 1791, qui juge effectivement qu'une mère mineure ne peut être nommée tutrice par le juge. La coutume d'Auvergne décide la même chose. La mère âgée de vingt-cinq ans, dit-elle, est tutrice & administratrice de ses enfans, si elle veut.

L'office dont un mineur est revêtu ne lève pas son incapacité d'être tuteur. C'est ce qui a été jugé contre un notaire âgé de vingt-trois ans, par arrêt

du 28 février 1611, inséré dans le recueil de Brodeau, lettre G. §. 9, n. 5.

Les muets peuvent-ils être tuteurs ? La loi 1, §. 2, de tutelis ; & la loi 10, §. 1, de legitimis tutoribus, décident que non, & cette disposition doit s'entendre des muets de naissance comme des autres. Les mêmes textes étendent cette décision aux sourds : mais il n'y faut pas comprendre les personnes dont la surdité n'est qu'imparfaite, & qui, pour entendre avec peine, n'en sont pas moins capables d'administrer leurs propres affaires : car rien n'empêche, suivant la loi dernière, de legitimis tutoribus, qu'on ne leur défère une tutèle ; & il en a été ainsi jugé par arrêt du premier juin 1575, rapporté par Chenu sur Papon, livre 15, titre 5, n. 11.

Les furieux & les insensés ne peuvent être tuteurs : c'est la disposition expresse de la loi unique, C. qui modo. De-là vient que l'on doit les décharger de la tutèle qui leur a été déférée dans un temps où ils jouissoient de leur raison. Les loix 11 & 40, ff. de excusationibus, y sont formelles.

Si cependant, dit la loi 10, §. 8 du même titre, il y avoit de justes espérances que la fureur ou la démence ne fût pas incurable, il faudroit laisser la tutèle au malade & nommer un curateur pour administrer en sa place jusqu'à sa guérison. On doit en user de même, suivant la loi 11, ff. de tutelis ; & le §. 2, aux instituts qui testamento tutores dari possunt, lorsqu'un père appelle un furieux ou un insensé à la tutèle des enfans qu'il a en sa puissance.

Le soldat ne peut être tuteur. La loi 4, C. qui dare tutores, & le §. 14, aux instituts de excusationibus tutorum, le lui défendent expressément. Papon, liv. 15, tit. 5, n. 20, rapporte un arrêt du parlement de Paris du 5 février.... qui a déchargé, en conséquence de ces textes, un capitaine de cinquante hommes d'armes, d'une tutèle qui lui avoit été déférée. Peleus, liv. 2, action 8, nous en a conservé un semblable du 22 décembre 1598, rendu en faveur d'un soldat aux gardes. Albert, lettre T, chap. 56, nous en retrace un du parlement de Toulouse, du 29 avril 1647, qui a jugé de même par rapport à un hallebardier de la morte-paie de Carcassonne.

Les évêques sont dans la même catégorie que les soldats. Il leur est défendu d'accepter des tutèles : episcopos autem tutelam alicujus personæ subire non permittimus, dit l'authentique presbyteros diaconos, §. 1, C. de episcopis. Il y a cependant des exemples que des évêques ont été tuteurs. Albert, lettre E, chap. 2, parle d'un arrêt rendu entre un évêque de Valence, tuteur de sa nièce, & la mère de sa pupille, sur la question de savoir à qui des deux son éducation devoit être confiée. Mais dans cette espèce on ne contestoit pas à l'évêque la faculté d'administrer la tutèle.

La qualité de créancier ou de débiteur du pupille empêche-t-elle que l'on ne soit appelé à sa *tutèle ?* La loi *neque*, C. *de excusationibus tutorum,* décide qu'un tuteur ne peut s'excuser sur ce qu'il est créancier ou débiteur du pupille. La loi *creditorem*, C. *qui dare tutores,* établit la même chose, & ajoute que le créancier tuteur pourra se payer lui-même de sa créance.

Mais la novelle 72, *chap.* 1, en dispose autrement. Elle exclut de la *tutèle* toute personne qui est créancière ou débitrice du pupille, *ne,* dit le chapitre 3 de la même constitution, *hostem potiusquàm curatorem præbeamus.* A la vérité, ce mot *curatorem,* & les termes *minor,* fréquemment répétés dans le chapitre 1, semblent, du premier coup-d'œil, restreindre cette disposition aux curatèles proprement dites. Mais, comme le remarque M. de Catellan, *liv.* 8, *chap.* 1, il est clair que ces mots doivent être étendus au cas du pupille & de la *tutèle,* comme il est encore expliqué au chapitre 3, qui ramène & qui joint la *tutèle* avec la curatèle.

Mais à quelle espèce de *tutèle* doit-on appliquer cette loi ? On ne peut douter, d'après ses propres termes, qu'elle n'ait lieu dans la *tutèle* légitime : *etiamsi legibus vocetur ad curationem, non accedat,* dit Justinien. La glose ajoute qu'il en est de même de la *tutèle* dative, lorsqu'elle se décerne par le juge, sans information & de son propre mouvement, *ex officio & sine inquisitione.*

Il en est autrement de la *tutèle* testamentaire. Le législateur ne l'a pas comprise expressément dans sa prohibition ; & tous les auteurs conviennent qu'elle en doit être exceptée. La foi & la probité du tuteur testamentaire, dit M. de Catellan, reconnue par le père qui l'a choisi, le met hors de soupçon, & fait entièrement cesser le danger & la crainte dont parle le chapitre 2 de la novelle *ne hostem potiusquàm curatorem præbeamus,* puisque le père est toujours présumé donner un tuteur ami & fidèle, ainsi qu'il est dit dans la loi 36, ff. *de administratione tutorum.* Ce sentiment a été confirmé par un arrêt du parlement de Grenoble du 6 février 1541, inséré dans la bibliothèque de Bouchel, article *Tuteur,* Il faut dire la même chose du tuteur nommé par le juge d'après un avis de parens.

Il y a dans le journal des audiences un arrêt du parlement de Paris du 15 juillet 1704, qui juge qu'une mère étant élue tutrice honoraire à son enfant, homme de qualité, son oncle paternel, à lui élu co-tuteur honoraire, ne peut être exclus, sous prétexte des discussions de créances qu'il peut avoir contre le mineur, sauf à la mère à demeurer seule tutrice dans les affaires qui seront intentées contre ce co-tuteur honoraire, directement ou indirectement, ou contre ses proches.

§. IV. *Des personnes que l'on ne peut forcer d'accepter une tutèle.* Les causes sur lesquelles on peut fonder ce que les jurisconsultes nomment l'*excuse d'une tutèle,* sont en très-grand nombre.

Pour en parler avec ordre, il faut les diviser en quatre classes.

Nous placerons dans la première les *excuses* fondées sur les privilèges que les souverains ont attachés à certains offices, états ou emplois.

Dans la seconde, celles qui proviennent des difficultés que le tuteur nommé est dans le cas d'éprouver ou faire éprouver à son pupille en administrant, & que l'on prévoit devoir l'empêcher de bien s'acquitter des fonctions tutélaires.

Dans la troisième, celles qui sont tirées de la circonstance qu'il y a d'autres personnes que le tuteur nommé, sur lesquelles la charge de la *tutèle* doit plus naturellement tomber.

Dans la quatrième, celles qui sont fondées sur le sexe. Après avoir parcouru ces quatre classes d'*excuses,* nous examinerons si une personne qui n'en a aucune en sa faveur peut refuser une *tutèle* qui lui a été déférée par le juge, sans qu'il ait été appellé à l'assemblée de parens.

Nous déterminerons ensuite la forme dans laquelle doivent être proposées les *excuses,* & ce que doit faire le tuteur nommé, en attendant que le juge ait fait droit sur la demande en décharge.

I. Tous les offices, états ou emplois qui exemptent des charges publiques, n'affranchissent pas de la *tutèle.* Il faut une expression spéciale, pour que l'exemption de celle-ci soit comprise dans l'exemption de celles-là. C'est ce que décident la loi 15, §. 12 ; & la loi 17, §. 3, *ff. de excusationibus.* De-là vient que plusieurs textes, après avoir parlé d'une dispense des charges publiques, font une mention particulière de la dispense des *tutèles.* C'est ce que l'on remarque sur-tout dans la loi 8, §. 1, & la loi 12, §. 1, *ff. de vacationibus & excusationibus munerum.*

Ce principe a servi de fondement à un arrêt du parlement de Paris, du 13 mars 1682. Le sieur Pillaut, notaire au châtelet, se prétendoit exempt de la charge de marguillier, à laquelle il avoit été nommé par les paroissiens de sainte Geneviève des Ardens ; son principal moyen étoit une déclaration de 1673, qui donne aux Notaires du châtelet la qualité de conseillers du roi, & les exempte *de toutes charges publiques.* Mais M. l'avocat général Talon fit sentir que cette énonciation vague ne pouvoit pas plus s'appliquer aux charges de marguillier qu'aux *tutèles,* & qu'il en devoit être de celles-là comme de celles-ci, parce que les marguilliers sont les tuteurs de l'église. Par l'arrêt cité, le sieur Pillaut fut débouté de sa demande.

Nous avons déjà dit que les évêques ne peuvent être nommés tuteurs. Ainsi, il ne peut être question d'*excuse* à leur égard. Quant aux simples prêtres, diacres ou sous-diacres, nous remarquons que dans le troisième siècle de l'église, ils étoient non-seulement affranchis, mais même incapables de toute espèce de *tutèle.* On trouve, dans le décret de Gratien, un canon, par lequel S. Cyprien défend que l'on fasse dans l'église aucune prière ni offrande pour le repos de l'ame d'un certain Victor, parce qu'il avoit eu *la témérité* de nommer un prêtre pour tuteur.

En 451, le concile général de Chalcédoine défendit aux prêtres de s'ingérer dans l'administration des affaires d'autrui, *à moins qu'ils ne fussent appellés par les loix à une tutèle dont ils ne pussent s'excuser;* exception qui prouve que dans le cinquième siècle les prêtres pouvoient être contraints d'accepter la *tutèle* légitime.

Enfin, dans le sixième siècle, Justinien a déclaré, par sa novelle 123, *chap. 5*, que les prêtres, diacres & sous-diacres pourroient accepter la *tutèle* légitime seulement, mais qu'ils n'y seroient contraints en aucun cas, & même que l'acceptation qu'ils feroient de la *tutèle* d'un de leurs parens, ne pourroit pas servir de prétexte pour les forcer à se charger de celle d'un autre.

Cette disposition forme le dernier état de la jurisprudence sur ce point : mais elle n'a lieu, suivant la loi 52, §. 1, C. *de episcopis & clericis*, qu'en faveur des prêtres, diacres ou sous-diacres qui rendent à l'église des services réels; & elle ne peut être invoquée par ceux qui ne lui sont attachés que par un vain titre. C'est aussi ce qui a été jugé par un arrêt du parlement de Rouen, du 24 janvier 1662, rapporté par Basnage, *art. 5*.

Denisart dit que les charges de la maison du roi exemptent de *tutèle* & curatèle, suivant les lettres-patentes du 22 mars 1602, l'édit du mois d'août 1610, la déclaration du 4 septembre 1682, les arrêts du conseil des 13 décembre 1695, & 18 mars 1698, la déclaration du 2 janvier 1706, & l'édit du mois de septembre suivant. Le même auteur nous apprend que le sieur le Mazurier, gentilhomme de la chambre, a été maintenu dans cette exemption par un arrêt du conseil du 20 mai 1730, quoiqu'il fût question d'une *tutèle* en Bretagne. Le marquis de Lambets, lieutenant de la grande vénerie, a obtenu un arrêt semblable du 17 avril 1734, qui est aussi rapporté dans la collection de Denisart. Par la même raison (dit Brodeau, *lettre C, §. 32*) il a été jugé que les chantres de la chapelle du roi sont exempts de *tutèles*, par arrêt infirmatif de la sentence du bailli de Soissons, du mardi 24 novembre 1615.

On a vu plus haut que les soldats ne peuvent être tuteurs; ainsi, il est bien certain qu'ils ne doivent jamais être chargés, malgré eux, d'une *tutèle*. C'est aussi ce qui a été jugé par différens arrêts dont on a parlé au même endroit.

Chez les Romains, tous les offices auxquels étoit attachée une portion quelconque de la puissance publique, exemptoient de la *tutèle* : *qui potestatem aliquam habent, se excusare possunt, ut divus Marcus rescripsit*, dit l'empereur Justinien en ses instituts, §. 3, *de excusationibus*. La loi 17, §. 1, ff. *de excusationibus*, semble aller plus loin; elle attache l'exemption de la *tutèle* à tous les emplois honorables : *gerentibus honorem vacationem tutelarum concedi placuit*.

Dans nos mœurs, les offices qui exemptent de la *tutèle* sont, 1°, ceux de conseillers d'état, & de

maîtres des requêtes. Leur exemption est même plus étendue que ne l'est communément celle attachée aux autres offices, en ce qu'elle a lieu pour les *tutèles* qui leur ont été déférées avant qu'ils entrassent au conseil du prince. C'est la disposition expresse de la loi 30, ff. & de la loi dernière, C. *de excusationibus*.

2°. Les conseillers, & à plus forte raison les présidens des cours souveraines, sont exempts de *tutèle*. C'est ce qui a été jugé en faveur d'un conseiller au parlement de Bordeaux, par arrêt de cette cour du 3 mars 1493, rapporté dans le recueil de Papon, *liv. 15, titre 5, n. 11*, & dans la conférence d'Automne, sur la loi 6, ff. *de excusationibus*.

La Rocheflavin, *liv. 4, lettre T, tit. 8, n. 8*, dit qu'un conseiller du parlement de Toulouse, ayant été nommé par son frère, tuteur honoraire à une de ses nièces, en fut déchargé par arrêt du 28 avril 1578.

Le conseil a rendu, le 12 janvier 1740, un arrêt qui confirme ces décisions, & déclare les *conseillers d'état*, les *maîtres des requêtes* & les *conseillers au parlement*, exempts de *tutèle* & nomination de tuteurs.

Quelques-uns prétendent que l'exemption des conseillers de cour souveraine doit cesser lorsqu'il s'agit de la *tutèle* des enfans d'un de leurs confrères, décédé. Tel est particuliérement l'avis de Graverol sur la Rocheflavin, à l'endroit cité, *tit. 9, art. 8*. Cependant il rapporte lui-même un arrêt du parlement de Toulouse qui a jugé le contraire; en déchargeant MM. de Buet & Bertier de la *tutèle* des enfans de M. Dupuy.

Mais il est un cas où la doctrine de Graverol ne doit souffrir aucune difficulté : c'est lorsque la *tutèle* des enfans d'un conseiller a été déférée à un autre conseiller, avant qu'il fût revêtu de son office. Si quelqu'un, dit la loi 15, §. 3, ff. *de excusationibus*, est établi tuteur du fils d'un homme qui n'étoit ni membre du sénat, ni décoré d'une autre dignité; & qu'ensuite il soit nommé sénateur, il sera sur le champ déchargé de la *tutèle*. Mais si les enfans dont il a été créé tuteur appartiennent à un sénateur, il n'obtiendra point sa décharge.

Le parlement de Normandie ne regarde pas ses membres comme exempts de *tutèle*. C'est ce que nous apprend Basnage, *art. 5*; & son assertion est confirmée par M. Houard, en son dictionnaire de droit normand, au mot *Condescente*. Comme messieurs du parlement, dit-il, ne sont pas exempts de *tutèle*, ils sont aussi exposés à la *condescente*, suivant un arrêt de grand-chambre de 1631, rapporté par Basnage. Il est vrai que cet arrêt porte, *sans tirer à conséquence;* parce qu'en effet un membre du parlement peut, en diverses circonstances, être employé à des affaires qui intéressent tellement le public, qu'en ce cas l'exemption de la condescente doive, en consultant l'esprit de la coutume, lui être accordée.

Un

Une singularité remarquable, & qui fait honneur à l'impartialité du parlement de Rouen, c'est qu'il accorde aux officiers de la chambre des comptes de Normandie un privilège qu'il se refuse à lui-même. Basnage rapporte un arrêt du 16 décembre 1649, qui décharge un correcteur des comptes de la nomination faite de sa personne aux fonctions de tuteur. Il ajoute qu'il a vu un arrêt du grand-conseil qui jugeoit la même chose pour un auditeur.

Les officiers de la chambre des comptes de Paris jouissent de la même exemption; & elle leur a été confirmée par un arrêt du conseil du 29 octobre 1757. Le sieur Ameline de Quincy, conseiller-correcteur, avoit été déclaré. nominateur d'une *tutèle* par différentes sentences de la justice royale d'Hennebout, sur le fondement que l'article 10 de l'édit des *tutèles* de Bretagne, assujettit même les officiers exempts de *tutèles* à l'obligation d'assister & de donner leur avis aux élections des tuteurs & curateurs. Le sieur Ameline de Quincy s'est pourvu au conseil contre ces sentences; &, par l'arrêt cité, il a été ordonné que les édits, déclarations, lettres-patentes & arrêts rendus en faveur des officiers commensaux, seront exécutés selon leur forme & teneur: en conséquence, sans s'arrêter aux sentences rendues en la justice royale d'Hennebout, sa majesté a déclarées nulles & de nul effet, ainsi que tout ce qui pouvoit s'en être ensuivi, ledit sieur de Quincy a été maintenu, comme officier commensal de sa majesté, en qualité de l'un de ses conseillers-correcteurs en sa chambre des comptes de Paris, dans l'exemption de *tutèle*, curatèle, & nomination à icelles. Défenses aux officiers de ladite justice, & à tous autres, de l'y troubler, à peine de nullité, cassation de procédures, & de tous dépens, dommages & intérêts.

Les greffiers des cours souveraines sont-ils exempts de *tutèle*? La Rocheflavin, *liv. 4, lettre T, tit. 8, art. 13*, assure que l'affirmative a été adoptée par arrêt du 15 février 1592, rendu en faveur du greffier, connu au parlement de Toulouse sous le nom de *secrétaire évangéliste*. Mornac, sur la loi 6, C. *de episcopis & clericis*, rapporte un arrêt du 31 mars 1620, qui a jugé de même dans la cause d'un greffier du parlement de Paris. Le motif de cette décision, dit Jean-Antoine Ferrière, est pris du service assidu auquel ces greffiers sont assujettis.

La même raison, continue-t-il, milite pour les huissiers du parlement & du grand-conseil. Aussi l'exemption de *tutèle* leur a-t-elle été accordée par plusieurs arrêts. Chenu sur Papon, *liv. 15, tit. 5, n. 11*, en rapporte un du 18 février 1535; Maynard, *liv. 3, chap. 12*, nous en fournit un autre rendu au parlement de Toulouse, le 20 janvier 1584.

Le contraire a été jugé au désavantage d'un huissier de la chambre des comptes de Paris. L'arrêt, qui est du 1er mars 1605, est rapporté par Bouchel en sa bibliothèque civile, au mot *Tutèle*.

Un arrêt du parlement de Bordeaux, du 24 juillet 1713, a décidé que les huissiers aux requêtes du palais étoient exempts de *tutèle*. Mais, dit Jean-Antoine Ferrière, *page 83*, je ne sais si cet arrêt, qui est unique, peut servir de préjugé: car enfin les huissiers de la chambre des requêtes du palais ne faisant corps en aucune occasion avec les huissiers du parlement, il n'est pas convenable de leur communiquer le privilège accordé à ces derniers, moins encore que, comme nous l'avons déjà établi, les privilèges ne sont jamais étendus d'une personne à une autre, & que l'exemption des charges publiques n'a pas lieu facilement.

Les secrétaires du roi dans les chancelleries près les cours souveraines sont exempts de *tutèle*. C'est, dit Brillon, ce que porte une déclaration du 23 décembre 1594, enregistrée au grand-conseil le 25 octobre 1603, par laquelle le roi, en interprétant leurs privilèges, déclara qu'ils étoient exempts de toutes charges de *tutèle*.

C'est ce que décident aussi la déclaration du 12 juin 1681, rendue pour la chancellerie près le parlement de Flandres, & l'édit du mois de juin 1770, concernant la chancellerie près le parlement de Nancy.

Il y a plus, les référendaires, officiers de ces chancelleries, jouissent de la même exemption. C'est ce que portent les articles 10 & 11 de l'édit du mois de juin 1770 que l'on vient de citer; loi qui n'a été formée que d'après ce qui s'observe dans les autres chancelleries près des cours.

Les officiers des bailliages & sénéchaussées n'ont pas le même avantage. Bouchel, en sa bibliothèque civile, au mot *Tutèle*, rapporte un arrêt du 6 mai 1588, qui déboute un conseiller au châtelet de sa demande à fin de décharge des fonctions de tuteur, qui lui avoient été déférées par ses parens. Il ajoute que, par un autre arrêt du 10 janvier 1622, il a été jugé que la qualité de procureur du roi ne donne pas l'exemption de *tutèle*, & que la même chose avoit été décidée auparavant contre le procureur du roi de Provins.

Ces arrêts confirment le principe établi ci-dessus, que l'exemption de *tutèle* ne peut résulter que d'une loi expresse, & prouvent qu'en cette matière on ne doit pas argumenter par induction, ni même *à fortiori*: car le chef d'un bailliage est certainement au-dessus d'un huissier de cour souveraine, & cependant il est soumis aux charges de *tutèle* & curatèle, tandis que celui-ci en est exempt.

Ces mêmes arrêts prouvent encore que le parlement de Paris ne prend point le droit romain pour règle des exemptions de *tutèle*: car on a remarqué ci-devant que les loix romaines accordent l'affranchissement de cette charge à tous les offices qui donnent *honorem* ou *potestatem*. Mais ne doit-on pas en juger autrement dans les provinces de droit écrit, & même dans les coutumes qui renvoient aux loix romaines la décision des cas échappés à

O

leur prévoyance ? Nous ne croyons pas que l'affirmative soit susceptible de difficulté.

Ce qui doit surprendre sur ce point dans la jurisprudence du parlement de Paris, c'est qu'elle est plus favorable à de simples officiers de police qu'à ceux des jurisdictions royales ordinaires. Mornac, sur la loi 7, *ff. ex quibus causis majores*, rapporte un arrêt du 12 février 1613, qui accorde l'exemption de *tutèle* à un dixainier de Paris.

Les magistrats municipaux sont-ils exempts de *tutèle* ? L'affirmative a été adoptée par un arrêt du parlement de Toulouse, rapporté dans le recueil de la Rocheflavin, *liv. 4, lettre T, tit. 9, art. 11*, & elle est incontestable dans les pays de droit écrit : non-seulement elle résulte de la règle générale établie par les loix déjà citées, que les officiers auxquels sont attachées des fonctions honorables, ou qui ont pour objet l'exercice de la puissance publique, donnent l'exemption des charges de *tutèle* & curatèle : mais elle est formellement consacrée par la loi 6, §. 16, *ff. de excusationibus*.

On oppose la loi 15, §. 9 ; la loi 17, §. 4 ; & la loi 23 du même titre : mais que disent ces loix ?

La première décide seulement qu'un magistrat sorti de fonctions & nommé tuteur, ne peut pas tirer en ligne de compte les *tutèles* qu'il a déférées pendant qu'il étoit en charge, pour former le nombre de *tutèles* auquel on verra ci-après que les loix attachent l'exemption des *tutèles* ultérieures.

La seconde porte, à la vérité, qu'un édile peut être nommé tuteur : mais elle ne dit point qu'il ne pourra pas s'excuser. Il en est de cette loi comme de la loi vingtième du titre *de testamentariâ tutelâ*, qui permet de nommer un préteur & même un consul pour tuteur. Sans doute on ne conclura point de celle-ci, que les premiers magistrats de Rome fussent privés du droit de refuser les *tutèles* dont on les chargeoit. On ne doit pas non plus inférer de celle-ci, que les juges municipaux n'eussent point d'excuse à proposer contre les *tutèles* auxquelles ils étoient appellés.

La troisième déclare seulement que les magistrats ne peuvent s'excuser des *tutèles* qui leur ont été déférées avant leur promotion à la magistrature. En cela, les juges municipaux sont de la même condition que tous les officiers de judicature qui jouissent de l'exemption de *tutèle*, sans être ni conseillers d'état, ni maîtres des requêtes, ni membres de cour souveraine.

Du reste, la décision de cette dernière loi a été confirmée par un arrêt du parlement de Toulouse du 3 mars 1695, rapporté dans les *observations de Vedel sur Catellan, liv. 8, chap. 1*. Le sieur Souillot, dit cet auteur, prétendoit qu'une charge de maire, qu'il avoit acquise, lui fournissoit une exemption pour la *tutèle* : mais on n'eut point d'égard à cette exception, parce qu'il avoit acheté cet office, & s'en étoit fait pourvoir depuis la *tutèle* décernée.

Il y a, dans le recueil de la Peyrère, *p. 513, édition de 1725*, un arrêt qui préjuge nettement qu'un clerc de ville de Bayonne ne pouvoit pas s'arroger l'exemption de *tutèle*, quoique les jurats, dont il étoit suppôt, en jouissent incontestablement.

L'édit du mois de mars 1673 accorde l'exemption de *tutèle* aux banquiers expéditionnaires, & aux greffiers des arbitrages, syndicats & directions des créanciers.

Que doit-on décider à l'égard des officiers & ouvriers des hôtels des monnoies ? Jean-Antoine Ferrière, *page 83*, nous apprend qu'ils sont exemptés de la *tutèle* par un édit du mois de décembre 1602, par un arrêt du parlement de Toulouse du 23 juin 1603, par des lettres-patentes du mois d'avril 1616, enregistrées au parlement de Toulouse le 28 août 1619, & par un grand nombre d'autres réglemens, entre lesquels on remarque des lettres-patentes du mois de janvier 1719.

Les exemptions de *tutèles* se sont multipliées considérablement vers la fin du dernier siècle. Les besoins de l'état firent alors créer un grand nombre de nouveaux offices ; &, pour en faciliter le débit, on ne manqua pas de les décorer de privilèges. Mais par l'article premier de l'édit du mois d'août 1715 toutes les exemptions de *tutèle* qui avoient été accordées par des édits, déclarations & lettres-patentes depuis le premier janvier 1689, furent éteintes & supprimées.

C'est sans doute par défaut d'attention à cette loi que Jean-Antoine Ferrière a avancé, *page 84*, que les commissaires aux saisies-réelles étoient exempts de la *tutèle*. Cette exemption est en effet écrite dans l'article 27 de l'édit du mois de juillet 1689 : mais la date de cet édit annonce assez qu'il ne peut plus avoir d'effet.

Que doit-on décider par rapport aux receveurs des consignations ? Il y a, dans le journal des audiences, un arrêt du 30 décembre 1624, qui juge qu'un de ces officiers ne pouvoit s'excuser d'une *tutèle* à lui déférée par l'avis des parens, sous-prétexte du maniement qu'il avoit des deniers du public, dont il demeureroit toujours comptable.... Mais la cour, prononçant qu'il demeureroit tuteur, ordonna que les parens qui l'avoient nommé, & qui persistoient en sa nomination, malgré l'inconvénient & le hasard qu'il y avoit pour le reliquat du compte des mineurs, seroient garans & cautions du compte de *tutèle* ; & seroient les soumissions à ce nécessaires & accoutumées. L'auteur du journal des audiences ajoute, que dès auparavant il avoit vû tenir la même maxime à M. l'avocat-général Servin.

Les ambassadeurs & envoyés du roi dans les cours étrangères, sont incontestablement affranchis de la *tutèle*. Cela résulte du §. 2, aux instituts *de excusationibus tutorum*, qui attache l'exemption de cette charge à l'absence pour les affaires publiques. *Item, qui reipublicâ causâ absunt, à tutelâ excusantur*. Ce qu'il y a de remarquable, c'est que cette absence exempte même des *tutèles* qui sont déférées dans l'an du retour. La loi 10, *ff. de excusationibus*, & la loi dernière, *C. si tutor vel curator reipublicæ causâ*, sont très-expresses là-dessus. Mais si celui qui exerce une *tutèle* est contraint de s'absenter pour les affaires publiques, on ne le décharge de l'administration que pour le temps de son absence, & il est obligé de la reprendre aussi-tôt qu'il est de retour. Dans l'intervalle, on nomme un curateur qui gère en sa place. Tout cela résulte du §. 2, aux institutes *de excusationibus ;* de la loi 1, C. *si tutor vel curator reipublicæ causâ ;* & de la loi 10, §. 2, *ff. de excusationibus.*

Les administrateurs de l'hôpital général de Paris ont été exemptés de la *tutèle* par l'article 20 de l'édit du mois d'avril 1656, portant établissement de cette maison ; & ce privilège leur a été expressément confirmé par l'arrêt du conseil du 12 janvier 1740, rapporté ci - dessus. Ce même arrêt ajoute qu'ils sont aussi exempts de la charge de nomination aux *tutèles,* & par conséquent des risques qui en résultent dans certaines provinces.

Il paroît que les administrateurs des hôpitaux de Bretagne jouissent également de ce double privilège. C'est du moins ce qui résulte d'une note de Poulain du Parcq, sur l'article 6 de l'édit du mois de décembre 1732.

Les inspecteurs des manufactures du royaume ont été exemptés de *tutèle* par une déclaration du 3 novembre 1715.

Un édit du mois de décembre 1708 a accordé le même privilège aux juges-gardes-conservateurs des étalons, des mesures de vin & autres boissons ou liqueurs, de l'aune, toise & pied, des boisseaux & autres mesures de bois, des fléaux, poids & balances.

Un autre édit du mois de mars 1709 a étendu cette faveur aux inspecteurs-visiteurs des huiles.

Au mois de mai suivant, il a paru un autre édit qui en dispose de même par rapport aux trésoriers & contrôleurs-généraux de la marine.

Quelques années auparavant, le 19 juillet 1704, il étoit intervenu une déclaration par laquelle les greffiers des insinuations laïques sont pareillement exemptés de la *tutèle.*

Les quatre dernières loix que l'on vient de rappeller, sont citées par Jean-Antoine Ferrière, *p.* 74 : mais il y a apparence qu'elles sont comprises dans la révocation portée par l'édit du mois d'août 1715, dont on vient de parler.

C'est un principe général, que l'administration ou la qualité de fermier des finances de l'état emporte exemption de la *tutèle.* Le §. 1, aux institutes *de excusationibus,* & la loi 10, C. du même titre, contiennent une décision expresse, & elle a été introduite, suivant la loi 5, §. 10, *ff. de jure immunitatis,* non pas pour faire honneur aux financiers, mais pour assurer les actions du fisc contre eux, & les empêcher de diminuer leurs facultés à son préjudice : *non honori conductorum datum, ne compellantur ad munera municipalia ; sed ne extenuentur facultates eorum quæ subsignatæ sunt fisco.*

Du reste, les arrêts ont constamment adopté la décision dont il s'agit. Papon, *liv. 15, tit. 5, n. 2,* en rapporte un du 14 juillet 1574, qui juge qu'un receveur des décimes, comme étant comptable du roi, n'est capable & est exempt de *tutèle.* L'article 11 du titre commun aux fermes de l'ordonnance du mois de juillet 1681, veut que les fermiers, sous-fermiers & commis des fermes du roi soient & demeurent exempts de *tutèle.* Il y a encore des lettres-patentes sur arrêt, du 17 octobre 1739, enregistrées au parlement de Toulouse le 19 novembre de la même année, qui ordonnent la même chose à l'égard des adjudicataires des sous-fermes du droit d'équivalent dans les villes & lieux de la province de Languedoc, dont le prix des baux excède la somme de 500 livres.

Cette loi range sur la même ligne les directeurs & commis fermentés qui sont employés dans ces sous-fermes. C'est aussi ce qu'a réglé, relativement aux inspecteurs du même droit d'équivalent, un édit du mois de décembre 1708, enregistré au parlement de Toulouse le 23 février 1709.

Il a été jugé par arrêt du parlement de Paris, du 14 février 1705, rapporté au journal des audiences, que les privilèges d'exemption de la *tutèle,* attribués par un édit à des offices de finance, ne s'étendent point au commis à la perception des droits, en attendant la vente des charges, quoique cela soit dit par arrêt du conseil, non revêtu de lettres-patentes enregistrées. Le même recueil nous fournit un arrêt du 21 juillet 1708, qui juge qu'un commis ne doit pas jouir de l'exemption de *tutèle* attachée à son emploi, lorsqu'il n'a pas prêté serment.

Les professeurs des hautes sciences sont affranchis de la *tutèle* par les loix 4 & 6, *ff. de professoribus & medicis,* & par les loix 6, §. 12, & 8, §. 4, *ff. de vacatione & excusatione munerum.* C'est sur ce fondement qu'un arrêt du 8 janvier 1564, rapporté par Papon, *liv. 15, tit. 5, n. 17,* a exempté de *tutèle* un médecin qui étoit professeur de philosophie.

Les grammairiens & les rhéteurs, c'est-à-dire, les maîtres qui enseignent ce que nous appellons les humanités, doivent jouir du même privilège, suivant la loi 6, §§. 1, 9 & 10, *ff. de excusationibus,* & la loi 9, *ff. de vacatione & excusatione munerum :* mais, ajoutent ces textes, il faut pour cela qu'ils donnent leurs leçons à Rome ou dans leur patrie, & qu'ils soient agrégés au corps de leurs confrères ; car s'ils étoient surnuméraires, & tenoient leur école dans un lieu étranger, il faudroit qu'on leur reconnût un mérite transcendant pour les exempter de la *tutèle.*

Dans nos mœurs, tous les professeurs des universités ont indistinctement ce privilège : mais il ne s'étend pas aux autres.

Les poëtes, les musiciens, les géomètres, les libraires, les banquiers ont prétendu, chez les Romains, que l'on devoit les exempter de *tutèle* : mais les loix 3 & 4, C. *de professoribus & medicis ;* la

loi 6, C. *de excusationibus munerum* ; la loi 15, §.
5, & la loi 22, *ff. de excusationibus munerum*, nous
apprennent que leur demande n'a point été écoutée.
Les médecins ont été mieux traités : car la loi 6,
§. 1, *ff. de excusationibus*, & la loi 6, C. *de professoribus & medicis*, les mettent sur la même ligne
que les grammairiens & les rhéteurs, & leur accordent l'exemption de *tutèle* dans les cas où elles
veulent que ceux-ci en jouissent. Mais, comme le
prouve M. le Bret, *action 22*, cette disposition n'est
pas suivie en France. Il est bien vrai que les médecins du roi sont, en leur qualité de commensaux, exempts de *tutèle* : mais les autres n'ont, en
cette matière, aucun privilège. Automne, sur le
premier des textes cités, dit qu'il a été jugé par
arrêt de Bordeaux du mois de mars 1595, que les
médecins ordinaires des villes & docteurs en médecine ne sont point exempts des *tutèles*. Il y a,
dans le journal des audiences, un arrêt du parlement de Paris, du 3 décembre 1652, qui juge la
même chose.

Les chirurgiens & les apothicaires sont encore
moins fondés que les médecins à prétendre l'exemption de *tutèle*. Ceux-ci ont du moins en leur faveur
des loix qui ont été long-temps exécutées ; ceux-là
n'ont jamais eu de privilège sur ce point. On remarque cependant un arrêt du parlement de Toulouse, du 13 mars 1650, qui a déchargé de la *tutèle*
un *chirurgien de peste*. Il est rapporté par Albert,
lett. T, chap. 56, édit. de 1731.

On trouve pareillement dans le recueil de Bouvot,
tome 2, article Tuteurs, quest. 23, un arrêt du parlement de Dijon, du 1er avril 1610, qui a jugé
qu'un *tutèle* dont l'exercice devoit se faire hors du lieu
de son établissement ; & cet arrêt, dit Jean-Antoine
Ferrière, *page 85*, est très-juridique, parce qu'en
effet l'équité résiste à ce qu'un apothicaire qui se
trouve occupé à composer les médicamens nécessaires aux malades, soit forcé de faire des voyages
qui interromproient sans contredit son occupation,
& qui par-là deviendroient nuisibles au public. Par
la même raison, continue cet auteur, je ne doute
pas qu'un médecin employé dans une ville, ne fût
pareillement excusé de la *tutèle*, si elle devoit l'o-
bliger à faire des absences.

La loi 44, *ff. de excusationibus*, met en principe
qu'un noble ne peut être contraint d'accepter la
tutèle d'un roturier. Automne dit, en sa conférence,
qu'elle n'est plus suivie. Mais Jean-Antoine Ferrière
assure, *page 69*, que la seule dérogation que l'on
y ait faite dans nos mœurs, est que rien n'empêche qu'un homme noble, qui se trouve parent
ou allié d'un pupille non noble, ne puisse être forcé
d'accepter la *tutèle*.

II. On peut réduire à dix chefs les causes d'exemption de *tutèle* fondées sur les difficultés que le tuteur
nommé est dans le cas de faire éprouver à son pupille en administrant ses biens.

Ce sont, 1°. l'impéritie du tuteur dans les affaires ;

2°. ses infirmités ; 3°. son grand âge ; 4°. sa pauvreté ;
5°. le nombre d'enfans dont il est chargé ; 6°. la pluralité des *tutèles* qui lui ont été déférées précédemment ; 7°. l'éloignement du lieu de sa demeure,
au lieu où doit s'exercer la *tutèle* ; 8°. la trop grande
dispersion des biens du pupille ; 9°. les procès qu'il
est dans le cas d'avoir avec lui ; 10°. l'inimitié qu'il
y a eu entre lui & le père du pupille.

L'impéritie & l'inaptitude aux affaires est, sans
contredit, un moyen légitime d'excuse. Mais un
homme qui a assez de bon sens & d'expérience pour
administrer, peut-il s'excuser, sur le prétexte qu'il
ne sait ni lire ni écrire ? La loi 6, §. *de excusationibus*, décide positivement que non ; &
en effet, rien n'empêche qu'un homme illétré ne
fasse faire ses comptes par un tiers, *rationes per alium
conficere potest*. Et c'est sur ce fondement que deux
arrêts du parlement de Dijon, des 12 septembre
1661 & 23 janvier 1665, ont jugé que ce n'est point
une raison légitime pour s'excuser de la collecte,
que de dire qu'on ne sait ni lire ni écrire, pourvu
que celui qui est nommé collecteur soit assez in-
telligent dans les affaires.

Infirmité. Lorsque le tuteur est attaqué d'une maladie ou infirmité qui le rend incapable d'administrer
ses propres affaires, il peut, sans difficulté, s'excuser de la *tutèle*. Il en a été ainsi jugé par deux
arrêts du parlement de Normandie, des 13 avril 1644
& 12 février 1647, rapportés par Bérault, *tome 2*,
vers la fin. C'est même ce que décident expressément
la loi 10, §. *dernier, ff.* & le §. 7, aux instituts
de excusationibus. La loi 12, *ff.* au même titre, ajoute
qu'il faut pour cela que l'infirmité soit continuelle.

Peut-on dire, d'après ces textes, que l'épilepsie
est une cause légitime ? Jean-Antoine Ferrière,
page 94, n'en fait aucune difficulté. L'épileptique,
dit-il, doit être reçu à s'excuser de la *tutèle*, puisqu'il ne peut se promettre d'avoir la faculté d'agir,
étant exposé journellement à souffrir des attaques
d'épilepsie. Ce péril est toujours imminent en sa
personne. De-là vient que les constitutions canoniques lui interdisent la célébration de la messe &
les fonctions épiscopales.

Mais que dirons-nous du goutteux ? La loi 15,
C. *de decurionibus*, décide qu'il ne peut pas se refuser à l'exercice des charges personnelles ; la loi
3, C. *qui morbo*, dit la même chose : mais elle
ajoute qu'il en seroit autrement, si le goutteux étoit
tellement affligé qu'il ne pût agir pour ses propres
affaires. Bouvot, *tome 2, article Tuteur, quest. 28*,
nous a conservé un arrêt du parlement de Bourgogne qui confirme cette exception.

La loi 9, C. *de excusationibus*, décide qu'un borgne
ne peut, comme tel, demander sa décharge de la
tutèle qui lui a été déférée. A l'égard des aveugles,
on a vu plus haut qu'ils ne peuvent être nommés
tuteurs.

Age. Celui qui est âgé de soixante-dix ans peut
s'excuser de la *tutèle*. La loi unique, C. *qui aetate*,

& le §. 13, aux inſtitutes *de excuſationibus*, le décident ainſi expreſſément. Si les ſoixante-dix ans n'étoient pas accomplis, l'excuſe n'auroit pas lieu, ſuivant la loi 2, *ff. de excuſationibus*, & la loi 3, *ff. de jure immunitatis.*

Automne, ſur la première de ces loix, rapporte un arrêt de 1534, qui a déchargé un ſexagénaire de la *tutèle* : mais il faut qu'il y ait eu dans l'eſpèce quelques circonſtances particulières dont cet auteur n'étoit pas inſtruit : car les arrêts cités par Bouvot, *article Tutèle, quæſt. 1*, & par Boniface, *tome 1*, prouvent clairement que l'on ſuit encore ſur ce point la diſpoſition du droit romain, & que l'excuſe de l'âge ne peut être propoſée que par les ſeptuagénaires.

Il eſt à remarquer que cette excuſe ne peut pas avoir lieu contre une *tutèle* dont on a été chargé avant d'avoir atteint ſoixante-dix ans. C'eſt ce que décident la loi 2, *ff. de excuſationibus*, & la loi 5, §. 7, *ff. de jure immunitatis.*

Que faudroit-il juger, ſi les ſoixante-dix ans venoient à s'accomplir dans l'intervalle de l'avis de parens à la ſentence qui en prononceroit l'homologation ? Cujas prétend que l'excuſe ne ſeroit pas admiſe en ce cas. Cependant il y a, dans le dictionnaire de Brillon, *article Tuteur, n. 44*, un arrêt du 14 janvier 1628, qui juge que le privilège ſurvenu depuis l'aſſignation donnée à l'un des parens pour être tuteur, profite.

Pauvreté. Tout homme qui eſt réduit à travailler des mains pour gagner ſa vie, peut s'excuſer de la *tutèle.* Le §. 6, aux inſtitutes ; la loi 7, *ff. de excuſationibus*, & la loi dernière, *C. de his qui. numero liberorum*, lui en accordent expreſſément la faculté.

Mais ne feroit-on pas tomber cette excuſe, en offrant au tuteur de lui laiſſer prendre ſa nourriture & ſon entretien ſur les biens du pupille, conformément à la loi 1, §. 6, *ff. de tutelâ & rationibus diſtrahendis* ? Non, répond Jean-Antoine Ferrière, *page 97.* D'un côté, on avoue que le tuteur ſera nourri & entretenu ſur les biens pupillaires : mais ſa femme & ſes enfans ſe trouveront réduits à l'aumône, & lui-même ſera fruſtré du gain qui auroit pu lui reſter, après avoir nourri ſa famille, ſi les ſoins & les embarras d'une *tutèle* ne l'euſſent pas empêché de faire valoir ſon induſtrie. D'un autre côté, le pupille ſupporteroit les frais de la nourriture & de l'entretien du tuteur ; ce qui lui ſeroit très-onéreux. Ainſi, l'avantage de l'un & de l'autre exige que l'on ait égard à l'excuſe fondée ſur la pauvreté.

Nombre d'enfans. A Rome, le citoyen qui avoit trois enfans ne pouvoit être chargé, malgré lui, d'une *tutèle.* C'eſt ce que nous apprend la loi 1, *C. qui numero liberorum.* Dans les provinces, le nombre de cinq enfans donnoit le même privilège. Le texte que l'on vient de citer en contient la diſpoſition formelle.

Les enfans émancipés faiſoient nombre, comme ceux qui étoient en puiſſance, & les femelles comme les mâles : mais les bâtards n'étoient nullement comptés. Il en étoit de même des enfans qui étoient décédés, à moins qu'ils n'euſſent été tués à la guerre, les armes à la main. Tout cela eſt décidé par la loi 2, §. 3 & 7, *ff. de excuſationibus* ; par la loi 18 du même titre ; par les inſtitutes *de excuſationibus tutorum* ; par la loi dernière, *C. de his qui numero liberorum.*

A l'égard de nos uſages, il eſt d'abord inconteſtable que le nombre de trois enfans ne peut nulle part excuſer de la *tutèle*, pas même à Paris, que quelques auteurs ont cependant voulu comparer ſur ce point à la ville de Rome. C'eſt ce qu'a fort bien démontré Coquille, *queſt. 177.*

Quant au nombre de cinq enfans, Papon, *liv. 15, tit. 5, n. 11*, rapporte un arrêt du 5 janvier 1561, qui l'a admis pour excuſe, & cela en infirmant une ſentence du bailliage de Montbriſon, pays de droit écrit. Mais il obſerve que cette déciſion a paru, à pluſieurs juriſconſultes de ce temps-là, contraire à la pratique de France.

M. l'avocat-général Séguier a dit quelque choſe de ſemblable à l'audience de la grand-chambre du 17 janvier 1759. Il s'agiſſoit, dit Deniſart, de ſavoir ſi un ouvrier chargé de dix enfans, & qui n'avoit pas été préſent à ſa nomination, pouvoit ſe faire décharger de la *tutèle* de ſon neveu. M. l'avocat-général obſerva que les loix qui, chez les Romains, accordoient aux pères de famille l'exemption des charges publiques, n'étoient pas ſuivies parmi nous, & qu'en général le nombre d'enfans n'étoit point une exemption de *tutèle.* Il ajouta néanmoins que, dans les circonſtances particulières, l'appellant chargé de dix enfans, étant un pauvre ouvrier, il étoit naturel de le décharger d'une *tutèle* qui ne pouvoit être que fort mal adminiſtrée ; qu'il falloit d'ailleurs favoriſer la population, & qu'un pareil exemple ne pouvoit pas tirer à conſéquence. C'eſt en effet ce qui fut jugé par l'arrêt.

Baſnage, ſur la coutume de Normandie, *art. 5*, aſſure également que l'*excuſe* fondée ſur le nombre des enfans, *n'eſt point reçue en cette province.* Il rapporte à la vérité, un arrêt du 12 décembre 1550, qui a exempté de la *tutèle* un père chargé de treize enfans ; mais ſon annotateur prouve démonſtrativement que cet arrêt ne peut être tiré à conſéquence.

Il paroît que les autres parlemens ne font point de difficulté d'admettre le nombre de cinq enfans pour excuſe. Baſſet, *tome 2, liv. 4, tit. 14, chap. 2*, rapporte un arrêt du parlement de Grenoble, du 19 décembre 1626, qui juge poſitivement que *cinq enfans excuſent de la tutèle.* Pollet, *part. 3, §. 126*, dit qu'un arrêt du parlement de Flandres, du 21 novembre 1696, a jugé, ſur l'appel d'une ſentence du bailliage de Tournai, que celui qui a cinq enfans n'eſt point obligé de ſe charger d'une *tutèle.*

Les parlemens de Touloufe & de Bordeaux ne

paroiffent pas avoir jamais jugé la queftion *in terminis* : mais il exifte plufieurs arrêts de l'un & de l'autre, qui prouvent bien clairement que ces deux cours ont confervé dans toute fa vigueur la difpofition que les loix romaines renferment fur cette matière.

On a demandé fi la naiffance d'un cinquième enfant, furvenue après la nomination du tuteur & pendant la conteftation, étoit une excufe légitime pour s'en faire décharger; & il a été jugé en faveur de l'affirmative par plufieurs arrêts du parlement de Bordeaux. Cette jurifprudence eft contraire à la loi 2, §. 8, *ff. de excufationibus* : mais Automne, fur ce texte, dit, même en rapportant un ancien arrêt qui y paroît conforme, que fa décifion eft trop rigoureufe, & que nos ufages ont en cela dérogé au droit romain.

Un père qui a quatre enfans vivans, & dont la femme eft enceinte, peut-il s'excufer de la *tutèle* qu'on lui défère ? La négative eft inconteftable dans le droit romain : la loi 2, §. 6, *ff. de excufationibus*, l'établit de la manière la plus pofitive : mais les mêmes motifs qui ont dicté les arrêts du parlement de Bordeaux que l'on vient de rappeller, ont amené les cours à une jurifprudence contraire, & le journal des audiences nous offre un arrêt du 23 avril 1668, rendu fur l'appel d'une fentence du bailliage de Vitri, par lequel le nommé Mauclerc, qui avoit quatre enfans & fa femme enceinte, fut déchargé de la *tutèle*. Il eft à remarquer que fa femme étoit accouchée avant le jugement de l'appel.

On a vu plus haut que les loix romaines ne permettent pas de compter au nombre des cinq enfans qui excufent de la *tutèle*, ceux qui font morts autrement qu'à la guerre & les armes à la main. Mais que doit-on décider à l'égard de ceux qui font morts civilement par la profeffion religieufe ? Henrys, *liv. 4, queft. 73*, répond qu'ils doivent faire nombre; & fa doctrine a été confirmée par deux arrêts, l'un rendu au parlement de Paris le 22 mai 1649, & inféré dans le recueil de Soëfve; l'autre rendu au parlement de Touloufe le 25 mai 1716, & rapporté par Vedel fur Catellan, *liv. 8, chap. 7*.

Les petits-enfans, dont le père eft prédécédé, peuvent-ils fervir pour excufer leur aïeul d'une *tutèle* ? Ils le peuvent : mais ils ne font comptés que pour un. C'eft la difpofition de la loi 2, §. 7, *ff. de excufationibus*.

Pluralité des tutèles. Celui qui fe trouve chargé de trois *tutèles*, peut s'excufer d'une quatrième. Le §. 5, aux inftitutes *de excufationibus*; la loi 2, §. 9, & la loi 3 du même titre, au digefte, le décident expreffément ainfi. Mais pour que l'excufe foit reçue, il faut auffi que les trois *tutèles* exiftent actuellement; fi l'une avoit pris ou devoit prendre fin dans fix mois, elle ne feroit comptée pour rien, quoique le compte n'en fût pas encore rendu. C'eft ce que portent la loi unique, *C. qui numero tutelarum*, & la loi 17, *ff. de excufationibus*. On ne doit pas non plus compter la *tutèle* qui n'a pour

objet qu'un patrimoine modique. C'eft la décifion de la loi 15, §. 15, *ff. de excufationibus*.

Suivant la loi 3 & la loi 31, §. *dernier du même titre*, le tuteur de trois frères ne peut pas dire qu'il exerce trois *tutèles*, à moins que leurs biens ne foient féparés par un partage effectif.

Un père qui a deux *tutèles* étrangères, & celle de fon fils émancipé, peut-il compter cette dernière, & par-là s'exempter d'une quatrième que l'on voudroit lui déférer ? La loi 15, §. 6 *du titre cité*, déclare qu'il le peut.

Pour que l'on puiffe s'excufer d'une quatrième *tutèle*, il faut que les trois dont on eft chargé foient onéraires. Le §. 9 de la loi que l'on vient de rappeller, décide formellement que les *tutèles* honoraires n'y doivent pas être comprifes.

Suivant la loi 4 du même titre, fi un homme chargé de deux *tutèles* s'eft rendu appellant de fa nomination à une troifième, & qu'il en accepte une quatrième pendant fon appel, il fera tenu de continuer la geftion de celle-ci, quoique par la fuite on le juge mal fondé dans l'appel de celle-là. La même loi ajoute que le moyen de parer à l'inconvénient d'être ainfi chargé de quatre *tutèles*, eft de demander que le juge, avant de prononcer définitivement fur l'excufe de la quatrième, attende qu'il ait été fait droit fur la nomination à la précédente.

Les *tutèles* dont le fils eft chargé, peuvent-elles fervir d'excufe au père; & réciproquement celles dont le père eft chargé, peuvent-elles fervir d'excufe au fils ? Oui, parce que, fuivant la loi 4, §. 1, & la loi 5, *ff. de excufationibus*, c'eft affez qu'une feule & même maifon fe trouve chargée de trois *tutèles*. Mais ces textes mettent à leur décifion trois conditions, fans lefquelles elle ne peut avoir lieu: la première, que les enfans foient fous la puiffance de leur père; la feconde, qu'ils demeurent avec lui; la troifième, qu'il fe foit rendu, par un confentement exprès ou tacite, refponfable de leur adminiftration tutélaire; ce qui dépend de quelques règles dont il eft parlé au mot PUISSANCE PATERNELLE.

Il eft un cas où une feule *tutèle* fuffit pour exempter d'une feconde; c'eft lorfqu'elle eft très-embarraffante & très-onéreufe. La loi 31, §. 4, *ff. de excufationibus*, ne laiffe là-deffus aucun doute.

Eloignement des perfonnes & des biens. Le droit romain renferme plufieurs décifions réfultante de l'éloignement; & les arrêts l'ont tantôt admife, & tantôt rejettée, fuivant les circonftances. Voici d'abord quelles font fur ce point les difpofitions du droit romain.

La loi 10, §. 4, *ff. de excufationibus*, porte que le tuteur teftamentaire peut fe faire décharger de l'adminiftration des biens que le pupille poffède dans une autre province, *in aliâ provinciâ*. La loi 21 du même titre décide que le tuteur nommé à l'adminiftration de tout le patrimoine du pupille, peut s'exempter de gérer au-delà de cinquante lieues,

ultrà centesimum lapidem, à moins que tout le patrimoine ne soit renfermé dans la même province,
nisi in eâdem provinciâ pupilli patrimonium sit. La loi
dernière, §. 2, est plus générale ; mais sans doute
elle doit être restreinte & expliquée par les précédentes. C'est aussi un genre d'excuse, dit-elle,
que de proposer que l'on n'est pas domicilié dans
le lieu où l'on doit gérer la *tutèle.*

Les arrêts ont admis cette excuse, lorsque le
domicile du tuteur & du pupille ne sont pas situés
dans le ressort du même bailliage ou sénéchaussée,
à-moins cependant que le domicile du tuteur, &
les biens du mineur, quoique situés dans différens
bailliages, ne fussent si proches, que le tuteur pût
exercer sa charge sans incommodité pour lui, &
sans une surcharge pour le pupille.

Lorsqu'un pupille a des biens situés à des distances
notables les uns des autres, le tuteur qui lui a été
nommé par le juge de son domicile n'est pas obligé
d'en accepter l'administration universelle. Dès qu'il
se charge de ceux qui sont à portée de sa demeure,
ou qui du moins n'en sont pas éloignés à une distance assez considérable pour fonder une excuse
légitime, on n'a rien à lui dire ; & alors c'est au
juge du lieu où les autres biens sont situés à y
établir des tuteurs particuliers. Cela est ainsi réglé
par la loi 10, §. 4 ; par la loi 21, §. 2 ; par la
loi 42, *ff.* & par les loix 2 & 11, *C. de excusationibus.*

Procès. Les procès que l'on prévoit, lors de la
nomination à la *tutèle*, pouvoir s'élever entre le
tuteur & le pupille, sont un moyen d'excuse &
même d'exclusion, lorsqu'ils ont pour objet des
intérêts si importans, que la plus grande partie de
la fortune du mineur ou son état y peuvent être
compromis. Hors ce cas, ils ne peuvent excuser,
& encore moins exclure le tuteur. C'est ce que
portent le §. 4, *aux instituts* ; la loi 21, *C.* la loi
6, §. 18, & les loix 20 & 21, *ff. de excusationibus.*

Un arrêt du parlement de Rouen, du 9 mars
1651, rapporté par Basnage sur l'article 5 de la
coutume de Normandie, a jugé que quand le plus
proche parent a des procès importans contre les
mineurs, où il s'agit de *summâ bonorum*, il ne peut
être institué tuteur, & qu'alors son fils ni son gendre
ne peuvent être contraints de le remplacer, parce
que ce seroit les mettre dans l'alternative d'abandonner leurs propres intérêts, ou de sacrifier ceux
du pupille.

Inimitié. Suivant le §. 11, aux instituts *de excusationibus*, l'inimitié capitale qu'il y a eu entre
le tuteur & le père du pupille, est un moyen légitime d'excuse, à-moins qu'elle n'ait été suivie
d'une réconciliation sincère. La loi 6, §. 17, *ff.
de excusationibus*, établit à peu près la même chose.
Si le père du pupille, dit-elle, a déféré la *tutèle*
à son ennemi capital, non par considération pour
lui, mais dans la vue de l'embarrasser, de le ruiner
même, s'il est possible, par les soins & les diffi-

cultés d'une administration compliquée, le tuteur
peut s'excuser, & le juge ne doit pas balancer à
lui donner sa décharge. Le §. 12 du titre cité, aux
instituts, décide encore que celui à qui le père des
pupilles a contesté son état & sa condition, ne doit
pas être contraint d'accepter leur *tutèle.*

Brillon, au mot *Tuteur*, *n.* 50, dit que, par arrêt
de 1604, il a été jugé au parlement de Grenoble
que le fait de l'inimitié entre deux frères n'étoit
pas un sujet d'excuse légitime à l'un pour s'exempter
d'être tuteur des enfans de l'autre ; parce que c'est
chose certaine & ordinaire entre parens, que celui
qui a haï le père, après le décès du père, aime
le fils.

III. Le droit romain n'admettoit pas les excuses
fondées sur la circonstance qu'il y avoit d'autres
personnes que le tuteur nommé sur lesquelles la
charge de la *tutèle* devoit plus naturellement tomber.
On ne doit pas, dit le §. 10, aux instituts *de
excusationibus*, recevoir l'excuse qu'un tuteur fonde
uniquement sur ce qu'il n'a pas connu le père des
pupilles, & qu'il leur est tout-à-fait étranger. Mais
il en est autrement dans nos mœurs : car si un
père avoit, par son testament, nommé pour tuteur à ses enfans qui ont des parens, un homme
à lui inconnu, ou un étranger qui ne fût ni parent ni allié des pupilles, ou si les parens eux-mêmes
l'avoient élu, l'excuse de ce tuteur seroit reçue dans
l'un & l'autre cas ; parce que la règle veut qu'on
fasse toujours choix, en matière de *tutèles*, d'un
parent ou d'un allié, & au défaut seulement de
ceux-ci, d'un des proches voisins, comme l'a remarqué la Rocheflavin, *liv.* 4, *tit.* 9, *art.* 2 & 3.

Par la même raison, le parent éloigné peut s'excuser de la *tutèle*, lorsqu'il se trouve des parens
plus proches en état de la gérer. Mais à cet égard
tout cela dépend beaucoup des circonstances & de
l'arbitrage du juge. Là Normandie est la seule province où il y ait sur ce point un règlement exprès.
Voyez CONDESCENTE.

IV. Nous avons établi ci-devant, *n.* 3, que les
femmes sont incapables d'être tutrices ; & de-là il
résulte bien clairement, que si on leur défère une
tutèle, elles peuvent s'en excuser. Il a même été
jugé, par arrêt du parlement de Flandres, du 21
novembre 1696, qu'elles peuvent proposer leur
excuse après avoir accepté l'administration des biens
pupillaires, & avoir prêté serment entre les mains
du juge.

La mère & l'aïeule sont exceptées de la règle
qui déclare les femmes incapables d'être tutrices ;
mais elles ne sont pas de celle qui leur permet
de s'en excuser. Bouvot, *article Mère*, *quest.* 4, rapporte un arrêt du parlement de Dijon, du 1er février 1557, qui a jugé qu'une mère ne pouvoit être
contrainte d'accepter la *tutèle* de ses enfans. Papon,
liv. 15, *tit.* 6, *n.* 27, fait mention d'un arrêt semblable, rendu au parlement de Paris le 14 juillet
1567, dans la coutume d'Auvergne ; mais par un
autre arrêt de la même cour, du 7 février 1593,

il a été jugé que la mère ne pouvoit plus s'excuser, après avoir accepté & commencé de gérer la *tutèle*. Si cependant elle venoit à se remarier, elle pourroit se faire décharger, même malgré les parens, de la *tutèle* qu'elle auroit acceptée pendant sa viduité.

V. Une personne qui n'a aucune excuse en sa faveur, peut se refuser à l'acceptation d'une *tutèle* qui lui a été déférée par le juge, sans qu'elle ait été appellée à l'assemblée de parens. Ce principe est établi par la loi 47, *ff. de re judicatâ*, qui décide que, lorsque plusieurs personnes se trouvent intéressées à une affaire qui exige le ministère du juge, il faut qu'elles soient toutes entendues avant que celui-ci puisse la régler; & qu'autrement ce qu'il fait ne tient que vis-à-vis de ceux qui ont été ouis. La loi 5, *ff. de tutoribus & curatoribus datis*, n'est point contraire à cette doctrine. Elle dit à la vérité que le juge peut déférer la *tutèle* à un absent : mais on doit supposer que l'absent dont elle entend parler est celui qui a été duement assigné, & qui, n'ayant point comparu, est regardé comme présent. Au reste, la question a été décidée uniformément par deux arrêts. Le journal des audiences en contient un du 14 janvier 1642, qui juge que l'on peut refuser la *tutèle*, lorsqu'on n'a pas été du nombre des nominateurs. La Peyrère en rapporte un semblable, rendu au parlement de Bordeaux le 2 mars 1714, & c'est aussi la disposition expresse de l'article 184 de la coutume d'Orléans.

VI. Le tuteur qui a le droit & la faculté de se faire décharger d'une *tutèle* à laquelle il a été nommé, doit proposer son excuse avant de rien administrer. Cette règle ne souffre que deux exceptions : l'une est en faveur des incapables, qui, pouvant être exclus en tout temps, peuvent toujours s'excuser; l'autre est relative aux pourvus de certains offices qui libèrent même des *tutèles* déférées avant la réception dans ces offices.

Le tuteur qui a des moyens d'excuse suffisans pour se faire décharger, doit-il les proposer devant le juge qui l'a nommé, ou interjetter appel de sa nomination au juge supérieur ? Il est certain que la voie d'appel n'est pas nécessaire, & que le juge de qui est émanée la sentence de nomination peut connoître des moyens d'excuse. C'est ce que décide en termes exprès la loi 18, C. de excusationibus. Mais cette voie seroit-elle admise, si on la prenoit, & les parens du pupille ne seroient-ils pas fondés en ce cas à faire déclarer l'appel non-recevable ? La loi 1, §. 1, *ff. quandò appellandum sit*, s'explique là-dessus très-nettement : si quelqu'un, dit-elle, a été nommé tuteur, soit par testament, soit par un des juges qui en ont le droit, il ne faut pas qu'il appelle : mais il doit proposer son excuse dans le temps légal. Si cette excuse est rejettée, le tuteur pourra appeller : mais auparavant ce seroit en vain qu'il en appelleroit. *Cæterùm ante frustra appellatur.*

On ne peut rien, comme l'on voit, de plus positif que ce texte : mais on prétend que la dispo-

sition n'en est pas suivie dans nos mœurs. *Hodie semper appellatur*, dit Mornac sur la première des deux loix que l'on vient de citer. Jean-Antoine Ferrière, *page 125*, établit la même chose plus au long. Cette doctrine paroît confirmée implicitement par l'article 26 de l'édit des *tutèles* de Bretagne, qui porte : les appels interjettés *des sentences de nomination* des tuteurs ou curateurs, ou d'autorisation en justice des tuteurs testamentaires, & contestations incidentes auxdites nominations ou autorisations, comme aussi des sentences qui interviendront sur les comptes de *tutèle*, seront relevés directement en notre cour de parlement de Bretagne, ainsi qu'il est porté par l'article 10 de notre déclaration du 20 août de la présente année (1732), lequel sera exécuté selon sa forme & teneur.

Nous avons dit que le tuteur qui a des moyens d'excuse, doit les proposer avant de s'entremettre dans l'administration : mais il ne faut point conclure de-là, qu'il ne soit pas tenu d'administrer pendant que le juge est saisi de la connoissance de ces moyens. A la vérité, le droit romain ne l'y oblige pas précisément : la loi 17, §. 1, *ff. de appellationibus*, exige seulement que pendant l'instance il fasse nommer un curateur, dont la gestion, suivant plusieurs autres textes, demeurera à ses risques, en cas de réjection de ses excuses. Mais, s'il en faut croire Rebuffe & Montanus, nos usages vont plus loin, & font au tuteur un devoir indispensable d'administrer, pendant l'instance, sur la validité de ses moyens d'excuse. C'est même ce que paroît avoir jugé un arrêt du parlement de Toulouse, du 22 décembre 1649, rapporté par Albert, *lettre T, chapitre 56*. En effet, cet arrêt confirme une sentence qui ordonnoit que le nommé Corouzet administreroit pendant que les parens s'assembleroient, quoiqu'il ne fût parent ni allié.

Une chose bien certaine, c'est que si le tuteur nommé n'administre pas pendant l'instance, & que la nomination vienne par la suite à être confirmée, il devra répondre de la gestion qui se sera faite pendant l'instance. Outre les dispositions expresses qu'en renferment les textes que l'on vient de citer, il y a dans Denisart un arrêt du 14 juin 1745, qui le juge ainsi *in terminis*.

TUTEUR, s. m. *tutor, quasi tuitor ac defensor*, est celui qui est chargé de la tutèle de quelqu'un, c'est-à-dire, de veiller à l'administration de la personne & de ses biens. *Voyez* TUTÈLE, & les subdivisions suivantes du mot TUTEUR.

TUTEUR *actionnaire*, en Normandie, est le tuteur onéraire qui gère les affaires de la tutèle, à la différence du *tuteur honoraire* qu'on appelle dans cette province *tuteur consulaire*, lequel n'est que pour le conseil. *Voyez* l'article 37 du règlement du parlement de Rouen sur les tutèles.

TUTEUR *aux actions immobiliaires*, est celui que l'on donne à un mineur émancipé, pour stipuler pour lui, tant en jugement que dehors, lorsqu'il s'agit s'agit de fes droits immobiliers. C'eſt plutôt un curateur qu'un *tuteur*.

TUTEUR *attilien, attilianus tutor*, étoit, chez les Romains, un *tuteur* datif, qui étoit établi au défaut de *tuteur* teſtamentaire & légitime, par la diſpoſition de magiſtrat, en vertu de la loi *Attilia*, pour les perſonnes demeurantes à Rome, de même qu'on en donnoit à ceux qui demeuroient dans les provinces, en vertu de la loi *Julia titia*.

Au commencement, les *tuteurs*, en vertu de la loi *Attilia*, étoient donnés dans la ville par le préteur appellé *urbanus*, & par la plus grande partie des tribuns du peuple.

Depuis, l'empereur Claude ordonna que les *tuteurs* feroient donnés extraordinairement par les conſuls ſur information.

Dans la ſuite, Marc-Antonin établit le préteur pour donner ces *tuteurs*, de manière qu'il pouvoit les contraindre à gérer, & qu'il exigeoit d'eux qu'ils donnaſſent caution.

Enfin l'uſage introduiſit que le préfet de la ville & le préteur appellé *urbanus*, donnoient ces *tuteurs*, chacun dans leur diſtrict; ſavoir, le préfet aux perſonnes qui avoient le titre de *clariſſimes*, & le préteur aux autres. *Voyez* aux *inſtituts* le titre de *Attiliano tutore*, &c.

TUTEUR à *l'augment, augmento*, on entend par-là, non pas un *tuteur* nommé pour veiller à la conſervation de l'augment de dot, mais celui qui étoit nommé en particulier pour gérer les biens échus au mineur depuis la première tutèle déférée; celui qui étoit ainſi nommé, n'étoit pas tenu de veiller aux biens échus précédemment; mais ſi l'on ne nommoit pas de nouveau *tuteur*, l'ancien étoit obligé de veiller à tout. *Voyez* la loi 9 ff. *de adminiſt. & peric. tut.* §. 8 & 9.

TUTEUR EN CHEF ou CHEF-TUTEUR, & TUTEUR SUBALTERNE. (*Termes particuliers au Hainaut.*) On entend dans cette province par *tuteurs en chef*, ou *chefs-tuteurs*, les juges à qui appartient la juriſdiction ordinaire & immédiate ſur les mineurs qui ſont hors de puiſſance paternelle; & l'on déſigne par l'expreſſion de *tuteurs ſubalternes*, les particuliers ſur qui ces juges ſe déchargent des détails de l'adminiſtration tutélaire: car il y eſt de principe que la tutèle des mineurs appartient éminemment à leurs juges domiciliaires: c'eſt dans leur perſonne qu'elle réſide, & c'eſt de leur autorité qu'elle découle, comme de ſa ſource naturelle. L'article 23 du chapitre 60 des chartres générales le met en évidence: «Si par le trépas de » père ou de mère échéoient aucuns biens à enfans » mineurs.... les gens de loi où cela adviendra, » auront le gouvernement de leurs perſonnes & » biens juſqu'à ce qu'ils ſoient ſuffiſamment âgés ». L'article 25 de la coutume de Valenciennes, & l'article 2, §. 2 de celle de Leſſines, y ſont conformes.

Il ſembleroit, d'après les textes que l'on vient de citer, que la qualité de *tuteurs en chef* appartient indiſtinctement à tous les *gens de loi*, c'eſt-à-dire, aux juriſdictions échevinales. Mais cette règle ſouffre pluſieurs exceptions.

La première, qui a lieu dans la plus grande partie du Hainaut, conſiſte en ce que les nobles ne reconnoiſſent d'autres *tuteurs en chef* que la cour de Mons dans le Hainaut autrichien, & les juges royaux dans le Hainaut françois. C'eſt ce qui réſulte des articles 7 & 8 du chapitre 2 des chartres générales, qui mettent les nobles & leurs enfans mineurs ſous la protection immédiate de la cour de Mons, & de deux arrêts du conſeil d'état des 18 juin 1703 & 12 ſeptembre 1724, qui déclarent les juges royaux du Hainaut françois, ſubrogés à ce tribunal pour toutes les matières que ſa compétence embraſſe dans le Hainaut autrichien.

J'ai dit que cette première exception a lieu dans la plus grande partie du Hainaut, & j'ajoute qu'il y a pluſieurs villes où les roturiers ſont ſous la tutèle des mêmes juges que les nobles. Ainſi les échevins d'Aveſnes, du Queſnoi, de Landrecy, n'ont plus la moindre part aux tutèles. Leur qualité de *tuteurs en chef*, même des roturiers, leur a été ôtée par un arrêt contradictoire du conſeil d'état du premier décembre 1663: «& au ſur- » plus (c'en ſont les termes,) ordonne S. M. que » leſdits officiers deſdits bailliages & prévôtés du » Queſnoi, Aveſnes & Landrecy, connoîtront des » tous cas perſonnels civils & criminels, mixtes, » réels, *tutèles, curatèles*... Fait S. M. défenſe auxdits » maïeurs & échevins, & à tous autres, de les » troubler & empêcher ».

A Valenciennes, c'eſt tout le contraire. Les échevins y ſont *ſupérieurs mambours*, ou tuteurs nés des nobles comme des roturiers. C'eſt ce qui réſulte de l'article 25 de la coutume, combiné avec l'article 4 des lettres-patentes ſur l'arrêt du conſeil du 12 ſeptembre 1724, portant: «que les magiſtrats de Valenciennes connoîtront en première inſtance des cauſes des nobles dans la ville & banlieue d'icelle.

Remarquez que cette dernière coutume n'attribue aux prévôts & échevins de Valenciennes la qualité de *ſupérieurs mambours*, qu'à l'égard des mineurs de la ville; ainſi les mineurs du chef-lieu ne ſont pas ſous leur tutèle; & la raiſon en eſt bien ſimple: les villes & villages qui compoſent cette partie du Hainaut, ne ſont ſoumis à la coutume de Valenciennes, *qu'en fait d'héritages & biens meubles & de ſucceſſions*. Ce ſont les termes de l'article 222. Or, la tutèle n'eſt pas un droit réel, ni mobilier; elle eſt purement & abſolument perſonnelle; ainſi les diſpoſitions que la coutume renferme ſur ce point, ne concernent que la ville, & ne peuvent s'appliquer au chef-lieu. Les tutèles ne doivent donc ſe régler dans cette partie

P

du territoire de la coutume, que par les chartres générales ; & conféquemment on doit y appliquer dans toute fon étendue la diftinction que ces dernières loix font entre les noblés & les roturiers.

La feconde exception à la compétence des maïeurs & échevins en matière de tutèle, n'eft point tirée de la qualité des perfonnes, comme la première, mais de la nature des biens. Elle confifte en ce que les maïeurs & échevins ne peuvent s'immifcer, à titre de chefs-tuteurs, dans l'adminiftration des fiefs & des francs-aleux. C'eft ce qui réfulte, 1°. de l'article 3 du chapitre 37 des chartres générales, qui donne le droit à la cour de Mons de commettre des régifleurs aux fiefs des mineurs dont aucun des parens ne veut accepter la garde ; 2°. de l'article 11 du chapitre qui porte, que les alloets feront gouvernés par le plus prochain des enfans du côté dont ils viendront.... & en cas de difficulté, notredite cour en ordonnera ; 3°. de l'article 1ᵉʳ du chapitre 32, qui attribue à la cour de Mons la connoiffance privativement de toutes plaintes & procédures, pour avoir compte de.... ceux tenans le bail des fiefs & alloets.

La qualité de tuteur en-chef, attribuée aux juges du Hainaut, n'empêche pas qu'il n'y ait ainfi des tuteurs fubalternes dans cette province, où on en diftingue de trois fortes ; les teftamentaires, les légitimes, & les datifs.

Il n'eft fait mention de la tutèle teftamentaire que dans l'article 9 du chapitre 37 des chartres générales. On y voit que les cenfives & les meubles des mineurs font régis par les loix (ou juftices échevinales) des lieux fous lefquels les enfans feront tombés en gouvernement, n'eft que pour les meubles y ait teftament duement paffé. Il réfulte de ces derniers termes, que les gens de loi ne peuvent fe mêler de l'adminiftration des meubles des mineurs, quand les teftamens de leur père leur ont donné des tuteurs mobiliers ; & cela s'étend même jufqu'à ne pouvoir fe faire rendre compte de la geftion de ces tuteurs. C'eft ce que prouve l'article 19 du chapitre 2 des chartres générales, par l'attribution générale qu'il fait à la cour de Mons, repréfentée dans le Hainaut François par les juges royaux, des teftamens & exécutions d'iceux ; ce qui emporte une jurifdiction immédiate & exclufive fur les tuteurs teftamentaires & fur tout ce qui a rapport à leur adminiftration. C'eft par la même raifon que les exécuteurs teftamentaires ne dépendent, dans l'exercice de leurs fonctions, que de la cour de Mons, & des juges royaux dans le Hainaut François.

La tutèle légitime, admife en Hainaut, ne fuit pas toutes les difpofitions que les loix romaines renferment fur ce point. Il en eft même très-peu qui puiffent y être adaptées. Elle peut être confidérée dans le rapport qu'elle a avec les pères & mères, & dans celui qu'elle a avec les parens collatéraux :

comme relative aux pères & mères, elle eft en quelque forte identifiée & confondue avec la puiffance paternelle ; confidérée relativement aux parens collatéraux, elle confifte dans le droit qu'ont les gardiens ou bailliftres des mineurs, d'adminiftrer ceux même de leurs biens qui, par leur nature, font exempts de la garde. C'eft ce que porte l'article 8 du chapitre 37 des chartres générales.

Cette efpèce de tutèle n'a point lieu pour les mineurs roturiers ; c'eft la difpofition textuelle de l'article fuivant, où il eft dit : mais touchant à autres non-nobles, les main-fermes & meubles d'iceux feront régis par les loix des lieux fous lefquels les enfans feront tombés en gouvernement, n'eft que pour les meubles y ait teftament duement paffé.

Cet article n'exempte les mineurs roturiers de la tutèle légitime de leurs bailliftres, qu'en ce qui concerne leurs main-fermes & leurs meubles. L'article 10 les y affujettit à l'égard de leurs francs-aleux. Et quant aux alloets de ceux qui feroient nobles, ils feront gouvernés par celui tenant le bail des fiefs, fans néanmoins par lui profiter de la moitié ou quart du bon d'iceux.

Dans l'article 11, on prévoit le cas où un mineur n'auroit pas de bailliftres, foit faute de fiefs, foit faute de parent qui voulût accepter le bail ; & l'on établit à cette occafion une efpèce de tutèle légitime, différente de celle dont je viens de parler. Voici les termes de cet article : & s'il n'y avoit perfonne tenant le bail des fiefs, iceux alloets feront gouvernés par le plus prochain des enfans du côté dont ils viendront, à fubjection du rendre compte, moyennant falaire raifonnable ; & en cas de difficulté, notredite cour en ordonnera.

A défaut de tuteurs teftamentaires & légitimes, & dans le cas où ces deux efpèces de tutèles ne peuvent avoir lieu, les juges pourroient, à la rigueur, adminiftrer eux-mêmes les biens des mineurs que la loi confie à leurs foins. C'eft ce que fait voir la manière dont eft conçu l'article 9 du chapitre 37. Les main-fermes & meubles d'iceux feront régis par les loix des lieux fous lefquels les enfans feront tombés en gouvernement. On retrouve la même tournure dans l'article 23 du chapitre 60. Les gens de loi où cela adviendra, auront le gouvernement de leurs perfonnes & biens, jufques à ce qu'ils feront fuffifamment âgés. Le chapitre 37 de la coutume du chef-lieu de Mons, établit la même chofe, en même temps qu'il en excepte la ville de Mons.

Tous ces textes font bien entendre clairement que les juges peuvent régir eux-mêmes les biens des mineurs dont les pères & mères font morts domiciliés dans leur territoire. Il femble même en réfulter qu'ils ne peuvent pas fe difpenfer perfonnellement de cette régie ; mais c'eft une apparence trompeuſe; la loi & l'uſage s'accordent à la vérité à leur permettre de régir & d'adminiſtrer eux-mêmes; mais cette même loi & ce même uſage les autoriſent à établir des *tuteurs ſubalternes* qui les déchargent des détails. C'eſt ce qui réſulte, 1°. de l'article 3 du chapitre 36; 2°. de l'article 3 du chapitre 37; 3°. de l'article 6 du chapitre 52 des chartres générales; 4°. de l'article 25 de la coutume de Valenciennes; 5°. du chapitre 38 de la coutume de Mons; 6°. de la coutume de Leſſines, *tit.* 2, *art.* 3.

Le premier devoir que le droit romain impoſe aux *tuteurs*, eſt de donner caution pour la ſûreté des biens du pupille. Il en excepte cependant deux ſortes de *tuteurs*, les teſtamentaires, parce que la confiance du teſtateur garantit ſuffiſamment leur vigilance & leur probité; & les datifs nommés après une information exacte ſur leurs facultés & leurs mœurs. *Voyez* les loix 27 & 30, C. *de epiſcopali audientiâ.*

La néceſſité de donner caution n'eſt preſque plus d'uſage aujourd'hui, parce que les tutèles ſont preſque toutes datives; & qu'on ne les défère jamais ſans information préalable. Le chapitre 38 de la coutume du chef-lieu de Mons en fait cependant encore une loi; mais c'eſt à l'égard de ceux qui préviennent le choix du juge, & s'offrent eux-même pour gérer les biens pupillaires. Cet empreſſement doit les rendre un peu plus ſuſpects, comme l'inſinue la loi 21, paragraphe dernier, *ff. de tutoribus & curatoribus datis,*; il n'eſt donc pas étonnant qu'ils ſoient obligés de donner caution.

Un *tuteur* doit commencer ſon adminiſtration par un inventaire exact & circonſtancié des effets du mineur, & par la vente des meubles ſujets à ſe détériorer. Le droit romain eſt très-formel ſur ces deux objets. La coutume de Cambreſis, qui faiſoit autrefois partie du Hainaut, en contient une diſpoſition préciſe, *tit.* 6, *art.* 11; & il eſt d'autant plus juſte de l'étendre à cette dernière province, que la coutume du chef-lieu de Mons paroît l'avoir adoptée par ces termes du chapitre 31: *item* devront avoir ces gens de loi, pour être préſent *à inventaires ou vendre biens d'orphelins,* ou pour parçons d'enfans, à ſavoir, le maïeur ou lieutenant dix ſous par jour, & pour demi-jour la moitié, & un clerc (greffier) pour ledit inventaire mettre par écrit, quatorze ſous par jour.

Ce texte ſuppoſe bien clairement la néceſſité d'inventorier les biens pupillaires, & en même temps il établit que cet inventaire doit être fait à l'intervention du juge de la tutèle ou *chef-tuteur.*

Cette dernière diſpoſition n'eſt point particulière à la coutume de Mons; elle eſt puiſée dans le droit commun; il y a une chartre de l'an 1481, accordée par Louis XI à la ville d'Arras, qui ordonne, *art.* 29, que les inventaires des biens

délaiſſés aux mineurs par leurs père, mère ou autres parens, ſeront faits par les échevins.

On trouve dans le digeſte & dans le code une infinité de loix qui impoſent aux *tuteurs* l'obligation de faire emploi des deniers qui leur reſtent de leur adminiſtration après l'acquit des charges. L'empereur Juſtinien a dérogé à cette juriſprudence par ſa novelle 72, chapitres 6 & 7; mais cette dérogation n'a été reçue nulle part, & l'ancien droit a repris le deſſus.

Mais quand eſt-ce qu'une ſomme eſt réputée ſuffiſante pour que le *tuteur* ſoit tenu d'en faire emploi? Le droit commun laiſſe cette queſtion à l'arbitrage du juge, & elle dépend abſolument des circonſtances. Auzanet dit dans ſes arrêtés, que la ſomme de 3000 livres eſt ſuffiſante pour les pupilles les plus riches, & que celle de 1000 livres l'eſt pour ceux dont la fortune eſt médiocre. Les légiſlateurs du Hainaut ont voulu tirer cette queſtion de l'arbitraire; & en conſéquence ils ont établi par l'article 2 du chapitre 37 des chartres générales, que l'excédent des revenus des mineurs, après l'acquit des charges, ſera mis à gagniage au profit d'iceux, pourvu qu'il y ait ſomme de deux cens florins. Le *tuteur* ne peut cependant être accuſé de négligence, quand il n'emploie pas une ſomme ſi modique. Il faut qu'elle ſoit au moins de 400 florins, pour qu'il y ſoit tenu ſtrictement. C'eſt ce que porte l'article 20 du même chapitre. Et advenant que le *boni* arrive juſqu'à la ſomme de 400 florins, icelle la devra employer en cours de rente au profit deſdits mineurs.

C'eſt une queſtion ſi le *tuteur* peut faire un emploi de ſa propre autorité. La juriſprudence du châtelet de Paris eſt conſtante ſur la négative: pour qu'un emploi ſoit au compte du pupille, on exige dans ce tribunal un avis de parens & un décret de juſtice. Il ne ſeroit pas difficile de faire voir que cette juriſprudence eſt contraire aux principes du droit commun; mais une choſe nous ſuffit pour notre objet actuel; c'eſt qu'elle eſt abſolument conforme au chapitre 37 de la coutume de Mons. Ce texte ne peut laiſſer le moindre doute ſur la néceſſité du concours des parens & des juges dans les emplois des deniers pupillaires: & qu'on ne diſe pas que cette diſpoſition eſt bornée aux cas où les juges adminiſtrent eux-mêmes; car il déclare poſitivement le contraire, en y comprenant les échevins de Mons, ville où les biens des mineurs *ſont gouvernés par les maîtres des orphelins d'icelle.*

Le même texte place les rentes viagères au nombre des emplois que les juges peuvent faire de l'argent des mineurs ſoumis à leur tutèle; mais comme ces ſortes d'acquiſitions ne ſont pas toujours les plus utiles, les juges ne doivent les faire ou les autoriſer que quand des circonſtances particulières les y obligent: par exemple, lorſque des enfans de condition n'ont pas aſſez de biens pour foutenir leur état, il n'eft pas douteux qu'on ne puiffe mettre leur argent en rentes via-gères; & par ce moyen augmenter leurs revenus en quantité, à proportion qu'on les diminue en durée: mais ce feroit un abus manifefte de faire de pareils emplois fans un motif urgent; je ne doute pas même que les juges n'en fuffent refponfables en leur nom. Les inconvéniens que de telles conftitutions entraînent par rapport aux mineurs, ont été fentis par tous les peuples: les Hollandois, en particulier, ont un édit du 3 octobre 1671, qui défend aux tuteürs de le faire fans une autorifation préalable de juftice, quoique d'ailleurs il foit conftant parmi eux que les tuteurs n'ont befoin ni d'avis de parens, ni de décret judiciaire pour employer les deniers de leurs pu-pilles.

Le titre de tuteur emporte par lui-même une qualité fuffifante pour agir en juftice au nom d'un pupille, tant en demandant qu'en défendant. Auffi n'eft-il pas fans exemple que des juges du Hainaut foient defcendus de leur tribunal, pour aller fou-tenir dans un autre les droits des mineurs domi-ciliés fous leur jurifdiction: mais ils doivent bien fe garder d'entreprendre des caufes évidemment injuftes; ce feroit fur eux feuls que retombe-roient les fuites de leur imprudence ou de leur entêtement. Les échevins de villages fur-tout, qui le plus fouvent n'ont aucune teinture des affaires, ne doivent fe conduire que par l'avis de quelques jurifconfultes; & dans ce cas, ils ne font pas refponfables des mauvais fuccès qui fuivent leurs entreprifes. C'eft ce qu'on peut inférer d'un arrêt du parlement de Flandres du 24 Janvier 1697, rapporté par M. Defjau-naux.

A l'égard des tuteurs fubalternes, ils ne peuvent, en Hainaut, intenter ou foutenir aucun procès fans en avoir obtenu préalablement la permiffion des juges de la tutèle ou chefs-tuteurs. C'eft la difpofition textuelle de l'article 3 du chapitre 36 des chartres générales, & des articles 10 & 11 du chapitre 87.

D'après leurs difpofitions, il eft évident que les tuteurs fubalternes ne peuvent plaider fans au-torifation, & qu'en négligeant cette formalité préliminaire & fondamentale, ils s'expoferoient à fubir, en leur propre nom, tous les frais des condamnations prononcées contre leurs pupilles. Cette jurifprudence n'eft point particulière au Hai-naut, elle eft adoptée dans la plus grande partie des Pays-Bas.

Les juges de villages doivent prendre, avant d'autorifer un tuteur fubalterne à plaider, la même précaution que pour plaider eux-mêmes, c'eft-à-dire, qu'ils ne doivent accorder une telle autori-fation que fur l'avis de deux ou trois avocats: s'ils ne peuvent juger définitivement aucune des af-faires portées devant eux, fans un pareil avis,

comme on l'a vu au mot CHARGE D'ENQUÊTE, comment pourroient-ils d'eux-mêmes & fur la foi de leurs propres lumières, décider que telle ou telle affaire peut être entreprife fans té-mérité?

Toute adminiftration entraîne la néceffité de rendre compte; & à cet égard il faut diftinguer les tuteurs fubalternes, d'avec les juges confidérés comme tuteurs en chef. Les premiers font compta-bles envers les feconds, dont ils ne font que les agens, & ceux-ci le font directement envers les mineurs. De là naît une autre différence; c'eft que les tuteurs fubalternes doivent, fuivant le droit commun des Pays-Bas, attefté par Zipæus, & la difpofition formelle du chapitre 38 de le coutume de Mons, rendre compte pardevant lefdites loix, d'an en an, ou toutes fois que requis en feront; au lieu que les magiftrats ne doivent aucun compte aux mineurs avant que ceux-ci ne foient fortis de tutèle; c'eft ce que décident ces termes du cha-pitre 37 de la coutume de Mons. Pour auxdits orphelins rendre bon compte & paiement, fitôt que venus feront à leur âge, ou qu'ils fe trairont en mariage, pour lors en faire & bailler bonne quittance & décharge auxdits échevins, & à autres à qui ce pouroit toucher.

Si les mineurs fe trouvent léfés dans le compte qui leur a été rendu par leurs tuteurs en chef, ils pourront s'adreffer, dit l'article 6 du chapitre 52 des chartres générales, à notre grand bailli de Hainaut, lui remontrant les parties efquelles ils feroient grevés, pour leur en faire raifon. Dans le Hainaut françois, il faudroit, en pareil cas, fe pourvoir directement au parlement de Douai; ainfi qu'il réfulte des arrêts du confeil des 18 juin 1703 & 12 feptembre 1724, qui ordonnent que les appels des juges feigneuriaux de cette province foient portés de plein faut en cette cour.

Le droit commun rend les tuteurs refponfables de toutes les fautes qu'ils commettent dans leur ad-miniftration, & cette maxime s'étend, en Hai-naut, aux magiftrats confidérés comme tuteurs en chef.

TUTEUR comptable eft celui qui touche les de-niers du mineur, & qui doit en rendre compte; tous les tuteurs onéraires font comptables, les tu-teurs honoraires ne le font pas, parce qu'ils ne font que pour le confeil.

TUTEUR confulaire, on appelle ainfi en Nor-mandie le tuteur honoraire, parce qu'il n'eft que pour le confeil. Voyez l'article 37 du ré-glement du parlement de Normandie fur les tu-tèles.

CO-TUTEUR, eft celui qui eft tuteur conjointe-ment avec un autre.

TUTEUR datif. Voyez TUTÈLE.

TUTEUR aux enfans à naître, eft celui qui eft

nommé pour prendre les intérêts d'enfans qui ne font pas encore nés, & pour lefquels cependant il y a des droits à conferver. *Voyez* TUTEUR *à la fubftitution.*

TUTEUR *excufé* eft celui qui, pour quelque caufe légitime, a obtenu d'être déchargé de la tutèle qu'on vouloit lui déférer. *Voyez* aux *inftit.* le titre *de excuf. tut. vel curat.*

TUTEUR *fiduciaire*, étoit, fuivant l'ancien droit romain, celui des enfans reftés fous la puiffance paternelle, qui, après le décès du père, *tuteur* légitime de fes enfans émancipés, étoit chargé de la tutèle des pupilles émancipés.

TUTEUR *ad hoc* eft celui qui eft nommé fpécialement pour une certaine affaire, comme pour entendre un compte, faire un partage, intenter une telle action contre le *tuteur* ordinaire ; le pouvoir de ce *tuteur* eft borné à ce qui fait l'objet de fa commiffion, & finit lorfqu'elle eft remplie.

TUTEUR *honoraire*, eft celui qui eft nommé par honneur feulement, pour affifter de fes confeils le mineur & fon *tuteur* onéraire. Ces *tuteurs* honoraires ne font pas obligés de fe mêler de l'adminiftration des biens du mineur, & quand ils ne l'ont pas fait, ils ne font pas comptables ; cependant ils peuvent auffi gérer, à moins que cela ne leur ait été défendu expreffément ; & quand ils l'ont fait, ils font comptables comme les autres.

TUTEUR *pour l'inftruction*, *notitiæ caufâ datus*, c'étoit, chez les Romains, un affranchi que le père nommoit pour inftruire les *tuteurs* qui devoient gérer, la geftion ne lui étant pas déférée à caufe de fon peu de bien. Ce *tuteur* étoit néanmoins garant, fi le mineur fouffroit quelque préjudice, faute par lui d'avoir inftruit les *tuteurs* onéraires, ou de les avoir déférés comme fufpects. *Voyez* la loi 32, §. 1 de *teftam. tut.* , la loi 14, §. 6 *de folut.* & la loi 1, cod. *de peric. tut.* Parmi nous, on ne connoît point ces fortes de *tuteurs*, il y a feulement quelquefois des agens de la tutèle, comme chez les Romains, ce qu'ils appelloient *adjutores tutelæ*, comme qui diroit *aides de tutèle*.

TUTEUR *légitime*, eft celui d'entre les parens que la loi appelle à la tutèle d'un mineur. *Voyez* TUTÈLE.

TUTEUR, *fuivant* la loi *Julia & Titia*, étoit chez les Romains celui qui étoit donné en vertu de ces loix, dans les provinces, à ceux qui n'avoient ni *tuteur teftamentaire*, ni *tuteur* légitime. Le gouverneur étoit d'abord le feul qui conférât ces tutèles ; dans la fuite ce droit fut communiqué aux officiers municipaux, au cas que la fortune du pupille fût modique, de manière néanmoins qu'ils ne fe faifoient point fans l'ordre du gouverneur ; que s'il s'agiffoit de nommer un *tuteur* qui demeurât hors de leur reffort, ils ne le donnoient pas eux-mê-

mes, ils nommoient feulement au préfident quelques fujets idoines, entre lefquels il en choififfoit un. Enfin Juftinien les difpenfa d'attendre l'ordre du gouverneur, à condition néanmoins que fi les facultés du mineur excédoient cinq cens écus, l'évêque de la ville, ou les autres perfonnes publiques feroient adjointes aux officiers municipaux pour la nomination du *tuteur*. *Voyez* aux *inftit.* le tit. *de attiliano tutore*, & ci-devant TUTÈLE *dative*, & TUTEUR *attilien*.

TUTEUR *naturel*, eft celui à qui la tutèle appartient par droit de la nature, tels font les pères & mères. Cette tutèle eft une fuite de la puiffance & autorité qu'ils ont fur leurs enfans.

TUTEUR *né*, eft celui qui eft de droit *tuteur* naturel, comme les pères & mères le font de leurs enfans.

TUTEUR *notitiæ caufâ*. *Voyez* ci-devant TUTEUR *pour l'inftruction.*

TUTEUR *onéraire*, eft celui qui eft véritablement chargé de la geftion de la tutèle ; à la différence du *tuteur* honoraire, lequel ordinairement ne gère point & ne fait que donner fes confeils. *Voyez* TUTEUR *confulaire*, & TUTEUR *honoraire.*

TUTEUR *au pofthume*, eft celui qui eft nommé pour veiller aux intérêts d'un enfant conçu, mais qui n'eft pas encore né & dont le père eft mort.

PRO-TUTEUR, eft celui qui, fans avoir été nommé *tuteur*, cependant en tient lieu & devient comptable comme s'il étoit véritablement *tuteur* ; tel eft le fecond mari d'une femme qui étoit tutrice de fes enfans.

SUBROGÉ-TUTEUR : on entend par-là celui qui eft nommé, à l'effet d'affifter à la levée du fcellé, à l'inventaire & à la vente des meubles ; lorfque le conjoint furvivant eft *tuteur* de fes enfans, on nomme en ce cas un *fubrogé-tuteur* pour fervir de contradicteur vis-à-vis du père ou de la mère dont les intérêts peuvent être différens de celui des enfans.

TUTEUR *à la fubftitution*, eft celui qui eft nommé pour veiller aux droits d'une fubftitution qui n'eft pas encore ouverte, ou pour veiller aux intérêts de ceux qui font appellés au défaut du premier appellé, ou après lui. On l'appelle plus communément *curateur à la fubftitution*. *Voyez* SUBSTITUTION.

TUTEUR *fufpect*, eft celui qui gère frauduleufement ou négligemment la tutèle, ou qui eft de mauvaifes mœurs. Il doit être deftitué de la tutèle, *inftit. de fufpectis tutor.*

TUTEUR *teftamentaire*, eft celui qui eft appellé à la geftion d'un tutèle par le teftament du celui qui laiffe des enfans mineurs.

TUTRICE, f. f. est celle qui a la tutèle de ses enfans ou petits-enfans; les femmes en général ne peuvent être *tutrices* à cause de la foiblesse de leur sexe; on excepte seulement la mère, & à son défaut l'aïeule, lesquelles peuvent & ont droit d'être *tutrices* de leurs enfans & petits-enfans, parce que l'on présume que la tendresse maternelle supplée ce qui peut leur manquer d'ailleurs. *Voyez* FEMME, TUTÈLE, TUTEUR. (*A*)

TYRAN, (*Droit féodal.*) On a quelquefois donné ce nom, ou celui de *tyrannus* en latin, aux seigneurs de fief, & il faut avouer qu'il leur a trop souvent convenu. Certains seigneurs de Bretagne sont ainsi qualifiés dans des actes où ils ont apposé leur sceau. On a nommé leurs femmes *tyrannissa. Voyez* les preuves de l'histoire de Bretagne de Dom Lobineau, *col.* 23 & 69. (*G. D. C.*)

UNI   UNI

U, Vingt-unième lettre de l'alphabet.

UCAGE, UCAIGE, (*Droit féodal.*) Ce mot provient de l'ancien françois *ucher*, ou plutôt *hucher*, qui fignifioit *crier*. Il défigne une proclamation, ou vente publique, un encan, & un droit que le feigneur perçoit fur ces fortes de ventes.

Ce mot a fur-tout été en ufage en Flandres & dans les pays voifins, où le *ch* des François fe prononçoit *que*, enforte que l'on y difoit un *queval*, un *quemin* pour un *cheval*, un *chemin*, &c.

Le regiftre coté, *papier vélu*, du comté de Namur, qui fe trouve dans les archives de la chambre des comptes de Lille, porte : « & fi a li cuens, » le *ucage*, & le pefiel & le menû cens ».

Et ailleurs le même regiftre ajoute : « encor i a » (à Namur) li cuens le *ucaige*, ki vat par an *xxiij* » livres & *xjx* fols ». *Voyez* du Cange au mot *Incantare 2* & le fupplément de dom Carpentier au mot *Hucha 2*. (*G. D. C.*)

UCAIGE. *Voyez* UCAGE.

ULNAGE. *Voyez* UMAGES.

UMAGES. (*Droit féodal.*) Ce mot fe trouve dans l'hiftoire d'Edouard III, par Robert d'Avefbury, *pag. 106* & *174*, pour défigner une efpèce de droit. Mais dom Carpentier croit, au mot *Winagium*, fous *guida*, qu'il faut lire *Vynage* dans ces deux paffages, *Voyez* ce dernier mot.

On a dit auffi *ulnage*, pour *aunage*, ou *aulnage*. *Voyez* Jacob's - new - Law dictionnary. (*G. D. C.*)

UNION DES BÉNÉFICES, (*Droit canonique.*) eft la jonction d'un bénéfice ou d'une églife, faite par l'autorité de l'évêque ou du fupérieur eccléfiaftique.

Il s'eft paffé plufieurs fiècles avant qu'il fût queftion d'unir des églifes ou des offices eccléfiaftiques. En effet, tant que les églifes ne furent point entièrement formées, & que le nombre des fidèles s'accrut, loin de diminuer le nombre des miniftres de l'autel, il fallut au contraire le multiplier, & il paroît que ce font les malheurs qu'éprouvèrent les églifes vers le feptième fiècle, qui ont donné lieu aux premières *unions de bénéfices*.

Les inondations fucceffives des Barbares qui défolèrent alternativement les Gaules, l'Efpagne, l'Italie & l'Afrique, avoient détruit plufieurs villes très - confidérables. Les églifes étoient abattues, les biens du clergé diffipés, le peuple difperfé. Il devint fouvent néceffaire de réunir deux évêchés voifins, afin que l'évêque eût un peuple fuffifant pour former une églife, & affez de biens pour fubfifter lui & fon clergé.

Les *unions* d'évêchés font plus fréquentes en Italie vers ce temps, que par tout ailleurs. De toutes les provinces de l'empire, c'étoit elle qui avoit le plus fouffert. Les ravages fucceffifs des Huns, des Erules, des Vandales, des Goths & des Lombards, pendant près de deux cens ans, en avoient entièrement changé la face : Rome, cette capitale du monde, & Milan, fi floriffante depuis que les derniers empereurs y avoient fixé leur réfidence, étoient déchues de leur ancienne fplendeur. Un grand nombre de villes de moindre importance étoient entièrement ruinées, de forte qu'elles n'étoient plus qu'une folitude, & que leurs évêques fe trouvoient fans peuple. Saint Gregoire fut obligé d'unir plufieurs évêchés. La ville de Minturnes avoit été détruite, & l'évêque voifin de Formie demandoit que cet évêché fût uni au fien. Le faint pape confentit à une demande fi jufte. Il unit les deux évêchés de Cumes & de Mifènes, pour les raifons du voifinage de ces deux villes, de la folitude où elles étoient réduites, & de la pauvreté de leurs églifes.

Dans la fuite, il a toujours été néceffaire de faire des *unions de bénéfices*. Les guerres qui détruifent les villes & les campagnes, les viciffitudes du commerce, qui prend un autre cours & porte ailleurs la population & l'abondance, les autres changemens, qui font une fuite ordinaire des chofes, & qui arrivent toujours dans l'état des villes & des paroiffes, ont obligé d'unir des évêchés & des cures. Mais les *unions des bénéfices* n'ont jamais été fi communes qu'aujourd'hui. On unit affez rarement les cures & les évêchés ; il faut toujours, comme autrefois, les plus fortes raifons pour qu'on en diminue le nombre. Mais les *unions* des monaftères, des collégiales, & furtout celles des fimples bénéfices deviennent aujourd'hui très-fréquentes. S'agit-il de donner l'exiftence à un établiffement utile, de fonder un féminaire, un hôpital, un collège ? Ce font les biens de ces bénéfices qu'on emploie pour les doter. S'il faut fuppléer à la modicité du revenu d'un évêché, pourvoir à la pauvreté d'une cure, on a recours à des *unions de bénéfices*.

§. I. *Des différentes efpèces d'unions.* Les canoniftes ont coutume de diftinguer deux efpèces d'*unions* ; l'une qu'ils appellent réelle, & celle qu'ils nomment perfonnelle. L'*union* réelle eft celle par laquelle deux bénéfices font unis pour toujours. Les *unions* perfonnelles ou *ad vitam*, étoient celles par lefquelles on uniffoit à un bénéfice dont un eccléfiaftique étoit revêtu, tous les autres bénéfices dont il fe trouvoit, ou dont il pouvoit être pourvu dans la fuite, de quelque qualité qu'ils fuffent.

Les *unions* perfonnelles furent un moyen inventé par la cupidité pour éluder les canons & faire rentrer fous un nouveau nom, dans l'églife, la pluralité des bénéfices, qui en avoit été bannie par les conciles. Elles commencèrent avec le féjour des papes à Avignon, & devinrent extrêmement fréquentes pendant le grand fchifme. Les cours d'Avignon & de Rome étoient pleines de clercs ambitieux, cardinaux, prélats, officiers, notaires, qui envahiffoient de toutes parts les bénéfices. Et comme de tous les moyens qui s'offroient à eux pour en obtenir, le plus commode étoit les *unions* perfonnelles, ils y eurent fur-tout recours. On vit des clercs uniquement occupés d'affaires temporelles, & n'ayant aucune connoiffance de la conduite des ames, poffeder en même temps, nonfeulement des bénéfices fimples, mais des bénéfices à charge d'ames, cures, doyennés, dans toutes les parties du monde catholique.

Ces abus font repréfentés avec force dans un mémoire dreffé l'an 1545 par M. Noël Brulart, alors procureur-général, concernant les prétentions du pape fur les pays de Bretagne & de Provence, & les moyens d'y remédier. «Davantage, dit ce magiftrat, fi l'on va plaider à Rome... » ils uferont toujours des *unions* perfonnelles, & » jugeront felon icelles, qui eft le plus grand » abus qui foit ès pays de Bretagne & de Pro- » vence.... Et pour entendre ce que c'eft defdites » *unions* perfonnelles, c'eft qu'un perfonnage » ayant un bénéfice en Bretagne, le pape unit » tout bénéfice qu'il peut obtenir après, à la vie » de l'impétrant, de quelque qualité qu'ils foient, » églifes parochiales ou autres, & bénéfices » effréné. Tellement qu'on a vu un procureur de » Rome, nommé *Regis*, tenir en Bretagne 15000 à » 20000 livres de rentes en cures ès églifes paro- » chiales, par *unions* perfonnelles, & ne vit en » fa vie un de fes paroiffiens ès vingt-cinq ou » trente cures qu'il tenoit en Bretagne; & le » femblable d'un autre procureur nommé *Clerici*, » & plufieurs autres qui en ont fait ci-devant trafic » & marchandife ».

Le célèbre Fra Paolo, dans fon traité des bénéfices, repréfente d'une manière également claire & énergique, l'abus qui réfulte des *unions* perfonnelles. «Pour donner deux bénéfices incompati- » bles à un même homme, la fubtilité humaine » inventa d'en unir un à l'autre pendant fa vie; » de forte qu'en lui donnant le bénéfice principal, » le bénéfice uni lui étoit donné par concomitance, » par où véritablement la loi de ne pas tenir plus » d'un bénéfice étoit fauvée en apparence. Mais » dans l'effet, c'étoit fauver les paroles & tranf- » greffer le fens. Cette invention fervoit encore » à pouvoir donner une cure à un enfant, ou à » un homme fans étude, en uniffant la cure à » un bénéfice *ad vitam*, & conférant le bénéfice » fimple en titre; moyennant quoi le bénéficier » reftoit auffi maître de la cure, fans être obligé » de recevoir les ordres facrés ».

Les *unions* perfonnelles ont encore lieu en Italie;

mais nous ne les admettons plus en France. L'article 43 de nos libertés porte: «le pape ne peut » faire aucune *union* ou annexe des bénéfices de » ce royaume à la vie des bénéficiers, ni à autre » temps».

L'*union* réelle, felon tous les canoniftes, peut fe faire de trois manières différentes. La première confifte à unir tellement les deux bénéfices, qu'il n'y ait plus qu'un titre; ce qui peut fe faire, ou en éteignant le titre du bénéfice que l'on veut unir, & en uniffant fes biens, droits & revenus à celui auquel on veut faire l'*union*, ou en incorporant les deux titres, de forte qu'ils n'en forment plus qu'un.

La feconde eft de laiffer fubfifter le bénéfice uni, mais de forte qu'il devienne un acceffoire & une dépendance de celui auquel il eft uni. C'eft pourquoi les canoniftes l'appellent *unio acceffioria, feu adjectiva*, ou *minùs principalis*. Dans le cas d'une *union* de cette efpèce, le titulaire perçoit les fruits des deux bénéfices; il doit defervir le principal en perfonne, & commettre un vicaire pour l'autre, s'il ne peut le defervir lui-même, & s'il eft chargé de quelque fervice perfonnel pour la conduite des ames.

Enfin, on unit deux bénéfices de la troifième manière, en les laiffant dans l'état où ils étoient auparavant, fans aucune dépendance de l'un de l'autre, quoiqu'ils ne doivent avoir qu'un titulaire, & que ce titulaire doive en percevoir les revenus. C'eft cette efpèce d'*union* que les canoniftes appellent unir *æquè principaliter*. C'eft ainfi que faint Grégoire unit les deux évêchés de Cumes & de Mifénes, ceux de Vélitres & des trois Tavernes. L'*union* des évêchés de Tournai & de Noyon étoit de cette efpèce, auffi que celle de l'archevêché de Vienne & de l'évêché de Roman, de Sifferon & de Forcalquier, qui fubfiftent de nos jours.

Les *unions des bénéfices* faites par le pape s'exécutent en vertu de bulles données ou en forme gracieufe, ou en forme commiffoire. Une bulle en forme gracieufe eft celle où le pape fait l'*union* de fon propre mouvement, & fuppofe qu'elle fera exécutée fans les procédures néceffaires pour vérifier fon utilité ou fa néceffité. Une bulle en forme commiffoire eft celle par laquelle le pape nomme un commiffaire *in partibus*, pour la fulminer felon la forme prefcrite par les canons & les ordonnances, c'eft-à-dire, lorfqu'il fe fera affuré par la procédure ordinaire, qu'il y a utilité ou néceffité de faire l'*union*.

Les papes accordoient fouvent autrefois des bulles d'*union* en forme gracieufe pour la France; mais les parlemens les ayant conftamment déclarées nulles, ils ont enfin renoncé à en expédier en cette forme. Toutes les bulles d'*union* qui nous viennent aujourd'hui de Rome, font en forme commiffoire; de forte que nous ne connoiffons plus aujourd'hui ces *unions* qui font fi contraires

à

à nos libertés, & fi oppofées à l'efprit de l'églife.

§. II. *Des bénéfices qui ne peuvent être unis.* Les obftacles qui s'oppofent à l'*union* d'un bénéfice à un autre, viennent de différentes fources. L'importance d'un bénéfice peut être confidérée comme une de ces fources, & elle empêche fouvent qu'un bénéfice ne puiffe être uni à tel ou à tel autre bénéfice. Par exemple, les évêchés, qui font les bénéfices les plus éminens & les plus néceffaires à l'églife, peuvent être unis entre eux. Il n'y a point de doute que lorfqu'il y a néceffité ou utilité, on ne puiffe unir un évêché à un autre évêché. L'antiquité nous offre plufieurs exemples de ces *unions* dès le fixième fiècle, & nous en rencontrons toujours d'intervalle en intervalle jufqu'à nos jours.

Mais un évêché pourroit-il être uni à un bénéfice inférieur ? Cela dépend de la manière dont fe feroit l'*union*. Un évêché ne peut être uni à un bénéfice inférieur, pour fubfifter avec lui-*minùs principaliter*. La dignité de l'épifcopat s'y oppofe ; ce feroit le dégrader, que de le rendre l'acceffoire & l'annexe d'un bénéfice qui doit naturellement lui être fubordonné. Mais on peut unir un évêché à un bénéfice inférieur par la voie de l'extinction du titre, s'il y a des motifs fuffifans pour le faire. Dans cette efpèce d'*union* où le titre eft éteint, on n'unit proprement que les biens : or, les biens d'un évêché, lorfqu'il y a des raifons d'éteindre le titre, font, comme tous les autres biens eccléfiaftiques, dans le cas d'être unis à quelque bénéfice que ce foit. Rien n'empêche qu'un évêché ne foit uni à un bénéfice inférieur, *æquè principaliter*. Cette efpèce d'*union* n'auroit d'inconvénient, qu'autant qu'elle détruiroit la fubordination du bénéfice inférieur, & la prééminence de l'épifcopat. Mais elle laiffe les bénéfices dans l'état où ils étoient auparavant : elle n'enlève point au bénéfice fupérieur la jurifdiction qu'il pouvoit avoir fur le bénéfice inférieur, & celui-ci refte toujours foumis & fubordonné comme il l'étoit auparavant.

Les cures peuvent être unies entre elles comme les évêchés ; c'eft un des moyens que fournit le concile de Trente pour pourvoir à la pauvreté des curés. *Poffunt epifcopi facere uniones perpetuas quarumcumque ecclefiarum parochialium, & aliorum beneficiorum curatorum, vel non curatorum cum curatis, propter eorum paupertatem, & in cæteris cafibus à jure permiffis*, fect. c. 5, con. *Triden.*

Les *unions* des cures à d'autres bénéfices, peuvent fe faire de deux manières différentes ; les unes qui font tout à l'avantage de la cure, & par lefquelles le curé gagne de la confidération & de l'aifance ; les autres qui fe font aux dépens de la cure, pour fubvenir aux befoins d'un établiffement ou d'un bénéfice. Les *unions* de cures de la première efpèce, font certainement très-favorables : ainfi, rien n'empêche qu'on n'uniffe une cure à un canonicat de cathédrale ou de collégiale, fi la cure & la prébende font dans la même ville, &

fur-tout dans la même églife. Par cette *union*, le curé fe trouve plus riche, & par conféquent plus en état de fubvenir aux befoins de fes pauvres.

Les *unions* de cures de la feconde efpèce font au contraire très-défavorables. Les cures font des bénéfices fi néceffaires à l'églife, il eft fi intéreffant pour une paroiffe que fon pafteur jouiffe de tous les revenus qui forment fa dotation, qu'il eft étonnant qu'on fe foit jamais déterminé à prendre les biens d'une cure pour les unir à d'autres bénéfices, ou à d'autres établiffemens fouvent moins importans & moins néceffaires. L'églife a toujours réprouvé ces *unions* depuis qu'elles font en ufage. Avant le concile de Latran, les évêques uniffoient des cures aux prébendes de leur cathédrale, pour fuppléer à leur pauvreté ; le concile défendit à l'avenir de pareilles *unions*. Le concile de Trente profcrivit abfolument toute *union* de cures à d'autres bénéfices. *Ecclefias parochiales monafteriis quibufcumque, aut aliis feu dignatibus, five præbendis ecclefiæ cathedralis, vel collegiatæ, five aliis beneficiis fimplicibus, aut hofpitalibus, militiifve non uniantur, & quæ unitæ funt, revideantur ab ordinario. Con. Trid.* fec. 24, chap. 13.

Il femble d'abord que les *unions* de cures qui fe font à d'autres bénéfices, pour l'avantage feulement de ces bénéfices, devroient être inconnues dans l'églife ; cependant il y a de ces *unions*, & il s'en fait encore aujourd'hui, qui ne font pas toujours improuvées par les cours.

Établiffons donc une règle d'après laquelle on puiffe juger pourquoi les *unions* ont été quelquefois tolérées, & pourquoi elles ne feroient pas toujours condamnées, fi on en faifoit encore aujourd'hui.

Tout le monde convient que la première règle, en fait d'*unions*, eft le bien de l'églife. Les cours n'ont donc toléré les *unions* dont nous parlons, que dans les circonftances où il leur a paru que le bien de l'églife l'exigeoit. Et fi une de ces *unions* avoit encore aujourd'hui pour motifs le bien de l'églife, il eft bien certain qu'elles ne la déclareroient point abufive.

Les *unions* des cures à des chapitres ou à des monaftères, fi fréquentes autrefois, feroient-elles donc fouffertes aujourd'hui ? Si par chapitres on entend des chapitres de collégiales, la réponfe à cette queftion eft facile. Les cures, inftituées pour la conduite des ames, les bénéfices les plus éminens après l'épifcopat, font d'une toute autre importance que ces établiffemens ; & quelque avantageufe que pût être à l'églife la confervation d'un monaftère ou d'un chapitre de collégiale, la pauvreté d'une cure, qui en feroit la fuite, lui feroit bien plus préjudiciable.

On peut faire une exception en faveur des chapitres de cathédrale. Il peut s'en trouver de fi pauvres, que les chanoines n'y aient pas la fubfiftance néceffaire, & que les prébendes y foient en trop petit nombre, pour qu'on puiffe le diminuer fans nuire au fervice divin. On a des exemples de ces deux cas dans quelques diocèfes de Provence, où l'évêque eft fouvent obligé de faire venir des curés de la campagne, lorfqu'il veut officier pontificalement. S'il fe trouvoit dans un de ces diocèfes une cure de fix à dix mille livres de rente, & qu'il n'y eût point de bénéfices fimples féculiers dont on pût faire des *unions*, il ne feroit pas contre le bien de l'églife de démembrer une portion de ce riche revenu, pour en créer de nouvelles prébendes, ou les augmenter. Mais hors de ce cas, qui eft bien rare, une *union* de cure à un chapitre de cathédrale, ne feroit point foufferte aujourd'hui. Il n'y a qu'un avantage confidérable pour l'églife, qui puiffe faire approuver une *union* de cette efpèce, & il ne peut jamais être utile à l'églife qu'une cure foit unie à la menfe d'un chapitre de cathédrale, à moins qu'elle ne fe faffe dans les circonftances dont nous venons de parler.

La même règle fervira pour juger des *unions* des cures aux féminaires & aux collèges. C'eft certainement le cas le plus favorable de l'*union* des cures à d'autres bénéfices. L'éditeur des mémoires du clergé, *tom. 10*, établit que ces *unions* peuvent fe faire. La raifon qu'il rapporte pour le prouver, c'eft qu'il eft fouvent plus utile d'employer pour des établiffemens qui donnent à l'églife des pafteurs éclairés & pieux, le furplus des revenus d'une cure, après l'entretien du curé, que de lui en laiffer faire à lui-même la diftribution aux pauvres.

On ne peut nier que cette raifon ne foit très-forte; elle prouve parfaitement qu'un féminaire eft plus utile à l'églife qu'une cure, & que les *unions* de cures qui fe font à ces établiffemens, lorfqu'il n'y a pas d'autre moyen de les fonder, font très-légitimes. Dès qu'on ne peut donner que par une *union* de cure, l'exiftence à un féminaire dont les fruits doivent s'étendre fur tout le diocèfe, il faut faire l'*union*. Un moindre bien doit céder à un plus grand. Mais fa décifion eft trop générale, s'il l'étend au cas où l'on peut doter autrement un féminaire, qu'en lui uniffant une cure. S'il y a dans le diocèfe, des bénéfices fimples féculiers qui foient dans le cas d'y être unis; entreprendre d'y unir une cure, ce feroit aller contre l'efprit de l'églife, & on ne pourroit fe flatter de faire réuffir une pareille *union*. Une *union* de cure ne peut être foufferte, qu'autant qu'elle eft avantageufe à l'églife: or, elle n'eft point avantageufe à l'églife, quoiqu'elle foit faire à un féminaire, lorfqu'il étoit poffible de la doter autrement. L'intérêt de l'églife demande qu'on laiffe fubfifter, autant qu'on le peut, tous les bénéfices qui lui font utiles; & par conféquent ceux qui lui font, je ne dis pas d'une auffi grande utilité, mais d'une auffi grande néceffité que les cures.

Les évêchés & les cures font les feuls bénéfices qui, à caufe de l'importance dont ils font pour l'églife, ne peuvent pas, dans toutes circonftances, être unis à d'autres bénéfices. Il n'en eft pas de même des prébendes de chapitres, foit de cathédrales, foit de collégiales: on les unit à des bénéfices néceffaires, ou à des établiffemens utiles qu'il faut doter: on les unit entre elles, & on les réduit à un moindre nombre, pour fuppléer à la modicité de leurs revenus. C'eft un des moyens que confeille le concile de Trente, lorfque les prébendes ne fourniffent pas une fubfiftance honnête à ceux qui en font pourvus. *In ecclefiis collegiatis & cathedralibus, ubi frequentes adeòque tenues funt præbendæ.... liceat epifcopis..... aliquibus ex eis fupprefiis.... eas ad pauciorem numerum reducere. Conc. Tri. f. 24, de refor. c. 19.*

Il n'eft pas furprenant qu'on faffe des *unions* de menfes abbatiales. L'utilité dont elles font maintenant, ne leur mérite pas le privilège de ne pouvoir être unies. On les unit aux évêchés, aux chapitres qui ont fouffert quelque perte dans leur temporel, aux collèges, féminaires, hôpitaux, & autres pieux établiffemens que l'on veut former. Il eft très-conforme à l'efprit de l'églife, que des portions fi confidérables de fes biens fervent à donner l'exiftence à des établiffemens dont elle a lieu d'attendre les plus grands fervices, ou à réparer les pertes des bénéfices qui lui font néceffaires.

L'affectation d'un bénéfice eft fouvent encore une raifon qui empêche qu'il ne foit uni. Comme les affectations de certains bénéfices à des docteurs, aux muficiens, chantres & enfans de chœur d'une églife, n'ont point eu d'autre motif que le bien de cette églife, elles font très-favorables, & elles méritent d'être refpectées, tant qu'il n'eft point évident qu'un plus grand bien demande qu'on y donne atteinte.

Mais fi ces bénéfices ne rempliffent plus la fin qu'on s'eft propofée en les établiffant; fi, loin d'être utiles à l'églife, ils lui deviennent nuifibles ou inutiles; fi l'*union* qui doit remédier au mal ne peut fe faire en confervant l'affectation; le même motif du bien de l'églife qui a donné l'être à ces affectations, demande qu'on n'y ait aucun égard: ils pourront donc être unis à des bénéfices non affectés. C'eft ce que le parlement a décidé pour des chapelles affectées aux muficiens, chantres & enfans de chœur de l'églife de Soiffons, par un arrêt intervenu le 11 avril 1753, en faveur de l'évêque de Soiffons.

L'affectation des bénéfices aux gradués, brévetaires & indultaires, étant beaucoup plus générale que les affectations dont on vient de parler, empêche encore moins que les bénéfices ne puiffent être unis. Plufieurs arrêts du grand-confeil l'ont décidé contre les gradués. On peut en citer deux fort célèbres; le premier de 1603, rapporté par Peleus dans fes actions forenfes, *liv. 2, chap. 26;*

le second, rendu le 30 janvier 1667, en faveur de l'évêque de Tulle. Il avoit uni l'aumônerie de son église cathédrale à la mense du chapitre. Après la mort du titulaire, les gradués requièrent le bénéfice. L'arrêt ordonna que l'*union*, que ces expectans prétendoient être nulle, subsisteroit. *Mémoires du clergé*, tom. 10.

On cite contre les indultaires un arrêt dont voici l'espèce. Le sieur Balthasar, porteur de l'indult de M. Balthasar son frère, maître des requêtes, l'avoit fait placer sur l'archevêché d'Aix, & signifier selon les règles, lorsque l'archevêque entreprit d'unir à son séminaire le prieuré de saint Raphaël de Cabrières, qui vint à vaquer à sa nomination. L'*union* fut faite de la manière la plus précipitée, puisqu'elle fut consommée en deux jours. Le sieur Balthasar requit le bénéfice quinze jours après l'*union*, & deux mois seulement après la vacance du bénéfice, par conséquent encore dans le temps utile pour la requisition des expectans, qui est de six mois. Sur le refus qui lui fut fait de la part de l'archevêque de l'en pourvoir, il appella comme d'abus de l'*union*. L'arrêt qui intervint le 7 février 1667, le débouta de sa demande, & confirma l'*union*. Cet arrêt ne peut être considéré que comme un arrêt de circonstance, que la faveur des séminaires a fait rendre. On auroit tort d'en conclure qu'une *union* faite avec aussi peu de régularité, seroit admise aujourd'hui; mais au moins suppose-t-il que les juges étoient persuadés que les droits d'un indultaire sur un bénéfice, avant qu'il l'ait requis, ne sont point un obstacle à l'*union*.

La diversité des bénéfices n'empêche point qu'on ne puisse les unir. Les bénéfices réguliers, par exemple, ne peuvent être possédés par des séculiers, de même que les bénéfices séculiers ne peuvent être possédés par des réguliers. Cependant on unit tous les jours des bénéfices réguliers à des bénéfices séculiers. L'édit de 1606 permet aux archevêques & évêques d'unir les bénéfices tant réguliers que séculiers, comme ils jugeront à propos pour le bien de l'église. « Par les articles » 22 & 23 des ordonnances rendues en notre » ville de Blois, l'on a ordonné les *unions* des » bénéfices & suppressions pour augmenter les » revenus, à ce que les bénéfices puissent être » desservis par personnes capables, qui aient » moyen de vivre & de s'entretenir selon leur » qualité. Mais telles *unions* n'étant que des cures » & autres bénéfices séculiers & non réguliers, » le remède a été du tout inutile & sans aucun » effet; ne pouvant être procédé à l'*union* des » cures sans incommodité des paroissiens, ni à » l'*union* des prébendes qui requièrent résidence, » ni à la suppression d'icelles.... pour à ce obvier, » & faciliter lesdites *unions*, avons ordonné & » ordonnons que les archevêques & évêques, » chacun en son diocèse, pourront procéder aux- » dites *unions*, tant des bénéfices séculiers que ré-

» guliers, selon qu'ils jugeront être commode » pour le bien & utilité de l'église ». *Edit de 1606*, *art. 18.*

Les bénéfices exempts sont tous les jours unis à des bénéfices non exempts. Parmi les abbayes dont on a fait jusqu'à présent l'*union* à des évêchés ou à différens établissemens, un grand nombre étoient exemptes, comme l'abbaye de Saint-Denis, qui fut unie à la communauté de Saint-Cyr dans le dernier siècle. Il n'y a qu'une chose à observer à ce sujet, c'est que le bénéfice exempt perd son exemption, à moins qu'il ne s'agisse d'une abbaye dont la communauté subsiste malgré l'*union* du titre de l'abbaye, & demeure toujours exempte comme auparavant. L'exemption n'a été accordée qu'au bénéfice existant seul & indépendant. Dès qu'il change de manière d'exister, il doit perdre son privilège. C'est un retour trop favorable au droit commun, pour que le moindre changement dans l'état du bénéfice ne suffise pas pour l'opérer.

Les bénéfices de collation ecclésiastique peuvent être unis à des bénéfices de collation laïque, à des hôpitaux, à des commanderies des ordres militaires. L'abbaye de saint Jean de la ville de Laon a été unie depuis peu à l'école militaire. Mais il faut, pour faire ces *unions*, éteindre le titre du bénéfice. En effet, quand un titre de bénéfice est éteint, ses biens peuvent être unis, comme tous les autres biens, aux établissemens utiles auxquels le supérieur veut les appliquer.

Les bénéfices de différens royaumes peuvent être unis, quand les souverains y consentent. Un souverain peut faire passer tous les ans à des étrangers une somme d'argent des propres deniers de son état; il peut donc consentir à ce qu'un bénéfice situé en pays étranger, perçoive le revenu d'un bénéfice situé dans l'étendue de sa domination. Cependant il est rare que les princes consentent à des *unions* de cette espèce.

Les *unions de bénéfices* de différens diocèses, moins défavorables que celles de bénéfices de différens royaumes, avoient été absolument réprouvées par le neuvième décret du concile de Trente, au chapitre premier *de reformatione*. L'esprit du décret étoit de conserver la distinction des diocèses, & de ne point confondre l'ordre des jurisdictions; mais ce décret n'ayant pas été publié en France, n'y a point force de loi. Il y a chez nous un grand nombre d'exemples de ces *unions*. Cependant le décret du concile est suivi à l'égard des cures. Une *union* de cures de différens diocèses donneroit lieu aux inconvéniens qu'a voulu prévenir le concile, en troublant l'ordre des jurisdictions.

On a fait dans les derniers temps plusieurs *unions de bénéfice*, pendant leur vacance, & les cours les ont laissé subsister: cependant on ne peut tirer de cette indulgence des cours, aucune induction générale en faveur des *unions* de cette espèce. Elle a pu être l'effet des circonstances particulières

Q 2

dans lesquelles on a fait l'*union* ; par exemple , de ce que l'*union* étoit néceffaire , de ce qu'on ne pouvoit la différer , de ce qu'on ne devoit pas efpérer que le bénéfice fût bientôt rempli... Mais il feroit très imprudent d'entreprendre une *union* de cette efpéce, quelque favorables que paruffent les circonftances dans lefquelles on la feroit. Auffi les plus habiles jurifconfultes dans cette partie, confeillent-ils toujours , lorfqu'il s'agit d'unir un bénéfice qui eft vacant , de lui donner un titulaire , ou d'attendre qu'il en ait un.

On peut encore moins unir un bénéfice pendant la vacance de celui à la collation duquel il appartient. La raifon en eft , que le collateur eft beaucoup plus intéreffé à l'*union* que le titulaire : celui-ci n'eft qu'un ufufruitier , & ne perd jamais rien à l'*union* ; quand on la feroit fans fon confentement , on feroit obligé de lui réferver fes droits ; au lieu que le collateur perd tout , quand on éteint ou qu'on unit un bénéfice qu'il a droit de conférer.

§. III. *A qui appartient le droit d'unir les bénéfices ?* Ceux qui peuvent unir les bénéfices, font , le pape, les légats *à latere*, les métropolitains , les évêques & les collateurs ordinaires. Le droit d'unir les évêchés étoit réfervé au pape avant le concordat. Il n'en étoit pas de même des abbayes. On ne croyoit pas alors qu'il y eût d'autres *unions* d'abbayes réfervées au pape, que celle des abbayes exemptes. Le corps du droit ne lui attribue nulle part le pouvoir exclufif d'unir les autres ; & il n'y a eu , depuis la collection des décrétales jufqu'au concordat, aucune loi qui ait reftreint le pouvoir des évêques à cet égard.

Le concordat qui fut fait en 1515, entre Léon X. & François I. ayant attribué à la collation du pape tous les bénéfices électifs confirmatifs du royaume, on a penfé jufqu'ici qu'il lui réfervoit en même-temps le droit de les unir. En effet , l'*union* renfermant toujours une collation perpétuelle , le pouvoir d'unir devoit paffer au pape, qui acquéroit celui de conférer ; & les évêques , en perdant le droit de confirmer ceux qui étoient élus aux abbayes , ont dû être privés de celui d'unir ces bénéfices.

Comme c'eft le pape feul qui peut ériger les ordres religieux, le pouvoir de les fupprimer ou de les unir doit lui être réfervé. Les ordres religieux n'ont jamais été unis que par le pape, & de nos jours les fouverains ont eu recours à fon autorité pour fupprimer l'ordre des Jéfuites. Depuis le treizieme fiecle , on a toujours cru qu'elle étoit néceffaire pour la féculariſation des monaftères. Fevret , *liv. 2 , chap. 2 , n. 9*, cite la décrétale du pape Honoré III, qui déclare nulle la féculariſation d'un monaftère , faite par l'autorité feule de l'évêque de Chonad en Hongrie. Il n'y a pas eu, depuis ce temps , de féculariſations canoniquement faites en France , fans l'ordre du pape. L'églife de Luçon fut féculariſée dans le onzieme fiecle par une bulle du pape. La féculariſation du mo-

naftère de Saint-Maure-des-foffés fut faite par une bulle du pape Clément VII, du 13 juin 1533. Dans le fiecle paffé , l'abbaye de Saint-Etienne de Dijon ne fut pareillement féculariſée que par une bulle du pape.

Le légat *à latere* ne peut faire l'*union* en France , fi ce droit n'eft fpécialement exprimé dans fes pouvoirs , & fi on ne confent , lors de leur vérification , à ce qu'il puiffe en ufer ; alors il eft obligé de fuivre la forme prefcrite pour les *unions*. Le légat *à latere* ne peut par lui-même faire les procédures d'*union*, parce qu'il n'a point de tribunal , & qu'il ne peut exercer lui-même la jurifdiction contentieufe , ni connoître par lui - même des caufes eccléfiaftiques des fujets du roi, il doit déléguer des commiffaires réfidens dans les diocefes où font fitués les bénéfices qu'on veut unir.

Les primats ne peuvent faire des *unions* dans l'étendue de leur primatie, ni les métropolitains dans l'étendue de leur province , que dans le cas où la jurifdiction leur eft dévolue , comme lorfqu'il s'agit d'unir un bénéfice à la menfe épifcopale. Le droit d'unir dépend de la jurifdiction ordinaire , & les primats & les métropolitains n'ont jamais été ordinaires dans les diocefes des évêques foumis à leur primatie ou à leur métropole.

L'évêque étant le pafteur de tout fon diocefe , & chargé principalement de le gouverner , & les bénéfices n'étant que les différens emplois eccléfiaftiques du diocefe , il en eft le fupérieur naturel , & c'eft à lui qu'appartient de droit commun le pouvoir de les unir. La décrétale *ficut unire de excef. præl.* rend hommage à ce droit des évêques. *Sicut unire epifcopatus, atque poteftati fubjicere aliena , ad fummum pontificem pertinere dignofcitur , ita epifcopi eft eccleſiarum fuæ diocefis unio & fubjectio earumdem.* Selon tous les canoniftes , ce droit s'étend aujourd'hui à tous les bénéfices même exempts.

Les bénéfices de collation laïque étant indépendans de la puiffance eccléfiaftique , ce n'eft point à elle qu'il appartient de les unir. Entre les bénéfices de collation laïque , ce font les différens élus des faintes chapelles & les autres bénéfices de la pleine collation du roi, qui tiennent le premier rang. Les *unions* de ces bénéfices ne peuvent être valablement faites que par le roi. Les titres créés par la libéralité de nos rois, font regardés comme dépendans de leur feule volonté. Il y a un grand nombre d'exemples de femblables *unions*, extinctions & fuppreffions de titres & d'églifes de cette qualité , qui ont été faites par la feule autorité du roi & par des lettres-patentes enregiftrées dans les cours.

Philippe de Valois , en 1350, unit la première prébende de l'églife collégiale de Notre-Dame de Poiffy , qui viendroit à vaquer, à l'abbaye de Joyenval. Il fit l'*union* de fon autorité & plein pouvoir royal , avec faculté aux abbés & religieux d'établir , pour eux , vicaire, un des chanoines. Henri IV unit de la même manière, en 1604, une prébende de l'églife collégiale de Notre-Dame de Monthuifon, à la fabrique de la même églife, pour entretenir quatre enfans de chœur. On rapporte plufieurs *unions* & fuppreffions de prébendes dans l'églife collégiale & royale de faint Etienne de Troies, qui ont été faites de l'autorité de nos rois.

Les autres bénéfices de collation laïque fon unis par les feigneurs collateurs. On pourroit citer une multitude de bénéfices de la collation des feigneurs particuliers, faites par eux & fans le concours de l'autorité eccléfiaftique. Mais par rapport à ces bénéfices, un fimple décret du feigneur ne fuffit pas pour opérer l'*union*. Un bénéfice eft un établiffement public; il ne peut s'y faire aucun changement par l'autorité des particuliers. Il n'y a donc que la puiffance publique qui ait le droit d'y procéder. Ainfi le feigneur qui veut unir un bénéfice de fa pleine collation, doit former un projet d'*union*, & obtenir fur ce projet des lettres-patentes qu'il fera enregiftrer au parlement dans le reffort duquel le bénéfice eft fitué, où bien il peut fe contenter de le faire homologuer au parlement, & alors cette homologation fuffira pour donner au projet du décret la force de décret d'*union*.

Dans les chapitres de collation laïque, il y a fouvent des prébendes auxquelles eft annexée la cure des ames. L'*union* de ces prébendes, ainfi que celle des cures de collation laïque, ne peuvent être faites fans le confentement de l'autorité eccléfiaftique. En général, une cure & tout bénéfice à charge d'ames intéreffent trop le diocèfe & le gouvernement des ames, qui eft principalement confié à l'évêque, pour que ce ne foit point à lui à juger s'il eft néceffaire ou utile d'apporter quelque changement au titre.

Les cures de l'ordre de Malte ne font point unies par le grand-maître, quoiqu'elles foient de la pleine collation des commandeurs. Les évêques font en poffeffion d'en faire l'*union* du confentement du grand-maître. Cet ufage prouve ce que nous venons de dire, que les *unions* des *bénéfices* à charge d'ames qui font de collation laïque, ne peuvent être faites que par l'évêque, puifque les commandeurs de l'ordre de Malte ont tous les privilèges des collateurs laiques.

§. IV. *Caufes & motifs des unions.* Les *unions des bénéfices* ont toujours été défavorables, & l'églife s'eft toujours rendue difficile à les accorder; perfuadée que les fonctions eccléfiaftiques, quelque partagées qu'elles foient, fuffifent pour remplir le zèle & exercer les talens de fes miniftres les plus ardens & les plus éclairés, elle a favorifé dans tous les temps l'augmentation du nombre des bénéfices. Convaincue d'ailleurs que le motif qui fait pour l'ordinaire folliciter fi ardemment les *unions*, eft plutôt le defir de raffembler fur une feule tête les revenus deftinés à plufieurs de fes miniftres, que celui de fe charger de leurs fonctions, elle n'autorife les *unions* que lorfqu'elle a

reconnu qu'il y a une néceffité preffante de les faire, ou que c'eft fon utilité évidente qui les demande.

Il n'eft pas néceffaire que ces deux caufes fe rencontrent enfemble pour rendre légitime l'*union* d'un bénéfice. En effet, combien d'*unions* fe font tous les jours, qui n'ont pour motifs que l'utilité? Il ne faut pas exiger pour les *unions* plus que le droit lui-même n'a exigé. Au lieu de demander en même temps ces deux motifs, il les fépare, & fe fert de la particule disjonctive, afin de faire entendre que l'un fans l'autre fuffit: *fi evidens ecclefiæ utilitas vel neceffitas exigat.* N'eft-ce pas pour le bien de l'églife que les bénéfices font établis? Ils peuvent donc être anéantis, lorfque le bien de l'églife le demande. Or, pour que le bien de l'églife demande une *union*, faut-il qu'elle foit néceffaire? ne fuffit-il pas qu'elle lui foit véritablement utile?

Saint Grégoire, *epift. liv. 8*, nous apprend fuffifamment quels doivent être les motifs de l'*union* de deux évêchés, lorfqu'il rend compte des raifons qui lui ont fait faire quelques-unes de ces *unions*. C'eft la pauvreté & la ruine des églifes, l'intérêt des pauvres, qui lui font unir l'évêché de Minturnes à celui de Formies. C'eft la folitude des églifes, qui l'oblige d'unir les évêchés de Cumes & de Mifènes. Il n'unit l'églife des trois Tavernes à un autre évêché, que parce qu'il n'y a aucun lieu d'efpérer le rétabliffement de cette églife.

Voilà donc quels font les motifs fuffifans pour les *unions* des évêchés: la ruine des églifes, la pauvreté où elles font réduites, la dévaftation des villes, & l'infuffifance de peuple. Les mêmes raifons fuffifent pour unir deux cures. L'églife d'un village eft détruite; il n'y a aucun moyen de la rétablir; les dixmes même abandonnées pour fa reconftruction, ne fuffiroient pas; ou bien les fonds les dixmes qui compofent le patrimoine d'une cure, ne peuvent aller à la valeur de la portion congrue: un endroit eft tellement défert, qu'il n'y refte plus que neuf ou dix communians; ce font autant de motifs pour unir ces cures à la plus voifine.

Saint Grégoire nous fournit auffi des caufes légitimes d'*unions* de monaftères. Il unit le monaftère de Pouzolès à l'abbaye de Naples, parce qu'il étoit abandonné. Il fait l'*union* d'un monaftère à un autre de Campanie, parce que la fureur des ennemis n'y avoit pas laiffé un feul religieux. Le concile d'Agde nous donne un autre motif d'*union* de deux monaftères; c'eft, s'il eft néceffaire, pour une abbaye, d'avoir une retraite dans les villes en temps de guerre. Les motifs d'*union* de deux abbayes font donc, la folitude où un monaftère eft réduit, la déprédation des biens, la néceffité d'avoir une retraite en temps de guerre lorfque l'abbaye eft à la campagne; à quoi l'on peut ajouter la ruine de l'églife & des lieux réguliers, & l'avancement de la régularité.

Les *unions des bénéfices* font en général défavorables; mais ce ne font pas celles des bénéfices fimples. Ces bénéfices font un des plus grands abus qui fe foit introduit dans l'églife, & un de fes maux les plus réels. Ils multiplient le nombre des eccléfiaftiques, & on fait qu'il ne faut pas qu'ils foient en trop grand nombre, pour qu'on puiffe efpérer d'eux les vertus & les connoiffances de leur état. Les bénéfices fimples font pour eux une occafion de paffer leur vie dans l'oifiveté. Ils font formés aux dépens des monaftères & des curés, auxquels ils ne laiffent fouvent que le plus étroit néceffaire. Ils ne fubfiftent donc que par le plus étrange renverfement de l'ordre ; & l'églife eft portée à les fupprimer, pour employer d'une manière plus utile les biens qui forment leur dotation. Ainfi, il eft dans l'efprit de l'églife de les unir aux évêchés, cures, prébendes, menfes capitulaires & collèges, toutes les fois que ces derniers ont befoin de quelque augmentation de revenus.

Lorfqu'une églife a perdu des droits de jurifdiction, & que fon titulaire confent à les céder pour le bien de la paix, on peut le dédommager par l'*union* de quelque bénéfice à fon fiège. Si un évêque a fouffert quelque perte dans fon temporel, on la répare par l'*union* de quelque bénéfice. Quand un évêché n'eft pas fuffifant pour faire fubfifter l'évêque avec décence, ou lorfqu'il n'eft pas affez riche pour le faire fubfifter d'une manière proportionnée à fa dignité & à la grandeur de fon fiège, c'eft le cas d'y unir quelque abbaye. Par exemple, un archevêque de Paris doit être plus riche que l'évêque d'une ville inconnue de la province. Évêque d'une ville immenfe & capitale d'un grand royaume, il eft expofé à plus de dépenfes ; il a plus de charges à foutenir ; il eft obligé de faire plus d'aumônes que les autres évêques.

Il en feroit de même d'un curé de ville confidérable : eu égard au grand nombre de pauvres qu'il a néceffairement, il doit être plus aifé qu'un curé de la campagne. On pourroit fubvenir à fon befoin par une *union* de prébende, fi fa cure étoit dans une églife cathédrale, ou collégiale, ou de bénéfice fimple.

La modicité du revenu des prébendes, qui ne fuffit pas pour procurer une fubfiftance honnête aux chanoines, eft un motif fuffifant, ou pour unir un bénéfice fimple à la menfe capitulaire, ou pour réduire le nombre des prébendes.

Enfin, les réparations feroient un motif fuffifant de faire des *unions* à la fabrique des églifes, ou à la menfe capitulaire ou épifcopale, fi ces menfes, qui font obligées de fupporter les réparations des églifes, au défaut des fabriques, devoient trop en fouffrir.

Paffons aux motifs de fuppreffions de corps & de communautés. L'expérience des fiècles paffés a fait connoître l'inconvénient de deux corps de bénéficiers prefque indépendans dans une même églife, qui s'entre-choquent fans ceffe & cherchent mutuellement à fe détruire. C'eft le fpectacle qu'offrent nombre de cathédrales, dans lefquelles il y a des corps de bénéficiers inférieurs, titulaires comme les chanoines. D'un côté, les chanoines leur font trop fouvent fentir leur fupériorité ; de l'autre, ces officiers voient, avec une efpèce d'indignation, le rang inférieur où ils font placés. Ils luttent fans ceffe contre le chapitre, non feulement pour s'affranchir du joug qu'on leur impofe, mais même de leurs obligations les plus facrées. Dans un pareil cas, le bien de l'églife demande qu'on fupprime le corps inférieur & le moins néceffaire.

Ce qui arrive dans les cathédrales, arrive auffi dans les églifes où il y a en même temps une paroiffe & un chapitre. Comme la paroiffe & le chapitre ne peuvent être enfemble dans une même églife fans fe rencontrer fans ceffe & fe gêner mutuellement, tout y devient un fujet de diffenfion. Nous connoiffons plufieurs de ces églifes où il y a toujours des procès depuis trois cens ans. Il eft certain que ces guerres continuelles & fcandaleufes font un motif bien fuffifant pour transférer ces chapitres dans d'autres églifes, ou les unir à d'autres chapitres qui ont une églife libre.

Un autre motif de fuppreffion de chapitre, c'eft de n'être pas fuffifamment doté pour entretenir une douzaine de chanoines, & pour pouvoir fatisfaire aux autres charges de l'églife. De même c'eft une raifon de fuppreffion pour les monaftères, que de n'avoir pas le nombre de fujets qu'exige l'édit de 1768, c'eft-à-dire, neuf religieux, en comptant le fupérieur, pour les communautés qui font en congrégation ; & feize en comptant pareillement le fupérieur, pour celles qui ne font point en congrégation. Lorfque ces communautés font dans le cas de la fuppreffion, l'évêque doit les unir à l'établiffement de fon diocèfe qui en a le plus befoin : pourvu cependant qu'il les uniffe à un établiffement utile, on ne peut pas dire que l'*union* foit répréhenfible.

Il ne nous refte plus qu'une chofe à obferver fur ce fujet ; c'eft qu'il faut pour les *unions* & les fuppreffions des bénéfices de collation laïque, les mêmes caufes de néceffité & d'utilité que pour les autres *unions*. Un établiffement public ne doit pas perdre fon exiftence au gré de la volonté d'un particulier ; il appartient proprement à l'état. Et fi la puiffance publique a confervé au fondateur un grand nombre des droits éminens fur l'établiffement qu'il a fondé, ce n'eft pas pour qu'il en abufe, mais pour qu'il en procure le bien, qu'il veille à fa confervation, & qu'il en foit le défenfeur & non le deftructeur.

§. V. *Des formalités des unions.* Les *unions des bénéfices* ne devant point être faites fans caufe, il faut que l'églife s'affure de la vérité de ces caufes, pour les permettre ; de-là la néceffité d'une procédure qui la mette dans le cas de juger fûrement si les causes alléguées sont vraies & suffisantes. Il y a deux formalités qu'on peut regarder comme la base & le fondement de toute cette procédure, l'information *de commodo & incommodo*, & la comparution des parties intéressées. Les canonistes désignent ces formalités, lorsqu'ils disent que l'*union* doit se faire *cum caufæ cognitione & vocatis vocandis*.

Voici à peu près l'ordre de la procédure. On commence par présenter à l'évêque une requête pour lui demander l'*union* de tels ou tels bénéfices. Cette requête donne lieu à une ordonnance de l'évêque, portant : *soit communiqué à notre promoteur, pour, sur ses conclusions, être statué ce qu'il appartiendra*. Le promoteur donne ensuite son réquisitoire. Sur ce requisitoire du promoteur, intervient une seconde ordonnance de l'évêque, qui ordonne qu'avant faire droit aux parties, il sera informé de la commodité ou incommodité de l'*union* requise, & que toutes les parties intéressées seront entendues; nommant à cet effet un commissaire qu'elle charge de faire toutes les procédures nécessaires pour parvenir à l'*union*.

En conséquence, la partie qui a requis l'*union* présente une requête au commissaire, tendante à lui faire accepter la commission. Elle est répondue d'une première ordonnance du commissaire, par laquelle il accepte la commission, & ordonne, quant au reste, qu'elle soit communiquée au promoteur. Celui-ci donne son requisitoire; le requisitoire donne lieu à une ordonnance du commissaire, qui porte qu'il sera procédé à l'information *de commodo & incommodo*, & à la comparution des parties intéressées, & ordonne toute la marche de la procédure. Le commissaire procède ensuite à l'information *de commodo & incommodo*, du procès-verbal de l'état des biens & charges des deux bénéfices, à la comparution des parties intéressées. Toute cette procédure finie, la partie qui doit profiter de l'*union*, présente une dernière requête à l'évêque, pour demander que le décret soit prononcé. Cette dernière requête est communiquée au promoteur, & sur son requisitoire intervient le décret. Le décret rendu, on obtient des lettres-patentes confirmatives, & on les fait enregistrer. Cette dernière formalité ne se pratiquoit pas autrefois. Mais elle est exigée depuis les déclarations des 22 septembre 1718, 15 avril & 13 juillet 1719.

Tous ceux qui ont quelque intérêt à l'*union*, ou pour eux-mêmes, ou pour ceux dont ils sont chargés, peuvent présenter la requête introductive. Elle peut donc l'être par ceux en faveur desquels l'*union* doit se faire ; par l'évêque ou le curé que la modicité de leurs revenus engagent à la solliciter ; par le chapitre dont la fabrique a besoin de secours. Comme la requête introductive est la base & le fondement de toute la procédure ; elle doit être rédigée avec beaucoup d'attention ; elle doit contenir & rendre très-sensibles tous les motifs qui peuvent déterminer le supérieur à accorder l'*union* ou la suppression demandée. Les conclusions doivent être claires & précises, & exprimer tout ce que la partie requérante desire touchant l'*union*, comment & à quelles conditions elle veut qu'elle se fasse.

L'information *de commodo & incommodo* se faisant comme en matière criminelle, les assignations aux témoins doivent toujours être données à la requête de la partie publique, c'est-à-dire, du promoteur qui doit faire élection de domicile, lorsque l'audition des témoins ne se fait pas dans le lieu de sa résidence. Il n'en est pas de même des assignations aux parties intéressées ; elles peuvent être données à la requête de la partie publique ; mais elles peuvent aussi l'être à la requête de la partie qui doit profiter de l'*union*.

Le délai des assignations données aux témoins qui doivent déposer dans l'information *de commodo & incommodo*, étant expiré, le commissaire procède à cette information. Il doit être accompagné de son greffier ; il n'est pas nécessaire qu'il le soit de son promoteur, qui ne peut paroître à l'audition des témoins. L'enquête devant se faire en la même forme que l'information en matière criminelle, il ne peut s'y trouver que le commissaire, le greffier & le témoin qui dépose.

Le commissaire ne doit faire au témoin ni question ni interpellation inutile ; il doit recevoir sa déposition telle qu'il la dicte, bonne ou mauvaise. Il faut qu'il ait attention de ne recevoir la déposition des témoins, que sur les choses sur lesquelles ils doivent porter témoignage, l'utilité ou l'inutilité du bénéfice à supprimer, la nécessité du bénéfice auquel l'*union* doit être faite. Il peut aussi leur demander s'ils ont quelque connoissance de la valeur des biens, & recevoir là-dessus leur déposition.

L'esprit de l'église en dotant un établissement ou un bénéfice, n'est jamais de leur procurer des richesses superflues, mais uniquement les secours dont ils ont besoin. Il ne suffit pas de connoître la nécessité du bénéfice auquel on veut faire l'*union*; il faut savoir si les biens du bénéfice que l'on veut unir ne sont point trop considérables pour remplir l'objet qu'on se propose. C'est ce dont le supérieur ne peut être assuré qu'en se faisant représenter l'état des revenus, droits & charges des deux bénéfices, dont il dresse procès-verbal, ainsi que des bâtimens.

Il y a des parties intéressées dont le consentement est nécessaire pour que l'*union* puisse avoir lieu. Ce sont, 1°. les patrons laïques pour les bénéfices ou patronages laïques. L'article 23 de l'ordonnance de Blois y est formel. Il défend absolument les *unions* sans le consentement des patrons, si les bénéfices sont en patronage laïque.

2°. Les patrons & collateurs pour les bénéfices en patronage ou de collation ecclésiastique, lorsqu'ils sont réguliers. L'article 18 de l'édit de 1666 permettant d'unir les bénéfices réguliers dont les *unions* étoient défendues auparavant, ordonne qu'elles ne se feront que du consentement des patrons & collateurs.

3°. Les auteurs conviennent communément que les bénéfices dépendans d'une communauté de religieux, ne peuvent être unis sans le consentement de la communauté, quoique les religieux n'aient sur ces bénéfices aucun droit de patronage ou de collation, si ce sont des prieurés conventuels *actu* ou *habitu*; c'est-à-dire, si la conventualité y subsiste encore, ou si elle n'y est pas prescrite. L'église ne veut pas qu'on détruise des prieurés dans lesquels la régularité est observée, ou du moins dans lesquels elle a lieu d'espérer qu'elle sera un jour rétablie. Son intention n'est pas qu'on supprime ces maisons, à moins que la communauté ne renonce d'elle-même à y rétablir la régularité, en donnant son consentement à l'*union*.

4°. Il est certain que les bénéfices dont la présentation ou la nomination appartient au roi, ne peuvent être unis sans son consentement. Il en est de même des bénéfices qui sont de la pleine collation des seigneurs laïques. Ces bénéfices sont dans une dépendance trop absolue des collateurs, pour qu'on puisse les supprimer sans leur consentement.

Quoique le consentement des autres parties intéressées ne soit pas absolument nécessaire, & qu'on puisse passer outre lorsqu'elles le refusent mal-à-propos, cependant il faut les citer & requérir leur consentement. On ne doit procéder à l'*union*, malgré le refus qu'elles font d'y consentir, que lorsque ce refus n'est pas suffisamment motivé; & il est certain que pour en juger il faut les entendre.

Ainsi, il faut citer les patrons & collateurs ecclésiastiques dans l'*union* des bénéfices séculiers; la communauté pour les bénéfices simples qui en dépendent, & pour les prieurés conventuels *habitu*, dont la conventualité est présente, le fondateur du bénéfice, le titulaire, les habitans & les seigneurs des lieux, toutes les fois qu'ils ont un véritable intérêt à l'*union*, comme lorsqu'il s'agit d'unir ou de supprimer leur paroisse. Toutes ces parties intéressées ont, ou des droits considérables sur les bénéfices, ou pourroient être dans le cas de souffrir beaucoup si l'*union* avoit lieu. On doit donc premièrement, requérir leur consentement pour la faire de leur gré, s'il est possible; & lorsqu'ils le refusent, on doit entendre leurs raisons, pour savoir si la nécessité ou l'utilité de l'église exigent qu'on ne fasse point d'attention à leurs droits, ou qu'on n'ait point égard au préjudice qu'ils feront dans le cas d'éprouver.

Il suffit d'avoir un intérêt réel à l'*union*, pour pouvoir y former opposition. Tous ceux qu'on a compris au nombre des parties intéressées, ont qualité à cet effet; mais tous ne sont pas intéressés de la même manière. Les uns y sont intéressés personnellement, comme les habitans, qui ne peuvent jamais avoir à défendre que leurs propres droits; les autres ont en même temps l'intérêt du bénéfice à défendre, comme le titulaire, qui, personnellement intéressé à la conservation du bénéfice, est de plus chargé, au nom de l'église, d'en défendre les droits & d'en empêcher la destruction.

Toutes les parties intéressées ne sont donc pas reçues à s'opposer de la même manière à l'*union*. Celles qui n'y ont qu'un intérêt personnel, ne peuvent pas s'opposer absolument à ce qu'elle ait lieu, mais seulement à ce qu'elle ne se fasse au préjudice de leurs droits, si elle peut se faire sans y porter atteinte; car si l'*union* ne peut avoir lieu sans y préjudicier, elles peuvent s'y opposer absolument.

Au contraire, lorsqu'une partie intéressée réunit en même temps l'intérêt public & l'intérêt personnel, elle peut persister dans son opposition, quand on la désintéresseroit pour ce qui la concerne. Le titulaire peut continuer de s'opposer à une *union*, quoiqu'il soit assuré de conserver la jouissance de son bénéfice pendant sa vie, parce que c'est lui qui est principalement chargé d'en défendre les droits. Les parties intéressées de cette espèce sont recevables à proposer pour moyens d'oppositions, non-seulement leurs droits & leurs intérêts particuliers, mais encore les raisons du bien & de l'avantage de l'église, c'est-à-dire, de l'inutilité ou du danger de l'*union*.

Des opposans, déboutés de leur opposition, peuvent se pourvoir contre la sentence par appel simple devant le supérieur ecclésiastique. Cet appel au supérieur ecclésiastique n'empêche pas davantage de continuer les opérations commencées, que la première opposition. Il suffit, dans ces deux cas, de faire juger, soit l'opposition, soit l'appel avant le décret.

§. VI. *Des désunions des bénéfices.* Les *désunions des bénéfices* ne sont autre chose que le rétablissement des bénéfices unis dans leur premier état, lorsque le bien de l'église le demande. Autant les *unions* sont défavorables, autant les *désunions* doivent être favorables. L'église est ennemie de la destruction; elle ne se porte que difficilement à supprimer des établissemens qui n'ont été formés que pour son service. Elle doit donc voir volontiers cesser les causes qui les avoient fait détruire, & se prêter aisément à les rétablir dans leur premier état. L'église permet seulement & tolère les *unions*; c'est une conséquence nécessaire qu'elle approuve & désire les *désunions*.

Le pouvoir de désunir les bénéfices appartient à celui qui a le droit de les unir: *qui unire potest, potest & dissolvere,* Rebuffe, *praxis benef. de unio. revoca. n. 15.* C'est donc le pape seul qui peut désunir les bénéfices consistoriaux, les ordres religieux & les ordres militaires, puisque c'est à lui qu'appartient le pouvoir exclusif de les unir.

Comme

Comme l'évêque a le pouvoir d'unir tous les bénéfices de son diocèse, de droit commun, excepté dans quelques cas particuliers où le droit & l'usage l'ont réservé au pape; de même, hors de ces cas particuliers, le pouvoir de désunir tous les bénéfices de son diocèse, doit lui appartenir de droit commun.

Les papes ont fait autrefois un grand nombre d'*unions* de bénéfices inférieurs, sans le consentement de l'ordinaire. Les évêques peuvent-ils aujourd'hui les réunir, lorsqu'il y a des motifs suffisans de *désunion*? Il n'y a point de doute que l'évêque ne puisse faire ces *désunions*; le pape, en unissant ces bénéfices, n'a point voulu & n'a pu porter atteinte au droit des ordinaires.

Si une de ces *unions* qui auroit pu être faite par l'évêque, a été faite abusivement par le pape, & qu'on ne veuille pas prendre la voie de l'appel comme d'abus pour la faire annuller, l'évêque peut la révoquer de son autorité particulière. *Episcopus unionem factam à priori (papa), vel alias malè factam revocabit. Rebuffe, praxis benef. de unionum revocat. n. 16.*

L'évêque ne peut unir un bénéfice à sa mense, parce que personne ne peut être juge dans sa propre cause. Cette raison n'a point lieu lorsqu'il s'agit de désunir un bénéfice qui a été réuni à la mense épiscopale. Dans le premier cas, c'est son avantage particulier qui peut engager à faire l'*union*; au lieu que dans le second il ne peut être intéressé à désunir un bénéfice de sa mense épiscopale. Lorsqu'il le fait, on ne peut le supposer dirigé que par le motif de l'intérêt public; c'est pourquoi il est communément reçu, que l'évêque peut désunir un bénéfice de sa mense, quoiqu'il ne puisse l'y unir.

Comme le chapitre de la cathédrale a absolument le droit de faire des *unions sede vacante*, il a aussi absolument le droit de désunir; mais communément les causes de *désunion* ne sont jamais assez pressantes pour qu'il ne doive pas attendre son futur pasteur.

Les causes des *désunions* sont, comme celles des *unions*, la nécessité ou l'utilité de l'église. En général, dit Rebuffe, les mêmes causes qui suffisent pour opérer l'*union*, suffisent aussi pour la *désunion*.

Une *désunion* est nécessaire, lorsque l'*union* est devenue nuisible & préjudiciable à l'église. La paroisse d'une ville détruite & réduite en solitude, a été unie à celle d'un village voisin. La ville s'est repeuplée dans la suite, & est devenue considérable. C'est un mal qu'une ville considérable n'ait pas son église & son pasteur au-dedans de ses murs: la *désunion* doit être regardée comme nécessaire.

Une *désunion* est utile, quand les causes de l'*union* cessent, ou lorsqu'une *union*, utile dans son origine, est devenue inutile par la suite. Dans l'un ou l'autre de ces cas, il est avantageux pour

l'église que le bénéfice soit rétabli dans son ancien état, ou que ses biens soient réunis à quelque autre établissement plus utile que celui auquel ils étoient unis précédemment.

Les causes de l'*union* cessent, quand elle n'a été faite que pour procurer à l'église un nouvel établissement, si cet établissement parvient dans la suite à être suffisamment doté: il en est de même quand cet établissement est supprimé. Si l'on supprimoit un séminaire fondé par des *unions* de bénéfices, les causes de l'*union* cesseroient, & on pourroit rétablir les bénéfices unis, ou en faire l'*union* à quelque autre établissement.

Une *union* devient inutile à l'église lorsque la fin pour laquelle elle a été faite ne peut plus être remplie. On a uni un bénéfice à une communauté, afin qu'elle exerçât l'hospitalité: l'hospitalité ne s'y exerce pas, & n'y peut être rétablie; l'*union* est devenue inutile, & peut être révoquée.

Si les prélats qui gouvernent l'église étoient aussi attentifs à désunir qu'à unir, les *unions* seroient beaucoup plus fréquentes qu'elles ne le sont ordinairement: mais autant ce principe est certain en lui-même, & dans la spéculation, que l'église est plus favorable aux *désunions* qu'aux *unions*, autant la pratique en est-elle peu usitée.

Si l'*union* a été faite sous la condition qu'elle ne durera qu'autant de temps que l'établissement en aura besoin, ou jusqu'à sa perfection, il semble que l'*union* devroit se résoudre d'elle-même, quand la condition vient à s'accomplir, parce que l'état ancien du bénéfice n'étoit que suspendu: cependant il faut, dans ce cas, un décret du supérieur, qui déclare que l'*union* ne subsiste plus: les bénéfices sont des établissemens publics, soit dans l'ordre ecclésiastique, soit dans l'ordre civil: Il ne doit donc se faire de changement dans leur état, que par l'autorité de la puissance ecclésiastique & politique.

Si l'*union* n'est qu'une *union* de fait, & qu'il n'y ait eu ni formalités préalablement observées, ni décret rendu, il est évident qu'elle n'existe point. Un bénéfice uni de cette manière peut toujours être impétré. Il n'est point nécessaire de décret pour opérer la division.

Quand le temps de l'*union* n'est point limité, il faut presque les mêmes formalités pour la dissoudre, qu'il a fallu pour la faire.

Ceux qui poursuivent la *désunion* d'un bénéfice présentent à l'évêque une requête introductive, tendante à ce qu'il lui plaise ordonner la *désunion* de tel bénéfice.

Tous ceux qui y ont intérêt sont parties capables pour la présenter; les titulaires des bénéfices, les patrons, collateurs, & sur-tout le promoteur, qui est particulièrement chargé de tout ce qui concerne l'ordre ecclésiastique du diocèse.

L'évêque, en conséquence de la requête, nomme un commissaire à l'effet d'instruire la procédure de la *défunion*. Le commiffaire ayant accepté la commiffion, procède à l'information *de commodo & incommodo*. Il entend les témoins pour favoir fi l'*union* eft devenue préjudiciable à l'églife; il fait comparoître les parties intéreffées, afin de connoître les raifons qu'elles peuvent avoir pour empêcher la *défunion*; enfin, il dreffe le procès-verbal de l'état des biens des deux bénéfices, pour s'affurer fi le bénéfice auquel l'*union* a été faite, a encore befoin de l'*union*.

On doit fuivre la même marche que dans les *unions* pour les différentes requêtes qu'il eft néceffaire de préfenter, foit à l'évêque, foit au commiffaire, avant l'inftruction de la procédure, & pour l'inftruction de la procédure elle-même: & tous les actes, tant les requêtes que les procèsverbaux, doivent être conçus de même.

Quoique le confentement du titulaire des bénéfices unis ne foit pas plus néceffaire que dans les *unions*, on eft obligé de l'appeler. Il peut juftifier qu'il n'eft ni utile ni néceffaire d'opérer la *défunion*. D'ailleurs il eft intéreffé à la *défunion*, parce qu'il a fes droits à conferver. C'eft pour cela qu'Innocent III ne voulut point défunir une abbaye unie à la menfe épifcopale pendant la vacance du fiège. *Cap. 1 extr. ne fede vacan.*

La *défunion* ne doit fe faire que pour avoir lieu après la mort du titulaire, à moins qu'il ne fe contente d'une penfion égale au revenu que lui produifoit le bénéfice qu'on défunit. C'eft la feule partie intéreffée qui ait droit d'exiger des réferves.

On eft moins rigoureux fur l'obfervation des formalités pour les défunions que pour les *unions*; enforte que fi l'on interjettoit un appel d'abus d'une *défunion*, parce que quelques formalités y auroient été négligées, il feroit reçu plus difficilement que s'il s'agiffoit d'une *union*. Cependant, quoique l'églife favorife les *défunions*, elle n'autorife pas fes miniftres à les faire fans caufes & fans précautions.

Le pape eft obligé d'obferver les mêmes formalités dans les *défunions* qu'il fait en France, que dans les *unions*: ainfi il n'admettroit point de bulle de *défunion* en forme gracieufe. Il doit nommer un commiffaire fur les lieux, pour fulminer la bulle, & adreffer la bulle à l'évêque ou à fon official, dans les cas où il eft tenu de le faire pour les *unions*.

Les *défunions* des bénéfices de collation royale & de collation laïque, fe font de la même manière que les *unions* de ces bénéfices. C'eft le roi feul qui peut défunir les bénéfices de fa collation qu'il a unis.

Les feigneurs peuvent obtenir des lettres-patentes fur les projets de *défunions* qu'ils ont dreffés, ou fe contenter de les faire homologuer.

Les bénéfices défunis reprennent leur nature, leurs qualités, leurs revenus, leurs privilèges & leurs charges. L'*union* étant révoquée, dit Rebuffe,

l'églife unie demeure dans fon ancien état. Si c'eft une églife paroiffiale qui a été unie, elle doit redevenir, par la *défunion*, une églife-paroiffiale; & fi c'étoit un monaftère gouverné par un abbé, il faut lui rendre fon abbé. *In praxi. de unio. revoc. n. 38.*

Si l'*union* du bénéfice a été faite par la voie de l'extinction du titre, l'évêque du diocèfe où eft fitué le chef-lieu des biens, doit l'ériger de nouveau en titre de bénéfice; & en l'érigeant de nouveau, il peut lui impofer toutes les charges qu'il a droit d'impofer aux bénéfices qu'il érige pour la première fois.

Le patron & le collateur qui n'ont fait que confentir purement à l'*union* du bénéfice, reprennent leurs droits de patronage & de collation, lorfqu'il eft défuni. Le patron, en donnant fon confentement à l'*union*, n'ayant cédé fon droit de patronage, ou confenti qu'il foit diminué qu'en faveur de l'*union*, il doit le recouvrer dans toute fon étendue auffi-tôt que l'*union* ceffe d'avoir lieu. Rebuffe eftime que s'il a renoncé expreffément, fon droit eft éteint & ne revit pas. *Quandò expreffè in unione remifit, factâ diffolutione, remanebit ecclefia unita libera à patrono, quia jus extinctum non revivifcit.* Rebuffe, *in praxi. de unio. revoc. n. 40.*

Si une aliénation a été faite légitimement & felon les règles de l'églife, aux dépens du bénéfice uni, elle n'eft pas révoquée par la *défunion*; c'eft le bénéfice uni qui en porte toute la perte. De même les droits prefcrits font perdus pour le bénéfice auquel ils appartenoient.

UNION DE CRÉANCIERS, eft lorfque plufieurs créanciers d'un même débiteur obéré de dettes, fe joignent enfemble pour agir de concert, & par le miniftère des mêmes avocats & procureurs, à l'effet de parvenir au recouvrement de leur dû, & d'empêcher que les biens de leur débiteur ne foient confommés en frais, par la multiplicité & la contrariété des procédures de chaque créancier.

Cette *union de créanciers* fe fait par un contrat devant notaire, par lequel ils déclarent qu'ils s'uniffent pour ne former qu'un même corps, & pour agir par le miniftère d'un même procureur, à l'effet de quoi ils nomment un ou plufieurs d'entre eux pour fyndics, à la requête defquels feront faites les pourfuites.

Lorfque le débiteur fait un abandonnement de biens à fes créanciers, ceux-ci nomment des directeurs pour gérer ces biens, les faire vendre, recouvrer ceux qui font en main-tierce, & pour faire l'ordre à l'amiable entre les créanciers. *Voyez* ABANDONNEMENT, CESSION DE BIENS, CRÉANCIER, DIRECTEUR, DIRECTION. (*A*)

UNION FÉODALE. Il ne faut pas confondre ce mot avec celui de *réunion féodale*, comme l'ont fait quelques auteurs. La réunion féodale a pour objet le retour de la cenfive ou du fief fervant au fief dont ils étoient mouvans. L'*union féodale* au contraire a pour objet deux ou plufieurs fiefs indépendans l'un de l'autre, qu'elle incorpore à l'avenir.

Suivant le droit commun, la réunion féodale se fait de plein droit & sans l'intervention du seigneur qui a la mouvance du fief auquel se fait la réunion. Mais l'*union féodale* ne peut jamais avoir lieu de plein droit. Il faut nécessairement, outre le consentement du vassal, celui du seigneur commun de ces différens fiefs, lorsqu'ils sont tous dans la même mouvance, ou lorsqu'ils sont dans plusieurs mouvances, le consentement de chacun des seigneurs de ces fiefs, & même du seigneur suzerain, dont ils relèvent tous en arriere-fief, en remontant jusqu'au roi, s'il est le premier seigneur commun de tous les fiefs.

Dans quelques provinces, telles que la Normandie, il faut de plus des lettres-patentes enregistrées avec les formalités d'usage. Dans quelques autres coutumes, il faut toujours le consentement du seigneur suzerain, lors même que les fiefs qu'il s'agit d'unir sont dans la mouvance du même seigneur.

Dans le droit commun, on n'exige, comme on vient de le dire, que le consentement du seigneur & du vassal, lorsque les fiefs qu'il s'agit d'unir sont sous la même mouvance. Il n'est besoin d'aucune formalité pour cela. Il suffit que le vassal demande une investiture unique pour le tout, & que le seigneur l'investisse du tout comme d'un seul & même fief. Cette investiture unique, cette réunion des fiefs peut se faire expressément par un traité fait entre le seigneur & le vassal. Elle peut aussi se faire tacitement par la foi & hommage, ou par l'aveu & dénombrement, lorsque le vassal y comprend sous un seul & même titre de fief les objets qui en faisoient plusieurs autrefois.

On l'observe ainsi dans les coutumes même où le consentement du seigneur suzerain est aussi requis. La foi & hommage suffit pour opérer l'union lorsque ce seigneur y prête son consentement.

C'est ce qu'on doit induire des dispositions des coutumes de Clermont en Beauvoisis & de Melun, qui sont, à ce que l'on croit, les seules qui se soient expliquées sur cet objet. Celle de Melun dit dans l'article 102, que « si le vassal tient plu-» sieurs fiefs mouvans d'un même seigneur à di-» verses fois & hommages, ledit seigneur immédiat » ne les peut unir & mettre en une seule foi » sans congé & permission de son seigneur supé-» rieur, duquel lesdits fiefs sont tenus en arriere-» fief ».

L'article 99 de la coutume de Clermont en Beauvoisis s'explique de la même maniere. Il en résulte que l'union est opérée par le seul fait de la prestation d'un hommage unique, lorsque le seigneur suzerain donne son consentement. A plus forte raison, cet hommage unique opere-t-il l'union dans les pays, où, suivant le droit commun, le consentement du seigneur suzerain n'est pas requis.

C'est à-peu-près là tout ce que l'on trouve dans nos coutumes sur l'union des fiefs, & nos auteurs ne se sont guere plus expliqués à cet égard. Il ne sera peut-être pas inutile d'ajouter ici une ou deux réflexions sur cette matiere.

Lorsque l'union a été faite régulierement, les fiefs unis n'en forment plus qu'un seul & même, sous la dénomination commune que les parties lui ont donnée. Cette unité de fief est incontestable entre le seigneur & le vassal. C'est donc sur l'état commun des fiefs unis qu'on doit se régler pour juger si les aliénations que le vassal a pu faire postérieurement, sont conformes aux loix des coutumes sur le jeu de fief; si elles ne donnent point lieu au dépié, ou à la dévolution féodale; & le vassal ne doit pas craindre ces inconvéniens, s'il a réservé un devoir & la portion requise par la coutume de la totalité du fief commun, quand bien même il auroit aliéné l'un des fiefs en entier. Il ne pourroit pas s'y soustraire pour la totalité du fief commun, si l'aliénation excédoit la quotité permise par la coutume, quand bien même elle ne porteroit que sur un seul des anciens fiefs.

Quant aux vassaux & aux censitaires qui étoient dans la mouvance des différens fiefs qu'on a unis, il est manifeste que l'union ne peut pas leur préjudicier, en augmentant les charges dont ils étoient tenus envers l'un ou l'autre des fiefs unis, lorsque ces charges ne sont pas uniformes pour tous les fiefs. Elle ne peut pas non plus leur profiter au préjudice des seigneurs. C'est à leur égard, *res inter alios acta*; leurs obligations doivent toujours rester les mêmes. (*G. D. C.*)

UNIR A SA TABLE, *ou* UNIR ET METTRE EN SA TABLE. (*Droit féodal.*) Quelques coutumes, & celle de Paris même dans l'article 21, se servent de cette expression au lieu de celle de *réunir féodalement*, sur-tout en parlant du retrait seigneurial. *Voyez* le glossaire du droit françois & les articles RÉUNION FÉODALE, TABLE & UNION FÉODALE. (*G. D. C.*)

UNIVERSITÉ, s. f. (*Droit public.*) est le nom qu'on donne, en Europe, depuis le douzieme siecle, à quelques écoles célebres & privilégiées.

L'inondation des Barbares, qui s'établirent sur les ruines de l'empire Romain en occident, avoit fait tomber les études; & s'il y resta quelque étincelle de lumiere dans le sixieme & septieme siecle, nos peres en ont eu l'obligation aux monasteres & aux maisons épiscopales. On y enseignoit la grammaire, la dialectique & l'écriture, & tous les hommes qui se distinguerent jusqu'au huitieme siecle, sortirent de ces écoles.

Charlemagne, appellé à juste titre le restaurateur des lettres, mit tout en œuvre pour les rétablir : il ordonna, par un capitulaire fait à Aix-la-Chapelle, en 789, qu'on établit des écoles dans les maisons des évêques & dans les monasteres,

R 2

pour enseigner les pseaumes, le plein-chant, l'é-pacte, la grammaire, & qu'on pourvût ces écoles de livres catholiques très-corrects. Il en établit une dans son palais, qui fut très-célèbre jusqu'au règne de Charles-le-Chauve. Il honora les savans, les combla de biens, il les attira chez lui ; & c'est à ses bienfaits que la France est redevable du fameux Alcuin, l'honneur de son siècle.

La plupart des écrivains ont voulu faire remonter à ces écoles l'établissement de l'*université* de Paris, & attribuer à Charlemagne la gloire de sa fondation : mais ce sentiment n'est pas fondé ; les écoles de Paris ne prirent le nom d'*université* que vers la fin du douzième, ou au commencement du treizième siècle.

Paris, sous les rois de la troisième race, étoit devenu la capitale du royaume ; les grands & les gens d'affaires, qui accompagnent toujours la cour des princes, y établirent leur résidence, & y attirèrent après eux les artisans du luxe & les marchands. Les maîtres s'y rendirent de toutes parts, parce que cette ville étoit la plus riche du royaume, & qu'ils y trouvoient plus de gens en état de connoître leur mérite : le nombre & la célébrité des maîtres y attirèrent un grand nombre d'écoliers de l'Angleterre, de l'Allemagne, de tout le Nord, de l'Italie & de l'Espagne.

C'est à cette époque qu'on y voit briller Guillaume de Champeaux & ses disciples, Pierre Abailard, Albéric de Reims, Pierre Lombard, Hildebert de Tours, Robert Palla, l'abbé Rupert, & Hugues de S. Victor. C'est alors que ces écoles prirent la dénomination d'*universités d'études*, *universitas studiorum*, parce qu'on y enseignoit toutes les sciences qu'il falloit aller apprendre en divers lieux.

Les maîtres de ces écoles n'avoient pas formé de corps jusques-là, & n'étoient pas soumis à des réglemens particuliers. Ils convinrent d'en former un, & ils dressèrent entre eux des statuts, qu'ils furent tenus de suivre. On ignore quels ils étoient ; mais on les trouve confirmés par une bulle d'Innocent III, donnée en 1209. Quelques années après, Philippe-Auguste leur donna des réglemens, qu'on ne connoît pas non plus, mais qui se trouvent référés dans quelques édits, déclarations, & statuts particuliers postérieurs.

L'*université* de Bologne date à-peu-près du même temps. En 1220, le pape Honorius témoignoit, par une bulle, que l'étude des bonnes lettres avoit rendu la ville de Bologne célèbre par tout le monde. Successivement il en a été établi, sur leur modèle, dans les différens états qui composent l'Europe.

On compte en France dix-huit *universités*, sans y comprendre celles d'Orange & d'Avignon ; savoir, celles de Paris, Orléans, Toulouse, Bordeaux, Bourges, Caen, Angers, Poitiers, Nantes, Reims, Valence, Aix, Montpellier, Besançon, Douai, Strasbourg, Dijon, & Nancy, depuis la réunion de la Lorraine à la France. Les *universités* d'Orléans & de Dijon ne sont composées que de

la seule faculté de droit. On a transféré à Rennes la faculté de droit de l'*université* de Nantes : mais elle est restée unie au corps dont elle est démembrée, & ne forme pas une *université* particulière.

Toutes les *universités* ont été établies par l'autorité réunie des papes & des souverains ; aussi presque toutes ont-elles un conservateur des privilèges royaux, & un autre des privilèges apostoliques. Les privilèges dont les *universités* de France jouissent, leur ont été accordés à l'instar de ceux de l'*université* de Paris ; elles sont composées du même nombre de facultés ; elles enseignent les mêmes sciences, ensorte que nous considérerons principalement dans cet article l'*université* de Paris, par la raison que ce que nous dirons de ses droits & de ses privilèges, conviendra presque toujours aux autres *universités*.

§. I. *Des personnes qui composent les universités.* Les lettres-patentes de Henri IV, du 22 juin 1594, portant confirmation des privilèges de l'*université* de Paris, y comprennent le recteur, les conservateurs des privilèges royaux & apostoliques, les doyen, docteurs de la faculté de théologie, tant séculiers que réguliers, avec les licenciés & bacheliers ; les doyen, docteurs, licenciés & bacheliers de la faculté des droits ; les doyen, docteurs, licenciés & bacheliers de la faculté de médecine ; les procureurs des quatre nations de France, de Picardie, de Normandie & d'Allemagne, avec les docteurs aux arts, doyens, censeurs & syndics des nations ; les principaux des collèges, maîtres ès arts, pédagogues & régens ; & les écoliers ; les religieux des quatre mendians, Cordeliers, Carmes, Augustins & Jacobins ; les chanoines réguliers de saint Victor, les Mathurins, les religieux de Sainte-Croix, & plusieurs autres ; les religieux de Cluny, de saint-Germain-des-Prés, ceux de l'ordre de Citeaux, & ceux de Prémontré.

Mais, lors de l'introduction de la réforme de la congrégation de saint Maur dans l'abbaye de saint Germain-des-Prés, & dans la maison des Blancsmanteaux, ces deux communautés ont renoncé au droit qu'elles avoient de prendre des degrés dans l'*université*.

Les religieux de sainte Geneviève ont fait la même chose lors de la réforme de cette abbaye, qui n'a conservé que le droit d'avoir un chancelier de l'*université*.

La maison des Bénédictins anglois s'est fait agréger à l'*université* de Paris, & a droit d'y prendre des degrés.

Outre ces privilégiés, qui sont les vrais membres de l'*université* de Paris, il y en a d'autres qui, comme officiers de l'*université*, jouissent des mêmes droits & des mêmes franchises. Ce sont le greffier, le receveur & le syndic, les quatre avocats & les deux procureurs en la cour ; les deux avocats & le procureur au châtelet ; le syndic de la faculté des arts ; le notaire de l'*université* ; les quatorze bedeaux, dont six appartiennent aux facultés fupérieures, & huit aux quatre nations; les vingt-quatre libraires jurés de l'*univerfité*, les quatre papetiers jurés demeurant à Paris, les quatre papetiers de Corbeil & d'Eſſone, les trois papetiers de Troies; les quatre parcheminiers jurés, les deux reliers jurés, les deux enlumineurs & les deux écrivains jurés, & enfin tous les grands meſſagers de l'*univerſité*.

Les profeſſeurs du collège royal ont fait, dans l'origine, partie du corps de l'*univerfité*; &, par arrêt du 8 août 1626, ils étoient obligés d'y prendre des degrés, ou de s'y faire adopter. Ils en avoient été féparés par un arrêt du conſeil du 18 mars 1633, qui établit le grand aumônier de France directeur du collège royal; fit défenſes au recteur de l'*univerfité* de le troubler en cette qualité, fauf à lui, en cas que les profeſſeurs royaux vinſſent à enſeigner quelque choſe contre la religion & l'état, d'en donner avis à ſa majeſté. En 1671, la direction de ce collège a paſſé entre les mains du ſecrétaire d'état, qui a la maiſon du roi dans ſon département. Le grand aumônier n'a plus eu d'autres fonctions, à l'égard des profeſſeurs royaux, que celle de recevoir leur ſerment. Depuis quelques années, par un nouvel arrangement, la direction de ce collège eſt reſtée entre les mains du ſecrétaire d'état; mais il eſt réuni à l'*univerfité*; de ſorte que les profeſſeurs royaux ſont obligés d'y prendre des degrés, ou de s'y faire adopter.

Les perſonnes qui compoſent les autres *univerſités* du royaume, ſont, de même qu'à Paris, le recteur, les conſervateurs des privilèges, les bacheliers, licenciés & docteurs des facultés de théologie, de droit & de médecine, tous les membres de la faculté des arts, les écoliers, ſuppôts & officiers des *univerſités*.

§. II. *Privilèges de l'univerſité de Paris.* Un des principaux privilèges de l'*univerſité* de Paris, étoit autrefois l'exercice des fonctions du conſervateur apoſtolique. Il connoiſſoit de toutes les difficultés qui s'élevoient ſur les privilèges de l'*univerſité* & ſur leur exécution. Les conſervateurs apoſtoliques s'étoient érigé un tribunal; ils tenoient leur audience au chapitre des Mathurins. Ce tribunal étoit compoſé du conſervateur, comme préſident, de ſon vice-gérent, d'un greffier, d'un promoteur, de deux notaires, & d'un greffier particulier des appellations interjettées du conſervateur.

Les appels des ſentences de la conſervation étoient relevés en cour de Rome, ou au concile général. Pour le relever, il falloit prendre des lettres qu'on appelloit *apoſtolos*, ou lettres dimiſſoires. Mais il n'étoit jamais permis de citer aucun ſuppôt de l'*univerſité*, ſans l'avoir préalablement cité devant le conſervateur.

Le juge conſervateur des privilèges apoſtoliques eſt au choix de l'*univerſité*, qui a toujours pris un des évêques de Senlis, de Beauvais ou de Meaux. Il connoiſſoit de toutes les matières dont la connoiſſance appartenoit de droit commun à l'évêque de Paris ou à ſon official. Toutes fortes de perſonnes, ſans excepter les évêques, même celui de Paris, étoient obligés d'obéir à ſes citations; & comme, ſuivant l'abus du temps, il procédoit, par voie de cenſures & d'excommunication, contre les contrevenans à ſes ordres, il ſe rendoit terrible aux prélats même, & fur-tout à l'évêque de Paris, qui avoit ſouvent avec lui des démêlés, à cauſe de ſes entrepriſes.

Louis XII ayant voulu réformer pluſieurs abus qui régnoient dans cette juriſdiction, par ſes ordonnances du 30 août 1498 & 12 mai 1499, l'*univerſité* s'oppoſa à leur enregiſtrement, & demanda d'être entendue. Elle plaida ſa cauſe pendant pluſieurs audiences, & voulut faire réformer quelques articles concernant les matières dont elle prétendoit que le conſervateur devoit connoître. Le roi régla lui-même ces différends, ſur leſquels les parties avoient été appointées en la cour.

La juriſdiction du conſervateur apoſtolique ſubſiſtoit encore au temps de la l gue. En 1590, le recteur ſe plaignit d'inſultes faites au conſervateur en Normandie, où il étoit allé excommunier quelques particuliers. Les guerres de la ligue firent ceſſer entièrement cette juriſdiction, qui, depuis ce temps, n'a plus eu d'exercice. Cependant les officiers en ſubſiſtent toujours, & l'*univerſité* a fait depuis différentes tentatives, mais en vain, pour ſon rétabliſſement.

Il n'en eſt pas de même du conſervateur des privilèges royaux, qui eſt le prévôt de Paris. Sa juriſdiction ſubſiſte entière; de ſorte que les membres, écoliers & ſuppôts de l'*univerſité*, ne peuvent être traduits hors de la ville de Paris, & ont leurs cauſes commiſes pardevant le prévôt de cette ville.

Philippe-Auguſte, par un privilège accordé à l'*univerſité* l'an 1200, avoit ordonné que le prévôt de Paris, ni ſes officiers, ne pourroient mettre la main ſur un écolier pour aucune action, à moins qu'elle ne méritât l'empriſonnement. En ce cas, le roi permet à ſes officiers de le prendre, ſans le frapper, à moins qu'il ne faſſe rebellion; il veut enſuite qu'il ſoit remis au juge eccléſiaſtique, pour le garder, juſqu'à ce qu'il ait ſatisfait au roi, & à celui à qui il a fait tort. Si l'action pour laquelle il a été empriſonné, eſt grave, le roi ordonne que ce ſoit ſes officiers qui en jugent. Mais, dans ce cas même, ſi le priſonnier a été maltraité ſans avoir fait rebellion, il promet d'en tirer vengeance; & pour aſſurer davantage ce privilège, il veut que le prévôt & les bourgeois de Paris s'engagent par ſerment à le garder & l'obſerver. Saint Louis ordonna la même choſe par ſes lettres données à Fontainebleau au mois d'août 1226.

Philippe de Valois, par ſes lettres-patentes données au bois de Vincennes, le dernier décembre 1340, & adreſſées au prévôt de Paris ou ſon lieutenant, met l'*univerſité* en ſa garde & protection particulière; & pour ne pas détourner les écoliers

qui viennent y étudier de toutes les parties du
monde, il défend de les traduire hors de cette
ville, & leur accorde leurs caufes commifes pardevant le prévôt de Paris.

De fecondes lettres-patentes, données au même
lieu, & quelques jours après, renouvellent les
mêmes difpofitions. Philippe de Valois y fait l'éloge
de l'*univerfité* de Paris; il la compare à un champ
fertile, qui produit des fruits en abondance. Il
accorde à fes membres l'exemption de toutes impofitions & charges perfonnelles, & les confirme
dans le privilège de ne plaider en première inftance que pardevant le prévôt de Paris, qu'il établit
protecteur & confervateur des privilèges de l'*univerfité*.

Ce privilège éprouva de la réfiftance. Lorfque
les lettres-patentes eurent été publiées, les juges
du duché de Normandie refuferent d'y obéir, &
alléguèrent des chartres contraires. D'autres prétendirent qu'elles n'étoient pas conçues clairement,
& y trouvèrent de l'ambiguïté. L'*univerfité* eut
recours à Philippe de Valois, qui accorda une
déclaration le 21 mai 1343, après en avoir délibéré avec le chancelier de France, & plufieurs
autres perfonnes du confeil, & pris l'avis du parlement. En voici la difpofitif: *Nos igitur vifis litteris
fuprà fcriptis de fupplicatione uiverfitatis magiftrorum
& fcolarium prædictorum, hifque confideratis quæ circà
hæc confiderari debebant, habitâ fuper his deliberatione
diligenti cum dilectis & fidelibus gentibus parlamenti
noftri, cancellario, & pluribus aliis confiliariis noftris,
declaravimus ac etiam tenore præfentium declaramus,
quòd fuper injuriis, moleftiis & violentiis, magiftris
aut fcolaribus, in perfonis, aut familiariis propriis
eorumdem, feu dictorum magiftrorum aut fcolarium
propriis bonis ad ipfos magiftros feu fcolares fine fraude,
abfque aliquâ fictione, & abfque ceffionis, tranfportî,
vel alio fimulato contractu pertinentibus, illatis vel in-
ferendis, dictam noftram guardiam infringendo, contrà
dictum tenorem litterarum, nec non fuper damnis &
intereffe exindè fecutis à quibufcumque perfonis, &
ubicumque infrà regnum noftrum, dictus præpofitus
fummariè & de plano cognofcet, & faciet breve juftitiæ
complementum, faciendo nobis & parti debitæ emen-
dari, & ab omnibus regni noftri juftic ariis ubicumque
conftitutis, obedietur dicto præpofito in hâc parte, non
obftantibus quibufcumque privilegiis noftris, feu aliis
regnicolis conceffis, feu etiam concedendis, in cujus
rei teftimonium præfentibus litteris noftrum fecimus ap-
poni figillum. Datum Parifiis, in parlamento noftro,
die vigefimâ primâ maii, anno domini 1343.*

Cette déclaration fut publiée en jugement, le
prévôt féant en fon fiège, le mardi après la
Saint-Barnabé, l'an 1345. Charles V le confirma
par lettres-patentes données au Louvre le 8 mars
1366. Charles VI imita fon père dans la protection
qu'il accorda à l'*univerfité*. On a de lui des lettres-
patentes du 26 avril 1391, adreffées aux gens
tenant l'échiquier de Rouen à Alençon, par lefquelles il eft défendu à tous juges & officiers du

duché de Normandie, & fpécialement aux baillis
d'Harcourt & à leurs lieutenans, d'empêcher que
les fuppôts de l'*univerfité* ne jouiffent du privilège
qu'ils avoient de ne pouvoir être traduits ailleurs,
que pardevant le prévôt de Paris, en toutes leurs
caufes perfonnelles.

Charles VI, par d'autres lettres-patentes du 31
mars 1402, confirma tous les privilèges accordés
à l'*univerfité* de Paris, qu'il appelle fa chère &
bien aimée fille. C'eft la première fois que l'on
trouve cette qualité donnée à l'*univerfité*, & elle
paffa depuis en ufage dans toutes les ordonnances
& dans toutes les déclarations.

Nouvelle confirmation de tous les privilèges
accordés par nos rois à l'*univerfité* de Paris, par
lettres-patentes de Charles VII, données à Bourges au mois de mai 1445. Mais par de fecondes
lettres-patentes données à Chinon le 27 mars 1446,
& regiftrées au parlement le 2 mai fuivant, ce
prince accorda à l'*univerfité* un nouveau privilège,
celui de plaider en corps au parlement pour la
connoiffance de fes caufes.

Louis XI fuivit en cela l'exemple de fes prédéceffeurs. Par fes lettres données à Tours au mois
de janvier 1461, & regiftrées au parlement le 26
du même mois de la même année, il confirma l'*univerfité* dans tous les privilèges, libertés & franchifes dont elle avoit joui jufques-là. Par d'autres
lettres données en mars 1470, il fit défenfes de
citer à Rome & hors de Paris les écoliers de l'*univerfité*, fur peine, contre les laïques, de prifon, &
contre les gens d'églife, de faifie de leur temporel.
De troifièmes lettres-patentes du même roi, datées
d'Arras le 14 avril 1478, en confirmant les précédentes, défendent de comprendre l'*univerfité* fous
des claufes générales, à moins qu'elle n'y foit
nommée fpécialement.

Ces deux privilèges de l'*univerfité* de Paris, de
plaider en première inftance au parlement les
caufes qui la concernent en corps, & d'avoir pour
fes membres fes caufes commifes au châtelet de
Paris, ont été encore renouvellés par les lettres-
patentes de Charles VIII, données à Paris au mois
de feptembre 1484, & de Louis XII, données à
Paris au mois de juillet 1498.

Le troifième privilège de l'*univerfité* confifte dans
l'exemption des tailles, logement de gens de
guerre, tutèles, curatèles & autres charges publiques. Ce privilège fut autrefois plus étendu
qu'il ne l'eft aujourd'hui; l'origine en doit être
rapportée à Philippe-le-Bel. Ce prince, par lettres-
patentes données à Paris en 1295, le mardi d'après
le dimanche de la Trinité, exempta les maîtres &
les écoliers de l'*univerfité* de Paris d'un prêt qu'une
guerre ruineufe l'avoit obligé de demander à fes
fujets. En 1297, il les exempta d'un paiement de
droit de paffage & de traite foraine pour toutes les
denrées qu'ils feroient entrer à Paris & ailleurs. Il
les affranchit, en 1303, d'un droit de péage que les
commis vouloient leur faire payer pour les chevaux

& les voitures dont ils se servoient pour sortir de Paris. En 1307, il ordonna aux maîtres & surintendans des monnoies de ne point saisir, confisquer, retenir, ni diminuer les espèces que les gens de l'*université* faisoient entrer dans le royaume, quoique défendues, & de leur restituer celles qu'ils avoient confisquées, ou au moins de leur en rendre la valeur. La même année, il les exempta du paiement des tailles; & en 1313, il renouvella le privilège précédent pour la monnoie.

Charles V, par lettres-patentes données à Paris le 5 novembre 1368, enjoignit au prévôt de Paris de ne pas contraindre les serviteurs, libraires, écrivains, relieurs, enlumineurs, parcheminiers, & autres de l'*université*, à faire guet & garde dans la ville de Paris; & si, pour raison de ce, aucuns de leurs biens ou gages étoient pris, de leur faire rendre & délivrer sans délai, nonobstant ordonnances contraires.

En 1363, Charles VI ordonna que les maîtres, écoliers de l'*université*, & aussi les serviteurs & officiers d'icelle sans fraude, de quelque état que ce soit, soient francs, quittes & exempts de tailles, impositions & autres aides unis, & autres biens quelconques crus en leurs héritages & en leurs bénéfices, & qui seroient par eux vendus en gros ou en détail, ensemblement des dîmes ou autres aides octroyées au roi par le saint siège de Rome, & aussi de tous les vins & autres biens qu'ils acheteroient pour leurs nécessités en l'étude; & que tous fermiers & commis ajoutent foi au seing & cachet du recteur sur la régence & scolarité de ceux qui jouissoient du privilège, en enjoignant au recteur de jurer lors de la création, en présence d'un maître de la faculté des arts, commis par le roi, qu'il ne baillera son signet pour exemption de vins ou autres biens, si ce n'est en la forme & manière prescrite par l'ordonnance, sans que, pour l'absence dudit commis, l'élection dudit recteur puisse être retardée. Cette ordonnance est adressée aux généraux des aides ordonnés pour la guerre, & autres justiciers, receveurs & autres qu'il appartiendra, & à chacun d'eux.

Des lettres-patentes du 17 juillet 1386, accordées par le même prince, dispensent l'*université* de contribuer à un subside ou demi-dixième que le pape avoit permis au roi de lever sur le clergé de son royaume.

On a des lettres-patentes de Charles VII, du 26 août 1452, qui confirment les privilèges accordés par les rois ses prédécesseurs, au sujet des droits d'aides, mais en même temps qui les interprètent. Charles VII y défend aux écoliers d'en faire cession ou transport à d'autres; & aux pères & mères de faire de même aucun transport de terres ou héritages à leurs enfans étudiant dans les *universités* de Paris, Orléans, Poitiers, Toulouse, ou autres du royaume, afin, par ce moyen, de demeurer francs & quittes de payer les droits d'aides des fruits qui croissent sur ces héritages, qu'il ordonne être levés comme ils l'étoient avant les cessions ou transports. Il défend aussi à toutes personnes vivant cléricalement, & se mêlant de marchandises, de jouir des privilèges accordés aux *universités*.

Charles VII voulut rendre le privilège de l'*université*, au sujet des aides, plus inviolable. A cet effet, il établit le président de la chambre des généraux sur le fait des aides & ses successeurs, ou en leur absence, un conseiller de cette chambre pour gardien & conservateur des privilèges touchant les aides; & il ordonna que ce président, ou autre, seroit tenu de faire serment une fois au recteur de l'*université*, comme le prévôt de Paris avoit accoutumé de le faire.

Confirmation des mêmes exemptions par Louis XI. Les lettres-patentes accordées en conséquence sont du mois de janvier 1461, & elles ont été enregistrées au parlement le 26 du même mois. Le roi, forcé par les besoins des temps, avoit consenti qu'on levât sur les étudians un droit de quatrième sur le vin, pendant quelques années; Louis XI les en affranchit par de nouvelles lettres du mois de juillet 1465.

Le nombre des suppôts & officiers de l'*université* de Paris qui doivent jouir de ce privilège d'exemption d'aides, se trouve fixé dans un édit de Charles VIII, donné à Chinon en confirmation du privilège de l'*université*, au mois de mars 1484, & registré le 6 avril suivant. Ce sont tous ceux que nous avons nommés au nombre des suppôts de l'*université*. Mais, pour que ces officiers puissent jouir de ce privilège, il faut qu'ils exercent actuellement leurs offices sans fraude, & soient d'un état, qualité & profession conformes.

Louis XII exempta les mêmes officiers & suppôts de l'*université*, des aides, octrois, emprunts, tailles, péages, traites foraines, & autres subsides mis ou à mettre, imposés ou à imposer dans le royaume par lui ou par ses successeurs, pour quelque cause & occasion que ce fût; ensemble de tout guet de ville & garde des portes, excepté en cas d'éminent péril: sa déclaration est du 9 avril 1513.

En 1515, la reine-mère, régente du royaume pendant la minorité de François I, avoit ordonné la levée d'une taxe sur tous les bourgeois de Paris exempts & non exempts. Sur les remontrances de l'*université*, elle donna des lettres-patentes en forme de déclaration, datées de Lyon le 21 novembre 1515, par lesquelles elle déclara que l'*université* de Paris & ses officiers & suppôts exerçant leurs offices, seroient & demeureroient francs & quittes de cette contribution, sans y pouvoir être contraints en aucune manière.

Les messagers, papetiers & autres étoient compris dans le nombre de ceux qui devoient être exempts de la contribution. Quelques marchands les plus considérables de Paris avoient pris ces charges pour jouir des privilèges qui y étoient attachés, & les autres bourgeois en étoient grevés davantage. Les prévôt des marchands & échevins de la ville de

Paris formèrent opposition à l'entérinement de ces lettres, en ce qu'elles comprenoient parmi les exempts, les messagers & papetiers de l'*université*. La cour ordonna que tous les papetiers & messagers contenus au rôle de l'*université* comparoîtroient dans huitaine pardevant deux conseillers de la cour ; & elle maintint dans la jouissance de leur exemption, tous ceux qui ne se trouvoient pas inscrits en fraude sur ce rôle.

Les différens privilèges dont nous venons de parler, ont été encore confirmés par des déclarations postérieures ; par François I en 1543 ; Henri II en 1547, 1557 ; Charles IX en 1560, 1561, 1563 ; Henri III en 1573 ; Henri IV en 1594 ; Louis XIII en 1610 ; & sur-tout par Louis XIV en 1651.

Un privilège particulier à l'*université* de Paris, est d'avoir la quantité de 30,000 rames de papier exemptes de tous droits, qu'elle peut distribuer comme elle le juge à propos.

Nos rois avoient autrefois exempté le papier de toutes sortes d'impôts en sa considération. Il se faisoit anciennement à Troyes en Champagne un grand commerce de papier. Henri II permit aux habitans de cette ville de lever des droits pour réparer les fortifications de leur ville, sur les objets qu'ils jugeroient à propos. Ils assujettirent le papier à ces droits. L'*université* de Paris ne manqua pas de s'en plaindre au roi ; & sur ses remontrances intervint une déclaration du 17 mai 1552, enregistrée au parlement le 17 décembre 1554, qui défendit d'imposer aucun droit sur le papier, si ce n'est pour réparations & fortifications de villes. D'autres lettres-patentes de 1553 ont ôté toutes sortes d'impositions sur les livres.

Après la mort de Henri II, les fermiers des aides obtinrent de Charles IX un édit du mois de novembre 1564, qui assujettissoit le papier à certains droits. Ils le présentèrent au parlement pour l'enregistrer. L'*université* & les vingt-quatre libraires jurés formèrent opposition à l'enregistrement. L'affaire fut plaidée. Les avocats de l'*université* & des libraires jurés exposèrent leurs moyens d'opposition. Le parlement ordonna que l'*université* donneroit, dans trois jours, ses remontrances par écrit, pour icelles vues avec les conclusions du procureur-général du roi, ordonner ce qu'il appartiendroit. Il envoya au roi les remontrances de l'*université*, avec son avis ; & par lettres-patentes du 14 août 1565, enregistrées le 20 novembre suivant, le roi ordonna à tous baillis, sénéchaux & autres officiers, de faire main-levée & délivrance actuelle du papier qui avoit été saisi, sans que les fermiers-généraux ou particuliers, ou leurs commis, pussent lever ni exiger aucune chose sur ce papier.

La même exemption fut renouvellée par des lettres de Henri III, du 16 novembre 1582, envoyées à tous les parlemens, dans lesquelles il fait mention d'autres lettres semblables, accordées par Louis XII en 1513 ; & déclare qu'il entend que les libraires jouissent de ces exemptions, nonobstant tous empêchemens ou troubles qui pourroient leur être faits.

Tous ces privilèges d'exemption sur le papier furent confirmés par une déclaration de Henri IV en 1595, enregistrée au parlement le 25 juin, & par des lettres-patentes du 15 novembre, vérifiées le 26 du même mois & an. L'*université* & les libraires papetiers en jouirent jusqu'en 1635.

Cette année le papier se trouva compris dans les impositions qui furent mises sur le poisson de mer, pied fourché, sur le cuir & sur la bière, dans un bail qui fut passé à Antoine Landrin ; ce qui n'eut point d'exécution jusqu'en 1653. Par le bail qui fut fait à Louis Aubert, à commencer au premier janvier 1654, le papier fut compris dans les mêmes impositions : mais pour indemniser l'*université* de son privilège, on obligea le fermier à lui payer dix mille livres par an, sans rien diminuer du prix de son bail.

L'*université* forma opposition à l'enregistrement de ce bail ; & sur son opposition intervint à la cour des aides arrêt du 4 juillet 1654, qui maintint les officiers de l'*université* en leurs fonctions, exercices & privilèges, & ordonne que l'*université* de Paris demeurera exempte des droits sur le papier jusqu'à la quantité de 30,000 rames, de toutes qualités & fabriques, pour être ladite quantité distribuée par le recteur, ainsi qu'il avisera bon être.

On doit mettre au nombre des privilèges de l'*université* de Paris, le droit que le recteur & son tribunal ont de juger sommairement toutes les difficultés qui s'élèvent entre les particuliers de l'*université*, touchant l'ordre & la discipline qui doivent y être observés, & l'exécution de ses statuts.

Les *universités* jouissent de l'exemption de taille, tutèle, curatèle, & autres charges publiques. Celle de Paris jouit en outre d'un droit de seize deniers par balle de parchemin qui entre dans la ville.

§. III. *Des droits des universités.* Les droits les plus importans des *universités* sont ceux de donner des degrés, & d'accorder des lettres de nomination.

Les degrés sont des lettres que l'*université* accorde à ceux qui ont étudié le temps requis, subi les examens, & soutenu les actes marqués par les statuts.

On obtient des degrés dans chaque faculté. Dans la faculté des arts, on obtient, après deux années d'étude en philosophie, le degré de maître-ès-arts, qui est nécessaire pour parvenir à celui de bachelier dans les facultés de théologie & de médecine.

Dans les autres facultés, on prend successivement les degrés de bachelier, de licencié & de docteur.

En théologie, il faut cinq années d'étude ; savoir, deux années de philosophie, & trois années de théologie, pour être bachelier. On met une année d'intervalle entre le degré de bachelier & l'entrée en licence. La licence dure deux ans, après laquelle on parvient au degré de licencié, & puis à celui de docteur.

En droit, le cours total des études est de trois ans; après deux ans, on prend le degré de bachelier, & au bout des trois ans, celui de licencié. Ceux qui veulent prendre le bonnet de docteur sont obligés de soutenir un troisième acte un an après celui de la licence.

Mais le temps d'étude a été abrégé pour ceux qui ont atteint leur vingt-cinquième année. Il ne leur en faut que six mois, aux termes de la déclaration du 17 novembre 1690. Par cette déclaration, il est ordonné que ceux qui entreront dans leur vingt-cinquième année, seront admis à étudier en droit civil & canonique, six mois seulement, & qu'après avoir subi les examens & soutenu les thèses, ils pourront obtenir les degrés de bachelier & de licencié, dans l'intervalle de trois mois en trois mois, s'ils en sont trouvés suffisans & capables.

Le temps d'étude pour la médecine est de six ans. Après quatre ans, on peut commencer son cours de licence, qui dure deux ans, & puis parvenir au degré de docteur.

Un autre droit de l'université, c'est d'accorder des lettres de nomination sur certains collateurs à ceux qui ont étudié dans l'une ou l'autre des quatre facultés, & ont obtenu un degré, soit celui de maître ès arts, soit celui de bachelier en théologie, en droit, ou en médecine. Voyez GRADUÉ.

§. IV. *Des facultés qui composent les universités.* Les personnes chargées de l'enseignement dans les *universités,* sont partagées en quatre facultés, de théologie, droit, médecine & arts. On compte dans quelques-unes cinq facultés, parce qu'on divise celle de droit en deux, l'une appellée la *faculté de droit civil,* l'autre, la *faculté de décret,* ou de *droit canonique.*

Théologie. Dans l'origine de l'*université* de Paris, tous les docteurs de la faculté de théologie enseignoient. On leur avoit accordé le droit d'enseigner publiquement, en leur conférant la qualité de docteur. Ils ouvroient donc, quand ils jugeoient à propos, une école, & recevoient tous les écoliers que leur réputation leur attiroit. Il y avoit alors presque autant d'écoles que de docteurs particuliers.

Il se forma dans la faculté de théologie de Paris, vers le treizième & le quatorzième siècle, différentes sociétés particulières, dont les plus fameuses sont celles de Sorbonne & de Navarre. Les fondateurs de ces sociétés y instituèrent des chaires de théologie permanentes, qui devoient être remplies par ceux de leurs membres qu'elles jugeroient plus en état d'enseigner.

Ces professeurs étant choisis dans un plus grand nombre de docteurs, & ayant nécessairement pour auditeurs tous les jeunes gens qui composoient leur maison, devinrent bientôt plus célèbres, & eurent un plus grand nombre d'écoliers que les docteurs qui enseignoient dans les différens endroits de la

Jurisprudence. Tome VIII.

ville. Insensiblement l'usage des écoles particulières se perdit, & il ne resta plus de chaires destinées à l'enseignement de théologie, que dans les maisons de Sorbonne & de Navarre. La maison de Sorbonne a six professeurs, dont deux sont de fondation royale, & celle de Navarre en a quatre, qui sont tous de fondation royale.

Comme la plupart des autres *universités* du royaume ont été érigées dans un temps où les écoles particulières ne subsistoient plus à Paris, on y a fondé des chaires dès le moment de leur établissement, & jamais les docteurs n'y ont enseigné en particulier.

Les docteurs aujourd'hui ne peuvent donc plus enseigner, à moins qu'ils ne soient nommés à une chaire qui l'exige d'eux. Leurs fonctions sont d'examiner la capacité de ceux qui se présentent pour être admis à faire leur cours de licence, d'assister aux actes, d'y présider, & de recevoir ceux qui veulent obtenir des degrés dans la faculté de théologie.

C'est-là ce qu'on peut appeller les fonctions privées des docteurs en théologie. Mais ils en ont d'une plus grande importance, & qu'on peut nommer publiques. Les facultés de théologie ont le droit de donner leur avis doctrinal sur les questions qui leur sont proposées. La faculté de Paris a joui de ce droit dès le moment de son institution, & nous voyons dans l'histoire que ses avis ont souvent servi de motif aux décisions des conciles généraux. Les décrets des conciles de Constance & de Bâle, les plus conformes aux maximes du royaume, sont tirés des mémoires de Gerson & de ceux de sa faculté de théologie de Paris.

Droit: La seconde faculté des *universités* est celle de droit civil & canonique. On voit l'origine de cette faculté dès le commencement de l'*université* de Paris. On y a long-temps professé le droit civil & canonique, comme dans toutes les autres *universités* du royaume, avec moins de réputation cependant que dans quelques autres villes, où le mérite extraordinaire de quelques professeurs avoit attiré un concours prodigieux d'étudians de toutes les provinces de France & des pays étrangers.

Honoré III, en 1220, avoit défendu à l'*université* de Paris d'enseigner le droit civil. Le souverain pontife vouloit rendre plus célèbres les leçons de théologie qui se donnoient dans cette ville, en empêchant que les maîtres & les écoliers de s'appliquer à une autre science. Les mêmes défenses se trouvent réitérées par l'article 69 de l'ordonnance de Blois. Le chancelier de Chiverny, qui favorisoit alors Orléans, dont il étoit gouverneur, fit insérer cette défense dans l'ordonnance de Blois, afin d'augmenter la faculté de cette ville, au préjudice de celle de Paris.

Malgré ces défenses du pape Honoré III & de l'ordonnance de Blois, il est certain que le droit civil a toujours été enseigné à Paris. L'histoire nous en fournit des preuves qui ne laissent aucun doute

S

à ce sujet. L'étude du droit peut y avoir été moins floriſſante qu'elle n'eût été ſans cela; il peut ſe faire qu'elle ait été interrompue par intervalles; mais il eſt vrai de dire que ces intervalles n'ont jamais été de longue durée, & qu'on n'y a jamais renoncé pour un long eſpace de temps à l'enſeignement du droit civil.

Après la paix de Nimègue, Louis XIV crut ne pouvoir faire rien de plus propre au bonheur de ſes peuples, que d'obliger ceux qui ſe deſtinent au miniſtère de la juſtice, à acquérir les connoiſſances néceſſaires à leur état, & de leur en fournir les moyens. En conſéquence, par édit du mois d'avril 1679, il ordonna que les leçons publiques du droit romain ſeroient continuées dans l'*univerſité* de Paris, avec celles du droit canonique, nonobſtant l'article 69 de l'ordonnance de Blois; & qu'à commencer à l'ouverture prochaine des écoles, le droit canonique & civil ſeroit enſeigné dans toutes les *univerſités* du royaume où il y a faculté de droit, & que l'enſeignement ſeroit rétabli dans celles où il auroit été diſcontinué. Le roi veut que, pour renouveller les ſtatuts & réglemens, tant de la faculté de Paris que des autres, & pourvoir à leur diſcipline, à l'ordre & diſtribution des leçons, & à l'entretien des profeſſeurs, il ſoit fait une aſſemblée dans chacune des facultés, en préſence de ceux qui auront ordre d'y aſſiſter de ſa part, pour lui donner avis ſur tout ce qu'ils eſtimeront néceſſaire & utile pour le rétabliſſement des études du droit civil & canonique.

L'article 4 de cet édit enjoint aux profeſſeurs de faire lire & de s'appliquer particuliérement à faire entendre à leurs écoliers les textes du droit civil, & les anciens canons qui ſervent de fondement aux libertés de l'égliſe gallicane.

L'article 5 défend à toutes perſonnes, autres que les profeſſeurs, d'enſeigner & faire leçon publique du droit civil & canonique, à peine de 3000 livres d'amende.

Suivant l'article 6, nul ne peut prendre aucuns degrés ni lettres de licence en droit civil ou canonique, dans aucune des facultés du royaume, qu'il n'ait étudié trois années entières, à compter du jour qu'il ſe ſera inſcrit ſur le regiſtre de l'une deſdites facultés, qu'il n'ait aſſiſté à deux leçons par jour pendant ces trois années, & qu'il n'ait écrit ce qui ſera dicté par les profeſſeurs, deſquels il ſera tenu de prendre, à la fin des trois années, les atteſtations, & de les faire enregiſtrer au greffe de la faculté dans laquelle il aura étudié.

L'article 7 ordonne que les bacheliers, après avoir étudié pendant deux ans, ſubiront un examen particulier; & s'ils ſont trouvés ſuffiſans & capables, ils ſoutiendront un acte public pendant deux heures au moins; que les licenciés ſubiront un ſecond examen à la fin des trois années, après lequel ils ſoutiendront un acte public, & répondront pendant trois heures au moins, tant ſur le droit canonique que civil. Ceux qui voudront être docteurs, ſou

tiendront un troiſième acte un an après celui de la licence, & répondront pendant quatre heures ſur les différentes matières de l'un & l'autre droit.

Les diſpoſitions de ces deux articles ont été changées par la déclaration du roi du 17 novembre 1690, enregiſtrée au parlement le 25 du même mois, par laquelle il eſt dit qu'à l'avenir ceux qui voudront étudier en droit canonique & civil, y ſeront admis, lorſqu'ils ſeront entrés dans la dix-ſeptième année de leur âge, pour après s'être incrits & y avoir étudié deux ans, & fait les actes de baccalauréat & de licence, en la manière accoutumée, pendant ces deux années, être reçus avocats; & que ceux qui entreront dans la vingt-cinquième année, pourront pareillement être admis à y étudier ſix mois ſeulement, &, après avoir ſubi les examens & ſoutenu les thèſes, obtenir les degrés de bachelier & de licencié dans l'intervalle de trois mois en trois mois, s'ils en ſont trouvés ſuffiſans & capables; ſur leſquels degrés ils pourront être reçus au ſerment d'avocat dans les cours du royaume; que ceux qui ont commencé avant une déclaration à étudier au commencement de la dix-ſeptième année, & qui auront étudié deux ans; & ceux qui ont commencé en la vingt-cinquième année, & qui auront étudié ſix mois, pourvu que les uns & les autres aient ſoutenu les thèſes & aient été admis aux degrés de bachelier & de licence, ſeront reçus au ſerment d'avocat en rapportant les uns & les autres des certificats d'étude en bonne & due forme.

Une déclaration poſtérieure, du 19 janvier 1700, a ordonné que le temps d'étude, pour ceux qui n'avoient point atteint leur vingt-cinquième année, ſeroit de trois ans, comme avant la déclaration du 17 novembre 1690. Elle ne change rien à la diſpoſition de cette dernière déclaration, par rapport à ceux qui commencent leur droit à l'âge de vingt-cinq ans.

L'article 15 de l'édit de 1679, oblige tous ceux qui étudient dans les *univerſités* du royaume de s'inſcrire de leur main quatre fois par an dans un regiſtre qui ſera pour cet effet tenu dans chaque *univerſité*, & d'écrire auſſi de leur main la première fois, le jour qu'ils ont commencé d'étudier. Le même article ordonne en même temps qu'ils s'inſcrivent tous les trois mois ſur des cahiers que les greffiers des *univerſités* enverront aux officiers du parquet des parlemens dans le reſſort deſquels elles ſont ſituées.

En voilà aſſez ſur les règles preſcrites pour le temps des études dans la faculté de droit. Ce qui regarde la nomination des chaires mérite d'être traité avec quelque étendue.

Suivant l'article 86 de l'ordonnance de Blois, quand une chaire en droit canon ou civil eſt vacante, les docteurs régens de cette faculté ſont tenus de mettre, dans le mois, des affiches qui avertiſſent de cette vacance, d'envoyer de ces affiches aux *univerſités* ſituées dans le même reſſort,

& qui ont une faculté de droit, & d'assigner jour certain & compétent pour l'ouverture de la dispute. Le même article veut que celui qui aura été trouvé le plus digne, au jugement des docteurs de la faculté, soit mis en possession de la chaire vacante.

L'article 19 de la déclaration du 6 août 1682, dit que pour exciter l'émulation de ceux qui font profession des études de droit, à l'avenir vacation arrivant d'ancunes chaires de professeurs dans les facultés du royaume, nul n'en puisse être pourvu que par la voie de la dispute & du concours, conformément aux statuts & réglemens de chacune desdites facultés.

Selon l'article 10 des statuts de la faculté de Paris, les affiches doivent être mises à toutes les portes des églises & dans les places publiques; mais il ne parle pas de la nécessité de les envoyer dans les provinces.

Il est défendu à ceux qui se présentent à la dispute, de faire aucune transaction relative aux chaires vacantes, d'en traiter ou d'en composer en aucune manière que ce soit. En 1650, il vint à vaquer deux chaires dans la faculté de droit de l'université d'Angers. Il se présenta quatre contendans. Deux d'entre eux, pour diminuer leur nombre, firent une transaction avec un de leurs concurrens, par laquelle ils s'engagèrent de lui faire une pension pour toute sa vie; & lui, de son côté, promit de quitter la dispute. Les deux chaires furent adjugées à ces deux particuliers par un décret du 24 mai 1650. Appel à la cour de la part de celui qui n'avoit rien obtenu, & demande de la part de celui qui avoit quitté la dispute, en homologation de la transaction. La cause fut plaidée solemnellement. L'avocat-général Talon, qui porta la parole dans cette affaire, fit observer que les deux pourvus étoient gens de mérite; que la paction n'avoit en rien préjudicié à la dispute, qui n'en avoit été ni moins vive, ni moins sérieuse, & que les docteurs n'en avoient point connoissance: il conclut à mettre les parties hors de cour. La cour ne jugea pas à propos de déférer à ces conclusions; & par arrêt du 5 juin 1651, elle mit les appellations au néant, & ce dont appel au néant: émendant, déclara la paction faite entre les contendans, nulle & illicite, cassa l'élection faite, & ordonna qu'il seroit procédé à une nouvelle dispute des chaires en question pardevant les docteurs de l'université d'Orléans.

Quand la dispute s'est passée selon les règles, ceux à qui la chaire n'a pas été adjugée, ne seroient pas reçus à se plaindre de ce que celui qui l'a obtenue est fils ou parent du dernier possesseur. Cette contestation s'est présentée dans la faculté de Poitiers. On y avoit adjugé, le dernier août 1656, une chaire vacante à Jean Roy, professeur des institutes dans la même université. Jean Umeau, qu'il avoit eu pour concurrent dans la dispute, appella du décret, & proposa deux moyens d'appel;

l'un, que la chaire avoit été adjugée avec précipitation, & dès le lendemain des disputes; l'autre, que le pourvu étoit fils du dernier professeur. M. Talon, qui porta la parole dans cette cause, montra le peu de fondement de ces deux moyens. Mais pour prévenir le dessein que les docteurs auroient pu former de traverser un contendant de mérite, pour le punir d'avoir appellé de leur décret, il proposa un tempérament à la cour, c'étoit d'adjuger la chaire des institutes, vacante par la promotion de l'intimé, à l'appellant, sans l'obliger à concourir une seconde fois. La cour suivit cette ouverture par son arrêt du 29 mai 1657.

On peut demander, à l'occasion de ces disputes, si les docteurs d'une faculté de droit, qui, suivant l'ordonnance de Blois & les arrêts du parlement, sont juges du mérite & de la capacité des contendans, peuvent ordonner une seconde publication de la chaire vacante, lorsqu'ils ne les jugent pas capables d'en remplir les fonctions.

Qu'une dispute soit très-foible, que les contendans aient montré peu de connoissances & de talens, il est certain qu'une faculté de droit peut ordonner une seconde dispute; mais il faut pour cela que les contendans soient vraiment incapables; car si une faculté les avoit trop légèrement regardés comme insuffisans, son décret seroit cassé, & la chaire seroit adjugée par le parlement au plus digne. C'est ce qui arriva en 1673 à la faculté d'Angers.

En 1670, une chaire vint à vaquer dans la faculté de droit de l'université d'Angers, par le décès de Jean Erreau, docteur & professeur. René Lezineau, docteur de la même faculté, se présente au jour marqué pour subir l'examen & tirer les matières. Après l'examen il est admis à la dispute avec deux autres contendans. La dispute finie, les docteurs rendent un décret, par lequel ils ordonnent que la chaire sera remise à une nouvelle dispute, & qu'à cet effet, il sera fait une nouvelle proclamation. Les contendans en appellèrent au parlement; mais il ne parut que Lezineau dans le cours de l'instance. La cause ayant été plaidée en la grandechambre, & Lezineau ayant lui-même rendu compte de ses études, intervint arrêt contradictoire avec les docteurs de la faculté d'Angers, par lequel, avant faire droit, il fut ordonné que l'appellant seroit de nouveau interrogé & examiné par les docteurs de la faculté de droit canon de Paris, en présence de MM. du Laurens & le Coq, conseillers de la cour, pour ce fait, être ordonné ce que de raison.

Lezineau se présente aux docteurs de la faculté de Paris, tire ses matières, soutient des thèses, & fait ses leçons probatoires. La faculté le déclare *obeundo antecessoris muneri parem*. Les docteurs d'Angers forment opposition à ce que l'avis de la faculté de Paris soit admis; & sur cette opposition, ensemble sur l'appel, on plaida à la grandechambre.

S 2

M. l'avocat-général Bignon, qui porta la parole dans cette caufe, conclut en faveur de l'appellant. Sur fes conclufions, intervint arrêt le 5 feptembre 1673, par lequel la cour, fans s'arrêter à l'intimation des docteurs d'Angers, convertit l'appel de la conclufion & avis en oppofition, mit l'appellation & ce dont avoit été appellé au néant; émendant, adjugea la chaire dont il étoit queftion à Lezineau, dépens compenfés.

Si pendant le cours de la difpute d'une chaire, il en vaque une feconde, les docteurs peuvent les adjuger toutes deux enfemble, quand ils font contens du mérite des contendans, pourvû qu'ils en demandent permiffion au chancelier. C'eft ce qui arriva en 1710 dans la faculté de Nantes. Vingt ans auparavant, pendant qu'on difputoit à Paris la chaire vacante par la mort de Doujat, celle d'Hallé, profeffeur dans la même faculté, vint à vaquer. Elles furent adjugées toutes deux par un même arrêt du confeil.

Suivant l'article 20 de la déclaration du 6 août 1682, aucun officier de judicature ne peut être élu pour remplir les charges de profeffeurs dans les facultés de droit, à moins qu'il n'ait réfigné fa charge; & les profeffeurs, de leur côté, ne peuvent pas être pourvus de charges de judicature, fi ce n'eft de celle d'avocat du roi dans les fièges des villes où font établies les facultés.

Toutes ces règles, prefcrites par les ordonnances pour la difpute des chaires, font très-fagement établies, & il feroit à fouhaiter qu'on les fuivît invariablement: mais la faveur & des confidérations particulières l'emportent fouvent fur les loix qu'il eft le plus important d'obferver. Quand il y a plufieurs contendans, & qu'il ne fe trouve point de chaire vacante, après l'adjudication faite à l'un d'eux, il arrive fouvent que les autres appellent du décret; ce qui devient pour eux un moyen de demander au roi la première chaire qui viendra à vaquer. On ne peut nier que de pareilles graces ne foient très-contraires à l'efprit des ordonnances & à l'encouragement des études, qui veulent que chaque chaire foit mife au concours, & adjugée au plus digne.

Les facultés de droit dans les univerfités du royaume, ne font pas compofées feulement des profeffeurs, elles ont encore des docteurs agrégés, qui font du corps des facultés, & qui participent aux fonctions des profeffeurs. L'article 2 de la déclaration du 6 août 1682, regiftrée en la cour le 31 du même mois, veut que ces agrégés établis dans les facultés, foient du corps d'icelles; qu'ils y aient féance & voix délibérative dans toutes les affemblées, après les profeffeurs, fans rien innover aux droits réels & prérogatives defdits profeffeurs, & fans que les voix defdits agrégés puiffent prévaloir, par le nombre, à celles defdits profeffeurs; & qu'en cas d'égalité de voix & de partage, celui qui préfide à la délibération, ait la voix conclu-

five, fi ce n'eft que les fuffrages foient donnés par bulletins.

Il eft ordonné par l'article 3 de la même déclaration, que deux agrégés tirés au fort, affifteront aux examens avec deux profeffeurs. Les agrégés préfideront alternativement, & chacun à leur tour, avec les profeffeurs, aux thèfes de baccalauréat. Quant aux thèfes de licence & de doctorat, ils y pourront préfider, au lieu du profeffeur qui fera en tour, quand ils feront par lui requis, fans qu'il foit néceffaire à cet égard d'obferver le leur.

La déclaration du 19 janvier 1700, regiftrée au parlement de Paris le 29 du même mois, prefcrit la manière dont feront données les places d'agrégés dans les univerfités du royaume. Ceux qui prétendent à l'agrégation dans une faculté de droit, font tenus d'affifter pendant un an aux actes que l'on foutient, en habit ordinaire de docteur, & d'y difputer dans l'ordre qui fera prefcrit par le préfident de l'acte. Les places d'agrégés doivent être mifes à la difpute; les contendans font obligés de donner deux leçons de droit civil & deux de droit canonique, & de foutenir une thèfe le matin fur le droit civil, & le foir fur le droit canonique. Ces places feront adjugées à celui qui fera jugé le plus capable, & ce en préfence de deux confeillers de la cour, s'il eft ainfi par elle ordonné.

On obferve les mêmes formalités dans la difpute des places d'agrégés que dans celles des profeffeurs. En 1707, il s'éleva deux queftions à l'occafion de l'adjudication d'une place d'agrégé dans la faculté de Paris; la première, fi le doyen, ou le docteur qui préfidoit en fon abfence, devoit avoir la voix conclutive en cas d'égalité de fuffrages, même en préfence des commiffaires nommés par le parlement pour préfider à l'élection; la feconde, en quel rang il donneroit fa voix, fuppofé qu'il eût ce privilège.

Ces difficultés furent décidées par la déclaration du 20 feptembre 1707, regiftrée au parlement le 7 octobre fuivant. Pour empêcher que l'avenir que les élections aux places d'agrégés ne foient retardées par des partages d'opinions, qui élèvent toujours des difficultés nouvelles, le roi ordonne que dans toutes les délibérations des facultés de droit du royaume, foit en matière d'élection de docteurs régens, ou de docteurs agrégés, foit en quelque autre matière que ce puiffe être, lorfqu'il y aura égalité de voix, celle du doyen, ou en fon abfence, celle du docteur qui préfidera à la faculté, fera conclufive, encore que les fuffrages foient donnés en préfence des commiffaires du parlement; & en conféquence, que les chaires de profeffeurs, les places d'agrégés, ou autres emplois, même les bénéfices étant à la nomination des facultés, feront adjugées à celui qui, dans l'égalité des fuffrages, aura l'avantage d'avoir en fa faveur la voix du doyen, ou du docteur qui préfidera en fa place: qu'à cet effet, le doyen ou préfident ne donnera fon fuffrage que le dernier, après que tous les autres auront opiné ; ce que le roi veut pareillement , tant en l'abfence qu'en la préfence des commiffaires du parlement.

La déclaration du 19 janvier 1610 ordonne que les docteurs agrégés de la faculté de Paris n'affifteront aux affemblées de la faculté qu'en nombre égal à celui des profeffeurs qui font actuellement régens de ladite faculté : & par arrêt du 9 août de la même année , il eft ordonné que , fuivant ladite déclaration du 19 janvier 1700 , les docteurs agrégés ne pourront affifter aux affemblées de la faculté , qu'en nombre égal à celui des profeffeurs en droit civil & canonique , actuellement régentans en ladite faculté , fans qu'ils puiffent s'y trouver au nombre de fept , lorfque les profeffeurs en droit françois feront préfens auxdites affemblées : & feront tenus lefdits fix anciens docteurs agrégés d'y affifter exactement, fans qu'en cas d'abfence , de maladie ou autre empêchement paffager , leur place puiffe être remplie par ceux qui les fuivront immédiatement dans l'ordre defdits docteurs agrégés.

S'il ne fe trouvoit que deux profeffeurs de fix qui fuffent dans le cas de concourir à l'élection , cela n'empêcheroit donc pas les fix anciens agrégés d'y affifter tous : de même , fi des fix anciens agrégés, il ne s'en trouvoit aucun de capable d'affifter à la difpute , ils ne feroient point fuppléés par les agrégés qui les fuivent , & les profeffeurs feroient en droit de faire feuls l'élection, pourvu néanmoins qu'ils fuffent au nombre de trois.

La déclaration du 19 janvier 1700. ordonnoit déjà que les fuffrages des docteurs qui fe trouveroient pères , beaux-pères , enfans , gendres , frères, beaux-frères , oncles & neveux , même par alliance, ne feroient comptés que pour un feul. Mais par une feconde déclaration , donnée à Fontainebleau le 2 août 1712, enregiftrée le 19 du même mois , le roi fit encore à ce fujet une difpofition plus févère. Il ordonna que les parens dans les degrés de père, fils, oncle & neveu , & les alliés dans les degrés de beau-père , gendre & beau-frère , ne pourroient être admis dorénavant enfemble dans la même faculté de droit des *univerfités* du royaume , foit dans les chaires de docteurs régens ou de profeffeurs en droit françois, foit dans les places de docteurs agrégés.

Les profeffeurs des facultés de droit jouiffent de plufieurs privilèges qui annoncent la faveur que nos rois portent à l'étude des loix, & combien ils prennent à cœur de fournir à ceux qui fe deftinent à exercer le miniftère de la juftice, tous les moyens de fe rendre capables de leurs fonctions. La déclaration du 16 janvier 1680 accorde le droit de feptenium aux profeffeurs en droit civil & canonique dans l'*univerfité* de Paris. Le roi veut , par cette déclaration , qu'ils foient préférés pour le droit de nomination aux bénéfices , aux autres gradués , quoique plus anciens en degrés. Le même privilège a été accordé aux profeffeurs en droit civil

& canonique de l'*univerfité* de Reims , par la déclaration du roi de 1735.

Aux termes de l'article 13 de l'édit de 1679 , les profeffeurs en droit civil & canonique qui auront enfeigné pendant vingt années , doivent être reçus dans toutes les charges fans examen ; & l'ancien profeffeur de chacune des facultés de droit, après avoir enfeigné vingt ans entiers , a entrée & voix délibérative dans l'un des fièges , bailliages ou préfidiaux de la ville où il demeure , en vertu des lettres que le roi lui en fait expédier.

L'article 14 de la déclaration du 6 août 1682 , étend cette faveur aux profeffeurs du droit françois. Il veut que les profeffeurs en droit françois de chacune des facultés du royaume , après avoir enfeigné vingt années confécutives , jouiffent du même privilège , & aient voix délibérative & féance dans le fiège royal de la ville dans laquelle ils auront enfeigné ; & qu'à cet effet toutes lettres-patentes leur feront expédiées. Par le même article , le roi fe réferve d'abréger le temps de vingt années en faveur de ceux qui l'auront mérité par leur application & leur capacité dans la fonction de profeffeurs du droit françois.

L'article 12 des ftatuts de l'*univerfité* de Paris de 1598 , avoit honoré de la dignité & des privilèges de comte , les docteurs régens qui auroient enfeigné pendant vingt années continuelles & fans fraude, & les avoit difpenfés de profeffer après ce terme, fans être privés de leurs droits : mais ce ftatut n'eft pas exactement obfervé. Il n'y a que le doyen de la faculté de droit de Paris qui fe nomme. *comes primicerius*. Les autres profeffeurs ne prennent point cette qualité ; & quoiqu'ils aient profeffé vingt ans , ils ne jouiffent pas de leurs droits & de leurs privilèges , s'ils quittent leurs fonctions.

Médecine. Si l'on trouve quelque part des veftiges de l'ancien droit qu'avoient les docteurs de toutes les facultés d'ouvrir des écoles particulières , c'eft dans la faculté de médecine de l'*univerfité* de Paris. Elle a , à la vérité , des écoles publiques ; mais les profeffeurs ne font, ni en titre , ni perpétuels. Elle élit tous les ans , parmi fes membres , fix profeffeurs ; un pour la phyfiologie , un autre pour la chirurgie latine, un troifième pour la pathologie, un quatrième pour la pharmacie, un cinquième pour la botanique , enfin , un fixième pour la chirurgie françoife. Les profeffeurs ne rempliffent qu'un an cette fonction ; chaque année , la faculté en choifit de nouveaux ; de forte que tous les docteurs régens profeffent à leur tour.

Chaque docteur de la faculté peut ouvrir auffi chez lui un cours fur les différentes parties de la médecine ; ce qui repréfente encore plus parfaitement les écoles particulières des premiers temps de l'*univerfité.*

A Paris , il n'y a qu'un feul ordre de docteurs ; de forte que tous ceux qui font admis peuvent exercer dans la capitale , & jouiffent des mêmes droits. Il n'en est pas de même dans quelques *universités* de France. Par exemple, à Reims on y reçoit deux ordres de docteurs. Ceux qu'on appelle du grand ordinaire font une licence plus coûreuse & moins abrégée, & ont seuls le droit d'exercer dans la ville & de parvenir aux chaires. Leur nombre est fixé suivant l'étendue de la ville & le besoin qu'elle peut avoir de médecins. Les docteurs du petit ordinaire, au contraire, ne font obligés qu'à trois mois de licence, & ne peuvent exercer dans les murs de la ville.

On peut obtenir ces grades en étudiant en médecine comme en théologie. Ainsi trois ans d'étude en médecine donnent droit aux grades.

Arts. La faculté des arts est la plus nombreuse de toutes à Paris. Elle est composée d'un grand nombre de licenciés & de bacheliers des facultés supérieures, des régens, & des maîtres ou docteurs ès arts immatriculés.

La faculté des arts de Paris se divise en quatre corps qu'on appelle *nations.* Ces quatre nations font, celles de France, de Picardie, de Normandie & d'Allemagne.

Chacune de ces nations, excepté celle de Normandie, se sous-divise en tribus. Par exemple, les nations de France & de Picardie sont divisées en cinq tribus. Voici les cinq tribus de la nation de France : la tribu de Paris, celle de Sens, de Reims, de Tours & de Bourges. Chaque tribu a son doyen d'ancienneté qui la préside ; chacune forme, à certains égards, un corps qui a, comme la nation, ses intérêts & ses règles.

Les nations de France, de Picardie & d'Allemagne, ont des statuts particuliers homologués au parlement. La nation de Normandie ne reconnoît point de statuts ; elle se contente de suivre les usages établis depuis long-temps. Toutes les nations ont des intérêts & des officiers particuliers, dont le premier est appellé *procureur.*

Cet office, après le rectorat, est le premier & le plus honorable. Il est tour-à-tour exercé par un professeur, & par un bachelier ou licencié. Mais dans la nation d'Allemagne, on n'a point égard à cet ordre ; on observe seulement de les choisir alternativement de l'une des deux tribus qui la composent : ainsi le procureur est tour-à-tour de la tribu insulaire & de celle du continent. Dans les nations de France & de Picardie, ce sont cinq députés qu'on appelle *intrans,* un de chaque tribu, qui nomment le procureur. Mais le plus ancien des tributaires y a un droit réel, & il est rare que les suffrages ne se réunissent pas en sa faveur. Cet ancien pourroit même alors se pourvoir au parlement, qui lui seroit favorable, s'il avoit les conditions & les qualités que les statuts exigent pour remplir cette place.

Dans la nation de Normandie, les aspirans à l'office de procureur supplient, dans une assemblée de la nation, & se retirent ensuite, pour laisser la liberté des suffrages. Tous les suppôts qui ont trente ans, & qui sont immatriculés depuis un an, peuvent y aspirer. A mérite égal, on choisit ordinairement le plus ancien. Dans les autres nations, il faut avoir trente ans, & être au moins immatriculé depuis trois ans. Les nations ont aussi un censeur, dont l'office est principalement de faire observer les statuts ou usages des nations, de maintenir l'ordre dans les assemblées, de faire l'office de la partie publique, & de recueillir les suffrages.

C'est la faculté des arts qu'on appelle particuliérement à Paris l'*université,* selon toute apparence, parce que la première division de l'*université* de Paris étoit en nations. Les docteurs & les écoliers qui se rendoient à Paris de toutes les parties de l'Europe, se séparèrent d'abord par nations. Mais les docteurs qui enseignoient l'une même science, ayant formé ensuite des sociétés particulières, elles furent l'origine des trois autres facultés ; de sorte que la division par facultés est postérieure à la division par nations. Les nations & le nom d'*université* sont restés à la faculté des arts, qui est la plus ancienne & la source de toutes les autres. C'est peut-être encore la raison pour laquelle le recteur se choisit toujours dans la faculté des arts. Le recteur est ordinairement un professeur de philosophie, de rhétorique ou d'humanités. On l'élit tous les trois mois ; cependant l'usage s'est introduit, depuis quelques années, de continuer le même pendant deux ans.

Pour être agrégé ou immatriculé à la faculté des arts, il faut d'abord être maître ou docteur ès arts ; mais cela ne suffit pas. Pour avoir droit d'assister aux assemblées avec voix délibérative, il faut être pourvu d'une chaire de professeur de grammaire, d'humanités, de rhétorique ou de philosophie ; sinon il faut avoir trois années d'étude dans une faculté supérieure, avec le degré au moins de bachelier, excepté dans la nation d'Allemagne, qui a un usage particulier.

Autrefois, pour être professeur dans la faculté des arts, il suffisoit d'avoir le degré de maître ès arts, & d'être nommé à une chaire. Les choses font changées à cet égard depuis quelques années. On a établi dans la faculté des arts un nombre de docteurs agrégés, parmi lesquels seuls peuvent être choisis les professeurs. Les agrégés sont divisés en trois ordres, pour la grammaire, la rhétorique, & pour la philosophie ; de sorte qu'un agrégé pour la grammaire ne peut prétendre à une chaire au-dessus de la quatrième, & qu'un agrégé pour la philosophie ne peut prétendre aucune chaire d'humanités. Tous les ans on met au concours les places d'agrégés vacantes dans chaque ordre ; les épreuves consistent en leçons publiques, en thèses pour les places d'agrégés en philosophie, & en compositions pour les places d'agrégés de grammaire & de rhétorique. Cet établissement doit être de la plus grande utilité à la faculté des arts. Les principaux, qui nomment presque toutes les chaires, choisissoient souvent des gens de mérite, parce qu'ils avoient intérêt de rendre leurs collèges célèbres ; mais aussi ils nommoient quelquefois à une chaire inférieure leurs neveux, leurs amis, ceux qui leur avoient rendu service dans le gouvernement temporel de leurs maisons, quelque peu de talent qu'ils eussent. Aujourd'hui, tous les professeurs ont la capacité requise ; & les personnes d'un mérite plus distingué n'en sont pas moins recherchées pour les choses plus brillantes & qui demandent plus de talens.

§. V. *Des avantages qu'on pourroit retirer des universités.* Les *universités* se sont formées dans un temps où l'ignorance couvroit la face de l'Europe, où les connoissances les plus simples & les plus ordinaires étoient rares, & se trouvoient concentrées dans un petit nombre d'hommes. Le premier effet de leur établissement a été de conserver le dépôt des sciences qu'on cultivoit alors ; le second, celui de faciliter les moyens d'étude, d'en répandre le goût & le desir de s'instruire.

Les fruits qu'elles ont produits ont été lents, & pendant long-temps peu féconds. Mais c'est moins leur faute que celle du temps où elles ont pris naissance, & de la forme & des statuts qu'on leur a donnés.

On croyoit alors former des savans & des hommes utiles à la société, en leur apprenant, pendant des années entières, les difficultés de la grammaire, en exerçant leurs esprits sur des questions abstraites, inutiles, on pourroit même dire vuides de sens. Ces études, toutes imparfaites qu'elles étoient, ont produit un grand bien ; en multipliant successivement les connoissances, elles ont préparé le renouvellement des sciences & des lettres ; si elles n'ont pas opéré la révolution, elles ont formé les hommes qui ont su profiter des circonstances, & on peut même dire qu'elle a commencé dans leur sein.

En effet, ce sont les membres des *universités* qui ont reculé les bornes des connoissances humaines. Tous les savans des seizième & dix-septième siècles, avoient été formés par elles, ils en étoient membres, ils leur étoient attachés, & n'avoient pas de titre plus honorable que celui de leur appartenir.

Mais pourquoi les *universités* n'ont-elles pas profité de ces nouvelles lumières pour améliorer & perfectionner les études ? La raison en est sensible ; elle tient à la forme même & à la constitution de ces corps. Les abus ne peuvent être redressés qu'après un examen sérieux & une discussion approfondie des moyens d'y remédier. Cette recherche est le résultat de la communication des idées, de l'échange des connoissances, & du choc des opinions. Les *universités* manquent de ces assemblées qui réunissent les hommes, les engagent au travail par la publicité des séances, l'ambition de l'étude & l'amour de la gloire. Chaque faculté a ses loix & ses statuts particuliers dont elle ne peut s'écarter, elle n'a de relation avec les autres, qu'en ce qui concerne les intérêts & l'existence du corps entier, elle regarderoit comme une entreprise sur ses droits

& sa jurisdiction, les avis donnés & les réformes proposées par une autre. Les membres même de chaque faculté n'ont presque pas de communication entre eux ; bornés chacun à une petite partie de l'enseignement, ils suivent la routine qu'ils ont vu pratiquer par leurs prédécesseurs ; & quand un homme de génie oseroit se mettre au-dessus des préjugés de son corps, son exemple ne pourroit faire loi, ne seroit utile qu'au petit nombre de sujets qui lui sont confiés, & resteroit long-temps ignoré de ses confrères.

Mais si jusqu'à présent les *universités* n'ont pas procuré, par rapport à l'instruction de la jeunesse, tout le bien qu'on pouvoit se promettre de leur établissement, il est évident qu'on ne doit leur imputer aucune négligence. Eclairés par les écrits de M. l'abbé Fleury & de M. Rollin, on les a vus réformer les études de la grammaire & de la rhétorique, substituer aux questions inutiles de métaphysique & aux systèmes de physique, l'étude des mathématiques & de la physique expérimentale.

On peut avancer avec fondement, que ces corps sont les seuls capables de remplir les vues du gouvernement, lorsqu'il s'occupera sérieusement d'établir une éducation vraiment nationale. Avec le secours des *universités*, il mettra une uniformité dans l'enseignement, qui en produiroit une dans les mœurs, les coutumes & les usages des diverses provinces qui composent la monarchie, dont la diversité est si nuisible aux projets les mieux combinés.

Cette uniformité dans l'éducation tient plus qu'on ne pense communément au bonheur des citoyens, au maintien & à la conservation de l'état. Une éducation commune, en répandant les mêmes principes & les mêmes lumières, remplira les esprits des mêmes vérités, déracinera les préjugés établis dans certains cantons, & donnera à tous les mêmes, idées de justice & de vertu.

Le feu roi avoit pleinement reconnu ces avantages ; & si on veut suivre avec attention les loix générales & les lettres-patentes particulières qu'il a données, soit pour les *universités*, soit pour les collèges qui n'en dépendent pas, & qui étoient desservis anciennement par les jésuites, on découvrira que ses intentions étoient d'établir une méthode uniforme dans l'enseignement, & de former un code de législation relatif à l'éducation. Ce but est encore plus clairement annoncé dans l'arrêt du 3 septembre 1762, par lequel le parlement de Paris demandoit aux *universités* de son ressort des mémoires sur les réglemens d'études & de discipline, qu'elles croyoient devoir être observés dans les collèges, & sur les différens moyens qu'on pourroit employer pour faire correspondre les collèges établis dans les villes dans lesquelles il n'y a point d'*université*, avec celles qui sont établies.

Cet arrêt a donné lieu à un grand nombre d'écrits & à différens mémoires, qui tous se réunissent à charger les *univerſités* de la ſurveillance des études, d'après un plan tracé par le gouvernement. On y propoſe l'établiſſement d'une commiſſion du conſeil, à laquelle ſeroit porté tout ce qui peut avoir rapport à l'éducation : elle diſcuteroit les plans, indiqueroit au ſouverain les loix qu'il conviendroit d'établir ſur chaque partie de l'inſtruction ; ces loix, adreſſées aux cours ſouveraines, ſeroient par elles envoyées aux *univerſités*, qui les feroient parvenir aux collèges de leur dépendance, & à tous les inſtituteurs particuliers.

On formeroit à chaque *univerſité* un territoire circonſcrit, dont tous les collèges correſpondroient avec elle ; on formeroit un arrondiſſement à chaque college des grandes villes, qui ſurveilleroit les écoles établies dans les petites villes & les bourgs de ſon reſſort, ainſi que tous les maîtres de penſions & autres qui tiendroient écoles. Un pareil établiſſement ne paroit pas difficile à conſolider : s'il avoit lieu, tous les habitans du royaume recevroient une même éducation & ſeroient élevés dans les mêmes principes, nous aurions véritablement une éducation nationale, & nous retirerions des *univerſités* tous les avantages qu'on en peut attendre.

La nature de notre ouvrage ne nous permet pas de donner ſur cet objet les développemens néceſſaires ; on les trouvera clairement énoncés dans le *plan d'éducation* compoſé par M. le préſident Rolland, d'après les mémoires des *univerſités* & les écrits de tous ceux qui ont traité cette matière ; & imprimé à Paris, chez Simon & Nyon en 1783, en exécution des délibérations du bureau d'adminiſtration du collège de Louis-le-Grand.

US, ſ. m. eſt un vieux terme de pratique qui ſignifie *uſage*, c'eſt-à-dire, la manière ordinaire d'agir en certain cas.

On joint ordinairement le terme d'*us* avec celui de *coutumes* : on dit les *us* & *coutumes* d'un tel lieu, comme ſi ces termes étoient abſolument ſynonymes ; cependant le terme de *coutumes*, lorſqu'on l'emploie ſeul, dit ſouvent plus qu'*us* ou *uſage* ; car la coutume s'entend ordinairement d'une loi, laquelle, à la vérité, dans toute ſon origine, n'étoit qu'un uſage non écrit, mais qui, par la ſuite des temps, a été rédigée par écrit ; au lieu que par le terme d'*us* ou *uſage*, l'on n'entend communément, comme on l'a déjà dit, que la manière ordinaire d'agir ; ce qui ne forme point une loi écrite.

Mais quand on joint le terme de *coutumes* avec celui d'*us*, on n'entend ordinairement par l'un & par l'autre que des uſages non écrits, ou du moins qui ne l'étoient pas dans l'origine.

Ces *us* & coutumes, lors même qu'ils ne ſont pas rédigés par écrit, ne laiſſent pas par ſucceſſion de temps d'acquérir force de loi, ſur-tout lorſqu'ils ſe trouvent adoptés & confirmés par pluſieurs jugemens ; ils deviennent alors une juriſprudence certaine. *Voyez* COUTUME & USAGE.

Les *us* & coutumes de la mer ſont les uſages & maximes que l'on ſuit pour la police de la navigation & pour le commerce maritime. C'eſt le titre d'un traité juridique de la marine fait par Etienne Cléirac. Ces *us* & coutumes ont ſervi de modèle pour former les ordonnances & réglemens de la marine. *Voyez* MARINE, NAVIGATION, COMMERCE MARITIME, ASSURANCE, POLICE, FRET, NOLIS, &c. (*A*)

USAGE. ſ. m. Ce terme, en droit, a deux ſignifications différentes. On appelle *uſage*, 1°. ce qu'on a coutume de pratiquer en certains cas ; 2°. la faculté de ſe ſervir pour ſon utilité d'une choſe qui appartient à autrui. Dans la première acception, le mot *uſage* eſt ſynonyme de celui de *coutume* ; dans la ſeconde, c'eſt une *ſervitude* perſonnelle.

USAGE, pris dans le ſens d'*us* & de *coutume*, ſignifie ce que l'on a coutume d'obſerver & de pratiquer en certains cas.

Le long *uſage* confirmé par le conſentement tacite des peuples, acquiert inſenſiblement force de loi.

Quand on parle d'*uſage*, on entend ordinairement un *uſage* non écrit, c'eſt-à dire qui n'a point été recueilli par écrit, & rédigé en forme de coutume ou de loi.

Cependant on diſtingue deux ſortes d'*uſages*, ſavoir, *uſage* écrit & non écrit.

Les coutumes n'étoient, dans leur origine, que des uſages non écrits qui ont été dans la ſuite rédigés par écrit, de l'autorité du prince ; il y a néanmoins encore des *uſages* non écrits, tant au pays coutumier, que dans les pays de droit écrit.

L'abus eſt oppoſé à l'*uſage*, & ſignifie un *uſage* contraire à la raiſon, à l'équité, à la coutume ou autre loi. *Voyez* aux inſtitutes, *liv.* 1, *tit.* 2, & les mots COUTUME, DROIT, LOI, ORDONNANCE. (*A*)

USAGES (*Servitudes.*) Les communautés d'habitans ſont des êtres moraux, doués, comme toutes les corporations légales, de toutes les facultés civiles, capables par conſéquent d'acquérir, d'aliéner, de contracter de toutes les manières ; en un mot, qui peuvent avoir & qui ont en effet des propriétés.

Ces propriétés ſont de deux ſortes ; les unes foncières, comme des bois, des prés, des pâtis ; les autres conſiſtent en droits incorporels, tels que des ſervitudes ſur le fonds d'autrui.

On donne aux premières la dénomination de *communes* ou *communaux* ; les autres ſont plus généralement connues ſous le nom d'*uſages*.

Ces communes, ces *uſages*, feront l'objet de cet article.

§. I. *Définition des communes & des* uſages. *Nature & origine de ces deux eſpèces de propriété.* On appelle *communes* ou *communaux* ; les immeubles dont les habitans d'une ville, d'un bourg ou d'un village ſont propriétaires, non comme individus, mais comme corporation.

Les

Les fonds dont ces mêmes habitans ont le droit de prendre les fruits jusqu'à telle ou telle quotité, forment les *usages* de la communauté.

Quoique ces deux dénominations désignent des objets très-distincts, cependant on les confond quelquefois. Comme les individus qui composent la communauté n'ont que *l'usage* des communes, & qu'ils jouissent en commun des *usages*, il arrive assez fréquemment qu'ils donnent le nom d'*usage* à leurs communes, & qu'ils appellent *communes* de simples *usages*.

Les habitans ont sur leurs communes, à quelques modifications près, tous les droits que donne la propriété.

Quant aux droits d'*usage*, rien de plus varié. Ici les habitans n'ont que la faculté d'envoyer paître leurs bestiaux ; ailleurs ils peuvent couper & emporter dans leurs demeures l'herbe que les troupeaux n'ont pas consommée. Dans telle forêt ils n'ont que le bois mort, & le mort bois ; dans telle autre, ils ont le droit de prendre tout ce qui leur est nécessaire, pour *chauffer, charuer & maisonner*, c'est-à-dire, pour leur chauffage, pour tout ce que l'agriculture exige, pour l'entretien, réparation & reconstruction de leurs maisons, cela dépendant de la possession des titres, des conventions passées avec les seigneurs.

Nous disons, avec les seigneurs, parce qu'en général ce sont les bois, les prés, en un mot, les domaines de la seigneurie, qui sont grevés de cette espèce de servitude.

Ces communes, ces *usages*, appartiennent à la corporation. Les individus qui composent la communauté en ont la jouissance & rien de plus, *universitatis sunt non singulorum. Inst. liv. 2, tit. 1, §. 6.*

L'*usage* des communes remonte à une époque très-reculée. Il avoit lieu chez les Romains ; & c'est peut-être la meilleure preuve que l'on puisse donner de son utilité. Nous lisons dans le digeste : *saltus communis dicitur, in quo municipes jus compascendi habent. L. 20, §. ult. ff. si servit. vindic.*

Ces établissemens se sont formés de plusieurs manières ; les habitans ont acquis, ou ils ont pris sur leurs propriétés privées, pour se procurer une propriété commune ; ou ceux qui ont présidé au partage des terres, ont jugé à propos d'en laisser une partie dans l'indivision. *Plerumque à divisoribus agrorum, ager compascuus relictus est ad pascendum communiter vicinis. Isidore, liv. 11, étym. chap. 13.* Ailleurs, ce sont les seigneurs qui, pour favoriser l'agriculture & la population, ont donné des portions de leur domaine aux habitans de leurs terres.

L'origine des droits d'*usage* se présente très-naturellement. Les seigneurs avoient de grands domaines, des bois considérables, peu d'habitans, & le desir d'en augmenter le nombre. Pour y parvenir, le moyen le plus efficace étoit d'améliorer la condition de leurs sujets, en favorisant l'agriculture.

Pour cultiver, il faut des bestiaux, il faut un

bâtiment au cultivateur. Mais les bestiaux exigent des pâturages : & comment bâtir, comment subvenir à mille autres besoins, sans la faculté de couper du bois dans les forêts ? Les seigneurs se trouvoient donc dans une espèce de nécessité de permettre à leurs habitans le pâturage sur les terres de leur domaine, & même l'usage de leurs bois : c'est aussi ce que la plupart ont fait.

Les droits d'*usage* dans les forêts ont encore une autre origine ; le peu de valeur que les bois avoient autrefois. Dans l'impuissance de les exploiter utilement, les propriétaires les laissoient dans une espèce d'abandon ; chacun y coupoit impunément, & le temps a donné à cette tolérance le caractère d'une servitude.

Dans certains cantons, on a vu la chose d'un autre œil. Vivement frappés de la nécessité du bois pour tous les besoins de la vie, il semble qu'on l'ait assimilé aux élémens, & que l'on ait voulu en rendre l'usage commun à tous les hommes. Une loi des Bourguignons permet de prendre du bois dans toutes les forêts, à tous ceux qui n'en ont pas en propriété. Cette loi porte : *si quis Burgundio, vel Romanus, silvam non habeat, incidendi ligna ad usus suos, de jacentivis, & sine fructu arboribus, in cujuslibet silva habeat potestatem liberam, neque ab illo cujus silva est repellatur.*

Ainsi, dans le nombre des communautés d'habitans qui ont des communes & des droits d'*usage*, les unes en jouissent en vertu de titres, les autres en vertu de la possession seule.

§. II. *Des titres portant concession de droits d'usage.*

Les communautés qui ne trouvent, dans leurs titres, qu'un simple *usage*, ne manquent presque jamais de prétendre qu'autrefois ce mot *usage* étoit indifféremment employé pour désigner l'usufruit & la propriété.

Il est vrai, & nous venons d'en faire l'observation, que l'on a donné plus d'une fois la dénomination d'*usage* aux communes des habitans : mais nous ne pensons pas que cette manière de parler, très-vicieuse, & qui n'appartient qu'à l'idiôme vulgaire, puisse influer sur l'interprétation des titres. Il faut croire que dans les actes sérieux on a toujours employé les mots dans l'acception qui leur est propre ; & nous voyons que dans tous les temps on a su distinguer l'*usage* de la propriété, les propriétaires des simples usagers. Il ne faut, pour s'en convaincre, que jetter les yeux sur ce qui nous reste des temps où l'on prétend que cette confusion a existé ; c'est ce que l'on voit bien clairement dans l'ordonnance de 1280 : on y lit, *aux usagers dans les forêts du roi, seront faites livrées.... à concurrence de ce qui leur sera nécessaire pour leur usage.* L'*usage*, suivant cette ordonnance, est modifié par les besoins de l'usager ; l'*usage* étoit donc dès-lors bien distingué de la propriété, car la propriété ne reçoit point de ces sortes de modifications. On retrouve la même précision dans toutes les ordonnances sur le fait des eaux & forêts ; qu'on les parcourre, on verra dans toutes que la signification du mot *usage* n'a jamais varié, qu'il n'a jamais été employé que pour désigner l'usufruit. Il ne sera plus possible d'en douter, si l'on jette un coup-d'œil sur les différentes coutumes. Celle de Nivernois en renferme la démonstration. L'article 21 du titre des bois porte : *le seigneur propriétaire peut vendre*.... *de son bois usager, à la charge dudit usage*. Voilà bien l'*usage* mis en opposition avec la propriété : on ne peut rien de plus clair.

Tous les auteurs qui ont écrit sur cette matière, nous offrent la même distinction entre l'*usage* & la propriété : « tant qu'il porte sa qualité d'usager, dit » Coquille, il ne peut acquérir droit de *proprié-* » *taire* ». M. le président Bouhier s'exprime, sur ce point, d'une manière non moins énergique : « le » mot d'*usage*, dit ce magistrat, ne convient point » aux héritages que nous appellons *communaux*, » & que des habitans possèdent en propriété. Il » n'est applicable qu'au droit qu'on a sur le fonds » d'autrui, suivant la règle *res sua nemini servit* ». DUMOULIN ajoute : *est quid prorsus distinctum imò* *oppositum, quia non potest quis habere dominium &* *hypothecam in eadem re, sed hypotheca præsupponit* *dominium esse alienum*. Sur le §. 46 de l'ancienne coutume de Paris.

§. III. *De la possession des communautés. Des ca-* *ractères qu'elle doit avoir pour conférer la propriété.* *Du cas où elle n'est attributive que d'un simple droit* *d'usage. Des circonstances dans lesquelles elle ne donne* *ni propriété, ni usage*. Les communautés d'habitans, comme toutes les corporations légales, peuvent acquérir, & l'*usage*, & la propriété d'un domaine ; tel qu'il soit ; & cette acquisition, soumise aux règles ordinaires, peut se faire de deux manières, par convention, ou par le seul effet de la possession.

Lorsque la communauté représente des titres, soit de propriété, soit d'*usage*, point de difficulté ; il faut y déférer.

Mais si, dépourvue de titres, elle est réduite à la seule possession, pour déterminer les effets de cette possession, il faut d'abord porter ses regards sur le local.

Ce terrein n'est qu'une terre herme, propre uniquement à la vaine pâture, ou bien c'est ce que l'on appelle une pâture grasse, & produit des fruits commerçables.

Dans le premier cas, point de prescription : dans le deuxième, avant de prononcer, il faut examiner les caractères de la possession. Dans certaines circonstances, elle n'est attributive que d'un simple droit d'*usage* ; dans d'autres, elle confère la propriété. Ces distinctions renferment toute la théorie de cette matière. En voici le développement.

Nous disons que la possession la plus longue de vain pâturer sur une terre herme, ne donne aucun droit, ni de propriété, ni même d'*usage*. D'abord, qu'est-ce qu'une terre *herme* ? Qu'est-ce que la vaine & la grasse pâture ?

Vain pautrage, dit l'art. 170 de la coutume de Troyes, *est en terres en pleines charmes*. « Pleines » charmes sont terres délaissées sans labour & en » friche, ou autrement champs *hermes* ». C'est la définition de Ragueau, dans son Glossaire, *verbo* *Hermes*. Le pautrage sur les pleines charmes, c'est-à-dire, sur les terres délaissées sans culture & en friche, est donc ce que l'on nomme *vaine pâture*.

La grasse ou vive pâture consiste à faire consommer, par les bestiaux, des fruits commerçables, des fruits susceptibles d'être récoltés, conservés & vendus. Par exemple, c'est encore Ragueau qui parle, *verbo Pâture*, « dans les bois de haute » futaie, la pâture est vive pendant le temps qu'il » y a des glands, & autres fruits aux arbres, qui » tombent, & dont les bêtes se nourrissent ; après » ce temps la pâture est vaine ».

De ces deux espèces de pâtures, la première est sans aucune espèce de conséquence ; la deuxième, c'est-à-dire, la vive pâture, peut seule être opposée au seigneur ; & c'est uniquement de cette grasse pâture que les coutumes de Meaux, Saint-Mihiel, Vitri, Troyes, Chaumont, &c. parlent, lorsqu'elles disent qu'une possession, plus ou moins longue, peut conférer des droits d'*usage* & de pâturage.

Legrand, qui a très-bien saisi l'esprit de ces coutumes, le développe en ces termes, sur l'article 168 de celle de Troyes : le présent article, dit-il, *doit être entendu de pâtures vives ou grasses, & non* *pas de pâtures vaines, lesquelles pâtures vaines, ajoute-* t-il à l'article 170 de la même coutume, *n'ac-* *quièrent aucun droit de servitude, d'autant que le tacite* *consentement qui l'introduit n'a pas été à dessein d'as-* *servir les héritages à cette vaine pâture, mais seule-* *ment d'en permettre ou donner la faculté ; ce qui ne peut* *intervertir le droit ; étant aussi certain que pour pres-* *crire, il est nécessaire d'avoir joui* PRO SUO ; *ce que* *ne peut pas dire celui qui a joui en vertu de cette* *faculté, qui n'attribue aucun droit de servitude ; &* *d'ailleurs, pour prescrire, on regarde toujours la cause* *& origine : mais les particuliers, ayant clos & fermé* *leurs héritages, aucun n'aura plus droit d'y mener son* *bétail*.

Tel est donc le principe en fait de pâturage : une possession immémoriale peut, dans la plupart des coutumes, donner aux communautés un droit d'*usage* dans les pâtures grasses ; cette possession ne peut rien à l'égard des vaines pâtures. Il est facile de sentir le motif sur lequel cette distinction est fondée. Les grasses pâtures sont un objet d'utilité & de commerce. Le propriétaire est censé veiller sur un droit de cette espèce ; s'il ne le fait pas, la loi punit sa négligence. Les vaines pâtures, au contraire, ne peuvent être d'aucun avantage au propriétaire ; en les abandonnant, il n'est pas censé négliger sa propriété ; on ne les met pas au nombre des fruits de l'héritage ; celui qui les perçoit n'est pas censé jouir, ou du moins cette espèce de jouissance *est facultatis, non juris* ; &, comme dit Legrand, *il n'aura plus droit d'y mener son bétail, le particulier ayant clos & fermé son héritage.*

Comment, en effet, pourroit-on opposer au seigneur l'*usage* de la vaine pâture ? La prescription n'est autre chose que la peine de la négligence, & tout le temps qu'une terre est abandonnée, déclose & sans culture, elle est consacrée au vain pâturage ; tous les habitans peuvent y envoyer paître leurs bestiaux, sans que le propriétaire puisse les en empêcher.

Plusieurs coutumes le disent expressément : « ès » terres vaines, porte l'article 145 d'Orléans, les » habitans peuvent mener pâturer leurs bestiaux.

» Il leur est permis faire pâturer leur bétail quel- » conque ès pâturages communs, *ès terres hermes* » *& vacantes*, situées en ladite justice, en tout » temps & saison de l'an ». *Coutume d'Auvergne*, *chap. 28, art. 3.*

La grasse pâture est donc la seule qui puisse attribuer des droits sur un terrein qui n'est ni clos, ni cultivé. Mais quels droits confère à une communauté la possession d'envoyer pâturer ses bestiaux dans les terres en grasse pâture ?

La prescription est une manière d'acquérir, mais une manière odieuse : il faut donc en resserrer les effets dans les bornes les plus étroites. D'un autre côté, *tantum prescriptum quantum possessum.* Celui qui a usé de la grasse pâture sur le terrein d'un autre a donc prescrit, & rien de plus, le droit d'en user à l'avenir ; il a donc prescrit, non la propriété du sol, mais un *simple droit d'usage.*

Cette décision est tout à la fois le résultat des principes généraux, & des dispositions particulières des coutumes. De toutes celles qui se sont occupées des effets de la possession des communautés d'user pour leurs besoins personnels des bois & des pâturages du seigneur, il n'en est aucune qui attribue à cette possession l'efficacité de conférer aux habitans la propriété du sol ; toutes, & c'est une chose remarquable, toutes ces coutumes se contentent de leur attribuer un simple droit d'*usage*. « Les habitans, communautés, ni autres particu- » liers, ne peuvent avoir *droit d'usage* & *pâturage* » en seigneurie d'aucun seigneur haut-justicier.... » que lesdits habitans n'en aient joui tant & si » longuement, qu'il n'est mémoire du commen- » cement ni du contraire ». *Coutume de Chaumont*, *art. 102.* Suivant cette coutume, tout l'effet de la possession la plus longue est, comme l'on voit, de conférer aux habitans un simple droit d'*usage*. Les autres coutumes sont rédigées dans le même esprit, & à-peu-près dans les mêmes termes.

Cependant, comme nous venons de le dire, il est possible qu'une communauté d'habitans prescrive la propriété d'un terrein de cette espèce : mais, pour être attributive de cette propriété, quel caractère doit avoir sa possession ?

A cet égard, il existe des autorités si graves, & tellement fondées en principes, que ce que nous pouvons faire de mieux, c'est de les transcrire. « J'ai vu souvent, dit Dunod, *traité des Pres-* » *criptions, part. 2, chap. 6,* des communautés pré- » tendre que les terres vagues & désertes leur » appartenoient, comme faisant partie de leurs » communaux.

» Le seigneur est incontestablement fondé à faire » remplir son terrier sur ces terres, à moins que » la communauté ne prouve qu'elle les a prescrites » par une jouissance suffisante, *à titre de propriété*, » *&* par des actes qui ne soient pas équivoques : car » si elle n'avoit joui que du parcours, & autres » droits semblables, qu'elle exerce sur les héri- » tages en friche, cette jouissance ne lui serviroit » de rien pour acquérir la propriété ; *frui enim locis* » *desertis & promiscuo usu non constituit veram pos-* » *sessionem quæ ad præscriptionem valeat, sed tribuitur* » *convenientiæ & permissioni.* Ce sont des facultés, » & non pas des droits..... *Il en seroit autrement,* » *si la communauté avoit vendu les coupes, & laissé* » *les terres à titre de bail, parce qu'en ce cas elle* » *auroit fait des actes de propriété* ».

Coquille ne s'exprime pas avec moins de pré- cision. Voici ses termes, sur l'article 9 du titre des bois de la coutume de Nivernois : « pour prouver » la possession immémoriale, à l'effet de prescrip- » tion, il ne suffit pas d'articuler *un exercice de* » *possession tout nud* ; mais est besoin d'articuler » quelques actes apparens, pour faire connoître que » le possesseur a joui *pro suo & animo domini* ».

Ainsi, toutes les fois qu'une communauté n'a jamais fait aucun de ces actes caractéristiques de la propriété, qu'elle n'a jamais vendu les fruits pro- duits par le sol, que jamais elle ne les a affermés ; en un mot, qu'elle n'a, suivant l'expression de Coquille, *qu'un exercice de possession tout nud*, une pareille possession, nulle à l'égard des vaines pâ- tures, insuffisante quant à la propriété, n'a d'autre effet que de lui donner, dans les bois & sur les pâtures grasses, un simple droit d'*usage*.

§. IV. *Du temps nécessaire pour acquérir un droit d'usage par la prescription.* Nous venons de dire que les communautés peuvent acquérir des droits d'*usage* par le seul effet de la possession. Quelle doit être la durée de cette possession ?

Ecoutons ce que disent les coutumes.

« On ne peut avoir *usage* en bois & forêts, s'il » n'est montré par chartres, ou que l'usager en ait » payé redevance au seigneur à qui appartient ledit » bois, par temps suffisant, qui est de trente ans, » ou le tienne en fief dudit seigneur, *ou l'ait ac-* » *quis longissimâ prescriptione, qui est de quarante* » *ans* ». Coutume de Vitri, *art. 119.*

« Habitans, communautés, ni autres particuliers, » ne peuvent prétendre, ni avoir droit d'*usage*, » ni pâturage en justice & seigneurie d'aucuns sei- » gneurs hauts-justiciers, sans en avoir titres d'i- » ceux seigneurs, ou leur en avoir payé redevance » par trente ans, *ou que lesdits habitans en aient* » *joui de tel & si long temps qu'il n'est mémoire du*

» *commencement ni du contraire* ». Coutume de Chaumont, *art. 102.*

« Pour venir, ou aller, mener, ou envoyer
» bêtes, couper, prendre du bois, ni autrement,
» exploiter en bois & buiſſons d'autrui, aucun
» n'acquiert en iceux droit pétitoire ou poſſeſſoire
» de ſervitude ou *uſage*, s'il n'y a titre ou poſ-
» ſeſſion, avec paiement de redevance au profit
» du ſeigneur propriétaire, laquelle poſſeſſion,
» avec le paiement, ſervira au poſſeſſoire ; mais
» quant au pétitoire, avec ledit paiement eſt re-
» quiſe preſcription ſuffiſante. *Toutefois jouiſſance*
» *dudit droit de ſervitude, ou uſage par temps immé-*
» *morial, etiam ſans titres ou paiement de redevance,*
» *équipolle à titre, & vaut poſſeſſoire & pétitoire* ».
Coutume de Nivernois, *titre des bois, art. 9 & 10.*

« Audit bailliage nul ne peut avoir *uſage* en bois
» & forêts, s'il ne le montre par chartres ou titres,
» ou s'il ne le tient en fief de celui à qui les bois
» appartiennent, *ou s'il n'en a joui par tel temps qu'il*
» *n'eſt mémoire du contraire* ». Coutume de Meaux,
article 176.

« Habitans de villes ou villages en général ou
» en particulier, ne peuvent prétendre avoir *uſages*
» ou pâturages outre la vaine pâture, s'ils n'en
» ont titre, ou qu'ils n'en paient redevance, *ou*
» *s'ils n'en ont joui franchement, de tel & ſi long-*
» *temps qu'il n'eſt mémoire du contraire* ». Coutume
d'Auxerre, *art. 261.*

« Habitans des villes, villages ou paroiſſes, ſoit
» en général ou particulier, ne peuvent prétendre
» avoir *uſages* ou pâturages, outre la vaine pâture,
» s'ils n'en ont titre, ou qu'ils n'en paient rede-
» vance, *ou qu'ils n'en aient joui franchement, de*
» *tel & ſi long-temps qu'il ne ſoit mémoire du contraire* ».
Coutume de Sens, *art. 147.*

« Les habitans des villes & villages, ès finages
» deſquels y a bois ou forêts, appartenans à notre
» ſouverain ſeigneur, ne peuvent avoir *uſage* en
» iceux bois, ſinon en payant quelque redevance,
» ou bien qu'ils aient titres ou poſſeſſion immé-
» moriale au contraire ». Coutume de Saint-Mihiel,
titre 13, art. 9.

On voit que ces coutumes, à l'exception de celle
de Vitri, placent la preſcription des droits d'*uſage*
dans une claſſe particulière ; qu'elles exigent, pour
conſommer cette eſpèce de preſcription, une poſſeſſion immémoriale.

Le motif de cette diſpoſition eſt ſenſible. Envoyer des beſtiaux dans un pré, couper dans un
bois, ſont des actes qui communément ne ſe réi-
tèrent pas tous les jours. Il eſt donc poſſible que,
pendant très-long-temps, ils échappent à la connoiſſance du ſeigneur. Il étoit juſte, par conſéquent, d'exiger, pour la preſcription, des actes
poſſeſſoires, répétés de manière qu'on ne pût rai-
ſonnablement attribuer le ſilence du ſeigneur, ni
à ſon ignorance, ni à ſa bienfaiſance pour ſes habitans.

§. V. *Juriſprudence du treizième ſiècle, relative-*
ment à la preſcription des droits d'uſage. Coutumes
dans leſquelles elle s'eſt conſervée. On vient de voir,
§. 2, une loi du code bourguignon, qui permettoit
de prendre du bois dans les forêts à tous ceux qui
pouvoient en avoir beſoin. Depuis, il eſt arrivé
ce qui arrive preſque toujours ; d'un extrême on
s'eſt jetté dans un autre. Il étoit de juriſprudence
dans le treizième ſiècle, que la poſſeſſion la plus
longue étoit inſuffiſante pour conférer des droits
d'*uſage*, & que nul ne pouvoit en réclamer ſans
chartre de conceſſion, ou ſans payer une redevance
au ſeigneur.

Cette révolution dans les idées, ce mépris de
la poſſeſſion, des loix ſalutaires de la preſcription,
furent ſans doute l'effet de la grande extenſion que
les ſeigneurs donnèrent à leurs prérogatives ſous
les premiers rois de la troiſième race. Quoi qu'il
en ſoit, voici les monumens de cette juriſprudence.

On lit, dans les anciennes coutumes de Champagne, *art. 24* : « coutume eſt en Champagne,
» que nulz ne peut avoir *uſage* en bois, s'il ne le
» montre de chartre ou de redevance, ou s'il ne
» le tient en fié de celui de qui li très-fonds du
» bois eſt : & gens de pote ne le peuvent tenir,
» ſi ce n'eſt par le gré de leur ſeigneur. Ad ce
» jugié furent MM. Jean de Joinville, ſénéchal
» de Champagne, Jean de Nulli, Jean de Chappes,
» Gauthier d'Argilliers, Jean de la Nocrie, Pierre
» de la Malmaiſon, Gui du Châteler, & autres
» pluſieurs ».

Beaumanoir nous a conſervé un jugement de
la cour de Creil, rendu d'après le même principe.

Il étoit queſtion de ſavoir à qui, du ſeigneur
ou des habitans, appartenoient certains cantons en
prés, aſſis ſur le territoire de Haïes : Pierre de
Rigny s'en prétendoit propriétaire, en ſa qualité
de ſeigneur ; les habitans ſoutenoient qu'*ils en*
avoient uſé & maintenu de ſi long-temps, comme il
pouvoit ſouvenir à mémoire d'homme, & ledit uſage
étoit bien connu de meſſire Pierre ; par quoi ils requé-
roient qu'on les laiſſât uſer paiſiblement, comme ils
avoient uſé de long-temps. Le ſeigneur n'avoit pas
de titres ; toute ſa défenſe conſiſtoit à dire, qu'*il*
avoit eſdits prés toute juſtice & toute ſeigneurie, & que
les habitans ne lui rendoient, à raiſon de cet uſage,
cens, rentes ni redevances ; par quoi il requéroit que
de cet uſage ils fuſſent déboutés. Telles étoient les
défenſes reſpectives des parties : il s'agiſſoit donc
uniquement de ſavoir, ſi la qualité de ſeigneur
donne la propriété univerſelle du territoire ; ſi ce
titre doit prévaloir ſur une poſſeſſion immémoriale, ſur un uſage indéfini ; en un mot, ſi les
habitans peuvent poſſéder en commun, ſans en
avoir conceſſion du ſeigneur, ou ſans lui payer
redevance.

La cour de Creil, juge de cette conteſtation,

en fentit toute l'importance : avant de la décider, elle *prit tous les répis*, & s'en confeilla en moult de lieux. Enfin, elle prononça, que *ladite ville de Haüs n'avoit droit de ufer ès prés deffufdits*, & *que de long ufage qu'ils avoient propofé ne leur valoit rien, pour ce qu'ils ne rendoient dudit ufage cens, rentes ni redevances*. Beaumanoir ajoute : *& par ce jugement, peut-on voir que nul ufage ne vaut contre le feigneur dou lieu ?*

Ce jugement, rendu après le plus mûr examen, *après avoir pris confeil en moult de lieux*, décide, de la manière la plus formelle, que, dans l'enclave d'une haute - juftice, le feigneur eft propriétaire de tout ce qui n'appartient à perfonne par des titres particuliers. Il décide en outre, que les habitans ne peuvent poffeder en commun qu'en vertu d'une conceffion formelle du feigneur. Il décide enfin, que la tolérance, la connoiffance de ce dernier, ne fuffifent pas pour l'exproprier. On voit en effet que les habitans de Haïes oppofoient à leur feigneur & la jouifance la plus connoiffance : & fa propre connoiffance : *étoit leur ufage connu dudit meffire Pierre.*

Les coutumes de Troyes & de Bourgogne ont adopté cette jurifprudence. Dans ces coutumes, la poffeffion la plus longue eft fans efficacité : il faut un titre, ou payer une redevance.

« Habitans, communauté, & autres gens parti» culiers ne peuvent prétendre & avoir droit » d'ufage ni pâturage en feigneurie & haute-juftice, » d'autrui, fans titre, ou en payer redevance au » feigneur, fon procureur, ou receveur, par temps » fuffifant pour acquérir la prefcription ». *Coutume de Troyes, art. 168.*

« L'on ne peut avoir ufage en bois & rivière » bannale d'autrui, ne droit pétitoire ou poffef» foire, par quelque laps de temps que l'on en ait » joui, fans en avoir titre, ou payer redevance ». *Coutume du duché de Bourgogne, titre des forêts, art. 2.*

§. VI. *Du pâturage dans les bois.* Il y a relativement au pâturage dans les bois, deux règles particulières ; 1°. à la différence des prés & des terres labourables, il faut un titre pour le vain pâturage ; 2°. les ufagers eux-mêmes ne peuvent y envoyer leurs beftiaux, que lorfque le bois a acquis un certain âge, *qu'après qu'il a été déclaré défenfable.* Ordonnance de 1669, *art. 1 du titre des droits de pâturage & panage.*

L'ordonnance de 1515 établit cette règle, & en donne le motif ; l'article 72 porte : « ordonné eft » que nulle bête n'ira en taillis jufqu'à tant que » le bois fe pourra défendre des bêtes ; pour ce » qu'une bête qui ne vaudra pas 60 fols ou 4 liv. » y pourroit faire dommage de 100 fols ou plus » en une année ».

Comme on pourroit induire de ces expreffions, *nulle bête n'ira en taillis, jufqu'à tant qu'il fe pourra défendre*, que lorfqu'une fois le taillis eft défenfable, toutes les bêtes indiftinctement peuvent y

aller ; pour prévenir cette méprife, Rouffeau a fait, fur cet article 72, l'obfervation qui fuit : « *nulle » bête*, c'eft-à-dire, des ufagers & privilégiés, car » quant aux autres, les bois font toujours en dé» fends ».

Cette règle, qu'il faut un titre, même pour le vain pâturage dans les bois, eft confignée dans les articles 168, 169, 175 & 178 de la coutume de Troyes ; articles dont Legrand, dans fon commentaire fur cette coutume, a développé l'efprit en ces termes : « le préfent article parle du pacage » dû par droit de fervitude, *fans laquelle fervitude* » perfonne n'a le droit de mener pâturer fes bê» tes au bois d'autrui, en quelque temps que ce » foit, (fur l'art. 175) ceux qui n'ont point droit » d'ufage en ces bois, n'y peuvent mener paître » leurs beftiaux en quelque temps que ce foit ». (Sur l'art. 178.)

Cette règle reçoit une exception dans la coutume de Nivernois. L'article 4 du titre des bois & forêts permet le vain pâturage dans le bois de haute-futaie, depuis la fête de S. Michel, jufqu'à la purification de Notre-Dame. « Mais, dit Coquille » fur cet article, fi le feigneur foncier du bois de » haute - futaie veut tenir fon bois en défenfe pour » jufte caufe, je crois qu'après avoir fait fa décla» ration en juftice, & l'avoir fait autorifer par juf» tice, & publier au prône de la paroiffe de l'af» fiette du bois, que le bois feroit de défenfe en » tout temps. La jufte caufe peut être pour repeu» pler le bois, le renouveller ».

§. VII. *De l'étendue des conceffions, qui portent :* bois pour bâtir & maifonner. Rouffeau, dans fon recueil fur les eaux & forêts, nous a confervé un réglement de la table de marbre, qui détermine, de la manière la plus précife, de quelle manière ceux qui ont droit de prendre du bois pour bâtir & maifonner doivent ufer de cette faculté. Cet arrêt, du 20 août 1582, porte : « c'eft à favoir » prendre & avoir bois pour bâtir, réparer & en» tretenir leurfdites maifons ufagères, pour les » combles, planchers, cloifons, portes & fenê» trages feulement ; defquelles à cette fin, feront » tenus faire les quatre principaux murs & pi» gnons de maçonnerie de pierre ou de brique, & » non de bois ; & vifitation préalablement faite, » & ce par gens à ce connoiffans, des chofes & » lieux qu'il conviendra faire & réparer, dont » les parties conviendront avec le procureur-fifcal » de ladite feigneurie ».

Deux auteurs, qui ont du poids dans cette matière, MM. Pecquet, grand - maître au département de Normandie, & Chaillant, procureur du roi en la maîtrife des eaux & forêts de Rennes, rapportent ce réglement, comme faifant loi pour tous ceux qui ont la faculté de prendre du bois pour bâtir & maifonner.

§. VIII. *L'ufager, qui a le droit de prendre, dans les forêts du feigneur, du bois pour reconftruire & réparer, peut-il arbitrairement agrandir fa maifon ?* En général, les concessions d'usage n'ont eu pour objet que de favoriser l'agriculture. Les seigneurs n'ont grevé leurs bois de ces servitudes que pour fixer des laboureurs dans leurs seigneuries, que pour donner, à ceux à qui ils concédoient leurs terres, la facilité de les exploiter.

Les besoins d'un laboureur sont donc la mesure naturelle de l'étendue des maisons que chaque tenancier doit occuper. Si l'un d'eux juge à propos de s'agrandir, il le peut sans doute : mais alors le seigneur ne sera tenu de lui fournir que les bois nécessaires pour une maison semblable à celle qu'il occupoit.

« Si l'usager, dit Coquille, devient beaucoup » plus grand seigneur, ou qu'il bâtisse une maison » plus ample, son usage sera restreint à l'état pre- » mier de sa maison ; & si un ménage se part en » deux, chacun ménage aura son droit, sans toute- » fois augmenter & surcharger le bois ». *Coutume de Nivernois, chap. 17, art. 12.*

Legrand pense de même : « si Titius vient à » vendre sa maison à un autre qui soit plus riche » & plus puissant, l'usage de tel acheteur devra » être restreint & limité à raison & proportion » de l'usage qui avoit été concédé au vendeur. » C'est ce qui est expressément ordonné pour les » usages des forêts du roi, par l'ordonnance de » François I, du mois de mai 1515, *art.* 88, » & de Henri III, de l'an 1584, qui défendent » de transporter les droits d'usage & pâturage à » plus puissans, & que ceux auxquels la cession » a été faite ne puissent prendre plus grande part » que les premiers usagers. Le même doit avoir » lieu, lorsque celui auquel a été concédé l'usage, » étant devenu plus riche, veut bâtir une maison » plus ample : car, en ce cas, l'usage sera restreint » à l'état premier de la maison ». *Sur l'article 168 de Troyes,* gl. 2, n. 20 & 21.

§. IX. *De la libération du droit d'usage par la prescription.* Il est de principe, 1°. que les rentes, les charges, les servitudes dont un immeuble peut être grevé, s'éteignent par le non usage pendant l'espace de trente ans.

2°. Que l'acquéreur de bonne-foi en acquiert la libération par une possession libre de dix années.

3°. Que le décret les purge à l'instant même de l'adjudication, toutes les fois qu'elle est faite sans opposition de la part des créanciers de la rente, ou du propriétaire de la servitude.

« L'acquéreur d'un héritage, sujet à des droits » de servitude, tels qu'un droit d'usufruit, *un* » *droit d'usage,* en acquiert l'affranchissement par » la prescription de dix ans, lorsqu'elles ne lui » ont point été déclarées, & qu'il n'en a aucune » connoissance pendant tout le temps de la pres- » cription : ceux qui avoient ces droits de servi- » tude, n'en ayant point usé pendant ledit temps ». *Pothier, traité de la prescription, n. 139.*

« Les jurisconsultes, dit d'Héricourt : *traité de*

» la vente des immeubles, chap. 9, n. 13, distinguent » deux espèces de servitudes en cette matière des » oppositions, les servitudes latentes & disconti- » nues, comme le droit de puiser de l'eau dans le » puits de son voisin .... l'adjudicataire du fonds » décrété ne peut prévoir ces servitudes par l'ins- » pection des lieux, & elles sont purgées par le » décret à faute d'opposition. » *Traité de la vente des immeubles, chap. 9, n. 13.*

Un droit d'usage dans une forêt appartient évidemment à cette classe de servitude ; l'adjudicataire de la forêt ne pouvoit ni deviner, ni même soupçonner l'existence de cette servitude. Le décret la purge donc, faute d'opposition de la part des usagers.

Inutilement observeroit-on qu'un droit de cette espèce est purement facultatif ; que le propriétaire, libre d'en user ou d'en suspendre l'exercice, ne peut pas en être dépouillé par la prescription.

Les droits facultatifs, relativement à la prescriptibilité, se divisent en deux classes. Ceux qui dérivent de la nature des choses, ceux qui ne doivent leur existence qu'à la convention ; aux premiers seuls s'applique la maxime qui affranchit de la prescription les droits de pure faculté ; à l'égard des autres, on les juge prescriptibles, suivant la règle, *tout ce qui tombe en convention, tombe en prescription.* Une convention ne peut produire qu'une action, & toute espèce d'action est prescriptible.

C'est ce que nous lisons dans le traité de la prescription de Dunod : « il faut distinguer, dit » cet auteur, entre la faculté qui a son fonde- » ment dans la nature, dans le droit public .... » & celle qui vient d'un titre, qui tire son origine » d'un contrat..... cette deuxième se prescrit, » parce qu'elle dérive d'une convention ou d'une » action qui sont prescriptibles dans le commerce » ordinaire ».

Pour peu que l'on réfléchisse, on sent combien cette décision est juste. Qu'un droit soit ou ne soit pas facultatif, que l'usage en soit intermittent ou continu, dès qu'une convention l'a établi, une convention peut le détruire : & comment ne pas présumer cette convention destructive de la première, toutes les fois que l'usager a laissé écouler un laps de temps considérable sans mettre son droit d'usage en activité ?

§. XI. *Du cantonnement. En quoi il diffère du triage. Jurisprudence du parlement du Dauphiné.* S'il s'est trouvé des seigneurs assez généreux pour donner gratuitement, beaucoup d'autres, se réservant la propriété foncière, se sont contentés de céder un simple droit d'usage.

Cet usage, loin d'attribuer aux habitans un droit de propriété, n'est au contraire dans leur main qu'une servitude sur le fonds d'autrui.

Quelque étendu que soit l'usage, il n'en est pas moins vrai que le seigneur est propriétaire de la forêt, & cette propriété ne peut pas être absolument stérile : d'un autre côté, une jouissance indivise entre le seigneur & la communauté, est sujette à beaucoup d'inconvéniens.

En conséquence, on a introduit ce que l'on nomme le *cantonnement*, institution moderne, qui ne remonte pas au-delà du commencement du siècle.

Cette opération consiste à convertir l'usage en un droit de propriété sur une partie des bois, proportionnée aux besoins des usagers : ainsi, le cantonnement est une interversion du titre primitif ; c'est véritablement un nouveau contrat : le seigneur ne peut y être forcé, parce que personne ne peut être contraint de renoncer à sa propriété : mais ce même seigneur peut le requérir, & le souverain l'ordonner, parce qu'étant le tuteur légal de toutes les communautés, il peut stipuler pour elles, & contracter en leur nom. De-là s'est introduit l'usage de porter au conseil les demandes de cette nature (1) ; elles y ont la plus grande faveur, & elles en sont dignes, puisqu'elles concourent au grand objet de la législation des forêts, la conservation de la futaie, par la multiplicatoin des quarts en réserve.

Et peu importe que l'usage soit à titre onéreux ou gratuit. Ce cantonnement a lieu dans tous les cas, parce que dans celui même où les habitans paient une redevance au seigneur, il n'en est pas moins vrai que celui-ci n'est tenu qu'à fournir à leurs besoins, & cet objet est rempli par le cantonnement.

On voit au premier coup-d'œil, en quoi diffèrent le triage & le cantonnement : le triage suppose la propriété des bois dans la main de la communauté : pour que le cantonnement ait lieu, il faut que cette propriété réside dans la main du seigneur : la communauté propriétaire est affranchie du triage, lorsqu'elle paie une redevance pour les bois : la communauté usagère est obligée de souffrir le cantonnement, quelles que soient les prestations dont son usage est grevé.

En un mot, pour obtenir le cantonnement, il faut que le seigneur prouve qu'il est propriétaire des bois, & les habitans simples usagers ; pour obtenir le triage, il faut que ses auteurs aient donné les bois, que les habitans les possèdent en propriété, & à titre absolument gratuit.

La règle qui veut que les besoins des usagers soient la mesure du cantonnement, reçoit une exception dans le Dauphiné. Un réglement de l'année 1731, revêtu de lettres-patentes enregistrées au parlement de cette province, en autorisant le cantonnement, *ne permet aux communautés régulières & séculières, & autres propriétaires, de*

(1) Les réserves qui sont l'objet du §. suivant, sont aussi une espèce de cantonnement ; mais qui ne change pas le titre primitif, & dont les juges ordinaires peuvent & doivent connoître.

distraire à leur profit que le tiers des bois chargés d'usage.

Le parlement de Grenoble, parlant de ce réglement dans des remontrances au roi, relativement à l'affaire entre la communauté de Bouvante, & les chartreux du Val-Sainte-Marie, en présente le motif en ces termes : « ce réglement fut le fruit » des connoissances locales qu'avoient acquises » les commissaires, dans un travail de plusieurs an- » nées, sur la nature des bois & pâturages, sur » leur étendue, sur le nombre des habitans des » communautés riveraines. Ils adoptèrent, pour » les *cantonnemens*, les règles établies pour les » *triages*, parce qu'ils avoient reconnu qu'on ne » pouvoit assigner au-dessous des deux tiers aux » usagers, dans une province hérissée de monta- » gnes affreuses, où les forêts sont moins peuplées, » les besoins des habitans plus considérables, les » troupeaux plus nécessaires. Avant de censurer » leur ouvrage, il faudroit s'être mis à portée » d'acquérir les mêmes instructions ».

§. XII. *Des réserves, & de leur différence du cantonnement & du triage.* On donne le nom de *réserves* à certains cantons des bois usagers, soustraits à l'usage des habitans.

Presque tous les seigneurs, comme nous l'avons dit plus haut, accordoient aux habitans de leurs terres l'usage dans les forêts du territoire. Les usines, les somptueux édifices, les arts, le commerce, ces grands objets de consommation, qui, depuis, ont porté les bois à une si haute valeur, tout cela étoit alors inconnu en France, & le royaume étoit couvert de forêts ; aussi les anciennes concessions d'usage étoient-elles indéfinies. Les déprédations des habitans alloient encore plus loin que la libéralité des seigneurs. Leur caprice, & non leur besoin, étoit la règle de leur jouissance ; coupant au hasard, dégradant par-tout, l'exercice de leur usage étoit une véritable dévastation.

Un de nos plus anciens auteurs, Duluc nous a laissé le tableau de ces malversations ; voici comme il s'exprime, *liv. 7, tit. 7, art. 1 : ab ingratis hominibus eo improbitatis deventum est, ut beneficos eorumve nepotes munificentiæ suæ etiamsi nolint, tamen pæniteat. Rebus enim utendis tam protervè, tam libidinosè, tam nequiter abusi sunt, ut novarum legum sanctione, judiciorumque severitate opus esset.* Cependant les bois acquéroient de la valeur, & les seigneurs voyoient impatiemment dégrader, sous leurs yeux, des parties qui, par leur position, sembloient plus particulièrement destinées aux besoins ou à la décoration du château ; l'on s'occupa donc des moyens de remédier à ces inconvéniens : il s'en présentoit plusieurs, on s'arrêta au plus modéré de tous, & l'on se contenta d'interdire aux habitans la faculté d'usager sur certains cantons de bois, abandonnant le surplus à leur discrétion.

Cette nouvelle police fut d'abord introduite dans les forêts du roi : ce changement remonte à la fin du treizième siècle. Dans une ordonnance de 1480, Philippe-le-Hardi s'exprime ainsi : « aux » usagers des forêts du roi, seront faites livrées » en lieux propres & commodes, & si esdites li- » vrées ne se trouve. matière & bois nécessaires » auxdits usages. & suffisances, leur en sera dé- » livré ailleurs esdites forêts, par lesdits forestiers, » à concurrence de ce qui leur sera nécessaire » pour leur usage, sans qu'ils puissent indiffé- » remment prendre par toute la forêt ».

L'exemple du souverain ne pouvoit manquer d'être suivi ; rien, en effet, n'étoit plus juste : aussi les seigneurs s'empressèrent-ils de s'y con- former, & la police des réservés devint bientôt si générale, que, dans le milieu du quatorzième siècle, on tenoit pour maxime certaine, que les seigneurs pouvoient en établir, malgré la résis- tance des habitans. C'est ce que nous apprend Joannes Faber, qui écrivoit vers l'an 1340. Voici comme il s'exprime : *item facit pro eo qui habet tot exploratores in sua foresta quod fundus est inutilis ; quod possit eos facere restringi, in tantum quod pro- prietas ei valeat.*

On retrouve la même décision dans les auteurs qui ont écrit depuis. Coquille nous atteste que tel étoit l'usage général de son temps. « Il est » passé pour règle générale, dit cet auteur, que » si les bois sujets à usage sont de fort grande » étendue, l'usage soit restreint au tiers ou au » quart, selon le nombre des usagers, & que » l'outre-plus soit laissé au seigneur propriétaire, » pour en disposer ainsi que bon lui semblera ». *Quest. 303.*

Nous voyons, dans le commentaire de Legrand, sur l'article 168 de la coutume de Troyes, que tel étoit non-seulement l'usage universel, mais la jurisprudence de tous les tribunaux. « Les arrêts » de la cour, dit ce judicieux écrivain, ont or- » donné que le droit d'usage & pâturage seroit » restreint & limité à certaines parties du bois & » pâturages, & que le reste demeureroit libre & » exempt de toute servitude & droits d'usage, » au seigneur du lieu, afin que la propriété ne » lui soit rendue du tout inutile ». M. Grivel, conseiller au parlement de Dôle, ajoute, déci- sion 66 : « l'usager auroit mauvaise grace à s'en » plaindre, puisqu'il n'en souffre aucun dommage, » & qu'il est pleinement satisfait à son usage, dont » la nature consiste à remplir les nécessités de » l'usager, & non point à passer au-delà ».

Quelque juste que fût l'établissement de ces ré- serves, néanmoins quelques communautés s'y op- posèrent.

Cette question portée en justice, les tribunaux décidèrent unanimement que le seigneur, pro- priétaire des bois, pouvoit restreindre l'usage sur certains cantons déterminés, pourvu que ces can- tons remplissent les besoins des usagers. Les mo- numens de cette jurisprudence se rencontrent par- tout ; il en existe une multitude d'arrêts. Duluc

& Genois en rapportent deux des années 1515 & 1531. Il en existe deux autres, rendus dans le même siècle, l'un du 12 février 1553, l'autre du 30 octobre 1555 ; le premier, rapporté par Papon, *liv.* 14, *tit. 3 ;* le second, par le Vest, *chap. 299.* Salvaing & Coquille en citent plusieurs. Legrand en rapporte un du 8 novembre 1636. On en trouve quantité d'autres dans Rousseau, en ses arrêts & réglemens des eaux & forêts, *liv. 3, tit. 27, art. 5 & 6 ; & cette manière de juger,* dit M. Salvaing, *a été gardée dans toutes les ren- contres.* Mornac, qui confirme de même l'uni- versalité de cet usage, en rend la raison en ces termes : *ne proprietas domino reddatur inutilis.*

On voit, au premier coup-d'œil, combien les anciennes réserves diffèrent du triage & du can- tonnement. Le triage suppose la propriété des bois dans la main des habitans. Le cantonnement intervertit le titre primitif : son effet est de chan- ger l'usage universel en une propriété déterminée. Les réserves n'opèrent rien de semblable ; elles modifient l'usage, mais sans changer le titre des usagers ; & l'abandon que leur fait le seigneur, de certaines parties de bois, ne le dépouille pas de sa propriété sur ces mêmes bois.

On a cru devoir entrer dans ces détails, parce que l'ignorance de cet état des choses donne lieu à deux méprises très-préjudiciables au seigneur. Dans tous les lieux où les seigneurs ont ancien- nement établi ces réserves, les titres de la sei- gneurie, relatifs aux bois, portent *que telle partie appartient au seigneur, le surplus soumis à l'usage des habitans.* Les personnes peu versées dans cette matière infèrent de ces énonciations, que les bois déclarés appartenir au seigneur forment seuls sa propriété, & conséquemment que le sur- plus est le patrimoine des habitans : d'autres con- fondent ces réserves avec le triage & le canton- nement : & si le seigneur se pourvoit pour obtenir l'un ou l'autre, on lui répond que ses auteurs ont consommé son droit. Le vice de ces deux consé- quences est sensible. Une pareille énonciation dans les titres d'une seigneurie ne prouve ni la propriété des usagers, ni triage, ni cantonnement ; il en résulte seulement que le seigneur a jugé à propos de soustraire une partie de ses bois à l'usage des habitans.

§. XIII. *Lorsque les communautés ont usé des bois usagers en vrais propriétaires, & cela depuis très- long-temps, quel est le mérite de cette possession ? Cùm apparet titulus ab eo possessiones legem accipiunt.* Voilà la règle de cette matière.

En vain les habitans établiroient-ils que, depuis des siècles, ils jouissent & disposent en vrais pro- priétaires, & cela sous les yeux du seigneur, & sans réclamation de sa part, si les titres de la seigneurie prouvent que la communauté n'a qu'un simple droit d'usage sur les bois, pâtura- ges & marais du territoire ; à l'instant où ces titres paroissent on s'y réfère, on regarde les actes

possessoires

poſſeſſoires des habitans comme l'effet de l'uſurpation, & les reconnoiſſances du ſeigneur comme l'effet de l'erreur de la ſurpriſe, & des ſiècles de jouiſſance ſont comptés pour rien. Cette poſſeſſion, dit Mornac, *ſur la loi 13, ff. de public. in rem act.*, eût-elle duré trois ſiècles, n'eſt d'aucune conſidération, parce qu'elle eſt contraire au titre : *Si contra titulum poſſeſſum eſt etiam per trecentos annos, dominium revocatur à tali poſſeſſore.*

Ainſi la poſſeſſion de l'uſager, quel qu'en ſoit le caractère, ne prouve autre choſe que la jouiſſance précaire, c'eſt-à-dire, l'uſage même. S'il a fait des actes indicatifs de propriété, on ne les regarde que comme des extenſions abuſives de ſon droit d'uſage, à moins qu'il ne prouve l'interverſion des anciens titres, & la cauſe du changement de ſa poſſeſſion.

Ce principe eſt conſacré par un grand nombre de jugemens émanés de tous les tribunaux, & notamment du conſeil du roi, où ces ſortes de conteſtations ſe portent le plus fréquemment. On va voir que, dans les eſpèces jugées par des arrêts, les habitans, originairement uſagers, avoient diſpoſé, & depuis long-temps, des bois en vrais propriétaires, & que leur propriété avoit été reconnue par les ſeigneurs eux-mêmes. Néanmoins les anciens titres ont prévalu.

Dunod, *traité des preſcriptions, pag. 50*, rapporte trois arrêts des années 1698, 1700 & 1717. Le premier, ſur la repréſentation du titre primitif, déboute les Jéſuites de leur prétention à la propriété d'un bois ſur lequel ils exerçoient depuis cent ans, des actes de propriété. Les deux autres réduiſent pareillement, aux termes des titres anciens, une poſſeſſion de ſoixante ans, appuyée de reconnoiſſances.

Un arrêt du parlement de Paris, de l'année 1672, a jugé, ſuivant les mêmes principes, contre les religieux de l'abbaye de Longpont & ceux de Valſery. Un droit d'uſage avoit été concédé originairement à ces abbayes, dans un canton de la forêt de Villers-Cotterets ; ces religieux avoient tranſmué la dénomination d'*uſage* en celle de très-fond ; ils s'étoient attribué la qualification de très-fonciers ; ils s'arrogeoient, à ce titre, le tiers du prix de la vente des bois ; pluſieurs ſiècles avoient confirmé cette uſurpation. M. le duc d'Orléans ſe détermina enfin à réclamer ſes droits. Les titres originaux furent produits, & prévalurent ſur la longue poſſeſſion des religieux, même ſur des reconnoiſſances dont ils tiroient avantage.

Nous avons dit que telle étoit également la juriſprudence du conſeil du roi.

En 1726, le marquis de Porens avoit obtenu un jugement du conſeil, portant renvoi devant le grand-maître des eaux & forêts du comté de Bourgogne, pour être procédé au cantonnement des bois aſſis ſur le territoire de Foudremont : les habitans s'oppoſèrent à cette opération, ſur le fondement que, de temps immémorial, ils étoient

en poſſeſſion de la propriété de ces mêmes bois. Un grand nombre d'actes prouvoient effectivement cette poſſeſſion : une circonſtance remarquable militoit en leur faveur ; le ſeigneur lui-même avoit acquis d'eux des portions de forêts ; mais on voyoit clairement que, dans l'origine, ils n'étoient qu'uſagers, & le titre d'interverſion ne paroiſſoit pas. Arrêt du conſeil d'état, du 20 mars 1727, qui déboute les habitans de leur oppoſition, & ordonne qu'il ſera paſſé outre au cantonnement. Le 9 août 1729, même déciſion des commiſſaires-généraux du conſeil, entre le comte de Verſel & les habitans du même lieu.

Trois autres préjugés, émanés pareillement du conſeil, méritent une ſingulière attention.

Les habitans de Villers-Sexel étoient en poſſeſſion de deux cens arpens de bois. Le comte de Ciramont, leur ſeigneur, les avoit toujours regardés comme propriétaires. Lorſqu'il s'étoit agi de la réparation de ſon château, il s'étoit adreſſé à eux pour obtenir des bois. Les lettres qu'il leur avoit écrites à ce ſujet étoient produites, chacune de leurs expreſſions étoit une reconnoiſſance de la propriété des habitans. Ce même ſeigneur, mieux inſtruit de ſes droits, ſe pourvoit au conſeil & demande le cantonnement ; à la longue poſſeſſion des habitans, à ſes propres reconnoiſſances, il oppoſe les titres anciens ; & par arrêt du 23 juin 1733, ſa prétention eſt accueillie.

Une déciſion du même tribunal, en date du 11 avril 1740, ordonne de même le cantonnement, ſans égard à des enquêtes judiciaires faites à la requête des habitans de Menoux ; ni aux aſſiettes auxquelles ils avoient fait procéder, ni à une multitude d'actes qui annonçoient leur propriété de la manière la plus poſitive : le conſeil n'a eu égard qu'aux ſeuls titres primordiaux.

L'autorité des titres anciens vient encore d'être conſacrée de nouveau, par un jugement du même tribunal, de l'année 1770. Le marquis de Raynel demandoit le cantonnement des bois aſſis ſur le territoire de Raynel & d'Epiſon. Les habitans ſe prétendoient propriétaires ; ils rapportoient une foule d'actes à l'appui de cette prétention ; ils coupoient, depuis plus de cent ans, les bois à leur profit ; les ſeigneurs avoient pluſieurs fois reconnu leur propriété ; ils avoient même acquis des habitans d'Epiſon le fonds & la ſuperficie de cent ſoixante-deux arpens de bois : mais des titres très-anciens réduiſirent les habitans à un ſimple uſage, & le cantonnement a été ordonné. (*M.* HENRION, *Avocat au Parlement*).

USAGE DE CHEVALIER. (*Droit féodal.*) Ce mot ſe trouve dans l'article 75 du titre 31 de la coutume d'Auvergne. Il y eſt dit, que quand on s'eſt aſſujetti à aſſeoir rente en directe, l'aſſiette eſt valablement faite, ſi l'on donne des rentes aſſiſes en droit de directe ſeigneurie ſur fonds & héritage certain, quand bien même il n'y auroit pas

droit de tiers-denier de vente, quoique « le débi-
» teur fût obligé faire affiette de rente, en directe
» seigneurie *à usage de chevalier*, tiers-denier de
» vente ».

On voit que cet article, assez obscur d'ailleurs,
& sur lequel on peut recourir au mot Tiers - Denier, n'explique pas ce que c'est que *l'usage de
chevalier*.

L'expression de *cens à usage de chevalier* se trouve
aussi souvent dans les terriers de la province d'Auvergne. On convient généralement qu'elle y désigne la taille due pour le cas de la chevalerie.
Mais doit-elle aussi comprendre les trois autres
cas de la taille ordinaire ? Il ne peut pas y avoir
lieu à cette question, ni pour le seigneur haut-
justicier, ni pour les terres situées dans la coutume
d'Auvergne, puisque de droit, dans cette coutume,
la taille aux quatre cas appartient à tous les seigneurs hauts-justiciers : la question ne s'applique
qu'aux terres de droit écrit où il faut un titre, &
aux simples fiefs situés, soit en droit écrit, soit
en coutume, où le titre est encore plus indispensable. M. Chabrol assure que si les terriers portent
la clause *à usage de chevalier*, elle se réfère dans
l'usage au droit de taille aux quatre cas. « Il se-
» roit difficile, dit-il, de donner une autre signi-
» fication à ce terme ; & , comme le premier
» des cas qui donne ouverture à la taille, est
» celui où le seigneur est fait *chevalier*, il se pré-
» sume qu'on a voulu le désigner pour abréger,
» & qu'il sert d'indication pour les autres, &
» d'interprétation : Basmaison s'explique ainsi sur
» l'article 75 du titre 31 : « en rente, en directe,
» *à usage de chevalier*, le cens & la rente est faite
» seigneuriale pour tailler l'emphytéote qui doit
» cens, aux cas que les seigneurs hauts-justiciers
» taillent leurs sujets ». Prochet assure qu'on l'a
» ainsi jugé en la cause du seigneur du Chery,
» & que l'expression n'est pas susceptible d'une
» autre interprétation. Cet auteur ne dit point la
» date du jugement, ni de quel tribunal il est
» émané ; mais il a été rendu en la sénéchaussée
» d'Auvergne, au rapport de M. Milangés, au
» mois de juin 1663, pour une directe située
» dans la justice d'Oliergues ; Me Marie en a
» fait la note sur la coutume, & il observe que
» cette affaire ayant été discutée dans deux séan-
» ces, *tous les juges se réunirent dans la première contre*
» *le seigneur*, & que tous furent d'avis dans la
» seconde de condamner les emphytéotes ».

Ainsi la question n'est pas entièrement sans
difficulté. *Voyez* le commentaire de M. Chabrol
sur le chap. 25, art. 2, sect. 7 de la coutume d'Auvergne & sur les articles 7 & 8 du même chapitre.
Voyez aussi l'article Taille aux quatre cas,
§. VII. (*G. D. C.*)

USAGER, s. m. (*Gramm. Jurisp.*), est celui qui
a quelque droit *d'usage*, soit dans les forêts pour
y prendre du bois, soit dans les bois, prés &
pâtis pour le pâturage & le panage ou glandée,

Francs usagers, sont ceux qui ne paient rien
pour leur usage, ou qui ne paient qu'une modique redevance pour un gros usage.

Gros usagers, sont ceux qui ont droit de prendre
dans la forêt d'autrui un certain nombre de perches
ou d'arpens de bois, dont ils s'approprient tous
les fruits, soit pour bâtir ou réparer, ou pour se
chauffer.

Menus usagers, sont ceux qui n'ont que pour
leurs besoins personnels, les droits de pâturage
& de panages, & la liberté de prendre le bois
brisé ou arraché, le bois sec tombé ou non, tous
les mort-bois, les restes des charpentiers, & ce
qu'on appelle la *branche de pleing poing*, pour *hayer*,
c'est-à-dire pour déclore ou pour ramer les liens.
Voyez l'ordonnance des eaux & forêts, *tit. 19 &*
25, & Chauffage, Glandée, Pacage, Panage, Paturage. (*A*)

On a aussi fait un verbe du mot *usager*, qui
signifie dans cette acception jouir du droit d'usage.
Une chartre de l'an 1386, citée par dom Carpentier au mot *usare*, porte : « ainsi *usageoient ès*
» pastures & à l'aglan, pour leurs pourciaux &
» pour leurs autres bestes grosses & menues ».
(*G. D. C.*)

USAGIER. C'est la même chose qu'*usager*. *Voy.*
ce mot & du Cange au mot *Usuagiarius* sous Usagium. (*D. G. C.*)

USAIRE. (*Droit féodal.*) C'est un *usager*, celui
qui a droit d'usages dans des bois, ou dans des
pâturages. Une chartre d'amortissement de l'an
1414, citée par dom Carpentier, au mot *Usare*,
porte : « certains champarts, qui se doivent chacun
» an des *usaires* des bois d'Orouer........ pour
» droit de forestage, à cause de l'usaige qu'ils ont
» en tous les bois d'usaige, &c ». *Voyez* néanmoins l'article Usuaire. (*G. D. C.*)

USANCE, s. f. (*terme de Pratique & de Commerce.*)
au barreau, sa signification est la même que celle
du mot *usage*, mais il ne s'emploie plus que dans
certains cas. On dit, par exemple, l'*ancienne usance*,
pour dire l'ancien *usage* qui s'observoit & s'observe
encore sur quelque matière.

L'*usance de saintes* est l'usage qui s'observe entre
mer & Charente ; c'est un composé des usages tirés
du droit écrit, & de quelques coutumes locales
non écrites, justifié par des actes de notoriété du
présidial de Saintes.

En terme de commerce, on entend par *usance*
le délai accordé à celui sur lequel on tire une lettre-
de-change pour la payer. *Voyez* le dictionnaire de
commerce.

USTAGE. (*Droit féodal.*) On a donné ce nom
à une espèce de droit de bourgeoisie, qu'on payoit
au seigneur pour son domicile, parce qu'on étoit
son *hôte*.

Ainsi ce mot a la même origine que ceux d'*hostage*
ou d'*hokelage*, ou peut-être que celui de *stage* ; le
registre des comptes des revenus du comté de
Namur, qui est intitulé le *papier velu*, & qui se

trouve à la chambre des comptes de Lille, porte : « fi a li cuens deux-fies l'an l'*uftage*, c'oñ apiele » borghezie à la S. Jean & au Nouël ; fe vaut par » an quarante fous ». *Voyez* le gloffarium nòvum de dom Carpentier au mot *Uftagium*. (*G. D. C.*)

USUAIRE. (*Droit féodal.*) On a ainfi appellé autrefois le droit d'ufage dans les bois, ou dans-des pâturages. Une chartre de 1245 pour la Champagne porte : « étoit faifis li fires de Montréal de » mettre les foreftiers en Hérival, où Limoine » & leur home devant dit avoient ufuaire ». Une autre chartre de l'an 1285 qui fe trouve parmi les preuves de l'hiftoire de la maifon de Châtillon, *pag. 6*, dit auffi : « en tel manière que ly homme.... » devoient avoir leur *ufuaire* pour manfionner ». *Voyez* le Gloffarium novum de dom Carpentier au mot *Ufuaria*. *Voyez* l'article USAIRE. (*G. D. C.*)

USUCAPION, f. f. (*Droit natur. & Droit.rom.*) L'*ufucapion* eft une manière d'acquérir la propriété, par une poffeffion non interrompue d'une chofe, durant un certain temps limité par la loi.

Toutes perfonnes capables d'acquérir quelque chofe en propre, pouvoient, felon les jurifconfultes romains, prefcrire valablement. On acquéroit auffi par droit d'*ufucapion*, toutes fortes de chofes, tant mobiliaires qu'immeubles ; à moins qu'elles ne fe trouvaffent exceptées par les loix, comme l'étoient les perfonnes libres ; car la liberté a tant de charmes qu'on ne néglige guère l'occafion de la recouvrer : ainfi il y a lieu de préfumer que fi quelqu'un ne l'a pas réclamée, c'eft parce qu'il ignoroit fa véritable condition, & non pas qu'il confentît tacitement à fon efclavage : de forte que plus il y a de temps qu'il fubit le joug, & plus il eft à plaindre, bien loin que ce malheur doive tourner en aucune manière à fon préjudice, & le priver de fon droit.

On exceptoit encore les chofes facrées, & les fépulcres qui étoient regardés comme appartenans à la religion : les biens d'un pupille, tandis qu'il étoit en minorité ; car la foibleffe de fon âge ne permet pas de le condamner à perdre fon bien, fous prétexte qu'il ne l'a pas revendiqué ; & il y auroit d'ailleurs trop de dureté à le rendre refponfable de la négligence de fon tuteur.

On mettoit au même rang les chofes dérobées, ou prifes par force, & les efclaves fugitifs, lors même qu'un tiers en avoit acquis de bonne-foi la poffeffion : la raifon en eft que le crime du voleur & du ravifleur, les empêche d'acquérir par droit d'*ufucapion*, dont ils ont dépouillé le légitime maître, reconnu tel.

Le tiers, qui fe trouve poffeffeur de bonne-foi, ne fauroit non plus prefcrire, à caufe de la tache du larcin ou du vol, qui eft cenfée fuivre la chofe : car quoiqu'à proprement parler il n'y ait point de vice dans la chofe même, cependant comme c'eft injuftement qu'elle avoit été ôtée à fon ancien maître, les loix n'ont pas voulu qu'il perdît fon droit, ni autorifer le crime en permet-

tant qu'il fût aux méchans un moyen de s'enrichir, d'autant plus que les chofes mobiliaires fe prefcrivant par un efpace de trois ans, il auroit été facile aux voleurs de tranfporter ce qu'ils auroient dérobé, & de s'en défaire dans quelque endroit où l'ancien propriétaire ne pourroit l'aller déterrer pendant ce temps-là.

Ajoutez à cela qu'une des raifons pourquoi on a établi la prefcription, c'eft la négligence du propriétaire à réclamer fon bien : or ici on ne fauroit préfumer rien de femblable, puifque celui qui a pris le bien d'un autre, le cache foigneufement. Cependant comme dans la fuite les loix ordonnèrent que toute action, c'eft-à-dire, tout droit de faire quelque demande en juftice, s'éteindroit par un filence perpétuel de trente ou quarante ans, le maître de la chofe dérobée n'étoit point reçu à la revendiquer après ce temps expiré, que l'on appelle le terme de la prefcription d'un très-long-temps.

Je fais bien qu'il y a plufieurs perfonnes qui trouvent en cela quelque chofe de contraire à l'équité, parce qu'il eft abfurde, difent-ils, d'alléguer comme un bon titre, la longue & paifible jouiffance d'une ufurpation, ou du fruit d'une injuftice ; mais cet établiffement peut être excufé par l'utilité qui en revient au public. Il eft de l'intérêt de la fociété, que les querelles & les procès ne fe multiplient pas à l'infini, & que chacun ne foit pas toujours dans l'incertitude de favoir fi ce qu'il a lui appartient véritablement. D'ailleurs, le genre humain changeant prefque de face dans l'efpace de trente ans, il ne feroit pas à propos que l'on pût être troublé par des procès intentés pour quelque chofe qui s'eft paffé comme dans un autre fiècle ; & comme il y a lieu de préfumer qu'un homme, après s'être paffé trente ans de fon bien, eft tout confolé de l'avoir perdu : à quoi bon inquiéter en fa faveur, celui qui a été fi long-temps en poffeffion ? On peut encore appliquer cette raifon à la prefcription des crimes : car il feroit fuperflu de rappeller en juftice les crimes dont un long temps a fait oublier & difparoître l'effet, enforte qu'alors aucune des raifons pour lefquelles on inflige des peines, n'a plus de lieu.

Pour acquérir par droit d'*ufucapion*, il faut premièrement avoir acquis à jufte titre la poffeffion de la chofe dont celui de qui on la tient, n'étoit pas le véritable maître, c'eft-à-dire, poffeder en vertu d'un titre capable par lui-même de transférer la propriété, & être d'ailleurs bien perfuadé qu'on eft devenu légitime propriétaire ; en un mot, poffeder de bonne-foi.

Selon les loix romaines, il fuffit que l'on ait été dans cette bonne-foi au commencement de la poffeffion ; mais le droit canonique porte, que fi avant le terme de la prefcription expiré, on vient à apprendre que la chofe n'appartenoit pas à celui de qui on la tient, on eft obligé en confcience de la reftituer à fon véritable maître, & qu'on le détient déformais de mauvaise foi, si du moins on tâche de la dérober adroitement à la connoissance de celui à qui elle appartient.

Cette dernière décision paroît plus conforme à la pureté des maximes du droit naturel; l'établissement de la propriété ayant imposé à quiconque se trouve en possession du bien d'un autre, sans son consentement, l'obligation de faire ensorte, autant qu'il dépend de lui, que la chose retourne à son véritable maître. Mais le droit romain, qui n'a égard qu'à l'innocence extérieure, maintient chacun en paisible possession de ce qu'il a acquis, sans qu'il y eût alors de la mauvaise foi de sa part, laissant au véritable propriétaire le soin de chercher lui-même & de réclamer son bien.

Au reste la prescription ne regarde pas seulement la propriété, à prendre ce mot, comme nous faisons, dans un sens qui renferme l'*usucapion*, & la prescription proprement ainsi nommée : elle anéantit aussi les autres droits & actions, lorsqu'on a cessé de les maintenir, & d'en faire usage pendant le temps limité par la loi. Ainsi un créancier qui n'a rien demandé pendant tout ce temps - là à son débiteur, perd sa dette. Celui qui a joui d'une rente sur quelque héritage, ne peut plus en être dépouillé, quoiqu'il n'ait d'autre titre que sa longue jouissance. Celui qui a cessé de jouir d'une servitude pendant le même temps, en perd le droit ; & celui au contraire qui jouit d'une servitude, quoique sans titre, en acquiert le droit par une longue jouissance.

Par le droit naturel, la prescription n'abolit point les dettes, ensorte que par cela seul que le créancier ou ses héritiers ont été un long - temps sans rien demander, leur droit s'éteigne, & le débiteur soit pleinement déchargé. C'est ce que M. Thomasius a fait voir dans sa dissertation : *de perpetuitate debitorum pecuniariorum*, imprimé à Halle en 1706.

Le temps, dit-il, par lui-même n'a aucune force, ni pour faire acquérir, ni pour faire perdre un droit : il faut qu'il soit accompagné de quelque autre chose qui communique cette puissance. De plus, personne ne peut être dépouillé malgré lui du droit qu'il avoit acquis en vertu du consentement d'un autre, par celui-là même qui le lui a donné sur lui. On ne se dégage pas en agissant contre ses engagemens : & en tardant à les exécuter, on ne fait que se mettre dans un nouvel engagement, qui impose la nécessité de dédommager les intéressés. Ainsi l'obligation d'un mauvais payeur devenant par cela même plus grande & plus forte de jour en jour, elle ne peut pas, à en juger par le droit naturel tout seul, changer de nature, & s'évanouir tout d'un coup au bout d'un temps. En vain allégueroit-on ici l'intérêt du genre humain, qui demande que les procès ne soient pas éternels : car il n'est pas moins de l'intérêt commun des hommes que chacun garde la foi donnée ; que l'on ne fournisse pas aux mauvais payeurs l'occasion de s'enrichir

impunément aux dépens de ceux qui leur ont prêté, que l'on exerce la justice, & que chacun puisse poursuivre son droit. D'ailleurs, ce n'est pas le créancier qui trouble la paix du genre humain, en redemandant ce qui lui est dû ; c'est au contraire celui qui ne paie pas ce qu'il doit, puisque s'il eût payé, il n'y auroit plus de matière à procès. En usant de son droit on ne fait tort à personne, & il s'en faut bien qu'on mérite le titre odieux de plaideur, ou de perturbateur du repos public.

On ne seroit pas mieux fondé à prétendre que la négligence du créancier à redemander sa dette, lui fait perdre son droit, & autorise la prescription. Cela ne peut avoir lieu entre ceux qui vivent l'un par rapport à l'autre dans l'indépendance de l'état de nature. Je veux que le créancier ait été fort négligent : cette innocente négligence mérite-t-elle d'être plus punie que la malice nuisible du débiteur ? ou plutôt, celui-ci doit-il être récompensé de son injustice ? quand même ce seroit sans mauvais dessein qu'il a si long-temps différé de satisfaire son créancier, n'est-il pas du moins coupable lui-même de négligence ? l'obligation de tenir sa parole ne demande-t-elle pas que le débiteur cherche le créancier, plutôt que le créancier le débiteur ? ou plutôt la négligence du dernier seul, ne devroit-elle pas être punie ? d'autant plus qu'il y auroit à gagner pour lui dans la prescription ; au lieu que l'autre y perdroit.

Mais en faisant abstraction des loix civiles, qui veulent que l'on redemande la dette dans un certain espace de temps, on ne peut pas traiter de négligent le créancier qui a laissé en repos son débiteur, quand même en prêtant il auroit fixé un terme au bout duquel son argent devoit lui être rendu ; car il est libre à chacun de laisser plus de temps qu'il n'en a promis, & il suffit que l'arrivée du terme avertisse le débiteur de payer. Le créancier peut avoir eu aussi plusieurs raisons de prudence, de nécessité, & de charité même, qui le rendent digne de louange, plutôt que coupable de négligence.

Enfin il n'y a pas lieu de présumer que le créancier ait abandonné la dette, comme en matière de choses sujettes à prescription, puisque le débiteur étant obligé de rendre non une chose en espèce, mais la valeur de ce qu'on lui a prêté, il ne possède pas, à proprement parler, le bien d'autrui, & il n'est pas censé non plus le tenir pour sien. Le créancier, au contraire, est regardé comme étant toujours en possession de son droit, tant qu'il n'y a pas renoncé expressément, & qu'il a en main de quoi le justifier. M. Thomasius explique ensuite comment la dette peut s'abolir avec le temps, par le défaut de preuves, & il montre que, hors delà, la prescription n'avoit pas lieu par les loix des peuples qui nous sont connus, ni même par celles des Romains, jusqu'au règne de l'empereur Constance.

Il soutient aussi que par le droit naturel, la

bonne-foi n'est nullement nécessaire pour preścrire, pas même dans le commencement de la poſſeſſion, pourvu qu'il ſe ſoit écoulé un aſſez long eſpace de temps, pour avoir lieu de préſumer que le véritable propriétaire a abandonné ſon bien. De quelque manière qu'on ſe ſoit mis en poſſeſſion d'une choſe appartenante à autrui, du moment que celui à qui elle appartient, ſachant qu'elle eſt entre nos mains, & pouvant commodément la revendiquer, témoigne ou expreſſément ou tacitement, qu'il veut bien nous la laiſſer, on en devient légitime maître, tout de même que ſi on ſe l'étoit d'abord appropriée à juſte titre.

Théodoſe le jeune, en établiſſant la preſcription de trente ans, ne demandoit point de bonne-foi dans le poſſeſſeur : ce fut Juſtinien qui, à la perſuaſion de ſes conſeillers, ajouta cette condition en un certain cas ; & le droit canonique enchérit depuis ſur le droit civil, en exigeant une bonne-foi perpétuelle pour toute ſorte de preſcription. Le clergé romain trouva moyen par-là de recouvrer tôt ou tard tous les biens eccléſiaſtiques, de quelque manière qu'ils euſſent été aliénés, & quoique ceux entre les mains de qui ils étoient tombés les poſſédaſſent paiſiblement de temps immémorial. Des princes ambitieux ſe ſont auſſi prévalus de cette hypothèſe, pour colorer l'uſurpation des terres qu'ils prétendoient réunir à leurs états, ſous prétexte que le domaine de la couronne eſt inaliénable, & qu'ainſi ceux qui jouiſſoient des biens qui en avoient été détachés, étoient de mauvaiſe foi en poſſeſſion, puiſqu'ils ſavoient qu'on ne peut acquérir validement de pareilles choſes.

De tout cela, il paroit que la maxime du droit canon, quelque air de piété qu'on y trouve d'abord, eſt au fond contraire au droit naturel, puiſqu'elle trouble le repos du genre humain, qui demande qu'il y ait une fin à toutes ſortes de procès & de différends, & qu'au bout d'un certain temps les poſſeſſeurs de bonne-foi ſoient à l'abri de la revendication.

Voilà l'opinion de Thomaſius : mais M. Berbeyrac, qui paroit être du même avis en général, penſe en particulier que ſi le véritable maître d'une choſe priſe ou uſurpée, acquiſe en un mot de mauvaiſe foi, ne la réclame point, & que témoigne aucune envie de la recouvrer pendant un long eſpace de temps, quoiqu'il ſache fort bien entre les mains de qui elle eſt, & que rien ne l'empêche de faire valoir ſon droit ; en ce cas-là, le poſſeſſeur injuſte devient à la fin légitime propriétaire, pourvu qu'il ait déclaré d'une manière ou d'autre, qu'il étoit tout prêt à reſtituer, ſuppoſé qu'il en fût requis : car alors l'ancien maître le tient quitte, & renonce manifeſtement, quoique tacitement, à toutes ſes prétentions. Que ſi celui qui eſt entré de bonne-foi en poſſeſſion du bien d'autrui, vient à découvrir ſon erreur avant le terme de la preſcription expiré, il eſt tenu à ce qui eſt

du devoir d'un poſſeſſeur de bonne-foi ; mais ſi en demeurant toujours dans la bonne-foi, il gagne le terme de la preſcription, ſoit que ce terme s'accorde exactement avec les maximes du droit naturel tout ſeul, ou que les loix civiles le réduiſent à quelque choſe de moins ; le droit de l'ancien maître eſt entièrement détruit ; tout ce qu'il y a, c'eſt que comme le poſſeſſeur de bonne-foi qui à preſcrit, eſt l'occaſion, quoique innocente, de ce que l'autre ſe voit déſormais débouté de toutes ſes prétentions, il doit, s'il peut, lui aider à tirer raiſon de l'injuſtice du tiers qui a transféré un bien qu'il ſavoit n'être pas à lui, & donné lieu ainſi à la preſcription.

Du reſte, quoiqu'ici la bonne-foi ſoit toujours néceſſaire pour mettre la conſcience en repos, cela n'empêche pas que les loix humaines ne puiſſent négliger cette condition, en tout ou en partie, pour éviter un grand nombre de procès. Il ſemble même que pour parvenir à leur but, il ſoit plus à propos de ne point exiger de bonne-foi dans les preſcriptions auxquelles elles fixent un fort long terme, ou de ne la demander du moins qu'au commencement de la poſſeſſion ; & ainſi la maxime du droit civil eſt mieux fondée que celle du droit canon.

L'artifice du clergé ne conſiſte pas tant en ce que les déciſions des papes exigent une bonne-foi perpétuelle dans celui qui doit preſcrire, qu'en ce qu'elles font regarder les biens d'égliſe comme inaliénables, ou abſolument, ou ſous certaines conditions qui donnent lieu d'éluder à l'infini la preſcription.

Pour ce qui eſt des principes dont parle M. Thomaſius, ils prétendent que le domaine de la couronne ne peut jamais être aliéné validement, & que la preſcription n'a point de lieu entre ceux qui vivent les uns par rapport aux autres dans l'indépendance de l'état de nature. *Voyez* PRESCRIPTION. (*D. J.*)

USUFRUCTUAIRE, adj. ſe dit *en droit* de ce qui appartient à l'uſufruit, par exemple, les réparations *uſufructuaires*, ſont celles qui ſont à la charge de l'uſufruitier. *Voyez* RÉPARATIONS.

Quelquefois *uſufructuaire* ſe dit pour uſufruitier ; on lit dans différens actes que Gaſton, frère du roi Louis XIII, fut ſouverain *uſufructuaire* de la principauté de Dombes, juſqu'à l'émancipation de mademoiſelle de Montpenſier ſa fille. *Voyez* USUFRUIT, USUFRUITIER. (*A*)

USUFRUIT, ſ. m. eſt le droit de jouir indéfiniment d'une choſe appartenante à autrui, ſans en diminuer la ſubſtance.

L'*uſufruit* diffère de l'uſage, en ce que l'uſufruitier fait tous les fruits ſiens, même au-delà de ſon néceſſaire ; il peut vendre, louer ou céder ſon *uſufruit* à un autre ; au lieu que celui qui n'a que l'uſage d'une choſe, ne peut en uſer que pour lui perſonnellement & pour ſa famille, & ne peut vendre, louer, ni céder ſon droit à un autre.

Nous traiterons dans cinq paragraphes tout ce qui a rapport à la matière de l'*ufufruit*, favoir : la manière dont il fe conftitue, les obligations de l'ufufruitier, celles du propriétaire, les droits de l'ufufruitier, & la manière dont l'ufufruit prend fin.

§. I. *De la manière de conftituer l'ufufruit.* Il peut être établi de quatre manières, par contrat, par teftament, par jugement, par la loi.

Par contrat. En effet, je puis vous vendre, vous donner, vous laiffer à titre d'échange l'ufufruit d'un bien dont je fuis propriétaire. Il n'eft pas même néceffaire d'une convention expreffe, une tacite fuffit, comme, par exemple, fi je vous laiffe jouir de l'*ufufruit* d'une chofe, pendant le temps exigé pour acquérir la prefcription. *L. 2 ff.*, *l. 5. C. de ufufr.*; *l. ult. C. de longi temp. præfcrip.*

Par teftament. Tout teftateur qui a la libre difpofition de fes biens, peut en laiffer la propriété à une perfonne, & léguer à une autre le droit d'en jouir par *ufufruit. L. 6., pr. ff. de ufufr.*; *l. 80 ff. de leg. 1.*

Par un jugement. Dans un partage d'hérédité ou de biens communs, il peut arriver que la part de l'un des copartageans excède en valeur celle de l'autre. En ce cas, le juge peut, au lieu de foumettre le premier à une *foute* pécuniaire, l'obliger de laiffer au fecond, pendant un certain temps, la jouiffance de la totalité ou d'une partie de fon lot. *L. 1, §. 1, ff. de ufuf.; l. 6, §. 10, ff. comm. divid.; l. 16, §. 1, ff. fam. ercif.*

Par la loi. Il y a dans le droit romain & dans nos ufages plufieurs cas où la loi nous donne feule & fans le concours de la volonté de l'homme, le droit de jouir, pendant un certain temps, de biens qui ne nous appartiennent pas. Par exemple, fuivant les loix 3 & 5, & l'authentique *fubjun¢la*, *C. de fecundis nuptiis*, une femme qui fe remarie ayant des enfans d'un premier lit, perd la propriété des biens que fon mari lui a laiffés, & en demeure ufufruitière. *Voyez* NOCES. Le chapitre 5 de la novelle 117 donne au *conjoint pauvre* l'ufufruit d'une certaine portion des biens de fon conjoint prédécédé. *Voyez* QUARTE DU CONJOINT PAUVRE. Le chapitre premier de la même loi déclare le père ufufruitier des biens qui compofent le pécule adventice de fon fils. *Voyez* PÉCULE & USUFRUIT PATERNEL.

Prefque toutes nos coutumes accordent à la veuve un douaire qui régulièrement n'eft pas autre chofe qu'un *ufufruit. Voyez* DOUAIRE & VIVE-NOTE. On doit encore regarder comme un *ufufruit* légal, le droit de garde-noble ou bourgeoife, qui a lieu dans la plûpart de nos coutumes. *Voyez* GARDE-NOBLE.

L'ufufruit peut être conftitué purement fous condition à certain jour, en un mot, fous toutes les modifications qu'il plaît à celui qui le donne d'y appofer. *L. 5, C. de ufuf.; l. 16, §. 2, ff. fam. ercif.*

Il peut être établi fur des fonds, fur des maifons, fur des droits incorporels, tels que des dettes actives; fur des effets mobiliers, même fur ceux qui font fujets à fe confumer par l'ufage; mais en ce dernier cas ce n'eft qu'un *quafi-ufufruit. L. 3, §. 1; l. 7, ff. de ufuf.*

§. II. *Des obligations de l'ufufruitier.* Elles font de deux fortes; les unes concernent fa mife en poffeffion, les autres font relatives au temps où il jouit.

Par rapport à la mife en poffeffion, il y a deux chofes à obferver. La première, que tout ufufruitier doit, avant d'entrer en jouiffance, faire dreffer un inventaire de toutes les chofes comprifes dans fon *ufufruit*, afin que l'on fache d'une manière légale & certaine, ce qu'il devra reftituer dans la fuite au propriétaire.

La feconde, qu'il doit donner caution d'ufer des biens en bon père de famille, fi ce font des immeubles; de les rendre en l'état où ils fe trouveront, non détériorés par fon dol ni par fa faute, fi ce font des meubles ordinaires; & de reftituer l'équivalent, de l'eftimation qui en eft faite par l'inventaire, fi ce font des chofes fujettes à fe confumer par l'ufage. La néceffité de ce cautionnement a encore lieu dans nos mœurs, à quelques exceptions près. *Voyez* HABITATION.

Il doit être réel ou fidéjuffoire; une caution juratoire ne peut en tenir lieu; & fi l'ufufruitier ne peut pas le fournir, on doit établir à la jouiffance des biens un fequeftre qui en percevra les fruits & les lui remettra à mefure, toutes dépenfes déduites. C'eft ce qu'enfeigne Mornac fur la loi 1, *C. de ufufructu*, & fur la loi 7, *ff. ufufructuarius quemadmodùm caveat*, où il rapporte un arrêt du 21 mars 1606, qui l'a ainfi jugé. C'eft d'ailleurs ce qui réfulte de la loi 5, §. 1, *ff. ut legatorum feu fideicommifforum*.

Cet expédient eft très-aifé à pratiquer; lorfque l'ufufruit a pour objet des immeubles ou des chofes qui fe confument entièrement par l'ufage que l'on en fait, car dans ce cas, ils peuvent, au moment où l'ufufruit commence, être convertis en une fomme d'argent fufceptible d'emploi fur un tiers folvable.

Mais on ne peut en ufer de même à l'égard des chofes qui, fans fe confumer, fe gâtent & dépériffent peu à peu par l'ufage; car la jouiffance en eft perfonnelle à l'ufufruitier, & celui-ci doit feulement les repréfenter en nature après la fin de l'*ufufruit*. C'eft pourquoi, dit Serres, l'impoffibilité dans laquelle il eft de trouver une caution, ne peut être une raifon pour le priver de la jouiffance qu'il a droit d'avoir. C'eft ce qui a été jugé par arrêt du parlement de Touloufe du mois de juillet 1720, en faveur de la veuve Donadieu, légataire en *ufufruit* du mobilier de fon mari, qui étoit confidérable, contre les neveux & héritiers, à qui en appartenoit la nue propriété.

Les obligations de l'ufufruitier, qui ont rapport à la jouiffance, font toutes comprifes dans une feule, celle d'ufer des biens en bon père de famille. Ainfi il doit s'abftenir févérement de tout ce qui peut détériorer les biens.

Il ne lui eft pas permis, par exemple, de changer la deftination d'un bâtiment, & de convertir une maifon ordinaire en hôtellerie. Il ne peut pas non plus laiffer en friche des fonds qui font de nature à être cultivés. Il ne peut pas élever un toit fur des murs où il n'y en avoit point avant la conftitution de fon ufufruit, parce que, dit la loi, autre chofe eft de garder ce que l'on a reçu, autre chofe eft de faire du nouveau. *Aliud eft tueri quod accepiffe, an novum facere.* Il ne peut pas changer les allées & avenues en jardins ou fonds labourables, ni d'une chambre en faire deux, ou de deux une, ni changer l'entrée ou le veftibule de la maifon. Il ne peut pas même achever un édifice commencé par le propriétaire, à moins qu'on ne lui ait permis expreffément par l'acte conftitutif de fon droit.

En un mot, il ne peut ni augmenter la chofe, ni en rien retrancher, pas même fous prétexte d'amélioration. Il doit fe conformer dans fa jouiffance à toutes les conventions qui affectent la chofe, & remplir toutes les conditions fous lefquelles elle a été acquife au propriétaire. Ainfi, quand un tiers a une fervitude fur le fonds dont il a l'*ufufruit*, il faut qu'il l'en laiffe jouir. Lorfqu'il fe trouve un plant d'arbres fur le fonds, l'ufufruitier eft tenu de remplacer ceux-ci qui viennent à mourir, & alors le corps de ceux-ci lui appartiennent. Mais il eft autrement des arbres qui ont été arrachés ou brifés par un ouragan; il n'eft point obligé d'en planter à la place.

L'ufufruitier d'un troupeau eft tenu, lorfqu'une bête meurt ou devient inutile, de lui en fubftituer une autre du croît du troupeau même. Mais s'il n'y a point de croît, l'ufufruitier n'eft pas obligé au remplacement, parce que, quoi qu'en dife Accurfe fur le §. 38, *de rerum divifione*, aux inftitutes, toutes les loix qui parlent de ce remplacement, déclarent en termes formels qu'il doit être fait du croît, *ex agnatis*. L'obligation de remplacer les bêtes mortes, ou inutiles, même du croît des autres, n'a pas lieu quand l'*ufufruit* n'affecte point une univerfalité, mais feulement un nombre certain de bêtes.

L'ufufruitier eft refponfable des détériorations qui proviennent de fon dol, de fa faute ou de fa négligence. Ainfi laiffe-t-il prefcrire une fervitude, faute d'en ufer, il faut qu'il en dédommage le propriétaire. Mais lorfque la détérioration ne provient que de l'ufage qu'il a fait de la chofe, il n'eft tenu à aucune indemnité, quoiqu'il ait donné caution de rendre cette chofe à la fin de fon *ufufruit*.

A la charge de qui font les réparations? Il faut diftinguer entre les menues, les viagères, & les groffes. Celles de la première & de la feconde efpèce font inconteftablement à la charge de l'ufu-

fruitier; mais c'eft toujours fur le propriétaire que retombent les groffes réparations. *Voyez* DOUAIRE & HABITATION.

Augeard rapporte un arrêt du 18 avril 1711, qui a jugé, d'après cette diftinction, que l'ufufruitier d'un moulin ne devoit pas contribuer au rétabliffement d'une meule. Un autre du 2 avril 1761, rapporté par Denifart, que la reconftruction d'une grange & d'une bergerie, tombées de vétufté, quelques années après la vente de la nue propriété d'une ferme, étoient à la charge du propriétaire.

Il en feroit autrement, s'il s'agiffoit de réparations qui euffent été à faire dès le moment même d'une vente à charge d'ufufruit. Dans ce cas, on pourroit dire au vendeur qu'il ne s'eft réfervé l'ufufruit du bien que dans l'état où il étoit, & conféquemment qu'il ne peut forcer l'acquéreur à rétablir des bâtiments dont il n'exiftoit plus que des ruines à l'inftant où ils ont traité enfemble.

L'ufufruitier eft foumis pendant fa jouiffance à toutes les charges réelles qui affectent le bien. On ne diftingue pas fi elles font ordinaires ou extraordinaires, fi elles ont été impofées avant ou depuis l'établiffement de l'*ufufruit*, fi elles font dues pour le bien même, ou pour la réparation des chemins, égouts ou aqueducs qui y attiennent; dans tous ces cas, c'eft à l'ufufruitier à les acquitter, à moins que le contraire ne foit ftipulé par le titre conftitutif de fon droit.

A l'égard des dettes héréditaires & des legs, l'ufufruitier n'en eft pas tenu, fi fon *ufufruit* n'embraffe que des biens déterminés & des chofes particulières. Mais s'il eft légataire de l'*ufufruit* de l'univerfalité, ou feulement d'une quotité, il faut qu'il contribue aux charges héréditaires, & la voie la plus fimple eft alors de vendre autant de biens qu'il en faut pour les acquitter entièrement.

Denifart dit que « la cour a jugé, par un arrêt rendu au rapport de M. Simonnet, le 13 juillet 1746, que les rentes viagères dues par la fucceffion d'un donateur, font à la charge du donataire univerfel en *ufufruit* feul, & que celui à qui la nue propriété appartient, n'eft pas tenu d'y contribuer ».

On peut demander fi c'eft l'ufufruitier ou le propriétaire qui doit payer ce qui s'impofe fur les habitans & propriétaires d'une paroiffe pour les réparations du presbytère & de la nef des églifes.

Dans nos ufages l'obligation de réparer ou de conftruire une églife paroiffiale ou un presbytère, eft une charge qui affecte tous les biens & par conféquent la propriété & la jouiffance, & par cette raifon je penfe que les réparations doivent être payées par le propriétaire & l'ufufruitier, & qu'on doit fuivre dans la contribution à laquelle ils font tenus la même proportion qu'entre le propriétaire & fon fermier; qu'ainfi le propriétaire contribuera des deux tiers, & l'ufufruitier de l'autre tiers.

§. III. *Des obligations du propriétaire.* Toutes les obligations du propriétaire d'un bien grevé d'ufu-

fruit, se réduisent à un seul point ; c'est de n'apporter aucun trouble, aucun obstacle à la jouissance de l'usufruitier. Delà il suit qu'il ne peut détériorer ni changer la chose, & que s'il le fait, il faut qu'il indemnise l'usufruitier. Cette conséquence générale est appliquée par les loix à différentes espèces particulières.

1°. Le propriétaire ne peut construire un bâtiment sur une terre rase.

2°. Il ne peut imposer de servitude sur le fonds, à moins qu'il ne le fasse sans nuire à l'usufruitier. Par exemple, celui-ci ne pouvant bâtir rien de nouveau, peu lui importe que le propriétaire assujettisse le fonds à la servitude, *altiùs non tollendi*, & il n'est pas recevable à l'en empêcher.

Le propriétaire peut encore, pour son propre avantage, exhausser une maison qu'il possède, adjacente à celle chargée d'*usufruit*, quoique par-là il diminue la cherté de cette dernière. Mais si l'exhaussement rendoit la maison de l'usufruitier tellement obscure, qu'il ne fût plus possible de l'habiter, le propriétaire seroit obligé de remettre les choses dans un état convenable.

3°. Le propriétaire ne peut pas faire abattre les hautes futaies, parce qu'il détruiroit l'*usufruit* dont elles sont chargées. Si cependant il offroit de dédommager l'usufruitier, celui-ci seroit obligé de lui en laisser tirer le parti qui conviendroit à ses intérêts. C'est la suite de la maxime, *quod mihi prodest, & tibi non nocet, non debes impedire* ; & c'est ce qu'a décidé un arrêt du 2 août 1612, rapporté par Despeisses, *tom. 1, pag. 555, n. 14.*

4°. Lorsque les bois, arrachés par la violence des vents, incommodent l'usufruitier, le propriétaire à qui ils appartiennent est obligé de les faire enlever.

5°. Lorsque le fonds voisin est grevé d'une servitude envers celui dont l'usufruitier a droit de jouir, le propriétaire ne peut l'en décharger.

6°. Le propriétaire peut hypothéquer ou vendre son bien sans le consentement de l'usufruitier ; mais il ne lui est pas permis de le faire dans des circonstances ou sous des clauses qui préjudicient à la jouissance de celui-ci.

§. IV. *Des droits de l'usufruitier.* Le principe général est que tous les fruits qui naissent de la chose, pendant que l'*usufruit* est dû, appartiennent à l'usufruitier.

Les fruits sont censés nés au moment où la perception peut s'en faire, lorsque ce sont des fruits civils ; & au moment où la perception s'en fait réellement, lorsque ce sont des fruits naturels.

Aussi, tous les fruits qui se trouvent pendants, mûrs ou non mûrs, exigibles ou non exigibles, au temps où l'*usufruit* prend naissance, sont dévolus à l'usufruitier, à l'exclusion du propriétaire sous lequel ils ont été semés ou ont commencé de courir. Réciproquement, tous les fruits qui se trouvent pendants lorsque l'*usufruit* prend fin ;

appartiennent au propriétaire, à l'exclusion de l'usufruitier ou de ses représentans.

Il est cependant à remarquer que si l'*usufruit* étoit dû à titre onéreux (comme il l'est réellement au bénéficier, respectivement à la desserte de son bénéfice, au mari par rapport aux charges dont la dot de sa femme est la récompense) , en ce cas, les fruits qui seroient pendants lorsque le droit de l'usufruitier prendroit fin, se diviseroient, au prorata du temps, entre celui-ci ou ses représentans, & le propriétaire. *Voyez* COMMUNAUTÉ, FRUITS.

Venons maintenant à l'énumération des objets que l'on doit, en cette matière, considérer comme fruits.

S'agit-il d'un troupeau ou d'un nombre déterminé de bestiaux ? Le lait, le poil, la laine & le croît qui en proviennent, sont fruits, & doivent conséquemment appartenir à l'usufruitier.

Est-il question d'un bien fonds ? Tout ce qui y croît, & tout le fruit que l'on en peut tirer, appartient à l'usufruitier. Ainsi, lorsqu'il s'y trouve des mouches à miel, il peut s'en approprier le produit : s'il y a percé ou si l'on veut y percer des carrières, il peut en tirer de la pierre, de la craie, du sable pour son usage : le gibier qu'il y rencontre, il peut le tuer, s'il a droit de chasse ; le bétail qui y est à perpétuelle demeure, il en jouit de la manière qu'on l'a dit il y a un instant.

Que doit-on décider à l'égard du bois pendant par racines sur le fonds ? Il faut distinguer entre le taillis, la haute-futaie, & les saussaies. L'usufruitier peut couper le taillis, non seulement pour son usage, mais encore pour le vendre, en observant le temps & la quantité des coupes. Mais il ne peut pas couper la futaie, ni même demander la valeur de l'accroissement qu'elle a pris pendant sa jouissance. Quant aux saussaies qui ne sont proprement ni futaie, ni taillis, l'usufruitier les peut seulement éteter.

Lorsque des futaies ou saussaies sont arrachées ou rompues par la tempête, l'usufruitier peut en prendre pour son usage ; mais si elles sont propres à bâtir, il ne doit en brûler qu'à défaut d'autre.

Le Brun, en son traité de la communauté, *liv. 1, chap. 5, sect. 2, distinct. 2* ; & après lui Rousseau de la Combe, en sa jurisprudence civile, au mot *Usufruit*, soutiennent que l'usufruitier a même droit de couper la quantité de bois de haute-futaie qui d'ancienneté est en coupe réglée, à cause de cette ancienne destination, à l'exemple des ardoisières & carrières qu'il trouve ouvertes en entrant en jouissance. En effet, disent-ils, la loi 9, §. dernier, *ff. de usufructu*, parle *de silvâ cæduâ*, c'est-à-dire, *cædi consuetâ* ; ce qui peut s'entendre, tant des bois de haute-futaie que le père de famille a coutume de couper par chacun an en coupes réglées, que des bois taillis. Car des bois en coupe réglée sont censés taillis, quels qu'ils soient.

L'usufruitier d'un fonds peut-il extraire la tourbe qui

qui en forme la superficie ? Il le peut pour son usage, à l'exemple de ce que l'on disoit tout-à-l'heure des pierres, de la craie & du sable : mais il ne lui est pas permis d'en vendre. C'est ce qui a été jugé par un arrêt du grand-conseil du 30 septembre 1752, & préjugé par un autre du parlement de Paris du 21 mai 1756, rapportés par Denisart, au mot *Tourbe.* On s'est fondé sur ce que le droit de tourber entraîne nécessairement l'aliénation de la propriété ; parce que les héritages dont on a enlevé la tourbe, sont plus d'un siècle sans rien rapporter.

L'*usufruit* d'une maison emporte la jouissance de cette maison, des fruits qu'elle rapporte, & même des ustensiles qui y sont à perpétuelle demeure, quand même le titre constitutif de l'*usufruit* n'en feroit aucune mention. Un arrêt du mois d'août 1589, rapporté par Montholon, *chap. 60,* a jugé que l'usufruitier d'un château a droit de jouir des pigeons du colombier, & des poissons des fossés.

L'usufruitier d'une maison peut-il expulser le locataire en vertu de la loi *emptorem ?* La loi 59, §. 1, *ff. de usufructu,* lui en laisse la faculté ; & cette décision a été confirmée par deux arrêts, l'un de 1702, & l'autre du 2 mars 1719, rapportés dans le dictionnaire de Brillon, au mot *Usufruit, n°. 10.* Il est vrai que l'on trouve au même endroit un arrêt du 28 juillet 1714, qui juge le contraire ; mais les raisons sur lesquelles sont appuyés les deux autres, sont trop solides, pour qu'elles puissent être balancées par un jugement rendu dans une cause peut-être mal défendue, ou mêlée de circonstances particulières. La question s'est représentée depuis peu, & un arrêt du 23 décembre 1782, rendu entre les sieurs de Vismes & Fournel, pour une maison de campagne située à Clichy, près Paris, a jugé en conformité des arrêts de 1702 & de 1719.

L'usufruitier d'un fief ou d'une seigneurie a droit de prendre tous les profits, &, comme parlent les feudistes, toutes les *obventions* qui échoient pendant le temps de son *usufruit.* Le propriétaire même qui acquiert durant ce temps, doit lui payer les droits de mutation. L'usufruitier peut également, comme le propriétaire, saisir faute de devoirs faits ou de droits payés. Et quel que soit l'auteur de la saisie, tous les fruits en appartiennent à l'usufruitier. *Voyez* COMMISE, CONFISCATION, OFFICES-SEIGNEURIAUX, PATRONAGE, RACHAT, RELIEF, *&c.*

L'usufruitier peut transférer à un autre les droits dont il jouit ; il peut également les louer, les vendre, les donner, les engager, sans que le propriétaire puisse empêcher l'acquéreur d'en jouir, ou le créancier d'y exercer son hypothèque.

Il y a cependant des docteurs qui soutiennent que la cession qu'un usufruitier fait à un tiers de son droit, en opère l'extinction & reconsolide l'*usufruit* à la propriété. Ils fondent cette opinion

Jurisprudence. Tome VIII.

singulière sur plusieurs passages du droit romain, & principalement sur la loi 66, *ff. de jure dotium,* où l'on lit que *ususfructum à fructuario cedi non posse, nisi domino proprietatis, & si extraneo cedatur, id est, ei qui proprietatem non habet, nihil ad eum transfire, sed ad dominum proprietatis reversurum usumfructum.* Mais que résulte-t-il de ce texe ? Que la cession faite à un tiers par l'usufruitier ne nuit point au propriétaire ; que le cessionnaire n'a que la simple jouissance de l'*usufruit ;* que du reste le fonds de ce droit demeure toujours sur la tête de l'usufruitier, & qu'il se reconsolide à la propriété, non à la mort du cessionnaire, mais à celle de l'usufruitier. Voilà tout ce que l'on peut raisonnablement inférer de cette loi ; & ce qui détruit absolument le système des auteurs cités, c'est que, loin de dire que l'*usufruit* se réunit à la propriété dès le moment de la cession faite à un tiers, elle se sert d'un temps futur, *sed ad dominum proprietatis reversurum usumfructum ;* preuve que la reconsolidation ne doit se faire qu'à la mort de l'usufruitier.

Les interprètes que nous combattons se prévalent encore d'un passage des institutes, titre *de usufructu,* où Justinien, faisant l'énumération des manières dont l'*usufruit* prend fin, dit, après en avoir passé plusieurs en revue, que l'*usufruit* s'éteint aussi par la cession que l'usufruitier en fait au propriétaire ; mais que si la cession est faite à un étranger, elle est nulle : *item finiri usumfructum, si domino proprietatis ab usufructuario cedatur, nam cedendo extraneo nihil agitur.* Si de ce mot *nihil agitur,* les docteurs inféroient seulement que la cession faite à un étranger doit être considérée comme non avenue, il n'y auroit rien à y dire ; la conséquence n'iroit pas plus loin que le principe ne le permettoit ; mais, plus hardis, ils en concluent que cette cession éteint absolument le droit d'*usufruit.*

Il ne faut cependant pas beaucoup de logique pour sentir que l'on doit en tirer une conclusion toute contraire. Si la cession faite à un étranger est nulle, elle ne peut produire aucun effet, & par conséquent elle ne dépouille pas celui qui l'a faite, du droit qui en étoit l'objet : cela est clair & sans réplique.

Mais, il y a plus. L'intention de Justinien dans le texte cité, n'est point du tout d'annuler la cession ; son unique objet est de détailler les causes de l'extinction de l'*usufruit.* Après en avoir parcouru quelques-unes, il vient à la cession que l'usufruitier fait de son droit au propriétaire ; puis il ajoute, que si la cession est faite à un étranger, elle ne produit aucun effet, *nihil agitur ;* ce qui ne peut s'entendre que relativement à l'extinction de l'*usufruit ;* car la question qu'il avoit à décider n'étoit point de savoir si l'étranger pouvoit profiter de la cession, mais si cette cession pouvoit mettre fin à l'*usufruit.*

Au reste, un mot suffit pour trancher toute difficulté : la loi 35, §. 1 ; la loi 38, *ff. de usufructu ;*

X

& la loi 22 , *ff. quibus modis ususfruſtus amittatur* , déclarent formellement que l'ufufruitier qui a loué, vendu, donné ou cédé à un tiers, eſt toujours cenſé jouir par le ceſſionnaire; & cela dit tout.

§. V. *Dès caufes qui opèrent l'extinction de l'ufufruit.* La propriété ne feroit qu'un vain nom & qu'un droit illufoire, fi elle étoit toujours féparée de l'ufufruit; les loix ont prévenu cet inconvé-nient, en attribuant à plufieurs caufes l'effet de les réunir & de les confolider.

La première eſt la mort de l'ufufruitier; la feconde, la perte de la chofe fujette à l'*ufufruit*; la troifième, la prefcription; la quatrième, l'abus que l'ufufruitier fait des biens dont il a droit de jouir; la cinquième, l'expiration du temps auquel le titre conſtitutif de l'*ufufruit* en fixe la durée; la fixième, la réunion qui fe fait de la propriété dans la main de l'ufufruitier.

I. Que le décès de l'ufufruitier mette fin à l'*ufufruit*, c'eſt une maxime aſſez triviale pour n'avoir pas befoin de preuves; du reſte, on en trouveroit, au befoin, de très-claires dans la loi 3., §. ult., *ff. quibus modis ususfruſtus amittatur;* dans la loi 8 ; *ff. de annuis legatis;* dans les loix 22 & 29, *ff. de ufu & ufufruſtu legato;* dans le §. 3, aux inſtitutes *de ufufruſtu,* & dans les loix 3, 12, 14 & 16 du même titre, au code.

Il arrive quelquefois qu'un teſtateur, en léguant l'*ufufruit*, déclare vouloir que, de quelque forte qu'il prenne fin, il demeure toujours dû à l'ufu-fruitier. Mais cette déclaration, qui conferve les droits de celui-ci dans les autres cas, n'eſt d'aucun effet contre l'extinction opérée par le décès, à moins que le teſtateur n'ait ajouté que l'*ufufruit* paſſeroit aux héritiers de celui à qui il l'a légué. Mais lorfque les héritiers de l'ufufruitier font ap-pellés après lui, la vocation ne tombe que fur les héritiers immédiats, & leur mort éteint l'*ufu-fruit* pour toujours. C'eſt une exception à la règle, que fous le nom d'*héritier* on doit comprendre, non-feulement l'héritier, mais encore les héritiers de l'héritier à l'infini.

Hors le cas de deſtruction, l'*ufufruit* accordé à une communauté qui ne meurt jamais, femble-roit devoir être éternel, & il le feroit effective-ment, fi les loix n'y avoient pas pourvu. Voici ce que porte la cinquante-fixième du titre *de ufu-fruſtu,* au digeſte : les communautés d'habitans font-elles capables d'acquérir & de poſſéder un droit d'*ufufruit?* La raifon de douter eſt que l'*ufufruit* pourroit reſter perpétuellement féparé de la propriété, & que, par ce moyen, le pro-priétaire ne tireroit jamais aucun profit de fon héritage. Cependant il faut décider que les com-munautés ont action comme les particuliers pour un droit d'*ufufruit.* De-là naît une autre queſtion; c'eſt de favoir combien de temps elles doivent jouir de ce droit : elles doivent en jouir cent ans, parce que ce terme eſt communément celui de la vie la plus longue des hommes.

La mort civile de l'ufufruitier produit, à l'égard de l'*ufufruit*, le même effet que fa mort naturelle; elle opère, comme celle-ci, fon entière extinction. C'eſt en quoi l'*ufufruit* diffère du legs annuel ou de mois en mois, & du droit d'habitation; car ni ce legs ni l'habitation ne périffent par la mort civile de l'ufufruitier.

Mais il eſt à remarquer que, fuivant Dumoulin, Guypape, Ranchin, Maynard, Defpeiſſes, le préfident Bouhier, & une foule d'autres auteurs, l'*ufufruit* ne s'éteint pas par la profeſſion religieufe, quoiqu'elle foit une efpèce de mort civile, & que l'héritier du religieux à qui ce droit appartenoit, doit en jouir pendant fa vie naturelle : la raifon en eſt, que c'eſt improprement & par des raifons politiques, que les religieux font cenfés morts civilement.

Lorfque le légataire d'un droit d'*ufufruit* eſt chargé par le teſtament de le remettre à un autre, il eſt clair que ce droit ne s'éteint point par fon décès, mais feulement par celui du fidéi-com-miſſaire ou fubſtitué.

II. C'eſt un principe général, que l'*ufufrui* s'éteint par la perte de la chofe fur laquelle il eſt conſtitué; mais ce principe a befoin d'expli-cation.

D'abord il faut remarquer qu'il ne s'agit ici que de l'*ufufruit* d'un corps certain ou d'une chofe déterminée. On fent en effet que lorfqu'il eſt quef-tion de l'*ufufruit* de tous les biens, la perte ou le changement de quelque chofe particulière ne pourroit pas donner lieu à l'extinction du droit fur ce qui reſteroit. Il en eſt de même quand ce qui périt n'eſt que l'acceſſoire du fonds fur lequel l'*ufu-fruit* eſt conſtitué.

Une autre remarque non moins eſſentielle eſt la diſtinction qu'il faut faire, d'une part, entre le cas où l'*ufufruit* a été conſtitué par acte entre vifs, & celui où il l'a été par un teſtament; de l'autre, entre le cas où la perte de la chofe eſt arrivée avant que l'*ufufruit* ait été acquis à l'ufu-fruitier, & celui où elle eſt furvenue après.

Lorfque l'*ufufruit* a été conſtitué par une dif-pofition entre-vifs, comme il eſt acquis dès l'inf-tant de l'acte, il ne peut être queſtion, en ce cas, que de la perte ou du changement qui furvient à la chofe depuis que l'*ufufruit* eſt dans la main de l'ufufruitier; & c'eſt de cette perte, de ce changement que l'on entend parler, quand on dit que l'un ou l'autre éteint le droit d'*ufufruit.*

Lorfque l'*ufufruit* a été conſtitué par teſtament, il faut diſtinguer fi la perte ou le changement font arrivés avant le décès du teſtateur ou depuis; fi c'eſt avant fon décès, & par conféquent avant que le legs ait été acquis, il ne peut pas être quef-tion de favoir fi cette perte ou ce changement éteignent l'*ufufruit*, mais bien s'ils emportent ré-vocation du legs qui en a été fait. Et il faut ob-ferver, dit Rouſſeau de Lacombe, que toute perte & tout changement de la chofe qui opèrent l'extinction de l'*ufufruit*, après qu'il a été acquis, donnent aussi lieu à la révocation & ademption du legs d'*ufufruit* avant qu'il ait été acquis; mais toute perte & tout changement de la chose qui donnent lieu à la révocation du legs d'*ufufruit*, avant qu'il ait été acquis, n'opèrent pas l'extinction de l'*ufufruit* après qu'il a été acquis. *Voyez* RÉVOCATION DE LEGS.

Si la perte ou le changement ne sont survenus que depuis le décès du testateur, ils éteignent vraiment l'*ufufruit*; & c'est proprement à ce cas que s'appliquent les loix qui parlent de l'extinction de ce droit, opérée par l'une ou l'autre cause.

Ces loix ne sont ni obscures ni équivoques. Lorsqu'une maison a été brûlée, dit l'une, ou qu'elle est tombée en ruine, soit par tremblement de terre, soit par vétusté, l'*ufufruit* auquel elle étoit soumise, est éteint & ne subsiste pas même sur le sol.

Si cependant, ajoute une autre loi, l'*ufufruit* étoit de tous les biens, le sol y demeureroit soumis.

Il y a encore une loi qui décide que, quand la bête dont quelqu'un avoit l'*ufufruit*, est morte, ce droit est tellement éteint, que l'ufufruitier n'en peut pas même continuer l'exercice sur la peau ni la chair; & s'il est question d'un troupeau, poursuivent deux autres textes, l'*ufufruit* en est éteint lorsqu'il est diminué au point que ce qui reste n'est plus un troupeau, c'est-à-dire, ne forme plus un nombre de dix. *Voyez* au digeste les titres *de ufufr. & quemadmodum ufuf. amitt.*

III. D'après la disposition du §. 3, *inst. de ufuf. & de la loi ult. C. de servit.* il est certain que l'*ufufruit* se perd par le défaut de jouissance de l'usufruitier pendant le temps nécessaire pour opérer la prescription: & il importe peu que la non-jouissance ait rapport à un fonds entier, ou à une portion, soit divise, soit indivise. Cependant il ne faut pas conclure delà que l'usufruitier soit tenu de jouir par lui-même, il suffit qu'un autre perçoive en son nom l'*ufufruit*, soit à titre de bail, soit par donation, vente, transport, précaire ou mandat. La jouissance de la femme ou de la famille de l'usufruitier absent, conserve son *ufufruit*, & le met à couvert de la prescription.

On regarde comme imprescriptible l'*ufufruit* qui n'est constitué que pour avoir lieu *alternis annis*, c'est-à-dire, de deux années l'une, parce que *non unum, sed plura legata sunt*, disent les loix 28, *ff. quibus modis usufructus amittatur*, & 13, *ff. de usu & ufufructu*.

IV. On conçoit naturellement qu'un usufruitier qui, par esprit de dissipation ou par caprice, ose entreprendre de changer la nature des lieux, de démolir les édifices, d'imposer des servitudes, d'échauffer les terres pour en épuiser la fertilité, de dégrader les bois, en un mot, de ruiner le propriétaire, en tarissant pour l'avenir la source de ses revenus, mérite d'être déchu de son droit,

ou du moins que l'on puisse lui ôter la faculté de jouir par ses propres mains, & le réduire à une pension représentative de la valeur de son *ufufruit*. En effet, demander qu'on lui conserve la jouissance en nature, c'est demander qu'on anéantisse le droit de propriété.

L'*ufufruit*, selon la définition que nous en avons donnée d'après la loi 1, *ff. de ufufructu*, est le droit de jouir de la chose d'autrui sans en altérer la substance. Tous les devoirs de l'usufruitier sont renfermés dans ce seul mot, *salvâ rerum substantiâ*; & s'il a l'imprudence de les enfreindre, dit le §. 3 du même titre, aux instituts, il perdra son droit d'*ufufruit*.

L'usufruitier, disent d'autres loix, doit gouverner les biens qui lui sont confiés avec la même sagesse que pourroit y apporter le propriétaire lui-même. Son administration doit ressembler à celle d'un père de famille, même vigilant; il doit faire tout ce que ce père de famille, intéressé à conserver sa propriété, feroit dans sa maison. *L. 65, ff. de ufufr.*

Cette disposition des loix, consacrée par tous les principes, est encore étayée de l'opinion de tous les auteurs. La coutume de Bretagne l'a adoptée dans l'article 448, qui porte: si la femme est endouairée, & qu'on lui ait baillé terres, maisons ou bois qui portent fruit, moulins, étangs ou autres choses, & si elle les laisse dépérir, par quoi l'héritage soit moins valant, elle sera dessaisie du douaire, & sera regardé le dommage qu'elle aura fait; & d'autant comme le dommage sera estimé, le revenu dudit douaire sera diminué; & ce qui en devra demeurer à la douairière, lui sera baillé par la main de l'héritier principal.

V. L'*ufufruit* laissé pour un certain temps prend fin à l'échéance, & les fruits que l'usufruitier perçoit après ce terme, appartiennent au propriétaire. C'est ce que porte la loi 5, *C. de ufufructu*. La loi suivante ajoute que l'*ufufruit* expire en ce cas, quoique l'usufruitier n'ait pas encore joui; mais que si sa non-jouissance a été occasionnée par le propriétaire, celui-ci doit l'en indemniser.

Il arrive quelquefois qu'un testateur assujettit ses biens à un *ufufruit* jusqu'à ce que son héritier ait atteint un certain âge. Si l'héritier meurt avant cet âge, l'*ufufruit* est-il éteint? Non, il dure jusqu'au temps où l'âge prescrit par le testateur eût été accompli, si l'héritier eût vécu. *Neque enim* (dit la loi 12, *C. de ufufructu*) *ad vitam hominis respexit, sed ad certa curricula*. Néanmoins si l'usufruitier lui-même décède avant le terme fixé par le testateur, l'*ufufruit* s'éteint. C'est la décision expresse de la même loi, & la décision de deux arrêts, l'un du parlement de Toulouse du 29 août 1678, rapporté par Catelan, *liv. 2, chap. 50;* l'autre du parlement de Paris, rendu en 1596 aux grands jours de Lyon, & inséré dans le traité des donations de Ricard, *n. 529.*

X 2

Si l'*ufufruit*, dit encore le texe cité, eft laiffé
fous cette condition, *tant que mon fils fera en démence*, ou autre femblable, il finit par le retour
du fils à fon bon fens, ou par l'arrivée de la condition. Mais s'il décede en démence ou avant
l'événement de la condition, l'ufufruit ne s'éteint
pas par fa mort; il dure jufqu'à celle de l'ufufruitier, ou jufqu'à ce que la condition ait eu fon effet.
La loi 32, §. 6, *ff. de ufu & ufufruclu legato*,
décide la même chofe.

Lorfqu'un mari lègue un *ufufruit* à fa femme
jufqu'à ce qu'elle foit payée de fa dot, ce droit
lui eft dû jufqu'au paiement effectif; mais fi l'un
des héritiers payant fa part, le fait ceffer jufqu'à
cette concurrence. C'eft ce que porte la loi 30 du
titre que l'on vient de citer.

Une femme apporte à fon mari, pour toute dot,
un droit d'*ufufruit*: ce droit eft-il limité au temps
du mariage? Brillon, *n. 36*, cite un arrêt du parlement de Provence du 23 mai 1664, qui a jugé
pour la négative, en ordonnant, malgré la réclamation des héritiers de la femme, que le mari
jouiroit toute fa vie de l'*ufufruit* conftitué en
dot.

VI. Perfonne ne peut avoir de fervitude fur
fon propre bien; *nemini res fua feroit*; ainfi, quand
l'ufufruitier devient propriétaire, l'ufufruit doit
néceffairement prendre fin; & c'eft ce que décide
en effet le §. 3, aux inftitutes, *de ufufructu*.

Mais l'ufufruitier ne recouvre-t-il pas fon *ufufruit*, lorfque la propriété vient à lui être ôtée
par quelque cas fortuit? La loi 17, *ff. quibus modis
ufufructus amittatur*, nous apprend que non. Si, dit-
elle, la propriété & l'ufufruit d'un même fonds
ont été légués féparément à deux perfonnes différentes, l'une fous condition, l'autre purement
& fimplement, & que l'ufufruitier ait acquis la
propriété avant l'événement de la condition, cette
condition venant par la fuite à s'accomplir, le
premier des légataires aura la pleine propriété,
parce que l'ufufruitier a perdu fon legs d'*ufufruit*
en devenant propriétaire.

La loi 57, *ff. de ufufructu*, n'eft pas contraire à
cette décifion, parce que, dans fon efpèce, le
legs étoit nul, & qu'ainfi le légataire de la propriété n'avoit jamais été fait propriétaire du
fonds.

Il en feroit autrement, fuivant la loi 34, *ff. de
ufufructu*, fi l'*ufufruit* avoit été laiffé à quelqu'un,
pour en jouir de deux années l'une; car on a
déjà dit qu'en ce cas il y a plufieurs legs.

USUFRUIT PATERNEL. Le droit romain accordoit aux pères l'*ufufruit* des biens *adventices* des
enfans qu'ils avoient fous leur puiffance. Cette
difpofition eft encore obfervée religieufement dans
les pays de droit écrit; mais elle n'a pas été reçue
uniformément dans toutes nos coutumes.

Accurfe a foutenu que les effets pécuniaires de
la puiffance paternelle étoient tout-à-fait incon-
nus en France. C'eft ce qui a donné occafion à

Pontanus fur l'art. 1 de la coutume de Blois; à
Dumoulin fur l'art. 3 de celle de Paris, *gl. 2*;
à Ricard fur l'art. 22 de celle de Senlis; à Coquille en fes inftitutions, de dire que les François
n'ont retenu qu'une foible image de la puiffance
paternelle, & qu'ils ont retranché du nombre de
fes attributs l'*ufufruit* du pécule adventice des enfans. Auffi Ferrière établit-il fur l'article 239 de
la coutume de Paris, que dans les coutumes muettes, le père ne gagne point les fruits des héritages
donnés à fon fils, ou qui lui appartiennent de
quelque côté que ce foit, fi ce n'eft en vertu de
la garde.

Cette doctrine eft conforme à un arrêt du parlement de Paris de l'an 1528, rapporté par Papon,
liv. 14, tit. 2, n. 10. Tel eft auffi le droit commun
des Pays-Bas, comme l'attefte Vinnius fur les inftitutes, *liv. 2, tit. 6, §. 1, n 4*; & c'eft ce qui a
été jugé dans la coutume de Douai, par arrêt du
parlement de Flandres du 27 janvier 1739, au
rapport de M. de Cafteele de la Briarde, infirmatif d'une fentence de la gouvernance de Douai
du 31 mars 1738.

La difpofition du droit romain a cependant été
adoptée par plufieurs coutumes, & entre autres
par celles de Reims, *art. 8*; de Vermandois,
art. 56; de Montargis, *chap. 7, art. 2*; de Châlons, *art. 8*; de Sedan, *art. 7*; de Bourbonnois,
art. 174; de Poitou, *art. 310*; de Berry, *tit. 1,
art. 22*; d'Auvergne, *tit. 11, art. 2*, &c. *Voyez* ce
que l'on a dit de quelques-unes de ces loix, fous
le mot LÉGITIME ADMINISTRATEUR.

Il y a d'autres coutumes qui accordent au père
& à la mère l'*ufufruit* des biens de leurs enfans,
jufqu'à ce que ceux-ci aient atteint un certain
âge; mais ce n'eft pas à titre de puiffance paternelle; c'eft à titre de garde ou de bail qu'elles
le leur défèrent. Telles font Paris, *art. 267*; Blois,
tit. 2, art. 4; Melun, *art. 385*; Orléans, *art. 26
& 27*, &c.

La jurifprudence du Hainaut forme à cet égard
un compofé du droit commun coutumier, du
droit féodal & du droit romain. Les biens des enfans y font diftingués en trois claffes; les franc-
aleux, les fiefs, & les meubles & main-fermes.
Les premiers font exempts de toute efpèce d'*ufufruit*, foit à titre de garde, foit à titre de puiffance paternelle. C'eft ce que prouve l'article 8
du chapitre 37 des chartres générales, combiné
avec l'article 1 du même chapitre. Les feconds
font fujets au droit de garde ou bail. Les troifièmes
tombent dans l'*ufufruit paternel* proprement dit.

Dans les provinces où l'*ufufruit paternel* eft admis,
la règle générale eft que tous les biens qui entrent
dans le pécule adventice, font fujets à l'*ufufruit
paternel*: mais cette règle admet quelques exceptions.

1°. Le père n'a point l'*ufufruit* des portions que
fes enfans, en pays de droit écrit, prennent con-

jointement avec lui dans la succession d'un de leurs frères ou sœurs prédécédés.

2°. Lorsqu'on fait à un fils de famille, soit une donation, soit un legs, on peut y mettre pour condition qu'il en sera plein propriétaire, & que le père n'y pourra exercer aucun droit d'*usufruit*.

3°. L'*usufruit paternel* ne s'étend pas non plus sur les biens qui sont donnés par un étranger à une fille, pour lui tenir lieu de dot.

4°. La Touloubre, en son recueil d'actes de notoriété du parquet d'Aix, *pag. 187*, dit, d'après de Cormis, « que lorsque la fille se constitue en dot, en présence & avec le consentement de son père, tous ses biens présens & à venir, il ne peut pas reprendre, en vertu de la puissance paternelle, l'*usufruit* des biens qu'elle acquiert après le mariage ».

5°. L'*usufruit paternel* ne comprend pas non plus les deniers adjugés à un enfant par forme d'intérêts civils, soit pour l'homicide commis dans la personne d'un de ses parens, soit pour une blessure qui lui a été faite.

Pour que les biens auxquels on ne peut appliquer aucune de ces exceptions, soient vraiment sujets à l'*usufruit paternel*, il faut qu'ils aient été acquis au fils dans le temps où il étoit sous la puissance de son père. C'est ce que décide la loi *cùm oportet*, C. *de bonis quæ liberis*.

Le père est soumis, comme les usufruitiers étrangers, à l'obligation de faire inventaire des biens dont l'*usufruit* lui est déféré par la loi. Tel est du moins le sentiment des jurisconsultes les plus profonds, & il a été adopté en termes exprès par la coutume de Mons, *chap. 36*. Mais il n'est pas tenu de donner caution. La loi dernière, C. *de bonis quæ lib.* l'en décharge formellement. Mais cette dernière décision n'a pas lieu en Hainaut.

Les charges que le père doit remplir pendant son *usufruit*, ne présentent guère de difficultés. D'abord il ne peut y avoir de doute par rapport aux charges foncières & aux réparations d'entretien; c'est un droit universel, que tout usufruitier doit acquitter les unes & faire les autres. Le chapitre 36 de la coutume du chef-lieu de Mons s'en explique même spécialement pour l'*usufruit paternel*. Il n'y a pas plus de difficulté sur l'obligation de nourrir les enfans, de leur donner une éducation conforme à leur état, la seule qualité de père suffit pour imposer cette obligation, même indépendamment de l'*usufruit*. *Voyez* ALIMENS.

La seule question que présente cette matière, est de savoir sur qui doivent tomber les dettes d'une succession dont le fils a la propriété & le père l'*usufruit*? De droit commun, ce n'est point à l'usufruitier d'une succession à en payer les dettes. Mais comme il est de règle que *bona non intelliguntur nisi deducto ære alieno*, on doit déduire de la masse de la succession ce qu'il faut pour en acquitter les charges, & l'usufruitier doit jouir

de ce qui reste franc & quitte, ainsi qu'on l'a établi à l'article USUFRUIT.

Les effets utiles de l'*usufruit paternel* sont les mêmes que ceux de l'*usufruit* ordinaire. Il faut cependant remarquer la différence qu'un arrêt du conseil souverain de Hainaut a mise entre les uns & les autres. Cet arrêt, rendu le 17 décembre 1710, a jugé, *tout d'une voix & sans la moindre difficulté*, que l'*usufruit paternel* venant à finir, le père ne peut prétendre les arrérages échus pendant qu'il étoit usufruitier, mais dont il n'a point fait alors le recouvrement. Il est rapporté dans la collection manuscrite de M. Talon.

L'*usufruit paternel* finit comme l'*usufruit* ordinaire, par la mort du père à qui il est déféré, par la perte des biens, par la prescription, par la mauvaise administration, & par la réunion de la propriété dans la main du père. Tout ce que l'on a dit sur ces cinq causes, à l'article USUFRUIT, reçoit ici une application directe & entière. Mais il reste à examiner si l'*usufruit paternel* finit par le convol du père à un second mariage, par le prédécès du fils, par sa majorité, & par son émancipation.

1°. Il est certain que le père n'encourt point, en passant à un second mariage, la privation de son *usufruit* légal. La loi dernière, C. *de bonis maternis*, & le chapitre 34 de la novelle 22, en contiennent des dispositions expresses. C'est aussi ce que supposent ouvertement l'article 5 du chapitre 32 des chartres générales de Hainaut, le chapitre 36 de la coutume du chef-lieu de Mons, & l'article 15 de la coutume du chef-lieu de Valenciennes.

2°. La mort du propriétaire ne met pas fin à L'USUFRUIT, ainsi qu'on l'a démontré sous ce mot, §. 5. Ainsi il est indifférent pour la durée de l'*usufruit paternel*, que le fils meure avant ou après son père. Cela est même décidé par plusieurs loix, & notamment par le §. 1 de la loi 7, C. *ad senatus-consultum Tertullianum*. C'est aussi ce qu'a jugé un arrêt du parlement de Toulouse, rapporté par Serres en ses institutions au droit françois, *liv. 2, tit. 31, §. 1.*

Cette décision n'a cependant point lieu en Hainaut. L'article 8 du chapitre 98 des chartres générales, & les articles 13 & 14 des chartres prévisées y dérogent formellement. Mais c'est une question si ces loix, qui ne parlent que de la mort naturelle, doivent être étendues au cas de la mort civile.

La négative ne peut souffrir le moindre doute par rapport à cette espèce de mort civile, qui, provenant d'une condamnation aux galères ou au bannissement perpétuel, ne prive pas, en Hainaut, la personne qui l'a encourue, de la possession des biens qu'elle avoit acquis auparavant.

A l'égard de celle qui ne retranche pas seulement l'homme de la société civile, mais le dépouille encore de toute sa fortune, c'est-à-dire, de celle qui résulte de la profession religieuse, la question est plus difficile. Il y a des enquêtes par turbes tenues à Mons, qui se contrarient sur ce point, les unes attribuant, les autres refusant à cette espèce de mort civile, l'effet d'éteindre l'usufruit de la même manière que la mort naturelle.

3°. Les loix du Hainaut ont encore des dispositions particulières sur la question de savoir si l'usufruit paternel finit par la majorité ou par l'émancipation du fils. Suivant la disposition des loix romaines, la majorité du fils de famille n'est pas mise au nombre des causes qui produisent l'extinction de l'usufruit paternel. A l'égard de l'émancipation, elles distinguent si elle s'opère par la promotion du fils à quelque dignité, ou si c'est le père qui la fait lui-même par acte. Dans le premier cas, elles décident, ou plutôt elles supposent que l'usufruit paternel prend fin : dans le second, elles privent le père de la moitié de son usufruit, & elles lui conservent l'autre moitié pour récompense de l'émancipation qu'il a accordée à son fils.

En Hainaut on distingue les biens échus aux enfans par succession collatérale, d'avec ceux qu'ils ont hérités de leurs ascendans; & sur l'une & l'autre espèce, il n'y a rien d'uniforme dans la jurisprudence de cette province; les différentes loix qui la régissent, contiennent là-dessus des dispositions fort variées, & l'on doit suivre à cet égard la loi imposée par chaque coutume.

USUFRUITIER, s. m. pris quelquefois adj. (Gram. & Jurisp.) est celui qui a la jouissance d'une chose par usufruit, soit pendant sa vie, soit pendant un certain temps limité par son titre.

Usufruitier, se dit aussi de ce qui appartient à l'usufruit, comme les réparations usufruitières, c'est-à-dire, celles qui sont à la charge de l'usufruitier. Voyez USUFRUIT. (A)

USUGE. (Droit féodal.) Ce mot est un des synonymes d'usage dans ses différens sens. Des lettres de 1360 qui se trouvent au tome 5 des ordonnances du Louvre, pag. 273, portent «par l'usuge & observance, gardez de long temps». Une charte de Marguerite, reine de Navarre, de l'an 1255, tirée du cartulaire de Champagne, dit aussi : « & del usuge en tous les bois de Derf, &c. ». Voyez les additionnaires de du Cange au mot Usage, & dom Carpentier au mot Usagium.

On voit que le mot usuge dans le premier de ces deux textes, signifie une coutume, & dans le second le droit d'usage dans un bois. (G. D. C.)

USURAIRE, adj. se dit de ce qui est infecté du vice d'usure, comme un contrat usuraire, une clause, une condition usuraire. Voyez USURE.

USURE, s. f. (Droit naturel, civil & canonique.)

du mot latin usura. On entend par ce terme les fruits civils, ou le profit que l'on retire pour l'usage d'un principal qu'on a prêté, soit que le principal consiste en argent, en bled, en vin, ou autre chose qui se consomme par l'usage.

Avant que d'entrer dans le détail de ce qui concerne la matière de l'usure, il paroît nécessaire d'expliquer le mot latin dont il est tiré, & tous ceux qui s'y rapportent, sans quoi on ne sauroit entendre les loix romaines, les historiens & les poëtes.

Je remarquerai d'abord que les Latins ont dit nomen, pour signifier une dette, parce que celui qui empruntoit donnoit à celui qui lui prêtoit, une reconnoissance signée de son nom. Les loix défendoient de prêter aux enfans de famille, aux mineurs & à ceux qui étoient au-dessous de vingt-cinq ans : c'est pourquoi les usuriers n'ayant point action contre eux, ne leur prêtoient qu'à un gros denier, afin de s'indemniser du risque où ils s'exposoient de perdre leur argent.

Horace, sat. 2, liv. 1, dit : «Fufidius, si riche en » fonds de terre & en bons contras, craint d'avoir » la réputation d'un dissipateur & d'un débauché; » il donne son argent à cinq pour cent par mois, » & se paie par avance; il exige même un intérêt » plus fort des personnes qui se trouvent dans » un plus grand besoin; il aime sur-tout à prêter » aux enfans de famille qui commencent à entrer » dans le monde, & qui ont des pères trop ménagers ».

Fufidius vappæ famam timet ac nebulonis ;
Dives agris, dives positis in fænore nummis:
Quinas hic capiti mercedes exsecat : atque
Quanto perditior quisque est, tanto acrius urget;
Nomina sectatur, modo sumptâ veste virili,
Sub patribus duris tironum.

Caput, est ce qu'on appelloit autrement sors; le capital, le principal, la somme que l'on plaçoit à intérêt; merces est l'intérêt que l'on retiroit du capital; exsecare, signifie déduire les intérêts par avance.

Fufidius dont parle Horace, donnoit, par exemple, cent écus pour un mois, c'étoit le capital; & au bout d'un mois, son débiteur devoit lui rendre cent cinq écus; ainsi l'intérêt étoit de cinq pour cent. Mais afin de s'assurer davantage du profit de son argent, il se payoit d'avance par ses mains, & ne donnoit que quatre-vingt-quinze écus, en tirant de son débiteur une obligation de la somme de cent écus, payable à la fin du mois; de sorte qu'il se trouvoit que dans l'espace de vingt mois, l'intérêt égaloit le capital. Cette usure étoit criante, puisqu'elle étoit cinq fois plus forte que le denier courant, qui étoit de douze pour cent par an, c'est-à-dire d'un par mois.

En effet, l'usure permise par la loi des douze

tables, qu'on appelloit l'*usure centésime*, *usura centesima*, n'étoit pas, comme quelques interpretes l'ont pensé, un intérêt de cent pour cent par an ; car jamais une usure si énorme ne fut permise. L'*usure centésime* la plus forte qui ait eu lieu chez les Romains, étoit celle qui, dans le cours de cent mois, égaloit le fort principal, au moyen de ce que de cent deniers on en payoit un par mois ; car les anciens avoient coutume de compter avec leurs débiteurs tous les mois, & de se faire payer l'intérêt chaque mois. Un denier par mois faisoit douze deniers par an, ou le denier douze. Ainsi pour appliquer cela à nos valeurs numéraires, cent livres tournois, chacune de vingt sols, & le sol de douze deniers, l'*usure centésime* auroit été d'une livre tournois par mois, & douze livres tournois par an ; ce qui en huit ans & quatre mois égaleroit le fort principal.

Cette même *usure centésime* étoit aussi nommée *as usura*, & *as* tout court, parce que toutes les autres *usures* moindres tiroient d'elle leur qualification, & en étoient comme les parties : c'est ce que nous allons expliquer.

Usura unciaria, l'*usure unciale*, étoit lorsque l'on payoit par mois le douzième de ce centième, ou un pour cent par an ; ce qui est, suivant notre manière de compter, le denier cent.

Usura semis, ou *semis*, étoit lorsqu'on payoit par mois la moitié de ce centième, c'est-à-dire, demi pour cent par mois, six pour cent par an ; c'est environ le denier dix-sept.

Bes, lorsqu'on payoit les deux tiers de ce centième par mois ; c'est huit pour cent par an, le denier douze.

Quadrans, lorsqu'on payoit par mois le quart de ce centième, trois pour cent par an ; le denier trente-trois.

Quincunx, lorsqu'on payoit par mois un cinquième de ce centième, environ deux & demi pour cent par an, qui est notre denier quarante.

Triens, lorsqu'on payoit par mois le tiers de ce centième, quatre pour cent par an, le denier vingt-cinq.

Sextans, lorsqu'on payoit par mois le sixième de ce centième, deux pour cent par an, le denier cinquante.

Deunx, lorsqu'on payoit par mois onze parties de ce centième, c'est-à-dire onze pour cent par an, environ le denier neuf.

Dextans, lorsqu'on payoit deux cinquièmes de ce centième, dix pour cent par an, ce qui est notre denier dix.

Dodrans, lorsqu'on payoit par mois les trois quarts du centième, neuf pour cent par an, ce qui fait environ notre denier onze.

Septunx, lorsqu'on payoit par mois sept parties de ce centième, sept pour cent par an, environ notre denier quatorzième.

La loi des douze tables avoit défendu l'*usure* à un denier plus haut que le centième par an, *ne quis unciario fœnore ampliùs exerceret*. On diminua encore cette *usure* de moitié, car on la fit *semiunciariam*, demi pour cent par an ; mais tantôt la rareté de l'argent qui étoit sur la place, tantôt la facilité des juges qui connoissoient de l'*usure*, tantôt les besoins pressans des particuliers, & toujours l'avarice des usuriers habiles à profiter de toutes les conjonctures, rendoient inutiles toutes les loix, & l'*usure* demeuroit presque arbitraire.

Elle étoit peu réglée du temps de Cicéron : dans une lettre à Atticus, il dit que l'*usure* étoit montée le jour des ides du tiers aux deux tiers : *idibus fœnus ex triente factum erat bessibus*. Dans une lettre à son frère Quintus, il lui apprend qu'on trouvoit aisément à emprunter à six pour cent par an : il écrit dans un autre temps à Atticus, que l'*usure* étoit au plus haut denier, au centième par mois : *à Cecilio nummum moveri, ne à propinquis quidem minore centessimis posse* : on ne peut arracher un sou à Cécilius, non pas même ses plus proches, à un moindre intérêt qu'à un pour cent par mois.

Tacite, *liv. 5 de ses annales*, parle ainsi de l'*usure*. Le profit particulier, dit-il, renversa le bien de l'état. L'*usure* est un des plus anciens maux de la république : c'est pourquoi on a fait tant de loix pour la réprimer, dans le temps même où les mœurs étoient moins corrompues ; car, premièrement, par la loi des douze tables il étoit défendu de prêter à plus haut intérêt qu'au denier huit. Cet intérêt même fut réduit depuis au denier seize à la requête des tribuns. Le peuple fit ensuite plusieurs décrets pour empêcher les fourberies qui se commettoient en ce genre ; mais quelques réglemens qu'on pût faire, l'avarice des hommes trouvoit toujours de nouveaux moyens pour les éluder.

Cet abus s'est perpétué jusqu'au temps de Justinien, malgré les défenses réitérées de ses prédécesseurs, que cet empereur renouvella en prescrivant la manière dont il étoit permis de percevoir les intérêts. Suivant le droit établi par le code, les personnes illustres ne pouvoient exiger que quatre pour cent par an, les marchands huit pour cent, le reste des citoyens six pour cent ; l'intérêt à douze pour cent n'étoit permis que dans le prêt maritime. Les novelles 32 & 34 permirent néanmoins d'exiger la huitième partie du bled prêté à un laboureur, quoiqu'on ne pût tirer que quatre pour cent de l'argent qu'on lui auroit prêté.

Les conciles & les papes se sont élevés fortement contre l'*usure*. Ils prononcent la suspension des bénéfices contre les clercs, & l'excommunication contre les laïcs qui ont le malheur d'y tomber. Cependant l'*usure* punitoire & conventionnelle est permise en certains cas par le droit canonique, ainsi qu'on le peut voir au titre des décrétales *de usuris*.

En France, les ordonnances de nos rois ont toujours réprouvé le commerce d'*usure*, en quoi l'on s'est conformé à la doctrine de l'église & au droit canon.

On a seulement distingué l'intérêt licite, de celui qui ne l'est pas, auquel on applique plus volontiers le terme d'*usure*.

Non-seulement on admet parmi nous les *usures* compensatoires, légales, & celles qu'on appelle *punitoires* ou *conventionnelles*, mais même l'*usure* lucratoire, pourvu qu'elle n'excède pas le taux permis par l'ordonnance : toutes ces *usures* sont réputées légitimes.

Mais l'*usure* lucratoire n'a lieu parmi nous qu'en quatre cas ; savoir, 1°. dans le contrat de constitution de rente ; 2°. pour les intérêts qui viennent *ex morâ & officio judicis* ; 3°. dans les actes à titre onéreux, autres que le prêt, tels que transactions pour intérêts civils ou pour rentes, de droits incorporels, ou de choses mobiliaires en gros ; 4°. pour deniers pupillaires, ce qui n'a lieu que contre le tuteur, tant que les deniers sont entre ses mains.

Il y a cependant quelques pays où il est permis de stipuler l'intérêt de l'argent prêté, comme en Bretagne & en Bresse, & à Lyon entre marchands, ou pour billets payables en paiement de foire.

L'*usure* compensatoire, est celle par laquelle on se dédommage du tort que l'on a reçu, ou du profit dont on a été privé, *propter damnum emergens, vel lucrum cessans*.

Cette *usure* n'a rien de vicieux, ni de répréhensible suivant les loix & les canons, parce que hors le cas d'une nécessité absolue, l'on n'est pas obligé de faire le profit d'un autre à son préjudice.

C'est sur ce principe qu'il est permis au vendeur de retirer les intérêts du prix d'un fonds dont il n'est pas payé, & ce en compensation des fruits que l'acquéreur perçoit.

Il en est de même des intérêts de la dot, exigible & non payée, de ceux de la légitime ou portion héréditaire, d'une soulte de partage, ou d'un reliquat de compte de tutéle.

Cette *usure* compensatoire est aussi appellée *légale*, parce qu'elle est due de plein droit & sans convention.

L'*usure* conventionnelle, est l'intérêt qui est dû en vertu de la stipulation seulement, à la différence des intérêts qui sont dus de plein droit en certains cas, & que l'on appelle par cette raison *usures légales*. L'*usure* punitoire est du nombre des *usures conventionnelles*.

L'*usure* légale, est l'intérêt qui est dû de plein droit, en vertu de la loi & sans qu'il soit besoin de convention, comme cela a lieu en certains cas, par exemple pour les intérêts du prix de la vente d'un fonds, pour les intérêts d'une dot non

payée, d'une part héréditaire, légitime, soulte de partage, &c.

L'*usure* lucrative, ou *lucratoire*, est celle qui est perçue sans autre cause, que pour tirer un profit de l'argent ou autre chose prêtée ; cette sorte d'*usure* est absolument réprouvée par le droit canonique & civil, si ce n'est lorsqu'il y a un *lucrum cessans* ou *damnum emergens*, comme dans le cas du contrat de constitution.

L'*usure* punitoire, est le profit qui est stipulé en certains cas par forme de peine, contre celui qui est en demeure de satisfaire à ce qu'il doit.

Cette sorte d'*usure*, quoique moins favorable que la compensation, est cependant autorisée en certains cas, même par le droit canon ; par exemple, en fait d'emphytéose, où le preneur est privé de son droit, lorsqu'il laisse passer deux ans sans payer le canon emphytéotique ; 2°. en matière de compromis, où celui qui refuse de l'exécuter dans le temps convenu, est tenu de payer la somme fixée par le compromis ; 3°. en matière de testament, dont l'héritier est tenu de remplir les conditions ou de subir la peine qui lui est imposée par le testament.

Nous croyons utile de donner ici un extrait des loix & de la jurisprudence françoise sur la matière de l'*usure*.

Charlemagne condamna l'*usure* par deux capitulaires des années 789 & 806 ; & Louis le Débonnaire confirma cette disposition en 813.

Par une ordonnance de l'an 1254, Saint-Louis défendit l'*usure* sans en excepter aucune espèce ; & cette ordonnance fut publiée au concile de Béziers en 1255.

Une autre ordonnance de Philippe III, enregistrée au parlement de l'Assomption de 1274, enjoignit à tous les juges d'expulser du royaume, dans l'espace de deux mois, tous les usuriers étrangers, pendant lequel temps les débiteurs pourroient retirer leurs gages sans payer aucune *usure*.

Au mois de juillet 1311, Philippe IV, dit le Bel, rendit une ordonnance par laquelle il défendit l'*usure*, c'est-à-dire, l'intérêt au-delà du taux alors permis, sous peine de confiscation de corps & de biens.

Et par une autre ordonnance du mois de décembre 1312, le même prince confirma la peine de confiscation de corps & de biens pour les *usures* excessives, & laissa la punition des *usures* moins considérables à l'arbitrage des juges.

Philippe VI prononça les mêmes peines contre l'*usure* en 1349.

Louis XII, par son ordonnance de 1510, confirma les loix des rois ses prédécesseurs sur l'*usure* ; défendit aux notaires de recevoir des contrats usuraires, sous peine de privation de leur état & d'amende arbitraire ; enjoignit aux juges de poursuivre exactement les usuriers, sous de pareilles peines ;

peines, & prononça des récompenses en faveur des dénonciateurs de l'*usure* qui viendroit à être prouvée.

François Ier, par une ordonnance de 1535, confirma les dispositions de celle de 1510, & en ordonna l'exécution.

Des lettres-patentes données par Charles IX au mois de janvier 1560, ordonnèrent aux juges de faire des poursuites contre les usuriers.

L'article 141 de l'ordonnance d'Orléans défendit le prêt à perte de finance, autrement le contrat *mohatra*, à peine de punition corporelle & de confiscation de biens, sans que cette peine pût être modérée.

Par édit du mois d'avril 1576, Henri III ordonna l'exécution pure & simple des ordonnances des rois ses prédécesseurs sur l'*usure*.

L'article 202 de l'ordonnance de Blois, donnée en 1579, contient sur cette matière les dispositions suivantes : « faisons inhibitions & défenses à » toutes personnes, de quelque état & condition » qu'elles soient, d'exercer aucune *usure*, ou prê-» ter leurs deniers à profit & intérêts, ou bail-» ler marchandises à perte de finance, par eux » ou par d'autres, encore que ce fût sous pré-» texte de commerce, à peine, pour la première » fois, d'amende honorable, bannissement & con-» damnation à de grosses amendes, dont le quart » sera adjugé aux dénonciateurs; & pour la se-» conde fois, de confiscation de corps & de » biens; ce que semblablement nous voulons être » observé contre les proxénètes, médiateurs & » entremetteurs de tels trafics & contrats illicites » & réprouvés, sinon au cas qu'ils vinssent volon-» tairement à révélation, auquel cas ils seront » exempts de la peine ».

Et il est ajouté par l'article 362 de la même or-donnance : « enjoint à tous juges de faire obser-» ver l'ordonnance faite sur la revente de mar-» chandises, appellée *perte de finance*; & non seu-» lement de dénier toute action à de tels ven-» deurs, supposeurs de prêt, mais aussi procéder » rigoureusement contre eux & contre les courtiers » & racheteurs qui se trouveront être partici-» pans de tels trafics, par mulcte & confiscation » de leurs biens, amende honorable, & autres » peines corporelles, selon les circonstances, & » sans aucune dissimulation ni connivence ».

Henri IV, par un édit de 1606, proscrivit pa-reillement toute *usure* & en ordonna la poursuite par la voie extraordinaire.

Par l'article 151 de l'ordonnance de 1629, Louis XIII confirma les loix que ses prédécesseurs avoient faites contre l'*usure*.

Enfin, Louis XIV par les articles premier & second du titre 6 de l'ordonnance du commerce, défendit aux négocians, marchands & autres de comprendre des intérêts avec le principal dans les lettres & billets de change ou autres actes,

& de prendre des intérêts d'intérêts sous quelque prétexte que ce fût.

D'après ces loix, l'*usure* a toujours été poursui-vie par la voie extraordinaire, & les cours ont suivi dans la distribution des peines contre l'*usure*, la distinction faite par l'ordonnance de Philippe-le-Bel de 1312, en interprétation de celle de 1311. Ainsi, lorsque l'*usure* est peu considérable, on ne prononce qu'une admonition, ou une amende ou blâme : mais quand l'*usure* est excessive, on condamne le coupable à l'amende honorable, & au bannissement, ou aux galères à temps, & en cas de récidive, on peut prononcer la peine de con-fiscation de corps & de biens, c'est-à-dire, les galères perpétuelles ou le bannissement à per-pétuité.

Les complices des usuriers doivent être punis avec plus ou moins de sévérité, selon la qualité de l'*usure* & les circonstances du fait.

Par arrêt du 15 mars 1672, le parlement de Paris a condamné un usurier à faire amende ho-norable, à être banni pour cinq ans de la prévôté & vicomté de Paris, & à une amende de douze cens livres. Le même arrêt a déchargé les débi-teurs de la moitié des obligations qu'ils avoient passées à son profit.

Par un autre arrêt du 2 juin 1699, rapporté au journal des audiences, la femme d'un magis-trat a été condamnée pour crime d'*usure*, à faire amende honorable en la grand'chambre du par-lement, & au bannissement pour cinq ans du ressort de la prévôté de Paris.

Par un autre arrêt du 10 janvier 1736, Fran-çois Chavaucheur, ouvrier en boucles, ayant été convaincu d'avoir prêté de l'argent à intérêt usuraire à plusieurs particuliers sur des nantisse-mens, obligations, billets & lettres-de-change, a été condamné à faire amende honorable au parc civil du châtelet de Paris, avec écriteau devant & derrière, portant ces mots, *usurier public*, à un bannissement de neuf ans & à cinquante livres d'amende envers le roi; & il a été ordonné que les nantissemens, obligations, billets & lettres-de-change, ensemble les sentences, pièces & pro-cédures trouvés sous les scellés apposés sur les effets du coupable; seroient remis à ceux qui les avoient réclamés, en payant néanmoins les som-mes principales qui leur avoient été prêtées, dé-duction faite des intérêts usuraires qui avoient été indûment exigés d'eux, & qu'ils avoient payés ou qui avoient été compris dans les obligations, ou autres titres de créance qu'ils avoient passés; sur quoi ils seroient crus à leur affirmation qui seroit reçue pardevant le lieutenant-criminel.

Par un autre arrêt du 29 juillet 1745, le nom-mé Paul Colomb, marchand mercier, a été con-damné pour *usure*, au bannissement de neuf ans & à cent livres d'amende envers le roi.

Par un autre arrêt du 28 janvier 1752, Abra-ham Lequint, courtier d'*usure*, a été condamné

Y

à faire amende honorable au parc civil du châtelet de Paris, ayant la corde au cou, avec écriteau portant ces mots: *usurier public*, & à un bannissement de neuf ans. Le même arrêt a banni deux courtiers *d'usure*, l'un pour trois ans & l'autre pour cinq.

Enfin, par un autre arrêt du 10 janvier 1777, rendu sur l'appel *à minima* interjetté par le procureur-général, d'une sentence du bailliage d'Orléans, du 22 mai 1776, le parlement a condamné les nommés Jacques Boulleau, Claude Vidy, Nicolas Naudin & Jeanne le Page; femme de Jacques Frillon, au carcan, au bannissement pour neuf ans, & à mille livres d'amende chacun envers le duc d'Orléans, pour *usures* par eux commises: il a pareillement condamné pour crime *d'usure*, François-Jean-Laurent Bedanne, Marie Rousseau, Marie-Catherine Faucambérge, femme de Pierre Godefroi, Jean Bonin, Françoise Anseau, femme de François Fœmin & Madeleine Jousset, à faire amende honorable au siège du bailliage d'Orléans, à être ensuite bannis, les quatre premiers pour neuf ans, Françoise Anseau pour cinq ans, & Madeleine Jousset pour trois ans de l'étendue du ressort du bailliage d'Orléans & de la ville, prévôté & vicomté de Paris, & à différentes amendes envers le duc d'Orléans; & cinq autres à faire amende honorable & au bannissement pour neuf ans: il a en même temps été ordonné que les ordonnances, déclarations du roi, arrêts & réglemens de la cour, seroient exécutés selon leur forme & teneur, notamment le capitulaire de Charlemagne de 789; l'ordonnance de Philippe III, de 1274; les ordonnances de Philippe IV, des 30 janvier 1311 & 8 décembre 1312; l'ordonnance de Louis XII, de juin 1510; l'ordonnance d'Orléans, de janvier 1560; l'arrêt de la cour, du 26 juillet 1565; l'ordonnance de Charles IX, du mois de mars 1567; l'ordonnance de Blois, du mois de mai 1569; & les arrêts de la cour des 26 mars 1624, 2 juin 1699, 10 janvier 1736, 28 juillet 1752, & 27 août 1764: en conséquence, il a été fait défense à toutes sortes de personnes, de quelque état & condition qu'elles fussent, d'exercer aucune espèce *d'usure* prohibée, même sous apparence de commerce, par elles-mêmes ou par personnes interposées: il a pareillement été fait défense de servir de proxenètes, médiateurs ou entremetteurs de prêts & négociations illicites, le tout sous les peines portées par les ordonnances & réglemens, selon la gravité des cas.

Observez que quand *l'usure* ne consiste que dans la stipulation de l'intérêt de l'argent qu'on a prêté par promesse ou par obligation, & que cet intérêt n'excède pas le taux autorisé par la loi dans les cas où l'argent peut produire des intérêts, les juges se contentent de déclarer une telle stipulation nulle & usuraire, & d'ordonner que les intérêts qui ont pu être payés en conséquence, seront imputés sur le principal,

Quoiqu'en jugeant un procès criminel, il soit de règle de ne pas regarder la déposition d'un témoin singulier sur chaque fait, comme une preuve, il en est autrement en matière *d'usure*: la publique renommée & le témoignage de dix personnes qui déposent de divers prêts usuraires, même de ceux où elles ont été parties, suffisent pour former la preuve de *l'usure*.

Un usurier peut bien prescrire les peines que les loix ont prononcées contre son crime, lorsqu'il s'est écoulé 20 années sans qu'il ait été poursuivi; mais il ne peut prescrire par aucun laps de temps les répétitions que ceux qu'il a lésés ont le droit de former contre lui. C'est sur le fondement de cette imprescriptibilité, que par arrêt du 22 juillet 1713, rapporté au journal des audiences, le parlement de Paris a jugé que des intérêts usuraires qui avoient été volontairement payés pendant quarante ans, devoient être restitués. *Voyez* ANTICHRÈSE, INTÉRÊT, PRÊT, &c.

USURE, (*Droit féodal.*) On a ainsi nommé des droits ou devoirs qui étoient dus au seigneur par un ancien *usage*. La chartre des libertés de Bourlemont, qui se trouve au tome 6 des ordonnances du Louvre, porte, *art. 23*: « se lesdits habitans ou » aucuns d'eux devoient aucunes autres rentes, » *usures* ou droitures ».

On a dit *usaria* dans le même sens en latin-barbare. *Voyez* dom Carpentier sous ce dernier mot, & du Cange au mot *Usaticum*. (*G. D. C.*)

USURIER, s. m. est celui qui prête à *usure*; c'est-à-dire, à un intérêt illicite; soit que ce soit dans un cas auquel il n'est pas permis de stipuler d'intérêt, soit que l'intérêt qui est stipulé excède le taux porté par les ordonnances, le terme *d'usurier* ne se prend jamais qu'en mauvaise part.

USURPATEUR, s. m. USURPATION, s. f. (*en Droit civil,*) on appelle *usurpateur* l'injuste possesseur du bien d'autrui, celui qui s'en est emparé par violence, ou du moins de son autorité privée.

On qualifie *d'usurpateur*, non-seulement celui qui s'empare induement d'un fonds, mais aussi tous ceux qui s'emparent de quelque droit qui ne leur appartient pas.

Ainsi celui qui prend le nom & les armes d'une famille dont il n'est pas issu, est un *usurpateur*.

De même celui qui, n'étant pas noble, se qualifie d'écuyer ou de chevalier, est un *usurpateur* de noblesse.

Dans le même sens, le terme *usurpation* signifie l'occupation de quelque bien ou droit de la part d'un injuste possesseur. *Voyez* ARMOIRIE, FAMILLE, NOBLESSE, POSSESSION.

Usurpation, suivant le droit des gens & le droit public, est l'envahissement injuste de l'autorité souveraine. *Voyez* le *Dictionnaire d'écon. polit. & diplom.*

USURPER, ENVAHIR, S'EMPARER, (*synonymes*). *Usurper*, c'est prendre injustement une

chose à son légitime maître, par voie d'autorité &
de puissance ; il se dit également des biens, des
droits, & du pouvoir. *Envahir*, c'est prendre tout
d'un coup par voie de fait quelque pays ou quelque canton, sans prévenir par aucun acte d'hostilité. *S'emparer*, c'est précisément se rendre maître
d'une chose, en prévenir les concurrens & tous
ceux qui peuvent y prétendre avec plus de droit.

Il semble aussi que le mot d'*usurper* renferme
quelquefois une idée de trahison : que celui d'*envahir* fait entendre qu'il y a du mauvais procédé :
que celui de s'*emparer* emporte une idée d'adresse
& de diligence.

On n'*usurpe* point la couronne, lorsqu'on la
reçoit des mains de la nation. Prendre des provinces dans le cours de la guerre, c'est en faire
la conquête, & non pas les *envahir*. Il n'y a point
d'injustice à s'*emparer* des choses qui nous appartiennent, quoique nos prétentions soient contes-
tées. *Girard.* (*D. J.*)

UTÉRIN, adj. (*en Droit.*) se dit de celui qui est
issu du même ventre. On appelle *frère utérin* celui

qui est né de la même mère qu'un autre enfant.
Voyez FRÈRE, SŒUR, & les *mots* CONSANGUI-
NITÉ, DOUBLE LIEN, PARENTÉ, PROPRES, SUC-
CESSION. (*A*)

UTILE, en général signifie ce qui sert, ou peut
servir à quelque chose : *en droit*, cette qualification
se donne à plusieurs objets différens.

Action utile, chez les Romains, étoit celle qui
étoit introduite par la jurisprudence du barreau,
à l'instar de l'action directe. *Voyez* ACTION.

Domaine utile, c'est celui qui emporte le revenu
& les fruits d'un fonds, à la différence du domaine
direct, qui ne consiste qu'en un certain droit de
seigneurie ou de supériorité que le propriétaire
s'est réservé sur l'héritage.

Jours utiles, sont ceux qui sont bons pour agir
en justice, & qui sont comptés pour les délais.

Propriété utile, est opposée au *domaine direct. Voyez*
DOMAINE.

Seigneur utile, est aussi de même opposé à *Seigneur
direct. Voyez* les *mots* SEIGNEUR & SEIGNEURIE.
(*A*)

VAC

VAC

V, Vingt-deuxième lettre de l'alphabet françois. Les monnoies fabriquées autrefois dans la ville de Troyes étoient marquées d'un V ; celles fabriquées à Lille se reconnoissent au double W.

VA HORS DE JOUR , ou VA A DIEU , font les termes dans lesquels les juges en Angleterre prononcent ce que nous appellons au palais un *hors de cour. Voyez* HORS DE COUR.

VACANCE , f. f. (*Droit civil & canon.*) est l'état d'une chose qui n'est pas remplie ou occupée. Cette qualification s'applique particuliérement aux offices , bénéfices & dignités. Ainsi la *vacance* du siège d'un prélat , de l'office d'un juge , est lorsque personne n'est pourvu de la prélature ou de l'office. On entend encore quelquefois par *vacance* le cas qui fait vaquer l'office ou le bénéfice.

En matière bénéficiale, on distingue plusieurs genres de *vacance*. Il y a des cas où les bénéfices vaquent de plein droit , & d'autres où ils ne sont *vacans* que lorsqu'ils ont été déclarés tels par un jugement. *Voyez* BÉNÉFICE, APOSTASIE, DÉMISSION, DÉVOLUT, INCOMPATIBILITÉ, IRRÉGULARITÉ, PERMUTATION, RÉSIGNATION, SIMONIE.

Les offices vaquent par démission, mort, ou forfaiture jugée. *Voyez* OFFICE , DÉMISSION, FORFAITURE.

VACANCE *in curiâ*, on sous-entend *romanâ*, c'est la *vacance* d'un bénéfice dont le titulaire meurt dans le lieu où le pape tient sa cour, ou à deux journées aux environs ; les papes se sont réservé la collation de ces bénéfices. *Voyez* BÉNÉFICES VACANS.

VACANCES *au plurier*, signifient la cessation de certains exercices ; telles sont, 1°. dans les collèges les *vacances* données aux professeurs & étudians ; 2°. les *vacances* que prennent les chanoines, selon les statuts de leurs chapitres. On donne encore ce nom à la cessation de l'exercice de la justice dans les tribunaux pendant un certain temps de l'année, mais on se sert plus communément du terme de *vacations. Voyez* VACATION.

VACANT ; adj. *en droit*, se dit de ce qui n'est pas rempli ou occupé.

Le saint siège est *vacant* lorsqu'il n'y a point de pape ; on dit de même que le siège épiscopal ou abbatial est *vacant*, lorsqu'il n'y a point d'évêque ou d'abbé.

La chancellerie est *vacante* lorsqu'il n'y a point de chancelier ; en général, un office est *vacant* lorsque personne n'en est pourvu.

Un bien *vacant* est celui qui n'est occupé par personne.

Une succession *vacante* est celle qui est abandonnée , & pour laquelle il ne se présente point

d'héritier. *Voyez* BIEN , CHANCELLERIE , HÉRITIER , OFFICE , SIÈGE , SUCCESSION. (*A*)

VACANS , ou BIENS VACANS , (*Droit féodal.*) Dans le sens le plus exact & le plus général, ce sont les biens qui n'ont pas de maître. Mais cette expression est souvent plus restreinte dans notre droit.

Suivant les loix romaines, elle ne convenoit qu'aux biens de ceux qui mouroient sans héritiers , & auxquels le fisc succédoit par cette raison : *vacantia mortuorum bona tunc ad fiscum jubemus transferri, si nullum ex quâlibet sanguinis lineâ vel juris titulo , legitimum reliquerit intestatus hæredem.* (*Leg. 4, cod. de bonis vacantibus*).

Un très-ancien extrait des registres de la chambre des comptes, prouve que l'on restreignoit autrefois le mot *biens vacans* à ce qu'on nomme aujourd'hui *épaves*. On y dit d'abord que les biens estrayés sont ceux des aubains & des bâtards. *Voyez* ESTRAYER. Puis on ajoute : « plusieurs autres seigneurs veulent » nommer tels biens *vacans*, & pour ce les lèvent » comme *biens vacans* ; mais ils ne doivent mie » être ainsi entendus ; car *biens vacans* sont biens » d'aventure, comme un cheval échappé que l'on » ne sait à qui il est, une bourse trouvée en un » chemin , un homme incognu trouvé mort ou » meurdry en un chemin , & telles choses & sem- » blables appartiennent au haut-justicier ». (Bacquet, *du droit d'aubaine, part. 1, chap. 3 , n. 26*).

La plupart de nos coutumes ont adopté l'acception des loix romaines.

Celle de Poitou dit , dans l'article 299, « que » biens *vacans* sont les biens de ceux qui vont de » vie à trépas , & ne délaissent aucuns parens ne » lignagers de quelque ligne que ce soit qui leur » doivent ou veulent succéder ; & où il n'y auroit » lignager capable à succéder , la femme succé- » deroit au mari & le mari à la femme, plutôt que » lesdits biens soient *vacans* ».

Les coutumes de la Marche, *art. 328*; de Laon, *art. 87* ; de Nivernois, *chap. 1, art. 12* ; & de Péronne, *art. 9*, adoptent la même interprétation. La coutume de Chaumont est encore dans le même cas. Elle ne comprend point sous ce mot les biens abandonnés , comme le disent quelques auteurs ; elle distingue au contraire nettement les uns des autres, quoiqu'elle en défère la propriété de la même manière dans l'article 92 dont voici le texte : « tous biens *vacans* par défaut d'hoirs & héritage » non occupé par l'espace de trente ans continuels » sont aux seigneurs hauts-justiciers ès termes de » leur haute-justice ».

Suivant l'article 7 du titre projeté pour les droits de justice , lors de la réformation de la coutume de Paris, le mot *biens vacans* paroîtroit se restreindre aux fonds qui n'ont jamais eu de propriétaire, ou qui ont été abandonnés par l'ancien propriétaire, à la différence des *déshérences* ou successions vacantes. « Aussi, y est-il dit, appartiennent au haut-justicier les *déshérences* & *biens vacans* étant en sa justice & épaves trouvées en icelle ».

Ainsi, les *biens vacans* dans cette acception seroient ce que certaines coutumes appellent *épaves foncières*.

Cette interprétation du mot *vacans* est la plus communément suivie par les jurisconsultes, sans doute parce qu'il y a une expression particulière pour désigner les déshérences. *Voyez* Argou, *liv. 2, chap. 5*; Coquille, &c. Au reste, il y a peu d'inconvénient à entendre le mot *vacans* dans toutes ces acceptions différentes, parce que les épaves foncières, les déshérences & les biens abandonnés suivent ordinairement les mêmes règles dans notre droit.

Dans le pur état de la nature, tous les biens qui ne sont pas actuellement occupés, sont véritablement *vacans*, & il seroit bien difficile de trouver un fondement solide à la propriété privée antérieurement aux conventions expresses ou tacites qui ont eu lieu lors de l'établissement des sociétés, ou qui l'ont suivi. Mais la possession habituelle & les autres causes qui ont introduit la distinction du territoire entre les nations différentes, ayant une fois réglé la propriété politique ou générale, la propriété des individus a dû bientôt en dériver. On a commencé à regarder comme tels tous les effets mobiliers dont une personne s'étoit emparée, & l'on a porté le même jugement des fonds qu'elle cultivoit. On n'a même pas imaginé qu'il pût y avoir de l'inconvénient à cet usage, parce qu'il n'étoit guère possible de prévoir encore qu'il viendroit un temps où il n'y auroit pas du terrein suffisamment pour tous, & où la distinction des rangs, l'esclavage, les successions, &c. pourroient en assurer à un seul homme bien plus qu'il n'en pourroit cultiver personnellement.

L'union même qui régnoit entre les pères & les enfans, le mari & la femme, & leur collaboration commune, ont donné d'abord une nouvelle extension à cette propriété individuelle. En partant des mêmes idées qui l'avoient fait dériver de la possession continuée & de la culture, il étoit naturel de regarder la femme & les enfans comme copropriétaires avec le père. Il leur étoit d'ailleurs plus facile qu'à tout autre de s'emparer des biens que le père de famille laissoit à son décès; & c'est ainsi que l'usage des successions s'est formé, pour ainsi dire, de lui-même. Les degrés ultérieurs ont suivi les développemens de la société.

Il restoit à régler le sort des biens abandonnés par ceux qui ne laissoient aucunes de ces relations après eux. Les mêmes causes qui avoient fait introduire l'usage des contrats entre-vifs, produisirent aussi insensiblement celui des donations à cause de mort & des testamens; ensorte qu'il n'y a plus eu de *biens vacans* que ceux qui n'avoient jamais été occupés, ceux qui avoient été abandonnés par le propriétaire, de son vivant, & ceux dont le propriétaire ne laissoit en mourant aucun héritier, ou dont il n'avoit pas disposé avant de mourir. Ces *biens vacans* rentroient dans la masse commune. Mais on pouvoit les considérer de deux manières, ou comme laissés dans leur indépendance originaire & susceptibles d'être acquis par l'occupation du premier venu; ou comme formant la propriété privée de la puissance publique, qui est chargée des dépenses communes, & à qui, par cette raison, on a attribué des biens particuliers sous le nom de *fisc* ou *de domaine public*. Les loix romaines ont adopté la première idée pour les biens abandonnés, peut-être parce qu'ils ne pouvoient guère valoir la peine d'être réclamés par le fisc; & la seconde pour les successions vacantes. Le droit féodal, plus systématique & plus conséquent à l'état civil, a fait rentrer tous les objets particuliers, à défaut de propriétaire actuel, dans la puissance publique, d'où ils étoient censés dériver, & les seigneurs ont été réputés propriétaires universels de tout ce qui se trouvoit n'appartenir à personne dans leur territoire. La présomption qui résultoit de la directe universelle est venue se joindre à celle qui résultoit de la puissance publique ou de la jurisdiction. Mais elle l'a aussi quelquefois contrariée depuis que la justice & la directe ont été séparées. *Voyez* JUSTICE DES SEIGNEURS, §. I & II.

On vient de voir que l'article 7 du titre projetté de la coutume de Paris, défère les *biens vacans* au seigneur haut-justicier. La coutume de Nivernois, *tit. 1, art. 12*, le suppose aussi lorsqu'elle dit: « quand » le seigneur haut-justicier prend les *biens vacans* » par le décès d'aucun à faute d'hoirs ». Quelques autres coutumes en disent autant; & c'est-là un principe du droit commun, fondé sur ce que les seigneurs hauts-justiciers réunissent seuls tous les degrés de la puissance publique. Aussi Coquille observe-t-il sur cet article de la coutume de Nivernois, que la règle devroit être beaucoup plus générale, que tous *biens vacans*, meubles & immeubles qui sont sans maître, appartiennent au seigneur haut-justicier du lieu où ils sont trouvés.

Loisel en a fait une de ses maximes. Instituts coutumières, *liv. 2, tit. 2, règle 50*.

Plusieurs coutumes se sont néanmoins écartées de cette règle: celle de Montreuil, *art. 22*, défère les *biens vacans* aux seigneurs vicomtiers ou moyens-justiciers. Celles d'Artois, *art. 9* & de la salle de Lille, *art. 12*, leur attribuent aussi les droits d'épaves, hoiries & successions de bâtards. Mais, dit Maillart sur la première de ces coutumes, « on ne met » pas dans cette province, au nombre des épaves, » les immeubles *vacans* par déshérence, parce que, » faute d'avoir été relevés dans les délais prescrits » par la coutume, ils sont réunis de plein droit » à la table du seigneur, dont ils sont tenus immédiatement. De sorte que notre coutume » donne au seigneur direct, soit foncier ou autre,

» ce que la coutume de Paris défère au haut-
» justicier ».

Les seigneurs vicomtiers n'y ont donc que les
meubles, soit à titre d'épaves ou de biens vacans.
L'article 252 de la coutume d'Amiens, donne aussi
au seigneur haut-justicier les meubles vacans par
déshérence, & les immeubles au seigneur immédiat.

Suivant la coutume de Saint-Omer, art. 41, le
seigneur vicomtier prend seulement 75 sous dans
les successions vacantes & dans celles des bâtards,
dont les biens sont situés dans sa seigneurie, en la
ville & banlieue de Saint-Omer.

La coutume de Poitou, art. 299, attribue les
biens vacans au bas-justicier. La coutume de Bretagne, art. 595, & celle de Normandie, art. 146,
assurent également les déshérences au seigneur
foncier. Celle de Normandie réserve seulement
les meubles & les aleux au roi. Les coutumes
d'Anjou, art. 10, & du Maine, art. 11, font
un autre partage. Elles attribuent aux bas-justiciers, les épaves foncières : « c'est à savoir les
» épaves du fonds & domaine, ou autres im-
» meubles, pour autant qu'elles s'étendroient en
» leurdit fief & nuesse ». Quant aux épaves mobilières, ces deux coutumes les défèrent au seigneur haut-justicier ; mais quoique régulièrement
l'universalité des meubles soit mise au nombre des
choses immeubles, le bas-justicier ne peut pas y
revendiquer l'universalité des meubles délaissés par
déshérence, comme une épave foncière où mobilière. Ils appartiennent au moyen-justicier.

On observe une autre sorte de partage dans les
pays de droit écrit. Les biens vacans par déshérence y appartiennent communément au seigneur
haut-justicier. Les fonds qui vaquent à un autre titre,
soit qu'ils n'aient jamais été cultivés, soit que la culture en ait été abandonnée, appartiennent au seigneur direct du territoire où ils sont situés. Mais à
défaut de seigneur, tout particulier peut acquérir
la propriété de ces derniers biens, en s'en rendant
adjudicataire sous la charge d'en payer la taille &
d'acquitter les redevances seigneuriales. (Voyez
Despeisses, Boutaric & la Touloubre, tom. 2, tit. 11,
art. 7, 12 & 13.)

Deux déclarations ont été rendues sur cet objet ;
l'une le 16 janvier 1714, pour le Languedoc, &
l'autre le 6 novembre 1717, pour la Provence. A
plus forte raison, cette espèce d'occupation doit-
elle avoir lieu sans aucune restriction dans les terres
de franc-aleu. Elle est également conforme au droit
naturel & aux loix romaines.

Au reste, il y a des coutumes où les successions deviennent vacantes au profit des seigneurs,
quoique le défunt ait laissé des parens plus ou moins
proches. Dans celles d'Anjou, art. 595 ; de Bretagne, art. 286 ; du Maine, art. 611, les biens de
celui qui ne laisse pas de descendans, de frères
ou sœurs germains, ou de descendans de ces frères

& sœurs, vont en deux lignes, celle du père &
de la mère ; quand il n'y a pas d'héritier dans l'une
des deux lignes, le seigneur moyen-justicier succède en la moitié des meubles, & chaque seigneur
féodal aux immeubles situés dans sa mouvance.
L'article 146 de la coutume de Normandie, & l'article 41 du réglement de 1666, rendu pour cette
province, n'admettent les héritiers à succéder que
jusqu'au septième degré inclusivement ; & à défaut
d'héritier dans ce degré ou dans un autre plus
proche du défunt, la succession est déférée au
seigneur. Il en est de même des héritages d'une
ligne dans laquelle il ne se trouve point de parens
au septième degré, quoiqu'il s'en trouve dans l'autre
ligne. La femme ou le mari n'empêchent pas non
plus la vacance au profit du seigneur. La succession fondée sur le titre undè vir & uxor, n'est point
reçue en Normandie.

Il n'y a point de restriction semblable dans le
pays de droit écrit, quoique des auteurs aient soutenu, d'après quelques loix romaines, que les
parens ne pouvoient pas hériter au-delà du dixième
degré.

C'est encore un principe du droit commun, que
les réserves coutumières ne sont établies qu'en faveur des héritiers du sang, & que les seigneurs ou
le fisc ne peuvent pas se plaindre des infractions
qui y sont faites. Ainsi celui qui ne laisse point
de parens habiles à lui succéder, peut disposer de
tous ses biens, soit entre-vifs, soit par testament
au préjudice des droits d'aubaine, de bâtardise &
de déshérence. Les coutumes d'Anjou, de Bretagne, du Maine & de Normandie, décident néanmoins le contraire. Il y a un arrêt célèbre du 18
août 1758, par lequel la cour a adjugé au seigneur de Vivoin, la moitié de la succession mobilière d'une bâtarde nommée Marie Duclos, quoiqu'elle eût fait un legs universel à sa femme-de-
chambre.

La question a fait autrefois de la difficulté dans la
coutume de Normandie, comme on peut le voir
dans Basnage. Elle a enfin été décidée par l'article
94 du réglement de 1666, qui porte : « celui qui
» n'a point d'héritiers ne peut donner par testa-
» ment ni entre-vifs au-delà de ce que pourroit
» donner celui qui auroit des héritiers ».

Il ne faut pas assimiler à ces dernières coutumes
celles de Lille & de Hainaut, comme l'a fait
Denisart. Ces deux coutumes n'étendent point au
fisc le droit de réserves coutumières, introduit en
faveur des héritiers ; mais elles déclarent incapables
de tester les aubains & les bâtards ; elles ne font
point de prohibition semblable contre les autres
personnes qui décèdent sans parens connus.

Suivant les articles 300 & 301 de la coutume
de Poitou, « celui qui succède ès biens meubles
» du défunt, comme biens vacans, est tenu faire
» inventaire desdits meubles ; & s'il n'avoit que
» biens meubles, il doit faire faire les obsèques
» du défunt selon son état, & payer les dettes

» mobilières jufqu'à la valeur & eftimation defdits » biens meubles, & non plus. Et fi lefdits biens » meubles ne fuffifent à payer les créanciers, ils » fe pourront adreffer contre ceux qui auront & » tiendront les immeubles du défunt, comme » de raifon. Mais fi le feigneur prend iceux » biens meubles fans les faire inventorier, il fera » tenu payer toutes les dettes mobilières, encore » qu'iceux meubles ne fuffent fuffifans pour les » payer.

» Et fi aucuns lignagers ou autres qui doivent » fuccéder viennent requérir lefdits *biens vacans*, » ils y feront reçus jufqu'à trente ans, lefdits » biens étant toujours demeurés en la main dudit » feigneur ou de fon héritier. Mais fi ledit fei- » gneur les avoit aliénés à autre par titre parti- » culier, qui, de bonne-foi les eût tenus par dix » ans entre préfens, & vingt ans entre abfens : » celui qui ainfi les aura tenus, s'en pourra dé- » fendre par prefcription de dix ou vingt ans. Et » audit cas fi l'héritier vienne dedans ledit temps » de trente ans, étant les biens demeurés en la » poffeffion dudit feigneur ou de fondit héritier, » fi ledit feigneur avoit fait inventaire, le ferment » fera déféré audit héritier ou à autre qui devra » fuccéder s'il eft perfonne digne de foi, felon » l'arbitrage du juge, joint à la commune renom- » mée des facultés du défunt ».

Ces règles doivent s'obferver dans le droit commun.

Quand le feigneur ne fe préfente pas pour re-cueillir la fucceffion vacante, les créanciers peuvent y faire nommer un curateur. *Voyez* CURATEUR POUR BIENS VACANS. (*M.* GARRAN DE COULON, *avocat au parlement*).

VACATION, f. f. fe dit d'abord de l'état d'une chofe qui n'eft ni remplie, ni occupée; ainfi, il arrive *vacation* d'un office ou d'un bénéfice par le décès du titulaire. *Voyez* VACANCE.

En fecond lieu, *vacation* fignifie l'efpace de temps que les perfonnes publiques employent à travailler à quelque affaire. C'eft ainfi qu'on appelle première, feconde ou autre *vacation* d'un inven-taire ou d'un procès-verbal, les différentes féances où l'on a travaillé à cette chofe.

On entend quelquefois par *vacation*, le droit qui eft dû à un officier pour avoir vaqué à quelque chofe. Les juges ont des épices &. *vacations*. Les *vacations* font pour ceux qui ont vu le procès de grand ou de petit commiffaire, au lieu que les épices font pour ceux qui ont affifté au jugement.

Les *vacations* des juges, de la partie publique, des commiffaires & autres officiers de juftice font privilégiées, & doivent être payées par préférence à toute autre dette. *Voyez* ÉPICES.

VACATIONS *au plurier*, fignifient la ceffation des féances d'un tribunal de juftice. Ce terme fe prend pour le temps où une jurifdiction vaque, c'eft-à-dire, où la juftice n'y eft point exercée. Il y a, dans le cours de l'année, différens jours auxquels

les tribunaux vaquent; mais on n'entend ordinai-rement par les *vacations* ou vacances qu'un cer-tain efpace de temps qui eft donné aux officiers pendant l'automne pour vaquer à leurs affaires rurales; il y a des tribunaux dont le temps des *va-cations* eft réglé autrement; quelques-uns ont deux différentes vacances dans l'année.

Dans le temps des *vacations*, on ne doit régu-liérement juger que les affaires provifoires & qui requièrent célérité.

On appelle *chambre des vacations*, le tribunal fou-verain compofé de quelques membres des cours dont les fonctions font de juger les caufes de peu d'importance, ou qui ne doivent fouffrir de délai. *Voyez* PARLEMENT.

VACHERIE, ,(*Droit féodal.*) On a ainfi nommé un droit fur les troupeaux de vaches qu'on mène paître dans une feigneurie. *Voyez* le *gloffarium hovum* de dom Carpentier, au mot *Vaccaticum*. (G. D. C.)

VADIMONIUM, f. m. (*Jurifprud. rom.*) ce mot fignifie *ajournement*, obligation de comparoître en juftice au jour affigné. Pour l'intelligence de ce terme, qui dérive du verbe *vado*, je *vais*, il faut favoir que dans les affaires, le demandeur deman-doit contre fa partie l'action ou le jugement au préteur, c'eft-à-dire, qu'il le prioit de pourfuivre fa partie, & le défendeur de fon côté demandoit un avocat. Après ces préliminaires, le demandeur exigeoit par une formule prefcrite, que le défendeur s'engageât fous caution à fe repréfenter, ou, comme difoient les Romains, à venir en juftice un certain jour, qui, pour l'ordinaire, étoit le fur-lendemain; c'eft que qu'on appelloit de la part du demandeur *reum vadari*, demander une caution, un répondant, & de la part du défendeur *vadi-monium promittere*, promettre de comparoître en juftice. S'il ne paroiffoit pas, on difoit qu'il avoit manqué à l'affignation, qu'il avoit fait défaut; ce qui s'exprimoit par les deux mots latins *vadimo-nium deferere*. Trois jours après, fi les parties n'avoient point tranfigé, le préteur les faifoit ap-peller, & pour lors le demandeur ayant propofé fon action dans la formule réglée, le préteur lui donnoit un tribunal ou un arbitre. S'il lui donnoit un tribunal, c'étoit celui des commiffaires, qu'on appelloit *recuperatores*, ou celui des centumvirs.

Les mots *vadimonium* & *vadari* fe trouvent fi fré-quemment dans Cicéron, Horace, Plaute & les hiftoriens, qu'on ne fauroit trop les expliquer pour pouvoir entendre leurs écrits & les allufions qu'ils y font. Ainfi dans Cicéron, *vadimonia conftituta* fignifient les jours affignés pour comparoître; *actio vadimonii deferti* eft le défaut qu'on accordoit pour avoir manqué à l'ajournement; *obire vadimonium*, *fiftere vadimonium*, veut dire fe préfenter au jour & lieu marqués; *debere vadimonium cuipiam*, fignifie être tenu par promeffe de fe trouver à l'affignation prife avec quelqu'un; *differre vadimonium cum ali-quo*, donner délai à fa partie; *vadimonium promittere pro aliquo*, dans Varron, promettre de comparoître en justice pour un autre; *missum facere vadimonium*, décharger sa partie de l'ajournement donné.

On ne trouve pas moins souvent le verbe *vadari* dans les lectures des auteurs romains. *Vadari reum tot vadibus*, signifie dans Tite-Live, obliger un accusé à donner un certain nombre de répondans. *Vadari quempiam ex aliquo loco ad locum aliquem*, c'est tirer quelqu'un de sa jurisdiction pour venir donner caution en un lieu où il ne ressort point. Ce même mot se trouve employé au figuré dans les poëtes comiques; on lit dans Plaute, *qui abire nullo pacto possim, si velim, ita me vadatum & vinctum attines*. « Je ne puis m'échapper, quand je le vou-
» drois, étant engagé, lié & garotté comme je le
» suis avec vous ». Horace a dit, *sat. 9, l. 1, v. 36,
& casu tunc respondere* vadato *debebat*: « & heureu-
» sement pour moi, c'étoit le temps où mon homme
» devoit comparoître en qualité de *caution* pour un
» ami ». Horace a jugé à propos de mettre ici *vades* pour *prædes*, car *vades* étoit pour le criminel, & *prædes* pour le civil. (*D. J.*)

VAGABOND, adj. pris subst. (*Code civil & criminel.*) qui erre çà & là, & qui n'a aucune demeure fixe. Sous ce nom sont compris, suivant les déclarations du roi, tous ceux qui n'ont ni profession, ni métier, ni domicile certain, ni bien pour subsister, & qui d'ailleurs ne peuvent être avoués ni certifiés de bonne vie & mœurs, par personnes dignes de foi; comme aussi les mendians valides qui sont pareillement sans aveu; ces *vagabonds* doivent être arrêtés & punis suivant les réglemens faits contre les mendians. *Voyez* MENDIANS & PAUVRES.

On répute aussi *vagabonds* ceux des sujets du roi qui vont en pélerinage à saint Jacques, à Notre-Dame de Lorette, & autres lieux hors du royaume, sans une permission expresse de sa majesté, signée par un secrétaire d'état, & sur l'approbation de l'évêque diocésain. La déclaration de 1738 enjoint aux magistrats, prévôts des marchands, exempts, maires, syndics des villes, de les arrêter sur les frontières, & veut qu'ils soient condamnés par les juges des lieux en première instance, & par appel aux cours de parlemens : savoir, les hommes à la peine des galères à perpétuité, les femmes à telle peine afflictive qui sera estimée convenable par les juges.

L'ordonnance des eaux & forêts enjoint à tous les *vagabonds* & gens inutiles de se retirer à deux lieues des forêts, & en cas qu'ils reparoissent, les officiers des maîtrises ont droit de les faire arrêter & de prononcer contre eux la peine des galères. *Voyez* INUTILE. (*A*)

VAGUES (*terres*). On appelle ainsi, ou terres vaines & *vagues*, les terres incultes & ouvertes à tout le monde. *Voyez* les articles TRIAGE, USAGE, VAINE-PATURE, &c. (*G. D. C.*)

VAINE-PATURE, ou VAIN-PATURAGE, (*Droit public.*) Nous avons dit sous le mot PACAGE, qu'on appelle *vaines-pâtures* les grands

chemins, les prés après la fauchaison, les guérets & terres en friche, les bois de haute-futaie, les bois taillis après le quatrième ou cinquième bourgeon, & généralement tous les héritages où il n'y a ni semences, ni fruits, &, qui, par la loi du pays, ne sont pas en défens.

Nous avons établi sous le même mot, les principes généraux sur le *vain-pâturage*, & nous y renvoyons nos lecteurs. Mais nous examinerons ici quelle est la nature de ce droit.

Suivant les principes du droit naturel & des loix romaines, tout propriétaire est maître de disposer de ses héritages à volonté, & nul ne peut y entrer malgré lui. Ainsi, pour faire pâturer des bestiaux sur l'héritage d'autrui, il faut la permission du propriétaire.

Cette permission peut s'accorder de deux manières, à temps & jusqu'à révocation, ou à perpétuité. Au premier cas, le droit de pâturage n'est que précaire, & il ne forme, de la part du propriétaire qui le souffre, qu'une faculté dont l'exercice est entièrement subordonné à sa volonté. Au second cas, le *vain-pâturage* est une servitude; le propriétaire ne peut de lui-même s'en affranchir, & il n'y a que des moyens fixés pour l'extinction des servitudes, qui puisse le faire cesser.

Quant à nos usages, il faut d'abord distinguer les pays de droit écrit d'avec les pays coutumiers.

Dans les pays de droit écrit, le *vain-pâturage* est encore ce qu'il étoit sous les législateurs de Rome; c'est-à-dire, purement précaire, quand rien ne justifie qu'il est dû à titre de servitude. Denisart, au mot *Clos*, rapporte un arrêt du 5 juillet 1760, qui jugea que le sieur Saulnier de la Noue, subdélégué à Tournus, propriétaire d'un pré à regain, situé à Courcelle, paroisse d'Ozenay, pays de droit écrit, pouvoit clorre son pré malgré les habitans, auxquels il est fait défenses d'y mener leurs bestiaux tant qu'il seroit clos.

A l'égard de nos coutumes, elles se partagent sur ce point en plusieurs classes.

1°. Les unes, conformes au droit romain, ne permettent la *vaine-pâture* qu'avec le consentement des propriétaires des terres ou prés. Telles sont celles de Berg-Saint-Winox, Bretagne, Epinal, Lorraine, Orléans, Blois, la Ferté-Imbault, Nivernois, Troyes & Chaumont.

2°. D'autres coutumes, sans faire du *vain-pâturage* une servitude naturelle, obligent le propriétaire de le souffrir aussi long-temps qu'il n'a pas mis ses héritages en défense, soit par des haies, soit par des fossés, & n'exceptent en sa faveur que le cas où il a pour lui une possession immémoriale du contraire. Telles sont entre autres les coutumes d'Auxerre, de Sens & de Melun.

3°. On trouve quelque chose de semblable dans la coutume de Berri, *tit.* 10, *art.* 6 & 7; mais cette loi fait une autre exception relativement au regain.

regain. Voici comme elle s'explique : depuis le premier jour de mars jufqu'au quinzième jour d'octobre, tous prés font défenfables, & n'eft loifible y mettre aucunes bêtes pour pâturer, fi ce n'eft après qu'ils font fauchés, & que le foin aura été recueilli, ou que le feigneur aura eu temps fuffifant pour le retirer; auquel cas, jaçoit ce qu'il y eût prohibition & défenfe du feigneur, eft loifible à tous autres y mettre leurs bêtes pâturer; toutefois fi lefdits prés portoient feconde herbe & revivre, feront défenfables durant le temps deffus dit, après que la première herbe aura été fauchée, jufqu'à ce que la feconde herbe aura été recueillie. Tous prés & autres héritages clos & fermés de murailles, haies, palis & foffés, font défenfables en quelque temps que ce foit; & les peuvent les feigneurs d'iceux faire clorre en la manière ci-deffus, pour les faire défenfables, fi bien qu'ils ne l'aient jamais été au précédent.

Ces difpofitions ne frappent que fur les prés. En voici une qui porte fur les friches, jachères & autres lieux femblables : c'eft l'article 11 du titre cité qui la contient : lieux non cultivés qui font en chaumes, friches, bruyères & buiffons, ne font aucunement défenfables, en quelque temps que ce foit; toutefois pourra le feigneur y faire pâturer fes bêtes, fi bon lui femble, & en faire chaffer les autres.

Ainfi, la coutume de Berri rentre, quant à ces fortes d'héritages, dans la première claffe des coutumes que l'on vient de paffer en revue.

4°. La coutume de Bourbonnois, art. 525, décide en général que les prés ouverts ne font défenfables qu'avant la fauchaifon de la première herbe, ou du regain, s'ils font en revivre; mais que lorfqu'ils font clos, ils font défenfables en tout temps.

Cela fuppofe évidemment que, dans cette coutume, le vain pâturage n'eft forcé de la part du propriétaire qu'autant qu'il néglige de clorre fes prés.

Même difpofition dans la coutume de la Marche, art. 354 : & tel eft également l'efprit de la coutume de Normandie.

5°. Il y a des coutumes qui érigent le vain-pâturage en fervitude générale & proprement dite; de manière que dans leur territoire un propriétaire eft obligé, malgré foi, de laiffer fes héritages ouverts aux beftiaux d'autrui.

Telle eft, à certains égards, la coutume de Montargis, chap. 4. Suivant l'article 1, les biens nobles font exempts du vain-pâturage. Mais l'article 2 foumet à ce droit toutes les terres roturières qui ne font clofes ou foffoyées; & ajoute que nonobftant cet afferviffement, le laboureur de la terre où il y a chaume, peut empêcher que l'on n'y entre avant qu'il n'ait eu le temps d'enlever ce chaume. L'article 3 déclare que l'on ne peut clorre les prés en prairie, ni par conféquent en défendre l'accès aux

beftiaux dans les temps marqués pour la vaine-pâture.

La coutume de Boulonnois, art. 131, 132 & 133, attribue au vain-pâturage des caractères frappans de fervitude. D'abord, elle affranchit de ce droit tous les biens des particuliers, depuis le 15 mars jufqu'au premier août exclufivement, qu'elle appelle temps clos; & le permet pour le furplus de l'année qu'elle appelle temps ouvert. Cependant elle ajoute à l'égard des prés, que s'ils ont été fauchés avant le premier août, & les foins enlevés, chacun a la faculté d'y faire pâturer fes beftiaux.

Enfuite, cette coutume exempte du vain-pâturage pendant toute l'année, 1°. les lieux anciennement clos, de quelque étendue qu'ils foient; l'ancienneté de leur clôture faifant préfumer un titre d'affranchiffement : 2°. les nouveaux clos, quand ils n'excèdent, fi ce font des fiefs, le quart de ces biens; & fi ce font des rotures, une mefure ou cinq quartiers de mefure de terre. Cependant elle exige que pour la franchife de cette dernière efpèce de clos, il y ait maifon, jardin ou plantation adjacente, parce que cette exemption n'eft accordée au propriétaire que pour fon utilité ou fon agrément.

Enfin, la coutume déclare que nul ne peut tenir fes terres & prés francs du pâturage commun, en tout temps, s'il n'a titre ou poffeffion duement prefcrite à ce fujet.

6°. La coutume de Poitou, art. 193, 195 & 196, fait entendre que les vaines-pâtures ne peuvent être mifes en défenfe dans les lieux où les pâturages font communs.

Ces termes méritent une attention particulière. Ils nous découvrent la véritable fource du droit de vain-pâturage, & la caufe pour laquelle il eft confidéré en tant d'endroits comme une efpèce de fervitude. Nous l'avons déjà dit, fi l'on s'arrête aux principes de la loi naturelle & du droit civil, le droit de vain-pâturage paroît injufte au premier afpect; il bleffe la diftinction des domaines introduite par le droit des gens; il gêne, il détruit même la liberté qu'a tout propriétaire de difpofer de fes héritages à fon gré. Mais l'intérêt réciproque des cultivateurs les a engagés à fe faire un facrifice mutuel de cette liberté. Ils ont, en quelque forte, affocié leurs propriétés refpectives, & ils fe font accordé le droit de faire pâturer leurs beftiaux fur les terres les uns des autres, quand elles feroient vuides & dépouillées.

Ces conventions n'ont pas été les mêmes partout; de-là ces différences que l'on vient de remarquer entre nos coutumes fur cette matière. Ici, chaque propriétaire, en renonçant à la liberté naturelle, s'eft réfervé le droit d'en ufer quand il lui plairoit. Là, il a mis à cette réferve des conditions qui en rendent l'exercice moins aifé. Dans un autre endroit, il a fait un facrifice abfolu & fans retour. C'eft à l'ufage ou à la coutume, qui eft un ufage écrit, à nous marquer quels font en chaque pays les nuances, l'étendue & les effets de ces fortes d'affociations.

Le parlement de Paris est celui qui s'est toujours le moins écarté des principes du droit commun, & il a fouvent maintenu par fes arrêts, les propriétaires d'héritages dans la faculté de les clorre, & de les fouftraire au *vain-pâturage*. On ne peut nier que cette liberté est un des moyens de favorifer la culture, & qu'elle procure le bien général de l'état, en même temps qu'elle affure l'intérêt des particuliers. C'est dans cette vue que depuis quelques années le roi a rendu différens édits pour le Béarn, la Franche-Comté, la Lorraine, les trois Evêchés, la Champagne & la Flandre, par lefquels il permet à tous propriétaires, fermiers & cultivateurs, de clorre les terres, prés, champs, & généralement tous les héritages, de quelque nature qu'ils foient, foit par des foffés, haies vives ou fèches, ou de telle autre manière que ce foit; il défend d'affujettir les terreins ainfi enclos tant qu'ils refteront en état de clôture, au parcours, ou de les ouvrir à la pâture d'autres beftiaux que ceux du propriétaire ou cultivateur; & il interprète à cet effet toutes loix, coutumes, ufages & réglemens contraires, même y déroge en tant que de befoin.

VAINES (terres). *Voyez* VAGUES.

VAISSEAU, f. m. (*Code maritime.*) fignifie un bâtiment construit en bois, d'une manière propre à transporter des hommes & des marchandifes par mer & fur les grands fleuves.

L'article premier du titre 10 du livre fecond de l'ordonnance de la marine du mois d'août 1681, porte que tous navires & autres bâtimens de mer feront réputés meubles, & ne feront fujets à retrait lignager, ni à aucuns droits feigneuriaux : néanmoins en Normandie & en Bretagne, ainfi que l'obferve M. Vallin, ils font fujets aux lods & ventes.

Quoique les *vaiffeaux* foient réputés meubles, ils ne laiffent pas d'être affectés aux dettes du vendeur jufqu'à ce qu'ils aient fait un voyage en mer fous le nom & aux rifques du nouvel acquéreur, à moins qu'ils n'aient été vendus par décret. C'est la difpofition de l'article 2 du titre qu'on vient de citer. Mais, comme il ne donne aucune préférence aux créanciers hypothécaires fur les créanciers chirographaires, la condition des derniers est égale à celle des premiers, & tous doivent être admis à toucher par concurrence, & par contribution au fou la livre, le prix du *vaiffeau*.

Le voyage aux rifques de l'acquéreur, opérant une prefcription à fon profit, il n'y a que les créanciers qui fe font pourvus avant le voyage achevé, qui foient fondés à former des prétentions contre lui. D'où il fuit que s'il aime mieux acquitter leurs créances que d'abandonner le navire, les créanciers qui ne fe font préfentés qu'après le voyage achevé, n'ont rien à lui demander. Mais fi au lieu d'offrir de payer les créanciers qui ont agi avant

le voyage achevé, il aime mieux abandonner le *vaiffeau*, cet abandon profite à tous les créanciers, foit qu'ils aient agi avant le voyage achevé, ou qu'ils n'aient point agi. Le *vaiffeau* étant alors fous la main de juftice pour être vendu judiciairement, tous les créanciers du vendeur indiftinctement, peuvent former oppofition aux criées, & faire valoir leurs droits comme fi le *vaiffeau* n'avoit pas voyagé.

Au furplus, le voyage que la loi requiert pour purger les dettes du vendeur du *vaiffeau*, s'entend de tout voyage en mer, au fimple cabotage comme au long cours, fans même qu'il faille le retour, pourvu toutefois qu'il y ait changement d'amirauté. Par exemple, fi vous achetez un navire à Saint-Malo, & que vous l'envoyiez à Bordeaux, vous ferez à couvert de toute recherche de la part des créanciers du vendeur, auffi-tôt que le navire fera arrivé à Bordeaux.

Si la vente d'un *vaiffeau* fe faifoit tandis qu'il est en voyage, elle ne pourroit pas préjudicier aux créanciers du vendeur. C'est ce qui réfulte de l'article 3. Cette décifion est fondée fur ce qu'il feroit contre les règles de la juftice que le propriétaire d'un navire pût, par une vente fecrète, priver fes créanciers du gage fur lequel ils ont dû compter.

Quoique les navires, ainfi que nous l'avons déjà dit, foient réputés meubles, ils peuvent être faifis & décrétés par autorité de juftice, & purger par ce moyen toutes fortes de privilèges & d'hypothèques. C'est une difpofition précife de l'ordonnance de 1681, liv. 1, tit. 14, dans lequel le légiflateur a prefcrit les formalités de ces décrets, l'ordre & la collocation des différens créanciers.

Les propriétaires ne peuvent obliger aucun d'entre eux à procéder à la licitation d'un navire commun, à moins que vus ne foient également partagés pour l'entreprife de quelque voyage. Cette difpofition de l'ordonnance est contraire à l'axiôme de droit, *nemo invitus in focietate manet*: mais le bien commun a exigé que le légiflateur y dérogeât, parce que autrement, un affocié pourroit, par caprice, ou par des vues particulières d'intérêt, faire manquer une entreprife de conféquence, en demandant à contre-temps la licitation d'un navire commun. *Voyez* ASSURANCE, AVARIE, FRET, &c.

VAISSEAUX D'EPS, VASSAUX, *ou* VASSIAUX D'EPS, c'est ainfi que plufieurs de nos coutumes appellent les ruches à miel & les effaims même des abeilles. Cette expreffion est très-ancienne dans notre droit. La loi falique, tit. 9, §. 1 & 3 de l'édition de Pithou, & la loi des Bavarois, tit. 21, chap. 9 & 18, difent auffi dans le même fens, *vas apium, vafcellum apium*. Les établiffemens de faint Louis, liv. 1, chap. 65, parlent de *vaiffel d'es*. La coutume d'Amiens, art. 191, dit *vaiffeaux d'eps*, ou *mouches à miel*. Celle de Cambrai, tit. 24, art. dernier, *vaiffeaux d'oes*, ou *abeillons à miel*; & les chartres de

Hainaut, *chap. 130, art. 24*, vaffeaux (ou *vaffiaux*) *d'ez*. Quelques éditions des anciennes chartres portoient mal-à-propos *vaffiaux d'els*. On a dit dans le même fens *abeillage*.

Plufieurs de nos coutumes affurent nommément les effaims d'abeilles comme une efpèce d'épave aux feigneurs, ou les partagent entre eux & l'inventeur. Les nouvelles chartres de Hainaut, *chap. 130, art. 24*, attribuent les *trennes & vaffaux d'ez*, c'eft-à-dire, les trouvailles des effaims d'abeilles, au feigneur haut-jufticier, pour le tout, lorfque le propriétaire ne les pourfuit pas.

L'article 191 de la coutume d'Amiens veut que les *eps* ou mouches à miel non pourfuivies appartiennent pour moitié à celui qui les trouve, & pour autre moitié au « feigneur vicomtier, ou autre » ayant plus haute-juftice, en la feigneurie duquel » elles fe font affifes. Mais fi celui à qui elles appar- » tiennent les pourfuit, tant qu'elles foient affifes, » elles lui demeurent & n'en perd la feigneurie & » doit demander congé aux gens de la juftice de » les lever & prendre, qui les lui doivent ac- » corder ».

La coutume de Cambrai, *tit. 24, art. dernier*, partage auffi par moitié les *vaiffeaux d'oës*, ou *abeillons à miel*, entre l'inventeur & *le feigneur de la feigneurie en laquelle ils font trouvés*, lorfqu'ils ne font pas pourfuivis dans huit jours par le propriétaire.

Les coutumes d'Anjou, *art. 12 & 13*; de Bourbonnois, *art. 337*; de Loudun, *tit. 3, art. 3*; du Maine, *art. 13*; & de Tours, *art. 17*, ont des difpofitions peu différentes.

Ces partages d'effaims ne font pas très-faciles à faire. Auffi Pallu, fur la coutume de Tours, & le Prouft fur celle de Loudunois, décident-ils qu'il faut que l'un ait tout l'effaim d'abeilles en payant à l'autre fa jufte valeur.

Le droit d'*abeillage* ou de *vaiffeau d'eps* a paru affez important autrefois pour que les feigneurs châtelains prétendiffent avoir le droit exclufif de les recueillir, & qu'ils les baillaffent à titre de cens. Ménage, au mot *Aboilage*, rapporte une fentence donnée aux affifes de la dame châtelaine de Château-Meillan, le dimanche après la faint Georges 1369, fur ce que meffire Pierre avoit pris abeilles en fon bois (de Nichier), qui appartenoit à ladite dame, pour le droit de la châtellenie. Le difpofitif porte qu'il fut accordé en jugement « que de ceci » en avant, ladite dame prendra & aura ledit *abeil*- » *lage* en bois dou dit chevalier, & ailleurs en fa » terre, par raifon de fa juftice & du droit de fon » cateau & fa châtellenie ».

Le même auteur & la Thaumaffière fur le titre 5, article 5 de l'ancienne coutume de Montargis, rapportent une chartre latine, donnée le vendredi avant la fête de faint Martin d'hiver 1319, par laquelle Pierre de Goupelaye, chevalier, & Guillaume fon fils, damoifeau, reconnoiffent qu'ils ont pris & tiennent de noble Marguerite, dame de

Sully & de Château-Meillan, à titre de cens perpétuel de vingt fous tournois par an, l'abolage des bois de Nichier : *quod abolagium eidem nobili* (*dominæ*) *pertinebat ratione juris caftellaniæ fuæ de Caftro-Mellani, &c.* (G. D. C.)

VALIDATION, f. f. (*terme de Pratique.*) eft l'action de faire valoir quelque chofe, qui, fans cela, ne feroit pas valable.

Validation de criées : ce font des lettres accordées en chancellerie, pour confirmer les criées, lorfqu'il y manque quelque défaut de formalité. Dans les coutumes de Vitry, Château-Thierry, & quelques autres, les praticiens font dans l'ufage, lorfqu'il eft queftion de certifier des criées, d'obferver fi toutes les fignifications ont été faites, parlant à la partie faifie ; cette formalité y eft tellement de rigueur, que pour en couvrir le défaut, on a recours à des lettres de *validation de criées* : l'adreffe de ces lettres fe fait au juge devant lequel les criées font pendantes. *Voyez le ftyle des lettres de chancellerie*, par M. de Pimont.

Validation de mariage : on trouve dans le ftyle de la chancellerie de Dufault, la formule de lettres de *validation de mariage* pour des gens de la religion prétendue réformée, qui s'étoient mariés, quoiqu'il y eût parenté au degré de l'ordonnance, entre la première femme & la feconde, à l'effet d'affurer l'état des conjoints, & celui de leurs enfans nés & à naître.

Validation de paiement, font des lettres que le roi accorde à un comptable, pour qu'on lui alloue à la chambre des comptes un paiement fur lequel elle pourroit faire quelque difficulté. *Voyez le ftyle de chancellerie de* Dufault, *page 79*.

VALIDE, ad. (*en droit.*) fignifie ce qui eft valable felon les loix : un acte eft *valide* en la forme, lorfqu'il eft revêtu de toutes les formalités néceffaires ; & il eft *valide* au fond, lorfque les difpofitions qu'il renferme n'ont rien de prohibé. *Voyez* ACTE, FORMALITÉ, FORME, VALABLE, VALIDITÉ. (A)

VALUE, f. f. (*terme de Pratique*) eft la même chofe que *valeur* ; mais il n'eft ufité que quand on dit *plus value*, *moins value*, en parlant d'objets eftimés ou vendus ; le *plus value* eft ce que la chofe vaut de plus que ce qu'elle a été eftimée ou vendue ; la *moins value*, eft ce qu'elle vaut de moins. La crue a été introduite pour tenir lieu de la *plus value* des meubles. *Voyez* CRUE, ESTIMATION, PRISÉE, VENTE. (A)

VARDE, VERDE, ou WARDE : ces mots ont été autrefois employés pour *garde*, fur-tout en parlant du droit de garde royale ou feigneuriale, fi connu dans la Normandie. *Voyez* du Cange & Pithou fur l'article 17 de la coutume de Troies. *Voyez* auffi l'art. GARDE SEIGNEURIALE. (G. D. C.)

VARECH, VRAICK ou WARECK, (*Droit féodal.*) ce mot a dans la Normandie deux acceptions différentes :

1°. Suivant l'article 596 de la coutume : « Sous » ce mot de *varech* & chofes gaives, font comprifes

» toutes chofes que l'eau jette à terre par tour-
» mente, & fortune de mer, ou qui arrivent fi
» près de terre, qu'un homme à cheval y puiffe
» toucher fa lance ».

2°. On donne le même nom à une efpece de
plante maritime qui a divers ufages.

Pour mettre de l'ordre dans cet article, on va
parler ici, 1°. de l'origine du mot & du droit de
varech; 2°. des objets qui en font aujourd'hui
partie; 3°. des perfonnes auxquelles ce droit appartient; 4°. des formalités qui en règlent l'ufage;
5°. de la plante appellée *varech*.

§. I. *De l'origine du mot & du droit de varech.*
On trouve dans nos auteurs beaucoup d'opinions
affez mal fondées fur l'origine du mot *varech*; mais
on voit dans le dictionnaire anglois de Johnfon,
que *viæce* fignifie en faxon, une perfonne miférable, & *wracke* en hollandois, un vaiffeau brifé.
Encore aujourd'hui on appelle *wreck*, ou *shipwrech*
en anglois, un naufrage, ou le brifement d'un
vaiffeau fur les rochers, ou la côte; & l'on peut
remarquer que d'anciens exemplaires du grand coutumier de Normandie, portent *werech*, au lieu
de *varech*, qu'on lit dans quelques éditions, &
dans le coutumier général, comme dans la nouvelle contume. L'ancien coutumier en vers françois,
imprimé à la fuite du dictionnaire de M. Houard,
dit indifféremment au chapitre 21 *wereft* ou *wareft*.

Il y a lieu de croire qu'on a donné le même
nom à l'efpèce d'herbe qui garnit les rochers &
les côtes de la mer, parce qu'elle fe trouve con-
fufément avec les effets naufragés, & que les
tempêtes en jettent de grandes quantités fur le
rivage.

L'hiftoire du droit de *varech* juftifie l'étymologie
qu'on vient de donner. La même caufe qui a introduit l'ufage du droit d'aubaine dans prefque toute
l'Europe, a fait auffi établir le droit de bris & de
naufrages, qui paroit avoir également fubfifté chez
les plus anciens peuples: on fait que les étrangers
y étoient prefque toujours regardés comme des
ennemis, ainfi que l'indique ce mot d'*hoftis*,
commun aux uns & aux autres.

Dans l'enfance des fociétés, prefque tous les
peuples maritimes étoient des pirates, comme le
font encore aujourd'hui les barbarefques. Il n'eft
donc pas étonnant qu'on y ait regardé comme un
droit la faculté de s'emparer des navires & des
autres effets naufragés: cet abus inhumain n'a été
profcrit à Rome que par une loi de Conftantin le
Grand, qui fe trouve au commencement du titre
5, livre 11 du code. Il n'y a pas long-temps qu'il
s'exerçoit encore de la manière la plus révoltante
dans la Baltique, & même, à ce que l'on dit,
dans la province de Cornouailles.

Quoi qu'il en foit, le droit de bris ou de naufrages fut mis au nombre des régales dans le droit
anglo-normand. Suivant le ftatut de la dix-feptième
année d'Edouard II, *chap.* 11, le roi doit avoir le
wreck de la mer, les baleines & les grands eftur-

géons pris dans la mer, ou autre part, excepté
dans les lieux privilégiés: ce ftatut n'étoit, à ce
qu'il paroit, que déclaratif; tous les effets d'un
vaiffeau naufragé jetté fur le rivage appartenoient
au roi, fuivant le droit commun: on tenoit pour
maxime que le propriétaire du vaiffeau ceffoit d'y
avoir droit dès l'inftant du naufrage.

Cette rigueur exceffive s'étoit infenfiblement
adoucie dès avant Edouard II. Henri I avoit d'abord
déclaré, par une loi citée par Spelman, dans fon
codex legum veterum, que fi quelqu'un fe trouvoit
dans le vaiffeau échoué, il n'y auroit pas lieu au
varech. Henri II ordonna par fa chartre du 26 mai
1174, que s'il fe fauvoit un homme fur les vaiffeaux
échoués fur les côtes d'Angleterre, de Poitou,
d'Oleron & de Gafcogne, ou s'il s'y trouvoit un
animal en vie, le bâtiment feroit rendu au propriétaire, pourvu qu'il le réclamât dans trois mois,
à défaut de quoi il feroit réputé *varech*, & appartiendroit au roi, ou au feigneur qui en auroit la
conceffion. Richard I étendit cet avantage aux
frères & fœurs du propriétaire, en cas qu'il fût
péri dans le naufrage; & l'on voit même dans
Bracton, *liv.* 3, *chap.* 3, que depuis le règne
de Henri III, il fuffifoit pour fe fouftraire au droit
de *varech*, qu'il fe trouvât fur les biens échoués
quelque marque qui pût en faire connoître le propriétaire.

Enfin le premier ftatut de Weftminfter, fous
Edouard III, veut que s'il y a un être vivant fur
le vaiffeau, il n'y ait point lieu au droit de *varech*.
Le sherif du comté eft obligé, dans ce cas, de
garder les effets qui font dans le vaiffeau par an
& jour, durant lefquels tout propriétaire a le droit
de les réclamer. Si les effets ne font pas fufceptibles à être confervés fans détérioration, il doit en faire
la vente & en garder le produit durant le même
temps, après lequel le roi ou le feigneur peut fe
l'approprier.

Tel eft le dernier état des loix angloifes, fi l'on
y ajoute divers règlemens qui ont été rendus dans
ce fiècle pour prévenir les naufrages, & empêcher
le pillage des effets de ceux qui l'ont éprouvé, comme on peut le voir au *liv.* 1, *chap.* 8 des commentaires de Blackftone, d'où la plupart de ces détails
font tirés. Il faut feulement obferver que le texte de
cet auteur eft perpétuellement altéré dans cet endroit, comme dans tous les autres, par le traduc-
teur françois.

Ces loix paroiffent être la fource de celles qu'on
fuit en Normandie, quoique ces dernières paroiffent
plus humaines que les premières, puifqu'il n'y a
aucun cas où les effets naufragés puiffent appartenir
au feigneur, au préjudice du propriétaire avant
l'an & jour.

On doit ajouter qu'on diftingue dans le droit
anglois le *varech* ou *vrech* proprement dit, qui n'a
lieu que pour les vaiffeaux échoués, d'avec le droit
de bris, qui a lieu pour les effets qui font hors du
vaiffeau en cas de naufrage: ce dernier droit fe

divise en trois espèces, qu'on distingue par des dénominations assez barbares, le *jetsam*, qui a lieu pour les effets qui sont jettés dans la mer & coulent à fond, le *flotsam*, qui désigne ceux qui surnagent, & le *ligan*, qui indique ceux qui étant enfoncés dans la mer, sont attachés à un liège ou à une bouée, pour en faciliter la recherche; mais ce droit de bris suit à-peu-près les mêmes règles que le *varech*.

§. II. *Des objets compris sous le nom de varech.* L'article 596 de la coutume de Normandie définit ce droit avec beaucoup de précision : « Sous ce » mot de *varech*, y est-il dit, sont comprises toutes » choses que l'eau jette à terre par tourmente & » fortune de mer, ou qui arrivent si près de terre, » qu'un homme à cheval y puisse toucher avec sa » lance. »

Il suit de là, que tout ce qui flotte sur la mer à une certaine distance des côtes, lors même que ce sont les débris du naufrage, ne peut point être appellé *varech*, & qu'on ne peut dire autant de tout ce qui seroit apporté sur le rivage par la main de l'homme. Ces derniers objets sont compris sous le nom de *bris & de naufrages*; ils appartiennent au roi ou aux seigneurs qui ont les grandes régales, tandis que le *varech* appartient toujours au seigneur du lieu, sauf les limitations dont on parlera au §. suivant.

On a demandé comment il falloit entendre ces mots : *Toutes choses que l'eau jette à terre, ou qui arrivent si près de terre,* &c. Le droit du seigneur s'étend-il sur tout ce qui est sur le rivage, & sur ce qui en est voisin dans le temps de haute ou de basse mer ? On connoit les loix romaines qui réputent rivage de la mer tout ce qui est couvert de ses eaux, dans le temps où elles montent le plus haut; mais l'application de ces principes paroît inutile ici. La coutume, en attribuant le *varech* au seigneur du fief où il est recueilli, se règle évidemment sur le temps où l'on s'en empare, pour lui en déférer la propriété. Il suffit que l'effet réclamé comme tel fût alors jetté sur le rivage, ou qu'il ne fût éloigné de la terre que de la longueur d'une lance tenue par un cavalier, pour que le seigneur puisse le revendiquer, quelle que fût d'ailleurs la hauteur des eaux à cette époque.

Suivant le droit anglois, on ne doit point réputer *varech* tout ce qui appartient au roi; il peut le réclamer, même après que le seigneur a rempli les formalités, & laissé passer le temps nécessaire pour s'assurer la propriété du *varech*. Nos loix françoises & nos jurisconsultes même, à ce que je crois, n'ont pas prévu la question. Comme il s'agit ici d'effets particuliers, on ne peut guère y appliquer les principes rigoureux de la domanialité.

Au reste, la question peut aussi se présenter pour les épaves que les seigneurs s'approprient, à-peu-près de la même manière dans la plupart des coutumes.

§. III. *A qui appartient le droit de varech.* Le droit de *varech* n'est point en Normandie, comme en Angleterre, un privilège de quelques seigneurs qui en ont eu la concession du Souverain. Suivant l'article 194 : « tout seigneur féodal a droit de » *varech* à cause de son fief, tant qu'il s'étend sur » la rive de la mer, comme semblablement des » choses vagues, » Cet article donne tout à la fois la décision & le motif qui en est le fondement; il attribue le *varech* aux seigneurs féodaux, en vertu du même principe qui leur assure les choses vagues, c'est-à-dire, les épaves.

La réunion de ces deux droits dans la main des seigneurs féodaux est très-ancienne en Normandie, quoiqu'elle soit contraire au droit commun, qui les assure au seigneur haut-justicier, & même au droit anglois qui les défère au roi de plein droit, & ne les attribue aux seigneurs particuliers, qu'autant qu'ils en ont une concession expresse. Une ordonnance de Louis Hutin, donnée à Vincennes le 22 juillet 1315, porte dans l'article 13 : « Item » que chacun noble, ou autre, par raison de sa » droiture, ou de son fief qu'il tient, en le duché » de Normandie, dorésnavant *varech* & choses » gayves ait sa terre, ait & prenne entièrement, » si comme est contenu au registre de la coutume de Nor- » mandie, usage au contraire non contrestant ». Ces derniers mots supposent que le droit des seigneurs de fief étoit bien antérieur à l'ordonnance.

Il y a néanmoins beaucoup d'objets qui sont réservés au roi dans le *varech*; c'est ce qu'on voit dans l'article 602 de la coutume de Normandie, qui est ainsi conçu : « L'or & l'argent, en quelque » espèce qu'il soit, en vaisseaux, monnoyé ou en » masse, pourvu qu'il vaille plus de vingt-trois » livres; chevaux de service, francs-chiens, oi- » seaux, ivoire, corail, pierreries, écarlate, le » *vair*, le *gris*, & les peaux de zibelines qui ne » sont point encore appropriées à aucun usage » d'homme, les trousseaux des draps entiers liés, » & tous les draps de soies entiers, & tout le » poisson royal qui de lui vient en terre sans aide » d'homme, appartient au roi, en quoi n'est com- » prise la baleine; & toutes autres choses appar- » tiennent au seigneur ».

On peut consulter les commentateurs de la coutume sur les difficultés auxquelles cet article peut donner lieu : il suffira seulement d'observer qu'ils ne paroissent point avoir entendu ce mot *vair*. Terrien avoit même voulu substituer le mot *verd-de-gris* à ceux-ci : *le verd, le gris,* qui se trouvoient dans le grand coutumier de Normandie. Mais il est évident qu'on doit lire, *le vair, le gris,* qui sont deux espèces de fourrures très-recommandables autrefois, & qui, par cette raison, ont joué un si grand rôle dans les habillemens de cérémonie, & qui le conservent encore dans les armoiries. On sait qu'on appelloit *gris* ou *petit-gris* la fourrure d'une espèce de rats ou d'écureuils du nord. Il paroît que le *vair* étoit une fourrure à-peu-près de la même espèce, comme on peut le voir dans le glossaire de du Cange, au mot *vares*.

Quant à l'exception que cet article fait de la baleine en faveur des feigneurs de fief, M. Houard a remarqué « que cette décifion eft contredite par ». Britton & par l'ancien coutumier, qui compren- » nent expreffément, fous le nom de *vareck*, *tout* » *poiffon qui par lui vient à terre*, & *y aura été prins*. » Ceci vient, ajoute M. Houard, de ce que les » réformateurs du coutumier ont confulté & fuivi » (la glofe de) Rouillé fur cette matière. Il fou- » tient en effet, on ne fait par quel motif, que » *la baleine n'eft pas un poiffon royal*. Pour bien » connoître l'efprit de l'ancienne légiflation nor- » mande, il eft étonnant qu'on n'ait pas eu plutôt » recours, lors de la réformation, aux écrivains » anglois qu'à ce gloffateur ».

§. IV. *Des formalités relatives à l'exercice du droit de varech*. Le *varech*, comme les épaves, n'appar- tient au feigneur de fief, que lorfque le propriétaire eft cenfé ne plus exifter, ou être inconnu. Les loix angloifes & les loix normandes font également parties de ces mêmes principes ; mais ces dernières en ont fait une application plus humaine. En Angle- terre le droit de *varech* eft immédiatement acquis au roi dès l'inftant que les effets naufragés ont été arrêtés ou recueillis fur la côte, s'il n'y a rien qui puiffe en indiquer le propriétaire, ou s'il n'y a pas un animal vivant fur le vaiffeau échoué. On n'eft obligé de garder les effets, pour donner au pro- priétaire le temps de les réclamer, qu'autant qu'il fe rencontre l'une ou l'autre de ces circonftances, comme cela eft, à la vérité, le plus fouvent. La coutume de Normandie veut au contraire, dans tous les cas indiftinctement, que la juftice conftate la nature des effets naufragés, & que le feigneur foit tenu de les garder une année avant que le pro- priétaire puiffe en être privé de la faculté de les réclamer.

Tout cela eft expliqué en détail dans les articles 597, 598, 599, 600 & 601, dont voici le texte. « La garde du *varech* appartient au feigneur du fief » fur lequel il eft trouvé, fans qu'il le puiffe enlever » ou diminuer aucunement, jufques à ce qu'il ait » été veu par la juftice du roi.

» La juftice, après vifitation duement faite, doit » laiffer le *varech* au feigneur du fief ; & au cas » qu'il fût abfent, & qu'il n'y eût homme folvable » pour lui, doit être baillé à perfonnes folvables » pour le garder par an & jour.

» Et fi c'eft chofe qui ne fe puiffe garder long- » temps fans empirer, elle fera vendue par auto- » rité de juftice, en retenant marque & échantillon » d'icelle pour reconnoiffance ; & fera le prix » baillé, ainfi que dit eft, pour être gardé comme » la chofe même.

» Si dans l'an & jour le *varech* eft réclamé par » perfonnes à qui il appartient, il lui doit être » rendu, en payant les frais raifonnables faits pour » la garde & confervation d'icelui, tels que juftice » arbitrera.

» Et où aucun ne fe préfentera dans l'an & jour » pour le réclamer, le *varech* appartient au fei-

» gneur, fans que puis après il en puiffe être » inquiété. »

Il feroit à defirer que cet intervalle d'an & jour fût encore prolongé, du moins pour les bâtimens entiers, & pour les effets d'une valeur confidé- rable, depuis que le commerce, en étendant fes entreprifes, amène fur nos côtes des vaiffeaux qui viennent de toutes les parties du monde.

Quoi qu'il en foit, on voit que les articles 597 & 598 font de la vifite du *varech* un cas royal : il y a plufieurs raifons pour cela ; la première, qui a été remarquée par M. Houard dans fes anciennes loix des François, tome II, page 18, eft que ce droit n'étoit point ordinairement une dépendance ordinaire du fief. Si l'on confulte les monumens du droit anglois, qui font bien antérieurs à la cou- tume de Normandie, il falloit une conceffion par- ticulière pour en jouir. Encore aujourd'hui le *varech* des feigneurs eft du moins fujet à des réferves très-importantes en faveur du roi : il falloit donc, pour la confervation de fes droits, que la vifite des échouemens fût faite par fes officiers. Enfin on fait que les feigneurs de fief à qui le *varech* appartient dans les cas ordinaires, n'ont qu'une jurifdiction foncière, qui eft rigoureufement bor- née aux attributions qui leur font accordées par les premiers articles de la coutume, & l'on n'y trouve rien qui puiffe comprendre le droit de *varech*.

§. V. *De l'herbe appellée varech*. Cette efpèce d'herbe, qui vient fur les côtes de Normandie, n'eft pas particulière à cette province, elle eft auffi connue dans d'autres provinces maritimes : on l'appelle *goefmon* ou *gouefmon* fur les côtes de Bretagne, & *far* dans le pays d'Aunis. Les loix qui ont été rendues pour en régler l'ufage en Norman- die & dans les autres provinces feptentrionales, femblent néanmoins annoncer qu'elle y eft plus commune, ou qu'on fait mieux en tirer parti.

Le *varech* fert fur-tout à l'engrais des terres, & à faire une efpèce de foude, qu'on appelle *foude de varech*, ou *foude de Cherbourg*. Bafnage remarque, fur l'article 601 de la coutume de Normandie, qu'en 1635 on mit le *varech* en parti ; que le traitant le faifoit brûler, qu'il en vendoit les cendres fort cher, & qu'il fit faire défenfes à toutes perfonnes d'en enlever ; mais que fur les plaintes qui en furent faites, le parlement de Rouen donna un arrêt le 14 décembre 1635, par lequel il défendit au par- tifan de le brûler, ni d'en empêcher l'ufage aux riverains. Depuis, l'ordonnance du mois d'août 1681, concernant la marine, en avoit réglé la récolte pour toute la France : les difpofitions de cette loi ont été renouvellées, & plus étendues par une déclaration du 30 mai 1731, qui fait le dernier état des chofes à cet égard ; mais qui ne concerne que les côtes de Flandres, pays conquis & reconquis, Boulonnois, Picardie & Normandie. Le préambule de cette dernière loi nous apprend qu'elle a fur-tout eu pour objet de concilier l'uti- lité, dont la récolte de cette herbe peut être pour les habitans, avec la nécessité d'en empêcher la destruction : « parce qu'elle conserve le frai du » poisson qui s'amasse autour de ces herbes ; que » les poissons qui y éclosent y trouvent un abri & » une pâture assurée ; qu'ils s'y fortifient, & y » séjournent pendant l'été & une partie de l'au- » tomne, jusqu'à ce que les eaux devenant froides, » les obligent de se retirer dans le fond de la mer ».

C'est dans ces vues que le gouvernement fit faire des visites, « pour être informé des endroits » où les habitans ne peuvent point se passer de » varech pour l'engrais de leurs terres, & de ceux » où il y en a suffisamment pour pouvoir fournir » à cet engrais & faire de la soude, & du temps » pendant lequel il convenoit d'en permettre la » coupe, en conciliant la conservation du frai du » poisson, & du poisson du premier âge, avec le » besoin que les habitans pourroient avoir de ces » herbes plutôt dans une saison que dans une » autre ».

La déclaration contient trois titres : dans le premier, on donne le nom & le nombre des paroisses de chaque amirauté des provinces de Flandres, pays conquis & reconquis, Boulonnois, Picardie & Normandie, dont les habitans peuvent faire la coupe du varech ; & l'on indique la saison & le nombre de jours pendant lesquels la coupe pourra en être faite. Toutes les dispositions de ce titre doivent être suivies, à peine de 300 liv. d'amende pour la première fois, & de punition corporelle en cas de récidive.

Le titre second fixe la manière de faire la coupe, qui doit être réglée par une délibération de la communauté, & faite avec couteau & faucille, sous de pareilles peines. La coupe ne doit non plus être faite que par les habitans de la paroisse, qui ne peuvent pas porter le varech hors de ses limites.

Le titre 3 proscrit les prétentions que les seigneurs auroient pu élever sur cette espèce de varech. L'article premier fait défenses à tous seigneurs, voisins de la mer, « de s'approprier aucune » portion de rochers ou de côtes où croissent les » herbes de mer, connues sous les noms de varech » ou vraicq, sar ou gouesmon, d'empêcher leurs » vassaux de les enlever dans les temps que la » coupe en pourra être faite, d'exiger aucune » chose pour leur en accorder la liberté, & d'en » donner la permission à d'autres, à peine de con- » cussion ».

Les articles suivans assurent de plus en plus la liberté de la coupe & de la récolte du varech. L'article 4 permet à toutes personnes l'enlèvement de celui qui est détaché des rochers par l'agitation de la mer, & jetté à côte sur le flot ; soit pour l'engrais des terres, soit pour en faire de la soude, avec défenses de les y troubler ni inquiéter, « quand bien même ceux qui enlèveroient ces » herbes les auroient prises sur d'autres territoires » que le leur, à peine de 500 liv. d'amende contre » les contrevenans ».

L'article 5 défend de brûler ces herbes dans tout autre temps que celui où le vent viendra des terres & portera du côté de la mer, à peine de 300 liv. d'amende.

L'article 6 charge les procureurs des amirautés de veiller à l'exécution de ces prohibitions, & veut que les sentences à intervenir soient exécutées, par provision pour les condamnations d'amende, jusqu'à la concurrence de 300 l., sans qu'il puisse être accordé de défenses.

Enfin l'article 7 & dernier veut que l'appellant fasse statuer sur son appel, ou mette la cause en état d'y faire statuer dans l'an & jour, à défaut de quoi, les jugemens sortiront leur plein & entier effet, & les amendes seront distribuées conformément auxdites sentences.

On trouve dans le dictionnaire du droit normand, un arrêt qui a renouvellé pour la province de Normandie les dispositions de cette déclaration, en prenant de nouvelles précautions pour prévenir les dangers qui résultoient pour la santé & pour l'agriculture, du brûlement inconsidéré du varech dans toute sorte de temps & dans toute sorte de lieu.

Indépendamment de l'usage qu'on fait de la soude de varech pour la verrerie, quelques personnes l'avoient aussi employée à la fabrication du savon, à la pharmacie & au blanchissage du linge, en le mêlant avec la soude d'Alicante ; mais il a été reconnu que cet usage du varech étoit nuisible. En conséquence, une ordonnance du lieutenant-général de police du 9 août 1782, homologuée par arrêt du 2 septembre suivant, a fait défenses aux marchands épiciers & à tous autres de la ville, fauxbourgs & banlieue de Paris, qui font le commerce de cendres de varech en pains, masses, bittes ou pulvérisées, d'en vendre ni débiter de telle manière que ce soit, après le délai de trois mois, à compter du jour de la publication de la présente ordonnance, & ce, jusqu'à ce qu'il en ait été autrement ordonné, à peine, contre chaque contrevenant, de saisie, confiscation desdites marchandises, & de 500 l. d'amende, même d'interdiction de leur commerce en cas de récidive. (M. GARRAN DE COULON, Avocat au Parlement).

VARESQUE. C'est la même chose que varech. Voyez ce mot, & le glossaire du droit françois. (G. D. C.)

VASSAL, (Droit féodal.) c'est le possesseur du fief servant. Ainsi, ce mot est toujours correlatif de celui de seigneur dominant : mais le vassal est souvent lui-même seigneur dominant d'un ou de plusieurs autres fiefs qui relèvent du sien.

Il ne faut pas confondre ce mot de vassal avec celui de censitaire, comme on le fait quelquefois : les vassaux possèdent leur tenure noblement, & à titre de fief ; ils sont presque toujours sujets à la foi & hommage, & nécessairement à la fidélité envers leur seigneur. Les censitaires n'ont qu'une tenure roturière, qui, suivant le droit commun, ne les assujettit à rien autre chose qu'à des redevances de différentes espèces, ou à des services ignobles, tels que les corvées. Il y a néanmoins des pays où les tenanciers roturiers sont tenus à la fidélité envers leur seigneur, par exemple en Normandie, & d'autres même où ils doivent lui faire hommage, comme dans le Languedoc. En Provence, cet hommage est dû au seigneur justicier par tous ceux qui habitent dans sa justice; mais ce sont-là des exceptions locales, qui prouvent que l'essence du fief & de la censive n'a pas été partout suffisamment distinguée.

On va parler ici, 1°. de l'origine du vassal, & de quelques autres qui y sont relatifs; 2°. des différentes espèces de vassaux; 3°. des devoirs du vasselage; 4°. des droits des vassaux; 5°. des droits & des devoirs des seigneurs envers leurs vassaux.

§. I. *De l'origine du mot* vassal, *& de quelques mots qui y sont relatifs.* On trouve dans les auteurs une multitude de conjectures sur l'origine du mot *vassal.* L'opinion la plus vraisemblable est celle du savant Loccenius, qui, dans le glossaire joint à ses *antiquitates sueco-gothicæ*, dérive ce mot de l'ancien gothique *wassel,* qui signifie sujet.

Cet auteur ajoute que *vassus* est le mot primitif latin, d'où l'on a formé dans la suite celui de *vassallus* : c'est aussi l'avis de Pithou & de Brodeau, qui pensent, d'après plusieurs savans, que ce terme est d'origine françoise. *Capellani minores,* dit Walafride Strabon, *ita sunt, sicut hi, quos vassos dominicos gallicâ consuetudine nominamus.*

Le continuateur d'Aimoin dit de la même manière : *Ordinavit autem per totam Aquitaniam, comites, abbatesquè, nec non alios plurimos, quos vassos vulgò vocant ex gente Francorum.*

Il paroit, d'après divers autres passages cités par Pithou & du Cange au mot *Vassus,* que ce dernier mot signifioit autrefois un valet, un jeune serviteur, un page.

On a même donné ce nom à des valets d'armée dans le passage suivant : *Quod cùm errônei militum vassalli cognovissent ei juxta viam insidias ponentes spoliare moliti sunt.*

D'autres monumens, cités encore par Pithou & du Cange, prouvent que l'on donnoit des bénéfices à ces vassaux. Comme le service auprès de la personne des princes & des seigneurs étoit le plus sûr moyen d'obtenir ces graces, & qu'il désignoit une sujétion flatteuse pour ceux qui les accordoient, ce mot devint bientôt caractéristique pour distinguer ceux qui possédoient des fiefs ou des bénéfices : mais on voit qu'il n'a pas toujours signifié la même chose; c'est à quoi l'on doit bien prendre garde, en lisant les capitulaires, les formules, & d'autres pièces du même temps.

Spelman a prétendu que le nom de *vassal* étoit plus nouveau que la chose; cependant on trouve ce mot dans nos plus anciennes loix, dans les capitulaires, &c. il paroit même qu'il a désigné les tenanciers à titre de fief ou de bénéfice dès la première race. (*De l'état civil des personnes, & de la condition* *des terres dans les Gaules, liv. 7, art. 1, chap. 3, p. 20*).

Il est vrai néanmoins qu'il y a eu des vassaux & des concessions de bénéfices, avant qu'on donnât ce nom à ceux qui les possédoient. Voici comment s'est exprimé à cet égard l'immortel auteur de l'Esprit des loix, en parcourant d'un seul coup-d'œil tout le système de l'édifice féodal, depuis les fondemens jusqu'au comble : « j'ai parlé de ces » volontaires qui chez les Germains suivoient les » princes dans leurs entreprises : le même usage » se conserva après la conquête. Tacite les désigne » par le nom de compagnons ; la loi salique, par » celui d'hommes qui sont sous la foi du roi ; » les formules de Marculfe, par celui d'antrustions » du roi ; nos premiers historiens, par celui de » leudes ; les suivans, par celui de vassaux & de » seigneurs ». (*Esprit des loix, liv. 28, ch. 16.*)

On trouve aussi les vassaux désignés sous le nom de *fidèles, consortes, conjuges, comites, commilitones, milites, beneficiarii, honorati,* dans les auteurs de la basse latinité, parce que leurs fonctions, qui étoient le plus souvent honorables, exigeoient la plus grande fidélité dans le service militaire, & qu'elles les rendoient des compagnons, pour ainsi dire, inséparables de leurs seigneurs.

Enfin nos coutumes, & les anciens auteurs du droit françois, appellent aussi les vassaux, *confés de cour ; pairs, ou hommes de cour ; hommes de fiefs ; francs-hommes,* ou simplement *hommes* : c'est de ce mot *homme,* qui désigne si fortement les devoirs des vassaux envers le seigneur, d'où l'on a tiré, par cette raison, le mot *hommage,* pour exprimer l'acte qui établit la vassalité.

On a fait également du mot *vassal,* ceux de *vasselage, vasseur, vavassier, vavassorie,* &c. dont on donnera l'explication dans des articles séparés.

Enfin ce mot *vassal* a lui-même été employé génériquement pour signifier des guerriers vaillans & magnanimes : on l'emploie encore quelquefois pour désigner tous les sujets d'un prince ou d'un seigneur ; mais son acception propre, est celle du propriétaire d'un fief, considéré relativement au seigneur duquel il relève : c'est la seule dont on parlera ici.

§. II. *Des différentes espèces de vassaux.* Plusieurs capitulaires distinguent quatre sortes de vassaux; ceux du roi, ceux des évêques, ceux du comte & ceux des leudes, c'est-à-dire, les vassaux des vassaux du roi ; tous avoient leur discipline & leurs règles particulières ; tous étoient dans la dépendance de ceux dont ils relevoient, & conduits par eux à la guerre. *Voy.* néanmoins l'*Esprit des loix, liv. 30, ch. 15.*

On a beaucoup disputé si les vassaux du roi étoient de condition libre ou servile : plusieurs capitulaires prouvent qu'il y en avoit de libres, & d'autres qu'il y en avoit aussi de serfs. Il en étoit de même des vassaux des seigneurs particuliers ; on peut en voir des preuves dans les passages recueillis récueillis par du Cange au mot *Vaſſalus*, ainſi que dans le livre 7, troiſième partie *de l'état civil des perſonnes & de la condition des terres dans les Gaules*. Mais M. Bouquet a fait voir dans la troiſième partie, article 2 du droit public de France, que ces ſerfs n'en rempliſſoient pas moins des fonctions très-importantes.

Les vaſſaux du roi en particulier avoient en effet les plus grands privilèges : quand ils étoient accuſés de quelques crimes, & qu'ils étoient obligés de s'en purger par ſerment, ils n'étoient pas tenus de le faire par eux-mêmes ; ils faiſoient jurer pour eux les plus conſidérables de ceux qui leur étoient ſoumis, *meliores illorum homines*, ſuivant les capitulaires de Karloman, *tit.* 2, *chap.* 4 et 11.

On les envoyoit dans les provinces pour aſſiſter les comtes dans l'adminiſtration de la juſtice, & dans leurs autres fonctions. On trouve nombre de jugemens rendus par les comtes avec eux : c'eſt pourquoi on les confondoit ſouvent avec les vaſſaux des comtes, & ils le devinrent en effet quand les comtés furent rendus héréditaires.

Les livres des fiefs diſtinguent auſſi quatre claſſes de vaſſaux ; la première comprend ceux qui ſont revêtus des dignités les plus éminentes, telles que celle de duc, de marquis & de comte ; la ſeconde comprend les capitaines & les grands vavaſſeurs ; la troiſième, les vavaſſeurs ſimplement dits, & les petits vavaſſeurs, ou valvaſſins ; la quatrième enfin comprend les roturiers (*plebeios*) qui ont des fiefs non nobles. Cette dernière eſpèce ne mérite qu'improprement le nom de *vaſſaux*, & cette diſtinction n'eſt plus d'aucun uſage dans les pays même où les livres des fiefs forment le droit commun. (*Voyez* Struvii Syntagma, *jur. feudalis, cap.* 3, *n°.* 5.)

Une autre diſtinction très-importante autrefois, eſt celle des vaſſaux, *d'hommage lige*, & des vaſſaux *d'hommage ſimple* ou *plain*. *Voyez* HOMMAGE, HOMMAGE LIGE, HOMMAGE PLAIN, &c.

Une dernière diviſion, qui eſt d'un grand uſage dans notre droit, eſt celle des vaſſaux en *anciens* & en *nouveaux* vaſſaux. On appelle ancien *vaſſal* celui qui a déjà prêté l'hommage, ou qui l'a offert d'une manière régulière. L'article 66 de la coutume de Paris, & un grand nombre d'autres coutumes, diſent que *l'ancien vaſſal ne doit que la bouche & les mains à ſon nouveau ſeigneur*, c'eſt-à-dire, que le changement de ſeigneur n'aſſujettit le *vaſſal* au paiement d'aucun droit de mutation. Cette expreſſion des coutumes ſemble auſſi indiquer que l'ancien *vaſſal* n'eſt pas tenu de réitérer le ſerment de fidélité : C'eſt du moins ainſi qu'on l'enſeigne dans les livres des fiefs, quoique l'ancien *vaſſal* y ſoit également obligé de ſe préſenter au nouveau ſeigneur, pour demander un rénouvellement d'inveſtiture, & offrir ſes ſervices ; mais cela ne s'obſerve point en France. *Voyez* au ſurplus les articles SAISIE FÉODALE, §. IV, & SOUFFRANCE.

Quelques auteurs ont auſſi voulu établir une diſtinction entre les nobles & les roturiers, rela-

tivement au vaſſelage : ils penſent que le *vaſſal* noble n'eſt pas tenu de faire hommage en perſonne au ſeigneur roturier ; Pithou, ſur l'article 16 de la coutume de Troyes, dit même « que par arrêt » de la Chandeleur 1265, fut dit qu'Amaulry de » Meun, écuyer, n'étoit tenu faire la foi & hom- » mage à Jean Forget, bourgeois de Paris, qui » étoit vilain & roturier, attendu même que le » fief dominant, dont il étoit ſeigneur, ne lui appar- » tenoit par ſucceſſion, mais d'acquêt ».

Le ſentiment le plus commun eſt néanmoins aujourd'hui que le *vaſſal* noble ne peut pas s'exempter de faire hommage à ſon ſeigneur dominant, quoiqu'il ſoit roturier, à moins de quitter le fief qui l'y oblige. (Ferrière, *coutume de Paris, art.* 1.)

Le droit des fiefs eſt effectivement plus réel que perſonnel ; & tout détenteur de fief devant la fidélité à ſon ſeigneur, encourant même la commiſe, s'il y manque, on a le droit d'en exiger le ſerment.

§. III. *Des devoirs du vaſſelage.* L'inféodation & l'inveſtiture forment un contrat dans lequel on doit diſtinguer, comme dans tous les autres, les clauſes qui ſont de ſon eſſence, ou ſans leſquelles il ne pourroit ſubſiſter ; celles qui ſont ſeulement de ſa nature, & qui ſont cenſées compriſes dans le contrat, ſans que les parties s'en ſoient expliquées, quoiqu'elles puiſſent en être exclues par une choſe expreſſe ; enfin celles qui lui ſont accidentelles, & qui ne peuvent y être admiſes qu'en vertu d'une convention formelle.

L'eſſence du fief, ſur-tout quand on le conſidère relativement au *vaſſal*, conſiſte dans la foi, c'eſt-à-dire, dans la fidélité que le *vaſſal* doit à ſon ſeigneur. Il ne faut donc pas confondre la fidélité due par le *vaſſal*, avec la formalité de la foi & hommage : l'une eſt de l'eſſence de la vaſſalité ; il ne peut y avoir de lien féodal ſans elle ; mais la formalité de la foi & hommage peut être remiſe au *vaſſal* par une convention particulière. *Feudi ſubſtantia*, dit Dumoulin, *in ſolâ fidelitate, quæ eſt ejus formâ eſſentialis ſubſiſtit........ Poteſt ſubſiſtere feudum abſque obligatione ſervitiorum, imò abſque juramento fidelitatis, non tamen abſque fidelitate in ſe, ne contineat repugnantiam ; ſed eſt feudum improprie.* (Ad. tit. feudor. conſ. Par. pr. n°. 115).

Cette obligation de fidélité qui forme l'eſſence du *vaſſelage*, tient immédiatement à l'inſtitution des fiefs, & tous les devoirs impoſés au *vaſſal* s'y rapportoient autrefois. Le ſervice militaire étoit le principal de ces devoirs ; les vaſſaux le devoient faire à leur ſeigneur de la manière réglée par l'inveſtiture, ou par les uſages des lieux.

Auſſi tous les anciens hommages portoient l'obligation du ſervice militaire, ſous les noms *d'oſt & chevauchée*, parce que la plupart des vaſſaux étoient obligés d'aller à la guerre, armés de pied en cap, & à cheval, avec un certain nombre d'hommes, ſuivant la qualité de leurs fiefs, & le nombre des arrière-vaſſaux qui en dépendoient : ils devoient ce ſervice non-ſeulement lorſque leur ſeigneur alloit en guerre avec le roi, mais encore lorfqu'ils y alloient contre lui.

On peut voir dans Joinville, & dans les differtations 13 & 14 de Ducange fur cet auteur, combien cette jurifprudence étoit affurée. Tout ce que put ou ofa faire faint Louis, fut d'ordonner que lorfqu'un feigneur appelleroit fes vaffaux contre le fuzerain, ils ne feroient tenus d'y aller fous perte de leur fief, qu'après avoir pris connoiffance de la juftice des plaintes qu'il en faifoit. *Voyez* les établiffemens de faint Louis, *tit. 49*, & la note C de Laurière.

L'obligation du fervice militaire fubfiftoit encore dans toute fa force du temps de Bouteiller, qui vivoit fous Charles VII. Il dit que « fi le feigneur » femond fon homme de fief d'aller en l'oft où le » feigneur foit, fi l'homme défaut, il eft amen- » dable de foixante livres, & il eft autrefois l'avoit » femond derechef pour un oft, & l'homme deme- » rerât encore en défaut, il perdroit le fief; &, » felon aucuns, il y auroit trois femonces ». (Somme rurale, *liv.* 1, *tit. 83*).

Ce droit s'eft depuis aboli infenfiblement. Le fervice militaire ne peut plus être dû aux feigneurs de fiefs, fi ce n'eft au roi, lorfqu'il lui plaît de convoquer le ban & l'arrière-ban. Encore, dans ce cas-là, n'obferve-t-on plus la fubordination féodale; les vaffaux ne font plus commandés par leurs feigneurs. Tous font immédiatement aux ordres des baillis & fénéchaux des provinces.

Il refte cependant quelques veftiges de cet ancien droit dans bien des coutumes; ainfi, c'eft parce que les femmes étoient incapables du fervice militaire, que celle de Paris & plufieurs autres leur préfèrent encore les mâles pour la fucceffion des fiefs en ligne collatérale, & que la coutume de Normandie les préfère même en ligne directe. De la même fource dérivent auffi les droits de guet & garde dont parlent quelques coutumes, comme celles de Tours & de Loudun, &c.

Les titres de plufieurs feigneuries affujettiffent encore les vaffaux à contribuer aux réparations des châteaux & maifons fortes des feigneurs châtelains & des autres feigneurs qualifiés; & cette obligation étoit autrefois générale.

Coquille obferve même « que plufieurs baron- » nies mouvantes de duché ou comté, rétiennent » encore le titre de maréchal ou fénéchal de pro- » vince; & par leurs anciens aveux, dénom- » broient avoir droit de mener la première ba- » taille du duc ou du comte, comme eft la ba- » ronnie de la Ferté-Chauderon en Nivernois ». (Inft. au droit françois, *tit.* 1).

M. Salvaing dit enfin qu'il eft dû une fubvention par quelques vaffaux au feigneur qui va à la guerre pour le fervice du fouverain, mais qu'il faut qu'il y ait titre. (Ufages des fiefs, *chap.* 11). *Voyez* TAILLE AUX QUATRE CAS, §. IV.

Le gouvernement civil étoit tellement lié au gouvernement militaire dans le fyftême féodal,

qu'il n'y avoit prefque point d'autres conteftations que les guerres, & d'autres jugemens que les combats. Les loix même fe faifoient dans les camps, & il n'y avoit de légiflateurs que les feigneurs & leurs vaffaux; le camp & la cour des plaids étoient la même chofe. Tous les vaffaux étoient donc tenus d'accompagner leur feigneur aux plaids généraux, & d'y paroître en équipage de guerre; fous peine de perdre leur fief.

Quelques révolutions qu'il y ait eu dans notre gouvernement & dans nos mœurs fur tous ces objets, l'obligation de la fidélité fubfifte encore dans fon intégrité, quoique les effets n'en foient plus auffi étendus. Le violement formel de ce devoir feroit prononcer la perte du fief contre celui qui en feroit coupable, indépendamment des autres peines dues à la vindicte publique, fuivant la nature de l'injure; & fi elle étoit moins grave, elle donneroit lieu à la privation du fief pour la vie du *vaffal* feulement. *Voyez* COMMISE & FÉLONIE.

Les livres des fiefs, ou les jurifconfultes qui ont traité du droit féodal dans les pays où ces livres forment le droit commun, enfeignent encore que le *vaffal* ne peut plaider en fon nom contre fon feigneur fans prêter le ferment de calomnie, & fans en avoir obtenu l'autorifation; qu'il ne peut pas être l'avocat de fes adverfaires, ni porter témoignage contre lui dans les matières criminelles & même en matière civile, fous peine de perdre fon fief : mais ces marques de refpect n'ont jamais été exigées en France, ou bien l'ufage en a ceffé depuis long-temps. Un arrêt du parlement de Paris, de l'an 1384, rapporté par Joannes Galli, *queft.* 23, a jugé que l'avocat pouvoit valablement plaider contre fon feigneur lorfqu'il étoit queftion d'autre chofe que du fief dont il relève, & qu'il ne s'agiffoit ni de la vie, ni de la réputation du feigneur.

Cette exception prouve qu'il n'en feroit pas de même s'il s'agiffoit d'un procès criminel. L'avocat qui fe chargeroit d'une telle caufe manqueroit trop effentiellement au refpect qu'il devroit à fon feigneur; & nos jurifconfultes les plus éclairés tiennent que dans ce cas le *vaffal* s'expoferoit à la commife. Il en feroit de même fi le procès avoit pour objet le fief même d'où relève celui du *vaffal.* (*Voyez* Choppin, *de confuet. And. lib.* 2, *tit.* 3, *n.* 4; Dumoulin, *ad confuet. Parif.* §. 8; Salvaing, *chap.* 2.

On tient même affez communément que les vaffaux ne font pas obligés d'accepter la charge de commiffaire fequeftre pour les biens de leurs feigneurs, faifis par juftice, & qu'ils doivent même s'en faire décharger s'ils ont été nommés. On fonde cette décifion, non-feulement fur les relations féodales, mais encore fur l'article 176 de l'ordonnance de Blois, qui porte que nul laboureur ne pourra être établi commiffaire ès bien du feigneur duquel il eft fujet.

Deux arrêts du parlement de Rouen, du 2 août 1595, & du 11 août 1667, rapportés par Basnage sur l'article 549 de sa coutume, ont effectivement déchargé des vassaux de la fonction de commissaire qu'on leur avoit donnée. Mais Goujet, en son traité des criées, dit que le parlement de Paris a interprété l'ordonnance avec ce tempérament ; que si le seigneur ne fait sa résidence sur le lieu, le *vassal* ne laisse pas d'être sujet à cette charge. Cette distinction ne s'observe point au parlement de Toulouse, suivant le témoignage de M. Maynard, *liv. 6, chap. 47*. Basnage remarque à cette occasion, que l'éloignement du seigneur n'empêche pas le ressentiment contre le *vassal* qui a accepté cette commission ; & il paroît que la crainte de ce ressentiment est le vrai motif de la décharge de cette fonction pour les vassaux. Le même auteur observe que le procès jugé par l'arrêt de 1595, fut partagé en la grand'-chambre & départagé en la chambre des enquêtes, & que *ce qui faisoit de la difficulté étoit la qualité du seigneur, qui étoit un ecclésiastique, & dont apparemment la conduite devoit être plus modérée*.

Dans la vérité, dit Salvaing, les fiefs n'ont plus qu'une ombre d'honneur & quelques profits aux cas portés par les titres ou requis par la coutume. Ce ne sont que des squéletes dépouillés des nerfs qui les soutenoient & les faisoient mouvoir autrefois. La Peyrère, au mot *Récusation*, va jusqu'à dire que le droit en est purement réel & non personnel. Cet auteur en conclut que les vassaux du seigneur haut-justicier peuvent être juges dans sa cause ; & cela n'est plus guère douteux aujourd'hui. Deux arrêts du parlement de Bordeaux du 17 décembre 1666 & de l'année 1696, l'ont ainsi jugé.

La coutume de Normandie oblige néanmoins encore aujourd'hui le *vassal* à pléger & cautionner son seigneur pour délivrer *ses namps*, c'est-à-dire, ses biens mis en gage. Les Normands ont sans doute porté cette partie de leur droit féodal en Sicile, où les vassaux sont aussi tenus de cautionner leur seigneur, suivant la constitution de Roger, roi de Sicile, *de fidejussione dominorum à vassallis, lib. 3, constit. Neapolit.* Mais cette obligation, bien loin d'être essentielle au vasselage, n'est pas même aujourd'hui de la nature de ce droit. Elle n'a lieu dans les coutumes muettes qu'en vertu de titre. Elle y forme une espèce particulière de fiefs connus sous le nom de *fiefs de pléjure*, sur lesquels on peut consulter le chapitre 73 de M. Salvaing.

On a aussi douté si le *vassal* ne devoit pas nourrir le seigneur lorsqu'il étoit réduit à la pauvreté. Struvius, *chap. 11, n. 14 & 15*, & la plupart des jurisconsultes allemands ou italiens se décident pour l'affirmative. Leur opinion a été adoptée en France, non-seulement par cet ancien jurisconsulte, Durand, surnommé *Speculator, in §. 1, versicul. sed numquid dominus, tit. qui filii sint legitimi*, mais par des auteurs bien plus modernes. Godefroi, sur l'article 124 de la coutume de Normandie, & Brodeau sur l'article 3, n. 17 de celle de Paris, sont de ce nombre.

On peut invoquer encore pour cette opinion, l'obligation imposée par plusieurs coutumes au *vassal* de contribuer à la rançon du seigneur lorsqu'il est en captivité, soit pour la guerre d'outremer, soit pour d'autres causes. *Voyez* TAILLE AUX QUATRE CAS, §. IV.

Cependant la plupart des jurisconsultes modernes ont rejeté ce sentiment, & Beugnon en a placé l'usage au nombre de ses loix abrogées. (*Lib. 6, tit. 46*).

Dumoulin & Basnage pensent seulement que le *vassal* seroit tenu de cette obligation, si son seigneur étoit celui qui auroit fait la première inféodation.

Outre ces devoirs du vasselage, qui dérivent de l'essence même du fief, les usages des lieux, les coutumes & les titres en établissent beaucoup d'autres qui se diversifient presque à l'infini. Plusieurs de ces devoirs, qui ne sont qu'accidentels dans certaines coutumes, sont de la nature même du vasselage dans d'autres, parce que les mêmes droits qui sont établis dans ces dernières coutumes, n'étant point expressément énoncés dans les autres, ne peuvent avoir lieu en faveur du seigneur qu'en vertu de titres particuliers.

Deux de ces devoirs néanmoins, qui sont l'obligation de rendre hommage & de donner un dénombrement, sont généralement adoptés par-tout, & le *vassal* ne pourroit en être dispensé, dans quelque pays que ce fût, qu'en vertu de titres bien précis. Ce n'est pas qu'il n'y ait à cet égard même bien des diversités dans nos coutumes.

Dans un petit nombre d'elles, l'acquéreur d'un fief ne peut en prendre possession, sous peine de commise, sans en avoir préalablement demandé l'investiture au seigneur ; c'est ce qu'on appelle *des fiefs de danger*. Dans la plupart, l'acquéreur peut se mettre en possession sans encourir aucune peine. Mais il doit se présenter pour faire la foi & hommage au seigneur dans le délai de quarante jours, ou dans un autre temps déterminé par la coutume ; à défaut de quoi il s'expose à la saisie féodale. Dans plusieurs autres, l'acquéreur à titre singulier est sujet à la même peine s'il ne se présente pas incontinent après son acquisition pour offrir la foi & hommage à son seigneur. *Voyez* HOMMAGE, SAISIE FÉODALE & SOUFFRANCE.

Les autres devoirs dus par les vassaux sont purement réels. Tels sont les droits de relief ou rachat, de quint, requint, lods & ventes, treizième, & autres droits de mutation qui sont aussi variés à l'infini, soit pour leurs noms, soit pour les cas où ils peuvent avoir lieu, soit enfin pour la qualité & l'espèce de la chose qui peut être due.

Il y a néanmoins quelques autres devoirs personnels auxquels les vassaux sont assujetis dans plusieurs coutumes, indépendamment de ceux

A a 2

qu'ils peuvent devoir suivant les titres particuliers du fief. Ainsi dans la Flandre, l'Artois & la Picardie, qui ont conservé à cet égard l'ancien droit, les vassaux assistent encore aux audiences de la jurisdiction de la seigneurie où leur fief ressortit. Ils y sont juges des contestations qui peuvent s'élever entre quelques-uns d'eux, ou entre leur seigneur & l'un d'entre eux. C'est par cette raison qu'on les y appelle *pairs* & *hommes de fief. Voyez* ces mots.

C'est à cet ancien usage, qui formoit autrefois le droit commun des fiefs, que remonte le privilège qu'ont les pairs de France, qui sont les grands vassaux de la couronne, de ne pouvoir être jugés dans les causes qui intéressent leur personne & leur état, qu'à la cour du roi, c'est-à-dire, au parlement, suffisamment garni de pairs.

La coutume de Normandie n'assujettit point les vassaux à assister aux plaids ordinaires de la seigneurie. Mais l'article 185 porte : « que le seigneur » féodal, outre ses plaids ordinaires, peut tenir » en son fief un gage-plège par chacun an, au-» quel tous les hommes & tenans du fief sont » tenus de comparoir en personne, ou par pro-» cureur spécialement fondé, pour faire élection » du prévôt, & pour reconnoître les rentes & » redevances par eux dues, & déclarer en parti-» culier les héritages, pour raison desquels elles » sont dues, ensemble si depuis les derniers aveux » baillés ils ont acheté & vendu aucuns héritages » tenus de ladite seigneurie, par quel prix, de qui » ils les ont achetés, & à qui ils les ont vendus, » & pardevant quel tabellion, le contrat aura été » passé ».

Mais cette obligation ne concerne pas plus les vassaux proprement dits, que les censitaires ou tenanciers roturiers. *Voyez* GAGE-PLÈGE & PRÉVÔTÉ *(service de).*

§. IV. *Des droits appartenans aux vassaux.* Trois principes importans, établis par Dumoulin & par tous les feudistes, servent à déterminer les droits des vassaux & les bornes qui doivent y être mises. Le premier, c'est que le fief étant formé par le concours de la volonté du seigneur & du *vassal,* l'un ne peut pas y faire de changement ni le diviser sans le gré de l'autre : *feudum quia non destinatione patroni & clientis simul, & non alterius eorum tantum quia non dependet a voluntate unius sed duorum, & à vero contractu ultrò citroque obligatorio....... feudum semel constitutum per primam investituram seu infeodationem, est unum quid integrum, & singuli fundi & portiones feudi non sunt feudum per se, sed partes feudi; nec potest solus patronus sine cliente, nec solus cliens sine patrono feudum multiplicare, seu de uno feudo facere plura, & singulas partes pro singulis feudis per se habeado, quia constitutio & titulus feudi non dependet a voluntate & potestate unius, sed duorum vel plurium & omnium dominorum.* (ad consuet. Parif. §. 3, gloss. 4, n. 30.)

Le second principe, c'est que le *vassal,* bien loin d'être propriétaire du fief, n'en a pas même à la rigueur la possession. Il en a seulement la jouissance, ou la possession naturelle, comme l'auroit un usufruitier. Le seigneur en a la possession civile, comme l'auroit le propriétaire d'un fonds grevé d'usufruit.

Il résulte de là que le *vassal* peut jouir des fruits du fief & y faire tous les actes d'administration qui tendent à l'améliorer ; mais qu'il ne peut pas le détériorer au préjudice du seigneur dominant : *vassalus suo nomine naturaliter possidet, dominus autem civiliter per se ipsum possidet, & ejus possessio civilis feudi & quasi possessio civilis, & naturalis juris feudalis non requiescit in vassalo, nec in ejus ministerio, sed in solo domino, sicut proprietarius per se ipsum & non ministerio usufructuarii civiliter possidet feudum fructilem, unde sive fructuarius violenter dejiciatur, sive de facto alii vendat feudum, & realiter tradat, non privatur dominus possessione suâ.* (§. 51, glos. 1, n. 30.)

Le dernier principe, qui n'est, pour ainsi dire, qu'une exception des deux précédens, mais qui a la plus-grande influence dans nos mœurs, est que les fiefs sont patrimoniaux en France. C'est delà que dérive la faculté de les aliéner par acte entre-vifs, ou par disposition de dernière volonté, & de les partager entre co-héritiers sans le gré du seigneur, qui a seulement différens droits dans plusieurs de ces mutations : « tous fiefs sont patrimo-» niaux, dit Loisel, & se peuvent vendre & engager » sans le consentement du seigneur, & en sont les » héritiers saisis ». (*Institutes coutumières, liv. 4, tit. 3, glos. 1.*)

« Avant que les fiefs fussent vraiment patrimo-» niaux, ils étoient indivisibles, & baillés à l'aîné » pour lui aider à supporter les frais de la guerre, & » quasi comme *proedia militaria,* qui ne venoient » point en partage ; du depuis, les puînés y ont » pris quelques provisions & apanages, qui leur » ont quasi par-tout enfin été faits patrimoniaux ». *Ibid. règles 60 & 61.*)

Les conséquences de ces trois principes, & surtout du dernier, comprendroient seules presque toutes les règles du droit féodal. On en trouvera les principaux développemens aux mots DÉMEMBREMENT DE FIEF, JEU DE FIEF, PARAGE, RÉUNION FÉODALE, TIERCE-FOI, &c. Il suffira de rappeller ici quelques décisions plus particuliérement relatives à la dépendance où le *vassal* se trouve à l'égard de son seigneur.

I. L'on a demandé si le *vassal* pouvoit construire des châteaux & des forteresses sans l'aveu de son seigneur. L'article 63 de la coutume d'Anjou porte, « qu'il y a audit pays aucuns seigneurs qui ne » sont comtes, vicomtes, barons, ni châtelains, » qui ont châteaux, forteresses, grosses maisons & » places qui sont parties (c'est-à-dire, qui ont été » détachées à titre de partage) de comtés, vicom-» tés, baronnies ou châtellenies dudit pays ; & tels s'appellent bacheliers ». Cet article ajoute que ces bacheliers *ont telle & semblable justice comme ont ceux dont ils sont partis, & en sont fondés par la loi & coutume du pays*, suivant les règles du parage.

Choppin & quelques autres auteurs ont conclu de-là que les simples seigneurs de fief sans dignité ne pouvoient construire de maisons fortes. Choppin, *liv. 3, de privilegiis rusticorum, cap. 12*, cite un ancien arrêt qui se trouve dans le registre *olim* à la prononciation de l'octave de la Chandeleur 1263 ; & un autre arrêt d'audience du 27 novembre 1547, lesquels l'ont ainsi jugé. Il rapporte encore un troisième arrêt du 19 mai 1575, qui paroît lui avoir préjugé. On trouve plusieurs arrêts conformes, qui sont d'une date plus récente dans le premier volume du traité des droits de patronage de *Corbin, partie 3, loi 24*.

La Rocheflavin décide aussi dans son traité des droits seigneuriaux, *chap. 27, art. 6*, qu'on ne peut faire construire de forteresse sans le consentement du seigneur haut-justicier. Il observe néanmoins qu'on permet aux vassaux de faire faire quelques légères fortifications durant la guerre, sans pont-levis, tours ni autres défenses de marque seigneuriale, lorsqu'ils sont trop éloignés du château, & à la charge de les détruire à la paix.

Boniface, *tome 1, liv. 3, tit. 2, chap. 8*, attribue le droit de forteresse au moyen-justicier, s'il est possesseur d'un fief. Il cite un arrêt du 27 janvier 1639, qui l'a ainsi jugé au parlement de Provence.

Un article des libertés delphinales, cité par Salvaing, *chap. 24*, permet aux habitans de la province de bâtir des maisons fortes sur leurs propres fonds, à condition qu'elles ne pourront être prises & reconnues en fief d'aucun seigneur par le propriétaire, qu'elles n'aient été présentées au seigneur du territoire où elles seront bâties.

Le parlement de Paris, qui s'est apparemment décidé sur les circonstances, a toléré ces constructions par d'autres arrêts. Il y en a un du 23 décembre 1566, rapporté par Louet & Brodeau, *lettre F, sommaire 8*, qui a maintenu contre les réclamations du seigneur haut-justicier, un *vassal* dans la possession où il étoit d'avoir une forteresse. Un autre arrêt, du premier août 1586, aussi rapporté par Louet & le Prestre, a également rejetté la complainte formée par le chapitre de Chartres pour de semblables constructions, faites avec la permission du roi, par le propriétaire d'une simple mairie, malgré le peu d'importance de ces sortes de fief. *Voyez* MAIRIE ET FIEF BOURSIER.

Un dernier arrêt du 27 juillet 1612, simplement indiqué par Brodeau sur Louet, a jugé la même chose.

Cette question se présente rarement depuis que la police militaire est uniquement fixée dans la main du roi, & qu'on préfère l'agrément & la commodité d'une maison moderne aux avantages

& à l'espèce de gloire que procuroit autrefois un château.

II. Tout seigneur de fief a le droit de chasse, du moins dans les pays coutumiers. *Voyez* CHASSE.

III. Suivant le droit commun, le fief ne donne aucune prérogative relativement aux droits honorifiques. Il faut être seigneur haut-justicier ou patron, & les seigneuries même de dignité n'ont aucun privilège au-dessus des hautes-justices, sauf dans quelques coutumes, telles que Tours & Loudun, où le châtelain jouit seul de ces prérogatives sous quelques restrictions. *Voyez* DROITS HONORIFIQUES.

IV. On a demandé si le *vassal* pouvoit intenter complainte contre son seigneur. Le grand coutumier & Loisel, *liv. 5, tit. 4, §. 20*, se décident pour la négative. Deux arrêts, cités par Duperrier, *tom. 2, pag. 414*, & par Boniface, l'ont ainsi jugé au parlement de Provence en 1554 & 1664.

Les coutumes de Berri, *tit. 5, art. 23*, & de Montargis, *tit. 1, art. 52*, refusent aussi le droit de complainte au *vassal* contre le seigneur, lorsqu'il n'a pas fait ou offert la foi & hommage, & payé les droits qui peuvent être dus. Celle d'Orléans & plusieurs autres disent à-peu-près la même chose.

Celle de Blois ne refuse la complainte au *vassal* que lorsque le seigneur exploite l'héritage par faute d'homme & devoirs non faits ou non payés.

La coutume de Nivernois, *tit. 4, art. 50*, donne à-peu-près la même décision. Elle ne répute le *vassal* saisi du fief contre son seigneur *exploitant son fief pour droit procédant de sa directe féodale*, que lorsqu'il a formellement été reçu en foi par le seigneur ou par main souveraine, *expédié partie présente ou duement appellée*.

L'article 51 ajoute seulement que lorsque les offres seront duement faites, le seigneur sera tenu à la restitution des fruits avec dommages & intérêts. « Mais, dit enfin l'article 52, si ledit seigneur prétend droit au fief par acquisition, succession ou autre moyen, *non procédant de ladite directe féodale*, le *vassal* audit cas se peut dire saisi à l'encontre de sondit seigneur, qui en ce, est réputé comme personne étrange, si ledit *vassal* a la possession par appréhension de fait, ou autrement ».

La coutume de Troyes, *art. 21 & 49*, a les mêmes dispositions.

Dumoulin, qui a traité cette question avec la plus grande profondeur dans le commentaire sur l'article 3 de la coutume de Paris, *glose 4, quest. 51*, a suivi la distinction des deux coutumes précédentes.

Un arrêt du 7 mars 1552, cité par Pithou sur celle de Troyes, & rendu *consultis classibus*, entre les habitans de Pichellet & Charles Roussel, 7 mars 1552, a jugé sur ce principe, « qu'un *vassal* est bien recevable à intenter complainte contre

» fon feigneur déniant un droit ou devoir à fon
» vaffal par lui, ou l'empêchant par autre ».

§. V. *Des droits & des obligations du feigneur relativement au vaffal.* Dans le temps où le fyftème
féodal fubfiftoit dans toute fa force, les feigneurs
avoient les droits les plus étendus fur la perfonne
& les biens de leurs vaffaux. Ils exigeoient avec
rigueur leur fervice à la guerre, leur affiftance aux
plaids de la feigneurie, & lorfque la foibleffe de
l'âge ou d'autres caufes tout auffi légitimes empêchoient les vaffaux de s'acquitter de ces devoirs,
les feigneurs ne les en difpenfoient qu'en fe mettant en poffeffion de leurs fiefs. Il faut même
avouer que cette févérité étoit affez conforme à
l'objet de l'établiffement des fiefs. Elle a néanmoins été modérée dans la plupart de nos coutumes. Mais il refte encore bien des traces des
anciens ufages dans les droits de *garde feigneuriale,*
de *déport de minorité,* de *relief,* de *quint,* de *lods*
de *faifie féodale, &c. Voyez* ces différens mots.

Les devoirs des feigneurs envers leurs vaffaux
ont bien moins d'étendue. L'amitié, la protection
& la juftice qu'ils leur doivent, n'ont prefque
plus d'objet aujourd'hui; & s'il eft vrai que le
feigneur ne peut pas difpofer librement de fes
vaffaux, fuivant le droit commun, c'eft peut-être
moins à caufe des obligations du feigneur envers
fon vaffal, qu'à caufe de celles dont le vaffal eft
tenu envers fon propre feigneur. *Voyez* l'article
DÉMEMBREMENT, §. II. On puniroit néanmoins
griévement, & même par la privation de la mouvance, les infultes que le feigneur feroit à fon
vaffal; mais on ne doit pas alléguer à cette occafion l'exemple de la terre d'Yvetot, comme le
fait Boutaric dans le chapitre 4 de fon traité des
fiefs, d'après la Roque. *Voyez* l'article DÉLOYAUTÉ.

Les feigneurs ont le droit de faire juger dans
leurs juftices les queftions qui s'élèvent entre leurs
vaffaux & eux relativement aux droits refpectifs
de leurs fiefs. Mais cette prérogative ceffe dans
bien des cas, & fur-tout lorfque la mouvance eft
conteftée. *Voyez* JUGES DES SEIGNEURS, EXEMP
TION PAR APPEL, & le §. II de l'article SUZE
RAINETÉ.

Brodeau a prétendu que le feigneur pouvoit
contraindre par corps fon vaffal à la reftitution
des fruits que ce dernier avoit perçus depuis la
faifie, foit en l'enfreignant, foit en en obtenant
main-levée provifoire lors du moins que le jugement définitif adjugeoit la commife au feigneur
pour défaveu ou pour d'autres caufes. Il prétend
que, fuivant Dumoulin & Pontanus, le vaffal
doit être réputé dans ce cas un dépofitaire fous
l'autorité de la juftice.

Mais cette queftion n'eft pas même agitée dans
les paffages de Dumoulin & de Pontanus, qui font
cités par Brodeau. La perte du fief & des fruits
perçus par le vaffal pendant la main-levée, font
affurément des peines affez graves pour qu'on ne
les augmente pas par une condamnation auffi ri

goureufe que celle de la contrainte par corps. C'eft
l'avis de Ferrière fur l'article 45 de la coutume de
Paris, *n.* 7.

La queftion pourroit faire plus de difficulté, fi le
vaffal avoit enfreint la faifie féodale en percevant
les fruits de fa propre autorité.

L'article 7 de la coutume de la Rochelle dit que
dans ce cas le vaffal doit rendre & reftituer les
fruits au feigneur, *comme fruits prins à male foi.*
Vaflin penfe que ces expreffions indiquent quelque
chofe de plus rigoureux que la fimple reftitution
des fruits, & qu'on doit fuppofer que la coutume
a voulu rendre les vaffaux fujets à la contrainte
par corps; mais on pourroit dire qu'elle a feulement voulu motiver par ces expreffions la reftitution des fruits qu'elle prononce. C'eft ainfi du
moins que Vigier paroit avoir entendu cette expreffion dans fon commentaire fur cet article.

On doit ajouter que la contrainte par corps n'a
point lieu contre les poffeffeurs de mauvaife foi
que l'on fait condamner à la reftitution des fruits.
On ne traite feulement plus rigoureufement relativement à la qualité des fruits qu'ils font tenus de
reftituer, en les obligeant de faire raifon, nonfeulement de ceux qu'ils ont perçus, mais même
de ceux qu'ils n'ont pas perçus. (*L.* 62, §. 1, *de
rei vindic.*) C'eft probablement là ce que la coutume de la Rochelle a entendu.

Dans le cas même où le vaffal auroit enfreint la
faifie féodale par voie de fait, en percevant les
fruits de fa propre autorité, la coutume de Paris
porte fimplement : « qu'il eft tenu rendre les fruits
» & levées par lui reçus, dès & depuis ladite
» main-mife ». Brodeau lui-même enfeigne avec
Dumoulin, que le vaffal n'encourt aucune amende
dans ce cas, parce que toutes les peines font
odieufes, & que les amendes légales & coûtimières ne peuvent recevoir d'extenfion d'un cas
à un autre. (*M.* GARRAN DE COULON, *avocat
au parlement*).

VASSAL DE PLEIN FIEF. *Voyez* PLEIN FIEF.

VASSAL ENTIER ET A PLEIN SERVICE DE CHE
VAL, (*Droit féodal.*) Ce terme eft employé par
les coutumes de Chartres, *art.* 11; de Châteauneuf, *art.* 12; & de Dreux, *art.* 8, en parlant de
l'eftimation du droit de rachat. On y évalue « tous
» vaffaux entiers & à plein cheval de fervice, cha
» cun 60 fous ».

L'article 15 de la coutume de Chartres, & l'article 20 de celle de Châteauneuf expliquent le
précédent; il y eft dit, « que le cheval de fervice
» fe peut lever par le feigneur féodal quand le
» fief eft entier, & eft réputé icelui fief entier,
» au regard dudit cheval de fervice, quand il
» vaut foixante fous tournois de rachapt : & s'il
» vaut moins, il peut être levé par portion &
» prorata de ce qu'il vaut : & vaut ledit cheval
» entier foixante fous tournois, & fe peut lever
» une fois feulement en la vie du vaffal & fur
» le vaffal qui doit rachapt & profit de fief : & fera

» demandé par le feigneur féodal à tel *vaffal* par » fimple action, & non par voie de faifie ».

La coutume de Dreux, *art. 12*, a quelques différences. Elle porte, « que le cheval de fervice fe » peut bien lever par le feigneur féodal quand le » fief eft entier, de revenu & valeur de trente » livres. Et eft réputé icelui fief entier (quant » au regard dudit cheval de fervice), s'il vaut » trente livres de revenu, & s'il vaut moins, il » peut lever à proportion & prorata, & vaut ledit » cheval entier foixante fols ». (*G. D. C.*)

VASSAL LIGE. *Voyez* LIGE & le §. II de l'article VASSAL.

VASSAUX. *Voyez* VASSAL.

VASSAUX ENTIERS. *Voyez* VASSAL ENTIER ET A PLEIN SERVICE DE CHEVAL.

VASSELAGE, (*Droit féodal.*) ce mot défigne l'état ou la condition du vaffal. Il fignifie auffi ce que le feigneur a droit d'exiger du vaffal. D'anciens auteurs ont, par cette raifon, employé ce mot pour défigner les fervices que le vaffal fait en guerre. *Voyez* l'ancienne chronique de Flandres, *chap. 18 & 30.*

Le mot *vaffelage* eft encore fynonyme de celui d'*hommage* dans les livres de jurifprudence féodale d'Allemagne & d'Italie. Le *fpeculum faxonicum* dit, au *liv. 4, part. 3, de feud. art. 2, §. 5,* que ce que l'on appelle en Italie & ailleurs *vaffelage*, s'appelle *hommage* en France.

La coutume de Berri, *tit. 12, art. 4,* appelle *vaffelage actif,* le droit de féodalité ou de directe, que le feigneur a fur le domaine de fon vaffal. On trouve le fimple mot de *vaffelage* employé dans le même fens par quelques jurifconfultes. Dumoulin a dit par exemple que les feigneurs & le roi même ne pouvoient céder, fous quelque prétexte que ce foit, le droit de *vaffelage* à un autre feigneur, foit fupérieur, foit inférieur en dignité, fans le confentement du vaffal. (*Ad confuet. Parif.* §. 1, *gloff.* 1, *n. 16 & 27*). *Voyez* fur cette queftion, l'article DÉMEMBREMENT, §. II, *n. 2.* (*G. D. C.*)

VASSEUR, (*Droit féodal.*) Quelques-unes de nos coutumes, telle que celle de Blois, *art. 12,* emploient ce mot au lieu de celui de *vaffal,* dont les mêmes coutumes fe fervent auffi dans d'autres articles. D'anciennes éditions de la coutume de Chartres fe fervent du même mot dans le même fens. Mais on trouve le mot *vaffal* dans l'édition de du Lorans & dans d'autres plus récentes. *Voyez* les articles 17 & 48 de cette coutume ; l'ancienne coutume du Perche, *chap. 16, art. 5 & 6,* & l'article 62 de la nouvelle. (*G. D. C.*)

VASSIAUX D'EPS, ou D'ELS. *Voyez* VAISSEAU D'EPS.

VAVASOR, VAVASOUR, ou VAVASSOUR, (*Droit féodal.*) c'est la même chofe que *vavaffeur.* *Voyez* ce mot & du Cange, au mot *Vavaffores.* (*G. D. C.*)

VAVASOUR. *Voyez* VAVASOR.

VAVASSOUR. *Voyez* VAVASOR.

VAUFRENAGE, (*Droit féodal.*) Je ne connois ce mot que par ce qu'en dit le gloffaire du droit françois : « le *vaufrenage* eft, dit-il, entre les droits » anciennement dus au feigneur de Tallemont par » ceux qui ancrent au port ». (*G. D. C.*).

VAYER, ou VEHEIR, (*Droit féodal.*) ce mot fe trouve dans les anciennes coutumes de Bourges & de Berri, *tit. 29.* La Thaumaffière dit que c'eft la même chofe que le vicomte. Il vaut mieux dire avec Ragueau, que c'eft la même chofe que le *voyer,* & l'on verra, fous ce dernier mot, qu'il y a de la différence entre le voyer & le vicomte. (*G. D. C.*)

VAYEUR, (*Droit féodal.*) ce mot fe trouve dans la coutume de Nançay, locale de Berri, *p. 226* du recueil de la Thaumaffière. L'article 20 de cette coutume porte que tous les habitans de la châtellenie qui ont des poids & mefures « font » tenus chacun le lundi de carême prenant, les » apporter au *vayeur* ou chartryme, pour iceux » vifiter », à peine de foixante fous d'amende, après la proclamation faite par le fergent à l'iffue de la meffe paroiffiale du dimanche précédent.

Le gloffaire du droit françois dit fort bien que le *vayeur* eft celui qui a vue ou infpection fur les poids & mefures, celui qui les vifite. Ces officiers feroient-ils les mêmes que les vehiers ou voyers, qui avoient infpection des mefures parmi les droits de baffe-juftice ?

Quant au mot de *chartryme,* qui paroît fynonyme à celui de *vayeur,* j'ignore abfolument d'où il peut dériver. (*G. D. C.*)

V E

VÉE, ou VÉHE. Ce mot a fignifié autrefois une défenfe, prohibition, un ban public. Il vient du latin *vetare,* & l'on a dit *vet* dans le même fens. *Voyez* dom Carpentier, au mot *Vetum,* & les articles VÉER, VET, VET DE VIN & DÉFENDUDE.

On s'eft fervi auffi quelquefois de ce mot pour défigner un chemin, une voie ; & dans ce fens il vient du latin *via. Voyez* le gloffaire de du Cange, au mot *Via.* (*G. D. C.*)

VÉER, ou VÉHER. Ce mot, dérivé du latin *vetare,* fignifie littéralement défendre, prohiber ; &, par extenfion, refufer. C'eft ainfi qu'on lit, dans les établiffemens de faint Louis, *véer,* ou *véher* le jugement de fa cour, pour dire, refufer la juftice à quelqu'un. *Voyez* l'ufage des fiefs par Brüffel, *p. 158, 159 & 235.*

Ménage, qui a fait cette obfervation dans fon dictionnaire étymologique, ajoute qu'il faut lire *ne droit véé,* c'eft-à-dire, ni déni de juftice, au lieu de *ne droit voie* dans l'article 406 de la coutume d'Anjou, qui eft ainfi conçu : « fi aucun acquéreur » eft adjourné en demande de retrait en cour » fubjette, & il ne veuille débattre ledit retrait, » il fe peut clamer en cour fuzeraine, pourvu » que l'affife de cour fuzeraine tienne premièrement

» que celle de cour fubjette ; & il fera tenu con-
» noître le retrait, & y doit être reçu, nonobftant
» qu'il ne maintienne tort fait, ne droit voie, &
» fans en faire renvoi en icelle cour fubjette, en
» ce que les deniers ne lui foient délayez, & la
» connoiffance faite, en pourra être commife l'exé-
» cution au fergent de la cour fubjette qui a baillé
» le premier ajournement ». (*G. D. C.*)

VÉEUR. Ce mot fe trouve au ftyle de Normandie & dans les ordonnances de l'échiquier de
l'an 1497. Il y défigne des témoins, des gens qui
affiftent à la *vue* d'un héritage, des *voyeurs. Voyez*
le gloffaire du droit françois. (*G. D. C.*)

VÉGUER, f. m. *terme de Palais*, ufité feulement
dans le Béarn, où il fe dit de certains huiffiers qui
ont fpécialement le droit de fignifier des exploits
aux gentilshommes, à la différence des *bayles*,
qui n'en peuvent fignifier qu'aux roturiers. *Voyez*
BAYLE.

VÉHAIR. *Voyez* VAYER.

VÉHER, (*Droit féodal.*) ce mot fe trouve dans
l'article 26 de la coutume de la Rue d'Indre, locale de Blois. Il y eft dit que les moyens & bas-
jufticiers n'ont qu'un feul juge, qui fe doit nommer
communément *juge-véher*, en action perfonnelle
feulement. L'apoftille mife à cet article, au mot
Veher, porte *alias voyer*. On verra effectivement
fous ce dernier mot, qu'on a donné ce nom à
des juges inférieurs. (*G. D. C.*)

VÉHERIE, (*Droit féodal.*) c'eft l'étendue de
la jurifdiction du juge *véher* ou voyer. Ce mot fe
trouve employé dans cette acception aux titres
1 & 21 de la coutume de Mehun-fur-Eure, locale
de Berry, qui fe trouve dans le recueil de la
Thaumaffière, & dans le coutumier général de
Richebourg.

C'eft probablement parce que le droit de Boutage fe percevoit dans l'étendue de la *veherie*, &
qu'il étoit une dépendance de cette jurifdiction,
qu'on lui a donné auffi le nom de *veherie*. L'article
4 du titre 2 des coutumes de Châteauneuf, qui
font dans les mêmes recueils, portent : « le droit
» de Boutage appellé en mot commun & général
» la VEHERIE, eft que le feigneur des terres
» de Châteauneuf & Beauvoir, & S. Julien, qui
» n'étoient anciennement qu'une même feigneu-
» rie, a droit de prendre pour celui droit de Bou-
» tage ; à favoir, pour chacun tonneau de vin
» pur, qui fe vend en détail en chacune taverne
» quinze pintes & chopine de vin, lequel droit eft
» dû par tous les non-tonfurez ; & encore par les
» tonfurez bigames, tant de leur crû que d'autre,
» & quant aux clercs tonfurez non bigames,
» ils n'en doivent aucune chofe de leur crû qu'ils
» vendent en détail, ains feulement de celui qui
» ne fera de leur crû ».

Il eft prefque inutile d'obferver que par tonfurez *bigames*, il faut entendre ici ceux qui fe font
mariés en fecondes noces. (*G. D. C.*)

VÉHIER. (*Droit féodal*) C'eft une efpèce de

juge moyen ou bas-jufticier, qu'on a auffi appellé
veher ou *voyer. Voyez* du Cange aux mots *Veherius*
& *Veharia* fous *Viarius* 1, & les articles VEHER,
VEHERIE, VOYER. (*Droit féodal.*) (*G. D. C.*)

VEILLER, v. a. *en droit*, fignifie *être attentif à
la confervation de fes droits* ; c'eft en ce fens que
l'on dit que *vigilantibus jura profunt*. Un créancier,
en formant fon oppofition, *veille* pour empêcher que
l'on ne purge fes droits par un décret, par des
provifions d'un office, par des lettres de ratification d'une rente fur le roi. Le tuteur eft obligé
de *veiller* à la confervation des biens de fes mineurs. Tant que le vaffal dort, le feigneur *veille*,
& *vice versâ* ; c'eft-à-dire, que le feigneur qui a
faifi, fait les fruits fiens tant que le vaffal néglige
de prêter la foi ; ou, au contraire, que le vaffal
gagne les fruits, tant que le feigneur ne faifit
pas. *Voyez* CRÉANCIER, DÉCRET, OPPOSITION,
SAISIE, TUTEUR, SEIGNEUR, VASSAL. (*A*)

VELLÉIEN (*fénatus-confulte*), (*jurifp. rom.
& franç.*) eft le nom d'un décret du fénat rendu
du temps de l'empereur Claude, fous le confulat
de M. Silanus & Velleius Tutor, par lequel on
reftitua les femmes, contre toutes les obligations
qu'elles auroient contractées pour autres. Nous
en avons donné une idée fous le mot *Sénatus-con-
fulte* ; mais il nous paroît néceffaire d'y ajouter
quelques éclairciffemens.

On entend quelquefois par le terme de *velléien*
fimplement, le bénéfice accordé par ce fénatus-
confulte.

Les loix romaines n'avoient pas d'abord porté
les précautions fi loin que ce fénatus-confulte en
faveur des femmes & filles.

La loi *Julia* permettoit au mari de vendre les
biens dotaux de fa femme, pourvu qu'elle y donnât
fon confentement ; il lui étoit feulement défendu
de les hypothéquer, du confentement même de
fa femme, parce qu'on penfa qu'elle fe prêteroit
plus volontiers à l'hypothèque de fes fonds qu'à
la vente.

Cette loi n'avoit porté fes vues que fur le fonds
dotal, & non fur les meubles & chofes mobiliaires
même apportées en dot ; elle ne concernoit d'ailleurs
que les fonds dotaux fitués en Italie ; mais quelques-
uns tiennent que la femme qui étoit fur le point
de fe marier, pouvoit prendre certaines précautions
par rapport à fes fonds dotaux qui étoient fitués
hors l'Italie.

Quoi qu'il en foit, elle avoit toute liberté de
difpofer de fes paraphernaux, & conféquemment
de s'obliger jufqu'à concurrence de ces biens, bien
entendu que l'obligation fût contractée par la femme
pour elle-même, & non pour autrui.

En effet, il fut d'abord défendu par les édits
d'Augufte & de Claude, aux femmes de s'obliger
pour leurs maris.

Cette défenfe ne fut faite qu'aux femmes mariées,
parce que dans l'ancien droit que l'on obfervoit encore en ces temps-là, toutes les perfonnes du fexe
féminin

féminin étoient en tutèle perpétuelle, dont elles ne fortoient que lorfqu'elles paffoient fous l'autorité de leurs maris; c'est pourquoi la prohibition de cautionner ne pouvoit concerner que les femmes mariées.

Mais fous l'empereur Claude, les filles & les veuves ayant été délivrées de la tutèle perpétuelle, toutes les perfonnes du fexe eurent befoin du même remède : la pratique s'en introduifit fous le confulat de M. Silanus & de Velleïus Tutor, & elle fut confirmée par l'autorité du fénat.

Le décret qu'il fit à cette occafion, eſt ce que l'on appelle le *fénatus-confulte velleïen*.

Il fut ordonné par ce décret, que l'on obferveroit ce qui avoit été arrêté par les confuls Marcus Silanus & Velleïus Tutor, fur les obligations des femmes qui fe feroient engagées pour autrui; que dans les fidéjuffions, ou cautionnemens & emprunts d'argent que les femmes auroient contractés pour autrui, l'on jugeoit anciennement qu'il ne devoit point y avoir d'action contre les femmes, étant incapables des offices virils, & de fe lier par de telles obligations; mais le fénat ordonna que les juges devant lefquels feroient portées les conteftations au fujet de ces obligations, auroient attention que la volonté du fénat fût fuivie dans le jugement de ces affaires.

Le jurifconfulte Ulpien, qui rapporte ce fragment du fénatus-confulte *velleïen*, applaudit à la fageffe de cette loi, & dit qu'elle eſt venue au fecours des femmes à caufe de la foibleffe de leur fexe, & qu'elles étoient expofées à être trompées de plus d'une manière; mais qu'elles ne peuvent invoquer le bénéfice de cette loi, s'il y a eu du dol de leur part, ainfi que l'avoient décidé les empereurs Antonin le pieux & Sévere.

Cette loi, comme l'obfervent les jurifconfultes, ne refufe pas toute action contre la femme qui s'eſt obligée pour autrui; elle lui accorde feulement une exception pour fe défendre de fon obligation, exception dont le mérite & l'application dépendent des circonftances.

Le bénéfice ou l'exception du *velleïen* a lieu en faveur de toutes les perfonnes du fexe, foit filles, femmes ou veuves, contre toutes fortes d'obligations verbales ou par écrit; mais il ne fert point au débiteur principal, ni à celui pour lequel la femme s'eſt obligée.

L'empereur Juftinien a donné deux loix en interprétation du *velleïen*: la première eſt la 22ᵉ au code *ad fenat. conf. velleianum*, par laquelle il ordonne que fi dans les deux années du cautionnement fait par la femme, pour autre néanmoins que pour fon mari, elle approuve & ratifie ce qu'elle a fait, telle ratification ne puiſſe lui rien opérer, comme étant une faute réitérée, qui n'eſt que la fuite & la conféquence de la première.

Mais cette même loi veut que, fi la femme ratifie après deux ans, fon engagement foit valable, ayant

Jurifprudence. Tome VIII.

en ce cas à s'imputer de l'avoir ratifié après avoir eu un temps fuffifant pour la réflexion.

Cette loi de Juftinien ne regardoit que les interceffions des femmes faites pour autres que pour leurs maris; car par rapport aux obligations faites pour leurs maris, Juftinien en confirma la nullité par fa *novelle* 134, chap. viij, dont a été formée l'authentique *fi quæ mulier*, inférée au cod. *ad fenatus-confult. velleianum*.

La difpofition de ces loix a été long-temps fuivie dans tout le royaume.

Le parlement de Paris rendit le 29 juillet 1595, un arrêt en forme de réglement, par lequel il fut enjoint aux notaires de faire entendre aux femmes qu'elles ne peuvent s'obliger valablement pour autrui, fur-tout pour leurs maris, fans renoncer expreffèment au bénéfice du *velleïen*, & de l'authentique *fi quæ mulier*, & d'en faire mention dans leurs minutes, à peine d'en répondre en leur nom, & d'être condamnés aux dommages & intérêts des parties.

Mais comme la plupart des notaires ne favoient pas eux-mêmes la teneur de ces loix, ou ne les favoient pas expliquer, que, d'ailleurs ces fortes de renonciations n'étoient plus qu'un ftyle de notaire, le roi Henri IV, par un édit du mois d'août 1606, fait par le chancelier de Sillery, abroga la difpofition du fénatus-confulte *velleïen*, de l'authentique *fi quæ mulier*; fit défenfes aux notaires d'en faire mention dans les contrats des femmes, & déclare leurs obligations bonnes & valables, quoique la renonciation au *velleïen* & à l'authentique n'y fuffent point inférées.

Cet édit, quoique général pour tout le royaume, ne fut enregiftré qu'au parlement de Paris : il eſt obfervé dans le reffort de ce parlement, tant pour les pays de droit écrit, que pour les pays coutumiers.

Il y a cependant quelques coutumes dans ce parlement, où les femmes ne peuvent s'obliger pour leurs maris : telles font celles d'Auvergne, de la Marche & du Poitou, dont les difpofitions font demeurées en vigueur, l'édit de 1606 n'ayant dérogé qu'à la difpofition du droit, & non à celles des coutumes.

La déclaration du mois d'avril 1664 déclare : qu'à la vérité les obligations paffées fans force ni violence par les femmes mariées à Lyon, & dans les pays de Lyonnois, Mâconnois, Forez & Beaujolois, feront bonnes & valables, & que les femmes pourront obliger tous leurs biens dotaux ou paraphernaux mobiliers & immobiliers, fans avoir égard à la loi *Julia*, que cette déclaration abroge à cet égard.

On tient que cette déclaration fut rendue à la follicitation du fieur Perrachon, pour lors fermier général de la généralité de Lyon, qui la demanda pour avoir une plus grande fûreté fur les biens des fous-fermiers, en donnant à leurs femmes la liberté d'engager leurs biens dotaux, & en les faisant entrer dans les baux.

Cette déclaration n'ayant été faite que pour les pays du Lyonnois, Forez, Beaujolois & Mâconnois, elle n'a pas lieu dans l'Auvergne, quoique cette province soit du parlement de Paris, la coutume d'Auvergne ayant une disposition qui défend l'aliénation des biens dotaux.

L'édit de 1606 qui valide les obligations des femmes, quoiqu'elles n'aient point renoncé au *velléïen* & à l'authentique *si quæ mulier*, est observé au parlement de Dijon depuis 1699, qu'il y fut enregistré.

Le sénatus-consulte *velléïen* est encore en usage dans tous les parlemens de droit écrit, mais il s'y pratique différemment.

Au parlement de Grenoble, la femme n'a pas besoin d'avoir recours au bénéfice de restitution pour être relevée de son obligation.

Dans les parlemens de Toulouse & de Bordeaux, elle a besoin du bénéfice de restitution, mais le temps pour l'obtenir est différent.

Au parlement de Toulouse, elle doit obtenir des lettres de rescision dans les dix ans ; on y juge même qu'elle ne peut renoncer au sénatus-consulte *velléïen*, ce qui est contraire à la disposition du droit.

Au parlement de Bordeaux, le temps de la restitution ne court que du jour de la dissolution du mariage ; néanmoins si l'obligation ne regardoit que les paraphernaux, que le mari n'y fût pas intéressé, les dix ans courroient du jour du contrat.

En Normandie, le sénatus-consulte *velléïen* n'a lieu qu'en vertu d'un ancien usage emprunté du droit romain, & qui s'y est conservé ; car l'édit de 1606 n'a point été registré au parlement de Rouen ; le sénatus-consulte *velléïen* y est même observé plus rigoureusement que dans le droit romain ; en effet, la renonciation de la femme au bénéfice de cette loi, n'y est point admise, & quelque ratification qu'elle puisse faire de son obligation, même après les dix années, elle est absolument nulle, & on la déclare telle, quoiqu'elle n'ait point pris de lettres de rescision.

Le sénatus-consulte *velléïen* est considéré comme un statut personnel, d'où il suit qu'une fille, femme, ou veuve domiciliée dans un pays où cette loi est observée, ne peut s'obliger pour autrui, en quelque pays que l'obligation soit passée, & que les biens soient situés. *Voyez* DOT, FEMME, OBLIGATION, SÉNATUS-CONSULTE. (*A*)

VENAGE. *Voyez* VENAIGE.

VENAIGE, ou VENAGE. (*Droit féodal.*) On a appellé *vennes*, des clôtures faites au-dessous des moulins pour prendre des poissons. Nicolas de Hontheim, *pag.* 675 de son histoire de Trèves, *col.* 2, dit : *venna est instrumentum sumptuosum & satis utile, unde pisces capiuntur quod appellamus* veer, *sive* steyle.

C'est de-là qu'on a formé le nom de *venage*

pour désigner le profit & le lieu de ces pêcheries. Un papier censaire de la châtellenie d'Arcy-sur-Aube, cité par dom Carpentier, au mot *Venna 1*, porte : « le *vennage* des *vennes* des molins dudit » Arceys est tel que nulz ne peut mettre penniers, ne filez au dessoubz des *venaiges* des molins, fors que le seigneur ou celui à cui le sire » ou ses gens le baillent à ferme, à peine de 60 s. » d'amende ».

Il y a lieu de croire que ces deux mots ont la même origine que celui de *vanniet*, & qu'on appelloit *vennes* ces fortes de clôtures, parce qu'elles étoient construites en ozier. (*G. D. C.*)

VENDE. (*Droit féodal.*) Ce mot est synonyme de *vente* ou lods & ventes. Il désigne donc un droit seigneurial dû pour la vente des fonds qui sont dans la mouvance de quelqu'un. *Voyez* du Cange, au mot *Venda 2*. (*G. D. C.*)

VENDENGEOR, (*Droit féodal.*) c'est-à-dire *vendangeur*. Il paroît qu'on a pris ce nom pour celui qui devoit des corvées à la vendange, dans le passage suivant, tiré du cartulaire de l'archevêché de Bourges : *habebunt abbas & conventus unum servientem, de ligiis hominibus abbatiæ qualem cumque voluerint, liberum & absolutum ab omni consuetudine & exactione, videlicet ab omni talliâ, seu toutâ de charroy de feneor, de* vendengeor, *&c. Voyez* le *Glossarium novum* de dom Carpentier, au mot *Vindemiator*. (*G. D. C.*)

VENDIER, ou VENDIERS. *Voyez* VENTIER.

VENDITION, s. f. synonyme du mot *vente*, qui exprime absolument la même chose. *Voyez* VENTE.

VENERIES. Ce mot a été employé autrefois pour désigner une forêt, un lieu propre à la chasse. L'article 4 de la traduction de la seconde convention des citoyens d'Arles, porte que cette ville se réserve la propriété, de tous les biens qu'elle a, « c'est assavoir bois, pêcherie, *véneries & chasses*, » pâturage & autres droits », &c.

Le texte latin dit *nemora, piscationes, venationes, pascua & alia jura*.

Les mêmes termes se retrouvent dans l'art. 19. (*G. D. C.*)

VENEUR, s. m. (*Droit public.*) est le nom d'un officier qui commande à toute la venerie du roi.

L'office de grand *veneur* est ancien, mais le titre n'est que du temps de Charles VI. Il y avoit auparavant un maître *veneur* : tel étoit Geoffroi sous saint Louis, en 1231. Plusieurs de ses successeurs ont eu la même qualité, jointe à celle de maître, ou enquêteurs des eaux & forêts.

Les grands *veneurs* étoient autrefois grands forestiers ; quand ils perdirent cette qualité, ils eurent celle de maître *veneur*, & gouverneur de la venerie du roi. Louis d'Orguin fut établi le 30 octobre 1413, grand *veneur* & gouverneur de la venerie du roi, sous le règne de Charles VI. M. le duc de Penthièvre est aujourd'hui grand *veneur* de France.

VENGEANCE, (*Droit naturel.*) peine qu'on

fait fouffrir à fon ennemi , foit par raifon , foit par reffentiment d'une offenfe qu'on en a reçue.

La *vengeance* eft naturelle , c'eft-à-dire , que la loi naturelle permet de repouffer une véritable injure , de fe garantir par-là des infultes , de maintenir fes droits , & de venger les offenfes où les loix n'ont point porté de remède ; ainfi , la *vengeance* eft une forte de juftice ; mais j'entends la voix des fages , qui me difent qu'il eft beau de pardonner , qu'on doit de l'indulgence à ceux qui nous ont manqué en des chofes légères , & du mépris à ceux qui nous ont réellement offenfés : l'homme qui a profité des lumières de tous les fiècles , condamne tout ce qui n'eft que pure *vengeance* ; celles qui partent d'une ame baffe & lâche , il les abhorre , & les compare à des flèches honteufement tirées pendant la nuit. Enfin il eft démontré que les perfonnes d'un efprit vindicatif reffemblent aux forciers , qui font des malheureux ; & qui à la fin font malheureux eux-mêmes : je conclus donc que c'eft une grande vertu d'oppofer la modération à l'injuftice qu'on nous a faite. (*D. J.*)

VENGEANCE. (*Droit féodal.*) Ce mot a été employé pour celui de *ventes* , ou *lods & ventes* ; Conftant en parle dans fon commentaire fur l'article 99 de la coutume de Poitou , *pag.* 110 & 111 , « le droit de *vengeance* , dit-il , eft en effet droit » de baffe-jurifdiction & de ventes & honneurs , » & eft ce mot ufité en quafi tous les hommages » & aveux deus à la baronnie de Tiffauges , » comme j'en ai veu plufieurs en la marche com-» mune dudit lieu ». (*G. D. C.*)

VENGEMENT. Dom Carpentier dit dans fon gloffaire françois , qu'on a entendu par-là *un droit quelconque pour réclamer une chofe aliénée.* Il renvoie en preuve au mot *Vendicatio* , du *Gloffarium novum* , qu'il a donné pour fervir de fupplément à du Cange. Mais le mot *Vendicatio* ne fe trouve ni dans ce fupplément , ni dans le gloffaire même de du Cange. (*G. D. C.*)

VENIAT , terme latin , ufité dans le difcours françois , pour exprimer l'ordre que le juge fupérieur donne au juge inférieur , de venir fe préfenter en perfonne pour répondre de fa conduite.

Il n'y a que les tribunaux fouverains qui puiffent donner des *veniat* aux officiers inférieurs. Le parlement de Paris l'a ainfi jugé pour le prévôt de Sens , contre le préfidial de la même ville , par arrèt du 3 juin 1633 , rapporté dans le recueil de Bardet.

VENOAGE. (*Droit féodal.*) Ce mot fe trouve dans l'article fuivant de la chartre par laquelle Jean de Courtenay & Jeanne fa femme confirmèrent l'octroi des coutumes de Lorris aux bourgeois de la Ferté-Loupière , *pag.* 436 du recueil des anciennes coutumes de Berry , par la Thaumaffière : « avec ce nous Jean & Johenne devant dicts am-» plians & accroiffans les dites coutumes & fran-» chifes , ordonnons & octroions que nous , nous » hoirs , nous fucceffeurs , ne autres , ne fera , im-» pofera auxdits hommes , tailles , ne *venoage* , ne

» auffi dorefnavant pour (ou plutôt *pourra*) lever » exiger don , *venoage* , exaction , ne autre chaufe » quelconque , fors ce qui eft devant efcript ès-dites » franchifes , libertés & coutumes ».

Du Cange , au mot *Dona 2* , foupçonne qu'on doit lire *ventage* au lieu de *venoage* dans cette chartre. Ses additionnaires penfent au contraire qu'il faut laiffer le mot *venoage* , & qu'il fignifie un droit de péage , ou de guidage. Ils renvoient en preuve au mot *Guidagium* fous *Guida* , où l'on voit qu'on a dit , en latin barbare , *guidonagium* , *guidonagium* , *wionagium* , *winagium* , *vinagium* , *wienagium* , &c. au lieu de *guidagium* , pour défigner un péage.

Ces rapports ne font pas bien décififs , & l'on doit peut-être lire avec du Cange , *ventage* , ou *venodage* au lieu de *venoage*.

Au refte , le même du Cange renvoie auffi dans fon gloffaire à différens chapitres du recueil de la Thaumaffière , où l'on ne trouve rien qui paroiffe avoir de rapport à la queftion. (*G. D. C.*)

VENT (*droit de*). On appelle ainfi le droit de faire ufage du *vent* pour le fervice d'un moulin , & par conféquent le droit d'avoir un moulin-à-vent.

Il femble d'abord que ce prétendu droit ne puiffe pas exifter , à moins qu'on ne veuille entendre par-là la faculté commune à tous les hommes d'ufer du *vent* comme bon leur femblera ; car rien n'eft & ne doit être plus libre , & plus inconteftablement commun que l'air. Cependant les feigneurs & leurs gens d'affaires ont raifonné autrement , & l'introduction des bannalités a forcé ici de s'écarter des premières règles de la raifon. Il n'eft donc pas permis de conftruire des moulins à vent dans le territoire du feigneur bannal , fans fon confentement ; parce que la bannalité fuppofe un droit exclufif , auquel un moulin à *vent* ne porteroit guère moins d'atteinte qu'un moulin à eau.

Telle eft la difpofition de la coutume de Berry , qui eft , je crois , la feule qui fe foit expliquée fur cette queftion. « Chacun (dit cette coutume , » *tit.* 16 , *art.* 1.) peut faire en fon héritage édifier » & conftruire moulins à *vent* , pourvu que ce ne » foit dedans le territoire & juftice d'aucun fei-» gneur , ayant droit de moulin banier à bled ».

Divers auteurs , tels que Bacquet , des droits de juftice , *chap.* 29 , *n°.* 20 , ont été bien plus loin : ils prétendent que lors même que le feigneur n'a pas le droit de bannalité de moulin , il n'eft pas permis à un particulier , fon hôte & jufticiable , vaffal ou tenancier , de bâtir fur fon fonds & héritage un moulin à *vent* , fans la permiffion du même feigneur , duquel il eft obligé *d'acheter le vent.* Cela s'obferve , dit Bacquet , communément en France ; & il ajoute qu'il faut que le nouveau moulin à *vent* foit éloigné d'une diftance fuffifante de celui du voifin , afin qu'il ne lui ôte pas le *vent*.

Tout au contraire , Brodeau , fur Louët , *fommaire* 17 , *n. 3* , & dans fon commentaire fur l'article

71 de la coutume de Paris, *n. 16*, dit indiſtinctement que ſi « le ſeigneur n'a point droit de moulin ban- » nier, chacun de ſes ſujets peut, en ſon héritage, » édifier & conſtruire moulins à *vent* ». Pluſieurs auteurs ſoutiennent même qu'il faut étendre cette faculté aux moulins à eau dans les terres où il n'y a pas de bannalité. Il faut avouer que l'article ſui- vant de la coutume de Berry, & l'article 1 du tître 12 de la coutume de Sole le décident ainſi.

Le droit commun du royaume eſt néanmoins contraire à cette déciſion, & l'on pourroit conclure delà, que l'article 1 du titre 16 de la coutume de Berry n'eſt pas bien déciſif, puiſque l'article ſuivant accorde la même faculté pour le droit de moulin à eau. Mais quelque opinion qu'on ait ſur l'eſprit de la coutume de Berry à cet égard, il ne peut pas y avoir de motif pour attribuer aux ſeigneurs le droit de *vent* dans les lieux non ſujets à la banna- lité. La raiſon qui fait dépendre d'eux le droit de bâtir des moulins à eau, eſt qu'ils ont la propriété des eaux qui courent dans leurs terres, ſauf la pré- rogative du roi pour les rivières navigables ; mais cette raiſon ne peut s'appliquer en aucune ſorte au droit de *vent* ; puiſque l'air eſt commun à tous les hommes. Le parlement l'a ainſi jugé, dans des circonſtances très-remarquables, par un arrêt rendu le 9 mai 1759, au rapport de feu M. Paſquier.

En voici l'eſpèce telle qu'elle eſt donnée par Déniſart au mot *Moulin* : « Un particulier, pro- » priétaire d'un terrein ſitué à Riencourt en Artois, » croyant qu'il ne pouvoit faire conſtruire de mou- » lin à *vent* ſur cet héritage ſans la permiſſion du » ſeigneur, traita avec lui, & convint, pour la » liberté de faire cette conſtruction, qui lui fut » accordée, de payer une redevance annuelle de » 60 liv., & d'abandonner le moulin au ſeigneur » avec la propriété du terrein, après ſoixante années » de jouiſſance.

» L'acte fut exécuté pendant quelques années ; » mais le propriétaire du moulin l'ayant vendu, » l'acquéreur, nommé Tabary, ſoutint que le » ſeigneur n'avoit pas pu concéder un droit qu'il » n'avoit pas ; que par conſéquent la ſoumiſſion » de payer une rente, & d'abandonner la propriété » du moulin avec l'héritage, après ſoixante ans, » étant ſans cauſe, elle étoit nulle, &c. La ſen- » tence qui intervint au conſeil d'Artois le 20 » février 1753, le jugea ainſi : elle a été confirmée » par l'Arrêt ».

On ſuit néanmoins une juriſprudence contraire dans la coutume de Péronne, ſans doute parce que l'article 16 défend aux meûniers voiſins d'aller chaſſer dans le territoire « des ſeigneurs hauts-juſti- » ciers ayant moulins en iceux, ni y mener farine, » encore que leſdits ſeigneurs n'aient droit de » bannage en leurſdits moulins ».

Voici ce qu'on lit à cet égard dans la gazette des tribunaux, année 1777, pag. 339 : Par arrêt contradictoire rendu le 30 août 1776, entre M. de la Roche-Ferrand, duc de Liancourt, ſeigneur du

lieu de Villiers-Fauçon, ſitué dans la coutume de Péronne, & le nommé François Nuat, valet de meûnier, il a été ordonné que Nuat démoliroit le moulin à *vent* qu'il avoit fait conſtruire de ſon propre mouvement ſur le territoire de la ſeigneurie de Villiers-Fauçon ; & faute par lui de le faire, M. le duc de Liancourt a été autoriſé à le faire démolir lui-même par un nombre d'ouvriers ſuffi- ſant, & en cas de rébellion, à ſe faire aſſiſter de la maréchauſſée.

Par arrêt du 20 du même mois, la cour a permis au duc de Liancourt de faire afficher celui du 13.

Ces deux arrêts ont déterminé le nommé Lefevre, meûnier emphytéotique du moulin de Fuis, ſitué auſſi dans la coutume de Péronne, à ſe pourvoir contre le nommé Barlemont, qui s'étoit aviſé de bâtir un moulin à *vent* dans la ſeigneurie de Fuis.

Arrêt du 7 février 1779, qui a également or- donné la démolition du moulin de Barlemont : pluſieurs arrêts ſemblables ont été rendus par le parlement de Paris, qui s'eſt fondé ſingulièrement ſur le texte de la coutume de Péronne. Des placards des rois d'Eſpagne ont fait dans les Pays-Bas un droit royal de la permiſſion des moulins ; mais quoiqu'on ait tenté à diverſes repriſes de faire obſerver ces placards dans la Flandre françoiſe, la queſtion y ſouffre toujours de la difficulté, comme on peut le voir au mot *Moulin*, §. XXV du répertoire de juriſprudence, dernière édition.

Au reſte, il y a beaucoup de coutumes où le droit de bannalité ne peut pas avoir lieu pour les moulins à *vent*, à moins qu'on n'ait des titres exprès pour y aſſujettir ſes ſujets : c'eſt ainſi même qu'on l'obſerve dans le droit commun, d'après l'article 71 de la coutume de Paris. Dans ces coutumes donc, le ſeigneur qui n'a que des moulins à *vent*, ne peut pas empêcher ſes ſujets bannaux d'en conſtruire, quoiqu'il ait des titres qui lui accordent le droit de bannalité en général, ſans parler des moulins à *vent* en particulier. Peut-être néanmoins le ſei- gneur qui ſeroit en poſſeſſion de la bannalité des moulins à *vent*, & qui n'auroit que des titres géné- raux, devroit-il être maintenu s'il n'y avoit pas de ruiſſeau dans ſa terre, puiſqu'alors les titres de la bannalité ne pourroient pas s'appliquer à des moulins à eau. (*G. D. C.*)

VENTE, ſ. f. (*Droit naturel, des gens & civil.*) eſt un contrat de bonne-foi, dérivé du droit na- turel & des gens, tirant toute ſa force du conſen- tement des parties, par lequel l'un des contractans cède à l'autre quelque choſe qui lui appartient, moyennant un certain prix que l'acquéreur paie au vendeur.

§. I. *De la nature du contrat de vente.* Le contrat de *vente* eſt du droit des gens, & l'un des plus anciens qui ſoit uſité. Cependant l'uſage des échanges eſt plus ancien que celui des *ventes* pro- prement dites ; car avant que l'on connût la mon- noie, tout le commerce ſe faiſoit par échange ; celui qui avoit du grain en donnoit pour avoir des veaux, des moutons, &c. & ainsi du reste : mais celui qui avoit besoin d'une chose, n'ayant pas toujours de son côté quelque chose qui convînt à celui qui pouvoit lui fournir celle qui lui étoit nécessaire, on fit choix d'une matière dont la valeur publique & constante pût servir à faciliter les échanges en la rendant propre à être échangée contre toutes sortes de choses, selon la quantité que l'on mettroit de cette matière, qui est ce qu'on appelle *or & argent monnoyé*; de sorte qu'il est vrai de dire que l'usage de la monnoie a été inventé pour faire ce que l'on appelle une *vente* proprement dite, c'est-à-dire, une *vente* à prix d'argent.

Ce contrat est synallagmatique, c'est-à-dire, qu'il renferme un engagement réciproque entre le vendeur & l'acheteur.

C'est aussi un contrat commutatif, par lequel chaque contractant a dessein de recevoir autant qu'il donne.

Pour former une *vente* proprement dite, il faut le concours de trois choses ; savoir, la chose qui fait l'objet de la *vente* ; le prix de la chose vendue, & le consentement des contractans.

Il suit de-là que si je vous vends une pièce de mousseline des Indes que je croyois être dans mon magasin, & qui ne s'y trouve plus, il n'y aura point de *vente* faute d'une chose qui en soit l'objet.

Pareillement, si le propriétaire d'une maison qu'un tremblement de terre a détruite, vient à la vendre sans que les parties aient connoissance de cet accident, la convention sera nulle, suivant la décision de la loi 57, *ff. de contr. empt.*.

Au reste, il n'est pas nécessaire, pour la validité du contrat de *vente*, que la chose vendue soit un être physique ; on peut vendre un être moral, une chose incorporelle, & même une simple espérance : en effet, si un pêcheur vend à quelqu'un son coup de filet pour une certaine somme, la convention est valable, quand même il arriveroit qu'il ne prît aucun poisson.

Cette sorte de convention a donné lieu à une fameuse contestation que rapporte Plutarque dans la vie de Solon, & qui fut très-mal jugée par l'oracle de Delphes. Des particuliers ayant acheté le coup de filet d'un pêcheur, celui-ci pêcha un trépié d'or : les acheteurs le prétendirent, & le pêcheur le leur contesta, sur le fondement qu'il n'avoit entendu vendre que le poisson qui seroit pris, & que le trépié d'or, auquel les acheteurs ni le vendeur n'avoient pensé, ne pouvoit pas faire partie du marché : l'oracle décida que ce trépié devoit appartenir au plus sage des mortels, afin qu'aucun des contractans n'osant s'attribuer cette qualité, il restât aux prières, organes de l'oracle : mais un juge intègre l'auroit adjugé au pêcheur comme une bonne fortune dont il devoit seul profiter.

Non-seulement vous pouvez vendre votre propre chose, mais encore la chose d'autrui, sans le consen-

tement du propriétaire : il est vrai que sans ce consentement, vous ne pouvez pas transférer une propriété qui ne vous appartient pas : mais le contrat de *vente* consiste bien moins dans la translation de propriété de la chose vendue, que dans l'obligation que le vendeur a contractée de la livrer : cette obligation est valable, quoique le vendeur ne puisse pas la remplir : il doit, en ce cas, être condamné aux dommages & intérêts de l'acheteur.

Cette jurisprudence s'applique à la *vente* des immeubles comme à celle des meubles : le châtelet de Paris avoit jugé au contraire, par une sentence du 15 mai 1756 ; mais cette sentence a été infirmée par arrêt du 20 mars 1758, dont l'espèce est rapportée dans la collection de Denisart.

Quoiqu'en général on puisse vendre la chose d'autrui sans son consentement, on ne peut pas vendre à quelqu'un la chose dont il est déjà propriétaire. La raison en est que par le contrat de *vente*, on rend l'acheteur créancier de la chose qui lui est vendue : or, il est évident que cela ne peut pas avoir lieu relativement à une chose qui appartient déjà à l'acheteur, attendu que personne ne peut être créancier de sa propre chose : ainsi, l'acheteur ne peut pas demander qu'on lui fasse avoir une chose qui est déjà à lui.

Les choses qui sont hors du commerce, telles qu'une église, une place publique, un bénéfice, ne peuvent pas être la matière d'un contrat de *vente*.

Il y a des choses, telles qu'une chapelle, un droit de patronage & de présentation à des bénéfices, qui, faisant partie des dépendances d'une terre ou seigneurie, ne peuvent pas être vendues seules ; mais elles se vendent avec la terre dont elles dépendent, soit qu'on les exprime dans le contrat de *vente*, ou qu'elles n'y soient comprises que sous l'expression générale *de dépendances*.

Les choses dont les loix de police défendent le commerce, ne peuvent pas non plus être la matière d'un contrat de *vente*. Ainsi, on ne pourroit pas vendre des bleds submergés qui auroient été déclarés nuisibles à la santé.

La même décision s'applique aux viandes viciées, aux vins mixtionnés, &c.

Il est défendu de vendre des poisons qui n'entrent dans aucune composition ; & à l'égard de ceux qu'on emploie dans les arts, ils ne peuvent être vendus qu'aux personnes qui sont de profession à en faire usage, & elles doivent écrire sur le registre du vendeur, leur nom, qualité & demeure, & la quantité qu'elles auront prise. C'est ce qui résulte d'un édit du mois de juillet 1682.

Suivant une autre loi, les poignards, les couteaux en forme de poignard, les pistolets de poche, les épées en forme de cannes, & les autres armes offensives secrètes, ne peuvent pas être le sujet d'un contrat de *vente*. *Déclaration du roi du 23 mars 1628*.

M. Pothier a prétendu que Domat avoit mal-à-propos compté entre les choses qui ne pouvoient se vendre, celles qui étoient chargées de subsitution; mais ce jurisconsulte s'est trompé : l'opinion de Domat est non-seulement conforme à celles de Henrys & de Catelan, elle est encore appuyée sur la jurisprudence des arrêts. On en trouve deux au journal des audiences ; l'un rendu le 12 décembre 1652, contre le sieur de Bercy, qui avoit vendu quelques terres situées au territoire de Bercy, quoique chargées de substitution : le second, du 15 février 1703, qui a déclaré nulle la vente d'une maison substituée, faite par M. Doublet de Persan à M. Titon. Un troisième arrêt, du 3 septembre 1751, a jugé la même chose en faveur du comte d'Harcourt, contre le duc de Rohan. Cet arrêt se trouve dans la collection de jurisprudence.

Enfin, la même chose a encore été jugée par un autre arrêt du 15 mai 1764, qui a annullé la vente que le marquis de Montboissier avoit faite de la terre de Magnac en Limosin, sur le fondement que cette terre étoit substituée au prince de Montauban & à toute sa ligne par la comtesse de Mortagne.

On ne peut acheter ni par soi-même, ni par personnes interposées, les choses qui font partie des biens dont on a l'administration : ainsi, un tuteur ni un curateur, ne peuvent acheter aucune chose des biens qui appartiennent à ceux dont ils ont la tutele ou curatele. Cependant, la nullité des ventes de cette nature n'est pas absolue comme le seroit celle d'une vente de choses dont le commerce est illicite : elle n'est prononcée que contre les administrateurs qui achetent les choses confiées à leurs soins : il n'y a par conséquent que ceux dont les choses ont été vendues, qui puissent attaquer de pareilles ventes ; ainsi, dans le cas où une vente, telle que celles dont il s'agit, seroit avantageuse à un mineur, le tuteur de ce mineur ne seroit pas fondé à en demander la nullité. La raison en est que cette nullité n'a été établie que pour empêcher les fraudes par lesquelles un tuteur, pour son propre intérêt, pourroit ou acheter à vil prix, ou acheter des choses qu'il importe à son mineur de ne pas vendre.

A l'égard du prix de la chose vendue, il faut, 1°. qu'il soit sérieux ; 2°. qu'il soit certain & déterminé, ou qu'il doive le devenir ; 3°. qu'il consiste en une somme d'argent.

Un prix ne seroit pas sérieux, s'il n'avoit aucune proportion avec la valeur de la chose vendue : c'est pourquoi si vous vendiez pour un louis une maison dont le loyer annuel est de quinze cens francs, il n'y auroit point de véritable vente, ce seroit une donation qui seroit sujette à toutes les formalités des donations, & qui ne seroit valable qu'entre personnes non-prohibées pour cette sorte de contrat.

Quoiqu'en vendant un bien pour la somme qu'il sera estimé par un tiers, le prix ne soit pas absolument déterminé, la vente est néanmoins valable,

parce que ce prix doit devenir certain, & qu'il n'est pas laissé au pouvoir des contractans : cependant si le tiers dont on est convenu refusoit de faire l'estimation, ou qu'il mourût avant de l'avoir faite, il n'y auroit point de vente, parce qu'il ne se trouveroit point de prix. En effet, on ne pourroit pas dire que les contractans qui sont convenus que le prix seroit réglé par une telle personne, eussent voulu, à son défaut, s'en rapporter au réglement d'une autre personne.

Cette décision de Justinien en la loi dernière, cod. de contr. empt. a été adoptée au parlement de Bordeaux, par un arrêt rendu contre un acheteur qui vouloit obliger le vendeur à faire estimer l'objet de la vente par un autre tiers que celui dont les parties étoient convenues.

Nous avons dit que le prix d'une vente devoit consister en une somme d'argent, parce que s'il consistoit dans toute autre chose, le contrat seroit bien moins un contrat de vente qu'un contrat d'échange.

Cependant, si outre la somme de deniers convenue, l'acheteur s'obligeoit de donner ou de faire quelque chose pour supplément de prix, le contrat seroit toujours réputé contrat de vente.

Quant au consentement nécessaire pour la validité d'un contrat de vente, il doit intervenir sur la chose qui fait l'objet du contrat, sur le prix & sur la vente même.

Ainsi lorsque vous entendez vendre une chose à quelqu'un, & qu'il croit en acheter une autre, il n'y a point de contrat de vente : il faut décider de même, si vous me vendez une bague composée de morceaux de verre coloré, que je prends pour des rubis ou des topazes ; car quoique nous soyons d'accord sur le corps vendu, nous ne le sommes pas sur la matière qui en fait la substance. Nullam esse venditionem puto, dit Ulpien, quoties in materiâ erratur.

Quand l'erreur n'a pour objet que quelque qualité accidentelle de la chose, comme si j'achete de la mauvaise toile pour de la bonne, la vente est valable.

Il n'y auroit point de consentement sur le prix, si vous entendiez vendre pour une somme plus considérable que celle qu'on veut vous donner ; ainsi il n'y auroit point de vente : mais il en seroit autrement si par erreur l'acheteur croyoit devoir payer plus cher que vous n'avez voulu vendre : en ce cas, la vente vaudroit pour la somme que le vendeur auroit voulu avoir.

Comme le consentement sur la vente même consiste dans l'intention de vendre de la part de l'une des parties, & dans celle d'acheter de la part de l'autre ; il faut conclure que ce consentement n'existe pas, si l'un des contractans a entendu donner à loyer ce que l'autre a cru acheter. Ainsi dans ce cas, il n'y a point de vente.

Il faut décider de même s'il paroit par les circonstances que les contractans n'ont point eu intention de vendre ni d'acheter, mais de faire une autre convention déguisée sous la forme d'un contrat de *vente*. Par exemple, quelqu'un achete de vous à crédit une certaine quantité de marchandises qu'il vous revend argent comptant, peu de temps après, ou à une personne que vous avez interposée, pour une somme moindre que celle dont il s'est rendu débiteur envers vous : il est clair que par cette convention vous avez bien moins eu la volonté de vendre que de déguiser sous une fausse apparence de *vente* le prêt usuraire que vous avez fait ; il suit de-là que si vous venez à demander le prix de cette prétendue *vente*, le défendeur sera fondé à conclure que, sans avoir égard au contrat de *vente* que vous lui avez fait, qui sera déclaré nul & simulé, il soit renvoyé de votre demande, en vous payant seulement les deniers qu'il a reçus de vous.

§. II. *Des obligations du vendeur & des actions qui en dérivent.* La première obligation du vendeur consiste à livrer à ses frais la chose à l'acheteur, à moins qu'il n'y ait à l'égard des frais, une convention contraire. Ainsi, celui qui vend du bois à tant la corde, doit le faire mesurer à ses frais, si l'acheteur n'est pas convenu de payer le mesurage.

Si les marchandises vendues sont dans un grenier, dans un magasin, &c. le vendeur en doit faire remettre les clefs à l'acheteur, afin que celui-ci puisse les enlever ; mais c'est aux frais de ce dernier que l'enlèvement doit se faire.

L'obligation de livrer la chose vendue, renferme aussi celle de livrer toutes les choses qui en font partie ou en sont des accessoires. Tels sont les titres de propriété des héritages & les fruits que la chose vendue a pu produire depuis la *vente*.

Une autre obligation du vendeur est de livrer la chose dans le temps convenu par le contrat ; & si l'acheteur a souffert de ce que la livraison n'a pas été faite dans ce temps ; il a des dommages & intérêts à prétendre contre le vendeur, à moins toutefois que quelque cas de force majeure n'ait empêché la livraison. Il faut d'ailleurs, pour rendre le vendeur sujet aux dommages & intérêts de l'acheteur, que celui-ci l'ait constitué en demeure par une interpellation judiciaire, telle qu'une assignation ou une sommation.

S'il n'y a point de temps fixé par le contrat pour livrer la chose vendue, la livraison doit s'en faire aussi-tôt que l'acheteur en a payé ou offert le prix, à moins que quelque circonstance particulière & légitime n'y mette obstacle.

Quand les contractans sont convenus du lieu où la chose vendue doit être livrée, il faut que cette convention s'exécute ; & s'il n'y a point de lieu exprimé, c'est dans celui où est la chose que la livraison doit se faire. Le vendeur ne peut pas, depuis le contrat, la transporter sans une juste cause, dans un lieu où la livraison en seroit plus incommode ou plus dispendieuse à l'acheteur ;

autrement celui-ci seroit fondé à se faire indemniser de ce que l'enlèvement de la chose lui auroit coûté de plus.

Une autre obligation du vendeur est de veiller à la conservation de la chose vendue jusqu'à ce qu'elle ait été livrée ; mais cette obligation cesse lorsque l'acheteur est en demeure d'enlever la chose. En effet, le vendeur est censé ne s'être obligé à prendre soin de la chose que jusqu'à la livraison : il doit par conséquent être déchargé aussi-tôt qu'il a fait ce qu'il devoit faire pour la livrer : il ne seroit pas juste que l'acheteur pût, en retardant la livraison, prolonger l'obligation du vendeur.

De l'obligation que le vendeur a contractée de livrer la chose vendue, dérive l'action *ex empto* que l'acheteur peut exercer pour se faire livrer cette chose avec les accessoires qui en dépendent. Mais l'acheteur ne peut régulièrement intenter cette action qu'après avoir offert le paiement du prix convenu, attendu que le vendeur est en droit de retenir la chose vendue, comme par forme de nantissement, pour sûreté de sa créance. C'est ce qui résulte de la loi 13, §. 8, ff. de act. empti.

Mais cette décision ne s'applique point au cas où le vendeur a accordé à l'acheteur un terme de crédit qui n'est pas encore expiré. Cependant, si depuis la *vente*, les affaires de l'acheteur se sont dérangées au point que le vendeur, en livrant la chose vendue, courroit les risques d'en perdre le prix, il pourroit, nonobstant le crédit accordé, refuser de livrer cette chose, à moins que l'acheteur n'offrît de la payer ou de donner bonne & suffisante caution pour en assurer le paiement.

A défaut de tradition de la chose vendue, l'action *ex empto* se résout au droit de demander la restitution du prix payé, & les dommages-intérêts qui résultent à l'acheteur.

Ces dommages & intérêts consistent dans tout ce que l'acheteur a perdu ou manqué de gagner par rapport à la chose même qui a fait l'objet du contrat, au-delà du prix qu'il a payé. *Voyez* DOMMAGES ET INTÉRÊTS.

L'obligation du vendeur n'est pas entièrement consommée par la livraison de la chose vendue ; il faut encore qu'il garantisse l'acheteur de toute éviction relativement à cette chose ; c'est ce qu'on appelle *obligation de garantie. Voyez* GARANTIE.

Quoiqu'en général les tribunaux n'écoutent point un acheteur qui se plaint qu'on lui a caché quelque vice de la chose vendue, lorsqu'il ne s'agit pas d'un vice rédhibitoire, il y a néanmoins certaines réticences qui ont mérité l'attention du législateur, & qui obligent le vendeur dans le for extérieur. Telles sont celles par lesquelles il a dissimulé la connoissance qu'il avoit que la chose qu'il vendoit ne lui appartenoit pas, ou qu'elle ne lui appartenoit pas irrévocablement, ou qu'elle étoit sujette à certaines charges, rentes ou hypothèques spéciales.

Henri II a fait une disposition contre cette espèce

de dol, par l'article 15 de l'ordonnance de 1553, qui porte que *les vendeurs seront tenus de déclarer les charges, rentes, hypothèques spéciales, dont les héritages par eux vendus seront chargés, sous peine d'être tenus pour faux vendeurs de ce qui sera de leur fait, dont ils auront eu connoissance, & pour ce punis des peines de droit.*

Il semble que l'ordonnance ait voulu qu'en pareil cas, le vendeur pût être poursuivi comme pour crime de faux; mais cela ne se pratique pas: tout ce qui résulte de ce dol consiste aujourd'hui en ce qu'aussi-tôt que l'acheteur a découvert que la chose vendue n'appartenoit pas au vendeur, ou étoit chargée de quelque hypothèque spéciale, ou de quelque rente foncière considérable, il peut se pourvoir pour faire rescinder le contrat de *vente*, & conclure à ce que le vendeur soit condamné par corps à lui restituer le prix de la *vente*, ainsi qu'à ses dommages & intérêts & aux dépens.

Il est nécessaire de remarquer ici une différence entre le vendeur de mauvaise foi dont nous venons de parler, & celui qui ne savoit pas que la chose vendue appartenoit à autrui, ou qui en ignoroit les charges: elle consiste en ce que ce dernier vendeur ne doit être condamné que civilement & non par corps, aux dommages & intérêts de l'acheteur.

Lorsque entre plusieurs vendeurs, il y en a qui ont connu les vices de la chose, & d'autres qui ne l'ont pas connu, les premiers seuls sont coupables de dol; & quoiqu'ils n'aient pas vendu solidairement, ils sont néanmoins tenus solidairement, chacun pour le total, à la restitution du prix & aux dommages & intérêts de l'acheteur. C'est ce que décide Dumoulin, & cela est conforme au principe général, suivant lequel le dol oblige toujours solidairement ceux qui l'ont commis, à la différence de la simple faute, qui n'oblige ceux qui l'ont commise que pour leur part chacun, si ce n'est dans les obligations de choses où de faits indivisibles.

Si la chose vendue se trouve contenir moins que le contrat ne le porte, le vendeur est tenu de faire raison à l'acheteur de ce défaut; par exemple, si vous me vendez un pré comme contenant quarante arpens, tandis qu'il n'en contient que trente, on une pièce d'étoffe comme contenant vingt aunes de longueur, tandis qu'elle n'en contient que quinze, vous serez obligé de me faire raison des dix arpens ou des cinq aunes d'étoffe qui manquent pour compléter ce que j'ai entendu acheter.

Il arrive souvent qu'en exprimant que l'héritage qu'on vend contient tant d'arpens, on ajoute ces termes, *ou environ*: il faut conclure de cette expression que, si sur dix arpens vendus, il ne manque par exemple, que dix ou douze perches, le vendeur ne doit pas être recherché à cet égard; mais que si le défaut est considérable, & qu'au lieu de dix arpens il ne s'en trouve que neuf, il doit faire

raison à l'acheteur de ce défaut, nonobstant les termes *ou environ*.

On demande à ce propos, si l'acheteur est, de son côté, tenu de faire raison au vendeur de ce que la chose achetée contient au-delà de ce qui est porté par le contrat? Il faut répondre que non. La raison en est que le pré, par exemple, que, par erreur, on a dit être de quinze arpens, quoiqu'il en contint seize, a été vendu tout entier, sans que les parties eussent eu dessein d'en rien excepter; & que la clause par laquelle le vendeur a assuré quinze arpens, n'est qu'en faveur de l'acheteur.

Observez cependant que cette décision ne s'applique qu'aux cas où il n'y a qu'un seul & unique prix pour tout ce qui est vendu, & non à une *vente* qui se fait à raison de tant par chaque arpent, par chaque aune, &c.

L'action de l'acheteur relativement à ce que la chose vendue contient de moins que ne porte le contrat, consiste à demander que le vendeur ait à diminuer le prix de la *vente* jusqu'à concurrence de la valeur de ce qu'il manque pour remplir l'obligation qu'il a contractée envers l'acheteur.

L'acheteur peut pareillement demander une diminution de prix, quand la chose vendue n'est pas de la qualité exprimée par le contrat; comme quand on a déclaré biens nobles, des héritages tenus en roture: il peut même être fondé à demander la rescision de la *vente*, quand il paroît par les circonstances, qu'il n'auroit point acheté la chose vendue s'il en eût connu la qualité.

Quand on vend certaines choses, telles qu'un cheval, une horloge, dont la qualité ne peut être bien connue que par l'essai qu'on fait de ces choses, on stipule fréquemment que si l'acheteur n'en est pas content, la convention n'aura point d'effet. Et en vertu de cette clause, l'acheteur peut obliger le vendeur de reprendre la chose & d'en rendre le prix, s'il a été payé.

Lorsque par la clause dont il s'agit il y a un temps fixé pour l'essai, l'acheteur qui l'a laissé écouler sans intenter son action, ne peut plus revenir contre la *vente*. Si par la clause il n'y a point de temps fixé pour l'essai, l'acheteur a, par le droit romain, soixante jours pour demander la résolution du contrat de *vente*; mais, parmi nous, ce temps est laissé à l'arbitrage du juge.

Si la chose vendue vient à périr entre les mains de l'acheteur, l'obligation qui résultoit de la clause est éteinte, parce qu'il ne peut plus dire que la chose ne lui convient plus; & que cette clause n'étant que résolutoire, n'a pas empêché que la *vente* ne fût parfaite, & par conséquent que la chose ne fût aux risques de l'acheteur.

Il en seroit différemment si, au lieu d'une *vente* parfaite, il n'y avoit eu que des propositions de *vente*: la chose donnée à l'essai qui viendroit à périr en pareil cas, périroit, au préjudice de celui qui vouloit la vendre, à moins que ce ne fût par la faute de celui qui l'auroit prise à l'essai.

Souvent

Souvent on stipule dans la *vente* d'un héritage, que le prix payé par l'acquéreur sera employé par le vendeur à acquitter une ou plusieurs dettes privilégiées ou hypothécaires, & qu'il fera subroger l'acquéreur aux privilèges ou hypothèques des créanciers satisfaits. Si le vendeur ne remplit pas cet engagement, l'acquéreur peut intenter contre lui une action tendante à ce que la *vente* soit déclarée nulle, & le vendeur condamné à en rendre le prix avec les dommages & intérêts résultant de l'inexécution du contrat. La condamnation doit même ordinairement se prononcer *par corps*, attendu que le vendeur s'est rendu coupable d'une espèce de stellionat, en divertissant les deniers qu'on ne lui avoit remis que sous la condition qu'il en feroit l'emploi convenu.

Au reste, comme l'acquéreur n'est intéressé à l'exécution de cette condition que pour avoir des sûretés qui garantissent son acquisition, le vendeur peut faire cesser les poursuites en procurant d'ailleurs des sûretés suffisantes à l'acquéreur.

Quand quelqu'un vend des choses qu'il sait appartenir à autrui, il commet une espèce de vol envers le propriétaire, & en conséquence celui-ci peut demander, non-seulement que ces choses ou leur véritable valeur lui soient restituées, mais encore les dommages & intérêts qui ont pu lui résulter de la privation de ces mêmes choses. Cette décision est fondée sur le principe qui veut que celui qui a commis un délit, quel qu'il soit, indemnise celui envers qui il l'a commis, de tout ce qu'il en a souffert.

§. III. *Des obligations de l'acheteur & des actions qui en dérivent.* La principale obligation de l'acheteur consiste à payer le prix convenu par le contrat de *vente*.

S'il n'a été accordé aucun terme pour le paiement, le vendeur peut l'exiger immédiatement après avoir livré la chose vendue, ou fait offre de la livrer.

Cependant, si l'acheteur venoit à être troublé dans la possession de la chose par quelque demande en revendication, le vendeur ne seroit pas fondé à exiger son paiement avant que le procès ne fût terminé, à moins toutefois qu'il n'offrît de donner bonne & suffisante caution de rapporter, dans le cas où l'acheteur souffriroit éviction.

Quand la chose vendue consiste en choses qui ne sont pas de nature à produire des fruits, telles que des étoffes, des diamans, l'acheteur ne doit les intérêts du prix de la *vente* que du jour que la demande judiciaire l'a mis en demeure de le payer.

Mais si la chose vendue consiste dans une métairie, une maison, une vache, ou autre chose qui soit de nature à produire des fruits naturels ou civils, l'acheteur doit les intérêts du prix de plein droit, à compter du jour qu'il est entré en jouissance, quand même ils n'auroient pas été stipulés par le contrat. Cependant, si par le contrat il a

été accordé à l'acheteur un terme pour payer, il ne doit point d'intérêts durant ce terme, quoiqu'il soit entré en jouissance, parce qu'on présume qu'il a payé cette jouissance par le prix principal porté au contrat; mais aussi-tôt que le terme est expiré, les intérêts courent de plein droit.

Une autre obligation de l'acheteur consiste à faire l'enlèvement des choses qui lui ont été vendues. Et si par la convention on n'a déterminé aucun temps pour faire cet enlèvement, l'acheteur peut être sommé de le faire immédiatement après la *vente.*

Quand une interpellation judiciaire a mis l'acheteur en demeure de satisfaire à cette obligation, il est responsable des dommages & intérêts qui, depuis l'interpellation, sont résultés au vendeur, par la privation des magasins ou autres lieux qu'occupent les choses vendues.

L'acheteur peut d'ailleurs être assigné aux fins que, faute par lui d'enlever les choses vendues dans un court délai qui lui sera fixé par le juge, le vendeur sera autorisé à les mettre dehors aux frais de l'acheteur, en lui dénonçant le jour & l'heure qu'il les mettra dehors.

§. IV. *Aux risques de qui est la chose vendue dans le temps postérieur au contrat & antérieur à la tradition?* Aussi-tôt que le contrat de *vente* est parfait, la chose vendue est aux risques de l'acheteur, quoiqu'elle ne lui ait pas encore été livrée: c'est un principe établi au titre du digeste *de peric. & comm. rei vendit.* Il suit de-là que si pendant ce temps la chose vient à périr sans la faute du vendeur, celui-ci est quitte de son obligation, & l'acheteur n'est pas moins obligé de payer le prix convenu.

Mais quand le contrat de *vente* est-il parfait?

On a coutume de le regarder comme tel aussitôt que les parties sont convenues du prix, & qu'il s'agit de la *vente* pure & simple d'un corps certain.

Mais si les choses vendues ont été achetées au poids, au nombre ou à la mesure, comme si l'on a vendu un millier pesant de café, cent bottes de foin, cinquante aunes de toile, &c. la *vente* n'est parfaite que quand le café a été pesé, les bottes de foin comptées, & la toile mesurée, attendu qu'auparavant on ignore quel est le café, le foin & la toile qui sont l'objet de la *vente.*

Cette règle doit être suivie, non-seulement lorsqu'on a vendu une certaine quantité de marchandises à prendre dans un magasin où il y en a davantage, mais encore lorsqu'on a vendu tout ce qu'il y a dans le magasin, si la *vente* a été faite à raison de tant par chaque cent, par chaque aune, &c. la raison en est qu'en pareil cas, il n'y a point de prix déterminé avant que les choses achetées aient été pesées, comptées, &c.

Il en seroit différemment, si au lieu de vendre au poids ou à la mesure, les marchandises qui sont dans un certain lieu, on les avoit vendues en bloc pour un seul & même prix: en ce cas, la *vente*

C c

feroit parfaite à l'inſtant du contrat, & les choſes vendues feroient aux riſques de l'acheteur. C'eſt ce qui réſulte de la loi 35, §. 5, *de contr. empt.*

Il y a des choſes, telles que le vin, les liqueurs, qu'on n'achète ordinairement que ſous la condition de les goûter : en ce cas, la *vente* n'eſt parfaite qu'après que le vendeur a trouvé les choſes à ſon goût, ou qu'il a été mis en demeure de les goûter. On doit néanmoins diſtinguer s'il a été ſtipulé que l'acheteur goûteroit la marchandiſe pour ſavoir ſi elle eſt à ſon goût, ou ſeulement pour connoître ſi elle eſt bonne, loyale & marchande : dans le premier cas, l'acheteur peut annuller le marché, en déclarant, après avoir goûté la marchandiſe, qu'il ne la trouve pas à ſon goût : mais dans le ſecond cas, il ne peut refuſer la marchandiſe, ſi elle ſe trouve bonne.

Si après la *vente* d'une choſe à choiſir entre deux, ſoit que l'option ait été laiſſée au vendeur ou accordée à l'acheteur, il vient à périr une des deux choſes, la perte en doit être ſupportée par le vendeur, & il eſt tenu de livrer celle qui reſte : mais ſi celle-ci vient encore à périr ſans la faute du vendeur, c'eſt l'acheteur qui doit ſouffrir cette perte.

Si les deux choſes viennent à périr en même temps, le vendeur eſt pareillement déchargé de ſon obligation, & l'acheteur tenu de payer le prix convenu. C'eſt ce qui réſulte de la loi 34, §. 6, *ff. de contr. empt.*

§. V. *De l'exécution & de la réſolution du contrat de vente.* Le contrat de *vente* s'exécute de la part de l'acheteur, en payant au vendeur la ſomme convenue : il s'exécute de la part du vendeur, en délivrant la choſe achetée. *Voyez* TRADITION.

Si le contrat de *vente* n'a eu ſon exécution, ni du côté du vendeur, ni du côté de l'acheteur, il peut ſe réſoudre de plein droit par la ſeule volonté des contractans, ſuivant la règle *nudi conſenſus obligatio contrario conſenſu diſſolvitur.*

Les parties peuvent réſoudre ce contrat, non-ſeulement en convenant qu'il n'y a rien de fait, mais auſſi en faiſant entre elles un nouveau contrat de *vente* de la même choſe. Ceci a lieu quand elles conviennent d'un prix plus ou moins conſidérable que celui dont elles étoient convenues par la première convention.

Si les parties ont fait dépendre d'une condition la *vente* d'une choſe, & qu'enſuite cette choſe ſoit vendue purement & ſimplement par une nouvelle convention, il y aura déſiſtement de la première *vente*, & un nouveau contrat de *vente* pur & ſimple.

Quand le contrat de *vente* n'a reçu qu'une partie de ſon exécution, ſoit que la choſe vendue ait été livrée ſans que l'acheteur en eût payé le prix, ou que ce prix ait été payé ſans que la choſe eût été livrée, les parties peuvent encore, par le conſentement mutuel, ſe déporter du contrat : mais cette convention n'anéantit pas le contrat de *vente* comme dans l'eſpèce précédente, elle le réſout ſeulement

pour l'avenir, & donne une action au contractant qui en avoit commencé l'exécution, pour répéter, ſoit la choſe qu'il a livrée, s'il eſt le vendeur, ſoit le prix qu'il a payé, s'il eſt l'acheteur.

Il ſuit de-là que s'il s'agit d'un héritage dans la poſſeſſion duquel rentre le vendeur, il n'eſt pas dû un ſecond profit, attendu qu'il y a déſiſtement de la *vente* qui avoit été faite, plutôt qu'une nouvelle *vente*.

Il ſuit auſſi de-là que ſi l'héritage étoit un propre du vendeur quand il l'a vendu, il ne devient pas un acquêt, mais il reprend l'ancienne qualité de propre qu'il avoit ; ce qui eſt fondé ſur ce que le vendeur y rentre, non en vertu d'une *vente* qu'on lui en fait, mais par la réſiliation de celle qu'il en avoit faite.

Il en ſeroit différemment ſi le contrat de *vente* avoit été exécuté de part & d'autre : la convention par laquelle l'acquéreur remettroit au vendeur l'héritage vendu, ne ſeroit pas une réſolution du contrat de *vente* de cet héritage, attendu qu'on ne peut pas ſe déſiſter d'un acte qui eſt entièrement conſommé, ſuivant cette règle, *non poteſt intelligi diſceſſio, niſi ab eo quod cœptum & nondum conſummatum eſt :* il ſuit de-là qu'il ſeroit dû un nouveau profit de *vente*, & que l'héritage ſeroit acquêt dans la perſonne du vendeur à qui il auroit été rétrocédé.

La loi 2, *cod. de reſcind. vend.* accorde au vendeur qui ſouffre une léſion d'outre-moitié de juſte prix, une action pour faire réſoudre le contrat de *vente* d'un héritage. *Voyez* LÉSION.

La réſolution du contrat de *vente* peut auſſi avoir lieu en vertu de la clauſe de *réméré,* qui eſt une convention par laquelle le vendeur d'un héritage a droit de le retirer en rembourſant à l'acquéreur les frais de ſon acquiſition. *Voyez* RACHAT ou RÉMÉRÉ.

Quelquefois les parties inſèrent dans le contrat de *vente* d'un héritage, une clauſe par laquelle elles conviennent que, ſi l'acheteur ne paie pas le prix dans le temps qu'elles ont déterminé, le contrat ſera réſolu. Cette clauſe ſe nomme *loi commiſſoire. Voyez* ce mot.

§. VI. *Des promeſſes de vendre & d'acheter.* Il y a beaucoup de différence entre la promeſſe de vendre & la *vente* même. Celui qui promet de me vendre une choſe ne me la vend pas encore, il s'oblige ſeulement à me la vendre lorſque je l'en requerrai.

Le contrat de *vente* eſt un acte ſynallagmatique qui oblige chacune des parties l'une envers l'autre ; mais par la promeſſe de vendre, il n'y a que celui qui l'a faite qui ſoit engagé.

Celui qui vend une certaine choſe devient débiteur de cette choſe envers l'acheteur, & elle eſt aux riſques de ce dernier auſſi-tôt que la *vente* eſt parfaite : mais ſi je promets de vous vendre une choſe, je n'en ſuis pas encore débiteur, je ne le ſuis que d'un fait ; d'où il ſuit que la choſe que j'ai promis de vous vendre continue d'être à mes rifques, & que fi elle vient à périr, j'en fupporterai la perte, attendu que vous ne l'aviez pas encore achetée.

On demande fi lorfque celui qui a promis de vous vendre une certaine chofe refufe d'accomplir fa promeffe, vous pouvez l'obliger de la remplir en faifant ordonner que, faute par lui de paffer le contrat de *vente* auquel il s'eft engagé, la fentence tiendra lieu de ce contrat, & qu'en conféquence il vous fera permis de faifir la chofe & de vous en faire mettre en poffeffion; ou fi vous pouvez feulement obtenir, fur le refus dont il s'agit, une condamnation de dommages & intérêts eftimés à une fomme d'argent?

Il faut répondre que la règle *nemo poteft cogi ad factum*, & celle que les obligations qui *confiftent à faire quelque chofe*, fe réfolvent néceffairement en dommages & intérêts, ne doivent être appliqués qu'aux obligations de faits corporels, telle que feroit l'obligation de l'artifte qui fe feroit engagé à peindre un fallon : mais que le fait, qui eft l'objet d'une promeffe de vendre, n'étant pas un fait corporel de la perfonne du débiteur, il peut être fuppléé par un jugement.

Le parlement de Paris a adopté cette jurifprudence par un arrêt rendu le 19 juillet 1697, entre le marquis du Quefne & le fieur du Bofc. Cet arrêt a confirmé une fentence des requêtes du palais du 4 janvier précédent, qui avoit condamné le marquis du Quefne à paffer contrat de *vente* du marquifat du Quefne, dans la huitaine, fuivant les claufes, conditions & prix portés en la promeffe de vendre paffée par ce marquis, finon que la fentence vaudra contrat de *vente*.

Une promeffe de vendre peut avoir lieu de plufieurs manières. On peut la faire avec limitation de temps ou fans limitation de temps. Si vous vous êtes engagé à vendre une chofe dans un temps limité, vous ferez déchargé de plein droit de votre obligation par le laps de ce temps, à moins que vous n'ayez été mis en demeure de la remplir avant qu'il fût écoulé; mais fi vous n'avez limité aucun temps, il faut pour être déchargé de votre promeffe, que vous obteniez contre celui à qui vous l'avez faite, une fentence par laquelle il foit tenu dans un temps déterminé de déclarer s'il entend acheter, fi c'rqu'après ce temps paffé, vous ferez déchargé de votre obligation.

La promeffe de vendre peut avoir lieu, non-feulement en exprimant le prix pour lequel vous vous obligez de vendre, mais encore fans l'exprimer : en ce cas, vous vous engagez à vendre pour le jufte prix, tel que des experts convenus l'auront réglé. Ce feroit en vain qu'on oppoferoit contre la validité d'une telle obligation, qu'il eft de principe qu'il ne peut point y avoir de *vente* fans un prix convenu entre les parties, attendu que la promeffe de vendre n'eft pas encore une *vente*.

Si poftérieurement à la promeffe de me vendre un héritage, vous y faites des améliorations, il vous eft libre de remettre les chofes en l'état où elles étoient quand vous vous êtes engagé à vendre ; mais vous ne feriez pas fondé à exiger que je vous fiffe le rembourfement de ces améliorations : il doit en être de vous comme de l'acquéreur d'un héritage fujet à retrait, à qui les coutumes refufent le rembourfement des dépenfes utiles : il ne doit pas vous être plus permis d'augmenter la dépenfe de l'achat, qu'à lui de rendre le retrait plus difpendieux.

Il en eft autrement des dépenfes néceffaires & indifpenfables qu'on fait à une chofe qu'on a promis de vendre pour un certain prix ; par exemple, fi vous avez fait rétablir un mur pour empêcher la ruine du bâtiment que vous avez promis de me vendre, il eft certain que je dois vous rembourfer cette dépenfe, puifque j'aurois été obligé moi-même de la faire.

Tout ainfi qu'on peut faire une promeffe de vendre qui n'eft pas un contrat de *vente*, on peut pareillement faire une promeffe d'acheter.

Les promeffes d'acheter font communes dans les *ventes* judiciaires, foit de meubles ou d'immeubles, qui fe font au plus offrant & dernier enchériffeur. En effet, l'enchère que vous faites eft une vraie promeffe d'acheter, puifque vous vous engagez à prendre la chofe pour le prix de votre enchère, fi perfonne ne fait d'enchère plus forte.

Cet engagement contracté en juftice envers le pourfuivant, les oppofans & la partie faifie, s'éteint auffi-tôt qu'il y a une fur-enchère reçue.

La promeffe d'acheter fe fait avec limitation de temps ou fans limitation de temps. Dans le premier cas, la promeffe eft fans effet après le temps écoulé, à moins que celui qui l'a faite n'ait été mis en demeure de remplir fon engagement : s'il n'y a point de limitation de temps, celui qui a fait la promeffe ne peut être déchargé que par un jugement.

Quand la promeffe d'acheter fpécifie un prix, la *vente* doit fe faire pour ce prix ; mais s'il n'y a point de prix fpécifié par la promeffe, il faudra le régler fur ce que la chofe vaudra au temps de la *vente* qui en fera faite.

S'il furvient quelque détérioration à la chofe que j'ai promis d'acheter de vous avant que vous m'ayez mis en demeure de l'acheter, la perte occafionnée par-là, refte à votre charge, attendu que la chofe a continué d'être à vos rifques, tandis que la *vente* n'a pas été faite. C'eft en conformité de ce principe que le Maître & Mornac ont décidé qu'un enchériffeur étoit bien fondé à renoncer à fon enchère, lorfque l'héritage qui en étoit l'objet, avoit été détérioré poftérieurement par quelque cas fortuit, tel qu'un incendie, une inondation, &c.

VENTE (*Droit féodal.*) On a ainfi nommé un droit fur les denrées qui fe vendent au marché : c'eft une efpèce de droit de layde ou d'étalage. *Voyez* le *gloſſarium novum* de *dom Carpentier*, au mot *vento*. *Voyez* VENTE & VENDE. (*G. D. C.*)

VENTE A LA CHANDELLE *ou* A LA CHANDELLE ÉTEINTE, *ou* A L'EXTINCTION DES FEUX. *Voyez* ADJUDICATION, CHANDELLE ÉTEINTE.

VENTE PAR DÉCRET, eſt l'adjudication d'un immeuble qui ſe vend par autorité de juſtice, après les formalités d'un décret. *Voyez* ADJUDICATION, CRIÉES, DÉCRET, SAISIE-RÉELLE.

VENTE A L'ENCAN, eſt celle qui ſe fait par enchère en juſtice; ce terme vient du latin *in quantum*, dont on ſe ſervoit pour demander aux enchériſſeurs à combien ils mettroient la choſe; c'eſt pourquoi dans certains endroits l'on dit encore *inquant*, *inquanter*. *Voyez* ENCHÈRE.

VENTE A L'ESSAI, eſt celle qui eſt faite ſous condition que ſi la choſe vendue ne convient pas à l'acheteur, il pourra la rendre au bout d'un certain temps. *Voyez* la loi 3, *ff. de contract. empt.*

VENTE A FACULTÉ DE RACHAT. *Voyez* FACULTÉ DE RACHAT, RACHAT & RÉMÉRÉ.

VENTE A LA FOLLE ENCHÈRE. *Voyez* ADJUDICATION, ENCHÈRE, FOLLE ENCHÈRE.

VENTE FORCÉE, eſt celle qui ſe fait par autorité de juſtice, telles que la *vente* ſur une ſaiſie-exécution, par décret. ou ſur trois publications. Elle eſt oppoſée à *vente* volontaire. *Voyez* EXÉCUTION, CRIÉES, DÉCRET, SAISIE-RÉELLE.

VENTE FRANCS-DENIERS, eſt celle dont le prix doit être délivré en entier au vendeur, & ſans aucune déduction, ce qui ſe ſtipule dans les coutumes où le vendeur eſt chargé de payer les droits ſeigneuriaux.

VENTE IMAGINAIRE, étoit une *vente* fictive qui ſe pratiquoit chez les Romains dans certains actes, comme dans les teſtamens appellés *per æs & libram*, où le teſtateur feignoit de vendre ſa famille, & faiſoit venir un acheteur, appellé *emptor familiæ*, qui étoit celui qu'il inſtituoit ſon héritier. *Voyez* TESTAMENT *per æs & libram.*

VENTE SANS JOUR ET SANS TERME, eſt celle qui eſt faite ſous la condition d'être payé comptant du prix de la choſe vendue.

VENTE JUDICIAIRE, eſt celle qui eſt faite en jugement, c'eſt-à-dire, par autorité de juſtice: ce titre convient principalement aux adjudications qui ſe font par le juge, plûtôt qu'aux *ventes* qui ſe font par le miniſtère d'un huiſſier. *Voyez* VENTE FORCÉE.

VENTE JUDICIELLE, eſt la même choſe que *vente judiciaire.*

VENTE AU PLUS OFFRANT ET DERNIER ENCHÉRISSEUR, eſt celle qui ſe fait ſur des enchères, & où l'adjudication eſt faite au profit de celui qui a offert le plus haut prix. *Voyez* ADJUDICATION & ENCHÈRES.

VENTE A PRIX D'ARGENT, eſt celle qui eſt faite moyennant une ſomme d'argent qui eſt réellement payée pour la *vente*; à la différence de certaines *ventes* qui ſe font en paiement de quel-

que choſe, ou dont le prix eſt compenſé avec quelque autre objet.

VENTE SUR TROIS PUBLICATIONS, eſt la *vente* que l'on fait en juſtice d'un immeuble ſans formalité de criées, & ſur trois publications ſeulement, ce que l'on permet ainſi, lorſque les biens ne peuvent ſupporter toutes les formalités d'un décret. *Voyez* DÉCRET, RATIFICATION (*Lettres de*).

VENTE PUBLIQUE, eſt celle qui ſe fait par autorité de juſtice. *Voyez* DÉCRET, SAISIE-EXÉCUTION, SAISIE-RÉELLE.

VENTE-RÉCELÉE ET NON NOTIFIÉE, eſt celle qui n'a pas été déclarée au ſeigneur féodal dans le temps porté par la coutume, pour raiſon de quoi l'acquéreur encourt une amende. *Voyez* l'article 33 de la coutume de Paris & le mot LODS ET VENTES.

VENTE SIMULÉE, eſt celle qui n'eſt pas ſérieuſe, & qui n'eſt faite en apparence que pour tromper quelqu'un.

VENTE VOLONTAIRE, eſt celle que le vendeur fait de ſon bon gré, & ſans y être contraint pour perſonne; elle eſt oppoſée à la *vente* forcée. *Voyez* DÉCRET, VENTE FORCÉE.

VENTE POUR L'UTILITÉ PUBLIQUE, eſt une *vente* forcée que les particuliers ſont obligés de faire, lorſque le bien public le demande, comme quand on ordonne qu'une maiſon ſera priſe pour agrandir une égliſe, ou pour conſtruire des murailles, foſſés & autres fortifications d'une ville. *Voyez* le Bret, *tr. de la ſouver. liv. 4, chap. 10.*

VENTEROLLES. (*Droit féodal.*) On appelle ainſi dans quelques coutumes un droit perçu au-delà des lods & ventes; mais ce droit, à la différence du requint, du reſixième, & de quelques autres droits ſemblables, n'eſt pas toujours le droit du droit: il ne ſe perçoit donc pas, du moins dans la coutume de Heſdin, dans la même proportion que les lods & ventes ont avec le prix du contrat, comme le requint l'a au quint: « Les *venterolles*, » dit Ragueau, ſont un droit de vingt deniers pour » livre, dû par l'acheteur en vente d'héritage cen-» ſuel, faite francs deniers, par la coutume du » lieu de Lagny, reſſort de Meaux, & ce, outre » le droit de lods & ventes. Mais en la coutume » de Senlis, art. *236*, *238*, *241*, ce droit eſt » le ſeizième des ventes qui ſont de ſeize deniers » pariſis pour chacun franc. Il en eſt auſſi fait » mention en la coutume de Clermont, art. *115*; » auquel ce droit eſt auſſi appellé REVENTES: » & en la coutume d'Amiens, art. *36*; en l'an-» cienne de Beauqueſne, art. *10*; en la coutume » de Dourlens, art. *3*, & de Queſque, art. *2*. » Par la coutume de Saint-Paul, art. *14* & *15*, & » autres dudit lieu, art. *64*, *65*, & de Heſdin, les » *venterolles* ſont dues par l'acheteur de l'héritage » féodal ou cottier, & tenu en cenſive, quand » la vente a été faite francs deniers, & ce, outre » le quint & le ſixième denier de la vente: & » ce droit eſt de la moitié de ce en quoi les » droits ſeigneuriaux montent. Et par la coutume

» de Ponthieu, *art. 68*, les ventes & *venterolles* » font le quint & requint denier en vendition » de fief, faites francs deniers au vendeur : comme » aufli le requint du prix du fief aliéné s'appelle » *venterolles* en la coutume d'Artois, *art. 28*, & » en l'ancienne de Beauquefne, *art. 10*; & par la » coutume d'Amiens, les *venterolles* font le trei- » zième denier du treizième denier qui eft dû par » l'acheteur d'héritage cottier, quand la vente eft » faite francs-deniers au vendeur, ou le fixième » denier du fixième, felon la coutume de Doulens». (*G. D. C.*)

VENTES. (*Droit féodal.*) Plufieurs coutumes emploient cette expreffion, au lieu de celle de *lods & ventes.* On a dit *ventes & devoirs, ventes & gants, ventes & honneurs, ventes & iffues, ventes & lods,* dans le même fens. *Voyez* le gloffaire du droit françois.

Il faut feulement obferver que les gands forment un droit diftinct de celui de lods & *ventes,* & que les *ventes & iffues* indiquent un double droit. *Voyez* GANTS & ISSUES.

L'article 246 de la coutume de Senlis fe fert de l'expreffion *ventes forcelées,* pour défigner un contrat de vente célé au feigneur, c'eft-à-dire, non notifié. Il prononce une amende de 60 fols contre cette efpèce de délit féodal. *Voyez* VENTE & VENTIER. (*G. D. C.*)

VENTES & DEVOIRS. *Voyez* VENTES.

VENTES & GANTS. *Voyez* VENTES.

VENTES & HONNEURS. *Voyez* VENTES.

VENTES & ISSUES. *Voyez* VENTES.

VENTES & LODS. *Voyez* VENTES.

VENTES FORCELÉES. *Voyez* VENTES.

VENTIER, VENTIERS ou VENDIER, (*Droit féodal.*) Suivant une charte du mois d'août 1538, en faveur de l'abbaye d'Auberive, près Langres, on a donné ce nom à un prépofé chargé de rece- voir une efpèce de droit de *layde,* ou de marché, qu'on appelloit *ventes,* parce qu'il étoit dû au fei- gneur fur ce qui fe vendoit aux foires & marchés : ce prépofé étoit chargé de la garde de l'étalon des mefures. *Voyez* les notes de Secouffe fur les ordonnances du Louvre, *tom. 3, pag. 249.*

Les additionnaires de du Cange, au mot *Ventarius,* fous *Venta 1,* penfent que c'eft dans le même fens qu'on doit entendre le mot *vendier* dans le paffage fuivant d'une charte de Geraud, abbé de Saint- Jean-d'Angély : *In fefto O. S. S.* (*Omnium fanc- torum*) *debet prior de Muronio carnem unius bovis prior de Neyriaco carnes unius bovis.... li* vendiers *dimidium bovem, prior de Carboneriis dimidium porcum.* (*G. D. C.*)

VENTILATION, f. f. *terme de pratique,* qui fignifie l'eftimation particulière que l'on fait de chacun des objets compris dans une même vente, & qui ont été vendus pour un feul & même prix.

Le cas le plus ordinaire de la *ventilation* eft lorf- que plufieurs héritages, relevans de différens fei- gneurs, ont été vendus par un même contrat & pour un même prix. La *ventilation* eft néceffaire pour fixer les droits dus à chaque feigneur à proportion de la valeur des héritages qui font mouvans de lui; elle fe fait en eftimant féparément chaque héritage, eu égard au prix total de la vente.

Quelques auteurs, & entre autres M. Boucher d'Argis, dans la première édition de l'Encyclo- pédie, penfent que dans les adjudications par dé- cret, la *ventilation* fe fait aux dépens des feigneurs; d'autres, tels que Guyot dans fon *traité des fiefs,* qu'elle devoit fe faire à frais communs; mais fi l'on s'en rapporte à un arrêt du 4 août 1760, rapporté dans la collection de jurifprudence, il paroît que le parlement de Paris juge que la *ven- tilation* des biens vendus par décret doit fe faire aux frais de l'acquéreur.

Dans les ventes volontaires, quand la *ventilation* n'eft pas faite par le contrat, les différens feigneurs font en droit chacun de la demander, & en ce cas elle fe fait aux dépens de l'acquéreur, parce que c'eft à lui à s'imputer de n'avoir pas fait fixer dans le contrat le prix particulier de ce qui relevoit de chaque feigneur, afin que chacun pût connoître à quoi montoient fes droits.

Dans le cas où la *ventilation* eft faite par le contrat, les feigneurs ne font pas pour cela obligés de s'y tenir, s'ils prétendent qu'elle foit fraudu- leufe & qu'on ait rejetté la plus forte partie du prix fur certains objets, foit pour empêcher le retrait de ces héritages, foit pour diminuer les droits de quelques-uns des feigneurs; mais dans ce cas celui qui demande une autre *ventilation* doit en avancer les frais : & fi par l'événement de la nouvelle *ventilation,* il fe trouve que celle qui étoit portée au contrat ne foit pas jufte, & qu'il paroiffe de la fraude, les frais de la nouvelle *ventilation* doivent être à la charge de l'acquéreur. Au refte, cette nouvelle *ventilation* peut fe faire à l'amiable entre les parties ou par experts.

Lorfque par un même contrat, on achète des immeubles & des effets mobiliers, il faut relati- vement au droit de centième denier, fpécifier ces meubles, on en joindre un état au contrat, ou en fixer le prix, finon ce droit peut être exigé fur la totalité du prix énoncé au contrat.

VENTRE, f. m. ce terme *en droit* a différentes fignifications.

Quelquefois par-là l'on entend la mère d'un en- fant, comme quand on dit que le *ventre* affranchit, & que la verge annoblit, *partus fequitur ventrem.*

Quelquefois le terme de *ventre* on entend l'état d'une femme ou fille enceinte. On ordonne l'infpection du *ventre* par des matrones, pour vé- rifier fi une femme ou fille eft enceinte.

Quelquefois enfin ce terme *ventre* fe prend pour l'enfant dont une femme ou fille eft enceinte. On donne un curateur au *ventre* lorfqu'il s'agit des intérêts de l'enfant conçu & non encore né, ou pour veiller fur la mère & fur l'enfant, foit de crainte qu'il n'y ait fuppofition de part, ou pour empêcher que la mère ne faffe périr fon fruit, ou qu'elle ne dérobe la connoissance de son accouchement, & ne détourne son enfant. *Voyez* au digeste le titre *de inspiciendo ventre*, & les mots CURATEUR AU VENTRE, INSPECTION, MATRONE. (*A*)

VÉOUR. , (*Droit féodal.*) On a ainsi appellé une espèce de sergent ou d'inspecteur, chargé de voir ou d'examiner les dégradations qui se commettoient dans les bois. Ce mot se trouve dans une chartre de l'an 1314, dont on trouve l'extrait suivant au mot *Visores* du *glossarium novum* de dom Carpentier : « le verdier dou lieu, les *véours* des » forais, les serjans de la forest fiefez & au- » très, &c. ». Le mot *visores* a été employé en latin barbare dans le même sens. *Voyez* le glossaire de du Cange & l'article VÉEUR. (*G. D. C.*)

VER : (*Droit féodal.*) on appelle *ver* ou *verat* un porc entier destiné à couvrir les truies. Les titres de plusieurs seigneurs, & quelques coutumes même, ont fait un droit seigneurial de la bannalité du *ver*, comme de celle du taureau. Quelques coutumes même font du droit de taureau & de *verat* une prérogative des seigneurs de fief. *Voyez* TOR ET VER, & VERROT DE THOREAU.

La coutume d'Artois porte au contraire : « que » les seigneurs hauts-justiciers, vicomtiers ou fon- » ciers, n'ont molin, tor, *ver*, ne autre chose ban- » nière, à cause de leurs seigneuries, se, par fait » espécial, soit par lettres, dénombremens, réce- » pissez, ou longue joyssance, ilz ne sont appa- » roir leur appartenir ». (*G. D. C.*)

VERAT. *Voyez* VER & VERRAT.

VERBAL, adj. signifie en général ce qui se dit de vive voix & sans être mis par écrit ; cependant, en terme de pratique, on appelle *procès-verbal* un acte rédigé par écrit, qui contient le rapport ou relation de quelque chose ; mais on l'appelle *verbal*, parce que cet écrit contient le récit d'une discussion qui s'est faite auparavant verbalement ; en quoi le *procès-verbal* diffère du procès par écrit, qui est une discussion où tout se déclare par écrit. *Voyez* PROCÈS.

Appel verbal est celui qui est interjetté d'une sentence rendue à l'audience : on l'appelle *verbal*, parce qu'anciennement il falloit appeller de la sentence *illico*, sur le champ : ce qui se faisoit devant le juge.

Requête verbale ; on a donné ce nom à certaines requêtes d'instruction, qui se faisoient autrefois en jugement & de vive voix ; on les a depuis rédigées par écrit pour débarrasser l'audience de cette foule de requêtes qui consumoient tout le temps sans finir aucune cause. (*A*)

VERCHERE, s. f. terme usité dans quelques provinces, comme en Auvergne, pour exprimer un verger, ou lieu planté d'arbres & de légumes. Quelques-uns ont cru mal à propos que *verchere* signifioit un fonds donné en dot à une fille, sous prétexte que dans quelques anciennes chartres il est parlé de *vercheres* qui auroient été données en dot, le terme *vercheres* désignant la qualité de la culture du bien, & non le titre auquel il est donné. *Voyez le glossaire de* du Cange, au mot *Vercheria*, & à la lettre *B*, au mot *Berbicaria*, article *Vercheria*. (*A*)

VERDAGE, (*Droit féodal.*) ce mot se trouve dans une chartre confirmative des libertés de la ville de Caen ; il y est dit : « item, peuvent lesdits » bourgeois. . . . . . donner l'office. . . . de *verdage* » ès bois des bêtes omailles ». Dom Carpentier, qui rapporte cet extrait au mot *Viride 1* de son *Glossarium novum*, pense qu'on doit entendre par *verdage* l'office de gardien des bêtes qui paissent dans un bois, & l'émolument qui en provient. *Voyez* VERDERIE. (*G. D. C.*)

VERDE, (*Droit féodal.*) ce mot, comme celui de *varde*, a été employé pour garde. *Voyez* VARDÉ. (*G. D. C.*)

VERDÉRIE, (*Droit féodal.*) ce mot est en usage sur-tout en Normandie, pour désigner l'office & la jurisdiction du verdier.

Suivant Ragueau, dans le glossaire du droit françois, « le verdier est un officier des bois & forêts, » qui est inférieur au maître, & qui a jurisdiction » jusqu'à soixante sous pour les forfaictures, & » qui commande aux sergens & gardes, & con- » noît des amendes coutumières, & duquel est » appel pardevant le maître des eaux & forêts, » & est en plus grande charge que les maîtres, » sergens & gardes des bois, & que les simples » sergens. En aucunes provinces cet officier s'ap- » pelle *gruier* ».

Il y a néanmoins quelque différence entre le gruier & le verdier, comme l'a observé M. Houard, dans son dictionnaire. François I, dans son ordonnance de 1515, offre comme identiques ces mots, *verderie* & *maître sergenterie d'une forêt.*

Ces offices étoient autrefois assez importans : mais en 1490, Charles VIII borna la compétence des verdiers à connoitre des prises qui seroient faites par eux ou par les sergens qui seroient sous eux, jusqu'à la valeur de *soixante sous* seulement, & il permit d'appeller de leurs sentences devant les maîtres de ses forêts. Ces officiers prononçoient des amendes contre les usagers trouvés en méfait seulement, & ils ne pouvoient qu'informer contre les autres délinquans ; leur jurisdiction n'étoit donc que provisoire. Par l'édit du mois d'août 1669, les verderies royales furent supprimées : mais les seigneuriales dont il y avoit titre ou possession, ont été conservées, & subsistent encore. Elles sont une dépendance des fiefs.

L'office de verdier (*verdurer* ou *verduror*) des forêts royales, subsiste encore en Angleterre, dans toute son étendue. On peut en voir les fonctions dans les commentaires de Blackstone. On voit, dans le *Public advertiser*, du 27 juin 1788, que M. *Rose*, membre du parlement pour la ville de Lymington, étoit verdier de la forêt voisine, & que c'est sa bonne conduite dans cet office, qui a suggéré l'idée de le choisir pour représentant de cette ville. (*G. D. C.*)

VEREAU BANNIER. *Voyez* VER, & *le Traité des fiefs de Guyot, tom.* 1, *p.* 447. (*G. D. C.*)

VERGAGE, en latin barbare *Vergaïum*, ou plutôt *Vergagium*; c'est la même chose que le jaugeage des vins. On appelloit ainsi le droit qu'on percevoit sur chaque pièce, à proportion de son contenu, en la mesurant ou jaugeant avec une *verge*. On appelloit *vergeurs* les mesureurs, & l'on disoit aussi *verger* ou *vergier* pour mesurer.

Une chartre de Philippe VI, de l'an 1339, porte: « nosdites gens..... ont assigné..... au roi de » Bohême..... à Vailly...... le *vergage*, le » courretage des vins.....à Filayns, le chargage, »·le barrage..... & le *vergage* ». Une autre chartre de l'an 1320 porte aussi : « que ils ne peussent » mettre les vergeurs, pour les vins vergier, & » que ils ne peussent mettre les vardes, pour varder » les biens ». Enfin, on lit dans des lettres de grace de l'an 1476 : « les maire & échevins de » cette ville (de Dampierre) ont vergié le vin; » je en paierai ce qui sera trouvé par eux ». *Voyez* les Glossaires de du Cange & don Carpentier, au mot *Vergaium* (*G. D. C.*)

VERGE : (*Droit féodal.*) ce mot, dit M. Houard dans son dictionnaire, indique un arrière-fief dépendant (c'est-à-dire mouvant) du fief principal, duquel plusieurs arrière-fiefs sont mouvans; c'est ce qui a été décidé par arrêt du 21 mars 1673, confirmatif d'une sentence du bailliage de Vire, au rapport de M. de Normanville, dans l'espèce suivante :

La dame Trochu, propriétaire du fief situé à Marigny, prétendant qu'un aveu du 9 juillet 1566, de la seigneurie de la Baconière, dans lequel il étoit dit : « que le domaine fieffé consistoit en deux » verges de prévôté, l'une en la paroisse de Lan-» delle, appellée *la Verge de la Braconière*, & » l'autre en la paroisse de Morigny, appellée *la* » *verge de Morigny* », n'annonçoit, dans Morigny, qu'une extension du fief de la Baconière; en conséquence, elle soutenoit que le sieur Liout, propriétaire du fief de la Baconière, n'avoit qu'une extension de ce fief en la paroisse de Morigny.

Le sieur Liout prétendoit au contraire, que l'ancien style des aveux, même de ceux reçus à la chambre des comptes, considéroit la verge comme indiquant un arrière-fief; qu'en conséquence il avoit deux fiefs, celui de la Baconière, en la paroisse de Landelles, & la verge de Morigny, en la paroisse de ce nom. La cour le maintint en la possession de se dire seigneur du fief & verge de Morigny. *Voyez* VERGAGE. (*G. D. C.*)

VERGER. *Voyez* VERGAGE.

VERGEUR. *Voyez* VERGAGE.

VERGIER. *Voyez* VERGAGE.

VERIE, ou VERYE : (*Droit féodal.*) ce mot trouve dans le titre 11, art. 1 & 15 de la coutume de Meun, qui est dans le recueil des anciennes coutumes du Berri, par la Thaumassière :

il signifie une *voirie*, ou la jurisdiction du voyer. *Voyez* VEHERIE & VOYER (*Droit féodal.*)

VÉRIFICATEUR, s. m. est celui qui examine si une chose est juste & véritable. Il y a eu autrefois des conseillers *vérificateurs* des défauts. *Voyez* au mot CONSEILLERS.

En fait d'écriture, il y a des experts *vérificateurs*. *Voyez* COMPARAISON *d'écritures*, ÉCRITURE, ÉCRIVAIN, EXPERT, VÉRIFICATION. (*A*)

VÉRIFICATION, s. f. *en terme de palais*, est l'action d'examiner si une chose est véritable ou régulière.

Vérification d'une citation, c'est lorsqu'on la confronte avec le texte, pour voir si elle est fidelle.

Vérification d'un défaut ou *d'une demande*, est lorsqu'on examine si les conclusions de la demande sont justes & bien fondées.

VÉRIFICATION D'ÉCRITURE, est l'examen que l'on fait d'une écriture privée pour savoir de quelle main elle est; ou bien l'examen d'une pièce authentique, contre laquelle on s'est inscrit en faux, pour connoître si elle est vraie ou fausse.

La *vérification d'une écriture privée* se fait lorsque celui contre lequel on veut se servir de cet écrit, refuse de reconnoître son écriture ou signature, ou qu'il ne convient pas que l'écrit soit d'un tiers auquel on l'attribue.

Cette *vérification* peut se faire en trois manières.

1°. Par deux témoins oculaires qui déposent avoir vu écrire & signer la personne, & qui reconnoissent l'écrit pour être le même qu'ils ont vu faire; 2°. par la déposition de témoins qui déposent connoître l'écriture de celui dont il s'agit, & qu'ils lui ont vu faire de semblable; 3°. par comparaison d'écritures, laquelle se fait toujours par experts.

Quand une pièce est arguée de faux, la *vérification* s'en fait par comparaison d'écritures par le ministère d'experts nommés à cet effet.

La *vérification d'écriture* a lieu tant en matière civile, qu'en matière criminelle.

Elle se fait toujours devant le juge où le procès principal est pendant.

Ceux qui ont eu la mauvaise foi de nier leur écriture ou signature, doivent, suivant les ordonnances, en cas de *vérification*, être condamnés au double des sommes portées en leurs promesses, & en de grosses amendes envers le roi & la partie. *Voyez* COMPARAISON D'ÉCRITURE, EXPERT, FAUX, RECONNOISSANCE. (*A*)

VÉRIFICATION *d'un édit*, *déclaration*, ou *ordonnance*, est lorsque le tribunal auquel une nouvelle loi est adressée pour l'enregistrer, vérifie si elle est en la forme qu'elle doit être. *Voyez* ENREGISTREMENT.

VÉRIFICATION *d'une signature*, est quand on examine si une signature est vraie ou fausse; on vérifioit autrefois les signatures de cour de Rome. *Voyez* SIGNATURE. (*A*)

VÉRIFIER, v. act. c'est rechercher si une chose est vraie; on *vérifie* une écriture, un fait, une citation; les prophéties se *vérifient* ou se démentent par le fait.

VÉROLAGE. (*Droit féodal.*) Ce mot, comme celui de *vérolie*, a désigné autrefois la bannalité du moulin. Un registre des fiefs du comté de Poitou, de l'an 1410, qui est à la chambre des comptes de Paris, porte au folio 37 : « Je Jehan de Craon, » sire de la Suze, ... advouhe à tenir.... à foi » & hommage lige ...... mon hébergement de » Charrace, avecques toutes ses appartenances & » appendances, ... pescheries, deffens, galloys, » estangs, *vérolages*, hommes, hommaiges, jus- » tice, &c. ». *Voyez* VÉROLIE. (*G. D. C.*)

VÉROLE ou **MALADIE VÉNÉRIENNE.** L'article que nous nous proposons de traiter ici, sembleroit d'abord devoir plutôt trouver sa place dans la partie qui traite de la médecine, que dans celle qui n'est relative qu'à la Jurisprudence; mais cette maladie qui prend sa source dans les plaisirs de l'amour, s'est d'abord montrée sous un aspect si effrayant, qu'elle a excité l'attention des législateurs, & provoqué des réglemens qu'il est indispensable de faire connoître.

Les premiers n'ont pas eu tout l'effet qu'on s'en étoit promis, parce qu'ils sont émanés d'une autorité qui n'étoit pas encore assez éclairée; ceux qui ont été publiés depuis, ont eu plus pour objet de guérir le mal que de le prévenir. Envisageant cette horrible maladie sous le point de vue moral, nous exposerons ici les réflexions qu'un sujet aussi déplorable nous a fait naître.

Lorsque l'on considère que les ravages de cette maladie se propagent plus encore par une indifférence homicide, & par une froide cruauté, que par l'ignorance & le malheur; que ceux qui en sont atteints occasionnent de sang froid à l'espèce humaine plus de calamités, plus de souffrance, & immolent plus de victimes que les brigands, on sent combien il est important que la force de la loi vienne enfin au secours de l'humanité, & que, si l'on ne doit pas faire revivre d'anciens réglemens, dictés dans un temps où l'on n'avoit point acquis encore de véritables connoissances sur les causes, les effets & les remèdes de cette maladie, il seroit essentiel d'en créer de nouveaux plus conformes aux lumières acquises & aux principes de justice.

La maladie vénérienne étend ses ravages dans différentes circonstances, & qui rendent celui qui la communique plus ou moins criminel.

L'homme qui en est infecté & la porte dans le sein d'une chaste épouse, en l'exposant à donner le jour à un enfant qui en sera atteint, & la communiquera lui-même innocemment à la nourrice qui lui donnera son lait, est plus criminel sans doute qu'un jeune célibataire qui, ignorant son état, & emporté par la fougue de ses sens, associe à son malheur une fille publique, quoique son im-

prudence soit une cause d'une multitude innombrable de maladies semblables à la sienne.

« Lorsque le mal vénérien, dit M. Astruc dans » son traité des maladies vénériennes, *chap. 15*, » commença à se manifester en Europe, on le re- » garda comme une espèce de peste, & l'on crut » qu'il pouvoit de même se gagner de loin, en » parlant, en mangeant, en vivant avec les per- » sonnes infectées, ou en les fréquentant. L'igno- » rance ou la dissimulation des malades, contribua » à entretenir long-temps les médecins dans cette » erreur, parce qu'ils leur laissoient ignorer la » véritable manière dont ils avoient contracté le » mal : c'est-là ce qui donna lieu aux réglemens » qu'on fit alors en France contre les vérolés, » dans la vue de pourvoir à la conservation pu- » blique, en prenant des mesures conformes à » l'idée qu'on avoit de la maladie ».

Ce célèbre médecin rapporte l'arrêt du 6 mars 1496, qui interdit à ceux qui sont attaqués de la maladie vénérienne, sous peine capitale, tout commerce avec les personnes saines.

« Aujourd'hui 6 mars, pour ce que en cette ville » de Paris y avoit plusieurs malades de certaine » maladie contagieuse, nommée la *grosse vérole*, » qui puis deux ans ença a eu grant cours en ce » royaume, tant de ceste ville de Paris que d'autres » lieux, à l'occasion de quoi étoit à craindre que » sur ce printemps elle multiplioit, a été advisé » qu'il étoit expédient y pourvoir.

» Pourquoi ont été mandés les officiers du roi » en chastelet, lesquels venus en la cour, ont » remonstré qu'ils avoient été en la maison de » l'évêque de Paris, pour y mettre provision; » mais n'y estoit encore advisé parmi le tout, pour » les difficultés qui se trouvoient.

» Si leur a ordonné la court y pourvoir, & » pour assister avec ledit évêque a esté commis » M. Martin de Bellefaye, & moi greffier (Pierre » de Cerisoy) en la compagnie.

» Et après ce que en la maison dudit évêque » avons communiqué ensemble, un-a été enjoint » en faire l'ordonnance, ce que ai fait selon les » articles ci-après enregistrés, laquelle ordonnance » par moi portée en chastelet, & délivrée au » prévôt de Paris, a été mise à exécution, & » jusques-ci bien gardée.

» Pour pourvoir aux inconvéniens qui ad- » viennent chacun jour par la fréquentation & » communication des malades qui sont de présent » en grand nombre en ceste ville de Paris, de » certaine maladie contagieuse, nommée la *grosse* » *vérole*, ont été advisés, conclus & délibérés » par révérend père en Dieu monsieur l'évêque » de Paris, les officiers du roi, prévôt des mar- » chands & eschevins de Paris, & le conseil & » avis de plusieurs grants & notables personnaiges » de tous estats, les points & articles qui s'en » suivent.

» I. Premièrement sera fait cry publique de par
» le

» le roi, que tous malades de ceſte maladie de
» groſſe *vérole* eſtrangiers, tant hommes que
» femmes, qui n'eſtoient demeurans & réſidens
» en ceſte ville de Paris, alors que ladite maladie
» les a prins, vingt & quatre heures après ledit
» cry fait, s'envoiſent; & partent hors de ceſtedite
» ville de Paris, ès pays & lieux dont ils ſont
» natifs, ou là où ils faiſoient leur réſidence, quand
» ceſte maladie les a prins, ou ailleurs où bon
» leur ſemblera, ſur peines de la hart. Et à ce
» que plus facilement ils puiſſent partir, ſe retirent
» ès portes Saint-Denis & Saint-Jacques, où ils
» trouveront gens députés, leſquels leur délivre-
» ront à chacun 4 ſols pariſis, en prenant leur
» nom par eſcript, & leur faiſant défenſes ſur la
» peine que deſſus, de non rentrer en ceſte ville,
» juſques à ce qu'ils ſoyent entièrement garis de
» ceſte maladie.

» II. *Item.* Que tous les malades de ceſte mala-
» die eſtant de ceſte ville, ou qui eſtoient réſidens
» & demeurans en ceſte ville, alors que ladite
» maladie leur a prins, tant hommes que femmes,
» qui avont puiſſance de eulx retirer en maiſons,
» ſe retirent dedans leſdites vingt & quatre heures
» ſans plus aller par la ville, de jour ou de nuit,
» ſur ladite peine de la hart. Et leſquels ainſi retirés
» en leurſdites maiſons, s'ils ſont povres & indi-
» gens, pourront ſe recommander aux curés &
» marregliers des parroiſſes dont ils ſeront; pour
» eſtre recommandés, & ſans qu'ils partent de
» leurſdites maiſons, leur ſera pourveu de vivres
» convenables.

» III. *Item.* Tous autres povres malades de ceſte
» ville, hommes qui avont prins icelle maladie,
» eulx réſidens, demeurans ou ſervans en ceſte
» ville, qui ne avont puiſſance de eulx retirer en
» maiſon dedans les vingt & quatre heures après
» le cry fait, ſur ladite peine de la hart, ſe retirent
» à Saint-Germain-des-prés, pour eſtre & demeu-
» rer ès maiſons & lieux qui leur ſeront baillés
» & délivrés par les gens & députés à ce faire,
» auxquels lieux durant ladite maladie, leur ſera
» pourveu de vivres & autres choſes néceſſaires,
» & auxquels l'on défend, ſur ladite peine de la
» hart, de non rentrer en ceſtedite ville de Paris,
» juſques à ce que i's ſoient entièrement garis de
» ladite maladie.

» IV. *Item.* Que nul ſoit ſi hardi de prendre
» leſdits 4 ſols pariſis, s'ils n'eſt eſtrangier, comme
» dit eſt, ou qu'il vouliſt partir de ceſtedite ville
» ſans plus entrer, juſques à ce qu'il ſoit entière-
» ment garis.

» V. *Item.* Et quant aux femmes malades, leur
» ſera pourveu de autres maiſons & demeurances,
» éſquelles ils ſeront fournies de vivres & autres
» choſes à eulx néceſſaires.

» VI. *Item.* A eſté ordonné que, pour ſatisfaire
» audit cry, leſdits malades qui eſtoient demeurans en ceſte
» ville, qui eſtoient demeurans en ceſte ville,
» à l'heur qu'ils ont eſté prins de ceſtedite maladie,

» ſeront mis en la maiſon qui ja a eſté louée pour
» ceſte cauſe à Saint-Germain-des-prés; & où elle
» ne pourroit fournir, ſeront prins granges & au-
» tres lieux eſtant près d'icelle, afin que plus faci-
» lement ils puiſſent eſtre panſés; & en ce cas,
» ſeront ceulx à qui ſeront leſdites granges &
» maiſons, remunerés & ſatisfaits de leurs louaiges
» par ceulx qui ſont commis députés à recevoir
» l'argent cueilli & levé en ceſte ville de Paris pour
» leſdits malades, par l'ordonnance deſdits évèques
» & officiers du roi & prévoſt des marchands; &
» à ce ſouffrir ſeront contraints reaument & de
» fait.

» VII. *Item.* Après ledit cry fait, ſera pourveu
» par ceulx qui ſont commis à recevoir ledit ar-
» gent, à ce qu'ils mettent deux hommes; c'eſt à
» ſavoir ung à la porte Saint-Jacques, & l'autre
» à la porte Saint-Denis, pour en la préſence de
» ceulx qui ſeront commis par les officiers du roi
» & prévoſt des marchands, payer leſdits 4 ſols
» pariſis, & prendre les noms par eſcript de ceulx
» qui les recevront, & leur faiſans les défenſes
» deſſus dites.

» VIII. *Item.* Sera ordonné par le prévoſt
» de Paris aux examinateurs & ſergens, que ès
» quartiers dont ils ont la charge, ils ne ſouffrent
» & permettent aucuns d'iceulx malades aller,
» converſer, communiquer parmi la ville; & où
» ils en trouveront aucuns, ils les mettent hors
» d'icelle ville, ou les envoient ou manent en
» priſon pour eſtre pugnis corporellement ſelon
» ladite ordonnance.

» IX. *Item.* Après ledit cry mis à exécution,
» ſoient ordonnés gens par leſdits prévoſt & éche-
» vins, leſquels ſe tiendront aux portes de ceſte
» ville de Paris, pour garder & défendre qu'au-
» cuns malades de ceſte maladie ne entre aperte-
» ment ou ſecrétement en ceſtedite ville de Paris.

» X. *Item.* Soit pourveu par ceulx qui ſont dé-
» putés à recevoir l'argent donné & aumoſné aux-
» dits malades, à ce que à iceulx retirés eſdites
» maiſons ſoit pourveu de vivres & autres choſes
» néceſſaires ſoingneuſement & en diligence, car
» autrement ils ne pourroient obéir auxdites ordon-
» nances ».

S'il eût été poſſible de tenir la main à l'exécution
de cet arrêt de réglement, peut-être la maladie
horrible contre laquelle il fut lancé ſeroit-elle
éteinte parmi nous : car il eſt bien reconnu qu'elle
ne ſe propage que par la cohabitation intime du
malade avec une perſonne ſaine.

Mais comment, dans un royaume ouvert à tous
les étrangers, & où la proſtitution eſt tolérée, prévenir cette communication contagieuſe, & bannir
tous ceux qui ont la malheureuſe faculté de la
perpétuer? Le riche, & l'homme en place, ne
ſont-ils pas au-deſſus de tous les réglemens qui
peuvent contrarier leurs penchans, & qui frappent
une maladie dont les ſignes ne ſont pas apparens,

D d

& font fouvent incertains ? La fageffe & la prudence feront toujours pour les hommes, les plus fûrs préfervatifs contre une maladie qui ne vient qu'à la fuite des jouiffances de l'amour. Tant qu'ils mettront de la délicateffe & du choix dans l'objet de leurs affections, rarement elle empoifonnera leurs plaifirs. Mais il n'en eft pas de même de la femme, que les devoirs du mariage expofent au danger de fouffrir les approches d'un époux infecté du venin de la débauche, & qui rapporte dans la couche nuptiale des preuves trop certaines de fon infidélité.

Le fort de cette chafte compagne eft encore bien plus digne de pitié que celui d'une fille libre, qui n'a pas eu la force de réfifter aux ardeurs de la féduction. La première eft victime de fon devoir; la feconde ne l'eft que de fa foibleffe. Ce feroit ici le lieu d'examiner fi la maladie vénérienne devroit être un cause de féparation : mais nous renvoyons à l'article SÉPARATION DE CORPS, où cet objet eft traité. Nous nous en tiendrons à propofer dans ce moment des vues générales pour prévenir les contagions de l'efpèce dont il s'agit.

On ne peut pas fe diffimuler que celui qui propage fciemment la maladie vénérienne dont il eft infecté, ne foit une efpèce d'empoifonneur qui mérite l'animadverfion publique. En l'envifageant fous ce rapport, n'accueilleroit-on pas avec reconnoiffance une loi par laquelle le magiftrat chargé de faire punir les crimes, feroit autorifé à recevoir les dénonciations de ce genre de délit, & à en pourfuivre les auteurs pour leur faire impofer des peines, foit corporelles ou infamantes & pécuniaires ?

Pour faire redouter la punition que la fageffe du légiflateur auroit déterminée, ne feroit-il pas à propos que les plaignans ou les plaignantes dont l'accufation fe trouveroit juftifiée par la conviction du coupable, obtinffent des dommages & intérêts que le juge proportionneroit aux circonftances & à la qualité des perfonnes, & du délit, & qui, à l'égard des riches, ne pourroient être au-deffous de dix mille livres payables par corps ? Il eft probable que fi cela étoit ainfi établi, le nombre des empoifonnés diminueroit fenfiblement de jour à autre, & peut-être que pour le bonheur de l'humanité la maladie cruelle dont il s'agit, ceffèroit dans peu d'infecter les villes & les campagnes. Qu'il nous foit permis de fortifier ce que nous venons d'expofer, par des réflexions que nous avons préfentées fur le même fujet au chapitre des délits moraux, dans un ouvrage auquel l'académie françoife a décerné en 1787 le prix d'utilité.

En parlant des délits moraux, difions-nous, il en eft un bien redoutable, bien affreux ; mais comment ofer s'y arrêter ? que n'ai-je le précieux talent de rendre mes expreffions auffi pures que mes penfées !

Hélas ! dans le moment où j'écris, j'ai le cœur

ferré & l'imagination obfcurcie du plus trifte fouvenir : je me rappelle une femme qui fembloit deftinée à être long-temps l'ornement de fon fexe, devenue trifte, foible, languiffante, & menacée de la deftruction, comme la rofe dont les feuilles tendres & vermeilles fe font détachées, parce qu'un infecte caché dans fon fein en dévore la fubftance.

Des parens plus occupés de répandre fur leur fille l'éclat d'un beau nom, & de lui procurer les avantages d'une grande fortune, que d'affurer fon bonheur par le choix d'un époux délicat, livrèrent fa deftinée à un jeune homme de qualité, habitué à vivre parmi ces êtres qui n'exiftent que par les attraits de la volupté, qui ne font occupés qu'à en rappeller le fouvenir. Incapable de fentir tout le prix de fa poffeffion, il ne renonça pas à fes premières fantaifies. Plût à Dieu du moins que, par une fuite de fon indifférence pour une compagne fidelle, il ne lui eût pas fait partager la peine de fon inconftance. La pureté, la candeur de cette chafte époufe, ne fervirent qu'à l'entretenir dans une erreur fatale à fes jours. Les progrès de la contagion étoient à leur comble, avant que le mari eût ofé révéler fon infidélité meurtrière, & en fauver la victime.

Je le demande à tous ceux qui ont quelques idées de la juftice dans le cœur : un homme qui, fous le titre d'époux, & fous le voile du plus doux des devoirs, porte indifféremment la deftruction dans le fein de fa compagne, n'opère-t-il pas un mal auffi cruel, n'eft-il pas auffi puniffable que l'affaffin qui abufe de la fécurité du voyageur pour lui donner la mort ?

Mais, dira-t-on, l'emportement des fens, les ivreffes de l'amour, rendent le premier plus exufable ; les fuites de fon imprudence ne font pas toujours auffi funeftes. Je demanderai à mon tour fi la faim n'a pas autant d'empire fur l'homme que l'effervefcence des fens ; fi la crainte du fupplice qui trouble le voleur, & le porte à étouffer la voix de celui qui peut appeller du fecours & le dénoncer, n'eft pas pour l'homicide une excufe auffi plaufible que celle de l'ivreffe de l'amour ? Il n'eft pas vrai que le crime du premier foit moins nuifible à l'humanité que la férocité des autres. Lorfque les meurtriers ont donné la mort, leurs coups fe font du moins arrêtés fur leurs victimes ; les autres, au contraire, ont étendu les fuites de la barbarie jufques dans une innocente poftérité. Ils ont altéré l'exiftence de plufieurs familles qui, fans le favoir, font devenues leurs complices.

Mais, m'objectera-t-on, avant d'examiner quelle peine on devroit infliger au coupable, apprenez-nous comment il feroit poffible de le difcerner ? Si celui que vous voulez condamner a été aveuglé fur lui-même ; s'il ignoroit fon malheur avant de le communiquer, n'eft-il pas plus à plaindre qu'à punir ?

Lorfque les hommes font arrivés à certain degré de dépravation, les délits moraux fe multiplient à un tel point que, tenter d'en arrêter les progrès, c'est risquer de jetter l'alarme dans toute la société : le réformateur est envisagé comme un perturbateur..... Malheureux ! restez donc à jamais dans la fange du vice. Défendez avec fureur le droit que vous prétendez avoir de vous jouer de votre existence & de celle de vos semblables. Protégez de toute votre éloquence, de tout votre crédit, la prostitution, le fléau de l'hymen ; ne souffrez pas qu'on interdise à celui qui s'en est approché la faculté de rapporter dans le sein de la sagesse, de la fidélité, le poison de la débauche. Quant à moi, je le déclare, je tiens pour criminel de lèse-humanité l'homme ou la femme qui, ne calculant que ses plaisirs ou ses intérêts, s'abandonne aux desirs qu'il éprouve ou qu'il inspire, sans s'inquiéter s'il ne propagera pas un mal dont les ravages sont si funestes à l'espèce humaine.

Je voudrois que l'homme, convaincu d'avoir eu ce barbare égoïsme, fût séparé de la société pendant le cours d'une année, & qu'il ne pût y rentrer qu'après une régénération bien constatée. J'exige-rois que, pour le tort qu'il a occasionné à la population, il fût condamné à la confiscation de son bien, qui seroit employé à former des unions légitimes dans les campagnes.

Hommes frivoles & inconséquens que nous sommes ! n'attacherons-nous jamais d'importance qu'à des richesses idéales ? ne soumettrons-nous au calcul que l'argent ? compterons-nous toujours pour rien les véritables biens, le choix & l'abondance des productions, la durée d'une vie saine & vigoureuse ? ne regarderons-nous jamais comme les usurpateurs les plus à craindre, ceux qui nous ravissent la sécurité & les propriétés que nous tenons de la nature ? n'aurons-nous jamais le bon esprit d'envisager comme les meurtriers les plus punissables, ceux qui immolent à leurs passions le plus grand nombre d'individus ; enfin, comme les vrais ennemis de l'état, ceux qui portent atteinte à la reproduction de l'espèce humaine & aux sources de l'abondance publique ? Mais, comment avoir le courage de chercher des moyens de conservation parmi des hommes qui ne veulent qu'user & jouir ? comment espérer de travailler utilement pour la génération future, au milieu d'une foule de célibataires qui ne daignent pas même s'occuper de celle qui vit ?

Nous croyons qu'il seroit aisé de répondre victorieusement à toutes les objections qu'on pourroit proposer contre une loi telle que celle dont on vient de donner l'idée.

Nous allons considérer maintenant ce que l'on a fait pour diminuer les ravages du mal dont il est question.

Nous voyons dans une ordonnance du 2 mai 1781, concernant les hôpitaux militaires, plusieurs articles relatifs à ceux qui sont attaqués de la maladie vénérienne.

Par l'article premier du titre 4 de cette ordonnance, il est dit « qu'il sera désigné dans chaque » hôpital, suivant la disposition des lieux, diffé-» rentes salles pour y traiter les différentes espèces » de maladies, en observant que celles qui seront » affectées aux maladies contagieuses & aux véné-» riennes, soient sans communication avec les » autres, &c.

» L'article 3 du même titre, porte que le médecin » n'admettra, ni ne souffrira parmi les malades » soumis à traitement, aucun de ceux attaqués » du mal vénérien ; qu'il les renverra au chirurgien-» major pour en faire la visite, & les faire placer » dans les lieux à eux affectés ».

Le titre 12 est consacré tout entier à ce qui regarde les soldats attaqués de maux vénériens.

« ART. I. Les soldats attaqués de maladie véné-» rienne, de quelque nature qu'elle soit, seront » reçus dans les hôpitaux militaires, destinés à ce » traitement, sur un billet d'entrée expédié suivant » la forme prescrite par l'article premier du titre » premier, & au dos duquel sera détaillé la situa-» tion des soldats qui y seront envoyés.

» II. Aussi-tôt qu'un malade de ce genre se pré-» sentera dans un hôpital, le chirurgien-major sera » tenu de le visiter, conjointement avec le méde-» cin, s'il y en a un, pour déterminer la nature » du traitement qui leur paroîtra convenir à son » état, ce qui sera constaté par une consultation » signée de l'un & de l'autre : après quoi le chirur-» gien-major restera chargé du traitement, auquel » le médecin ne sera appelé que dans les occasions » périlleuses.

» III. Lorsque le traitement sera fini, les officiers » de santé seront tenus de visiter de nouveau le » malade avant sa sortie de l'hôpital, pour s'assurer » de la guérison, de laquelle ils feront mention au » pied de la consultation qu'ils auront faite lors de » l'entrée dudit malade.

» IV. Sa majesté ne voulant pas que le séjour » à l'hôpital, des soldats attaqués de maladie véné-» rienne, soit déformais à charge à leur camarades, » elle entend que tout soldat, cavalier, chevau-» léger, hussard, dragon & chasseur à cheval, qui » sera entré à l'hôpital pour une maladie véné-» rienne, soit obligé d'acquitter à sa sortie, & » lorsqu'il aura recouvré ses forces, toutes les cor-» vées qui auront été faites pour lui pendant son » traitement, successivement & de manière qu'il » n'en soit pas excédé ; sa majesté s'en rapportant à » ce sujet aux commandans des corps : elle ordonne » aux médecins & chirurgiens-majors de ses hôpi-» taux, d'inscrire au dos des billets de sortie, la » nature des maladies dont les convalescens sortans » auront été traités, & aux chefs des corps d'en-» joindre aux quartiers-maîtres de tenir un registre » de tous les hommes de leur régiment qui auront » subi le traitement d'une maladie vénérienne, & » d'en conserver les billets de sortie, comme pièces » probantes à l'appui du registre qui sera représenté » aux inspecteurs lors de leurs revues.

» V. Sa majesté jugeant qu'il est de sa justice,

» & même de fa bonté, de prévenir, par la crainte
» d'une punition, les maux que pourroit produire
» dans les troupes l'excès du libertinage ; elle veut
» que tout foldat qui aura été traité trois fois d'une
» maladie vénérienne quelconque, foit condamné
» à fervir deux ans au-delà du terme de fon enga-
» gement ; mais pour prévenir toute application
» injufte de cette peine, fa majefté entend que
» le jugement contre ledit foldat ne puiffe être
» porté que par les infpecteurs lors de leurs revues,
» fur le rapport qui leur fera fait par lefdits com-
» mandans des régimens, les officiers & bas-officiers
» des compagnies dont feront les foldats convain-
» cus d'avoir éprouvé une troifième rechûte, pour
» fur les témoignages qui feront rendus de leur
» conduite, les condamner ou les abfoudre en
» connoiffance de caufe, ou même reftreindre la
» punition à un an de fervice feulement, fuivant
» l'exigence des cas ; attribuant fa majefté auxdits
» infpecteurs tout pouvoir à cet égard ».

Par l'article 21 du titre 15, « il eft dit qu'il fera
» établi dans tous les hôpitaux confidérables, fur-
» tout dans ceux où la maladie vénérienne eft
» traitée, de même que dans ceux des eaux miné-
» rales, une prifon où les malades vénériens &
» autres qui auront commis des fautes graves,
» feront envoyés par le commiffaire des guerres,
» dès qu'ils pourront l'être fans inconvénient pour
» leur état ; ils y feront couchés fur de la paille,
» & punis par la privation des alimens & boiffons
» qui pourront auffi leur être retranchés fans incon-
» vénient, d'après l'avis des officiers de fanté.

Quand on confidère d'un côté les atteintes que
porte à la population cette horrible maladie, &
qu'on jette de l'autre les yeux fur les établiffemens
formés pour la guérifon des malades, on fent combien il y a encore de chofes à faire avant d'arriver
au point de perfection défirable fur cet objet.

Le nombre des individus attaqués de la maladie
vénérienne, foit dans les villes de province, foit
dans les campagnes, eft innombrable. Cependant,
par un préjugé qu'il eft difficile de vaincre, on ne
reçoit point encore dans la plupart des hôpitaux
les malades vénériens. Tous les afyles de la charité
leur font impitoyablement fermés, fans s'inquieter
fi leur maladie eft une fuite du libertinage, ou
l'effet d'une communication innocente.

Un feul hofpice, près de Paris, leur étoit ouvert ;
c'étoit Bicêtre. Mais encore de quelle manière les
remèdes y font-ils adminiftrés ? Comme on ne
peut y foigner à la fois qu'un certain nombre de
malades, une année entière s'écouloit quelquefois
avant que le tour de celui qui fe préfente fût arrivé.
Pendant ce temps, le mal continuoit fes affreux
progrès. Celui qui en étoit dévoré ne préfentoit plus
aux officiers de fanté qu'un corps épuifé & prefque en lambeaux. Les remèdes devoient être, par
cette raifon, plus actifs pour combattre le mal avec
fuccès, & celui fur le corps duquel fe livroit cette
action en étoit fouvent la victime.

Un abus auffi pernicieux, après avoir duré trop
long-temps, a enfin frappé les yeux du miniftère.

Les divers mémoires que M. Colombier, médecin de la faculté de Paris, & infpecteur général
des hôpitaux civils & militaires, a préfentés, ont
produit des établiffemens & des réformes très-falu-
taires.

Le premier de ces mémoires a eu pour objet
d'établir un hofpice pour les enfans nouveaux-nés,
& qui font venus au monde avec le germe de la
maladie vénérienne. Cet établiffement eft trop précieux à l'humanité, pour n'en pas faire honneur
ici à fon auteur, & pour ne pas faire connoître
les réglemens par lefquels il doit fubfifter.

L'hofpice eft dirigé fous les ordres de M. le
lieutenant-général de police, par un directeur chargé
de la dépenfe & de tous les regiftres. Il rend compte
de tous ces objets au magiftrat, & ne peut rien
innover, ni changer, fans avoir reçu de lui un
ordre par écrit.

Pour affurer l'exécution de tous les genres de
fervice, M. le lieutenant-général de police a fait
rédiger un réglement particulier.

RÉGLEMENT concernant l'hofpice de Vaugirard.

TITRE PREMIER. De l'admiffion des femmes & des
enfans à l'hofpice.

» ART. I. Toutes les pauvres femmes groffes
» attaquées du mal vénérien, font admifes à l'hof-
» pice, à l'époque de fept mois de groffeffe, ou
» après cette époque paffée, pour y faire leurs
» couches & être traitées gratuitement fous la con-
» dition qu'elles allaiteront leurs enfans ; & au
» défaut de ceux-ci, ceux qui leur feront pré-
» fentés.

» II. Les nourrices attaquées de la même maladie
» & qui fe préfenteront avec leurs enfans qu'elles
» allaiteront, feront également admifes ; mais les
» femmes qui feront envoyées des maifons de
» l'Hôtel-Dieu & de l'Hôpital-général, feront
» reçues de préférence.

» III. Les enfans nés des mères infectées, foit
» à l'Hôtel-Dieu, foit à l'Hôpital-général, ceux
» qui feront apportés de la maifon des Enfans-
» trouvés, ainfi que ceux qui feront nés de parens
» pauvres, attaqués de la même maladie, feront
» admis à l'hofpice. On exigera pour ces derniers
» un certificat du curé, qui atteftera la pauvreté de
» leurs pères & mères.

» IV. Parmi les enfans nés de mères attaquées
» de la maladie vénérienne, comme il en eft qui
» n'apportent en naiffant aucun fymptome appa-
» rent, ceux-ci ne feront reçus que fur un certi-
» ficat figné des médecins ou chirurgiens des mai-
» fons ci-deffus énoncées, ou de tout autre officier
» de fanté, ayant droit de pratiquer à Paris. Il
» fera fpécifié par ce certificat que les enfans que
» l'on préfente, font nés de mères infectées.

» V. Le directeur, fur la première réquifition

» qui lui en fera faite, enverra chercher les enfans,
» foit à la maifon des Enfans-trouvés, foit à celle
» de l'Hôtel-Dieu où à l'Hôpital-général, dans une
» voiture difpofée à cet effet. Le conducteur ap-
» portera exactement, 1°. le n°. de chaque enfant,
» qui contiendra fon nom & furnom, & le jour
» de fa naiffance ; 2°. le certificat de baptême ;
» 3°. celui des gens de l'art ou de la maitreffe fage-
» femme qui l'auront reçu.

» VI. Les femmes, ainfi que les enfans qui feront
» conduits à l'hofpice, feront vifités avant leur
» admiffion, dans un endroit deftiné à cet effet,
» par le chirurgien réfidant à la maifon, qui dref-
» fera un procès-verbal de leur état, avant de les
» faire paffer dans le dortoir où ils doivent être
» placés.

» VII. Après cette vifite, les femmes dans le
» cas d'être admifes, dépoferont leurs vêtemens
» pour prendre ceux de la maifon. Le directeur
» fera infcrire fur une carte le nom de la nouvelle
» arrivée, le jour de fon entrée & l'état de fes
» habits. Cette carte fera jointe au paquet que l'on
» en fera, après que l'on en aura infcrit le double
» fur un regiftre particulier.

» VIII. Le procès-verbal faifant mention des
» noms & furnoms, de l'âge & des accidens de
» là femme nouvellement arrivée, fera préfenté
» aux médecin & chirurgien en chef qui le véri-
» fieront à leur première vifite.

TITRE DEUXIÈME. *Des fonctions des officiers de fanté,*
de celles du directeur & de la fœur officière.

» ART. I. Le médecin & le chirurgien en chef
» feront tous les jours, à une heure convenue,
» une vifite lorfque le cas l'exigera ; l'un des deux,
» & même l'un & l'autre conjointement, en feront
» une feconde.

» II. Le médecin & le chirurgien en chef feront
» toujours accompagnés dans leurs vifites du chi-
» rurgien réfidant. Ils auront les yeux fur le
» cahier de la précédente, fur lequel feront ex-
» primés les numéros des lits des malades, leur
» nom & les remèdes & alimens ordonnés à
» chacun ; tandis que le chirurgien réfidant en
» tiendra un autre pour y infcrire de même les
» numéros & les noms de chaque malade, ainfi
» que les alimens & médicamens nouvellement
» prefcrits.

» III. Le chirurgien réfidant à l'hofpice fera
» chargé de la préparation & de la diftribution
» des médicamens. Il veillera à celle des alimens,
» dont il fera un relevé fur le cahier après chaque
» vifite, lequel relevé fera préfenté au directeur,
» & porté enfuite à la cuifine, pour que la quantité
» & la qualité en foient déterminées en confé-
» quence.

» IV. Le chirurgien en chef fera chargé de faire
» les accouchemens, les opérations & les grands
» panfemens ; en fon abfence, le chirurgien réfi-

» dant à l'hofpice fera tous les panfemens ordi-
» naires, & rendra compte à chaque vifite de ce
» qui fe fera paffé depuis la dernière.

» V. Le directeur fera chargé de furveiller toute
» la maifon, de faire la dépenfe, de maintenir la
» police & le fervice. Il aura l'autorité fur tous les
» gens de fervice, & tiendra les différens regiftres,
» qu'il repréfentera à la fin de chaque mois à M. le
» lieutenant-général de police, ou à l'infpecteur-
» général des hôpitaux, pour en rendre compte à
» ce magiftrat.

» VI. Outre les regiftres de recette & de dépenfe
» générales, tenus & repréfentés comme ci-deffus,
» le directeur en tiendra un des effets & meubles
» de l'hofpice, & un pour chaque efpèce de dé-
» penfe en particulier, lefquels feront confrontés
» avec les reçus des marchands fourniffeurs, &c.
» Enfin, quatre autres regiftres concernant l'entrée,
» la fortie, la mort & les effets des malades : fur
» le premier feront infcrits, 1°. l'entrée des femmes
» groffes, nourrices & celles des enfans ; 2°. la
» maifon d'où elles viennent ; 3°. le procès-verbal
» de leur état de maladie, fait par les officiers de
» fanté de la maifon ; 4°. leurs noms, furnoms &
» âge ; 5°. le fexe des enfans & le jour de leur
» naiffance ; 6°. le certificat de baptême defdits
» enfans & celui de la fage-femme ou accoucheur
» qui l'aura reçu.

» Le fecond contiendra l'état des vêtemens que
» chaque femme apportera, lequel fera conforme
» à la carte que l'on aura jointe au paquet qui en
» aura été fait. On y infcrira auffi la reddition qui
» fera faite defdits habits, au moment de la fortie
» de chacune d'elles.

» Le troifième fera deftiné à infcrire les noms
» des malades fortans, la date du jour de leur
» fortie, le procès-verbal de leur état à cette
» époque.

» Le quatrième fera un regiftre mortuaire ; il
» contiendra le nom des malades qui feront morts
» à l'hofpice, avec les particularités qui auront
» paru dignes d'attention.

» VII. Pour faire connoître l'état de fituation
» de l'hofpice & le mouvement des malades, le
» directeur formera un journal du nombre des em-
» ployés, ferviteurs & malades : toutes les femaines
» copie dudit journal fera envoyée à M. le lieute-
» nant-général de police & à l'infpecteur-général
» des hôpitaux.

» VIII. La fœur officière fera fpécialement oc-
» cupée à faire obferver la règle dans les différens
» dortoirs, à veiller à ce que la propreté y foit
» entretenue, & à ce qu'il ne manque rien aux
» femmes ni aux enfans. Elle fera chargée en outre
» de la lingerie & de la cuifine, & veillera fur
» les filles de fervice. Elle en rendra compte au
» directeur.

» IX. Les filles de fervice auront chacune leur
» département ; mais en cas de befoin, & d'après
» les ordres du directeur, de la fœur officière ou

» du chirurgien réfidant, toutes s'aideront mu-
» tuellement & feront toutes les befognes aux-
» quelles on voudra les employer.

» X. La fœur officière fera feule chargée du
» linge que le directeur lui aura donné en compte.
» Elle tiendra un état de celui qu'elle donnera pour
» les femmes & les enfans dans chaque dortoir.
» La quantité de linge fera chaque fois comparée
» avec l'état qu'elle en aura fait, avant qu'il foit
» remis à la blanchiffeufe.

TITRE TROISIÈME. *De la nourriture.*

» ART. I. La portion de pain pour les femmes
» fera d'une livre & demie, & de froment de la
» deuxième efpèce. Les trois quarts, la demie,
» le quart en foupe, feront les divisions relatives
» de cette portion, qui pourra, dans le cas de
» befoin, être augmentée par les officiers de
» fanté.

» II. La portion de viande de chaque femme
» fera d'une livre par jour, dont les deux tiers
» feront de bœuf & l'autre tiers de veau ou de
» mouton ; les deux tiers feront pour le bouilli &
» le tiers pour le rôti.

» III. La quantité de fel fera de deux gros par
» jour pour chaque perfonne.

» IV. On préparera pour la nourriture des
» femmes differens légumes du jardin potager,
» autant que cela fe pourra. Ces légumes, favoir,
» des épinards, de la chicorée blanche, des con-
» combres, de la poirée, de la laitue, des navets,
» des haricots en purée, des carottes ou autres
» femblables, feront toujours cuits avec le bouillon
» de la marmite.

» V. Les femmes n'auront jamais d'autre nour-
» riture que celle ci-deffus énoncée ; à moins qu'il
» n'en foit ordonné différemment par les officiers
» de fanté.

» VI. Chaque nourrice aura par jour un demi-
» feptier de vin, que l'on divifera pour le dîner
» & le fouper. Les femmes enceintes n'auront que
» la moitié de cette portion.

» VII. Le déjeûner des malades confiftera uni-
» quement en foupe ou en lait bouilli ; & ce der-
» nier article fera toujours exprimé fur le cahier
» de vifite. Le pain fera coupé fur leur portion,
» quand elles auront la ration entière ou les trois-
» quarts ; lorfqu'elles n'auront que la demi-portion,
» on leur donnera trois onces de pain pour leur
» déjeûner.

» VIII. La foupe des femmes groffes fera trempée
» en commun, & coupée fur un pain commun,
» dit pain de foupe, à raifon de trois onces par
» perfonne à dîner. Elles auront pareillement la
» foupe à leur fouper ; mais le pain n'y fera qu'à
» raifon de deux onces.

» IX. La dofe du bouillon pour le fouper, fera
» en raifon de douze onces par perfonne.

» X. La portion de viande bouillie pour le dîner,

» fera de fix onces fans os. La quantité de celle
» qui fera rôtie pour le fouper, fera de quatre
» onces, & celle des légumes fera d'un quarteron
» environ pour chaque perfonne.

» XI. On ne donnera dans le courant de la
» journée du bouillon à aucune des femmes groffes
» ou enceintes, fi ce n'eft aux malades, & alors la
» quantité & l'heure de l'adminiftration en feront
» prefcrites par les officiers de fanté.

» XII. Le directeur, la fœur officière & le chi-
» rurgien réfidant, auront chacun deux livres de
» pain blanc de pur froment par jour, & une livre
» & demie de viande. Ils en auront l'équivalent
» les jours maigres, en œufs, morue & légumes.
» La quantité de vin pour chacun d'eux fera d'une
» pinte par jour.

» XIII. La portion de pain des gens de fervice,
» fera d'une livre & demie de pain bis-blanc, &
» leur foupe fera coupée à raifon de deux onces
» pour chacun d'eux. La dofe de la viande fera
» d'une demi-livre feulement ; le furplus de celle
» des femmes qui n'aura pas été confommé, fera
» donné auxdits gens de fervice, pour former leur
» portion entière.

» XIV. On donnera les jours maigres aux gens
» de fervice, des haricots blancs ou petites fèves,
» des lentilles & des choux, ou autres légumes
» femblables, préparés avec du beurre fondu, à la
» dofe de trois gros par perfonne, & ces jours-
» là, leur foupe fera trempée avec le jus de ces
» légumes.

» XV. On fera faire des pains de portion, tant
» pour le directeur, la fœur officière & le chi-
» rurgien réfidant, que pour les femmes, foit
» groffes & nourrices, & pour les gens de fervice.

TITRE QUATRIÈME. *Des médicamens.*

» ART. I. La pharmacie fera approvifionnée des
» médicamens néceffaires, & fera fous la garde du
» chirurgien réfidant, auquel on donnera une ou
» deux filles pour aides, fuivant le befoin & le
» nombre des malades.

» II. Elle fera pareillement pourvue de tous les
» uftenfiles néceffaires pour la préparation des mé-
» dicamens, fuivant le befoin, & à la requifition
» du médecin & du chirurgien en chef, qui en
» préfenteront l'état à l'infpecteur-général des
» hôpitaux.

» III. On n'adminiftrera aux malades que les
» remèdes prefcrits fur les cahiers de vifite, qui
» feront foi de la confommation qui en aura été
» faite.

» IV. Le médecin fera une fois par femaine la
» vifite de la pharmacie ; & d'après le befoin, il
» fera dreffé un état des drogues défectueufes &
» de celles qui manqueront. Cet état fera préfenté
» à l'infpecteur-général des hôpitaux, qui les fera
» renouveller après en avoir rendu compte à M. le
» lieutenant-général de police.

» V. La composition des tisannes, lavemens & autres médicamens, sera faite par le chirurgien résidant, qui en fera la distribution exacte aux heures prescrites par le cahier de visite, & rendra compte de leurs effets aux médecin & chirurgien en chef.

TITRE CINQUIÈME. *De la distribution du temps des femmes, & de la police à cet égard.*

» ART. I. Le lever des femmes grosses sera fixé à cinq heures & demie en été, & à sept en hiver; le coucher à neuf.

» II. Aussi-tôt après le lever on fera la prière. On pourvoira ensuite à la propreté, on fera les lits, on balayera les dortoirs, & on renouvellera l'air, en ouvrant une ou plusieurs croisées, suivant la grandeur du dortoir.

» III. Après la prière & après que les soins de propreté énoncés dans l'article précédent auront été remplis, on distribuera le déjeûner à six heures & demie en été, & à huit heures en hiver.

» IV. Le dîner sera en tous temps à onze heures précises, le goûter à quatre, & le souper à sept heures du soir.

» V. La prière du soir se fera à huit heures & demie; après laquelle les femmes grosses se concheront dans l'espace d'un quart-d'heure. On laissera pendant la nuit un réverbère allumé dans chaque dortoir.

» VI. Les femmes nourrices auront pareillement dans leur chambre un réverbère, afin qu'elles puissent donner à leurs enfans tous les secours dont ils auront besoin.

» VII. L'espace qui se trouve entre le déjeûner & le dîner, le goûter & le souper, sera divisé de manière qu'il y ait après chaque repas une heure de récréation. Le reste sera employé au travail par les femmes grosses qui ne seront point malades.

» VIII. Ce travail sera analogue aux besoins de la maison. On pourra les occuper à la couture ou à tricoter. On ne contraindra aucune d'elles; mais on les engagera par une récompense pécuniaire, qui sera proportionnée à l'ouvrage qu'elles feront, & qui sera toujours le cinquième du produit de la main-d'œuvre.

» IX. Les dimanches & fêtes, toutes les femmes, soit enceintes ou nourrices, qui ne seront point malades, assisteront à l'office divin, qui sera célébré dans la chapelle de la maison; & l'après-midi on leur fera, dans la salle d'assemblée, une lecture pieuse, qui durera une heure au moins.

» X. Les nourrices observeront la même règle pour le lever, le coucher & les repas, que les femmes enceintes, à moins que leur santé n'exige le contraire, & que les médecins ne l'ordonnent autrement.

» XI. Les femmes, lorsqu'il sera beau, passeront le temps de la récréation, après le dîner, dans le jardin; les autres heures de récréation se passeront, ou dans les dortoirs, ou dans la salle d'assemblée, ou même au jardin, suivant la saison & au gré du directeur. Elles y seront toujours accompagnées d'une surveillante, qui aura l'œil à ce qu'elles ne courent pas les unes après les autres, à ce qu'elles ne s'amusent à aucun jeu qui puisse exposer leur santé, & enfin à ce qu'elles ne causent aucun dommage. Il leur est très-expressément défendu de se répandre dans la cour, la cuisine ou dans les bâtimens extérieurs.

» XII. Le directeur punira les femmes qui manqueront d'observer cette règle, en les privant de la promenade ou de toute autre manière qui ne puisse préjudicier à la santé. Les cas graves seront déférés à l'inspecteur-général.

» XIII. L'heure du lever & du coucher, celles de récréation, ainsi que celles des exercices pieux & du travail, seront annoncées par le son de la cloche.

» XIV. On ne laissera entrer dans l'hospice aucun étranger, qu'avec un billet signé du magistrat ou des officiers de santé & du directeur.

» XV. Toute femme qui sera dans le dernier mois de sa grossesse, sera obligée de se conformer aux réglemens généraux des hôpitaux, en s'approchant des sacremens.

TITRE SIXIÈME. *De la sortie des femmes & des enfans guéris, & du sevrage.*

» ART. I. Lorsqu'une nourrice sera guérie, on ne lui donnera plus d'enfans gâtés à allaiter, & on la mettra dans un dortoir particulier, avec les enfans qui auront été nourris de son lait & guéris avec elle, à l'effet de continuer ladite nourriture pendant l'espace de six mois, au bout duquel temps la nourrice obtiendra sa sortie de l'hospice, avec une récompense proportionnée à la manière dont elle aura pris soin des enfans qui lui auront été confiés, & au nombre & bon état de ceux qu'elle aura allaités.

» II. Les enfans parvenus au terme de six mois d'allaitement après celui de la guérison, seront mis en sevrage; à cet effet, il y aura un dortoir particulier, placé dans l'enclos, où tous les enfans en sevrage seront nourris & soignés, suivant la méthode la plus convenable à leur état, sous la direction d'une femme de service, bien éprouvée en ce genre, laquelle sera inspectée journellement par le directeur & la sœur officière.

» III. Les femmes accouchées qui auront pris soin de plusieurs enfans sans succès, & dont le lait sera tari ou altéré, de manière à ne plus en faire usage sans danger, seront placées dans

» un dortoir particulier, pour y être traitées juf-
» qu'à parfaite guérison de la maladie vénérienne,
» après laquelle elles auront un billet de fortie
» pour aller où bon leur femblera.

» IV. Lorfque les enfans en fevrage auront
» atteint l'âge de quatre ans, on pourvoira à leur
» placement dans les diverfes maifons deftinées à
» recevoir les pauvres orphelins, en mettant en
» ufage toutes les précautions néceffaires pour s'af-
» furer de leur état civil & phyfique.

» V. La fervante recevra vingt-quatre livres de
» gratification, par chaque enfant qu'elle rendra
» fain à l'âge de quatre ans.

» VI. On ne remettra jamais aucun enfant à la
» mère qui l'aura allaité en le faifant guérir avec
» elle, à moins que ladite mère ne donne les
» preuves les plus certaines, 1°. qu'elle eft mariée;
» 2°. ou que fi elle eft veuve ou mariée, elle a
» non-feulement les moyens fuffifans de fubfif-
» tance, mais encore un état qui permette de
» tenir fon enfant en fevrage fans qu'il puiffe en
» fouffrir, & une conduite qui ne laiffe aucun
» doute fur le foin qu'elle prendroit de fon en-
» fant; 3°. à moins qu'elle ne promette de payer
» le fevrage dans un lieu qu'elle choifira & qui
» fera approuvé par les officiers de fanté de l'hof-
» pice.

» VII. La nourriture des enfans en fevrage à
» l'hofpice, la manière de les vêtir, leurs exer-
» cices, & en un mot toute leur éducation phy-
» fique, feront fous la conduite des officiers de
» fanté ».

Le fecond projet de M. Colombier, & qui
touche au moment d'être exécuté, c'eft celui de
faire conftruire un nouvel hôpital hors de Paris,
uniquement deftiné à la guérifon des maladies vénériennes, & dans lequel les remèdes feront adminiftrés aux malades qui fe préfenteront, fans les
fixer dans une attente meurtrière.

Enfin, le troifième projet du même médecin,
& qui a été conçu d'après un coup-d'œil plus vafte
& plus général, c'eft celui d'affurer à tous les
pauvres des campagnes & des villes de province
affectés de la maladie vénérienne, un afyle de charité, où ils puiffent être traités gratuitement. Le
moyen qu'il a indiqué pour remplir ce grand objet
d'humanité & d'utilité publique, c'eft celui de faire
recevoir tous les malades vénériens de chaque province du royaume dans la falle du dépôt des
pauvres, confacré au traitement de la même maladie pour les malheureux qui y habitent.

On fent combien il eft néceffaire que les intendans des provinces & infpecteurs de ces hôpitaux
veillent à ce que ces traitemens, qui doivent être
gratuits, foient adminiftrés avec autant d'intelligence que d'humanité, afin que les pères de famille qui fortiroient de ces dépôts, ne rapportent
pas dans leurs foyers de nouveaux germes de corruption.

Ce ne font pas tant les hôpitaux qui manquent

aux indigens que les foins éclairés & vraiment
falutaires. Un hofpice mal-fain, confié à des médecins ou à des chirurgiens inhabiles & endurcis
par une ancienne routine, eft plus-nuifible à l'efpèce humaine qu'un délaiffement abfolu. Eh! qu'importe que, fous l'apparence de la charité, il exifte
des afyles pour l'indigent qui fouffre, fi un air
impur, fi une confufion meurtrière, fi des foins
donnés avec dégoût, fi des remèdes appliqués au
hafard & avec témérité, donnent la mort à ceux
qui viennent chercher la fanté? Mais c'eft fur-
tout aux maladies contagieufes que la médecine
doit une application particulière, afin de ne pas
rendre à la fociété une nouvelle fource de corruption & d'impureté.

Nous ne pouvons pas trop le répéter : tant que
de fages réglemens ne préviendront pas les effets
contagieux de cette maladie, & ne frapperont pas,
pour ainfi dire, le mal jufques dans fa racine, les
hôpitaux confacrés aux vénériens ne défempliront
pas; ils ne feront que recevoir & rendre une quantité effrayante de malades confumés par le mal,
& exténués par les remèdes.

Nous n'aurions point rempli entièrement l'objet
que nous nous fommes propofés, fi, après avoir
fait connoître cette effrayante maladie & fes bar-
rières impuiffantes que l'on a oppofées à fes ravages, nous ne difions rien d'un mal prefque auffi
dangereux, qui eft forti de fon fein. Nous voulons
parler de cette multitude de charlatans, que l'in-
fatiable cupidité a enfantées. Inutilement les gens
de l'art ont-ils protefté contre leurs fauffes décou-
vertes; le peuple aveugle, attribuant ces réclamations à l'efprit de jaloufie & à un fordide intérêt,
eft tous les jours victime de fa crédulité. Cependant, parmi ceux qui ont prétendu avoir trouvé
un remède plus efficace que celui qui jufqu'à préfent a été adopté exclufivement, & adminiftré par
la chirurgie & la médecine, nous croyons que
l'on doit diftinguer le remède du fieur Laffecteur,
connu fous le nom de *rob-antifiphilitique*, auquel
le roi a accordé un privilège particulier, d'après
le fuffrage de la fociété royale de médecine.

Un nouveau règlement du miniftre de la marine
enjoint aux médecins & adminiftrateurs des hôpitaux de veiller à ce que chaque vaiffeau du roi
qui partira des ports de France, foit muni d'un
approvifionnement de rob-antifiphilitique, pour
traiter ceux dont la maladie fe déclareroit en
mer.

L'engagement par lequel le fieur Laffecteur a
offert, non-feulement de ne rien exiger pour les
malades défefpérés, fur lefquels fon remède n'auroit point un effet falutaire, mais même d'en traiter
un nombre pareil gratuitement, annonce que l'expérience lui a démontré la fupériorité de fa découverte, & que c'eft avec raifon que la fociété royale
de médecine lui a accordé une approbation particulière.

On

On ne peut pas trop defirer, pour le bien de l'humanité, qu'après s'être complètement affuré de l'efficacité de ce remède purement végétal, on en confacre particuliérement l'ufage à la guérifon des enfans nés avec le germe du mal vénérien, & à celle des foldats & des matelots, fur lefquels les effets du mercure ont produit des accidens horribles & fouvent mortels. *(Cet article eft de M. DE LA CROIX, avocat au parlement.)*

VÉROLIE, ou VÉROLLIE, *(Droit féodal.)* ce mot fe trouve dans les anciens aveux, & dans les autres titres féodaux du Poitou, de l'Angoumois, &c. & même dans la très-ancienne coutume de cette province, qui, quoique extrêmement rare aujourd'hui, a été imprimée trois fois vers la fin du quinzième fiècle, comme on peut le voir dans la bibliothèque des coutumes. Il y défigne la bannalité du moulin, qui eft un droit dépendant de la baffe jurifdiction, & par confé-quent du fimple fief, dans la coutume de Poitou, & du fimple fief avec jurifdiction exercée dans celle d'Angoumois. *Voyez* Conftant, fur l'art. 99 de la coutume de Poitou, Boucheul, fur la même coutume, & le traité des fiefs d'Harcher. *(G. D. C.)*

VÉROLLIE. *Voyez* VÉROLIE.

VERRAC. *Voyez* VERRAT.

VERRAT, *(Droit féodal.)* c'eft un porc entier, deftiné à couvrir les truies. *Voyez* VER & TOR & VER.

Ménage dit, dans fes origines, « que *Verrat* a été » dit par corruption pour *verrac*, fait de *verracus*, » formé de *verres*, & que c'eft de *verracus* que les » Efpagnols ont fait leur *varraca* ». *(G. D. C.)*

VERROT DE THOREAU. Ce mot fe trouve mal-à-propos dans la table du coutumier général en deux volumes, comme étant dans l'article 44 de la coutume de Boulonnois : c'eft une faute. Cet article nomme feulement le *thoreau & le verrot* au nombre des droits des feigneurs de fief. Le *verrot* eft la même chofe que le verrat ou porc entier, deftiné à couvrir les truies. *Voyez* TOR ET VER, & VERRAT. *(G. D. C.)*

VERT. *(droit de)* Cotgrave dit que c'eft le droit de verte-moule. *Voyez* le *Gloffarium novum* de dom Carpentier, au mot *Verte-moula*. *(G. D. C.)*

VERTE-MOULA. *(Droit féodal.)* Des lettres de grace de l'an 1482, citées par Dom Carpentier dans fon Gloffaire latin, emploient ce mot pour *verte-moute*. *(G. D. C.)*

VERTE-MOULTE, *(Droit féodal.)* c'eft la même chofe que verte-moute. *Voyez* le Gloffaire du droit françois. *(G. D. C.)*

VERTE-MOUTE, *(Droit féodal.)* c'eft un droit que le feigneur d'un moulin bannal exige du tenancier qui poffède & laboure des terres fituées fous la bannalité de fon moulin, & en enlève les fruits pour les engranger ailleurs que dans le fief. Il confifte dans une certaine quantité de grains que le feigneur perçoit, pour repréfenter le profit qu'il en auroit retiré, fi les grains euffent été con-

fommés fur le fief, & par conféquent moulus au moulin bannal.

Le droit de *verte-moute*, qui eft très-commun en Normandie, s'y paie ordinairement au feizième boiffeau du grain que le tenancier confommeroit pour la nourriture de fa famille, s'il réfidoit fur le lieu. On voit, dans Pefnelle, que ce droit eft quelquefois bien plus onéreux. Il affujettit les tenanciers, dans quelques feigneuries, à payer la feizième gerbe de tous les grains qu'ils recueillent fur leurs fonds indiftinctement.

On a long-temps été partagé fur la queftion de favoir fi le droit de bannalité emporte avec lui le droit de *verte-moute* fur les tenanciers non-réfidens, lorfque leurs aveux ne font aucune mention de ce dernier droit. Cette queftion fut agitée dans un procès pendant à la deuxième chambre des enquêtes du parlement de Rouen, le 13 février 1693, & la chambre fe trouva partagée. La queftion fut départagée à la grand-chambre, le 4 mars 1693 : elle accorda la *verte-moute*. On trouve ces arrêts dans le recueil de M. Berthaume, & à la fin du deuxième tome de Bafnage, feconde édition, à la réferve des dates, qui ne font pas les mêmes.

M. Berthaume rapporte néanmoins un arrêt contraire, rendu le 2 avril de la même année 1693, auffi à la grand-chambre, en faveur de Daniel Pringault, contre Alexandre Auvray : mais dans cette efpèce le feigneur demandoit le droit de *verte-moute* au propriétaire d'un domaine afferme à titre de colonage partiaire. Le fermier qui étoit tenancier de fon chef, & fujet à la bannalité pour fes propres héritages, en avoit acquitté les droits pour tout ce qu'il avoit confommé. Le feigneur prétendoit que cela ne fuffifoit pas, & qu'il n'avoit pu, en s'acquittant lui-même, acquitter auffi fon maître, qui devoit pareillement la bannalité, & par conféquent le droit de *verte-moute*, à défaut de réfidence. L'arrêt rejetta ces moyens.

Enfin la cour, par arrêt du 23 juillet 1736, au rapport de M. de Germont, a fixé une jurifprudence fur l'établiffement du droit de *verte-moute*, & fur l'état des titres requis en pareil cas. Cet arrêt juge, 1°. que le droit de bannalité n'emporte pas celui de *verte-moute*, & qu'il faut des titres à cet effet conftitutifs du droit de *verte-moute*; 2°. que les aveux rendus au roi, arrière des vaffaux, c'eft-à-dire, hors leur préfence, ne font pas fuffifans, quoiqu'ils portent l'énonciation du droit de *verte-moute*, quand ils ne font pas fuivis de poffeffion ; 3°. enfin, que toute forte de poffeffion ne fuffit pas pour l'établiffement de ce droit, & qu'il faut une poffeffion fur l'héritage même que le feigneur veut affujettir à la *verte-moute*.

Tel eft le compte que rend de cet arrêt & des précédens M. le Royer de la Tournerie, *traité des fiefs, liv. 1, chap. 10, fect. 1, §. 4.* M. Houard dit à peu près la même chofe dans fon dictionnaire du droit normand, au mot *Bannalité*. Il obferve

« que ſi , par le dernier de ces deux arrêts , le
» ſeigneur fut admis à prouver ſa poſſeſſion de la
» verte-moute , ſur les fonds appartenans à celui qui
» la refuſoit , quoique tous les autres fonds de la
» ſeigneurie y fuſſent ſujets , c'eſt que l'on conſi-
» déra l'énonciation qui étoit faite de ce droit, dans
» les dénombremens du ſeigneur, comme un com-
» mencement de preuve par écrit ».

M. Houard ajoute « que ces principes ont été
» de nouveau confirmés en 1776, par arrêt au
» profit de M. de Nollent, ſeigneur de Chanday ».

L'article 36 de la coutume du Maine , où le
droit de verte-moute s'étoit autrefois étendu , a été
bien plus loin. Il porte expreſſément, qu'aucun ne
pourra doreſnavant uſer de verte-moute , ce qui proſ-
crit ce droit contre les ſeigneurs même qui auroient
les titres les plus précis. C'étoit aux ſeigneurs qui
ſe prétendoient fondés dans ce droit , ſi gênant pour
les cultivateurs , à former oppoſition à cet article
de la coutume , s'ils penſoient avoir des moyens
ſuffiſans pour empêcher l'article de paſſer.

Suivant Guyot , « on tient en Provence que
» toutes les bannalités ſont réelles , & qu'elles s'ar-
» réragent. Boniface , édit. de 1708 , tom. 4 , liv. 3 ,
» tit. 8 , rapporte un arrêt du 30 juin 1656, qui
» condamne les forains qui ont des terres dans la
» ſeigneurie bannale à payer le droit de fournage
» & de mouture , pour tout le pain qu'eux , leurs
» valets , locataires & familles conſomment , en
» cultivant les propriétés deſdits forains , faiſant
» les priſes & cueillettes des fruits , y allant &
» faiſant ſéjour, à peine de confiſcation de pain ,
» ſix livres d'amende : comme auſſi , fait défenſes
» auxdits forains de triter leurs olives , crues dans
» le territoire , à autres moulins que ceux du ſei-
» gneur ; les condamne à payer les arrérages de
» moutures , fournages , & trittement d'olives ,
» depuis que le ſeigneur étoit en poſſeſſion de ſes mou-
» lins & fours ».

» Il en rapporte un autre du . . . . . février 1677,
» qui juge la même choſe ». Voyez DÉTRITAGE.

Freminville paroît conclure de-là qu'on exige en
Provence un droit pareil à celui de verte-moute , ſur
les forains qui ont des terres dans la ſeigneurie bannale. Quoiqu'ils n'y réſident pas , dit-il , on leur fait
payer le droit de mouture & de fournage pour
toute la conſommation qu'eux , leurs valets , locataires & familles peuvent faire en cultivant les
propriétés deſdits forains , faiſant les priſes & cueillettes des fruits , y allant & faiſant ſéjour.

Mais c'eſt-là une erreur, que la Touloubre a
fort bien relevée. On donne , dit-il , improprement à nos bannalités la qualification de réelles ;
elles ne peuvent être regardées comme telles que
par oppoſition à celles qui , dans les autres provinces , ſont appellées perſonnelles , & dont certaines perſonnes ſont exemptes par leur état &
condition , par exemple , les nobles , les eccléſiaſtiques , les forains.

En Provence , les bannalités des fours & mou-

lins à bled affectent , non pas tous les grains qui
ſe recueillent dans leur diſtrict , mais ſeulement les
grains qui s'y conſomment.

La bannalité du preſſoir ou moulin à l'huile eſt
la ſeule qui ſoit véritablement réelle ; toutes les
olives du terroir doivent y être portées.

Il n'y a pas , en Provence , un ſeul exemple
d'une bannalité de preſſoir à vendange.

L'arrêt du 30 juin 1656, rapporté par Boniface,
tom. 4 , liv. 3 , tit. 8 , chap. 1 , décida que la bannalité du moulin ou preſſoir à olives étoit réelle ,
les forains ayant été condamnés à y porter toutes
les olives qu'ils recueilleroient dans le terroir.

M. Julien dit la même choſe dans ſon commentaire ſur les ſtatuts de Provence , tom. 1 , p. 418
& 419. (M. GARRAN DE COULON, avocat au parlement.)

VERYE. Voyez VÉRIE.

VEST & DÉVEST , anciens termes de pratique ,
qu'on retrouve encore dans les coutumes de Laon ,
Châlons , Reims , Sedan , Auxerre , Cambrai ,
& autres. Le mot veſt ſignifie poſſeſſion , celui de
deveſt , dépoſſeſſion. C'eſt la même choſe que ſaiſine
& deſſaiſine.

On appelle auſſi veſt & deveſt l'acte par lequel
le ſeigneur démet le vendeur de la poſſeſſion qu'il
avoit d'un héritage pour en revêtir l'acquéreur.
On devroit plutôt dire deveſt & veſt , parce que
l'acte de deveſt doit précéder celui de veſt.

On nomme coutumes de veſt & de deveſt , celles
dans leſquelles l'acquéreur ne peut prendre poſſeſſion ſans y être autoriſé par le ſeigneur, qui
lui donne la ſaiſine ou poſſeſſion , & l'inveſtit de
la propriété de l'héritage. Voyez ADHÉRITANCE ,
DEVOIR DE LOI, SAISINE, DESSAISINE.

VESTISON, ou VESTIZON, (Droit féodal.) ce
mot a été employé pour déſigner tantôt une inveſtiture , & tantôt la tenure cenſuelle , ou emphytéotique , comme on le dit dans les pays de
droit écrit.

Une chartre de l'an 1311, rapportée par dom Carpentier , au mot Veſtitio , dit dans le premier ſens :
« laquelle dame comteſſe puet & doit prendre dé-
» veſtiſons , & faire veſtiſons de toutes les choſes (1)
» cenſives & rupturières , vendues & aliénées ſous
» la ſeigneurie de ce que ele tient ».

Les déclarations rendues à beaucoup de ſeigneuries d'Auvergne , emploient le mot de veſtiſon
dans le ſecond ſens. Toutes celles qui ont été rendues à la baronnie de Maringues , qui appartient
à M. le duc de Bouillon , portent en particulier ,
que les domaines ſont tenus à titre de nouvelle
veſtiſon & emphytéoſe , au cens annuel & perpétuel de . . . . . . de tous droits & directe ſeigneurie ,

---

(1) Le texte de dom Carpentier met ici une virgule
entre choſes & cenſives ; mais je crois qu'il n'en faut
point , & que les mots cenſives & rupturières , ou roturières , ſont des adjectifs de choſes.

uſage de chevalier, tiers-deniers de lods & ventes.

Au reſte, il eſt aſſez difficile d'appliquer à aucune de ces deux acceptions le mot latin *veſtitio*, qui ſe trouve dans le paſſage ſuivant d'une chartre de l'an 1004, rapportée par dom Mabillon, *tom.* 4 des *Annales de l'ordre de S. Benoît*, p. 176. *Facio*, y eſt-il dit, *hanc donationem...... de ipſâ villâ quam vocant Campanias, de ipſâ ſcilicet medietate, quam ego propter* veſtitionis *cauſam ibi habeo, vel habere debeo cum integritate & abſque ulla diminutione.*

Les additionnaires de du Cange, qui rapportent cet extrait au mot *Veſtatio* ſous *Veſtire i*, penſent néanmoins que *veſtitio* y ſignifie *inveſtiture*, ou peut-être *culture*. On a dit effectivement *vêtir* pour *cultiver*, comme on peut le voir dans le même ouvrage, au mot *Veſtire 2*; & c'eſt de-là qu'on a formé le mot *advêture*, que les coutumes de Flandres emploient encore aujourd'hui pour déſigner les fruits pendans par la racine.

Quoi qu'il en ſoit, les additionnaires de du Cange rapportent encore, au mot *Veſtitio* ſous *Veſtire 2*, une chartre de l'an 1153, qui ſe trouve auſſi dans les preuves du tome 2 de l'hiſtoire générale de Languedoc, & où le mot *veſtitio* eſt pris pour une maiſon à laquelle eſt attachée une portion de domaine en état de culture. *Debent in hoc honore fratres hoſpitalis quinque* veſtitiones *, cum hominibus adminus ponere. Si autem ibi plus ponere voluerint, eis licebit; uſque ad XII, quæ* veſtitiones *unaquæque habebit hortum ſuum unius ſextariatæ, ſinè quarto & decimâ; ultra XII, quantaſcumque voluerint, dùm tamen hortum non habeant...... Præterea, ſi aliquibus fortuitis caſibus,* veſtitiones *ſupradictæ deſtructæ vel derelictæ fuerint, debent eas reædificare & reformare arbitrio abbatis S. Guillelmi..... Quamdiù autem manſus ſine* veſtitione *fuerit, habebunt in eodem manſo jus paſcendi.* (*G. D. C.*)

VESTIZON. *Voyez* VESTISON.

VET, (*Droit féodal.*) ce mot, dérivé du latin *vetitum*, ſignifie littéralement ce qui eſt défendu. On s'en ſert encore aujourd'hui en Languedoc, pour déſigner un banc, une proclamation, & ſurtout la loi, ou le droit en vertu duquel il n'eſt permis de mener paître aucun bétail dans les vignes, dans les prés, & dans les olivettes, durant le temps qu'ils ſont en défenſe. *Voyez* les Origines de Ménage, Graverol ſur la Rocheflavin, & VET DE VIN.

On a auſſi employé les mots *vée, dévet, devée, ou deſvée* dans le même ſens. Peut-être s'eſt-on auſſi ſervi de ces trois derniers mots, pour déſigner la levée d'une défenſe, comme dom Carpentier l'enſeigne dans ſon *Gloſſarium novum*, au mot *Devetum*. Quoi qu'il en ſoit, on a dit encore *dévéer* ou *véer*, pour *défendre*. (*G. D. C.*)

VET DE VIN, (*Droit féodal.*) on nomme ainſi dans le Languedoc & dans les pays voiſins, le droit de ban-vin. *Voyez* VET. (*G. D. C.*)

VÉTÉRAN, adj. pris auſſi ſubſt. ſignifie un ancien officier de magiſtrature, qui, après avoir ſervi un certain temps, jouit encore, en vertu des lettres du prince, d'une partie des prérogatives de ſa charge, quoiqu'il ne la poſſède plus. *Voyez* HONORAIRE.

VÊTURE, ſ. f. VÊTEMENT, ſ. m. ſont ſynonymes du mot *habillement*. En droit, on ſe ſert du terme de *vêture* dans un ſens métaphorique, pour ſignifier la poſſeſſion ou la ſaiſine. L'acte de *vêture* eſt l'acte de miſe en poſſeſſion de l'acquéreur d'un héritage, par le ſeigneur, ou par ſes officiers de juſtice. *Voyez* VEST ET DEVEST.

On dit auſſi métaphoriquement la *vêture* d'une terre, pour ſignifier le bled, ou autres fruits dont une terre eſt couverte, & pour ainſi dire *vêtue*.

VÊTURE, *en droit eccléſiaſtique*, eſt la priſe d'habit dans un monaſtère par un poſtulant à l'état religieux. En ce ſens, un acte de *vêture* eſt l'acte qui contient l'année, le jour, & la maiſon où un religieux a pris l'habit de ſon ordre. *Voyez* REGISTRE.

VEUVE, ſ. f. eſt la qualification par laquelle on déſigne une femme dont le mari eſt mort, & qui n'eſt pas remariée.

L'article 3 du titre commun de l'ordonnance des fermes, du mois de juillet 1781, porte que les *veuves* des privilégiés jouiront, pendant leur viduité, des privilèges dont jouiſſoient leurs maris au jour de leur décès, *s'il n'y a diſpoſition à ce contraire.*

On a vu à l'article DEUIL, que les héritiers du mari devoient fournir des habits de deuil à la *veuve*: mais eſt-elle fondée à emporter les autres habits ſans inventaire, & ſans être obligée d'en rendre compte?

Suivant le droit commun, on laiſſe à la *veuve* un habillement complet qui, n'entrant point en partage, ne doit point être inventorié.

Il y a des coutumes, telles que celles de Chauny & de Bourbonnois, qui donnent à la veuve *un ou deux de ſes habits, ni les pires, ni les meilleurs.*

D'autres coutumes, telles que celles de Bretagne, de Tours & de Châlons, attribuent à la veuve *ſes meilleurs habits*, & les autres à la communauté. La coutume de Bar lui laiſſe ceux qu'elle portoit les jours de fête.

La *veuve* qui vit impudiquement pendant l'année de ſon deuil, perd ſon douaire; & même ſi elle convole en ſecondes noces pendant la première année de ſon veuvage, elle perd les avantages qu'elle tenoit de ſon premier mari. *Voyez* AVANTAGE, COMMUNAUTÉ, DOUAIRE, RENONCIATION, &c.

VEUVE (*Droit de*). Dans quelques anciens auteurs, tels que Bouteiller, ſignifioit que le prince les avoit en ſa garde, & auſſi que l'évêque les avoit en ſa protection ſpéciale, au cas que le juge laïque ne leur rendît pas bonne juſtice.

Le droit de *veuve* s'entend auſſi, dans quelques coutumes, de certains effets que la *veuve* a droit d'emporter pour ſon uſage, tels que ſes habits, ses bijoux, son lit, sa chambre. *Voyez* la coutume de Lisle, & celle de Malines. (*A*)

VEUVETÉ, s. f. terme usité dans quelques anciennes coutumes, & singulièrement dans celle de Normandie ; il est synonyme à *viduité*. *Voyez* VIDUITÉ.

V I

VIAGE, s. m. vieux terme de coutume, qui signifie quelquefois la vie & quelquefois l'usufruit ou jouissance que quelqu'un a d'une chose sa vie durant. *Voyez* les coutumes de Hainaut, Mons, Tours, Loudunois, Anjou, Maine, Poitou, Bretagne, & le glossaire de Laurière au mot *Viage*. (*A*)

VIAGER, adj. se dit de ce qui ne doit durer que pendant la vie d'une personne, comme un don ou douaire *viager*, une rente ou pension *viagère*.

On dit d'un homme qu'il n'a que du *viager*, lorsqu'il n'a pour tout bien que des rentes & pensions *viagères*.

On appelle *réparations viagères* ou *usufruitières*, les réparations d'entretenement dont les usufruitiers sont tenus ; ce qui comprend toutes réparations, autres que les grosses. *Voyez* RÉPARATIONS. *Voyez* aussi DOUAIRE, ALIMENT, PENSION, RENTE VIAGÈRE. (*A*)

VIAGER, (*Cens*) cette expression se trouve dans la coutume de Châlons, *art. 246*; elle y désigne, à ce qu'il paroît, non-seulement un cens *viager* proprement dit, mais aussi une rente *viagère*, lorsqu'elle procède d'une aliénation d'héritage. (*G. D. C.*)

VIAIRE, s. m. dans quelques coutumes signifie une pension viagère. Chaumont, *art. 33*.

Dans quelques anciens titres, viaire, *viarius*, est pris pour le seigneur-voyer ou bas-justicier. Viaire, *viaria*, est pris pour *voirie*, qu'on appelle aussi véhérie, basse-justice, vicomté.

Ailleurs *viaria* est pris pour *vouerie* ou *advouerie*, *advocatie*. *Voyez* ADVOUÉ. *Voyez* aussi le glossaire de du Cange, au mot *Viarius* & *Viaria*. (*A*)

VICAIRE, s. m. (*Droit public, civil & canon.*) du mot latin *vicarius*, est celui qui fait les fonctions d'un autre, *qui alterius vices gerit*, ou bien c'est celui qui est établi sous un supérieur pour tenir sa place dans certaines fonctions, & le suppléer en cas d'absence, maladie ou autre empêchement légitime.

Ce titre fut d'abord usité chez les Romains ; on le donnoit au lieutenant du préfet du prétoire : on le donna depuis dans les Gaules aux lieutenans des comtes, & à plusieurs sortes d'officiers, qui faisoient les fonctions d'un autre. Aujourd'hui, lorsqu'on parle d'un *vicaire*, sans y ajouter d'autre dénomination, on entend un prêtre destiné à soulager un curé dans ses fonctions.

Nous allons expliquer, sous autant de mots particuliers, les différentes espèces de *vicaires*, connus en droit civil & canonique.

VICAIRES *des abbés*, sont ceux que les abbés titulaires ou commendataires commettent pour les aider & suppléer dans leurs fonctions, à l'exemple des *vicaires* généraux des évêques.

L'ordonnance d'Orléans, *art. 5*, porte que les abbés & curés qui tiennent plusieurs bénéfices par dispense, ou résident en l'un de leurs bénéfices requérant résidence & service actuel, seront excusés de la résidence en leurs autres bénéfices, à la charge toutefois qu'ils commettront *vicaires*, personnes de suffisance, bonne vie & mœurs, à chacun desquels ils assigneront telle portion du revenu du bénéfice qui puisse suffire pour son entretenement ; autrement cette ordonnance enjoint à l'archevêque ou évêque diocésain d'y pourvoir, & aux juges royaux d'y tenir la main.

Ce n'est pas seulement dans le cas d'absence & de non-résidence que les abbés ont des *vicaires*, ils en ont aussi pour les aider dans leurs fonctions. *Voyez* ABBÉ.

VICAIRE *amovible*, est celui qui est révocable *ad nutum*, à la différence des *vicaires* perpétuels ; tels sont les *vicaires* des curés & ceux des évêques ; on les appelle aussi quelquefois par cette raison *vicaires temporels*, parce qu'ils ne sont que pour autant de temps qu'il plaît à celui qui les a commis. *Voyez* VICAIRE PERPÉTUEL & VICAIRE TEMPOREL.

VICAIRES APOSTOLIQUES, sont des *vicaires* du saint-siège, qui font les fonctions du pape dans les églises ou provinces éloignées, que le saint père a commis à leur direction. L'établissement de ces sortes de *vicaires* est fort ancien.

Avant l'institution de ces *vicaires*, les papes envoyoient quelquefois des légats dans les provinces éloignées pour voir ce qui s'y passoit contre la discipline ecclésiastique, & pour leur en faire leur rapport : mais le pouvoir de ces légats étoit fort borné ; l'autorité des légations qu'on appella *vicariats apostoliques*, étoit plus étendue.

L'évêque de Thessalonique, en qualité de *vicaire* ou de légat du saint siège, gouvernoit onze provinces ; il confirmoit les métropolitains, assembloit les conciles, & décidoit toutes les affaires difficiles.

Le ressort de ce vicariat fut beaucoup restraint lorsque l'empereur Justinien eut obtenu du pape Vigile un vicariat du saint siège en faveur de l'évêque d'Acride, ville à laquelle il fit porter son nom ; ce vicariat fut entièrement supprimé lorsque Léon l'isorien eut soumis toute l'Illyrie au patriarche d'Antioche.

Le pape Symmaque accorda de même à S. Césaire, archevêque d'Arles, la qualité de *vicaire* & l'autorité de la légation sur toutes les Gaules.

Cinquante ans après, le pape Vigile donna le même pouvoir à Auxanius & à Aurélien, tous deux archevêques d'Arles.

Pélage Iᵉʳ le continua à Sabandus.

S. Grégoire le grand le donna de même à Virgile, évêque d'Arles, sur tous les états du roi Childebert, & spécialement le droit de donner des lettres aux évêques qui auroient un voyage à faire hors de leur pays, de juger des causes difficiles, avec douze évêques, & de convoquer les évêques de son vicariat.

Les archevêques de Reims prétendent que S. Remi a été établi *vicaire* apostolique sur tous les états de Clovis ; mais ils ne sont point en possession d'exercer cette fonction.

Les légats du pape, quelque pouvoir qu'ils aient reçu de lui, ne sont toujours regardés en France que comme des *vicaires* du pape, qui ne peuvent rien décider sur certaines affaires importantes, sans un pouvoir spécial exprimé dans les bulles de leur légation. *Voyez* LÉGAT.

Le pape donne le titre de *vicaire apostolique* aux évêques qu'il envoie dans les missions orientales, tels que les évêques françois qui sont présentement dans les royaumes de Tunquin, de la Cochinchine, Siam & autres. *Voyez* MISSION *dans le dictionnaire de théologie.*

VICAIRES-CHANOINES, sont des semi-prébendés ou des bénéficiers institués dans certaines églises cathédrales pour chanter les grandes messes & autres offices : ce qui leur a fait donner le nom de *chanoines-vicaires*, parce qu'ils faisoient en cela les fonctions des chanoines. *Voyez* le *gloss.* de du Cange au mot *Vicarius*, à l'article *Vicarii dicti beneficiarii*, &c.

VICAIRE DU COMTE ou VICOMTE, est celui qui fait la fonction du comte. Sous la première & la seconde race de nos rois, on donnoit le titre de *vicaire* en général à tous ceux qui rendoient la justice au lieu & place soit d'un comte ou de quelque autre juge. Il y avoit des *vicaires* dans chaque canton. Les *vicaires* des comtes ne jugeoient que les affaires légères ; la connoissance de celles qui étoient plus importantes, & des causes criminelles étoit réservée au comte : ce qui donne lieu de croire que la moyenne & basse-justice, appellées quelquefois *viaria*, ont tiré de ces officiers leur nom & leur origine.

Ils sont appellés en quelques endroits *missi dominici*, par rapport aux comtes qui les députoient dans les différens cantons de leurs gouvernemens ; & en conséquence ils étoient obligés de se trouver avec eux aux plaids généraux des comtes.

Ils étoient aussi chargés du soin de lever les tributs chacun dans leurs districts, comme ont fait depuis les maires des villes qui paroissent descendre de ces *vicaires*.

Il est fait mention de ces *vicaires* dans la loi des Visigoths, dans la loi salique, la loi des Lombards, dans les capitulaires, les formules de Marculphe.

Ces *vicaires* des comtes sont les mêmes qu'on appelle ailleurs *vicomtes*, & en quelques endroits *viguiers*. *Voyez* VICOMTE, VIGUIER.

VICAIRE DES CURÉS, sont des prêtres destinés à soulager les curés dans leurs fonctions, & à les suppléer en cas d'absence, maladie ou autre empêchement.

La première institution de ces sortes de *vicaires*, est presque aussi ancienne que celle des curés.

L'histoire des vj & vij° siècles de l'église, nous apprend que quand les évêques appelloient auprès d'eux dans la ville épiscopale les curés de la campagne distingués par leur mérite, pour en composer le clergé de leur cathédrale ; en ce cas les curés commettoient eux-mêmes des *vicaires* à ces paroisses dont ils étoient absens, & cet usage étoit autorisé par les conciles.

Le second canon du concile de Mende, tenu vers le milieu du vij° siècle, en a une disposition précise.

Le concile de Latran en 1215, *canon* 32, dit en parlant d'un curé ainsi appellé dans l'église cathédrale : *idoneum studeat habere vicarium canonicè institutum.*

Les différentes causes pour lesquelles on peut établir des *vicaires* dans les paroisses, sont, 1°. quand le curé est absent ; en ce cas, est autorisé par le droit des décrétales à commettre un *vicaire*. L'ordonnance d'Orléans confirme cette disposition. 2°. Quand le curé n'est pas en état de la desservir, soit à cause de quelque infirmité ou de son insuffisance, le concile de Trente autorise l'évêque à commettre un *vicaire*. 3°. Quand la paroisse est de si grande étendue & tellement peuplée, qu'un seul prêtre ne suffit pas pour l'administration des sacremens & du service divin ; le même concile de Trente autorise l'évêque à établir dans ces paroisses le nombre de prêtres qui sera nécessaire.

C'est aux évêques qu'il appartient d'instituer de nouveaux *vicaires* dans les lieux où il n'y en a pas, ils peuvent en établir un ou plusieurs, selon l'étendue de la paroisse & le nombre des habitans. Mais pour ce qui est des places de *vicaires* déjà établies ; lorsqu'il y en a une vacante, c'est au curé à se choisir un *vicaire* entre les prêtres approuvés par l'évêque.

Avant le concile de Trente, les curés donnoient seuls à leurs *vicaires* la jurisdiction nécessaire, pour administrer le sacrement de pénitence dans leurs paroisses ; mais cette discipline est changée, & c'est à l'évêque à donner aux *vicaires* les pouvoirs nécessaires pour prêcher & confesser ; il peut les limiter par le temps & le lieu, & les lui retirer lorsqu'il le juge à propos. Cependant le pouvoir de prêcher ne doit s'étendre que des sermons proprement dits, & non des instructions familières, telles que les prônes, les instructions familières, & les catéchismes. Un curé peut commettre pour ces fonctions tel ecclésiastique qu'il juge à propos. Il peut auffi renvoyer un *vicaire* qui ne lui convient pas.

La portion congrue des *vicaires*, eft de 150 liv. lorfqu'ils ne font pas fondés.

Les *vicaires* avoient autrefois dans certaines coutumes & notamment dans celle de Paris, le pouvoir de recevoir les teftamens, concurremment avec les curés ; mais ce pouvoir leur a été ôté par la nouvelle ordonnance des teftamens, *art. 25.*

VICAIRE DE L'ÉVÊQUE, eft celui qui exerce fa jurifdiction ; les évêques en ont de deux fortes, les uns pour la jurifdiction volontaire qu'on appelle *vicaires généraux* ou *grands-vicaires*, & quelquefois auffi des *vicaires forains* ; les autres pour la jurifdiction contentieufe, qu'on appelle *official*. *Voyez* VICAIRE FORAIN, GRAND-VICAIRE, OFFICIAL.

VICAIRE-FERMIER, étoit celui auquel un curé ou autre bénéficier à charge d'ames, donnoit à fermé un bénéfice qu'il ne pouvoit conferver, & que néanmoins il retenoit fous le nom de ce fermier. Dans le concile qui fut convoqué à Londres par Otton, cardinal légat en 1237, les 1ʳ, 8ᵉ, 9ᵉ, & 10ᵉ décret, eurent pour objet de réprimer deux fortes de fraudes que l'on avoit inventées pour garder enfemble deux bénéfices à charge d'ames. Celui qui étoit pourvu d'une cure comme *perfonne*, c'eft-à-dire, curé en titre, en prenoit encore une comme *vicaire*, de concert avec la *perfonne* à qui il donnoit une modique rétribution ; ou bien il prenoit à ferme perpétuelle à vil prix le revenu de la cure. Ces abus étoient devenus fi commus, qu'on n'ofa les condamner abfolument ; on fe contenta de donner à ferme les doyennés, les archidiaconés & autres dignités femblables, les revenus de la jurifdiction fpirituelle & de l'adminiftration des facremens. Quant aux vicaireries, on défendit d'y admettre perfonne qui ne fût prêtre ou en état de l'être aux premiers quatre temps. *Voyez* le chapitre *ne clerici vel monachi vices fuas, &c.* qui eft un canon du concile de Tours. Le canon *præcipimus 21, quæft. 2.*

VICAIRE FORAIN, eft un *vicaire* d'un évêque ou autre prélat, qui n'a de pouvoir que pour gouverner au-dehors du chef-lieu, & quelquefois dans une partie feulement du territoire foumis à la jurifdiction du prélat, comme le grand *vicaire* de Pontoife, qui eft un *vicaire forain* de l'archevêque de Rouen. *Voyez* VICAIRE GÉNÉRAL.

On entend auffi quelquefois par *vicaire forain*, le doyen rural, parce qu'il eft en cette partie, le *vicaire* de l'évêque pour un certain canton. *Voyez* DOYEN RURAL.

VICAIRE GÉNÉRAL ou GRAND-VICAIRE, eft celui qui fait les fonctions d'un évêque ou autre prélat.

Les *grands-vicaires* ou *vicaires généraux* des évêques, font des prêtres qu'ils établiffent pour exercer en leur nom leur jurifdiction volontaire, &

pour les foulager dans cette partie des fonctions de l'épifcopat.

Il eft parlé dans le fexte des *vicaires généraux* de l'évêque, fous le titre *de officio vicarii.* Boniface VIII les confond avec les officiaux, comme on fait encore dans plufieurs pays : auffi fuppofet-on dans le fexte que la jurifdiction volontaire & la contentieufe font réunies en la perfonne du *vicaire général* de l'évêque.

Mais en France, les évêques font dans l'ufage de confier leur jurifdiction contentieufe à des officiaux, & la volontaire à des *grands-vicaires*.

Quand la commiffion du *grand-vicaire* s'étend fur tout le diocèfe fans reftriction, on l'appelle *vicaire général* ; mais quand il n'a reçu de pouvoir que pour gouverner certaines parties du diocèfe, on l'appelle *vicaire général forain*.

L'évêque n'eft pas obligé de nommer des *grands-vicaires*, fi ce n'eft en cas d'abfence hors de fon évêché, ou en cas de maladie ou autre empêchement légitime, ou bien à caufe de l'éloignement de la ville épifcopale ; & enfin s'il y a diverfité d'idiômes dans différentes parties de fon diocèfe.

La commiffion de *grand-vicaire* doit être par écrit, fignée de l'évêque & de deux témoins, & infinuée au greffe des infinuations eccléfiaftiques du diocèfe, à peine de nullité des actes que feroit le *grand-vicaire*.

Pour être *grand-vicaire*, il faut être prêtre, gradué, naturel françois ou naturalifé.

Les réguliers peuvent être *grands-vicaires*, pourvu que ce foit du confentement de leur fupérieur.

L'ordonnance de Blois défend à tous officiers des cours fouveraines & autres tribunaux, d'exercer la fonction de *grand-vicaire*.

Il y a néanmoins un cas où l'évêque peut, & même doit nommer pour fon *grand-vicaire, ad hoc*, un confeiller clerc du parlement ; favoir, lorfqu'on y fait le procès à un eccléfiaftique, afin que ce *vicaire* procède à l'inftruction, conjointement avec le confeiller laïque qui en eft chargé.

L'évêque ne peut établir de *grand-vicaire*, qu'après avoir obtenu fes bulles, & avoir pris poffeffion ; mais il n'eft pas néceffaire qu'il foit déjà facré.

Il eft libre à l'évêque d'établir un ou plufieurs *grands-vicaires*. Quelques-uns en ont quatre & même plus. L'Archevêque de Lyon en a jufqu'à douze.

Les *grands-vicaires* ont tous concurremment l'exercice de la jurifdiction volontaire, comme délégués de l'évêque ; il y a cependant certaines affaires importantes qu'ils ne peuvent décider, fans l'autorité de l'évêque ; telles que la collation des bénéfices dont ils ne peuvent difpofer, à moins que leurs lettres n'en contiennent un pouvoir fpécial.

L'évêque peut limiter le pouvoir de fes *grands-vicaires*, & leur interdire la connoiffance de cer-

taines affaires pour lefquelles ils feroient naturellement compérens.

Le *grand-vicaire* ne peut pas déléguer quelqu'un
pour exercer fa place.

On ne peut pas appeller du *grand-vicaire* à l'évêque, parce que c'eſt la même jurifdiction ; mais
ſi le *grand-vicaire* excède fon pouvoir ou en a abuſé,
l'évêque peut le défavouer : par exemple, ſi le
grand-vicaire a conféré un bénéfice à une perſonne
indigne, l'évêque peut le conférer à un autre dans
les fix mois.

Il eſt libre à l'évêque de révoquer fon *grand-
vicaire* quand il le juge à propos, & fans qu'il
foit obligé de rendre aucune raifon ; il faut feulement que la révocation foit par écrit & inſinuée
au greffe du diocèfe, jufques-là les actes faits par
le *grand-vicaire* font valables à l'égard de ceux qui
les obtiennent ; mais le *grand vicaire* doit s'abſtenir
de toute fonction, dès que la révocation lui eſt
connue.

La jurifdiction du *grand-vicaire* finit auſſi par la
mort de l'évêque, ou lorfque l'évêque eſt transféré
d'un fiège à un autre, ou lorfqu'il a donné fa dé-
miſſion entre les mains du pape.

S'il furvient une excommunication, fufpenſe
ou interdit contre l'évêque, les pouvoirs du *grand-
vicaire* font fufpendus juſqu'à ce que la cenſure
foit levée.

VICAIRE, *haut*, eſt un titre que l'on donne vulgairement aux eccléſiaſtiques qui deſſervent, en qualité de *vicaires* perpétuels, les canonicats que certaines églifes poſſedent dans une cathédrale, comme
à Notre-Dame de Paris, où il y ſix de ces *vicaires*
perpétuels, ou *hauts-vicaires*.

VICAIRE HÉRÉDITAIRE ; il y a des *vicaires* féculiers en titre d'office qui font héréditaires, tels
que les *vicaires* de l'empire. *Voyez* VICAIRES DE
L'EMPIRE, *dans le diction. d'écon. polit. & diplom.*

VICAIRE ou HOMME VIVANT ET MOURANT ;
quelques coutumes qualifient l'homme vivant &
mourant de *vicaire*, parce qu'en eſt il repréſente
la perfonne du vaſſal. *Voyez* FIEF, FOI, HOM-
ME VIVANT ET MOURANT.

VICAIRE DE JÉSUS-CHRIST, c'eſt le titre que
prend le pape, comme fucceſſeur de faint Pierre.
Voyez PAPE.

VICAIRE LOCAL, eſt un grand-*vicaire* de l'évêque, dont le pouvoir n'eſt pas général pour tout le
diocèfe, mais borné à une partie feulement. *Voyez*
VICAIRE FORAIN.

On peut auſſi donner la qualité de *vicaire local* au
vicaire d'un curé, lorfque ce *vicaire* n'eſt attaché
par fes fonctions qu'à une portion de la paroiſſe.
Voyez VICAIRE AMOVIBLE.

VICAIRE NÉ, eſt celui qui jouit de cette qualité,
comme étant attaché à quelque dignité dont il eſt
revêtu ; tels font les *vicaires* de l'empire, tels font
auſſi les prieurs de Saint-Denis en France & de
Saint-Germain-des-prés à Paris, lefquels font grands-
vicaires nés de l'archevêque de Paris, en vertu

de tranſactions homologuées au parlement, l'un
pour la ville de Saint-Denis, l'autre pour le fauxbourg de Saint-Germain de la ville de Paris ; l'archevêque ne peut les révoquer, tant qu'ils ont la
qualité de prieur de ces deux abbayes. *Loix eccléſiaſtiques* de d'Héricourt. (*A*)

VICAIRE PERPÉTUEL, c'eſt celui dont la fonction n'eſt point limitée à un certain temps, mais
doit durer toute fa vie ; tels font les *vicaires* de
l'empire, les *vicaires nés* de certains prélats, les eccléſiaſtiques qui deſſervent un canonicat pour quelque abbaye, ou autres églifes, dans une cathédrale.

On donne auſſi le titre de *vicaires perpétuels* aux
curés ſur-au-deſſus d'eux quelqu'un qui a le
titre & les droits de curé primitif.

L'établiſſement des *vicaires perpétuels* des curés
primitifs eſt fort ancien ; les loix de l'églife & de
l'état l'ont fouvent confirmé.

Avant le concile de Latran, qui fut tenu fous
Alexandre III, les moines auxquels on avoit abandonné la régie de la plupart des paroiſſes, ceſſérent
de la deſſervir en perfonne, s'efforçant d'y mettre des prêtres à gage.

A leur exemple, les autres curés titulaires donnèrent leurs cures à des chapelains ou à *vicaires* amovibles, comme ſi c'euſſent été des biens
profanes, à la charge de certaines preſtations &
coutumes annuelles, & de prendre d'eux tous les
ans une nouvelle inſtitution.

Ces eſpèces de vicariats amovibles furent défendus par le fecond concile d'Aix, fous Louis le
Débonnaire ; par le concile romain, fous Grégoire
VII ; par celui de Tours, fous Alexandre III ; par
celui de Latran, fous Innocent III, & par pluſieurs
autres papes & conciles, qui ordonnent que les
vicaires choifis pour gouverner les paroiſſes foient
perpétuels, & ne puiſſent être inſtitués & deſtitués
que par l'évêque ; ce qui s'entend des *vicaires* qui
font nommés aux cures dans leſquelles il n'y a
point d'autres curés qu'un curé primitif, qui ne
deſſert l'ont-même fa cure.

Le concile de Trente, *ſeſſ. vij, ch. vij.*, laiſſe à
la prudence des évêques de nommer des *vicaires*
perpétuels ou des *vicaires* amovibles dans les paroiſſes unies aux chapitres ou monaſtères ; il leur
laiſſe auſſi le foin de fixer la portion congrue de
ces *vicaires*.

L'article 24 du réglement des réguliers veut que
toutes communautés régulières exemptes, qui poſſedent des cures, comme curés primitifs, foient
tenus d'y fouffrir des *vicaires perpétuels*, leſquels
feront établis en titre par les évêques, auxquels
vicaires il eſt dit qu'il fera aſſigné une portion
congrue, telle que la qualité du bénéfice & le nombre du peuple le requerra.

Les ordonnances de nos rois font auſſi formelles
pour l'établiſſement des *vicaires perpétuels*, notamment les déclarations du mois de janvier 1686,
celle de juillet 1690, & l'article 24 de l'édit du
mois d'avril 1695.

Les *vicaires perpétuels* peuvent prendre en tous actes la qualité de curé, si ce n'est vis-à-vis du curé primitif. *Déclaration du 5 octobre 1726, art. 2.*

La nomination des *vicaires* amovibles, chapelains, & autres prêtres, appartient au *vicaire perpétuel*, & non au *curé primitif.*

La portion congrue des *vicaires perpétuels* a souvent varié; mais la valeur en a été définitivement fixée par l'édit du mois de mai 1768, dans lequel le législateur a étendu sa prévoyance sur cet objet aux temps les plus reculés. *Voyez* CURÉ, PORTION CONGRUE.

VICAIRE DU PRÉFET DU PRÉTOIRE; c'étoit le lieutenant d'un des préfets du prétoire, qui étoit commis pour quelque province en particulier : il tiroit son autorité de l'empereur directement, auquel il adressoit directement ses avis ; sa jurisdiction ne différoit de celle du préfet qu'en ce que celui-ci avoit plus de provinces soumises à sa jurisdiction. Les Romains avoient de ces *vicaires* dans presque toutes les provinces par eux conquises, dans les Gaules, en Espagne, en Afrique, & dans l'Orient. *Voyez* le dictionnaire d'écon. polit. & diplom.

VICAIRE PROVINCIAL ou LOCAL, est le *vicaire* d'un évêque ou autre prélat, qui n'est commis par lui que pour un certain canton.

Les curés peuvent aussi avoir des *vicaires* locaux. *Voyez* ci-devant VICAIRE LOCAL.

VICAIRE DU SAINT SIÈGE, est la même chose que *vicaire* apostolique. *Voyez* LÉGAT & VICAIRE APOSTOLIQUE.

VICAIRE ou SECONDAIRE ; c'est un second prêtre destiné à soulager le curé dans ses fonctions. *Voyez* VICAIRE AMOVIBLE, VICAIRE DES CURÉS.

SOUS-VICAIRE, qu'on appelle aussi *ypo-vicaire*, est un prêtre établi par les curés sous le *vicaire*, pour l'aider lui & son *vicaire* dans ses fonctions curiales. Un curé peut avoir plusieurs *sous-vicaires.*

VICAIRE TEMPOREL, est celui qui est nommé pour un temps seulement. *Voyez* VICAIRE AMOVIBLE.

VICAIRE, (*Droit féodal.*) On appelle ainsi dans quelques coutumes l'homme vivant & mourant que les gens de main-morte présentent au seigneur, pour les acquitter des droits dont ils sont tenus envers lui, à raison des héritages féodaux ou censuels qu'ils possèdent. On a donné ce nom aux *vicaires*, parce qu'ils représentent la personne (*vicem tenent*) des vassaux ou des censitaires, comme les *vicaires* des paroisses représentent celle des curés.

On a dit dans le même sens *vicariat*, pour désigner l'établissement du *vicaire*. *Voyez* la coutume de Blois, *art. 45*, celle d'Orléans, *art. 41* & suivans, *118* & suivans, &c. *Voyez* aussi HOMME VIVANT & MOURANT.

On a encore nommé *vicaires*, en latin *vicarii*, des espèces de serfs qui étoient chargés de veiller pour le propriétaire à l'administration d'une terre, ou d'une portion de terre. On voit dans une notice tirée des archives de l'abbaye de Beaulieu, & rapportée par du Cange, que ces *vicaires* remplissoient tout à la fois les fonctions de juge & d'intendant, comme les baillis le faisoient autrefois : *per omnes curtes, sive villas*, y est-il dit, *imponimus judices servos, in tali convenientia, ut nullus ex illis, neque de posteris eorum efficiatur miles, neque ullus portet excutum, neque spadam, neque ulla arma, nisi tantum lanceam, & unum esperonem; non habeant vestem scissam anteà & retro, sed tantum clausæ fiant; vectigalia non exigant, quamdiu fideles permanserint; si infideles reperti fuerint, perdant totum, & ad servitutem revertant. In una quaque villa cedimus unum mansum, & in uno quoque manso de tota vicaria suâ damus eis 4 denarios & unam gallinam, & tertiam partem de omnibus placitis, & de vestionibus similiter; propter hoc jurent fidelitatem super altare B. Petri, in præsentia abbatis, & monachis, qui obedientiales fuerint illis diebus. Si ullus ex illis obierit, honor ejus S. Petro remaneat, & seniores sui honorabiliter sepeliant. Si filios legitimos habuerint, major honorem totum teneat, post suum decessum secundus honorem teneat, & sic usque ad ultimum. Et si ullus ex illis abierit, centum solidos successor, qui post eum voluerit, ad monachos det, & fidelitatem faciat, & sic in venturis generationibus.*

Ce mot *vicarius* se trouve aussi dans deux signatures apposées à une chartre de l'an 1183, qui est rapportée dans les preuves de l'histoire de Bretagne, par dom Lobineau, *pag. 190.* Mais il ne paroît pas qu'on doive entendre par-là ces *vicaires* serfs, ni aucune autre espèce des *vicaires* qui sont énoncés dans le glossaire de du Cange. *Voyez* au surplus l'article VICAIRIE. (*G. D. C.*)

VICAIRIE. (*Droit féodal & coutumier.*) Il en est question dans le traité des fiefs de Guyot, *du Quint, chap. 8, pag. 342* du tome 3me. « L'emphytéose, » dit-il, est, je crois, ce qu'en Poitou on connoît » sous le nom de *vicairies*; j'ai vu de ces *vicaires* » à trois & à quatre générations. Tantôt l'emphy- » téose étoit à perpétuité; nos baux à cens & » rentes foncières de bail d'héritage avec réten- » tion de foi, même les simples rentes foncières, » y conviennent beaucoup ».

Ces sortes de tenures sont effectivement assez communes en Poitou, en Anjou & dans les marches communes des deux provinces ; tous les baux dont j'ai eu connoissance, sont à perpétuité, & portent pour clause expresse la prohibition d'aliéner, & la charge que la transmission s'en fera d'aîné mâle en aîné mâle; c'est sans doute à l'usage que ces baux ont introduit, que fait allusion le passage suivant des renseignemens & coutumes des marches, donnés par le châtelain de Clisson, qu'Hullin a rapportés dans son *traité de la nature & usage des marches, chap. 11, pag. 43* de l'édition *in 24*, de Reims, chez Jean Gaigné. *Item,* « en la paroisse » de S. Hylaire du Bois, & de la Bernardière près » Clisson, (il y) a plusieurs tenemens, esquels la » Bretagne

» Bretagne eſt tenue de Cliſſon, & (le) Thouar-
» çois des. Eſſarts, eſquels herbergemens, quand
» il advient que le chef de la maiſon va de vie à
» trépas, ſon principal héritier ſait bien (qu') il
» doit payer par muance d'homme, ſans lignée
» changer, & auſſi leſdits lieux ne ſe départent
» point, & vont de l'aîné à l'aîné ».

Cet uſage eſt extrêmement ancien. On voit
dans l'hiſtoire des comtes de Poitou, par Beſly,
pag. 211, la donation faite en 892, par Ebles II,
comte de Poitou & duc de Guyenne, de trois ou
quatre domaines à titre de précaire, & à la charge
qu'ils paſſeront aux deſcendans des donataires
d'aîné mâle en aîné mâle. On peut remarquer
que tous ces domaines, quoique éloignés les uns
des autres, ſont tous dits ſitués dans une *vicairie*:
*alodum Alcriacum in pago Briocinſe, in vicariâ Savi-
niacenſi ſuper fluvium Carantum,..... & in alio loco.....
alterum alodum nuncupantem Ciliacum, in pago Pic-
tavienſi, in vicariâ Salvinſe...... in tertio autem loco
..... tertium alodum, nomine Curcelinum, ... ſitum in
pago Briocinſe, in vicariâ in villâ Famacinſe... Villam
noſtram Doriacum, quæ ſita eſt in pago Pictavis, in vicariâ Braciacinſe.*

J'avoue que je n'entends pas ce que l'acte déſigne ici ſous le nom de *vicairie*, à moins qu'il ne
s'agiſſe de viguerie (*voyez* VIGUERIE), & que
j'ignore s'il y a quelque rapport entre cette dénomination générale d'un canton ſous le nom de
vicairie & la qualification particulière de *vicairie* que
portent les baux dont il s'agit ici.

Quoi qu'il en ſoit, il eſt au moins douteux que
la tranſmiſſion d'aîné mâle à aîné mâle, portée par
ces baux, ſût autoriſée en juſtice. Car Hullin lui-
même a établi que « l'uſage des marches ne s'étend
» point à avoir des coutumes particulières ». A plus
forte raiſon, cet uſage ne paroît-il pas devoir être
adopté hors des marches communes, quoiqu'il y
ait néanmoins, dans les environs, bien des exemples de ces *vicairies*. On ſait que depuis l'ordonnance de Moulins, il ne peut plus y avoir de
ſubſtitutions perpétuelles, & qu'il faut même
pour valider les ſubſtitutions dans le petit nombre de degrés fixés par les ordonnances, qu'on
ait rempli des formalités particulières, dont les
baux à *vicairie* ne conſervent aucunes traces.

Les ſucceſſions ſont de droit public, & les conventions des particuliers ne peuvent pas en dé-
ranger l'ordre d'une manière contraire aux loix,
lors même qu'il s'agit des plus grandes ſeigneuries du Royaume. *Nec mutari debet*, dit Choppin,
*naturâ feudi Gallici, privatâ familiæ conſtitutione
ſummum quemdam principem agnoſcentis.* C'eſt ainſi
que divers arrêts d'ont décidé pour les pactes de
famille qu'on prétendoit devoir être obſervés dans
les maiſons de Laval, de Montmorency, &c.
Cette juriſprudence a été confirmée par un arrêt
célèbre du 21 août 1697, qui eſt rapporté tout au
long dans les œuvres de M. d'Agueſſeau.

Il s'agiſſoit de l'aliénation de la terre de Ver-

neuil, dont l'inféodation contenoit auſſi la clauſe
d'inaliénabilité & de tranſmiſſion d'aîné en aîné.
M. d'Agueſſeau qui porta la parole dans cette affaire, fit voir que pour mettre un bien hors du
commerce à perpétuité, il falloit une loi, ou
un uſage qui en tînt lieu, ou une diſpoſition de
l'homme autoriſée par la loi; à défaut de quoi,
celui qui auroit fait la prohibition d'aliéner, n'auroit ni le caractère, ni l'autorité néceſſaire, & ſa
prohibition n'étant point publique, ne pourroit nuire
à ceux qui auroient contracté de bonne-foi &
dans une juſte ignorance.

Il eſt évident que les mêmes motifs s'appliquent à
la ſucceſſion, qu'à l'aliénation. L'intérêt des familles
& les eſpérances ſur leſquelles on fonde les alliances, ſeroient perpétuellement trompées, ſi des
actes privés pouvoient ſouſtraire certains domaines
aux loix du partage établis par les coutumes, ainſi
qu'aux douaires & aux conventions matrimoniales.
Le long uſage qui s'eſt pratiqué dans les familles
ne ſuffit pas pour inſtruire ceux qui contractent
avec elle. Il ne peut donc pas déroger à la loi
commune.

C'eſt ainſi au ſurplus que la queſtion a été jugée,
après une inſtruction très-ſoignée, par un arrêt du 19
août 1776, rendu à la troiſième chambre des enquêtes, dans l'eſpèce ſuivante : par acte du 1ᵉʳ mai
1542, Iolande Grénier des Granges de la Verrie
céda à Pierre Paſquier le jeune & Andrée Grol-
leau, ſa femme, à titre de bail à rente & *vicairie*
perpétuelle, le lieu de la grande Brunière avec
la moitié par indivis du lieu, village, terre &
tenement de la petite Brunière, paroiſſe de la
Verrie, pour jouir d'aîné en aîné,
tant mâles que femelles. Cette clauſe s'étoit obſervée juſques dans ces derniers temps durant ſept
générations. Le 3 décembre 1764, Joſeph Janneau
& conſorts, enfans de Marie Paſquier, & d'autres
deſcendans de Pierre Paſquier, formèrent une demande en partage en la juſtice de Mortagne,
contre Vincent Paſquier, aîné mâle de la famille,
pour raiſon des domaines compris dans l'acte de
1542. Vincent Paſquier leur oppoſa les clauſes du
bail à rente & l'uſage ancien qui y étoit conforme.
Une ſentence rendue ſur pièces vues en la juriſdiction de Mortagne le 31 juin 1766, ordonna le
partage.

Vincent Paſquier interjetta appel en la ſénéchauſſée de Poitiers, où la ſentence de Mortagne
fut confirmée avec dépens, par jugement du 23
août 1771. Enfin les deux ſentences ont été de
nouveau confirmées par l'arrêt du parlement rendu
contre les héritiers de Vincent Paſquier.

Il eſt remarquable que Vincent Paſquier prit
au parlement des concluſions ſubſidiaires par leſquelles il offroit, en cas de difficulté ſur l'infirma-
tion des deux ſentences, de rapporter un acte de
notoriété du ſiège d'Angers pour conſtater que
dans le 16ᵐᵉ ſiècle, l'uſage étoit dans les marches
communes d'Anjou & de Poitou de faire des baux

F f

à *vicairie*, ou baux emphythéotiques pareils à celui d'Iolande Grénier, & que ces baux avoient toujours eu leur exécution quant à la transmission d'aîné en aîné. L'arrêt n'eut aucun égard à ces conclusions. (*M. GARRAN DE COULON*, *avocat au parlement.*)

VICARIAT, f. m. (*Droit canonique.*) signifie emploi, fonctions du vicaire.

On appelle *lettres de vicariat*, la commission d'un évêque à son grand-vicaire, d'un collateur à son vicaire, ou celle que l'évêque diocésain donne à un prêtre pour s'acquitter des fonctions de vicaire dans une paroisse du diocèse.

Quand un collateur a établi plusieurs vicaires dont les pouvoirs ne sont pas limités, ils peuvent chacun en particulier disposer du même bénéfice; & dans ce cas, c'est la provision expédiée la première qui doit être préférée. Si elles sont toutes de la même date, celle que le collateur a donnée l'emporte sur les autres.

Le vicaire nommé par le collateur, ne peut user du pouvoir qui lui a été communiqué avant d'avoir fait insinuer ses lettres de *vicariat*; autrement les provisions qu'il donneroit seroient déclarées nulles. C'est ce qui résulte de l'article 10 d'un édit de Henri II, du mois de mars 1553.

Un vicaire que le collateur a expressément révoqué par l'acte de création d'un second vicaire, peut valablement conférer, tandis que cette révocation ne lui a pas été duement signifiée : mais après cette signification, & que la révocation a été insinuée, il ne peut plus donner de provisions, autrement elles seroient nulles, quand même le collateur garderoit le silence.

On appelle aussi *lettres de vicariat*, la commission qu'un évêque ou autre prélat donne à un ecclésiastique, pour qu'il fasse le procès conjointement avec un juge royal, à un autre ecclésiastique, qui a commis un délit où il y a du cas privilégié.

Les évêques ne sont point obligés de donner de lettres de *vicariat* pour l'instruction & jugement des procès criminels des ecclésiastiques qui s'instruisent dans les parlemens, si ce n'est que ces cours l'aient ordonné pour éviter l'évasion des accusés durant leur translation, & pour quelques raisons importantes à l'ordre & au bien de la justice dans les procès qui s'y instruisent ; & en ce cas les prélats choisissent tels conseillers-clercs de ces cours qu'ils jugent à propos. *Edit d'avril 1695*, art. 39. *Voyez* CLERC, DÉLIT.

VICE-GÉRENT, f. m. (*Droit canon.*) c'est un officier ecclésiastique établi par l'évêque pour être le lieutenant de l'official, lui servir de conseil & le remplacer en cas d'absence, maladie, récusation ou autre légitime empêchement. *Voyez* OFFICIAL.

VICE-LÉGAT, f. m. (*Droit canon.*) c'est un officier que le pape envoie dans quelque ville pour y faire la fonction de gouverneur spirituel & temporel, quand il n'y a point de légat ou de cardinal qui y commande.

Les provinces ecclésiastiques d'Arles, d'Aix, Vienne & Embrun, ont recours au *vice-légat* d'Avignon pour toutes les expéditions ecclésiastiques, de la même manière que les autres provinces de France s'adressent à Rome. *Voyez* LÉGAT.

VICE-PROMOTEUR, f. m. (*Droit canon.*) c'est un officier ecclésiastique institué par l'évêque, pour remplacer le *promoteur* en cas d'absence, maladie ou autre légitime empêchement. *Voyez* PROMOTEUR.

VICOMTE, (*Droit féodal.*) c'est littéralement celui qui tient lieu d'un comte.

Aujourd'hui l'on entend par-là, dans la majeure partie de la France, le propriétaire d'un fief de dignité qui a sa place entre le comté & la baronnie, & qu'on appelle *vicomté*.

En Artois & dans quelques provinces voisines, on appelle *vicomte* ou *seigneur vicomtier*, celui qui a la moyenne justice.

En Normandie, on donne le même nom aux juges de première instance, subordonnés aux baillis, qui connoissent des matières civiles entre roturiers & relativement aux biens roturiers seulement. On va traiter séparément ce qui concerne ces trois sortes de *vicomtes*.

§. I. *Des* vicomtes *considérés comme propriétaires d'un fief de dignité.* Quoique les comtes eussent été établis par les empereurs romains, & que ces comtes eussent des lieutenans, le titre de *vicomte* n'a été connu que chez les barbares qui conquirent l'Europe. Il en est question dans les loix des Lombards, *liv. 2, tit. 30*, dans les capitulaires, &c. Ces loix & les formules désignent néanmoins plus communément les *vicomtes* sous le titre d'envoyés ou de délégués des comtes, *missi*, ou *vicarii comitum*. Ce dernier mot, qui étoit usité dès le temps des empereurs romains, paroit être l'origine de ceux de *viguier*, *vahier*, *véhier*, ou *voyer* qu'on a ensuite donné à des officiers dont les fonctions étoient à-peu-près les mêmes que celles des *vicomtes*. *Voyez* VIGUIER & VOYER.

Quoi qu'il en soit, les *vicomtes* étoient, comme leur nom l'indique, les lieutenans des comtes. Ils ont été quelquefois choisis par le roi, pour remplacer les comtes dans leur absence, ou dans les villes où il n'y avoit pas de comtes. Les plus souvent ils étoient choisis par les comtes même pour les représenter, suivant une loi de Gontran de l'an 585. (*Baluze*, *tome 1, pag. 11*).

Les fonctions des *vicomtes* avoient plus pour objet le pouvoir civil que le pouvoir militaire, quoique les comtes jouissent de l'un & de l'autre. Ils jugeoient les affaires inférieures, veilloient aux travaux publics les moins importans, suivant le moine de S. Gal, & faisoient la recette du domaine & des droits du fisc. Plusieurs remplacèrent néanmoins complètement les comtes dans leurs fonctions militaires, sur-tout quand les comtes furent devenus héréditaires. Les mêmes causes qui assurèrent cet avantage aux comtes & aux autres vassaux, l'assurèrent aussi aux comtes. Mais le pouvoir de ces derniers ne fut pas le même par-tout. Il devint plus ou moins considérable, suivant le plus ou le moins de confiance que les comtes eurent en eux, & le plus ou moins de soin qu'ils apportèrent à les maintenir dans sa subordination.

Dans quelques lieux, les *vicomtes* devinrent si puissans, qu'ils se rendirent redoutables aux comtes même, & qu'ils finirent par les chasser, en se mettant à leur place, comme les maires du palais avoient trouvé le moyen de s'emparer de la couronne. C'est ainsi que la famille des *Galeazzi*, à qui leur qualité de *vicomtes* de Milan fit donner le surnom de *visconti*, s'empara de la souveraineté de cette ville. La Thaumassière enseigne aussi que les *vicomtes* de Bourges se rendirent maîtres de cette ville, sous le règne de Raoul, & en chassèrent les comtes.

On sait que les *vicomtes* de Turenne ont prétendu long-temps posséder cette seigneurie en souveraineté, & qu'ils ont conservé presque tous les droits régaliens jusqu'à la vente que la maison de Bouillon en a faite au roi en 1738. Les *vicomtes* de Cologne en Berry ont aussi été indépendans jusqu'en 1463.

La plupart des autres *vicomtes* restèrent subordonnés aux comtes. Leur multiplicité & le peu d'étendue de leurs fonctions contribua sans doute à les tenir dans une plus grande dépendance, en Normandie & dans les autres provinces, dont on parlera dans les deux paragraphes suivans. Dans le surplus de la France, les *vicomtes* furent considérés comme des officiers plus importans. Quelques-uns avoient la seigneurie d'une grande partie de la province, indépendamment des autres droits qui leur appartenoient.

Les *vicomtes* du Mans ou de Beaumont, avoient la seigneurie des villes de Château-Gontier & de la Flèche en Anjou, & de celles de Beaumont, Frênaye, Mamers & Sainte-Suzanne au Maine, outre quelques autres sur lesquelles ils avoient des prétentions.

La vicomté de Poitiers ou de Thouars avoit un domaine encore plus étendu. La mouvance de cette terre, aujourd'hui érigée en duché - pairie, comprend une quantité prodigieuse de paroisses dans le Poitou & dans les marches de cette province & des provinces voisines.

On trouve aussi des vicomtés très-considérables dans les provinces méridionales, telles que celles d'Uzès, de Conserans, de Combor, de Polignac, &c. sans parler de beaucoup d'autres dans différentes provinces, telles que celles de Rohan & de Léon en Bretagne.

Il y a des preuves de ces vicomtés inféodées dès le X.e siècle au moins. Celles de Thouars, de Narbonne, de Béziers, de Château-Dun & du Mans

sont dans ce cas. (*Usage des fiefs, liv. 3, chap. 1, n. 4 & suivans.*)

Quelques auteurs, tels que Choppin sur la coutume d'Anjou, *liv. 1, tit. 4, chap. 48*, enseignent que chaque comte devoit avoir quatre *vicomtes*. Mais il paroît qu'il n'y eut rien de fixe à cet égard. Il vaut mieux dire avec Brussel, qu'il y avoit des vicomtés qui consistoient dans la lieutenance de tout un comté, & d'autres qui ne s'étendoient que sur une des villes qui dépendoient d'un grand comté. La Champagne fournit des exemples multipliés de cette seconde espèce de vicomté, car le comte de Champagne avoit non-seulement un *vicomte* à Troyes & à Meaux, qui étoient les deux villes capitales des grands comtés de Champagne & de Brie; mais il avoit aussi un *vicomte* particulier dans chacune des autres villes de ces comtés; à la Ferté-sur-Aube, à Bar-sur-Aube, à Rosnays, à S. Florentin, à Villemor, à Marceil-sur-Ay, à Chatillon-sur-Marne, à Ouchy-le-Chatel, à Château-Thierry & à Provins, ainsi que cela se voit par le premier livre des fiefs de Champagne & de Brie.

Ces *vicomtes* des petites villes ou bourgs n'étoient aucunement soumis au *vicomte* du chef-lieu. Ils jouissoient au contraire des mêmes prérogatives, & ils ne reconnoissoient comme lui d'autre supérieur que le comte. Il y avoit même des portions du comté, qui n'étoient soumises à aucun *vicomte*. Brussel rapporte un état de la vicomté de Paris, qui prouve que les châtellenies de Montlhéry, Luzarches, &c. qui faisoient partie du Parisis, ou comté de Paris, ne dépendoient point de la vicomté. Mais cet auteur a fort bien prouvé contre le traité de police de la Marre, que les vicomtés avoient des bornes beaucoup plus reculées que les prévôtés.

Il faut avouer néanmoins qu'il est très-difficile de tracer les limites de la vicomté de Paris & de la prévôté de cette ville, comme on peut le voir dans Brodeau & dans Brussel lui-même. Ces deux titres sont aujourd'hui réunis, & c'est à cette réunion que le prévôt de Paris doit une grande partie de ses prérogatives, qui sont ailleurs affectées aux offices de baillis & sénéchaux, telles que le droit de commander le ban & l'arrière-ban.

Brussel prétend que les vicomtés avoient plus de rapport avec les châtellenies qu'avec les prévôtés, & du Cange cité deux passages de Robert d'Ardres, où les châtelains de Courtray & d'Ypres sont appellés *vicomtes*. Mais on verra au §. 2 que les vicomtés de Flandres n'étoient que des juridictions ordinaires. Dans presque tout le reste du royaume, les châtelains étoient principalement établis pour la garde des châteaux-forts. Mais ils avoient aussi l'administration de la justice dans des villes assez considérables. Encore aujourd'hui, les juges de première instance dans le Lyonnois & quelques provinces voisines, sont qualifiés de châtelains.

On peut dire la même chose des viguiers de Provence & de Languedoc. Mais l'office avec lequel le *vicomte* paroit avoir eu le plus de rapport, est, je crois, la *vidamie. Voyez* ce mot.

Quoique les droits & les prérogatives des *vicomtés* inféodées aient varié suivant les lieux, il paroit qu'ils ont principalement consisté dans une portion indivise des droits appartenant aux comtes, & dans un domaine particulier. On peut voir dans Bruffel, la notice d'une enquête de l'an 1199, qui donne un détail de tous les droits qui appartenoient au *vicomte* de la Ferté-sur-Aube.

Le *vicomté* de Chartres avoit aussi un domaine considérable, des seigneuries, plusieurs dignités, des hommes de corps & deux cens fiefs mouvans de lui.

Ceux de Bourges, de Cologne & d'Arçay en Berry avoient le tiers des amendes & épaves coutumières, les droits de layde & de botage, les droits de chasse & les honneurs dans les églises. C'étoient eux qui donnoient la permission de faire la fête dans leurs paroisses, d'en faire le cri & semonce, de permettre de lever les quilles, &c. Bruffel enseigne encore contre de la Marre, que les *vicomtes* n'exerçoient pas la jurisdiction ordinaire, qu'ils n'étoient institués que pour avoir la garde & le gouvernement de la ville, & commander les gens de guerre, qu'ils faisoient seulement une espèce de justice militaire des délits qui se commettoient en leur présence, lorsqu'ils étoient en-tournée. Les comtes, ajoute-t-il, ont toujours eu des prévôts & des viguiers pour rendre la justice en leur nom, depuis que les comtés sont devenus héréditaires.

Il paroit au contraire que l'administration de la justice avoit été le principal objet de l'établissement des *vicomtes*, quoique leur jurisdiction n'ait pas été la même par-tout. Les *vicomtes* de Thouars (c'est-à-dire de Poitiers) étoient en cette qualité grands sénéchaux des comtes de Poitou. D'autres n'avoient la jurisdiction que dans la partie du comté où leur vicomté s'étendoit. D'autres enfin n'avoient la connoissance que des causes d'un ordre inférieur, par exemple de celles des roturiers. Mais tous avoient sans doute une jurisdiction subordonnée aux comtes.

Cette subordination fut moins marquée, quand les fiefs devinrent héréditaires. Les *vicomtes* cessèrent aussi pour lors de rendre la justice par eux-mêmes, & il y eut des contestations pour fixer les limites de leurs droits. Dans quelques lieux, on convint que le juge ou prévôt nommé par le *vicomte* seroit agréé par le comte, & que ces deux seigneurs partageroient les émolumens de la justice, comme cela eut lieu à la Ferté-sur-Aube, & dans le Berry.

D'où seroit provenu cet usage de partager les émolumens de la justice, si le *vicomte* n'eût pas été établi pour la rendre comme le comte même? Pourquoi le prévôt du comte eût-il eu besoin

d'être aussi celui du *vicomte*, s'il n'y eût pas eu à craindre que ceux qui auroient rendu la justice pour le *vicomte* n'eussent eu des contestations avec lui sur les limites de leurs jurisdictions? Enfin, comment seroit-il arrivé qu'en Artois, en Picardie, en Normandie, au Perche, &c. on eût donné le nom de *vicomtes* aux juges ordinaires des lieux, si le droit de rendre la justice n'eut pas été compris dans les fonctions du *vicomte* ?

Les *vicomtes* étoient si jaloux de leur jurisdiction, que, suivant l'article 18 de la coutume de Poitou, le *vicomte* de Thouars est le seul seigneur qui puisse interdire à ses vassaux le droit d'assise dans l'étendue de sa châtellenie, en les obligeant de se borner à la justice purement foncière, & de venir à sa propre assise dans la ville de Thouars.

Malgré l'importance des fonctions attribuées aux *vicomtes*, & l'étendue considérable de plusieurs vicomtés, il paroit constant que ces offices ont été long-temps inféodés, sans être considérés comme des fiefs de dignité. Les *vicomtes* n'étoient point appellés par nos rois ou par les grands vassaux, avec les ducs, comtes & barons, pour faire des loix nouvelles. Ils ne sont point nommés dans l'adresse de ces loix. Bruffel donne encore un état des différens ordres de vassaux de dignité fait pour le comté de Champagne en 1256. Il n'y est fait aucune mention des *vicomtes*, mais seulement des ducs, des comtes, & ceux qui possédoient des châtellenies, des évêques & des clercs.

La raison de cela est sans doute que les *vicomtes* étoient les simples représentans des comtes, sans former un ordre à part dans la féodalité. Par suite de cette manière de considérer les vicomtés, elles se partageoient dans les successions, & tomboient même en quenouille. Bruffel en donne divers exemples. Il y a lieu de croire que les fonctions attachées à la qualité de *vicomte* s'exerçoient par l'aîné, ou par le mari de l'aînée, suivant les privilèges attachés à la qualité d'aîné. *Voyez* l'article PARAGE.

Mais vers l'an 1360, on commença à mettre les *vicomtes* parmi les seigneurs de dignité, & on les trouve ainsi placés dans les lettres-patentes de Charles-Régent, du mois de mai 1359, & dans le traité de Bretigny, du 8 mai 1360.

Par là même raison, il n'y avoit point anciennement de ville, ni de bourg qui portât le titre de vicomté, quoique le savant du Puy & beaucoup d'autres auteurs aient cru le contraire. Le siège de la vicomté étoit toujours le chef-lieu ou l'un des membres d'un comté. Le comte en étoit premier seigneur, quoique le *vicomte* en portât souvent le nom.

Ce défaut de seigneurie complète dans l'étendue de la vicomté fut peut-être cause que les *vicomtes* qui possédoient d'ailleurs une seigneurie particulière, prirent l'usage de se qualifier *vicomtes* de cette seigneurie; mais Bruffel dit qu'on ne doit pas confondre cette seigneurie avec la vicomté,

& que c'est ainsi que les *vicomtes* du Mans, de Limoges, de Poitiers, &c. se qualifièrent de *vicomtes* de Beaumont, de Turenne & de Thouars, parce qu'ils possédoient ces dernières seigneuries. Il se peut néanmoins que ces domaines même fissent originairement partie des vicomtés, & que les *vicomtes* n'en portassent le nom que parce qu'ils y faisoient leur résidence ordinaire plutôt que dans le chef-lieu de leur vicomté.

Quoi qu'il en soit, l'on ne voit point jusqu'au milieu du XVᵉ siècle, que nos rois aient érigé quelque terre en titre de vicomté. Brussel doute même s'il y a jamais eu de pareilles éreçtions. Mais Choppin nous apprend que Charles IX érigea en vicomté la seigneurie d'Argeville, par des lettres du mois de mai 1566, & celles du Plessis-Ciran & de Roches-de-Gennes, par d'autres lettres du mois de janvier 1569. (*Ad consuet. and. lib. 1, tit. 5, cap. 48, in margine.*)

Il paroît même qu'il n'y a point d'autres vicomtés en Dauphiné que les terres qui ont ainsi été érigées par lettres-patentes. M. Salvaing en nomme trois, qui sont Talard, Clermont en Trieves, & S. Priest au bailliage de Vienne. Cet auteur date les lettres d'éreçtion de ces deux dernières vicomtés de 1350 & 1646. Quant à celle de Talard, il observe qu'elle n'a pu être érigée plutôt qu'en 1326, où cette terre fut donnée en échange par l'ordre de Malte à Arnaud de Trians.

L'établissement des sénéchaux & des baillis royaux a réduit à rien ou à fort peu de chose les fonçtions attribuées aux offices des vicomtés inféodées. Il ne reste plus guère aux *vicomtes* que des droits utiles & des prérogatives qui sont plutôt réglés par les titres & la possession de chaque *vicomte* en particulier, que par les dispositions générales des coutumes.

La Thaumassière observe néanmoins que les *vicomtes* de Berry ont droit de chasse & les droits honorifiques dans toute l'étendue de leur vicomté ; il cite des arrêts qui les y ont maintenus, quand on les y a troublés. Cet auteur ajoute que dans la paroisse de Passy, le *vicomte* précède le baron de Contre-moret, & a les honneurs à son exclusion, ce qui est conforme au sentiment de Loyseau, des seigneuries, chap. 7, n. 11. (*Nouveaux commentaires sur la coutume de Berry, tit. 2, art. 8.*)

A l'exception de cette préséance, il est peu de prérogatives communes à tous les seigneurs des vicomtés inféodées. Celles de nos coutumes qui font mention de ces seigneuries, telles que celles de Poitou, d'Anjou, & du Maine, les assimilent presque en tout aux baronnies, quoiqu'elles les nomment toujours auparavant. Cependant la coutume de Poitou, art. 375 & 387, autorise les *vicomtes* à créer douze notaires, & autant de sergens, tandis qu'elle ne permet aux barons d'en créer que huit.

Au surplus, les *vicomtes* doivent poursuivre leurs portions des épaves & amendes par voie d'action, sans user de contrainte. « Le vayer ne » peut faire exécuter nulli, ni mettre en prison » pour son amende ; il faut qu'il ait sadite amende » par voie d'action », porte le chapitre 1 du titre *des amendes* de l'ancienne coutume de Bourges, cité par la Thaumassière.

§ II. *Des seigneurs vicomtiers d'Artois, & des provinces voisines.* L'usage de désigner sous le nom de *vicomtes*, ou de *seigneurs vicomtiers*, les seigneurs qui ont moyenne justice, subsiste en Artois, dans une grande partie de la Flandre, en Ponthieu, & dans quelques autres pays voisins.

L'article 25 des coutumes locales de Boulogne, parle aussi du *vicomte* de cette ville. Il décide que *le vicomte ne peut de lui seul tenir jugement, sans appeler un échevin de ladite ville, pour régler les parties.* Mais les commentateurs de cette coutume observent que le *vicomte* n'a plus de jurisdiçtion à Boulogne. Ce n'est plus aujourd'hui que le fermier, ou le régisseur du droit d'un pour cent, qui se perçoit sur toutes les denrées que les marchands forains & même les marchands habitans, mais non bourgeois, amènent dans cette ville & dans la banlieue.

La jurisdiçtion des *vicomtes* s'est mieux conservée dans les provinces voisines ; & quoiqu'elle n'ait pour objet que la moyenne justice, elle est plus étendue que la jurisdiçtion des moyens justiciers dans la plupart des coutumes.

La coutume d'Artois est celle qui a le mieux traité ce qui est relatif à la compétence des *vicomtes*. Suivant les articles 4 & 35 de cette coutume, le seigneur vicomtier, outre les droits de seigneur foncier, a, par ses hommes féodaux, connoissance, judicature, & punition de sang jusqu'à 60 sous exclusivement, & du larron jusqu'à la mort, & autres punitions en dessous, exclusivement, sauf le bannissement ; il peut avoir une fourche patibulaire à deux piliers, pour y faire justice des larrons.

Les anciennes rédaçtions de la coutume d'Artois de 1509, & de 1540, n'ôtoient point au vicomtier le droit de bannir. Aussi le seigneur vicomtier d'Inchy, comprenoit expressément ce droit dans ses aveux au château d'Arras. Mais, dit Maillart, comme on regarde que le pouvoir de bannir fait partie du droit public, les vicomtiers en ont été privés par la réformation de 1544.

On peut trouver étonnant que l'on n'ait pas en même temps privé les seigneurs vicomtiers du droit de juger à mort. Mais la décision de la coutume d'Artois, à cet égard, a ses fondemens dans notre plus ancien droit. Les établissemens de S. Louis, dont la disposition se retrouve encore aujourd'hui dans les coutumes d'Anjou, de Blois, &c. mettent au nombre des cas de moyenne justice l'exécution des larrons. Le texte de la coutume d'Artois, est bien moins extraordinaire que les usages de presque tout le Pays Bas, où les jugemens rendus par les juges des feigneurs, dans les caufes criminelles inftruites à la requête du miniftère public, ne font point fujets à l'appel. Cet ufage n'a été aboli pour la Flandre françoife, que lorfque l'ordonnance de 1670 fut adreffée au parlement de Tournay, en 1679.

Les coutumes de Beauquefne, art. 1; de Lille, art. 6; de Montreuil & de Péronne, art. 20; de Senlis, art. 108, 109 & 110; de Saint-Omer, art. 7, ont des difpofitions peu différentes: mais toutes ces coutumes ne qualifient pas de vicomtier, le feigneur qui a moyenne juftice.

Suivant l'article 5 de la coutume d'Artois, la juftice du vicomte s'étend encore *ès flots & flégards*, chemins & voieries étant en fon fief.

L'article 9 attribue de plus au vicomtier, les biens vacans, fitués dans les limites de fa juftice, comme auffi les droits de pavés & de chaffes, hoiries & fucceffion de bâtards, qui meurent inteftats, fans laiffer d'héritier légitime. Les coutumes voifines en difent à peu près autant.

Enfin, les articles 6, 8, 11, 13, 19, 48, 49, 51, 54 & fuivans de la coutume d'Artois, affurent au *vicomte* la connoiffance de la plupart des matières de police, telles que les prifes de beftiaux en dégât, les entreprifes faites fur les lieux publics, ou fur les domaines des particuliers, le droit d'afforage & l'infpection des denrées. Mais il faut obferver à ce dernier égard que la coutume réferve aux feigneurs hauts-jufticiers, la punition du crime de fauffe mefure, « fauf au » feigneur vicomtier fon amende de 60 fous, » pour avoir ufé defdites mefures ». Brunel obferve auffi dans fa note marginale, fur *l'art. 6*, que le vin & la bière ne s'afforent plus guère aujourd'hui en Artois, non plus que l'eau-de-vie, dont le prix fe fixe par les fermiers.

Au refte, la juftice vicomtière doit s'exercer par les hommes de fief, & non pas par les hommes cotiers, à la différence de la juftice foncière, fuivant plufieurs articles qu'on vient de citer. Maillart conclut de là que la défaifine & faifine, & la faifie feigneuriale des coteries ou rotures mouvantes de la feigneurie vicomtière, doivent être faites en préfence des hommes de fief, & non des hommes cotiers, qui ne doivent point defervir les plaids de la juftice du *vicomte*, puifqu'il y a des vaffaux pour l'exercer. Mais il paroît plus exact de dire que les hommes de fief doivent faire les actes qui appartiennent privativement à la juftice vicomtière, & les hommes cotiers ceux qui appartiennent à la juftice foncière, que le vicomte peut auffi avoir, lorfqu'il n'y a pas de feigneur foncier au-deffous de lui. Car ces deux fortes de juftice font toujours différentes, quoiqu'elles foient réunies dans la même main. Voyez au furplus *l'article.* HOMME DE FIEF.

Comme il faut trois hommes de fief au moins, pour l'exercice de la jurifdiction vicomtière, l'article 33 de la coutume d'Artois, permet au fei-

gneur vicomtier qui n'en a qu'un, d'en emprunter *à fon fouverain feigneur*, c'eft-à-dire au feigneur duquel il relève, pour faire fes jugemens; *lequel feigneur fouverain eft tenu les lui prêter aux dépens dudit requérant.*

L'article 32 permet même au vaffal, dans ce cas, *de bailler en fief partie de fon domaine & héritage*, afin d'avoir des hommes de fief *pour fervir fa cour & juftice, pour icelle fa juftice maintenir*, fans qu'il foit befoin d'obtenir le confentement du feigneur dominant, ou de lui payer aucun droit feigneurial, à moins que le vaffal ne prît des deniers d'entrée, auquel cas le bail doit être reconnu, à peine de nullité, dans la cour du feigneur fouverain, qui y percevra le droit de quint. Mais le feigneur qui n'a pas *commencement de cour*, c'eft-à-dire au moins un homme de fief, ne peut pas s'en créer par fous-inféodation, fans le confentement de fon feigneur.

§. III. *Des vicomtes de Normandie*. On appelle *vicomtes* en Normandie, les juges de première inftance, qui connoiffent des caufes civiles entre roturiers, pour les fonds roturiers feulement, & dont les jugemens reffortiffent devant les baillis.

Bafnage remarque fur l'article 5 de la coutume, que les *vicomtes* avoient été établis par les comtes, pour connoître des caufes les moins importantes; & c'eft de-là apparemment, dit-il, que procède notre ufage, que *les vicomtes ne connoiffent point des matières criminelles*.

Lorfque les comtes, ajoutent-ils, ceffèrent de faire la fonction de juge, le duc de Normandie « commit des perfonnes aufquelles il bailla fa » juftice, qui furent appellés *baillis*, & l'étendue » de leur détroit *baillie*; & comme ces baillis » fuccédoient aux comtes qui avoient leurs *vicomtes* » ou leurs lieutenans, on conferva ces moindres » officiers qui furent foumis aux baillis, comme » auparavant ils l'étoient aux comtes.

» Dans le titre *de jufticement*, les *vicomtes* de l'an» cienne coutume font fubalternes aux baillis; c'eft » pourquoi ce que Loifeau a dit que les vicomtes en » Normandie font les juges primitifs des villes, » n'eft pas véritable: les baillis ayant la princi» pale autorité ».

Il paroît certain néanmoins que les baillis font d'un établiffement poftérieur à celui des *vicomtes*, & il fe pourroit bien que ces derniers euffent été long-temps les juges ordinaires des comtés de Normandie, quand ces comtés eurent été inféodés. Les fhériffs d'Angleterre, qui ont beaucoup de rapport avec les *vicomtes* de Normandie, & aufquels même qui ont écrit en latin donnent le nom de *vice-comites*, font encore aujourd'hui à la tête du gouvernement & de l'adminiftration de la juftice dans chaque comté. Il paroît que les fonctions des *vicomtes* de Normandie étoient autrefois abfolument les mêmes que les leurs. Ils préfidoient même aux jugemens criminels, qui se rendoient alors par les jurés en Normandie, comme ils se rendent encore en Angleterre : ainsi l'on ne doit pas adopter la conjecture de Basnage à cet égard.

Quoi qu'il en soit, la compétence des *vicomtes* est aujourd'hui réglée par les articles 5, 6, 7, 8, 9, 10 & 11 de la coutume de Normandie. Il en résulte que les *vicomtes* peuvent connoître au civil, « de toutes les actions personnelles, réelles » & mixtes, en possessoire & propriété, ... entre » roturiers & de choses roturières ». Les articles 10 & 11 les autorisent même à informer des crimes, en tenant leurs plaids, pour l'information faite être jugée par le bailli, & à connoître incidemment de tous crimes.

Tel est le droit commun de la coutume de Normandie, sur la compétence des *vicomtes*. Il en résulte que leur jurisdiction diffère peu de celle des prévôts, à l'exception de ce qui est relatif au criminel.

Basnage observe néanmoins, que dans quelques endroits de la province, il y a des prévôts avec les *vicomtes*, comme dans le bailliage de Gisors. François I, dit-il, créa dans les quatre sièges de vicomté du bailliage de Gisors, quatre offices de prévôts, & il leur attribua la connoissance des actions personnelles, mobiliaires & réelles, dans les villes & fauxbourgs de ce bailliage ; on prit pour prétexte de cette création de prévôts, qu'autrefois il y avoit une jurisdiction de prévôts, mais confuse & mal réglée.

Le même auteur observe encore, qu'en quelques autres villes de la province, les maires qui apparemment avoient été institués dès le temps de la première race, furent conservés par les ducs, & se sont maintenus en possession de quelque espèce de jurisdiction, comme à Verneuil Nonancourt, Falaize & Bayeux. Mais, ajoute Basnage, « en ces deux dernières villes, l'office de » maire s'est réuni à celui de *vicomte*, & autrefois » ils étoient les juges des bourgeois ; c'est par » cette raison que dans les lieux où ils subsistent » encore, ils président dans l'hôtel-de-ville.

Au reste, les juges inférieurs, connus sous le nom de *vicomtes*, ont aussi été établis dans quelques pays voisins de la Normandie. On peut consulter sur les fonctions & les droits de ceux du Perche, le procès-verbal de la coutume de cette dernière province, après l'article 28. (M. GARRAN DE COULON, avocat au parlement.)

VICOMTÉ ou VICONTÉ, (Droit féodal.) c'est la seigneurie du vicomte. *Voyez* VICOMTE.

On a aussi donné ce nom aux droits dus aux vicomtes, ou prétendus par eux. *Voyez* le *Glossarium novum* de dom Carpentier, au mot *Vice-comitatus*. (G. D. C.)

VICOMTIER, ou VICONTIER, (Droit féodal.) c'est ce qui est relatif au vicomte ou à la vicomté. Ainsi l'on appelle justice *vicomtière*, en Artois & dans les provinces voisines, la moyenne justice

qui appartient au vicomte. *Voyez* VICOMTE, §. III. (G. D. C.)

VICONTAGE, ou VICONTAIGE. (Droit féodal.) On a ainsi nommé des droits dus aux vicomtes, ou réclamés par eux. *Voyez* du Cange & dom Carpentier, au mot *Vice-comitatus* sous *Vice-comes*, & ce dernier auteur, au mot *Vicontagium*. (G. D. C.)

VICONTAIGE. *Voyez* VICONTAGE.

VICONTE. *Voyez* VICOMTE.

VICONTÉ. *Voyez* VICOMTÉ.

VICONTIER. *Voyez* VICOMTIER.

VIDAME, (Droit féodal.) c'est le propriétaire d'un office inféodé, auquel les seigneurs ecclésiastiques, & principalement les évêques, ont autrefois donné le droit de les représenter dans leurs affaires temporelles.

Ce mot, dont la signification n'a pas toujours été aussi restreinte, est littéralement synonyme de *vice-seigneur*, ou lieutenant du seigneur, *vice-dominus*. *Dam*, ou *dame*, signifioit effectivement *seigneur* dans notre vieux langage, comme on peut le voir dans l'histoire des comtes de Champagne par Pithou & dans les recherches de Pasquier. La loi 157 au digeste *de regulis juris*, dit dans le même sens que les tuteurs & curateurs *vice dominorum sunt*.

Le mot *vidame* a été autrefois employé pour désigner les vice-rois, ou les lieutenans des princes & des seigneurs temporels. Guillaume de Malmesbury dit qu'Odon, évêque de Bayeux & comte de Kent, fut *vidame* (*vice-dominus*) de toute l'Angleterre sous Guillaume-le-bâtard. Un auteur de l'histoire de Trèves, dont l'ouvrage est dans le spicilège de dom Luc d'Achery, *tome 12*, dit que l'archevêque de Trèves, après la mort de l'empereur Henri IV, fut établi *vidame* de la cour royale (*curiæ regiæ vice-dominum*) de l'aveu unanime de tous les princes.

On trouve le même mot employé pour désigner les châtelains de Berghes, & le juge ordinaire de Marseille, duquel on appelloit au gouverneur de la province. *Voyez* VIDOMNE. On s'en est servi aussi dans l'Angleterre au lieu de celui de vicomte. (Du Cange, au mot *Vice-dominus*.)

Le président Hénault dit même, sous l'année 818, que dans ce temps, le titre de vicomte commença « à être connu dans la personne de Cixia- » lane, vicomte de Narbonne, qui jusques-là ne » prenoit que le titre de *vidame*, *vice-dominus* ». Mais le titre de *vicomte* paroît plus ancien, comme on peut le voir sous ce dernier mot.

Quant aux *vidames* des églises, quoique les fonctions en fussent purement temporelles dans l'origine, on entendoit d'abord par-là des ecclésiastiques chargés d'en gérer les affaires. On donnoit assez indifféremment ce nom aux économes de l'église, aux majordomes des évêques & aux celeriers des monastères. On l'a aussi donné à une dignité du chapitre de Cavaillon, qui répond à ce qu'on appelle *prévôt* dans les autres chapitres. Mais on réserva ce titre dans la suite pour les officiers auxquels on donna la furintendance de tout le temporel des évêchés ou des abbayes.

Il eft queftion de ces *vidames* eccléfiaftiques dans l'hiftoire des évêques d'Arles, du Mans, de Strabourg, de Mâcon & des archevêques de Mayence, &c. Anaftafe, le bibliothécaire, parle même des *vidames* de Rome. Ces derniers *vidames* avoient la plus grande autorité. Ils alloient à la fuite des papes qui les prépofoient quelquefois pour ordonner les évêques des autres églifes, & ils avoient un appartement au palais de Latran, pour l'exercice de leurs fonctions. (*Du Cange, ibid.*)

Enfin on voit dans une chartre donnée en 1252 par Nicolas, évêque de Cambray, que le *vidame* de cet évêché appartenoit au chapitre dans toute la châtelenie de Cambray & dans la ville de Thin, que le chapitre avoit en raifon de cet office l'adminiftration du temporel de l'évêché, durant la vacance, avec le gain de tous les meubles que l'évêque laiffoit à fon décès, & tous les fruits appartenans à l'évêché dans les limites fufdites. Dom Carpentier, au mot *Vice-dominus*.

Long-temps auparavant, les devoirs dont les eccléfiaftiques étoient tenus à caufe de leurs fiefs, la néceffité de défendre leurs domaines contre les feigneurs du voifinage dans les révolutions qui accompagnèrent l'établiffement de la feconde race de nos rois, avoient fait inftituer les *vidames* laïques. Dans ces temps de trouble, prefque tous les poffeffeurs de fonds fe recommandoient aux feigneurs les plus puiffans du pays. Les évêques auroient cru déroger à leur caractère, s'ils fe fuffent recommandés comme des gens du fiècle. *Nos epifcopi Deo confecrati,* difoient ces prélats affemblés en 858, *non fumus hujufmodi homines ut ficut feculares in vaffalitico debeamus nos cuilibet commendare.* Cependant l'églife avoit befoin de protecteurs. Elle prit le parti d'en choifir parmi les feigneurs les plus puiffans du voifinage, auxquels elle attribua diverfes prérogatives pour les engager à lui fervir de défenfeurs. Comme ils étoient les repréfentans généraux des prélats, on les qualifia de *vidames. Voyez le mémoire fur la baronie de Picquigny, par M. Henrion de Penfey, p. 104.*

Les fonctions de ces *vidames* laïques confiftoient principalement à mener les vaffaux de l'évêque à l'armée, & à les commander dans les combats, lorfqu'il falloit les y envoyer à la femonce du roi, du duc, ou du comte, à faire la guerre pour les évêques même, lorfqu'ils la foutenoient contre des feigneurs particuliers, & à rendre la juftice aux vaffaux de l'églife.

Quelques *vidames* ont de plus réclamé le droit de garder le palais épifcopal durant la vacance de l'évêché, afin d'empêcher le pillage des meubles & des effets, dont les comtes, les ducs & les rois même étoient dans l'ufage de s'emparer. Du Cange cite une lettre de Richard, évêque d'Amiens, où ce prélat demande à Philippe-Auguste la confirmation d'un pareil droit pour fon *vidame*, qui en

avoit, dit-il, joui fous le roi Louis-le-Jeune, fon père. *Voyez* GARDE DES EGLISES & RÉGALE.

Les abbayes avoient auffi leurs *vidames*. Il eft queftion dans plufieurs titres & dans l'hiftoire, de ceux des abbayes de S. Denis, de S. Maur des Foffez, de S. Anftragéfile de Poitiers. Les comtes du Vexin n'avoient pas dédaigné d'être les *vidames* de S. Denis, & c'étoit en cette qualité qu'ils portoient l'oriflamme.

Enfin il eft fait mention des *vidames* des abbayes de filles dans les capitulaires de Charlemagne, & l'on peut croire même que ces abbayes ont été les premières à avoir des *vidames* laïques, par l'impoffibilité où elles étoient de faire perfonnellement le fervice des fiefs. Un de ces capitulaires qui eft au titre 28 du liv. 2, fuppofe du moins que toutes les abbeffes étoient obligées d'en avoir, puifqu'il leur ordonne de les envoyer à leur place, aux affemblées du mois de mai.

Comme ces offices de *vidames* n'étoient pas moins lucratifs qu'importans, à caufe des droits qui y étoient attachés, on fe mit fur le pied de les acheter, & le pape Innocent III, qui vivoit dans le treizième fiècle, déclara coupables de fymonie, ceux qui feroient ce commerce. On peut voir fa décifion au chap. 38 des décrétales de Grégoire IX, titre *de fimoniâ.*

Les fonctions des avoués & des *vidames* avoient les plus grands rapports, quoiqu'on trouve d'anciennes pièces où ces deux offices font diftingués. Il paroît que l'on qualifioit plus communément de *vidames*, des feigneurs puiffans auxquels on confioit le gouvernement de tout le temporel d'une églife, & qu'on nommoit *avoués* des adminiftrateurs d'un ordre inférieur auxquels on confioit le foin d'un domaine particulier de l'églife. Il eft très-commun de voir plufieurs avoués à la même églife, felon qu'elle avoit des domaines fitués en différens lieux. Mais cette règle n'eft pas fans exception. Des feigneurs très-confidérables, & même des grands vaffaux de la couronne s'honorèrent de la qualité d'avoués de certaines églifes. Les comtes de Vexin fe qualifioient indifféremment de *vidames* ou d'avoués de l'abbaye de S. Denis, & du Cange cite une chartre tirée de l'abbaye de Bourgueil, où Goffelin, archevêque de Bordeaux, qualifie Simon, fon frère, de *vidame* du château de Parthenay feulement, *Simon frater, Parthniacenfis caftri vice-dominus.*

Refte à favoir fi le château de Parthenay appartenoit à l'archevêché de Bordeaux.

Quoi qu'il en foit, la plupart des *vidames* avoient des revenus très-confidérables, qui confiftoient, comme ceux des vicomtes, dans des domaines & dans divers droits, fouvent indivis, avec ceux de l'évêque. Le *vidame* étoit d'ailleurs le chancelier né de l'évêque, & comme tel, gardien perpétuel de fon anneau; c'étoit par la délivrance de cet anneau que fe faifoit l'inveftiture de celui de Châlons. *Voyez* VIDAMESSE.

Les *vidames* avoient d'ailleurs la mouvance de plufieurs

plusieurs vassaux & la préséance sur tous ceux de l'évêque, & même sur ses grands officiers, si l'évêque en avoit, à cause du duché ou du comté, attaché à son siège.

On peut voir des détails à ce sujet dans Brussel; il en résulte qu'il y avoit le plus grand rapport à cet égard entre les *vidames* & les *vicomtes*. Cet auteur observe néanmoins qu'il y avoit une vicomté à Reims, quoique l'archevêque de cette ville eût aussi un *vidame*, & que cette vicomté avoit été réunie à l'archevêché de cette ville, comme il résulte du compte de la régale de cet archevêché, rendu au terme de l'Ascension 1265. Mais il se pourroit qu'on eût qualifié de vicomté dans ce compte la prévôté de l'archevêque, comme cela est arrivé quelquefois.

Brussel a fort bien prouvé d'ailleurs que la différence qu'il pouvoit y avoir entre les vicomtes & les *vidames*, étoit presque toute à l'avantage des *vidames*; parce que l'incapacité des évêques pour accomplir les fonctions dont ils étoient tenus à cause de leur seigneurie, les avoit obligés d'abandonner entièrement ces fonctions à leurs *vidames*.

Cet auteur rapporte à cette occasion diverses prérogatives des *vidames* sur les vicomtes. Il les établit principalement sur une déclaration du temporel de l'évêché de Châlons & sur la notice des droits de la vicomté de la Ferté-sur-Aube, de 1199, dont on a parlé au mot VICOMTE.

Il paroît néanmoins que les vicomtes avoient dans certains comtés quelques-unes des prérogatives que Brussel attribue ici exclusivement aux *vidames* (tels que le droit d'avoir un juge-particulier pour leurs sujets, &c.) & il se pourroit bien que tous les *vidames* ne les eussent pas eues également.

Loiseau remarque aussi que les *vidames* ont les mêmes droits que les vicomtes, « si ce n'est, dit-il, » qu'ils ont la haute-justice à plus juste titre que » les vicomtes, qui ne l'ont eue que par usurpa- » tion, au lieu que les *vidames* l'ont eue de leur pro- » pre droit de leur office, pour ce que les évêques » ne la pouvant exercer en propre personne, à » cause de leur cléricature, étoient forcés la com- » mettre aux *vidames* d'où s'ensuit que les » *vidames* sont au rang des médiocres seigneurs, puis- » qu'ils relèvent des évêques qui, au premier cha- » pitre des fiefs, sont mis entre les vassaux immédiats » de la couronne ». (*Des seigneuries*, chap. 7, n. 31.)

Mais quelque légitime qu'ait pu être l'autorité des *vidames* dans leur origine, il faut avouer qu'ils ne l'ont pas toujours contenue dans les bornes de la justice : nos livres sont remplis de plaintes des évêques qu'ils dépouilloient souvent au lieu de les défendre. D'autres fois les évêques & eux se réunissoient pour accabler le peuple des villes épiscopales d'exactions arbitraires.

C'est à la qualité de *vidame*, ou avoué, qu'avoit saint Yves, que doit s'appliquer cette réflexion : *advocatus & non latro res miranda!* parce que ces avoués étoient souvent infidèles.

Adam de Brême se récrie de la manière la plus

Jurisprudence. Tome VIII.

vive, au chap. 183, sur les rapines des *vidames* de Châlons, tant contre les habitans de cette ville, que contre les marchands forains. *Voyez* aussi dans Brussel une chartre de Philippe-Auguste, de 1185, sur les exactions de l'évêque & du *vidame* de Laon.

Ces vidamies d'évêché sont les seules qu'on connoisse aujourd'hui, soit que la plupart de celles des abbayes n'aient pas été inféodées, & que le petit nombre de celles qui l'avoient été, aient été depuis réunies, ou à l'abbaye même, ou à la couronne, avec la seigneurie à laquelle elles avoient été attachées, comme cela est arrivé pour la vidamie de S. Denis, qui dépendoit du comté du Vexin, soit qu'on ait restreint encore plus particulièrement dans la suite de *vidame* aux administrateurs des évêchés, en appellant avoués tous ceux des abbayes.

Du Cange nomme dix évêchés ou archevêchés en France qui ont eu des *vidames* laïques; ceux d'Amiens, de Beauvais, de Chartres, de Rouen, de Senlis, de Reims, du Mans, de Cambrai & de Laon : Brussel y en ajoute trois autres; ceux de Châlons, de Meaux & de Sens.

Les fonctions de ces officiers sont à-peu-près réduites à rien aujourd'hui, & les droits de chacun d'eux sont réglés par leurs titres & par la possession. Leur dignité, en quelque sorte étrangère à l'ordre féodal, dépend principalement des terres & des seigneuries qui composent le domaine de leurs vidamies. Mais, comme ces offices ont souvent été réunis à des seigneuries puissantes, il n'est pas toujours facile de distinguer ce qui provient de l'évêché, ou de la seigneurie à laquelle le *vidamé* a été uni. C'est par suite de cette union, que plusieurs *vidames* portent encore aujourd'hui le titre de leur seigneurie, au lieu du titre de l'évêché. Ainsi l'on appelle celui de Rouen *vidame* d'Esneval, celui d'Amiens, *vidame* de Piquigny, & celui de Beauvais, *vidame* de Gerberoy. Ce dernier vidamé a été réuni à l'évêché.

Les coutumes de Reims & d'Amiens sont, à ce que l'on croit, les seules qui parlent des *vidames*; encore n'en disent-elles que fort peu de chose.

L'art. 351 de celle de Reims porte qu'on ne peut bâtir de saillies sur la rue sans en avoir obtenu la permission des seigneurs des lieux. « C'est à sa- » voir, y est-il dit, en ban & justice de l'arche- » vêque de Reims, du bailli, échevins & vi- » dame dudit Reims, de chacun desquels faut » obtenir ladite permission ».

L'art. 17 de la coutume locale d'Amiens attribue à l'évêque & au *vidame* une partie des amendes que la ville perçoit dans divers cas énoncés dans les articles précédens.

L'art. 192 de la coutume générale du même lieu exempte les gens d'église & les nobles de toutes tailles, subsides, aides, impositions, passages, travers, péages & pontenages tant par eau que par terre. Mais l'on voit dans le procès-verbal sur cet article, que le procureur du *vidame* d'Amiens y forma opposition, en persistant dans celle que ses

G g

prédécesseurs avoient faite, pour le même sujet lors de la première rédaction des coutumes d'Amiens en 1507, « & qu'il soutint avoir droit de » prendre, à cause du pont de Picquigny, droit » de péage & pontenage, & à cause de sa terre » de Dours, droit de bacq, sur toutes personnes » de quelque qualité qu'elles soient, excepté les » princes du sang, & ceux qui portent les fleurs de » lys en leurs armes ».

Les commissaires ordonnèrent que le *vidame* feroit statuer sur son opposition dans six mois, faute de quoi l'article 192 passeroit purement & simplement. Dufresne dit sur cet article qu'il ne sait pas « si depuis il y a eu quelque règlement ou » arrêt, mais que la vérité est que lesdits droits se » lèvent tant audit pont de Picquigny, qu'audit » bac de Dours. (*M. GARRAN DE COULON, avocat au parlement.*)

VIDAMÉ, ou VIDAMIE, (*Droit féodal.*) c'est l'office ou la seigneurie d'un vidame. *Voyez* VIDAME. (*G. D. C.*)

VIDAMESSE, (*Droit féodal.*) ce mot est le féminin de *vidame*. Il désigne non-seulement la femme d'un vidame, mais aussi celle qui est de son chef propriétaire d'un vidamé. Galland cite dans son traité du franc-aleu, *pag. 335*, un dénombrement du vidamé de Châlons, où il est dit : « que » toutes les fois que le vidame, ou *vidamesse*, » reprend audit révérend père (l'évêque), il le » doit refaisir par son anel, lequel anel est & de- » meure audit vidame ou *vidamesse*, toutes les fois » qu'il y a nouvel évêque ».

Il résulte de-là que, quoique l'une des fonctions primitives des vidames fût de remplacer les prélats à l'armée, où leur état ne leur permettoit guère de se trouver personnellement, ces sortes d'offices inféodés sont devenus héréditaires pour les filles même, comme la plupart des autres fiefs. (*G. D. C.*)

VIDAMETÉ. (*Droit féodal.*) Dom Carpentier dit au mot *Vice-dominium* de son *glossarium novum*, mais sans citer aucun garant, qu'on a autrefois nommé *vidameté* l'office du vidame. *Voyez* VIDAMÉ & VIDAME. (*G. D. C.*)

VIDAMIE. *Voyez* VIDAMÉ.

VIDEMAIN, ou VUIDEMAIN, (*Droit féodal.*) On nomme ainsi, dans la province de Bourgogne, le droit qu'a le seigneur de main-morte d'exiger que l'acquéreur d'un héritage qui y est sujet, le mette en main habile, c'est-à-dire, dans la main d'un homme de la seigneurie, si cet acquéreur n'y est pas lui-même domicilié.

Ce droit est une suite, & l'on pourroit peut-être même dire un adoucissement de l'art. 96 de la coutume de Bourgogne. « L'homme de main-morte, » y est-il dit, peut vendre & aliéner son héritage, » assis au lieu de main-morte, aux gens de la sei- » gneurie & condition dont il est, & ne le peut » vendre à homme de franche condition, ne d'autre » seigneurie, se ce n'est du consentement du sei-

» gneur de la main-morte. Et n'entend-on point » préjudicier à ceux qui ont ès lieux particuliers, » parcours ou usance ».

Suivant la lettre de cet article, l'aliénation faite à l'étranger sembleroit devoir être nulle ; mais il est constant que le seigneur peut seulement agir contre l'acquéreur pour le faire condamner à mettre les héritages en main habile, dans l'an & jour de la condamnation. *Voyez* les articles 294 & 295 des cahiers pour la réformation.

Lors même que l'homme franc ne met pas l'héritage en main habile dans l'an & jour, le seigneur ne peut pas, pour cela, se l'approprier ; il a seulement le droit de le saisir & de faire les fruits siens, sous la condition de délaisser l'héritage au mainmortable que l'acquéreur condamné au vuidemain lui présentera dans les dix années. Ce n'est qu'après les dix ans passés que l'héritage est acquis au seigneur ; mais les dix ans courent contre les mineurs & les autres privilégiés, sans espérance de restitution. C'est du moins la décision de Bannelier, qui la fonde sur la nature particulière des prescriptions statutaires. Mais le principe que ces sortes de prescriptions courent contre les mineurs & les privilégiés, n'est pas sans difficulté, lorsque la coutume ne s'en est pas expliquée.

Quoi qu'il en soit, quelques auteurs, tels que Taisand & Bretagne, ont cru qu'après l'an & jour de la condamnation, l'héritage étoit immédiatement acquis au seigneur. On cite même deux arrêts de 1613, (ou 1617) & de 1703, qui l'ont ainsi jugé. Mais cette décision ne peut être suivie que lorsque le terrier porte expressément la commise après l'an & jour. Cette circonstance se rencontroit dans l'espèce de l'arrêt de 1703, & il y a lieu de croire qu'il en étoit de même du précédent. On peut invoquer pour cette opinion l'arrêt de 1725, dont on parlera bientôt.

Le droit de vuidemain est pour le seigneur une faculté imprescriptible ; elle a lieu contre tout possesseur qui n'est pas de la main-morte où le bien est situé, soit que ce possesseur soit franc, ou main-mortable d'un autre seigneur. Il faudroit adopter cette décision, quand même le possesseur auroit acquis par décret, & que ce décret auroit été suivi d'une possession de plus de 30 ans. La coutume elle-même, dans l'art. 82, qui est le premier du titre 8, veut que le prince, (*le duc de Bourgogne*) mette hors de ses mains les héritages de la main-morte, lorsqu'il y succède par bâtardise, dans l'an & jour après le trépas du bâtard.

Ces maximes ont été affermies par un arrêt du 27 février 1725, rendu entre M. le comte de Pont, seigneur de Verdun, & Anne Millotet, veuve de M. le comte de Gissey : cette dame tenoit dans le finage des Bordes, & dans la main-morte de M. de Pont & Verdun, des fonds acquis par décret en 1599 ; elle prétendoit qu'à la faveur du décret, précédé d'une possession immémoriale, dont elle offroit la preuve, elle étoit à convert du vuide-main. L'arrêt condamna ces exceptions : mais le délai de dix ans lui fut accordé. L'arrêt ordonne « qu'elle sera tenue de mettre en main habile, » dans l'an & jour de la signification de l'arrêt, » à personne ou domicile, &c.... & sans qu'il » soit besoin d'autre ; faute d'y satisfaire, & ledit » temps passé, a permis & permet audit de Pont » de se mettre en possession desdits héritages, & en » faire les fruits siens, &c..... sauf à ladite » Millotet de faire retirer lesdits héritages des » mains dudit, &c. dans les dix ans du jour à » elle donné, en exécutant les jugemens contre » elle rendus ; sinon, ledit temps passé, ledit de » Pont en pourra disposer comme de son propre, » sans qu'il soit besoin d'autre arrêt ».

On tient néanmoins que lorsque le seigneur a reçu les lods de l'acquéreur, il est non-recevable à agir contre lui en vuidemain. Cette question, qui a été fort controversée autrefois, ne paroît plus faire de difficultés aujourd'hui. La réception des lods est une approbation formelle de l'acquisition.

On cite à la vérité un arrêt de 1585, qui a condamné cumulativement un acquéreur au paiement des lods & au vuide main, sous prétexte que la vente faite à l'étranger n'étoit pas nulle, puisque l'acquéreur gagne les fruits jusqu'après l'an & jour de la condamnation. Mais on pense unanimement aujourd'hui, que la vente est nulle relativement au seigneur seul, & que l'acquéreur fait les fruits siens, comme possesseur de bonne-foi.

Autre chose seroit si c'étoit le fermier du seigneur qui eût reçu les lods : cette réception n'opéreroit pas de fin de non-recevoir, à moins qu'il n'y eût dans le bail une clause portant cession du droit de vuidemain. Il ne suffiroit pas que les lods eussent été compris dans le bail avec les revenus. Voyez la note 23 de Bannelier, sur le traité des main-mortes de Davot.

Au reste, le droit de vuidemain n'a pas lieu dans la Bresse, il y seroit sans objet, parce que l'homme franc qui y possède des fonds taillables, c'est-à-dire main-mortables, n'y fait pas moins échute pour ces fonds-là, que le taillable de corps, & la fait dans les mêmes cas, dans les mêmes circonstances.

Il faut en excepter la Bresse Châlonoise, où l'on suit la coutume de Bourgogne pour les main-mortes. Le vuidemain y a lieu, nonobstant un arrêt de 1712, qui n'a pas laissé d'être objecté depuis, en deux ou trois occasions ; mais on en est toujours revenu à la règle que M. le président Bouhier a remise sous les yeux. (G. D. C.)

VIDIMER, v. act. ancien terme de pratique, que l'on disoit pour collationner la copie d'un acte à son original. Ce terme vient de ces mots, vidimus certas litteras, que l'on mettoit sur les copies collationnées. Voyez VIDIMUS. (A)

VIDIMUS, s. m. terme latin, consacré dans l'ancien usage pour exprimer un transcrit ou copie de pièce que l'on faisoit pour suppléer l'original, en faisant mention en tête de ce transcrit, que l'on en avoit vu l'original, dont la teneur étoit telle que la copie qui étoit après transcrite.

On appelloit ces transcrits ou copies des vidimus, parce qu'ils commençoient par ces mots, vidimus certas litteras quarum tenor sequitur.

Ces vidimus faisoient la même foi lorsqu'ils étoient scellés : nous avons plusieurs anciennes ordonnances qui le déclarent expressément.

L'usage de cette locution vidimus n'est pas bien constant, ni bien uniforme avant le quatorzième siècle.

Quelques-uns de ces vidimus étoient en françois, d'autres en latin ; la forme de ce dernier varioit au commencement ; on mettoit quelquefois inspeximus, ou bien notum facimus nos vidisse litteras ; on se fixa enfin à cette forme ordinaire, vidimus certas litteras, &c.

On trouve dans le recueil des ordonnances de la troisième race, tome I, pag. 20, un vidimus donné par Philippe-le-Long en 1200, sur un autre vidimus de Philippe le Bel de l'an 1296 : celui-ci commençoit par ces mots, Philippus, &c. notum facimus nos vidisse, tenuisse & intellexisse quoddam instrumentum, &c.

Le roi n'étoit pas le seul qui donnât des vidimus ; les princes & grands du royaume & les autres personnes publiques en donnoient pareillement chacun en ce qui les concernoit ; le prévôt de Paris mettoit son vidimus aux expéditions des lettres royaux qui étoient enregistrées au registre des bannières, & le vidimus avoit le même effet qu'aujourd'hui la collation des secrétaires du roi. On ne voit point que les actes de la jurisdiction fussent sujets au vidimus. Voyez le gloss. de du Cange, le recueil des ordonnances de la troisième race, Imbert, Joly, & le mot COPIE COLLATIONNÉE. (A)

VIDOMNAT. Voyez VIDOMNE.

VIDOMNE, & VIDOMNAT. (Droit féodal.) Les additionnaires de du Cange, au mot Vice-dognatus disent que le premier de ces mots est synonyme de vidame & le second de vidamé ; qu'ils sont usités dans le pays de Genevois ; & qu'on a dit également en latin-barbare vice-dognatus, vice-domnatus ou vice-dompnatus, pour vice-dominatus, vice-domini munus, dignitas, officium. Mais cela ne peut être vrai qu'en prenant le mot de vidame dans son sens littéral, pour le représentant d'un seigneur en général. On a vu, sous ce mot, qu'on n'entend plus aujourd'hui par-là que le propriétaire d'un office inféodé qui étoit originairement chargé du soin du temporel d'un évêché. Le vidomne au contraire, suivant tous les texes cités par les additionnaires de du Cange, n'est rien autre chose qu'un vehier ou viguier, c'est-à-dire, le lieutenant d'un seigneur, soit laïque, soit ecclésiastique.

Ces véheries ou vidomnats, à la différence des vidames, n'ont guère été connus que dans le Dauphiné, la Savoie & les pays voifins, comme on peut le voir dans l'hiftoire de Dauphiné par Valbonnais. Cet auteur dit que la véhérie de Domene eft comprife dans l'hommage rendu par Pierre, fils de Rodolphe de S. Jeoir, au comte de Genève en 1353, pour les fiefs qu'il tenoit de lui; il y eft dit : *officium fuum veheriæ, feu vice-dognatus Domenæ, unâ cum omnibus juribus & utilitatibus fuis*; & Valbonnais a foin d'obferver que *veheria & vice-dognatus*, autrement *vice-dominatus*, font fynonymes. (*G. D. C.*)

VIDUITÉ, f. f. *en droit*, fignifie l'état de veuvage, c'eft-à-dire l'état d'une perfonne qui ayant été mariée, & ayant perdu fon conjoint, n'a point encore paffé à un autre mariage.

La condition de demeurer en *viduité* peut être impofée à quelqu'un par celui qui fait une libéralité; mais elle n'empêche pas abfolument celui à qui elle eft impofée de fe remarier, il eft feulement déchu en ce cas des avantages qui ne lui étoient faits que fous la condition de demeurer en *viduité*.

Année de viduité fe prend quelquefois pour l'an du deuil que les femmes font obligées de garder après la mort de leurs maris, fous peine d'être déchues des avantages qu'ils leur ont faits. *Voyez* DEUIL, NOCES, SECONDES NOCES.

On entend auffi par *année* ou *droit de viduité*, en pays de droit écrit, un droit établi en faveur de la femme furvivante, qui confifte en une certaine fomme d'argent qu'on lui adjuge, tant pour les intérêts de fa dot mobiliaire, que pour les alimens qui lui font dus, aux dépens de la fucceffion de fon mari, pendant l'année du deuil. Ce droit n'eft pas proprement une libéralité du mari, mais une créance de la femme, & fur ce fondement il ne doit pas être affujetti au retranchement de l'édit des fecondes noces.

Lorfque la femme n'a apporté aucune dot, le droit de *viduité* ne lui eft pas moins dû, parce qu'il eft accordé non-feulement par forme de compenfation des intérêts de fa dot, mais encore pour lui tenir lieu des alimens qui lui font dus, aux dépens de la fucceffion de fon mari, pendant l'année de fon deuil. Graverol cité même un arrêt du parlement de Touloufe, du 21 juillet 1677, qui juge que la veuve peut demander fon deuil & fon droit de *viduité*, quoique l'héritier du mari lui ait rendu fa dot.

Dans la coutume de Normandie, il y a une autre forte de droit de *viduité*, qui eft particulier à cette province; il confifte en ce que, fuivant l'article 382 de cette coutume, le mari ayant un enfant né vif de fa femme, jouit par ufufruit, tant qu'il fe tient en *viduité*, de tout le revenu qui appartenoit à fa femme lors de fon décès, encore que l'enfant foit mort avant la diffolution du mariage; mais fi le père fe remarie, il ne jouit que du tiers du revenu de fa femme décédée.

Cette difpofition de la coutume eft un ftatut réel, qui ne peut s'appliquer qu'aux immeubles

qu'elle régit. Ce droit appartient au mari, nonfeulement au préjudice des enfans de fa femme, fi elle en a d'un autre mariage, mais encore des feigneurs féodaux auxquels pourroient appartenir fes héritages, foit à caufe de confifcation, ligne éteinte ou réverfion, foit à droit de garde des enfans, ou héritiers mineurs de la femme. D'un autre côté, le mari eft tenu nourrir, entretenir, & faire inftruire les enfans de fa femme, à moins qu'ils n'aient d'ailleurs des biens fuffifans, & même de contribuer au mariage des filles, conformément à ce que le juge aura arbitré, d'après l'avis des parens, eu égard à la valeur de la fucceffion, & au nombre des enfans : mais il peut fe rédimer de toutes ces charges, en abandonnant aux enfans le tiers du revenu de la fucceffion de leur mère.

VIE, f. f. *en droit*, on diftingue la *vie* en *vie naturelle* & *vie civile*.

On entend par *vie naturelle* le cours de la *vie* felon la nature.

La *vie civile* eft l'état que tient dans l'ordre politique, celui qui n'en eft pas déchu par quelque changement arrivé dans fa perfonne : ce changement arrive ou par ingreffion en religion, ou par quelque peine qui emporte mort civile. C'eft en conféquence de la *vie civile*, que le citoyen jouit des droits qui font émanés de la loi, & dont ceffe de jouir celui qui eft mort civilement. *Voyez* CITÉ, MORT, PROFESSION RELIGIEUSE. (*A*)

VIENAGE, (*Droit féodal.*) c'eft un droit qu'on payoit aux feigneurs pour la fûreté des grands chemins. *Voyez* WIENAGE. (*G. D. C.*)

VIENTRAGE, (*Droit féodal.*) L'article 125 de la coutume de Senlis, porte que le feigneur has-jufticier « peut prendre forage, rouage, *vientrage* de vins & autres, breuvage & amendes, » qui en dépendent, où en fa terre il a ce droit ».

Ragueau s'eft contenté de dire que le *vientrage* eft un droit fur les vins & autres breuvages vendus, fans expliquer ce mot davantage. « Le » terrier de l'Isle-Adam (dit M. Galand, dans » le gloffaire du droit François,) l'interprète » *vientrage & traifnage*, qui eft tel que de chaque » pièce que le tavernier vend en gros à l'ha-» bitant ou à autre, & qui n'eft chargée fur » charrette ou charriot, ains eft roulée & traînée » fur un *traîneau* de maifon à autre, l'acheteur » doit un denier tournois. Celui qui a mis des » apoftilles fur le coutumier général, ne s'eft pas » attaché, comme il lui eft ordinaire, aux notes » de Ragueau, & fans titre ou auteur, il dit fur » l'art. 105 de la coutume de Senlis, que c'eft » un droit pour l'entrée du vin en la terre du » feigneur ».

M. Pihan de la Foreft dit auffi, dans les notes élémentaires qu'il a jointes à l'*Efprit des coutumes du bailliage de Senlis*, que « *vientrage* eft un droit de » même efpèce (que ceux de forage & rouage,)

» dû à l'entrée des vins & autres boissons amenées
» dans la seigneurie, pour y être consommées ».

Il y a lieu de croire qu'il faut lire dans la coutume de Senlis *vieutrage* au lieu de *vientrage*, & qu'on doit entendre par-là un droit dû pour le *voiturage* des vins dans les caves de la ville. C'est ce qui paroît résulter de plusieurs textes cités par dom Carpentier aux mots *Vecticare* & *Vineragium* de son *glossarium novum*.

Une chartre de l'an 1408, dit d'abord : « &
» quand ledit port, ils (*les vins*) sont *vieutrez* &
» transportez, mis & hebergiez en maisons ou
» celliers, &c. »

Le registre coté *Bel* de la chambre des comptes de Paris, porte au f°. 121 v°. « *Item*, le *vieus-* » *trage*, carrage & roage de Jarroy ».

Une autre chartre de l'an 1311, tirée du cartulaire de Royal-lieu, part. 1, chap. 3, porte encore : « forages, roages, *Vieutraiges*, tonneliou. »

Enfin, dom Carpentier dit qu'on a appelé *Viautre* le collecteur du droit de *vieutrage*. Il donne en preuve les deux vers suivans, d'un poëme manuscrit, sur les miracles de la vierge :

> *Mais tuit d'ampré seront li autre,*
> *Li malwaignon, li felon Viautre.*

On pourroit soutenir néanmoins que le nom de *vientrage* dérive de celui de *vin*, & qu'il désigne simplement un droit sur cette espèce de boisson. Le même glossaire de dom Carpentier observe au mot *Vineragium* qu'on trouve *viutragium*, pour ce dernier mot dans une chartre de Philippe-le-Bel. *Voyez* VIGNAGE. (*G. D. C.*)

VIERSCHAERE, f. m. *terme flamand* qui se prononce comme *virscare*, en prolongeant un peu l'*i* & l'*a*, & en faisant siffler l'*s* comme on le fait en latin. Il signifie proprement *tribunal* ou *chambre de justice*; mais dans l'usage, il ne désigne que les justices seigneuriales qui sont restées dans la main du roi.

La constitution de ces justices est clairement tracée dans le préambule d'un édit du mois de juin 1774, portant suppression de celles du ressort de la cour féodale de Cassel. Voici comme il est conçu :

LOUIS; par la grace de Dieu, *&c.* Par le compté que nous sommes fait rendre de la composition actuelle du siège qui est établi en notre ville de Cassel, nous avons été instruits que des cinquante-cinq villages qui forment son territoire, il y en a vingt-sept connus sous le nom de *vierschaeres*, c'est-à-dire, dans lesquels la justice s'administre en notre nom; que ces *vierschaeres* sont divisés en sept tribunaux, dans chacun desquels il y a un bailli, des échevins & un greffier, qui sont nommés par le grand-bailli & les officiers de notre cour de Cassel, & qui y exercent la justice civile; que ces tribunaux sont renouvellés communément tous les deux ans; que les appels des jugemens

qui s'y rendent se portent à la cour de Cassel, ensuite en notre présidial de Bailleul, & enfin en notre conseil supérieur de Douai (alors subrogé au parlement de Flandres); ce qui, dans l'état actuel des choses, forme quatre degrés de juridiction à essuyer dans les matières civiles, pour les justiciables de ces *vierschaeres*. Nous sommes informés que de la singularité de cet établissement, il résulte les plus grands inconvéniens, & notamment que la justice y est fort mal administrée, parce que ces tribunaux sont toujours très mal composés. Nous sommes informés pareillement que cet établissement, contre lequel on réclame depuis bien des années, ne s'est soutenu jusqu'à présent en quelque sorte, que par le crédit & l'autorité des grands-baillis de notre cour de Cassel, seuls intéressés à sa conservation; ce qui nous détermine à supprimer ce dernier office en même temps que cet établissement, & à ordonner qu'à l'avenir la justice sera rendue en première instance aux justiciables de ces *vierschaeres*, par les officiers du siège établi en notre ville de Cassel, à la charge de l'appel en notre présidial de Bailleul. Nous procurerons par ce moyen à nos sujets justiciables de ces *vierschaeres*, outre l'avantage de la suppression d'un degré de juridiction, celui d'être jugés par des juges plus éclairés, & de l'être à moins de frais. Il nous a semblé d'ailleurs convenable que le siège de Cassel, qui a la connoissance des matières criminelles dans toute l'étendue de ces *vierschaeres*, y eût aussi celle des matières civiles. A ces causes, *&c.*

Cet édit a été enregistré à Douai le 28 juin 1774. Mais par un autre édit du mois de décembre 1776, le roi a rétabli la jurisdiction des *vierschaeres* dans la ville d'Harebrouck, & en a ordonné la réunion au corps municipal. Le motif de ce rétablissement a été fondé sur le grand nombre des habitans de cette ville, & qu'ils n'étoient pas assujettis à un plus grand nombre de degrés de jurisdiction, puisque le même édit ordonne qu'elle ressortira directement au bailliage & siège présidial de Bailleul.

Il existe encore des *vierschaeres* dans les autres parties de la Flandre flamande. On en trouve même plus d'un dans une des principales villes d'Artois, Saint-Omer; & ce qu'il y a de singulier, c'est que les officiers qui le composent sont nommés par les juges municipaux de la ville, & ressortissent devant ceux-ci; c'est ce que porte l'article 5 de l'ancienne coutume de Saint-Omer : *les échevins du siège des* vierschaeres *de ladite ville, qui sont créés par lesdits mayeurs & échevins, sont appellables, réformables, & ressortissent les appellations d'eux écrites pardevant lesdits mayeurs & échevins de Saint Omer.*

Lorsqu'on procéda en 1739 à la réformation de cette coutume, les échevins ne manquèrent pas de présenter l'article que l'on vient de transcrire, & de demander qu'il fût inséré dans le nouveau cahier. Le procureur du roi du bailliage s'y opposa, & après une longue contestation rappellée dans le procès-verbal tenu sur les lieux par M. Severt, confeiller en la grand'chambre du parlement de Paris, il intervint une ordonnance de ce magistrat, qui donna acte au procureur du roi de son opposition, renvoya les parties en la cour pour y être fait droit, & cependant ordonna *par provision que lesdits mayeurs & échevins continueroient de nommer les échevins du siège des* vierschaeres, *& de connoître par appel des jugemens par eux rendus.*

VIEUSTRAGE. *Voyez* VIEUTRAGE *&* VIENTRAGE.

VIEUTRAGE, VIEUTRAIGE, *&* VIEUSTRAGE, (*Droit féodal.*) c'est un droit dû au seigneur basjusticier dans la coutume de Senlis, pour les vins qu'on voiture dans les caves ou celliers. *Voyez* VIENTRAGE. (G. D. C.)

VIEUTRAIGE. *Voyez* VIEUTRAGE.

VIEUTRER, c'est-à-dire voiturer. *Voyez* VIENTRAGE *&* VIEUTRAGE. (G. D. C.)

VIF-GAGE, f. m. (*terme de Pratique*) est un contrat pignoratif où le gage s'acquitte de ses issues; c'est-à-dire, où la valeur des fruits est imputée sur le fort principal de la somme, pour sûreté de laquelle le gage a été donné. Le *vif-gage* est opposé au *mort-gage. Voyez* ANTICHRESE, CONTRAT PIGNORATIF, GAGE.

VIGERIE, (*Droit féodal.*) ce mot, dit M. Chabrol, est usité en Auvergne, pour désigner différens droits appartenans aux seigneurs. En certains lieux de cette province, comme à Durette près Chomelis, on nomme ainsi le droit prétendu par les seigneurs de planter des arbres dans les communaux sur les bords des ruisseaux; ailleurs c'est le droit de prélever une certaine quantité de gerbes pour la dixme. Dans quelques terres de Combrailles, le droit de *vigerie* consiste en une prestation que par les boulangers & les cabaretiers qui vendent du pain & du vin aux foires ou fêtes. Selon l'idiôme ordinaire du bas-pays d'Auvergne, une *vigerie* est un lieu planté en osier. La vraie signification de cet ancien terme, est jurisdiction *voyère*, ou jurisdiction du viguier; on disoit *vigerius*, seigneur voyer & jurisdictio *vicarii. Voyez* le commentaire sur la coutume d'Auvergne, *chap.* 25, *art.* 22. (G. D. C.)

VIGNAGE. (*Droit féodal.*) Ce mot se trouve dans *la somme rurale, liv.* 2, *tit.* 15, au chapitre *du fisque selon droit écrit.* Il y est dit « qu'au fisque de » seigneur.... appartiennent les deniers provenant » des passages, *vignages* & amendes seigneuriaux, » comme profits de vente », &c.

Ni Bouteiller, ni son annotateur, n'ont interprété ce mot. Mais Ragueau, dans le glossaire du droit françois, dit « que le *vignage* est un droit que le » seigneur prend sur les marchandises & bestail » passant pays, comme le treu, le péage, & droit » de pontenage ». *Voyez* VIENTRAGE. (G. D. C.)

VILAIN, ou VILLAIN, (*Droit féodal.*) Ce mot,

dans notre droit, est employé du moins dans deux sens différens.

1°, La coutume de la Marche, *art.* 151 ou 153, suivant les éditions, l'emploie pour désigner l'homme serf ou mortaillable. Il y est dit : « qu'entre » hommes tenans héritages serfs ou mortaillables, » le chanteau part le *villain*, c'est-à-dire, que » quand deux ou plusieurs desdits hommes, parens ou autres qui paravant étoient communs, » font pain séparé par manière de déclaration de » vouloir partir leurs meubles, ils font tenus & » réputez divis & séparez, quant aux meubles, » acquêts, conquêts, noms, dettes & actions. ».

Le même mot se trouve employé au même sens dans d'autres coutumes & dans plusieurs anciens auteurs.

2°. On a aussi donné le même nom indifféremment à tous les roturiers, lors même qu'ils étoient de libre condition, sans doute parce que la plus grande partie du tiers-état étoit autrefois serve, ou sujette à des devoirs avilissans à cause de sa qualité, ou de sa tenure.

Pasquier dit au livre 2, *chap.* 16 de ses recherches, que les roturiers ont été appellés *villains* du mot de ville, comme qui diroit « *demeurans dans* » *les villes*, les gentilshommes demeurant ordinairement à la campagne; d'où vient, ajoute-il, qu'on » dit *un gentilhomme de ville*, par moquerie, pour » dire *un poltron*, parce qu'on vit mollement dans » les villes ».

Mais Pasquier se trompe.

« Ce mot, dit fort bien Menage, vient de *villa-* » *nus*, qui signifie proprement *qui manet in villa*, » *paganus*. Oderic, chap. 3 de sa pérégrination, §. » 12. *Rex habuit quatuordecim millia elephantorum* » *domesticorum, qui nutriuntur à villanis suis subjectis*. » Or, comme ceux qui demeurent aux champs » pour les cultiver, font ordinairement de basse » condition, nous avons usé du mot *vilain* pour » dire roturier ».

On dit communément que « le *vilain* ne fait » qu'éperons vaillent ». Ragueau a entendu ce proverbe; « comme fi un noble n'étoit tenu faire la » foi & hommage à un roturier seigneur du fief » dominant ». Mais cette interprétation est vicieuse. Cette règle, qui est la vingt-neuvième du titre 1 de Loisel, se trouve immédiatement après celle-ci : « d'un *vilain* autre que le roi ne peut faire che- » valier ».

Ces deux règles s'expliquent l'une par l'autre. « Anciennement, dit Laurière, lorsqu'il y » avoit guerre, les gentilshommes servoient à » cheval & les roturiers à pied; delà vient qu'en » duel judiciaire, le gentilhomme combattoit à » cheval & le *vilain* ou roturier à pied, quand » c'étoit le roturier qui avoit fait l'appel; & comme » le *vilain* ou roturier n'étoit pas homme de » cheval, delà vient qu'il est très-bien dit dans cet » article, qu'il ne fait ce qu'éperons vaillent ».

Au reste, on appelle *fief vilain, vilain tenement,*

ou *terre vilaine*, dans quelques coutumes & sur-tout en Normandie, les domaines roturiers ou tenus censuellement. On appelle aussi *vilains services*, les devoirs avilissans, tels que les corvées dues pour les tenures roturieres, ou par les roturiers personnellement. (*G. D. C.*)

VILAINE. *Voyez* VILAIN & VILEINE.

VILEIN. *Voyez* VILAIN.

VILEINE (*donner à*). Il paroît qu'on a entendu par-là autrefois donner à cens, ou à titre roturier. Une chartre de l'an 1290, tirée du cartulaire de S. Vandrille, *tom. I, page 185*, porte : « je Robert » du Tyboult, ... de la volonté Aelis, ma mère, » en tems de sa veuveté, ai donné.... trois acres » de terre & une vergine à campart & à *vileine*, » que j'avois ». *Voyez* du Cange au mot *Vilania* sous *Villenagium*. (*G. D. C.*)

VILLAIN. *Voyez* VILAIN.

VILLEIN. *Voyez* VILAIN.

VILLENAGE. (*Droit féodal*) Ce mot signifie une roture, un tenement censuel. Un arrêt de la S. Martin 1282, cité par Ragueau, qualifie aussi de *villenage* un héritage noble venu dans la main d'un homme roturier. Ce auteur ajoute « que cela ne » se pouvoit faire anciennement sans permission » du roi, & que le *villain* en devoit vuider ses » mains, comme aussi les gens de main-morte, » s'il n'en avoit déjà joui par trente ans, auquel » cas aussi il étoit tenu payer finance & indem- » nité ».

Mais cette prétendue incapacité des roturiers n'est qu'une invention fiscale. *Voyez* FRANC-FIEF & DÉPAREILLEMENT DE FIEF. (*G. D. C.*)

VIMAIRE, s. f. vieux terme, dérivé du latin *vis major*, qui signifie *force majeure* ; il se trouve dans quelques coutumes & anciennes ordonnances, & est encore usité en matière d'eaux & forêts, en parlant des arbres abattus par *vimaire* ou force majeure. *Voyez* FORCE MAJEURE.

VINS (*Droit de*). Ragueau dit que ce droit est « dû au convent de Foresmontier, outre les droits » de lods, ventes & saisine, par les habitans de » Jouy, ressort de Meaux, & qu'il est de trois sous, » quand le prix de la vente de l'héritage censuel » excède vingt sous ».

Plusieurs coutumes , telles que Clermont en Beauvoisis , *art. 13*, & Senlis , *art. 215*, parlent aussi d'un droit de vins. « qui est dû au seigneur censuel » par celui qui a acheté un héritage censuel , & » est par la coutume d'Orléans , *art. 106*, & de » Montargis , *chap. 2, art. 4*, d'une jalée de vin » pour tout, & de seize deniers parisis pour » franc ».

VIN DE MARCHÉ , (*terme de Pratique*) appellé aussi *pot-de-vin*, est une somme que l'acquéreur paie par manière de présent au vendeur, pour lui tenir lieu de ce qu'il lui en auroit coûté pour boire ensemble en concluant le marché.

Quelques coutumes considèrent les *vins* du marché ou de vente, comme faisant partie du *prix*, &

décident en conséquence qu'il en est dû des lods au seigneur ; telles sont les coutumes de Chaumont & de Vitry.

Cependant , suivant l'usage le plus général, ces *vins* ne font pas partie du prix ; tel est le sentiment de Loisel, de Dumoulin, & de Charondas, à moins que le contraire ne fût stipulé, ou que ces *vins* ne fussent considérables.

Mais ils entrent toujours dans les loyaux coûts, comme les autres frais de contrat que le retrayant est obligé de rembourser à l'acquéreur. *Voyez* LODS & VENTES , LOYAUX COÛTS, & POT-DE-VIN. (*A*)

VIN DE MESSAGER , est un droit qui est dû à la partie qui a obtenu gain de cause avec dépens, lorsque cette partie demeure hors du lieu où est le siège de la jurisdiction dans laquelle elle a été obligée de plaider.

Ce droit est ainsi appellé, parce qu'avant l'établissement des postes & messageries publiques , c'étoit ce que l'on donnoit pour la dépense des messagers, ou commissionnaires particuliers que l'on envoyoit sur les lieux, soit pour charger un procureur, soit pour faire quelque autre chose nécessaire pour l'instruction d'une affaire.

Présentement ce qu'on alloue dans la taxe des dépens, sous le titre de *vins de messager*, est pour tenir lieu de remboursement des ports de lettres que la partie a reçues de son procureur, & des ports de lettres & papiers qu'elle a été obligée d'envoyer à son procureur ; & dont elle doit lui tenir compte.

On alloue un *vin de messager*, 1°. pour charger un procureur de l'exploit introductif.

2°. L'on en alloue aussi pour tous les actes dont il est nécessaire qu'un procureur instruise son client.

3°. Dans toutes les occasions où il y a des déboursemens à faire, autres que ceux de procédures du procureur, comme pour consigner l'amende , payer les honoraires des avocats, lever des sentences & arrêts.

4°. Lorsqu'il s'agit de charger un avocat pour plaider, soit contradictoirement ou par défaut.

5°. Pour donner avis à la partie que son affaire est appointée.

6°. Pour faire juger une affaire appointée lorsqu'elle est en état.

Tous ces *vins de messager* se règlent à un taux plus ou moins fort, selon l'objet des actes dont il s'agit, & la distance des lieux. Pour connoître à fond tout ce détail , il faut voir le réglement du 26 août 1665.

Le tarif du 23 mai 1778 a retranché des déclarations de dépens, les *vins de messager*, tant au parlement de Paris, que dans les jurisdictions de l'enclos du palais qui y ressortissent ; à leur place on passe en taxe aux parties, pour ports des pièces & de lettres, soixante livres dans chaque instance ou procès par écrit, trente livres pour chaque cause d'audience, & douze livres pour chaque appointé à mettre.

VIN-LE-COMTE. (*Droit féodal.*) On a ainsi nommé autrefois une redevance, qui paroît être de la même nature que l'espèce de *vinage* dont on a parlé sous ce dernier mot, *n.* 7. Il en est question dans trois chartres des années 1278, 1513 & 1516, dont le glossaire de dom Carpentier donne les extraits suivans, au mot *Vinum comitis.*

Promittimus bonâ fide reddere & solvere..... octo soli-dos turonenses..... tam prò censû quam prò vinagio, quod dicitur vinum comitis.

Hoc etiam statutum est quod ille qui colligerit per villam nummos quos debent burgenses de vino comitis, *&c.*

« Le revenu du *vin-le-comte* vaut par an environ » huit livres tournois ». (*G. D. C.*)

VINS & VENTES. (*Droit féodal.*) Il en est question dans plusieurs coutumes, telles que Clermont en Beauvoisis, *art. 13* ; Montargis, *chap. 2*, *art. 4* ; Orléans, *art. 106*, & Senlis, *art. 215*. Suivant les coutumes de Montargis & d'Orléans, les *vins & ventes* sont un droit dû au seigneur par celui qui a acheté un héritage dans sa censive. Les droits de mutations établis dans ces coutumes pour les censives sont différens ; car il y a des censives à droit de lods & ventes, d'autres à gands & ventes, d'autres à *vins & ventes*, d'autres à ventes simples. « Ceux qui » doivent lods & ventes, dit l'article 106 de la » coutume d'Orléans, paient pour franc, 3 sols » 4 deniers tournois. Ceux qui sont à ventes » simples, doivent du franc 20 deniers. Ceux qui » sont à gands & ventes autres vingt deniers » tournois pour franc & une paire de gands sur le » tout, & ceux qui sont à *vins & ventes* doivent » vingt deniers tournois pour franc & une jallaye » de vin pour tout, selon la coutume des censives, ainsi que le seigneur a accoutumé de jouir ; » & le tout se paie par l'acheteur ».

Les coutumes de Senlis & de Clermont n'expliquent point ce que c'est que le droit de *vins & ventes*. C'est sans doute, comme à Orléans, le droit de ventes ordinaires, avec une certaine quantité de vins par forme d'étrennes. *Voyez* VINS (*Droit de*). (*G. D. C.*)

VINADE, c'est une espèce de corvées à bœuf, dont il est question dans les coutumes d'Auvergne & de la Marche.

L'article 137 de cette dernière coutume dit « que la *vinade* entière est de deux paires de bœufs, » & droit de bouade (1) est d'une paire de bœufs » ou d'une charrette ».

Prohet dit « que cela est ainsi expliqué en l'article » 70 du titre 31 de la coutume d'Auvergne, & a » été jugé *autrement* par arrêt donné au profit du » seigneur de Villemontée ». Il veut dire appa-

remment que cela a été jugé *conformément* par cet arrêt. L'article de la coutume qu'il cite, dit en effet que la *vinade* est de deux paires de bœufs. Les terriers de quelques seigneuries confondent néanmoins les *vinades* & les bohades, comme l'a fait voir M. Chabrol dans sa première & sa seconde questions sur l'article 21 du titre 25 de la coutume d'Auvergne.

Quoi qu'il en soit, ce dernier article porte « que » la bohade ou *vinade* due sans avoir lieu déter-» miné par titre ou jouissance suffisante à pres-» cription, est due au plus prochain vignoble, » si en icelui n'y a bature ou gelée, auquel cas » se feront aux autres plus prochains vignobles, » en fournissant par lesdits seigneurs, ayant la » *vinade*, les choses accoutumées ».

Basmaison-Pougnet, Consul, & autres commentateurs de cette coutume, observent avec raison que si le lieu où la corvée doit se faire est déterminé, le redevable n'est pas tenu de la faire ailleurs, pas même au plus prochain lieu, & que si le vignoble où elle est due est labouré, semé, ou mis en pré, l'emphytéote est libéré, sans qu'on puisse l'obliger à faire la bohade à autre vignoble prochain.

Ces auteurs ajoutent que la bohade ou *vinade* est plus rare & plus onéreuse que les charrois ou autres corvées, qui se font seulement *dans la justice*, d'un soleil à l'autre, tandis que la *vinade* s'étend jusqu'au plus prochain vignoble, qui peut être éloigné des limites de la jurisdiction. Cependant l'article 18 du même titre de la coutume d'Auvergne porte « que charrois, corvées & ma-» nœuvres à merci & volonté sont limitées par » la coutume à douze l'année, à icelle faire d'un » soleil à l'autre, à usage honnête & licite, soit » dedans la châtellenie, *ou dehors* ».

On voit que la coutume suppose que les autres espèces de corvées peuvent être exigées hors du territoire de la jurisdiction comme la *vinade*.

La *vinade* est une corvée réelle due pour les propriétés, & non pas pour l'habitation dans le territoire. Quelques auteurs ont voulu conclure delà que le corvéable étoit tenu de se nourrir & même de fournir la charrette. La coutume, en exigeant que le seigneur fournisse *les choses accoutumées*, semble annoncer qu'on doit se régler par l'usage des lieux.

Au reste, M. Chabrol qui paroît de cet avis, observe qu'il s'est glissé plusieurs erreurs au sujet des *vinades*, dans l'arrêt de réglement des grands jours de Clermont de 1666. (*G. D. C.*)

VINAGE. (*Droit féodal.*) On a donné ce nom à divers droits, dont la plupart sont plus ou moins relatifs aux vins.

1°. Quelques coutumes, telles que Clermont en Beauvoisis, *art. 121* ; de Reims, *art. 261*, & de Senlis, *art. 263*, donnent ce nom à une redevance en vins, qui est due pour les vignes.

Ragueau & du Cange, dans leurs glossaires, & M. Pihan de la Forest, dans les notes qu'il a jointes

_____

(1) Quelques éditions de la coutume de la Marche portent mal-à-propos *vouade* au lieu de bouade.

à

'son *Esprit de la coutume de Senlis*, difent unanimement que le *vinage* eft un droit feigneurial, qui tient lieu de *cens* fur les vignes. Mais cette définition ne paroît devoir convenir tout au plus qu'au *vinage* de la coutume de Clermont en Beauvoifis. Les deux autres des coutumes citées paroiffent indiquer que c'eft un fimple *fur-cens*, ou un droit feigneurial autre que le *cens*.

L'article 161 de la coutume de Reims porte : « que pour *fur-cens*, *vinages*, rentes & autres droits » feigneuriaux, dont les héritages tenus en cenfive font » chargés, y a pareille contrainte & exécution que » le *cens*, excepté qu'en aucuns lieux ne font dues » aucunes amendes en défaut de paiement d'iceux » droits, & en ce fe faut régler felon la coutume » des lieux & jouiffances des feigneurs, entre » lefquels ceux qui ont haute-juftice ont plus de » pouvoir, n'ayant recours à autre juftice qu'à la » leur, pour contraindre les détenteurs defdits » héritages audit paiement ».

Buridan obferve à cette occafion « que, d'après » cette différence, l'on pourroit trouver étrange » pourquoi la coutume donne ici même contrainte » & exécution, pour *fur-cens*, *vinages*, rentes & » autres droits feigneuriaux *purement fonciers*, que » pour le *cens* même ; mais que cela fe fait en-» fuite des claufes & des conventions des parties » appofées au bail ou conceffion qui a été faite de » l'héritage, fous lefquelles le bailleur l'a voulu » donner & non autrement ».

La coutume de Senlis paroît confidérer le droit de *vinage* comme tenant lieu du *cens*, puifqu'elle prononce une amende à défaut de paiement, & même une amende plus forte que pour le *cens*. « Droit de champart, dit l'article 263, & droit » de *vinage* fe doit payer, fur peine de 60 fols pa-» rifis d'amende, & le droit de *cens*, *ou autre* » *droit feigneurial équipollent audit cens*, fe doit payer » au jour qu'il eft dû, fur peine de fept fols fix » deniers parifis, &c. »

Cependant M. Pihan de la Foreft, qui ne paroît pas ici bien d'accord avec la définition qu'il a donnée du *vinage*, affure fur cet article « qu'on » n'encourt l'amende, faute d'avoir payé les droits » de champart & de *vinage*, que lorfqu'ils tiennent » lieu du *cens* & de la première redevance im-» pofée fur l'héritage ».

Quoi qu'il en foit, l'article 121 de la coutume de Clermont en Beauvoifis porte : « que les droits » de *vinages* dus pour & au lieu de cenfive fur les » vignes, fe doivent payer à bord des cuves, & » ne peut tirer le détenteur fon vin, fans avoir » premiérement payé ledit *vinage* ».

On voit dans du Cange, au mot *Vinagium 2*, qu'on a auffi connu le même droit ou un droit fort approchant, fous le même nom, dans plufieurs provinces de France, & particuliérement en Anjou.

2°. Il paroît qu'on a auffi nommé *vinage* une redevance en vin, qui ne fe percevoit point dans

les caves du redevable, ni au temps des vendanges, & qui ne fe prenoit même pas fur le produit des vignes du lieu. On voit dans une chartre de commune, accordée en 1232 aux habitans d'Affy, qu'il devoit fe payer à la mi-mars, en vin marchand : *fciendum eft etiam*, y eft-il dit, *quod fi forte contingat, quod homines prædicti velint folvere vinagium fuum in vindemiis & nos ea capere voluerimus, ipfi debent ea afferre in curiam noftram apud Aifiacum, nec tenemur ea recipere ante medium martium, nifi voluerimus. Neque poffumus homines compellere ad ea folvenda ante medium martium ; & qui die medii martii in folutione* vinagii *defuerit, emendaret nobis per 7 folidos & dimid. monetæ patriæ, & nihilominus reddere teneretur* vinagium ; *& nos* vinagii *forum apponemus fecundùm quod confuevimus & fciendum quod omnia vinagia debent effe ab albo vino, fano, legali & pagabili.*

3°. Il paroît réfulter de ces derniers mots & *nos* vinagii *forum apponemus fecundùm quod confuevimus*, qu'on appelloit auffi *vinage* le vin, ou le droit d'en vendre.

4°. On a encore nommé *vinage* le droit de banalité qu'on percevoit pour le preffurage du vin aux preffoirs bannaux. Le terrier de l'Ifle-Adam, cité par Galland, dans le gloffaire du droit françois, porte : « qu'au lieu de Parmain il y a deux grands » preffoirs à vin banniers, dont a le droit de *vinage*, » à raifon de quatre feaux du vin y preffuré.

5°. Ce nom a défigné un droit de faide, ou de marché, que le feigneur percevoit fur les vins vendus dans la feigneurie. Le grand regiftre de Corbie, cité par du Cange, au mot *Vinagines* fous *Vinagium 2*, dit dans ce dernier fens : « tout li » roage & li forage de ladite ville font fien (à » l'abbé) & li *vinages*, c'eft à favoir de tous les » vins qui font amenés en ladite ville & vendus ».

6°. On a donné le même nom ou celui de *winage*, fuivant divers textes cités par Galland, au droit de péage qu'on payoit au feigneur, foit pour le paffage du vin dans fa terre, foit pour toute autre denrée. Le cartulaire de Doncheri dit « qu'au lieu » de Soignon, le prieur de Doncheri a droit de » *winage*, c'eft à favoir de chaque chariot paffant » & repaffant par le détroit dudit lieu deux fous » huit deniers-parifis & de chaque chariot feize » deniers parifis ».

On peut voir une multitude d'exemples femblables dans du Cange, au mot *Winagium*.

Il y a lieu de croire que c'eft dans ce dernier fens, qu'on doit entendre le mot *winage* dans l'extrait fuivant d'une chartre de l'an 1343 tirée du cartulaire de S. Vincent de Laon : « feront tenus de » envoyer un vallet, au lieu dou droit *winage*, » pour dire à nos *winigeurs* qu'ils paffent ou re-» paffent par lefdits faux travers ou paffages ».

7°. Galland dit encore « que le mot *vinage* fe » prend fouvent pour les droits qui fe paient aux » feigneurs par des communautés & territoires, » en bled, vin, en argent ; en conféquence de

H h

» quoi les feigneurs font réparer les ponts & paf-
» fages ; & que le roi en a plufieurs femblables
» au comté de Marle ».

Cet auteur ajoute qu'en l'hiftoire de Gand, *liv. 6,
pag. 377*, il y en a une preuve dans un extrait
du tréfor des chartres du roi, qui y eft rapporté.
Voyez VIN-LE-COMTE.

8°. On a auffi nommé *vinage* ou *winage* des redevances qui paroiffent abfolument étrangères aux
précédentes. On trouve dans le *gloffarium novum*
de dom Carpentier, au mot *Vinagium 5*, l'extrait
fuivant d'une chartre de l'an 1310 : « pour les
» *vinages* des chevaux d'ilecques, dont chacunz
» reffeanz, qui a cheval, doit à la S. Martin
» d'iver quinze deniers ». L'affignat du douaire de
la reine Jeanne en 1319 porte également, fuivant
le même auteur : *item pro* vinagio *forefta de Vernone,
quinquaginta folidos.*

9°. On a ainfi appellé le vin qu'on donnoit
aux étrangers pour leur témoigner de la bienveillance & en figne d'hofpitalité. Floris-Vander rapporte au *liv. 1 des châtelains de l'Isle, pag. 137*,
l'extrait fuivant du ferment qui lui devoit être
prêté par les habitans : « fe doit-on faire ban &
» défendre par la ville, fous l'amiflé, que nul-ne
» les herbeghe, ne foustroite, ne leur face *vi-
» nage* ne amiflet, tant qu'ils feront en wiere (c'eft-
» à-dire en guerre) contre le caftelain ».

10°. Enfin on a donné le même nom au *pot-de-
vin*, ou vin d'un marché qu'on paie pour le prix
principal. On peut en voir une multitude d'exemples dans le *gloffarium novum* de dom Carpentier,
au mot *Vinagium 6*. (*G. D. C.*)

VINAIGE. *Voyez* VINAGE.

VINAUDE. *Voyez* VINADE.

VINDICATION, f. f. chez les anciens auteurs
latins fignifioit *vengeance* ; il eft employé en ce fens
par Cicéron *de inventione.*

Mais en droit romain, le terme de *vindication*
fignifie l'action réelle, par laquelle on réclamoit
le droit que l'on avoit fur une chofe, à la différence des actions perfonnelles, que l'on appelloit
conditions.

La *vindication* eft à-peu-près la même chofe que
ce que nous entendons dans notre droit françois
par le terme de *revendication.*

Celui de *vindication* venoit du latin *vindicia*, qui,
dans l'ancien droit, fignifioit *poffeffion.*

La *vindication* étoit de trois fortes ; celle
de la propriété, celle des fervitudes & celle
du gage ; mais ces deux dernières n'étoient pas
directes, ce n'étoient que des *quafi-vindications*,
parce que celui qui agiffoit pour une fervitude ou
pour un gage, ne prétendoit pas être propriétaire
de la chofe, il y réclamoit feulement quelque droit.

La *vindication* de la propriété étoit univerfelle,
ou fpéciale ; univerfelle, lorfqu'on réclamoit une
hérédité entière ; fpéciale, lorfqu'on revendiquoit
une chofe en efpèce, & celle-ci eft la feule à laquelle le nom de *vindication* devint propre. *Voyez*

au *ff.* le *tit. de rei vindicatione*, & les *mots* ACTION
RÉELLE, GAGE, HYPOTHÈQUE, REVENDICA-
TION, SERVITUDE, POSSESSION, PROPRIÉTÉ. (*A*)

VINDICTE, f. f. (*Jurifprud. romaine.*) *vindicta*
étoit une des manières d'affranchir les efclaves, ufi-
tées chez les Romains ; c'étoit lorfque l'affranchiffement fe faifoit devant un magiftrat, tel qu'un
préteur, un conful ou un proconful. Cette manumiffion, *per vindictam*, étoit la plus pleine & la
plus parfaite de toutes : elle prenoit fon nom de
ce que le magiftrat ou un licteur frappoit deux ou
trois fois la tête de l'efclave avec une petite baguette, appellée *vindicta*, du nom d'un efclave
nommé *Vindicius* ou *Vindex* ; celui qui découvrit
aux Romains la confpiration des fils de Brutus, pour
le rétabliffement des Tarquins. D'autres prétendent
que *vindicta* étoit le terme propre pour exprimer
une *baguette* telle que celle dont on fe fervoit pour
cette manumiffion. *Voyez* AFFRANCHISSEMENT,
SERF, ESCLAVE. (*A*)

VINDICTE PUBLIQUE, (*Jurifprud. françoife.*)
terme confacré pour exprimer la vengeance &
pourfuite des crimes.

En France, la *vindicte publique* n'appartient qu'au
miniftère public, c'eft-à-dire, qu'il n'appartient
qu'aux gens du roi, ou aux avocats & procureurs-
fifcaux des feigneurs, de conclure à la peine due
au crime : les particuliers qui ont été offenfés ne
peuvent que fe porter dénonciateurs, ou fe rendre
parties civiles ; & en cette dernière qualité, ils ne
peuvent conclure qu'en des dommages & intérêts.
Voyez CRIME, DÉLIT, MINISTÈRE PUBLIC,
PARTIE CIVILE, PARTIE PUBLIQUE, PEINE. (*A*)

VINGTAIN. *Voyez* VINTAIN.

VINGTENAIRE. *Voyez* VINTÉNAIRE.

VINGTIÈME, ou VINTIÈME, (*Droit féodal.*)
c'eft la même chofe que le droit de *vintain*, c'eft-
à-dire, une partie des bleds, vins & autres fruits
qui fe paie en Dauphiné & ailleurs pour la conftruction & la réparation des murailles des villes,
bourgs & châteaux. *Voyez* le gloffaire du droit
françois & l'article VINTAIN. (*G. D. C.*)

VINOTE, (*Droit féodal.*) c'eft un droit feigneurial fur les vignes, qui n'eft connu que par
l'extrait fuivant d'une chartre de 1270, tirée d'un
regiftre de l'abbaye de Saint-Michel-en-l'Herm, &
rapportée par dom Carpentier, au mot *Vinatum*
de fon *gloffarium novum* : « octroyons perpétuelle-
» ment efdits religieux & à leurs fucceffeurs, que
» de leurs vignes. . . ., ne foient tenus à nous. . .
» payer recet ou *vinote* » (*G. D. C.*)

VINTAIN ou VINGTAIN, ce mot eft particulièrement connu en Dauphiné, pour défigner un
droit qu'a le feigneur fondé en titre de prendre
la vingtième partie de tous les fruits croiffans dans
fa terre, ou de quelques efpèces feulement, fuivant la ftipulation originaire ou les ufages qui
la fuppléent.

On donne auffi le même nom à une taxe que les
communautés impofent fur elles par l'ordre du

gouvernement, pour le paiement de leurs dettes, & qui suit les règles ordinaires de ces sortes d'impositions.

Quant au *vingtain* seigneurial, on en distingue de deux espèces, l'un qui est purement réel & foncier, & qui par conséquent est dû en quelques mains que les fonds passent. C'est ce que l'on appelle en plusieurs endroits du Dauphiné & de la Provence, droit de *tasque*, ou *tasche*, & que l'on nomme *champart*, *terrage*, *agier*, *carpot*, &c. dans d'autres provinces. *Voyez* ces différens mots, & l'article VINTENAIRE.

On doit remarquer néanmoins qu'il y a beaucoup de lieux où, malgré la réalité de cette première espèce de droit de *vintain*, les gentilshommes sont en possession immémoriale d'en être exempt. Cela est d'autant moins extraordinaire que, dans cette province, la noblesse a étendu ses privilèges jusques sur la dîme.

M. Salvaing, qui fait cette remarque dans son *usage des fiefs*, ch. 46, observe aussi qu'ils sont communément exempts des droits d'avenage, fenage, herbage, paléage, truage, civerage, gelinage, moutonnage, chévrotage, corvage, &c. & d'une quantité d'autres droits. M. Expilly rapporte au chap. 209, un arrêt qui l'a ainsi jugé le 30 juillet 1624, pour le droit d'avenage, contre Christophe de Montchenu, seigneur de Beausemblant.

La seconde espèce de *vingtain*, qui est plus véritablement particulière au Dauphiné, a pris son origine d'une obligation réciproque entre le seigneur & ses sujets, par laquelle ceux-ci ont promis de lui payer annuellement la vingtième partie des bleds & vins croissans dans le territoire, à la charge par lui de construire & de maintenir à ses dépens les murs du bourg pour la sûreté de leurs personnes & de leurs effets mobiliers, en cas de guerre ou de quelque autre nécessité ; & où le seigneur n'y satisferoit pas de sa part, que les sujets seroient déchargés & libérés de cette contribution. On connoît le même droit dans quelques autres provinces du Royaume sous le nom de *sauvement*.

Quoi qu'il en soit, le droit de *vintain*, dont l'usage est plus fréquent dans les bailliages de Vienne & de Saint-Marcellin que dans les autres, a une double origine : la première est que les états du Dauphin & du comte de Savoye étant enclavés l'un dans l'autre avant l'échange qui fut fait entre le roi Charles V & Amé VI, comte de Savoye, ces deux princes étoient en guerre continuelle. La seconde provient de ce que la noblesse ayant droit de faire la guerre de son autorité, pour démêler ses querelles, suivant deux articles des libertés delphinales, les seigneurs faisoient des courses continuelles les uns sur les autres, ce qui les rendoit soigneux de fortifier leurs châteaux, & de clorre leurs bourgs & villages de murailles, que le vulgaire appelle *vintains*, non pas *à vincendo*, comme dit Guy-pape, ni *à*

vinclendo, comme quelques autres, mais à cause du droit de *vintain*, qui est dû en beaucoup de lieux pour les maintenir.

La perception de ce droit a donné lieu à plusieurs questions qui méritent d'être examinées séparément.

I. *Les nobles sont-ils exempts du droit de vingtain ?* Guy-pape, en ses questions 7 & 372, soutient que non. Il se fonde sur la loi 2, C. *de muneribus patrimon. lib.* 10, & sur la loi *numerum, §. patrimoniorum,* D. *de munerib. & honorib.* qui n'exemptent personne de charges patrimoniales, quelque privilégiée qu'elle soit. Petrus Jacobi dit même en sa pratique, *Rubricâ* 29, *n.* 13, que le seigneur n'est pas plus exempt que les autres de contribuer aux réparations des murailles, *pro viribus patrimonii sui,* s'il demeure dans sa terre, par la disposition de la loi *omnes provinciarum rectores,* C. *de operib. public.*

M. Salvaing soutient néanmoins que cela ne doit avoir lieu que lorsque le *vingtain* est une imposition extraordinaire & casuelle, qui est faite pour être employée effectivement à la construction des murs d'une ville ou d'un bourg, des ponts, des chemins communs & autres cas de droit, dont les ecclésiastiques même ne sont pas exempts ; telle que fut l'imposition ordonnée pour les murailles de Grenoble, dont parle Guy-pape en sa question 78, pour raison de quoi les deux premiers ordres sont réglés en chaque ville avec le tiers-état. Mais qu'il en est autrement du *vintain* qui est ordinaire, constant & perpétuel, auquel ne sont obligés que ceux qui y sont soumis par contrats passés avec les seigneurs, qui se sont obligés réciproquement à construire & à maintenir les murailles.

Ce *vintain* est donc, du moins à quelques égards, un droit personnel, descendant d'une obligation qui ne peut lier que ceux qui l'ont contractée. On ne peut point objecter, dit M. Salvaing, la disposition du droit ; suivant laquelle la délibération de la plus grande partie des habitans oblige non-seulement les absens, mais aussi les dissentans, parce qu'en Dauphiné le clergé & la noblesse ont toujours été des corps séparés de celui du tiers-état ; enforte que les reconnoissances passées par les roturiers pour les droits universels d'une terre comme de bucherage, pasquerage, fenage, herbage, paléage & autres droits de cette nature, n'assujettissent pas les deux premiers ordres, s'ils n'y ont expressément consenti.

M. Salvaing prouve cette distinction des nobles & des roturiers par les titres de plusieurs terres. Il en rapporte des années 1291, 1301, 1319, 1339, 1380, 1387, 1388, 1400 & 1561. Il y joint des arrêts confirmatifs des années 1390, 1516, 1531, 1624 & 1634. Tous ces titres & tous ces arrêts mettent au nombre des privilèges des gentilshommes diverses exceptions, & particulièrement celle du droit de *vingtain*.

Hh 2

Il y a néanmoins quelques lieux de la province où les nobles ne jouiſſent pas de la même franchiſe ; mais, dit M. Salvaing, c'eſt parcę qu'ils s'y ſont obligés avec les roturiers. On peut appliquer ici la raiſon alléguée par Guy-pape ſur un autre ſujet, en ſa queſtion 384, où il dit que les nobles ne ſont pas contribuables aux tailles pour les héritages qu'ils ont acquis des roturiers, *niſi in illis nobilibus qui reperiuntur ſpecialiter obligati contribuere in talibus pro rebus regiſtratis, quia tenentur pro illis rebus contribuere prætextu obligationis.*

En un mot, la réſolution de la queſtion dépend de l'uſage & de la poſſeſſion, qui ſont les vrais interprètes du droit du ſeigneur & de la franchiſe des gentilshommes.

II. *Les fonds taillables que les gentilshommes acquièrent des roturiers, ſont-ils exempts du vingtain ?*

M. Salvaing eſtime que non, & réciproquement, que les biens que les roturiers acquièrent des gentilshommes y ſont ſujets, *quia ex mutatione perſonæ mutatur conditio rei*, ſuivant la doctrine de Bartole, *in l. procuratorem D. de acquir. hæredit.* & celle de Guy-pape, queſtions 382 & 184, la réalité des tailles ordonnées par le réglement du 24 octobre 1639, ne regardant que l'intérêt de ſa majeſté, ſans toucher à l'ancieu uſage de la Province pour les droits des ſeigneurs & les prérogatives des nobles.

III. *Les forains ſont-ils exempts du droit de vingtain ?* Cette queſtion a été diverſement jugée : autrefois il n'y avoir que les domiciliés qui fuſſent contribuables à ce droit-là, comme il fut jugé par arrêt du conſeil delphinal du 19 janvier 1390, par lequel François de Chateauneuf, ſeigneur d'Ornacieu, & Françoiſe de la Chambre, ſa femme, furent déboutés avec dépens de la demande qu'ils avoient faite à Martin Garnier, Barthelemi Devienne & conſorts, habitans de la côte Saint-André, du vingtain des bleds & du vin croiſſant aux fonds qu'ils avoient dans le mandement d'Ornacieu.

Deux raiſons furent le fondement de cette déciſion ; l'une que toute ſorte de tailles & de contributions étoit perſonnelle, & ſuivoit le domicile ; ſuivant quoi Mazuer, ancien juriſconfulte & praticien françois, en ſa pratique judiciaire, titre des tailles, *n.* 3, dit que le ſeigneur hautjuſticier auquel appartient taille aux quatre cas, ne la peut exiger que de ſes ſujets & de ceux qui ont leur domicile & ſont leur demeure en ſa terre, parce que cette taille eſt pure perſonnelle, & que les nobles & eccléſiaſtiques en ſont exempts. L'autre raiſon eſt que le vingtain étant dû pour la conſtruction & réparations des murailles qui ſervoient à la conſervation & ſûreté des perſonnes & des biens mobiliers des habitans, ceux qui ne s'en prévaloient pas étoient exempts de la contribution établie pour ce ſujet.

Conformément à cela, Chopin, ſur la coutume d'Anjou, *liv.* 1, *art.* 47, ſoutient que celui qui a dés héritages aux environs d'une ville, mais qui fait ſa demeure ailleurs, n'eſt pas tenu de contribuer au rétabliſſement des murs, s'il ne poſſède des immeubles au dedans de la ville, parce, dit-il, que la ville eſt bornée à ſa clôture, ſuivant la loi 2, D. *de verbor. ſignific.* Il rapporte un arrêt du parlement de Paris, du 21 juillet 1534, par lequel Pierre Choiſeau fut abſous de la contribution demandée par les habitans de Taunay, pour le rétabliſſement des murs de la ville, encore qu'il poſſédât quelques terres dans le territoire de la même ville. Papon, dans ſon recueil d'arrêts, en remarque deux ſemblables.

Cet ancien uſage fut depuis modifié par une ordonnance de Charles de Bouville, gouverneur de Dauphiné, validée par le roi Charles VII, au mois d'avril 1434, par laquelle ceux qui avoient des héritages dans un mandement, & qui faiſoient leur demeure ailleurs, n'étoient contribuables que pour moitié aux réparations publiques des lieux, comme l'aſſure Guy-pape, queſt. 7, & 372, où il parle nommément du vingtain ; mais en la première, il ajoute, *niſi aliter ſe haberet conſuetudo, prout ſe habet in aliquibus locis, uti ſolvitur indiſtinctè ab omnibus integrum vintenum.*

Enfin, par les derniers arrêts, tous les poſſeſſeurs des héritages ſitués dans un territoire où le ſeigneur a droit par titre ou par poſſeſſion de prendre le vingtain, y ſont contribuables, encore qu'ils aient leur domicile hors le finage, par la raiſon que le paiement des droits univerſels doit être uniforme ; *ne una eademque res diverſo jure cenſeatur.* On l'a ainſi jugé par arrêt du 14 août 1550, donné en faveur de Françoiſe Terrail, contre les conſuls & habitans de Châteauneuf de l'Albene, Pollenas & Montferrier. Cela doit néanmoins être entendu, s'il n'y a titre ou poſſeſſion ſuffiſante au contraire, parce qu'il y a des terres dont les titres n'obligent que les ſeuls habitans.

IV. *Si le ſeigneur ne répare pas à ſes dépens les murailles du bourg, les habitans ſont-ils déchargés du droit de vingtain ?* On doit le décider ainſi, puiſque l'entretien des murs eſt le fondement & la charge du droit de vingtain. Auſſi ai-je remarqué que pluſieurs des villages du Viennois ſont encore entourrés de murailles.

C'eſt par cette raiſon, dit M. de Boiſſieu, que Guillaume Bouvier fut déchargé du paiement du portage & du vingtain envers le ſeigneur d'Anjou, par arrêt du 22 décembre 1515, par le vu duquel il appert que les portes, & les murailles d'Anjou étoient ruinées & démolies.

Cependant il paroit que la jurisprudence incline plus communément à des tempéramens. Un arrêt du 14 août 1557 maintint Aynard de Montchenu, ſeigneur de Todure, dans la poſſeſſion & ſaiſine de prendre & percevoir annuellement le vingtain du froment, ſeigle & avoine, & réciproquement il fut condamné à réparer les murailles & les portes de Todure dans un an, & à les maintenir à l'avenir bien & duement à la forme de la tranfaction paffée entre Foulque de Monchenu & les confuls, du 5 octobre 1339, à peine de tous dépens, dommages-intérêts, & d'être procédé à faifie du *vingtain* fous la main du roi.

Ce qui fut confirmé par un arrêt du parlement de Provence du 18 mai 1617, dans une affaire évoquée du parlement de Grenoble, entre Gabriel de Montchenu & les confuls & habitans de Todure. On l'a ainfi exécuté jufqu'à ce que par tranfaction du 7 avril 1619, le feigneur de Todure a été déchargé pour l'avenir, de cette obligation, moyennant la réduction du *vingtain* à la vingt-troifième partie, & quelques autres remifes & modérations d'autres droits feigneuriaux en faveur des habitans.

C'eft fur le même fondement que l'arrêt du 14 août 1550 maintient Françoife Terrail en la poffeffion & faifine de percevoir des habitans de Châteauneuf, de l'Albene, de Pollenas & de Montferrier le *vingtain* des bleds froment, feigle, avoine, & celui du vin, « fans préjudice des droits des parties » au pétitoire, auquel les défendeurs pourroient » demander, ce en quoi la demandreffe fera tenue » pour raifon du *vingtain*, fi bon lui femble ».

M. Salvaing penfe néanmoins que le feigneur a prefcrit fa libération, fi le château & les murailles font en ruine depuis très-long-temps, & que le feigneur ait continué à fe faire payer le droit. (*M. GARRAN DE COULON, avocat au parlement.*)

VINTENAGE, ou VINGTENAGE. C'eft la même chofe que le droit de *vingtain*. *Voyez* ce mot & l'ufage des fiefs de M. Salvaing de Boiffieu, *part. 1, chap. 46, pag. 221, al. 2 de l'édition de 1731.* (*G. D. C.*)

VINTENAIRES, ou VINGTENAIRES, (*Droit féodal.*) On a ainfi nommé les prépofés à la recette du droit de vintain. *Voyez* dom Carpentier, au mot *Vintenarius.* (*G. D. C.*)

VINTIÈME. *Voyez* VINGTIÈME, (*Droit féodal.*)

VINTRERIE, (*Droit féodal.*) on a ainfi nommé l'office de *vintre* ou de geolier, que les feigneurs ont inféodé, comme tant d'autres. On peut en voir un exemple avec des détails curieux dans l'hiftoire de Valois, *tome 1, pag. 250, & tom. 2, pag. 365. Voyez* auffi du Cange, aux mots *Geolagium & Turragium*; dom Carpentier, au mot *Vinctura 2*, & les articles SERGENTERIE NOBLE & OFFICE INFÉODÉ. (*G. D. C.*)

VIOL. (*Jurifprudence criminelle.*) Le *viol* eft l'acte de brutalité à l'aide duquel l'homme triomphe de la réfiftance que lui oppofe la vertu ou l'innocence, & finit par ravir ce qui lui auroit été conftamment refufé, s'il n'eût abufé de fa force.

Ce délit eft véritablement puniffable dans tous les cas; & en effet, s'il y a un acte de libre dans la nature, c'eft celui qui dépend du cœur, ou des fens de la femme qui y concourt : nul n'a droit de la contraindre à accorder ce qu'elle ne doit qu'à fon mari, ou à celui avec lequel fon cœur

a formé des engagemens : c'eft un vol que l'on fait à fa perfonne, à fon honneur, & dont elle doit obtenir vengeance. Mais bien des circonftances aggravent ce crime, & le rendent tout à la fois plus certain & plus puniffable. Par exemple, lorfqu'il n'y a point de rapport entre les âges, entre les conditions, & que la nature s'oppofoit au rapprochement des individus, il eft plus grave, & mérite par conféquent une punition plus févère. Ainfi, la jeune fille qui n'a pas atteint l'âge de puberté, qui eft même encore dans l'enfance, qu'un homme fort & vigoureux faifit lorfqu'elle eft ifolée & fans défenfe, & qu'il foumet à fes defirs effrénés, doit attirer fur la tête de fon raviffeur une peine plus forte que la femme bien conformée, capable d'oppofer de la réfiftance, & de prévoir le piège qu'on lui tendoit.

Le mercenaire, le ferviteur qui, fans égard pour l'état d'une fille de condition, flétriroit, à l'aide de la violence, la fleur de l'innocence, feroit plus criminel que l'homme jeune, d'une naiffance égale à celle de la fille qu'il auroit offenfée dans un mouvement d'égarement, & dont il pourroit du moins réparer le malheur.

Le tuteur à qui la loi confie un dépôt facré, en remettant fous fon autorité une jeune fille fimple & fans défiance, mériteroit d'être puni plus févèrement fi, abufant de fon afcendant, des occafions de rapprochement que lui donne fon titre, il arrachoit par violence ce qu'il ne doit pas même folliciter, ni obtenir d'un confentement mutuel.

La loi qui inflige indiftinctement la peine de mort contre tous les coupables de *viol*, n'eft donc pas équitable, puifqu'elle ne conferve pas entre la punition & le délit, ce degré de proportion dont elle ne doit jamais s'écarter. Mais cette imperfection de la loi eft réparée par la fageffe de notre jurifprudence. Et en effet, fi l'on confulte les arrêts rendus fur les accufations de *viol* depuis nombre d'années, on verra qu'ils n'ont condamné à la mort que des hommes affez dépravés pour n'avoir pas refpecté l'enfance. Par un arrêt du 30 août 1636, le parlement de Grenoble condamna au fupplice de la roue un particulier, pour avoir violé une fille qui n'étoit âgée que de quatre ans & demi : il faut avouer qu'en fuppofant même que cette innocente créature ne fût pas morte des fuites de ce crime, l'accufé étoit plus coupable qu'un voleur qui exerce fes brigandages fur les grands chemins. Il n'y a pas encore vingt ans que le parlement de Paris condamna à être pendu un miférable octogénaire, pour avoir violé, *de la manière la plus outrageante à la nature*, une fille qui avoit à peine fix ans. De tels crimes qui renverfent l'ordre de la fociété & celui de la nature, ne peuvent être réprimés par de trop grands exemples de févérité.

Papon rapporte un arrêt du 18 novembre 1556, qui condamne le nommé *Tabaria* à être décapité, pour avoir enlevé & forcé la fille d'un laboureur,

Il est certain qu'un gentilhomme qui enlève à un père sa fille, & use de violence pour ravir son honneur, commet un vol plus irréparable que celui des choses les plus nécessaires à l'existence de l'homme. Papon ne dit point si cette fille étoit nubile, si le gentilhomme étoit marié, s'il étoit possible à l'accusé de couvrir son crime par une union légitime. Dans ce dernier cas, il seroit plus à desirer que le gentilhomme fût condamné à épouser la victime de sa passion, & à lui donner la moitié de son bien; mais plusieurs criminalistes envisagent le ravisseur & le coupable de viol sous un aspect si odieux, qu'ils ne lui accordent pas même la faculté de se racheter de la punition qu'il a encourue par un nœud légitime : & en cela, je crois qu'ils sacrifient trop le bien particulier à la sûreté générale. Il y auroit une distinction à faire : toutes les fois qu'un accusé auroit commis un viol envers une personne d'une condition & d'une fortune supérieure à la sienne, dans l'espérance de vaincre l'obstacle qu'on lui auroit opposé, il ne devroit pas être admis à réparer son crime par le mariage, parce que ce seroit autoriser la violence. Mais si au contraire il n'avoit voulu qu'usurper des faveurs qu'il auroit pu obtenir du consentement de la fille, & des parens, en contractant une union légitime, il seroit préférable de le condamner à former cette union, & à payer, à titre de dot, une somme proportionnée à sa fortune.

Plus le viol est punissable, plus il doit être prouvé avant de le punir. Il est si naturel à une fille qui a succombé sous des instances vives, sous des promesses, sous des dons, de chercher à excuser sa foiblesse, en disant qu'elle a été contrainte, qu'elle n'a pu résister aux efforts de l'agresseur, qu'on doit regarder cette déclaration comme un dernier refuge de la pudeur. Le juge, avant d'informer & de lancer un décret d'après une semblable accusation, doit indispensablement commencer par considérer dans quel lieu a été commis le viol; si c'est dans une maison habitée, & où la jeune personne ait pu appeler du secours; si elle étoit dans l'âge de se défendre; si, par sa conduite, elle a donné sujet à l'attaque; si l'accusé est bien supérieur en force; s'il a usé de moyens contre lesquels l'innocence ne puisse lutter; enfin si, par la promptitude avec laquelle la plainte a été rendue, le désordre de la plaignante; & des signes apparens de la violence, il y a lieu de penser que ce soit véritablement l'honneur outragé qui demande vengeance.

Si le juge n'apporte pas la plus grande circonspection, la plus grande défiance dans ces sortes d'accusations, il sera exposé à être trompé par la ruse; par la fausseté, par la cupidité, ou par la crainte des suites d'une trop foible résistance.

Il faut bien que le crime du viol ait été envisagé comme un de ceux qui méritoient le plus d'être puni, puisque le roi s'interdit, à son sacre, la faculté de faire grace au coupable. L'article 4 du titre 16 de l'ordonnance de 1670, porte « qu'il

» ne sera donné aucunes lettres d'abolition pour » le crime de rapt commis par violence ». La même ordonnance le range dans la classe des délits qui ne peuvent être poursuivis que devant les juges royaux.

Nous ne pouvons pas trop le répéter; plus les femmes surprises en adultère ont intérêt à rejetter leur faute sur une prétendue violence qu'elles disent leur avoir été faite, plus les filles effrayées des suites de leur foiblesse ont un puissant motif d'accuser de viol celui qui les a exposées au déshonneur, aux ressentimens de leurs parens, moins les juges doivent croire à l'action du viol. Les hommes, quoique nés avec de fortes passions, triomphent rarement d'une résistance réelle. Les larmes, les cris, la fureur, imposent aux plus forcenés; & s'il est dans la nature de desirer avec ardeur, il ne l'est pas d'arracher avec violence des plaisirs qui ne sont point partagés. Une femme honnête peut être outragée, mais elle est rarement vaincue. Lucrèce ne l'auroit point été, si elle eût méprisé les menaces de Tarquin; préférant la conscience de la vertu, elle eût surmonté la crainte des soupçons qui auroient pu résulter de la vue d'un esclave tué à ses côtés.

Cependant il a existé des hommes assez scélérats, assez aliénés par des desirs toujours combattus, pour calculer la résistance qui pouvoit leur être opposée, & placer l'objet de leur passion dans une situation qui rendit ses efforts inutiles. De tels coupables sans doute ne peuvent pas être trop punis : ce sont des criminels tyrans; mais leur odieux empire s'est presque toujours annoncé par des mœurs dépravées; & la femme qui les a reçus dans sa maison, la fille qui leur a donné accès, ou s'est égarée avec eux, est au moins coupable d'imprudence. Il y a tout lieu de croire que si la contrainte a surmonté la défense, ce n'étoit pas celle de la vertu.

L'homme accusé de viol est admis à prouver que son accusatrice est sans mœurs, qu'elle a eu un commerce illicite avec d'autres hommes. Et quoique ce ne soit pas une raison pour user de violence à son égard, la justice ne se montre pas aussi sévère envers celui qui n'a fait que vaincre le dégoût d'une femme dépravée, qu'envers celui qui a triomphé de l'innocence.

La fille qui, pour sauver son honneur, tue l'homme qui a voulu attenter à sa vertu & flétrir sa virginité, obtient facilement des lettres de grace; mais il faut que la nécessité de commettre un homicide soit bien reconnue, & qu'il soit bien constant qu'il n'est entré dans cet acte sanguinaire d'autre motif que celui d'échapper à la violence.

Le parlement de Paris eut, en 1729, à juger un procès d'une espèce rare & malheureuse. Un jeune homme se plaignit d'avoir été provoqué par la femme d'un laboureur, qui, cachant une résolution atroce sous les apparences de l'amour, l'avoit, avec un couteau qu'elle tenoit caché, fait d'escendre de l'humanité à une nullité absolue. La femme en avouant le fait, prétendoit que loin d'être dans le cas d'être pourſuivie, ſon accuſateur lui devoit grace de la vie qu'elle auroit pu lui arracher.

Les premiers juges avoient condamné le mari & la femme ſolidairement en 1200 liv. de réparation civile envers le malheureux jeune homme, & au banniſſement. Sans doute il exiſtoit au procès de fortes préſomptions contre le mari : le parlement infirma la ſentence, condamna ſeulement la femme en 600 liv. d'intérêts civils & aux dépens, & prononça un plus *amplement informé* contre le mari.

Sans prétendre revenir ſur un arrêt dont nous reſpectons les motifs, nous croyons pouvoir haſarder quelques réflexions qu'exige le ſujet que nous traitons. Certainement une femme qui n'eſt occupée que de ſe défendre, qui ne doit faire uſage de ſes mains que pour repouſſer l'agreſſeur, ne penſe pas à en employer une pour tirer de ſa poche un couteau, à l'ouvrir & à le diriger vers la partie qui l'offenſe ; il y a dans cette action une ſuite de combinaiſons qui auroit rendu la vengeance de la femme très-ſuſpecte à mes yeux. Au ſurplus, le jeune homme étoit répréhenſible, pour avoir même cédé aux attaques d'une femme mariée ; il avoit eu au moins l'intention de commettre un adultère, & ce fut ſans doute là le motif qui rendit les juges moins favorables à ſon égard.

Bruneau rapporte un trait connu, & que nous citons ici pour prouver aux juges combien ils doivent ſe défier de ces accuſations de *viol* que l'intérêt ou d'autres ſentimens imaginent, & qui deviendroient bien inquiétantes, ſi elles étoient adoptées ſur la ſimple déclaration d'une fille. Un juge ayant condamné un jeune homme qu'une femme accuſoit de *viol*, à lui donner une ſomme d'argent par forme de dommages & intérêts, il permit en même temps à ce jeune homme de reprendre l'argent qu'il venoit de donner ; mais celui-ci ne put jamais triompher de la vigoureuſe réſiſtance que la femme lui oppoſa. Alors le juge la condamna à reſtituer la ſomme qu'elle avoit reçue, par la raiſon, lui dit-il, que ſi elle avoit défendu ſon honneur avec autant de conſtance que l'argent auquel elle devoit être moins attachée, elle n'eût pas ſuccombé ſous les deſirs de celui qu'elle accuſoit.

La gravité de la juſtice ne permet plus d'avoir recours à de pareils moyens pour éclaircir la vérité ; mais s'il étoit permis d'en uſer, on reconnoîtroit que pour un véritable coupable de violence, il y a cent femmes qui ſont coupables de foibleſſe.

Le crime de *viol* ne ſe preſcrit, ſuivant le ſentiment des auteurs, comme tous les grands délits, que par l'eſpace de vingt ans ; mais pour qu'il reſte ineffaçable pendant ce temps, au moins faut-il qu'il ſoit au plus haut degré de gravité ; qu'il ait été bien conſtaté, & que les preuves demeurent acquiſes au procès ; car ſi l'accuſatrice avoit arrêté les pourſuites, ou interrompu ſon action, elle ne pourroit pas tenir le glaive de la mort ſuſpendu pendant vingt ans ſur la tête d'un malheureux fugitif.

Les criminaliſtes ſont partagés ſur la queſtion de ſavoir ſi lorſque l'action du *viol* n'a pas été conſommée, l'accuſé doit être puni de mort, de même que ſi ſes deſirs n'avoient été éteints que par la jouiſſance. Un arrêt du parlement de Grenoble condamna ſeulement aux galères un homme que la frayeur ſépara de ſa victime avant d'avoir aſſouvi ſa paſſion. Il faut avouer qu'à moins que l'action du *viol* n'ait occaſionné la mort, n'ait flétri une fille dans l'enfance, ou n'ait été commiſe par un ſerviteur envers une perſonne d'une condition très-relevée, la peine de trois, de ſix ans de galères, ou de galères perpétuelles ſuffit, dans tous les autres cas, pour réprimer un crime qui, tout dangereux, tout répréhenſible qu'il ſoit, peut mériter quelque indulgence, puiſqu'il prend malheureuſement ſa ſource dans la nature & dans l'énergie des paſſions humaines. (*Cet article eſt de M.* DE LACROIX, *avocat au parlement.*)

Addition par M. BOUCHER D'ARGIS, *conſeiller au châtelet, des académies de Rouen & Châlons-ſur-Marne, &c.*

Il n'y a point eu de *viol*, ſi l'homme rebuté par la réſiſtance de la femme, ou ſurpris par le remords, s'en eſt tenu aux premiers efforts.

Rien n'eſt plus équivoque que la preuve de ce crime, lorſqu'il n'y a pas eu de témoins. Le *viol* conſommé n'eſt poſſible, ſuivant pluſieurs anatomiſtes, & entre autres, ſuivant Plenk, chirurgien de Bude en Hongrie, qu'à vis-à-vis des femmes en démence, en ſyncope, aſſoupies d'un ſommeil profond, par le vin ou l'opium, ou lorſque pluſieurs hommes y concourent enſemble. « Des filles depuis long-tems déflorées, dit cet » auteur, utiles également aux magiſtrats & aux » chirurgiens chargés de procéder à des viſites » & rapports en matière criminelle, s'enſanglantent » & s'enflamment la vulve par des médicamens » âcres, pour pouvoir accuſer quelqu'un de les » avoir violées ».

Les rapports de médecins & chirurgiens doivent, à ce qu'il me ſemble, être abſolument écartés, ſur-tout lorſqu'il s'agit d'un *viol* prétendu commis contre une femme mariée ou veuve ; il eſt certain que la violence doit avoir, dans ce cas, laiſſé moins de traces & d'indices que ſur une vierge ; il eſt même des filles dont l'inſpection pourroit induire en erreur les médecins & chirurgiens. La qualité de fille ne prouve pas toujours la pureté des mœurs. Il n'eſt pas fort extraordinaire d'en trouver qui, par leur conduite, ſe mettent au même état que les femmes mariées ; on en a même vu chez qui l'éruption du ſang avoit devancé l'âge.

Au-ſurplus, en ſuppoſant la preuve de *viol*

bien conftatée, la peine dépend de la qualité de la femme violée, non pas de fon rang, mais de fon état de femme, de fille ou de veuve, & des circonftances qui ont précédé, accompagné ou fuivi le crime.

Si le *viol* a été commis envers une femme mariée, il doit être puni de mort; mais il faut pour cela, 1°. que le crime ait été commis dans la maifon du mari, & non dans un lieu de débauche.

2°. Que le coupable n'ait point ignoré que la femme à laquelle il faifoit violence étoit mariée.

Quelques auteurs prétendent que ce ne feroit pas le cas d'appliquer la peine de mort, fi le mari étoit complice du *viol* : cette diftinction nous paroît fauffe. De cette complicité du mari, il n'en réfulteroit qu'un crime de plus contre le mari qui n'a pas le droit de difpofer de l'honneur de fa femme, ni d'autorifer un outrage à fon honneur. Si le *viol* a été accompagné de mauvais traitemens qui aient mis la femme en danger, il doit être puni de mort.

Il eft un genre de *viol* qui doit être puni plus févérement; c'eft lorfqu'il eft joint à l'incefte. On condamne au feu celui qui a violé une proche parente, ou une religieufe profeffe.

Lorfque la femme qui prétend avoir été violée, n'a pas rendu plainte fur le champ, ayant été dans la poffibilité de le faire, elle n'y eft plus recevable & n'eft point écoutée. Cependant le miniftère public pourroit demander qu'il en fût informé; mais le témoignage de la femme feroit rejetté, & vraifemblablement il n'y auroit pas de preuves.

VIOLENCE, f. f. (*Droit public & criminel.*) eft tout acte par lequel on emploie la force contre le droit commun, contre les loix, contre la liberté publique.

On fe rend coupable de *violence*, lorfqu'on fait des amas d'armes dans fa maifon, lorfqu'on excite des féditions, lorfqu'on attaque quelqu'un dans fa maifon, lorfqu'on lui enlève de force fes biens, lorfque, par des menaces, on contraint quelqu'un à paffer une obligation, lorfqu'on emploie la force pour abufer d'une femme, ou pour l'enlever.

On punit les actes de *violence* felon les circonftances & la qualité du délit. Par arrêt du 12 décembre 1747, le parlement de Paris a condamné un foldat aux gardes, racoleur avec *violence* & à main armée, au fouet, à la flétriffure, au carcan, & aux galères perpétuelles.

Lorfque la *violence* a lieu fans armes, on ne la punit ordinairement que par une fimple condamnation à des dommages & intérêts envers l'offenfé ou le plaignant, avec défenfe de récidiver, fous peine de punition exemplaire. Ainfi, celui qui, par *violence*, s'empare de l'héritage d'autrui, doit être condamné à rétablir le poffeffeur dans la poffeffion de cet héritage, aux dommages & intérêts réfultans de cette action.

VIRILE, en *Droit*, on entend par ce terme une portion égale à celle d'un autre. On s'en fert pour défigner, 1°. la part des gains nuptiaux ou de furvie, que la loi accorde en propriété au conjoint furvivant avec enfans, quand il demeure en viduité : 2°. la portion que chaque héritier prend dans une fucceffion, lorfqu'elle fe partage également entre tous les héritiers.

Lorfqu'on parle de la portion des gains nuptiaux, on l'appelle *virile* feulement; la manière de fuccéder par part égale, fe nomme *portion virile*. Ainfi, fuccéder par *portion virile*, *in virilem*, c'eft fuccéder également. Nous avons parlé de la *portion virile*, fous les mots HÉRITIER & SUCCESSION; il nous refte à parler ici de la *virile* dans les gains nuptiaux.

Pour s'en former une jufte idée, il faut diftinguer quatre cas différens, dans lefquels peut fe trouver un conjoint furvivant.

Le premier eft lorfqu'il n'a point d'enfans du mariage, à l'occafion duquel il recueille des gains de furvie. En ce cas, il n'eft pas queftion de diftraire de ces gains une *virile*, parce qu'il eft propriétaire incommutable de tout.

Le fecond cas, eft lorfqu'il a des enfans, qu'il fe remarie, & que fes enfans lui furvivent. Son fecond mariage le prive en faveur de ceux-ci, de tout ce qu'il tient de la libéralité du prédécédé; & par conféquent il ne peut pas encore, dans ce cas, y avoir lieu à la *virile*.

Le troifième cas eft lorfque, par le contrat de mariage, il a été ftipulé que le conjoint furvivant pourroit difpofer, foit entre-vifs, foit à caufe de mort, de tous les gains nuptiaux qui lui écherroient. Alors, de deux chofes l'une, ou il demeure en viduité, ou il fe remarie. Dans la première hypothèfe, la totalité des gains nuptiaux lui appartient, & il en peut difpofer au profit de qui il trouve bon, ainfi qu'il a été jugé par arrêt du parlement de Grenoble, du 3 juillet 1566, rapporté par Expilly, *chap. 63*.

Dans la feconde fuppofition, le furvivant perd la propriété de tout ce qui lui a été donné pour gain de furvie, la loi 3, c. *de fecundis nuptiis*, le décide clairement de la forte. Si cependant on avoit ftipulé, par le contrat de mariage, que le furvivant pourroit difpofer de fes gains nuptiaux, quoiqu'il y eût des enfans, & qu'il fe remariât, cette claufe auroit fon effet, parce que, d'une part, les contrats de mariage font fufceptibles de toutes fortes de conventions; & que de l'autre, le chapitre 2 de la novelle 22, permet aux perfonnes mariées de fe décharger des peines des fecondes noces. Mais, comme l'on voit, dans aucune de ces hypothèfes, il ne peut y avoir d'ouverture à la *virile*, parce que le furvivant a toujours tout ou rien.

Le quatrième cas, celui dans lequel il y a lieu à la *virile*, eft lorfque les conjoints en fe mariant, n'ont fait aucune des conventions dont on vient de

de parler, & que le survivant demeure en viduité
avec enfans. Alors il a sur ses gains nuptiaux deux
droits différens, un droit de propriété sur une portion égale à celle de chacun des enfans (c'est ce que
l'on appelle *virile*), & un droit d'usufruit sur le
surplus.

C'est ce qui résulte du chapitre 3 de la novelle 127.
Justinien veut, par cette loi, que la femme qui reste
en viduité, outre l'usufruit de la donation à cause
de noces, ait encore en propriété une portion égale
à chacun des enfans, par la raison, dit-il, que sa
constance à demeurer veuve, & la fidélité qu'elle
garde à la mémoire de son mari, mérite un traitement plus favorable que si elle convoloit à un second
mariage.

Justinien explique dans le même chapitre, de
quelle manière on doit fixer la *virile*. Il faut,
selon sa décision, considérer la veuve comme
étant au nombre des enfans, & régler le partage
sous ce point de vue. Ainsi, la *virile* n'est pas,
à proprement parler, égale à la portion que chacun
des enfans auroit dans la totalité de l'augment,
des bagues & joyaux, & des autres gains de survie, si la mère n'y prenoit rien en propriété ;
mais on compte la mère comme un enfant ; on
fait ensuite autant de parts qu'il y a de têtes ; &
sur ce pied, la mère prend en propriété une de
ces parts.

Il ne faut pas croire qu'en parlant seulement
de la mère, nous ayons eu l'intention d'exclure
le mari lorsque c'est lui qui est survivant. Non,
ce que nous avons dit s'applique également à la
part que celui-ci gagne, soit dans la dot, soit dans
les autres droits de survie, qui peuvent avoir lieu
en sa faveur. En effet, la loi *hac edictali*, §. 3 ; la
loi *si quis*, §. 1, *c. de secundis nuptiis* ; la novelle
22, *chap.* 20, § 1 & 2, donnent le même droit
au père, dans les gains nuptiaux, qu'à la mère ; &
le chapitre 3 de la novelle 127, accorde expressément une portion *virile* au père comme à la mère :
hac verò, dit cette loi, *valere non in matribus solis
jubemus, sed etiam in patribus.*

M. de Catellan, *liv.* 4, *chap.* 29, assure que la
jurisprudence du parlement de Languedoc est
conforme à ces loix ; & dans la coutume même de
Toulouse, dit-il, le mari gagne une portion *virile* de
la dot, comme il a été jugé en la grand'chambre, au
rapport de M. de Frezars. Cette jurisprudence est
également reçue dans le Dauphiné.

On a déjà dit que la quotité de la *virile* dépend
du nombre des enfans. Mais à quel temps faut-il s'arrêter pour déterminer ce nombre ? Est-ce au temps
du décès du premier mourant des conjoints, ou
bien est-ce au temps de la mort du survivant ?
Quelques auteurs ont soutenu la première opinion,
mais nous pensons qu'on doit suivre la seconde.

En effet, par la novelle 22, la femme survi-
vante gagne la propriété de l'augment entier,
quoiqu'elle ait des enfans. La novelle 98 ne lui
ôte pas précisément ce gain, cette propriété,

mais l'oblige seulement de conserver le tout à ses
enfans, *servare liberis.* Ce mot *servare* ne peut se
rapporter qu'au temps du décès de la veuve ; &
par conséquent à défaut d'enfans en ce temps
précis, l'entière propriété de l'augment lui demeure pour en disposer comme bon lui semble ;
c'est même ce qui résulte du §. *illud certum* du
chapitre 1 de cette novelle : il y est dit que
la propriété de l'augment adjugée aux enfans, se
règle comme les droits de survie qu'ils gagnent par
le convol de leurs parens en secondes noces. Or,
ce gain cesse par leurs prédécès, & tous les
droits de survie qui en sont l'objet retournent
alors aux parens remariés. Il en doit donc être de
même de la propriété de l'augment.

La novelle 127 ne change la disposition de la
novelle 98, qu'en ce qu'elle dispense la femme
qui s'abstient des secondes noces, de conserver à
ses enfans, *servare liberis*, la propriété de l'augment
entier, & lui en laisse à elle-même une part *virile.*
Ainsi, aux termes de cette loi, la veuve qui ne
se remarie pas, demeure toute sa vie propriétaire
de la totalité de l'augment ; mais cette propriété
est incertaine, & en suspens jusqu'à l'instant de
son décès ; c'est pourquoi si alors elle a des enfans, elle sera censée n'avoir eu, par l'événement,
qu'un droit d'usufruit, & elle rendra l'augment
entier, à la *virile* près. C'est ainsi qu'il faut entendre ces termes de la novelle 127, *usum habeat.*
Si, au contraire, tous ses enfans meurent avant
elle, l'augment lui demeurera en totalité. De-là
il suit que l'instant de la mort de la veuve est le
seul où l'on puisse décider si elle doit conserver la
propriété de tout l'augment, ou n'en retenir qu'une
part *virile.*

Ce principe posé, comment voudroit on que,
pour régler cette *virile*, on ne considérât pas uniquement le temps du décès de la veuve ? Si, par
le prédécès de tous ses enfans, elle retient la totalité de l'augment, il faut bien que par le prédécès de quelques-uns seulement, la part qu'elle a
dans cet augment soit augmentée ; car *eadem est ratio
partis ac totius.*

La chose paroit également évidente, en l'envisageant sous un autre point de vue. Il est certain
qu'avant la mort de la femme, on ne peut pas
savoir si elle persévérera en viduité. Ce n'est donc
qu'à sa mort que l'on sait s'il lui est dû, ou non,
une *virile*. Eh ! ne seroit-il pas singulier de s'arrêter pour la fixation d'un droit quelconque, à
une époque différente de celle que l'on est forcé
de prendre pour le commencement de son existence ?

En un mot, tant que la femme est en vie, à des
enfans, & ne se remarie pas, l'augment entier
demeure dans sa main. Au moment où elle meurt,
si elle ne s'est pas remariée, & si ses enfans vivent
encore, la propriété qu'elle avoit sur cet augment se
résout, mais il se fait à son profit, une *délibation*,
un détachement d'une part *virile* ; & comme cette

délibation, ce détachement, se font sur la masse entière de l'augment, il est bien clair que, pour déterminer la quotité qu'ils doivent embrasser, il faut uniquement s'attacher au nombre des ayans droit à cette masse.

Il est inutile d'objecter que la veuve remariée ne recouvre rien de l'augment par le prédécès de quelques-uns de ses enfans, si tous ne meurent avant elle.

On sent la différence d'une veuve remariée d'avec celle qui ne l'est pas. La femme qui a convolé en secondes noces, n'a plus rien dans l'augment; le convol lui en a ôté la propriété; elle n'y conserve aucune part; & de-là, il est impossible qu'elle acquière rien par l'accroissement des autres portions. Il n'en est pas de même de la femme qui demeure en viduité; elle est, comme on l'a dit, propriétaire de l'augment entier; & quand elle ne le seroit pas, quand on pourroit la considérer pendant sa vie, comme restreinte à une part *virile*, le droit d'accroissement la feroit toujours profiter avec ses autres enfans, de la portion des prédécédés, parce que *portio portioni accrescit*.

Tel est, au reste, l'avis de Duperrier en ses questions notables de droit; *liv. 2, §. 24.* M. de Catellan, *liv. 4, chap. 54*, dit que c'est le meilleur, & celui auquel il faut se ranger; & il rapporte un arrêt du parlement de Toulouse, du 24 mars 1665, qui le confirme.

Si le conjoint veuf, après avoir reçu les gains nuptiaux, fait profession dans un monastère, ou est condamné à quelques peines qui le retranchent du nombre des concitoyens, quel temps faut-il considérer pour fixer la quotité de sa *virile*? Doit-on s'arrêter à celui où il meurt civilement, ou attendre le moment de sa mort naturelle? Il est décidé par un arrêt du parlement de Toulouse, rendu en la première chambre des enquêtes, au rapport de M. Cassaignau, que c'est au temps de la mort civile qu'il faut s'attacher. La raison est, dit M. de Catellan à l'endroit cité, que la mort civile est comparée à la mort naturelle; & que si cette *virile* étoit réglée par rapport au temps du décès, il arriveroit qu'une religieuse pourroit gagner une portion de l'augment, ou l'augment entier, par le prédécès de quelqu'un de ses enfans, ou de tous; ce qui seroit détruire une des règles les mieux établies du droit françois, selon lequel un religieux ne peut rien acquérir ni pour soi, ni pour autrui, & ne doit être compté pour rien, non pas même faire nombre lorsqu'il s'agit de régler des droits successifs.

D'anciens auteurs ont prétendu que le conjoint survivant n'avoit pas la pleine propriété de sa *virile*, mais que cette portion restoit toujours affectée à ses enfans qui devoient, selon eux, en jouir de plein droit après sa mort.

Ce qui les faisoit penser ainsi, c'est que la propriété que les loix donnent au survivant d'une part

virile, n'efface pas entièrement la qualité originaire du bien qu'elle embrasse.

En effet, il paroît que Justinien, en accordant des gains nuptiaux au survivant qui ne se remarie pas, n'entend pas qu'ils soient absolument confondus avec le patrimoine de celui-ci; mais qu'au contraire, il reste toujours dans ces biens une marque de leur origine qui les distingue des autres, ainsi que le prouve le chapitre 20 de la novelle 22.

Ce qui autorise encore cette opinion, c'est qu'aux termes du même chapitre, faute par le survivant d'avoir expressément disposé de ses gains nuptiaux, ils reviennent aux enfans, quand même ils ne seroient pas héritiers de leurs pères & mères; & s'ils le sont par portions inégales, ils ne laissent pas de partager également les droits de survie; ensorte que, comme le dit Justinien lui-même, ces objets leur sont acquis plutôt en leur qualité d'enfans, qu'en celle d'héritiers, la loi présumant que le survivant qui n'en a pas disposé, n'a pas voulu les confondre avec ses propres biens, mais qu'il les a regardés comme une partie de la succession du conjoint prédécédé, & qui devoit retourner à ses enfans.

Cependant on ne peut nier que le survivant n'ait le droit de disposer des gains de survie, & par conséquent de la *virile*; le chapitre cité de la novelle 22 le lui donne expressément. Ainsi, tout ce que prouvent les raisons que l'on vient de rappeler, c'est que la propriété du survivant, pour être libre & entière, ne laisse pas d'être anormale, en ce qu'elle conserve toujours une certaine destination aux enfans nés du mariage qui a donné lieu à la *virile*.

On diroit en vain contre cette liberté de disposer, que la *virile* n'est, comme on l'a établi plus haut, acquise au survivant, qu'au moment de sa mort. Tous les jours on vend & on dispose d'un droit éventuel, d'une expectative, d'une simple espérance; & lorsque la loi, loin de les défendre, autorise expressément ces traités, ces dispositions, qui est-ce qui peut y trouver à redire?

Mais la difficulté est de savoir en quels termes doit être conçue la disposition que le survivant fait de sa *virile*; si cette disposition, pour être valable, doit être expresse; ou s'il suffit que le survivant ait aliéné, engagé, ou donné tous ses biens, pour que la *virile* se trouve comprise dans l'aliénation, l'hypothèque ou l'engagement.

Suivant la jurisprudence du parlement de Paris, il faut une disposition expresse, pour que la *virile* soit censée comprise dans les dispositions faites à des étrangers par le survivant, soit entre-vifs, soit à cause de mort.

En 1644, les créanciers d'une femme mariée à Lyon s'opposoient à la discussion des biens de son défunt mari, & demandoient que la *virile* fût déclarée leur être affectée & hypothéquée, comme ayant été comprise dans l'obligation générale que la femme leur avoit faite de ses biens. Pour soutenir leur prétention, ils difoient que cette portion ne devoit plus avoir une nature particulière, qu'elle étoit confondue avec les autres biens de la veuve, qu'elle lui étoit devenue propre, que par conféquent elle devoit être enveloppée indifféremment dans l'obligation générale que cette femme leur avoit faite de toute fa fortune.

Les enfans, au contraire, foutenoient que leur mère pouvoit bien difpofer de fa virile, mais qu'il falloit qu'elle en eût difpofé expreffément pour que l'on pût dire que fon intention eût été de le faire; qu'ainfi une obligation générale de tous biens, ne fuffifoit pas pour affecter la virile, parce que cette portion eft toujours deftinée aux enfans après la mort de leur mère, à moins qu'elle n'en ait difpofé nommément.

Sur ces raifons, fentence de la fénéchauffée de Lyon, qui déboute les créanciers de leur demande. Appel. Arrêt interlocutoire qui ordonne une enquête par turbes, pour conftater l'ufage de Lyon fur cette matière. L'avis des turbiers fut que la mère n'étoit réputée avoir aliéné fa virile, que lorfqu'elle en avoit difpofé fpécialement. En conféquence, arrêt du 7 feptembre 1644, qui confirme la fentence de la fénéchauffée de Lyon.

En 1700, il fut queftion de favoir fi dans une donation univerfelle, faite par une mère à l'un de fes enfans, la virile étoit comprife. Bretonnier donna une confultation pour la négative, & fon avis fut confirmé par arrêt rendu en la feconde chambre des enquêtes, le 23 juin 1700.

Le parlement de Touloufe fuit la même jurifprudence. Le 23 juin 1594, arrêt de cette cour qui juge que les légataires d'une veuve ne pouvoient pas, en cas d'infuffifance de fes biens, fe pourvoir fur la virile de fes gains nuptiaux, parce qu'elle n'en avoit pas difpofé expreffément. Le 27 juillet 1595, autre arrêt rapporté par la Rocheflavin, liv. 4, au mot Dot, tit. 6, art. 6, qui décide que la virile appartient à celui des enfans que la mère a inftitué, par le feul titre de fon inftitution, & fans qu'il y eût aucune difpofition expreffe en fa faveur. Le 19 février 1631, arrêt qui déboute les créanciers d'un conjoint furvivant de leur prétention fur fa virile, & l'adjuge à fes enfans, parce qu'il ne la leur avoit pas engagée en termes exprès.

Cependant, le 12 juillet 1628, la chambre de l'édit de Caftres avoit rendu un arrêt contraire à ce dernier. On s'en prévalut à Touloufe, & l'on prétendit en inférer que du moins le cas d'une obligation générale de tous biens devoit être excepté de la novelle 22; en conféquence, il intervint en peu de temps trois arrêts en la première chambre des enquêtes du parlement de Languedoc, par lefquels, dit M. de Catellan, liv. 4, chap. 28, j'ai vu juger que l'obligation générale comprenoit la virile.

Mais enfin, continue ce magiftrat, l'avis contraire, qui eft appuyé fur les termes précis de la novelle 22, a prévalu, & il fe juge à préfent fans nulle difficulté. Je l'ai vu juger ainfi plufieurs fois, & entre autres, au commencement de l'année 1661, au rapport de M. de Bernier, en la première chambre des enquêtes, & au mois de décembre de la même année en la même chambre, au rapport de M. de Caffaignau, entre Jeanne Baftide & Cauffé mariés, & Marguerite Baftide.

M. de Catellan ajoute que par un autre arrêt rendu à fon rapport le 22 novembre 1671, il a été jugé que la renonciation à tous droits paternels & maternels, ne comprend pas la virile que le père a gagnée fur la dot par le prédécès de fa femme, dont il n'a pas nommément difpofé. La raifon qu'il en donne eft calquée fur le chapitre 20 de la novelle 22 : cette virile ne fe mêle & ne fe confond avec les biens d'une autre nature, que par une difpofition particulière. Tandis qu'on n'en difpofe pas expreffément, c'eft une efpèce de biens fingulière.

Albert, au mot Augment, chap. 3, rapporte deux autres arrêts du parlement de Touloufe, des 3 mars 1643, & 12 feptembre 1648, par lefquels il a été décidé, que tous les enfans ont un droit égal à la virile, lorfqu'il n'en exifte point de difpofition fpéciale, & que celui d'entre eux qui eft inftitué héritier par le père ou la mère à qui elle appartient, ne peut la prétendre à leur exclufion.

Quant au parlement de Bordeaux, la Peyrère cite un arrêt de cette cour, du 17 mars 1667, qui a jugé que la donation faite par une mère à fon fils d'une certaine quotité de fa fortune, porte fur la virile de l'agencement, comme fur les autres biens de la donatrice. Le même auteur dit auffi que dans un procès jugé au même parlement, le 13 août 1669, tout le monde eft convenu que la virile d'une femme étoit comprife dans l'inftitution univerfelle qu'elle avoit faite de fon fils. Enfin, on trouve dans le recueil du même écrivain, un arrêt du 27 février 1679, qui a décidé qu'un fils, en répudiant l'inftitution univerfelle portée à fon profit dans le teftament de fa mère, eft cenfé par cela feul avoir répudié la virile, comme faifant partie des biens auxquels il étoit appelé par la teftatrice.

Mais ces arrêts portent fur des cas particuliers : les termes de la novelle 22 femblent n'excepter les gains nuptiaux des difpofitions générales du conjoint furvivant, que lorfque ces difpofitions font faites en faveur d'étrangers, & au préjudice des enfans. Ainfi rien de tout ce que nous venons de puifer dans la Peyrère, ne peut nous porter à croire que le parlement de Bordeaux ait adopté fur notre queftion, une jurifprudence contraire à la novelle citée.

Une preuve fans replique de l'exactitude de notre obfervation, c'eft qu'au parlement de Grenoble on eft dans un ufage conftant de mettre entre les difpofitions faites en faveur des enfans

& celles qui font relatives aux étrangers, la différence que nous venons d'indiquer. Témoin l'arrêt de réglement de cette cour, du 29 juin 1670, qui décide que l'inftitution univerfelle faite par le père ou par la mère en faveur d'un ou de plufieurs enfans, emporte la *virile* de l'augment ou de la furvie, & que la difpofition de l'authentique *nunc autem nifi expreffim* (qui eft tirée du chapitre 20 de la novelle 22), ne doit avoir lieu qu'à l'égard des étrangers ».

Ce que ce réglement décide à l'égard des inftitutions d'enfans, avoit déjà été jugé au parlement de Grenoble, par arrêt du 3 juillet 1644; mais il étoit auffi intervenu des arrêts contraires : trois, entre autres, des 21 mai 1640, 14 août 1642 & 23 juillet 1649, avoient décidé que l'enfant inftitué héritier par fa mère ne pouvoit pas, à ce titre, s'approprier la *virile* à l'exclufion de fes frères & fœurs, & cela fur le fondement que la veuve ne fe remariant pas, étoit préfumée avoir voulu conferver également ce gain nuptial.

Boniface ne nous apprend rien de plus fur la jurifprudence du parlement d'Aix, que la Peyrère fur celle du parlement de Bordeaux. Nous voyons dans fon recueil, tome 5, *liv. 1, tit. 28, chap. 1* & 2, deux arrêts des 30 juin 1660, & 28 juin 1664, qui ont jugé que l'inftitution univerfelle d'un des enfans emporte la *virile*. Nous y trouvons également un arrêt du 18 avril 1673, qui décide que la portion *virile* eft comprife dans le legs fait au fils pour tous droits paternels, maternels, fraternels & autres à prendre fur les biens & héritages. Mais nous n'y appercevons rien de relatif à la queftion de favoir s'il en feroit de même dans le cas d'une difpofition faite au profit d'un étranger.

Avant d'aller plus loin, arrêtons-nous à la différence que le parlement de Grenoble a établie, & que les parlemens de Bordeaux & d'Aix femblent auffi admettre entre les difpofitions faites au profit d'un des enfans, & celles qui tendent à gratifier un étranger. Cette différence eft-elle jufte? nous ne le croyons pas. Il eft vrai que dans le chapitre 20 de la novelle 22, Juftinien fe fonde principalement, pour exiger une difpofition expreffe & fpéciale des gains de furvie, fur ce qu'il n'eft pas raifonnable de préfumer qu'un père ou une mère veuillent tranfmettre à des étrangers, des biens qu'ils n'ont acquis qu'à l'occafion de leurs enfans ; mais ce motif que le légiflateur donne à la loi, ne peut pas la reftreindre, fi d'ailleurs elle eft générale ; & certainement elle eft telle, puifque même en parlant des enfans, elle veut que, quoique inftitués inégalement par leur père ou mère à qui appartiennent les gains de furvie, ils ne laiffent pas de partager entre eux ces objets par portions égales.

C'eft fans doute par cette confidération que les parlemens de Paris & de Touloufe ont jugé, lors des arrêts cités, des 3 mars 1643, 12 feptembre 1648, 22 novembre 1671, & 23 juin 1700, que

les difpofitions générales, même entre enfans, ne comprennent pas la *virile*, & nous ofons croire ces arrêts plus réguliers que ceux de Bordeaux, de Grenoble & d'Aix, qui ont décidé le contraire.

Il nous refte à examiner fi le conjoint furvivant peut renoncer à la *virile* au préjudice de fes créanciers. M. de Catellan, *liv. 2, chap. 69*, rapporte un arrêt du parlement de Touloufe, rendu en la grand'chambre l'an 1678, par lequel, en déclarant nulle, à la pourfuite des créanciers d'un père veuf, la renonciation de celui-ci à une fucceffion *ab inteftat*, & à un droit de légitime qui lui étoient échus, a jugé valable celle qu'il avoit faite en même temps à la *virile* de la dot de fa femme. La raifon de cette décifion (dit le magiftrat qui nous la conservée) eft que cette *virile* appartient au père d'une manière irrégulière ; elle n'eft point hypothéquée aux créanciers, fi elle ne l'a été nommément, ce qui n'étoit pas dans le cas de l'arrêt. Elle ne paffe pas aux héritiers, fi le père n'en difpofe nommément, mais fe divife entre tous les enfans ; d'où il s'enfuit que, puifque le père en peut priver fes créanciers, à qui il ne l'a pas nommément engagée, en n'en difpofant point expreffément, & qu'au défaut de difpofition expreffe, cette portion *virile* appartient à tous les enfans, *honore præcipuo & ex lege*, comme dit Juftinien dans la novelle 22, chapitre 20, le père peut avec d'autant plus de raifon priver les créanciers de cette *virile*, par une renonciation expreffe.

C'eft une grande queftion de favoir de quel jour les détenteurs des biens affectés aux gains nuptiaux, peuvent prefcrire la *virile*, foit contre le conjoint furvivant, foit contre les enfans.

La difficulté vient de deux règles établies ci-deffus, & qui toutes deux l'on ne peut décider pendant la vie du conjoint furvivant, fi c'eft à lui ou à fes enfans qu'appartient la propriété de la *virile*.

La première eft, que le conjoint furvivant perd la propriété de la *virile*, lorfqu'il paffe à de fecondes noces.

La feconde, que lors même qu'il refte en viduité, s'il ne difpofe pas expreffément de cette portion, elle demeure tellement confondue dans la maffe des gains nuptiaux, qu'il eft cenfé n'y avoir jamais eu aucun droit.

Comme il eft incertain jufqu'à la mort du furvivant, non-feulement s'il fe remariera, ou s'il demeurera en viduité, mais encore s'il ufera ou non de la faculté qu'il a de difpofer, il eft clair que pendant tout le temps qu'il eft en vie, on ne peut pas déterminer au jufte fi c'eft fur fa tête ou fur celle de fes enfans que réfide la propriété de la *virile*.

Si l'on envifage cette propriété comme réfidante par provifion en la perfonne du conjoint furvivant, tant qu'il ne paffera point à de fecondes noces, il pourra arriver qu'avant son décès il se sera remarié, & que par-là il aura perdu dès ce moment la propriété de la *virile*.

Et quand même le survivant ne se remarieroit pas, s'il meurt sans avoir disposé nommément de sa *virile*, la propriété de cette portion sera censée ne lui avoir jamais appartenu, & demeurera confondue avec la propriété du reste des gains nuptiaux qui appartient aux enfans.

On ne peut pas non plus dire que par provision les enfans sont propriétaires de la *virile* pendant la vie du conjoint survivant, sous prétexte que la propriété que le survivant a de cette portion, peut être révoquée à leur profit en cas de secondes noces, ou de non disposition : car si par l'événement le survivant ne s'est point remarié, & qu'il ait disposé nommément de sa *virile*, au moyen de l'accomplissement de ces deux conditions, la propriété de cette *virile* lui aura toujours appartenu.

De ces différentes considérations, il résulte qu'à proprement parler, pendant la vie du conjoint survivant, ni les enfans ni le conjoint survivant lui-même n'ont point une propriété parfaite & déterminée de la *virile*.

Ils ont également un droit à cette propriété, mais c'est un droit subordonné de part & d'autre à l'événement des secondes noces, ou de la disposition. Ainsi la propriété de la *virile* demeure en quelque sorte en suspens jusqu'à la mort du conjoint survivant. Ce n'est qu'en ce moment qu'il commence à devenir certain si le survivant a eu la propriété de la *virile*, ou si elle a toujours appartenu aux enfans, même de son vivant.

De-là, que doit-on conclure relativement à la prescription ? Le voici, selon M. Boucher d'Argis, *traité des gains nuptiaux*, d'après qui nous parlons ici : « Cette incertitude de la propriété » de la *virile* pendant la vie du conjoint survivant, fait que ni le survivant, ni les enfans » ne peuvent alors agir comme propriétaires incommutables de cette *virile*, ni la revendiquer » sur les héritages hypothéqués aux gains nuptiaux ; & par cette raison, la prescription des » hypothèques de cette portion ne devroit pas » courir pendant la vie du conjoint survivant, » du moins contre les enfans : elle peut bien, » après la mort du prédécédé, commencer à courir contre le conjoint survivant, parce qu'il » est dès-lors en état d'agir pour demander à jouir » de cette portion, sinon à titre de propriété, » du moins à titre d'usufruit ; au lieu que le droit » des enfans, & pour l'usufruit, & pour la propriété de cette portion, est tout-à-fait en suspens jusqu'au moment du décès du conjoint survivant ».

C'est en effet ce qu'a décidé un arrêt du parlement de Provence, du 14 juin 1675, rapporté par Boniface, *tome 2, liv. 9, tit. 1, chap. 15* : par cet arrêt, dit Bretonnier, le fils aîné à qui

la mère avoit fait donation des biens de son mari, dont elle étoit héritière, fut débouté de la fin de non-recevoir qu'il opposoit à ses frères, qui demandoient leur part des gains nuptiaux, quoiqu'il eût joui des biens de son père pendant plus de trente ans, depuis la donation à lui faite jusqu'au décès de sa mère.

Le contraire a été décidé par un arrêt du parlement de Paris, du 7 juin 1647, rapporté par Henrys, *liv. 4, chap. 6, quest. 108.*

« La différence que l'on peut trouver entre ces » deux arrêts, dit encore Bretonnier, est que celui » de 1647 a été rendu au profit d'un tiers-acquéreur, & celui qui est rapporté par Boniface, » contre un fils donataire. Mais cette différence » est inutile ; car, suivant la loi pénultième, C., » *de præscriptione longi temporis*, il n'y a point de » distinction à faire, quant à la prescription, » entre les donataires & les acquéreurs ».

Quoi qu'il en soit, voici le motif que donne M. Boucher d'Argis à la décision adoptée par le parlement de Paris : « on juge, dit-il, que l'hypothèque de la *virile* se prescrit contre les enfans, » même du vivant de leur père ou mère survivant, » & cela apparemment parce que l'on considère » que, quoiqu'ils n'aient pas dès-lors une propriété certaine, ils ont un droit conditionnel à » cette propriété, & peuvent à ce titre assigner » les tiers-détenteurs des héritages pour les faire » déclarer affectés & hypothéqués à la *virile*, & » par cette interruption civile empêcher la prescription. » *Voyez* AUGMENT, GAIN.

VISA, s. m. (*Droit ecclésiast.*) terme latin usité dans le langage françois, pour exprimer certaines lettres d'attache que l'évêque accorde à un pourvu de cour de Rome, par lesquelles après avoir vu les provisions, il atteste que ce pourvu est capable de posséder le bénéfice qui lui a été conféré.

L'origine du *visa*, tel qu'on le donne présentement, est assez obscur.

Il n'étoit pas question de *visa*, avant que les papes se fussent attribué le droit de conférer en plusieurs cas les bénéfices dépendans des collateurs ordinaires.

Les mandats *de providendo* n'étant d'abord que de simples recommandations adressées aux ordinaires, il n'y avoit pas lieu au *visa*, puisque c'étoit le collateur ordinaire qui conféroit.

Lors même que ces mandats furent changés en ordre, le collateur, quoiqu'il n'eût plus le choix du sujet, étoit toujours chargé d'expédier la provision ; ainsi il n'y avoit point encore de *visa* dans le sens qu'on l'entend aujourd'hui.

L'usage du *visa* ne s'est introduit qu'à l'occasion des préventions de cour de Rome ; des provisions sur résignation, permutation & démission.

Dans l'origine, le *visa* de l'ordinaire n'étoit autre chose que l'examen qu'il faisoit de la signature, ou plutôt de la bulle de cour de Rome, pour s'assurer qu'elle étoit véritablement émanée de l'autorité du pape, on examinoit moins les mœurs & la capacité du pourvu que ses provisions.

Mais depuis le concile de Trente, les évêques veillèrent plus particuliérement à ce que les bénéfices ne fuffent remplis que par des fujets capables.

Le clergé de France, par l'article 12 de fes remontrances au roi Charles IX, en 1574, demanda que les pourvus en cour de Rome, *in formâ dignum*, ne puffent s'immifcer dans la poffeffion & adminiftration des bénéfices, que préalablement ils ne fe fuffent préfentés à l'évêque, & qu'ils n'euffent fubi l'examen pardevant lui.

Les articles propofés dans ces remontrances, furent autorifés par des lettres-patentes; mais étant demeurées fans exécution faute d'enregiftrement, l'article dont on vient de parler fut inféré dans le 12ᵉ de l'ordonnance de Blois; qui porte que ceux qui auront impétré en cour de Rome provifion de bénéfice en la forme qu'on appelle *dignum*, ne pourront prendre poffeffion defdits bénéfices, ni s'immifcer en la jouiffance d'iceux, fans s'être préalablement préfentés à l'archevêque ou évêque diocéfain, & en leur abfence à leurs vicaires généraux, afin de fubir l'examen, & obtenir leur *vifa*, lequel on ne pourra être baillé fans avoir vu & examiné ceux qui feront pourvus, & dont ils feront tenus de faire mention expreffe; pour l'expédition defquels *vifa*, ne pourront les prélats ou leurs vicaires & fecrétaires, prendre qu'un écu pour le plus, tant pour la lettre que pour le fcel d'icelle.

L'édit de Melun, *art. 14*, & l'édit du mois d'avril 1695, *art. 2*, ordonnent la même chofe.

Le *vifa* doit contenir une defcription fommaire de la fignature de la cour de Rome; c'eft-à-dire, expliquer quelle grace y eft accordée, de qui elle eft fignée, fa date & la forme de fon expédition.

2°. Il doit auffi faire mention de l'expéditionnaire qui l'a obtenu en cour de Rome, & de la certification qui en eft faite par deux autres.

3°. Le *vifa* doit faire mention que l'impétrant a été examiné, & qu'il a été trouvé capable, tant du côté de vie & mœurs, que du côté de la fcience, &c.

4°. Il doit contenir la collation du bénéfice avec la claufe *folvo jure cujuflibet*.

5°. Enfin la mife en poffeffion.

Le *vifa* eft tellement néceffaire à celui qui eft pourvu *in formâ dignum*, que s'il prenoit autrement poffeffion du bénéfice, il fe rendroit coupable d'intrufion. La fignature & le *vifa* ne doivent point en ce cas être féparés l'un de l'autre. Ces deux actes compofent un tout qui forme le titre canonique du pourvu.

Cependant la provifion donne à l'impétrant tellement droit au bénéfice, qu'avant d'avoir obtenu & même requis le *vifa*, il peut réfigner en faveur ou permuter.

Pour ce qui eft des fignatures en forme gracieufe, lorfqu'elles ont été obtenues fur un certificat de vie & de mœurs donné par l'ordinaire, elles forment provifions irrévocables, en vertu defquelles le pourvu peut prendre poffeffion fans aucun *vifa*, excepté pour les bénéfices à charge d'ames, fuivant la déclaration du 9 juillet 1646, & l'article 1 de l'édit de 1695.

L'article 21 de l'ordonnance de 1629 veut que le *vifa* foit donné par l'évêque du lieu où eft fitué le bénéfice. Les chapitres exempts de la jurifdiction de l'ordinaire ne peuvent pas l'accorder fur les provifions d'un bénéfice dépendant d'eux. C'eft ce qui a été jugé en 1698, par le parlement de Paris, contre le chapitre de Reims.

Le pourvu qui a befoin de *vifa* doit le demander avant de prendre poffeffion, & pour cet effet fe préfenter en perfonne, fubir l'examen néceffaire, & obtenir les lettres de *vifa* de l'évêque du diocèfe, ou de fon grand-vicaire, lorfqu'il a un pouvoir fpécial, à l'effet de donner les *vifa*.

Le prélat qui eft hors de fon diocèfe peut y renvoyer les pourvus qui lui demandent le *vifa*. Il peut auffi accorder le *vifa* dans un diocèfe étranger, fans la permiffion de l'évêque diocéfain, parce que la conceffion d'un *vifa* dépend de la jurifdiction volontaire de l'évêque, & que la défenfe d'exercer aucune fonction épifcopale hors de leur diocèfe, fans l'agrément de l'évêque diocéfain, ne s'applique qu'aux actes de la jurifdiction contentieufe, ou de la puiffance d'ordre.

Celui qui eft pourvu de plufieurs bénéfices, a befoin d'un *vifa* pour chaque bénéfice.

L'examen qui précède le *vifa* doit être proportionné à la qualité du bénéfice, au lieu & aux autres circonftances. On doit écrire toutes les queftions & les réponfes, pour être en état de juger de la capacité ou incapacité du pourvu.

Dans cet examen, l'évêque eft le juge des mœurs & de la capacité du pourvu, mais non pas de la validité des provifions. C'eft au juge féculier à en faire l'examen, & à prononcer fur le poffeffoire.

Si l'évêque refufe le *vifa*, il doit exprimer les caufes de fon refus, à peine de nullité. Cette difpofition de l'édit de 1695 eft fondée fur ce que le pourvu, ayant un droit acquis au bénéfice par le choix qu'on a fait de fa perfonne, il eft jufte de le lui conferver, & par conféquent de lui donner le moyen de fe pourvoir au fupérieur, en obligeant l'évêque d'exprimer les caufes de fon refus.

Le défaut de certificat de vie & de mœurs n'eft pas une caufe légitime de refus de *vifa*; l'exercice d'un emploi eccléfiaftique dans un diocèfe, fous les yeux des fupérieurs, & fans aucune plainte de leur part, tient lieu de certificat.

Celui qui veut fe plaindre du refus de *vifa*, doit le faire conftater par le procès-verbal de deux notaires, ou par un notaire, affifté de deux témoins.

Il peut se pourvoir contre ce refus, s'il est injuste, par la voie de l'appel simple pardevant le supérieur ecclésiastique.

Il peut aussi se pourvoir au parlement par appel comme d'abus.

Les moyens sont, 1°. si les causes du refus ne sont pas exprimées.

2°. Si l'évêque affecte de ne pas s'expliquer.

3°. S'il exprime une cause insuffisante.

4°. S'il en exprime une fausse, ou dont il n'y ait point de preuves, & qui tende à ternir la réputation du pourvu.

5°. Si l'évêque a pris connoissance de la validité des titres & capacité du pourvu & de l'état du bénéfice, dont il n'est point juge.

On contraignoit autrefois les collateurs, par saisie de leur temporel, à donner des *visa* & provisions à ceux auxquels ils en avoient refusé sans cause : l'ordonnance de Blois abrogea cet usage, & sa disposition fut renouvellée par l'ordonnance de 1629.

Cependant la jurisprudence n'a été fixée sur ce point que par l'édit de 1695, qui enjoint de renvoyer pardevant les supérieurs ecclésiastiques.

C'est au supérieur immédiat que l'on doit renvoyer, & en remontant de l'un à l'autre de degré en degré, suivant l'ordre de la hiérarchie.

Le refus confirmé trois fois par les supérieurs ecclésiastiques, suivant les degrés ordinaires, empêche bien qu'on ne puisse interjetter de nouveau un appel simple ; mais il n'exclut pas l'appel comme d'abus, s'il y a lieu à cet appel. *Voyez* BÉNÉFICE, COLLATION, INSTITUTION, PROVISION.

Visa est aussi un terme que le garde-des-sceaux met au bas des ordonnances & édits qu'il scelle. Il ne met son *visa* aux déclarations, elles sont seulement contre-signées par un secrétaire d'état. (*A*)

VIS-ADMIRAL, (*Droit féodal.*) le mot *amir*, *émir*, *amiral* ou *admiral*, n'a pas toujours signifié le chef de la navigation. On l'a donné à des seigneurs, & l'on a particulièrement appliqué celui d'amiral aux gouverneurs des villes & des provinces. Guillaume de Tyr a employé ce mot dans cette acception, & c'est dans le même sens qu'on trouve le mot *vis-admiral*, pour désigner le représentant ou le lieutenant du châtelain, dans des lettres de Philippe de Valois, dont on trouve l'extrait suivant dans le *Glossarium novum*, de dom Carpentier, au mot *Amir*. « Colin Helyes, » notre amé sergent d'armes, & *vis-admiral*, » en l'office de châtelain de Château-Cornet ». (*G. D. C.*)

VISÉ, part. signifie, *en terme de Palais*, ce qui a été vu, & qui est énoncé comme tel dans un jugement ou dans un acte. C'est dans ce sens que l'on dit *viser* une requête ou une demande dans un arrêt. *Voyez* VU. (*A.*)

VISITATION, s. f. est un ancien terme de palais, usité pour exprimer la visite ou examen que les juges font d'un procès. On se sert aujourd'hui plus communément du mot *visite* que de

celui de *visitation*. *Voyez* VISITE D'UN PROCÈS.

VISITE, s. f. a, *en Droit*, plusieurs significations différentes, selon les objets auxquels il s'applique. En général, c'est la recherche, la perquisition qu'on fait dans certains lieux, ou pour y trouver quelque chose, ou pour voir si tout y est bien en ordre.

Il se prend aussi pour le droit d'inspection & de réformation qu'un supérieur a sur ceux qui lui sont soumis ; quelquefois il signifie l'action même de visiter ; on entend enfin par ce même mot le procès-verbal qui contient la relation de ce qui s'est passé dans une *visite*.

Nous allons donner, sous des mots particuliers, les différentes espèces de *visites* connues en droit civil & canonique.

VISITE DES ARCHEVÊQUES ET ÉVÊQUES, est celle qu'ils ont droit de faire chacun dans les églises de leur diocèse.

La *visite* est un de leurs devoirs les plus indispensables, & qui leur est expressément prescrit par plusieurs conciles, entre autres par celui de Trente, dont les dispositions à cet égard sont suivies dans le royaume, & ont été adoptées par les ordonnances d'Orléans & de Blois, & par l'article 14 de l'édit d'avril 1695.

Ce droit est fondé sur leur qualité de *premiers pasteurs*, & conséquemment il est d'institution divine. Aussi est-il imprescriptible. Le concile de Ravenne tenu en 1314, prononce l'excommunication contre les personnes religieuses & séculières, & l'interdit contre les églises qui, sous prétexte de non-usage & de prescription, s'opposeront à la *visite* de l'ordinaire. Innocent III avoit déjà décidé la même chose en faveur de l'archevêque de Sens.

Il n'y a que les droits utiles dus à l'évêque pour sa *visite*, qui soient sujets à prescription.

Les canons & les conciles imposent aux évêques l'obligation de *visiter* leur diocèse ; tels sont les conciles de Meaux, en 845 ; de Paris, en 831 ; le troisième de Valence, en 855.

Tous les ans ils doivent *visiter* une partie de leur diocèse. Le réglement de la chambre ecclésiastique de 1614 leur donnoit deux ou trois ans pour achever leur *visite* ; mais l'ordonnance de Blois veut qu'elle soit finie dans deux ans.

Il fut aussi ordonné par la chambre ecclésiastique, en 1614, que les évêques feroient leur *visite* en personne ; mais l'édit de 1695 leur permet de faire *visiter* par leur archidiacres, ou autres personnes ayant droit sous leur autorité, les endroits où ils ne pourront aller en personne.

Les bénéficiers doivent se trouver à leurs bénéfices lors de la *visite* de l'évêque, à moins de quelque empêchement légitime.

Suivant l'ancienne discipline de l'église, tout étoit soumis à la *visite* de l'évêque ; mais les exemptions qui se sont introduites depuis, ont donné souvent lieu à des contestations entre les ordinaires & les églises exemptes ; & pour les faire cesser, les conciles & les ordonnances du royaume ont réglé la manière dont les évêques pourroient faire leurs *visites* dans les églises exemptes.

L'édit d'avril 1695 a distingué les églises paroissiales des exemptes, & les monastères exempts. Par une première disposition de l'art. 15, les évêques ont le droit de visiter les églises, pourvu qu'ils le fassent en personne : un arrêt du 13 avril 1709, rapporté au journal des audiences, a maintenu l'archevêque de Tours dans le droit de jurisdiction, *visite* & correction sur les cures dépendantes du chapitre de Saint-Martin de Tours, qui, au surplus, a été conservé dans sa jurisdiction sur ces cures.

Par une seconde disposition, les évêques peuvent visiter, non-seulement en personne, mais même encore par leurs archidiacres ou autres ecclésiastiques, celles de ces églises dont les curés sont religieux, & celles où les chapitres prétendent avoir droit de *visite*.

Quant aux monastères exempts, l'art. 18 autorise les évêques à les visiter en personne, & non par ses archidiacres ; mais il ne peut pas lui-même ni réformer, ni ordonner, il peut seulement prescrire aux supérieurs réguliers de pourvoir, dans un certain délai, aux désordres qu'il a remarqués, & ce n'est que dans le cas de négligence de ces supérieurs, qu'il a le droit d'y pourvoir lui-même. Mais ce que nous disons ne doit pas s'appliquer aux monastères où résident des supérieurs réguliers qui ont une jurisdiction légitime sur d'autres monastères de leur ordre, non plus qu'aux abbés ou abbesses, chefs ou généraux d'ordre ; suivant la déclaration du roi du 29 mars 1696, les uns & les autres sont exempts de la *visite* de l'ordinaire.

L'évêque a le droit de visiter toutes les chapelles & bénéfices, même les chapelles domestiques, pour voir si elles sont tenues avec la décence nécessaire ; les lieux, enfin, qui ne sont d'aucun diocèse, sont sujets à la *visite* de l'évêque le plus prochain.

Suivant le réglement dressé à Melun en 1679 par le clergé de France, l'évêque qui veut faire sa *visite*, doit prévenir les parties intéressées du temps où elle aura lieu. L'article 17 de l'édit de 1695, a réglé que ceux qui auroient des comptes de fabrique à présenter aux évêques, ou à leurs archidiacres, dans le cours de leurs *visites*, en seroient avertis au moins quinze jours auparavant.

Lorsque l'évêque fait sa *visite* en personne, il doit avoir les honneurs du poële, qui doit être porté par les consuls ou officiers de justice, ainsi qu'il a été jugé par arrêt du conseil d'état du 19 janvier 1651, rapporté dans les mémoires du clergé.

Les réguliers même exempts sont tenus de le recevoir revêtus de surplis, portant la croix, l'eau-bénite & le livre des évangiles, de le conduire processionnellement au chœur, de recevoir sa bénédiction, & de lui rendre en tout l'honneur dû à sa dignité.

L'objet de ces sortes de *visites* est afin que l'évêque introduise la foi orthodoxe dans toutes les églises de son diocèse, en chasse les hérésies & les mauvaises mœurs, & que les peuples, par ses exhortations, soient excités à la vertu & à la paix.

L'évêque ou autre personne envoyée de sa part, ne peut demeurer plus d'un jour dans chaque lieu.

Il doit visiter les églises, les vases sacrés, le tabernacle, les autels, se faire rendre compte des revenus des fabriques ; il peut prendre connoissance de l'état & entretien des hôpitaux, de l'entretien des églises & des réparations des presbytères, de ce qui concerne les bancs & sépultures, la réunion des églises ruinées aux paroisses ; l'établissement d'un vicaire ou secondaire dans le lieu où cela peut être nécessaire, l'établissement & la conduite des maîtres & maîtresses d'école ; & si, dans le cours de sa *visite*, il trouve quelques abus à réformer, il a droit de correction & de réformation ; mais il ne peut exercer aucun acte de jurisdiction contentieuse, & qui demande une instruction judiciaire.

C'est en conformité de cette règle que, par arrêt du 17 juillet 1607, le parlement de Bretagne a jugé qu'un évêque ne pouvoit, dans le cours de sa *visite*, connoître des promesses de mariage, ni des autres cas qui sont de la compétence des officiaux : que par un autre arrêt du 26 février 1693, rapporté au journal du palais, le parlement d'Aix a déclaré abusif un procès-verbal de *visite* & les ordonnances rendues en conséquence par le grand-vicaire du chapitre de Marseille, durant la vacance du siège épiscopal, parce que ce grand-vicaire avoit entendu des témoins, comme s'il avoit procédé à une information, qu'il les avoit récolés & confrontés, & qu'il avoit ensuite déposé le supérieur d'une communauté ecclésiastique : que par un autre arrêt du 19 février 1724, le parlement de Paris a déclaré abusive une permission d'informer & de publier monitoire qu'avoit donnée l'évêque de Chartres dans le cours de sa *visite*, contre un curé de son diocèse.

Les évêques peuvent néanmoins, dans le cours de leurs *visites*, ordonner toutes les choses qui sont de police ecclésiastique, & qui peuvent être instruites & jugées sur le champ & sans formalité de justice. Le parlement de Paris l'a ainsi jugé par arrêt du 2 septembre 1770, en faveur de l'archevêque de Sens, contre son chapitre.

La déclaration du roi du 15 décembre 1698 autorise aussi les évêques, dans le cours de leurs *visites* & sur les procès-verbaux qu'ils en dressent, à enjoindre à des curés ou autres ecclésiastiques ayant charge d'ames, de se retirer dans un séminaire durant trois mois pour des causes graves, mais qui ne méritent pas une instruction dans les formes de la procédure criminelle ; & les ordonnances que les évêques rendent en cas pareil, doivent être exécutées, nonobstant toute appellation & opposition, & sans y préjudicier.

L ς

Le clergé avoit demandé au roi, en 1725, qu'il lui plût accorder aux vicaires généraux qui feroient en *visite*, le même pouvoir que celui qui étoit accordé en cas pareil aux évêques ou archevêques; mais cette demande a été refusée par la réponse du roi du 15 octobre 1726.

Il est dû à l'évêque, pour sa *visite*, un droit de procuration. Nous en avons parlé en son lieu. *Voyez* PROCURATION.

VISITE DE L'ARCHIDIACRE, est celle que l'archidiacre fait sous l'autorité de l'évêque dans l'archidiaconé, ou partie du diocèse sur laquelle il est préposé.

L'usage n'est pas uniforme au sujet de ces sortes de *visites*; le concile de Trente ne maintient les archidiacres dans leur droit de *visite* que dans les églises seulement où ils en sont en possession légitime, & à condition qu'ils feront leur *visite* en personne.

Il y a cependant des diocèses où ils sont en possession de commettre pour faire leurs *visites*, lorsqu'ils ont des empêchemens légitimes.

Ils ne peuvent au surplus faire leurs *visites*, ou commettre quelqu'un pour le faire, que du consentement de l'évêque.

Les procès-verbaux de leurs *visites* doivent être remis à l'évêque un mois après qu'elles sont achevées, afin que l'évêque ordonne sur iceux ce qu'il estimera nécessaire.

Les marguilliers doivent présenter leurs comptes au jour qui leur aura été indiqué par l'archidiacre, quinze jours avant sa *visite*.

Il peut, dans le cours de sa *visite*, réduire les bancs & tombeaux élevés hors de terre, s'ils nuisent au service divin.

Les maîtres & maîtresses d'école sont sujets à être examinés par lui sur le catéchisme; il peut même les destituer, s'il n'est pas satisfait de leur capacité & de leurs mœurs.

Mais il ne peut confier le soin des ames à personne, sans l'ordre exprès de l'évêque.

Il peut visiter les églises paroissiales, même celles dont les curés sont religieux, ou dans lesquelles les chapitres prétendent avoir droit de *visite*; mais l'évêque a seul droit de visiter celles qui sont situées dans les monastères, commanderies & autres églises de religieux. (A)

Nous venons de dire que les archidiacres étoient tenus de remettre leurs procès-verbaux de *visite* à l'évêque, pour ordonner ce qu'il juge convenable; mais les archidiacres du diocèse de Bourges sont en possession de rendre des ordonnances dans le cours de leurs *visites*, sur les réparations & reconstructions de bâtimens, fournitures d'ornemens des églises & sacristies. Fuet cite en leur faveur un arrêt du 17 mai 1618. Un autre arrêt du 6 septembre 1700, confirme une sentence du bailliage d'Issoudun du 15 janvier 1699, & autres subséquentes dans la même affaire, par lesquelles les décimateurs de l'église paroissiale de Celon, dio-

cèse de Bourges, avoient été condamnés à remplir ce qui étoit ordonné par le procès-verbal de *visite* de l'archidiacre. En 1785 les syndic & procureurs fabriciens de l'église paroissiale de Mauvières, diocèse de Bourges, rendirent plainte contre le prieur décimateur, & demandèrent l'exécution des ordonnances de *visites* de l'archidiacre. Le procureur du roi du bailliage de Montmorillon, diocèse de Poitiers, récemment en charge & ne connoissant pas le droit des archidiacres de Bourges, demanda que le procès-verbal de *visite* fût confirmé par M. l'archevêque de Bourges. Les archidiacres en instruisirent M. le procureur-général, qui, après avoir vérifié leur possession, en instruisit son substitut; lequel poursuivit alors d'office, contre l'intention, l'exécution du procès-verbal de l'archidiacre de Châteauvaucen en l'église métropolitaine de Bourges, sans que son procès-verbal fût confirmé par l'archevêque. Le 1er février 1786, l'abbé de Massey, décimateur de Saint-Martin de Thévi, a été condamné par arrêt de la cour, à exécuter la sentence du bailliage de Châteauroux du 27 août 1785, par laquelle il avoit été condamné à faire les *constructions*, *réparations* & *fournitures*, conformément au procès-verbal de *visite* de l'archidiacre: l'arrêt a été rendu, oui le procureur-général du roi, & le décimateur a été condamné à l'amende. *Voyez* ARCHIDIACRE. (*Cette addition est de M. Coméyl, G. Vic. de l'arch. de Bourges*).

VISITE D'EXPERTS, est l'examen que des experts font de quelque lieu ou de quelque ouvrage contentieux, pour en faire leur rapport, & l'estimation de la chose, si cette estimation est ordonnée. *Voyez* EXPERT, ESTIMATION, RAPPORT. (*A*)

VISITE DES GARDES ET JURÉS, est la descente & perquisition que les gardes & jurés d'un corps de marchands ou artisans font chez quelque maître du même état, pour vérifier les contraventions dans lesquelles il peut être tombé. *Voyez* GARDES & JURÉS. (*A*)

VISITE DE MÉDECINS ET CHIRURGIENS, est l'examen qu'un médecin ou chirurgien fait d'une personne pour reconnoître son état, & pour en faire leur rapport à la justice. *Voyez* RAPPORT.

VISITE DES OFFICIERS DES MAITRISES, est celle que les officiers des maîtrises sont obligés de faire dans les bois du roi, pour savoir s'il ne s'y commet aucun abus, délit ou malversation.

L'ordonnance du mois d'août 1669, & l'édit de mai 1716, ordonne aux grands-maîtres de faire chaque année, au moins dans deux maîtrises ou grueries de leur département, de garde en garde & de triage en triage, une *visite* générale: qu'ils s'informent de la conduite des officiers, arpenteurs, gardes, usagers, riverains, marchands ventiers & préposés au soin des eaux & chemins, rivières, canaux, fossés publics & vatregands; qu'ils voient les registres des procureurs du roi, des gardes-marteaux, arpenteurs & sergens-à-garde, même ceux des greffiers, & les procès-verbaux, rapports, informations & autres actes concernant les *visites*, délits, abus, entreprises, usurpations, malversations & contraventions, tant au fait des eaux & forêts, que des chasses & pêches, pour connoître si les gardes ont fait leurs rapports, le procureur du roi ses diligences, & si les officiers ont rendu la justice, afin d'y pourvoir à leur défaut : pour cet effet, les sergens, gardes-marteaux & maîtres particuliers font tenus de leur représenter leurs registres aussi-tôt qu'ils en font requis, à peine de demeurer responsables des événemens en leur propre & privé nom.

La même loi ordonne aussi aux grands-maîtres de faire dans les bois tenus en gruerie, apanage, engagement & usufruit, les mêmes *visites* que dans les bois qui appartiennent au roi, & leur permet, quand bon leur semble, de faire leur *visite* dans les bois & forêts dépendans des ecclésiastiques, communautés & gens de main-morte, pour connoître s'il a été commis des délits dans les futaies ou dans les coupes des taillis, & si l'usance en a été faite & les réserves conservées, conformément aux ordonnances & réglemens, pour y être par eux pourvu selon l'exigence des cas.

Les grands-maîtres font encore obligés de visiter les rivières navigables & flottables de leurs départemens, ensemble les routes, pêcheries & moulins, pour connoître s'il y a eu des entreprises ou usurpations capables d'empêcher la navigation ou le flottage, & y être par eux pourvu sans délai, en faisant rendre libre le cours des rivières.

Les maîtres particuliers, les procureurs du roi, les gardes-marteaux & les gardes généraux font tenus d'assister les grands-maîtres dans leurs *visites* ; & ceux-ci, en faisant la *visite* des ventes à adjuger, doivent désigner aux officiers & à l'arpenteur les lieux & cantons où seront assises les ventes de l'année suivante.

Les grands-maîtres font autorisés à faire dans le cours de leurs *visites*, toutes sortes de réformations, à connoître de tous les délits, abus & malversations qui peuvent avoir été commis, soit par les officiers, soit par les particuliers, & à faire le procès aux coupables.

Les jugemens & autres actes émanés des grands-maîtres pendant le cours de leurs *visites*, doivent être déposés dans les greffes des maîtrises, & il n'y a que les greffiers de ces jurisdictions qui puissent en délivrer des expéditions.

Les maîtres particuliers font tenus de faire, de six mois en six mois, une *visite* générale dans toutes les forêts du roi & autres dans lesquelles sa majesté a intérêt, ensemble sur les rivières navigables & flottables, à peine de 500 livres d'amendes, & de suspension pendant six mois, sauf à être prononcée une punition plus sévère par le grand-maître dans le cas où ils manqueroient pour la seconde fois à faire ces *visites*. Les lieutenans & procureurs du roi peuvent assister à ces

visites ; mais il est enjoint aux gardes-marteaux & sergens d'y être présens.

Les procès-verbaux de *visite* du maître particulier doivent être signés tant de lui que des officiers présens, & contenir l'état des ventes ordinaires & extraordinaires qui ont eu lieu pendant l'année ; l'état, l'âge & la qualité des bois de chaque garde ou triage ; le nombre & l'essence des chablis ; l'état des fossés, chemins & bornes ; & il doit être apporté aux inconvéniens tel remède que le maître particulier juge convenable. La *visite* générale du maître n'empêche pas qu'il ne doive en faire fréquemment de particulières pour connoître plus parfaitement la conduite des riverains, des gardes, des marchands, des bûcherons, ouvriers & voituriers, ainsi que les autres choses qui peuvent concerner la police ou conservation des forêts du roi, & en rendre compte au grand-maître. Il doit envoyer dans le mois au grand-maître des copies de ses *visites* générales, signées de lui & des autres officiers de la maîtrise, à peine de 300 liv. d'amende, & de privation de ses gages, qui ne peuvent lui être payés que sur le certificat du grand-maître, portant que les procès-verbaux de *visite* lui ont été remis.

Si un mois après le temps fixé aux maîtres particuliers pour leurs *visites* générales, ils ne les ont pas faites, le lieutenant est tenu de faire une *visite* générale des eaux & forêts de la maîtrise, avec les formalités prescrites aux maîtres particuliers & sous les mêmes peines.

Indépendamment de l'obligation imposée au garde-marteau de se trouver aux *visites* des grands-maîtres, des maîtres particuliers & autres officiers, il doit faire chaque mois une *visite* dans toutes les gardes des bois du roi & autres où sa majesté a intérêt, pour observer si les sergens ont rapporté fidèlement les délits qui ont été commis, à l'effet de quoi ils font tenus d'être présens à cette *visite*. Il faut d'ailleurs que le garde-marteau fasse, de quinzaine en quinzaine, la *visite* des ventes ouvertes & de leurs réponses, ainsi que des chemins qui servent à voiturer le bois, pour reconnoître les abus & contraventions qui peuvent avoir lieu dans l'exploitation & en dresser des procès-verbaux.

Les arpenteurs des maîtrises font obligés de visiter une fois chaque année, les fossés, bornes, & arbres de lisière qui ferment ou séparent les forêts du roi & autres dans lesquelles sa majesté a intérêt, pour connoître s'il y a quelque chose de rempli, changé, arraché, ou transporté, &c. Les gruyers royaux font aussi assujettis à faire, de quinzaine en quinzaine, la *visite* des eaux & forêts de leurs grueries, de la même manière que les officiers des maîtrises font obligés de visiter les eaux & forêts de leur département.

VISITE DES PRISONS ET PRISONNIERS, est la séance que les juges tiennent en certains temps de l'année aux prisons, pour voir si elles font sûres & faines, si les geoliers & guichetiers font leur devoir, & pour entendre les plaintes &

requêtes des prisonniers. Les geoliers sont aussi obligés de visiter tous les jours les prisonniers qui sont aux cachots, & les procureurs du roi & ceux des seigneurs de visiter les prisons une fois chaque semaine pour entendre les plaintes des prisonniers. *Voyez* SÉANCE, PRISON, PRISON-NIER. (*A*)

VISITE DU PROCÈS, est l'examen que les juges font d'un procès, à l'effet de le juger. (*A*)

VISITEUR, *s. m.* est celui qui visite une maison, un pays, ou quelque administration & régie particuliere, sur lesquels il a inspection.

Il y avoit anciennement des *visiteurs* & regardeurs dans les arts & métiers, qui faisoient au juge leur rapport des contraventions qu'ils avoient reconnues ; ce sont ceux qu'on appelle présentement *gardes* ou *jurés*.

Les maîtres des ports & passages étoient appellés *visiteurs des ports & passages*.

Il y avoit aussi des *visiteurs* & commissaires sur le fait des aides, sur le fait des gabelles, &c. *Voyez* VISITE.

VITIGAL, (*Droit féodal.*) ce mot a été employé dans le même sens que le latin *vectigal*, dont il dérive, pour désigner un impôt, un tribut. Des lettres de grace, citées par dom Carpentier au mot *Vectigalia*, portent : « à cause des terres & sei-» gneuries de Caumont & de Tonnix, le seigneur » de Caumont a droit de péage & d'ancienneté, » a droit & a accoutumé de lever, recevoir & » percevoir le *vitigal* en la riviere de Garonne en » Agenès ». (*G. D. C.*)

VIVELOTE, *s. f.* (*Droit cout. franç.*) droit établi dans quelques coutumes, en vertu duquel la veuve, outre son douaire, prend, après le décès de son mari, son meilleur habit, son anneau nuptial, le fermail, & les ornemens du chef, son lit étoffé & les courtines, & quelques autres ustensiles de maison. Ragueau, dans son *indice*. (*D. J.*)

VIVENOTE, terme employé par la coutume de la châtellenie de Lille, & qui, dans le ressort de cette loi municipale, est opposé à *douaire*.

On entend par douaire dans la coutume de la châtellenie de Lille, l'usufruit qu'elle défère à la veuve, soit commune, soit qui a renoncé à une partie des fiefs dont le mari a été propriétaire durant le mariage.

Le droit de *vivenote*, au contraire, est l'usufruit qui appartient à la veuve commune seulement dans la totalité des rotures qui ont existé dans la main du mari comme propres.

Suivant l'article 1er du titre 6 de cette coutume, la veuve commune est saisie de cet usufruit, aussi-tôt que son mari est décédé, & il est inutile qu'elle s'en fasse donner la délivrance par les héritiers.

Le même article décide qu'elle perd cet usufruit par le convol à un second mariage.

L'article 2 ajoute qu'elle n'a droit d'en jouir qu'à l'encontre de ses enfans & descendans ; en

sorte que si elle n'a pas d'enfans, il n'y a point de *vivenote* pour elle, & que si ses enfans viennent à mourir, ce droit s'éteint du même moment : c'est ce qui fait croire que le *vœu* de la coutume, en le lui accordant, n'a été que de l'aider à nourrir & élever ses enfans.

L'article 58 du titre 1er déclare, « que, pour appréhension de douaire coutumier sur les fiefs, & du droit de *vivenote* sur héritages patrimoniaux, n'est dû droit seigneurial ».

VO

VŒU, *s. m.* (*Droit canonique.*) est une promesse faite à Dieu d'une bonne œuvre à laquelle on n'est pas obligé, comme d'un jeûne, d'une aumône, d'un pélerinage.

Pour faire un *vœu* en général, il faut être en âge de raison parfaite, c'est-à-dire en pleine puberté ; être libre, & avoir la disposition de ce que l'on veut vouer. Ainsi une femme ne peut vouer sans le consentement de son mari, ni une fille, sans le consentement de ses pere & mere. Un religieux ne peut s'engager à des jeûnes extraordinaires sans la permission de son supérieur.

Il est libre de ne pas faire de *vœux* ; mais quand on en a fait, on doit les tenir. Ainsi ce qui n'étoit dans son principe qu'un pur effet de la volonté, devient par la suite un engagement irrévocable, à moins qu'il n'y ait une dispense accordée par le supérieur légitime.

Cependant si le *vœu* a été fait légerement, ou que différentes circonstances en rendent l'accomplissement trop difficile, on en obtient une dispense de l'évêque ou du pape, selon la nature des *vœux*.

Le *vœu* solemnel de religion dispense de plein droit de tous les autres *vœux* qu'on auroit pu faire avant que d'entrer dans le monastere ; ce qui a lieu même par rapport à ceux qui s'étoient engagés d'entrer dans un ordre plus sévere que celui dans lequel ils ont fait profession.

Il y a différentes sortes de *vœux*, qui ont chacun leurs regles particulieres, ainsi qu'on va l'expliquer dans les subdivisions suivantes.

VŒU *ad limina apostolorum*, c'est-à-dire d'aller à Rome en pélerinage : la dispense de ce *vœu* est réservée au pape ; il en est de même de certains autres pélerinages.

VŒU DE CHASTETÉ, ne consiste pas simplement dans une promesse de ne rien faire de contraire à la pureté, mais aussi dans un renoncement au mariage, & à tout ce qui pourroit porter à la dissipation : lorsque l'on a fait *vœu de chasteté* perpétuelle, il n'y a que le pape qui puisse en dispenser, quand même le *vœu* seroit simple.

VŒU DE CLÔTURE, est un *vœu* particulier aux religieuses, que leur regle ne permet point de sortir du monastere.

VŒU DE CONTINENCE. *Voyez* VŒU DE CHASTETÉ.

GRANDS VŒUX, on appelle ainsi, dans certains ordres, les *vœux* solemnels qui seuls lient la personne, de manière qu'elle ne peut plus retourner au siècle ; par exemple, les jésuites pouvoient être congédiés jusqu'à leur troisième & dernier *vœu*, quoique leurs deux premiers les liassent envers la société. *Voyez* les *loix ecclésiast.* de d'Héricourt, *tit. des Vœux solemnels, n. 33. aux notes.*

VŒU D'OBÉISSANCE, est celui que tous les religieux font d'obéir à leurs supérieurs. Il y a certains ordres qui font en outre *vœu d'obéissance* spéciale au pape ; tel étoit le quatrième *vœu* des jésuites appellés profès.

VŒU DE PAUVRETÉ, est le renoncement aux biens temporels : ce *vœu* se pratique de différentes manières. Il y a des ordres dans lesquels le *vœu de pauvreté* s'observe plus étroitement que dans d'autres ; quelques congrégations font même profession de ne posséder aucun bien fonds, telles sont celles dont les membres doivent, par leur institution, être mendians, & vivre d'aumônes.

Anciennement ce *vœu* n'étoit fait qu'au profit de la communauté ; le religieux profès n'étoit point incapable de recueillir des successions ; mais le fonds en appartenoit au monastère, lequel lui en laissoit seulement l'usufruit & la dispensation. Les papes ont même confirmé ce privilège à divers ordres. Clément IV l'accorda en 1265, à ceux de S. François & de S. Dominique.

Cette habileté des religieux à succéder, a duré en France, jusques dans le XIe siècle.

Présentement l'émission des *vœux* emporte mort civile, & le religieux profès est incapable de rien recueillir, soit à son profit, ou au profit du couvent ; si ce n'est quelque modique pension viagère que l'on peut donner à un religieux pour ses menus besoins, & qu'il ne touche même que par les mains de son supérieur.

La pratique de la pauvreté à laquelle un religieux s'engage, ne consiste pas tant à manquer des commodités de la vie, qu'à n'avoir rien en propre dont il puisse disposer. Pour remplir ce *vœu*, dit la règle de S. Benoît, *chap. 33*, le religieux ne doit avoir aucune chose en particulier, ni habits, ni livres, ni instrumens, ni quoi que ce soit ; surtout il ne doit point avoir d'argent. Suivant l'ancienne discipline, celui à qui, à la mort, on trouvoit quelque chose de caché, étoit privé de la sépulture, comme étant décédé dans un péché manifeste. *Cap. Monachi x de stat. monach.*

L'observance de la pauvreté étoit facile aux premiers religieux établis, parce qu'ils étoient fixés & entièrement séparés du monde : le concile de Trente a même renouvellé les anciens canons à cet égard ; mais depuis que les religieux ont été obligés de voyager, qu'il leur a été permis de tenir des bénéfices, il a été nécessaire de relâcher l'ancienne rigueur de la discipline. On leur a permis de tenir quelque argent, & d'autres commodités particulières. Ceux d'entre eux qui sont capables de bénéfices, comme les chanoines réguliers, sont obligés d'avoir des meubles & de tenir ménage, comme les séculiers. Mais au moment de leurs décès, le *vœu de pauvreté* les empêche de disposer de leur pécule par testament, ou de le transmettre par succession à leur famille ; le supérieur y succède, & c'est ce qu'on appelle *dépouille* ou *cotemorte*. *Voyez* DÉPOUILLE, COTE-MORTE, PÉCULE DES RELIGIEUX.

VŒUX DE RELIGION, sont ceux qu'un novice profère en faisant profession. Ces *vœux* qu'on appelle *solemnels*, sont ordinairement au nombre de trois, savoir de chasteté, pauvreté, obéissance. Les religieuses font en outre *vœu* de clôture ; & dans quelques ordres, les *vœux* comprennent encore certains engagemens particuliers, comme dans l'ordre de Malte, dont les chevaliers font *vœu* de faire la guerre aux infidèles.

L'âge auquel on peut s'engager par des *vœux* solemnels ou de religion, a été réglé diversement depuis la puberté où l'on peut contracter mariage, jusqu'à la pleine majorité qui est de 25 ans. Le concile de Trente l'avoit fixé à 16 ans : ce qui avoit été adopté & confirmé par l'ordonnance de Blois. L'édit du mois de mai 1768 l'a déterminé à 21 ans accomplis pour les hommes, & 18 pareillement accomplis pour les filles. Ceux qui font des *vœux* avant cet âge, ne contractent point d'engagement valable.

Les *vœux* que fait le profès, doivent être reçus par le supérieur, & il doit en être fait mention dans l'acte de profession.

La formule des *vœux de religion* n'est pas la même dans toutes les communautés ; dans quelques-unes, le religieux promet de garder la chasteté, la pauvreté & l'obéissance ; dans d'autres qui sont gouvernées par la règle de S. Benoît, le profès promet la conversion des mœurs & la stabilité sous la règle de S. Benoît, selon les usages de la congrégation dans laquelle il s'engage ; mais quelle que soit la formule des *vœux*, elle produit toujours le même effet.

Quelques-uns attribuent l'établissement des *vœux de religion* à S. Bazile, lequel vivoit au milieu du IVe siècle.

D'autres tiennent que les premiers solitaires ne faisoient point de *vœux*, & ne se consacroient point à la vie religieuse par des engagemens indissolubles : qu'ils n'étoient liés qu'avec eux-mêmes, & qu'il leur étoit libre de quitter la retraite, s'ils ne se sentoient pas en état de soutenir plus long-tems ce genre de vie.

Les *vœux* du moins solemnels ne furent introduits que pour fixer l'inconstance trop fréquente de ceux qui, s'étant engagés trop légèrement dans l'état monastique, le quittoient de même : ce qui causoit un scandale dans l'église, & troubloit la tranquillité des familles.

Erasme a cru que les *vœux* solemnels de religion ne furent introduits que sous le pontificat de Boniface VIII dans le xiij^e siècle.

D'autres prétendent que dès le temps du concile de Chalcédoine, tenu en 451, il falloit se vouer à Dieu sans retour.

D'autres au contraire soutiennent qu'avant Boniface VIII, on ne faisoit que des *vœux* simples, qui obligeoient bien quant à la conscience, mais que l'on en pouvoit dispenser.

Ce qu'il y a de certain, c'est qu'avant le treizième siècle, le religieux pouvoit quitter son monastère, & que les supérieurs avoient le droit de retrancher de leur société, les membres. Le chapitre 6 de la règle de S. Augustin, porte, au sujet des religieux qui donnent du scandale à leurs frères, *etiamsi ipse non abcesserit, de vestrâ societate abjiciatur.* Le chapitre 28 de celle de S. Benoît porte en substance, que si un moine s'égare de ses devoirs, les supérieurs doivent faire usage de tous les moyens possibles pour le ramener, les exhortations, l'excommunication, la discipline, l'invocation de la miséricorde divine, &c. &c. Si toutes ces précautions sont inutiles, le rebelle doit enfin être chassé du monastère & de tout l'ordre.

Ce point de discipline étoit encore en usage dans le neuvième siècle. Le concile de Meaux tenu en 845, défend, par le cinquante-neuvième canon, de congédier aucun religieux, si ce n'est en présence ou du consentement de l'évêque ou de son grand-vicaire : saint Thomas, qui écrivoit dans le treizième siècle, dit qu'il est juste que les supérieurs puissent chasser un religieux rebelle & incorrigible, *ne modicum fermentum totam massam corrumpat.*

Le chapitre 29 de la règle de saint Benoît prouve que de son côté un moine pouvoit aussi rompre les liens qui l'attachoient au monastère, secouer le joug de la règle, & rentrer dans le monde. Il y est dit que celui qui a quitté l'ordre, de son propre mouvement, ne doit être admis à y rentrer qu'après avoir promis qu'il s'amendera, & qu'il faut lui décerner la dernière place de la communauté. S'il abdique une seconde fois, continue la règle, il sera encore reçu, & ainsi jusqu'à trois fois. Mais ensuite, il n'y aura plus d'espoir de retour pour lui : *usque tertio ita recipiatur ; jam postea sciens omnem sibi reversionis aditum denegari.*

Cette faculté de renoncer à la vie monastique après la profession, n'étoit pas vue de bon œil par les législateurs : mais enfin ils la toléroient.

Justinien publia au mois de novembre 532, une loi qui est la 53, *c. de episc. & cler.* par laquelle il défend à tous religieux de quitter l'habit monastique, pour se livrer à une autre profession, & même aspirer aux dignités temporelles. Ce prince condamne ceux qui enfreignent cette défense, à rentrer dans la curie dont ils étoient membres au moment où ils avoient embrassé l'état monastique. S'ils étoient riches, on les imposoit à toutes les charges pécuniaires autrement on leur faisoit subir

toutes les corvées. *Si locuples sit, pecunariâ subiturus munera ; sin minus corporallâ munera.* Le même empereur, par un édit subséquent, attribua au monastère tous les biens que le religieux déserteur possédoit au moment de sa fuite.

De-là, deux conséquences : la première, que les *vœux en religion* ne dépouilloient pas alors celui qui les prononçoit, de la propriété de ses biens : la seconde, qu'il n'étoit pas de leur essence d'attacher irrévocablement le religieux à son état.

Il y a plus ; ces *vœux* n'annulloient pas le mariage contracté depuis leur émission. Innocent I, qui vivoit au commencement du cinquième siècle, écrivoit à Victrice, prélat de l'église de Rouen, qu'il ne falloit pas admettre à la pénitence publique une religieuse qui, après s'être vouée à Dieu, s'étoit mariée, à moins que son mari ne fût mort. Le motif de cette décision est que ceux que l'église tenoient en pénitence publique étoient obligés de vivre dans la continence jusqu'à ce qu'ils eussent obtenu l'absolution ; & ce pape ne croyoit pas que la faute de la femme dût priver le mari d'un droit qu'il avoit acquis par son mariage. Ce mariage lui donnoit donc des droits : il étoit donc valide, nonobstant les *vœux* de la femme.

Il est vrai que le concile de Calcédoine, en 451, déclare que ceux qui ont fait profession religieuse, soit homme, soit femme, ne peuvent se marier : *si qua virgo se dedicavit Deo, similiter monachus, non licet eis nuptiis jungi ;* & s'ils se marient, ils doivent être excommuniés : *si verò inventi fuerint hoc facientes, maneant excommunicati.* Cependant il est à la disposition de l'évêque de leur épargner cette peine : *statuimus verò eis posse fieri humanitatem, si ita probaverit episcopus loci.* Mais ce canon, comme l'on voit, ne déclare pas le mariage nul ; il n'ordonne pas aux conjoints de se quitter ; il soumet le coupable aux peines canoniques ; & encore donne-t-il à l'évêque la faculté d'en dispenser.

Saint-Augustin qui vivoit dans le quatrième & le cinquième siècles, en son livre *de bono viduitatis, chap. 10,* condamne ceux qui soutiennent que le mariage des religieux n'est pas un mariage, mais un adultère. Cette opinion inconsidérée, dit-il, peut produire un grand mal. En voulant que ces femmes rentrent dans leurs couvens, on fait, de leurs maris, de véritables adultères, puisqu'on les autorise, du vivant de leur première femme, à contracter un second mariage. Je ne peux donc pas, continue ce père de l'église, me déterminer à décider que ces unions ne sont pas des mariages. *Quà propter non possum quidem dicere à proposito meliori lapsas, si nupserint, fœminas adulteria esse, non conjugia.*

L'expérience fit connoître que les supérieurs des monastères se déterminoient souvent trop légèrement à chasser leurs religieux, qui, après leur expulsion, menoient une vie vagabonde & scandaleuse. Cela détermina Grégoire IX, qui vivoit vers le commencement du treizième fiècle , à donner la fameufe décrétale , par laquelle il enjoint à tous les fupérieurs des monaftères de faire une recherche exacte de tous les religieux fortis d'eux-mêmes , ou expulfés de leurs couvens , & de les y faire réintégrer. S'ils continuent de vivre dans le défordre , ce pape autorife les fupérieurs à les tenir fequeftrés dans le même monaftère , fi cela peut fe faire fans fcandale ; ou autrement, il veut qu'on les envoie dans un autre monaftère du même ordre , pour y faire pénitence , & que là on leur fourniffe tout ce qui eft néceffaire à la vie. *Cap.* 24 , x *de regul.*

Cette décrétale éprouva beaucoup de contradictions , beaucoup d'interprétations de la part des fupérieurs réguliers , qui fe voyoient arracher avec chagrin la faculté de fe défaire des fujets qui ne leur convenoient pas. Mais toutes les loix canoniques , depuis cette époque , ont prononcé l'irrévocabilité des *vœux* ; & les loix civiles de tous les pays catholiques en ont adopté les difpofitions : enforte que quand un religieux a prononcé légalement fes *vœux*, il eft irrévocablement lié au monaftère , & le monaftère lui eft pareillement lié ; à moins que le religieux n'ait réclamé contre fes *vœux*, & n'ait été reftitué. *Voyez* PROFESSION EN RELIGION, *et* RÉCLAMATION CONTRE LES VŒUX.

VŒU DE RÉSIDENCE , eft celui qui oblige à demeurer ordinairement dans une maifon, fans néanmoins affujettir à une clôture perpétuelle.

VŒU SIMPLE , eft celui qui fe fait fecrétement & fans aucune folemnité ; il n'oblige cependant pas moins en confcience ; mais s'il a été fait trop légèrement, ou fi, par la fuite, l'accompliffement en eft devenu trop difficile , l'évêque en peut difpenfer ou commuer une bonne œuvre en une autre.

VŒU SOLEMNEL , eft celui qui eft fait entre les mains d'un fupérieur eccléfiaftique pour l'entrée en religion. *Voyez ci-devant* VŒU DE RELIGION.

VŒU DE STABILITÉ , eft celui que l'on fait dans certaines communautés , de vivre fous une telle règle, comme dans l'ordre de S. Benoît.

VŒU DE VIRGINITÉ , eft le *vœu* de chafteté que fait une perfonne, non encore mariée, de garder fa virginité. *Voyez* VŒU DE CHASTETÉ. (*A*)

Addition à l'article VŒU.

Nous ne devons pas terminer cet article fans examiner quel eft le pouvoir des fouverains fur les *vœux de religion.*

Cet examen doit embraffer trois objets ; 1°. Eft-il permis à un roi chrétien d'empêcher qu'il ne fe forme , dans fes états, des affociations dans lefquelles fes fujets puiffent fe lier par des *vœux* irrévocables ? 2°. Quand il a autorifé ces affociations, peut-il régler la forme des *vœux* & prefcrire des conditions defquelles leur validité dépende ? 3°. Peut-il, après avoir une fois admis ces affociations, les détruire , & par ce moyen dégager les membres qui les compofent, des obligations qu'ils fe

font impofées fur la foi d'une autorifation qu'il avoit donnée lui-même ?

I. Le roi, comme magiftrat politique, eft fouverain maître dans fes états. L'églife n'y eft que parce qu'il l'y a reçue ; elle n'y eft qu'en paffant & comme dans une route qui la conduit ailleurs. N'oublions jamais, difoit faint Paul, que tant que nous fommes dans un corps mortel, nous faifons un voyage qui nous approche du feigneur, que nous ne fommes point citoyens ici , & que nous cherchons notre cité dans la vie future. Les anciens patriarches, dit-il, dans un autre endroit, fe regardoient comme étrangers fur la terre, & annonçoient par-là qu'ils cherchoient leur patrie.... ils cherchent la meilleure, c'eft-à-dire , celle qui eft au ciel. Nous avons ordonné le frère du Tire, dit-il encore, pour être le compagnon de notre pélerinage. Regardez-vous, dit faint Pierre, comme des étrangers & des voyageurs.

L'églife ne doit donc avoir aucune prétention, elle n'a aucun droit fur la terre ; toutes fes efpérances font dans l'autre vie ; le royaume de Jéfus-Chrift n'eft pas de ce monde. Elle eft ici étrangère, & elle ne demande pour toute grace que la liberté du paffage.

C'eft le fouverain, c'eft-à-dire , le propriétaire du pays qu'elle parcourt, qui lui accorde ce paffage. Mais, en le lui accordant, il n'a pas entendu, & il n'a pu entendre que, fous prétexte de cette hofpitalité, les voyageurs qui compofent l'églife , formeroient , dans fes états , des affociations dont les membres feroient fans ceffe affemblés fans qu'il pût connoître les motifs de ces affemblées & être inftruits dans le plus grand détail de tout ce qui s'y paffe.

A la vérité, comme roi chrétien , il ne peut ôter à l'églife l'exercice des actes néceffaires au falut des fidèles ; mais, outre qu'il peut, fans toucher à l'effence de ces actes , les diriger de manière qu'ils ne troublent pas l'ordre temporel , il peut fans contredit interdire , & empêcher l'exercice des œuvres de piété qui ne font pas néceffaires au falut , & qui néanmoins, pouvant porter atteinte à l'ordre politique , font de nature à inquiéter le gouvernement & à tenir continuellement fon attention en activité.

Or, d'un côté, il n'eft pas néceffaire, pour le falut, de former des *vœux* qui nous lient à des pratiques particulières, qui nous obligent à une vie différente de celle des citoyens, qui nous foumettent à d'autres fupérieurs que ceux que la providence nous a donnés elle-même, foit dans l'ordre de la religion, foit dans l'ordre civil; & certainement les clefs du ciel n'ont pas été remifes à l'églife pour qu'elle en tienne les portes fermées à quiconque n'eft pas religieux. D'un autre côté, l'exiftence des corps réguliers dans l'état, peut embarraffer & croifer les vues du gouvernement. Quels inconvéniens en effet ne peuvent pas produire des corps qui, féparés de la fociété, font profeſſion de vivre ſans elle ; des corps où , ſans ceſſer d'être homme, on renonce à tous les rapports attachés à ce titre par la nature ; où, ſans ceſſer d'être ſujet d'un empire, on ceſſe d'en être citoyen ; des corps, qui ſe recrutant perpétuellement pour ne jamais s'éteindre, parviennent à ne compoſer qu'une vaſte & éternelle famille ; des corps enfin qui, ſubſiſtant toujours ſans ſe reproduire jamais, enſeveliſſent des générations entières dans le néant ?

On trouve donc dans la vie monaſtique, toutes les conditions du concours deſquelles naît la puiſſance qu'a le ſouverain d'interdire certains actes de religion & de piété.

Dès-là nul doute qu'il ne ſoit libre au roi d'empêcher l'établiſſement d'un ordre religieux dans ſes états. C'eſt en effet ce que décident ou ſuppoſent nettement les loix rapportées ſous les *mots* DOTATION DES RELIGIEUSES, NOVICIAT, PROFESSION EN RELIGION.

II. Mais peut-il , après avoir conſenti à l'introduction des *vœux en religion*, & de leurs ſuites, exiger que chacun de ſes ſujets ne s'y engage que d'une certaine manière, à un certain âge ? Pourquoi ne le pourroit-il pas ? La volonté de tous les citoyens appartient à la puiſſance publique qui eſt dans la main du prince : ils ne peuvent donc vouloir que ce que le prince leur permet de vouloir, & de la même manière qu'il leur permet de le vouloir. C'eſt d'ailleurs au prince à juger des devoirs de chaque individu, & à le placer ſuivant les fruits que la ſociété peut attendre de ſes talens ; d'après cela, comment pourroit-on s'engager malgré lui dans un ordre religieux ? Une pareille liberté répugne viſiblement aux principes de l'ordre public.

Auſſi voyons-nous que, ſous les rois de la première race, il falloit l'agrément ſpécial du prince pour entrer dans un cloître. Marculfe nous a conſervé la formule, *liv.* 1 , *chap.* 19. Mais ce détail eſt devenu impoſſible par le trop grand nombre d'aſſociations introduites dans l'état, & par le trop grand nombre des ſujets qui s'y vouent. Il faut donc que le légiſlateur y ſupplée par une permiſſion générale ; & dès-lors il eſt clair qu'il peut modifier cette permiſſion de telle manière qu'il lui plaît, l'étendre, la reſtreindre, en un mot, y mettre des conditions dont l'inexécution opère la nullité du *vœu*. Il dépendoit de lui d'admettre ou de rejetter la règle & l'aſſociation dans laquelle s'eſt faite l'émiſſion des *vœux* : il l'a admiſe, mais il a oppoſé des conditions à un conſentement qu'il pouvoir refuſer. L'accompliſſement de ces conditions eſt donc eſſentiel pour la validité des engagemens qui ſe contractent en vertu de ce conſentement ; parce que les conditions qui ſont la baſe de l'autoriſation accordée, n'étant pas remplies, cette autoriſation n'exiſte plus. De-là vient le droit, dans la poſſeſſion duquel ſont les tribunaux ſéculiers d'annuller les *vœux* prononcés contre

la teneur des règles établies par la légiſlation civile.

Il en eſt à cet égard des *vœux* comme des mariages. Quand les loix de l'état n'ont pas été obſervées dans les mariages, les cours les déclarent nuls ; de même quand ces loix n'ont pas été obſervées dans l'émiſſion des *vœux*, les officiers du prince déclarent ces *vœux* nuls & irréguliers.

Ce n'eſt pas que la puiſſance civile ait la faculté d'anéantir un engagement contracté par l'homme envers Dieu ; mais ce n'eſt pas non plus un engagement contracté avec Dieu qu'elle anéantit ; elle ne fait que déclarer qu'il n'y en a pas eu.

III. Reſte à ſavoir ſi lorſqu'une fois le ſouverain a admis un ordre religieux, il peut le détruire , & ſi, en voulant que la deſtruction ſoit ſubite, il peut dégager les membres qui le compoſent , des obligations qu'ils ſe ſont impoſés ſur la foi d'une autoriſation qu'il avoit donnée lui-même ?

Cette queſtion peut être conſidérée ſous deux points de vue : ou le ſouverain, lorſqu'il a admis l'ordre qu'il veut détruire, a été trompé, ſoit parce qu'on lui a caché une partie de ſon inſtitut, ſoit parce que, ſi on le lui a tout montré, il n'a pas apperçu les conſéquences funeſtes, que l'expérience en a depuis fait découler : ou bien il n'a pas été trompé ; mais il change d'avis, il ne veut plus que l'inſtitut qu'il a admis reſte chez lui, & il n'eſt excité par aucun autre motif que par ſa volonté.

Dans le premier cas, il ne peut y avoir de doute que le prince ne ſoit en droit de varier, en purgeant ſes états d'une aſſociation qu'il n'y a laiſſé entrer que par erreur. Pour lui conteſter ce droit, il faudroit pouvoir ſoutenir que ceux qui ont eu en main le gouvernement politique ne ſont pas des hommes ; ou du moins croire qu'ils ſont doués du don de l'infaillibilité. Mais l'égliſe ſeule en corps a cette prérogative, & elle n'en jouit que dans l'ordre de la foi. Les ſouverains, les magiſtrats ſont donc ſujets à l'erreur ; ils peuvent, avec les intentions les plus pures, faire des loix, permettre ou tolérer des établiſſemens dont les inconvéniens ne ſe manifeſtent que par l'expérience. Qui doute alors qu'ils ne doivent revenir ſur leurs pas , & rectifier ce qu'il peut y avoir de vicieux dans leurs réglemens ?

Si donc un ordre ſe préſente pour être admis dans le royaume, & que le ſouverain & les magiſtrats , trompés par les apparences , aient conſenti à l'adopter ; ſi, par la ſuite, ils venoient à découvrir, qu'ils ont été ſurpris, & qu'on leur a caché une partie de l'inſtitut, ou qu'ils ſe ſont trompés eux-mêmes, en ne prévoyant pas les ſuites de cet établiſſement , ne ſeroient-ils pas alors dans l'obligation la plus étroite de rétracter leur conſentement, d'annuller ſur le champ ce corps dangereux, & de rendre la liberté aux ſujets qui s'y ſeroient engagés ? En effet, les *vœux* qui auroient formé cet engagement ne ſeroient-ils pas radicalement nuls, n'ayant été prononcés qu'en conséquence d'un consentement qui n'existoit pas ? Car un consentement fondé sur une erreur de fait n'existe point, & ne peut avoir aucune suite. *Non consentitint qui errant: quid enim tam contrarium consensui est, quàm error qui imperitiam detegit*, dit la loi 15, ff. *de jurisdictione.*

C'est sur ce fondement que par le célèbre arrêt du parlement de Paris du 6 août 1762, il a été déclaré que l'institut des jésuites étoit inadmissible par sa nature dans tout état policé, & que les *vœux* émis par les membres de cette société étoient abusifs & non valables.

Dans le second cas, c'est-à-dire, si le prince change de volonté sans autre raison que sa volonté même, il y a deux choses à distinguer dans l'effet qui en résulte, les *vœux* en eux-mêmes, & l'institut dans lequel ils ont été formés.

Les *vœux* conservent toute leur force dans le tribunal de la conscience, parce que l'autorisation du prince sous laquelle ils ont été contractés, leur a imprimé le caractère d'un engagement irrévocable, & une rétractation destituée de motifs ne peut pas annuller après coup ce qui est une fois devenu valable, parce qu'ayant été valablement contractés, il n'y a que Dieu qui puisse en briser le lien. Aussi, dans ce cas, le prince ne force-t-il pas ses sujets qui composoient le corps qu'il proscrit, à commettre un parjure: il détruit bien leur association; mais il laisse subsister les engagemens qui sont entre leurs cœurs & Dieu.

Il n'en est pas de même de l'institut. Le prince pouvoit empêcher dans le principe, que l'association religieuse ne se format dans son empire: il peut par conséquent aussi la détruire quand il le juge à propos. Sa volonté seule en est le soutien; dès qu'elle cesse, l'association tombe & s'écroule nécessairement. En vain les membres qui la composent voudroient-ils résister, sous prétexte que sa rupture les empêcheroit de remplir leurs *vœux* de la manière qu'ils l'ont promis, c'est-à-dire, en communauté & sous la loi d'un supérieur. Ils doivent obéir à la volonté du souverain, cesser de vivre en corps de communauté, & ne plus admettre de nouveaux sujets, parce que, suivant l'écriture sainte, toute résistance à l'autorité civile est censée faite à Dieu même.

VOHADE, (*Droit féodal.*) c'est la même chose qu'une *bohade*, c'est-à-dire, une corvée de bœufs. *Voyez* BOHADE & VINADE. (*G. D. C.*)

VOIE, s. f. (*Jurisp. romaine*) du mot latin *via*, est une servitude réelle, par laquelle le propriétaire d'un héritage a le droit de passer, de se promener, de conduire des bêtes, & des voitures par un héritage voisin.

On voit par cette définition que le droit de *voie* est différent du droit du passage personnel, que les jurisconsultes romains appellent *iter*, & du droit de passage pour les bêtes & voitures qu'ils appelloient *actus*: le droit de *voie* comprenoit en

même temps celui appellé *iter*, & celui appellé *actus*. *Voyez* aux *instit. liv. 2 tit. 3.*

Nous appellons *voie privée*, toute route qui n'est pas faite pour le public, mais seulement pour l'usage d'un particulier; & *voie publique*, est le chemin ou sentier qui est destiné pour l'usage du public. *Voyez* CHEMIN.

VOIE, (*Jurisp. françoise*) est un terme de pratique qui signifie en général le moyen qu'on emploie pour agir contre quelqu'un.

Voie canonique, est lorsqu'on n'emploie que des formes & moyens légitimes & autorisés par les canons, pour faire quelque élection, ou autre acte ecclésiastique.

Voie civile, est lorsque l'on se pourvoit par action civile contre quelqu'un.

Voie criminelle, est lorsque l'on rend plainte contre quelqu'un.

Voie de droit, est lorsque l'on poursuit son droit en la forme qui est autorisée par les loix. La *voie de droit* est opposée à la *voie* de fait.

Voie extraordinaire, est lorsqu'on poursuit une affaire criminelle par récollement & confrontation.

Voie de fait, est lorsque l'on commet quelque excès envers quelqu'un, ou lorsque, de son autorité privée, l'on fait quelque chose au préjudice d'un tiers. *Voyez ci-devant* VOIE DE DROIT, & *ci-après*, le mot VOIE DE FAIT.

Voie de nullité, signifie *demande en nullité*, *moyen de nullité. Voyez* NULLITÉ.

Voie d'opposition, c'est lorsqu'on forme opposition à quelque jugement ou contrainte. *Voyez* OPPOSITION.

Voie de requête civile, c'est lorsqu'on se pourvoit contre un arrêt par requête civile. *Voyez* REQUÊTE CIVILE.

Voie parée, se dit en quelques pays pour exécution parée, comme au parlement de Bordeaux.

Voie de saisie, c'est lorsqu'un créancier fait quelque saisie sur son débiteur. *Voyez* CRÉANCIER, CRIÉES, DÉBITEUR, DÉCRET, EXÉCUTION, SAISIE. (*A*)

VOIE DE FAIT, ce mot, dans le sens le plus étendu, désigne presque toutes les actions qui blessent une personne dans son corps, dans son honneur ou dans ses biens, ou seulement qui contrarient ses prétentions, comme violences, dommage, méfait injurieux, mauvais traitement, construction ou destruction d'ouvrages, dégradation, détérioration, innovation, spoliation, trouble à la possession, en un mot, tout ce que les jurisconsultes comprennent sous le nom d'*injure réelle. Voyez* INJURE.

Mais, dans une acception plus étroite & plus ordinaire, *voie de fait* se dit de tout acte par lequel on exerce, de son autorité privée, des prétentions ou des droits contraires aux droits ou aux prétentions d'autrui.

Si pareille *voie de fait* est commise malgré la résistance

réſiſtance des intéreſſés, en les forçant, repouſ-
ſant ou intimidant, avec armes ou ſans armes,
c'eſt une violence, rarement innocente dans l'état
ſocial, au contraire, le plus ſouvent criminelle,
ou du moins répréhenſible.

Il ne faut pas confondre la violence avec la *voie
de fait*. Toute violence eſt *voie de fait* ; mais toute
voie de fait n'eſt pas violence. La diſtinction eſt
établie dans l'ordonnance de 1667, *tit. 18, art. 2,
tit. 19, art. 16 & 17*, & dans l'ordonnance de 1670,
tit. 16, art. 4.

La ſimple *voie de fait* ſans violence, eſt la *voie
de fait* proprement dite, & la ſeule dont nous
traiterons dans cet article. Si l'on prétendoit qu'elle
eſt toujours légitime, ou qu'elle eſt toujours illicite, & proviſoirement réparable, dans les deux
cas, on s'écarteroit également de la juſtice & de
l'équité, du bien public & de la raiſon. Sans doute
les citoyens ne doivent pas, ſans néceſſité, ſe faire
droit à eux-mêmes ; le plus légitime propriétaire
ne doit pas troubler de fait une poſſeſſion ſuffiſante, s'emparer, ſans forme juridique, de ce dont
jouit ſon adverſaire, ſous la garde ſacrée de la
loi ; autrement ce ſeroit renverſer l'ordre public :
& violer la première condition du pacte ſocial ;
la *voie de fait* ſeroit repouſſée par la violence,
celle-ci occaſionneroit de nouveaux excès, les
guerres privées renaîtroient avec leurs atrocités,
& l'état ſeroit menacé d'une diſſolution prochaine.

Ces inconvéniens ſont réels, mais ils ne doivent pas auſſi nous faire abuſer du ſage principe
qu'ils ont fait introduire. Il y a des *voies de fait*
qui ne ſont que l'exécution de la loi, que l'exercice d'un droit actuel & certain ; il y en a qui
troublent & qui font perdre, non pas une vraie
poſſeſſion, mais plutôt une détention coupable
& indigne en elle-même d'un ſeul moment de
faveur. Qui repouſſeroit par *voie de fait* & ſur-tout
par la violence, des actes de cette eſpèce, ſeroit
le ſeul en faute. Enfin, il eſt des *voies de fait*
qu'on ne peut juger indépendamment du mérite
du fond, ſans s'écarter des maximes reçues, ſans
nourrir le monſtre de la chicane par des procédures vraiment fruſtratoires. Ce ſeroit donc une
maxime fauſſe & dangereuſe d'avancer indiſtinctement, comme certains auteurs, que toutes *voies
de fait* ſont défendues, & doivent être réparées
par proviſion.

Il y a des *voies de fait* qui ſont de véritables délits,
au moins des fautes puniſſables, & qui, pour la plupart, doivent être avant tout réparées ; il en eſt
de formellement autoriſées ou tolérées par les loix
& par la juriſprudence. Parcourons les principales
de l'une & l'autre eſpèce.

Toutes les *voies de fait* qui rentrent dans l'une
des quatre claſſes qui ſuivent, ſont répréhenſibles
& réparables par proviſion.

1°. Dans les matières ſuſceptibles de jugement
poſſeſſoire, celui qui poſſède publiquement depuis
les an & jour derniers, étant, aux yeux de la loi,

réputé propriétaire, juſqu'à ce qu'il ſoit publiquement déclaré uſurpateur, quiconque le trouble
ou dépoſſède par *voie de fait*, ſans néceſſité, con-
trevient à une des règles fondamentales de l'ordre
public. Sa faute eſt une eſpèce de délit ou de
quaſi-délit qui doit être ſur le champ puni &
réparé. Il y a lieu de lui ordonner proviſoirement, de reſtituer la poſſeſſion, ou de ceſſer le
trouble, & en outre de le condamner à une amende,
aux dommages & intérêts & aux dépens. *Voyez*
COMPLAINTE, RÉINTÉGRANDE, & le titre 18
de l'ordonnance de 1667.

Il y a plus, ſi la *voie de fait* a été commiſe par
un tiers qui n'avoit dans la choſe ni droit ni poſſeſſion, le poſſeſſeur n'eſt point obligé de prouver
ſa poſſeſſion annale. Il y a *voie de fait* répréhenſible, à troubler ou dépouiller le poſſeſſeur public
& actuel, lorſqu'il s'agit d'un bien auquel nous
ſommes ſans droit & dont nous n'avons pas été
dépoſſédés nous-mêmes, depuis moins d'une année. Telle eſt la faveur de la ſimple poſſeſſion du
moment ; mais peut-être cette règle ne ſeroit pas
admiſe en certains pays, dont les coutumes exigent
diſertement la poſſeſſion annale pour les actions
poſſeſſoires.

2°. Toute innovation cauſée par *voie de fait*,
dans les choſes litigieuſes, depuis le procès commencé, eſt un attentat à l'autorité publique, &
doit être par proviſion puni & réparé, ſans attendre le jugement du fond. *Voyez* dans le traité des
droits honorifiques de Maréchal, *chap. 7, §. 5*, un
arrêt du 20 juin 1547.

3°. Ce ſont des délits graves & ſévèrement
réprimés, que d'empêcher par *voie de fait*, directement ou indirectement, que les jugemens ſoient
exécutés, ou que les commiſſaires gardiens établis
par la juſtice, ſe mettent en poſſeſſion des choſes dont la garde leur eſt confiée. *Voyez* l'ordonnance de 1667, *tit. 19, art. 6, tit. 27, art. 7.*

4°. Celui qui enlève ou fait enlever des bêtes
arrêtées ſur des terres défenſables, ou qui empêche
qu'elles ne ſoient emparchées, eſt puni d'amende,
& doit dédommager, parce qu'il a employé la *voie
de fait*. *Voyez* cout. de Bretagne, *art. 407* ; de Tours,
art. 204 ; de Loudun, *art. 196* ; de Bourbonnois,
art. 163 ; de la Marche, *art. 353, &c.*

Voilà quelles ſont les principales *voies de fait*
condamnées par les loix ; mais il en eſt d'autres,
en aſſez grand nombre, qui ſont permiſes ou tolérées, ſoit à cauſe de l'indignité perſonnelle de
l'adverſaire, ou de ſon défaut abſolu de poſſeſſion, ſoit à cauſe de l'utilité publique ou de
l'équité naturelle. On ne prétend pas juſtifier également, ni conſeiller comme légitimes, toutes
celles don t on va donner des exemples ; il en eſt
qui ne ſont qu'excuſables, dont on feroit beaucoup
mieux de s'abſtenir ; mais qui, une fois commiſes
ſans violence, comme on le ſuppoſe toujours,
doivent demeurer impunies, ou du moins, ſi l'on
veut ſuivre l'analogie des principes, ne peuvent

être condamnées qu'en décidant le fond du droit litigieux, & en conséquence de cette décision.

I. Au premier rang des *voies de fait* légitimes, ou du moins justement tolérées, viennent se placer la destruction, la démolition, la construction, & autres actes quelconques, par lesquels le dernier possesseur annal, propriétaire ou non, rentre dans sa possession perdue depuis moins d'une année. Celui qu'il trouble ou dépossède n'est pas en droit d'agir par complainte ni réintégrande, & conséquemment, n'a point d'action provisoire, s'il ne justifie qu'il avoit possession annale avant le trouble ou la spoliation.

Un principe général est que la possession qui n'a pas subsisté pendant un an, est inutile pour former la complainte, soit de nouvelleté, soit de réintégrande. Ce n'est qu'à la possession annale, antérieure au trouble ou à la spoliation, que sont accordées les actions possessoires. Tel est, depuis des siècles, le droit commun de la France. L'exception reçue pour le cas de *voie de fait* commise par un tiers, qui n'avoit dans la chose, ni droit ni possession, confirme la règle pour tous les autres cas.

Privé par un étranger d'une possession tout récemment usurpée, qu'on obtienne contre lui la jouissance provisoire, cette jurisprudence est sage, & même ne semble pas contraire à l'esprit de la loi, qui veut une possession annale pour fonder la complainte. Mais accorder un remède si avantageux au spoliateur par *voie de fait*, ou à son ayant-cause, au préjudice du propriétaire, de celui-là même, qui, venant d'être dépouillé, n'a fait que rentrer paisiblement dans sa possession; il suffit d'énoncer une pareille idée, pour faire sentir combien elle répugne aux lumières naturelles de la raison. D'ailleurs, les principes du droit les plus constans, se réunissent pour la proscrire.

Commençons par les loix romaines, où nos pères ont puisé tout le système des actions possessoires. L'interdit *uti possidetis*, répond à notre complainte de nouvelleté; il n'a point lieu pour le trouble fait au possesseur par celui qu'il a ci-devant dépossédé par *voie de fait*: *à quo vi aut clàm possidet*. *Voyez* le titre du digeste *uti possidetis*, & la loi 73, *tit. 2, de reg. juris*. A notre action de réintégrande, se rapportent les interdits *quod vi aut clàm & unde vi*. Contre le premier on avoit l'exception de violence ou de *voie de fait* commises pour le même objet par le demandeur. *l. 7, §. 3, l. 22, §. 2, ff. quod vi aut clàm*. Quant à l'interdit, *undè vi*, c'étoit seulement contre de tierces personnes qu'il étoit accordé, on ne pouvoit jamais l'exercer contre l'ancien possesseur rentré en sa possession dans l'année, par simple *voie de fait* ou même par violence, pourvu que ce fût sans armes. *Voyez* le titre du digeste *de vi & vi armatâ*, sur-tout la loi 1, §. 30, & les *pandectes de Pothier, n. 8, du même titre*. C'est ce qui a fait dire à un célèbre jurisconsulte, dans un ouvrage élémentaire destiné à l'instruction de son fils, & qui a été reçu comme loi dans la

France méridionale, on dépossède impunément l'adversaire qui nous avoit dépossédé lui-même, *qui vi possidet, ab adversario impunè dejicitur*. Paulus sentent. lib. tit. 6, §. 7.

Le droit canonique présente les mêmes principes. C'est de lui que nous vient la règle *spoliatus ante omnia restituendus*; mais il enseigne également celle-ci: *spolii exceptio spoliatori de spolio agenti rectè objicitur. Cap. 12, extrâ de restit. spoliatorum, & cap. 1, in 6, eod*.

On trouve dans les ordonnances & dans les coutumes, de quoi autoriser ces maximes. Ces loix donnent la réintégrande un an après la spoliation; elles refusent donc de réintégrer l'usurpateur dépossédé dans l'année qu'on avoit pour agir contre lui; son action ne seroit pas admissible, puisque jusqu'à la *voie de fait*, dont il voudroit se plaindre, la réintégrande appartenoit au défendeur, alors seul réputé possesseur aux yeux de la justice.

La même conséquence résulte de l'article 3 du titre 18 de l'ordonnance de 1667, conçu en ces termes: si le défendeur en complainte ou en réintégrande, dénie la possession du demandeur, ou qu'il articule possession contraire, le juge appointera les parties à informer. Or, si la *voie de fait* étoit toujours punissable, si la possession la plus courte suffisoit dans tous les cas au demandeur en réintégrande, il seroit toujours inutile au défendeur d'articuler sa possession contraire. Cependant l'ordonnance l'y autorise; elle ne veut donc pas que le juge se décide par la dernière possession du moment, quand les deux adversaires s'opposent réciproquement la leur; elle entend donc laisser impunie la *voie de fait* de celui qui est rentré dans sa possession, avant l'an révolu depuis qu'il l'avoit perdue.

Tel est aussi le sentiment des auteurs. *Voyez* Thevenaut, *comm. sur les ord. pag. 420*, Boucheul, sur la *cout. de Poitou, art. 399, n. 19*, Pothier, *traité de la possess. n. 107*; l'auteur des *principes du droit françois*, suivant les maximes de Bretagne, *tom. 10, pag. 704, 705, 706*. Ils s'accordent tous à enseigner que si le possesseur annal a été dépouillé de sa possession, il a droit d'y rentrer de son autorité, pourvu qu'il le fasse avant l'année révolue, depuis la spoliation par lui soufferte. Le dernier de ces jurisconsultes répète avec force & clarté la même doctrine, en son journal du parlement, *tit. 5, pag. 500 n*: la maxime *icelui n'attente qui use de son droit*, établie par l'article 103 de la coutume de Bretagne, autorise à dire que *les abattis de fossés sont permis ou tolérés* dans tous les cas où la clôture a le véritable caractère d'attentat aux droits de la partie contre laquelle il n'y avoit point de possession annale acquise, ni avant la clôture ni depuis, jusqu'à ce qu'elle ait été abattue.

L'auteur ajoute, 1°. qu'on agit avec *infiniment plus de prudence*, lorsqu'au lieu d'abattre les fossés, on se pourvoit en justice. Sans doute ce parti est plus prudent, à caufe des injures & des violences que les *voies de fait* peuvent occafionner.

Il obferve en fecond lieu, que fi l'on fe détermine à la *voie de fait*, il faut la commettre publiquement & pendant le jour ; que la *voie de fait* nocturne *a un caractère de délit*, & que fon auteur *rifqueroit d'être condamné*, quand il auroit le meilleur droit au fond. Cet avis peut être utile ; non pas que dans la vérité on paroiffe plus repréhenfible d'ufer de fon droit la nuit que le jour ; au contraire, puifque naturellement la *voie de fait* nocturne eft moins fujette à être repouffée par la violence ; mais il peut fe trouver des juges qui feroient touchés d'une circonftance pareille.

Enfin l'auteur ajoute : *dans le doute*, la voie de fait *doit toujours être fupprimée*. Il femble que dans le doute il y auroit de l'injuftice à réprimer des délits qui peuvent n'être qu'imaginaires ; on doit plutôt approfondir les faits concernant la poffeffion. Sont-ils conftans ? Il faut y appliquer les principes. Eft-il impoffible de les éclaircir, de favoir quel eft le poffeffeur légal, & qui doit être maintenu ou réintégré par provifion ? C'eft le cas d'ordonner le fequeftre, & d'envoyer plaider au pétitoire.

II. Des particuliers font en procès, l'un d'eux change l'état des chofes contentieufes, dépoffède fon adverfaire par conftruction, démolition, ou autre innovation. Celui-ci ne tarde pas à rentrer dans fa poffeffion par *voie de fait*. Il eût été mieux de fa part, de recourir à la juftice ; *optimum effet id per magiftratum feciffe*, mais fon adverfaire eft le premier en faute ; il ne peut pas fe plaindre qu'on ait effacé les traces d'un *attentat* qui le foumettoit au dédommagement & à l'amende, il eft fans intérêt, fans qualité, fans action au civil, comme au criminel. *De improbitate fuâ nemo confequitur actionem*, l. 12, *ff. de furtis*. S'il falloit des autorités fur un point évident par la feule analogie des principes, on pourroit citer Maréchal dans fon traité des droits honorifiques, *chap.* 75. On ne peut, dit-il, agir par action d'injure, contre celui qui efface ou qui fait effacer les armoiries placées dans une églife pendant le procès ; elles peuvent être effacées & ôtées par celui qui prétend que c'eft à fon préjudice & en haine du procès. C'eft la doctrine de Chaffannée, *Catalog. glor. mundi*, *concl.* 29. La raifon en eft, que la juftice eft méprifée, quand on fait, *au préjudice du procès*, des innovations.

Voici encore fur ce fujet un arrêt du parlement de Bretagne, rapporté au *tom.* 2, *pag.* 386 & *fuiv.* des principes du droit françois, fuivant les maximes de Bretagne.

Les vaffaux de Rougent avoient inféodé pour une rente de dix-huit livres le droit de communer fur les terres vagues du feigneurie. En 1740, le feigneur ayant concédé de nouveaux afféagemens à leur préjudice, ils fe pourvurent, & après des procédures inutiles à expliquer, ils furent maintenus dans leur droit d'ufage. En 1755, il y eut

appel, mais fans fuite de part & d'autre, parce que dès 1741 le feigneur avoit traduit fes vaffaux, pour le même objet, au confeil qui, par arrêt du 23 août 1753, avant faire droit, ordonna un procès-verbal de l'état & pofition des lieux, & par provifion défendit de faire de nouveaux afféagemens, jufqu'au jugement définitif. Cependant au mois d'avril 1760, le fieur Mahé fit clorre de foffés cinq journaux du terrein contentieux à lui afféagés par acte fous feing-privé, daté du 8 mars 1754, contrôlé le 17 juin 1760. Les foffés furent anffi-tôt détruits. Le fieur Mahé rendit plainte contre Louis Poiffon & fes deux filles, auteurs de la *voie de fait*. Elles reconnurent dans leurs interrogatoires, qu'elles avoient démoli les foffés ; mais elles fe juftifièrent fur ce qu'ils étoient conftruits par attentat à l'autorité de la juftice. Condamnées en première inftance, elles relevèrent appel ; par arrêt du 14 août 1761, à l'audience publique de la tournelle, elles furent renvoyées hors procès. Si elles n'obtinrent pas leurs dépens, ce fut, dit l'auteur cité, parce qu'outre la *voie de fait*, elles étoient convaincues de menaces contre la perfonne du fieur Mahé, & contre tous ceux qui entreprendroient de pareilles clôtures. Mais le fieur Mahé fut condamné aux dépens des vaffaux intervenans & appellans ; on jugea qu'en cette efpèce la *voie de fait* n'étoit pas du nombre de celles qui font défendues comme contraires à l'ordre public.

III. Pour tout ce qui regarde la police & l'utilité publique, il n'y a point de poffeffion ; c'eft donc par le mérite du fonds qu'il faut, en ces matières, juger de la *voie de fait* ; on n'eft pas recevable à fe plaindre de la deftruction d'ouvrages qui gênoient ou empêchoient l'ufage des rues, des places, des chemins publics, fous prétexte de trouble à la prétendue poffeffion. L'utilité commune qui eft la fuprême loi, exigeoit cette exception falutaire. *Reftitutio fpolii ceffat, quandò bonum publicum impedit reftitutionem*. Un célèbre jurifconfulte allemand, Auguftin Léyfer, *differt. de fpolio*, fait l'application de cette maxime à la voie publique qu'un particulier auroit tenue fermée paifiblement pendant un an, & qu'un autre auroit ouverte après l'an révolu ; il foutient que la réintégrande ne peut être accordée en cette efpèce, à caufe de l'utilité publique, & rapporte une décifion du mois de juin 1715, qui le jugea ainfi. Ajoutons que les chemins publics & toutes les chofes hors le commerce ne font pas fufceptibles de poffeffion, de la part des particuliers ; que jamais la loi ne fuppofe dans le citoyen qui s'en empare, cet efprit de propriété, *animum dominantis*, qui conftitue le véritable poffeffeur, auquel feul appartiennent les actions de complainte & de réintégrande.

On voit dans le journal du parlement de Bretagne, *tom.* 5, *chap.* 137, que M. l'avocat-général portant la parole à l'audience publique de grand-chambre, le 17 décembre 1761, dans une affaire où il s'agiſſoit d'abattis de foſſés ſur les deux bouts d'un chemin, dit que l'action de réintégrande étoit bien fondée, parce qu'il n'y avoit pas de preuve que le paſſage clos par le défendeur, fût un chemin public. Il eût décidé tout au contraire, on ne peut en douter, ſi la publicité du chemin eût été conſtatée, ou s'il y avoit eu apparence qu'elle pût l'être; mais dans cette eſpèce, le chemin avoit été jugé privé par ſentence dont il n'y avoit point d'appel.

Suppoſons que dans ces cas où le jugement poſſeſſoire ne peut avoir lieu, la *voie de fait* ſoit illicite contre des innovations illégales; comme ces innovations ſont auſſi des *voies de fait*, celui qui ſe plaindroit du trouble ou de la deſtruction, ſuccomberoit également, d'après une règle de droit, que dans le concours de deux fautes ſemblables, commiſes l'une par le demandeur, l'autre par le défendeur, le premier eſt celui qui doit perdre ſa cauſe: *in pari delicto, deterior eſt cauſa petitoris*, l. 154, ff. *de reg. juris*.

IV. Une juſte néceſſité excuſe même la violence, à plus forte raiſon la ſimple *voie de fait*. *Voyez* un exemple dans la loi 7, §. 4, ff. *quod vi aut clam*.

V. Lorſque la voie publique eſt abſolument impraticable, chacun peut de ſon autorité ſe frayer une route ſur les champs voiſins; cela eſt permis par les loix. *Voyez* CHEMIN.

VI. Chacun a droit de couper juſqu'à la hauteur de quinze pieds, les extrémités des branches d'arbres qui du fonds voiſin s'étendent ſur ſon héritage; c'eſt encore une *voie de fait* autoriſée par la juriſprudence. *Voyez* Pothier, *du contrat de ſociété*, n. 243.

VII. On a fait entendre ci-deſſus, parlant des *voies de fait* illicites, n. IV, qu'il eſt permis d'arrêter les beſtiaux trouvés ſur des terres défenſables. Il faut revenir ſur cet objet, qui nous fournit deux exemples frappans de *voie de fait* légitimée par les loix coutumières du royaume.

Le droit romain permet, non pas de ſe ſaiſir des bêtes du voiſin priſes ſur notre héritage; mais ſeulement de les chaſſer, comme nous ferions des nôtres, ſauf à ſe pourvoir enſuite pour ſes dommages-intérêts.

Nos coutumes établies autrefois pour des peuples encore peu civiliſés, permettent généralement d'arrêter les bêtes priſes en dommage, & de les retirer chez ſoi, ou de les mettre en fourrière, ou dans la priſon de la juſtice, juſqu'à ce que leur maître ait donné caution pour le dédommagement. Il y en a auſſi qui permettent de tuer la volaille, les oies, les poulets, même les chèvres & les cochons; & cette tolérance eſt admiſe en des provinces dont le ſtatut eſt muet ſur ces objets. Ce n'eſt point ici le lieu de diſcuter cette matière ſuſceptible de longs détails; il ſuffit de renvoyer à ceux qui l'ont traitée. On les trouve cités pour la plupart dans le commentaire de Boucheul, ſur

les art. 76, 77, 78, 79, 80 & 81 de la *coutume de Poitou*, & dans le droit général de la France par M. Cottereau, n. 4227 & *ſuiv*. Mais il eſt clair que ce ſont là deux eſpèces de *voies de fait* permiſes ou défendues, ſuivant les pays où elles ſe commettent. Il y a encore d'autres exemples de cette diverſité de loix & d'uſages, pour des *voies de fait* concernant des objets plus importans, comme lorſqu'il s'agit de dixmes, de ſervitudes & de droits honorifiques dans les égliſes.

IX. Dans quelques provinces du royaume, nulle ſervitude ſans titre; en d'autres lieux, elles s'acquièrent toutes, ou preſque toutes, par la poſſeſſion. Ici, la ſimple poſſeſſion fait préſumer le droit de ſervitude; la *voie de fait* qui trouble ou qui fait perdre cette poſſeſſion au moindre citoyen, eſt donc une faute qui donne lieu à la complainte de nouvelleté, ou à celle de réintégrande. Là, au contraire, par une raiſon inverſe, comme la poſſeſſion ſeule n'a aucune faveur, toute *voie de fait* pareille doit demeurer impunie, lorſque celui qui la ſouffre eſt dépourvu de titre au ſoutien de ſa prétention; ſans titre, il n'eſt pas cenſé propriétaire du droit qu'il a voulu s'arroger; il n'a à point de poſſeſſion qu'on puiſſe préſumer légitime; la préſomption eſt pour la liberté; il eſt donc ſans intérêt, ſans qualité, ſans aucun principe d'action. En ce cas, la *voie de fait* eſt un ménagement pour lui, puiſqu'elle évite des frais qu'il eût ſupportés, ſi l'on eût recouru à la juſtice. Au ſurplus, dès qu'on ſuppoſe qu'il n'y a point eu de violence exercée, comment l'ordre public ſeroit-il intéreſſé dans un acte qui conſiſte proprement à uſer de ſon droit, en détruiſant une poſſeſſion proſcrite par la loi? N'eſt-ce pas ici le lieu de dire, *juris executio non habet injuriam*?

X. De même, dans preſque tout le royaume, comme les particuliers ne peuvent ſans titre s'attribuer des bancs dans les égliſes, comme on refuſe les actions poſſeſſoires, pour droits honorifiques, à tous autres qu'aux patrons & aux hauts-juſticiers, il s'enſuit que les *voies de fait* en cette matière, lorſqu'elles ſont commiſes ſans violence & ſans attentat, ſont tolérées, & qu'on n'en juge que par le mérite du fond. *Voyez* de Roye, *de juribus honorif*, liv. 2, chap. 15; Maréchal, *traité des droits honorifiques*, chap. 3, §. 4; & *ibidem*, Danty & Sérieux; arrêt du 16 février 1770, dans le recueil de Deniſart, au mot *Banc*, n. 22.

Par jugement du 12 février 1781, le conſeil d'Artois déclara purement & ſimplement nonrecevable une demande en réintégrande formée contre un patron qui avoit fait ôter & jetter dans le cimetière le banc que le ſieur Dauvin avoit fait placer, & occupoit depuis pluſieurs années dans le chœur d'une égliſe paroiſſiale. Ce particulier interjetta appel au parlement de Paris; enſuite mieux conſulté, il s'en déſiſta.

Mais quelque légitimes qu'on ſuppoſe les ſimples *voies de fait* en matière de droits honorifiques, le respect pour les morts ne permet pas d'en user impunément, pour tirer un cercueil du lieu où il auroit été induement placé. Un particulier voit droit de sépulture dans le mur d'une églife, il en fit arracher un cercueil de plomb qu'on y avoit fait mettre à son préjudice, & par attentat; néanmoins il fut condamné de rétablir le cercueil dans le mur, & de faire ensuite célébrer une messe haute pour l'ame du défunt. *Voyez* Maréchal, *traité des droits honorifiques*, *chap. 4*, *§. 14.* C'est une juste exception qu'on trouve aussi dans les loix romaines. *Voyez l. 8, 38, 39 & 40 de religiosis.*

VOIER, (*Droit féodal.*) On a ainsi nommé une espèce de juge seigneurial & le seigneur ayant droit de voierie. On parlera des seigneurs *voiers* au mot VOIER (*seigneur*). On va dire quelque chose des juges seigneuriaux qu'on a nommés *voiers*.

On a communément entendu par-là les juges moyens-justiciers, ou même les simples juges bas-justiciers dans le temps où la moyenne justice ne formoit point encore un degré entre la haute & la basse-justice.

Plusieurs auteurs ont cru qu'on leur avoit donné ce nom, parce que leur jurisdiction s'étendoit principalement sur les chemins, ou *voies*. Du Cange pense au contraire que ce mot dérive de celui de *vicaire* (en latin barbare *vicarius*); dont la loi des Lombards se sert pour désigner les juges inférieurs placés dans les villages (*in vicis*), comme le dit Walafride Strabon, & que les siècles suivans ont appellé *maires* & *villageois* (*majores & villicos villarum*).

Du Cange ajoute néanmoins que ce mot pourroit aussi dériver de celui de *vouier* ou *avoué*, attendu qu'il y a des chartres où l'on trouve employés l'un pour l'autre les mots *viaria* & *advocatio*.

La première opinion paroît la plus sûre, non-seulement parce que quelques coutumes, telles que celle d'Amiens, *art. 184*, se servent encore du mot *voier*, pour désigner les seigneurs qui ont le droit de voirie, ou la justice & la police des chemins; mais aussi parce que, dans d'autres provinces, telles que le Languedoc, on appelle toujours *viguiers*, ces juges inférieurs. On les a aussi nommé *vehers*, *vehiers*, *vayers*, &c. Dans d'autres pays, tels que le Berry, le mot de *voier* ou *vehier* est synonyme de celui de *vicomte*.

Encore aujourd'hui, quelques coutumes, comme celles d'Anjou & de Tours, *art. 1*, appellent *voierie* ou *simple voierie* la basse-justice; la même coutume de Tours au titre 2, & celle de Blois, *art. 21* & dans les suivans, appellent *justice du gros voier*, la jurisdiction du moyen justicier.

Il suit de-là que, pour connoître la jurisdiction qui appartient au juge *voier*, il faut se déterminer sur la coutume & les usages des lieux, ainsi que sur les titres particuliers de la seigneurie, & les qualifications jointes au mot de *gros-voier* ou de *voierie*. Ainsi dans la coutume d'Amiens, ces termes dé-

signeront une haute-justice, dans celle de Tours & de Blois une moyenne, ou même une basse-justice. Dans la règle la plus générale, s'il est possible d'en tracer une sur cette matière, il faudra entendre par *voierie*, ou *justice voière*, la moyenne justice appartenant aux seigneurs. C'est ainsi qu'on doit l'observer dans les pays coutumiers.

Dans les provinces de droit écrit au contraire, malgré les rapports qu'il y a eu autrefois entre les *voiers* & les *viguiers*, & l'origine commune de ces deux dénominations, l'expression de viguier ne convient guère qu'à des juges royaux à-peu-près semblables à ceux qu'on nomme *prévôts* dans les pays coutumiers. Ils connoissent eux, de toutes matières personnelles, réelles & mixtes, en première instance, entre roturiers, excepté certains cas qui sont spécialement attribués aux sénéchaux. L'appel de leurs jugemens ne se porte point immédiatement au parlement. Il se relève d'abord devant les sénéchaux.

C'est ainsi du moins qu'on le pratique dans le Languedoc. La Roche-Flavin & les autres auteurs qui ont écrit sur la jurisprudence de ce parlement, rapportent beaucoup de réglemens qui ont été faits pour fixer la compétence des viguiers & leur rang relativement aux juges royaux de la province, tels que les capitouls de Toulouse, les lieutenans des sénéchaux & des juges-mages, &c.

Il y a aussi dans la Provence & le Roussillon, des viguiers, mais leurs fonctions ne sont pas les mêmes qu'en Languedoc; elles sont même en quelque sorte opposées en Roussillon, si l'on s'en rapporte à ce qui en est dit dans le mémoire sur cette province, qu'on trouve dans l'état de la France du comte de Boulainvilliers: « Quant aux » jurisdictions inférieures, y est-il dit, elles sont » exercées, ou par le juge du bailli sur le peuple, » ou par les juges du viguier sur les nobles : sur » quoi il est nécessaire de dire que tant les viguiers » que les baillis ne jugent point eux-mêmes; mais » qu'ils sont obligés d'établir des juges en leur » nom qui vuident toutes les affaires portées à » leur jurisdiction; sauf l'appel qui, des uns ou » des autres, est porté au conseil supérieur ».

On lit aussi dans le mémoire sur la Provence, qu'on trouve dans le même ouvrage, que les viguiers font, dans cette province, « des officiers de robe » courte, établis dans toutes les bonnes villes au » nom du roi; qu'ils sont la préséance sur les autres » officiers des villes, & de plus une jurisdiction » de police, particuliérement sur les filous qui » sont pris sur le fait dans les foires & autres » assemblées ».

Il résulte de-là qu'il ne faut pas confondre les *viguiers*, ni le mot *voierie*, lorsqu'il désigne une certaine espèce de justice en général, avec le droit de *voierie*, ou la jurisdiction voyère, qui appartient, suivant le droit commun, aux juges des seigneurs hauts-justiciers pour les chemins ordinaires, & aux officiers royaux, tels que les lieutenans de police & les bureaux des finances pour les rues des villes & les grands chemins. (M. GARRAN DE COULON, avocat au parlement.)

VOIER, (Seigneur.) On appelle ainsi le seigneur qui a le droit de voierie, ou la police & la jurisdiction des chemins.

Cette jurisdiction est un objet important, soit relativement au public qui a le plus grand intérêt à ce que la police des chemins soit bien administrée, soit relativement au seigneur qui a plusieurs droits utiles sur les chemins en conséquence de sa seigneurie. On va rechercher ici, 1°. quels sont les seigneurs auxquels appartient le droit de voierie ; 2°. quelle est la compétence des juges seigneuriaux sur les chemins ; 3°. quels sont les droits utiles & les charges qui dépendent du droit de voierie.

§ I. Des seigneurs auxquels appartient le droit de voierie. Les chemins appartiennent au public ; ils sont donc éminemment sujets à l'inspection & à la jurisdiction des magistrats. La surveillance perpétuelle qu'ils exigent, dépend particulièrement de cette partie de la jurisdiction qu'on connoît sous le nom de police. Il suit de-là qu'on doit réputer seigneurs voiers, les seigneurs qui ont le droit de police, & comme la police est communément un droit de haute-justice, la qualité de seigneur voier & les droits qui en dépendent ne doivent appartenir qu'aux seigneurs hauts-justiciers.

Cette règle reçoit néanmoins une restriction très-importante relativement aux chemins royaux, c'est-à-dire tous les chemins pavés ou ferrés par ordre du roi, & qui depuis leur confection sont inscrits sur l'état du roi, pour être entretenus par les ponts & chaussées. La police & la jurisdiction sur ces chemins & sur les rues des villes que ces grands chemins traversent, appartient exclusivement aux juges royaux, dans l'étendue même de la jurisdiction des seigneurs hauts-justiciers. Il y a aussi quelques autres exceptions relativement à la voierie de Paris, de Versailles & de quelques autres villes. En mettant à part ces exceptions, la jurisdiction sur les chemins non royaux appartient incontestablement aux seigneurs hauts-justiciers, sans que les bureaux des finances, ou les autres tribunaux spécialement chargés de la police des chemins royaux, puissent en prendre connoissance.

C'est sur ce fondement que l'édit du mois de novembre 1695, concernant la petite voierie, porte dans une dernière disposition : « n'entendons préjudicier, par notre présent édit, aux seigneurs hauts-justiciers, qui ont droit de voierie dans l'étendue de leurs justices, dans laquelle nous les avons maintenus & confirmés, sans qu'ils puissent y être troublés ni inquiétés, par quelque cause & sous quelque prétexte que ce puisse être ».

Il ne faut pas conclure de ces mots, qui ont droit de voierie dans l'étendue de leur justice, que ce droit n'appartient qu'à quelques seigneurs hauts-jus-

ticiers à qui la voierie a été expressément accordée. On doit tenir au contraire qu'elle appartient généralement à tous les seigneurs hauts-justiciers, lorsqu'il ne s'agit pas des chemins royaux. Une déclaration du 14 novembre 1724, qui attribue aux trésoriers de France, dans les villes & fauxbourgs, où il y a bureau des finances, la connoissance des dégradations commises par les rouliers qui chargeoient trop leur charrette, ordonne que cette même connoissance appartiendra concurremment, & par prévention, aux officiers de police des villes où il n'y a pas bureau des finances, & dans tous les autres lieux, aux juges royaux ou subalternes, & même aux juges des seigneurs hauts-justiciers, à la charge de l'appel qui ne pourroit être porté que devant les juges supérieurs ressortissans nuement aux cours.

C'est ainsi que la question a été jugée toutes les fois qu'elle s'est présentée.

Par sentences du 10 juillet 1751 & 14 septembre 1754, les juges de Gentilly & de Mont-rouge avoient condamné Jean Basile, dit la Rose, & Fiacre Dupuis, à payer un droit pour l'ouverture de leur boutique & à une amende, faute d'avoir payé le droit & prévenu les officiers de justice, avant de faire cette ouverture. Basile & Dupuis se pourvurent au bureau des trésoriers de France, qui les reçut opposans aux sentences rendues contre eux, ensemble à tout ce qui avoit précédé & suivi, évoquant les demandes formées à cet égard ordonna que, sur le tout, les parties procéderoient devant lui, avec défense de faire poursuite ailleurs, & aux juges de Gentilly & de Mont-rouge d'en connoître à peine de nullité, 500 liv. d'amende & de toutes pertes, dépens, dommages-intérêts.

Les seigneurs de Gentilly, du grand & du petit Mont-rouge, interjettèrent appel de ces ordonnances comme de juge incompétent. Leur appel fut relevé au parlement. Les trésoriers de France intervinrent pour soutenir leur jurisdiction. Ils demandèrent à être maintenus dans le droit exclusif, de connoître dans l'étendue de la généralité de Paris, en première instance, du fait de la voierie & des contestations qui pourroient s'élever à cet égard, avec défense aux juges de Gentilly & de Mont-rouge d'en connoître, &c.

L'affaire fut appointée & instruite avec beaucoup de soins. Les seigneurs de Gentilly & de Mont-rouge ne firent usage que des moyens communs à tous les seigneurs haut-justiciers, sans en invoquer aucuns qui fussent particuliers à leurs seigneuries. L'arrêt rendu au rapport de M. Terray, le 1 septembre 1760, met l'appellation au néant ; émendant, maintient & garde les seigneurs de Gentilly & de Mont-rouge, dans la possession & jouissance de tous les droits de haute, moyenne & basse-justice & voierie dans l'étendue du territoire de leurs seigneuries, & notamment dans le droit de faire exercer toute police sur les chemins

publics & privés, qui cependant ne seront rè-
connus pour chemins royaux, conduisant d'une
grande ville à une autre; & à cet effet de faire
assigner devant leurs juges tous contrevenans aux
réglemens de la voierie, & les faire punir par
amende, ou autrement, suivant l'exigence des cas;
fait défenses aux tréforiers de France de les y troubler : ordonne que, sur l'opposition de Fiacre Dupuis
puis à la sentence du 14 septembre 1754, les
parties procéderont devant le prévôt du grand
Mont-rouge; & sur l'opposition de Basile à la
sentence du 10 juillet 1751, les parties procéderont devant le prévôt du grand & petit Gentilly;
sur le surplus des demandes, fins & conclusions,
met les parties hors de cour; condamne les pré-
sidens-tréforiers de France au bureau des Finances
de la généralité de Paris, & le substitut du procureur général au même bureau, en tous les dépens
des causes d'appel, intervention & demandes envers les seigneurs de Mont-Rouge & de Gentilly,
en ceux par eux faits les uns contre les autres,
& en ceux faits par les seigneurs contre Dupuis
& La Rose.

La même chose a été jugée par arrêt du 7 septembre 1776; dans l'espèce de cet arrêt, le bureau
des Finances d'Orléans avoit rendu trois sentences
les 19 & 26 juillet 1775, concernant les chemins
particuliers du village de Thignonville; le
comte de Bisemont, seigneur haut-justicier de
ce village, intervint dans l'instance à laquelle
donna lieu l'appel interjetté de ces sentences
par trois particuliers : sur cette contestation, le
parlement de Paris rendit le 7 septembre 1776,
un arrêt, par lequel les sentences dont il s'agit
ont été déclarées nulles; le comte de Bisemont a
été maintenu dans la jouissance des droits de
voierie dans l'étendue de sa haute-justice, & défenses ont été faites aux officiers du bureau des Finances d'Orléans de l'y troubler.

Cette règle s'observe aussi également dans les
pays de droit écrit : « la voierie, dit fort bien
à la Touloubre, appartient aux seigneurs hauts-
» justiciers.

» La question a été jugée ainsi par deux différens arrêts conformes aux conclusions, que
» je portai pour M. le procureur général; & j'ai
» trouvé dans le journal du palais de Toulouse
» trois arrêts semblables; l'un du 1er de février
» 1734, en faveur du duc de Roquelaure, un
» autre du 29 de janvier 1748, & le troisième
» en faveur du comte de Pibrac ».

Il y a néanmoins quelques coutumes où le droit
de voierie n'appartient pas exclusivement aux seigneurs hauts-justiciers. Les seigneurs moyens-jusi-
ciers de l'Artois & des provinces voisines, qu'on y
appelle plus communément seigneurs vicomtiers,
en jouissent aussi, comme de plusieurs autres droits
qui sont réservés aux seigneurs hauts-justiciers
dans le droit commun. « La justice du vicomté,
» dit l'art. 5 de la coutume d'Artois, se étend

» ès fiefs, en fachon, se les héritages d'un côté
» & d'autre, sont à lui, ou de lui tenus, telles
» voies & chemins, & ce qui y croist du tout,
» le droit de justice & seigneurie d'iceux, lui
» appartient, & se les héritages de l'un des côtés,
» sont seulement tenus dudit seigneur vicomtier,
» ladite justice s'étend en la moitié seulement
» desdits chemins, & à l'endroit d'iceux tene-
» mens ».

La même disposition se retrouve dans plusieurs
des coutumes voisines. Tout au contraire, il y
a des coutumes, telles que celles d'Anjou, art.
43 & 45, de Loudunois, chap. 5, art. 4, du
Maine, art. 50 & 52, & de Touraine, art. 62,
où les seigneurs châtelains ont exclusivement le
le droit de police, par conséquent le droit de
voierie; ils sont même les seuls qui aient aujour-
d'hui l'exercie de la jurisdiction, suivant le droit
commun de ces coutumes.

Au reste quel que soit le titre auquel la coutume
défère la seigneurie voière, elle n'appartient au
seigneur qu'autant que le chemin traverse véritablement sa terre. Si les héritages des deux côtés
du chemin sont dans la jurisdiction de deux seigneurs différens, le droit de chacun des seigneurs
s'étend seulement du côté où est sa jurisdiction,
jusqu'au milieu du chemin, où la jurisdiction
du seigneur s'étend pareillement. Les coutumes
d'Amiens, art. 184; d'Artois, art. 5; de Boulon-
lonnois, art. 28 & 42; de Hesdin, tit. 2, art. 46,
de Lille, art. 43, & de Ponthieu, art. 103, le
décident expressément.

Les titres ou la possession des seigneurs peuvent néanmoins déroger à ces règles générales.
Beaumanoir, après avoir donné les règles qu'on
vient de proposer, observe qu'il y a des seigneurs
qui ont justice sur les chemins, tant dans leur terre
que dans celle d'autrui, & que ce sont ceux à qui
le droit de voierie a été inféodé. « Les voieries,
» dit-il, s'étendent jusques en certains lieux &
» tous les cas de justice qui adviennent dans les
» limites de sa voierie, doivent être justiciées par
» le seigneur à qui la voierie est, & lorsqu'on ne
» peut prouver par charttre, ou par long usage
» paisible qu'on a voierie dans la terre d'autrui,
» la justice en appartient aux seigneurs limitrophes
» des chemins ».

Cet auteur ajoute enfin, qu'il y a des lieux où
le comte de Clermont a la voierie dans la terre de
ses sujets, & qu'il en doit jouir, lorsqu'il en a
une possession paisible. Par exemple, dit-il, il y
a à Clermont, Creil, Gournay, Remin, Sachi-
le-grand, des hôtes qui sont dans la mouvance des
vassaux du comté, & les vassaux ont toute
justice & toute seigneurie dans les hostises qui
sont tenues d'eux, & néanmoins, si-tôt que les
hôtes sortent de leur porte sur le chemin, ils sont
en la justice du comte, & tous les cas qui y
adviennent sont de sa jurisdiction. Ces voieries
s'étendent au-delà des villes & villages; mais il

n'eſt pas aiſé d'en fixer bien ſûrement les limites.

Cette autorité doit, ſans doute décider la queſtion ſi controverſée de la preſcription de la voierie ou ſeigneurie ruyere, ſur laquelle on peut auſſi conſulter la première des diſſertations de Brunel. Cet auteur, en convenant des dérogations que les titres peuvent apporter au droit commun, obſerve néanmoins que, d'après la diſpoſition des coutumes, qui attribuent aux ſeigneurs hauts ou moyens juſticiers, le droit de voierie, la poſſeſſion ſans titre ne doit pas ſuffire pour l'acquérir à titre de preſcription, à moins que ce ne fût par poſſeſſion immémoriale & centenaire, qui réguliérement vaut titre ; autrement, dit-il, la poſſeſſion de 20 à 30 ans ſeroit inſuffiſante, ſoit parce qu'on ne preſcrit point contre la coutume pour des droits de ſeigneurie qui ſont de pure faculté, ſoit parce qu'on ne preſcrit point contre les bornes ni les limites des dioceſes ou des paroiſſes.

La Normandie forme une exception aux règles qu'on vient de tracer. Le roi ſeul y eſt préſumé *voier* de toutes les routes qui la traverſent, & quoique les hautes-juſtices y ſoient en fort petit nombre, les ſeigneurs à qui elles appartiennent, même avec les deux autres degrés de juriſdiction, n'y ont pas le droit de voierie, à moins qu'elle ne leur ait été expreſſément accordée, comme elle l'a été aux auteurs de M. le duc de Penthièvre, pour la comté-pairie d'Eu. C'eſt ce qu'on peut voir dans les commentateurs de la coutume de cette province, & dans le *Dictionnaire du droit Normand*, au mot *Voierie* mais il ne faut pas conclure de l'uſage de cette province au droit commun, comme on l'a fait dans cet ouvrage.

On doit ajouter que l'attribution du droit de voierie ſur les chemins royaux, qui a lieu pour le roi dans les autres provinces, ne prive pas abſolument les ſeigneurs de tous leurs droits ſur ces chemins, & particuliérement de celui de planter des arbres à leur profit ſur les bords des héritages voiſins, au refus des propriétaires, comme on le verra au §. III.

§. II. *Des droits attachés à la juriſdiction voyère des ſeigneurs.* La voierie proprement dite conſiſte dans la police des chemins ; les ſeigneurs qui jouiſſent de ce droit, doivent avoir dans les chemins qui dépendent d'eux, les mêmes droits d'inſpection & de réformation que les officiers prépoſés pour la voierie dans les chemins royaux. Jouſſe, obſerve ſeulement à cette occaſion, que les ſeigneurs ni les juges ne peuvent pas changer un chemin dans l'étendue de leur juſtice, ni même le rélargir ou le reſtituer au public, quand il a été rétréci ou uſurpé. Ils ont, dit-il, ce qu'on appelle *jus prohibendi* & *conſervandi*, mais ils n'ont pas *jus innovandi* : ainſi ils peuvent donner des alignemens & permiſſions, & veiller à ce que les chemins ſoient réparés & entretenus en bon état ; mais ils ne peuvent les changer, augmenter ou diminuer, ſans y être autoriſés par arrêts du con-

ſeil ou autres mandemens royaux ; ſi ce n'eſt à l'égard des chemins privés, & de peu d'uſage, ou qui ſont devenus entiérement inutiles, & quelquefois même à l'égard d'un chemin public ; mais en le faiſant avec le conſentement des habitans de la paroiſſe ou des paroiſſes voiſines. (*Traité de la juriſdiction des Tréſoriers de France, chap.* 4, *art.* 3).

Les officiers des ſeigneurs peuvent d'ailleurs faire les ordonnances néceſſaires pour le rétabliſſement & l'entretien des chemins qui paſſent dans leurs terres, &, même rendre à cet égard, des réglemens généraux, ſur-tout ſi ces réglemens ne ſont que l'application locale de ceux des juges royaux, & ſur-tout des cours.

Les chemins ſitués dans la baronnie d'Oulmes, en bas Poitou, ſe trouvant en mauvais état, & continuellement gâtés par les propriétaires & cultivateurs des terres voiſines, qui avoient la mauvaiſe habitude d'avancer leurs ſillons ſur leſdits chemins, ce qui les rendoit trop étroits, & expoſoit les voyageurs à des accidens ſans nombres ; le procureur fiſcal de cette baronnie préſenta un requiſitoire dans lequel il rappella les lettres-patentes du 4 février 1783, qui accordent la connoiſſance de la voierie aux juges ordinaires dans l'étendue des apanages de M. le comte d'Artois, & un arrêt du parlement du 5 mai 1786, portant homologation d'une ordonnance rendue par la ſénéchauſſée de Civray, pour la réparation & l'élargiſſement des chemins de traverſe & ruraux.

D'après cet expoſé, le procureur-fiſcal propoſa pour les chemins de la baronnie d'Oulmes un réglement conforme à cette ordonnance ; le juge faiſant droit ſur ce requiſitoire, adopta ce réglement par une ordonnance du 13 décembre 1786.

Ce réglement ordonne, *art.* 1, que « les chemins de traverſe ou ruraux, ſitués dans l'é-
» tendue de cette baronnie, qui ſont trop étroits,
» ſeront établis de la largeur de 18 pieds, ſans
» y comprendre les foſſés, qui auront trois pieds de
» largeur ſur deux de profondeur, dans un mois, à
» compter du jour de la publication de l'ordon-
» nance ».

ART. 2. « Qu'afin d'éviter les conteſtations qui
» pourroient réſulter de l'élargiſſement deſdits che-
» mins, la largeur en ſera priſe par égale portion
» ſur l'un & l'autre côté, à moins qu'il n'y eût
» une entrepriſe manifeſte de la part des rive-
» rains, lors de quoi l'élargiſſement ſera pris
» ſur celui qui auroit pratiqué cette uſurpation ».

ART. 3. « Que ſi dans l'alignement deſdits che-
» mins, il ſe trouvoit y avoir quelques foſſés prati-
» qués, les propriétaires ſeront tenus de les com-
» bler dans le même délai d'un mois ; faute de
» quoi, cela pourra être fait à leurs frais ».

ART. 4. « Que les foſſés qui ſeront faits de
» chaque côté deſdits chemins, ſeront par les pro-
» priétaires, entretenus, & que les pierres qui ſe
» trouveront

» trouveront dans lesdits foſſés, en les ouvrant
» & les réparant, feront jettées & arrangées dans
» lesdits chemins ».

ART. 5. « Que s'il ſe trouve, dans les champs
» des différens propriétaires, quelques chemins
» dont l'uſage ſoit anciennement établi, les labou-
» reurs ne pourront, ſous aucun prétexte, les
» endommager ni les dégrader lors de la culture
» deſdites terres ».

ART. 6. « Que tout ce qui eſt ci-deſſus preſ-
» crit ſera exécuté, à peine de 50 liv. d'amende
» pour chaque contravention ; à quoi chaque con-
» trevenant ſera contraint par toutes voies dues
» & raiſonnables ».

ART. 7. « Que tout ce que deſſus ſera exé-
» cuté par les propriétaires ; & faute par eux de
» de s'y ſoumettre, ſur les diligences du procu-
» reur de la cour, il pourra y être employé des
» ouvriers, au profit deſquels il ſera par nous
» délivré les exécutoires ſur le montant du prix
» de leurs ſalaires ».

Ce réglement a été homologué par arrêt du
parlement du 30 avril 1787.

§. III. *Des droits utiles & des charges qui dépendent de la voierie des ſeigneurs.* Dumées dit dans
ſon traité des droits féodaux, pour les provinces
du reſſort du parlement de Flandres, que « non-
» ſeulement la police, mais auſſi *la propriété des*
» chemins de traverſe, ſervant de communication
» des villes aux villages, & des villages entre
» eux, appartient aux ſeigneurs hauts-juſticiers,
» chacun dans l'étendue de leur juſtice. (*Traité*
» *des droits féodaux, tit. 14, art. 4.*)

Cette énonciation eſt au moins trop vague, &
ſujette à des reſtrictions. Les ſeigneurs hauts-juſticiers ont bien la ſeigneurie des chemins ordinaires, & cette ſeigneurie leur donne une ſorte de
domaine éminent qui leur attribue tous les fruits,
ſoit ordinaires, ſoit caſuels, qui peuvent naître ſur
les chemins ; mais ils n'ont pas la propriété actuelle des chemins eux-mêmes, ou du moins cette
propriété eſt reſtreinte dans des bornes bien étroites,
par l'uſage que le public a des chemins. Autrement il faudroit dire qu'il dépendroit des ſeigneurs de diſpoſer arbitrairement des chemins,
de les altérer, de les tranſporter d'un lieu à un
autre, de les ſupprimer même.

Il eſt vrai néanmoins, que lorſqu'un chemin
eſt entièrement abandonné, & abſolument hors
d'uſage, il rentre dans la claſſe des choſes qui
ne ſont à aucun particulier, & dont la propriété,
par cette raiſon, appartient au ſeigneur haut-juſticier, comme tous les biens vacans. Il peut donc
s'en emparer. La queſtion s'eſt préſentée au commencement de ce ſiècle, entre le ſeigneur de Belle-
val, en Champagne, & les habitans de cette terre.
Par jugement rendu en dernier reſſort à la table
de marbre, le 2 août 1715, le ſeigneur de Bel-
leval a été maintenu dans la propriété & poſſeſſion
d'un chemin qui, faute d'être fréquenté, s'étoit

couvert de brouſſailles, pendant la dernière guerre,
& étoit devenu un bois. *Voyez* VACANS (*biens.*)

Mais hors ce cas particulier, les ſeigneurs *voiers*
ne peuvent, pas plus que les particuliers, ſupprimer les chemins publics, à moins d'y être autoriſés par des lettres-patentes duement enregiſtrées.
Ces ſeigneurs peuvent, à plus forte raiſon, s'oppoſer aux entrepriſes que des ſeigneurs voiſins,
ou d'autres perſonnes, pourroient faire ſur le chemin. M. le duc & madame la ducheſſe de Mercœur, ayant voulu fermer un chemin public
aux environs des prés du lieu de la Roqquette,
le ſubſtitut de M. le procureur-général au châtelet
de Paris, & le ſeigneur *voier*, s'oppoſèrent à cette
fermeture. M. & madame de Mercœur furent
obligés d'obtenir des lettres-patentes, le 24 avril
1599, qui, après une viſite judiciaire des lieux,
furent entérinées le 14 mai ſuivant : en conſéquence, il leur fut permis de clorre & condamner le chemin en queſtion.

Il ne faut pas croire même que le droit de former
cette oppoſition n'appartienne qu'au ſeigneur
voier, ou au miniſtère public.

Un ſeul habitant peut ſe plaindre de la ſuppreſſion d'un chemin : c'eſt une eſpèce d'action
que les loix appellent *populaire.* On peut conſulter à cet égard les autorités recueillies par
Freminville, au tôme 4 de ſa pratique des droits
ſeigneuriaux, *chap. 3, queſt. 39.* On peut y ajouter
l'arrêt ſuivant.

Les Urſulines de Siſteron, pour agrandir leur
enclos, y avoient enfermé un chemin, qu'elles
offroient de donner plus bas. Ce changement étoit
aſſez indifférent en ſoi. Les ſeuls Cordeliers ſe
plaignirent de l'innovation. Et par arrêt rendu au
parlement d'Aix, le 15 juin 1726, il fut ordonné
que les Urſulines laiſſeroient l'ancien chemin
libre.

On vient de dire que les fruits ordinaires &
caſuels qui viennent ſur les chemins appartiennent
aux ſeigneurs *voiers.* Ainſi les épaves qui peuvent
s'y trouver, les fruits des arbres qui ſont plantés
dans les carrefours ou ailleurs, & ces arbres eux-
mêmes leur appartiennent privativement.

Il en eſt de même des arbres que les particuliers peuvent avoir plantés ſur les chemins qui touchent à leurs héritages, en uſurpant une partie
de la largeur de ces chemins. Les ſeigneurs *voiers,*
en faiſant rétablir le chemin dans ſon ancienne
étendue, peuvent s'emparer des arbres, haies,
buiſſons & autres plantes qui ſont venues, ſoit
naturellement ſoit autrement.

Lorſqu'un ſeigneur haut-juſticier a lieu de croire,
d'après ſes titres, que ſes vaſſaux & cenſitaires
ont fait des anticipations ſur un chemin public, il
peut demander que les terres, joignant le chemin, ſoient arpentées, pour être réduites à la
meſure portée par les titres, & le ſurplus être
réuni au chemin. Un pareil arpentage a été ordonné par arrêt rendu ſur délibéré, le 20 mars

1765, dans une affaire jugée définitivement le 17 juin 1767, dont nous rendrons compte ci-dessous. Par l'événement de l'arpentage, il se trouva de l'excédent de mesure qui fut réuni, du consentement des parties, aux chemins dont il est question.

Il ne faut pas confondre, comme on le fait souvent, les arbres qui bordent les chemins, avec ceux qui sont dans les chemins même. Ces derniers appartiennent toujours aux seigneurs *voiers*, suivant le droit commun ; & les premiers ne leur appartiennent qu'autant qu'ils peuvent prouver qu'ils les ont plantés. Autrement la présomption est qu'ils y sont venus naturellement, ou qu'ils ont été plantés par les propriétaires des héritages limitrophes. Dans une supposition comme dans l'autre, ils doivent leur appartenir exclusivement.

C'est ainsi que paroît devoir être décidée la question si controversée de la propriété de ces arbres ; & c'est, à ce que l'on croit, le sûr moyen de concilier les réglemens, en apparence contradictoires, qui ont été rendus sur cette matière. Il est presque inutile d'observer que s'il pouvoit y avoir du doute sur le sens de ces réglemens, il faudroit toujours en revenir à la loi commune, suivant laquelle tout ce qui naît dans un fonds appartient au propriétaire, à moins qu'une loi particulière ne prononce d'exception pour certains objets.

La première ordonnance que nous ayons à ce sujet, est celle de Henri II, donnée à Paris en février 1522. Elle est rapportée par Mellier dans son code de la voierie. Elle enjoint à tous « manans » & habitans des villages & paroisses de faire plan- » ter le long & sur le bord des grands chemins » publics, dans les lieux qu'ils jugeront à propos » & commodes, des ormes, pour que le royaume, » avec le temps, en puisse être suffisamment peu- » plé & pourvu, sur peine d'amende arbitraire » au profit du roi ».

On voit que cette loi ne parle pas même de la prétention des seigneurs hauts-justiciers à cet égard, ou de celle des propriétaires. Elle semble imposer cette obligation aux communautés, & par conséquent supposer que les arbres leur devoient appartenir.

Henri III renouvella cette ordonnance par une autre, donnée à Paris le 19 février 1552, avec commandement de faire ces plantations dans la fin de cette même année, & en saison propre, le long des voieries & grands chemins publics. Mais il impose cette obligation à « tous seigneurs hauts- » justiciers, & à tous manans & habitans des » villages & paroisses » concurremment.

L'article 356 de l'ordonnance de Blois porte purement & simplement, que « tous grands chemins se- » ront rendus à leur ancienne largeur, nonobstant » toutes usurpations par quelque laps de temps » qu'elles puissent avoir été faites ; & à ce que ci- » après n'y soit fait aucunes entreprises, *feront* » *plantés & bordés d'arbres*, comme ormes, noyers

» ou autres, selon la nature & commodité du » pays, *au profit de celui auquel la terre prochaine* » *appartiendra* ».

L'édit du mois de janvier 1583, rendu sur le fait de la jurisdiction des eaux & forêts, a commencé à parler du droit des seigneurs *voiers*. Il ordonne aussi « à tous tenans & aboutissans aux » grands chemins & branches d'iceux, de les » planter d'ormes, noyers, & autres arbres pro- » pres, selon la qualité du fonds & territoire, . . » . . . . . . les fruits desquels arbres appartiendront » respectivement auxdits propriétaires, *& sieurs* » *voiers, s'ils y ont droit* ».

Ce mot de *sieurs*, que Freminville a omis en rendant compte de cette ordonnance, *tom. 4*, *chap. 4*, *quest. 12*, se trouve dans les éditions qu'on en a pu consulter, & particuliérement dans la conférence de Guenois, *liv. 11*, *tit. 13*, §. *170*. Il prouve bien qu'il n'est pas question des officiers qu'on a qualifié de *voiers*, comme Freminville paroît le croire, pour rejetter la prétention des seigneurs, mais bien des seigneurs *voiers*.

Ces mots, « appartiendront respectivement aux- » dits propriétaires *& sieurs voiers, s'ils y ont droit* », supposent bien que la présomption est pour les propriétaires des héritages limitrophes, & que les seigneurs *voiers* ne peuvent rien prétendre dans les arbres riverains qu'autant qu'ils prouvent qu'ils leur appartiennent, soit parce qu'ils se les sont réservés en concédant les héritages, soit parce qu'ils les ont plantés sur le refus des propriétaires, soit par d'autres raisons.

L'arrêt de réglement rendu au conseil le 3 mai 1720, achève de dissiper tous les doutes qui pouvoient rester à cet égard. L'article 6 porte que « tous les propriétaires d'héritages tenans & abou- » tissans aux grands chemins & branches d'iceux, » seront tenus de les planter d'ormes, hêtres, » châtaigniers, arbres fruitiers ou autres arbres, » suivant la nature du terrein, à la distance de » trente pieds l'un de l'autre & à une toise au » moins du bord extérieur des fossés desdits » grands chemins, & de les armer d'épines, & » ce depuis le mois de novembre prochain jusques » au mois de mars inclusivement ; & où aucuns » desdits arbres périroient, ils seront tenus d'en » replanter d'autres dans l'année ».

L'article suivant ajoute : « que faute par lesdits » propriétaires de planter desdits arbres, pourront » les seigneurs auxquels appartient le droit de » voierie en planter à leurs frais dans l'étendue » de leurs voieries ; *& en ce cas, les arbres par* » *eux plantés* & les fruits d'iceux *appartiendront* » *auxdits seigneurs voiers* ».

Cet article n'ayant fixé aucun délai pour mettre les propriétaires en demeure, relativement aux nouveaux chemins qu'on pourroit établir dans la suite, les seigneurs *voiers* s'empressoient de faire eux-mêmes les plantations à mesure que l'on traçoit les chemins , ce qui privoit les propriétaires de la récolte des fruits des arbres plantés sur leur terrein , & de la propriété des arbres même ; mais comme le droit attribué aux seigneurs *voiers*, ne doit naturellement être exercé que pour punir la négligence des propriétaires, un autre arrêt du conseil du 17 avril 1776, a ordonné qu'à l'avenir les seigneurs *voiers* ne pourroient planter d'arbres les chemins dans l'étendue de leurs seigneuries, qu'à défaut par les propriétaires d'avoir fait les plantations dans un an , à compter du jour où les chemins auront été entièrement tracés , & les fossés ouverts.

La jurisprudence des cours paroît conforme à cette distinction. Un arrêt du 1 août 1750, rendu entre le seigneur & les habitans de Villers , près S. Quentin en Picardie , & rapporté par Denisart dans ses notes sur l'acte de notoriété du 29 avril 1702, permet au seigneur, 1°. de planter les rues du village à la distance de cinq pieds de roi des murs & héritages voisins, & de dix-huit pieds d'un arbre à un autre ; 2°. de planter deux rangées d'arbres dans les rues , lorsqu'elles se trouveront avoir trente-cinq pieds & plus de largeur ; 3°. de planter de deux rangées d'arbre les rues qui se trouveront être de la largeur de vingt-cinq pieds ; 4°. l'arrêt défend de planter les rues qui auront moins de vingt-cinq pieds de largeur ; 5°. il permet de planter la place, de manière qu'il se trouve dans le milieu un espace vuide de soixante-quinze pieds des murs, de dix-huit pieds d'un arbre à l'autre , sur la même ligne , & de vingt-cinq pieds d'une rangée parallèle à l'autre; 6°. il permet de planter les endroits vagues & inutiles à la voierie, dans l'étendue du village , en laissant cinq pieds de roi de distance des arbres aux héritages & aux murs voisins ; 7°. à l'égard des chemins hors du village, autres que les chemins royaux, l'arrêt lui permet pareillement , en sa qualité de seigneur *voier* & haut-justicier , *sans préjudice aux droits des propriétaires des terres voisines* , de planter de deux rangées d'arbres , les chemins qui auront trente pieds de largeur , & d'une seule rangée , les chemins qui n'auront que vingt pieds de largeur ; 8°. l'arrêt ordonne que le sieur de Bucy fera ébrancher ses arbres, tant dans les rues que dans les chemins à quinze pieds de hauteur de tête & même plus , s'il en est besoin , &c.

Un autre arrêt du 11 juillet 1759 , rapporté par le même Denisart, dans sa collection, au mot *Arbre*, paroît fondé sur le même principe : « la dame » de Fay , dame du fief de la Queue , situé à Mi- » try , avoit vers l'année 1715 , fait planter des » arbres le long du chemin de la Villette à Mitry, » & de Mitry à Tremblay. En 1758, M. de Nicolaï, » a acquis au fief de la Queue, voulut faire » ébrancher ces arbres , comme successeur du sei- » gneur qui les avoit fait planter. La dame de » Senozan, dame de Vitry , s'y opposa, & sou- » tint au contraire que ces arbres lui apparte-

» noient à cause de sa haute-justice, au moyen » de ce qu'ils étoient plantés dans le chemin de la » Villette à Tremblai. Elle ajoutoit que M. de » Nicolaï ne pouvoit pas lui contester son droit, » ni comme seigneur , parce qu'il n'avoit que la » moyenne & basse-justice , ni comme seigneur » direct , parce qu'il n'avoit qu'une censive éparse » & volante ; ni comme riverain, parce qu'il n'avoit » que trois pièces d'héritages adjacentes au che- » min. La dame de Senozan ne contestoit pas le » fait de la plantation , mais elle alléguoit *une pos- » session qui ne paroissoit pas contredite* , & elle invo- » quoit d'ailleurs *la qualité de haute-justicière*. M. » de Nicolai disoit que les seigneurs hauts-justi- » ciers n'étoient pas propriétaires des chemins , » que les chemins étoient des choses publiques, » dont l'usage est à tous , & dont la propriété » n'est à personne , que la qualité de haut-justi- » cier ne donne qu'un droit d'inspection & de po- » lice, &c. Par sentence des requêtes du palais , » du 26 mai 1759, on a donné acte à la dame » de Senozan du fait par elle articulé, que *les » arbres étoient plantés sur le chemin & dans le fossé, » & non sur le domaine de M. de Nicolaï*. En con- » séquence , il a été ordonné qu'il accorderoit ou » contesteroit le fait ; & depuis, par arrêt du mer- » credi 11 juillet 1759, cette sentence a été con- » firmée ».

Enfin on trouve dans la même collection, un dernier arrêt du 17 juin 1767, rendu sur les conclusions de M. l'avocat-général Joly de Fleury , & après délibéré au rapport de M. de Sahuguet, entre le comte d'Estourmel, marquis de Frétoy d'une part , & le chapitre de Noyon & consorts d'autre part : par cet arrêt , 1°. le comte d'Estourmel a été maintenu en sa qualité de haut-justicier & *voier* de la terre du Frétoy & dépendances, dans le droit & possession de planter , sur les bords des chemins qui traversent ses terres & seigneuries ; 2°. il a été ordonné que les plantations faites par le comte d'Estourmel , sur les bords des seize chemins en question, dont cinq avoient trente-huit, quarante-deux, quarante-quatre, trente-sept & quarante pieds de largeur , demeureroient dans leur état actuel, sans qu'il pût planter dans une plus grande largeur les parties non plantées ; 3°. il a été ordonné qu'il ne pourroit planter le chemin de Candor à Bally , que dans la largeur de trente-trois pieds de distance entre les deux rangées d'arbres , & le chemin de Candor à Lassigny , que dans la largeur de trente-cinq pieds; 4°. il a été ordonné que le chapitre de Noyon & consorts , feroient arracher les arbres par eux plantés sur les bords ou dans l'intérieur desdits chemins , dans lesdites largeurs, & qu'ils les transporteroient sans leurs terres, à une distance au moins de six pieds des plantations du comte d'Estourmel, & il leur a été fait défenses d'en planter à l'avenir à une moindre distance ; 5°. il a été ordonné que l'arrêt seroit imprimé au nombre de cinquante exemplaires, & affiché au nombre de douze aux frais du chapitre de Noyon & conforts, qui ont été en outre condamnés en tous les dépens des caufes principales, d'appel & demandes.

Il paroît réfulter des détails où l'on vient d'entrer, & particuliérement de l'arrêt du conseil du 3 mai 1720, qu'au refus des propriétaires les feigneurs ont le droit de planter les héritages limitrophes des chemins, lors même que ce font des chemins royaux; car ce font évidemment eux que cet arrêt défigne fous le nom de *grands chemins*: c'eft ainfi qu'on l'entend communément. Il faut avouer néanmoins que cet arrêt s'explique à cet égard d'une manière confufe & inexacte. Il n'autorife cette plantation des feigneurs que dans l'étendue de leur voierie, & l'on a vu au § I. que la voierie des chemins royaux appartenoit au roi dans toute la France. Il y a lieu de croire que l'arrêt a entendu par *voierie*, la haute-juftice que les feigneurs peuvent avoir fur le territoire que traverfent les grandes routes.

Il y a néanmoins des coutumes & des pays de droit écrit, où les arbres qui bordent les chemins, n'appartiennent jamais aux feigneurs. Salvaing affure, au *chap.* 11 de fon ufage des fiefs, « que, par la coutume générale de Dauphiné, » les arbres plantés fur les chemins n'appartien» nent ni au roi, ni aux feigneurs, comme en » quelques coutumes du royaume, mais aux pro» priétaires des fonds aboutiffans; à quoi fe trouve » conforme l'ufage de Normandie, fuivant l'ob» fervation de Bérault, interprète de la coutume, » *art. 622* ».

Les autres commentateurs de la coutume de Normandie & M. Houard dans fon dictionnaire, affurent de la manière la plus abfolue ce droit des propriétaires.

La coutume de Boulonnois, *tit. 9*, *art. 40*, donne même les fruits des arbres, qui font fur les grands chemins & places publiques, aux habitans des villages & paroiffes où ils fe trouvent fitués, & leur permet d'en ufer comme leur appartenans.

En revenant au droit commun, & en partant du produit fouvent très-confidérable que les arbres des chemins ou des bords affurent aux feigneurs *voiers*, il paroîtroit naturel de les charger de l'entretien des chemins, en argumentant *à contrario* de la maxime fi connue. *fecundùm naturam eft cujufque rei commoda eum fequi quem fequuntur incommoda*, (*l.* 10, *ff. de reg. juris*).

On doit néanmoins tenir le contraire, & il y a une raifon bien forte pour le décider ainfi. Quels que foient les droits des feigneurs *voiers* fur les chemins, l'ufage en appartient au public, quant au droit de paffage, tant pour les hommes & les beftiaux que pour les voitures. Quand bien même donc on ne voudroit confidérer ce droit d'ufage que comme une fervitude, il feroit conforme aux principes de cette matière de charger

ceux à qui profite la fervitude, de tous les travaux & les dépenfes qui font néceffaires pour fon ufage. On trouve au premier volume du journal des audiences, un arrêt du 21 mai 1686, qui a jugé que les réparations d'un chemin dans un village doivent être faites par le feigneur & les habitans à frais communs.

Il n'eft pas befoin de dire que les chemins fur lefquels les feigneurs perçoivent des péages, forment une exception à cette règle. Les feigneurs font tenus de les entretenir. Leur réparation eft une charge du droit de péage.

Quant aux autres chemins, les feigneurs font feulement chargés d'y faire exercer la police & la juftice à leurs frais, comme dans le furplus de leur feigneurie. Ils font également tenus de fupporter toutes les autres charges qui font attachées à la juftice, fuivant le droit commun, par exemple de nourrir & d'élever les enfans, qu'on y expofe dans les pays où les enfans-trouvés ne font pas à la charge des communautés ou de quelque autre perfonne. Ce font des efpèces d'épaves onéreufes, qui doivent fe compenfer avec les épaves lucratives. (*M.* GARRAN DE COULON, *avocat au parlement.*)

VOIERIE, f. f. (*Droit public & particulier.*) *viaria* ou *viatura feu viatoria*, & par corruption *voeria*, *voueria*, lefquels font tous dérivés du latin *via*, qui fignifie *voie*, fe prend en général pour une voie, chemin, travers, charrière, fentier ou rue commune, foit publique, foit privée.

On entend auffi quelquefois par-là certaines places publiques, vaines & vagues, adjacentes aux chemins, qui fervent de décharge pour les immondices des villes & bourgs. C'eft ainfi que la ville de Paris a au-dehors une *voierie* particulière pour chaque quartier, dans laquelle les tombereaux qui fervent au nettoiement des rues & places publiques, conduifent les immondices. Anciennement les bouchers y jettoient le fang & les boyaux des animaux, ce qui caufoit une puanteur infupportable; c'eft pourquoi on les enferma de murailles; on y jettoit les cadavres des criminels qui avoient été exécutés à mort, & finguliérement de ceux qui avoient été traînés fur la claie. Il y a encore quelques lieux où l'on jette ainfi les cadavres des criminels, comme à Rouen, où il y a hors de la ville une petite enceinte de muraille, en forme de tour découverte, deftinée pour cet ufage.

On entend aujourd'hui plus communément par le terme *voierie*, la police des chemins, & la jurifdiction qui exerce cette police.

Cette partie de la police étoit déjà connue des Romains qui la nommèrent *viaria*; & c'eft fans doute d'eux que nous avons emprunté le même terme, & celui de *voierie*, qui en eft la traduction, & l'ufage même d'avoir un juge particulier pour cette portion de la police générale.

On trouve dès le dixième fiècle des chartes qui

mettent la voierie, *viariam*, au nombre des droits de juftice.

Quelques autres chartres font connoître que la vicomté ne différoit point de la voierie, *vicecomitiam id eft viariam* : ce qui doit s'entendre de la grande *voierie* : car, fuivant les établiffemens de faint-Louis & autres anciens monumens, la *voierie* fimplement s'entendoit de la baffe - juftice.

Le terme *d'advocatio* pris pour baffe - juftice, eft auffi employé dans d'autres chartres, comme fynonyme de *viatura*.

Les coutumes diftinguent deux fortes de *voieries*, favoir la grande ou groffe, & la petite, qui eft auffi nommée *baffe voierie* ou *fimple voierie*.

La grande *voierie* a été ainfi nommée, parce qu'elle appartenoit anciennement à la haute-juftice, du temps qu'il n'y avoit encore en France que deux degrés de juftice, la haute & la baffe ; mais depuis que l'on eut établi un degré de juftice moyen entre la haute & la baffe, la *voierie* fut attribuée à la moyenne-juftice, & les coutumes la donnent toutes au moyen-jufticier ; c'eft pourquoi le terme de *vicomte* ou *juftice-vicomtière*, qui eft la moyenne : juftice eft en quelques endroits fynonyme de *voierie*, ce qui s'entend de la grande.

La coutume d'Anjou dit que moyenne-juftice, grande *voierie* & juftice à fang eft tout un ; & celle de Blois dit que moyen-jufticier eft appellé vulgairement *gros voier*.

De même auffi la petite *voierie*, ou baffe & fimple *voierie*, eft confondue par les coutumes avec la baffe-juftice. Celle de Blois dit que le bas-jufticier eft appellé *fimple voier*.

Quoique les coutumes donnent au gros voier ou grand voier tous les droits qui appartiennent à la moyenne juftice, & au fimple voier tous ceux qui appartiennent à la baffe-juftice, ce n'est pas à dire que tous les différens objets qui font de la compétence de ces deux ordres de jurifdictions, foient des attributs de la *voierie* grande ou petite proprement dite, la moyenne & baffe-juftice s'exerçant fur bien d'autres objets que la *voierie*, & n'ayant été nommée *voierie* qu'à caufe que la police de la *voierie* qui en dépend, & qui eft de l'ordre public, a été regardée comme un des plus beaux apanages de ces fortes de jurifdictions inférieures.

En quelques endroits la *voierie* eft exercée par des juges particuliers ; en d'autres elle eft réunie avec la moyenne ou la baffe-juftice.

Le droit de *voierie* en général confifte dans le pouvoir de faire des ordonnances & réglemens pour l'alignement, la hauteur, la régularité des édifices, pour le pavé & le nettoiement des rues & des places publiques, pour tenir les chemins en bon état, libres & commodes, pour faire ceffer les dangers qui peuvent s'y trouver, pour empêcher toutes fortes de conftructions & d'entreprifes contraires à la décoration des villes, à la fûreté, à la commodité des citoyens, & à la facilité du commerce. Ces attentions de la juftice par rapport à la *voierie*, font ce que l'on appelle *la police de la voierie*.

Les autres prérogatives de la *voierie* confiftent dans le pouvoir d'impofer des droits, d'ordonner des contributions perpétuelles ou à temps préfixe, en deniers ou en corvées, & d'établir des juges & des officiers pour tenir la main à l'exécution des ordonnances & réglemens qui concernent cette portion de l'ordre public.

Les charges de la *voierie* confiftent dans les foins & l'obligation d'entretenir le pavé & la propreté des rues, des places publiques & des grands chemins, & même quelquefois les autres chemins, felon les coutumes & ufages des lieux.

Les émolumens & revenus de la *voierie* font de deux fortes.

Les uns font des droits purement lucratifs, qui fe paient en reconnoiffance de la fupériorité & feigneurie, par ceux qui font conftruire ou pofer quelque chofe de nouveau qui fait faillie ou qui a fon iffue tant fur les rues que fur les places publiques ; ces droits font ce que l'on appelle *le domaine de la voierie*, & qui compofe le revenu attaché à l'office de grand voier.

Les autres droits font certains tributs ou impôts, qui fe lèvent fous le titre de péage & de barrage, fur les voitures & fur les marchandifes qui paffent par les grands chemins & par ceux de traverse ; ces droits font deftinés à l'entretien du pavé & aux réparations des chemins, des ponts & chauffées.

Il n'appartient qu'au fouverain qui a la puiffance publique, de faire des ordonnances & réglemens, & d'impofer des droits fur fes fujets ; c'eft pourquoi la *voierie* en cette partie eft confidérée comme un droit royal, que perfonne ne peut exercer que fous l'autorité du roi.

A l'égard des rues & places publiques & des grands chemins, quoique la jouiffance en foit libre & commune à tous, le fouverain en a la propriété, ou au moins la garde & la furintendance.

Ainfi la police des grands chemins appartient au roi feul, même dans les terres des feigneurs hauts-jufticiers.

Du refte, la *voierie* ordinaire ou petite *voierie* étant une partie de la police, elle appartient à chaque juge de la police dans l'étendue de fon territoire, à moins qu'il n'y ait un juge particulier pour la *voierie*. (*A*)

Nous venons de dire que la police & la *voierie* des grands chemins appartient au roi ; mais la *voierie* ou infpection des chemins particuliers appartient aux feigneurs hauts-jufticiers dans l'étendue de leur feigneurie. C'eft ce qui a été jugé par arrêt du parlement de Paris, le 7 feptembre 1776, en faveur du comte de Bifemont, feigneur de Thignonville, contre le bureau des finances d'Orléans, qui avoit rendu trois fentences concernant les chemins particuliers fitués dans le village de Thignonville.

Nous avons dit sous les mots BUREAU DES FINAN-CES, CHÉMINS, TRÉSORIER DE FRANCE, quelle étoit la jurisdiction que le législateur a attribuée aux tréso-riers de France en matière de *voierie*; mais cette attri-bution ne peut empêcher l'exercice de celle qui a été concédée aux officiers municipaux de quelques villes. Ainsi par arrêt du 18 mars 1769, le parle-ment de Paris a maintenu le prévôt des marchands & les échevins de la ville de Lyon, dans le droit & possession d'exercer par eux ou par leurs officiers la jurisdiction de la police & *voierie*, pour la liberté, sûreté & facilité des rues, places & quais, & a fait défenses au bureau des finances de cette ville de les troubler dans cet exercice; sauf aux officiers du même bureau à exercer la *voierie*, en ce qui concerne seu-lement la direction des alignemens, saillies, avances, constructions & réparations de pavés, excepté néanmoins, la direction & alignemens des édifices, ouvrages publics, & payés, à la dépense desquels il est pourvu par le prévôt des marchands & les échevins.

Par un arrêt contradictoire, rendu le 8 avril 1780 entre le châtelet & le bureau des finances de Paris, le parlement a maintenu exclusivement les offi-ciers du châtelet dans l'exercice de la police sur les rues, places publiques & carrefours de la ville & fauxbourgs, en ce qui concerne le nettoie-ment, l'enlèvement des immondices, le range-ment des matériaux, bornes, tonneaux & autres marchandises d'épicerie & denrée de toutes espèces, ensemble les échoppes, étalages & la liberté de la voie publique; il a en même temps ordonné que les officiers du bureau des finances connoîtroient de ce qui concerne les alignemens & construction des bâtimens & autres ouvrages saillans des mai-sons : que le lieutenant-général de police & les officiers du bureau connoîtroient, concurremment & par prévention, des périls imminens des mai-sons & bâtimens de la ville & fauxbourgs, en ce qui regardoit les murs ayant face sur rue, & tout ce qui pourroit, par la chûte des mêmes bâtimens, nuire à la sûreté & à la voie publique.

Des lettres-patentes du 27 mai 1777, enre-gistrées au parlement le 2 septembre suivant, ont maintenu M. le duc d'Orléans dans la propriété, possession & jouissance de la *voierie* ordinaire, conformément à l'édit d'apanage, en sa qualité de seigneur apanagiste : en conséquence, sa majesté a ordonné qu'elle seroit exercée par les juges de police dans l'étendue des villes, fauxbourgs & banlieues de l'apanage, à l'effet de quoi toute requête sur le fait de la *voierie* seroit répondue par le lieu-tenant de police, sur les conclusions du procureur du roi, & en cas de contestation ou opposition, portée au siège de la police : mais au-delà des limites des villes, fauxbourgs & banlieues de l'apanage, dans le ressort immédiat des bailliages, les requêtes sur le fait de la *voierie* doivent, sui-vant les mêmes lettres-patentes, être répondues par le lieutenant-général du bailliage, sur les conclu-

sions du procureur du roi; & en cas de contesta-tion ou opposition, le bailliage doit en connoître. Il est au surplus fait défenses à ces juges de rendre aucune ordonnance relative à la *voierie* sur les grandes routes, traverses des villes & chemins royaux, même sur les rues des villes dont sa majesté a ordonné le redressement, au préjudice des officiers auxquels elle a attribué jurisdiction à cet égard.

D'autres lettres-patentes des 29 mai & 4 février 1783, registrées au parlement, contiennent des dispositions semblables relativement à la *voierie* des apanages de MONSIEUR & de M. LE COMTE D'ARTOIS, frères du roi.

Par une déclaration du 12 juillet 1779, enre-gistrée au parlement le 27 août suivant, le roi a attribué le titre de grand-voier & toute jurisdic-tion en matière de *voierie* dans la ville de Ver-sailles, au directeur & ordonnateur-général des bâtimens du roi. *Voyez* BUREAU DES FINANCES, CHE-MIN, PÉAGE, TRÉSORIERS DE FRANCE, VOYER.

VOISINAGE, s. m. (*Droit public & privé.*) on entend par-là la proximité des lieux ou des personnes. Il résulte de cet état différentes règles qu'il est important de bien établir.

De ces règles les unes sont posées par la nature même, qui a mis différentes relations entre les lieux voisins. D'autres sont fondées sur les loix civiles ou les usages de chaque pays, qui y tiennent lieu de loix. D'autres ont été introduites par des conventions.

On a traité des obligations imposées aux fonds voisins par les conventions, dans l'article SERVI-TUDES. On a parlé de quelques-unes des règles que nos loix ou nos usages ont établies à cet égard aux mots ARBRE, BORNAGE, CHEMINÉE, COMMUNES, CONTRE-MUR, HAIE, MUR, VAINE-PATURE, USAGE. On traitera de ce qui concerne les loix relatives à celui de VUE, sous ce mot. On ne s'occupera donc ici que de cette partie du droit de *voisinage*, qui n'a pas pour objet parti-culier quelques-uns de ces articles, après avoir néanmoins présenté sommairement l'origine de nos usages sur le *voisinage* en général.

§. I. *Origine de notre droit sur le voisinage.* La même constitution qui appelle l'homme à la société, semble en même temps l'en éloigner. Ses senti-mens & ses besoins l'attirent vers ses autres hom-mes. Ses besoins & ses sentimens les lui font craindre; & tandis que l'espèce humaine commerce d'un pole à l'autre, les individus se gardent, pour ainsi dire, de ceux qui les environnent, & mettent des clôtures entre eux & ceux qui leur touchent de plus près. Voilà la source de nos loix sur le *voisinage*. Elles tâchent de concilier les avantages de la société avec les inconvéniens qu'elle peut entraîner.

Ces règles sont nécessairement en petit nombre chez les peuples nouveaux. Chaque chef isole sa famille, son habitation & ses possessions. On a vu à l'article TOUR D'ÉCHELLE, que les premières loix des Grecs & des Romains sur le bornage des terres & sur la clôture des édifices même , étoient conformes à cette disposition des peuples naissans. Il seroit difficile de donner une idée juste des premiers usages de la nation françoise en particulier , sur une partie de ces objets , & spécialement sur la police des bâtimens. Les villes étoient si peu de chose ; les grands & les riches pour qui les loix sont sur-tout établies , les habitoient si peu , qu'il n'est point étonnant que nos plus anciennes loix ne disent rien sur les règles qu'on devoit suivre dans la construction des édifices voisins ou contigus.

Il y a tout lieu de croire néanmoins qu'on suivit généralement à cet égard les usages que les Romains avoient établis , par cela même que les conquérans, peu jaloux d'habiter dans les villes, ne s'occupoient guère à en changer les loix , & que les peuples qu'ils avoient soumis étoient facilement leurs maîtres dans tous les arts qui tiennent à la civilisation & à la police des villes.

On trouve cependant quelques décisions sur les droits de *voisinage* au chapitre 24 *de Beaumanoir*. Suivant cet auteur, lorsqu'on souffroit ses voisins aller pendant longues années au puits que l'on avoit en sa cour , ou dans son clos , cet usage ne leur acquéroit aucun droit (*ne valoit pas à acquerre propriété*) , & l'on pouvoit toûjours l'interdire aux voisins & se clorre malgré eux. Mais une possession de cette espèce faisoit souvent gagner le possessoire à cèux qui l'avoient en leur faveur , quoiqu'ils succombassent ensuite au pétitoire , (*& ne pourquant nous en avons biens vû emporter le saisine à chaux qui i avoient usé d'aller , mes ils en perdoient puis le propriété.*)

Il y avoit des usages pour les bonnes villes, qui ne s'observoient pas dans la campagne, (*ès villes champêtres*). A la campagne, on ne pouvoit bâtir si près de ses voisins que les eaux de son édifice tombassent sur leurs terrains. Il falloit nécessairement que chacun reçût ses égouts sur son propre fonds. Dans les villes au contraire où il y a moins d'espace, on pouvoit appuyer ses poutres & solives (*son merriens*) sur le mur du voisin , soit qu'il le voulût ou non , si le mur étoit assez fort pour qu'il n'en résultât aucun risque pour le voisin. Si le mur étoit trop foible , & qu'il appartînt entièrement au voisin , on étoit alors obligé de bâtir entiè- rement sur son propre fonds , & l'on pouvoit élever sa maison aussi haut qu'on le jugeoit à propos , quand bien même celle du voisin en auroit été obscurcie.

Cette règle recevoit une exception , si la maison du voisin ne pouvoit tirer ses jours d'ailleurs , & qu'elle devînt absolument inhabitable. Lors enfin que le mur étoit commun , chacun pouvoit s'en servir pour ses édifices , en observant de placer ses gouttières pardevers soi , afin que les eaux du toit ne tombassent pas sur son voisin. Si cepen- dant les deux maisons étoient de la même hau-

teur, elles pouvoient avoir une gouttière commune, pour servir à l'une & l'autre. Mais cela n'empê- choit pas que chacun ne pût hausser sa maison quand il lui plaisoit , & qu'il ne dût alors avoir sa gouttière pardevers soi.

On ne pouvoit pas non plus diriger son évier & l'égout de sa cuisine dans la maison , ou le clos du voisin; mais on devoit l'ouvrir de manière qu'il ne nuisît à personne ; on pouvoit cependant l'éta- blir sur les ruelles , si le peu d'étendue du terrein que l'on avoit ne permettoit pas de faire autrement.

Quand on faisoit un jardin ou un parterre d'agré- ment (*son jardin ou son praël*) en lieu privé , où les voisins n'avoient pas de vues, il dépendoit bien d'eux de bâtir auprès. Mais on pouvoit les empê- cher d'y faire des ouvertures & des fenêtres, *par quoi les privautés dou jardin ne dou praël soit empi- rée.* Beaumanoir ajoute que s'ils vouloient tirer du jour de ce jardin , ils devoient y faire une *ver- riere* qui leur procureroit du jour , sans préjudicier aux *privautés* du voisin.

Enfin, de même qu'on ne pouvoit pas bâtir sur le sol de son voisin , on ne pouvoit pas non plus anticiper au-dessus ou au-dessous de son terrein.

Lorsque le droit romain commença à se faire connoître en France, on ne manqua pas de le consulter sur les servitudes & le *voisinage*. Pres- que toutes les décisions qui se trouvent dans Mazuer, Bouteiller & la plupart de nos anciens praticiens , ne sont que la traduction des loix romai- nes. Celles du grand coutumier , de Jean des Mares & des autres auteurs, qui écrivoient pour la capitale , y sont moins relatives. La contiguité des maisons & les autres différences qu'il y a entre notre manière de bâtir & celle des anciens romains, y avoient fait introduire des usages tout différens, qui ne pouvoient pas se concilier avec les principes du droit civil. On y rejetta d'abord la prescription des vues & égouts, pour la ville de Paris seulement ; on étendit ensuite cette im- prescriptibilité à toutes les servitudes de cette ville. Mais la nouvelle coutume de Paris rejetta toute prescription de servitudes , sans distinction de villes ou de campagne ; & c'est le système qui forme aujourd'hui le droit commun des pays coutumiers, quoiqu'il souffre bien des exceptions. *Voyez* SER- VITUDE.

Divers usages s'étoient établis dans les grandes villes pour la salubrité des maisons, & pour les garantir des incendies. Nos coutumes ont recueilli ces usages , qu'elles ont érigés en loi. Mais il y a dans chaque pays une assez grande variété à cet égard , & la perfection de l'art de bâtir a fait établir à Paris même , quelques nouveaux usages qui sont tout à la fois plus commodes & plus adaptés à leur objet que ceux dont parle la coutume de cette ville.

Les biens de campagne qui sont un objet plus important & qui excitoient seuls autrefois l'atten- tion des législateurs, donnèrent lieu à plusieurs réglemens que l'on trouve dans les capitulaires & dans les chartres des communes, d'où ils ont passé depuis dans plusieurs coutumes. On s'y étend particuliérement sur ce qui concerne les communes & usages, les vaines pâtures & les autres objets qui intéressent le public. Mais on y parle aussi du bornage des héritages des particuliers, des haies de séparation, & de quelques autres objets privés.

Sur tout cela nos coutumes ont le plus souvent des principes particuliers & différens de ceux du droit romain, qu'on y a néanmoins mêlé dans la rédaction de plusieurs d'entre elles. Il se trouve même dans quelques-unes des dispositions qui pourroient fort bien remonter aux usages particuliers que les loix des Romains avoient fait adopter dans les Gaules, lorsqu'elles étoient soumises à leur empire.

Par exemple, la coutume locale de Saint-Clément dans la haute Auvergne, porte *qu'au seigneur supérieur appartient le terme entre deux héritages, tant que les pieds du seigneur de l'héritage se peuvent étendre quand il est dessus.* Il y a tout lieu de croire que cette régle tient à l'usage où l'on étoit du temps des Romains, de laisser un espace de cinq pieds entre les héritages contigus ; cet espace appartenoit pour moitié à chacun des deux voisins.

Pour rendre compte de tous nos anciens usages sur les droits de *voisinage* à la campagne, il faudroit entrer dans des détails fort longs & dont on trouve d'ailleurs les plus essentiels aux mots BORNAGE, COMMUNE, VAINE PATURE, USAGE, &c. Il suffit d'avoir présenté ici ces vues générales, en observant que le systême féodal eut une grande influence sur cette partie de nos loix, comme sur presque toutes les autres.

§. II. *Du Voisinage relativement aux personnes.* La distinction des communautés que la religion & le systême féodal ont concouru à rendre si marquée dans l'Europe, a été cause qu'on a réglé une grande partie des droits de *voisinage* sur la dépendance de telle ou telle paroisse plutôt que sur la proximité du lieu. Dans quelques lieux même on a donné spécifiquement le nom de *voisins* aux habitans de la même communauté ou de la même ville, privativement à tous autres. C'est ce qu'on peut voir dans des monumens de l'ancien droit des villes d'Italie, d'Espagne, d'Allemagne & de France, que du Cange a recueillis au mot VICINUS. Un statut de la république de Venise, porte qu'on ne pourra aliéner les immeubles des églises, que par l'autorité de l'évêque, & de la volonté du chapitre & des VOISINS de la ville. La loi ajoute qu'on réputera *voisins* à cet égard, tous ceux qui ont des possessions dans la paroisse, soit qu'ils y aient ou non leur domicile. (*Statuta Veneta, lib.* 6, *cap.* 6.)

Quelques coutumes de Guienne qualifient encore les bourgeois de *voisins.* Celle de Bayonne porte qu'on ne réputera voisins que ceux qui y sont nés,

ou l'étranger qui s'y est habitué, en prenant en mariage la fille d'un voisin ou voisine de la ville, ou l'étrangère qui a épousé un voisin ou fils de voisin, & ceux enfin qui, par grace, ont été admis à jouir des franchises, libertés, droits & privilèges de la ville. La coutume de Saint-Séver n'a pas tout-à-fait tant étendu le droit de *voisinage.* Elle n'accorde pas la qualité de voisin à l'étranger qui épouse une voisine, ni à leurs enfans. (*Voyez le titre* 9 *de la coutume de Saint-Séver, le titre* 5, *art.* 43, 44 & 45 ; *le titre* 22, *art.* 2 ; *le titre* 26, *art.* 12, *le titre* 30 *de celle de Bayonne*).

Dans quelques autres objets, nos coutumes ont néanmoins considéré la proximité des lieux plus que leur situation dans telle ou telle paroisse. Ainsi les coutumes de Tours, *art.* 159, & de Loudun, *chap.* 15, *art.* 4, veulent que l'acquéreur prenne possession des lieux en présence de *deux témoins voisinaux,* pour faire courir le temps fatal dans lequel le retrait doit être exercé. Les vues & montrées se faisoient aussi en présence des témoins du *voisinage* dans le temps où elles étoient en usage.

C'étoient eux que l'on appelloit dans l'ancienne coutume de Normandie, pour être les jurés dans les enquêtes que la loi ordonnoit. (*Voyez* Terrein, *liv.* 9, *chap.* 33).

C'est sur les relations qui subsistoient entre voisins, qu'est fondée cette maxime de nos anciens praticiens, que le *voisinage* & proximité du lieu & le bruit commun font présumer qu'on fait plutôt ce que le voisin fait. (Mazuer, *tit.* 19, n°. 1.)

Dans quelques endroits, les voisins étoient responsables civilement des vols & des autres crimes qui se commettoient parmi eux, & l'on réputoit voisins ceux qui étoient à portée d'avoir entendu la voix de celui qui avoit souffert dans sa personne ou dans ses biens. Cet usage subsiste encore dans quelques pays de l'Europe.

Il n'est pas douteux aujourd'hui même que la qualité de voisin n'impose des obligations, & que ceux qui ont cette relation entre eux ne se doivent des secours & une surveillance mutuelle. Cette prestation d'offices réciproques a été l'objet de l'établissement des sociétés, & on doit se les rendre plus particuliérement à ceux qui sont le plus à portée de les recevoir. L'ordonnance de 1667, *tit.* 33, *art.* 4, veut que l'huissier appelle deux voisins pour assister aux saisies-exécutions. Plusieurs autres procès-verbaux sont sujets à la même formalité. *L'art.* 4 du *tit.* 1 de la même ordonnance, relatif aux ajournemens, veut que si les huissiers ou sergens ne trouvent personne au domicile, ils soient tenus, à peine de nullité & de 20 livres d'amende, d'attacher leurs exploits à la porte, & *d'en avertir le plus proche voisin, par lequel ils feront signer l'exploit, & s'il ne le veut ou ne peut signer,* qu'ils en fassent mention.

L'art. 89 de la coutume de Bretagne porte, que quand

quand on lève gros bois d'une maison, chacun voisin, qui est requis, y doit aller aider. L'art. 90 ajoute : aussi quand aucun crie au feu ou au meurdre, chacun est tenu y aller sans espoir de salaire.

Ce devoir est général, quoique les autres coutumes n'en disent rien. Mais la plus importante des obligations prescrites par le *voisinage* est celle de veiller à la personne & aux biens de ceux qui ne sont pas en état d'y veiller par eux-mêmes, & qui n'ont pas des parens capables de remplir ce devoir d'humanité.

Le réglement des tutèles fait par le parlement de Rouen, exige qu'on appelle six parens paternels & six parens maternels à la nomination des tuteurs. A défaut de parens, le procureur du roi peut & doit même appeller des voisins pour faire cette nomination ; mais quoique ceux qui nomment les tuteurs soient garans de leur gestion dans la coutume de Normandie, les voisins ne le sont pas.

Les voisins peuvent même être élus tuteurs, suivant l'art. 21 de ce réglement.

La même chose doit s'observer dans les autres coutumes qui n'en disent rien. Le droit romain en a une disposition expresse dans la loi 1, *ff. de suspectis tutor.* & dans la loi 9, au code *eodem* ; & cette règle est suivie par toute la France. Papon, *liv. 15, tit. 5,* rapporte un arrêt du 21 mai 1534, qui a condamné un voisin à accepter la charge de tuteur à défaut de parens. Belordeau, *liv. 1, part. 1, controverse 38,* cite un arrêt du parlement de Rennes, qui a déchargé un parrain de cette obligation, en y assujettissant un étranger du *voisinage*.

En vertu d'un usage très-ancien, les voisins, à défaut de parens, sont même tenus de dénoncer à la justice les furieux & ceux qui sont troublés d'entendement, afin d'éviter qu'ils fassent du dommage, & de les garder provisoirement, sous peine d'être civilement tenus des dommages-intérêts qui pourroient résulter de leur négligence. Mais il paroît que cette obligation concerne particulièrement les habitans de la paroisse de l'insensé. Un arrêt rendu au parlement de Rouen le 29 août 1781, sur les conclusions de M. le procureur-général, a ordonné que les pensions pour les détentions des fous qui tombent à la charge des paroisses à cause de la pauvreté de leurs familles, seront réparties à la diligence des syndics par tiers, au marc la livre de la taille ou capitation sur le général des habitans ; savoir, un tiers sur les locataires & deux tiers sur les propriétaires. (*Dictionnaire du droit Normand, au mot* VOISIN.)

§. III. *Du voisinage relativement à l'exercice de différentes professions.* Les voisins se doivent des égards mutuels pour leur intérêt réciproque, soit en prenant garde de s'incommoder les uns les autres, le moins qu'il leur est possible, soit en supportant les incommodités qui résultent quelquefois du *voisinage*. Cela doit sur-tout avoir lieu

dans les villes où les maisons sont nécessairement contiguës, & sont tout à la fois dominantes & servantes les unes à l'égard des autres. Il ne doit donc pas être permis d'y exercer des professions qui pourroient rendre inhabitables les maisons voisines. Mais on ne peut pas non plus y empêcher l'exercice de toutes les professions qui peuvent entraîner des inconvéniens ; le bien même de la société & du commerce qui y a tant d'influence, exige qu'on y tolère bien des choses désagréables & incommodes jusqu'à un certain point.

La loi 8, §. 5, *ff. si servitus vendicetur,* décide qu'on n'a pas le droit d'envoyer la fumée d'un endroit où l'on enfume les fromages, sur la maison supérieure, à moins qu'il n'y eût une servitude établie pour cela. Elle ajoute que la maison supérieure ne peut pas non plus faire écouler ses eaux sur la maison inférieure, parce qu'il n'est permis à chacun de faire ce que bon lui semble chez soi, qu'autant qu'on n'enverra ni eau ni fumée chez les autres. La suite de cette loi enseigne même que l'on ne peut pas tailler des pierres sur son fonds, de manière à en envoyer les éclats sur le fonds du voisin.

On voit dans la Roche-Flavin, *liv. 1, tit. 20, art. 2,* que parce qu'un nommé Sanson, boucher de Toulouse, tuoit ordinairement les bœufs & moutons dans sa maison qui joignoit celle de Barbaria, avocat en la cour ; ledit Barbaria, molesté tous les jours des mugissemens & bêlemens desdites bêtes, présenta sur ce requête à la cour, laquelle, par son arrêt du 20 avril 1570, donné en audience, fit commandement audit Sanson, & autres bouchers de la ville, d'aller tuer & écorcher les moutons *ès lieux à ce destinés par la ville,* avec inhibition de ne les tuer dans leurs maisons privées.

Boniface, *tom. 3, liv. 2, tit. 1, chap. 2,* rapporte deux arrêts du parlement d'Aix, l'un du 1 février 1577, qui fit défenses à un cardeur de laine & à ses domestiques, de chanter & de faire du bruit pour troubler les études d'un avocat, & l'autre du 6 février 1654, qui autorise un avocat à expulser un artisan de sa boutique. Un arrêt de réglement rendu au parlement de Paris, le 27 mai 1653, défend aux boulangers de se servir dans leurs maisons de moulins à bluter farine, à cause du grand bruit qu'ils excitoient, & de l'incommodité qu'ils causoient dans le *voisinage,* si mieux ils n'aimoient les transporter dans les fauxbourgs. (Soëfve, *tom. 5, cent. 4, chap. 42,* & Brillon, *au mot* Boulanger, *n°. 20.*)

Mais la plupart de ces arrêts ont été rendus dans des circonstances particulières. On voit dans la Roche-Flavin, qu'il y avoit dans la ville une tuerie destinée pour les moutons. On voit aussi dans Boniface, que le cardeur de laine & ses domestiques ne faisoient pas seulement du bruit par l'exercice de leur profession, mais qu'ils en faisoient exprès à des heures indues. Cette affectation, qui

N 2

n'étoit pas même motivée par la néceffité de gagner leur vie, ni par celle de tirer de leur profeffion tout le fruit qu'elle pouvoit leur produire, étoit très-répréhenfible.

Lorfqu'il n'y a point de quartier affecté à telle ou telle profeffion en particulier, & que ceux qui l'exercent ne font rien de contraire aux réglemens de police, on reçoit difficilement les demandes que feroient les voifins pour empêcher les artifans de tirer tout le parti qu'ils peuvent de leur maifon, fur-tout fi elles fervent depuis long-temps à cet ufage. On fe contente feulement d'examiner fi ces artifans prennent les précautions convenables pour empêcher ou diminuer les mauvais effets qui réfultent de l'exercice de leur profeffion. C'eft là-deffus que font fondées les difpofitions de la coûtume de Paris, fur la manière de conftruire les fours, fourneaux & cheminées, les puits & les foffes d'aifance.

S'il en étoit autrement, les profeffions les plus néceffaires feroient bannies des villes, & celles de commerce en particulier ne pourroient fubfifter. Les tanneries, les teintures, & une quantité d'autres manufactures répandent au loin de fort mauvaifes odeurs. Le travail des forgerons, des poëliers & de plufieurs autres ouvriers, caufe un bruit extrêmement défagréable. Beaucoup de profeffions augmentent les rifques naturels du feu, foit en exigeant qu'on en faffe de très-confidérables, foit en obligeant à entaffer une quantité des matières les plus combuftibles.

M. Expilly cite dans fon trente-quatrième plaidoyer, un arrêt rendu en 1614, au parlement de Grenoble, par lequel un docteur en droit fut débouté de la demande qu'il avoit formée contre un maréchal qui l'empêchoit de travailler, par le feu de fa forge & le bruit de fon marteau.

Voici l'efpèce d'un autre arrêt qui a jugé la même chofe. La veuve d'un fieur de Moulin-Neuf, s'étant plaint de l'incommodité de la fonte des fuifs d'un fieur Cloté, l'avoit actionné devant le juge de la Ferté-Bernard. Par fentence du 30 avril 1775, attendu l'incommodité & même les périls réfultans du trop prochain *voifinage* d'une fonderie à fuif brut & groffier, il fut ordonné que le juge fe tranfporteroit fur les lieux pour en faire la vifite.

Le fieur Cloté interjetta appel de cette fentence. La veuve allégua le péril imminent du feu, la conftruction du mur de féparation des deux maifons, qui n'étoit qu'un torchis, les exhalaifons des odeurs qui étoient infupportables, & gâtoient les meubles des maifons voifines. Le fieur Cloté oppofa fa propriété; un arrêt contradictoire du 5 décembre 1776, mit l'appellation & la fentence dont étoit appel au néant; émandant, évoquant le principal, & y faifant droit, débouta la veuve Moulin-Neuf de fa demande, avec dépens; fauf aux juges de police à faire tels réglemens qui leur paroîtroient convenables, relativement à la profeffion de chandelier, en la ville de la Ferté-Bernard.

M. le procureur-général fe rendit oppofant à cet arrêt, & demanda, en fon nom, l'exécution de la fentence; mais un nouvel arrêt le débouta de fa demande.

En 1780, le fieur Pierfon, marchand fabricant de chandelles à Melun, où il étoit établi depuis onze ans, fut actionné à la requête du procureur du roi, & fur la dénonciation de quelques particuliers, pour qu'il lui fût fait défenfes de continuer la fonte de fes fuifs dans la ville; qu'il lui fût enjoint & à tous autres chandeliers de Melun, de faire leurs fonderies hors la ville. Le bailliage de Melun rendit un jugement contradictoire conforme à ces conclufions.

Le fieur Pierfon en interjetta appel; fes moyens furent, que fa fonderie étoit conftruite de manière à ne pouvoir faire craindre la communication du feu, & qu'étant dans le fond d'une cour, à cent vingt pieds de la rue, les voifins ne pouvoient être incommodés de l'odeur, qui, au furplus, n'étoit pas mal-faifante. Un arrêt du 20 janvier 1781, rendu fur les conclufions du miniftère public, ordonna avant faire droit, que les officiers de police de Melun feroient tenus d'envoyer à M. le procureur-général des mémoires fur les moyens qu'ils croiroient convenables, pour éviter & prévenir les dangers du feu & l'incommodité réfultante des fonderies des fuifs dans la maifon dudit Pierfon, ou dans d'autres maifons de la ville.

Les officiers de police de Melun firent examiner l'état de la fonderie de Pierfon, par un expert-juré de leur fiège, qui eftima que Pierfon devoit faire fa fonderie en fuif en branche hors la ville, & qu'à l'égard des fuifs en pain, il pouvoit les fondre dans fa maifon, au-deffus de la fonderie actuelle, fans crainte du feu ni de l'inconvénient de l'odeur, en obfervant toutefois de faire un maffif de trois pieds fur le plancher des chaudières, & de monter la cheminée neuf pieds au-deffus du faîtage de la couverture de ladite fonderie. L'avis des officiers de Melun fut conforme à ce rapport.

Le fieur Pierfon foutint qu'il y avoit de l'inconféquence dans le rapport, puifque s'il y avoit danger du feu pour le fuif en branche, il n'y en avoit pas moins pour le fuif en pain. Cependant il fit des offres de conftruire fa fonderie de la manière indiquée par l'expert. Mais en même temps il foutint qu'il devoit fondre toute forte de fuif fans diftinction, & qu'il ne devoit pas être forcé de faire une fonderie pour le fuif en branche hors la ville, tandis qu'il pouvoit fondre fon fuif en pain dans fa maifon.

Par arrêt contradictoire du 5 janvier 1782, rendu entre M. le procureur-général, prenant le fait & caufe de fon fubftitut au bailliage de Melun, & ledit Pierfon, la cour a donné acte à Pierfon de ce qu'il s'eft foumis de placer les chaudières de fa fonderie au-deffus du plancher actuel de ladite fonderie, avec un maſſif de trois pieds au-deſſus dudit plancher; comme auſſi de faire conſtruire la hotte de ſa cheminée, de manière qu'elle enveloppe le deſſus de ſes chaudières, & que les ventouſes au-deſſus de ladite cheminée, montent à neuf pieds au-deſſus du faîtage de la couverture de la grange ſervant de fonderie.

En conſéquence, faiſant droit ſur l'appel, ſans s'arrêter au ſurplus du rapport de l'expert, met l'appellation & ce dont eſt appel au néant; décharge Pierſon des condamnations contre lui prononcées; au principal, le maintient & garde dans le droit & poſſeſſion de ladite cheminée, tant en pain qu'en branche, dans ſa fonderie établie dans la maiſon qu'il habite actuellement dans la ville de Melun; ſur le ſurplus des demandes, fins & concluſions des parties, les met hors de cour. (*Voyez la gazette des tribunaux, tom. 3, n°. 19.*)

C'eſt donc plutôt ſur les motifs d'intérêt public que ſur les incommodités relatives aux particuliers, qu'on ſe détermine à proſcrire telle ou telle profeſſion, ſoit des villes en général, ſoit de certains endroits en particulier. Les uſages & les réglemens de police des différentes villes contiennent à cet égard des variétés qui ne peuvent pas être l'objet de cet ouvrage. Souvent on y relègue les profeſſions incommodes dans certains quartiers; mais lorſqu'il n'y a point de quartier affecté pour cela, on pourroit, ſuivant les circonſtances, empêcher ceux qui les exercent à ne pas ſe mettre en trop grand nombre dans un même quartier.

Enfin qui ceux exercent des profeſſions bruyantes, doivent ne travailler qu'à des heures convenables, qui peuvent également varier, ſuivant les uſages des lieux. Mais il eſt convenable de laiſſer au moins huit heures d'intervalle entre le travail du ſoir & celui du matin. (*Code de police, tit. 7 & 5.*)

§. IV. *Des règles du voiſinage, relativement aux ſervitudes néceſſaires.* La nature même a aſſujetti les fonds voiſins à de certaines ſervitudes les uns envers les autres; la néceſſité ou l'utilité publique ont obligé les hommes de les conſerver & d'y en ajouter de nouvelles, Ainſi la nature a ſoumis les lieux inférieurs aux lieux ſupérieurs, dont ils ſont obligés de recevoir les eaux; il n'eſt pas permis aux voiſins de troubler cet ordre naturel: par exemple, le propriétaire de l'héritage inférieur ne peut pas élever des digues qui empêchent l'écoulement des eaux, quoique cet écoulement puiſſe lui préjudicier. Le propriétaire de l'héritage ſupérieur ne peut pas non plus endommager l'héritage inférieur, ſoit en donnant à ſes eaux une rapidité capable de dégrader ce fonds, ſoit en leur donnant un cours différent de celui qu'elles avoient autrefois.

Les loix civiles ont introduit d'autres ſervitudes, ſoit pour la culture des fonds de terre, ſoit pour la conſtruction des édifices. Ainſi l'on n'eſt pas libre de planter des arbres à l'extrémité de ſon terrein, de crainte qu'ils ne nuiſent à celui des voiſins; on eſt obligé dans les villes de céder au voiſin, la moitié du mur de clôture, s'il y veut bâtir, & lors même qu'il n'y bâtit pas, on ne peut avoir des vues qu'à une certaine hauteur & dans une certaine direction, &c. Ainſi encore il n'eſt plus permis d'élever les maiſons dans la ville de Paris, au-delà d'une certaine hauteur, ſuivant la déclaration du 18 avril 1783, enregiſtrée au parlement le 18 juillet; l'art. 5 porte, que la hauteur des maiſons & bâtimens en la ville & fauxbourgs de Paris, autres que les édifices publics, ſera & demeurera fixée, ſavoir, dans les rues de trente pieds de largeur & au-deſſus, à ſoixante pieds, lorſque les conſtructions ſeront faites en pierres ou moëllons, & à quarante-huit pieds ſeulement, lorſqu'elles ſeront faites en pans de bois; dans les rues, depuis vingt-quatre juſques & y compris vingt-neuf pieds de largeur, à quarante-huit pieds, & dans toutes les autres rues à trente-ſix pieds ſeulement, le tout y compris les manſardes, attiques, toits & autres conſtructions quelconques au-deſſus de l'entablement; ordonne en conſéquence que les maiſons & bâtimens dont l'élévation excède celles ci-deſſus fixées, y ſeront réduites, lors de leur reconſtruction.

L'art. 6 fait défenſes à tous propriétaires, charpentiers, maçons & autres, de conſtruire & adapter aux maiſons & bâtimens ſitués en la ville & fauxbourgs de Paris, aucuns autres bâtimens en ſaillie & porte à faux, ſous quelque prétexte que ce ſoit; enjoint aux propriétaires & locataires des maiſons où il a été adapté de pareilles ſaillies, ſoit en maçonnerie ou en charpente, de les ſupprimer ou démolir dans un mois, à compter du jour de l'enregiſtrement de la préſente déclaration.

L'article ſuivant prononce diverſes peines contre les propriétaires & autres ouvriers qui ne ſe conformeront pas à ces règles.

Les articles précédens fixent la largeur des rues, qui doit être au moins de trente pieds.

Lorſqu'un chemin public eſt dégradé & rendu impraticable, on a le droit de paſſer ſur les fonds voiſins juſqu'à ce qu'il ſoit rétabli; mais cet uſage eſt plutôt une ſuite du domaine éminent que l'état a ſur les propriétés de tous les ſujets, qu'une véritable ſervitude.

Celui dont l'héritage ſe trouve entouré par ceux de ſes voiſins, enſorte qu'il n'ait aucun paſſage pour y aller & pour en ſortir, a auſſi le droit d'exiger que ſes voiſins lui livrent un paſſage. L'Hoſte, ſur l'art. 1 du tit. *des Servitudes* de la coutume de Montargis, cite un arrêt du 16 mai 1615, qui l'a ainſi jugé. Tronçon, ſur l'art. 209 de la coutume de Paris, en rapporte un autre ſemblable, du 26 mars 1688, qui ſe trouve auſſi dans le recueil de M. Louet, lettre C, ſommaire I. Brodeau, ſur ce dernier auteur, en cite deux autres des 22 décembre 1551 & 1 mars 1622. Le bien public, qui eſt la ſuprême loi, impoſe aux voiſins cette obligation.

Le lieu où ce chemin sera pris, la largeur qu'il aura, & les autres conditions relatives à l'établissement du passage, doivent être déterminées par le juge sur un rapport d'experts, si les parties ne s'accordent pas entre elles. Il seroit difficile de prescrire des règles générales à cet égard. Tout ce que l'on peut dire, c'est qu'il faut chercher à concilier, autant qu'il est possible, l'avantage de toutes les parties intéressées. Mais on doit sur-tout respecter la propriété de celui qui est forcé de donner un passage. On doit donc le prendre du côté où le trajet est moins long, à partir de l'héritage entouré jusqu'à un chemin public, ou jusqu'à une autre possession de celui auquel le passage est accordé, à moins que des considérations très-puissantes n'engagent à en agir différemment.

La coutume d'Auxerre porte, dans l'art. 117, que pour façonner, emblaver ou déblaver héritages entrelacés en héritages d'autrui, le seigneur propriétaire peut prendre passage au plus proche du chemin & au moins dommageable, sans pour ce acquérir droit de saisine ou de possession; & si le passant rompt haye, perche ou pesseau, ou remplit les fossés, il sera tenu réparer sur le champ, & sera le propriétaire ou possesseur cru du dommage à son simple serment, jusques à 5 f. tournois, sauf à en demander & à prouver davantage.

Est-il absolument nécessaire que l'on ne puisse pas aller à son fonds autrement qu'en passant par celui d'autrui, pour qu'on ait le droit d'exiger qu'il fournisse un chemin, ou suffit-il que la manière dont on peut y aller soit fort incommode? La loi *si mercedem*, §. *si cum fundum*, ff. *de actione empti*, porte qu'on ne peut pas exiger de passage, quoiqu'on soit obligé de se servir d'un chemin beaucoup plus long.

Mazuer dit que si celui qui demande chemin & passage par la plus prochaine terre, le peut avoir d'ailleurs, il n'y doit être reçu, encore qu'il fût plus long & fâcheux. (*Traduction de Fontanon, tit. 39, n°. 2*).

Le Grand en dit autant sur l'article 130 de la coutume de Troyes, n°. 34. Il cite un arrêt du parlement de Toulouse, *qui juge que le voisin n'étoit point tenu de donner passage par son pré, même en payant, si le voisin qui le demande peut passer ailleurs, quoiqu'avec de-très-grandes difficultés.*

Il paroîtroit néanmoins bien rigoureux d'exiger une impossibilité tout-à-fait absolue d'aller par ailleurs, pour que l'on eût droit de demander au voisin le droit de passage. Il suffit qu'il soit extrêmement difficile, sans cela, de parvenir à son fonds : c'est ce qui paroît avoir été jugé par un arrêt du 26 juin 1612, rapporté par le même Brodeau. Il s'agissoit de savoir si celui qui avoit une portion d'isle & de pré, en laquelle il ne pouvoit aller par terre qu'en passant au travers de l'isle de son voisin, le pouvoit forcer de lui livrer chemin, *justo pratio*. Les défendeurs à qui on demandoit passage, disoient que les demandeurs pouvoient aller à leur héritage en bateau, lequel chemin ils avoient eux-mêmes choisi : donc ils ne pouvoient pas en demander un autre au préjudice des défendeurs, lesquels souffriroient, par ce moyen, beaucoup de perte & d'incommodité, parce qu'ils avoient fait clorre leur isle, laquelle, par l'ouverture de ce passage, demeureroit ouverte à tous venans; que la disposition du droit qui condamne le seigneur du fonds à livrer le passage à son voisin, n'a lieu qu'en cas de nécessité absolue & d'impossibilité d'y pouvoir aller par aucun autre endroit, sans que l'incommodité du passage ordinaire vienne en considération.

Les demandeurs repliquoient qu'ils avoient passé par l'isle des défendeurs à leur vu & su, de temps immémorial, & par conséquent acquis la prescription, qui a lieu par trente ans de possession sans titre, suivant Chopin. Ils ajoutoient que le passage par eau étoit beaucoup moins commode que l'autre, même très-dangereux & périlleux, à cause de la violence & de la rapidité de la rivière de Vienne, en laquelle il y a force écluses, & les naufrages y sont fréquens; que les loix alléguées par les défendeurs se devoient entendre d'un chemin libre, certain & ordinaire, par lequel on peut passer ordinairement, commodément & sans danger de sa personne.

Sur cette contestation, le lieutenant-général de Chinon rendit sa sentence le 1er juillet 1610, par laquelle il rejetta la prétendue prescription : mais il condamna les défendeurs à livrer passage aux demandeurs, ensemble à leurs gens & bestiaux, pour aller à leur pièce de pré, & enlever les foins, en payant par eux l'estimation du droit de chemin, au dire de gens à ce connoissans. L'arrêt rendu sur les conclusions de M. l'avocat-général Servin, confirma ce jugement.

Un arrêt du premier septembre 1751, rapporté par Denisart au mot *Servitude*, semble d'abord contraire au précédent : mais il ne paroît pas avoir jugé la même question. Dans l'espèce de cet arrêt, les auteurs du sieur Dussol, propriétaires d'héritages situés dans une isle formée par la Loire, près du pont de Saumur en Anjou, ayant fait quelques travaux pour faciliter la communication de leur basse-cour dans cette isle, souffrirent, pendant plus de trente ans, que le sieur Guéniveau & ses auteurs, propriétaires d'autres héritages dans la même isle, passassent chez eux pour y arriver.

Le refus qu'ils firent depuis du passage, détermina le sieur Guéniveau à demander qu'attendu le danger imminent, constaté par acte de notoriété, qu'il y avoit de faire passer ses bestiaux & charriots par de fausses grèves, pour arriver dans l'isle à son terrein, le sieur Dussol seroit tenu de lui fournir le passage par sa basse-cour, &c. Une sentence de Saumur du 16 octobre 1749, ordonna que les portes de la basse-cour du sieur Dussol seroient ouvertes au sieur Guéniveau & à ceux qu'il préposeroit pour cultiver son domaine & en recueillir les fruits, sinon que le sieur Gueniveau pourroit faire ouvrir, même briser les portes, &c. Ce qui fut exécuté peu après, à la requête du sieur Gueniveau.

Sur l'appel de cette sentence, le sieur Gueniveau invoqua les dispositions de l'art. 449 de la coutume d'Anjou, qui porte que le droit de servitudes rurales (1) s'acquiert par trente ans de possession. Le sieur Dussol répondoit que la basse-cour de sa maison donnant sur le pont de Saumur, il ne s'agissoit point d'une servitude rurale, mais d'une servitude de ville, qui ne s'acquéroit point par la prescription, suivant l'art. 450 de la même coutume. Il ajoutoit qu'avant les travaux faits par ses auteurs, ils avoient les mêmes risques & les mêmes dangers à courir que le sieur Gueniveau, pour arriver à l'isle, & qu'il n'étoit pas naturel qu'il profitât de ces travaux & des dépenses qu'ils avoient occasionnées, sans contribuer à cette dépense. L'arrêt rendu au rapport de M. Severt, le premier septembre 1751, infirma la sentence de Saumur, & débouta le sieur Gueniveau de sa demande.

On voit qu'il s'agissoit dans cette affaire de passer par les dépendances d'une maison, ce qui doit être accordé plus difficilement, & qu'il n'étoit point question d'acheter le passage, mais de l'avoir en vertu d'une prétendue prescription qui n'avoit pas de fondement. Il n'est donc pas même besoin de dire que la cour a pu regarder que la difficulté de passer ailleurs n'étoit pas assez grande pour qu'on pût forcer le voisin à livrer un passage. Cette question ne fut pas même agitée.

La loi 1, ff. de servitud. legat. & la loi 1. §. 1, ff. si usufruct. petat. décident que si l'on ne peut pas aller au fonds qui a été légué, sans passer par l'un de ceux de la succession, ou qu'on ne puisse le faire sans incommodité, le droit de passage est censé compris dans le legs. Il ne peut donc pas être question de payer ce droit dans ce cas-là.

Coquille, quest. 74, pense qu'on doit décider la même chose, lorsque le domaine qui n'aboutit à aucun chemin public, a appartenu originairement à la même famille que ceux qui l'environnent, & que quoiqu'on ne puisse acquérir la servitude de passer, par prescription, le propriétaire d'un tel héritage est dans l'usage de prendre son passage par tel ou tel champ, il y doit être maintenu *jure suo*; car, dit Coquille, la communion sans société, & la société étant négoces de bonne-foi, comme sont les actions qui en proviennent, *pro socio vel communi dividundo*, on y doit entendre & appliquer tout ce qui, par raison, équité & bienséance, est propre, apte & commode à tel négoce, & ce

qui est vraisemblable, avoir été traité lors du traité, ores qu'il n'apparoisse de la convenance, *l. quia tantumdem ff. de negot. gest.* Or, les gens de bien jugeront toujours & arbitreront que lors du partage il étoit raisonnable, & est vraisemblable qu'il ait été convenu, que celui à qui la pièce enfermée demeureroit, auroit son passage par l'une des pièces de ses copartageans, pour ce que autrement sa terre lui seroit inutile.

Il faudroit décider autrement, si l'on acquéroit le fonds environné de toute part, à titre particulier, par exemple, s'il se trouvoit faire partie d'une vente de plusieurs domaines contigus, mouvans de différens seigneurs, & que celui dont il est mouvant, en eût exercé le retrait seigneurial; il n'est pas douteux qu'il seroit tenu de payer le passage qu'il auroit droit de demander pour y aller.

§. V. *De la propriété du sol.* Celui qui a le sol, est censé propriétaire du dessus & du dessous. C'est la disposition de l'article 187 de la coutume de Paris, & d'un grand nombre d'autres coutumes. Celle de Paris porte, que quiconque a le sol, appellé l'étage du rez-de-chaussée, a le dessus & le dessous de son sol, & peut édifier par-dessus & par-dessous, & faire puits, aisemens & autres choses licites, s'il n'y a titre au contraire.

L'article 191 de la coutume de Melun a la même disposition; & l'article 192 ajoute: chacun peut lever son bâtiment tout droit à plomb & à ligne, si haut que bon lui semble, & contraindre son voisin de retirer chevrons & toutes autres choses qu'il trouvera portant sur la place, empêchant le bâtiment qu'on y peut faire nonobstant quelque laps de temps que ce soit, & fût-il de cent ans & plus.

Plusieurs coutumes en disent autant, & c'est le droit commun qui doit s'observer dans les coutumes qui n'ont pas de disposition contraire, soit sur cet objet en particulier, soit sur la prescription des servitudes en général. Il y a même lieu de croire que dans les coutumes qui admettent la prescription des servitudes, on rejetteroit la possession d'un particulier qui auroit fait saillir quelques pieds les étages supérieurs de sa maison sur le terrein de son voisin; quelques coutumes qui admettent la prescription des servitudes s'expriment sur cet objet comme l'article 192 de celle de Melun. L'article 143 de la coutume de Châlons est de ce nombre. La possession du voisin dans ce cas particulier, n'est réputée fondée que sur la tolérance de son voisin, & la police paroit même intéressée à proscrire ces sortes de saillies, soit sur la rue, soit dans l'intérieur des maisons. *Voyez* SERVITUDE.

En est-il de même du dessous de rez-de-chaussée?

L'article 74 de la coutume d'Etampes, porte

---

(1) C'est ainsi que s'explique Denisart; mais la coutume d'Anjou n'admet la prescription que des servitudes de campagne, qu'il faut bien distinguer des servitudes rurales.

que le deſſous ne ſe peut preſcrire par quelque laps de temps que ce ſoit, encore qu'il fût centenaire, contre celui qui a le rez-de-chauſſée. L'article 146 de la coutume de Vermandois en dit autant.

La coutume de Paris n'a point de diſpoſition ſemblable. On peut dire néanmoins que ces mots, *s'il n'y a titre au contraire*, rejettent la ſimple poſſeſſion. Cependant Bourjon enſeigne que nonobſtant la règle *qui a le deſſus a le deſſous*, celui qui a poſſédé pendant trente ans une cave ſous le terrein d'un autre, eſt cenſé propriétaire, encore qu'il n'eût d'autre titre que ſa poſſeſſion.

Cet auteur poſe même pour principe général que celui qui a le ſol, n'eſt cenſé propriétaire du deſſus & du deſſous, qu'autant qu'il n'y a pas titre *ou poſſeſſion contraire.* Il cite à cette occaſion quelques arrêts rapportés par Brodeau ſur M. Louet, *lettre* S, *ſommaire* I, & par M. Bouguier, *lettre* S, *nᵒ.* 3 ; il ajoute qu'il l'a ainſi vu juger au châtelet.

La raiſon ſur laquelle Bourjon ſe fonde, c'eſt qu'un pareil droit n'eſt pas tant une ſervitude qu'un partage de la propriété, qui peut ſe diviſer, & qui doit dès-lors s'acquérir par la poſſeſſion de trente années, jointe à l'inédification. (*Droit commun, liv.* 4, *tit.* 1, *chap. préliminaire, ſect.* 3, *& partie* 2, *chap.* 3.).

Il eſt vrai qu'un partage de cette eſpèce n'eſt point, à proprement parler, une ſervitude. Mais il ne s'enſuit pas de là qu'il puiſſe s'acquérir par la poſſeſſion ſeule, quand la coutume dit ſi expreſſément que le propriétaire du ſol a le deſſus & le deſſous, *s'il n'y a titre au contraire.* Cette loi paroît d'autant plus ſage, qu'il ſeroit facile de fouiller ſous le terrein de ſon voiſin, ſans qu'il s'en apperçût, & d'acquérir par conſéquent une poſſeſſion trentenaire à ſon inſu. Pour que la poſſeſſion donne le droit d'acquérir, il faut qu'elle ſoit publique, & non pas clandeſtine.

La preſcription ne prive l'ancien propriétaire de ſon domaine, que parce qu'il eſt cenſé l'avoir abjuré lui-même en ſouffrant un temps ſi long qu'un autre en jouît librement & paiſiblement. Il faudroit donc du moins, pour acquérir la poſſeſſion d'une cave ſous le ſol d'autrui, qu'on pût prouver, de manière ou d'autre, par exemple, par des ouvrages apparens ſur le fonds du voiſin, qu'il a dû avoir connoiſſance de la cave creuſée ſous ſon terrein : autrement, la poſſeſſion qu'on en auroit devroit toujours être rejettée comme clandeſtine.

L'arrêt rapporté par M. Bouguier n'eſt point contraire à cette déciſion. Il a été jugé, dit ce magiſtrat, qu'une cave étant au-deſſous d'une maiſon *acquiſe par titre particulier*, & de laquelle on eſt en jouiſſance, n'eſt pas une ſervitude pour laquelle il ſoit beſoin de s'oppoſer au décret de la maiſon, *nes poſſidetur jure ſervitutis, ſed jure proprietatis*, comme part & portion ſéparée d'icelle

maiſon, *ſine quâ ædes eſſe intelliguntur*, compoſée du ſol & de la ſuperficie. *L. eum qui ædes., ff. de uſurpatione & uſucatione. Secùs*, ſi cette cave n'étoit poſſédée par titre particulier de propriété ; car, en la coutume de Paris, il faudroit s'oppoſer comme pour un droit de ſervitude, à cauſe de l'art. 97 qui dit que qui a le ſol a le deſſus & le deſſous.

M. Bouguier donne enſuite la teneur de l'arrêt même. On y voit que le bailli d'Amiens avoit adjugé la cave à l'adjudicataire. L'arrêt infirma la ſentence ; émendant, en vertu de leur contrat d'acquiſition (des appellans), par lequel ils avoient acquis ladite cave plus de vingt-cinq ans auparavant le décret fait de ladite maiſon, du maître & propriétaire d'icelle maiſon, ſans s'être oppoſés au décret, maintient leſdits Langlois & ſa femme en la propriété & poſſeſſion de ladite cave mentionnée au contrat du 7 mars 1580, fait défenſes audit Becquerel de les y troubler & d'empêcher ; condamne ledit Becquerel ès dépens de la cauſe principale, ſans dépens de la cauſe d'appel.

Brodeau cite le même arrêt & un précédent du 17 novembre 1607, qui avoit auſſi maintenu un particulier en la poſſeſſion d'une cave ſous la maiſon de ſon voiſin, quoiqu'il ne ſe fût point oppoſé au décret de cette maiſon. Mais Brodeau a ſoin d'obſerver que le poſſeſſeur de la cave étoit fondé en titre. Cet auteur ajoute même qu'il y avoit une particularité au procès : c'eſt que la cave ſe pouvoit « facilement reconnoître par l'inſ- » pection des lieux, & que l'adjudicataire, deux » ans auparavant, avoit tenu la maiſon à loyer, » de ſorte qu'il ne pouvoit pas ignorer la con- » ſiſtance d'icelle & le droit de cave qui appar- » tenoit au voiſin ». Mais il convient que *la même queſtion a été depuis nettement jugée en la thèſe, ſans aucunes particularités*, par l'arrêt de 1619, rapporté par M. Bouguier.

On voit que ces arrêts ſe ſont déterminés ſur les titres, & non pas ſur la ſeule poſſeſſion, & peut-être en doit-on dire autant des jugemens du châtelet, cités par Bourjon. Le décret ne doit point, dans ce cas, purger ce droit de propriété, lorſqu'il n'y eſt pas expreſſément énoncé. Mais il ne s'enſuit pas pour cela que la preſcription trentenaire ſuffiſe pour l'acquérir à l'inſu du voiſin.

Lorſqu'une maiſon eſt poſſédée par deux différens propriétaires, dont l'un a le bas & l'autre le deſſus, chacun peut faire ce qu'il lui plaira dans la portion qu'il poſſède, pourvu toutefois qu'il ne cauſe pas de préjudice à l'autre. On eſt entré dans quelques détails à ce ſujet, & ſur la manière dont les deux propriétaires doivent contribuer aux réparations ou conſtructions de la maiſon, dans les articles BATIMENS & CAVES.

§. VI. *Des règles générales du voiſinage relativement aux édifices.* Chacun doit entretenir ſes bâtimens de manière que leur chûte, ou les matériaux qui s'en détacheroient ne puissent pas nuire aux voisins. Lorsqu'un bâtiment menace ruine, le voisin a une action pour obliger le propriétaire à le faire démolir, & à le faire étayer en attendant. Il peut même se faire autoriser en justice pour y faire les étaiemens nécessaires, dont il a le remboursement privilégié sur la chose, après que le danger a été constaté par une visite d'experts. C'est la jurisprudence du châtelet, attestée par Bourjon, *liv. 4, tit. 1, part. 2, chap. 5.*

Si le bâtiment tombe avant la sommation ou les poursuites du voisin, le propriétaire n'en est pas moins tenu de réparer à ses frais tout le dommage que l'écroulement a pu causer à la maison du voisin, & même de le dédommager de la non-jouissance & de la perte des meubles qui ont pu en résulter, sans qu'il puisse se faire un moyen de ce qu'on ne l'a pas mis en demeure d'y pourvoir par une sommation. L'état des lieux l'interpelloit assez, & c'est à chacun à prendre garde que ce qui lui appartient ne cause du dégât à autrui.

La bonté apparente de l'édifice qui a nui par sa chûte, ne forme pas une fin de non-recevoir contre l'action en dommages-intérêts, sauf au propriétaire à se pourvoir contre l'entrepreneur de son bâtiment, s'il y a lieu. Le voisin qui a souffert ne peut connoître que le propriétaire du bâtiment qui a endommagé le sien, & chacun doit d'ailleurs être garant des ouvriers qu'il emploie. Bourjon assure encore que c'est la jurisprudence du châtelet. Mais le juge doit estimer bien moins rigoureusement les dommages-intérêts dans ce dernier cas.

Il est bien clair que si le bâtiment a été abattu par une force majeure, que le propriétaire ne pouvoit ni éviter ni prévoir, comme par le débordement d'une rivière, ce propriétaire n'est point tenu de réparer le dommage que la chûte en a causé aux bâtimens voisins. Il est assez à plaindre d'avoir essuyé lui-même cet accident, & l'on ne peut jamais être garant de la force majeure.

La coutume de Bretagne s'est particuliérement occupée de cet objet. L'art. 639 porte qu'amende ne doit être jugée, ne levée, de cas qui sont d'aventures ou de fortune, *si auparavant il n'y avoit eu dol, malice, ou coulpe notable.* L'art. 641 dit aussi que si par les moulins ou autres semblables choses, est fait dommage à autrui, ceux à qui appartiennent lesdits moulins, ou autres choses, n'en sont tenus *s'ils ne sont en coulpe.* L'article suivant ajoute, que le juge peut absoudre des cas avenus par fortune ou par ignorance. L'art. 643 porte, que si le feu prend en maison & la brûle, celui qui y demeure vérifiant qu'il n'y ait eu de sa faute, ne sera responsable, ni de la maison, ni des meubles qui y étoient. L'art. 644 va jusqu'à dire, que quand le feu ard la maison d'aucun, & la maison d'un autre périt par le même feu, si lui ne ses adhérens ne l'y mettent, pour

faire dommage à celui à qui elle est ou à autrui, il n'est tenu en rendre aucune chose. *Voyez* INCENDIE.

§. 7. *Des droits de voisinage relativement à certains édifices en particulier.* Lorsque la construction que l'on fait chez soi pourroit causer du préjudice à la maison voisine, soit par l'humidité ou les mauvaises odeurs qu'elle y occasionneroit, soit par la crainte du feu, on est obligé d'apporter de certaines précautions dans la construction de ces édifices. Les coutumes ne prescrivent pas toutes les mêmes règles en pareil cas. Mais on doit surtout consulter la coutume de Paris, dont les dispositions forment le droit commun à cet égard, & sont même observées dans la plupart des pays de droit écrit; parce que la multiplicité des édifices & la cherté du terrein y ont fait trouver les règles les plus propres à concilier la sûreté publique, & celle des voisins en particulier, avec l'intérêt des propriétaires.

Les puits, les fosses d'aisances, les cheminées, fours, forges & fourneaux, les cloaques ou égouts, les écuries & les étables sont les bâtimens dont la construction exige le plus de soin. On a déjà parlé des cheminées & des cloaques dans des articles séparés. On a aussi parlé au mot CONTRE-MUR, des précautions que les autres bâtimens qu'on vient de nommer exigeoient pour la conservation des murs du voisinage, soit qu'ils soient mitoyens, soit qu'ils appartiennent entièrement aux voisins. Il suffira donc de faire ici une ou deux observations qui n'appartiennent pas à ces articles.

Dans la règle générale, celui qui fait faire un puits, peut le faire creuser si bas qu'il lui plaît, sans que les voisins puissent l'en empêcher, quand même le puits par son enfoncement attireroit l'eau des leurs, sauf à eux à les recreuser s'ils le jugent à propos; parce que l'eau qui est dans la terre leur appartient à tous également.

Goupy prétend néanmoins qu'il faut faire une distinction entre les différentes sortes de puits. Si le puits est, dit-il, fermé, & ne s'ouvre point journellement comme quand il y a une pompe, ensorte qu'on ne l'ouvre que lorsqu'il est nécessaire de travailler ou à ce puits ou à la pompe, on peut le creuser tant qu'on voudra; mais si le puits étoit d'une utilité journalière pour la maison & toujours ouvert, la police pourroit s'opposer à ce qu'il eût plus d'eau qu'il n'est nécessaire, à cause des accidens qui pourroient en résulter.

Goupy ne dit point quels sont ces accidens, & l'on voit du moins que ce n'est pas l'intérêt des voisins qui pourroit faire mettre des bornes à la profondeur des puits.

Desgodets observe au surplus, que si par l'enfoncement du puits il arrive quelque fraction au bâtiment d'un voisin, ou d'autre dommage, le maître du puits doit le réparer, *sauf son recours contre l'entrepreneur du puits.* Mais Goupy soutient que ce recours ne peut avoir lieu que pour les puits construits à neuf, pour lesquels l'entrepreneur doit une garantie de dix années, comme pour les autres ouvrages. S'il n'étoit question, dit-il, que d'un simple renfoncement de puits auquel l'eau manqueroit, celui qui feroit cet enfoncement ne feroit point garant des effets que cela pourroit occasionner aux édifices qui feroient au-dessus du puits, parce qu'il pourroit arriver que ces dommages procéderoient de la mauvaise construction du puits que l'entrepreneur ne doit point garantir, puisqu'il ne l'a point fait. D'ailleurs il ne se trouveroit point d'entrepreneur qui voulût faire ces ouvrages, s'il couroit de tels risques, cette entreprise n'étant point assez lucrative pour s'y exposer.

L'objection cesseroit d'avoir lieu, s'il étoit prouvé que les dommages survenus aux maisons voisines proviennent du peu de soin que l'on a apporté à creuser le terrein.

Dans la ville de Paris, les ordonnances de police obligent chaque particulier à avoir dans sa maison un puits, avec corde, poulie & seau. L'article 193 de la coutume porte aussi, que tous propriétaires de maisons en la ville & fauxbourgs de Paris, sont tenus avoir latrine & privés suffisans en leurs maisons.

Cette obligation au moins doit être étendue aux autres villes, quoique la coutume ne parle que de celle de Paris. La police a droit de l'exiger pour la salubrité & la propreté des villes, & les voisins ont aussi une action pour obliger les propriétaires des maisons qui n'ont pas de privés à en faire construire : ce sont, dit Bourjon, les premiers auxquels cette action est donnée, comme y étant le plus intéressés.

Desgodets & Goupy remarquent que ces latrines doivent être de grandeur proportionnée à celle des maisons, & à la quantité des personnes qui y habitent, pour qu'on n'incommode pas trop le voisinage en les vuidant souvent, & qu'elles doivent être faites de maçonnerie, & non pas avec des tonneaux enfoncés en terre, à cause des inconvéniens qui pourroient en arriver.

VOIX, s. f. (en droit) signifie avis, suffrage. Dans toutes les compagnies, les voix ou opinions ne se pèsent point, mais se comptent à la pluralité.

En matière civile, quand il y a égalité de voix, l'affaire est partagée ; une voix de plus d'un côté ou d'autre suffit pour empêcher le partage où pour le départage.

En matière criminelle, quand il y a égalité de voix, l'avis le plus doux prévaut ; une voix ne suffit pas en cette matière, pour que l'avis le plus sévère prévale sur le plus doux ; il en faut au moins deux de plus.

Celui qui préside la compagnie, recueille les voix, & donne la sienne le dernier ; il lui est libre ordinairement de se ranger à tel avis que bon lui semble. Néanmoins, selon la discipline de quelques

compagnies, lorsqu'il y a une voix de plus d'un côté que de l'autre, il doit se joindre à la pluralité, afin que son avis n'occasionne point de partage. Voyez AVIS, JUGES, OPINION, SUFFRAGE.

VOIX ACTIVE, en matière d'élection, est la faculté que quelqu'un a d'élire. Voyez VOIX PASSIVE.

VOIX ACTIVE & PASSIVE, est la faculté que quelqu'un a d'élire & d'être élu soi-même.

VOIX CONCLUSIVE, est celle qui a l'effet de départager les opinions.

VOIX CONSULTATIVE, est l'avis que quelqu'un donne sans être juge, comme font les experts, les interprètes, & autres personnes qui font quelque rapports.

VOIX DÉLIBÉRATIVE, est l'avis que quelqu'un donne dans une assemblée, & qui est compté pour l'élection, jugement ou autre affaire dont il s'agit. Dans les tribunaux, les jeunes officiers qui sont reçus par dispense d'âge avant d'avoir atteint leur majorité, n'ont point voix délibérative, si ce n'est dans les affaires qu'ils rapportent, suivant la déclaration du 20 mai 1713.

VOIX EXCITATIVE & HONORAIRE, est celle que les magistrats ont à certaines assemblées, comme aux élections des docteurs-régens & agrégés de droit, le droit d'élire appartenant aux seuls docteurs-régens, suivant un arrêt du parlement de Paris du 25 juin 1626.

VOIX MI-PARTIES, c'est lorsque les voix sont partagées. Voyez PARTAGE D'OPINION.

VOIX PASSIVE, est la faculté que quelqu'un a d'être élu pour remplir quelque dignité ou fonction. Voyez VOIX ACTIVE.

VOIX DU PEUPLE, on entend par-là non pas l'opinion du vulgaire, mais l'opinion commune & la plus générale.

VOIX PUBLIQUE, c'est le bruit public, la commune renommée.

VOIX PAR SOUCHES, sont celles d'une branche d'héritiers qui tous ensemble n'ont qu'une voix, comme quand ils nomment avec d'autres à quelque office ou bénéfice.

VOIX UNIFORMES, sont celles qui tendent au même but. Dans les tribunaux, les suffrages uniformes entre proches parens, comme le père & le fils ou le gendre, les deux frères ou beaux-frères, ne sont comptés que pour un. Voyez les déclarations du 25 août 1708, & 30 septembre 1738. (A)

VOL, s. m. (Code criminel.) Les loix romaines définissent le vol : contrectatio fraudulosa, lucri faciendi gratiâ, vel ipsius rei, vel etiam usûs ejus, possessionisve, quod lege naturali prohibitum est admittere. L. 1, §. 3, ff. de furtis : c'est-à-dire, un maniement frauduleux, défendu par la loi naturelle, que l'on fait de la chose d'autrui, en se l'appropriant contre son gré, ou même en le privant de l'usage ou de la possession qui lui appartient, pour en faire son profit particulier.

Ainsi, pour qu'il y ait vol, ou, si l'on veut, pour

pour que le *vol* puiſſe former un crime , il faut le concours de pluſieurs circonſtances.

1°. Il faut qu'il y ait , non pas comme diſent certains criminaliſtes fort inſtruits d'ailleurs , une ſouſtraction, un enlévement (car ce n'eſt point là ce que veut dire , *contrectatio*) mais un *maniement*, ſeul terme de notre langue qui réponde à l'expreſſion latine des juriſconſultes romains.

De-là quatre conſéquences : la première , que l'on peut voler une choſe ſans la déplacer ; & c'eſt ce que fait par exemple un commodataire lorſqu'il prend à ſoi & s'approprie un effet qui n'a été mis dans ſa poſſeſſion qu'à titre de prêt.

La ſeconde , que ce crime ne ſe forme pas par la penſée, ni même par le ſimple effort de le commettre , mais qu'il faut , pour y donner lieu , que la penſée & l'effort ſoient parvenus à leur but. *Sola cogitatio furti faciendi non facit furem, l. 1. §. 1, ff. de furtis.*

On objectera que dans le *vol* avec effraction , & celui de grand chemin , la ſimple agreſſion peut ſuffire pour rendre coupable de ce crime , & en faire ſubir la peine. Mais dans ce cas, ce n'eſt point le *vol* que l'on punit , c'eſt la violence, *eſt vis* ; & on la punit à raiſon du trouble qu'elle apporte à la ſûreté publique.

On objectera encore que , par une ordonnance de Louis XIV , du 6 mars 1685, rendue pour le reſſort du parlement de Flandre , celui qui eſt convaincu d'avoir écrit à quelqu'un de porter de l'argent dans un lieu déſigné, que ſinon il le tuera, ou mettra le feu à ſa maiſon, doit être condamné au ſupplice de la roue ; mais ni cette loi, ni la juriſprudence des autres parlemens, qui ne s'en écarte qu'en ce qu'elle n'eſt pas tout-à-fair auſſi ſévère, ne puniſſent en cela un véritable *vol*. C'eſt contre le meurtrier ou l'incendiaire qu'elles ſéviſſent ; & l'on ſait que pour devenir l'un ou l'autre, la ſeule penſée manifeſtée au dehors ſuffit.

Enfin , on objectera que le *vol* peut ſe commettre par complicité. Mais il ne faut remarquer que le complice n'eſt regardé comme voleur, & puni comme tel , que lorſque la conſommation du *vol* s'eſt enſuivie. C'eſt la diſpoſition expreſſe de la loi 52 , §. 19, *ff. de furtis*.

La troiſième conſéquence eſt , que lorſqu'une fois le *vol* ſe trouve conſommé, le repentir du voleur, & la reſtitution qu'il feroit de la choſe volée, ne ſuffiroit point pour le mettre à couvert de la pourſuite & des peines que la loi y a attachées.

La quatrième conſéquence eſt , que ce crime ſe faiſant *per contrectationem*, ne doit par conſéquent frapper que ſur des choſes que l'on peut tenir dans la main , ou du moins tranſporter d'un lieu à un autre. Ainſi les meubles ſont bien paſſibles de *vol*, mais les immeubles ne le ſont pas. Il peut cependant arriver que l'on s'empare de ceux-ci contre le gré des propriétaires : mais alors ce n'eſt point *vol* ; c'eſt *uſurpation, invaſion,*

intruſion, crimes qui ſe commettent ou par force ouverte , ou par rébellion à juſtice , ou par fabrication de faux titres.

2°. Nous avons dit , en définiſſant le *vol*, qu'il falloit, pour former ce crime, que le maniement fût frauduleux, *contrectatio frauduloſa*. Cette condition amène trois conſéquences.

La première , que l'on ne peut regarder comme coupable de *vol*, celui qui n'a pris la choſe d'autrui que par erreur, croyant qu'elle lui appartenoit ; & qu'au contraire on doit réputer tel , celui qui s'eſt emparé de ſa propre choſe, qu'il avoit miſe en gage entre les mains d'autrui.

La ſeconde , que les inſenſés, les furieux , les enfans qui n'ont pas encore atteint l'âge où l'on doit diſcerner le bien & le mal , ne peuvent, comme incapables de dol & de malice, être en aucun cas réputés voleurs.

La troiſième, que l'on ne doit pas punir comme coupables de *vol*, ceux qui ne le commettent que par néceſſité, comme lorſque preſſés par une faim extrême, ils enlèvent du pain ou d'autres comeſtibles.

Cette conſéquence eſt autoriſée par pluſieurs textes du droit canonique, tels que le canon 26, *de conſecratione, diſtinction 5* ; le chapitre 3 *de furtis*, aux décrétales ; & le chapitre 4 des extravagantes, *tit. de regulis juris*.

Mais comme l'ordre public ne permet pas les voies de fait, le juge, dans ces ſortes de cas, doit toujours informer & décréter, ne fût-ce que pour conſtater la réalité du beſoin qui a néceſſité le *vol*. C'eſt ce qui paroît réſulter de l'article 166 de la Caroline, dont voici la teneur : « Si » quelqu'un, preſſé par une véritable famine, que » lui, ſa femme & ſes enfans pourroient ſouf- » frir, venoit à voler des nourritures , & que » le *vol* fût conſidérable & connu, les juges con- » ſulteront ſur ce qu'ils auront à ſtatuer. Un tel » voleur , quoique relâché ſans punition, n'aura » aucun recours contre l'accuſateur pour raiſon » de ſes pourſuites ».

3°. Nous avons ajouté que le *maniement* de la choſe d'autrui, pour conſtituer un véritable *vol*, devoit être fait contre le gré du propriétaire. Car ſi celui-ci y conſentoit, il n'y auroit point de *vol*, quand même ſon conſentement ſeroit ignoré de la perſonne qui s'eſt appropriée la choſe. C'eſt l'effet de la maxime, *ſcienti & volenti non fit injuria*, & c'eſt ce que décide le §. 8, *de obligationibus quæ ex delicto naſcuntur*, aux inſtitutes, & la loi 43, §. 10, *de furtis*.

4°. Enfin nous avons dit que le *vol* ſe commettoit même par l'abus que l'on fait de la choſe d'autrui, en le privant de *l'uſage* ou de la *poſſeſſion* qui lui en appartient. Le §. 6 du titre des inſtitutes que l'on vient de citer, nous en donne pour exemple le dépoſitaire qui ſe ſert de la choſe dépoſée entre ſes mains ; & le commodataire

O o

qui fait de la chose qu'on lui a prêtée, un autre usage que celui pour lequel on lui en a fait le prêt.

Les anciens n'avoient pas des idées aussi pures que nous par rapport au *vol*, puisqu'ils pensoient que certaines divinités présidoient aux *vols*, telles que la déesse Laverna & Mercure.

Il y avoit chez les Egyptiens une loi qui régloit le métier de ceux qui vouloient être voleurs ; ils devoient se faire inscrire chez le chef, *apud furum principem*, lui rendre compte chaque jour de tous leurs *vols*, dont il devoit tenir registre. Ceux qui avoient été volés s'adressoient à lui, on leur communiquoit le registre, & si le *vol* s'y trouvoit, on le leur rendoit, en retenant seulement un quart pour les voleurs, étant, disoit cette loi, plus avantageux, ne pouvant abolir totalement le mauvais usage des *vols*, d'en retirer une partie par cette discipline, que de perdre le tout.

Plutarque, dans la vie de Lycurgue, rapporte que les Lacédémoniens ne donnoient rien ou très-peu de chose à manger à leurs enfans, qu'ils ne l'eussent dérobé dans les jardins ou lieux d'assemblée ; mais quand ils se laissoient prendre, on les fouettoit très-rudement. L'idée de ces peuples étoit de rendre les enfans subtils & adroits ; il ne manquoit que de les exercer à cela par des voies plus légitimes.

Chez les Scythes, au contraire, nul crime plus grand que le *vol*, & leur manière de vivre exigeoit qu'on le punît sévèrement. Leurs troupeaux erroient çà & là dans les plaines. Quelle facilité à dérober, & quel désordre, si l'on eût autorisé de pareils *vols* ! Aussi, dit Aristote, a-t-on établi chez eux la loi gardienne des troupeaux.

Pour ce qui est des Romains, suivant le code Papyrien, celui qui étoit attaqué par un voleur pendant la nuit, pouvoit le tuer sans encourir aucune peine.

Lorsque le *vol* étoit fait de jour, & que le voleur étoit pris sur le fait, il étoit fustigé & devenoit l'esclave de celui qu'il avoit volé. Si ce voleur étoit déjà esclave, on le fustigeoit, & ensuite on le précipitoit du haut du capitole ; mais si le voleur étoit un enfant qui n'eût pas encore atteint l'âge de puberté, il étoit châtié selon la volonté du préteur, & l'on dédommageoit la partie civile.

Quand les voleurs attaquoient avec des armes, si celui qui avoit été attaqué avoit crié & imploré du secours, il n'étoit pas puni s'il tuoit quelqu'un des voleurs.

Pour les *vols* non manifestes, c'est-à-dire cachés, on condamnoit le voleur à payer le double de la chose volée.

Si après une recherche faite en la forme prescrite par les loix, on trouvoit dans une maison la chose volée, le *vol* étoit mis au rang des *vols* manifestes, & étoit puni de même.

Celui qui coupoit des arbres qui n'étoient pas

à lui, étoit tenu de payer vingt cinq as d'airain pour chaque pied d'arbre.

Il étoit permis au voleur & à la personne volée de transiger ensemble & de s'accommoder ; & s'il y avoit une fois une transaction faite, la personne volée n'étoit plus en droit de poursuivre le voleur.

Enfin, un bien volé ne pouvoit jamais être prescrit.

Telles sont les loix qui nous restent du code Papyrien, au sujet des *vols*, sur lesquels M. Terrasson, en son histoire de la jurisprudence romaine, a fait des notes très-curieuses.

Suivant les loix du digeste & du code, le *vol* connu sous le terme *furtum*, étoit mis au nombre des délits privés.

Cependant, à cause des conséquences dangereuses qu'il pouvoit avoir dans la société, l'on étoit obligé, même suivant l'ancien droit, de le poursuivre en la même forme que les crimes publics.

Cette poursuite se faisoit par la voie de la revendication, lorsqu'il s'agissoit de meubles qui étoient encore en nature, ou par l'action appellée *condictio furtiva*, lorsque la chose n'étoit plus en nature ; enfin, s'il s'agissoit d'immeubles, on en poursuivoit la restitution par une action appellée *interdictum recuperandæ possessionis* ; de sorte que l'usurpation d'un héritage étoit aussi considérée comme un *vol*.

L'on distinguoit, quant à la peine, le *vol* en manifeste & non manifeste ; au premier cas, savoir lorsque le voleur avoit été surpris en flagrant délit, ou du moins dans le lieu où il venoit de commettre le *vol*, la peine étoit du quadruple ; au second, c'est-à-dire lorsque le *vol* avoit été fait secrètement, & que l'on avoit la trace du *vol*, la peine étoit seulement du double ; mais dans ce double, ni dans le quadruple, n'étoit point compris la chose ou le prix.

La rapine, *rapina*, étoit considérée comme un délit particulier que l'on distinguoit du *vol*, en ce qu'elle se faisoit toujours avec violence & malgré le propriétaire, au lieu que le *vol*, *furtum*, est censé fait sans violence, & en l'absence du propriétaire, quoiqu'il pût arriver qu'il y fût présent.

La peine de la rapine étoit toujours du quadruple, y compris la chose volée ; ce délit pourtant plus grave que le *vol* manifeste qui se commettoit sans violence ; mais aussi ce *vol* n'étoit puni que par des peines pécuniaires, comme les autres délits privés, au lieu que ceux qui commettoient la rapine pouvoient, outre la peine du quadruple, être encore condamnés à d'autres peines extraordinaires, en vertu de l'action publique qui résultoit de la loi *Julia de vi publicâ seu privatâ*.

En France, on comprend sous le terme de *vol* les deux délits que les Romains distinguoient par les termes *furtum* & *rapina*.

Les termes de *vol* & de *voleur* tirent leur étymologie de ce qu'anciennement le larcin se commettoit le plus souvent dans les bois & sur les grands chemins ; ceux qui attendoient les passans pour leur dérober ce qu'ils avoient, avoient ordinairement quelque oiseau de proie qu'ils portoient sur le poing., & qu'ils faisoient voler lorsqu'ils voyoient venir quelqu'un, afin qu'on les prît pour des chasseurs, & que les passans, ne se défiant pas d'eux, en approchassent plus facilement ; ensorte que le terme de *vol* ne s'appliquoit dans l'origine qu'à ceux qui étoient commis sur les grands chemins ; les autres étoient appellés *larcin*. Cependant sous le terme de *vol*, on comprend présentement tout enlèvement frauduleux d'une chose mobiliaire.

Un impubère n'étant pas encore capable de discerner le mal, ne peut être puni comme voleur : néanmoins s'il approche de la puberté, il ne doit point être entièrement exempt de peine.

De même aussi celui qui prend par nécessité, & uniquement pour s'empêcher de mourir de faim, ne tombe point dans le crime de *vol*, il peut seulement être poursuivi extraordinairement pour raison de la voie de fait, & être condamné en des peines pécuniaires.

Il en est de même de celui qui prend la chose d'autrui à laquelle il prétend avoir quelque droit, soit actuel ou éventuel, ou en compensation de celle qu'on lui retient ; ce n'est alors qu'une simple voie de fait qui peut bien donner lieu à la voie extraordinaire, comme étant défendue par les loix à cause des désordres qui en peuvent résulter ; mais la condamnation se résout en dommages & intérêts, avec défense de récidiver.

On distingue deux sortes de *vol* ; savoir le *vol* simple & le *vol* qualifié ; celui-ci se subdivise en plusieurs espèces, selon les circonstances qui les caractérisent.

La peine du *vol* est plus ou moins rigoureuse, selon la qualité du délit, ce qui seroit trop long à détailler ici : on peut voir là-dessus la déclaration du 4 mars 1724.

L'auteur de *l'Esprit de loix* observe à cette occasion que les crimes sont plus ou moins communs dans chaque pays, selon qu'ils y sont punis plus ou moins rigoureusement ; qu'à la Chine, où les voleurs cruels sont coupés par morceaux, on vole bien, mais l'on n'y assassine pas ; qu'en Moscovie, avant que l'impératrice actuellement régnante eût abrogé la peine de mort, où la peine des voleurs & assassins est la même, on assassine toujours : & qu'en Angleterre, on n'assassine point, parce que les voleurs peuvent espérer d'être transportés dans les colonies, & non pas les assassins.

Addition à l'article VOL. Le *vol* est un délit né de la civilisation. Dans l'état purement naturel, il n'y a point de *vol*, parce qu'il n'y a point de propriété ; comme il y a des propriétés légitimes & d'autres qui ne sont pas, on pourroit en conclure qu'il y a un *vol* permis & un *vol* illicite ; mais tant de gens auroient été portés à supposer toutes les propriétés illégitimes pour se dire autorisés à s'en emparer, qu'il a fallu commencer par rendre la possession aussi respectable que la propriété, jusqu'au moment où l'on auroit prouvé l'injustice de la première. Ainsi tout homme qui prend à un autre ce qu'il possède, se rend coupable de *vol*.

Il y a différentes manières de ravir ce qui ne nous appartient pas, diverses circonstances qui rendent le *vol* plus facile, plus criminel & par conséquent plus punissable. Ces différences qui exigent, de la part du législateur, une grande étendue de lumières, de sagesse, de justice, de modération & de fermeté, pour n'être ni trop sévère ni trop indulgent. Il seroit aussi insensé de prononcer contre le *vol* en général une peine déterminée, qu'absurde aux médecins d'appliquer indistinctement le remède à une maladie qui auroit le même nom, mais des causes ou des effets opposés.

C'est par cette raison que nos loix ont divisé le *vol* en plusieurs espèces, & assigné à chacune d'elles des peines plus ou moins sévères. Ces distinctions sont-elles en assez grand nombre ? sont-elles marquées au coin d'une justice parfaite ? c'est ce que nous nous proposons d'examiner.

Dans son origine, le *vol* ressembloit à un arbre qui n'a que sa tige. Aujourd'hui cette tige est chargée de branches que l'industrie a fait pousser à l'infini, & qu'elle dirige en différens sens. Il en est qui s'étendent sur la terre ; celles-là, viles, abjectes, exposent tous les hommes qui s'y attachent à être foulés aux pieds & à mourir dans la fange. Il en est de moins rampantes ; ceux qui, après les avoir embrassées, en dévorent les fruits, courent moins de dangers que les premiers, mais ils sont encore si près du trône de la justice, que sa main peut la saisir chaque instant, les précipiter dans l'opprobre ou les frapper de mort. Il existe d'autres branches plus superbes, qui, loin de compromettre la vie des hommes qui sont parvenus jusqu'à elles, leur fournissent une substance abondante, & les soutiennent à un point si élevé, qu'ils paroissent au-dessus de toutes atteintes. Il n'y a que des orages violens & rares qui puissent les détacher de leur appui & les précipiter sur les ronces qui environnent le pied cet arbre, que nous allons observer depuis ses racines obscures jusqu'à sa cime orgueilleuse.

Avant de remplir cette triste tâche, qu'il nous soit permis de poser ici quelques principes généraux. Le *vol*, quel qu'il soit, sous quelque point de vue qu'on l'envisage, est un délit ; s'il est accompagné de violence, il devient une injustice ouverte, il réduit la foiblesse à être la victime de la force, il est une source de haine, de vengeance & de meurtre ; s'il est commis avec adresse, il bannit la confiance, la sécurité, & donne à la subtilité un ascendant funeste sur le courage & le travail.

Lycurgue, en autorisant le *vol* parmi les Spartiates, vouloit rendre les jeunes gens plus alertes & plus surveillans ; mais au lieu de conduire l'humanité à la perfection, il la ramenoit, sans le savoir, à l'état sauvage. Le temps que l'on donne à garder sa propriété, on ne l'emploie pas à la bonifier, à l'augmenter. Celui pendant lequel on médite une capture, on pourroit le passer à faire naître ou à fabriquer ce que l'on se propose de ravir. Voilà donc bien des momens perdus pour la société divisée en deux bandes, l'une de surveillans craintifs, & l'autre de rodeurs subtils. Comment une pareille société pourroit-elle subsister long-temps ? Ce ne seroit ni par les manufactures, ni par le commerce, ni par l'agriculture, qui exigent des soins divers, & de la confiance dans l'honnêteté publique. Il faudra donc, pour la soutenir, qu'une autre classe d'hommes opprimée, dédaignée par elle comme celle des Ilotes à Sparte, travaille sans cesse pour la nourrir, & lui permette de n'envisager comme une occupation importante & digne d'elle que les exercices militaires ? Mais quand tous les historiens, tous les poëtes couvriroient d'éloges une semblable société, quand ils l'encenseroient éternellement, je soutiendrai qu'elle ne pourra jamais fournir que des citoyens sobres, courageux, attachés à leur patrie, à leurs loix, & non des hommes vertueux, souverainement équitables, amis de l'espèce humaine.

Les Romains se donnèrent bien de garde de permettre le *vol* parmi eux ; ils prenoient sans scrupule des femmes étrangères, s'emparoient des territoires voisins, se rendoient les maîtres des villes qui leur convenoient, conquéroient des empires ; mais ils respectoient la propriété de leur concitoyen ; la récolte de son champ étoit sacrée.

Le *vol* naît en général de la nécessité, mais il n'est pas pour cela excusable, parce que la nécessité elle-même ne l'est pas toujours. Malheureux, la faim dévorante te tourmentoit, tu n'avois pas de quoi l'appaiser, & tu as volé pour la satisfaire. Mais pourquoi l'attendois-tu dans l'oisiveté ? Celui que tu as volé auroit été forcé d'en voler un autre, s'il eût, comme toi, préféré le repos au travail ; & l'espèce humaine, après avoir formé quelque temps une longue bande de voleurs, eût fini par mourir de misère. Je n'avois que des bras, réponds-tu, & des bras ne suffisent pas pour travailler utilement. Il faut des outils, de l'industrie & de l'ouvrage. D'abord, as-tu fait tous tes efforts pour avoir ce qui te manquoit ? tes pères ont-ils refusé de t'apprendre le métier dont ils tiroient leur nourriture & la tienne ? Si, en mourant, ils t'ont laissé sur la terre dans la foiblesse de l'enfance, n'as-tu jamais rencontré dans ta famille, dans ton village, une ame charitable qui eût pitié des orphelins ? Si, repoussé par les hôpitaux, tu as été forcé d'errer pour demander ton pain, n'as-tu pas, en grandissant, acquis des forces suffisantes pour obtenir d'un laboureur qu'il te prît à son service ? N'as-

tu gagné tellement le stricte nécessaire, qu'il t'ait été impossible de vivre sans voler le jour où tu as manqué d'ouvrage ? Enfin le service militaire ne t'offroit-il pas une ressource contre l'affreux besoin ? Si tu peux me convaincre que tu as long-temps, & toujours inutilement demandé du travail, que, pour surcroît de malheur, le peu d'élévation de ta taille, ou sa difformité, t'a fait juger incapable de porter les armes, de manière qu'il t'a été impossible de servir ni le souverain, ni ses sujets, je t'excuserai, en convenant que ton crime est moins le tien que celui de l'état qui doit ou bannir de son sein tous ceux qui sont sans propriété, ou veiller à ce qu'ils puissent toujours tirer leur subsistance du travail. Car d'un côté, punir de mort les voleurs, & de l'autre, laisser exister la nécessité de voler, c'est ne donner à la pauvreté que le choix de périr d'une mort infame ou d'une mort plus cruelle encore.

Comme, de tous les besoins, celui d'appaiser la faim est le plus impérieux & celui qui entraîne le plus irrésistiblement l'homme au *vol*, il est de la sagesse de l'administration d'en garantir tous ceux qui vivent sous ses loix. Il n'est pas possible qu'il y ait un gouvernement assez riche pour nourrir ses sujets dans l'inaction, puisque c'est leur travail qui fait sa richesse & sa prospérité ; d'où il résulteroit qu'il seroit d'une mauvaise politique que ceux qui contribuent à sa splendeur ne fussent pas plus protégés, plus distingués que ceux qui ne font rien pour lui. Il faut donc accorder une protection & une distinction si visible au travail, que le citoyen sente qu'il n'a rien de mieux à faire pour son bonheur & pour sa gloire, que de travailler. Une fois qu'il y aura beaucoup de cultivateurs dans un état, cet état aura beaucoup de productions. Cet état aura d'abord un aspect heureux & florissant. La richesse des campagnes rend un pays animé & pittoresque, & c'est déjà quelque chose pour le bonheur que d'habiter un séjour qui en présente l'image. Plus l'état recueillera de fruits, plus il sera facile de pourvoir à la subsistance de ceux qui en manquent.

Mais pour ne pas décourager le travail, ni encourager l'oisiveté, il est bien essentiel de discerner parmi ces individus qui n'ont pas de subsistances, ceux qui en éprouvent le besoin par la force de la nécessité, d'avec ceux qui le ressentent par leur aversion insurmontable pour toute espèce de travail & de gêne. Les premiers doivent être considérés comme de braves soldats qu'une force impérieuse empêche de combattre ; l'état ne leur doit pas moins leur solde qu'à ceux qui versent leur sang pour sa défense : les autres sont des lâches, toujours prêts à fuir ; les nourrir, c'est une charge ; mais dès qu'on veut bien leur conserver l'uniforme & ne pas les chasser des rangs, il faut prévenir les effets de leur faim, dans la crainte qu'ils n'inquiètent le bon soldat & ne dévorent le pain qu'il a si bien mérité.

Il est certain que tout gouvernement doit des alimens à ses sujets, comme un bon père de famille en doit à ses enfans. Mais l'un & l'autre, pour soutenir cette charge, ne peuvent trop s'occuper d'augmenter leurs revenus en faisant valoir leurs fonds de la manière la plus productive. Le fonds d'un état, c'est la terre & l'industrie de ses sujets. Les destructeurs les plus dangereux de l'agriculture & du travail, ce sont la paresse & le vol. Il faut donc les combattre l'un & l'autre sans relâche. Emprisonner le paresseux & pendre le voleur, c'est seulement arrêter ou exterminer le vicieux, mais non pas les vices. O sages de la terre, ne craignez-vous pas de vous rendre coupables des crimes que vous voulez punir? Pour châtier cet homme qui n'a volé que quelques misérables pièces d'argent, vous avez imaginé de lui voler sa vie. Quelle distance immense n'y a-t-il pas entre le tort qu'il vous a occasionné & celui que vous lui faites? Et cet homme que vous êtes hâté de juger paresseux, incapable de rendre aucun service à la société, parce qu'il mendioit son pain (qu'il auroit peut-être mieux aimé gagner, si vous lui en eussiez fourni les moyens), vous le renfermez, vous le condamnez à une inaction perpétuelle & à vous être à charge à vous-même!

Il est reconnu que les habitudes donnent aux hommes qui les ont contractées, une empreinte presque ineffaçable, & des inclinations toutes différentes de celles de la nature. Ceux auxquels on a fait contracter l'habitude du travail, se meurent d'ennui lorsque l'opulence, qui est le fruit de leur constante activité, les fixe dans le repos: ceux qui ont passé leur jeunesse dans les jeux, ou dans des exercices ambulans, sont très-difficilement pliés à des occupations sédentaires, & à des travaux qui exigent de l'assiduité. Ils préfèrent souvent le besoin, & même la mort à l'uniformité d'une profession attachante, semblables au loup de la fable qui aimoit mieux errer en liberté, poursuivi par la faim, que de recevoir dans l'esclavage une nourriture abondante. Voilà la raison pour laquelle les contrebandiers, les braconniers, & en général tous ceux qui ont été habitués à vivre de rapines, n'ont pas plutôt échappé au péril dont ils étoient menacés, ou recouvré leur liberté, qu'ils reprennent le genre de vie qui leur est familier.

Comme il est d'une sage administration de s'occuper plus de prévenir les crimes que de les punir, il seroit bien important de veiller à ce que tous les enfans qui ne peuvent exister que par le travail, y fussent disposés de bonne heure par ceux qui prennent soin de leur éducation. Le ministère public qui est, si l'on peut s'exprimer ainsi, l'Argus du gouvernement, & dont tous les substituts sont autant d'yeux, à l'aide desquels il voit tous les abus & en découvre toutes les causes, peut influer pour beaucoup dans l'éducation physique & morale, de laquelle dépendent la perfection des individus, le bannissement des vices, l'agrandissement des vertus, le développement des facultés, & enfin la supériorité d'un empire.

Après avoir exposé ces idées préliminaires, qui sortent du sujet que nous avons à traiter, rentrons dans sa profondeur, & considérons le vol sous ses différens aspects. Nous avons, à l'article PÉCULAT, indiqué ce que c'étoit que le vol public, & quelles peines y étoient attachées; il nous reste à parler des divers vols privés.

Originairement le vol, comme presque tous les crimes, n'étoit puni en France que par des amendes. En 789, Charlemagne tint dans son palais d'Héristal un parlement, où il fut réglé qu'un premier larcin seroit puni de la perte d'un œil, le deuxième par l'amputation du né, & le troisième de mort. Cette loi étoit tout à la fois l'effet de la barbarie & de l'ignorance du temps. Arracher un œil & amputer le né à un voleur, c'est mettre dans la société un objet d'horreur; ne pas distinguer, avant d'infliger une pareille peine, si le voleur a volé avec effraction ou sans violence, c'est confondre dans le même châtiment deux délits bien différens. La peine de l'amende étoit plus sage, mais souvent le voleur n'a rien pour la payer, & son indigence est pour lui une sauve-garde, un encouragement à l'injustice; il auroit donc fallu condamner le voleur à une amende proportionnée à la valeur du vol, & dans le cas où il n'auroit pas pu la payer, le dégrader & le réduire pour un temps à l'esclavage. Saint-Louis voulant réprimer le vol & le brigandage qui se commettoient sur les grands chemins, s'arma d'une grande sévérité. Ses établissemens portent « que celui qui » enlève de force l'habit ou la bourse des pas- » sans sur la voie publique, ou dans les bois, » doit être pendu, ensuite traîné, puis, tous » ses meubles confisqués au profit du prince, sa » maison rasée, ses terres ravagées, ses prés brûlés, » ses vignes arrachées, ses arbres dépouillés de » leurs écorces ».

Les successeurs de ce législateur, en changeant cette peine, l'ont aggravée sur la personne du coupable, mais n'ont point étendu leur sévérité sur ses héritages. Quoique cette proscription contre tout ce qui appartient à un criminel flétrisse encore davantage sa mémoire, & paroisse donner un plus grand exemple, il en résulte toujours un dommage réel pour la société, qu'il est plus sage d'éviter. La loi qui est la base du supplice infligé aux voleurs qui exercent leurs brigandages sur les grands chemins, est un édit rendu par François I en 1534; il porte « que ceux qui auront par em- » bûches, aggression, conspiré & machiné » pillé & détroussé les allans & venans ès villes, » villages & lieux du royaume, pays, terres & » seigneuries, en mettant embûches pour les guet- » ter, & aussi ceux qui feront le semblable au- » dedans desdites villes, guettant & épiant de » nuit les passans, seront condamnés à avoir les

» bras , jambes , cuiffes & reins rompus ; & à
» être attachés fur une roue , le vifage tournés
» vers le ciel , où ils demeureront vivans tant
» qu'il plaira à Dieu les laiffer en vie ». La multitude de brigands qui infeftoient les chemins , qui
arrêtoient par la crainte les commerçans , qui
empêchoient les pourvoyeurs d'amener leurs denrées aux confommateurs , & d'approvifionner les
grandes villes , a fans doute déterminé le légiflateur
à une peine plus effrayante que celle qui exiftoit jufqu'alors , & fous ce point de vue , la loi qui la
prononce eft refpectable. Mais fi l'on confidère
la diftance immenfe qui exifte entre l'homme qui
vole à un voyageur fes effets , fon argent , &
l'affaffin qui trempe fes mains dans fon fang &
lui arrache la vie ; on regrette que le légiflateur
ait facrifié à la tranquillité de la fociété le frein
qui peut arrêter le brigand , & l'empêcher de fran-
chir l'intervalle qui eft entre le *vol* fur les grandes
routes & l'affaffinat. Les magiftrats , obligés de fe
conformer à la loi , ont néanmoins cherché à la
modifier : ils épargnent au coupable , dont les
vols fur les chemins n'ont point été accompagnés de meurtre , la douleur affreufe d'expirer
fur la roue , dans de longs tourmens. Il faut obferver , avec *Jouffe*, que l'efprit de la loi n'a
pas été de punir du dernier fupplice le voleur qui
efcamotte fur le grand chemin ; qu'il faut qu'il y
ait aggreffion ou attaque de guet-à-pent , & qu'ainfi
un voyageur qui détourneroit les effets d'une
voiture , dans laquelle il auroit une place , ou
ceux d'un de fes compagnons de voyage , ne feroit
pas confidéré comme un voleur de grand chemin ,
ni puni comme tel , il ne pourroit pas même être
jugé prévotalement.

Nous ignorons fi le nouveau code criminel que
le Souverain vient d'annoncer à fes cours , apportera quelque changement à l'édit que nous venons
de citer. Nous favons combien la perverfité , qui
abufe même de la juftice , peut s'enhardir par la
publicité d'une loi modérée ; qu'il exifte des hommes fi iniques , que la crainte de la mort eft feule
capable de les contenir. Mais comme l'équité fuprême doit s'élever au-deffus des confidérations
particulières , & qu'il eft encore plus important
de détruire l'affaffinat que d'exterminer le voleur ;
s'il nous eft permis de donner notre fentiment
fur une matière auffi grave , nous dirons qu'il nous
fembleroit jufte de condamner aux galères perpétuelles l'homme qui auroit volé fur les grands
chemins , en ufant feulement de menaces ou de
la fupériorité de fes forces ; de condamner au
fupplice de la potence celui qui auroit fait la plus
légère bleffure au voyageur ; & enfin , de réferver le fupplice de la roue pour celui qui auroit
ajouté le meurtre à fon crime.

Il eft une autre efpèce de *vol*, qui n'eft guère
moins puniffable à mes yeux que le *vol* fur les
grands chemins , parce qu'il eft toujours médité ,
toujours accompagné de violence , & parce que
celui qui le commet n'eft point ému par la force
de l'objet qu'il veut dérober ; c'eft le *vol* avec
effraction : le lieu , le temps & les circonftances
aggravent ce délit. L'édit que nous venons de citer
veut « que ceux qui entreront au dedans des mai-
» fons , icelles crocheteront & forceront , pren-
» dront & emporteront les biens qu'ils trouve-
» ront efdites maifons , foient punis du fupplice
» de la roue ».

Cependant , comme le remarque Jouffe , cette
ordonnance « ne s'obferve point à l'égard des
» *vols* faits de nuit : quoiqu'avec effraction , s'il n'y
» a affaffinat ou excès , & mauvais traitemens
» commis avec port d'armes & violence pu-
» blique ».

Suivant la jurifprudence de plufieurs tribunaux , le *vol* avec effraction n'eft puni que des
galères perpétuelles , lorfqu'il n'eft pas caractérifé
de *vol* domeftique , & qu'il n'eft ni nocturne ,
ni accompagné de mauvais traitemens ; mais dans
d'autres il eft toujours puni de mort : cette févérité , lorfqu'elle eft générale & fans diftinction , devient trop dure. Puifque tous les effets d'une
certaine valeur font fermés fous clef , prefque
tous les *vols* font faits avec effraction. Si on
les punit indiftinctement de la peine de mort , il
n'y a plus de proportion entre le châtiment infligé
à la violence audacieufe , foutenue par un grand
nombre de complices , précédée de menaces , de
voies de fait , favorifée même par la domefticité , &
celui que mérite l'infidélité timide , qui foulève en
filence une porte pour s'approprier quelques effets
renfermés.

La punition des galères pendant l'efpace de
trois ans , pour le *vol* fimple ; de neuf ans pour
le *vol* avec effraction dans le jour ; de galères perpétuelles pour le *vol* nocturne ; celle de mort pour
le *vol* nocturne avec violence & voie de fait , nous
femblent avoir été adoptées par plufieurs tribunaux ,
& il eft à defirer qu'une loi formelle ne laiffe plus
d'arbitraire à cet égard , & rende la jurifprudence
uniforme fur ce point.

Un *vol* que la religion , que le refpect dû aux
temples , rend plus grave , c'eft celui des vafes
facrés : fuivant plufieurs arrêts , ceux qui volent
les calices , foleils , patènes , ciboires , font condamnés à être pendus , & préalablement à avoir le
poing coupé , & à faire amende honorable. Lorfqu'ils ont difperfé les hofties , ou fait d'autres
profanations , on les condamne au feu. Plus cette
loi eft févère , moins on doit lui donner d'extenfion.
Ainfi il ne faut pas confidérer comme vafes facrés
tout ce qui fert aux cérémonies religieufes , encore
moins punir comme *vols* d'églife tous ceux qui
font commis dans les temples. La déclaration du
5 mai 1725 , art. I, porte « que ceux ou celles
» qui fe trouveront convaincus de vols & larcins
» faits dans les églifes , enfemble leurs complices
» & fuppôts , ne pourront être punis de moindre
» peine ; favoir , les hommes des galères , à temps

» ou a perpétuité, les femmes d'être flétries d'une » marque en forme d'une lettre V, & enfermées » à temps ou pour leur vie dans une maison de » force, le tout sans préjudice de la peine de » mort, s'il y échet, suivant l'exigence des » cas ».

Qu'il nous soit permis de faire une remarque sur ces mots, *à temps ou à perpétuité, sur ceux-ci, sans préjudice de la peine de mort s'il y échet*. Le législateur ne rend-il pas, par ces mots, les juges arbitres de la vie & de la mort ? de la durée d'une peine aussi horrible que l'esclavage ? Quoiqu'on ne doive pas croire que des magistrats puissent abuser d'un pouvoir aussi illimité, il semble qu'ils ne doivent jamais être que les organes d'une loi positive, & que laisser à l'arbitrage des juges la vie des coupables, les constituer les maîtres de frapper de mort civile, & de retenir pour la vie dans les fers un accusé, ou de ne prononcer contre lui que la peine des galères à temps, c'est exposer les hommes à un arbitrage dangereux, & faire de chaque tribunal un tribunal de législation.

Suivant une déclaration du 15 janvier 1677, qui en confirme une de 1550, le *vol* commis dans les maisons royales est puni de mort. La majesté royale, & plus encore la liberté accordée par le souverain à ses sujets de parcourir ses palais, d'approcher de sa personne, ont sans doute provoqué cette sévérité envers les coupables, lors même qu'ils n'ont point encore été repris de justice. Mais il faut, pour que les juges prononcent cet arrêt de mort, que le *vol* soit fait à la personne du souverain, & dans une maison où il réside ; c'est du moins l'avis des criminalistes : cette distinction est importante à saisir. Lorsqu'il s'agit d'enlever la vie à un coupable, il est de l'humanité de restreindre le plus qu'il est possible la décision impérieuse de la loi, jusqu'au moment où le législateur voudra lui-même l'adoucir.

Une autre déclaration du 18 avril 1724, porte aussi la peine de mort contre ceux qui volent, dans les hôtels des monnoies, des espèces & matières d'or & d'argent, billon & cuivre, soit qu'il y ait effraction ou non : cette excessive sévérité a plus sauvé de coupables qu'elle n'en a exterminé. Un malheureux ouvrier que la vue de l'or égare, & qui en cache quelques parcelles dans ses vêtemens, mérite-t-il le même supplice que celui qui, en brisant des portes, enlève une quantité considérable d'espèces ? La crainte d'occasionner une mort certaine au misérable, arrête le dénonciateur & amène l'impunité. Il seroit aussi bien injuste de condamner comme criminel, sans autre preuve, un ouvrier de la monnoie, sur lequel on trouveroit quelques fragmens d'espèces d'or ou d'argent, parce qu'il est possible qu'en travaillant, qu'en agitant les tables sur lesquelles on répand ces matières, il en soit tombé dans

ses poches ou dans ses souliers. Pour prévenir ces cas fortuits & garantir de toutes infidélités la foiblesse humaine, il est plus prudent d'user dans les hôtels des monnoies de la même précaution que dans celui de Paris, qui consiste à faire changer de vêtemens tous les ouvriers, à leur sortie, afin de pouvoir s'assurer qu'ils n'emportent rien qui puisse préjudicier à l'intérêt du roi.

Plusieurs arrêts ont condamné à être pendus des voleurs qui avoient filouté dans les tribunaux, dans le moment où l'on rendoit la justice. En lisant cette liste funèbre, on voit, avec peine, un jeune homme de dix-huit ans condamné à mort par un arrêt du 10 mai 1550, pour avoir enlevé une bourse qui ne contenoit que quelques pièces d'argent ; deux autres jeunes gens condamnés, en 1678, à faire amende honorable, & à être pendus, pour avoir, pendant l'audience de la tournelle, volé un mouchoir, qu'ils rejettèrent en se voyant poursuivis. D'autres arrêts postérieurs ont seulement condamné des voleurs coupables du même délit, à faire amende honorable, & à trois ans de galères. Le nommé Bouval éprouva le 29 août 1733, cet adoucissement de peine, & c'est bien là encore une preuve de l'arbitraire qui règne dans notre jurisprudence criminelle ; heureux du moins, lorsque cet arbitraire épargne à la justice la douleur de priver des hommes de la vie ! Le cœur est soulagé lorsqu'on s'apperçoit que plus nous avançons vers la lumière que produisent insensiblement les bons écrits, les arrêts de mort sont plus rares, & les délits punis dans une proportion plus équitable.

Le *vol* commis dans les incendies, semble encore plus odieux que les autres. C'est ajouter le malheur au malheur. Plusieurs criminalistes insistent pour qu'il soit puni de mort. Un arrêt du parlement du 26 octobre 1621, prononce la peine de mort contre ceux *qui auront trouvé des effets aux incendiés & qui ne les rapporteront pas*. Il étoit juste sans doute de venir au secours de l'infortune : mais il y a encore une si grande différence entre celui qui est assez peu délicat pour ne pas rapporter un effet qu'il a trouvé, appartenant à un incendié, & celui qui le vole, qu'il faudroit donc prononcer le supplice de la roue contre le dernier, si l'on condamne le premier à la potence ; c'est-là le cas de ne pas trop s'abandonner à la pitié qu'excite le malheureux, & de n'être pas compatissant aux dépens de l'humanité. La peine du blâme & de la restitution du double de l'effet trouvé nous paroîtroit suffisante ; mais avant de l'infliger à celui qui auroit eu la bassesse de ne le pas rapporter, il faudroit que l'accusé fût convaincu d'avoir su que l'effet trouvé par lui appartenoit à un incendié, & qu'il avoit bien l'intention de se l'approprier. L'ordonnance de la marine du mois d'août 1681, porte, que ceux qui *attenteront à la vie ou aux biens de ceux qui font naufrage, seront punis de mort. Quoi ! nous aurons toujours à remarquer une confusion de mots & d'idées qui bleffent l'équité ! Attenter à la vie de l'homme qui fait naufrage, ou attenter à fes biens, eft-ce donc la même chofe ? Ce font fans doute deux grands délits. Mais fi l'un nous paroît mériter la mort, l'autre nous femble ne mériter que les galeres. La même ordonnance, art. 30 du tit. 9, liv. 4, *défend à tous cavaliers ou foldats de courir au naufrage.* Une malheureufe expérience, & qui ne fait pas honneur aux militaires fubalternes, a fans doute provoqué la rigueur de cette difpofition. Cependant, comment réfifter aux cris des malheureux qui luttent contre les flots, appellent du fecours ! le premier mouvement eft d'aller leur en porter. C'eft au militaires à folliciter, par une conduite pure & par une délicateffe foutenue, la réformation d'un article fi honteux pour eux.

Nous donnerions trop d'étendue à cet article, fi nous parcourions toutes les efpèces de *vol* qui peuvent fouiller l'efpèce humaine. En général, les *vols* fe dirigent fur des effets renfermés dans nos maifons, ou expofés par leur nature à la bonne-foi publique. On a vu que les *vols* de la première efpèce font puniffables en raifon de la violence ou des voies de fait qui l'accompagnent; mais ceux de la feconde doivent l'être en raifon du trouble qu'ils apportent dans la fociété. Ainfi, par exemple, l'enlèvement des inftrumens aratoires que le cultivateur eft forcé de laiffer dans fon champ, celui de fes récoltes qu'il amoncèle & élève en pyramide, fous la fauve-garde de la bonne-foi; le dépouillement des fruits qui croiffent & mûriffent par les foins d'un propriétaire, doivent être punis de même que le *vol* avec effraction, parce qu'il eft impoffible de renfermer ces véritables richeffes, & qu'il réfulteroit de la licence de les enlever, une défiance, un découragement, un abandon de la culture, qui porteroient le plus grand préjudice à la fociété. *L'art.* 630 *de la coutume de Bretagne*, *l'art.* 14 *du chap.* 39 *de la coutume de Loudun*, condamnent ces fpoliateurs d'une légitime propriété, à être punis corporellement.

Les *vols* commis dans les hôtelleries donnent lieu à une action civile contre les aubergiftes; ils font même tenus de reftituer la valeur des effets volés, quoiqu'ils ne leur aient pas été donnés en garde, pourvu qu'il foit prouvé qu'ils ont été apportés en leur auberge. Il y a cependant une exception pour l'argent; fi la fomme étoit confidérable, l'aubergifte n'en feroit refponfable qu'autant qu'elle auroit été remife fous fa garde : le légiflateur, en traçant une loi précife fur ce point, avoit deux écueils à craindre, la mauvaife foi de l'hôte & l'infidélité de l'aubergifte. C'eft aux juges, avant de condamner l'un, ou de rejetter la demande de l'autre, à avoir égard à la bonne ou mauvaife renommée des parties, aux facultés apparentes du demandeur; car il feroit facile à un hôte mal-

honnête de ruiner un aubergifte, en fuppofant un *vol* confidérable.

Un arrêt du 12 février 1780, a condamné un aubergifte d'Etampes, à payer au nommé *Veidier* une fomme de 140 liv. qui lui avoit été volée par un particulier qui avoit couché dans la même chambre que lui, & qui avoit difparu. Le même arrêt enjoignoit à l'aubergifte de faire fa déclaration de tous les *vols* qui fe commettroient chez lui, au même inftant où il en auroit connoiffance.

S'il étoit prouvé que le *vol* eût été commis par l'aubergifte lui-même ou par fes valets, de concert avec lui, il encourroit la même peine que celle qui doit être infligée à un voleur domeftique, parce que l'hôte qui paie eft alors confidéré comme réfidant chez lui, & l'aubergifte qui le fert eft pour le temps de fon féjour à fes gages. Un *vol* qui fe commet bien fréquemment, & qui n'eft que trop rarement puni, c'eft celui des conducteurs de vin. Cependant un arrêt rendu le 14 août 1715, confirmatif d'une fentence de la police de Paris, condamna un nommé *Demouchi*, charretier, à être attaché au carcan à la place du port Saint-Paul, avec ces mots, *Charretier piqueteur de vin.* Cet arrêt lui faifoit défenfe de récidiver, à peine de punition corporelle. Un fecond & un troifième arrêt, l'un du 17 juillet 1732, l'autre du 14 janvier 1750, ont infligé la même peine à deux voituriers, pour avoir bu du vin qu'ils étoient chargés de conduire.

Les meffagers font refponfables par corps du *vol* des effets qui leur ont été confiés, & qui ont été infcrits fur leur regiftre; mais fi les effets n'ont point été enregiftrés, le maître de la meffagerie n'en eft point refponfable, & le propriétaire n'a d'action que contre le cocher. Un arrêt du confeil de 1696 l'a jugé ainfi en faveur du fieur *Sanfoi*, maître des carroffes d'Auvergne, & a condamné feulement le cocher, par corps, au paiement de 6000 liv. réclamées par le fieur *Viau de la Garde*, pour la valeur de fes effets volés.

Le locataire ou fermier qui détourne ou enlève fes propres effets, lorfqu'il les a donnés pour gages, ou lorfqu'ils font fous la main de la juftice, commet un véritable *vol*; cependant il n'eft pas puni auffi féverement que le *vol* ordinaire, & à moins qu'il ne foit fuivi d'une banqueroute frauduleufe, il n'eft réprimé que par la peine de la reftitution, avec une amende.

Ceux qui prêtent fecours aux voleurs font, fuivant les criminaliftes, auffi puniffables que les voleurs. Les établiffemens de Saint-Louis portent que ceux qui feront en compagnie des larrons, & qui reçoivent les effets qu'ils ont volés, feront pendus comme les larrons, fi ceux-ci font meurtriers. Cependant, pour mettre ceux qui prêtent fecours aux voleurs & meurtriers, fur la même ligne que ces derniers, il faut qu'il exifte au procès la preuve que les premiers les connoiffoient pour voleurs ou affaffins, qu'ils avoient intérêt

intérêt dans leurs *vols*; & enfin, que leurs secours ont été donnés dans l'intention de favoriser le larcin ou le meurtre, & d'en partager les fruits.

C'est par cet examen que l'on peut prévenir bien des confusions injustes; car il est possible que l'ami, que le parent d'un voleur, lui donnent asyle, lui prête même secours contre ceux qui veulent lui enlever sa dépouille, sans être leurs complices.

En général, les criminalistes s'accordent à penser que les receleurs sont moins punissables que les voleurs, & l'axiôme qui dit, *que s'il n'y avoit point de receleurs, il n'y auroit point de voleurs*, est absurde. Il se commet bien des *vols* sans receleurs, le voleur fait le mal, le receleur en retire avantage; mais il est plus pardonnable à l'homme de profiter du mal commis que de le commettre lui-même, & quoiqu'en 1732 & en 1765, il ait été rendu deux arrêts qui ont condamné *Barbe Goffet* & *Anne Chalat*, à être pendues pour avoir recelé des effets volés, nous pensons, avec le commentateur de la coutume de Bourgogne, & avec *Lange*, auteur d'un traité des crimes, qu'en supposant que le *vol* avec effraction dût être puni de la peine de mort, l'accusé qui n'a fait que receler les objets volés ne doit être puni que des galères à temps, si c'est un homme, & n'être que fouetté, marqué & renfermé, si c'est une femme.

Les effets volés & revendiqués doivent être restitués au véritable propriétaire, sans frais. C'est d'après ce principe d'équité que le parlement de Paris rendit, le 16 avril 1711, un arrêt, par lequel il fut défendu au juge de Péronne d'ordonner *que les frais de la procédure instruite contre le voleur, seroient pris sur les effets volés*. Mais ces effets doivent rester au greffe pendant le cours du procès, comme pièces de conviction.

Lorsque les effets volés ont été vendus, le propriétaire n'a pas toujours le droit de les resaisir. On fait dépendre la restitution de la bonne-foi de l'acquéreur. Ainsi, par exemple, des effets vendus dans une foire, dans un marché public, sans réclamation, appartiennent à l'acquéreur, quoique volés, parce qu'il en a donné le prix, sous la confiance attachée à ces ventes ostensibles, & qu'il a dû présumer qu'ils appartenoient légitiment au marchand qui les a exposés. Mais l'orfèvre qui achète clandestinement un effet qui lui est apporté, court le risque de le perdre, s'il est revendiqué; il est même puni de son imprudence, s'il a négligé d'inscrire le nom du vendeur, & si le prix qu'il a donné annonce qu'il a profité d'un *vol* apparent.

Un arrêt du 15 février 1775, a décidé que des particuliers qui avoient prêté sur des effets volés, n'avoient point de privilège sur ces mêmes effets, pour leur prêt, au préjudice des véritables propriétaires.

Le *vol* ne se borne pas à des effets purement

Jurisprudence. Tome VIII.

mobiliers, la ruse l'a étendu quelquefois jusques sur des immeubles. Une affaire récente ne le prouve que trop : un malheureux paysan d'Auvergne, qui savoit à peine lire & écrire, croyant ne mettre les mots *approuvé l'écriture*, avec sa signature, qu'au bas d'une transaction de peu d'importance, qu'il étoit convenu de signer, les mit à la suite d'une vente très-détaillée de son domaine & de son mobilier. Ce père de famille étoit à la veille de se voir chassé d'un héritage dont il se croyoit paisible possesseur, lorsque la justice qu'il invoqua, & devant laquelle il rendit plainte, le couvrit de son secours. Le coupable, après avoir été décrété d'ajournement personnel, interjetta appel de son décret au parlement, qui, sur le vu des charges, a confirmé la procédure : depuis il est intervenu une sentence à Aurillac, qui, en annullant le faux acte de vente, a condamné l'accusé au bannissement.

Pour prévenir de pareilles fraudes, qui peuvent se renouveller au préjudice de la bonne-foi & de l'ignorance, il est à desirer qu'une nouvelle loi assujettisse tous les particuliers à écrire en toutes lettres les actes de vente, & même tous les engagemens d'une certaine valeur, qu'ils passent sous seing-privé; ou, lorsqu'ils ne savent point écrire, à les passer pardevant notaires.

Nous donnerions trop d'étendue à cet article, si nous voulions détailler toutes les espèces de *vols* qui peuvent se commettre; nous avons tâché de présenter ici une idée de ceux qui altèrent la confiance dans la société, & qui méritent d'être réprimés. Ce que dit Jousse, dans son traité de la justice criminelle, pourra suppléer à ce que nous avons cru devoir omettre; mais nous avons pensé que le *vol* domestique méritoit un article particulier, à cause de son importance & des réflexions que nous soumettons à la sagesse du législateur. (*Cet article est de M. DE LA CROIX, avocat au parlement*).

VOL DOMESTIQUE. Le *vol domestique* est, de tous les genres de *vol*, le plus commun parmi nous & le plus impuni, parce que la loi a placé les coupables entre une peine excessive, & l'humanité de ceux qui peuvent en solliciter la rigueur.

Le serviteur qui vole son maître, l'homme qui le nourrit, qui lui donne un asyle dans sa maison, qui confie à sa probité ses effets, tout son mobilier, est très-criminel; & la facilité qu'il a de renouveller ses larcins, a déterminé le législateur à arrêter son infidélité par la crainte de perdre la vie.

Il y a très-long-temps que le *vol domestique* est puni de mort en France. « Celui, lit-on au livre » premier des établissemens de saint Louis, qui » vole son seigneur, est à son pain, à son vin, » est pendable ». La rigueur de cette peine a été renouvelée par la déclaration du mois de mars 1724, qui porte, *art. 2*, que *le vol domestique sera puni de mort*. Il est donc constant, d'après notre jurisprudence criminelle, que tout serviteur qui vole son maître, encourt la peine de mort; que s'il vient à être dénoncé comme voleur, & que l'accusation soit juridiquement prouvée, à quelque somme que se monte le vol dont il s'est rendu coupable, il sera condamné à perdre la vie; car l'ordonnance ne spécifie pas une quantité, une valeur, elle ne fait pas d'exception: celui qui a volé mille louis, ou celui qui n'a pris qu'un écu; celui qui n'a commis qu'un larcin, ou celui qui en a commis cent, sont également condamnés à mourir. La loi enveloppe dans la même sévérité, & le valet subalterne, & l'intendant, & le précepteur; enfin, tous les commensaux d'une maison qui ont une égale facilité de voler celui qui les nourrit ou les tient à ses gages.

Si cette loi terrible n'étoit pas éludée, combien de coupables ne livreroit-elle pas à la main du bourreau! Plusieurs de nos maisons sont remplies de serviteurs infidèles. Les grands seigneurs sont souvent ruinés par leurs intendants. Des vols, renouvellés à chaque heure du jour, épuisent les particuliers obligés de confier l'administration de leurs dépenses, l'achat des objets de leurs consommations, à des mains serviles; & il arrive à peine en un an qu'un valet soit pendu pour vol. Les maîtres sont donc bien indulgens, ou les serviteurs bien adroits? La réponse à cette question n'est pas difficile à faire. Le vol, dont la preuve conduit le coupable à la potence, n'est pas celui qui, par ses récidives mystérieuses, & ses conséquences, porte un préjudice considérable au maître; c'est au contraire celui qui, commis presque sous ses yeux, le prive que d'un effet dont la perte se répare aisément; de sorte que le vol, qui n'occasionne souvent qu'un léger dommage au maître, est précisément celui qui en attire un terrible au serviteur mal adroit, qui s'est laissé surprendre; d'où il résulte que, sans le vouloir, nouveaux Spartiates, nous punissons moins le vol domestique en lui-même, que la maladresse du valet qui a laissé des traces certaines de son infidélité.

Quelle inconséquence! Un intendant contre lequel il existeroit la preuve qu'il eût exigé & reçu ce que l'on nomme des pots-de-vin, au préjudice de son maître, qu'il n'eût réellement payé que la moitié du total des mémoires produits dans ses comptes, qu'il eût été d'intelligence avec les subalternes & les ouvriers, pour ruiner le seigneur dont il a la confiance, ne seroit pas condamné à la mort; & s'il est seulement convaincu d'avoir volé un bijou de dix louis, il meurt de la main du bourreau!

La loi est, comme on le voit, effrayante contre le vol domestique; mais l'usage est doux & rassurant pour le voleur adroit. Loin donc que l'intention du législateur ait été remplie, elle a produit un effet tout contraire; car, en ne détruisant que quelques voleurs obscurs, elle a rendu le vol domestique plus industrieux & plus nuisible.

Elle a aussi amené un autre inconvénient favorable au même crime. La peine de mort a souvent fait plus d'impression sur le maître que sur le domestique infidèle: le premier a plus craint d'être accusateur que l'autre d'être accusé. Quel homme peut mettre, de sang-froid, en balance la vie du valet qui a eu sa confiance, avec un effet qu'il lui a dérobé? Quel est celui qui n'est pas retenu par un sentiment de commisération, en pensant que sur sa déclaration, ce misérable qui l'a servi, qui respiroit sous ses yeux, qui vivoit dans sa maison, va être conduit au supplice & mourir d'une mort affreuse? Quel avantage retire-t-il de sa dénonciation? Il ne gagne rien personnellement. Le public, qu'il semble servir en purgeant la société d'un mauvais serviteur, loin de lui savoir gré de sa délation, l'accuse souvent d'un vil intérêt & de cruauté. Le même malheureux qui va périr, devenu un objet de pitié pour la multitude qui le suit, attire des malédictions sur la tête de son insensible accusateur: ainsi la plupart des maîtres, soit par pitié naturelle, soit dans la crainte d'exciter contre eux les clameurs de la populace, aiment mieux chasser de leur maison le serviteur dont la fripponerie est démontrée, au risque qu'il commette ailleurs de nouveaux vols, plutôt que de le dénoncer à la justice. Conséquemment le vol domestique, celui que la loi a cru devoir punir très-sévèrement, demeure presque toujours impuni: le coupable est quitte pour passer d'une maison dans une autre, à mesure que ses vols sont découverts. Dans la capitale, ou dans les grandes villes, les valets frippons ont mille moyens d'en imposer à leurs nouveaux maîtres, & de perpétuer leurs funestes services.

Il seroit donc à désirer que la loi, en voulant satisfaire le juste ressentiment qu'un maître peut avoir contre celui qui a trompé sa confiance, ne le forçât pas, par sa sévérité absolue, à étouffer ce même ressentiment, & qu'il fût libre à l'accusateur, en dénonçant son valet à la justice, ou de le livrer à la vengeance du ministère public, pour être puni suivant la rigueur des ordonnances, ou de requérir en son nom qu'il fût seulement condamné à une peine afflictive, telle que celle du bannissement, & à être déclaré indigne de servir d'autres maîtres. Dans le premier cas, ce serviteur seroit considéré comme un criminel public qui auroit pour adversaire le protecteur de l'ordre & de l'intérêt social; dans le second cas, il ne seroit regardé que comme un coupable privé, sur lequel le seul offensé se seroit réservé tous ses droits. Les maîtres alors, loin d'être retenus par une indulgence funeste à la multitude, & favorable au vol domestique, s'armeroient d'une juste sévérité pour leur intérêt personnel, & pour la police de leurs maisons.

Il seroit juste aussi que la punition du vol domestique s'étendît sur toutes les infidélités nuisibles aux maîtres, & que des officiers fussent spécialement chargés de les conftater, lorfqu'elles leur auroient été dénoncées. Les informations faites dans cette vue, rendroient les domeftiques plus exacts dans les comptes de dépenfe qu'ils produifent, & les fournisfeurs oferoient moins être leurs complices.

On ne parviendroit pas encore, pour cela, à détruire tous les abus, tous les *vols*, mais on en diminueroit le nombre, & ce feroit toujours autant de gagné pour la fociété.

Le grand inconvénient qu'il y aura toujours à prononcer la peine de mort contre un délit qui n'eft pas au dernier point de gravité, c'eft que lorfqu'il y fera arrivé, la loi n'aura plus de prife fur le criminel. Certainement le ferviteur qui dérobe myftérieufement à fon maître un effet dont la vue l'aura tenté, eft moins coupable que le hardi valet qui, d'intelligence avec d'autres coquins, enleve toute l'argenterie de celui qu'il fert, brife les coffres qui renferment fes richesfes, & s'enfuit chargé de fes dépouilles : tous deux font dénoncés à la juftice & faifis par elle, ils ne feront pas punis plus rigoureufement l'un que l'autre.

Comme il eft jufte de mettre de la différence dans les peines, lorfqu'il y a de la différence dans les délits, ne feroit-il pas de l'équité d'un fage légiflateur d'infliger un châtiment plus effrayant au ferviteur qui auroit accompagné fon *vol* d'effraction, & auroit ruiné fon maître, qu'à celui qui ne lui a occafionné qu'un léger dommage, en cédant à l'impresfion qu'a faite fur fes fens la vue d'un effet facile à prendre ?

Mais fi la loi qui condamne celui-ci à être pendu, ne fe relâche pas de fa rigueur, à quel fupplice expofera-t-on le premier ? Si vous le faites périr fur la roue, quel genre de mort réfervez-vous au ferviteur qui, asfasfinant fon maître, lui enlevera de né pas laisfer les grands crimes impunis, il faut fe garder de trop punir les moindres. L'art du légiflateur eft de mettre autant de gradations dans les châtimens, que les coupables peuvent mettre de nuances dans leurs actions.

Je ne commencerois donc pas par punir de mort le ferviteur dont le *vol domeftique* ne feroit point aggravé d'acte de violence, à moins qu'il ne fût d'une fi grande conféquence qu'il entraînât la ruine de fon maître, & n'influât même fur la fociété : tel pourroit être le *vol* que commettroit un caisfier qui, en emportant les deniers confiés à fa garde, préjudicieroit à la fois à fon maître & au public ; je le condamnerois feulement, en raifon de la nature & des circonftances de fon *vol*, à tant d'années de travaux publics ; peut-être même ne le flétrirois-je d'un fer chaud & ne le condamnerois-je à vingt ans de travaux, que lorfque fon *vol* auroit été commis avec effraction. . . . .
La peine de la mort eft fi terrible, fi impofante,

qu'on ne peut la rendre trop rare, & la réferve pour de trop grands crimes. Les efforts du bourreau n'ont pas plûtôt détruit un voleur domeftique, que la fociété a perdu un homme robufte qui auroit pu la fervir, & un exemple vivant pour ceux qui l'auroient vu livré à un travail honteux & forcé. . . . .

Suivant la coutume de Bordeaux, *chap. 10, article 107*, « le domeftique qui voloit à fon maître » chofe excédante la fomme de 50 livres bour- » delois, devoit être pendu ; mais fi elle étoit » de moindre valeur, il n'étoit condamné qu'à » être fouetté deux fois par la ville ».

Les ordonnances poftérieures, en abolisfant ces diftinctions qui femblent fi équitables, laisfent aux juges la resfource de fe rendre encore plus difficiles en preuves, lorfqu'il ne s'agit que d'objets d'un prix modique. Plus la peine portée contre le *vol domeftique* eft févere, plus le délit doit être phyfiquement démontré avant de le prononcer. Par exemple, quoique la découverte des propres effets du maître, parmi ceux du valet, fasfe naître, contre ce dernier, l'apparence du *vol*, je ne me déterminerois jamais à juger un accufé criminel, & par conféquent digne de mort, fur ce feul indice : tant de circonftances impossibles à prévoir, tant d'erreurs, tant de méprifes étrangeres, de diftractions, peuvent avoir occafionné ces mélanges, ces déplacemens, que la vie de ceux qui habitent la maifon du maître feroit trop expofée fi elle en dépendoit.

Il eft fur-tout bien important d'obferver, avec une fcrupuleufe attention, s'il n'entre pas dans l'accufation du maître des motifs d'intérêts, de resfentiment, de vengeance perfonnelle : on ne peut pas trop fe tenir en garde contre la perverfité humaine, lorfqu'il s'agit d'envoyer un homme à la mort fur l'accufation d'un autre homme, quels que foient leurs titres refpectifs.

Un arrêt de réglement de 1553, fait défenfes « à toutes perfonnes de retenir ou de garder au- » cun coffre ou casfette apparte ant à un fervi- » teur ou à une fervante, fans le fu ou la par- » ticipation des maîtres » : mais ces réglemens font bien foibles contre l'infidélité & l'adresfe des coupables.

Il feroit à defirer, pour arrêter le *vol* domeftique, qu'on perfectionnât l'établisfem nt du bureau qui paroisfoit créé dans la vue d'asfurer aux maîtres de bons ferviteurs, & qu'on exigeât, de tous ceux qui fe confacrent à l'état de domefticité, une déclaration exacte du jour de l ur arrivée dans le lieu de leur réfidence, du nom des perfonnes qu'ils auroient fervies, foit en province, foit dans la capitale. Celles-ci feroient, de leur côté, invitées, presfées au nom de l'intérêt public, de donner un témoignage certain des fervices qu'elles en auroient reçus, & des caufes vérirables de leur féparation. Les domeftiques, qui craindroient avec raifon l'enquête fecrète, &

de laquelle dépendroit leur exiſtence, s'expoſe-
roient moins hardiment, non-ſeulement à la preuve, mais même au ſoupçon d'avoir volé leurs
maîtres.

Nous ne nous diſſimulerons pas que ces idées
ſur le *vol domeſtique*, auront peine à ſe faire jour
à travers d'anciens préjugés. On nous reprochera
une dangereuſe indulgence pour un crime qui n'eſt
que trop commun, qui mérite d'être puni ſévé-
rement : mais c'eſt préciſément parce que nous
en connoiſſons toute l'étendue, & que nous en
ſentons toute la gravité, que nous voudrions l'é-
touffer. Comme il a réſiſté juſqu'à préſent aux
efforts d'une loi très-rigoureuſe, nous avons cherché de nouveaux moyens de le proſcrire.

Un des vices de toutes les légiſlations criminelles, même de celle de l'Angleterre, c'eſt de
ne pas aſſez diſtinguer les crimes publics d'avec
les crimes privés. . . . Pourquoi faut-il que celui
qui n'a voulu nuire qu'à un individu, ſoit néceſſairement puni comme celui qui nuit à tous ? Pourquoi ne m'eſt il pas permis, lorſque je ſuis ſeul
offenſé, de faire remiſe d'une partie de l'offenſe qui
m'a été faite, & d'être moins ſévère que la loi ?
Elle a bien voulu, cette loi protectrice de l'ordre,
ſe montrer terrible à ceux qui pouvoient troubler
la paix, le repos des citoyens qui vivent ſous ſon
empire ; condamner à l'opprobre, aux galères,
l'étranger qui, par le larcin, altéroit ma fortune ;
à la mort, le ſerviteur ingrat qui abuſeroit de ma
confiance & de la facilité qu'il a de me voler ; je
l'en dois chérir, reſpecter davantage. Mais pourquoi, en uſant, lorſqu'il me plaît, de ſa rigueur,
ne me feroit-il pas permis de céder aux mouve-
mens de ma ſenſibilité, ſans tomber dans l'inconvénient d'une indulgence abſolue ? Votre funeſte
pitié, me dira-t-on, émouſſera ſans ceſſe le glaive
de la juſtice. Il n'y aura pas juſqu'à l'aſſaſſin qui,
étendant vers vous ſes mains encore ſanglantes,
obtiendra de votre foibleſſe ſon pardon avant que
vous rendiez le dernier ſoupir. — Mais, s'il eſt
démontré que cette impitoyable ſévérité, en étouf-
fant la voix de celui qui ſe feroit plaint, s'il eût
été poſſible de le modérer, ſauve plus de coupables qu'elle ne ſatisfait d'accuſateurs, n'eſt-elle
pas plus nuiſible que ſalutaire ? Faut-il s'étonner
qu'il n'y ait jamais qu'une claſſe d'hommes vils,
obſcurs, de punis, tandis que tant d'autres, beaucoup plus criminels, donnent ſi ſouvent le funeſte
exemple de l'impunité ? D'ailleurs, quelle com-
paraiſon peut-on faire entre l'homicide & le
voleur domeſtique ? Le premier fait un *vol* à la
ſociété : celui qui, par ſon titre ſuprême, agit au
nom de la ſociété, eſt donc le ſeul qui puiſſe lui
faire grace. Mais le voleur domeſtique ne fait de
tort, dans preſque tous les cas, qu'à ſon maître :
celui-ci pourroit par conſéquent faire remiſe d'une
partie de la peine qu'a encourue le coupable, qui
n'a nui qu'à l'accuſateur. (*Cet article eſt de M.
DE LA CROIX, avocat au parlement.*)

VOL DE CHAPON, **VOL DU CHAPON**, ou
VOL D'UN CHAPON, (*Droit féodal.*) On appelle
ainſi, dans pluſieurs coutumes, un avantage qui eſt
compris dans le préciput de l'aîné, & qui conſiſte
dans une certaine étendue de terre, joignant ordinairement le manoir.

Les coutumes du Maine, *art. 261 & 335*, &
de Touraine, *art. 248, 273 & 297*, appellent cet
avantage *cheſé* ou *chezé* ; celle de Loudun, *chap.
27, art. 4 & 5*, emploie même indifféremment
ces deux mots, qui déſignent effectivement tout-
à-fait la même choſe. Auſſi, dans l'article CHEZÉ
du préſent dictionnaire, a-t-on renvoyé au mot
VOL DU CHAPON, pour traiter à la fois de ce
qui concerne l'un & l'autre.

Le *vol de chapon* tient à d'anciens uſages, qu'il
eſt bon de connoître pour ſe former une juſte
idée de ce droit. On va donc parler ici, 1°. de
l'origine du *vol de chapon* ;

2°. Des cas où ce privilège peut être réclamé ;

3°. Du lieu où le *vol du chapon* doit être pris ;

4°. De l'étendue de terrein qu'il doit contenir ;

5°. Des choſes qui y ſont, ou n'y ſont pas
compriſes.

Il y auroit beaucoup d'autres choſes à traiter
relativement au *vol de chapon* ; & ſous les chefs
même qu'on vient d'annoncer, il y a pluſieurs
queſtions importantes qu'on n'examinera point :
les autres chefs & ces queſtions ſont communs au
vol de chapon, & au principal manoir, ou même
au droit d'aîneſſe en général. Il ſeroit donc inutile de les traiter ſéparément, en parlant du *vol
de chapon* : on peut recourir pour ce qui les concerne, aux mots PRÉCIPUT D'AÎNÉ, AÎNÉ, PARAGE,
TIERCE-FOI, QUART-HOMMAGE, &c.

§. I. *De l'origine du vol de chapon.* Le droit
d'aîneſſe tire ſon origine du droit féodal ; auſſi
n'a-t-il lieu que pour les fiefs dans la plupart
des coutumes, & pluſieurs ne l'admettent même
que pour les fiefs qui ſont dans les mains des
nobles, ou de ceux qui étoient réputés tels autrefois. On peut conſulter à cet égard ce que l'on
a dit au §. I des mots PARAGE & TIERCE-
FOI.

Les mêmes cauſes qui ont fait attribuer à l'aîné
les deux tiers, ou telle autre portion avantageuſe
dans les fiefs, ont naturellement conduit à lui attribuer également le préciput, c'eſt-à-dire, le château,
ou principal manoir du fief, avec ſon enclos. Auſſi
cette prérogative de l'aîné ſubſiſte-t-elle dans preſque toutes les coutumes, dans celles même où
l'aîné n'a pas d'ailleurs une portion plus forte dans
les fiefs que ſes puînés. Mais il ne faut pas confondre, comme l'ont fait beaucoup d'auteurs, le
vol du chapon avec l'enclos dépendant du principal manoir. Le premier de ces deux avantages
étoit originairement, comme il l'eſt encore dans
quelques coutumes, indépendant du ſecond : le *vol de
chapon* n'excluoit pas l'enclos, lorſqu'il y en avoit
un, & l'enclos ſubſiſtoit ſouvent ſans lui.

Le *vol de chapon* paroît avoir été d'abord introduit uniquement en faveur des filles, & il est
assez probable qu'il doit cette origine à une plaisanterie relative à leur sexe; plaisanterie qui, pour
être assez mauvaise en elle-même, n'en est
pas moins conforme aux mœurs de ce temps-là.

La première trace du *vol de chapon* se trouve
dans les établissemens de saint Louis. On y voit
que le droit d'aînesse n'avoit lieu dans toute son
étendue qu'en faveur du premier né mâle, &
seulement entre les nobles, du moins pour les
acquêts. Suivant *le chap. 8 du liv. 1*, lorsqu'un
noble mouroit *ab intestat*, l'aîné étoit saisi de toute
la succession, la totalité des meubles lui appartenoit, & lorsque les puînés lui demandoient partage, il n'étoit tenu de leur abandonner que le
tiers de la terre. Enfin, outre les deux tiers, il
avoit l'hébergement, ou principal manoir, *en avan-*
tage, ou, comme le disent d'autres manuscrits, *en*
héritage.

Suivant le *chap. 143*, si un roturier acquéroit
un fief, ou (1) s'il faisoit convertir en fief, par son
seigneur, les rotures qu'il tenoit de lui, ses enfans
partageoient également entre eux, excepté l'aîné,
qui, pour faire la foi & garantir les autres en
parage, *avoit la moitié, selon la grandeur de la*
chose. Le fief se partageoit toujours ainsi jusqu'à
la tierce-foi (2), après quoi l'aîné partageoit
noblement, & prenoit les deux tiers.

---

(1) La traduction de M. de Saint Martin rend mal ce
chapitre. La principale faute qu'il y a commise, consiste
à avoir substitué un *&* à un *ou*.

(2) Les *Établissemens*, après avoir réglé le partage,
comme on vient de le voir, dans la succession de l'acquéreur, portent : « & tout ainsi départira TOUJOURS-
» MÈS *jusques en la tierce-foi*, & *illecques en avant* si aura
» l'aîné les deux portions, & se départira *toujours-mès*
» *gentiment* ». Le chapitre 23, rapporté ci-dessus dans
le texte, dit la même chose.

C'est de cette disposition que les coutumes d'Anjou,
du Maine, &c. ont pris leurs règles sur la tierce-foi. On
sait que dans ces coutumes on entend par *tierce-foi*, celle
du petit-fils de l'acquéreur, ou de tel autre héritier immédiat de son héritier; ensorte que les domaines ne se
partagent également qu'une seule fois dans la succession
des roturiers. Ils se partagent noblement dès qu'ils sont
devenus des propres anciens. C'est ainsi qu'on l'observe
sans varier difficulté dans les coutumes d'Anjou, Maine,
Touraine & Loudunois. Tous les auteurs supposent que
c'est-là le vrai sens des établissemens de saint Louis. Cependant, lorsque le chapitre 143 dit que la succession de
l'acquéreur se partagera roturièrement; sauf le préciput
de l'aîné, & qu'elle se départira *tout ainsi toujours-mès jus-*
qu'en la tierce-foi; ce mot *toujours-mès* semble supposer
nécessairement que le partage roturier a encore lieu
dans les successions ultérieures; ou du moins dans une
de ces successions. Ces mots du chapitre 23, « & en-
» cette manière sera MÈS-TOUJOURS *partis*, *jusques à*
» *tant qu'il descendra en la tierce-foi*, PUIS se départira
» *toujours-mès gentiment* », indiquent la même chose. Il
semble qu'on doive conclure de-là que la tierce-
foi ne s'entendoit pas, du temps des établissemens, comme
aujourd'hui, & que la foi de l'acquéreur n'étoit pas
comptée dans le nombre. Autrement, il n'y auroit aucun

Laurière observe, dans sa note sur ces mots,
auroit la moitié, « qu'il y a faute ici, & dans un
» manuscrit de M. le Chancelier; que dans celui
» de M. Baluze, & dans celui de M. Joubert, il
» y a mieux, *auroit l'avantage*, & qu'en cela l'aîné
» roturier étoit comme la fille aînée noble, qui
» garantissoit ses sœurs sous son hommage ».

Le chapitre 23, qui paroît dans une espèce absolument semblable, puisqu'il parle de partage
entre roturiers, pour la première fois, porte effectivement que si une femme noble épouse un roturier, ses enfans partageront ses biens également,
s'il n'y a pas de fief noblement tenu. « Se il ni
» a foi à faire & se il a foi à faire, li aîné la
» fera & aura le hébergement en avantage, ou
» une chose à son chois; se li hebergement n'i
» est, ne le chois, il aura selon la grandeur du
» fié, pour garantir aus autres en parages. Et en
» cette manière sera mès-toujours partis jusques
» à tant qu'il descendra en la tierce-foi, qui se
» départira toujours-mès gentiment ».

Laurière observe encore sur ces mots, *ou une*
chose à son choix, « qu'il y a ainsi dans le ma-
» nuscrit de M. Baluse, & que dans le chap. 17
» de la coutume d'Anjou glosée, il y a mieux,
» un chaisé, (*caput mansi*) appellé *chezé* par la
» coutume de Loudunois, dans l'art. 4 au titre
» *de succession des fiefs*, ce qui n'est autre chose
» que le *coq*, ou le *vol du chapon*, dont il est
» parlé dans le chapitre 10 ». Cet auteur conclut de là que, « suivant ce chapitre, les nobles
» de par la mère seulement, partagent aussi les
» fiefs par tête, & l'aîné n'y a que *l'hébergement*
» *en avantage*, avec *le vol du chapon* », comme
le porte encore aujourd'hui l'article 2 de la coutume de Loudunois, au *titre de succession de*
roturiers.

Ces remarques de Laurière ont d'autant plus de
poids, qu'indépendamment de ses vastes connoissances sur notre ancien droit, on voit dans sa vie
& dans ses ouvrages, qu'il préparoit un commentaire sur la coutume de Loudunois, pays dont
sa famille étoit originaire. Cependant on ne
peut s'empêcher de dire qu'il confond mal-à-propos
ici *la chose au choix* de l'aîné, que ce chapitre
accorde au premier né de ceux qui sont nobles
par la mère seulement, & *le coq* ou *vol de chapon*
que le chapitre 10 accorde à l'aîné, entre filles
nobles, & qu'il se trompe également en supposant que l'aîné de ceux qui étoient nobles par la
mère seulement, avoit tout à la fois ce choix avec

---

sens aux expressions qu'on vient de citer. Aussi la coutume de Poitou n'accorde-t-elle le partage noble que
dans la succession du troisième héritier de l'acquéreur.
Mais il faut avouer qu'elle emploie l'expression de *quarte-*
mutation, ou *quart-hommage*, qui suppose la même manière de compter les foi & hommages que les coutumes
de tierce-foi. *Voyez* QUART-HOMMAGE.

le principal manoir, ou, comme il le dit, *l'héber-*
gement ou avantage avec le vol du chapon.

Il paroît bien que ces deux objets ont été confondus dans la fuite par les coutumes de Loudunois & de Touraine. Mais les établiffemens de faint Louis ne les confondent pas. Dans aucun des trois chapitres dont on vient de rendre compte, & qui tous concernent les aînés mâles, l'aîné qui prend le principal manoir n'a aucun autre préciput à titre de choix ou autrement. Suivant le chapitre 8, l'aîné entre nobles a les deux tiers du fief, & l'hébergement ou principal manoir, fans aucun autre avantage. Suivant le chap. 143, l'aîné, entre roturiers, a la moitié du fief, ou plutôt un avantage proportionné à la grandeur du fief, fans rien au-delà. Suivant le chapitre 23, enfin, l'aîné de ceux qui font nobles de par la mère feulement, a auffi uniquement *l'héberge-*
ment, c'eft-à-dire le manoir *en avantage*, ou une *chofe à fon choix.*

Ce mot *ou* annonce bien que l'aîné n'avoit pas l'une & l'autre prérogative à la fois, mais feulement l'une *ou l'autre.* Les mots qui fuivent confirment que ce choix n'étoit effectivement qu'une alternative. Ils donnent à l'aîné une portion proportionnée à la grandeur du fief, *fe li hébergement n'i eft, ne le choix.* L'aîné ne pouvoit donc pas prendre le choix, lorfqu'il prenoit l'hébergement.

Tout au contraire, dans le partage entre filles nobles, l'aînée avoit pour avantage l'hébergement & le coq tout à la fois. Mais auffi c'eft à cela feul que fe bornoit fon avantage, comme on le voit au chapitre 10, dont voici les termes : « gentishomes, » fe il n'a que filles, tout autre tant prendra l'une » comme l'autre. Mes l'aînée aura *les héritages en* » *avantage,* & *un coq fe il i eft,* & fe il ni eft » 5 f. de rente, & guerra aux autres parage »; c'eft-à-dire, garantira fes fœurs en parage.

Laurière, dans fes notes fur ce chapitre, obferve, qu'au lieu de ces mots, *les héritages en avantage,* il y a dans le manufcrit de M. le Chancelier, *li hébergement en héritage,* & encore mieux dans le manufcrit de M. Baluze, *les hébergemens en avan-*
tage. Il ajoute qu'au lieu de ces autres mots, & *un coq s'il y eft,* qui défignent le *vol du chapon,* il y a dans le manufcrit de M. le Chancelier un *chais,* c'eft-à-dire, *un chaifé ou chezé.*

Il y a tout lieu de croire que la leçon du texte, & *un coq s'il y eft,* eft la plus exacte, & qu'on aura donné ce coq à l'aînée noble, outre le principal manoir, par une méchante allufion à fon fexe, & pour la dédommager en quelque forte de l'infériorité de fon précipur, comparé à celui de l'aîné mâle ; mais qu'on aura enfuite confondu ce coq avec le choix attribué à l'aîné mâle entre roturiers, ou entre nobles de par la mère feulement, fans réfléchir que l'aînée qui prenoit ce coq avoit le principal manoir ; tandis que l'aîné mâle, dans le cas dont on vient de parler, ne prenoit que le manoir où le choix alternativement. C'eft

ainfi qu'on aura métamorphofé le coq en une certaine étendue de terre, qu'on aura réglé fur le vol d'une volaille.

Les coutumes de Tours & de Loudun, dont les difpofitions font prefque toutes puifées dans les établiffemens de faint Louis, n'ont pas confervé cette diftinction entre le précipur des aînés mâles & de la fille aînée. Elles ont même totalement fupprimé le précipur de l'aîné mâle entre roturiers, pour les fiefs non encore parvenus à la tierce-foi. Elles les partagent également entre eux. Elles accordent d'ailleurs les deux tiers de tous les fiefs, à l'aîné mâle entre nobles, outre le précipur, quoiqu'elles donnent autant d'étendue à ce précipur qu'à celui des filles. Mais elles diftinguent toujours le *vol du chapon,* ou le chefé, d'avec l'enclos du principal manoir.

C'eft ce que l'on voit, non-feulement dans les coutumes actuelles de Tours & de Loudun, mais auffi dans la première rédaction de la coutume de Tours faite en la ville de Langez en 1460, & imprimée à Tours en 1502, chez Mathieu Latheron.

L'article 1 du chapitre *des fucceffions de fief* & *autres héritages entre nobles, fors de barônnie,* porte qu'en fucceffion directe, entre nobles, l'aîné mâle prend tous les meubles & les deux tiers des domaines de la fucceffion, « avec l'avan- » tage, qui le maître châtel, ou hôtel & la pour- » prinfe d'icelui, avecque une foi & hommage, fi » elle y eft, finon un arpent de terre ou 5 f. de rente, » & le chezé, c'eft à favoir de terre le vol d'un chapon » environ ledit hôtel, auquel chefé il pourra faire » garenne à connins, fi bon lui femble, & au » puifné ou puinez appartient la tierce partie mis » hors ledit avantage ».

On voit d'après cet article que le précipur de l'aîné mâle entre nobles en ligne directe, eft compofé, 1°. du manoir & du fon pourpris, c'eft-à-dire de l'enclos immédiat ; 2°. de la mouvance d'un fief, s'il y en a, & à défaut d'une telle mouvance, d'un arpent de terre, ou 5 f. de rente ; 3°. enfin du chezé, qui confifte dans le *vol du chapon,* aux environs du manoir.

L'article fuivant ajoute, que fi dans le chezé ou circuit ancien, il y a étang, pêcherie, moulin ou four bannal, fuyé, garenne, ou clos de vignes, ils refteront à l'aîné, à la charge d'en payer le tiers de la valeur à fes puifnés en biens de la fucceffion, d'après la prifée qui en fera faite, fuivant la coutume du pays.

Un autre article du même chapitre, porte qu'entre filles nobles, les fiefs fe partagent également : « forfque l'aîné aura *le maître hôtel ou habrege-* » *ment,* (hébergement) & *le chezé* par avantage, » par la forme & manière deffus déclarées, que » prend l'aîné mâle, par avantage, fur fes puinez ; » & les partages faits, l'aîné garantira en parage » à fes puinés leurs portions en foi & hommage du- » rant le parage ».

Le chapitre suivant, qui explique *comme baronnie doit être départie*, porte que les baronnies ne se divisent que dans le cas où l'aîné n'auroit pas de quoi récompenser ses puînés en châtel ou châtellenie, de la même succession. Dans ce dernier cas, l'aîné est obligé de se contenter du droit d'aînesse, « lequel . . . . est le châtel, fossés, » & pour prise d'icelui, avec le droit de guêt, » une foi & hommage en châtellenie à son choix, » droit de patronage, don d'aumoneries, *ensem-* » *ble de chezé*, qui est le vol d'un chapon à l'entour » du châtel, hors les fossés, pourvu qu'au-dedans » d'icelui *vol* n'y ait ville, moulins, ou four à » ban, èsquels cas prendra pour ledit *chezé*, au » plus près quatre arpens de terre ». Quant aux villes, moulins, &c. l'aîné peut les retenir, en récompensant les puînés en biens de la succession.

Enfin, un autre chapitre qui suit aussi le précédent, traite *de succession de gens roturiers ou coutumiers*. On y voit que cette succession se partage également, sauf pour les fiefs venus à tierce-foi. L'aîné entre mâles doit prendre dans ceux-ci « les » deux parts, avec l'avantage, qui est le maître » hôtel, un hommage, s'il y est, ou 5 s. de » rente & *le chezé*, lequel chezé sera déclaré ci- » après au chapitre *des successions de nobles* (1), » . . . & si en ladite succession n'a que filles, » lesdits héritages nobles échuz en tierce-foi, se » départent par têtes, entre les filles, excepté » que l'aînée aura le maître hôtel noble, avec » ledit advantage, ainsi & de la manière que dit » est dessus ».

Ainsi, le préciput de l'aîné ou de l'aînée est toujours uniforme, à bien peu de chose près, sauf pour ce qui concerne les baronnies. Il consiste pour les fiefs inférieurs dans le château & son enclos, la mouvance d'un fief, ou 5 s. de rente, & le chezé ou le *vol du chapon*, environ l'hôtel principal. Il faut seulement observer que la coutume ne donne pas textuellement aux roturiers, mâles ou femelles, l'alternative entre les 5 s. de rente ou un arpent de terre, & que dans le cas où il y auroit une ville, un moulin, ou un four à ban, dans l'enceinte déterminée par le *vol du chapon*, pour l'hôtel principal d'une baronnie, elle règle la terre que l'aîné prendra en récompense à quatre arpens.

L'ancienne coutume de Touraine, dont la rédaction a été présidée par des commissaires du parlement en 1507, a conservé toutes ces dispositions. Elle a seulement déterminé le chezé non plus par le *vol d'un chapon*, comme l'avoit fait la très-ancienne coutume, mais par une certaine quantité d'arpens, qui est de quatre pour les baron-

nies, & de deux pour les fiefs inférieurs. *Voyez* les chapitres 25, *art. 3 & 14*; le chapitre 26, *art. 3*; & le chapitre 17, *art. 2*.

Les mêmes dispositions se retrouvent sans aucune altération importante dans la nouvelle coutume de Touraine. Mais la coutume de Loudunois, qui n'a point été réformée depuis sa première rédaction, faite en présence des commissaires du grand-conseil en 1507, règle toujours le chezé sur le *vol du chapon*, comme la très-ancienne coutume de Touraine, avec laquelle il paroît qu'elle ne faisoit autrefois qu'une seule & même loi.

Il n'est, je crois, question du chezé dans aucune autre coutume, à l'exception de celle du Maine, qui se contente de dire que les hommes & femmes nobles peuvent avantager leurs puînés des meubles, acquêts & tiers de leurs propres; mais qu'il faut « que les deux parts du patrimoine, avec le » principal manoir, demeurent à l'aîné ».

Quant au *vol du chapon*, il en est fait mention dans un grand nombre de coutumes. Ce mot se retrouvoit même dans l'ancienne coutume de Paris. Il faut seulement observer que le *vol du chapon* n'y avoit pas toujours lieu, comme dans les coutumes de Touraine & de Loudunois; l'aîné ne pouvoit le réclamer que lorsqu'il n'y avoit pas de jardins dans l'enclos du manoir : « le fils » aîné, dit l'article 8 de cette ancienne coutume, » prend pour son droit d'aînesse le principal ma-» noir avec le jardin, selon la clôture tenue » en fief, & s'il n'y a point de jardin, un arpent » de terre, ou le *vol d'un chapon*, tenu en fief, » au joignant de ladite maison ».

L'article 13 de la coutume réformée, a restreint le droit du fils à un arpent outre le manoir, soit qu'il y ait un jardin, soit qu'il n'y en ait pas, sans rien dire d'ailleurs du *vol du chapon*. M. Pothier observe que cette restriction doit être suivie dans les coutumes qui ne s'en expliquent pas.

Les coutumes d'Anjou & du Maine sont, je crois, les seules qui aient réglé sur l'étendue du *vol de chapon*, d'autres objets que le droit d'aînesse. On vient de voir que la coutume du Maine excluoit le chezé, comme le surplus du préciput de l'aîné, lorsqu'il forme un propre, des avantages que les pères & mères pouvoient faire à leurs puînés. L'article 37 de la même coutume, porte « que l'homme noble ou cou-» tumier en son domaine hommagé, est fondé » d'avoir buissons à connils défensables au *vol* » *d'un chapon*, environ la maison de son do-» maine ».

L'article 38 ajoute, que « l'homme noble peut » avoir buisson à connils défensable au *vol de* » *chapon*, environ la maison de son domaine où » il fait sa demeure continuelle, supposé que le-» dit domaine ne soit hommagé, sans préjudice » d'autruy ».

La coutume du Maine, *articles 37 & 38*, a

---

(1) Ces derniers mots ont été laissés par inadvertence, quoique dans le texte imprimé, le chapitre *des successions des nobles* précède celui-ci.

des difpofitions conformes fur ce dernier objet, & elle fixe de plus l'étendue du *vol de chapon* à 320 pas.

§. II. *Des cas où il y a lieu au vol du chapon.*
Suivant le droit commun des coutumes qui admettent le *vol du chapon*, cet avantage a lieu dans les mêmes cas que le droit d'aîneffe, foit pour les nobles, foit pour les roturiers, foit pour les mâles, foit pour les femelles. Lorfque ce droit s'exerce dans des fucceffions de ligne collatérale, comme dans les fucceffions de ligne directe, l'aînée des filles en jouit comme faifant partie de fon préciput, lors même qu'elle n'a d'autre avantage que le préciput, & qu'il confifte uniquement dans le principal manoir. Le *vol de chapon* eft une efpèce de dépendance de ce principal manoir. *Voyez* AÎNÉ, PRÉCIPUT D'AÎNÉ, PARAGE, QUART-HOMMAGE, TIERCE-FOI, &c.

Il y a néanmoins quelques coutumes où le *vol du chapon*, au lieu de fuivre le principal manoir comme un acceffoire, n'eft dû à l'aîné qu'à défaut de l'enclos qui y eft joint communément. C'eft un dédommagement accordé à l'aîné pour lui tenir lieu de la partie de cet enclos qu'il auroit pu retenir avec le principal manoir.

Ainfi, la coutume de Meaux, après avoir déclaré dans l'article 160, que « l'aîné fils prend préa-» lablement, & hors part, le maître hôtel ou » châtel pour fon droit d'aîneffe, avec les foffés, » baffe-cour, jardin & accin, s'il y en a à l'en-» tour », ajoute dans l'article fuivant, que « où » il n'y auroit point d'accin, ledit aîné fils pren-» dra à l'entour, & le plus près de fa maifon, » un arpent de terre, eftimé le *vol d'un chapon*, » à fon choix ».

La coutume de Melun dit également dans l'article 89, que le fils aîné a dans toutes les fucceffions de ligne directe afcendante, « par préciput » & hors part, le principal manoir, ou domicile, » ou fief, à fon choix, avec la baffe-cour, defti-» née audit manoir, un arpent de jardin joignant » ledit manoir ou baffe-cour, & *s'il n'y a jardin*, » un arpent de terre en fief, appellé le *vol du* » *chapon* ».

Les coutumes de Montfort-l'Amaury, *article 9*, & de Valois, *article 57*, accordent à l'aîné pour préciput la totalité du jardin dépendant du manoir, & s'il n'y en a pas, un arpent de terre pour le *vol du chapon*.

L'article 8 de l'ancienne coutume de Paris contenoit à peu près la même décifion.

La coutume de Senlis eft encore moins favorable au *vol du chapon*. Elle ne l'accorde à l'aîné, dans les articles 126 & 127, qu'autant qu'il n'y a ni manoir ni jardin.

Lorfqu'il n'y a pas de manoir féodal, ni par conféquent de préclôture, mais feulement une ou plufieurs pièces de terres tenues en fief, on peut demander fi l'aîné doit du moins y avoir fon *vol de chapon*. On peut dire contre l'aîné que le *vol*

du chapon eft un acceffoire du principal manoir; qu'il ne doit pas en être féparé & fubfifter fans lui; que c'eft pour donner plus d'importance au manoir, & pour que l'aîné ne foit pas hors de chez lui en fortant de fa maifon, que les coutumes lui ont accordé cet avantage additionnel; que c'eft par ce même motif que plufieurs coutumes lui permettent de retenir, en dédommageant fes puînés, la partie de l'enclos qui excède fon préciput, & même la totalité du fief où il prend ce préciput, fuivant quelques autres coutumes; que lorfque ces motifs d'arrondiffement & de convenance ne fubfiftent pas, il ne peut pas y avoir fujet de demander le *vol du chapon*.

On peut répondre, au contraire, en faveur de l'aîné, que le *vol du chapon* ayant lieu dans la plupart des coutumes, outre le manoir & fon enclos, la non-exiftence de l'un ne doit pas détruire les effets qui réfultent de l'exiftence de l'autre; qu'il eft naturel d'accorder à l'aîné le *vol du chapon*, ne fût-ce qu'afin qu'il puiffe y bâtir un manoir.

La coutume de Paris, qui a fupprimé le *vol du chapon*, lors de la réformation, porte effectivement, « que s'il n'y a manoir principal en un » fief, appartenant à deux ou plufieurs enfans, » pour la fucceffion de leur père ou mère, ains » feulement terres labourables, le fils aîné peut » avoir un arpent de terre en tel lieu qu'il vou-» dra élire pour préciput, pour & au lieu dudit » manoir ».

On pourroit croire que cet article doit former le droit commun dans toutes les coutumes qui n'ont point de décifion contraire, & qu'il doit fur-tout s'obferver dans les coutumes qui accordent à l'aîné le *vol du chapon*, outre le principal manoir. Mais ces privilèges de l'aîné, étant contraires à la raifon & à l'égalité naturelle, doivent être févèrement reftreints dans les bornes des coutumes. Pothier obferve en conféquence que l'arpent de terre étant accordé par la coutume, comme un accompagnement & un acceffoire du manoir, l'aîné ne pourra rien prétendre pour le *vol du chapon*, s'il n'y a pas de manoir. Il ajoute que c'eft le fentiment de la Lande, & de l'auteur des notes de 1711, & que fa coutume n'a point adopté la difpofition de celle de Paris, qui donne un arpent de terre à défaut de manoir. (*Traité des fucceffions*, chap. 2, art. 2, §. 4.)

C'eft auffi l'avis de Couart, fur la coutume de Chartres, *article 4*.

§. III. *Du lieu où le vol du chapon doit être pris.*
La feule dénomination de *vol de chapon*, indique un efpace de terrein, tel qu'un chapon peut en parcourir dans fon vol, en partant de la maifon. Cette prérogative ne peut d'ailleurs avoir d'autre but raifonnable que celui de donner plus d'aifance & d'arrondiffement à l'habitation de l'aîné. Il fuit de là que le lieu où le *vol du chapon* doit être pris, fe trouve naturellement déterminé par les

terres

terres qui environnent le manoir, & qui le joignent immédiatement.

La plupart des coutumes l'ont ainsi décidé. L'article 31 du tit. 1 de la coutume de Berry, porte que l'aîné doit avoir pour préciput, « le » principal manoir de la succession, avec le *vol* » *du chapon*, qui s'étend jusqu'à un arpent de » terre, si tant y en a, appartenant *à la maison*, » à le prendre au bord du fossé, s'il y en a, & s'il » n'y a fossé, au pied de la muraille ». La coutume de Blois dit plus nettement encore : « un ma- » noir, . . . avec le *vol d'un chapon*, estimé à un » arpent de terre à l'entour du manoir, à le prendre » au plus prochain ».

La coutume de Chaumont porte aussi, dans l'article 8, que l'aîné a « le châtel, ou maison- » fort, la basse-cour & muraille, ou autre clôture, » les fossés & *les héritages à l'environ*, de l'étendue » d'un *vol de chapon*, hors les murs ou fermeté » dudit châtelet ou maison-fort, lequel *vol de* » *chapon ne se pourra étendre plus avant que de la* » largeur d'un arpent de terre, à l'entour dudit » châtelet ou maison-fort, si tant y en a ».

La coutume de Chartres accorde pour préciput dans l'article 4, « le principal manoir & trois mines » de terre, à l'environ, si elles y sont le *vol* » *d'un chapon*, estimé auxdites trois mines de » terre ».

Les coutumes de Château-neuf, *article 5*, & de Dreux, *article 3*, ont des expressions semblables. Celle de la Rue d'Indre dit : « le vol d'un chapon » tout autour le maître fief ». Celle de Loudun, *chap. 27, article 4* : « le vol d'un chapon, environ » ledit hôtel ».

Les coutumes de Montargis, *chap. 1, art. 22*, & d'Orléans, *article 89*, disent aussi : « avec le » *vol d'un chapon*, estimé à un arpent de terre, » à l'entour dudit manoir, s'il y a tant de terre joi- » gnant ».

Enfin, l'article 14 de la coutume de Troyes fait consister le préciput de l'aîné dans « le prin- » cipal châtel ou maison-fort, mote ou place » de maison seigneuriale, tenue en fief, s'aucun » y en a, à son choix, la basse-cour, la muraille » ou autre clôture, les fossez & *les héritages à l'en-* » *viron de l'étendue du vol d'un chapon*, & l'un » desdits fiefs, s'aucun y en a, mouvant & tenu » dudit châtel ou de ladite maison ».

Il suit de-là, que soit qu'il y ait un terrein immédiatement joignant au manoir, soit qu'il n'y en ait pas, l'aîné ne peut pas prendre le *vol du chapon* dans les fonds qui n'y joignent pas ; qu'il ne peut pas non plus prendre ailleurs le surplus de l'étendue de terre que la coutume lui accorde pour ce *vol de chapon*, s'il n'y en a pas suffisamment pour completter cette étendue autour du manoir. C'est ce qui décident sur-tout ces mots de la coutume de Chaumont, *si tant y en a*, & les expressions semblables que les coutumes de Char-

tres, Château-neuf, Dreux, Montargis & Orléans ont adoptées.

Il faut seulement observer que le terrein est censé joignant le manoir lorsqu'il n'y a qu'un chemin public entre eux, suivant l'esprit de la loi finale au digeste *de servitut. præd. rust.* (Pothier *sur Orléans*, art. 89.)

On n'est pas aussi bien d'accord, pour savoir si le *vol du chapon* doit se prendre en un lieu déterminé, ou tout autour du manoir. Ragueau, sur l'article cité de la coutume de Berry, estime qu'il faut le prendre en un lieu déterminé, & non à l'entour du manoir, parce que la coutume ne dit pas cet avantage se prenne à l'entour du manoir, mais au bord du fossé.

« D'autres, dit la Thaumassière, pensent qu'il » le faut prendre à l'entour du manoir, parce que » ces mots *vol du chapon* semblent signifier le vol » à l'entour de la maison, & parce qu'elle ajoute » à le prendre au bord du fossé qui entoure la » maison ; autrement elle eût dit, à le prendre » à l'un des bords, ou de tel côté du fossé ; & en- » fin, parce qu'elle dit que dedans l'arpent seront » compris les garennes, fuies, colombiers, ber- » geries & étables, & que quand la coutume ne » se seroit pas assez expliquée, il faudroit l'ex- » pliquer par les coutumes voisines de Paris, » *article 22 ;* Auxerre, *article 59 ;* Bourbonnois, » *article 201 ;* Orléans, *article 91 ;* qui décident » que l'arpent se prend à l'entour du manoir ; cette » question, continue la Thaumassière, me semble » assez inutile, puisqu'il n'importe pas que l'ar- » pent se prenne à l'entour du manoir ou autre- » ment, pourvu que l'aîné ne prenne qu'un arpent » de terre ».

Il me semble néanmoins que cette question peut bien ne pas être aussi indifférente que la Thaumassière le paroît croire. Il se trouve souvent auprès du manoir, des plantations précieuses, ou des constructions importantes, telles que des moulins, &c. Si l'aîné ne prend le *vol du chapon* qu'en faisant le tour du manoir, sans pouvoir choisir un côté plus que l'autre, ces objets en seront peut-être exclus, quoiqu'ils en pussent faire partie, supposé qu'il eût le droit de choisir son *vol de chapon*, où, & de quel côté il lui plairoit, en partant des clôtures réglées par la coutume.

On peut fort bien croire que l'esprit originaire de nos coutumes sur le *vol du chapon* étoit de l'accorder à l'aîné, tout autour du manoir indistinctement, ensorte que cet avantage auroit contenu tout le terrein qui n'auroit pas été plus éloigné du manoir que le lieu où un chapon auroit pu parvenir en volant. C'est sans doute par cette raison que les coutumes de Tours & de Loudun ont réglé l'étendue du *vol de chapon* pour les baronnies, au double de ce qu'il est pour les fiefs ordinaires. Comme le château d'une terre ainsi qualifiée, étoit communément bien plus vaste que le manoir d'un autre fief, la circonférence dont le *vol du chapon* auroit formé le rayon, devoit être proportionnellement bien plus étendue.

Quelques coutumes semblent encore faire allusion à cette manière d'estimer le *vol du chapon*, quoiqu'elles l'aient apprécié par une mesure plus certaine. Celle de Chaumont, par exemple, dit que « le *vol de chapon* ne se pourra étendre plus avant » que de la *largeur d'un arpent de terre*, à l'envi- » ron dudit châtelet ou maison-fort, si tant y en a ».

Ces mots de la *largeur d'un arpent de terre à l'environ du châtelet*, annoncent que la coutume n'entend pas borner précisément le *vol du chapon* à un arpent de terre, mais seulement empêcher que l'aîné, en prenant tout le terrein qui environne le château, ne puisse étendre ses prétentions au-delà de ce que forme la largeur d'un arpent quarré. Gousset paroît l'entendre de cette manière dans la note 17 qu'il a faite sur ces mots : « à l'environ & de quarré (y a-t-il dit) & de la » largeur d'icelui, *en chacun endroit* du fossé à » l'entour & environ ledit châtel, place ou mai- » son-fort, *ut pluriès fuit judicatum in hoc bal- » viatu* ».

La coutume du Bourbonnois, qui, à la vérité, ne parle pas nommément du *vol de chapon*, accorde à l'aîné, dans l'article 302, outre le château & les fossés, « 40 toises de terre, *à prendre du bout » des fossés de toutes parts, par dehors*, tant que » lesdites 40 toises pourront s'étendre à l'entour desdits » fossés ; mais si en quelqu'endroit dudit châtel ou » maison, lesdites 40 toises ne se pouvoient trouver, » il n'aura que ce qui se trouvera EN CHACUN » CÔTÉ, & n'en sera ailleurs récompensé ; & s'il » n'y a point de châtel ou place forte à fossé ou » fossés, il aura la maison, & outre ce qui est » enclos, soit de mur ou de pal, servant à la » clôture de la basse-cour, & 40 toises tout à l'en- » tour, à prendre de ladite clôture, soit de mur ou » de pal ; & s'il n'y a mur, ni autre clôture » en ladite maison, lesdites 40 toises se prendront » à icelle maison, le tout comme dessus ».

La coutume d'Auvergne, *chap. 12, art. 15*, a des dispositions absolument semblables.

L'interprétation contraire paroît néanmoins plus conforme à l'esprit actuel de nos coutumes. En fixant à un ou deux arpens seulement le *vol du chapon*, sans autre explication, elles semblent avoir entendu borner le droit de l'aîné à un arpent en quarré ; & tel est évidemment l'objet de la distinction que les coutumes de Tours & de Loudun ont faite entre le *vol de chapon* des fiefs inférieurs & celui des baronnies. En l'entendant de cette manière, il paroît naturel de laisser l'aîné prendre cet avantage de quel côté il lui conviendra le mieux, parce que le préciput est un privilège dont elles paroissent lui avoir réservé le choix exclusivement.

L'Hoste demande si, lorsque le défunt n'étoit propriétaire que de la moitié du manoir, l'aîné

aura la totalité ou seulement la moitié de l'arpent de terre que la coutume accorde pour le *vol du cha- pon*. Il paroît d'abord incliner pour ce dernier parti, *quia totum ratione totius, ergò & pars ratione partis*. Mais, ajoute-t-il, « cette question s'étant » autrefois présentée en ce bailliage, il fut jugé » le 15 octobre 1566, que le fils aîné auroit l'ar- » pent entier ; (*quia respectu successionis*) la moi- » tié d'une maison est un manoir entier ; & fut » la sentence confirmée par arrêt, comme j'ai » appris des mémoires de maître Ignace Courtois, » bailli de robe-longue en ce bailliage ».

Cette décision peut souffrir de la difficulté, lorsqu'il s'agit de la moitié indivise d'une maison. Au reste, on ne peut prendre le *vol du chapon*, non plus que le surplus du préciput de l'aîné, que sur les biens nobles. L'Hoste, sur l'article 23 de la coutume de Lorris, & Palln des Perriers, sur l'art. 260 de celle de Tours, décident fort bien, « que » s'il n'y a pas de terre noble environ ledit hôtel, » l'aîné ne prendra son chezé en lieu plus éloi- » gné, *quia hæc consuetudo, quæ in favorem majo- » ris natu excedit terminos juris communis, non est ex- » tendenda*, sed restringenda in propriis terminis ; » & ainsi a été pratiqué par l'avis de Me Étienne » le Peltier, Claude Goury, Bernard Laurancin » & moy, en la succession du sieur de Bray, res- » sort de Chinon ».

Telle est au surplus la décision de plusieurs coutumes ; celle de Montfort - l'Amaury dit expressément que « le fils aîné . . . . prend pour » son droit d'aînesse un principal manoir . . . . » avec le jardin, selon sa clôture, *tenu en fief*, » & s'il n'y a jardin, prend pour le *vol de chapon* » un arpent de terre, *aussi tenu en fief*, de quelque » qualité qu'il soit, au choix dudit aîné, joignant » dudit manoir ou fossés d'icelui, lesdits fossés » non compris ».

§. IV. *De l'étendue de terrein que le vol de chapon doit contenir*. Ce terme de *vol de chapon* ne présente rien de bien exact. Un chapon peut voler plus ou moins loin qu'un autre, & tel ou tel chapon peut même voler plus ou moins loin à différentes fois. On peut donc entendre par *vol de chapon*, l'espace de terrein que le chapon le plus léger pourra parcourir d'un seul vol, ou celui qu'un chapon ordinaire parcourt dans son vol ordinaire, ou enfin, celui que tel ou tel chapon parcourra à une seule fois quand on le fera voler. C'est sans doute à raison de l'incertitude que cette dénomination pouvoit laisser, que la plupart de nos coutumes ont fixé d'une manière plus précise le terrein que l'aîné pouvoit prendre à titre de *vol de chapon*.

La coutume d'Auvergne est celle qui paroît avoir le plus restreint ce privilège. Elle déclare dans l'article 51 du chapitre 12, que l'avantage de l'aîné consiste uniquement en ce que « le nom & les » armes du défunt, & la principale place ou manoir, » avec le *vol de chapon*, qui comprend (seule-

» ment) motte, fosses ou douves, s'aucuns y
» en a, sinon une sexterée de terre à l'entour
» de la maison ». Encore cette coutume n'accorde-
t-elle à l'aîné cet avantage, « qu'en récompen-
» sant les puînés & co-héritiers de la valeur de
» leur part & portion de ladite place ou manoir,
» & vol de chapon, & non autrement, posé ores
» qu'il n'y ait qu'une place en ladite succession ».

Le plus grand nombre des coutumes a fixé l'é-
tendue du vol de chapon à un arpent; telles sont
celles de Berry, tit. 19, art. 315; Blois, art. 143;
Chaumont, art. 8; Meaux, art. 161; Melun,
art. 89; Montargis, chap. 1, art. 22; Orléans,
art. 89; Senlis, art. 126; Troyes, art. 14.

Les coutumes de Château-neuf, art. 5, & de
Chartres, art. 3, la fixent à un arpent & demi;
celle de Dreux, à trois mines de terre.

Quelques coutumes ont encore laissé subsister
la simple énonciation du vol de chapon, sans autre
détermination. Celles de la Rue d'Indre, art. 12,
dit, par exemple, que « le fils aîné pour son
» droit d'aînesse..... prend le maître-hôtel..... &
» le vol d'un chapon tout autour le maître fief, &
» le principal homme serf », sans autre explication; d'autres coutumes, locales de Blois, comme
la précédente, ont la même disposition.

Celle de Loudun, chap. 27, art. 5, donne aussi
à l'aîné pour préciput dans les fiefs ordinaires,
« le maître-hôtel, châtel ou manoir, & la pour-
» prinse d'icelui, avec une foi & hommage, s'elle
» y est, sinon une septrée de terre, ou 5 s. de
» rente & le chézé, c'est à savoir de terre le vol
» d'un chapon environ ledit hôtel ». Mais la même
coutume a déterminé différemment le vol du chapon
dans les baronnies; l'art. 3 du tit. 28 porte que
« l'aîné y aura pour préciput, le château ....
» le droit de guet ..... une foi & hommage en
» châtellenie à son choix, droit de patronage ».

La coutume de Tours, qui contient la même
distinction entre les baronnies & autres fiefs supérieurs & les simples fiefs, a fixé le vol du chapon
dans l'art. 260, à deux arpens de terre pour ceux-ci,
& dans l'art. 295, à 4 arpens, pour les comtés,
vicomtés & baronnies, soit qu'il se prenne immédiatement autour du château, soit qu'il se prenne
plus loin à cause de l'importance des objets qui
joignent le château.

Le Proust a conclu de-là, sur l'art. 4 du chap. 27
de la coutume de Loudun, que dans cette dernière coutume, le vol du chapon pour les fiefs
inférieurs, « devoit être d'une strée & demie de
» terre, moitié de trois données au baron, comme
» celle de Touraine donne deux strées, ou ar-
» pens; moitié de quatre que prend le baron ».
Il ne faut pas effectivement confondre, comme
l'a fait M. Correcau au n°. 11623 de son droit
général, la septrée de terre que la coutume de Loudun substitue à l'hommage, quand il n'y en a pas,
avec le vol du chapon.

Le Brun, des successions, liv. 2, chap. 2, sect. 2,

propose la question de savoir de quelle mesure il
faut se servir pour mesurer cet arpent; il répond « qu'il faut se servir de celle du seigneur
» de la jurisdiction duquel le fief est dépendant;
» que si le fief est sous diverses jurisdictions, il faut
» avoir égard à celle dans laquelle l'arpent de terre
» est situé; que s'il y avoit deux mesures dans
» le lieu, l'une royale & l'autre subalterne, il
» faudroit suivre celle du roi, comme plus éminente;
» que s'il y en avoit de différentes du même sei-
» gneur, il faudroit suivre la plus avantageuse à
» l'aîné, parce que le droit d'aînesse est favorable
» en soi ».

Boullai, dans ses notes sur la coutume de Tours,
décide la même chose pour le cas du concours
de la mesure royale & de la mesure du seigneur
justicier. Mais il observe qu'on ne reconnoît d'autre mesure que la royale en Touraine. Voyez aussi
M. Chabrol sur le chapitre 12, art. 52, de la
coutume d'Auvergne. Pothier dit plus clairement
encore que l'arpent du vol du chapon se règle
suivant la mesure qui a lieu dans le territoire où
le manoir est situé.

Au reste, il y a des coutumes qui, sans parler
nommément du vol du chapon, ajoutent au préciput de l'aîné des objets bien plus considérables;
telle est celle du grand Perche, qui dans l'article
137 & suivans, accorde à l'aîné tout ce qui se trouve
dans l'enclos du principal manoir; le bois de haute-
futaie y joignant, ou le plus près dans la distance d'un quart de lieue, jusqu'à concurrence
de 40 arpens, la justice de la terre, où l'aîné
prend son préciput, la fuie ou colombier; les
garennes à bois & à eau, l'étang & moulins pendans à la chaussée de l'étang, pourvu qu'ils soient
à vue du principal manoir. Un acte de notoriété
donné au bailliage de Mortagne, le 31 octobre
1761, a attesté qu'il n'entroit dans le préciput
de l'aîné que le moulin seul & ce qui pouvoit servir
à son exploitation; que les terres, prés, bois,
pressoirs & la dixme affermée conjointement avec
lui, n'y étoient pas compris.

§. V. Des choses qui sont ou ne sont pas comprises
dans le vol du chapon. Les coutumes, en attribuant
sous ce nom à l'aîné un certain espace de terrein,
pour augmenter son préciput, sont censées lui
avoir donné en même temps tout ce qui peut se
rencontrer dans cet espace. Il y a néanmoins certains objets qu'elles ont expressément exclu, soit
en tout, soit en partie, tant du vol de chapon,
que du principal manoir même, lorsqu'ils étoient
naturellement compris dans le terrein qu'elles donnent à l'un & à l'autre.

L'article 14 de la coutume de Paris forme à cet égard
le droit commun. Il y est dit que « si dans l'enclos
» du préciput de l'aîné, y a moulin, four ou pres-
» soir, le corps dudit moulin, four ou pressoir, ap-
» partient à l'aîné; mais le profit du moulin bannal
» ou non bannal, & du four & pressoir, s'ils
» sont bannaux, se partira comme le reste du

» fief : & font tenus les puinés de contribuer aux
» frais des moulans, tournans, & travaillans du-
» dit moulin, corps du four & preffoir & uften-
» files d'iceux, pour portion du profit qu'ils y
» prennent : peut toutefois l'aîné avoir ledit droit
» de profit de bannalité en récompenfant lefdits
» puinés comme deffus ».

Plufieurs coutumes s'écartent de cette décifion
en plus ou en moins. Pour ne parler ici que de
celles qui accordent le *vol du chapon*, la coutume
de Berry dit dans l'article 31 du titre 19, « que
» dans ledit arpent feront comprifes les garennes,
» fi aucunes y a, fuies & colombiers, granges,
» bergeries & étables, jufqu'à la concurrence dudit
» arpent & non plus, mais non les étangs, mou-
» lin, ou four bannier ». L'article 143 de la coutume de Blois prononce la même exclufion.

On voit que ces deux coutumes différent de celle
de Paris, en ce qu'elles excluent du *vol de chapon*, le moulin même ou le four bannal, & non
pas feulement le profit qui en réfulte. Elles excluent auffi les étangs dont la coutume de Paris
ne dit rien. Quant aux fours & moulins non bannaux, il eft manifefte que la coutume de Berry
n'entend pas plus les exclure que les garennes,
les fuies, les étables, & les autres bâtimens de
cette efpèce, qui paroiffent bien plus deftinés à
l'ufage du manoir en particulier, que relatifs à
toute la feigneurie en général.

Gouffet, fur la coutume de Chaumont, *art.* 8,
affure qu'on y doit auffi exclure du *vol de chapon*,
« les moulins, ou fours bannaux, ou chauffées
» d'étangs féparées dudit manoir ou places. . . .
» Toutefois, ajoute-t-il, le 5 d'août en l'an 1550,
» en la chambre tierce, au rapport du fieur de Lo-
» ges, fut jugé que le moulin étant au-dedans les
» clôtures & foffés appartenoit à l'aîné, combien
» qu'il fût queftuaire à volonté : *fecus* s'il étoit ban-
» nier, comme prédict eft : auquel cas fe devoit di-
» vifer & partir comme les autres terres de fiefs,
» entre l'aîné & les autres enfans ».

L'article 5 de la coutume de Chartres dit plus
clairement encore, « que fi audit *vol de chapon*,
» ou trois mines de terre y avoit moulin ou bonde
» d'étang, en ce cas ledit moulin, ou bonde,
» feront cenfés & réputés dudit principal manoir ;
» mais ne feront moulin ou étang tenus en fief,
» de foi cenfés ne réputés principaux manoirs ;
» mais fe partiront comme fiefs ».

Tout au contraire, d'autres coutumes ont exclu
du *vol de chapon*, prefque tous les objets qui
peuvent être d'une importance fupérieure. L'article
261 de la coutume de Tours porte, que « fi, au-
» dedans dudit chefe, clôture ou circuit, il y a
» eftang, pêcherie, moulin ou four bannal, fuie,
» garenne, bois de haute-futaie, clos de vigne,
» lefdites chofes demeureront à l'aîné pour telle
» valeur qu'elles feront prifées, à la charge de
» récompenfer les puinés de léur tierce-partie des
» chofes de ladite fucceffion ».

La coutume de Loudun a une difpofition femblable dans l'article 5 du chapitre 27, fi ce n'eft
qu'elle ne parle pas du bois de haute-futaie. Le
Prouft, fur cet article cite un jugement conforme
rendu à Loudun, après avoir confulté tout le
barreau.

Du Moulin a propofé fur les moulins une diftinction qui paroît mieux puifée dans l'efprit de
la loi que celle des coutumes, en moulins bannaux ou non bannaux, mais dont l'application a
peut-être l'inconvénient d'être plus arbitraire. Il
voudroit qu'on ne réputât les moulins partie du *vol
de chapon*, ou du manoir, que lorfqu'ils font deftinés au fervice du château : *aut eft factum*, dit-il,
*gratiâ domus & ad molendum patri-familias & domef-
ticis, & cedit domui & juri primogenituræ ; aut eft
factum principaliter caufâ lucri & reditûs, magis ad
molendum pro extraneis quibuslibet quæftûs caufâ &
velut fpecie quadam negociationis, quàm pro ufu &
neceffitate patris-familias ; & non eft præcipuum primogenituræ, fed dividi debet cum reliquis feudalibus.*

Au refte, c'eft bien mal-à-propos que M. Pelée
de Chenouteau dit, au n°. 19 de fon commentaire fur l'article 201 de la coutume de Sens, « que
» le four, preffoir & moulins bannaux, fitués dans
» ou hors l'étendue des cours, baffe-cour ou en-
» clos, ne font point partie du préciput, & fe par-
» tagent également », fauf à fe les approprier en donnant récompenfe à fes puinés. Cet
article même de la coutume laiffe à l'aîné les moulins bannaux, avec leur profit, lorfqu'ils font dans
l'enclos du manoir. Elle n'en exclut le profit que
dans les cas où les moulins bannaux font hors de
l'enclos, & dans ce cas-là même le corps des moulins appartient toujours à l'aîné. L'aîné, dit l'article 201, aura pour fon préciput « tel manoir en
» fief ou terre noble, qu'il voudra choifir & élire,
» & les clôtures & baffe-cour d'icelles, & outre un
» arpent de terre ès-environs, & tout ce qui fera
» au-dedans defdites baffe-cour & arpent, foit
» four, colombier, fuie, moulin, ou preffoir ; &
» s'ils étoient bannaux & affis hors dudit manoir
» & foffés d'icelui, ores qu'ils fuffent fitués ès-
» dites baffe-cour ou arpent, en ce cas ledit aîné-
» fils fera tenu conférer & communiquer à fes
» autres frères & fœurs les fruits & revenus de ladite
» bannalité, comme concernant la feigneurie uni-
» verfelle dudit fief ; & néanmoins pourra ledit aîné-
» fils retenir entièrement lefdits fruits, *&c.* ». (M.
GARRAN DE COULON, avocat au parlement).

VOLAGE, (*Appel.*) On défignoit autrefois
par ces termes, ce que nous appellons aujour-
d'hui *fol appel. Voyez* AMENDE, APPEL.

VOLÉE D'EPS. C'eft un effain d'abeilles,
envolé hors de la ruche. *Voyez* l'ancienne coutume
de Saint-Omer, le gloffaire du droit François, au
mot ADEBTZ, & l'article VASSIAUX D'ELZ.
(G. D. C.)

VOLIÈRE (*Droit de*). On appelle *volière*, ou
volet une efpèce de colombier, conftruit fur la

porte d'une maifon, ou fur tout autre édifice; c'eft en cela fur-tout que la *volière* diffère du colombier à pied, qui pofe immédiatement fur la terre, & dont les boulins peuvent fe prolonger jufqu'au rez-de-chauffée. Cette dernière efpèce de colombier s'appelle *fuie* dans les pays de droit écrit & dans plufieurs provinces, telles que la Bretagne, le Poitou, &c. Les *volières* s'y appellent fimplement *colombiers*. Mais à Paris, & dans le refte de la France, on entend par fuies de fimples *volets*, & le colombier proprement dit eft le colombier à pied. Il y a auffi une troifième efpèce de colombier, conftruite fur folives ou fur piliers, que l'on confond affez communément avec le colombier ordinaire, qui a des boulins jufqu'en bas, & qui étant comme lui une marque de feigneurie dans la majeure partie de la France, lui a peut-être donné fon nom de *colombier à pied*. Voyez Chaffaneux fur la coutume de Bourgogne, tit. 13.

Quoi qu'il en foit, on a tracé les règles communes à toutes les efpèces de colombier, & même celles qui concernent le colombier à pied en particulier, au mot COLOMBIER. On va fe borner ici à parler des fimples *volières*.

On examinera, 1°. quel eft le colombier qu'on doit réputer *volière*.

2°. Quelles perfonnes peuvent en avoir.

3°. Quelles font les conditions requifes pour cela.

4°. Quelle quantité de pigeons peut-on avoir dans une *volière*.

5°. Qui peut demander la démolition ou la réduction d'une *volière*.

§. I. *Quel eft le colombier qu'on doit réputer volière.* On convient bien généralement qu'on ne doit entendre par *volière* que les colombiers qui tiennent à d'autres édifices. Mais on demande fi les colombiers ifolés au milieu d'une cour, ou dans un autre lieu, pourroient paffer pour de fimples *volières*, fous prétexte qu'ils feroient conftruits fur la voûte d'une cave, ou fur un cellier, &c.

La queftion s'eft fur-tout préfentée dans la coutume de Bourgogne; les cahiers pour la réformation de cette coutume, portent dans l'art. 38, « qu'un » colombier en pied s'entend quand il commence » du bas en haut & duquel le pied ne fert à autre » chofe qu'à un colombier ». Quelques commentateurs avoient conclu delà, qu'il fuffifoit qu'il y eût un édifice quelconque au-deffous du colombier, pour qu'on le réputât fimple *volière*. Mais les auteurs les plus récens & les plus eftimés, décident avec raifon, qu'un femblable colombier eft un véritable colombier à pied, dont le feigneur haut-jufticier peut demander la démolition. Taifand, fur le titre 15 de la coutume de Bourgogne, rapporte des arrêts du parlement de Dijon, de l'année 1560, qui l'ont ainfi jugé.

Il eft évident effectivement que lorfque les commiffaires qui ont rédigé les cahiers pour la réformation de la coutume, ont dit que le colombier à pied étoit celui dont le pied ne fervoit à autre chofe qu'à colombier; ils ont entendu par *pied* l'édifice qui partoit du fol, & non pas celui qui étoit au-deffous. Autrement il faudroit appeler *volières* une quantité de colombiers feigneuriaux. Beaucoup de châteaux & de maifons feigneuriales font bâtis dans des endroits bas & marécageux, très-nuifibles aux pigeons; pour rendre le local plus fain, on eft obligé de faire deffous quelque édifice, comme une cave, une étable, &c. On le pratique ainfi, particulièrement dans le Châlonnois; mais cela n'empêche pas que le colombier ne foit ifolé.

Il en eft de même du colombier porté fur des piliers, quoique Taifand ait paru le confondre avec la fimple *volière*. C'eft un véritable colombier à pied, lors fur-tout qu'il eft détaché de tout autre bâtiment.

« Il faut donc, dit Bannelier, dans fa note 244, » que l'endroit où font les pigeons faffe corps » avec les bâtimens du maître, foit avec la » maifon, foit du moins avec la grange ou des » remifes, &c. fans quoi il eft réputé colombier » en pied, feigneurial & prohibé. C'eft ainfi que » les arrêts, foit anciens ou récens, ont interprété l'article 38 de nos cahiers. Ce ne doit » être qu'un exhauffement; & régulièrement » il ne peut y avoir de cordon.

» Un bâtiment à pigeons, qui ne feroit enlié » qu'avec les murs de clôture d'une cour ou » d'un jardin, fans tenir aux autres bâtimens, » eft un colombier en pied, dont le feigneur a » droit de demander la démolition ».

Au refte, la plupart des pays de droit écrit, & ceux même du parlement de Paris, ne font aucune diftinction entre les colombiers à pied & les fimples *volières*. Tout le monde peut conftruire les premiers dans les mêmes cas où il pourroit conftruire les derniers. Il en eft de même dans la coutume d'Auvergne, fuivant M. Chabrol, tit. 2, art. 5, & dans quelques autres coutumes. Dans le reffort du parlement de Bordeaux, on confond les colombiers fur piliers, avec les fimples *volières*; tout particulier peut en avoir; mais il ne peut pas avoir de colombier à pied.

§. II. *Des perfonnes qui peuvent avoir des volières.* En général les *volières* font permifes à tout particulier, noble ou roturier, pourvu qu'il ait des héritages fuffifans pour nourrir fes pigeons. Avant même la réformation de la coutume de Paris, Choppin rapporte un arrêt du 8 décembre 1565, qui a permis une conftruction de cette efpèce à un roturier qui ne poffédoit ni juftice ni fief, mais feulement des héritages tenus en cenfives. On peut voir des arrêts femblables dans les conférences de Fortin & Ricard fur cette coutume.

Cette règle du droit commun fouffre néanmoins plufieurs exceptions. On obferve fur-tout le contraire en Dauphiné, où quelque étendue de terre qu'aient les roturiers, ils ne peuvent avoir des colombiers, pas même fur piliers ou folives, comme le dit Salvaing, chap. 43 de son traité de l'usage des fiefs, sans la permission du seigneur haut-justicier, ou du roi dans les terres de son domaine. C'est ce qui a été décidé par trois arrêts des 22 février 1659, 13 mars 1663, & 29 mars 1667. Dans l'espèce du second de ces arrêts, le seigneur avoit demandé que le pigeonnier d'Antoine Rey fût démoli, les trous détruits, & la cage noircie, pour s'en servir à tout autre usage. Une sentence du juge-mage de Valence, confirmative de celle du juge d'Alais, l'avoit ainsi ordonné. Mais l'arrêt infirma les sentences, & prononçant par jugément nouveau, attendu la déclaration faite par Rey, de ne vouloir se servir du bâtiment pour colombier, & de ne vouloir entretenir aucuns pigeons, mit les parties hors de cour; & fit inhibitions à Rey de tenir à l'avenir aucuns pigeons & colombier, sans le consentement du seigneur, dépens compensés, sauf les épices & expéditions de l'arrêt, auxquels Rey fut condamné.

Le dernier arrêt a été plus sévère. Il a été rendu sur appointement, au profit de François de Langon, seigneur de Montrigaud: il condamna Antoine Maguin, habitant de la même seigneurie, de noircir le colombier qu'il avoit fait construire, sinon permis au seigneur de le faire; il fit en outre défenses à Maguin d'ouvrir ou faire ouvrir les trous & fenêtres pour y recevoir des pigeons, & d'y en tenir & nourrir, à peine de 500 liv. d'amende; condamna ledit Maguin aux dépens.

La coutume de Bretagne déclare aussi dans l'article 398, « qu'il n'est permis à aucun de faire » fuie ou colombier, s'il n'en avoit eû ancienne-» ment par pieds ou sur piliers, ayant fondemens » enclavés sur terre, ou s'il n'a 300 journaux de » terre, pour le moins, en fief ou domaine no-» ble, aux environs de la maison en laquelle il » veut faire ladite fuie ou colombier ». L'article ajoute ensuite, que personne, quand bien même il auroit cette étendue de terre, « n'en pourra » toutefois faire bâtir de nouveaux, s'il n'est » noble, & ne sera loisible à toutes personnes, » de quelque qualité qu'elles soient, d'avoir ni » faire faire tries, trapes, ou autre refuge pour » retirer, tenir ou nourrir pigeons aux maisons » des champs, sur peine d'être démolies par la » justice du seigneur du fief ou supérieur, & » d'amende arbitraire ».

Il est bon d'observer sur cet article que les députés du clergé & du tiers-état demandèrent la radiation de cette addition, qui ne se trouvoit point dans l'ancienne coutume. Leur motif fut que le droit d'avoir un colombier ou fuie dépen-doit de la chose & non de la personne, & qu'il ne sembloit pas raisonnable que celui qui n'étoit pas noble, & qui pouvoit avoir une étendue de terrein, même plus grande que n'auroit un noble, fût privé de l'avantage de construire une fuie ou colombier. Il fut ordonné que l'addition demeure-roit, mais seulement par provision: il paroît

que la prohibition s'est toujours observée depuis, sans que le tiers-état & le clergé aient donné aucune suite à leurs réclamations.

Devolant, cité par Fréminville, rapporte sur cet article, qu'un particulier qui avoit affeagé le château du Feillet de M. le Duc de Montmorency, ayant voulu y faire bâtir un colombier, il fut débouté par arrêt, sur le motif seul qu'il étoit rotu-rier, quoique ce fief fût noble, & contînt plus de 300 journaux de terre.

On est moins sévère dans la coutume de Metz; mais toute personne n'a pas le droit d'y avoir un colombier, quelle qu'en soit la forme. Ce droit n'appartient qu'à ceux qui ont jurisdiction, titre, ou possession suffisante pour cela. Suivant l'article 5 du titre 2, l'érection des colombiers est mise au rang des droits de haute-justice. L'article 34 du même titre, ajoute: « franchise de maison ne » tire après soi conséquence de jurisdiction; aussi » n'a le propriétaire d'icelle droit de bâtir pres-» soir, moulins, four, ni colombier, ni avoir trou-» peau à part, s'il n'en a titre, ou s'il ne fait » paroître possession suffisante à prescrire tel » droit ».

Ces limitations s'étendent aux simples volières, ou aux colombiers bâtis au-dessus des maisons, qu'on appelle colombiers sous le toit dans le pays Messin. M. Dilanges rapporte dans son commentaire sur l'article 5, qu'on vient de transcrire, un arrêt du 12 juillet 1725, rendu sur la requête de M. le procureur général du parlement de Metz, qui défend « à tous particuliers, à la réserve des » seigneurs hauts-justiciers, & autres ayant » titre, conformément à la coutume, d'avoir des » colombiers ni volières ».

Ce magistrat ajoute: « que l'exécution de cet » arrêt a été ordonnée par un autre rendu le 3 » septembre suivant, sur la requête des habitans » de Chambière & de devant les Ponts; & que » ceux du ban Saint-Clément au Sablon, s'étant » encore pourvus pour faire démolir les colombiers » établis dans leurs cantons, par les sieurs Bon-» net, Guichard & autres; & ces derniers ayant » formé opposition auxdits arrêts des 12 juillet » & 3 septembre 1725, il est intervenu arrêt » contradictoire le 1er avril 1727, par lequel ils » ont été déboutés de leurs oppositions, & » condamnés à faire démolir leurs colombiers ».

M. Dilanges dit, à la vérité, que cet arrêt va plus loin que la coutume, qui ne parle pas des volières. Mais il ajoute dans son commentaire sur l'article 12 du titre 1 de la coutume de l'E-vêché de Metz, que l'arrêt du 12 juillet 1725 n'avoit fait que confirmer la coutume de Metz, bien loin de la détruire, & que d'ailleurs il n'étoit pas permis de faire; & que les seigneurs de Thury ayant voulu en abuser, en faisant assigner M. Ferry, conseiller au parlement, pour se voir con-damner à démolir un colombier qu'il avoit dans sa maison franche de la Grange-aux-Dames, située au ban de Thury, de laquelle ils avoient même contesté la franchise, ils furent déboutés de leurs demandes.

On voit par l'espéce de cet arrêt, telle que M. Dilanges l'a rapporté, que la franchise & l'exiftence du colombier de M. Ferry étoient prouvées par titres depuis plus de deux siécles, que sa maison avoit toutes les décorations d'une maison franche, & qu'il avoit une poffeffion immémoriale & non contestée d'un troupeau à part, tant sur le ban de Thury que sur celui de Merz. Enfin, M. Dilanges a encore établi que, dans une maison franche, le droit de colombier est prescriptible par 20 ans 20 jours dans la coutume de Metz.

En Normandie, tout propriétaire ne peut pas non plus avoir une *voliére*, mais c'est moins la qualité de la personne que celle de ses poffeffions qui doit décider. Le droit de colombier, quelle que foit la forme dans laquelle on le conftruife, est un droit féodal; on l'a toujours ainfi obfervé dès la plus haute antiquité. Terrien, *tit. 5, chap. 8*, rapporte une ordonnance de l'échiquier, de l'an 1276, qui le décide dans les termes fuivans : *de colombariis factis extrà feudum, membrum feudi de Lorica, concordatum est ad quæstionem communis patriæ, quod omnia columbaria facta & conftructa extrà loca prædicta, à viginti annis & citrà, diruantur & in talibus locis à modo non ædificentur.*

Aujourd'hui même la poffeffion vingtenaire ne suffiroit pas. C'est ce qui résulte de l'article 38 de la coutume de Normandie; il y est dit : qu'en cas de division du fief, le droit de colombier doit demeurer à un seul des co-partageans, mais que, « néanmoins, si les paragers ont un colom- » bier en leur portion de fief, & joui d'icelui » par 40 ans paifiblement, ils ne pourront être » contraints de le démolir ».

Il fuit de-là que la poffeffion même quarantenaire n'ayant lieu que pour les domaines renus en parage, elle ne fuffiroit pas pour les domaines roturiers. Il faudroit, à leur égard, une ceffion du feigneur de fief, ou une poffeffion immémoriale qui la fît préfumer. Auffi l'article 160 de la coutume, veut-il que les colombiers foient relevés par le même moyen avec le corps du fief noble. Deux arrêts des 7 janvier 1580, & 19 juillet 1599, ont ordonné la démolition de tous les *colombiers* ou *voliéres*, conftruits en Normandie, fans droit, & la vente des pigeons au profit des pauvres.

On peut voir dans le dictionnaire du droit Normand de M. Houard, au mot *Colombier*, divers arrêts modernes qui ont jugé la même chofe. Il en cite un au mot *Voliére*, du 14 août 1726, qui l'a ainfi jugé pour les *voliéres* en particulier; & l'article 20 du réglement de 1666, porte en général que le droit de colombier bâti fur une roture ne peut être acquis par prefcription : « cependant, » ajoute M. Houard, comme la jouiffance d'un

» droit de colombier est un droit utile, il peut être » féparé du fief, & vendu avec le domaine; en » ce cas, en effet, c'est le colombier du fief même » qui est aliéné, & quand il est vifible que fon » aliénation a été faite à titre onéreux, ou qu'elle » a produit bénéfice au feigneur, on ne peut » en dépoffeder l'acquéreur; & le feigneur qui a » bénéficié de l'aliénation, ne peut établir d'autre » colombier en fon fief; les vaffaux ne font pas » tenus de fouffrir une charge que le feigneur » feul peut être préfumé avoir eu le pouvoir de » leur impofer ».

On peut voir au mot COLOMBIER, une ordonnance du 22 avril 1711, qui contient des prohibitions pour le droit de colombier dans la Lorraine.

On a auffi long-temps prétendu dans la coutume d'Amiens, qu'un roturier ne pouvoit avoir ni fuie ni *voliére*, quelque quantité de terres qu'il eût, lors du moins qu'il n'en avoit pas obtenu la permiffion du feigneur. On invoquoit pour cette opinion d'anciens arrêts, qu'on difoit avoir jugé la queftion; mais cette prétention a été profcrite par un arrêt du 29 août 1749, rendu en très-grande connoiffance de caufe. Dans l'efpéce de cet arrêt, les fieurs Guyot poffédoient à Poulainville, un colombier de 500 boulins, bâti au milieu de la cour, au-deffous d'un bûcher & d'une étable à vache. Le chapitre d'Amiens, feigneur du lieu, en demanda la démolition. Les fieurs Guyot déclarérent qu'ils avoient retiré les pigeons; qu'ils offroient de démolir les boulins, même de faire baiffer le bâtiment de cinq ou six pieds.

Ils ajoutérent que le chapitre ne pouvoit les empêcher d'avoir une fuie ou *voliére*, attendu qu'ils faifoient valoir plus de 50 arpens de terres fur le terroir de Poulainville; qu'au furplus le bâtiment n'étoit point un colombier, n'y ayant ni tourelle ni autres marques feigneuriales. Dans la fuite ils demandérent acte par une autre requête de ce qu'ils en avoient détruit les boulins, chaffé les pigeons & fermé les ouvertures, afin que les pigeons n'y rentraffent point. Ils conclurent d'ailleurs à être maintenus dans le droit d'avoir des pigeons dans une fuie ou *voliére*, faifant partie de leurs bâtimens.

Une fentence fur délibéré, rendue au bailliage d'Amiens le 21 juillet 1740, leur donna acte des déclarations qu'ils avoient faites fur la démolition de leur colombier; « en conféquence, fur les de- » mandes du chapitre d'Amiens, mit les parties » hors de cour, & ayant égard à la requête » des Guyot, les maintint & garda dans le » droit d'avoir cent boulins dans une fuie ou » voliére, faifant partie du corps des bâtimens de » leur maifon de Poulainville ».

Cette fentence fut confirmée purement & fimplement fur l'appel du chapitre d'Amiens. Les éditeurs du nouveau Denifart ont préfenté cet arrêt dans leur collection, d'une manière inintelligible & contradictoire, faute d'avoir rapporté la dernière clause de la sentence d'Amiens. Peut-être y a-t-il une faute d'impression. On peut voir l'espèce de l'affaire & les moyens respectifs des parties, très-détaillés dans le *traité des fiefs* de GUYOT, *tome 6 page 646*, *& suivantes*.

Il y a néanmoins aussi des coutumes dans le ressort du parlement de Paris, qui ne permettent pas indifféremment à tout le monde d'avoir des colombiers, soit à pied, soit à volet.

La coutume de Château-neuf en Berry, *chap. 23, art. 152*, veut le congé du seigneur Châtelain, pour avoir colombier, où il afflue multitude de pigeons.

La coutume de Vaftang, locale de Blois, *chap. 8, art. 19*, veut, ou le consentement du seigneur, ou une ancienne possession.

§. III. *Des conditions requises pour avoir une volière.* C'est un principe général, que ceux qui ont des *volières*, ou même des colombiers (sauf le privilège du seigneur haut-justicier) doivent avoir des terres suffisantes pour la nourriture de leurs pigeons; ces oiseaux causent un dégât considérable dans les héritages, lors des semailles, & lorsque les grains sont prêts à être moissonnés. Cependant Laurière, avec quelques autres auteurs, paroît pencher vers l'opinion contraire, dans ses notes sur l'article 70 de la coutume de Paris. « Les pigeons, dit-il, ne grattent pas pour tirer » de la terre les grains qui y sont nouvelle-» ment semés; ils ne mangent que ceux qui sont » sur la superficie, & qui ne profiteroient pas; » ils sont avides des vers, des grains & des mau-» vaises herbes qui nuisent aux bleds; & prenant » leur nourriture, ils laissent leur fiente qui dé-» dommage la terre de ce qu'ils en ont ôté. *Vide* » *Catonem de re ruftica, cap. 96*; *Varonem*, *lib. 1.* » *cap. 38*; *Columellam*, *lib. 2, cap. 153*; & *Guiberium* » *Coftanium, lib. 1, quaeftionum, cap. 17, in princi-* » *pio*. Auzanet, plus versé dans la pratique que » dans les bons auteurs, traite cette observation » de contes; mais il se trompe. On ne trouve » rien dans le droit Romain touchant les pigeons, » ce qui marque assez que, par les raisons qui » viennent d'être rapportées, il étoit permis à tout » le monde d'en avoir ».

Laurière néanmoins lui-même, que « comme le trop grand nombre de pigeons ne laif-» seroit pas de faire quelque dommage, on n'a pref-» que par-tout permis d'en avoir qu'à ceux qui au-» roient une certaine quantité de terre ». Il renvoie en partie au *jus Georgicum de Leiser*, *liv. 2, chap. 20, n. 18, 19 & 20*; & à *Follman de inclusione animalium*, *cap. 21, n. 10*. Il suffit effectivement que les pigeons mangent les grains qui sont mal couverts, & ceux qui sont près d'être récoltés, pour qu'ils fassent encore bien du dégât.

Au reste, il ne faut pas croire que la question soit formellement décidée par l'article 70 de la coutume de Paris, comme l'ont enseigné quel-

ques auteurs. Cet article permet seulement au *seigneur* non haut-justicier *ayant fiefs, censives* & terres en domaines jusqu'à cinquante arpens, d'avoir colombier à pied. On voit que la coutume ne parle ici que du seigneur de fief ou de censive, & du colombier à pied seulement. Mais comme elle exige outre cette qualité de seigneur, que celui qui veut avoir colombier, ait cinquante arpens de terre labourable, on a conclu de-là assez conséquemment que la qualité de seigneur de fief ou de censive n'étoit requise que pour l'honorifique du colombier à pied, & que les cinquante arpens de terre, l'étoient pour la nourriture des pigeons. Il suit de-là que celui qui a cette quantité de terre, sans être seigneur de fief ou de censive, peut aussi avoir un colombier, pourvu qu'il le construise dans la forme de simple volet.

Lors de la réformation de la coutume de Paris, le prévôt des marchands & les échevins demandèrent même qu'on ajoutât à l'article 70, que les personnes qui n'auroient pas cinquante arpens pussent, suivant l'ancienne liberté, avoir un volet, composé de plus ou moins de boulins, suivant le nombre d'arpens dont ils seroient propriétaires; mais l'état du clergé & de la noblesse s'étant opposés à ce que cette permission fût insérée dans l'article, les parties furent renvoyées au parlement pour s'y pourvoir ainsi qu'elles aviseroient. *Voyez* le procès-verbal sur l'article 69 de la coutume.

Cette permission a été accordée par la coutume de Calais, qui n'est presque qu'une répétition de celle de Paris pour tout le reste. L'article 19 du titre 2 de la première de ces deux coutumes, après avoir défendu à tous censitaires d'avoir colombier à pied, s'ils n'ont titre, permission du roi, & cinquante mesures de terre en domaine, permet à toutes personnes d'avoir *volière* en son héritage, non excédant toutefois la quantité de cinquante boulins, marres & trous, lequel nombre ne pourra être augmenté que par ceux qui auront cinquante mesures de terre & au-dessous.

Mais il paroit que c'est-là un droit particulier à la coutume de Calais, lequel ne peut pas tirer à conséquence dans les autres.

La coutume d'Orléans, qui a été rédigée peu de temps après la coutume de Paris, par les mêmes commissaires, & qui la supplée, par cette raison à bien des égards, décide le contraire. L'article 168 porte que le seigneur de fief ou de censive qui a cent arpens de terres labourables, peut avoir colombier à pied; puis il ajoute: « & celui qui a » cent arpens de terres labourables, peut faire en » ses héritages aux champs une *volière* à pigeons, » jusques à deux cens boulins, & sans trappe ».

Cette faculté d'avoir une simple *volière* s'accorde aussi au propriétaire de domaines roturiers dans la coutume de Paris. Mais comme cette coutume n'exige que cinquante arpens pour le colombier du seigneur de fief, au lieu des cent qu'exige celle d'Orléans, d'Orléans, on n'en demande pas davantage pour les personnes qui n'ont pas de fief; c'est ainsi qu'on l'observe dans le droit commun. Tronçon, Fortin & Ricard sur la coutume de Paris, rapportent divers arrêts qui l'ont ainsi jugé: le premier, qui est du 26 février 1601, a appointé les parties au conseil sur la question de savoir si un conseiller au châtelet, qui n'avoit que vingt-cinq arpens en roture, pouvoit bâtir un volet, & cependant lui a fait défense de passer outre à cette construction. Le second, rendu à l'audience du 26 février 1612, a défendu au curé de Liancour, d'avoir un volet, attendu qu'il n'avoit pas cinquante arpens de terre, quoiqu'il fût décimateur de la paroisse. Le troisième, rendu aux enquêtes le 4 mars 1617, a renvoyé Roger Dallois de la demande formée contre lui pour se voir faire défenses de continuer une pareille construction. Cet arrêt avoit été précédé d'un interlocutoire, en exécution duquel Dallois avoit justifié qu'il possédoit plus de cinquante arpens de terre en propriété.

Enfin Lacombe rapporte aussi dans ses arrêts notables, un arrêt rendu au rapport de M. l'abbé Macé, entre le marquis de Givry & le nommé Waroquier, le 5 juin 1739, par lequel le parlement a jugé dans la coutume de Vitry, qui est aussi muette sur ce point, que Waroquier, qui avoit été admis à prouver qu'il possédoit cinquante arpens de terres, & qui n'avoit pu faire cette preuve, seroit tenu dans quinzaine, de démolir le volet qu'il avoit fait construire; sinon permis au marquis de Givry de le faire abattre aux frais de Waroquier.

Tout au contraire, un arrêt rendu dans la coutume de Meaux, sur les conclusions de M. Joly de Fleury, avocat-général, le 14 mai 1749, a condamné le marquis de Villegagnon, seigneur de Bois-le-Comte, à faire réparer & reconstruire un petit bâtiment, servant de volière, que la veuve du sieur Arbaux avoit sur le portail de sa maison & que le marquis de Villegagnon avoit commencé à faire démolir, en vertu d'une sentence de son juge. Cette veuve possédoit plus de deux cens arpens de terre dans le territoire de Bois-le-Comte.

La même chose a été jugée sur les conclusions du même magistrat, par arrêt rendu en la grand'-chambre le vendredi de relevée 29 mai 1761, dans la coutume de Vitry, en faveur du sieur Bernard, qui, possédant plus de cinquante arpens de terre, avoit édifié un colombier sur piliers au milieu de sa cour, contre le sieur Bardonnet, prieur de Sermaise, seigneur censier de son territoire, dont le roi est seigneur haut-justicier. Ce prieur prétendoit que le sieur Bernard, qui n'étoit ni seigneur-justicier, ni seigneur de fief, ne pouvoit pas avoir un pareil colombier, & que cette prérogative étoit réservée à son prieuré: « Mais la cour l'a » déclaré non-recevable, & l'a condamné en l'a-» mende & aux dépens ». Les motifs de l'arrêt, (dit Jacquet qui le rapporte avec le précédent,

dans son traité des fiefs, p. 406 & suivantes), « sont » que la coutume de Vitry, n'a aucune dispo-» sition à cet égard; que, quoique les coutumes de » Bar & de Metz proscrivent les colombiers à » pied édifiés sans permission de haut-justicier, » le sieur Bardonnet, qui n'étoit pas seigneur » haut-justicier, n'avoit pas pu exercer l'action & » qu'un certificat des officiers de Saint-Dizier, rap-» porté par le sieur Bernard, autorisoit le colom-» bier sur piliers qu'il avoit édifié ».

Il y a néanmoins des coutumes où l'on suit une autre règle. On a déjà vu les dispositions des coutumes d'Orléans & de Calais. Maillart, sur la coutume d'Artois, n. 57, dit « qu'un placard du 31 » août 1613, suivi par un jugement du 20 mars » 1703, rendu au conseil d'Artois, requiert pour » avoir des pigeons, ou la possession immémo-» riale, ou le labourage de trois bonniers, ou » douze mencaudées en propriété ou à ferme ».

Dumées enseigne à-peu-près la même chose, dans son traité des droits féodaux pour la Flandre & le Hainaut, tit. 13, art. 1.

Il paroîtroit même, d'après ce que dit la Thaumassière dans ses décisions sur la coutume de Berry, liv. 2, chap. 14, qu'on n'y suit aucune proportion, & que tout habitant ou propriétaire de terres indistinctement, a, dans cette province, le droit d'avoir une volière, comme tout seigneur le droit d'avoir un colombier.

La coutume de Bourgogne, en disant dans l'article dernier, que le seigneur peut donner la permission de construire un colombier en pied, ne dit point non plus si celui à qui elle a été accordée doit avoir une certaine quantité de terre, ni même s'il est nécessaire d'en avoir pour bâtir une simple volière.

Il semble d'abord que cette coutume n'exigeant que la permission du seigneur haut-justicier, pour bâtir un colombier à pied, on ne peut pas demander autre chose, soit pour ce colombier, soit à plus forte raison pour la simple volière.

Mais on peut répondre que la coutume de Bourgogne, en parlant du colombier à pied, n'a entendu le considérer que du côté de l'honorifique, ce qui est effectivement presque toute la différence qui subsiste entre lui & la simple volière. Il suit de-là qu'elle s'en est rapportée au droit commun sur la nécessité d'avoir des terres suffisantes pour nourrir les pigeons, soit qu'ils fussent logés dans un colombier à pied, ou dans une simple volière. Enfin il s'agit ici d'une espèce de servitude onéreuse au public. Il faut donc la restreindre le plus qu'il est possible.

Tel paroît être l'avis de Davot, Bannelier & le président Bouhier. Il n'y a néanmoins aucun préjugé sur cette question. Le commentaire de 1665, en rapportant un arrêt de 1647, qui fit réduire les trous ou boulins d'une volière à quatre cens, par le propriétaire d'environ quatre-vingts journaux de terre, dit bien que messieurs avoient eftimé qu'il falloit au moins cinquante journaux de terre, pour avoir la liberté de bâtir une *volière* dans la juftice d'autrui ; mais Davot obferve que l'arrêt n'en contient rien. Il n'étoit pas même queftion de cela, puifque le propriétaire du colombier avoit plus de cinquante journaux de terre. (*Traité des feigneuries n. 176.*)

Pour revenir au droit commun, on a demandé fi un curé de village, qui n'a point d'héritages, ou qui en a au-deffous de cinquante arpens, peut néanmoins avoir une *volière*, fous prétexte des dixmes qu'il recueille dans la paroiffe. Brodeau, Auzannet, *&c.* fur la coutume de Paris, *art. 70*, & Ricard fur celle de Senlis, *art. 125* ont décidé, fans balancer, que non. Ils rapportent d'anciens arrêts qui l'ont ainfi jugé. Celui du 26 février 1612, dont on a déjà rendu compte, eft de ce nombre.

Un arrêt plus récent, rendu au grand-confeil en interprétation de *l'art. 192* de la coutume d'Etampes, le 7 feptembre 1739, & rapporté par Guyot, traité des fiefs, *tome 6, pag. 643 & fuiv.* a jugé la même chofe en faveur du feigneur de Guigneville, contre fon curé, qui levoit la dixme fur mille deux cens arpens de terres labourables, & qui alléguoit une poffeffion immémoriale.

Un autre arrêt rendu également au grand-confeil, pour la coutume de Vitry, le 1 juillet 1739, entre le fieur des Petits-Monts, quelques autres propriétaires des terres fituées fur la paroiffe de Bézu-Saint-Germain, près Château-Thierry, & le prieur-curé de cette paroiffe, a fait défenfes à ce prieur d'avoir dans fon presbytère des pigeons fuyards, & lui a enjoint de boucher les boulins alors fubfiftans dans fa *volière*. Le prieur fe fondoit, 1°. fur fa poffeffion ; 2°. fur le filence de la coutume ; 3°. fur ce que, quoiqu'il n'eût que dix arpens de terres dépendans de fa cure, il poffédoit les dixmes de fa paroiffe qui fuppléoient & au-delà les cinquante arpens de terres qu'il faut pofféder pour avoir une *volière*, fuivant le droit commun ; 4°. enfin il alléguoit que fa cure dépendoit d'une abbaye qui poffédoit plus de cinquante arpens de terre, & il prétendoit même avoir en fa faveur le confentement des habitans. Tous ces moyens étoient fubfidiaires à une fin de non-recevoir qu'il oppofoit au fieur des Petits-Monts & conforts, réfultante de ce qu'ils n'étoient ni habitans, ni feigneurs, mais feulement propriétaires de terres & héritages fitués à Bézu-Saint-Germain. L'arrêt n'eut égard ni aux fins de non-recevoir, ni aux moyens employés par le curé.

Le même tribunal a jugé la même chofe, en faveur du fieur de Petit-Mont, feigneur de Moucheton, & plufieurs propriétaires & fermiers de la paroiffe de Saint-Médard-des-Piéds, contre le prieur-curé de cette paroiffe, quoiqu'il rapportât le défiftement de plufieurs particuliers, lefquels reconnoiffoient qu'il avoit cinquante arpens de terre au moins ; il produifit même une efpèce d'arpentage qui l'éta-

bliffoit : mais comme ces cinquante arpens de terre étoient partie en brouffailles, friches, prés & bâtimens, le grand-confeil ordonna la démolition de fon colombier.

Ces derniers arrêts font rapportés dans le traité des fiefs de Jacquet, dans la nouvelle édition de Denifart, *&c.*

Davot & Bannelier ont obfervé dans leur traité des feigneuries à l'ufage du duché de Bourgogne, que cette décifion devoit être fuivie par-tout. Le prétexte des dixmes, dit ce dernier auteur, feroit dérifoire. Ce ne feroit pas feulement le grain provenu de la dixme que mangeroient les pigeons ; ils commenceroient par la prendre fur le champ & fur pied ; Le curé viendroit enfuite y prendre la fienne. Ce feroit donc une double dixme.

Plufieurs auteurs, & notamment Guyot dans fon traité des fiefs, *tome 6, pag. 653 & fuiv.* & M. le lieutenant-civil le Camus, dans fes obfervations fur l'article 70 de la coutume de Paris, veulent que les cinquante arpens de terre labourable foient dans la paroiffe. Mais il n'y a aucun réglement qui l'exige. Il fuffit que les terres qu'on a, puiffent être réputées une dépendance de la maifon fur laquelle le colombier eft bâti, & cultivées par les mêmes perfonnes & les mêmes beftiaux, en un mot qu'elles foient dans le voifinage du colombier.

C'eft ce que Laurière a fort bien établi d'après Coftanus : « fi les cinquante arpens de terre labourable, dit-il, que j'ai dans la paroiffe où eft » mon colombier, me fervent pour avoir des pi» géons qui aillent chercher leur nourriture dans » les paroiffes voifines, il eft réciproquement jufte » que les cinquante arpens de terre labourable » que j'ai dans les paroiffes voifines, pourvu que ces » terres foient aux environs de ma fuie ou de mon » colombier, me fervent pour avoir des pigeons qui » aillent auffi fe nourrir fur les terres qui font » dans ma paroiffe. Si les pigeons *régloient leur vol* » *par paroiffes*, ce que dit M. le Camus feroit » bon ; mais ils volent par-tout, & par confé» quent il eft jufte qu'il fe faffe en ce cas compenfa» tion de terres de paroiffe à paroiffe ; ou autrement » il faudroit dire, que les pigeons qui fortent d'une » paroiffe pour aller dans une autre où le maître » n'auroit pas de terres, pourroient y être tués im» punément, ce qui ne fe pratique pas. Et fi les cin» quante arpens que j'ai dans ma paroiffe, quoi» que dans une longue diftance de ma fuie, me font » néceffaires pour établir & conferver mon droit, » (parce que fi mes terres fervent à nourrir les » pigeons des autres, il eft jufte que celles des » autres fervent auffi à nourrir les miens) il s'en» fuit, à plus forte raifon, que les cinquante » arpens que j'ai dans les paroiffes voifines au» près de ma fuie, doivent auffi me fervir à éta» blir & conferver mon droit ».

Maillart, fur la coutume d'Artois, *art. 144, n. 57 & fuiv.* remarque auffi qu'on y peut avoir autant de pigeons qu'on a de terres pour les nourrir, quand bien même elles ne seroient, ni sur la même paroisse, ni sur la même seigneurie. Sur ce principe, dit-il, « un arrêt du 30 avril 1705, rendu » au rapport de M. Lucas, à la cinquième (chambre des enquêtes) a conservé des particuliers » dans la possession d'un colombier non-seigneurial, » qu'ils avoient fait bâtir à Opy en Artois, à la » charge qu'ils en réduiroient les boulins à deux » cens seulement; quoiqu'ils n'eussent sur le ter-» roir d'Opy, que neuf mesures & demie de » terre. Mais ils avoient sur le terroir voisin » de Samin plus de terre qu'il n'en étoit requis » par le placard de 1613; terres voisines dont » les dépouilles étoient amenées à Opy dans la » ferme où étoit le pigeonnier ».

On a aussi demandé si les cinquante arpens qu'on avoit lors de la construction du colombier, peuvent le faire subsister, lorsqu'on ne les a plus. Laurière décide encore que comme sans ces cinquante arpens, « on n'auroit pu construire d'abord un » colombier, il s'ensuit qu'on le doit abattre, ou » fermer, quand on n'a plus le nombre d'arpens » requis par la loi ». Cet auteur croit néanmoins qu'il en seroit autrement, si le domaine qui a la volière avoit été partagé entre co-héritiers, de manière que les cinquante arpens n'appartinssent plus en totalité à celui qui a le colombier. Les terres, dit-il, qui forment les portions des co-héritiers doivent servir à celui qui a le colombier, & quelques autres terres dans son lot, « parce » que le colombier, ou la fuie, ayant grossi le lot » de celui à qui il est échu, il a par conséquent » grossi le leur, de sorte qu'il paroîtroit juste que » chaque co-héritier conservât les terres qui lui » sont échues; & en cas qu'il les aliénât, qu'il » dédommageât son co-héritier du droit de colom-» bier ou de fuie, s'il le lui faisoit perdre. Mais, » ajoute Laurière, lorsque celui qui a fait bâtir un » colombier ou une fuie, avoit droit de le faire, » on entre peu ensuite à la rigueur dans l'exa-» men de savoir si les cinquante arpens qu'il avoit » alors sont restés dans sa famille, parce que la » vérité est, comme on l'a dit, que les pigeons » font peu de mal ».

Guyot a traité une question fort approchant de celle-ci au tome 6 de son traité des fiefs, pag. 659 & suivantes. Mais sa décision est, comme cela lui arrive trop souvent, beaucoup trop vague.

Quelques coutumes, telles que Bar, art. 47, Bourgogne, art. 1, & Vastang, locale de Blois, chap. 8, art. 19, exigent le consentement du seigneur pour bâtir un nouveau colombier. La coutume de Châteauneuf, art. 152, est plus rigoureuse encore. Elle requiert le consentement du seigneur châtelain pour faire de nouveau colombier, trie & volière, où il afflue multitude de pigeon, en la justice d'autrui.

Il est bien évident que cette dernière coutume exige ce consentement pour toute espèce de colom-

bier. En est-il de même des autres coutumes qu'on vient de citer ? Ne peut-on pas dire qu'elles n'ont requis le consentement du seigneur, que pour les colombiers à pied & non pour les simples volières ?

La question ne peut plus faire de difficultés dans la coutume de Bar. Le Paige rapporte une ordonnance du duc de Lorraine, Henri, dit le Bon, du 12 août 1612, qui porte « que nul ne peut avoir » colombier, quel qu'il soit & comme il puisse être, » qu'avec permission de son altesse, & ordonne » que ceux qui seront bâtis au-dessous de trente » ans seront ruinés dans dix jours après notifi-» cation; permet néanmoins à ceux qui ont trente » journaux de terres en chacune saison du lieu de » leur résidence, ou bien immédiatement joignant, » d'avoir volière à cent ou vingt trous ou » bourres, à peine de 100 liv. pour la première » fois, & du double pour la seconde ».

Le même auteur ajoute que, « conformément » à cette ordonnance, Jacques Pillement de Pouilly » fut condamné par sentence contradictoire du » bailliage de Bar, au profit des habitans du même » lieu, en août 1699, de démolir un colombier » qu'il avoit fait dresser sur piliers tenant au corps » de son bâtiment ».

Dans toutes les autres coutumes, le consentement du seigneur ne paroît devoir être exigé que pour le colombier à pied, puisque c'est la forme seule de ce colombier qui paroît devoir intéresser plus particulièrement le seigneur que les autres habitans ou propriétaires de la paroisse.

Au reste, il faut observer que toutes ces coutumes, en ne parlant que des colombiers bâtis de nouveau, supposent que les colombiers qui sont anciens, doivent subsister, quand bien même on ne représenteroit pas la permission du seigneur. Cette permission doit alors se présumer. Mais on ne doit réputer ancien que celui qui a au moins trente ans d'ancienneté : tel paroît être l'esprit des loix romaines; & l'art. unique du titre 14 de la coutume de Bourgogne, qui précède l'article relatif aux colombiers, réduit à trente ans toutes les prescriptions dans cette coutume.

Taisand observe encore qu'on peut réparer sans la permission du seigneur, le colombier qui tombe en ruine, & même rétablir celui qui seroit totalement ruiné, pourvu néanmoins qu'il n'eût pas resté trente ans dans cet état. Dans ce dernier cas, on pourroit opposer la prescription trentenaire au propriétaire.

§. IV. Quelle quantité de pigeons peut-on avoir dans une volière ? Suivant Choppin, liv. 3, tit. 22, n. 6, les volières ne doivent tenir de pigeons que proportionnément à la quantité de terres labourables que le propriétaire a aux environs de sa maison. Le principe est admis par tout le monde; mais on n'est pas également d'accord sur la manière de régler cette proportion.

La coutume d'Orléans, qui exige cent arpens de terres labourables pour avoir une volière, dit que celui qui a ces cent arpens peut porter sa *volière* jusques deux cens boulins. Quoique suivant l'esprit de l'art. 70 de la coutume de Paris, il ne faille que cinquante arpens, pour avoir colombier, plusieurs auteurs ont porté les *volières* de ceux qui n'ont que cette quantité de terre, à un bien plus grand nombre de boulins, que dans la coutume d'Orléans. Ils en accordent jusqu'à cinq cens, sur le fondement d'un article présenté, lors de la rédaction de la coutume de Paris, lequel resta en simple projet, à cause de l'opposition du clergé & de la noblesse, comme on l'a vu au §. précédent.

Guyot remarque même, en rendant compte de l'arrêt du 29 août 1749, dont on a aussi donné l'espèce au §. précédent, qu'on observa au parlement qu'il y avoit *erreur* dans la rédaction de la sentence dont est appel, en ce qu'on avoit réduit la *volière* à cent boulins, que l'usage étoit de cinq cens, mais que les propriétaires n'ayant point interjetté appel, l'arrêt ne prononça rien à cet égard. (*Traité des fiefs, tome 6, pag. 647 & 648*).

Le parlement a néanmoins jugé, par arrêt rendu en la quatrième chambre des enquêtes, le 2 septembre 1739, contre les sieurs Crespy, Desnoyers & Senaut, propriétaires chacun de plus de cent cinquante arpens de terre, dans les paroisses de Lafoulche & Lisfolpetit, régies par la coutume de Chaumont en Bassigny, qui est muette sur ce point, que le droit de *volière* devoit être restreint à deux boulins par arpent. Cet arrêt est rapporté avec beaucoup de détail dans le recueil de M. de l'Epine de Grainville, qui en cite un précédent, du 1 juillet 1704.

§. V. *Qui peut demander la démolition ou la réduction d'une volière*. Le tort que font les pigeons dans les champs intéresse tous ceux qui ont de ces sortes d'hérirages. Il suit de-là que non-seulement la communauté des habitans, comme on en convient généralement, mais aussi le ministère public, le seigneur & même tout propriétaire de domaines sujets aux dégâts faits par les pigeons, peut demander la destruction du colombier, lorsqu'il a été construit sans droit; ou la réduction du nombre des boulins, lorsqu'on en a plus qu'on ne doit en avoir proportionnellement aux terres que l'on possède.

Un arrêt de réglement rendu sur le requisitoire de M. le procureur-général, le 24 juillet 1725, & rapporté dans le code rural, « enjoint à tous » les officiers du ressort, même à ceux des hauts- » justiciers, de veiller, chacun dans l'étendue de » son ressort, à ce que les ordonnances, décla- » rations, arrêts & réglemens de la cour au su- » jet des colombiers & *volières*, soient exacte- » ment observés, & que chacun soit tenu de les » réduire aux termes des ordonnances, déclara- » tions, arrêts & coutumes des lieux; même per- » met auxdits officiers, dans les lieux où il y aura » quelques bleds ou autres grains couchés, qui

» pourront être en proie aux pigeons, & où il » y auroit quelque dégât à craindre, d'y pourvoir » par tel réglement qu'ils jugeront convenable, » chacun dans l'étendue de son ressort, dont ils » informeront la cour incessamment ».

Ce réglement a été renouvellé par deux autres arrêts de réglement, des 26 juillet 1758 & 7 juin 1762.

Duplessis, dans son traité des fiefs, *liv. 8, chap. 3,* dit que le seigneur peut seul former cette demande sans le concours des habitans. Mais la question pourroit être douteuse, s'il s'agissoit d'un simple seigneur haut-justicier, qui n'eût point de propriété dans la paroisse. Il pourroit bien demander la destruction d'un colombier à pied, parce que c'est un droit honorifique que d'en avoir. Mais il n'en est pas ainsi des *volières*.

Quant aux simples habitans ou propriétaires, quelques auteurs, tels que Vaslin sur la coutume de la Rochelle, *art. 1, n. 194*, ont voulu leur refuser le droit d'agir sans le concours de la paroisse. Mais cette opinion a été constamment proscrite dans les tribunaux. Auzanet rapporte un arrêt du 8 février 1639, qui a prononcé sur la demande en réduction formée par un particulier dans la coutume de Senlis, qui est muette à cet égard. Tourette, sur *l'art. 47* de celle de Montfort, qui est dans le même cas, rapporte un pareil arrêt du 7 février 1641; les commentateurs des coutumes d'Amiens, Meaux, Senlis, &c. en allèguent aussi de semblables. La même chose a été jugée par l'arrêt du 5 juin 1739, dont on a parlé au §. III. Le marquis de Givry, au profit de qui il a été rendu, n'étoit point seigneur du lieu.

Davot croit néanmoins qu'une telle jurisprudence seroit difficilement admise en Bourgogne, parce que dans les choses *quæ tangunt singulos ac omnes*, on n'écoute que le corps des habitans, comme le remarquent Bacquet & Fevret sur les banalités & la dixme. Mais son additionnaire prouve fort bien qu'on doit tenir le contraire. « La » maxime du parlement de Paris, dit-il, n'est fondée » sur aucun texte singulier de la coutume. Elle » porte des motifs communs & de même valeur » en tout pays. Le fait intéresse trop le public » pour ne pas en faciliter la dénonciation: le sei- » gneur pourroit être absent: le procureur d'office » être timide: l'homme à pigeons être accré- » dité. Quand on sait de quelle façon bien des » choses se passent dans la campagne, on n'est » pas étonné du silence des habitans sur une mul- » titude de désordres. Est-ce donc chose si favo- » rable de vivre sur le public, pour douter que » celui qui s'en plaindroit ne fût écouté à Dijon, » comme à Paris ?

» Non-seulement le public souffre, l'habitant, » le forain y a son intérêt personnel, distinct & sé- » paré : c'est le cas de la règle, *non solùm ut uni- » versi ; sed etiam ut singuli* ». (Note 250 sur le traité des seigneuries).

Au reste, le président Bouhier, *tom. 2, p. 414*, observe que l'action en réduction du nombre des boulins est imprescriptible. Il faut en dire autant, suivant la remarque de Bannelier, de la suppression du colombier, lorsqu'on n'a pas la quantité de terres suffisantes. En effet, le dommage renaît tous les jours, & conséquemment l'action pour le faire cesser. (*M. GARRAN DE COULON*, avocat au parlement.)

VOLEUR, f. m. (*Cod. crimin.*) Le *voleur* est puni différemment chez les divers peuples de l'Europe. La loi françoise le condamne à mort, & celle des Romains le condamnoit à une peine pécuniaire, distinguant même le vol en manifeste & non-manifeste. Lorsque le *voleur* étoit surpris avec la chose volée, avant qu'il l'eût portée dans le lieu où il avoit résolu de la cacher, cela s'appelloit chez les Romains, un *vol manifeste*; quand le *voleur* n'étoit découvert qu'après, c'étoit un *vol non manifeste*.

La loi des douze tables ordonnoit que le *voleur* manifeste fût battu de verges, & réduit en servitude, s'il étoit pubère; ou seulement battu de verges, s'il étoit impubère : elle ne condamnoit le *voleur* non-manifeste qu'au paiement du double de la chose volée. Lorsque la loi Porcia eut aboli l'usage de battre de verges les citoyens, & de les réduire en servitude, le *voleur* manifeste fut condamné au quadruple, & on continua à punir du double le *voleur* non-manifeste.

Il paroît bizarre que ces loix missent une telle différence dans la qualité de ces deux crimes, & dans la peine qu'elles infligeoient : en effet, que le *voleur* fût surpris avant ou après avoir porté le vol dans le lieu de sa destination, c'étoit une circonstance qui ne changeoit point la nature du crime.

M. de Montesquieu ne s'est pas contenté de faire cette remarque; il a découvert l'origine de cette différence des loix romaines : c'est que toute leur théorie sur le vol, étoit tirée des constitutions de Lacédémone. Lycurge, dans la vue de donner à ses citoyens de l'adresse, de la ruse & de l'activité, voulut qu'on exerçât les enfans au larcin, & qu'on fouettât ceux qui s'y laisseroient surprendre : cela établit chez les Grecs, & ensuite chez les Romains, une grande différence entre le vol manifeste & le vol non-manifeste.

Parmi nous, les *voleurs* souffrent une peine capitale, & cette peine n'est pas juste. Les *voleurs* qui ne tuent point, ne méritent point la mort, parce qu'il n'y a aucune proportion entre un effet quelquefois très-modique qu'ils auront dérobé, & la vie qu'on leur ôte. On les sacrifie, dit-on, à la sûreté publique. Employez-les comme forçats à des travaux utiles : la perte de leur liberté, plus ou moins long-temps, les punira assez rigoureusement de leur faute, assurera suffisamment la tranquillité publique, tournera en même temps au bien de l'état, & vous éviterez le reproche d'une injuste inhumanité. Mais il a plu aux hommes de regarder un *voleur* comme un homme impardonnable, par la raison sans doute que l'argent est le dieu du monde, & qu'on n'a communément rien de plus cher après la vie que l'intérêt. (*D. J.*)

VOLONTÉ, (*dernière*). On appelle en droit *dernière volonté*, toute disposition faite en vue de la mort, & qui est regardée par celui qui dispose comme la dernière qu'il fera, quoiqu'il puisse arriver qu'il en change. Les actes de *dernière volonté* sont les testamens, les codicilles, les partages des pères avec les enfans. *Voyez* CODICILLE, PARTAGE, TESTAMENT. (*A*)

VOUADE, ou VOVADE, (*Droit féodal.*) Ce mot se trouve pour celui de *Bouhade*, dans l'édition de la coutume de la Marche, faite en 1618. Il est recueilli par cette raison dans quelques glossaires, tels que celui de Ducange & de Lauriere, comme synonyme de *bohade*. Mais on ne le trouve point dans l'édition donnée avec le commentaire de Caille, en 1573, ni dans les éditions postérieures. On y a mis avec raison *bouade*, terme qui se rapporte évidemment au mot BŒUF, & qui désigne une corvée de charroi. *Voyez* le commentaire de Couturier de Fournoue *sur la coutume de la Marche*, art. 137.

Le mot *bouade* se trouve aussi dans *l'art. 21 du chap. 25 de la coutume d'Auvergne. (G. D. C.)*

VOURIE, VOULRIE, ou WOULRIE, (*Droit féodal.*) Ce mot a deux acceptions différentes dans notre droit françois.

1°. Il signifie cette espèce de garde ou de bail que les pères & mères ont de leurs enfans. La coutume de Vitry, art. 70, 100, 141, 143, & le procès-verbal de celle de Laon, l'emploient dans ce sens. D'autres coutumes disent *advouerie*, & ce dernier mot est assez commun dans nos anciens praticiens, tels que Bouteiller.

Il ne faut pas confondre ce bail avec la puissance paternelle, comme l'ont fait Ragueau & d'autres auteurs. La *vourie* convient également au père & à la mère. La puissance paternelle n'appartient qu'au père. Le titre 4 du livre 1 des instituts coutumières de Loisel, est ainsi désigné dans cet ouvrage, « de la tutelle » nie, bail, garde, tutèle & curatèle ». L'article 2 de ce titre porte, « que les enfans sont en la *vourie* » &mainbournie de leurs père ou mère, soit francs » ou serfs, majeurs ou mineurs ».

Laurière observe dans ses notes sur cet article, « qu'*advouerie* & *vouerie* viennent d'*advocatiâ*, qui » signifie dans les titres & les auteurs de la basse » latinité, *protection*, *défense* ».

2°. Galland cite du glossaire du droit françois, un aveu rendu par le vidame de Châlons, en 1581, où il est dit : « Item un tonlieu, de » sel, appellé *voulrie*, qui est tel que chacune » charretée chargée de sel, amenée audit Châlons, » nous doit quatre deniers tournois, & de long-

» temps ne vaut aucune chose. » Il y a lieu de croire que cette seconde acception du mot *vouerie*, a la même origine que la première, & que le droit de *voirie* étoit dû au seigneur, en signe de protection ou défense, comme le dit Galland. (*G. D. C.*)

VOYAGE, f. m. (*en terme de Palais*,) signifie un droit que l'on alloue dans la taxe des dépens à celui qui a plaidé hors du lieu de son domicile, & qui a obtenu gain de cause avec dépens, pour les *voyages* qu'il a été obligé de faire, soit pour charger un procureur, soit pour produire ses pièces, soit pour faire juger l'affaire.

On joint quelquefois les termes de *voyage* & *séjour*, quoiqu'ils aient chacun leur objet différent. Les *voyages* sont ce qui est alloué pour aller & venir; les *séjours* sont ce qui est alloué pour le séjour que la partie a été obligée de faire.

Ces *voyages* ne doivent être alloués qu'autant qu'ils ont été véritablement faits, & que l'on en fait appercevoir par un acte d'affirmation fait au greffe.

Dans une instance il ne peut être passé que trois *voyages*, un pour charger procureur, un pour produire, un pour faire juger. Dans une cause on n'en passe que deux; chaque séjour est fixé à trois, quatre ou six jours.

La femme peut venir pour son mari, & le mari pour sa femme; les enfans âgés de 20 ans pour leurs père & mère, & le gendre pour son beau-père, en affirmant par eux leur *voyage* au greffe: ces personnes n'ont pas besoin de procuration; mais un étranger doit être muni d'une procuration spéciale, acceptée lors de la passation d'icelle.

Les droits qu'on accorde par *voyage*, sont plus ou moins forts, & relatifs à la qualité des personnes & à la nature des affaires. Ces droits avoient été fixés au parlement de Paris, par un arrêt de réglement de 1665, & depuis par un second réglement du 10 avril 1691, dont l'exécution a été ordonnée par le tarif du 23 mai 1778, qui cependant a augmenté d'un tiers en faveur des parties, la taxe portée par ce dernier réglement. *Voyez* AFFIRMATION DE VOYAGE.

VOYER, f. m. (*Droit public & féodal.*) se dit du seigneur qui est propriétaire de la voirie, & qui la tient en fief, ou du juge qui exerce cette partie de la police; & enfin, de l'officier qui a l'intendance & la direction de la voirie.

Il y avoit chez les Romains quatre *voyers*, *viæcuri*, ainsi appellés *à viarum curâ*, parce qu'ils étoient chargés du soin de tenir les rues & chemins en bon état.

Il est parlé de *voyer*, & même de *sous-voyer*, dès le temps de Henri I; les seigneurs qui tenoient la voirie en fief, établissoient un *voyer*.

Mais ces *voyers* étoient des juges qui exerçoient la moyenne justice appellée alors *voirie*, plutôt que des officiers préposés pour la police de la voirie proprement dite; & s'ils connoissoient aussi

de la voirie, ce n'étoit que comme faisant partie de la police.

Pour ce qui est des *voyers* ou officiers ayant l'intendance de la voirie, il y avoit, dès le temps de saint Louis, un *voyer* à Paris: cette place étoit alors donnée à vie; mais on tient que la jurisdiction contentieuse de la voirie ne lui appartenoit pas, & qu'elle appartenoit au prévôt de Paris, comme faisant partie de la police générale, ce qui lui est commun avec tous les autres premiers magistrats & juges ordinaires des villes dans tous les lieux.

L'office de grand *voyer* de France fut créé par édit du mois de mai 1599, pour avoir la surintendance générale de la voirie, sans pouvoir prétendre aucune jurisdiction contentieuse. M. le duc de Sully, auquel le roi donna cette charge, acquit aussi en 1603 celle de *voyer* particulier de Paris, & les fit unir par déclaration du 4 mai 1606.

En 1626, l'office de grand *voyer* fut uni au bureau des finances, celui de *voyer* particulier de Paris supprimé, & les droits de la voirie réunis au domaine.

Mais par édit du mois de juin suivant, l'office de *voyer* de Paris fut rétabli, & les choses demeurèrent en cet état jusqu'en 1635, que les trésoriers de France acquirent cet office de *voyer*.

Au moyen de l'acquisition & réunion de ces deux offices de *voyer* & de grand *voyer*, les trésoriers de France du bureau des finances de Paris se disent grands *voyers* dans toute la généralité de Paris.

Par édit du mois de mars 1693, le roi ayant réuni à son domaine les droits utiles de la voirie dans la généralité de Paris, il les attribua aux quatre commissaires généraux de la voirie qui furent créés en titre d'office par le même édit pour chacun, dans les quartiers de Paris qui leur seroient désignés, avoir l'inspection & faire leur rapport au bureau des finances, de tout ce qui concerneroit la grande voirie, être présens aux alignemens qui seroient donnés par les trésoriers de France, & accorder toutes les permissions nécessaires pour l'apposition ou réfection des auvents, enseignes & autres dépendances de la petite voirie.

Une déclaration du 16 juin de la même année, régla & détailla plus particulièrement les fonctions & droits des mêmes commissaires; & par un arrêt du conseil du 8 mars 1701, ils furent déboutés de la demande qu'ils avoient formée aux fins d'être autorisés à percevoir pour chaque borne, grille, & autre avance en saillie sur la rue, le droit de quatre livres que leur attribuoit cette déclaration. Il leur fut fait défenses d'exiger plus d'un droit pour chacune des permissions qu'ils accorderoient, quelque nombre de bornes ou autres avances qu'elles continssent.

Sur leurs représentations, un autre arrêt du conseil du 15 juin 1706, en interprétant celui du 8 mars 1701, a ordonné que les droits qui leur étoient attribués, leur seroient payés pour chacune des espèces d'avances contenues dans une même permission & pour chaque maison, sans néanmoins qu'ils pussent prétendre plus d'un droit pour chacune de ces espèces en quelque nombre que fussent les avances de chaque espèce.

Cet arrêt n'ayant point été enregistré au parlement, les commissaires de la voierie n'osoient y soutenir leurs droits; lorsque les procès qui les concernoient étoient portés par appel en cette cour. C'est pourquoi ils sollicitèrent & ils obtinrent, le 22 octobre 1733, des lettres-patentes confirmatives des droits de voierie, tels qu'ils auroient dû être perçus en vertu de l'arrêt du 15 juin 1706.

Les lettres-patentes ont été enregistrées au parlement le 11 mars 1735, à la charge qu'ils ne pourroient prendre qu'un seul droit pour chaque espèce, soit de pas, marches, ou autres avances de pareilles espèces, de seuils, d'auvents, de bornes, de sièges, d'appuis, de soubassemens d'iceux, de comptoirs ou établis & soubassemens, de portes, huis ou autres ouvertures de pareilles espèces, de châssis, jalousies, contrevents, & autres fermetures fixes, de châssis à verres mobiles, de soupiraux, d'enseignes, de plafonds de tableaux appliqués, de tableaux ou autres équerres, d'étalages, y compris les bannes, tapis, tringles, d'éviers, de pilastres, ornemens, corniches, d'étaux & dos-d'âne, de perches, d'échopes mobiles, de potences ou barres de fer, de poulies, barres & cordes de moulinets, y compris ce qui est nécessaire, de tuyaux de poêle, de bouchons de cabarets, de conduits de plomb, de grilles & barreaux, de chardon de fer ou herse, de montans & battans de boutiques, de bustes, de cadrans, de stors, de petits auvents, d'appuis de bois saillans sous les croisées & autres espèces, sans pouvoir multiplier les droits de chacune desdites espèces, sous prétexte de différentes dénominations, ou de différentes choses qui composent la même espèce.

Pour que les droits attribués à la finance & aux fonctions des offices des commissaires généraux de la voierie fussent connus de manière à éviter toute difficulté entre eux & les contribuables, ils ont formé un tableau par ordre alphabétique contenant le tarif des droits de chaque objet d'après les loix qui les avoient établis. Ce tarif a été d'abord homologué par arrêt du parlement de Paris, du 27 janvier 1780, & confirmé ensuite par des lettres-patentes du 11 décembre 1781, qui ont été enregistrées au parlement le 18 janvier 1782.

Tout ce que nous venons de dire des commissaires de la voierie, ne concerne que la ville & fauxbourgs de Paris; dans le reste du Royaume, le roi a la superintendance & l'administration supérieure de la grande voierie.

Elles sont administrées par le contrôleur-général des finances, & sous ses ordres par un des intendans des finances. Le premier ingénieur des ponts & chaussées de France est chargé de prendre connoissance de tout ce qu'il convient de faire, soit pour construire à neuf, soit pour réparer.

Il a sous ses ordres cinq inspecteurs généraux, un premier ingénieur, vingt-trois autres ingénieurs provinciaux, qui ont chacun une généralité pour département dans les pays d'élection, plusieurs sous-inspecteurs & sous-ingénieurs répartis dans les provinces.

Les intendans départis dans les provinces, font les adjudications des ouvrages & veillent sur le tout, suivant les ordres qu'ils reçoivent du roi.

Les pays d'états veillent eux-mêmes à l'entretien des ponts & chaussées dans l'étendue de leurs provinces. Voyez le traité de la police du commissaire de la Mare, tom. IV, liv. VI, tit. 15; le Code de la voierie, celui de la police, & le mot VOIRIE.

V R

VRAICH, ou VRAICQ, c'est la même chose que le varech, pris dans ses deux acceptions. Quelques auteurs néanmoins restreignent ce mot au sens dans lequel varech désigne une herbe marine, connue aussi sous le nom de sar, ou gouesmon. Voyez le glossaire du droit françois & l'article VARECH. (G. D. C.)

VRAICK. Voyez VARECH.

VRAICQ. Voyez VRAICH & VARECH.

V U

VU ou VUE, participe du verbe voir, est un terme usité dans les jugemens, pour indiquer que les juges ont vu & examiné telles & telles pièces. Les jugemens d'audience n'ont que deux parties, les qualités & le dispositif. Les jugemens sur procès par écrit ou sur pièces vues, ont trois parties, les qualités, le vu & le dispositif. La seconde partie que l'on appelle le vu, a été ainsi nommée, parce qu'elle commence par ces mots, vu par la cour, &c. ou vu par nous si ce ne sont pas des juges souverains.

Au conseil du roi, on appelle requête en vu d'arrêt celle qui est rédigée dans la forme d'un vu d'arrêt, de manière que pour en faire un arrêt, il n'y a que le dispositif à ajouter. Voyez ARRÊT, CASSATION, JUGEMENT, DISPOSITIF, SENTENCE, QUALITÉ, REQUÊTE. (A)

VUE, s. f. en droit, ce terme signifie toutes sortes d'ouvertures qui ont pour objet de procurer du jour à un édifice.

On doit principalement diviser les vues en deux classes, les vues de droit & les vues de servitudes. Les vues de droit sont celles que chacun peut avoir & conserver, sans avoir besoin de titre ou de poſſeſſion pour y être autoriſé. Les *vues de ſervitude* ſont celles qu'on ne peut avoir qu'en vertu d'un titre qui y autoriſe contre les réglemens du voiſinage, ou en vertu d'une poſſeſſion équivalente au titre, dans les coutumes où l'on peut preſcrire les ſervitudes en général, ou celles des *vues* en particulier.

Les *vues* de droit peuvent ſe ſous-diviſer en trois eſpèces; les *vues droites*, les *vues de côté* & les *vues de coutume*. Le mot *vue droite* ſemble déſigner en général toute ouverture qui tire principalement ſes jours du terrein ſur lequel elle donne, quelle qu'en ſoit la hauteur & la manière dont elle eſt fermée. Mais la coutume de Paris, & un grand nombre d'autres, entendent particulièrement par-là cette eſpèce de *vue* qui regarde en face ſur l'héritage du voiſin (c'eſt-à-dire, qui eſt percée dans un mur parallèle au mur de ſéparation), que l'on peut pratiquer à toute ſorte de hauteur, & qu'on peut ouvrir & fermer de la manière qu'on juge à propos, à la différence des *vues de coutume*.

Les *vues de côté*, que l'on appelle encore *bées*, ou *baies de côté*, ſont celles que l'on pratique auſſi comme on le juge à propos, en un mur qui eſt de côté, en retour d'équerre au mur mitoyen.

Les *vues de coutume*, enfin, ſont celles que la coutume permet d'ouvrir dans les murs de ſéparation qui ne ſont pas mitoyens, en y obſervant diverſes précautions. Ce mot pourroit auſſi néanmoins s'appliquer aux *vues droites* & de *côté*, puiſqu'on ne peut les pratiquer qu'à une certaine diſtance du mur de clôture marquée par la coutume.

Les *vues de ſervitude* peuvent être faites de toutes ces manières différentes, ſuivant le titre de leur établiſſement. Elles peuvent être à *temps* ou *perpétuelles*, ſelon la manière dont elles ont été établies.

On diſtingue encore quelques autres eſpèces de *vues*, dont il faut dire un mot ici.

Les *vues de proſpect* ſont les *vues* libres, dont on jouit par ſervitude ſur les héritages voiſins, juſqu'à une certaine diſtance ou largeur, dans laquelle les voiſins ne peuvent ni bâtir, ni planter d'arbres, ni rien placer qui puiſſe borner la *vue*, à moins que le titre de la ſervitude ne reſtreigne la *vue de proſpect* dans certaines limites, en permettant, par exemple, d'avoir des arbres de telle & telle eſpèce, & ſuivant tel ou tel alignement.

On appelle *vue dérobée*, une petite fenêtre pratiquée au-deſſus d'une plinthe ou d'une corniche, ou dans quelque ornement, pour éclairer en abat-jour des entre-ſols ou petites pièces, & pour ne point corrompre la décoration d'une façade.

La *vue de terre* eſt une eſpèce de ſoupirail au rez-de-chauſſée d'une cour, ou même d'un lieu couvert, laquelle ſert à éclairer quelque pièce d'un étage ſouterrein, par le moyen d'une pierre percée, d'une grille ou d'un treillis de fer.

La *vue enfilée*, eſt une fenêtre directement oppoſée à celle du voiſin, étant à même hauteur d'appui.

La *vue faîtiere* eſt le nom général qu'on donne à toute ſorte de petits jours, comme une lucarne ou un œil-de-bœuf, pris vers le faîte d'un comble où la pointe d'un pignon.

La *vue de lumière* eſt celle qui a pour objet principal de donner du jour au voiſin.

Celle de *proſpect* a au contraire pour objet de lui procurer un coup-d'œil & des points de *vue* agréables.

La *vue pleine* eſt celle qui tire librement du jour de l'héritage ſur lequel elle donne.

On appelle enfin, *vue de ſouffrance*, celle dont on jouit par la tolérance ou le conſentement du voiſin, & ſans titre contre les réglemens du voiſinage. Il ſuffit d'avoir indiqué ces dernières eſpèces de *vues*, ſans qu'il ſoit beſoin d'en traiter en particulier, puiſqu'elles ſont toutes ſujettes aux règles qu'on va donner dans les §. ſuivans.

§ I. *Des vues droites ou de côté*. L'art. 200 de la coutume de Paris, porte qu'aucun ne peut faire *vue droite* ſur ſon voiſin, ni ſur la place à lui appartenante, s'il n'y a ſix pieds de diſtance entre ladite *vue* & l'héritage du voiſin, & ne peut avoir baïes de côté, s'il n'y a deux pieds de diſtance.

Deſgodets obſerve fort bien que par *vues droites* & *baies de côté*, la coutume entend ici des fenêtres ou châſſis, dont l'appui eſt à hauteur d'accoudoir, & même plus bas, avec châſſis ouvrant & fermant, ou toutes ouvertes ſans châſſis.

La diſtance de ſix pieds, preſcrite par cet article, entre les *vues droites* & l'héritage voiſin, ſe doit prendre du devant du mur, où eſt la *vue*, juſqu'à la ligne qui ſépare l'héritage de celui qui a la *vue*, d'avec l'héritage du voiſin. Si donc il y a un mur de ſéparation entre les deux héritages, & que ce mur ſoit mitoyen, la diſtance de ſix pieds ſe prend du milieu de l'épaiſſeur du mur mitoyen. Mais ſi le mur de ſéparation n'eſt pas mitoyen, & qu'il appartienne au voiſin en totalité, la diſtance de ſix pieds ſe prendra de l'extrémité d'un mur à l'autre; ſi au contraire le mur du voiſin eſt entièrement conſtruit ſur le fonds de celui qui veut avoir des *vues* droites, l'épaiſſeur de ce mur doit alors être compriſe dans les ſix pieds.

La diſtance de deux pieds, preſcrite pour les *vues droites*, ſe prend à partir de l'arête du jambage de la croiſée, juſqu'au milieu du mur de ſéparation, s'il eſt mitoyen, comme c'eſt l'uſage : ſi le mur n'eſt pas mitoyen, on le comprend, ou on ne le comprend pas dans les deux pieds, ſelon qu'il appartient à celui qui veut avoir la *vue* de côté ou à ſon voiſin.

C'eſt l'avis de tous les commentateurs de la coutume, de Bourjon & de Deſgodets.

Ce dernier auteur cite deux arrêts des 23 février 1651 & 27 août 1661, & une ſentence arbitrale qui l'ont ainſi jugé. Dans l'eſpèce de l'arrêt de de 1661, il s'agiſſoit de *vues* ouvertes dans un eſcalier *à cinq pieds neuf pouces* de diſtance du point du milieu du mur mitoyen : l'arrêt ordonna que l'eſcalier ſeroit retiré, ou que les ouvertures en ſeroient garnies de fer maillé & verre dormant.

Quelque juſte que puiſſe être cette déciſion, elle laiſſe néanmoins une difficulté aſſez embarraſſante. Si celui qui étoit propriétaire du mur de clôture, & du fonds de ce mur, avoit pris les diſtances de ſes fenêtres, à partir de l'héritage du voiſin, en comprenant le mur de clôture dans l'eſpace de ſix pieds, ou de deux, preſcrit par l'article 202, ces *vues* pourroient devenir irrégulières & paſſer les bornes de la coutume, puiſque le voiſin pourroit toujours, aux termes de l'article 104, acquérir la moitié du mur de clôture, & du fonds ſur lequel il ſeroit bâti ; il eſt clair qu'à l'inſtant de cette acquiſition le point de ſéparation des deux héritages changeroit ; il ſeroit au milieu de l'épaiſſeur de ce mur, & les *vues* ſe trouveroient alors rapprochées de la moitié de cette épaiſſeur. Le voiſin, qui vient d'acquérir la mitoyenneté, aura-t-il le droit de faire éloigner les *vues* à la diſtance preſcrite par la coutume ?

Deſgodets décide qu'en ce cas les *vues* doivent reſter en l'état qu'elles ſont, tant que l'édifice & les murs où elles ſont faites ſubſiſteront ; mais que ſi par la ſuite on vient à les démolir & les refaire, ces *vues* ſeront remiſes ſuivant les diſtances marquées par la coutume, à moins qu'il n'y eût un titre qui accordât le contraire, en rendant mitoyen le mur de ſéparation.

Goupy ajoute que pour conſerver ces *vues* dans l'état où elles ſeroient, il faudroit ſe faire donner, par celui qui acquiert la mitoyenneté, une reconnoiſſance qui porteroit qu'il n'a acquis la mitoyenneté du mur que d'après la conſtruction des édifices où ſe trouvent ces *vues*, parce qu'il pourroit arriver, après un laps de temps conſidérable, qu'on demandât la réduction de ces *vues*, ſuivant la coutume, en ſuppoſant que le mur auroit toujours été mitoyen ; & dans ce cas l'acquéreur de la mitoyenneté pourroit forcer l'ancien propriétaire du mur de ſéparation à démolir le mur de face où il auroit des *vues* droites, ou à les réduire en *vue* de coutume.

Il y a tout lieu de croire néanmoins que ſi les *vues* étoient dans cet état depuis un temps immémorial, & qu'on rapportât d'anciens titres qui prouveroient que le mur de ſéparation n'avoit pas toujours été mitoyen, les *vues* ſeroient conſervées. Mais le plus ſûr eſt de ne compter la diſtance qu'à partir du milieu du mur, ſoit qu'il ſoit mitoyen, ou propre à celui qui veut avoir des *vues* aux termes de l'art. 202.

Lorſque les deux héritages ſont ſéparés par une rue ou par un chemin public, qui a moins de ſix pieds de largeur, les *vues* droites peuvent avoir lieu, ſans obſerver la diſtance des ſix pieds.

Il n'eſt pas non plus néceſſaire d'y obſerver la diſtance de deux pieds, entre l'arrête du jambage de la fenêtre, & le point de ſéparation des deux maiſons voiſines : Deſgodets enſeigne qu'il ſuffit que le tableau du pied droit de la fenêtre faſſe ſix pouces de doſſeret, d'après le parement du mur mitoyen, du côté de la baie, pour en porter les linteaux, ou ſommier de la plate-bande, au centre du haut. La raiſon eſt, dit-il, que les rues, étant des lieux publics, ne ſont point aſſujetties aux voiſins, & c'eſt à celui qui ſe trouvera incommodé de la proximité de la *vue* de l'autre, à faire ſur lui ce qu'il jugera néceſſaire pour s'en garantir.

Dans l'intérieur même des maiſons, il eſt clair que ces diſtances ne doivent s'obſerver que lorſque le mur qui ſépare les deux héritages, eſt plus bas que les *vues* : la coutume ne les exige que pour les *vues* qu'on fait *ſur ſon voiſin*, ou *ſur place à lui appartenante*. Si le mur étoit plus élevé que les *vues*, on ſeroit libre de faire les *vues* plus près du mur, puiſque la hauteur du mur empêcheroit qu'on ne regardât ſur l'héritage voiſin. Les baies de côté pourroient donc encore être à ſix pouces près du mur de ſéparation, ſoit qu'il fût mitoyen ou non ; & les ſix pouces que le tableau du pied droit de la fenêtre auroit de ſaillie ou doſſeret, ſuffiroient pour porter les linteaux ou ſommiers du cintre du haut.

Telle eſt encore la déciſion de Deſgodets ; cet auteur ajoute même, d'après un anonyme dont le manuſcrit a été recueilli par Ferrière, que ſi l'un des voiſins avoit des baies de côté plus près que de deux pieds de l'héritage voiſin, il pourroit faire une aile de mur au-deſſus du mur de clôture, joignant en retour le mur où ſeroient les *vues*, & qu'en joignant à cette aile deux pieds de largeur, ou ſaillie au droit de la plus haute *vue*, *il ſuffiroit de ſix pouces de doſſeret* (ou de ſaillie) *entre l'arrête du pied droit de la vue, & le mur mitoyen, pour recevoir la portée des linteaux ou le ſommier de la plate-bande de la vue, ſi elle étoit en pierre*.

Lorſque le mur de face ſur la cour d'une maiſon fait un angle fort aigu avec le mur de clôture qui ſépare cette cour de l'héritage du voiſin, on peut en conſidérer les *vues* comme ſi elles étoient tout à la fois droites & de côté. Si donc on y veut faire des *vues* à hauteur d'accoudoir, ou d'autres *vues* que celles de coutume, il ne doit pas y avoir moins de ſix pieds de diſtance de la ligne qui ſépare les deux héritages, & le devant de la *vue* pris d'équerre à la face du mur où eſt la *vue*, ni moins de deux pieds pris de côté par une ligne d'équerre au mur mitoyen.

La règle preſcrite par l'article 202, doit s'appliquer aux terraſſes, balcons, lucarnes & à tous les lieux qui ſeroient élevés plus haut que le mur de clôture. Un arrêt du 6 ſeptembre 1625, donné entre les religieuſes de Sainte-Marie, proche la porte Saint-Antoine & le propriétaire d'une maison sise rue de la Cerisaye, s'est néanmoins contenté d'ordonner qu'une lucarne de cette maison qui servoit à aller nettoyer les gouttières & à d'autres usages, seroit rehaussée à sept pieds d'ensevelissement, & garnie d'une fenêtre de bois fermant à clef, laquelle resteroit entre les mains du maître de la maison.

La situation de cette lucarne, avoit sans doute fait juger ces précautions suffisantes. Mais un autre arrêt du 18 janvier 1661, a ordonné qu'une lucarne saillante par laquelle on regardoit dans la cour du voisin, seroit bouchée, & qu'il pourroit seulement y avoir une fenêtre de fer maillé & verre dormant.

Ces deux arrêts sont rapportés par Desgodets, sur l'article 200 de la coutume, n. 20 & 21.

Quant aux balcons, cet auteur enseigne que les distances doivent se prendre du dehors de l'appui de fer ou de la balustrade, si elle est de pierre ou de bois ; si le balcon étoit fait dans un mur qui aboutiroit en retour au mur de séparation, le côté du balcon seroit en vue droite sur l'héritage voisin. Si donc on lui donnoit une saillie considérable hors du mur, il ne pourroit pas être plus près de six pieds de la ligne, qui sépare ces héritages, quoique la fenêtre ou la porte qui ouvriroit sur le balcon fût baie de côté.

Lorsque l'on veut ouvrir des vues de face plus près de l'héritage du voisin que la distance portée par la coutume, quoiqu'on les pratique dans son propre fonds, il faut se borner alors aux vues de coutume, dont on parlera dans le §. suivant.

Plusieurs coutumes ont sur cet objet des dispositions très-différentes de celle de Paris. Il n'y a que celle de Calais qui ait une disposition semblable dans l'article 188.

L'article 356 de la coutume de Reims, dit : que si un homme édifie entièrement sur son héritage, tellement que l'égout de son toit choit sur le sien, il peut faire en son édifice tant de vues, clairées & fenêtres que bon lui semble. L'article 357 ajoute, & ne pourra ledit voisin offusquer, ou du tout empêcher lesdites vues ni fenêtres, & bâtir à l'endroit d'icelles à plus près que deux pieds & demi.

Celle de Lorraine, tit. 4, article 1, porte : que chacun peut dresser vues sur soi, n'y eût-il héritage plus que le tour du ventillon, (c'est-à-dire du contrevent) & le voisin peut bâtir sur son héritage, au préjudice de telles vues, laissant la place dudit tour libre.

Les coutumes d'Anjou, article 425, & du Maine, article 463, sont bien plus faciles encore. Elles permettent de faire vues sur soi, n'y eût-il que demi-pied à y voir. L'ancien coutumier des deux provinces portoit, n'y eût-il que demi-pied du sien ; ce qui revient au même.

Celle du Grand-Perche, art. 217, exige un pied de distance. C'est par erreur que Pesnelle, sur l'article 618 de la coutume de Normandie, a supposé que cet article 217 n'exigeoit aussi qu'un demi-pied, & que Faber, sur la coutume de Lorraine, dit que celle du Maine exige un pied.

Celle de Clermont en Argonne, dit même que si le propriétaire du mur mitoyen (c'est-à-dire du mur de séparation) y a fenêtre & égout de tuiles par dehors, on ne pourra appuyer, ni autrement empêcher la vue desdits fenêtrages.

La règle prescrite par l'art. 202 de la coutume de Paris doit-elle s'observer dans les coutumes muettes ? L'empereur Zénon, par la loi 12, §. 2, au code de ædificiis privatis, veut qu'on laisse un intervalle de douze pieds, jusqu'à la maison voisine. Le Grand, sur l'art. 81 de la coutume de Troyes, glos. 4, n. 5, dit que cela étant un droit de police qui doit être établi suivant la qualité & grandeur de la ville, on pourroit en cette ville de Troyes, ordonner un moindre espace qu'en celle de Paris. Aussi, ajoute-t-il, on voit à présent que les voisins, en quelques endroits de cette ville, se contentent d'une distance & espace de trois ou quatre pieds, entre les vues & l'héritage des voisins.

Les commentateurs de la coutume de Normandie ont aussi agité la question dans leurs commentaires sur l'art. 616 ; mais ils ne l'ont pas résolue d'une manière uniforme. Bérault pense qu'il suffit de laisser deux pieds seulement.

Basnage trouve raisonnable de faire la distinction contenue dans l'article 202 de la coutume de Paris ; à savoir que pour faire des croisées, & avoir des fenêtres ouvertes & des vues droites, comme parle cette coutume, il faudroit une distance de cinq ou six pieds, mais que pour n'avoir que des vues de côté, il suffit que la distance ne soit que de deux pieds.

Ces mots, une distance de cinq ou six pieds, semblent indiquer que Basnage trouve la distance de six pieds, prescrite par la coutume, un peu trop considérable.

Pesnelle regarde la question comme problématique. Henrys & Bretonnier assurent qu'on suit à Lyon les règles prescrites par la coutume de Paris, pour les servitudes urbaines, & pour le droit de vue en particulier. Vassin dit à-peu-près la même chose sur la coutume de la Rochelle.

Quoique la décision des coutumes d'Anjou & du Maine semblent les plus favorables à la liberté naturelle, que chacun se fait chez soi ce qu'il lui plaît, la jurisprudence tend beaucoup à rapprocher les usages des autres lieux des dispositions de la coutume de Paris. Il est certain du moins que la loi de Zénon qui exige douze pieds de distance jusqu'à la maison voisine, ne s'observe pas même en pays de droit écrit.

Au reste la distance qu'exige l'article 202 la coutume de Paris, n'a lieu que pour les héritages urbains. Voyez l'arrêt du 20 août 1668, dont on parlera dans le §. suivant.

§. II. *Des vues de coutume que l'on peut avoir dans les murs de séparation.* L'article 199 de la coutume de Paris, dit : qu'en mur mitoyen, ne peut l'un des voisins, sans l'accord & le consentement de l'autre, faire faire fenêtre, ou trou, pour voir en quelque manière que ce soit, en verre dormant ou autrement.

L'article suivant ajoute : toutefois, si aucun a mur à lui seul appartenant, joignant sans moyen à l'héritage d'autrui, il peut, en ce mur, avoir fenêtres & lumières, ou *vues* aux us & coutumes de Paris ; c'est à savoir, neuf pieds de haut, au-dessus du rez-de-chaussée & terre, quant au premier étage, & quant aux autres étages, de sept pieds au-dessus du rez-de-chaussée ; le tout à fer maillé & verre dormant.

Ces deux articles décident trois points principaux, savoir, en quels murs on peut ouvrir des *vues* de coutume, quelle peut en être la hauteur, & la manière dont ces *vues* doivent êtres closes. Il faut parler séparément de ces trois objets.

1°. L'article 209 de la coutume de Paris, permet de contraindre son voisin à contribuer à la construction d'un mur de clôture jusqu'à dix pieds de haut. L'article 185 de la même coutume autorise aussi le voisin, à hausser à ses dépens le mur mitoyen d'entre lui & son voisin, si haut que bon lui semble, sans le consentement de sondit voisin, s'il n'y a titre au contraire, en payant les charges, &c. L'article 198 permet enfin au voisin de se rendre commun le sur-haussement, en en payant la moitié. D'après les dispositions de ces différens articles, on a demandé si l'exhaussement fait par l'un des voisins au mur de clôture, est sujet à la prohibition de l'article 199, ou s'il peut jouir du privilège des murs non mitoyens dont parle l'article 200.

Bornat, cité par Ferrière, Desgodets & de Laurière, ne balancent pas à décider que l'on peut avoir des *vues* de coutume dans la partie exhaussée, parce qu'elle appartient toute entière à celui qui a fait l'exhaussement. Desgodets rapporte huit arrêts, qui l'ont ainsi jugé, les 24 novembre 1617, 24 mai 1624, 15 février 1635, 16 mars 1641, 22 juin & 20 juillet 1651, & 17 janvier 1665.

Goupy est d'un avis contraire. Il fait voir d'abord, qu'un mur de cette espèce ne peut pas être dit proprement, joignant sans moyen à l'héritage d'autrui, puisqu'il est construit en partie sur l'héritage du voisin. Il observe ensuite que la coutume permet ces *vues* pour le rez-de-chaussée à la hauteur de neuf pieds seulement, tandis qu'aux termes de l'article 209, les murs de clôture doivent avoir au moins dix pieds de hauteur.

Quant aux arrêts cités par Desgodets, Goupy prétend que la jurisprudence a varié, & que si les arrêts qui ont autorisé les *vues* de coutume dans les murs mitoyens sont en plus grand nombre, les derniers jugemens intervenus sur ces sortes de *vues* les ont supprimées.

Il paroît qu'on doit faire une distinction : tant que le voisin sur lequel on ouvre des *vues*, ne rend pas le mur mitoyen, il est vrai de dire que le mur non mitoyen, joint sans moyen son héritage dans la partie exhaussée, & par conséquent que les *vues* de coutume y peuvent avoir lieu. Il ne sert de rien de dire que les murs de clôture doivent être plus élevés que les neuf pieds où la coutume permet d'ouvrir des *vues* au rez-de-chaussée ; car elle ne dit point que les *vues* de coutume seront nécessairement ouvertes à la hauteur de neuf pieds, mais seulement qu'elles ne pourront être plus bas. Cette décision n'empêche pas qu'on ne soit obligé de porter ses *vues* plus haut, si la nature du mur ne permet pas d'y ouvrir des *vues* à la hauteur de neuf pieds.

Si au contraire le voisin use de la faculté que la coutume lui accorde de rendre le mur mitoyen, en remboursant les charges & payant la valeur de la moitié du mur depuis l'élévation, il n'est pas douteux que les *vues* du voisin ne doivent être supprimées ; parce que tous les arrêts que Desgodets a cités, ont expressément réservé au voisin sur qui étoient les *vues*, la faculté de bâtir contre le mur, & de boucher ainsi ces *vues*.

La difficulté est de savoir si le voisin peut acquérir la mitoyenneté en remboursant la moitié du mur, & boucher les *vues* qu'on y a ouvertes, sans bâtir contre le mur. Plusieurs coutumes semblent autoriser la négative de cette question. La coutume de Nivernois, *chap.* 10, *art.* 9, dit que *si en mur propre est fait fenêtre, le voisin y peut pourvoir par bâtiment.* La coutume de Châlons, article 137, dit aussi, *& néanmoins où le voisin voudroit bâtir de nouvel, lui est permis de clorre & étouper lesdites vues jusqu'à la hauteur de son nouvel bâtiment.* La coutume de Mantes, article 96, en dit autant. La coutume de Meaux dit plus clairement encore, *s'il est que ledit voisin ne veuille édifier audit mur, les vues demeureront, & ne pourra ledit voisin étouper lesdites vues.* L'article 198 de la coutume de Paris, & un grand nombre d'autres coutumes donnent seulement au voisin le droit de bâtir contre le non-mur mitoyen, en remboursant.

La plupart des arrêts dont on vient de parler, semblent adopter la décision de la coutume de Meaux. Celui du 24 novembre 1617 porte, que la *vue* resteroit en l'état où elle étoit, *jusqu'à ce que ledit Dufossé bâtisse contre ledit mur.* Celui du 24 mai 1624 dit, *sans préjudice audit Cousin de pouvoir bâtir contre, quoi faisant, lesdites vues seront bouchées.* Ceux des 15 février 1635, & 16 mars 1641, sont conçus de la même manière. Celui du 22 juin 1651 porte simplement, que les *vues* en question demeureront en l'état qu'elles sont, si mieux n'aime ledit Riberet rembourser les charges suivant la coutume.

Desgodets interprète cet arrêt comme les précédens, & il ne balance pas à décider qu'on ne peut forcer le voisin à boucher ses *vues* autrement qu'en bâtissant & adossant un édifice contre le mur. Auzanet paroît du même avis.

Un expert, dont les notes sont rapportées par Ferrière à la suite de son commentaire sur le titre des servitudes, pense qu'on n'accorde la faculté de boucher les *vues*, sans bâtir contre le mur, qu'à la dignité des personnes, ou quand les murs séparent des communautés religieuses. Mais Goupy prétend qu'il n'est point question de bâtir dans cet arrêt de 1651, & qu'il décide au contraire, qu'on peut supprimer les *vues*, & se rendre le mur mitoyen, en *remboursant la moitié du mur.* Cependant l'arrêt ne dit point, *en remboursant la moitié du mur*; il dit, *en remboursant les changes*; ce qui ne peut s'appliquer qu'aux constructions faites par le voisin sur qui étoient les *vues*.

Cet arrêt paroît donc conforme aux précédens. Il faut avouer néanmoins qu'un dernier arrêt rendu à huis-clos à l'audience de la grand'chambre, le 12 juillet 1670, sur les conclusions de M. l'avocat-général Talon, au profit de M. Pérot, président à la chambre des comptes, ordonna que les *vues* qu'un de ses voisins avoit *aux us & coutume de Paris, dans un mur à lui seul appartenant* (au voisin) *sur le jardin du sieur président Pérot, seroient & demeureroient bouchées, en remboursant par ledit sieur Pérot au voisin, la somme de 2000 livres pour l'estimation de la moitié de ce qui n'étoit pas mitoyen, quoiqu'il n'eût pas dessein de bâtir contre.*

C'est ainsi que Goupy rapporte cet arrêt, qu'on trouve aussi dans Soefve, tom. 2, centur. 4, chap. 51, & dans les notes d'Auzanet & de Lauriere sur l'article 200 de la coutume de Paris.

Il paroît que c'est à cet arrêt seul que se réduit la nouvelle jurisprudence invoquée par Goupy; & l'on voit du moins, que bien loin de proscrire les *vues* de coutumes dans le surhaussement des murs mitoyens, il juge qu'on doit acheter la mitoyenneté du surhaussement pour avoir le droit de boucher les *vues*.

2°. Ce que l'art. 200 de la coutume de Paris appelle *rez-de-chaussée des divers étages*, doit s'entendre des aires ou planchers de chaque pièce. Il est clair encore que cet article entend par *premier étage*, ce que l'on appelle aujourd'hui *rez-de-chaussée*, & que la coutume elle-même, dans l'article 187, appelle *l'étage du rez-de-chaussée*.

Il ne peut y avoir de difficulté à déterminer la hauteur des *vues* pour les étages supérieurs. Les sept pieds doivent se prendre à partir de l'aire du parquet, plancher ou carreaux, jusqu'au-dessus des appuis ou enseuillemens des *vues*. Mais la hauteur de neuf pieds pour le rez-de-chaussée, n'est pas toujours aussi facile à déterminer, quoiqu'il soit certain qu'elle doit se compter aussi depuis le sol jusqu'à l'appui ou enseuillement de la fenêtre.

On n'est pas d'accord sur la question de savoir quel est le sol d'où l'on doit partir, si celui des

deux maisons voisines n'est pas à la même hauteur. Bornat, dont les notes ont été recueillies par Ferrière, dit simplement que le rez-de-chaussée pour mesurer la hauteur de la fenêtre du premier étage, est celui de la maison où est la fenêtre, & non celui de l'héritage contigu, qui peut être plus élevé.

Desgodets pense qu'il ne peut y avoir moins de neuf pieds depuis le rez-de-chaussée du dessus du pavé de la cour ou jardin de la maison du voisin, ou moins de sept pieds depuis le dessus de l'aire du plancher où sont les *vues*, jusqu'au-dessus de l'appui ou enseuillement de la fenêtre en *vue*. Ces deux mesures, dit-il, doivent être également observées tant d'un côté que de l'autre, parce que si *la cour de l'héritage où l'on fait les vues*, étoit plus basse que l'aire des logemens, & que l'on prît la mesure des *vues* du rez-de-chaussée de cette cour, les appuis des *vues* de cet étage se pourroient trouver à la hauteur d'accoudoir, & même plus bas, selon que l'aire des logemens se trouveroit plus élevée que le rez-de-chaussée de la cour: au contraire, si l'on prenoit les neuf pieds du dessus de l'aire des logemens, & que cette aire fût plus basse que la cour ou terrein du voisin, & que l'aire des logemens où seroient les *vues* fût beaucoup plus élevée que le rez-de-chaussée du voisin, les appuis des *vues* se pourroient de même rencontrer plus bas que la hauteur d'accoudoir ou d'appui, par rapport aux logemens. Ainsi, en réglant la hauteur d'appui ou d'enseuillement des *vues* de coutume à n'avoir pas moins de neuf pieds de hauteur du côté du rez-de-chaussée du voisin, ni moins de sept pieds de hauteur au-dessus de l'aire du plancher des logemens, quelque différence de niveau qu'il y ait entre le rez-de-chaussée des étages des voisins, les *vues* seront toujours aux termes de la coutume.

Goupy veut au contraire qu'on ne puisse pas ouvrir les *vues* plus bas que dix pieds au-dessus du sol du voisin, quand bien même ce sol seroit plus élevé que le rez-de-chaussée de celui qui veut avoir des *vues*. Cette décision paroît devoir être adoptée, lorsque le mur de séparation est mitoyen, comme ces sortes de murs le sont de droit. Car la coutume ne permet d'ouvrir des *vues* que dans son propre mur, & non pas dans le mur mitoyen. Mais si le mur de séparation appartient au voisin qui veut y ouvrir des *vues*, comme cela peut être en vertu d'un titre particulier, le sentiment de Desgodets paroît le plus raisonnable. La coutume ne peut avoir en en vue que la sûreté du voisin, en exigeant deux pieds de plus de hauteur aux *vues* du rez-de-chaussée qu'à celles des étages supérieurs; & l'élévation de neuf pieds du côté de son terrein seul, remplit suffisamment cet objet.

Desgodets observe fort bien, que lorsque les *vues* de coutume servent à éclairer des escaliers,

& que les rampes des marches font au long du mur où font les *vues*, on doit à chaque étage prendre la hauteur des enfeuillemens, ou appuis des *vues*, à la plus haute marche qui est au-deſſous de la largeur de la *vue*, ou faire ſuivre aux *vues* la direction de l'eſcalier, enforte qu'il y ait à chaque marche juſqu'au-deſſus de l'enfeuillement de la *vue*, la hauteur marquée par la coutume.

Les coutumes de Clermont en Beauvoiſis, art. *218* ; de Laon, art. *262* ; de Mantes, art. *95* ; de Reims, art. *264* ; & de Valois, art. *125 & 126*, preſcrivent la même hauteur que celle de Paris, pour les *vues* que l'on veut ouvrir aux murs joignant fans moyens les héritages d'autrui : toutes, ou preſque toutes les autres coutumes qui ſe ſont expliquées à ce ſujet, exigent une moindre hauteur.

Celles d'Auxerre, art. *105* ; de Bar, art. *177* ; de Châlons, art. *136 & 137* ; de Melun, art. *190* ; & de Sens, art. *101*, veulent huit pieds au premier étage, c'eſt-à-dire au rez-de-chauſſée, & ſept pieds aux autres étages.

Les coutumes de Nantes & de Rennes, qui ſont placées à la ſuite de la coutume générale de Bretagne, exigent ſept pieds & demi, ſans diſtinction du rez de-chauſſée & des étages ſupérieurs. Voyez les art. *696*, *706* & *707* de cette coutume.

Celles d'Anjou, art. *455* ; de Berry, titre *11*, art. *13*, & du Maine, art. *467*, ſe contentent de ſept pieds de hauteur auſſi indiſtinctement.

Les coutumes de Chartres, art. *80* ; de Châteauneuf, art. *95* ; de Dreux, art. *68* ; & de Normandie, art. *101*, déterminent ſept pieds de hauteur au premier & deuxième étage, c'eſt-à-dire au rez-de-chauſſée & au premier étage, ſans s'expliquer ſur les étages ſupérieurs.

Baſnage, ſur cette dernière coutume, dit que la queſtion étant préſentée au parlement de Rouen, pour des *vues* qui étoient à hauteur d'appui, en un quatrième étage, & qui donnoient ſur la cour d'un avocat, les ſentimens furent partagés : la ſentence du bailli de Rouen avoit confirmé les *vues* l'arrêt ordonna qu'elles ſeroient ferrées & vitrées ; mais Baſnage obſerve qu'il fut donné du conſentement des parties. Il me ſemble, ajoute cet auteur, que le voiſin ſeroit aſſez à couvert, pourvu que les *vues* qui donnent ſur ſa cour fuſſent au-deſſus de la hauteur d'appui, enforte que l'autre voiſin pût avoir ſeulement, *lumen & non proſpectum*, une lumière libre & non la *vue* & le regard ſur l'héritage voiſin.

Les coutumes de Meaux, art. *76*, & de Sédan, art. *282 & 290*, diſent *ſept pieds aux bas-étages & ſix aux chambres*.

La coutume de Calais, art. *186*, fait dépendre la hauteur de la *vue* pour le rez-de-chauſſée, de l'élévation de la pièce qu'elle éclaire. Elle fixe cette hauteur à cinq pieds trois pouces au premier étage,

ſi cet étage a 9 pieds & au-deſſous, & ſix pieds ſi l'étage a 10 pieds ; quant aux autres étages, il ſuffit de cinq pieds à verre dormant.

La coutume de Lorraine, tit. *14*, art. *21*, ou §. *247* de l'édition de Faber, dit au contraire que celui auquel appartient un mur ſans moyen joignant l'héritage d'autrui, ne peut de nouveau, en façon que ce ſoit, plus qu'en un commun, y poſer fenêtre prenant jour & aſpect ſur l'héritage de ſon voiſin : bien peut-il y en mettre des borgnes & aveugles avec battes, pour témoignages que le mur lui eſt propre. L'article 5 (ou §. *258*) détermine la forme de ces ſortes de fenêtres.

3°. L'article 201 de la coutume de Paris, dit que fer maillé eſt treilliſ, dont les trous ne peuvent être que de quatre pouces en tous ſens, & verre dormant de verre attaché & ſcellé en plâtre, qu'on ne peut ouvrir.

Pluſieurs coutumes ont la même diſpoſition, dont quelques-unes donnent les motifs. Celles de Montargis, chap. *10*, art. *11*, & d'Orléans, art. *229*, ajoutent, *afin que l'on ne puiſſe rien jetter ſur l'héritage ſervant*.

Celle d'Auxerre, art. *105*, dit, *enforte qu'on n'y puiſſe paſſer ni regarder* : celle de Melun, art. *18*, *de manière qu'on n'y puiſſe paſſer ni endommager ſon voiſin*.

Deſgodets explique plus en détail ce que l'on doit entendre par *fer maillé*, & la manière de le placer dans le mur. Cet auteur ajoute que ſi les barreaux de fer étoient eſpacés à cinq pouces de vuide entre deux barreaux, on ſeroit contraint, outre les barreaux, d'y mettre au derrière un treilliſ de gros fil de fer dans toute la largeur & hauteur de la baie, pour empêcher que l'on ne puiſſe rien jetter au travers, à cauſe de la grande diſtance qui ſeroit entre les barreaux : mais, quelque peu d'inconvénient qu'il y eût à adopter ce changement, il eſt dangereux de vouloir ſuppléer les diſpoſitions des loix par des équivalens ; on ne peut être à l'abri de toute conteſtation qu'en ſe conformant, de la manière la plus exacte, aux diſpoſitions de la coutume.

Lorſque les murs où ſont les *vues*, ſont bâtis ſur un fonds mitoyen, Deſgodets dit encore que les grilles & barreaux doivent être ſcellés *préciſément dans le milieu de l'épaiſſeur des murs*. Il veut dire apparemment qu'on ne peut pas les placer plus près de l'héritage du voiſin que ce milieu de l'épaiſſeur des murs ; car rien ne doit empêcher qu'on ne puiſſe les poſer bien plus près des appartemens où ſont les *vues*. Deſgodets convient lui-même que ſi le mur eſt de toute ſon épaiſſeur ſur le fonds de l'héritage, celui à qui ſont les *vues* pourroit faire placer les grilles & barreaux de fer plus près du parement du mur, vers le côté de ſon voiſin, à condition qu'il reſteroit de l'épaiſſeur du mur ſuffiſamment pour en bien faire les ſcellés.

mens. La décision contraire doit avoir lieu, si le mur est mitoyen.

Les feuillures, embrasures & claies de *vue*, se peuvent faire d'après le derrière des grilles ou barreaux de fer immédiatement, & on en peut faire les évasemens si grands que l'on veut.

Lorsque l'on met un chassis de bois aux *vues*, il peut être à carreaux ou panneaux de verre : il doit être arrêté avec des pattes scellées en plâtre dans le mur, pour ne se pouvoir ouvrir ni ôter. Par cette raison, les feuillures du chassis, pour recevoir le verre, doivent être par le dedans, afin de pouvoir ôter le verre pour le laver. C'est pourquoi on y peut mettre un panneau de verre sans chassis, attaché avec des clous & scellé avec du papier ; & il sera réputé être verre dormant, scellé en plâtre, de même que les panneaux & carreaux de verre qui sont attachés avec des pointes, & scellés avec du papier sur le chassis de bois. Ces chassis ou panneaux peuvent être mis en dedans des chambres, en-deçà des *vues*. (Desgodets, *ibid*. n. 6).

Plusieurs coutumes, comme celle d'Auxerre, *art. 105* ; de Bar, *art. 177* ; de Châlons, *art. 137* ; de Laon, *art. 268* ; de Mantes, *art. 95* ; de Meaux, *art. 76* ; de Melun, *art. 189* ; de Montargis, *chap. 10, art. 11* ; d'Orléans, *art. 229* ; de Normandie, *art. 616*, exigent, comme celle de Paris, une clôture à fer maillé & verre dormant, ou verres dormans & barreaux de fer.

Celle de Berry, *tit. 11, art. 13*, dit qu'on doit barrer la fenêtre compétemment & sûrement, en manière que par ladite ouverture, on ne puisse entrer en la maison ou jardin du voisin, & y mettre du verre dormant, ou chassis de toile ou papier, afin que l'on ne puisse avoir *vue* de connoissance sur la maison ou héritage du voisin.

D'autres coutumes, comme celle d'Anjou, *art. 455* ; de Chartres, *art. 80* ; de Châteauneuf, *art. 95* ; de Dreux, *art. 68* ; de Grand-Perche, *art. 217* ; & du Maine, *art. 463*, parlent seulement de verre dormant.

Les coutumes locales de Nantes & de Rennes disent *voirre mort*, dans les *art. 698 & 706*. Mais il est clair qu'on doit entendre par-là la même chose que le *verre dormant* dont parle la coutume de Paris ; quoique quelques auteurs aient cru que ce mot indiquoit un verre épais, à travers duquel on ne pourroit rien découvrir chez le voisin.

On a vu que la coutume de Lorraine, *tit. 14, art. 21*, ou *§. 247* de l'édition de Faber, défend au contraire d'avoir aucunes *vues* dans le mur qui joint sans moyen à l'héritage du voisin.

Les auteurs ont été fort partagés sur la question de savoir quelle règle on devoit suivre dans les coutumes muettes. Cujas, Duaren, & d'autres jurisconsultes très-estimés, pensent qu'on ne doit pas permettre d'ouvrir aucune sorte de *vue* dans les murs de clôture, parce qu'il ne doit point être permis de voir sur l'héritage d'autrui ; que c'est une

source inépuisable de querelles & de différends, qu'il est de l'intérêt public de fermer.

Ferrière assure que le tempérament suivi par la coutume de Paris dans l'art. 200, est avantageux à celui qui a des *vues*, sans être incommode au voisin, d'où il conclut qu'on doit en étendre les dispositions dans les coutumes muettes, ou dans celles qui ne sont pas suffisamment expliquées.

Desgodets dit à-peu-près la même chose sur les avantages que réunit cet article. Goupy prétend au contraire que les *vues* de l'art. 200 sont *très-nuisibles à l'héritage duquel elles tirent leur lumière, puisque rien n'est plus facile que de s'en servir pour entendre & même pour voir tout ce qui se passe chez son voisin, & très-gênantes pour les propriétaires sur lesquels elles sont prises*.

Mais la nature même des choses ne permet peut-être pas de mieux concilier la liberté naturelle que chacun a de faire chez soi ce qui lui plaît, avec la loi qui nous défend de préjudicier à autrui par l'usage de ses droits. Il paroît que ces règles s'observent même dans les pays de droit écrit, ou du moins dans la ville de Lyon. Henrys, *tom. 1, liv. 4, quest. 78*, remarque un arrêt confirmatif d'une sentence de cette ville, qui avoit permis d'y avoir des *vues* sur le voisin, aux termes de l'article 200 de la coutume de Paris.

Doit-il en être de même dans les coutumes qui permettent indéfiniment d'ouvrir des servitudes dans le mur qui joint immédiatement au fonds du voisin, ou qui disent simplement que le voisin peut en boucher les vues en édifiant contre ? Coquille, dans son commentaire sur la coutume de Nivernois, & dans sa question 297, paroît croire que les *vues* y doivent être absolument libres, quoiqu'il trouve d'ailleurs la coutume de Paris très-sage dans ses dispositions à cet égard. Peut-être dans des questions de cette espèce, l'usage des lieux doit-il d'abord être consulté : autrement il paroîtroit juste de n'admettre de *vues* de servitude que celles qui sont adoptées par le droit commun, & que la police de la capitale a jugées les plus propres à tout concilier. On peut invoquer à cet égard la jurisprudence qui applique la décision de l'art. 200 de la coutume de Paris aux *vues* de servitude qui ne sont pas suffisamment expliquées par le titre. *Voyez* le §. suivant.

Ces règles doivent s'observer à l'égard de toutes sortes d'héritages voisins, clos & renfermés, de telle grandeur qu'ils puissent être, & à quelque usage qu'ils soient employés, même aux vignes, terres labourables, & autres fonds uniquement consacrés à l'agriculture. Mais lorsque ces sortes d'héritages ne sont pas clos, le voisin peut y avoir telles vues qu'il jugera à propos ; quand bien même elles seroient ouvertes dans un mur mitoyen.

Le Maître est d'un avis contraire, par la raison *que la coutume ne distingue pas*. Mais, dit Bourjon, le motif de la loi cessant, on n'en peut pas appliquer la disposition. Cet auteur affure que tel eft l'ufage du châtelet.

Un arrêt du 20 août 1668 l'a ainfi jugé pour les *vues* d'un pavillon du fieur Laforêts, qu'il avoit fait bâtir dans les fauxbourgs de Lyon, fur le mur qui féparoit fon fonds d'avec les vignes du fieur Leroy. Cet arrêt eft rapporté par Defgodets & par Ferrière fur l'art. 202 de la coutume de Paris. On le trouve auffi dans le journal des audiences, *tom. 3, liv. 2, chap. 23.*

§. III. *Des vues de fervitude.* On doit fuivre pour cette efpèce de fervitude, les principes généraux que l'on a établis au mot SERVITUDE. On ne peut donc faire aucune efpèce d'augmentation aux anciennes dimenfions des *vues*, telles que le titre les détermine.

Defgodets prétend à la vérité, fur l'article 202 de la coutume de Paris, *n. 19*, qu'on peut les faire croître & agrandir, fur leur hauteur, en obfervant feulement leurs anciennes largeurs & hauteurs d'enfeuillemens ou appui, par la raifon que quand même il n'y auroit point de *vues* par titre de fervitude, celui à qui le mur appartient feul y pourroit faire des *vues* de coutume, dont la hauteur n'eft point limitée ; & qu'ainfi en faifant les *vues* de fervitude plus grandes fur leurs hauteurs, ce qu'on les croîtra en hauteur fera dans le même cas que les *vues* de coutume, d'autant plus que ce n'eft pas la hauteur de la baie qui incommode le voifin, mais feulement la hauteur des appuis, à prendre du deffus des aires des planchers, d'où l'on peut regarder fur fon héritage.

Goupy décide au contraire que ces fortes de *vues* ne peuvent jamais être augmentées, même en hauteur. Il fait voir qu'il peut réfulter quelquefois des inconvéniens pour le voifin, de cet exhauffement. Au moyen de la fervitude, dit-il, le propriétaire des *vues* ne peut fe prévaloir du droit que lui attribue la coutume, il en eft dédommagé par ailleurs, en ce qu'il a l'avantage que le voifin ne peut pas les boucher en bâtiffant contre ce mur.

Cependant la fervitude des *vues* eft établie en faveur de celui à qui elle eft due. Or il eft de principe qu'on ne peut pas rétorquer contre quelqu'un les privilèges qui font établis en fa faveur, & qu'il lui eft au contraire permis d'y renoncer quand il le juge à propos. Il faut donc faire une diftinction : fi celui qui a la fervitude de *vues* trouve plus avantageux d'élever fes *vues* à une hauteur plus confidérable que celle portée par fon titre, il peut le faire, pourvu qu'il fe conforme aux règles preferites par les coutumes fur la hauteur où ces fenêtres doivent être ouvertes, & qu'il les faffe clorre en fer maillé & verre dormant. S'il ne veut pas obferver ces formalités, il ne doit pas lui être permis de paffer les anciennes dimenfions de la fervitude, parce que ces droits font trop défavorables pour recevoir la moindre extenfion.

Il faut décider la même chofe, lorfque le titre conftitutif de la fervitude ne parle de *vues* qu'à certains étages. On ne peut pas en établir de nouvelles aux étages même fupérieurs, fans obferver les règles preferites par la coutume.

Si le titre de la fervitude porte feulement qu'on a droit d'avoir des fenêtres fans en régler la forme, elles doivent être faites de la manière réglée par l'article 200 de la coutume. Tournet, & les autres commentateurs, fur l'article 199, rapportent un arrêt du 17 avril 1605, qui l'a ainfi jugé pour deux maifons fifes dans la rue de la Verrerie, & qui ordonna qu'on mettroit fer maillé & verre dormant en une *vue* fondée en titre.

Bretonnier va même jufqu'à dire, dans une favante confultation qu'il a jointe à la queftion 80 de Henrys, *tom. 1, liv. 4, chap. 6*, qu'un teftateur, en léguant l'une des deux maifons contiguës qui auroit des *vues* pleines fur l'autre, ne pourroit pas valablement ordonner qu'elles feroient confervées, parce qu'une telle difpofition feroit contraire au droit commun, à la bonne police & à la bienféance, qui ne permettent pas que l'on puiffe avoir des *vues* pleines fur fon voifin, à caufe des fcandales & des querelles perpétuelles qui pourroient arriver.

Mais cette décifion paroît outrée ; il n'eft pas plus contraire à la bonne police & à la bienféance, d'avoir des *vues* pleines fur la maifon de fon voifin, que de voir deux locataires différens de la même maifon, jouir de ces *vues* l'un fur l'autre, comme cela arrive tous les jours.

La coutume exigeant fix pieds pour pouvoir ouvrir des *vues* droites, & deux pieds pour ouvrir des baies de côté, on doit conclure qu'elle a jugé cet efpace néceffaire pour procurer un jour convenable à ces fortes de *vues*. Defgodets décide en conféquence, que le voifin qui doit ces fervitudes, ne peut pas bâtir un édifice en face plus près de fix pieds de parement du mur où feroient ces *vues*, quoique le terrein intermédiaire fût à lui ; ni adoffer d'édifice contre le mur mitoyen plus haut que l'enfeuillement, ou l'appui de la *vue* la plus baffe, ni placer dans cette diftance de fix pieds, rien de plus élevé que cet appui, & enfin qu'il ne pourroit pas faire d'édifice en retour en aile, joignant ledit mur mitoyen plus près de deux pieds de l'arrête du tableau du pied droit defdites *vues* de fervitudes, & qu'au mur dudit édifice en aile, il ne pourroit pas y faire des *vues* plus près de deux pieds de la face du mur où feroient les *vues* de fervitude. Cet auteur rapporte deux arrêts des 30 mars 1627 & 17 mai 1653, qui l'ont jugé de la manière la plus expreffe.

Pothier enfeigne néanmoins dans fa note fur l'article 229 de la coutume d'Orléans, que le droit de *vue* oblige bien le voifin qui doit la fervitude, à fouffrir l'ouverture de la fenêtre dans le mur mitoyen, mais qu'il ne l'empêche pas d'élever le fien.

Cet auteur cite à ce sujet un arrêt du 6 février 1710, qui est dans Augeard. Mais ce n'est point là ce qu'a jugé cet arrêt : il s'agissoit de savoir si dans la coutume d'Amiens, le propriétaire d'un mur qui y avoit eu une fenêtre pendant long-temps, pouvoit empêcher son voisin d'élever un bâtiment qui lui en ôtoit l'usage. M. l'avocat-général dont l'arrêt suivit les conclusions, fit voir que la fenêtre ouverte dans le mur mitoyen, étant élevée à treize pieds du plancher, n'étoit qu'une *vue de coutume*, & non pas une *servitude*, puisqu'elle n'étoit pas contraire au droit commun. Le particulier qui vouloit élever son bâtiment, se défendoit de la même manière. Il soutenoit que la fenêtre étoit *une vue de coutume, incapable par conséquent, quelle qu'en eût été la possession, de former une servitude.*

C'est-là tout ce qu'a jugé l'arrêt de 1710 : la souffrance à laquelle le voisin est assujetti par la servitude, ne lui laisse pas le droit d'en rendre l'exercice impossible par ses constructions. On vient de voir que Goupy est d'un avis opposé à celui de Pothier. Les articles 696 & 697 de la coutume de Bretagne, déclarent que les *vues de coutume* n'apportent ni droit ni possession sur l'héritage du voisin, qui peut toujours les boucher en bâtissant, quoique les *vues ordinaires* y soient prescriptibles. *Voyez* MUR, SERVITUDE, VOISINAGE.

VUIDER, v. a. *en droit*, ce terme a différentes significations.

Vuider un différend, signifie le *régler* ou *faire régler*.

Vuider les lieux, est lorsqu'un locataire ou autre personne cesse d'occuper les bâtimens & autres lieux dont il jouissoit, & qu'il en retire ses meubles & effets. *Voyez* BAIL.

Vuider ses mains, c'est délaisser ou remettre quelque chose entre les mains d'un autre.

Les gens de main-morte peuvent être contraints de *vuider* leurs mains dans l'an, des héritages non-amortis. *Voyez* AMORTISSEMENT, MAIN-MORTE, COMMUNAUTÉS, RELIGIEUX.

Un dépositaire ou tiers saisi, *vuide* ses mains des deniers ou autres effets qu'il a, en les remettant à qui par justice il est ordonné. *Voyez* SAISIE, TIERS-SAISI, DENIER, DÉLIVRANCE. (*A*)

VY

VYNGNÆ, (*Droit féodal*), ce mot se trouve dans l'histoire du roi d'Angleterre par Robert d'Ambresbuy, *p. 67*, pour désigner un droit de péage. Dom Carpentier pense qu'on y doit lire *Winage*, ainsi qu'aux *pages 106 & 174*, où l'on trouve le mot *Usnages. Voyez* le *glossarium novum* de ce dernier auteur, au mot *Winagium* sous *Guida*. (*G. D. C.*)

WAR   WAS

WAITAGE, (*Droit féodal.*) On a employé autrefois ce mot pour défigner un droit de guet, c'eft-à-dire une redevance que chaque feu payoit au feigneur pour la garde du château. Le regiftre des revenus du comté de Namur, qui eft à la chambre des comptes de Lille, & qui y eft connu fous le nom de *papier velu*, porte au fol. 38 v°. « *Huns.* Et fi a li cuens à cafcun feu une geline » au Noël, & un pain & pour *waitage* fix de- » niers ». On trouve *wetaige* dans le même fens, en un autre regiftre de l'an 1289 appellé *le pa-pier aux aiffelles. Voyez* dom Carpentier au mot *Guetagium*, fous *Watta*, & *les art.* WETAIGE & WANT. (G. D. C.)

WANT, (*Droit féodal.*) ce mot fignifie litté-ralement un gant. On fait que le *W* & le *G* s'em-ployoient fouvent l'un pour l'autre dans les an-ciennes langues du Nord. On a appellé par cette raifon *want*, un droit de gants dû au feigneur, en cas de mutation. *Voyez* du Cange, au mot *Wantus* & *l'art.* GANTS (*droit de*). (G. D. C.)

WARAS. *Voyez* WARRAGE.

WARECK. *Voyez* VARECH.

WARENNE ou WARREN (*Droit féodal.*) On a dit autrefois ce mot pour *Garenne. Voyez* le glof-faire de du Cange au mot *Warenna*, les termes de la ley au mot *Warren*, & *l'art.* WANT. (G. D. C.)

WAREST, ce mot eft employé pour *varech* dans l'ancien coutumier normand en vers fran-çois, que M. Houard a fait imprimer à la fuite de fon dictionnaire du droit normand. Le titre de ce chapitre porte mal-à-propos *Wereft. Voyez* VA-RECH, §. 1. (G. D. C.)

WARRAGE, (*Droit féodal.*) la chartre de Jean d'Artois, comte d'Auge, pour la commune de Saint-Vallery en 1376 porte : « Item nulle per- » fonne laie ne puet ou pourra demourer en la- » dite ville qui ne doive *Warrage* ».

Dom Carpentier, qui donne cet extrait au mot *Waratus* fous *Warachia* de fon *Gloffarium novum*, penfe qu'on doit entendre par-là un droit qu'on payoit au feigneur du domicile, afin d'être fous fa protection, d'être *garanti* par lui. Il renvoie en conféquence au mot *Warantus* du Gloffaire de du Cange.

Il fe pourroit néanmoins qu'on dût entendre par-là une redevance en fourrage. Dom Carpen-tier nous dit lui-même qu'on a appellé *warachia*, en latin-barbare, & en françois *waras*, un four-rage compofé de grains, de vefces & d'autres lé-gumes. (G. D. C.)

WARREN. *Voyez* WARENNE.

WARTE, (*Droit féodal.*) Une chartre de Milon de Marchais de l'an 1210, porte : « *Garbagium* » *noftrum & vicecomitatum noftrum & omnes efchies,* » *ficut erant in blado & in denariis*, & la Warte & » *agnum in die Maii* ». Dom Carpentier qui rap-porte cet extrait dans fon *Gloffarium novum*, au mot *Warta*, dit que la *warte* eft une forte de rede-vance, peut-être celle qu'on payoit au feigneur pour la garde des villes. On peut confulter fur ce dernier droit les mots *Gardia, Garda, Guardia,* & *Wardia* fous *Warda*, du gloffaire de du Cange, colonnes 1756 & 1757 de la nouvelle édition. *Voyez auffi l'art.* VINGTAIN.

Le même Cange rapporte encore les extraits fuivans d'une chartre d'Edouard III. *Ab omnibus fecularibus fervitiis*, & *omnimodis curiis feftis, ad-ventibus ad vifum Franci plegii, exactionibus, que-relis*, & *demandis univerfis quietè poffidendis, excep-tis.* Warth & *fcutagio quantùm pertinet ad 5. virgatas terræ, quas prædicta fratribus prædicta Alicia dedit in eadem villa..... de tribus virgatis terræ, quæ appel-lantur libera hida in Bereford, quietis de* Warth & *fcutagio*, & *ab omni feculari fervitio.*

Du Cange n'a point donné l'explication de ce mot *warth*, & fes additionnaires difent feulement qu'il vient du faxon *vard, cuftodia.* Mais on voit dans le livre de Blount fur les tenures, que c'eft une redevance qu'on payoit pour la garde du châ-teau. (G. D. C.)

WARTH. *Voyez* WARTE.

WASCHIE, WASIER, WASKIE, WASQUIE ou WAUSKRIE, (*Droit féodal.*) Dom Carpentier dit dans fes deux gloffaires, qu'on a nommé autrefois une efpèce de commune, ou un pâtu-rage entouré de foffés. Il cite en preuve l'extrait fuivant d'une chartre de l'an 1232, qui fe trouve dans un cartulaire de l'abbaye de Ham; *conceffi etiam quòd fi fiant alicubi in villa de Douchi* Waul-krie, *quòd hofpites dictæ ecclefiæ habeant fuas aiffen-fias in* Waskies, *dùm velint apponere adjumentum & cuftus, quantùm ad illos pertinet ad faciendum les* Waskies.

Une autre chartre de l'an 1247, tirée du grand cartulaire noir de Corbie, porte également : « comme » defcors fuft entre nous..... d'une voix & d'un » *Wafchie*, que nous clamons à avoir, &c. ». On peut voir des exemples femblables dans le glof-faire de du Cange au mot *Washum* & *Waterfca-pum.* Il en réfulte que ces mots *wafchie, waf-kie, &c.* défignent, non pas précifément une com-mune, mais un marais quelconque qu'on a rendu propre au pâturage, en l'entourant de foffés, pour

T t

l'écoulement des eaux. Encore aujourd'hui *wash* signifie *laver* en anglois, comme du Cange l'a fort bien obfervé au mot *Wafchum*.

On peut ajouter que *wash* signifie même expreffément des bas-fonds ou des lieux noyés. On connoît les *washes* du comté de Lancaftre. Notre mot *vafe* peut auffi provenir de-là (*G. D. C.*)

WASIER. *Voyez* WASCHIE.

WASKIE. *Voyez* WASCHIE.

WASQUIE. *Voyez* WASQUIE.

WASTIS, (*Droit féodal.*) On a ainfi nommé des lieux *gâtés* ou dépouillés, qui fervoient au pâturage. On a donné le même nom au produit qu'on en retiroit en les louant, ou accenfant. Un compte du domaine d'Etaples, de l'an 1475, qui eft cité par du Cange, au mot *Vaftum facere* fous *Vaftum*, porte : « recepte des *Waftis* en la forêt » des Hardelo ».

Et ailleurs. « Recepte des *Waftis* en la forêt de » Boulogne, de pennaige de vaches & veaux allant » en ladite forêt, pour 5 f. la vache & 2 f. 6 d. » le veau ». *Voyez* GASTINE. (*G. D. C.*)

WATERINGUE, f. f. terme ufité dans la Flandre, fynonyme de *dicage*. Il fignifie l'affemblage de tout ce qui eft néceffaire pour l'écoulement des eaux, & le deffèchement des terres inondées, tels que font les canaux, foffés, digues, ponts, éclufes, &c.

Dès que ces ouvrages exiftent dans un endroit fujet aux inondations, ils forment l'objet d'une adminiftration qui s'appelle auffi *dicage* ou *wateringue*.

Cette adminiftration appartient aux baillis & échevins du lieu. Ils portent en cette qualité le nom de *chefs-watergraves*, pour les diftinguer des *dyk-graves*, officiers dont l'autorité leur eft fubordonnée, & dont les fonctions font bornées à la police des *wateringues*.

Quelques articles de différentes coutumes de Flandre éclairciront cette matière.

L'article 8 de la coutume du franc de Bruges porte : appartient auffi à la fufdite loi du franc la furintendance, direction en chef & jurifdiction fur toutes digues, éclufes de mer & *wateringues* fituées au pays du franc ; enfemble la connoiffance par réformation de tous jugemens de dyk-graves & jurés de dicage audit pays.

L'article 16 du titre 1 de la coutume de Furnes eft conçu en ces termes : & telle jurifdiction qu'a la fufdite commune loi fur terre dans la fufdite ville & châtellenie, auffi loin que le territoire s'étend, telles a fur eau, fur & dans les rivières, & toutes autres eaux dormantes & coulantes, fituées dans la même ville & châtellenie, tellement, ajoute l'article 17, que la même loi a auffi la furintendance fur l'adminiftration & la régie de toute la *wateringue* du nord. ....

On lit dans la coutume de Bergue, *rub.* 1, *art.* 10 : pareillement le feigneur & la loi de la fufdite ville & châtellenie font chefs-*watergraves* des trois

wateringues de Berg-Ambacht, & en cette qualité ils ont la furintendance, vifite & gouvernement d'icelles ; enfemble la connoiffance & jurifdiction de toutes conteftations, difficultés & différends en réfultans & pour caufe des mêmes *wateringues* ; & ceux qui font du dommage ès-mêmes *wateringues*, ils ont l'autorité de les punir & mulcter felon les mérites du fait, privativement à tous autres.

On trouve les mêmes difpofitions dans les coutumes de Bourbourg, *rub.* 1, *art.* 8 & 9 ; de Gand, *rub.* 1, *art.* 16 ; du pays de Waes, *rub.* 1, *art.* 12 & 25.

De tous ces textes il réfulte clairement que dès qu'il exifte un dicage ou une *watringue* dans une feigneurie, c'eft aux gens de loi qu'en appartient la police, fans que ceux-ci aient befoin de lettres-patentes qui la leur attribuent. C'eft ce qu'a jugé un arrêt du parlement de Flandre, dont on rendra compte ci-après.

Les baillis & échevins ne peuvent excéder les bornes d'une adminiftration ordinaire, ni par conféquent introduire quelque nouveauté confidérable, ni faire quelque règlement important, fans prendre l'avis des propriétaires des *wateringues*.

La manière dont ces propriétaires donnent leur avis n'eft pas uniforme par-tout. Dans quelques endroits ils n'interviennent dans les délibérations que par le miniftère de certains députés ordinaires, appelés *grands-membres de wateringues*. On voit dans l'article 17 du titre 1 de la coutume de Furne, que les baillis & échevins doivent fe conduire dans l'adminiftration des dicages *par l'avis délibératif des quatre abbés de Furnes-Ambacht*, repréfentant les quatre grands-membres de la wateringue. La coutume de Bergue, rubrique 1, article 11, les oblige *d'appeler les grands-membres des wateringues, lorfqu'il eft queftion de ftatuer quelque nouveauté confidérable.*

Dans d'autres endroits, le droit d'intervenir dans les délibérations eft attaché à la poffeffion d'une certaine quantité de terre : ceux qui la poffèdent font appelés grands-tenanciers ou grands-propriétaires. Un placard du 2 mars 1576, porté pour la *wateringue* de Ferneufen, fixe cette quantité à trente-fix mefures. L'article 10 d'un règlement du mois de mai 1632, fait pour le deffèchement des Moëres, la fixe à trente mefures, & accorde à celui qui en poffède mille ou plus, deux voix dans les délibérations.

Ce dernier règlement fut ratifié par la chambre des comptes de Bruxelles, le 22 mai 1632, parce que le roi d'Efpagne, comme propriétaire des terres qu'il s'étoit réfervées, étoit intéreffé dans la délibération des autres propriétaires, à laquelle il n'avoit point eu part.

Ainfi il ne faut pas conclure de cette ratification, que les règlemens faits par les gens de loi à l'intervention des propriétaires, aient befoin pour être valides, d'être approuvés par le fouverain : aucune loi n'a établi la néceffité de cette appro-

bation; au contraire l'efprit général des loix fla-
mandes en fait voir l'inutilité. L'article 11 de la
rubrique 1 de la coutume de Bergue attribue aux
baillis & échevins *l'autorité de faire & ftatuer toutes
fortes d'ordonnances & réglemens, tels qu'ils trouveront convenir pour la direction & la confervation des
wateringues.* On lit dans un octroi du 30 octobre
1497, donné par Philippe, archiduc d'Autriche,
pour le deffèchement des fchorres d'Ifendicke,
qu'il fera choifi des échevins parmi les notables,
*qui feront ferment de gouverner lefdits dicages,
éclufes, wateringues, ou autres chofes à ce fervantes....
lefquels échevins pourront faire & ordonner keures
(réglemens) ftatuts, ordonnances, tailles & affiettes
tels qu'il appartiendra & bon leur femblera au profit
dudit dicage, & felon le contraindre & corriger tous
ceux qui pour ce feront à contraindre & corriger,
felon la manière accoutumée.*

On trouve les mêmes difpofitions dans le placard du 2 mars 1526, porté pour Terneufen, &
dans l'ordonnance du 13 juillet 1612, rendue pour
le partage de *l'Abbertus Polder.*

Les propriétaires des terres contenues dans les
wateringues doivent fournir tous les frais de leur
entretien. Parmi une foule de loix qui l'ont ainfi
décidé, on remarque les lettres-patentes du 23
février 1716, rendues pour le deffèchement des
Moëres : l'article 5 déclare que chaque propriétaire fera obligé de contribuer aux frais defdits
entretiens & réparations, fuivant l'ufage obfervé
dans les *wateringues* de la châtellenie de Bergue,
dont la coutume eft donnée pour loi aux Moëres
par l'article 10 des mêmes lettres-patentes.

L'octroi du 22 avril 1619 ne charge pas feulement les terres contenues dans les *wateringues* des
frais de leur entretien ; il ajoute, *article 9*, que
les terres voifines & aboutiffantes tant hautes que
baffes, qui feront améliorées par le deffèchement
& dicage, tant au regard de la décharge de leurs
eaux, que de la commodité des pâturages, &
autres bénéfices qu'icelles en recevront, feront
auffi tenues & obligées de contribuer aux dépens
de cet ouvrage, à tant par mefure, par forme
de *wateringue*, au *prorata* de leur amélioration &
bénéfice.

On demande fi l'on peut acquérir par prefcription l'exemption de contribuer aux frais de l'entretien des *wateringues*. Cette queftion s'eft préfentée au grand confeil de Malines dans un cas particulier. La paroiffe de Hertfeld, fujette aux inondations, renferme dans fon étendue plufieurs terres qui en font exemptes par leur fituation : telle
eft entre autres le fief de la Huverie. Les propriétaires chargés de l'entretien de la *wateringue* voulurent contraindre le fieur de la Huverie à y
contribuer, & prétendirent que la fituation de
fon fief ne pouvoit l'en exempter, parce qu'il y
avoit dans la paroiffe plufieurs terres qui, bien
que fituées de même, ne laiffoient pas de contribuer. Le fieur de la Huverie fonda principale-

ment fa défenfe fur la prefcription : en effet, il
étoit prouvé que fes prédéceffeurs avoient été
42 ans fans être impofés fur les rôles, & que
depuis qu'ils avoient été impofés, ils n'avoient payé
que deux fois, encore ne l'avoient-ils fait qu'avec
proteftation. Le confeil provincial de Gand le
condamna à contribuer comme les autres propriétaires ; mais par arrêt du 24 décembre 1615, le
grand confeil de Malines infirma la fentence &
déclara l'appelant exempt de la contribution aux
frais de la *wateringue.*

Quoiqu'en général on ne puiffe établir aucune
impofition fans un octroi du prince, cette règle
fouffre néanmoins une exception par rapport aux
wateringues. Le droit de taxer les terres qu'elles
contiennent appartient aux gens de loi conjointement avec les propriétaires. La coutume
de Furnes, *tit. 1, art. 16*, & celle du franc de
Bruges, *art. 9*, le décident expreffément. Mais
le monument le plus authentique de ce droit eft
fans contredit dans les lettres-patentes données par
Philippe, archiduc d'Autriche, le 29 juillet 1500,
fur les remontrances des gens de loi du franc de
Bruges. Ce prince ayant fait publier une ordonnance qui défendoit de lever aucun impôt fans
fa permiffion, ils lui repréfentèrent qu'ils étoient
en poffeffion immémoriale de faire eux-mêmes
les impofitions fur les *wateringues*, felon que le
cas le requiert, fans prendre de ce quelque octroi,
fauf feulement par l'avis & confentement des adhérités
(propriétaires) & jurés defdites *wateringues*.... &
defquelles impofitions lefdits jurés & receveurs font
tenus chacun an, toutes les fois qu'il plaît auxdits
adhérités, rendre compte & reliquat, felon les keures
& ftatuts defdites *wateringues*; qu'ainfi le contenu en
cette ordonnance ne devoit s'entendre ni s'extendre fur
les impofitions defdites *wateringues*, vu que ce ne touche, ne concerne que ceuxdits adhérités.

L'archiduc les écouta favorablement ; & par
les lettres-patentes citées ci-deffus, il déclara que
fon intention étoit que les adhérités & jurés des
wateringues puffent s'impofer, comme ils avoient
fait de tout temps, fans qu'il fût befoin fur ce
d'avoir fon octroi.

Les impofitions de *wateringue* jouiffent de plufieurs privilèges remarquables. La coutume de
Bergue, *rub. 21, art. 8 & 9*, les met en ordre
immédiatement après les falaires de ceux *qui ont
affifté le défunt dans la maladie dont il eft décédé*,
& les préfère aux *deniers du prince, de la ville &
châtellenies & vaffalleries, tels que affifes, tailles,
impofitions, & frais de paroiffe, & autres créances
de la même ville, châtellenies & vaffalleries.*

Ces impofitions emportent d'elles-mêmes exécution parée. C'eft ce qui réfulte de l'article 61
de la coutume du franc de Bruges, des lettres
exécutoriales données le 30 juin 1580 au furin-
tendant général pour contraindre quelque communautés à réparer leurs *wateringues*, de l'octroi
du 11 mai 1611 accordé aux propriétaires des

terres inondées près d'Ardembourg, de l'article 13 de l'octroi du 31 janvier 1587 pour les dicages d'Ousterweel. Ces différentes loix ordonnent le recouvrement des impositions de *wateringues* par exécution réelle & parée, suivant droit de dicage, comme de tout ancien temps on est accoutumé d'observer en semblables dicages, nonobstant opposition ou appellation au contraire, nantissement préalablement fait.

Le placard du 19 décembre 1588 confirme cette jurisprudence, en défendant au conseil de Flandre d'accorder aucune surséance en cette matière. C'est en conséquence de cette loi que le grand-conseil de Malines, par arrêt du 21 mars 1623, révoqua la surséance obtenue par le magistrat de Bergues, & permit aux entrepreneurs du premier desséchement des Moëres *de passer outre à leur exécution prétendue, sans préjudice du principal.* Il s'agissoit des terres adjacentes qui, suivant l'article 9 de l'octroi du 22 février 1619, devoient contribuer par forme de *wateringue* à raison de l'amélioration qu'elles recevoient du dicage. Ces terres ayant été taxées par des commissaires, le magistrat de Bergues s'opposa à l'exécution. Débouté de son opposition par le conseil de Flandre, il appella au grand-conseil de Malines, où il obtint une clause de surséance. Les entrepreneurs bornèrent leurs moyens à dire que l'octroi, ainsi que la taxe, avoient été publiés dans la ville de Bergues, & que le privilège des impositions de dicage n'admettoit point d'appel avec surséance d'exécution.

Il faut observer une différence essentielle entre les tailles ordinaires & les impositions de *wateringues* : les premières sont personnelles en Flandres, c'est-à-dire que le fermier seul en est tenu, & que le propriétaire n'est pas même obligé de les payer subsidiairement. Les secondes, au contraire, sont exécutoires tant contre les fermiers que contre les propriétaires. Les taxes & deniers de *wateringues*, porte l'article 61 de la coutume du franc de Bruges, sont recouvrables & exécutables par arrêt & appréhension des propriétaires, fermiers ou occupeurs, ou par vente des terres obligées à ladite taxe, à raison de ce qu'elles doivent, sans pour ce faire vendre plus de terres qu'il n'est besoin pour les arrérages de ladite *wateringue* ou taxe & loyaux-coûts.

Les lettres exécutoriales du 30 juin 1580 citées ci-dessus, ordonnent de contraindre au paiement de ces taxes *tous & quelconques adhérités* (propriétaires) *desdites terres, refusans ou délayans.* Cette disposition est contenue dans l'article 13 du réglement de la grande *wateringue* de Blankenberghe, qui se trouve parmi les ordonnances politiques imprimées à la suite de la coutume du franc de Bruges ; dans l'article 4 du réglement du Kamerlynecx Ambacht ; & dans l'article 4 de l'ordonnance du 13 juillet 1612, rendue pour la régie de l'Albertus-Polder.

L'article 18 de la rubrique 7 de la coutume de Bergue charge le fermier d'acquitter les taxes ou impositions de *wateringues*, & lui permet de les déduire sur son rendage, à moins que son bail ne renferme une clause contraire, quoique, suivant le même article, les autres charges du fonds se paient par le fermier sans aucune déduction.

Tel est aussi l'usage de la châtellenie de Furnes. Un acte de notoriété donné par le magistrat de cette ville le 9 de juillet 1768, porte qu'en cette partie de la Flandre, les impositions de l'ovine ou frais pour l'écoulement des eaux & l'entretien des ponts & digues sont réelles ; qu'il y est d'un usage uniforme & non interrompu, qu'elles se paient & doivent être payées par les fermiers & occupeurs des terres aux collecteurs chargés du recouvrement desdites impositions ; & qu'en cas de refus, ils sont pour ces exécutables, sauf à eux leur recours & garant contre les propriétaires dans le cas que ces impositions ne seroient pas stipulées à charge des fermiers dans le contrat de bail.

La coutume de Bourbourg, *rubr. 7, art. 7*, comprend les taxes de *wateringues* parmi les autres charges que le fermier doit acquitter sans aucune répétition, à moins, ajoute-t-elle, qu'il n'y eût convention au contraire ; & néanmoins, en cas d'insolvabilité des fermiers, le fonds en sera responsable, sauf au propriétaire son recours & action de garantie contre son fermier.

Les gens de loi & les propriétaires des Moëres, châtellenie de Bergue, firent le 29 juillet 1767 un réglement dont l'article 8, conforme au droit commun de la province, déclare les impositions de *wateringues* exécutoires contre les fermiers & les propriétaires. Le sieur Courtois, bourgeois de Paris, qui s'étoit rendu fermier partiaire d'environ quatre mille mesures des Moëres, appartenant à M. le comte d'Hérouville, prétendit que ces sortes d'impositions ne pouvoient être qu'à la charge des propriétaires : il appella du réglement au parlement de Flandre, & soutint que les grand-bailli & échevins des Moëres n'avoient pas de lettres-patentes qui leur donnassent une jurisdiction de *wateringue* ; qu'ils ne pouvoient faire de réglement pour l'entretien du desséchement, à moins qu'ils ne fussent approuvés par la puissance législative ; qu'ils ne pouvoient établir d'impositions sans un octroi du prince ; que ces impositions n'étoient point exécutoires ; que les fermiers ne pouvoient en être tenus. Mais toutes ces objections qui trouvent leur réponse dans les principes exposés ci-dessus, n'ont fait aucune impression sur les juges : le réglement du 29 juillet 1767, fut confirmé par arrêt rendu au rapport de M. Remi Desjardins, & le sieur Courtois condamné aux dépens.

Ce réglement est calqué sur l'ordonnance du 13 juillet 1612, rendue pour l'Albertus-Polder, sur le réglement fait pour le premier desséchement des Moëres dans le mois de... 1632, & sur ceux des deux grandes *wateringues* du franc de Bruges, des 12 juin 1563 & 26 juin 1558.

WATREGAN, f. m. (*Eaux & Forêts.*) est un canal ou fossé plein d'eau, fait pour séparer des héritages, pour dessécher des marais, ou servir de communication d'une ville à une autre.

L'ordonnance du mois d'août 1669, *tit.* 3, *art.* 9, recommande aux grands-maîtres des eaux & forêts, en faisant leurs visites, de s'informer de la conduite des gardes préposés au soin des eaux, rivières, canaux, fossés publics & *watregan. Voyez* DESSÉCHEMENT, MARAIS, WATERINGUE.

WAUSKRIE. *Voyez* WASCHIE.

WE

WENERDON, ce mot se trouve dans les preuves de l'histoire de Bretagne par dom Lobineau, *col.* 70. Les additionnaires de du Cange, qui en rapportent l'extrait suivant, « *dedit istam terram..... » sine censu & sine tributo, præter censum regis & ». Wenerdon* », soupçonnent qu'on doit lire *werrerdon* pour *guerrerdon* (ou *guerdon*), qui signifie *don, présent....* Mais ces auteurs n'ont pas fait attention que ce texte commençoit, comme il finissoit par le mot *Wenerdon.*

Voici comme il est transcrit par dom Lobineau : Wenerdon *vendit ad Sulcomin sex argentiolas terræ Conouloscam cum monticulis & vallibus, & dedit istam terram, sicut de transmare super scapulas suas in sacco suo detulisset, & sicut insula in mare, sine fine, sine commutatione, sine jubileo anno, sine exactore satrapaque, sine censu & sine tributo, præter censum regis & Wenerdon.....*

Dom Lobineau dit au glossaire, qu'il a mis à la fin de son ouvrage, que le *wenerdon* est un droit des terres dû au seigneur de fief. Mais ne pourroit-on pas dire ici que c'est le nom du vendeur ? (*G. D. C.*)

WERECH. *Voyez* WARECH, §. I.

WEREGILD, (*Droit saxon.*) nom de l'amende qu'on payoit du temps d'Alfred chez les Anglo-Saxons, dans le cas du meurtre involontaire. Le roi en avoit la première part, qu'on appelloit *frith-hote*, pour le dédommager du désordre fait, & de la perte d'un sujet. Le seigneur en avoit une autre part par la même raison, & cette part s'appelloit *man-hote* ; la famille du mort avoit le troisième tiers, qu'on nommoit *mag-hote* ou *cengild.* Si le délinquant ne satisfaisoit pas, sa vie étoit entre les mains de la famille du mort, qui étoit le vengeur du sang, selon la loi de Moyse. Mais comme les parens étoient dédommagés de leur perte dans ce cas-là, ils étoient aussi obligés de payer pour ceux qui leur appartenoient. Lorsque dans la composition d'un meurtre, ils n'étoient pas en état de payer le *weregild* ; & qu'alors le meurtrier se sauvoit par la fuite, sa parenté, & quelquefois même dans certains cas, ses voisins étoient obligés de payer

à la famille ou aux parens du mort, tantôt le tiers & tantôt la moitié du *weregild*. (*D. J.*)

WEREST. *Voyez* WARECH, §. I.

WERISCAP, ou WERIXHAS, (*Droit féodal.*) c'est un lieu propre au pâturage, qu'on a pris sur les bas-fonds de la mer ou des rivières. *Voyez* le glossaire de du Cange au mot *Waterscapum*, & l'article WASCHIE. (*G. D. C.*)

WERIXAS. *Voyez* WERISCAP.

WERP, f. m. synonyme des mots *adhéritance, ensaisinement, saisine, vert, &c.* est fréquemment employé en ce sens dans les anciennes chartres, & aujourd'hui encore il y a à Valenciennes un officier que l'on appelle *greffier des werps*, parce que c'est lui qui rédige tous les actes de jurisdiction foncière, & qui en est le dépositaire.

La coutume locale de Salomé, dans la châtellenie de Lille, se sert des mots *héritage vendu & werpi*. Celle du Pont-à-Vendin, qui est dans la même province, nous offre les expressions de *rapporter & werpir*.

Loiseau parle du *werp* en son traité du déguerpissement, *liv.* 1, *chap.* 2. Pour revenir à notre *werp* (ce sont ses termes), l'auteur de la somme rurale dit que l'héritage doit être *werpi* par la loi à l'acheteur, c'est-à-dire, que l'acheteur en doit être ensaisiné & mis en possession par le seigneur direct......... ou, pour mieux dire, *werp* signifie ensaisinement & tradition de la possession de l'héritage......... Chopin, homme de rare & curieuse doctrine, nous a fait part, au livre 2 de la coutume d'Anjou, d'un vieux titre du chapitre de Soissons, où le mot *werpir* répété par trois fois, est pris pour céder & transporter, de même que nos notaires mettent le mot de *quitter* en tous les contrats de ventes, & autres aliénations.........

Les ordonnances de France ont évité ce mot comme étranger & comme trop rude, & ont usé du mot plus général *renoncer & renonciation* à l'héritage, comme fait pareillement la coutume de Paris...... Quelques coutumes ont dit *quitter & abandonner l'héritage* ; mais la plupart, & notamment la nouvelle coutume de Paris, article 79, ont usé des mots *guerpir* ou *déguerpir*, lesquels aussi sont aujourd'hui naturalisés tout-à-fait en France, & sont usités en toutes cours & jurisdictions.

On peut encore voir là-dessus l'indice de Ragueau, au mot *Werp.*

WETAIGE. (*Droit féodal & municipal.*) c'est un droit que l'on paie au seigneur ou à la communauté pour la garde du château, ou de la ville. *Voyez* le *glossarium novum* de dom Carpentier, au mot *Guetagium* sous *Wacta*, & l'article WAITAGE. (*G. D. C.*)

WI

WIENAGE, WIENAIGE, WIGNAGE, WIGNAIGE, WINAGE & WINNAGE, (*Droit féodal.*) en latin-barbare *Winagium.* On a ainsi appelé une espèce de droit de péage ou de *guidage* qu'on payoit au seigneur fur les voitures qui paffoient dans fa terre, & peut-être auffi de fimples redevances. *Voyez* GUIDAGE.

Une chartre de l'an 1196, tirée du cartulaire de Clairfont, *chap. 83*, porte: *Fratribus Clarisfontis totum* winagium, *quod ducendo aliquid, five reducendo per villam meam, quæ Perices dicitur, debituri erant, in pofterum ex integro in perpetuum remifi.*

Dom Carpentier, qui rapporte ce texte dans fon gloffarium novum, au mot *Winagium* fous *Guida*, cite plufieurs autres chartres françoifes, où l'on trouve également les mots *Winage*, *Winaige*, &c. *Voyez* VINAGE & WYNAGE.

Le même auteur obferve auffi qu'on a appellé *wignageurs*, les receveurs du droit de *wignage*, ou *wienage*. Il cite l'extrait fuivant d'une chartre de Philippe de Valois, de l'an 1349 : « les wigna-» geurs & péageurs des wignaiges & péages de » Bapalmes & de Péronne », &c. *Voyez* WINI-GEUR. (*G. D. C.*)

WIENAIGE. *Voyez* WIENAGE.

WIGNAGE. *Voyez* WIENAGE.

WIGNAIGE. *Voyez* WIENAGE.

WILDFANGIAT, f. m. (*Hift. mod. Droit public*.) c'eft ainfi qu'on nomme en Allemagne un droit fingulier qui appartient à l'électeur palatin. Il confifte à s'approprier ou à rendre ferfs les bâtards & les étrangers qui viennent de leur propre mouvement s'établir & fixer leur domicile dans le Palatinat & dans quelques pays adjacens. Au bout de l'an & jour ils font obligés de prêter ferment & de payer une redevance à l'électeur palatin. Dans cette jurifprudence finguliere, les enfans fuivent la condition de leur mere ; ils font libres fi elle eft libre, & ferfs fi elle n'eft point libre. *Voyez* Vitriarii, *Inft. juris publici.*

WINAGE. *Voyez* WIENAGE.

WINIGEUR, (*Droit féodal.*) Il paroît qu'on a donné ce nom à celui qui recevoit l'efpece de péage connu fous le nom de *vinage*. *Voyez* VINAGE, *n. 6.* & WIENAGE. (*G. D. C.*)

WIREWITE, Dom Carpentier dit dans fon

gloffaire françois, que c'eft une jurifdiction ou tribunal pour la taxe des amendes. Il renvoie en preuve au mot *Willot* de fon gloffarium novum, où l'on trouve l'extrait fuivant : « icelui Baudet » dit à fa femme que icelui Motoys étoit wihot, » (c'eft-à-dire cocu) & que par fa wihoterie, » il avoit été privé à la *wirewite* ». On voit que ce texte eft bien loin d'être décifif pour l'opinion de dom Carpentier. (*G. D. C.*)

W O

WOULRIE, (*Droit féodal.*) Quelques éditions de la coutume de Vitry, telles que celle de Saligny (en 1655), emploient ce mot au lieu de celui de *Vourie*. *Voyez* VOURIE. (*G. D. C.*)

W R

WRÉEKE, (*Droit féodal.*) Ce mot a été employé autrefois dans les livres de loix anglo-normands, pour défigner le droit de *varech*. *Voyez les termes de la ley.* Encore aujourd'hui *wréeck* en anglois fignifie naufrage. (*G. D. C.*)

W Y

WYNAGE *ou* WYNAGES, (*Droit féodal.*) On a ainfi nommé autrefois un droit qu'on payoit pour le tranfport, ou l'entrée des vins qu'on amenoit dans une feigneurie ou dans une ville. Les coutumes manufcrites de l'échevinage de Mézieres fur Meufe, difent dans ce fens : « C'eft la décla-» ration du droit de *wynages*, duquel l'on ufe...... » au lieu de Maizières, primo, tous nobles & » clers, ... qui amènent vins ...... doient » pour chacun char xviij den. par. ». *Voyez* le *gloffarium novum* de dom Carpentier, au mot *Winagium* fous *Guida*.

Il paroît par d'autres textes indiqués par cet auteur au mot fuivant (*Wienagum*), qu'on a ainfi donné le même nom à des redevances de différente nature. *Voyez* VINAGE. (*G. D. C.*)

YCHIDE, (*Droit féodal.*) ce mot qui se trouve dans la coutume de Labourt, *tit. 17, art. 4,* & dans celle de Sole, *tit. 31, art. 4,* est mal-à-propos écrit *Yycide* dans le glossaire du droit françois. On y dit que c'est une rente, & l'on renvoie au mot AGRIER.

Il paroît effectivement, d'après le texte des coutumes même qu'on vient de citer, que l'*Ychide* est une redevance en grains. La coutume de Labourt porte : « Si par le contrat de l'engagement a été » accordé, que le créancier doit donner ou payer » à celui de qui est la terre, durant l'engagement » certaine rente par an, vulgairement appellé » *Ychide*, le créancier peut prendre les fruits qui » sortiront d'icelle terre engagée, sans qu'il soit » tenu de déduire aucune chose du sort principal, » en payant, (c'est-à-dire en étant payé) celle » rente ».

Il est évident que par *rente*, on entend ici une redevance, ou *produit* annuel, qui consiste dans une portion des fruits, comme le terrage. La coutume de Sole, qui est écrite en langage du pays, contient la même décision ; mais elle dit plus clairement encore *certane rente rasonnable per an vulgariment apperat* Ychide, ou *agrer.*

Au reste, cette décision sur les engagemens, ou antichreses est contraire au droit commun. (*G. D. C.*)

YV

YVERNAGE. *Voyez* HIVERNAGE.
YVERNAIGE. *Voyez* HIVERNAGE.
YVROGNERIE, s. f. (*Police. Droit privé.*) nous laissons au théologien à traiter cette matière, selon les loix divines & ecclésiastiques : nous observerons seulement ici que, suivant les loix civiles, les nations même qui ont permis l'usage du vin, soit aux hommes ou aux femmes, ont toujours envisagé comme un délit d'en boire avec excès.

Les Athéniens punissoient doublement une faute faite dans le vin ; & chez les Romains anciennement, une femme qui avoit bu du vin, pouvoit être condamnée à mort par son mari ; & depuis même que l'on eut permis aux femmes l'usage du vin, on les punissoit lorsqu'elles en buvoient outre mesure : la femme de Cneius Domitius, qui s'étoit enivrée, fut condamnée à perdre sa dot.

L'ivresse n'excuse point les autres crimes qui ont été commis dans cet état ; autrement il seroit à craindre que des gens mal intentionnés ne fissent, de propos délibéré, un excès de vin ou autre liqueur, pour s'enhardir à commettre quelque crime grave, & pour trouver une excuse dans le vin ; on punit donc le vin, c'est-à-dire, l'ivrogne qui a commis un crime.

Cependant, quand l'ivresse n'a pas été préparée à dessein, elle peut donner lieu d'adoucir la peine du crime, comme ayant été commis sans réflexion.

La qualité des personnes peut rendre l'*ivrognerie* plus grave ; par exemple, si celui qui est sujet à ce vice est une personne publique & constituée en dignité, comme un ecclésiastique, un notaire, un juge.

Le reproche fondé contre un témoin sur ce qu'il est ivrogne, n'est pas admissible, à moins qu'on ne prouvât qu'il étoit ivre lors de sa déposition ; néanmoins l'habitude où un homme seroit de s'enivrer, pourroit diminuer le poids de sa déposition, & l'on auroit, en jugeant, tel égard que de raison au reproche. *Voyez* Bouchel au mot *Yvrogne* & *Yvresse* ; Dargentré, *art. 226* ; la Mare, *tome 1, l. 4, tit. 9* ; Thaumas. *dict. canon.* au mot *Yvrogne* ; Catelan, *liv. 9, chap. 7,* & les *mots* CABARET, VIN. (*A*)

ZEWERP. Ce mot se trouve dans quelques anciennes chartres & particuliérement dans celle de Gui, comte de Flandre, de l'an 1282, qui est rapportée au tome 4 des ordonnances du Louvre, p. 260. Il y est dit, *art. 1* : « soient franc tout par tout » ma terre & de *Zewerp* ».

Du Cange dit dans son glossaire latin, que le *Ze-* *werp* est *le jet de la mer*. Mais dom Carpentier dit que c'est plutôt une terre formée par ce qu'apporte la mer. Il ajoute que ce mot est composé du Flamand *Zée* (mer), & du terme *Werp* (jet). Le mot *Zwerp* ne se trouve point dans le dictionnaire Flamand de François Halma. (*G. D. C.*)

F I N.

www.ingramcontent.com/pod-product-compliance
Lightning Source LLC
Chambersburg PA
CBHW071634270326
41928CB00010B/1915